CONSTITUIÇÃO FEDERAL BRASILEIRA (1891) COMENTADA

Instituto Brasiliense de Direito Público
Conselho científico
Presidente: Gilmar Ferreira Mendes
Secretário-Geral: Jairo Gilberto Schäfer
Coordenador-Geral: João Paulo Bachur
Coordenador Executivo: Atalá Correia

Alberto Oehling de Los Reyes
Alexandre Zavaglia Pereira Coelho
António Francisco de Sousa
Arnoldo Wald
Sérgio Antônio Ferreira Victor
Carlos Blanco de Morais
Everardo Maciel
Fabio Lima Quintas
Felix Fischer
Fernando Rezende
Francisco Balaguer Callejón
Francisco Fernández Segado
Ingo Wolfgang Sarlet
Jorge Miranda
José Levi Mello do Amaral Júnior
José Roberto Afonso
Elival da Silva Ramos

Katrin Möltgen
Lenio Luiz Streck
Ludger Schrapper
Maria Alicia Lima Peralta
Michael Bertrams
Miguel Carbonell Sánchez
Paulo Gustavo Gonet Branco
Pier Domenico Logroscino
Rainer Frey
Rodrigo de Bittencourt Mudrovitsch
Laura Schertel Mendes
Rui Stoco
Ruy Rosado de Aguiar *(In Memoriam)*
Sergio Bermudes
Sérgio Prado
Walter Costa Porto

O GEN | Grupo Editorial Nacional – maior plataforma editorial brasileira no segmento científico, técnico e profissional – publica conteúdos nas áreas de concursos, ciências jurídicas, humanas, exatas, da saúde e sociais aplicadas, além de prover serviços direcionados à educação continuada.

As editoras que integram o GEN, das mais respeitadas no mercado editorial, construíram catálogos inigualáveis, com obras decisivas para a formação acadêmica e o aperfeiçoamento de várias gerações de profissionais e estudantes, tendo se tornado sinônimo de qualidade e seriedade.

A missão do GEN e dos núcleos de conteúdo que o compõem é prover a melhor informação científica e distribuí-la de maneira flexível e conveniente, a preços justos, gerando benefícios e servindo a autores, docentes, livreiros, funcionários, colaboradores e acionistas.

Nosso comportamento ético incondicional e nossa responsabilidade social e ambiental são reforçados pela natureza educacional de nossa atividade e dão sustentabilidade ao crescimento contínuo e à rentabilidade do grupo.

COLEÇÃO
CONSTITUCIONALISMO
BRASILEIRO

JOÃO BARBALHO UCHÔA CAVALCANTI

Apresentação
ANDRÉ RAMOS TAVARES

CONSTITUIÇÃO FEDERAL BRASILEIRA (1891) COMENTADA

2ª edição

idp

- O autor deste livro e a editora empenharam seus melhores esforços para assegurar que as informações e os procedimentos apresentados no texto estejam em acordo com os padrões aceitos à época da publicação, e todos os dados foram atualizados pelo autor até a data de fechamento do livro. Entretanto, tendo em conta a evolução das ciências, as atualizações legislativas, as mudanças regulamentares governamentais e o constante fluxo de novas informações sobre os temas que constam do livro, recomendamos enfaticamente que os leitores consultem sempre outras fontes fidedignas, de modo a se certificarem de que as informações contidas no texto estão corretas e de que não houve alterações nas recomendações ou na legislação regulamentadora.

- O Autor e a editora se empenharam para citar adequadamente e dar o devido crédito a todos os detentores de direitos autorais de qualquer material utilizado neste livro, dispondo-se a possíveis acertos posteriores caso, inadvertida e involuntariamente, a identificação de algum deles tenha sido omitida.

- **Atendimento ao cliente:** (11) 5080-0751 | faleconosco@grupogen.com.br

- Direitos exclusivos para a língua portuguesa
  Copyright © 2022 by
  Editora Forense Ltda.
  Uma editora integrante do GEN | Grupo Editorial Nacional
  Travessa do Ouvidor, 11 – Térreo e 6º andar
  Rio de Janeiro – RJ – 20040-040
  www.grupogen.com.br

- Reservados todos os direitos. É proibida a duplicação ou reprodução deste volume, no todo ou em parte, em quaisquer formas ou por quaisquer meios (eletrônico, mecânico, gravação, fotocópia, distribuição pela Internet ou outros), sem permissão, por escrito, da Editora Forense Ltda.

- Capa: Fabricio Vale

- **CIP – BRASIL. CATALOGAÇÃO NA FONTE.**
  SINDICATO NACIONAL DOS EDITORES DE LIVROS, RJ.

  C366c
  Cavalcanti, João Barbalho Uchôa

  Constituição federal brasileira (1891): comentada / João Barbalho Uchôa Cavalcanti; – 2. ed. fac-similar – Rio de Janeiro: Forense, 2022.
  (História constitucional brasileira)

  Inclui bibliografia
  ISBN 978-65-5964-489-6

  1. Brasil. [Constituição (1988)]. 2. Direito constitucional - Brasil. I. Porto, Walter Costa. II. Título. III. Série.

  22-76134   CDU: 342.4(81)

  Meri Gleice Rodrigues de Souza – Bibliotecária – CRB-7/6439

APRESENTAÇÃO

A arqueologia das ideias tem uma importância marcante para o presente momento. Ao revermos lições sobre nossa primeira República constitucional, reencontramos instituições e instrumentos jurídicos que praticamos e aos quais nos conformamos ainda hoje, cujas soluções originais representaram avanços significativos, mas também indicam falhas, dúvidas e dificuldades que se avolumariam com o decorrer do tempo. É preciso investigar, pois, com todo cuidado e atenção, essas origens, que formam parte das raízes que ainda sustentam a República que vivenciamos; é preciso reconhecer as divergências e questionamentos constitucionais, democráticos e republicanos, aparentemente sepultados naquele passado, pela Constituição de 1891 e por fatos que se lhe seguiram, para neles não reincidir inadvertidamente. Esses tópicos ainda compõem "um poderoso fator mental do nosso direito Constitucional", para usar aqui a expressão muito certeira do grande historiador constitucional dessa época, Felisbello Freire. Além disso, é só a História que nos pode oferecer a justa perspectiva das normas.

Assim, resgatar as obras seminais de nosso constitucionalismo republicano equivale a marcar um encontro não apenas com o passado. A obra *Constituição Federal Brazileira: Commentarios*, de João Barbalho U. C. (como vem nominado nos originais seu autor, João Barbalho Uchôa Cavalcanti), elaborada sob a vigência da Constituição de 1891, e publicada em 1902, representa uma das mais amplas e relevantes obras dos albores do constitucionalismo republicano brasileiro.

João Barbalho, nascido em 13 de junho de 1846, em Sirinhaém, Pernambuco, era filho do Senador do Império Álvaro Barbalho Uchôa Cavalcanti. Formou-se na Faculdade de Direito de Recife, cidade na qual foi Promotor e Diretor Geral da Instrução Pública. Em 1890, foi eleito para a Constituinte, o que lhe permitiu não apenas contribuir com a Constituição que viria a aplicar (como Ministro) e comentar (como autor), mas também lhe franqueou o conhecimento íntimo e detalhado dos debates e das disputas políticas (não partidárias) que conduziram à redação final do texto. Fato que não pode ser ignorado, porém, é o de que a eleição dos membros dessa constituinte ocorreu sob forte desconfiança, marada pelos interesses do Governo.[1]

---

[1] Cf. FREIRE, Felisbello. *Op. cit.*, p. 293 e MILTON, Aristides. *A Constituição do Brazil*. Noticia Historica, Texto e Commentario. Rio de Janeiro: Imprensa Nacional, 1898, p. XXI.

Como o Congresso Constituinte, ao finalizar seus trabalhos, converteu-se, por decisão sua, em Congresso constituído, João Barbalho exerceu também o mandato como parlamentar, o que ocorreu quando retornou ao Congresso após a renúncia do Presidente Deodoro da Fonseca, do qual fora Ministro em diversas Pastas. Na legislatura seguinte, foi Senador, tendo exercido este cargo de 1893 a 1897[2].

O processo constituinte do qual participou João Barbalho teve muitíssimas peculiaridades dignas de nota. Havia, nele, o que os constitucionalistas classicamente consideram uma ideia-força como inerente ao momento de ruptura constitucional. No caso, era a ideia de República, presente já na Revolução pernambucana de 1817, na Confederação do Equador (de 1824), duas das "gloriosas tradições de Pernambuco" festejadas pelo autor no pórtico da obra, bem como presentes também na Republica de Piratini (1835). A essas ideias-força se pode acrescer tanto o federalismo como o presidencialismo. Aliás, foi a partir de então que a influência intelectual francesa iria perder destaque, justamente em face da obra paradigmática dos norte-americanos.

Outra peculiaridade foi o Congresso Constituinte ter sido moldado na dualidade das Casas, com Câmara e Senado atuantes, este último em conhecida composição de três senadores por Estado, ainda que os Estados, nessa época, não estivessem devidamente constituídos. Outra peculiaridade foi a de que esse Congresso constituinte não podia ser definido claramente como um corpo político.[3]

O que mais chama a atenção, porém, é a circunstância de ter operado de maneira muito restrita, posto que se submeteu ao Projeto de Constituição previamente apresentado pelo Governo provisório, assumindo-o como seu eixo central. Esse projeto, anunciado por estudiosos como aquele elaborado por uma Comissão de Juristas nomeada pelo Governo Provisório, não foi encaminhado à Constituinte, mas sim outro, reformulado em reuniões na Praia do Flamengo, na residência de Rui Barbosa.[4]

Em 1897, João Barbalho foi nomeado Ministro do Supremo Tribunal Federal, preenchendo a vaga que fora do Ministro Ubaldino do Amaral Fontoura.[5] Exatamente

---

[2] Cf. LAGO, Laurenio. *Supremo Tribunal de Justiça e Supremo Tribunal Federal*: dados biográficos (1828-1978). s/l: Biblioteca do Exército ed., 1978, p. 173.

[3] Sobre a falta dos partidos políticos, cf. FREIRE, Felisbello. *História Constitucional da República dos Estados Unidos do Brasil*. Vol. 3. Rio de janeiro: Typ. Aldina, 1895, p. 12. Freire conclui logo adiante: "Podemos, pois, dizer que o nosso direito público elaborou-se e organizou-se sem deixar na sociedade política os partidos organizados" (*op. cit.*, p. 15). Esse descaso com um elemento essencial à prática da Democracia como a conhecemos se fez presente, em maior ou menor grau, mas sempre invocando alguma justificativa circunstancial supostamente legitimadora, durante a História político-partidária brasileira.

[4] Sobre o tema, cf. LACOMBE, Américo Jacobina. *Rui Barbosa e a Primeira Constituição da República*. Casa de Rui Barbosa, 1949, p. 7.

[5] Cf. <http://stf.jus.br/portal/ministro/verMinistro.asp?periodo=stf&id=142>, acesso em 29 de agosto de 2021.

nesse momento, quando já carregava a experiência de ter sido um dos primeiros magistrados do STF, elaborou os presentes Comentários. Também foi nesse cargo que se aposentou em 1904, vindo a falecer em 1909.

A segunda edição de sua obra, uma edição póstuma, publicada em 1924, ressurgiu de maneira a poder servir como base de consulta à Revisão Constitucional, conclamada pelo Presidente da República, Arthur Bernardes, na abertura da primeira sessão da 12ª Legislatura do Congresso Nacional, naquele mesmo ano. Tratava-se de um processo reformista que, na visão de Arthur Bernardes, ocorreria sem "perigo de excesso" e para a qual o editor acreditava poder contribuir para o bom debate com a reedição.

Algumas das teses de João Barbalho devem despertar nossa atenção, pois poderiam ser retomadas como sugestões de mudanças relevantes para a sociedade nos dias atuais. O fato de não terem vingado essas suas ideias naquela nossa primeira República, não significa, certamente, que eram inadequadas para o Brasil ou que lhes falecia a melhor técnica. Sabemos que alguns dos caminhos trilhados por nossa primeira República foram opções políticas meramente conjunturais, majoritariamente realizadas por um Governo provisório, também amplamente tido como ditatorial, em um momento revolucionário, de grande euforia, mas também cercado de inúmeras dúvidas e contradições.

Dito isso, chama nossa atenção a circunstância de encontrarmos uma firme permanência de muitas das escolhas realizadas em 1891. É fato assombroso, não apenas pela passagem de mais de 130 anos, mas também pela impressionante (e discutível) resistência das opções constantes desse texto às superlativas mudanças e demandas da sociedade atual.

Essas circunstâncias, a forma como está composta a obra e sua posição histórica são motivos mais do que suficientes para uma reedição, que privilegia e amplia o acesso a esses estudos. Trata-se de mais uma dentre tantas outras impressionantes iniciativas, de largo alcance, idealizadas e concretizadas pelo Ministro Gilmar Mendes.

O esmero por uma linguagem objetiva, cativante, de alguém que era também capaz de surpreender o leitor com os detalhes menos visíveis das engrenagens constitucionais, mas sempre com lições firmes, caracterizam a escrita e são um convite permanente aos estudos posteriores.

Além de expor preciosidades sobre o processo constituinte de 1890-1891, João Barbalho traz em sua bagagem intelectual a Doutrina constitucional nacional e estrangeira de referência na época, ao lado de seu conhecimento da jurisprudência norte-americana, o que conferia realismo à normativa paradigmática de 1787 e servia de amparo nas difíceis questões práticas que apareciam (como a necessidade de manter a igualdade comercial completa entre os Estados-membros). Ademais, transparece o domínio do uso comparativo do Direito constitucional, não faltando críticas à incorporação por puro mimetismo, no Brasil, de certas decisões de Filadélfia, ou à Constituição da Suíça e da França. Por fim, a obra propicia a leitura dos principais fatos inaugurais daquela primeira Constituição republicana, fatos relacionados ao cumprimento e à experimentação constitucionais, tornado ainda mais rica a compreensão do programa normativo de 1891.

A percepção de que a Constituição é documento que depende da sociedade, da realidade dos fatos, é um dos mais significativos pensamentos do autor[6]. Ele está presente em diversas passagens desta obra, das quais destaco uma, preliminar, na qual João Barbalho se refere aos direitos e garantias constitucionais: "[...] preciosíssimo tesouro que fica sob a guarda e vigilância do patriotismo e zelo cívico dos que compõem a nação brasileira". E, em apontamento muito relevante para esse contexto, recorda a fala do Presidente dos Estados Unidos da América do Norte, James A. Garfield, assassinado no primeiro ano de seu mandato, em 1881: "Se a ignorância e o vício cegam e corrompem as novas gerações, é inevitável a ruína da República". Mais ainda, invocando Laboulaye, advertia que "não se tem até o presente achado Constituição que dispensa os homes de serem sisudos e justos, nem que os torne felizes e tranquilos apesar de suas loucuras".

Essas colocações revelam o estudioso erudito, o Ministro atento à letra jurídica, mas experimentado, e também o Homem preocupado com as condições reais que qualquer estrutura normativa requer para sua efetividade.

A meticulosa obra do autor ocupa posição de destaque e de grande influência na construção do pensamento nacional, tendo permanecido viva em tantas das atuais compreensões e práticas jurídicas, como a corrente concepção de que, no federalismo, há "ordens de autoridades que entre si não têm subordinação hierárquica". Aliás, em sua posição de constituinte, o autor foi contrário à intervenção da União nos estados, o que ficou consagrado no art. 6º, admitindo-a apenas a bem da Federação. Foi seu posicionamento que fez alterar o projeto de Constituição nesse ponto. Antecipando o problema da simetria, que permaneceria inclusive na Constituição de 1988, o constituinte João Barbalho atacou firmemente a proposta, que ao final foi derrotada, justamente porque estava estabelecendo "um sistema uniforme, simétrico, inflexível"[7].

Dentre suas posições presentes nesta obra, cumpre apenas relembrar algumas, para que o leitor, posteriormente, possa melhor conhecer, com detalhes, o teor das anotações, teses e advertências do autor.

Começo chamando a atenção para um fato singular no momento da promulgação da Constituição. Recorda João Barbalho que o General Deodoro da Fonseca,

---

[6] Também presente em constitucionalistas da época, como Aristides MILTON (*op. cit.*, p. XXIV).

[7] Anaes do Congresso Constituinte, v. 2, p. 148 e 162, *apud* FREIRE, Felisbello, *op. cit.*, p. 239.

Chefe do Governo provisório, abdicou de realizar a publicação pela via do Decreto, conforme se havia cogitado fazer, mas uma opção que já era, na época, considerada altamente inconveniente. Isso nos dá mostra do entendimento constitucional profundo e rigoroso que já havia. E, com isso, no entendimento do autor, o General deu "uma alta prova de seu espírito de concórdia e vistas elevadas e patrióticas".

Em uma constituinte marcada pela elevada presença de militares – o que era compreensível, considerando o papel destes na instituição da República –, foi das raras vozes que expuseram alguma discussão nesse campo, propugnando por serem as forças armadas um incômodo ao cidadão, onerosas à nação e instituição avessa à aspiração da democracia moderna. Mas essa convicção era temperada pela realidade, enquanto não fosse alcançada a paz permanente entre os povos.

É interessante perceber que na obra transparece como uma das normas mais notáveis da Constituição a de estar "garantida a representação da minoria" no Parlamento, sob pena de não se representar de maneira fidedigna a "opinião nacional". Trata-se de lição vanguardista para sua época, diretriz que foi abandonada, embora cada vez mais premente nas sociedades hipercomplexas como a brasileira.

Vê-se, ainda, a crítica, extremamente ousada para a época, dentre os que consideravam legítimo o *judicial review*, em não o atribuir à uma genialidade dos constituintes norte-americanos, mas sim de considerá-lo nada mais do que resultante da *lógica do sistema constitucional*.

Alguns pontos certamente aproximam-se muito intensamente da forte cultura liberal da época. Ainda no âmbito dos direitos fundamentais, havia a proclamação da propriedade em termos próximos de um absolutismo, no art. 72, que matinha esse direito "em toda sua plenitude", e que acrescentava, ainda, restarem as minas como integradas nesse mesmo direito de propriedade (cujo regime também estava inserto no art. 64, quanto à propriedade dos Estados-membros). Mas o autor reconhecia a necessidade de um regime especial para as minas privadas, invocando a conveniência pública do assunto, bem como o interesse social e econômico, sob pena de ocorrer, nas palavras do próprio João Barbalho, uma calamidade.

Nas críticas ao regime dos Poderes, há muitos pontos de merecido destaque, e que enriqueceriam os debates nos dias de hoje. Assim, por exemplo, a inexatidão do termo que se consagrou universalmente, de "Poder Executivo". O autor justifica a crítica severa não apenas pela amplitude de suas funções, para além da mera execução das leis – como o demonstram as funções tipicamente legislativas (iniciativa, veto) e as funções durante o estado de exceção –, mas considerando também a defesa enfática que está presente, em seu pensamento, sobre a amplitude desse Poder, supostamente constituído, na origem, sob a forte influência dos poderes pessoais de Jorge III, da Inglaterra.

Igualmente nos crimes de responsabilidade, e seguindo essa concepção de Poder Executivo forte, o autor lembra do propósito de evitar, nesse tema, tudo o que possa ensejar o arbitrário. Essas são lições que certamente valeriam para fatos recentes do país, de forte crítica à legislação aberta ou vaga, que advertem sobre o perigo em se considerar esse juízo "como meramente político e inteiramente discricionário". Esse foi um dos assuntos que dividiu os publicistas na época, e que esteve envolto nos conflitos entre Legislativo e Executivo. Muitos analistas consideraram a Lei dos crimes de responsabilidade, aprovada em 8 de janeiro de 1892 pelo Congresso Nacional, como uma "lei de ocasião", caracterizando um ataque do Parlamento ao Presidente da República.

Antes disso, atentado contra o jornal Tribuna, de forte oposição ao Governo provisório, fez crescer exponencialmente a oposição do Congresso constituinte ao Chefe do Executivo, e "a intenção de ligar a responsabilidade do atentado a pessoas aconchegadas ao Chefe da nação"[8]. O anúncio da candidatura concorrente à de Deodoro da Fonseca, para a primeira Presidência eleita (indiretamente) da República, fez transparecer o perfil ditatorial do Chefe do Executivo provisório, com os rumores[9] de que um resultado contrário ao seu nome não seria aceito. Isso dá a exata dimensão das dificuldades de implantação da Primeira República brasileira. Uma vez estabelecida a Presidência eleita, João Barbalho viria a ocupar o cargo de Ministro desse Governo.

A crise se avolumou e seu desfecho foi o golpe de Deodoro da Fonseca, fechando o Parlamento, mas que acabou por culminar, logo adiante, em sua renúncia, já que não encontrou apoio aos seus rompantes ditatoriais. O tom personalíssimo desse descompasso democrático nos dá Aristides Milton, ao observar que o Presidente "não soube sopear os ímpetos de seu temperamento, incompatível com a serenidade própria ao chefe de qualquer nação livre"[10].

Porém, os conflitos e entraves ao pleno constitucionalismo não se encerrariam com a renúncia. Para não me alongar demasiadamente, recordo que o Vice-Presidente, Floriano Peixoto, após assumir a Presidência por vacância, e com a complacência do Congresso, recusou-se a realizar novas eleições, como determinava a norma constitucional, alegando que esse regime não valeria para a primeira Presidência republicana. Até mesmo militares, que exigiam novas eleições, foram reformados compulsoriamente.[11] João Barbalho, escrevendo em 1902, oferece também uma fortíssima crítica do modelo de vice-presidência, esse "herdeiro presuntivo que a Constituição criou".

---

[8] Freire, *op. cit.*, p. 298.
[9] "Esses rumores apontavam membros da guarnição da capital da Republica como os promotores da coação por meio da qual pretendiam anular o sufrágio da Constituinte" (FREIRE, op. cit., p. 304).
[10] *Op. cit.*, p. XXV.
[11] MILTON, Aristides. *Op. cit.*, p. XXVII.

São fatos e atos constitucionais de nossa primeira República, envoltos na obra de João Barbalho, que nos incitam à permanente reflexão, construção e defesa dos postulados constitucionais da Democracia, vida, liberdade e razão.

André Ramos Tavares
Professor Titular da Faculdade de Direito da USP, Vice-Coordenador e Professor do Núcleo de Direito Constitucional da PUC/SP, Presidente do Instituto Brasileiro de Estudos Constitucionais, foi Presidente da Comissão de Ética Publica da Presidência da República do Brasil.

A' VENERANDA MEMORIA DE MEO IDOLATRADO PAE

Alvaro Barbalho Uchoa Cavalcanti

(FALLECIDO SENADOR DO IMPERIO)

ao influxo de cujas idéas liberaes e progressivas
educou-se meo espirito

As leis não servem sinão por sua exacta e rigorosa applicação.

Pimenta Bueno.

Custodite leges.

Levit., XVIII, 5.

Lex interpretatione adjuvanda.

L. 64, Dig. de cond. et dem.

A epigraphe da lei, seo preambulo, os trabalhos preparatorios para sua confeição, como sejam as emendas, seguidas de seos motivos na discussão, rejeitadas, ou que havendo sido approvadas, modificaram o projecto primitivo e bem assim o exame do estado das coisas existente antes ou no tempo de fazer-se a lei, servem de esclarecer disposições obscuras e duvidosas...

Paula Baptista, Hermen. jur. § 33.

N'este livro procuramos mostrar de onde procede, de que modo se elaborou, o que em si contém, como se explica e fundamenta cada uma das disposições da Constituição de 24 de fevereiro de 1891.

Serviram-lhe de fontes os projectos preliminares dos membros da commissão pelo governo provisorio encarregada de preparar a Constituição, o d'essa commissão, os do mesmo governo (de 22 de junho e de 23 de outubro de 1890), o parecer e emendas da commissão do congresso constituinte, os discursos n'elle proferidos em defesa ou impugnação dos artigos e emendas, as doutrinas do FEDERALISTA e de outros autorisados expositores do direito federal americano, bem como da Suissa, os escriptos infelizmente ainda escassos, de publicistas brazileiros sobre assumptos constitucionaes, e as decisões do nosso Supremo Tribunal Federal como interprete da Constituição.

Et nobis, qui hoc opus suscepimus, nan facilem laborem, imo vero negotium plenum vigilarum et sudoris assumpsimus (Mach, lib. II, cap. II, v. 27).

Mas si gastámos vigilias e suámos a respigar n'esse tão vasto campo e muito nos fizemos guiar pelos mestres, terá o leitor occasião de ver que, seguindo-os e não raro textualmente mesmo, não abandonamos todavia nosso criterio pessoal e o resultado de nossas proprias elocubrações. Nem deve causar reparo a abundancia de transcripções (muitas das quaes de outros trabalhos nossos). Ellas entram no plano da obra, como parte essencial d'esta; para a justificação que fazemos das disposições discutidas e do sentido que lhes attribuimos, trazemos em nosso apoio os conceitos e as proprias palavras dos que as apresentaram e as defenderam, e a lição dos mais autorisados escriptores.

E, cumpre advertir, a nosso abono, que não tivemos o intuito (bem conhecemos quanto isso sobrepujaria as nossas forças) de dar a este livro o feitio de um tratado scientifico, theorico, systematico. Pretendemos, apenas, explicando o texto da Constituição, illustral-o com alguns esclarecimentos historicos, doutrinarios e exegeticos, conducentes a facilitar-lhe a intelligencia e boa execução.

Nem chega nossa presumpção a admittir que isso tenhamos realisado de modo satisfactorio e até pedimos aos competentes o favor que o poeta latino aconselhava: *Da veniam scriptis*, etc.

Cremos, porém, que este livro será util. Os provectos em tão larga materia não desistimarão achal-a substanciada e, pelo dizer assim, posta á mão, de modo pertinente, sob o texto legal. Aos que precisam de aprender, aos estudiosos, aqui se depara, prompta e apparelhada, lição haurida de boas fontes, ácerca de cada artigo, paragrapho e alinea da Constituição.

Indocti discant, ament meminisse periti.

ADVERTENCIA

O texto da Constituição no corpo da obra é o que está impresso em **typo egypcio**. As palavras que nos commentarios se acham n'esse mesmo typo, são egualmente da Constituição.

Escaparam na revisão das provas typographicas varias incorrecções. As principaes são á pag. 207, primeira columna do texto, linha 2 e 3, — CONSELHO em vez de CONGRESSO — e á pag. 262, primeira columna, ultima linha — NO CASO DE HAVER em vez de NO CASO DE NÃO HAVER. As outras vão com essas mencionadas na — ERRATA — no fim do livro.

O facto de não ter podido a revisão ser feita do principio ao fim pela mesma pessoa, explica certa falta de uniformidade de orthographia.

CONSTITUIÇÃO FEDERAL BRAZILEIRA

COMMENTARIOS

PROPRIEDADE DO AUTOR

CONSTITUIÇÃO FEDERAL BRAZILEIRA

COMMENTARIOS

POR

JOÃO BARBALHO U. C.

(Ministro do Supremo Tribunal Federal

RIO DE JANEIRO

Typographia da Companhia Litho-Typographia, em Sapopemba

1902

AO POVO BRAZILEIRO

> Respublica est RES POPULI
> Cicer., *De republ.*

HOMENAGEM

ás gloriosas tradições de Pernambuco

1654 ✴ 1710 ✴ 1817 ✴ 1824

CONSTITUIÇÃO
DA
REPUBLICA DOS ESTADOS UNIDOS DO BRAZIL

PREAMBULO

DECRETO N. 510 DE 22 DE JUNHO DE 1890

O Governo Provisorio da Republica dos Estados-Unidos do Brazil, constituido pelo exercito e armada, em nome e com assenso da nação:

Considerando na suprema urgencia de accelerar a organisação definitiva da Republica e entregar no mais breve prazo possivel á Nação o governo de si mesma, resolveu formular sob as mais amplas bases democraticas e liberaes, de accordo com as lições da experiencia, as nossas necessidades e os principios que inspiraram a revolução de 15 de Novembro, origem actual de todo o nosso direito publico, a Constituição dos Estados-Unidos do Brazil, que com este acto se publica, no intuito de ser submettida á representação do paiz, em sua proxima reunião...

DECRETO N. 914 A DE 23 DE OUTUBRO DE 1890

O Governo Provisorio da Republica dos Estados-Unidos do Brazil, constituido pelo exercito e armada, em nome e com assenso da nação:

Considerando na conveniencia de attender immediatamente ao sentimento nacional, contemplando algumas alterações indicadas á Constituição da Republica dos Estados-Unidos do Brazil, cujo texto, dependente da approvação do futuro Congresso, se publicou pelo decreto de 22 de Junho deste anno:

Resolveu modifical-o desde logo nos raros topicos sobre que se pronunciou accentuadamente neste sentido a opinião do paiz;

E, em consequencia, Decreta:

Nós, os Representantes dos Estados Unidos do Brazil, reunidos em Congresso Nacional para decretarmos nossa constituição politica e elegermos o presidente e vice-presidente da republica, declaramos solemnemente que approvamos e sanccionamos a incruenta revolução de 15 de Novembro de 1889 e, tendo em mira firmar para nossa juvenil e vigorosa nacionalidade o gozo da justiça e da liberdade, o exercicio de todos os direitos, o bem individual e publico, a paz e segurança interna e externa, a ordem e o progresso, votamos, decretamos e promulgamos a seguinte Constituição:

(Proposto pelo senador Americo Lobo e rejeitado pelo Congresso Constituinte na sessão de 3 de fevereiro de 1891).

Nós, os Representantes do Povo Brazileiro, reunidos em Congresso Constituinte, para organisar um regimen livre e democratico, estabelecemos, decretamos e promulgamos a seguinte Constituição:

(Preambulo redigido pela mesa do Congresso e lido no acto da promulgação.)

Preambulo. Pelo decreto n. 1 de 15 de Novembro de 1889 ficou proclamada provisoriamente e decretada como forma de governo da nação brazileira — a Republica Federativa, passando a ser o paiz regido por um GOVERNO PROVISORIO, emquanto pelos meios regulares não se procedesse á eleição do *Congresso Constituinte do Brazil*. (arts. 1 e 4). Esse governo, declarando considerar de suprema urgencia a organisação definitiva do novo regimen, resolveu formular a «Constituição dos Estados Unidos do Brazil» e submettel-a á representação da nação. Neste intuito, por decreto n. 510 de 22 de Junho de 1890, convocou, para 15 de novembro seguinte, os representantes do povo brazileiro, tendo antes declarado eleitores *todos os cidadãos brazileiros* no gozo de seus direitos civis e politicos e que soubessem ler e escrever (decreto n. 6 de 19 de Novembro de 1889). A esses representantes, reunidos, no dia aprazado, no antigo paço de São Christovão, o chefe do Governo Provisorio, generalissimo **Manuel Deodoro da Fonseca**, dirigio, e foi lida no acto solemne da abertura das sessões do Congresso, uma mensagem, na qual se contém os seguintes trechos que são, pelo dizer assim, uma «razão de ordem» da nova Constituição:

«... No mais sombrio da nossa existencia colonial, a aspiração da liberdade penetrou no intimo de todas as consciencias e gerou as erupções terriveis da soberania da razão contra as violencias ou fraudes da soberania de convenção.

« Tinham os nossos maiores um tal culto pela democracia, que um só élo do despotismo antigo não era quebrado sem que não respondessemos com a adhesão armada, celebrando as paschoas da liberdade com o sangue sagrado de patriotas abnegados, sublimes de coragem e resignação na hora do martyrio.

« A inconfidencia mineira, todos os motins e revoltas politicas, que minavam o solo da patria até á sangrenta revolução de 1817, nunca accentuaram, simplesmente, idéa de emancipação colonial.

« E para os que quizerem ver na independencia alcançada em 1822 a palavra suprema dos nossos anhelos, apontaremos o 7 de abril de 1831, em que banimos o primeiro imperador, e só o ainda quasi berço de um orphão, que elle confiou á nossa guarda e carinhos, póde conter a pronunciada aspiração republicana de então.

«Na America a monarchia estava ao desamparo das tradicções de heroismo de seus fundadores: uma obra sem raizes na historia não podia fallar á imaginação e gratidão dos povos pelos feitos que os tornassem livres e poderosos.

«A tirada por uma lufada revolucionaria da Europa, onde, com sangue francez escreveu-se a reforma, para o mundo, do direito politico antigo, foram-lhe refugio as nossas plagas que receberam, ao mesmo tempo, a semente da revolta, do desdobre dos seus mantos, purpuras e arminhos.

«Da nossa preoccupação constante de influir directa e immediatamente no governo de nossa patria, da tenacidade com que combatíamos os obstaculos que encontravamos, existem traços indeleveis nas paginas da historia contemporanea.

«E por tal modo sabiamos impôr a nossa vontade soberana, que ás revoluções seguiam sempre as reformas, em vez das perseguições.

«Neste ultimo quarto de seculo as idéas liberaes tomaram grande desenvolvimento e não havia como conter a sua força de expansão. A victoria da democracia era tanto mais de esperar-se, quanto era certo que todos os antigos centros de resistencia monarchica estavam de ha muito em adeantado estado de dissolução.

«Como força impulsora de toda a politica havia a vontade irresponsavel do ex-imperador que, tendo deante de si, annullados, todos os orgãos do governo consagrados pela Constituição, devia sentir muitas vezes o tedio que a omnipotencia sem contraste acarréta, principalmente quando no fundo das consciencias dos que a exercem ha a convicção de sua esterilidade para o bem.

«Deste estado de cousas, apparentemente tranquillo e seguro para a monarchia, que sentia, entretanto, as vibrações das grandes e indefinidas correntes que trabalhavam como que subterraneamente a alma nacional, nasceu a idéa de um terceiro reinado, que a astucia e a audacia, servidas por ambições sem limites, deviam plantar no solo da patria, ainda em vida do segundo.

«Felizmente para a causa democratica havia desapparecido completamente a nefanda instituição do trabalho servil, que trazia o senhor e o escravo acorrentados no mesmo grilhão, ao qual se prendiam, por mil dependencias diversas, todas as manifestações da vida economica nacional.

«Quando a monarchia, prelibando a sua renovação em rebento mais vigoroso, suppunha, apezar das grandes resistencias republicanas, que enfrentavam nas urnas os mil meios de corrupção empregados pelos seus agentes, ter, no exercito e armada nacionaes ameaçados, um ultimo reducto a vencer para submetter a alma nacional, que queria o direito de agir livremente qual fôra reconhecido ao escravo, encontrou os soldados cidadãos firmes e resolutos para ampararem tambem a causa da liberdade civil.

«Desde então pronunciou-se a crise que deu logar ao seu desapparecimento, subito, instantaneo, como violentos e insanos foram os meios empregados para o seu fortalecimento e salvação.

«Alcançada assim a victoria, banido para sempre do seio da America um regimen antagonico com a sua hegemonia, com a sua aspiração de liberdade, com as tendencias das civilisações que se formavam e desenvolviam após a grande revolução que definiu os dogmas dos direitos do homem, cumpre-nos voltar vistas solicitas e patrioticas para a conquista realisada, para a obra que, embora finda, ha de ir recebendo—com o tempo, com a observação dos factos, com o conhecimento exacto das circunstancias e das necessidades reaes do paiz, com o aperfeiçoamento da educação popular e politica das classes e dos partidos, com as expansões que fôrem tendo as nossas riquezas, as nossas industrias, — os retoques e reformas indispensaveis á sua consolidação.»

O PREAMBULO enuncia por quem, em virtude de que autoridade e para que fim foi estabelecida a Constituição. Não é uma peça inutil ou de mero ornato na construcção d'ella; as simples palavras que o constituem resumem e proclamam o pensamento primordial e os intuitos dos que a architectaram.

Cumpre tel-o sempre em vista para a bôa intelligencia d'ella. O proposito de estabelecer um *regimen livre e democratico*, o grandioso escópo dos constituintes, domina e inspira o conjuncto das disposições da Constituição. Elle deve servir de guia e phanal aos interpretes e executores, quando, embaraçados nos lugares obscuros, ambiguos ou lacunosos, necessitem de fixar ao texto defeituoso o sentido preciso, completo e adequado.

Para bem entender o sentido de uma lei, — doutrinava J. Domat, o sabio jurisconsulto, — se devem pesar todos os seus termos e o preambulo mesmo, a fim de julgar da sua disposição pelos seus motivos...

Nós, os representantes do povo brazileiro. Estas palavras consagram o mandato e delegação que tiveram os constituintes para organisar o novo regimen. Para essa alta e relevante empreza autoridade e poderes lhes foram conferidos pelo POVO BRAZILEIRO, isto é, pela nação toda, e agiram em nome d'ella. Esta expressão—do povo brazileiro—muito de industria foi empregada no preambulo e, indicando a autoridade em virtude da qual os representantes legislaram, mostram que elles não obraram como *representantes dos Estados*, mas de todo o povo do Brazil. E pois só esse *povo* (e não o de cada Estado de per si) tem o direito de alterar ou mudar a Constituição feita pela nação inteira por intermedio de seus delegados.

Isto ainda mais se corrobora tendo-se em consideração que a esse tempo não havia Estados constituidos que nessa qualidade fossem convocados. O decr. n. 1 de 15 de Novembro de 1889 (arts. 1, 2 e 3) erigio sim as provincias em Estados, mas só *provisoriamente*, e presididos por agentes do governo central, para mais tarde se organisarem como taes, decretanto cada um sua *constituição definitiva*. O decr. n. 79 B de 21 de Dezembro do mesmo anno, convocando a reunião da assembléa constituinte, não convocou os Estados e referio-se em seu preambulo á manifestação da *vontade nacional* pelo suffragio de todos os cidadãos não analphabetos e no gozo de seus direitos civis e politicos. O decr. n. 510 de 22 de Junho de 1890 submetteo á *representação* DO PAIZ (sic), a qual se deveria reunir no dia 15 de Novembro seguinte, o Projecto de Constituição que no mesmo acto foi publicado e, emendado pelo Congresso, é a Constituição vigente. O art. 1 desse decreto chama aos constituintes—*os representantes do* POVO BRAZILEIRO. N'essa qualidade foram reconhecidos, e nesse caracter prestaram a affirmação ou compromisso de bem desempenhar seus deveres, como se vê da fórmula que o proprio Congresso adoptou para esse acto. Proferindo-a, cada representante affirmou comprometter-se a desempenhar «fiel e legalmente» o cargo que lhe foi «confiado *pela nação*» (palavras textuaes); nenhum se disse representante de tal ou qual Estado (Reg. do Congresso-Const., art. 17, approvado em sessão de 20 de Novembro de 1890).

Vê-se pois que á nação, ao povo brazileiro, é que, pelo Governo Provisorio que personificava a revolução triumphante em 15 de Novembro (e não aos Estados) foi devolvida e confiada, como devia ser, a tarefa de se constituir politicamente

— e a Constituição é realmente feitura d'ella por intermedio de seus procuradores. — E sendo assim, não têm os Estados a faculdade e o arbitrio de se separar da União e se apartar da Constituição *estabelecida pelo povo brazileiro;* não ha o « direito de secessão » e n'este sentido bem cabida é a expressão «união perpetua e *indissoluvel*», de que usa o art. 1. Ainda de accôrdo com esse pensamento se acham a disposição do art. 63: « Cada Estado reger-se-ha pela Constituição e leis que adoptar, *respeitados os principios constitucionaes da União*,» e a do art. 65 § 2 que os sujeita ás prohibições contidas expressa ou implicitamente na Constituição federal. — Quem assim o dispoz foi a *vontade nacional*, appellidada pelo dec. n. 79 B, foi o *povo brazileiro* (dec. n. 510) e só elle poderá determinar o contrario. *Ejus est tollere, cujus est condere.*

Reunidos em Congresso Constituinte.
São os congressos constituintes assembléas especiaes e extraordinarias destinadas a realisar ou reformar a organisação politica da nação que as elege. Seos poderes constam, em geral, do acto de sua convocação e interpretam-se em vista d'elle e dos fins para que ellas se reunem. Esta noção implica a solução da importante questão dos limites dos poderes das assembléas constituintes. A natureza d'ellas, sua razão de ser, sua missão, a origem de seu poder e autoridade, fundamentam solução contraria á extensão illimitada de taes poderes. E, neste sentido, bem alto entre nós fallam importantes precedentes historicos.

Quando, proclamado o regimen constitucional em Portugal, D. João VI, — jurando, em 26 de Fevereiro de 1821, sancçionar e cumprir a constituição que alli se estava fazendo, — mandou proceder á eleição dos deputados constituintes brazileiros ás côrtes de Lisbôa, para essa eleição expedio as instrucções publicadas com o decr. de 7 de Março d'aquelle anno. O art. 100 dessas instrucções menciona nos seguintes termos os poderes dos referidos deputados : « ... poderes amplos para cumprir e desempenhar as augustas funcções que lhes são commettidas e para que, com os mais deputados das côrtes como Representantes da nação portugueza, possam proceder á organisação da Constituição politica d'esta monarchia, *mantida a religião catholica apostolica-romana, e a dynastia da Casa de Bragança, tomando por bases fundamentaes as da Constituição da monarchia hespanhola com as declarações e modificações que forem apropriadas ás differentes circumstancias d'estes Reinos, com tanto porém que estas modificações ou alterações não sejam menos liberaes e ordenando tudo o mais que entenderem que conduz ao bem geral da nação... »*

Ahi estão restricções prefixadas á missão dos constituintes.

O decr. de 3 de Janeiro de 1822, do principe regente D. Pedro, com referenda de José Bonifacio de Andrada e Silva, mandou convocar uma « Assembléa Constituinte e Legislativa, » para cuja eleição foram expedidas as instrucções de 15 do mesmo mez e anno. Estas instrucções estabeleciam que os deputados pelo simples acto da eleição ficavam « investidos de toda a plenitude de poderes necessarios para as augustas funcções d'Assembléa, bastando para autorisação a copia da acta das suas eleições » e prohibiam que fosse eleito quem não tivesse « decidido zelo pela causa do Brazil. » E a *causa do Brazil* então era a independencia com a monarchia constitucional (*). A exclusão dos que não a adoptavam tirava á Assembléa a faculdade de constituir por outro modo o paiz e impunha a fórma monarchica constitucional. A limitação de poderes ficou expressa na fórmula de juramento dos deputados ; elles se obrigaram a fazer a constituição politica do Imperio do Brazil e as reformas indispensaveis, mantidas porém, a independencia, a monarchia, a dynastia de Pedro I e a religião catholica *(Annaes da Assembléa Constituinte,* de 1823, vol. I, pag. 26.)

E' pertinente transcrever o que no sentido d'essa limitação se disse nas discussões havidas na constituinte daquelle anno :

« O SNR. ANDRADA MACHADO (Antonio Carlos): Talvez venha o nobre preopinante com a arenga de assembléa constituinte que em si concentra os poderes todos; advirto porém que não podemos concentrar poderes que existiam antes de nós, dimanaram da mesma origem e não foram destruidos pelo acto da nossa delegação; antes pelo contrario, tiveram a principal parte na nossa creação.

« A nossa procuração é coarctada ; ampliol-a seria usurpação e a esta sempre me opporei. » (Sessão preparatoria, em 2 de maio de 1823).

Na discussão de um projecto de lei acerca de sociedades secretas, em sessão de 7 de Maio, ao dizer o deputado Dias que, achando-se a assembléa em « estado organisante, » estava *revestida de todos os poderes e sem ter lei a que se sujeitar*, observou o deputado Antonio Carlos que isso era um principio desorganisador e seria tyrannia si a assembléa o adoptasse ; e lembrou o deputado Martim Francisco que essa pretenção tyrannica era o esquecimento do juramento dado. « Nós juramos fazer a constituição politica d'este imperio e simplesmente as reformas urgentes, » disse, accrescentando :

« Deixemos a cada um dos outros poderes o exercicio de suas funcções e limitemo-nos áquillo de que estamos encarregados. » E ainda na sessão de 16 do mesmo mez :

« A nação já assentou certas bases : escolheo dynastia ; acclamou o seo imperador, que é tambem protector e defensor perpetuo do Brazil ; e declarou portanto a forma de governo que preferia, isto é, a monarchia constitucional, em que é essencial a divisão dos poderes. ... Nestas bases, nós, constituidos representantes da nação, nada podemos mudar, para as alterar não nos deram poderes, só os temos para edificar sobre ellas. »

(*) A eleição do representante Henrique de Resende foi contestada, allegando-se "que elle não era affecto á causa do Brazil, promovendo o systema republicano." A assembléa, julgando não provado o facto, considerou legitima a eleição e deu assento ao eleito. *Annaes da Assembléa Constituinte de 1823*, vol. 1, pag. 80 a 94.

Finalmente, cahio, em sessão de 22 de Maio, um projecto de amnistia, pelo motivo, entre outros allegados na discussão, de incompetencia d'assembléa. Obedecia aos mesmos principios a Constituição do Imperio. Si se reconhecer que *algum dos artigos* da Constituição, dizia o art. 174, merece reforma, se fará a proposição por escripto na Camara dos Deputados, — e accrescentava o art. 176:

«Admittida a discussão e vencida a necessidade da reforma do artigo constitucional, se expedirá lei... na qual *se ordenará* aos *eleitores dos deputados para a legislatura seguinte que* NAS PROCURAÇÕES LHES CONFIRAM ESPECIAL FACULDADE PARA A PRETENDIDA ALTERAÇÃO OU REFORMA.»

E para se operar a reforma de que resultou o *Acto addicional*, de 12 de Agosto de 1834, foi feita a convocação dos eleitores pela lei de 12 de Agosto de 1832, n'estes termos: «Os eleitores dos deputados para a seguinte legislatura lhes conferirão *nas procurações especial faculdade para reformarem* os artigos da Constituição que se seguem.» E passava depois essa lei a indicar os artigos (49, 72 e outros) que deveriam ser reformados.

O mesmo principio deveria vigorar na republica, governo democratico, regimen no qual todos os poderes vêm unicamente do povo. O decreto do Governo Provisorio, de 21 de Dezembro de 1889, promettendo a organisação do regimen eleitoral, o alistamento do novo eleitorado e a preparação de um projecto de Constituição, limitou-se a designar dia para a eleição e reunião dos deputados constituintes; mas o decr. n. 510 de 22 de Junho de 1890, que publicou a promettida Constituição, convocou «o primeiro Congresso Nacional dos representantes do povo brazileiro,» determinando que elles trouxessem do eleitorado *poderes especiaes para julgar e approvar a Constituição e proceder em seguida na conformidade das suas disposições*. Entre ellas, as de caracter provisorio estabeleciam:

«§ 1.º Esse congresso receberá do eleitorado poderes especiaes para exprimir ácerca desta Constituição a vontade nacional, bem como para eleger o primeiro presidente e vice-presidente da Republica.
«§ 2.º Reunido o primeiro Congresso, deliberará em Assembléa Geral, fundidas as duas camaras, sobre esta constituição e approvando-a, elegerá em seguida por maioria absoluta de votos, na primeira votação, e, si ninguem a obtiver, por maioria relativa na segunda, o presidente e o vice-presidente dos Estados Unidos do Brazil.
«§ 5.º Concluida ella (a eleição do presidente e vice-presidente da Republica) o Congresso dará por terminada a sua missão constituinte, e, separando-se em camara e senado, encetará o exercicio de suas funcções normaes.»

Nisto differente da assembléa de 1823, o Congresso de 1890 em quanto exercia a funcção constituinte não tinha o poder legislativo ordinario ou normal, que á de 1823 foi dado (unicamente para *reformas urgentes*) e a nenhum dos dous foram conferidos poderes illimitados. O de 1890, na sua tarefa constituinte, devia unicamente (porque só essa foi a delegação que teve) *julgar da Constituição* apresentada pelo governo provisorio e eleger o primeiro magistrado da Republica e seu substituto. E assim, ficou fóra de sua competencia estabelecer outra fórma de governo que não fosse a republicana, fazer outra lei que não fosse a Constituição, e tam pouco ingerir-se nos actos da administração publica.

De accordo com esse pensamento foi redigido o art. 17 do regimento do Congresso Constituinte com a formula da affirmação ou solemne promessa dos representantes, de cumprirem seus deveres, redigida assim:

«Prometto guardar a Constituição *federal* que fôr adoptada, desempenhar fiel e *legalmente* o cargo que me foi confiado *pela Nação* e sustentar a união, a integridade e a independencia da *Republica*.»

Emendas suppressivas d'esta formula foram apresentadas na discussão, sob o fundamento de ser restrictiva da isenção e liberdade dos representantes que acaso viessem com idéas absonas das dominantes no Congresso.

Essas emendas porém foram rejeitadas na sessão de 19 de novembro de 1890 e por esta forma, apezar de opiniões isoladas que se manifestaram em contrario, ficou reconhecido e consagrado pelo Congresso o principio da restricção dos poderes constituintes ao objecto e termos de sua convocação.

Para organisar um regimen livre e democratico. Estas palavras consagram a aspiração republicana de um governo com instituições capazes de assegurar a liberdade em todas as suas manifestações, de garantir-lhe o exercicio e expansões, de proteger o direito de cada cidadão e manter o bem estar geral; regimen democratico, — no qual o povo é a fonte de toda a autoridade, a origem de todos os poderes, exercidos por delegados seus, com funcções limitadas e temporarias, segundo as normas estabelecidas na Constituição e nas leis, tendo todos os cidadãos eguaes direitos e garantias.

O principio da *soberania nacional* é o fundamento da Constituição e transparece em suas disposições, especialmente no art. 1, em que a nação brazileira escolheu a forma de governo segundo a qual quiz constituir-se, — no art. 15 em que ella estabeleceu os «orgãos da soberania nacional,» — nos arts. 28, 30 e 47, nos quaes consagrou a eleição, a nomeação por voto popular, do chefe da nação e a dos seus representantes, — e no art. 90, em que está regulada a reforma da Constituição, homenagem ao poder constituinte, immanente no povo e inherente á sua soberania.

A garantias, para effectividade de *um regimen livre*, as instituições protectoras da segurança, egualdade, liberdade e bem estar de todos os cidadãos, constam especialmente do disposto no art. 15, que consagra o principio tutelar da divisão dos poderes politicos, para evitar o despotismo que necessariamente resultaria de sua concentração em uma só autoridade. de seu exercicio por um só homem ou corporação,—no art. 53 que consagra a responsabilidade criminal do chefe da União, — nos arts. 55 e 59 que instituem o supremo Tribunal Federal, interprete e guarda da Constituição e égide da liberdade pelo recurso, em ultima instancia do *habeas corpus*, — no art. 63, que obriga os Estados a respeitarem os principios constitucionaes da União, entre os quaes se contam as garantias individuaes, — no art. 71 que estabelece quaes os casos unicos de suspensão e perda dos direitos de cidadão, — nos arts. 72 e 78 que consagram a inviolabilidade dos direitos concernentes á liberdade, á segurança individual e á propriedade, — no art. 82 que estatue a responsabilidade dos funccionarios publicos por abusos e omissões em que incorrerem no exercicio de seus cargos, e — no art. 90, relativo a reformas constitucionaes.

Offerece-nos assim a Constituição um rico catalogo de direitos e garantias, verdadeiras conquistas que o espirito de liberdade e a dignidade humana foram obtendo no correr dos seculos á custa de muito sangue e ingentes sacrificios, — preciosissimo thesouro que fica sob a guarda e vigilancia do patriotismo e zelo civico dos que compõem a nação brazileira.

Para a effectividade e valia dessa guarda é porém indispensavel que se instrua o povo e tenha elle verdadeira consciencia de seus direitos, afim de que os saiba defender e possa acertar na escolha de seus mandatarios. Neste intuito a Constituição prescreveu ao Congresso Nacional a obrigação de promover o desenvolvimento da instrucção (art. 35), retirou o voto aos analphabetos (art. 70 § 2º) e, com a consagração da liberdade de profissões, de reunião e de imprensa (art. 72 §§ 8, 12 e 24), facilitou a diffusão do ensino, cumprindo que os Estados se compenetrem das mesmas vistas e usem da competencia que têm para instituir e desenvolver largamente a educação civica, que instilla nos animos o sentimento do respeito á lei e o enthusiasmo pela liberdade. «Si a ignorancia e o vicio cegam e corrompem as novas gerações, é inevitavel a ruina da Republica», dizia Garfield, o celebre presidente dos Estados Unidos da America do Norte.

Promulgamos. A promulgação é a affirmação publica e solemne da existencia e autoridade da lei decretada e a determinação aos funccionarios competentes para que a cumpram e façam executar. *Non obligat lex nisi ritè promulgata.*

O art. 67 do regimento do Congresso Constituinte (approvado em 21 de Novembro de 1890) dispunha que a promulgação da Constituição fosse feita pelo Chefe do Governo Provisorio, suprema autoridade executiva então existente, e á qual o mesmo Congresso, logo que reunido, apressou-se a dar *consagração legal* por moção votada unanimemente em 18 do referido mez. Um artigo additivo á Constituição, adoptado em sessão de 21 de Janeiro, com emenda approvada em 14 e 18 de Fevereiro de 1891, mandou porém que, assignada a Constituição pelos membros do Congresso, fosse ella promulgada pela mesa, e é o art. 91. O *preambulo*, redigido pela mesa do Congresso (independente de approvação deste), foi lido pelo presidente no acto da promulgação, concluindo esta pela formula que se lê em seguida ao paragrapho unico do art. 8 das Disposições transitorias: «Mandamos, portanto», etc.

Mas, além da *promulgação* que authentica e expede o acto legislativo para ser cumprido pelas autoridades a que isso toca, ha o acto da *publicação* para dar-lhe notoriedade, tornal-o conhecido dos que lhe devem obediencia e antes dessa noticia official não podem ser adstrictos á sua observancia. Em consequencia e pondo em pratica um preceito irrecusavel de direito publico, o Chefe do Governo Provisorio, em quem o Congresso tinha reconhecido «todos os poderes necessarios para o desempenho de sua alta missão» (moção approvada na sessão de 20 de Novembro de 1890), tratou de providenciar sobre a publicação do acto constitucional, como era de sua competencia e dever, lavrando-se para esse fim o necessario decreto. Chegou porém ao conhecimento do governo que, entre membros do Congresso e pessoas outras interessadas nas cousas publicas, suscitavam-se duvidas sobre a competencia do Chefe do Estado para ordenar por aquelle modo a publicação da Constituição; para evitar que a Lei Suprema do paiz entrasse a vigorar sob o peso de tal censura, resolveu-se a publicação independente de decreto, o qual era do theor seguinte:

«O generalissimo Manoel Deodoro da Fonseca, Chefe do Governo em nome da nação:

«*Faço saber a todos os cidadãos brazileiros* que o Congresso Nacional, por mim convocado para conhecer da constituição que pelo Governo lhe foi apresentada, approvou-o com as alterações que em sua sabedoria entendeu nelle dever fazer, organisando a Constituição que hoje promulgou e é publicada com o presente decreto.

«Mando, portanto, a todas as autoridades, etc.»

Esse decreto, como de seus termos se evidencia, continha até uma homenagem ao Congresso e sua legitimidade era incontestavel, decorrendo mesmo do acto promulgatorio, o qual prescrevera essa publicação, *verb.*: «Publique-se, etc.» Que autoridade havia de fazel-a, sinão o governo que no momento existia? Si a Constituição mesma prescrevia a publicação e si ao pôr-se em vigor para a eleição do Presidente da Republica no dia seguinte ao da promulgação, devendo ser publicada antes dessa eleição, quem sinão o Chefe do Poder Executivo existente podia ordenar essa formalidade essencial e urgente? O Congresso? Mas não só isso não era proprio delle, como ainda é certo que o citado art. 91 da Constituição unicamente lhe deu poder para a *promulgação*, acto distincto e diverso da «publicação». O governo, porém, preferio respeitar escrupulos, não publicou o decreto e sem elle fez a publicação, sendo inserida no *Diario Official* da Republica a Constituição promulgada, — com o que o chefe do Estado deu uma alta prova de seu espirito de concordia e vistas elevadas e patrioticas.

A seguinte Constituição. (*) A Constituição organisa a republica, garantindo a liberdade e direitos individuaes e politicos, bem como determinando as condições e limites nos quaes se exercem os poderes publicos. Ella tomou por paradigma a dos Estados Unidos da America do Norte, elaborada pela Convenção de Philadelphia e posteriormente emendada, constituição que entre publicistas muito competentes passa por ser *a mais perfeita de quantas se têm redigido para o governo das nações* (Seaman) e por força da qual «cada individuo, ainda o mais pobre, tem a plenitude de seu ser; cada lar é sacratissimo; o jury e o municipio são pequenas escolas politicas; e os Estados uma grande escola; sendo franqueadas as alturas do poder a um alfaiate que se chama Jonhson, a um lenhador que se chama Lincoln, a um general que se chama Grant; por effeito da qual, tudo cresce ao calor da liberdade, porque si um é eleito dos ricos, esse protege aos pobres, si outro é escolhido pelos pobres, esse vae, no meio de sua grandeza, viver com sobriedade, dando exemplos praticos naquelle Corpo Legislativo, naquelle Senado, que é mais augusto que o senado romano, dando exemplos cuja luz se reflecte hoje na fronte de todos os pensadores da Europa» (Castellar); constituição que o celebre Gladston, por occasião do centenario em 1887 em Philadelphia, proclamou *a obra mais maravilhosa que jamais de um só esforço sahiu do cerebro humano.*

«Esta Constituição, disse um escriptor francez (referindo-se á Brazileira, redigida nos termos do acto do Governo Provisorio de 22 de Junho de 1890, e da qual com as alterações feitas pelo Congresso resultou a de 24 de fevereiro de 1891) esta Constituição offerece grande semelhança com a dos Estados Unidos Norte Americanos, sem ser d'ella uma copia, como o poderia fazer crer uma leitura rapida. Inspirando-se na constituição da grande republica norte americana, o governo brazileiro, seguio o exemplo do Mexico e da Republica argentina, que se têm dado bem com essa imitação.» LEON DONNAT, *Critique de la Constitution brésilienne*, pag. 3.

Essa imitação não é aventurosa nem nos desdoura; com ella adoptámos um regimen que é «uma das mais poderosas combinações em favor da prosperidade e da liberdade humanas (TOCQUEVILLE.)»

Sem excessivamente nos deixarmos levar de preoccupações theoricas e de systemas, recorremos de preferencia ás lições da experiencia, que mesmo alheia é preciso thesouro, de cujas riquezas fôra erro e inepcia não nos aproveitarmos. Imitar os bons modelos é acto de sensatez e prudencia, é procedimento assisado e proveitoso. Dar-se a novas experiencias e a tentativas phantasiosas ou repetir as que já se fizeram e se mostraram sem prestimo ou fataes, é commetter o erro de seguir por veredas incertas, perigosas, sem sahida, deixando o caminho conhecido e bom, que outros á nossa vista estão trilhando com vantagem. E a imitação não deve ficar nisso. Será ainda preciso que os nossos governos, os nossos estadistas, todos os que influem nos negocios publicos, inspirem-se no exemplo que offerecem os homens da grande republica norte-americana, identificando-se completamente com o regimen adoptado, mourejando para que com maxima regularidade funccionem todas as rodas e apparelhos desse grandioso mechanismo politico, inspirando assim ao povo e lhe afervorando o amor ás novas instituições.

Da Republica dos Estados Unidos do Brazil. O decreto n. 510, de 22 de Junho de 1890, publicou a « Constituição dos Estados Unidos do do Brazil». O decreto n. 914 A accrescentou, intercalando-as, as palavras «da Republica». E não deve passar despercebido este titulo compendioso e insinuativo. A Constituição não se intitulou «Constituição Federal», como a da Suissa, ou «Constituição da Nação Brazileira», a exemplo da « Constituição para a Republica Argentina ». Podia, sem maior inconveniente, ter adoptado qualquer dessas denominações; mas o titulo é como o vestibulo do grande edificio constitucional e essa primeira peça que se offerece aos que entram, convém que seja proporcionada e por ella de alguma fórma possam os que a penetram fazer idéa do que será o interior da construcção. Este titulo avisa, instrue e recommenda a quem vier a ler esta Constituição que, no entendel-a e executal-a, é preciso não perder de vista que trata-se de regimen republicano não creado só para os Estados nem sómente para a União, mas para a unidade nacional, para o Brazil composto de Estados, para os Estados constituindo um só todo, a Nação Brazileira. Deste conceito superior e fecundo promana tudo o que se contém na obra constitucional de 24 de Fevereiro de 1891.

(*) Pelo decreto n. 1 de 15 de 1889, o Governo Provisorio, entre as providencias relativas á transformação do regimen politico realisada pela revolução d'aquelle dia, estabeleceu a da convocação de um Congresso Constituinte (art. 4). E para elaborar um *Projecto de Constituição*, afim de ser presente a esse Congresso, nomeou uma commissão composta dos Drs. *Joaquim Saldanha Marinho* (presidente), *Americo Brazilieuse d'Almeida e Mello* (vice-presidente), *Antonio Luiz dos Santos Werneck, Francisco Rangel Pestana e José Antonio Pereira de Magalhães Castro* (decreto n. 29 de 3 de dezembro do mesmo anno.) Com excepção do presidente, os membros da Commissão offereceram a esta, para estudo, projectos que separadamente prepararam e dos quaes resultou o que a Commissão apresentou ao governo a 30 de Maio de 1890. E sobre o da Commissão calcou o Governo Provisorio o projecto que submetteu ao Congresso (decretos ns. 510 de 22 de Junho e 914 A de 23 de Outubro do mesmo anno), com modificações, doutrinarias algumas e de texto e redacção muitas, como se verifica do confronto das disposições respectivas.

TITULO I

DA ORGANISAÇÃO FEDERAL

DISPOSIÇÕES PRELIMINARES

Art. 1º. Fica proclamada provisoriamente e decretada como fórma de governo da nação brazileira—a Republica federativa.
(Decreto n. 1 de 15 de Novembro de 1889)

Art. 1º. A nação brazileira adopta como fórma de governo, sob o regimen representativo, a Republica federativa, proclamada pelo decreto n. 1 de 15 de Novembro de 1889; em suas relações officiaes se denominará: Republica dos Estados Unidos do Brazil.
(Projecto da Commissão nomeada pelo Governo Provisorio)

Art. 1º. A nação brazileira, adoptando, como fórma de governo, a Republica federativa, proclamada pelo decreto n. 1 de 15 de Novembro de 1889, constitue-se por união perpetua e indissoluvel entre as suas antigas provincias, em Estados Unidos do Brazil.
(Decretos n. 510 de 22 de Junho e n. 914 A de 23 de Outubro de 1890)

Art. 1º Sob o regimen representativo. E' o regimen em que o Governo é exercido por mandatarios, representantes escolhidos pelo povo, agindo pelo povo soberano e em nome delle. O principio representativo segundo o qual os poderes publicos são exercidos por via de delegação (visto que por si mesmo e directamente a universalidade dos cidadãos não poderia exercital-os ou fal-o-la mal e com mui grandes inconvenientes), está consagrado na Constituição, além do art. 1º, nos arts. 15, que trata dos tres grandes orgãos da « Soberania Nacional » — 16 § 2º, — 17 § 3º, — 26, 28, 30, 41 e 47, em virtude dos quaes o Presidente e Vice-Presidente da Republica, Deputados e Senadores são de escolha popular, e resumbra ainda do art. 63, como um dos «principios constitucionaes da União», aos quaes estão subordinados os Estados.

A delegação é feita em virtude da soberania que reside no povo, em virtude desse poder, que lhe é inherente, de determinar o modo por que quer ser governado, de regular as fórmas, condições e garantias com que deve ser exercido o poder publico. Mas a delegação não é, não póde ser absoluta e incondicional. Sómente dada para o *exercicio* de poderes soberanos, o povo com isso não demitte de si, não abdica nos representantes a soberania. Nomeando seus delegados, elle lhes confere mandato, mas não lhes faz cessão ou doação; — confia-lhes apenas, para proveito commum, as funcções e faculdades necessarias á boa gestão da causa publica (republica), mas não se despoja do poder supremo, por força do qual os commissionou para o governo. E' por isso, — é porque se constitue assim o governo por vontade do povo (soberania nacional) para o bem da communhão, para seu commodo, para o gozo pacifico e seguro dos direitos de cada um e para garantia de todos,— que a delegação nesse intuito estabelecida : 1º não póde ser perpetua, 2º deve ser renovada periodicamente e 3º a prazos curtos, 4º distribuida por differentes orgãos, 5º tendo cada um destes funcções definidas e limitadas e 6º sendo responsaveis no exercicio dellas todos os agentes do poder publico. Sem estas condições, que adiante, nos lugares competentes, teremos de apreciar, o systema representativo se tornaria uma burla, degenerando a representação em despotismo disfarçado com as formulas da liberdade,—a peior das tyrannias.

O instrumento pelo qual se opera a representação é o voto politico; n'um regimen republicano é preciso que elle seja generalisado, ou, conforme a linguagem consagrada, *universal*, cabendo a todos os cidadãos capazes de exercel-o.

O decreto n. 6 de 19 de Novembro de 1889 e a Constituição no seu art. 70 assim o estabeleceram. Esta instituição é um elemento essencial da democracia e tem salutares effeitos, podendo-se considerar como uma garantia de ordem. Com effeito, eis que todos podem intervir na governação publica por esse meio, desde que pelo suffragio se manifesta e se impõe a vontade de todos ou do maior numero (a vontade geral), diminuem-se as probabilidades da desordem. O maior interesse, o interesse da collectividade é que não se attente contra a ordem, mas que seja mantida e assegurada, para que, na pratica e em resultado da manifestação das urnas, a vontade geral se cumpra e prevaleça de facto. E é esta uma das excellencias do *regimen representativo*.

Republica federativa. A Constituição adoptou a fórma de governo intermedia entre o Estado Unitario ou simples e a Confederação de Estados, fórma essa conhecida entre os publicistas pela denominação de « Estado Federal. » Este é, na phrase de Alexandre Hamilton, uma reunião de sociedades, ou a associação de Estados debaixo de um governo commum, sendo porém a extensão e as modificações desse governo e os objectos submettidos á sua autoridade, cousas puramente arbitrarias — (*Federalist*, tom. 1, cap. IX.)

O conceito scientifico do Estado federal e sua exacta discriminação das fórmas politicas que lhe pódem approximar, liga, alliança ou confederação de estados, tem dado lugar a grandes discussões entre os publicistas. Não é nosso proposito entrar nessa polemica de méro interesse theorico, — devendo apenas considerar o systema estabelecido em nossa Constituição e dar a razão de suas disposições.

Conforme d'ella se vê, o povo brazileiro, no uso de sua soberania (Preambulo e art. 1), organisou seu regimen politico, dividindo o anterior estado unitario do Brazil em Estados particulares, dando ás antigas provincias esse novo caracter (art. 2), incumbindo-os de seu proprio governo e administração peculiares (arts. 5, 6, 63 e 65 § 2); mas *reunindo-os pelo laço da federação* (expressão usada no art. 1 do decr. n. 1 de 15 de Novembro de 1889), dando-lhes a significativa denominação de ESTADOS UNIDOS e erigindo um governo commum ou geral (a *União*),

ARTIGO PRIMEIRO

Art. 1º. A nação brazileira adopta como fórma de governo, sob o regimen representativo, a Republica federativa, e constitue-se, por união perpetua e indissoluvel das suas antigas provincias, em Estados Unidos do Brazil.

Emenda da Commissão eleita pelo Congresso Constituinte para dar parecer sobre o projecto do governo (approvada em 22 de Dezembro de 1890).

Accrescente-se depois da palavra «Federativa» o seguinte: proclamada a 15 de Novembro de 1889.—*Lacerda Coutinho* e outros. (Emenda approvada em 3 e 17 de Fevereiro de 1891)

Art. 1º. A nação brazileira adopta como fórma de governo, sob o regimen representativo, a Republica federativa proclamada a 15 de Novembro de 1889, e constitue-se, por união perpetua e indissoluvel das suas antigas provincias, em Estados Unidos do Brazil.

---

a cujo cargo ficou confiada, no interesse de toda a collectividade, uma certa ordem de negocios, da mais alta monta e de difficil ou impossivel gestão pelos Estados isoladamente, com vantagem para elles e para a communhão, (relações exteriores, exercito, armada, guerra, commercio maritimo, internacional, divida publica nacional, etc.)

A este governo geral a Constituição indistinctamente chama *União* (arts. 2, 3, 5, etc.), *Republica* (art. 34 § 23, art. 72 §§ 2, 4 e 29) *Governo federal* (arts. 6, 8, 24 e 28 § 2, etc), *Governo nacional* (art. 48 § 4), *Governo da União* (art. 34 § 30, art. 60 c) e f), e art. 84) e simplesmente *Governo* (art. 34 § 11). Elle coexiste com os governos dos Estados, tendo cada um sua esphera de acção propria e distincta,—a União ou governo nacional com as funcções que designadamente lhe conferiu a Constituição Federal e com os poderes (n'ella expressos ou implicitos) necessarios para exercel-as, — os Estados com todos os poderes e direitos que lhes não são negados expressa ou implicitamente pela mesma Constituição. E' o que evidentemente decorre da combinação das diversas disposições constitucionaes referentes á organisação federal e á dos Estados, especialmente dos arts. 6, 63 e 65 § 2. E é este o criterio discriminativo dos limites respectivos dos poderes da União e dos poderes dos Estados em nossa organisação politica.

Conforme este systema, existem duas qualidades de governo no mesmo territorio — Governo Nacional e — Governo Estadual; ha o povo nacional e o de cada Estado; o cidadão está sujeito a duas normas soberanas, ás leis federaes e ás dos Estados, assim como a duas ordens de autoridades que entre si não têm subordinação hyerarchica, — de um lado ao chefe, congresso, justiça e autoridades da nação, e do outro ás autoridades do Estado particular a que pertencer.

Este dualismo, caracteristico do «estado federativo,» suscitou extranheza e disputa entre publicistas, em vista das idéas recebidas quanto ás fórmas classicas de governo, soberania, etc. Mas a concepção genial de Pelatial e Noé Webster (*vide* Tiedeman, *The unwritten Constitution of the United States*, pag. 32) com tanto vigor e mestria defendida por Alexandre Hamilton, affrontanto theorias, systemas e idéas preconcebidas, caminha triumphante no dominio da realidade, apezar da controversia dos sabios.— Ás objecções e critica dos theoristas sobrepõe-se incontrastavel o facto dos Estados Unidos do Norte, do centro e do sul da America e o da Suissa, regidos sob a fórma federativa imaginada por aquelles grandes espiritos e magistralmente explicada no «Federalista,» livro que dizia o celebre Guizot era o maior que elle conhecia.

No povo, na universalidade dos cidadãos que compõem a nação, como fica díto, reside a soberania, á qual é inherente o poder de constituir, emendar e reformar seo systema de governo como que lhe aprouvér.

Sem que a demitta de si, mas conservando-a como fonte primitiva de toda a autoridade legitima, elle, por seus delegados, organisa o plano e norma d'esse governo preferido, com as clausulas, garantias e apparelhos que entende dever adoptar. E faz, como melhor lhe parece, a distribuição dos poderes soberanos (isto é, que envolvem o *exercicio* da soberania) pelos diversos orgãos que, para exercital-os, crea na constituição politica pela qual tem de reger-se.

Entre esses orgãos e apparelhos dos poderes soberanos, estabelece um ao qual affecta o que é referente a interesses propriamente nacionaes, de caracter federativo e quaesquer outros que julga necessario confiar-lhe por melhor serem assim geridos em beneficio da communhão. Esse orgão é a UNIÃO, apparelhada com o que é preciso para gerir por si, sem dependencia, autoridade ou conselho dos outros orgãos, os negocios que lhe são attribuidos, estendendo para isso seu poder e acção a cada cidadão dos Estados particulares, de uma maneira directa e individual, constituindo assim o GOVERNO NACIONAL ou FEDERAL. Outra especie de orgãos creada pela soberania nacional é o Governo Estadual com todos os poderes e direitos que, no plano da Constituição Federal, não foi preciso reservar á União, e no uso dos quaes os Estados são tam livres e independentes, isto é, soberanos no circulo que lhes pertence, como no seu é delles independente a União. (*) E por-

---

(*) The powers of the federal government and of the states are those of distinct and separate sovereignties, notwithstanding both exist and ar exercised within the same territorial limits. (United States *versus* Booth, 21 How. 506, *apud* Baker, Annot. ,Const. 1891, pag. 234.)
Toutes les œvres de l'homme, et l'Etat lui même, ne sont jamais que des formations *relatives*. Ceci resout logiquement la contradiction si vivement signalée: chaque Etat particulier demeure souverain dans le domaine de ses *intérêts propres*; et l'Union l'est elle-même dans celui des *intérêts communs*.
Bluntschli, *La politique*, Paris, 2ᵐᵉ édition, pag. 260.

que na pratica é possivel dar-se collisão entre poderes estaduaes e federaes, a uma instituição, que na ordem politica veiu a tornar-se uma das mais notaveis, á maior autoridade judiciaria da nação, —ao Supremo Tribunal Federal—ficou competindo a missão de interprete final e guarda da Constituição, com poderes para definitivamente solver os conflictos, no dominio constitucional, da União com os Estados, destes entre si, e em garantia do povo e do cidadão contra as violencias perpetradas pelas autoridades federaes ou locaes, das quaes os interessados recorram a essa superior e ultima instancia, pelos tramites e na forma estabelecida pela Constituição e leis da União.

Os ciosos da inalienabilidade e indivisibilidade da soberania acharão esse plano attentatorio *dos principios* . . . Mas isto não o torna máo; nem as constituições se fazem por amor á sciencia e unicamente em vista de especulações philosophicas; fazem-se para proveito e em beneficio dos povos. E a melhor para cada povo não será a que se basear em méros systemas theoricos, mas a que attender ás condições especiaes delle e melhor lhe puder proporcionar a segurança, prosperidade, progresso e a realisação de suas aspirações, pondo á margem principios puramente especulativos, si os entende contrarios a seus fins e não desdenhando o empirismo que proveitoso lhe seja.

Entretanto, essa *derogação de principios* (que aliás não são de tal modo inconcussos que não desafiem contradicta) não é para escandalisar. O systema até póde explicar-se perfeitamente sem violental-os, considerando-se que a «soberania» continuará no seu lugar, no povo ou nação, de modo algum é alienada, fica immamente nelle. E são provas disso — o voto politico activo, directo ou indirecto, a dissolução legal da Camara dos Deputados pelo lapso do periodo legislativo prefixado e a renovação parcial e periodica do Senado afim de que o povo faça a escolha de novos representantes, a nomeação do Chefe da Nação e de seu substituto pelo voto popular, o direito dado a qualquer do povo de promover a responsabilidade das autoridades criminosas, o julgamento por jurados tirados do povo e as justiças de paz.

Mas, permanecendo inalienavel a soberania, podendo ser, e convindo que seja, delegado o seu *exercicio*,—essa delegação pode realizar-se de modo que as funcções soberanas sejam repartidas da fórma como acima vimos, sem que aquella em si mesma por isso fique fraccionada, apenas sendo em sua pratica e movimento confiada a orgãos separados.

Nem deve haver hesitação em admittir os Estados particulares concorrendo para o exercicio da soberania nacional, e dest'arte sendo tambem, em certo modo, orgãos della. Elles são corpos politicos componentes da nação (arts. 1 e 2 da Const.), é nessa qualidade que elles enviam ao Congresso Nacional senadores em numero egual (arts. 30 e 90 § 4º) — por isso diz-se que o Senado é uma corporação de *embaixadores dos Estados*, — e é ainda nesse caracter que elles têm a faculdade de propór a reforma da Constituição Federal (art. 90 § 1º).

A Constituição da Mexico declara nos arts. 39 e 41:

« A soberania nacional reside essencial e originariamente no povo.

«O povo exerce sua soberania por orgão dos poderes da União nas materias de competencia desta e por orgão dos poderes dos Estados no que respeita ao governo interior delles, nos limites respectivamente fixados pela presente Constituição Federal e pelas Constituições particulares dos Estados, as quaes não poderão em caso algum contravir disposições do pacto federal. »

Parece que isto foi escripto para explicar aos mais exigentes o systema federativo em face da soberania do povo sem quebra de sua unidade e indivisibilidade, e explica tambem em que sentido se póde, sem erro, dizer que os *Estados são soberanos*, como o disse o primeiro decreto do Governo Provisorio, de 15 de Novembro de 1889 (art. 3). No mesmo sentido a Constituição Suissa, que conferindo a *autoridade suprema* á confederação (art. 71), chama *soberanos* os cantões (art. 3).

E si d'este feitio não se tiver por conciliada a doutrina com o facto, a theoria com a realidade, força é então convir que vale o sacrificio de principios politicos abstractos quando d'ahi provém real beneficio para a communhão e para o individuo, sem offensa de direitos, (*) e reconhecer com Blümen, o notavel commentador das instituições suissas (cit. por J. Dubs, Droit fed. suisse), que na vida real dos Estados se apresentam muitas vezes phenomenos que desafiam os systemas estabelecidos pela sciencia; e com Laverdays que a logica dos factos é sempre mais segura que a das doutrinas (Nouvelle organisation de la république, 1892).

Por união perpetua e indissoluvel de suas antigas provincias. A expressão *perpetua e indissoluvel* foi objecto de critica; pareceo ser inutil ou presumpçosa; a União não teria que ficar permanente e affrontar os evos por virtude d'aquellas palavras, que não poderiam peiar a soberania nacional; era uma phrase sem effeito pratico; tambem se arguio que importava em compromisso de natureza absoluta, improprio de fórmulas politicas e cuja efficacia vinha de logo desmentida pelas revoluções. Emendas appareceram para supprimir taes palavras, mas o Congresso preferio mantel-as, e fez bem. Expungil-as da Constituição que o governo havia offerecido á apreciação e juizo do paiz poderia parecer uma correcção, de proposito feita no texto constitucional para eliminar essa consagração, esse solemne voto nacional pela continua e indefinida permanencia das novas instituições

---
(*) A constituição norte-americana, sendo o desenvolvimento de factos, antes que de idéas abstractas, tem a virtude de poder se prestar aos objectos que, na pratica ordinaria, o governo tem em vista, independentemente de toda a especie de principios philosophicos (Ellis Stevens, Fontes da Constituição dos Estados Unidos, App. Cap. I).

e pela firmeza e cimento da União em que se constituiram as provincias para realisar a antiga aspiração federativa. O facto d'essa eliminação poderia talvez fornecer mesmo argumento e pretexto para fomentar velleidades separatistas. E assim o registro, no art. 1, d'esse grandioso compromisso da perpetuidade e indissolubilidade de uma união destinada a dar-nos « um regimen livre e democratico, » não ficou sendo mal cabido, nem inutil, mas antes traz sua vantagem. Elle lembra que a união faz a grandeza e a força, — que sem ella os Estados caminharão fatalmente para a sua ruina e com ella teremos, na phrase do celebre magistrado norte-americano, *Estados indestructiveis n'uma União indestructivel* (CHASE)

Estados Unidos do Brazil. A denominação « Estados Unidos Brazileiros » encontra-se nas « Bases para a Constituição do Estado de S. Paulo » pela commissão do congresso republicano em 19 de Outubro de 1873 (art. 1). O decr. n. 1 de 15 de Novembro de 1889 adoptou a de « Estados Unidos do Brazil » (art. 2), que passou para a Constituição e ahi figura, além do titulo, nos arts. 1, 41, 48 § 3, arts. 53 e 88, e art. 1 das *Disposições transitorias*. Ha os Estados, com sua existencia autonoma, com seus governos á parte, separados quanto ao regimen de sua vida local; mas elles são *do Brazil*, da mesma una e grande patria, de cuja integridade tanto se mostrou sempre cioso e zelador o povo que os destinos humanos collocaram n'esta parte d'America. Aquella denominação indica que pela nova ordem de cousas constituiram-se no solo nacional varios Estados, mas a patria não scindio-se, consta d'elles todos, é uma só e continúa como tal, — o mesmo territorio, um só paiz, todo elle uma nação só, a « livre terra de livres irmãos » da canção nacional, o Brazil todo inteiro, conquistado ao indio, disputado ao invasor francez, ao hollandez em gloriosas pugnas, desvinculado da antiga metropole e arrebatado á monarchia por esforço commum dos brazileiros sem distincções bairristas e em inteira união de sentimentos e identidade de aspirações.

Art. 2º. As provincias do Brazil, reunidas pelo laço da federação, ficam constituindo os Estados Unidos do Brazil.
(Decreto n. 1 de 15 de Novembro de 1889).

Art. 2º. As antigas provincias são consideradas Estados, e o districto federal, outr'ora municipio neutro, continuará a ser a capital da União, até que o congresso resolva sobre a transferencia.
(Projecto da Commissão do Governo Provisorio).

Art. 2º. Cada uma das antigas provincias formará um Estado, e o antigo municipio neutro constituirá o Districto Federal, continuando a ser a capital da União, em quanto outra cousa não deliberar o Congresso.
(Decretos n. 510 de 22 de Junho e n. 914 A de 23 de Outubro de 1890).

Art. 2.º Formará um Estado. Cada Estado—por isso que o é—ha de reger-se pela constituição e leis que adoptar (art. 63); mas sendo membro de uma *União federal* é bem de ver que, para subsistir n'ella como tal, não póde ter completa a sua personalidade politica a respeito de certos interesses e negocios, daquelles que foram reservados, como indispensaveis, a essa União. Os membros d'ella para ella são Estados, mas no dominio das relações exteriores, perante o direito internacional, o que existe é o Governo Federal; elles não têm capacidade politica externa, não pódem fazer tratados, declarar guerra, enviar e receber embaixadores, manter corpo diplomatico, consular, etc. E ainda quanto á capacidade politica interna, sua esphera de acção tem limitações, essenciaes ao regimen federativo, deduzidas da existencia em commum e respeito reciproco dos Estados sob a egide da União, sendo a Constituição Federal a—Lei Suprema.—
E' por isso que o art. 63 os obriga a *respeitar os principios constitucionaes da União*, e o art. 6 autorisa a intervenção (excepcional) do Governo Federal nos negocios peculiares d'elles, quér para amparal-os contra graves desordens intestinas, quér para forçal-os, quando preciso, á execução das leis federaes, etc.
— Fundada para gerir superiores interesses communs e garantir a segurança e tranquillidade geral, a União tem necessidade de agir directamente sobre a pessoa dos cidadãos, sem o intermedio de autoridades locaes, mas por agentes seus proprios e com poderes bastante efficazes para a vigencia da acção federal. E os Estados, embora estados sejam, ficam adstrictos a aceitar essa ingerencia no seu territorio (não em seus negocios, observada a excepção do cit. art. 6). E' isto da indole do systema; do contrario, elles não se achariam sob regimen federativo, mas sob outra differente fórma de governo.
— A formação dos « Estados » no Brazil operou-se por modo diverso do que se deu na Republica Norte Americana, cujo systema de governo imitámos. A' União precedera alli a existencia das colonias, sem um governo que lhes fosse commum, mas tendo cada uma, para seu governo e administração, sua carta ou foral por onde se regia de modo mais ou menos autonomico, com as prerogativas e franquezas que por taes instrumentos lhes conferia a corôa da Inglaterra, de que dependiam. Essas colonias romperam o vinculo de sujeição e proclamaram-se *estados livres e independentes*, assumindo os poderes soberanos inherentes a essa nova situação em que se collocaram. No terceiro anno de sua independencia instituiram, sob o titulo de « confederação e união perpetua entre os Estados » *uma firme liga de amisade, para defeza commum, segurança de suas liberdades e bem estar geral* sob a direcção de um Congresso de delegados dos Estados (arts. III e V dos da Conf.)
Mas pouco tempo bastou para mostrar praticamente o desacerto e inconveniencia de semelhante regimen (*); e, para consolidar a União, organisaram-se os Estados, a ella preexistentes, em — estado federal — que tiveram por mais proprio e adequado á sua situação, segurança, interesses e aspirações.
Entre nós, diverso foi o caso. Os Estados não precederam á federação, não existiam, fizeram-se com ella, ao mesmo tempo que ella e para ella. Supprimio-se a autoridade imperial e fragmentou-se a jurisdicção soberana, uma parcella para cada uma das antigas grandes circumscripções administrativas, as provinciaes, eregidas agora em entidades politicas, em Estados, nas condições que a Constituição estabelece.
Esta differença não a trazemos para aqui, porém, por méro interesse historico. Ella se adduz como elemento a ter-se em conta no considerar-se a posição respectiva dos Estados para com a União. A preexistencia d'elles a esta nos Estados Unidos N. A. assegurava-lhes de facto uma situação de força e vigor, superioridade mesmo, sobre o governo central, creado de novo e não sem muita desconfiança dos interesses regionaes. E isto a tal ponto que, feita a Constituição em 1787, ainda Washington julgava necessario lembrar aos Estados que, assim como os individuos, ao entrarem para a sociedade, tinham que sacrificar uma parte de sua liberdade para assegurar o resto, do mesmo modo no regimen federal os Estados não podiam pretender a posse completa de todos os seus direitos de soberania e independencia e ao mesmo

---

(*) The impropriety of delegating such extensive trust to one body of men is evident; hence results the necessity of a different organisation, — dizia Washington ao submetter aos Estados a Constituição de 1787 — (*Apud* H. Flanders, Const. of the Un. Stat., 1885, pag. 281).

Ao art. 2°:
Emquanto o Congresso não tomar outra deliberação.
(Emenda da Commissão do Congresso, approvada em 22 de Dezembro de 1890).

Art. 2°. Cada uma das antigas provincias formará um Estado, e o antigo municipio neutro constituirá o Districto Federal, continuando a ser a capital da União, emquanto não fôr observado o disposto no artigo seguinte.
Redacção da Commissão do Congresso em 21 e approvada em 23 de Fevereiro de 1891).
Ao art. 2°:
Substituam-se as palavras—fôr observado o—pelas seguintes:—si der execução ao—, *Meira de Vasconcellos*.
(Emenda approvada em 23 de Fevereiro de 1891).

Art. 2°. Cada uma das antigas provincias formará um Estado e o antigo municipio neutro constituirá o Districto Federal, continuando a ser a capital da União, em quanto não se dér execução ao disposto no artigo seguinte.

tempo o goso das vantagens e seguranças que na União buscavam e antes d'ella não conseguiram, e accrescentava: «The constitution which we now present is the result of a spirit of amity and of that mutual deference *and concession* which the peculiarity of our political situation rendered indispensable.» (*)

Alli, Estados cheios de pujança e ciosos de seus direitos, ausencia de poder central, accôrdo e transacção para a creação d'elle. Aqui poder central, vigoroso, absorvente, sem contraste, anterior á apparição dos Estados,— e creação d'estes, sobre o alicerce das provincias fracas, pobres, sem direitos,— não por arranjo e pacto entre ellas, mas por acto de poder a ellas superior que as erigio áquella nova categoria.

E, pois, em vista do exposto, o que cumpre entre nós não é restringir e apoucar a acção dos Estados, mas fortalecel-a e revigoral-a. Si na União Norte-americana elles entraram em condições de virilidade e plenitude de forças,— no Brazil, ao contrario, appareceram na debilidade da primeira infancia. Era pois com razão que no Congresso Constituinte dizia o deputado Julio de Castilhos:

Por circumstancias peculiares, que não se dão no Brazil, na America do Norte o movimento partio dos Estados para o centro, eram os Estados que tinham demasiada força e portanto tornava-se necessario proteger-a União. Mas aqui dá-se o contrario; aqui é preciso proteger os Estados contra a absorpção central.

Esta differença é capital, e, a meu ver, tem sido, por assim dizer, a causa pela qual se hão equivocado alguns dos nossos mais distinctos collegas, que querem identificar a situação do Brazil com a dos Estados Unidos da America do Norte, quando as condições são inteiramente diversas.

Lá, o movimento era dos Estados para a União, aqui é da União para os Estados. (Annaes do Congr. Const. vol. 1, pag. 688).

(*) H. Flanders cit., pag. 281.

O Districto Federal. E' de evidente necessidade que o Governo Federal tenha sua séde em territorio neutro, não pertencente a algum dos Estados.

Sua collocação em qualquer d'elles influiria consideravelmente, pela força das cousas, de modo favoravel ao preferido, provocando nos outros, por essa fortuna, ciumes e consequente animadversão, e poria o governo federal, em muitas circumstancias, sob a dependencia, sob a influencia das autoridades, em cujo territorio elle estivesse hospedado. Qualquer destes grandes inconvenientes aconselharia a se evitar essa hospedagem.

O Governo Federal precisa estar em sua casa. Os constituintes norte-americanos já por experiencia o tinham conhecido e d'ahi a disposição que na sua constituição consagraram, creando um districto especial para séde do governo da União (art. 1, secção 8.ª, n. 17). (*)

Já entre nós o acto addicional á constituição do Imperio (de 12 de de Outubro de 1832), desenvolvendo e accentuando o que se dispuzera no art. 72 antes, tinha retirado da jurisdicção da assembléa provincial do Rio de Janeiro a séde do governo geral, o municipio da côrte (art. 1).

Posto assim fóra da acção dos Estados o Districto Federal, a Constituição teve de prover sobre a organisação delle e é o objecto dos arts. 34 § 30 e 67, segundo os quaes o Congresso Nacional ficou incumbido de fazel-a, regulando-a quér quanto á administração, quér quanto á despeza que não fôr de caracter local, do que adiante nos occuparemos em commentario aos cits. arts.

(*) Funccionava o Congresso em Philadelphia (1783) e um grande grupo de amotinados pretendeo impôr-se-lhe, perturbando-o em suas funcções. O governo local, sollicitado para ir contra essa revolta, mostrou-se pouco disposto a isso e a attitude da população da cidade não era sympathica ao Congresso. Salvou a situação a vinda de um contingente de tropas á toda pressa enviado por Washington. O Congresso teve de retirar-se para Princeton e ir funccionar no edificio da Universidade, posto á sua disposição.—A. Carlier, La Rep. Amér. II, pag. 341; Walker, Introd. to Amer. Law, § 62.

ARTIGO TERCEIRO

§ unico (art. 2).
Escolhido para este fim o territorio com assentimento do Estado ou Estados de que houver de ser desmembrado, o referido districto será annexado ao Estado do Rio de Janeiro ou formará novo Estado, conforme determinar o Congresso.
(Projecto da Commissão do Governo Provisorio).

. Art. 2º. § unico. Si o congresso resolver a mudança da capital, escolhido, para este fim, o territorio mediante o consenso do Estado ou Estados de que houver de desmembrar-se, passará o actual Districto Federal, de per si, a constituir um Estado.
(Decretos n. 510 de 22 de Junho e n. 914 A de 23 de Outubro de 1890).

Ao art. 3º ou onde convier
Accrescente-se:
Fica pertencendo á União uma zona de 400 leguas quadradas, situada no planato central da Republica, a qual será opportunamente demarcada para nella estabelecer-se a futura Capital Federal.—*Mursa.—F. Schmidt* e outros (Emenda approvada em 22 de Dezembro de 1890).

Ao art. 2º § unico:
Supprimam-se as palavras—*escolhido* até *desmembrar-se*—(para que o mesmo § se harmonise com o art. 3º.—*José Hygino*. (Emenda approvada em 3 de Fevereiro de 1891).

Art. 3º. Planalto central.

Não basta que a séde do Governo Federal esteja fóra da jurisdicção territorial dos Estados. Tudo aconselha que além disso seja em logar central. E não poderiamos demonstral-o melhor do que começando por transcrever o que sobre isto magistralmente escreveu o Visconde de Porto Seguro, combatendo a situação maritima das capitaes:

« A nossa terminante affirmativa parecerá por certo ao leitor mais fundamental, quando se der ao trabalho de percorrer comnosco o catalogo das nações da Europa e da America, e fizer o reparo de como as maiores dellas, e ainda as consideradas como primeiras potencias maritimas, não têm suas capitaes junto do mar, como si a politica ou o instincto da propria defesa lhes dissesse que estavam como estão, assim mais seguras...

Estão sim... á margem de rios; mas que esquadra se atreveria a percorrer o Tamisa, com todas as suas voltas, até chegar a Londres? Que valem os barcos que podem subir o Sena até Paris ou o Elba e o Sprée até Berlim?

Quantos obstaculos não offerecem o Baltico e o golpho de Finlandia a uma nação poderosa como a Russia, para defender S. Petersburgo? Por ventura jamais a Austria em tirar do seio do Danubio sua côrte, afim de leval-a a Trieste ou a Veneza, embora a fizesse talvez senhora do Adriatico? Ou occorreu alguma vez á Prussia levar á foz do Oder a capital do grande Frederico, afim de proteger a marinha do Zoll-Verein ou influir no Baltico? Pergunte-se aos mesmos russos si acaso ganharam em trocar a respeitavel Moscow com seu Kremlim pela afrancezada cidade do Neva? Os czares ganharam sim em tomar mais influencia nos destinos da Europa; mas a Russia no seu interior perdeu. Apezar de não ser capital, tal é a influencia de Moscow, que Napoleão concebeu o plano de occupal-a para que S. Petersburgo com isso lhe entregasse, o que chegaria talvez a realizar si Moscow não se achasse tam internada pelo sertão.

Ainda no seculo passado um dos principes mais esclarecidos da Italia e o fundador do... reino de Napoles, ao depois Carlos III de Hespanha, conhecendo a fraqueza do seu reino quando em 1742 os inglezes ameaçaram de bombardear a capital, concebeu logo o plano de levar esta para Casestre no interior, e na execução desse plano se achava, quando a sorte o chamou a maiores destinos.

E o grande politico, o senhor de quasi toda a terra, Filipe II, vimol-o seculo e meio antes, fixando a sua capital em Madrid, e, com tam formidavel marinha como a que tinha, desprezando o magnifico porto de Lisboa (de que estava senhor) e a foz do Tejo, para se estabelecer nas cabeceiras deste rio.

E aqui temos na America novos exemplos. Além das capitaes do Mexico, Nova Granada, Venezuela, Equador, etc., como teria a Republica Argentina resistido com tanta audacia á França, á Inglaterra e a mais alguem, si a sua capital estivesse situada como Montevidéo, e não á beira de um rio, cujo pouco fundo, que permitem rodarem nelle carros para fazerem o serviço, não consente que uma esquadra possa estender-se em linha diante de Buenos-Ayres, abrir as portinholas e de morrões acesos impôr as condições como se tem visto em outras partes...

Na Europa, que digam Copenhague, Lisboa, Napoles e a mesma Constantinopla, si é agradavel o simples cheiro dos morrões acesos, ou á vista de uma deliciosa bahia e dos navios que entram e saem compensa ao homem politico essas crises, em que uma nação inteira soffre um vexame, que vae á historia, só porque a situação da capital e o respeito que esta teve ao imponente bombardeio, obrigaram o governo a capitular... por quanto o remedio da retirada no momento da crise daria logar ao desembarque, e sinão ao saque, pelo menos a um forte tributo, como impoz Duguay Trouin quando se assenhoreou do Rio de Janeiro. E nem se diga que este porto está hoje mais defendido que então: que qualquer official da armada sabe que a marinha de guerra tem feito taes progressos em proporção da defeza das fortalezas, que hoje não ha po:to do mundo que não possa ser forçado por uma esquadra, que vá depois defronte da cidade indemnisar-se das despezas que fez com o bloqueio, sendo que em conta gastos de botica, segundo se conta que fez em Lisboa o almirante Roussin, sem haver tido ferido alguma na sua esquadra vencedora na foz do Tejo. Quanto ao estado defensavel do Rio, e a possibilidade de resistencia, mais haveria que dizer; mas poupemo-nos a mencionar exemplos de triste recordação para todo o bom cidadão, embora podessem fazer argumento em nosso favor».

Para dever ser interior, e não á beira mar, a séde do governo, acodem ainda outras razões, além da estrategica e de segurança com relação a inimigos externos. Collocada em logar proximamente equidistante dos extremos, como pretende a Constituição, facilitam-se as communicações e relações com os Estados, em multipla vantagem para elles e para União. Mais célere e prompta (e muita vez só por isso mais efficaz) será a expedição das providencias e medidas federaes em todo o paiz ou de que tenha urgencia algum Estado. Mais proficua virá a ser a acção do Governo Federal em prol da generalidade dos Estados em casos de guerra, invasão, sublevação, calamidade publica, etc. Com maior facilidade se poderá acudir ás fronteiras ameaçadas ou invadidas, não sendo preciso para isso em caso algum sahir do paiz e ir por territorio estrangeiro, como nas condições actuaes se poderá dar. O vastissimo, rico e ubertoso interior do paiz terá de desenvolver-se em civilisação e em aproveitamento de suas riquezas, deixando de ser grande sómente na extensão de suas terras, fauna, rios e florestas.

ARTIGO TERCEIRO

Art. 3º. Fica pertencendo á União uma zona de 14.400 kilometros quadrados, no planato central da Republica, a qual será opportunamente demarcada para nella estabelecer-se a futura capital federal.

§ unico. Effectuada a mudança da capital, o actual districto federal passará a constituir um Estado.

(Redacção da Commissão do Congresso Constituinte, em 21 e approvada em 23 de Fevereiro de 1891).

Art. 2º. Fica pertencendo á União, no planato central da Republica, uma zona de 14.400 kilometros quadrados, a qual... etc. *Antonio Euzebio* (Emenda á redacção da Commissão, em 23 de Fevereiro de 1891).

Art. 3º. Fica pertencendo á União, no planato central da Republica, uma zona de 14.400 kilometros quadrados, que será opportunamente demarcada para nella estabelecer-se a futura capital.

§ unico. Effectuada a mudança da capital, o actual Districto Federal passará a constituir um Estado.

A nova capital, por natural influxo, desde que achar-se ahi estabelecida, não será sómente centro de governo, mas via de disseminação de progresso, vehiculo de prosperidade e engrandecimento das regiões circumvisinhas.

As grandes cidades, de muita população e movimento, não convêm para residencia do governo e lugar de reunião do Congresso, que n'ellas ficam muito expostos á influencia de poderosos interesses colligados e á pressão das grandes massas populares, capitaneadas por agitadores perigosos. N'outro meio mais sereno e isento precisam de achar-se os que têm a suprema direcção dos negocios puplicos. Por isso para capitaes politicas a preferencia cabe a cidades de menos proporção e de menos importancia. Nos Estados Unidos Americanos do Norte, a União creou o districto de Columbia e ahi se fez a capital, Washington, á margem do Potomac, em terras cedidas pelo Estado de Maryland. Os Estados d'essa grande nação tambem em regra têm suas capitaes em pequenas cidades. New-York, Philadelphia, Chicago, Cincinnati, S. Francisco, sendo as mais importantes cidades dos Estados a que pertencem, não são entretanto suas capitaes.

Como reminiscencia historica e em homenagem aos grandes patriotas da mallograda «Confederação do Equador» em 1824, lembraremos que era proposito d'elles e lhes parecia cousa essencial, formando uma republica das provincias de Pernambuco e suas visinhas, *fundar, em local fertil, sadio e abundante d'aguas, uma cidade central para capital, que pelo menos distasse quarenta leguas da costa do mar* (Vide «Os Martyres Pernambucanos» por J. Dias Martins, 1853, edição do Dr. Felippe Lopes Netto, pag. 320).

O art. 3.º resultou de um additivo apresentado por 86 representantes e teve por base a exposição que em 28 de Julho de 1887 dirigira ao governo do imperio o Visconde de Porto Seguro, na qual este indicava como appropriada á futura capital brazileira a região, por elle ahi descripta, do planalto central do Brazil. (ANNAES do Congr. Const., vol. I, pag. 291).

Mas, estabelecida a nova capital nos termos do art. 3.º, é possivel que circumstancias venham a dar-se que exijam sua transferencia para outra localidade, por motivo superveniente de segurança ou de outra natureza e não menos valioso; e fôra imperdoavel deixar o governo e o parlamento adstrictos irremediavelmente a essa má situação. Obviou a isso a disposição do art. 34 § 13, attribuindo ao Congresso a faculdade de « mudar a Capital da União. »

(*Vide* comment. ao cit. §).

ARTIGO QUARTO

Art. 3º. Qualquer dos Estados actuaes poderá encorporar-se a outro Estado com o consentimento deste e approvação do Congresso.
Art. 4º. Os actuaes Estados, e aquelle ou aquelles que resultarem de annexação, conforme o artigo precedente, poderão se subdividir, a todo o tempo, mediante resolução do seu poder legislativo e autorisação do Congresso.
Paragrapho unico. Não será desmembrada porção alguma de um Estado para annexar-se a outro, nem se póde formar Estado novo por juncção de fracções de territorios differentes, sem proposta e assentimento dos Estados interessados e approvação do Congresso.
(Projecto da Commissão do Governo Provisorio).

Art. 3º. Os Estados podem encorporar-se entre si, subdividir-se, ou desmembrar-se, para se annexarem a outros, ou formarem novos Estados, mediante acquiescencia das respectivas legislaturas locaes, em dous annos successivos, e approvação do Congresso Nacional.
(Decretos n. 510 de 22 de Junho e n. 914 A de 23 de Outubro de 1890).

No art. 3º—substituam-se as palavras—legislaturas locaes—por—assembléas legislativas.
Emenda da Commissão do Congresso (approvada em 22 de Dezembro de 1890).

Art. 4.º Mediante acquiescencia. A reunião de dous ou mais Estados para constituir em um só (encorporação), a divisão de algum d'elles quér para annexação de uma parte do seu territorio ao de outro, quér para da porção separada formar-se um novo Estado, são operações politicas, que não só entendem com o direito dos cidadãos dos Estados a que accrescerem ou de que se desmembrarem partes ou que se reduzirem a um só, mas tambem interessam á União, de que elles são membros.

Isto é obvia razão para a exigencia do consentimento d'ella e d'elles, como condição *sine qua* d'essas operações. E' uma consequencia de se ter adoptado um *regimen democratico* e *federativo*.

Ha, em todos os casos deste artigo, submissão de cidadãos, de povo, a autoridades a que d'antes não estavam sujeitos e tambem perda ou accrescimo de territorio. E isto envolve acto de soberania; pelo que, torna-se necessaria manifestação affirmativa da vontade popular. Essa manifestação a Constituição proporcionou fosse feita por intermedio dos corpos legislativos dos Estados interessados, e pelo Congresso Federal.

Mas si n'isso entra em causa a sorte politica dos individuos existentes n'essas porções de territorio a desmembrar para aggregar a outro ou para constituir novo estado, parece que não bastam a acquiescencia da legislatura do Estado a que elles pertencem e a homologação da União. A indole e essencia do regimen democratico não se compadece com essa mudança e separação de governo sem especial consulta aos mais interessados, sem a intervenção dos proprios habitantes do territorio que tem de passar a outra jurisdicção.

A autoridade que sobre elles tem o Estado a que pertencem não póde ir até esse ponto. O governo do Estado (e tampouco o da União) não póde dispôr dos cidadãos e do territorio que elles habitam, como si fôram servos da gleba passando com o dominio da terra a novos senhores. Nada haveria mais absono dos principios republicanos que essa especie de *capitis minutio*. Por isso torna-se indispensavel em taes casos, embora não exigido por expressa clausula constitucional, o voto dos interessados, além da acquiescencia dos parlamentos estadoal e federal. Por lei ordinaria se poderá prover (Const. arts. 4 e 34 §§ 33 e 34) quanto ao meio pratico de verificar-se esse voto.

Das respectivas assembléas... e do Congresso Nacional. Não diz o art. « dos *governos* do Estado e da União,» mas das *assembléas*, etc.

Com effeito, trata-se de funcção ou prerogativa propria dos representantes do povo em seus parlamentos, — não de uma simples medida de governo ou de administração, porém de um acto do mais genuino e exclusivo caracter politico e soberano. E n'elle não cabe a intervenção do poder executivo, sinão para applicar, na parte que lhe possa tocar, as providencias de ordem administrativa que de sua autoridade dependerem, para que esse acto se ponha em pratica e seja executado.

Essa encorporação de mais uma unidade politica aos Estados já aggregados sob o vinculo federativo, como admissão de um novo Estado no seio na União é em certo sentido um acto constituinte, um acto organico; — depois d'elle, e por elle, a nação fica constituida com mais esse elemento e a federação com esse membro mais. Ha uma alteração no organismo politico com essa accessão. E é um caso que, como o da reforma ou addição constitucional, não depende de sancção presidencial, parecendo ter sido com esse proposito empregada aquella phrase (que exclue da approvação de que se trata a interferencia do governo): « acquiescencia das respectivas assembléas legislativas... e approvação do Congresso Nacional.»

E NÃO HAVERÁ CASO EM QUE SE TENHA DE DAR ADMISSÃO DE ALGUM NOVO ESTADO QUE SE CONSTITUA SEM SER POR DESMEMBRAMENTO, ACCESSÃO OU ENCORPORAÇÃO DE TERRITORIO DOS OUTROS DA UNIÃO? A Constituição prohibe as guerras de conquista (art. 88) e por meio d'esta novo territo-

ARTIGO QUARTO

Art. 4º. Os Estados podem encorporar-se entre si, subdividir-se ou desmembrar-se, para se annexarem a outros ou formarem novos Estados, mediante acquiescencia das respectivas assembléas legislativas em duas sessões annuaes successivas e approvação do Congresso Nacional.
(Redacção da Commissão do Congresso Constituinte, em 21 de Fevereiro de 1891).

Art. 4º. Os Estados podem encorporar-se entre si, subdividir-se ou desmembrar-se, para se annexar a outros ou formar novos Estados, mediante acquiescencia das respectivas assembléas legislativas, em duas sessões annuaes successivas e approvação do Congresso Nacional.

rio não poderá accrescer ao do Brazil. Mas a União póde fazer tratados com paizes estrangeiros (arts. 34 § 12 e 48 § 16) e por este meio não lhe é vedado adquirir territorios, por compra, por cessão, por convenção de limites. A encorporação em taes casos não foi regulada, mas poderá o Congresso Nacional estabelecer-lhe as normas e, conforme as condições de população, recursos, etc., do novo territorio, crear ahi uma administração provisoria até que elle possa ser eregido em Estado, ou annexal-o a algum dos da União, sob consulta de seus habitantes e respeitados os principios constitucionaes d'esta.

A competencia do Congresso Nacional nesse caso resulta da que lhe confere o art. 34 §§ 34 e 35. Com a acquisição do novo territorio ha necessidade de regular n'elle *o exercicio dos poderes que pertencem á União*, e de prover á *execu-*

ção completa da Constituição com referencia a essa parte accrescida ao paiz, afim de que a ella se extenda *o regimen livre e democratico* que a Constituição assegura a todo o povo brazileiro (Preambulo).

Os novos Estados são recebidos na União no mesmo pé de egualdade, com os mesmos direitos e prerogativas dos que já a constituiam e, ligados pelo laço federativo, ficam tambem como elles sujeitos á acção constitucional dos poderes federaes. Sua Constituição deve conformar-se com os principios cardeaes da União (art. 63). Uma federação republicana, composta de Estados republicanos, não poderia, sem desvirtuar-se e sem perder a sua homogeneidade (indispensavel a seus fins), receber em seu seio e adoptar entre suas unidades componentes uma de caracter estranho ás suas bases fundamentaes.

ARTIGO QUINTO

Art. 5º. Compete a cada Estado prover, a expensas proprias, ás necessidades do seu governo e administração, podendo a União subsidial-o sómente no caso excepcional de calamidade publica.
(Projecto da Commissão do Governo Provisorio).

Art. 4º. Compete a cada Estado prover, a expensas proprias, ás necessidades de seu governo e administração, podendo a União subsidial-o sómente nos casos excepcionaes de calamidade publica.
(Decretos n. 510 de 22 de Junho e n. 914 A de 23 de Outubro de 1890).

Ao art. 4º—supprima-se a palavra—excepcionaes—, e substitua-se a palavra — Compete — por — Incumbe.
Ao art. 4º, depois da palavra—administração—diga-se—a União, porém subsidiará em caso de calamidade publica, quando o Estado ou Estados solicitarem.
Emenda da Commissão do Congresso Constituinte (approvada na sessão de 22 de Dezembro de 1890).

Art. 5º. Prover a expensas proprias.

Desde que são Estados autonomos, desde que cada um delles tem seu governo proprio e sua administração, está claro que as despezas respectivas não poderiam incumbir sinão a elles mesmos. Por isso mesmo que são *estados*, têm o direito de regular essas despezas e consequentemente de estabelecer os impostos necessarios para haverem a receita com que a ellas tenham de fazer face. Este é um attributo de caracter soberano dos Estados, como taes. E seu exercicio não depende da União; é de propria e exclusiva autoridade delles, dentro do circulo que lhes é traçado pela Constituição Federal (arts. 9 a 12), como soberana é a União dentro dos limites que a ella nesta materia são fixados (arts. 7, 10, 11 e 12).

O governo e administração dos Estados

é o que livremente e no goso de sua soberania, o povo dos Estados, por seus delegados e representantes, tem estabelecido nas suas Constituições e leis de suas assembléas. E porque a federação foi feita sob a fórma republicana e representativa, para termos *um regimen livre e democratico*, cada Estado póde, guardada essa fórma, governar-se e administrar-se como bem lhe parecer, sem immixtão dos poderes federaes, comtanto que esse governo seja, em sua essencia e em seu exercicio,— um governo livre e democratico.—Para isso bastará que elle não se afaste dos principios cardeaes da Constituição Federal e, quér no texto de suas leis constitucionaes e ordinarias, quér na execução dellas, esses principios prevaleçam e nunca deixem de ser respeitados. A inobservancia delles motiva a intervenção de que trata o art. 6º § 2, para garantia da liberdade e direitos dos cidadãos e para a effectividade e proficuo resultado do systema de governo adoptado pelo povo brazileiro.

A União porém prestará soccorros.

Qualquer que seja o conceito fundamental que se adopte para caracterisar o «estado,» e não obstante as objecções de economistas que acoimam de socialistas e fóra da missão d'elle as providencias tomadas pelo governo em beneficio da pobreza, orphandade e miseria, incontestavel é que não interessam ellas unicamente á humanidade, nem constituem só uma pratica philantropica, mas entendem com altas considerações de ordem publica e de policia, e o governo que d'isso hoje prescindisse não seria digno d'este nome, comprometteria muita vez a sua segurança e se collocaria fóra do espirito da civilisação moderna.

N'um regimen federativo taes cuidados, por serem de ordem local, incumbem aos Estados e Municipios.

Mas ha circumstancias em que pódem ser, por insufficientes e escassas, inefficazes as providencias por elles tomadas. Taes são os casos de grandes desgraças publicas, peste, fome, secca, etc., que algum Estado só com seus recursos não possa debellar.

A' União, dada essa falta de recursos, e em vista da gravidade e extensão do mal, deve competir auxiliar o Estado em que surgirem taes calamidades, proporcionando-lhe os soccorros precisos. A isso provê a segunda parte do art. 5. A autoridade federal competente é o Poder Legislativo (art. 34 § 14), mediante solicitação do Estado (cit. art. 5 *in fine*), pois ao Congresso é que incumbe determinar o emprego dos dinheiros publicos.

Cogitando porém da possibilidade de casos taes na ausencia do Congresso Nacional, tem este nas leis de orçamento, para a occurrencia d'elles, consignado certa quantia. Quando não o haja feito ou seja insufficiente a verba votada, havendo urgencia, o governo poderá providenciar pela abertura do competente credito, preenchidas as respectivas disposições legaes. (*Vide* leis n. 589 de 9 de Setembro de 1850, art. 4 § 2, n, 1177 de 7 de Setembro de 1862, decr. n. 392 de 8 de Outubro de 1896, art. 70 § 5 e 148, Tit. IV do regulamento annexo ao decr. n. 2458 de 10 de Fevereiro e aviso circular de 22 de Março de 1897).

Deste poder usou ultimamente o Governo Federal, indo em auxilio do Districto Federal e do Estado de S. Paulo, por occasião da peste que infelizmente n'elles se desenvolveo, e em soccorro do Estado do Ceará, por motivo da secca que alli appareceu causando immensos prejuizos e desgraças (1900).

A gravidade e extensão do mal pediam as providencias realisadas; sómente ha a notar que nos dous primeiros casos o governo declarou ter resolvido *intervir* na administração do Estado e do Municipio para o fim de prestar-lhes soccorros; mas intervenção tal não lhe era facultada, antes escapando á disposição do art. 6, ficava-lhe prohibida. Os auxilios deveriam ser confiados ao governo local para administral-os. Ao governo federal compete apenas tomar as provi-

Art. 5º. Incumbe a cada Estado prover, a expensas proprias, ás necessidades de seu governo e administração; a União, porém, prestará soccorros ao Estado que, em caso de calamidade publica, o solicitar.
(Redacção da Commissão do Congresso, em 21 de Fevereiro de 1891).

Art. 5º. Incumbe a cada Estado prover, a expensas proprias, ás necessidades de seu governo e administração; a União, porém, prestará soccorros ao Estado que, em caso de calamidade publica, o solicitar.

---

dencias dentro de sua esphera, concommitantes com as da administração regional.

Tomar a seu cargo um dos serviços locaes é *intervir em negocio peculiar ao Estado* e isto a Constituição formalmente prohibe no cit. art. Ella sómente autorisa a prestação de « soccorros ao *Estado*, » cousa mui distincta de interferencia na administração d'elle. E' o Estado que por seus funccionarios e agentes ha de applical-os. E muito mais apto é elle para isto, que o governo da União.

Os soccorros poderão ser em dinheiro, em effeitos mercantins, em meios de transporte, etc., pois o texto não traz limitação alguma e a natureza do mal é que ha de indicar o genero do soccorro.

O governo federal, em 22 de Março de 1897, expedio pelo ministerio dos negocios interiores, a seguinte circular aos governadores dos Estados:

—Depois da promulgação da Constituição de 24 de Fevereiro de 1891 recebeu o Governo Federal diversas requisições dos governos dos Estados no sentido de lhes ser prestado, na conformidade do art. 5º, o auxilio da União, afim de satisfazer despezas reclamadas por perturbações das condições sanitarias occorridas nos respectivos territorios, e a que attribuiram o caracter de calamidade publica.

Tendo-se suscitado duvidas ácerca da intelligencia do dito artigo, resolveu o governo, após detido exame da materia, significar-vos o modo por que, definidas as circumstancias em que aquellas e outras eventualidades constituem o caso de calamidade publica alli previsto, entende dever ser executado o preceito constitucional, emquanto não deliberar definitivamente o Congresso Nacional a este respeito.

Como calamidade publica só pode ser considerada, em these, além das seccas prolongadas e devastadoras, dos grandes incendios e innundações e de outros flagellos semelhantes, a invasão subita do territorio de um Estado por molestia contagiosa ou pestilencial, susceptivel de grande expansão epidemica, de disseminação rapida e de alta lethalidade, diversa daquellas que só se desenvolvem ao favor da ausencia de providencias adequadas e do descuido no emprego dos meios conhecidos de prophylaxia usual.

Mas, attentos os limites das attribuições dos poderes da União e dos Estados e a propria accepção dos dous vocabulos, para ter logar a intervenção da União não basta apenas que se manifeste e desenvolva em algum dos Estados um dos flagellos alludidos. No ponto de vista de que se trata, a calamidade publica é relativa. Assim, póde assumir esse caracter qualquer daquelles acontecimentos, quando se dê em Estado que disponha de poucos recursos; outro tanto, porém, não terá cabimento affirmar si o caso se der em territorio de Estado cuja administração esteja apparelhada com os meios necessarios para soccorrer efficazmente a população.

Torna-se, pois, preciso que préviamente demonstre o Governo respectivo terem sido já tomadas, quér por elle, quér pela administração local, si o serviço fôr de natureza municipal, todas as providencias que a situação exigia, e, ainda mais, haverem-se exhaurido todos os recursos disponiveis sem que, entretanto, se conseguisse debellar o mal.

Tal demonstração é tanto mais necessaria quanto, uma vez que tem de ser levada, provisoriamente, á verba—Soccorros Publicos—a despeza resultante do auxilio, imprescindivel será justificar o credito supplementar que á mesma verba houver de ser aberto.

Si o Governo Federal reconhecer que se verificam as condições em que, de accordo com o que se acha resolvido, deve ser prestado o auxilio da União, este se effectuará na fórma prescripta no titulo IV do regulamento da Directoria Geral de Saude Publica, annexo ao decreto n. 2.458, de 10 de Fevereiro proximo findo, de que vos envio exemplares impressos.

ARTIGO SEXTO

Art. 6º. Em qualquer dos Estados onde a ordem publica fôr perturbada e onde faltem ao governo local meios efficazes para reprimir as desordens e assegurar a paz e tranquillidade publica, effectuará o Governo Provisorio a intervenção necessaria para com o apoio da força, assegurar o livre exercicio dos direitos dos cidadãos e a livre acção das autoridades constituidas.

Art. 7º. Sendo a Republica Federativa Brazileira a fórma de governo proclamada, o Governo Provisorio não reconhece nem reconhecerá nenhum governo local contrario á fórma republicana.

(Decreto n. 1, de 15 de Novembro de 1889).

Art. 6º. O Governo Federal não poderá intervir em negocios peculiares dos Estados, salvo:
1º para repellir invasão estrangeira ou de outro Estado;
2º para garantir a fórma republicana;
3º para restabelecer a ordem e tranquillidade no Estado, á requisição de seu governo;
4º para garantir a execução e cumprimento das sentenças federaes.

(Projecto da Commissão do Governo Provisorio).

Art. 5º. O Governo Federal não poderá intervir em negocios peculiares aos Estados, salvo:
1º para repellir invasão estrangeira, ou de um Estado em outro;
2º para manter a fórma republicana federativa;
3º para restabelecer a ordem e a tranquillidade nos Estados, á requisição dos poderes locaes;
4º para assegurar a execução das leis do Congresso e o cumprimento das sentenças federaes.

(Decretos n. 510 de 22 de Junho e n. 914 A de 23 de Outubro de 1890).

Art. 6.º O Governo Federal. Esta locução é aqui empregada como equipollente a «A União» ou a «Os poderes da União,» mas não como si equivalesse a «o poder executivo». E claramente o indicam:

1.º Os termos em que está concebido o art. e sua collocação n'esta primeira parte da Constituição, ao serem traçadas as linhas geraes da construcção politica que ella tem em vista e assignadas as espheras distinctas da União e dos Estados, antes de entrar-se na particularisação das attribuições especiaes de cada um dos Poderes ou orgãos funccionaes do Governo Federal, e dizendo-se — *Governo Federal* — por contraposição a — governos locaes;

2.º A indole e importancia do poder de intervenção, melindroso em seu uso e de summa gravidade para ficar exclusivamente competindo ao executivo, que é em negocios d'esta natureza o poder mais capaz de abusos;

3.º A lição dos trabalhos preparatorios da Constituição, notando-se n'esta parte o emprego das palavras — Poder Federal, Governo Federal — como synonimas de *União federal* e não no sentido restricto de Poder Executivo ou Presidente da Republica (projectos preliminares:—Werneck-Pestana, art. 6 combinado com os arts. 14, 18, 23, 26, 30, 33, etc.; Magalhães Castro, arts. 3, 6, 36 § un.; e Americo Braziliense, arts. 7 e 48 III *a*); projecto da Commissão nomeada pelo Governo Provisorio, arts. 6, 68 *d*), 69 *a*) e 100—, e d'ahi passaram aquellas palavras «Governo Federal», com o mesmo sentido, para o art. 6 da Constituição, neste ponto votada sem emendas pelo Congresso;

4.º O emprego das mesmas palavras em outros arts. da Constituição, para exprimir o conjuncto dos *poderes federaes* ou a «União Federal» (e não restrictivamente o Poder Executivo), como nos arts. 8, 24, 54 n. 2, e 66 § 2, bem como no art. 6, ultima parte, das Disposições Transitorias; e o emprego das palavras «Poder Executivo», quando a este, independentemente dos outros poderes, quer se referir a Constituição, arts. 23, 29, 34 §§ 2 e 21, 37 pr. e § 3, 39, 41, 60 *b*), 71 § 2 *b*) e 80 § 1;

5.º O estudo comparado desta parte da nossa com as constituições de estados regidos por egual forma de governo, cabendo a funcção interventora, na dos Estados Unidos Norte Americanos á «Os Estados-Unidos» (art, 4, secç. 4, n. 1), a «Os poderes da União,» na do Mexico (art. 116) e á «Confederação» na da Suissa, (art. 5,)— nenhuma d'ellas se referindo exclusivamente a algum dos ramos em que se divide o «Governo Federal» (*);

6.º A opinião de commentadores da constituição dos Estados Unidos norte-americanos, bastando citar o autorisado Cooley:

«A obrigação de garantir uma forma republicana de governo aos Estados e de os proteger contra invasão e perturbações intestinas é uma das que incumbem aós Estados-Unidos (á União). A illação é que o cumprimento d'esse dever não depende exclusivamente do corpo legislativo, mas de todos os ramos do governo ou ao menos de mais de um d'elles. Até agora o Congresso tem assumido a competencia de agir ácerca da referida garantia, ao mesmo tempo que, de outro lado, é ao poder executivo que tem sido pedida a protecção contra as perturbações intestinas. Segundo a natureza do caso, o judiciario pouco ou nada terá que fazer sobre questões levantadas *ex-vi* destas disposições da Constituição»;

7º A affirmação irrecusavel, por ocasião de tratar-se de assumpto tendente ao exercicio da intervenção, de signatarios da Constituição pelo governo submettida á nação. E' assim que:

a) O Vice-Presidente da Republica, Marechal Floriano Peixoto, na mensagem de abertura do Congresso Nacional em 18 de Dezembro de 1891, declarando que, nas perturbações que se produziram com as deposições de governadores, se limitára a acautelar quanto possivel a ordem publica, julgou de seu dever entregar ao Congresso o estudo e deliberação definitiva do caso, accrescentando: «Vós decidireis esta questão como o Poder Legislativo dos Estados Unidos da Ame-

---

(*) O *governo federal* intervem..., diz o art. 6 da Const. Argent. e isto, (explica Luiz Varella, Estudos sobre a Const. Nacional Argentina, pag. 228), indica que essa faculdade não toca só ao poder legislativo e ao executivo, mas a todos os poderes, incluido o judiciario.

ARTIGO SEXTO

Ao art. 5º, n. 3º, depois da palavra—tranquillidade—diga-se—nos Estados, á requisição dos respectivos governos.

Emenda da Commissão do Congresso (approvada em 22 de Dezembro de 1890).

Art. 6º. O Governo Federal não poderá intervir em negocios peculiares aos Estados, salvo:
1º para repellir invasão estrangeira ou de um Estado em outro;
2º para manter a fórma republicana federativa;
3º para restabelecer a ordem e a tranquillidade publica nos Estados á requisição dos respectivos governos;
4º para assegurar a execução das leis e das sentenças federaes.

(Redacção da Commissão do Congresso em 21 de Fevereiro de 1891).

Ao art. 6º § 4... das leis e sentenças federaes.—*Antonio Euzebio* (Emenda em 23 de Fevereiro de 1891).

Art. 6º. O Governo Federal não poderá intervir em negocios peculiares aos Estados, salvo:
1º para repellir invasão estrangeira ou de um Estado em outro;
2º para manter a fórma republicana federativa;
3º para restabelecer a ordem e a tranquillidade nos Estados, á requisição dos respectivos governos;
4º para assegurar a execução das leis e sentenças federaes.

---

rica do Norte, da Suissa e da Republica Argentina tem decidido identicas, que hão surgido na vida desses povos regidos pelo systema federativo.»

b) O ex-Ministro dos Negocios Exteriores, General Quintino Bocayuva, que, com seus collegas do Governo Provisorio, referendou a Constituição apresentada ao Congresso Nacional, dizia na sessão do Senado de 18 de Agosto de 1891, occupando-se da organisação dos Estados e entendendo que a isso se extendia a faculdade do art. 6º da Constituição:

« Nos Estados Unidos, na Constituição Americana ha dous artigos cujo espirito foi trasladado para a propria Constituição Brasileira, embora por fórma mais concisa e, a seu ver, menos perfeita ; mas o espirito da disposição constitucional é identico em uma e em outra Constituição.

Os Estados Unidos,—e note o Senado que em toda a Constituição Americana o unico artigo a que essa referencia aos *Estados Unidos* é feita, é esse,—os Estados Unidos, isto é, *a collectividade dos poderes estabelecidos pela Constituição*, a representação nacional da União de todos os Estados outr'ora confederados, garantio aos Estados a manutenção das suas instituições republicanas. Por uma fórma diversa chegou-se a definir o mesmo principio... da não intervenção *do governo federal;* isto é, *a expressão da unidade nacional representada pelos tres poderes* não poderá intervir, diz a Constituição, nos negocios peculiares aos Estados, salvo 1.º para repellir invasão estrangeira ou de um Estado em outro; 2.º para manter a fórma federativa... Ora, pergunta, si, diante desta disposição constitucional, tem ou não tem o Congresso direito não sómente, mas o dever de acudir a qualquer Estado onde a fórma republica federativa não esteja sendo praticada?» (ANNAES DO SENADO, 1891, vol. III, pags. 17 e 18).

c) No mesmo sentido é o parecer n. 34 de 24 de Maio de 1893, relator o mesmo ex-ministro e assignado tambem por seu ex-collega dos negocios interiores, Senador Aristides Lobo, que com elle referendára o decr. n. 1 de 15 de Novembro de 1889, no qual fôra tambem empregada aquella locução « Governo Federal.» Diz esse parecer:

O « Governo Federal » no Brazil, como nos Estados Unidos da America compõe-se de tres poderes: o Legislativo, o Executivo e o Judiciario.—*Foi portanto a esses poderes reunidos que a Constituição impoz a restricção contida no art.* 6, prohibindo-lhes a intervenção nos Estados, salvo nos casos especificados nos seus ns. 1, 2, 3 e 4 e para os fins nelles declarados. (ANNAES DO SENADO, 1893, vol. I, pag. 211).

d) Outro dos signatarios da Constituição e dos que não pequena parte tomaram em sua elaboração, o ex-ministro Campos Salles, do Governo Provisorio, sustentava, em discussão do Senado, —que a intervenção cabia, conforme as opportunidade, a cada um dos tres grandes orgãos da soberania nacional e não ao executivo exclusivamente (ANNAES DO SENADO, 1891, vol. III, pag. 123):

« Tenho como verdadeira a doutrina que estabelece, como ha pouco disse, a competencia de cada um dos grandes orgãos da soberania federal para intervir opportunamente nestes conflictos e para resolvel-os. Ha casos em que compete ao Poder Executivo intervir, ha outros em que a intervenção pertence ao Poder Legislativo; ha aquelles, finalmente, que recaem sob a jurisdicção do Poder Judiciario. A questão é saber qual seja a natureza do acto que provocou o conflicto e em virtude do qual, a bem do regular funccionamento dos diversos orgãos ou departamentos politicos, surgio a necessidade da intervenção por parte de um dos tres poderes, para que o conflicto se possa resolver dentro da orbita legal, ou dentro dos limites marcados na Constituição. Na grande União Americana, a doutrina estabelecida foi esta.»

Intervir. A intervenção é a sancção do principio federativo; sem ella a União seria um nome vão. E as garantias e vantagens que a federação deve proporcionar aos Estados e ao povo, se reduziriam a simples miragem.

E' ella, com effeito, que assegura o laço federal. Nos Estados compostos não póde deixar de existir. Vemol-a inherente ás Confederações de Estados, como clausula essencial para impôr o cumprimento dos deveres federaes, quando esquecidos ou sophismados, e aos quaes pódem os Estados Confederados ser chamados até por meio da força material. D'ahi naturalmente passou para a organisação politica conhecida pelo nome de «Estado federativo,» como medida necessaria para a efficiencia e conservação do systema, que sem ella mentiria a seus fins.

Entre nós, ainda no Imperio,—quando, em vista das exigencias da aspiração federalista, se deo, ou se pretendeo dar, ás provincias, com o Acto Addicional, o direito de gerirem por mandatarios seus certa ordem de *negocios immediatamente relativos a seus peculiares interesses,*—essa tal ou qual autonomia local foi regulada de modo que aos orgãos do poder central ficou reservada a funcção interventora, para os casos de offensa de uma provincia aos direitos de outra, aos tratados com nações estrangeiras, aos impostos geraes e á Constituição. Seriam suspensas e revogadas as leis provinciaes que assim exorbitassem. (Lei de 12 de agosto de 1834, arts, 16, 20 e 24 § 3). Esta foi em nosso direito publico constitucional, pode-se dizer, a primeira manifestação do poder de intervenção, que surgio desde quando o governo geral teve de achar-se em presença de governos locaes ou provinciaes com uma certa, si bem que incompleta autonomia; intervenção indispensavel, embora pela nimia extensão que então e depois se lhe deo, viesse a tornar-se vexatoria e atrophiadora.

D'ella, estabelecida em justos limites, não poderia prescindir a republica federativa brazileira, como não prescidiram as dos Estados Unidos do Norte, da Suissa, do Mexico, da Republica Argentina, etc. O decreto n. 1 de 15 de novembro de 1889, proclamando entre nós a nova fórma de governo (arts. 1 a 3), estabeleceo aquella providencia salutar ao povo e aos Estados em casos de excepcional gravidade, de modo a assegurar *o livre exercicio dos direitos dos cidadãos e a livre acção das autoridades locaes* (art. 6), não sendo reconhecido *governo algum* que nos Estados se estabelecesse *contrario á fórma republicana* (art. 7). E este decreto, com muita precisão e acerto, inculca nas palavras — «assegurar o livre exercicio dos direitos dos cidadãos e a livre acção das autoridades locaes» — o fim primordial e supremo da intervenção. E' com este mesmo proposito que vemol-a estatuida no art. 6 da Constituição.

Com effeito, o preambulo annuncia a adopção de um «regimen livre e democratico»; o art. 1 escolhe, como adequada a esse proposito, a fórma *republicana federativa*, sob o systema representativo, mediante a união perpetua e indissoluvel das provincias, constituidas em Estados; e o art. 6 garante a effectividade do proclamado regimen de liberdade e democracia, isto é, do regimen no qual o povo livremente escolhe as autoridades para o governarem, respeitando-lhe sua liberdade e seus direitos. E como é que a garante? Abrindo espaço á acção dos poderes federaes nos Estados em que essa liberdade e esses direitos corram perigo, que as autoridades locaes não possam ou não queiram remover. Esses casos são os que se comprehendem nos quatro §§ do artigo e cada um destes, em ultima analyse, outra cousa não visa sinão o restabelecimento da situação creada pela Constituição para os Estados, para o povo, para a communhão federal, vindo assim, e de facto, a ser a intervenção a um tempo elemento vinculativo da União e garantidor do direito dos cidadãos.

Fóra da situação creada pela Constituição ficará, sem duvida, o regimen por ella instituido, em qualquer Estado ou em parte de algum, *a)* quando ahi se der invasão estrangeira ou de outro Estado, não sendo repellido o invasor, — *b)* quando a ordem publica soffrer tamanha perturbação interna que embarace a acção legal da autoridade e o gozo pacifico e seguro dos direitos do cidadão. *c)* quando deixar de ser republicana a Constituição do Estado ou quando, sob as apparencias dessa forma, na realidade e na pratica lhe fôr contraria, e *d)* quando as leis e sentenças federaes não forem executadas ou forem violadas por culpa, opposição ou connivencia dos poderes estaduaes. Estes casos impõem-se evidentemente á acção interventora, energica e prompta, dos poderes federaes, cabendo a iniciativa áquelle d'esses poderes que as circumstancias, o momento e a natureza do negocio indicarem.

Art. 6º § 1º. Repellir invasão. Na parte invadida, além do attentado contra a soberania territorial, succede que os cidadãos ficam sujeitos a autoridade estranha, não estabelecida por elles, e ao arbitrio della ficam-lhes a vida, os bens, os direitos. E' então necessario varrer quanto antes o solo invadido, vingar a soberania e restabelecer no lugar a ordem e governo legal e com elle restituir aos cidadãos o goso dos direitos que estavam sem garantias. Ora, como isto seja urgente e ao Poder Executivo não só cabe o commando supremo das forças militares (art. 48 § 3º), como tem elle á mão os meios materiaes a empregar com efficacia no caso, sendo quem promptamente e com mais segurança póde agir, — a Constituição (art. cit. § 8º) impõe-lhe que «immediatamente» declare guerra ao invasor estrangeiro.

Pelas mesmas razões (urgencia do caso, prompta expedição e acção immediata) cabe tambem ao Poder Executivo intervir contra a invasão de um Estado em outro. A iniciativa desse procedimento lhe compete, em ambos os casos, como guarda e responsavel pela segurança interna e externa da nação (Const., cits. art. 48 §§ 3, 8 e 15 e lei n. 30 de 8 de Janeiro de 1892, art. 7º).

Não quer isto porém dizer que o Poder Legislativo fique á margem em taes emergencias; ao contrario, dentro de suas attribuições, elle terá de providenciar quanto ao que fôr de mister no caso, relativamente ás despezas extraordinarias, ao augmento da força armada, á mobilisação da guarda nacional, sendo necessaria (Const. 34 § 20), e á decretação de quaesquer outras medidas que a segurança nacional no momento exija.

Sobreleva notar que não é necessario que a invasão esteja consumada, para dar-se então a intervenção, como poderia parecer em vista dos termos do § 1º; basta a ameaça ou a imminencia della para pôr em guarda o poder publico, apparelhar os meios de conjural-a e de afinal repellil-a; as razões de segurança são as mesmas, a competencia tambem a mesma. O contrario fôra incurial, absurdo e perigoso. Por isso dizem os publicistas americanos que no poder de repellir, está incluido o de impedir ou evitar a invasão, si ella fôr tentada ou estiver imminente.

Os mesmos referidos motivos abonam ainda a acção do Poder Executivo quando por algum Estado fôr ella reclamada para restabelecer a ordem e tranquillidade publica; dos poderes federaes elle é o que dispõe dos meios a isso adequados e promptos. E autorisam tambem, si não estiver reunido o Congresso Nacional, a decretação do estado de sitio nos casos do art. 6º §§ 1º e 3º (art. 48 § 15) pelo Presidente da Republica.

Art. 6.º § 2. Manter a fórma republicana federativa.

O que seja—*fórma republicana*—encontra-se claramente definido em uma das boas paginas do «Federalist,» n'um artigo de Madison (cap. 39):

«E quaes são os verdadeiros caracteres da fórma republicana? Si quizermos resolver a questão sem recorrer aos principios... por certo nunca obteremos solução satisfactoria..... Si, porém, para fixarmos o verdadeiro sentido da expressão, recorrermos aos principios que servem de base ás differentes fórmas de governo, nesse caso diremos que *governo republicano é aquelle em que todos os poderes procedem directa ou indirectamente do povo, cujos administradores não gosam sinão de poder temporario, a arbitrio do povo ou emquanto bem procederem*... E' bastante para que tal governo exista, que os administradores do poder sejam designados directa ou indirectamente pelo povo; mas sem esta condição *sine qua non*, qualquer governo popular que se organise nos Estados Unidos, embora bem organisado e bem administrado, perderá infallivelmente todo o caracter republicano.»

Por aqui se vê quanto é lata e comprehensiva a expressão «fórma republicana», tendo deixado a Constituição de fixar um molde uniforme, restricto, unico, mas deixando grande margem aos Estados para se organisarem republicanamente.

E nos publicistas que posteriormente commentaram a Constituição dos Estados Unidos da America do Norte, encontra-se ainda a mesma doutrina. E' assim que entre outros se lê em *Walker, American Law*:

§ 67: 1.º Com relação á fórma dos governos estaduaes: emquanto elles se conservam «republicanos, » a intervenção não é autorisada. Este termo admitte uma grande variedade de modificações para deixar campo livre aos Estados em suas escolhas. E'-lhes apenas prohibida a admissão de governos despoticos, aristocraticos, monarchicos, ou, em uma palavra, *anti-republicanos*. As tentativas nesse sentido ameaçam o bem estar da communhão e d'ahi a necessidade de se lhes prohibir isso; mas a menos que procedam assim, não se deve dar a intervenção.»

Mas estará preenchido o fim a que se destina a organisação federal architectada pela Constituição, sómente com a existencia, nos Estados, de uma *fórma* republicana,—qualquer que seja, de facto e em essensia, a realidade pratica do governo? Com o nome de republica e com instituições apparentemente republicanas pódem (e não será novo na historia) existir governos despoticos. E pois para que em cada Estado haja o governo *democratico e livre* que a Constituição teve em vista, e não uma simulação d'elle, em ludibrio do povo, deve ficar entendido que a expressão—*fórma republicana*—não designa simplesmente o apparelho formal da Republica, não comprehende unicamente a existencia do mechanismo que constitue o systema republicano, mas envolve, implicita e virtualmente, tambem o seu funccionamento regular, a sua pratica effectiva e a realidade das garantias que este systema estabelece. Isto evidentemente resulta da natureza e fins do direito de intervenção.

E é por isso que diz Von Holst, na sua «Lei constitucional», (trad. ingleza de Mason, p. 236):

«A interpretação acceita da palavra — republicana — confere ao Congresso o determinar, não só si a fórma do governo dos estados é republicana, mas ainda si na realidade (*in substance*) os estados são republicas... Demais o exercicio desse direito póde em certas circumstancias tornar-se um dever imperioso.»

Explicando a Constituição de seu paiz, demonstra o publicista argentino, Dr. José Manoel Estrada, professor da universidade de Buenos Ayres, no seu curso de direito constitucional, que:

«Os casos em que o Governo Federal póde intervir no territorio das provincias são quatro. Em dous póde intervir «motu proprio»; nos outros dous só á requisição da autoridade local».

«Intervém «motu proprio» para garantir a fórma republicana de governo *e o exercicio das instituições locaes*, assegurada pelo art. 5 da constituição.

«Aqui surge uma questão:

«Si a fórma de governo não tiver variado, isto é, não tiver sido convertida de republicana em outra de typo diverso, mas estiverem corrompidas e abastardadas as instituições locaes, ainda assim póde ter logar a intervenção «motu proprio»?

«Penso que sim; e isto mesmo resulta da formula constitucional:» A nação argentina ou o Governo Federal garante a cada provincia o gozo e exercicio das suas instituições locaes.»

«Este texto não admitte outra interpretação...

«*A nação garante não só a fórma republicana, mas o exercicio regular das instituições;* e portanto, ainda que se conserve a fórma, si o exercicio regular das instituições estiver interrompido e o povo da provincia privado do gozo e exercicio d'ellas, a nação deve intervir para fazer effectiva a garantia promettida no art. 5.º da Constituição. »

Noções de Direito Federal, §§ 130 e 131.

A Constituição Suissa, mais minuciosa sobre o assumpto (arts. 5, 6, 15, 16, 17 e 85), declara garantir aos cantões sua Constituição, soberania, os direitos e attribuições conferidas ás autoridades, bem como a liberdade e os direitos do povo e os direitos constitucionaes dos cidadãos. N'isso vae sem duvida garantida a *fórma republicana*, mas vae tambem a effectividade d'ella, e a acção federal tem sido invocada até por motivos eleitoraes, entendendo-se que não se fizeram constituições e leis para ficarem á mercê de amotinadores nem ao capricho das autoridades. Quér a segurança individual, quér a segurança politica nos Estados, caminhando uma ao par da outra, devem constituir-se objecto de constante solicitude do poder central, pondera J. Novicow, o qual considera hoje a confederação Suissa como talvez o mais admiravel exemplo d'uma justa ponderação entre os poderes regionaes e o poder central. (*Les luttes entre societés humaines*, Paris, 1892, pag. 623).

Alli, si succede que um cantão se furta a executar as ordens das autoridades federaes, depois de amigavel discussão e emprego de meios suasorios, são enviados commissarios federaes que tratam de pôr em execução a ordem desobedecida e, si é necessario, empregam-se meios coercitivos, indo-se mesmo á occupação do contão por tropas federaes até que elle obedeça. e se restabeleça a situação normal.' *(J. Dubs*. Le Droit public de la Confédération Suisse, 1879, t. II, pag. 45).

Segundo a Constituição do Mexico, os poderes da União protegem os Estados contra invasão, guerra exterior, sublevação ou revolução intestina (Const. art. 116), sendo reservado ao Senado Federal declarar que ha cessação dos poderes estaduaes (legislativo e executivo) para nomear-se governador provisorio, por acto do Presidente da Republica, sob approvação do mesmo Senado (esse governador faz proceder ás eleições na fórma da Constituição e leis do Estado) e resolver os conflictos politicos entre os poderes de um Estado, por via de recurso, ou sem elle, quando se dér perturbação armada da ordem constitucional (art. 72, B, ns. V e VI).

E' o mesmo intuito de manter a fórma republicana e o exercicio regular das instituições, em proveito da communhão, em respeito á soberania e aos direitos do povo. Sem tal garantia, é facil de vêr que o governo dos Estados será o joguete das facções.

E, embora a differença dos termos, mais ou menos explicitos, em que nas diversas Constituições ella é estabelecida, seu espirito, proposito e applicação não podem substancialmente divergir.

A falta ou cessação de governo em um Estado, a dualidade de governadores, ou de Congressos, constituem uma verdadeira suspensão, violação ou depravação da fórma republicana. Do mesmo modo os conflictos politicos entre os poderes do Estado quando embaracem ou supprimam a acção constitucional de qualquer d'elles. São casos pois de intervenção federal e comprehendem-se no art. 6 § 2.

Um dos principaes fins do governo é assegurar ao cidadão que ha autoridade para gerir os negocios publicos, quem é essa autoridade e quaes são as leis a que se deve obediencia *(J. A. Jameson*, Const. Conv., pag. 106). Si o cidadão acha-se perante mais de um chefe do Estado, mais de um corpo legislativo, si ha leis e actos na mesma occasião procedentes de assembléas e autoridades rivaes, que disputam a obediencia do povo, não sabe o cidadão a que autoridade recorrer, á qual pagar o imposto, etc.; não existe então governo, mas anarchia e grave perigo e damno para as instituições e para os direitos, que ellas devem garantir, do cidadãos e das autoridades legitimas.

QUAL DOS TRES PODERES É O COMPETENTE PARA INTERVIR A BEM DA FÓRMA REPUBLICANA?

Pela natureza essencialmente politica dos casos que se possam comprehender no § 2 do art. 6 de nossa Constituição, a competencia para a intervenção é incontestavelmente do poder legislativo.

E isto está de accôrdo com o que prevalece em paizes de instituições federativas como as nossas. (*) Nem poderia ser de outro modo. Confiar essa intervenção ao bom querer do poder executivo é entregar-lhe as chaves da federação e constituil-o senhor absoluto n'ella. Por isso. se disse com razão, n'um parecer (de 24 de Maio de 1893) da Commissão de Constituição do Senado: « Si ao poder executivo se concedesse essa faculdade, minada ficaria pela base a federação dos Estados e a União Brazileira, vacillante no seu alicerce, facilmente se esboroaria ao primeiro golpe que sobre ella vibrasse o poder.

Em taes condições não teriamos um Presidente da Republica, mas um verdadeiro dictador....»

Tambem ao poder judiciario não cabe agir nos casos deste § 2, por ser isso contrario á sua indole e ao seu papel entre os poderes publicos. Elle decide, na phrase de Von Holst, questões *legaes*, mas não questões *politicas*, e aqui a intervenção é acto de natureza politica, entende com os principios basilares da União, versa sobre relações entre esta e os Estados, affecta a autonomia d'elles, póde envolver mesmo a absorpção temporaria de sua personalidade politica, é como que uma suspensão de garantias do Estado. E tudo isto está fóra da missão do poder judiciario. E assim se tem entendido e praticado nos Estados Unidos Norte-Americanos, cuja Constituição servio de paradigma á nossa; alli, a Suprema Côrte tem sempre mantido a jurisprudencia que exclue a intervenção judiciaria em materia puramente politica; do que abundam casos referidos pelos commentadores.

Entretanto, si a competencia para a intervenção é primariamente do poder legislativo, que é o poder politico por excellencia, nem por isso ficarão sem acção os outros poderes. Aquelle é o regulador do caso; o executivo cumprirá e fará cumprir o que fôr, para esse caso ou por determinação geral, legislado pelo Congresso Nacional e terá mesmo a iniciativa da intervenção (subordinada ás deliberações do Congresso) si urgente fôr intervir pelo perigo da ordem publica e tornar-se necessario o immediato emprego de força armada. Por seu lado, o poder judiciario estará pelo que os outros poderes tenham determinado com relação ao caso: no que fôr puramente politico, decidirá os litigios e punirá os criminosos, por factos que se prendam á intervenção *(vide* Accord. n. 811, do Supremo Tribunal Federal, em 31 de Agosto de 1895; *Baker*, Annot. Const., pag. 232, n. 17).

Mas a interferencia dos poderes federaes, quando se questionar sobre a existencia e legitimidade de governos e assembléas locaes, não se poderá traduzir em attentado á soberania estadual?

(*) *Vide* L. V. Varella, Estudios sobre la Constitucion Nacional Argentina t. 1, pag. 249.

Em verdade, não se póde deixar de reconhecer que no uso daquella faculdade, aliás indispensavel e benefica em seos effeitos, corre grande risco a autonomia dos Estados. Isto aconselha a maior parcimonia e o mais escrupuloso zelo e cuidado no seu emprego, pena de sacrificarem-se gravissimos interesses e direitos mui respeitaveis, e de desacreditar-se uma medida politica do mais elevado alcance e importancia. Attentado, porém, no uso regular e legitimo dessa prerogativa da União é o que se não póde encontrar.

A autonomia ou soberania estadual, conforme os principios que serviram de base á nossa organisação politica, é aquella que consta da Constituição e está sujeita ás condições e limites que foram n'ella estatuidos com os votos dos representantes da nação eleitos como taes pelos respectivos Estados. Não ha outra. Não havia antes da Constituição. Foi creada por esta e subsistirá nos termos d'ella, em quanto não reformada. E foi creada ao mesmo tempo que o direito de intervenção e subordinada a elle. Toda a vez, pois, que se pratica a intervenção nos termos em que foi instituida, não póde ella ser considerada como attentado e quebra da soberania estadual.

A semelhante objecção responde de modo triumphante o seguinte parecer da commissão do senado norte-americano sobre a conhecida questão da Louisiana, em 1873, de dualidade de governo e da legislatura (traducção publicada pelo *Diario Official*):

«Senado dos Estados Unidos, 20 de fevereiro de 1873 —
. . . .
O facto extraordinario de haver dous homens, dizendo cada um delles ser o governador do dito Estado; e o de haver dous homens, cada um com certificado, sellado com o sello grande da Estado, de haver sido eleito para uma e a mesma cadeira no Senado; e a resolução do Senado, ordenando á sua Commissão que examinasse e informasse se existe um governo civil na Louisiana e como, e por quem está constituido, levaram a vossa Commissão a examinar de modo completo a situação das cousas naquelle Estado; e as conclusões a que a vossa Commissão chegou são as que se guem:
No dia 4 de novembro ultimo era governador do dito Estado Henry C. Warmoth, tendo sido eleito em 1868. Naquelle dia devia se fazer uma eleição geral para governador e outros funccionarios civis, para a metade do Senado, e para todos os membros da outra casa dos representantes. . . .
A questão que estamos considerando não é uma questão judicial e nenhum tribunal judicial póde resolvel-a. A questão é de caracter politico; tanto quanto os Estados Unidos tenham de intervir nella, deve fazel-o pelo ramo politico deste governo. . . . .
A opinião do povo do Estado está quasi que egualmente dividida em relação a esses dous pretendidos governos.
O povo de Nova-Orleans, que é a séde do governo, sustenta o governo de Mc. Enery, na razão de dous para um; e acredita-se que si o auxilio federal fosse retirado ao governo de Kellogg, elle seria immediatamente supplantado pelo governo de Mc. Enery.
O povo do Estado nem sustenta nem submette-se a qualquer dos dous governos. Nenhum dos governos póde cobrar impostos, porque o povo não tem garantia de que o pagamento feito a um livral-o-á da cobrança feita pelo outro governo.
Os negocios estão interrompidos e a confiança publica destruida; e si o Congresso adiasse a sua sessão sem providenciar sobre o caso, resultaria uma de duas—: ou a collisão e derramamento de sangue entre os partidarios dos dous governos, ou o Presidente deve continuar a sustentar, com o auxilio da autoridade federal, o governo de Kellogg.

A alternativa da guerra civil, ou a sustentação pela força militar, de um governo civil não eleito, é excessivamente embaraçosa; e na opinião da vossa Commissão, a melhor solução desta difficuldade é o Congresso ordenar uma nova eleição, e providenciar para que ella se faça sob a autoridade dos Estados Unidos, afim de que o povo eleja um governo, ao qual se submetta, ou em caso de sublevação os Estados Unidos possam honestamente sustental-o.

Nós sabemos que ordenar uma eleição em um Estado sob o fundamento de que a outra eleição que se fez, está nulla pela fraude, é o exercicio de um poder, que nunca deve ser posto em pratica pelo Congresso sem séria necessidade. Poder-se-á dizer que, si tal poder reside no Congresso elle póde ser exercido inconvenientemente. Isso é verdade. Mas o mesmo se póde dizer de todos os poderes conferidos a um governo. O povo adoptando a Constituição dos Estados Unidos, viu que se conferia ao governo geral a autoridade de garantir a cada um dos Estados um governo de fórma republicana.

Isto confere indubitavelmente o poder de decidir si um Estado qualquer tem governo, e, tendo-o, si é de forma republicana. Não ha duvida de que o Congresso poderia amanhã como questão de mero poder, declarar que o governo de Massachussetts não é republicano, e estabelecer em logar delle um governo que poderia considerar como tal. Isto seria certamente um grande abuso deste poder.

Quando um juiz tem jurisdicção para julgar uma causa, elle tem tanto poder para julgal-a mal, como bem; e uma sentença erronea é tão valida como outra qualquer, até que seja annullada ou reformada por autoridade competente.

No exercicio deste poder o Congresso deve proceder com grande cautela e prudencia.

O clamor usualmente levantado por aquelles que são derrotados em uma eleição, não deveria e não levaria o Congresso a interferir.

Ordinariamente, mesmo um governo eleito pela fraude, porém occupando-se tranquillamente do exercicio do poder e obedecido pelo povo, deve de preferencia ser deixado concluir o seu breve tempo, do que ser perturbado pela intervenção do Congresso Nacional.

Mas, quando as fraudes commettidas são tão manifestas e largamente espalhadas, de modo a produzirem o descontentamento publico no Estado e a organisação de dous governos eguaes ameaçando a guerra civil, e é manifesto que nenhum dos dous governos foi legitimamente eleito, deve-se considerar sabio e salutar esse poder do Governo Nacional.

Não se póde sustentar que o seu prudente exercicio viola os direitos dos Estados; porque os Estados foram os proprios que, para sua protecção e segurança, conferiram ao governo Nacional semelhante poder; este governo não póde recusar ou desprezar exercel-o opportunamente, sem esquecer a obrigação que a Constituição lhe impoz.

Somos de parecer que a triste condição do povo da Louisiana, que está substancialmente no estado de anarchia, faz com que seja dever do Congresso agir no sentido reclamado pelas circumstancias.

E, pois, a vossa Commissão propõe a adopção das seguintes resoluções:

1ª — Que não ha presentemente Governo de Estado no Estado da Louisiana;

2ª — Que nem John Ray, nem W. L. Mc. Millen está habilitado a uma cadeira no Senado; não tendo sido nenhum delles eleito pela legislatura do Estado da Louisiana.

Art. 6.º § 3.º Para restabelecer a ordem e tranquillidade nos Estados. Não tivesse a União o poder ou antes o dever de intervir n'este caso, para remover perigos e conflictos interiores que poem sem segurança os governos dos Estados e as garantias dos cidadãos, e o regimen federal seria sem vantagem e sem valor; os Estados facilmente se constituiriam prea das facções e a tyrannia supplantaria a lei e o direito.

A União é obrigada a ir em defeza do governo ameaçado, atacado ou derribado e a manter ou restabelecer a autoridade legitima. Este é mesmo um dos fins da instituição de um poder central em nossa fórma de governo.

E, si é certo que o poder que têm as autoridades estaduaes procede, como sua Constituição, da vontade do povo, d'ahi não se segue que ellas possam ser depostas, nem a Constituição alterada ou reformada, por meios violentos empregados ainda mesmo pelo povo do Estado. As constituições se fizeram justamente para evitar os processos arbitrarios e actuados pela força; ellas garantem o povo, mas tambem e para garantia d'elle, a autoridade legitima. Contra esta, si obra injustiça e compressão, ha o correctivo do processo politico e criminal e existe o voto para a opportuna e periodica escolha de melhores funccionarios.

Com a doutrina de que, —sendo o governo e as autoridades oriundos da vontade do povo, a esta ficam subordinados, — e mais do que a Constituição, que é papel escripto, vale a vontade viva do povo que a fez, —creou-se na Suissa (attesta *J. Dubs*) um pretendido *direito de deposição* por acto revolucionario, e sabe-se, diz o autorisado publicista, com que zelo esse direito fôra posto em pratica. Contra isso a Constituição de 1848 estabeleceo a garantia federal em favor das autoridades pelo povo legitimamente investidas de direitos e attribuições, e assim se poz termo a tam anarchico e perigoso processo *(Le droit public de la Confédération Suisse*, Prém. Part., 1878, pag. 77).

Certo não poderia ser licita a mudança ou alteração na Constituição dos Estados por meios violentos, ainda praticados pela maioria do povo; pois si a Constituição é acto de soberania e por ella livremente alteravel ou mudavel, todavia a propria vontade do povo estabeleceo as vias legaes da reforma constitucional e as disposições que as estabelecem não são menos para cumprir-se do que as outras partes da Constituição. E por isso diz, com toda a autoridade, Thomaz Cooley que uma vez estatuidos nas constituições dos Estados meios regulares e pacificos de emendal-as ou mudal-as sem recurso á revolução, não se póde admittir que isso se faça por meios revolucionarios; a theoria de que o povo póde á sua vontade mudar suas instituições, quanto ao tempo e modo está subordinada á Constituição por elle feita e desde que ahi está regulada por uma fórma especificada, não póde ser realisada por outra via differente da que foi prescripta *(The general principles of constitucional laws*, Boston, 1891, pag. 204).

Para melhor illustração da materia transcrevemos do *Federalista*, edição brazileira de 1840, pag. 146, T. II, cap. 43, n. VI (e não podemos citar mais abalisada autoridade) as seguintes considerações:

« Á primeira vista parece que não quadra com os principios republicanos suppôr ou que a maioria não tem razão, ou que a minoria póde ter força de destruir o governo e que por conseguinte a intervenção federal nunca póde ser requerida sinão no caso em que o seu effeito deve ser injusto; mas tambem n'este caso, como em tantos outros, os raciocinios da theoria devem ser modificados pelas lições da experiencia. Por ventura não póde a maioria de um Estado,

mórmente sendo pequena, tramar conspirações criminosas para a execução de quaesquer violencias, do mesmo modo que a maioria de um condado ou de um districto do mesmo Estado? E si no ultimo caso a autoridade do Estado deve proteger os magistrados locaes, porque não deve no primeiro o poder federal sustentar a autoridade legal do Estado em que ella se acha em perigo? Além d'isso, ha certas partes das constituições dos Estados, de tal maneira ligadas a Constituição Federal que não é possivel ferir uma sem ir offendei a outra.

Não é possivel que as insurreições n'um Estado exijam intervenção federal, sinão quando o numero d'aquelles que tomam parte n'ellas se approxima até certo ponto do dos defensores do governo, mas neste caso é muito melhor que a violencia seja reprimida por um poder superior, do que a maioria sustente a sua causa com longos e cruentos debates. *A existencia mesmo do direito de intervenção previnirá geralmente a necessidade de o empregar.*

« Por ventura hão de estar sempre do mesmo lado a força e o direito nos governos republicanos? Não póde a minoria adquirir superioridade á força de recursos pecuniarios, de talentos e experiencia militar, ou mesmo por meio de soccorros secretos de potencias estrangeiras, que, em caso de recurso á força, façam pender a balança para o seu lado? Não póde mais união ou mesmo mais vantajosa situação dar a victoria á minoria sobre um partido mui superior, mas que pela sua posição não póde obrar com promptidão e concerto? Por ventura não é absurdo pensar que na lucta de duas forças rivaes ha de sempre vencer o numero, como si se tratasse de um negocio de eleições? Não póde uma minoria de cidadãos transformar-se em maioria de pessoas pelo concurso dos habitantes estrangeiros, ou pela reunião de aventureiros que vêm procurar fortuna, ou mesmo d'aquelles a quem a lei do Estado não concede direito de votação? E que seria si eu mettesse no calculo esta desgraçada classe de individuos, tam abundante em alguns Estados, que durante a marcha de um governo regular estão tam abaixo da dignidade de homens, mas que adquirem importancia durante as tempestades da guerra civil e dão vantagem e força ao partido a que se unem? »

« Quando a justiça é duvidosa, que melhores arbitros se pódem desejar entre duas facções violentas, cujos debates despedaçam as entranhas do Estado, do que os representantes dos Estados Federados que não participam da animosidade local? N'elles a imparcialidade de juizes se une á affeição de amigos. Felizes todos os governos livres si sempre podessem applicar este remedio a seus males; e feliz do genero humano, si sempre podesse fazer uso de meio tam efficaz! »

A' requisição dos respectivos governos. Esta clausula garante os Estados contra intervenções officiosas e impede que, a pretexto de garantir a ordem legal violada, o governo federal se intrometta em negocios internos dos Estados. E' conhecido e antigo entre nós o máo vezo da immixtão do governo central na politica local, o que sobre tudo é intoleravel n'um regimen federativo. Já são muitos os meios porque póde aquelle influir nos Estados e si tivesse mais este de ahi comparecer armado, sempre que o quizesse e sem ser chamado, desappareceria facilmente a liberdade de acção dos poderes locaes e supprimida ficaria a autonomia estadual. O Estado sabe até onde chegam seus recursos, emprega os de que dispõe contra a desordem e sedição e, verificado que não as póde dominar, então reclama o auxilio federal, que é neste caso um dever da União.

Entretanto, si a ordem constitucional está de tal modo compromettida que um Estado vê-se absolutamente sem governo, campeando a anarchia, sem ter sido reclamada a intervenção federal, a União não ha de assistir queda e impassivel a anniquilação d'esse Estado. E o caso, desde que não ha ahi governo, nem autoridade legitima, nem ordem, nem lei, é o do art. 6 § 2º. Será então preciso restabelecer a ordem ao mesmo tempo que manter a fórma republicana federativa com a effectividade das garantias que ella offerece. Por isso diz com acerto Barraquero (*Espirito e pratica da Constituição Argentina*, 1889, pag. 193) que — « a requisição só é indispensavel quando a dissenção intestina não tem ainda compromettido as instituições republicanas.»

Pela expressão « respectivos governos » não se deve entender strictamente o governador ou o poder executivo do Estado, mas, como se dá com a expressão *governo federal*, usada n'este mesmo artigo, o conjuncto dos poderes que constituem o governo. Nem poderia a requisição ser exclusiva faculdade do poder executivo sem cercear-se a esphera do direito de intervenção, o qual não tem só por objecto garantir o governo, como contra este proteger o povo do Estado por elle despotisado. E, n'este segundo caso, como tornar effectiva a intervenção, si ella depender de requisição do governador?

O projecto dizia *poderes locaes;* a Commissão do Congresso Constituinte, emendou dizendo: « respectivos governos. » Mas nem do parecer d'ella, nem da discussão havida resulta que a emenda tivesse tido em vista restringir o sentido d'aquellas palavras. Nem ha motivo para admittir que tal houvesse sido seu proposito. Deve-se pois considerar essa como uma simples emenda de redacção e interpretar o § 3 do art. 6 á luz dos principios fundamentaes do direito de intervenção e tendo em vista a fonte dessa disposição constitucional (o art. 4, secç. 4, n. 1, do Const. dos Est. Un. Norte-Americ.)

§ 4.º A execução das leis e sentenças federaes. Conforme o art. 7º § 3º, as leis da União e as decisões da sua magistratura serão executadas em todo o paiz por funccionarios federaes. De accordo com os governos dos Estados poderá entretanto, quando conviér, ser a estes confiada a execução d'aquellas leis. Pelo art. 48 n. 1 da Constituição e art. 38 da lei n. 30 de 8 de Janeiro de 1892, é o presidente da Republica obrigado a fielmente executar e fazer cumprir a Constituição e as leis e resoluções do Congresso Nacional por elle sanccionadas e as promulgadas na fórma do art. 37 § 3º e art. 38 da mesma Const. E determina o art. 60 § 2º que as sentenças e ordens da magistratura federal sejam executadas por officiaes judiciaes da União, aos quaes a policia local é obrigada a prestar auxilio, quando invocados por elles. O § 4º do art. 6º é a sancção constitucional de taes disposições para constranger á obediencia os governos, as autoridades e o povo dos Estados, quando embaracem ou se opponham á execução d'ellas. Sem esse meio coercitivo, a Constituição não seria a suprema lei do paiz, os actos legislativos e sentenças federaes não passariam de simples conselhos, sem força obrigatoria, e os poderes federaes não poderiam preencher seos altos fins.

E de tal modo é inherente ao governo federal este direito que em rigor nem fôra preciso mencional-o expressamente na Constituição, pois decorre, forçosamente e sem possivel objecção, da indole e missão d'aquelle governo, tendo elle até o poder de dispôr da força publica para «a manutenção das leis no interior» (arts. 14 e 48 ns. 3 e 4).

Pela Constituição dos Estados Unidos norte-americanos é este um dos casos em que o Congresso póde determinar a mobilisação da milicia ou Guarda Nacional (art. 1º, secção 8ª, n. 15).

— A competencia neste caso é do Poder Executivo, attenta a natureza do acto, que não é mais do que um consectario do seu dever de executar e fazer executar as leis (art. 48 n. 1), assim como de fazer cumprir as sentenças federaes desde que faltem meios de acção aos officiaes judiciarios. A justiça federal processará os desobedientes e o poder legislativo proverá com as medidas que estam nas suas attribuições; e isto será, quanto á acção executiva, apoio, auxilio e, ao mesmo tempo, fiscalisação d'ella pelo legislativo.

A CARGO DE QUEM, DA UNIÃO OU DO ESTADO, DEVEM CORRER AS DESPEZAS COM A INTERVENÇÃO FEDERAL? Na Suissa, em caso de guerra ou invasão estrangeira, os gastos são da União; assim deve ser, pois a causa não é local, mas nacional, trata-se da segurança exterior da Republica. Nos demais casos, as despezas são, e nada mais justo, por conta do cantão que reclamou ou occasionou a intervenção, podendo entretanto a Assembléa Federal decidir de outro modo, em consideração de circumstancias particulares. (Const. Suissa, arts. 15 e 16).

Entre nós, o art. 5º da Constituição estabelece que cada Estado faça as despezas necessarias a seu governo e administração; e, si bem que extraordinaria, é incontestavelmente uma necessidade do governo de qualquer Estado a sua defesa contra violencia exterior ou intestina, actual ou imminente. A invasão ou aggressão estrangeira, por isso que affecta a segurança e entende com a soberania da Nação, ha de immediata e necessariamente ser repellida pelo Governo Federal (arts. 14 e 48 n. 8) e a despeza com isso feita é, sem duvida, despeza nacional. O mesmo porém não se poderá dizer da que se fizer nos casos de commoção intestina, ou de opposição ao cumprimento de leis e sentenças federaes; esta é despesa applicada a uma necessidade indeclinavel do governo do Estado, ou á qual elle deu causa. E é á sua custa que em regra o Estado deve ser defendido, tanto mais quanto as sedições e graves perturbações da ordem nos Estados são geralmente resultado dos seus máos governos e não é justo que por elles pague o thesouro nacional com o producto de impostos supportados pelos habitantes dos outros Estados, não culpados na má gestão, desazo e espirito de facção do governo do Estado que por isso necessitou de intervenção federal.

Art. 8º. E' da competencia exclusiva da União decretar:
§ 1º. Os impostos de importação de procedencia estrangeira, á chegada, nas fronteiras da União, maritimas, fluviaes ou terrestres.
§ 2º. Os de entradas e sahidas de navios, sendo livre o commercio de cabotagem á mercadorias nacionaes que tenham já pago o imposto de importação.
§ 3º. Os do sello do papel.
§ 4º. As taxas postaes.
(Do Projecto da Commissão do Governo Provisorio).

Art. 8º. E' da competencia exclusiva da União decretar:
1.º Imposto sobre a importação de procedencia estrangeira;
2.º Direitos de entrada, sahida e estada de navios; sendo livre o commercio de costeagem ás mercadorias nacionaes, bem como ás estrangeiras que já tenham pago imposto de importação;
3.º Taxas de sello;
4.º Contribuições postaes e telegraphicas;
5.º A creação e manutenção de alfandegas;
6.º A instituição de bancos emissores.
Paragrapho unico. As leis, actos e sentenças das autoridades da União executar-se-ão, em todo o paiz, por funccionarios federaes.
(Decretos n. 510 de 22 de Junho e n. 914 A de 23 de Outubro de 1890).

Ao art. 7º. n. 3.
Accrescente-se:
Nos actos e negocios da União.—*Arthur Rios.*
Ao n. 4: Nos correios e telegraphos federaes.—*A. Stockler* e outros.
(Emendas approvadas nas sessões de 3 e 17 de Fevereiro de 1891).

Os impostos decretados pela União devem ser uniformes para todos os Estados—*João Barbalho.*
(Emenda approvada em 23 de Dezembro de 1890).

Accrescente-se á palavra—federaes —do paragrapho unico do art. 6º: «ficando facultado ao governo da União confiar a execução aos dos Estados, mediante annuencia destes.»
Emenda da Commissão do Congresso (approvada em 22 de Dezembro de 1890).

Art. 7.º Decretar impostos. O poder de decretar impostos é inherente á soberania e não pode deixar de comprehender-se nas attribuições conferidas á União. Discutindo esta materia (discurso em sessão de 19 de Dezembro de 1890), dizia o presidente da Commissão incumbida pelo Congresso Constituinte de dar parecer sobre a Constituição (o senador Ubaldino do Amaral):

«O que a União tem de fazer todos sabem: cumpre-lhe representar a Nação, no exterior principalmente; sustentar o exercito e a marinha, um corpo diplomatico e um corpo consular; prover ao serviço dos correios e dos telegraphos; garantir a segurança interna; realisar os grandes melhoramentos que por si só os Estados não podem fazer, manter o credito nacional, corresponder aos compromissos existentes, seja qual fôr o erro ou acerto com que foram contrahidos...

«A nossa honra no exterior ha de ser desempenhada: e isto ainda que nós todos, esquecendo a dignidade nacional, o quizessemos impedir; nós somos devedor e o devedor não tem o direito de impôr condições ao credor. Quando as leis da honra e da lealdade que regem as nações não bastassem para isso, era caso de legitima intervenção em caracter armado.

«No dia em que fosse possivel o Brazil arvorar-se em devedor de má fé, era justa a intervenção armada em territorio nacional...»

E como haver a União os recursos necessarios para collocar-se em estado de desempenhar suas funcções e preencher seus fins?

Nos Estados Unidos Norte-Americanos, antes da actual constituição, as despezas do poder central eram pagas com o producto de quotas que cada Estado devia tirar de sua propria receita para a União. Isto porém era de facto subordinar esta aos Estados e a experiencia não tardou em condemnar este falso e ruinoso systema. Introduzil-o em nossa Constituição teria sido incluir n'ella o germen de sua prompta destruição. A este proposito assim discorria o citado presidente da Commissão:

«Si a União depender dos Estados, morta está a União. Neste caminho a America esteve bem proxima da ruina; chegou, diz Tocqueville, a tanta pobreza, que não podia pagar o juro da sua divida, a tanta fraqueza que não podia repellir as invasões dos indios, a tanta humilhação, que não podia defender sua bandeira dos insultos das grandes potencias européas.

«E isso porque a União estava na dependencia dos Estados, porque a União, pedindo a quota aos Estados, elles não correspondiam ao appello. Então foi necessario que se reunissem aquelles patriotas, não em numero de 268, mas em numero de 25, e fizessem uma nova Constituição, reconhecessem isto, a um tempo tam simples, tam importante e tam fecundo: que nas relações entre a União e os Estados é necessario que a União não intervenha directamente contra o Estado como entidade collectiva; está isto no interesse de ambos, para que não se constituam em lucta, para que não se achem em conflicto, para que não pareçam dous belligerantes um diante do outro: e por isso, em protecção ao Estado, marcam-se os casos restrictos, exclusivos, em que a União póde intervir nos Estados.

E' necessario que a União, quando se trata de uma attribuição sua, possa ir exercel-a, não contra o Estado, não creando um inimigo ou simples adversario, levantando opposições, dispertando ciumes, mas directamente sobre um ou outro cidadão...

Que nenhum Estado dará a sua quota, quando lhe fôr pedida, é o que tem mostrado a experiencia; já se deo nos Estados Unidos, e entre nós tambem: e o bom senso está mostrando que sempre se dará. Todas vezes que a União mandar pedir a quota a um Estado, tudo quanto nelle houver de força viva terá, pelo menos, repugnancia, má vontade de soffrer um augmento de tributos em favor da União, mais distante, menos perto do coração do que se entende não distribuirá bem o imposto. Portanto, o governador, que não depende da União, estimará poupar os habitantes, o Congresso estadual que nada tem com a União, estará de intelligencia com o governador para que não se augmente esta despeza, e quanto aos cidadãos é excusado dizer que ninguem paga de bôa vontade qualquer contribuição. O accôrdo geral será não pagar. Então, sem que nenhum dos Estados se subleve, o facto será que não mandarão as quotas, pretextando a necessidade de estudar as fontes de renda, de fazer novo orçamento, de verificar qual será o imposto a lançar, de percebel-o com mais vagar,—e a União ficará sem elle.

Esse facto se deo nos Estados Unidos, o facto se deo no imperio do Brazil, onde, que eu saiba, nenhuma provincia pagou dividas ao governo geral, nem mesmo as provincias prosperas e ricas; e para isso estavam em plena harmonia

ARTIGO SETIMO

Art. 7º. E' da competencia exclusiva da União decretar:
1.º Impostos sobre a importação de procedencia estrangeira;
2.º Direitos de entrada, sahida e estada de navios, sendo livre o commercio de cabotagem ás mercadorias nacionaes, bem como ás estrangeiras que já tenham pago imposto de importação;
3.º Taxas de sello, salvo a restricção do art. 9º, n. 1;
4.º Taxas dos correios e telegraphos federaes;
§ 1.º. Tambem compete privativamente á União:
1.º A instituição de bancos emmissores;
2.º A creação e manutenção de alfandegas.
§ 2.º Os impostos decretados pela União devem ser uniformes para todos os Estados.
§ 3.º As leis da União, os actos e as sentenças de suas autoridades serão executados em todo o paiz por funccionarios federaes, podendo, todavia, a execução das primeiras ser confiada aos governos dos Estados, mediante annuencia destes.

(Redacção da Commissão do Congresso, em 21 de Fevereiro de 1891).

Art. 7º. n. 3... restricção do art. 9º, § 1º, n. 1.— *Antonio Eusebio*. (Emenda em 23 de Fevereiro de 1891).

Art. 7º. E' da competencia exclusiva da União decretar:
1.º Impostos sobre a importação de procedencia estrangeira;
2.º Direitos de entrada, sahida e estada de navios, sendo livre o commercio de cabotagem ás mercadorias nacionaes, bem como ás estrangeiras que já tenham pago imposto de importação;
3.º Taxas de sello, salvo a restricção do art. 9º § 1º n. 1;
4.º Taxas dos correios e telegraphos federaes.
§ 1.º Tambem compete privativamente á União:
1.º A intituição de bancos emissores;
2.º A creação e manutenção de alfandegas.
§ 2.º Os impostos decretados pela União devem ser uniformes para todos os Estados.
§ 3.º As leis da União, os actos e as sentenças de suas autoridades serão executados em todo o paiz por funccionarios federaes, podendo todavia a execução ser confiada aos governos dos Estados, mediante annuencia destes.

---

todas as forças vivas das provincias, como estarão as dos Estados. (ANNAES do Congr. Const., disc. cit.).»

E o illustre representante abonava sua affirmativa alludindo depois ao facto de que « antes da creação das assembléas provinciaes, os presidentes de provincia, méros agentes do governo no imperio, tinham ordem de remetter para o Thesouro os saldos provinciaes, e nunca o Thesouro recebeu quantia alguma por tal titulo. »

A consequencia d'isto é que na organisação do governo federal deve indeclinavelmente á União conferir-se o poder de lançar impostos e de cobral-os directamente dos habitantes de todo o paiz.

Art. 7.º n. 1. Impostos sobre importação

« Sempre se reconheceo, em toda a parte e invariavelmente, que, ao poder central, por isso mesmo que a elle compete regular o commercio exterior, por isso que a elle compete a fiscalisação dos mares territoriaes, por isso que a elle se pede o melhoramento dos portos, por isso mesmo que a elle se deve entregar talvez o serviço dos rios navegaveis, por tudo isso pertence-lhe o imposto de importação.»

Assim se exprimia o presidente da Commissão do Congresso Constituinte, justificando, n'esta parte, o projecto de Constituição. E em apoio pódem citar-se as constituições dos Estados Unidos N. A., art. 1, secç. 10 § 2, Argentina, art. 4,—Mexicana, art. 112, Suissa, art. 29 n. 1, etc.

Já no regimen imperial consideravam-se taes impostos como renda exclusiva e peculiar do governo geral e o Acto Addicional á Constituição do Imperio, art. 12, prohibia-o ás provincias. No « Estado Federal » não poderiam caber aos Estados, pois affectam o commercio externo, materia de exclusiva competencia da União (art. 34 n. 5).

De procedencia estrangeira. Com esta limitação quer a Constituição evitar a tributação dos productos nacionaes em seu gyro interestadual, e foi com o mesmo intuito que a negou aos Estados. Pediam semelhante medida a fecunda expansão e o livre desenvolvimento do commercio e da industria nacional, base immensa e manancial perenne da prosperidade e grandeza da nação.

E em rigor esta restricção « de procedencia estrangeira » era, neste artigo, escusada, pois que para a União outra importação não ha sinão a estrangeira; a União é o proprio Brazil todo e não se concebe que ella importe de si para si mesma. Mas como a palavra «importação,» além de seu sentido technico e scientifico, passára entre nós, no anterior regimen, a admittir no uso vulgar e official, por extensão, significação comprehensiva da introducção de effeitos mercantis de umas em outras provincias, de bom aviso foi certo, ao elaborar-se a nova Constituição, usar de locução que evitasse duvidas em materia tam importante. Por isso conservou-se em o novo codigo constitucional aquella expressão, que já vinha nos trabalhos que lhe serviram de base (Projecto Werneck-Pestana, art. 18, Proj. da Commissão do Governo Provisorio, art. 8, dec. n. 510, art. 8 e n. 914 A, art. 8).

E' ainda digno de mencionar-se que, em toda a discussão, que bem longa foi, havida no Congresso Constituinte ácerca desta materia, nenhuma vez veio á baila a chamada importação interestadual para ser objecto de tributação federal ou local, e tam pouco figura ella no parecer da Commissão do Congresso Constituinte. Não entrou portanto no plano financeiro da Constituição.

Esta materia prende-se ao disposto no art. 34 n. 5, pois no poder de regular o commercio inclue-se o de tributar os generos importados, e ao § 3 do art. 9. *(Vide* comment. ao n. e § cits.)

N. 2. Direitos de entrada, sahida e estada de navios. Desde que o commercio e navegação internacional e interestadual, e a navegação, assim no oceano, como nos rios e lagos do paiz, são objectos de competencia federal (art. 34 n. 5 e 60 *g.*), não poderia pertencer sinão a União lançar os direitos de que se trata.

Sendo livre o commercio de cabotagem.
O projecto da Commissão do governo trazia a palavra *cabotagem;* a Constituição submettida ao Congresso dizia «costeagem» e a Commissão d'este, na redacção final, restabeleceo aquelle vocabulo, admittido em nossa legislação já desde o Alvará de 12 de Agosto de 1797 (§ 16).
Conforme a lei n. 123 de 11 de Novembro de 1892, art. 2, «entende-se por navegação de cabotagem a que tem por fim a communicação e o commercio directo entre os portos da Republica, dentro das aguas destes e dos rios que percorram seu territorio.» E' este commercio costeiro que o § 2 do art. 7 declara *livre*, isto é, isento de impostos.

E esta isenção, embora consagrada neste artigo, ao tratar-se de competencia federal, não póde deixar de entender-se referente tambem á estadual:

1.º pelo seu fundamento. A isenção visa fomentar e desembaraçar a utilisação e o desenvolvimento da riqueza nacional, protegendo a actividade industrial e mercantil do paiz, pensamento com que se accordam o art. 13 § unico e o art. 35 n. 2. Ora, seria contradictorio e injustificavel que esse magno intuito podesse ser obstado por impostos e medidas fiscaes dos Estados;

2.º pelo seu objecto. Ella applica-se ao commercio *interestadual* e sendo este de caracter nacional, não regional ou local, art. 34 n. 5, — não póde ser tributado pelos Estados, sem que elles exorbitem de sua competencia taxativa, limitada ao que é de seu *peculiar interesse*, dentro de sua jurisdicção territorial e respeitadas as restricções constitucionaes, sendo uma d'ellas a de que se trata;

3.º pelo texto legislativo. Não estando consagrada em parte alguma da Constituição a faculdade de taxarem os Estados a cabotagem, acha-se, ao contrario, prohibida, no art. 12, verb:— «não contravindo o disposto no art. 7»— e no art. 7 n. 2 está formalmente estabelecida a isenção. Não a pódem elles pois contravir, sem quebra desse preceito constitucional;

4.º pelo absurdo resultante da intelligencia contraria. Si o art. 11 n. 1 véda aos Estados crearem «impostos de transito pelo territorio de um Estado ou na passagem de um para outro, sobre productos de outros Estados da Republica ou estrangeiros e bem assim sobre vehiculos de terra e agua, que os transportarem,» como admittir, sem contrasenso, que elles tributem essas mesmas mercadorias quando circularem pela costa? O commercio de cabotagem, cuja isenção justificam altas conveniencias economicas e politicas, ficaria, sem razão, menos favorecido que o commercio de transito pelo interior dos Estados;

5.º pelas consequencias e resultados. A isenção, obrigatoria para os Estados, mantém a liberdade e expansão do commercio interestadual e evita que por emulação elles creem, uns contra os outros, taxas deseguaes e excessivas, pondo assim graves estorvos ao desenvolvimento da riqueza nacional e ao mesmo passo estabelecendo entre os Estados discordias e rivalidades, que originadas de interesses fiscaes mal comprehendidos, tenderão a fomentar a inimisade, dissenção e conflictos de toda a ordem, em damno do paiz e perigo para o regimen federativo.

Nada mais proprio para *desunir* os Estados Unidos do Brazil, do que a guerra de tarifas dos Estados; e a Constituição que a permittisse só impropriamente e por antiphrase poder-se-ia chamar «federal».

6.º Si a tudo isso fosse necessario accrescentar mais argumentos, poder-se-ia ainda invocar o art. 34 n. 5 da Const., o qual, dando ao Congesso Federal a attribuição *privativa* de «regular o commercio interestadual», obsta a que este seja objecto de impostos estaduaes. O poder de «regular» abrange o de taxar; isto é intuitivo e constitue na jurisprudencia politica Norte-Americana ponto hoje incontestado, sendo o cit. art. e n. imitação do art. 1, secç. 8.ª n. 3 da Const. Norte-Americana. «Nenhum Estado tem o direito de lançar taxas sobre o commercio interestadoal—*sob qualquer fórma que seja*»—declarou a sentença proferida no pleito *Leloup. v. Port of Mobile* e no mesmo sentido outras muitas decisões poder-se-iam citar.

A este proposito cabe o que, commentando a Constituição Norte-Americana, affirmára o sabio J. Story:

— « Si era prudente vedar ao Congresso Nacional o gravar os Estados com taxas injustas, era-o igualmente impedir os Estados de exercerem o poder de taxação, em prejuizo uns dos outros. Por meio desta prohibição, previnem-se as querelas e as discussões, que teriam lançado a perturbação nos Estados e afrouxado os laços que os unem.»

— « *Sendo exclusivo o poder do Congresso*, não pode nenhum Estado estabelecer lei, impondo direitos de importação sobre generos vindos do estrangeiro, *ou de outros Estados da União*. Seria isso uma restricção á liberdade do commercio, o que não se póde deixar ao arbitrio dos Estados. »

Nem contra esta intelligencia da Constituição é argumento o facto de achar-se estabelecida a isenção em favor da cabotagem no art. 7 n. 2, que trata de competencia sómente da União. Porquanto, sendo a cabotagem interesse nacional, affecto aos poderes federaes, e tendo a Constituição de decretar a liberdade do commercio interestadual, era justamente n'este lugar que cabia proclamar esse principio para, por força d'elle, vedar a taxação. E não era necessario dizer em termos expressos que essa isenção de impostos era tambem obrigatoria para os Estados, desde que não se trata de negocio meramente peculiar de cada um ou de algum d'elles e a materia por sua natureza escapa-lhes á jurisdicção e competencia.

— A doutrina que acabamos de expender, tem em seu apoio decisões do Supremo Tribunal Federal, *signanter* Accord. no Recurso extraordinario n. 167, de 7 de Junho de 1899, de que fomos relator e onde são adduzidos os mesmos argumentos d'este commentario.

No referido Accordam de 1899, citam-se arestos dos tribunaes dos Estados Unidos Norte-Americanos em abono da doutrina n'elle expendida; mas convém notar que alli não se consideram inconstitucionaes impostos estaduaes sobre mercadorias oriundas de outros Estados, quando já estejam encorporadas á massa geral dos effeitos mercantis em gyro commercial dentro do Estado em que tenham tido entrada.

Mas então, assim incluidas no trafico strictamente interno dos Estados, não póde nenhum d'elles fazer distincção para effeitos tributarios e fiscaes, entre as proprias e as mercadorias vindas de outro Estado, devendo ficar, quér umas, quér outras, sujeitas a taxas eguaes (*Walker*, Introd. to Am. Law., 10.th ed., pag. 144).

Isto porém não póde ser trazido como argumento contra a exactidão da doutrina acima expendida e consagrada pelos referidos Accordams. Elles declaram inconstitucionaes os impostos que sob as especiosas denominações de *impostos de estatistica, de expediente, de gyro commercial, de consumo,* incidem sobre mercadorias que entram para o Estado e pelo facto dessa entrada, os quaes esperam-n'as na Alfandega, ou logo ao sahirem d'ella para as casas commerciaes, e as gravam antes mesmo de haverem se mesclado aos effeitos mercantis em trafico interno do Estado onde são introduzidos, — isto é, verdadeiros, conquànto disfarçados, *impostos de importação,* que a principio, mas abusivamente, eram cobrados nas proprias Alfandegas e depois passaram a sel-o (não menos abusivamente) nas Recebedorias dos Estados, que assim funccionavam, para este effeito, como Alfandegas.

N'um caso, os impostos são inconstitucionaes pelo simples facto de serem de importação; no outro, são permittidos porque já não gravam o commercio interestadual, desde que versam sobre mercadorias confundidas na massa dos effeitos mercantis do Estado e a elles incorporadas.

§ 1.º n. 1. A instituição de bancos emissores. É obvio que, pertencendo á União o poder de cunhar moeda (art. 34, n. 7), a emissão bancaria, constituindo-se na circulação, pelo uso e effeito nas transacções, uma verdadeira moeda, não poderia tambem escapar á competencia exclusiva do poder Federal.

A proposito desta disposição dissera o parecer da Commissão do Congresso Constituinte:

«Por uma outra emenda propõe a Commissão que se supprima o n. 6 do art. 6º e se substitua o n. 8 do art. 33 da Constituição, que declara ser de exclusiva competencia do Congresso Nacional crear bancos de emissão, legislar sobre ella e tributal-a, pela seguinte formula: — *Legislar sobre bancos de emissão.*

«A transcripta disposição e a do citado n. 6 do art. 6º envolvem desde já a adopção de um systema de centralisação bancaria, que tira aos Estados a faculdade de crear bancos emissores de moeda-papel, ainda mesmo observando as regras estatuidas em lei federal.

«Os systemas de centralisação e descentralisação bancaria, de monopolio ou pluralidade de bancos e quaesquer outros, tem vantagens e inconvenientes que se compensam; o seu valor é meramente relativo e depende de circumstancias complexas e variaveis. E, como as Constituições não se fazem para os systemas, e sim para a vida pratica e evolutiva dos povos, deve a lei constitucional evitar nesta materia, como em tantas outras, as theorias absolutas e as affirmações dogmaticas, deixando ao Poder Legislativo ordinario ampla liberdade para adoptar os systemas que entender mais adaptados ás condições economicas, politicas e sociaes da Nação. Entende, pois, a Commissão que a Constituição deve limitar-se a conferir ao Congresso a attribuição privativa de legislar sobre os bancos em questão.»

Esta materia suscitou grande discussão no Congresso Constituinte e o que veio a se vencer (e consta dos cits. art. 6 n. 1 e art. 34 n. 8) foi assim justificado pelo então ministro da fazenda, Conselheiro Ruy Barbosa, um dos co-autores (e o mais autorisado d'elles) do projecto de Constituição apresentado ao Congresso:

A Commissão considera essencial deixar ao governo federal, «ao seu poder legislativo ordinario, ampla liberdade, para adoptar», neste assumpto, «os systemas que entender mais adaptados ás condições economicas, politicas e sociaes da nação», optando *pela centralisação* ou pela descentralisação bancaria, pela pluralidade ou *pelo monopolio,* conforme o dictame «das circumstancias, complexas e variaveis.»

Ora, outra coisa não faz o projecto.

O que elle determina, com effeito, no art. 6º, n. 6, que a Commissão propõe supprimir, é que pertence «á competencia exclusiva da União decretar a instituição de bancos emissores.»

O que elle preceitua, ainda, no n. 8º do art. 33, que a commissão deseja emendar, é que «compete privativamente ao Congresso Nacional crear bancos de emissão, legislar sobre ella, e tributal-a».

A primeira dessas duas disposições fixa, entre a esphera da União e a dos Estados, qual aquella a que ha de tocar a materia dos bancos emissores. A ultima designa, dentre os poderes da União, aquelle a quem compete o exercicio dessa prerogativa federal. Nada mais.

A Commissão, porém, não sei como, vio alli, debaixo desse, outro pensamento. Aos seus olhos, esses dous textos prejulgam, logo na Constituição, o pleito entre a unidade e pluralidade, «tirando aos Estados a faculdade de crear bancos emissores, ainda mesmo sobre as regras estatuidas em lei federal», e *«envolvem desde já a adopção de um systema de centralisação bancaria.»*

Mas, ou não percebo nada o valor das expressões mais vulgares, ou os eminentes membros da Commissão laboram no mais inexplicavel engano.

Dizer que a competencia de «decretar a instituição de bancos emissores» se encerra privativamente na soberania federal, estatuir que a attribuição de «crear bancos de emissão, legislar sobre ella, e tributal-a» pertence exclusivamente ao Congresso Federal, é apenas determinar que, a esse respeito, os Estados não podem fazer leis, e só a União a tal respeito póde fazel-as.

Onde, porém, nesses dous paragraphos, a clausula, que esconde no seu bojo a centralisação bancaria?

E' por meio de leis que o Poder Legislativo «decreta a instituição de bancos emissores, crêa bancos de emissão, legisla sobre ella, e a tributa.» Além disso. não resam mais nada esses textos: não dizem si o Poder Legislativo fica adstricto á monoemissão por um só banco central, á polyemissão regional por bancos federaes. ou, aos bancos de Estados livremente instituidos sob o regimen de uma legislação commum, adoptada pelo Congresso. Estabelecem apenas que o Congresso fará a lei, creando essas instituições, legislando sobre ellas, e tributando-as. O que se diz, pois, alli, sob essas differentes expressões, é o mesmo que a emenda da commissão condensa nesta proposição peremptoria: «Compete privativamente ao Congresso Federal legislar sobre bancos de emissão.».

«Mas porque, nesse caso, não nos limitámos no projecto, a essa formula simples? Para definir a prerogativa federal nas varias modalidades do seu exercicio possivel: estabelecendo bancos federaes por instituição directa e designação especificativa da legislatura (crear bancos de emissão), autorisando, por leis geraes, a creação espontanea de bancos locaes, submettidos apenas ás condicções de um regimen nacional (legislar sobre a emissão), e lançando impostos sobre a circulação dos bancos (tributar a emissão). ANNAES DO CONGR. CONST., vol. I, App. pag. 39.»

O art. 66 n. 2 congruentemente veda aos Estados rejeitarem a emissão bancaria em circulação por acto do Governo Federal. E' um consectario do art. 7 § 1 n. 1.

§ 1.º n. 2. Alfandegas.
A disposição deste inciso prende-se á do art. 34 n. 5, onde se reserva á União a competencia privativa de *alfandegar portos*, o que se fundamenta no interesse da arrecadação da receita federal (art. cit. n. 4) e no poder exclusivo de *regular o commercio* (art. cit. n. 5).

A funcção administrativa e fiscal das alfandegas tem uma larga influencia sobre o commercio. E é facil avaliar a que vexames e inconvenientes ficaria elle exposto, si dentro em um mesmo paiz, o serviço aduaneiro estivesse sujeito a vinte e uma differentes legislações e arriscado a exigencias e extorsões que de tantas partes lhe poderiam advir.

Além d'isso, sem este poder exclusivo sobre alfandegas, garantido á União pelo art. 7 § 1, n. 2, ficaria ella embaraçada quanto ao exercicio de sua faculdade de fazer convenios e tratados sobre o commercio internacional (art. 34 n. 12 e art. 48 n. 16).

Os arts. 9 da Constituição Argentina e 85 n. 14 da Mexicana consagram disposição semelhante e é o que em geral prevalece nos Governos de regimen federal.

§ 2.º Impostos... uniformes.
Por esta clausula os mesmos devem ser os impostos federaes, sem distincção alguma, em todos os Estados, em todo o territorio dos Estados Unidos do Brazil. Ella limita o poder de taxação da União, tirando-lhe o arbitrio de taxar desegualmente e portanto de modo parcial, irritante e relativamente oppressivo. Inspira-se no mesmo intuito que dictou o art. 8º, vedando a distincção de portos, e conforma-se com o disposto no art. 72 §§ 2º e 30 combinados: este não permitte que se cobre imposto algum, de qualquer natureza que seja, que não tenha sido decretado pela lei, e o § 2º proscreve desegualdades perante ella. É o bom senso adverte quanto estas seriam impoliticas e mal avisadas em materia que envolve dispendio e sacrificio da fortuna dos cidadãos.

—Embora a Constituição se refira aqui a impostos decretados pela União, da egualdade por ella recommendada não ficam isentos os poderes estaduaes. As cits. disposições do art. 72 §§ 2º e 30 a ella tambem os obriga. A Constituição, por força da clausula do art. 63, quer «respeitados os principios constitucionaes da União,» e entre estes se contam os dos cits. §§ e art. (*Vide* comment. ao art. 63).

§ 3.º Por funccionarios federaes.
A execução das leis e actos do poder federal não poderia ser confiada ás administrações estaduaes sem grandes inconvenientes e perigo de insuccesso. Por natural tendencia, esses executores independentes do poder central, levados a julgar da utilidade e opportunidade das medidas a pôr em pratica (aliás sem direito a esse exame), comprometteriam a execução d'ellas. Imagine-se que influencia e intervenção não assumiriam n'isso as autoridades e os chefes politicos locaes e quanto não ousaria o desordenado appetite das pretenções regionaes, embaraçando e nullificando as providencias e ordens que entendessem ser-lhes contrarias ou desvantajosas. E além disso perderiam, confiadas a agentes tam diversos e desligados, o espirito de unidade e uniformidade, indispensavel á fiel e justa execução das leis, e dos actos de caracter geral da administração publica; tantos Estados, quantos poderiam ser os diversos modos de entender e executar taes actos, o que redundaria em grave damno do interesse publico e dos cidadãos.

Para que a União possa regular os interesses communs que lhes são confiados e manter a ordem geral, cumpre que tenha acção directa sobre a pessoa dos cidadãos, sem necessidade de agir por intermedio das autoridades locaes, e podendo usar dos processos e dos meios coercivos necessarios. Do contrario teria de governo unicamente o nome e a apparencia. D'ahi a necessidade de agentes seôs, de estações administrativas e de magistratura sua (*Vide* art. 60 § 2º). E no caso de resistencia não vencida pelos meios suasorios e normaes, dar-se-á a intervenção autorisada pelo art. 6º § 4º, como solução suprema.

ARTIGO OITAVO

Art. 7º. E' vedado ao Governo Federal crear distincções e preferencias em favor dos portos de uns contra os de outros Estados mediante regulamentos commerciaes ou fiscaes.
(Decretos n. 510 de 22 de Junho e 914 A de 23 de Outubro de 1890).

Ao art. 7º. Depois da palavra—crear—accrescente-se—de qualquer modo—, supprimindo-se as palavras finaes—mediante regulamentos commerciaes ou fiscaes.—*Francisco Veiga—Paixão*.
(Emenda approvada em sessão de 22 de Dezembro de 1890).

Art. 8º. E' vedado ao Governo Federal crear, de qualquer modo, distincções e preferencias em favor dos portos de uns contra os de outros Estados.
Redacção, pela mesa do Congresso, para a segunda discussão (em 19 de Janeiro de 1891). *Annaes*, vol. II. pag. 186.

Art. 8º. E' vedado ao Governo Federal crear, de qualquer modo, distincções e preferencias em favor dos portos de uns contra os outros Estados.

Art. 8.º Em favor dos portos de uns contra os de outros Estados. Esta prohibição destina-se a manter uma egualdade commercial completa nos Estados da União, no interesse da liberdade e desenvolvimento do trafico interestadual. E' uma limitação ao poder de regular o commercio (art. 34 n. 5), tirando á União o arbitrio de, por imposição de taxas e de restricções regulamentares e fiscaes, ou de qualquer outra fórma, estabelecer desegualdades, que seriam tam injustas quam prejudiciaes.

O mesmo dispõem as constituições dos Estados Unidos Norte-Americanos (art. 1º, secção 9ª, n. 5) e Argentina (art. 12), etc.

De qualquer modo. O projecto dizia mais precisamente — *mediante regulamentos commerciaes e fiscaes*. A emenda tornou muito vaga a disposição, estabelecendo-a em termos absolutos e que parecem repellir quaesquer restricções. O que o artigo prohibe são actos legislativos e providencias regulamentares que embaracem ou tolham a egualdade commercial completa entre os Estados; medidas de outra natureza, porém, de que resultem vantagens para este ou aquelle porto, para o porto de um ou de outro Estado, pódem ser, e tem sido tomadas, desde que estam na esphera do poder federal, como os casos de alfandegamento, de construcção e melhoramento de obras, estabelecimento de pharóes, etc. Estas aproveitam distincta e preferentemente aos portos a que se applicam e ninguem dirá que se comprehendam na prohibição deste artigo.

Neste sentido é a jurisprudencia norte-americana, attestada por O. Bump *(Decisiones Const.* trad. por N. Calvo). Na decisão do caso State v. Wheeling Bridge Co., se estabelece que a clausula (art. 1, secç. 9, n. 5) em seus termos precisos parece importar uma prohibição contra uma legislação positiva do Congresso a este respeito, mas não contra nenhumas vantagens incidentaes que possam resultar da legislação do Congresso, reconhecidamente dentro da esphera de seu poder, sobre outros assumptos relacionados com o commercio, e que a clausula não affecta aos Estados na regulamentação de seus assumptos domesticos. — No caso Baker v. Wise se affirmou que a clausula de que se trata é uma restricção aos poderes do Congresso Nacional e não uma restricção quanto á legislação dos Estados no regulamento de sua policia interna. (Op. cit., ns. 758 e 772).

ARTIGO NONO

Art. 9º. E' da competencia exclusiva do Estado decretar impostos:
1º. Sobre exportação de mercadorias, salvo sendo producto de outro Estado. De 1897 em diante cessará todo e qualquer imposto sobre exportação;
2º. Sobre propriedade territorial;
3º. Sobre a transmissão de propriedade.
§ unico. Só quando destinada para consumo em seu territorio poderá o Estado lançar sobre a importação de mercadorias estrangeiras, revertendo porém o resultado do imposto para o Thesouro Nacional.
(Projecto da Commissão do Governo Provisorio).

Art. 8º. E' da competencia exclusiva dos Estados decretar impostos:
1º. Sobre a exportação de mercadorias, que não sejam de outros Estados;
2º. Sobre a propriedade territorial;
3º. Sobre transmissão de propriedade.
§ 1º. E' isenta de impostos, no Estado por onde se exportar, a producção dos outros Estados.
§ 2º. De 1895 em diante cessarão de todo os direitos de exportação.
§ 3º. Só é' licito a um Estado tributar a importação de mercadorias estrangeiras, quando destinada a consumo no seu territorio, revertendo porém o producto do imposto para o Thesouro Federal.
(Decreto n. 510 de 22 de Junho de 1890).

Art. 8º. ... § 2º De 1898, ou antes, si o Congresso deliberar, cessarão de todo os direitos de exportação.
(Decreto n. 914 A de 23 de Outubro de 1890).

Art. 8º. Ao n. 2: Sobre propriedade territorial e sobre predios.
Supprima-se o § 2º do projecto—
Emenda da Commissão do Congresso (approvada em 23 de Dezembro de 1890).
Ao art. 8º accrescente-se :
§ 4º. Sobre industrias e profissões—*Lauro Sodré* e outros. (Emenda approvada em 23 de Dezembro de 1890).
Accrescente:
5º. Taxas de sello nos actos emanados do seu governo e em negocios de sua economia.—*Arthur Rios*.
6º. Contribuições postaes e telegraphicas nos correios e telegraphos do Estado.—*A. Stockler* e outros.
Accrescente ao art. 9º o seguinte:
§ 3º. Fica salvo aos Estados o direito de estabelecerem linhas telegraphicas entre os diversos pontos de seus territorios, e entre estes e os de outros Estados, que se não acharem actualmente servidos, taxar as contribuições, podendo a União desappropial-os, sempre que for de interesse geral.—*A. Freitas*.
(Emendas approvadas nas sessões de 4 e 17 de Fevereiro de 1891).

Art. 9.º Competencia exclusiva dos Estados. Convém ter presente o que expoz a Commissão do Congresso Constituinte, em seo parecer sobre a Constituição :

« Foram objecto de longa discussão os artigos da Constituição relativos á discriminação das rendas provenientes de impostos.

Ao systema ahi adoptado, que consiste em dar á União e aos Estados competencia exclusiva para tributarem determinadas fontes de receita, e cumulativa para tributarem outras, se contrapoz o da completa e absoluta discriminação das materias tributarias por parte da União, considerando-se todas as mais de competencia dos Estados.

A maioria da Commissão, porém, attendendo que, dada a eventualidade de desequilibrio no orçamento federal, teria a União de recorrer a quotas repartidas entre os Estados, o que pol-a-ia na dependencia d'estes e poderia crear-lhe serios embaraços em condições excepcionaes, como em caso de guerra ou de calamidade publica, resolveu manter as disposições da Constituição, modificando-as sómente em relação aos numeros 2 e 3 do art. 8ª, no sentido de accrescentar ao imposto sobre a propriedade territorial ou predial, que lhe é connexo e desde muito pertence exclusivamente aos Estados, e de eliminar a clausula que extingue em 1898, ou antes, si o Congresso deliberar, os impostos de exportação dos Estados.

Os impostos de exportação, incidindo sobre a producção dos Estados que os decretam, affectam directa e immediatamente os interesses economicos dos mesmos Estados, e portanto aos respectivos governos locaes é que deve ser deixado o cuidado de poupar as forças productoras em seus territorios, minorando ou supprimindo esses impostos, conforme exigirem as circumstancias peculiares a cada um.

Essa liberdade de acção lhes é tanto mais necessaria, quanto é certo que, devendo o imposto de exportação ser substituido pelo territorial e dependendo este de um cadastro cuja execução demanda tempo e consideraveis despezas, não se póde *a priori* precisar a época em que cada Estado se achará habilitado a operar essa substituição.

A isto accresce que o imposto territorial não póde ser adoptado em todos os Estados como natural succedaneo do imposto de exportação, segundo o pensamento da Constituição, por não poder elle, em alguns d'esses Estados, recahir sobre a totalidade do sólo, como nos que teem vastos sertões criadores, onde a propriedade é indivisa, ou nos que vivem da industria extractiva, que não se presta a ser commoda e facilmente tributada sinão na sahida de seus productos.

A crise economica que afflige um numero consideravel de Estados,— e principalmente os da zona da Bahia até o Maranhão—proveniente da depreciação dos principaes productos de sua exportação, os constrangeu a tributar a importação de mercadorias estrangeiras, unica fonte que lhes poderia fornecer o indispensavel supplemento de receita para o desempenho dos serviços a seu cargo, violando assim o preceito prohibitivo do Acto Addicional, pela necessidade imperiosa de prover á sua propria conservação.

A cessação dos impostos de exportação, que a União actualmente arrecada, não lhes aproveitará, como vae acontecer aos Estados exportadores de café, visto como o assucar e o algodão, que são seus principaes productos, já não estão sujeitos a taes impostos. Nestas condições, tendo de augmentar consideravelmente os seus encargos, não poderão esses Estados manter-se, si lhes fallecerem tambem as rendas que de presente tiram da importação sob a fórma de impostos de consumo.

Obrigada d'esta razão ponderosa, a Commissão aceitou como disposição transitoria a emenda, que foi apresentada por varios de seus membros, concedendo aos Estados a quota de dez por cento sobre os impostos de importação das mercadorias de procedencia estrangeira, quando destinadas ao consumo no respectivo territorio. Este alvitre lhe pareceu preferivel ao que lhe foi lembrado, de se deixar aos Estados a faculdade de tributar a sua importação até um *maximum* prefixado, porquanto a accumulação e a desigualdade de impostos resultantes d'essa competencia commum á União e aos Estados, além de encarecer o consumo em geral e de provocar resistencias da parte do commercio, desequilibrariam as relações entre as praças nacionaes e entre estas e as estrangeiras, creariam embaraços ao Governo da União na regulamentação das relações internacionaes e quiçá no desempenho dos compromissos tomados em tratados commerciaes. »

ARTIGO NONO

Art. 9º. E' da competencia exclusiva dos Estados decretar impostos:
1º. Sobre a exportação de mercadorias de sua propria producção;
2º. Sobre immoveis ruraes e urbanos;
3º. Sobre transmissão de propriedade;
4º. Sobre industrias e profissões;
§ 1º. Tambem compete exclusivamente aos Estados decretar:
1º. Taxa de sello quanto aos actos emanados de seus respectivos governos e negocios de sua economia;
2º. Contribuições concernentes aos seus telegraphos e correios.
§ 2º. E' isenta de impostos, no Estado por onde se exportar, a producção dos outros Estados.
§ 3º. Só é licito a um Estado tributar a importação de mercadorias estrangeiras quando destinadas ao consumo no seu territorio, revertendo, porém, o producto do imposto para o Thesouro Federal.
§ 4º. Fica salvo aos Estados o direito de estabelecerem linhas telegraphicas entre os diversos pontos de seos territorios, e entre estes e os de outros Estados que se não acharem servidos por linhas federaes, podendo a União desaproprial-as, quando fôr de interesse geral.

Redacção pela Commissão do Congresso (approvada em 23 de Fevereiro de 1891).

Art. 9º. E' da competencia exclusiva dos Estados decretar impostos:
1º. Sobre a exportação de mercadorias de sua propria producção;
2º. Sobre immoveis ruraes e urbanos;
3º. Sobre transmissão de propriedade;
4º. Sobre industrias e profissões.
§ 1º. Tambem compete exclusivamente aos Estados decretar:
1º. Taxa de sello quanto aos actos emanados de seus respectivos governos e negocios de sua economia;
2º. Contribuições concernentes aos seus telegraphos e correios.
§ 2º. E' isenta de impostos, no Estado por onde se exportar, a producção dos outros Estados.
§ 3º. Só é licito a um Estado tributar a importação de mercadorias estrangeiras quando destinadas ao consumo no seu territorio, revertendo, porém, o producto do imposto para o Thesouro Federal,
§ 4º. Fica salvo aos Estados o direito de estabelecerem linhas telegraphicas entre os diversos pontos de seus territorios, e entre estes e os de outros Estados que se não acharem servidos por linhas federaes, podendo a União desaproprial-as, quando fôr de interesse geral.

A emenda a que alludia a Commissão e varias outras consagrando imposição additional á de importação, em favor dos Estados, depois de mais renhida discussão foram rejeitadas pelo Congresso Constituinte, allegando-se, que não convinha onerar mais o consumo, pois disso resultaria a diminuição da receita, e que aos Estados ficava, como materia amplamente tributavel, o consumo do alcool e do fumo, além do imposto sobre a renda, uma fecundissima imposição, accrescendo que os Estados deveriam tambem tratar de fazer largos córtes no orçamento de suas despezas. (ANNAES DO CONGRESSO CONST., vol. I, pag. 37 do Appenso).

Mas são passados alguns annos e só ultimamente a União começou a dar o exemplo de alguns poucos córtes em seos orçamentos, sem comtudo deixar de augmentar a cifra geral das despezas, nem de aggravar o imposto de importação, e até entrando francamente pela materia tributavel que se annunciava reservada para os Estados, quando no Congresso Constituinte se reclamava contra a escassez com que parecia serem elles aquinhoados. (*Vide* commentario ao art. 12).

A emenda preferida para a votação fôra a seguinte:

A União cobrará durante cinco annos, em beneficio dos Estados, 15 % addicionaes aos impostos de importação que cada um d'elles fôr cobrado.
§ 1.º Fica exceptuado desta disposição o Estado do Rio Grande do Sul.
§ 2.º O poder executivo disporá em regulamento sobre a quota que deve pertencer a cada um dos Estados de Minas Geraes, Goyaz e Rio de Janeiro, do que fôr arrecadado na Alfandega da Capital Federal, em virtude d'estas disposições. *Lauro Müller e outros.*

Na sessão de 4 de Fevereiro empatou a votação da primeira parte da emenda, que na do dia seguinte foi rejeitada, tendo o presidente do Congresso, após a votação, mandado á mesa a seguinte « declaração de voto »:

Si não estivesse presidindo a sessão do Congresso, votaria hontem contra a emenda dos Srs. Lauro Müller e outros estabelecendo o imposto addicional de 15 % sobre a importação, em beneficio dos Estados. 1ª, porque S. Paulo não precisa deste augmento de imposto; 2ª, porque determinando a emenda que o producto dos 15 % addicionaes arrecadado na Alfandega da Capital Federal seja repartido entre os Estados do Rio de Janeiro, Minas Geraes e Goyaz, dará por resultado que S. Paulo contribuirá com o imposto e o thesouro d'aquelle Estado não receberá dous terços do seo producto correspondente á importação que para aquelle Estado é feita por intermedio da Alfandega d'esta Capital, visto que um só terço de sua importancia é feita directamente por Santos.

Votaria egualmente contraa emenda dos Srs. Baptista da Motta e outros, que supprime a liberdade de cabotagem, que representa uma conquista liberal, feita ha cerca de 30 annos. — *Prudente de Moraes.*

Vide ANNAES DO CONGRESSO CONSTITUINTE, vol. III, pags. 31, 32, 45, 46 e 51.

Art. 9.º, n. 1 Sobre a exportação. Esta expressão, quér pelo seu valor technico, quér pelas rasões que expuzemos ao tratar da cabotagem (art. 7 § 2), deve aqui ser entendida na accepção de sahida, do paiz para o estrangeiro, de productos e effeitos mercantis. De outra sorte, violar-se-ia a regra de hermeneutica segundo a qual as palavras technicas usadas nas leis hão de entender-se em seu sentido technico, a menos que texto legal o repilla (Story, Comment. 435) e ao mesmo passo infringir-se-ia a disposição constitucional que estatuio a liberdade, isto é, a isenção de impostos, da cabotagem, disposição que consulta altos interesses de ordem economica e politica, sendo ao mesmo tempo um dos grandes elementos da riqueza nacional e um dos mais firmes esteios da federação, como acima deixámos demonstrado (Vide comment. ao cit. art. e §).

A interpretação permissiva de imposição sobre o trafico interestadual (além de repugnante ao espirito e propositos da Constituição, armando os Estados de uma prerogativa contraria ao nexo federal), tem ainda contra si a jurisprudencia Norte-Americana, luz e guia para nós n'estas materias e que considera o poder de taxar incluido no de «regular o commercio»; e é certo que o commercio interestadual escapa á competencia dos Estados (art. 34 n. 5).

Nem contra isto póde ter valor argumento deduzido da ausencia do termo «estrangeira» no art. 9 § 1, ao passo que elle figura no art. 7 § 1 unido á «importação.» Essa ausencia, por mais que a queiram tornar significativa, não poderá possuir a virtude mirifica de, por si só, derruir toda a base financeira do systema constitucional e explica-se pelos trabalhos preliminares da Constituição.

A disposição em questão procede do projecto Werneck-Pestana, art. 20, assim concebido: «O imposto de exportação não pertence á União; mas o Estado só pode lançar sobre a mercadoria nacional em exportação para o estrangeiro e quando producto do mesmo Estado», e do projecto Americo Braziliense que vedava aos Estados (art. 59)... « decretar impostos de exportação, bem como os de importação sobre productos e mercadorias procedentes de outros Estados. »

O projecto da Commissão do Governo Provisorio consagrou no art. 9 esta disposição: — « E' da competencia exclusiva do Estado decretar impostos: 1.º sobre exportação de mercadorias, salvo sendo producto de outro Estado. A Constituição publicada pelo governo com os decretos n. 510 e n. 914 A, trouxe o seguinte: «Art. 8, n. 1: sobre exportação de mercadorias que não sejam de outros Estados.» E a Commissão do Congresso Constituinte redigio: «sobre exportação de mercadorias de sua propria producção» (art. 9, n. 1). E embora a redacção viesse variando, é evidente que a intenção se conservou a mesma. Os autores d'aquelles dous primeiros projectos o foram tambem do projecto da Commissão do Governo Provisorio e, além d'isso, da discussão no Congresso Constituinte nada se colhe que possa autorizar ter sido pensamento d'elle nesta parte alterar o que vinha assim feito e estabelecido nos trabalhos anteriores, para estatuir uma medida inteiramente absona e incompativel com o plano financeiro consagrado.

2.º **Sobre immoveis ruraes e urbanos.** O projecto do governo dizia: « sobre a propriedade territorial.» A Commissão do Congresso Constituinte emendou, accrescentando: e sobre predios, e a emenda foi approvada. (ANNAES DO CONGR. CONST., vol. I, pags. 88 e 319, vol. II, pag. 387 e vol. III, pag. 141). Ao redigir afinal o projecto de Constituição (*) de conformidade com o vencido (ANNAES cit., vol. III, pag. 240), a mesma Commissão deo ao presente inciso a redacção com que figura no texto constitucional, a qual conserva a idéa do projecto e da emenda.

Nada mais natural que pertencer a cada um dos Estados o direito de impôr sobre o solo que constitue seu territorio e sobre o que n'elle se edifica. O territorio é elemento essencial do Estado e o que se lhe refere (excepto no que possa entender com as relações internacionaes e com as necessidades de caracter essencialmente federal) pertence á competencia estadual. (Vide Comment. ao art. 64).

O imposto predial, creado pelo Alvará de 27 de Junho de 1808, passára ás Provincias por força das leis n. 38 de 3 de Outubro de 1834 (art. 36) e n. 99 de 31 de Outubro de 1835 (arts. 11 e 12).

3.º **Sobre transmissão de propriedade.** Debaixo d'esta denominação, conforme a legislação imperial, comprehendiam-se os impostos denominados taxa de heranças e legados, siza dos bens de raiz, impostos de venda de embarcações nacionaes e estrangeiras, de dispensa da leis de amortisação, de habilitação para heranças, de insinuação de doações e de licença para subrogação de bens inalienaveis (lei n. 1507 de 26 de Setembro de 1867, art. 19, decr. n. 4355 de 17 de Abril de 1869, art. 1).

Todas estas imposições ficaram para os Estados (e já das provincias no caso de heranças e legados, em virtude das supracitadas leis n. 38 de 1834 e n. 99 de 1835). E, além d'ellas, as que sobre transmissão de propriedade de qualquer outro genero os Estados entenderem lançar.

4.º **Sobre industrias e profissões.** Esta imposição, de natureza evidentemente local, já no regimen imperial se tratava de entregar ás provincias (**); não poderia n'uma organisação federativa ser affecta ao governo nacional, mas aos Estados.

Art. 9.º § 1.º, n. 1. Taxa de sello. Não a concedia aos Estados o projecto do Governo Provisorio. Na sessão de 13 de Dezembro um additivo ao art. 8º desse projecto foi apresentado nos seguintes termos:

(*) Não consta dos ANNAES a «Redacção»; foi sómente publicada em avulso e no Diario do Congresso (n. 43 de 22 de Fevereiro de 1891). Damol-a em Appenso a esta obra.

(**) Vide TAVARES BASTOS, «A Provincia,» pag. 362; EMILIO SOBREIRA, «Impostos Provinciaes» memoria escripta de ordem do governo imperial, 1883, pag. 115; LEOPOLDO DE BULHÕES, discurso na sessão do Senado, de 12 de Setembro de 1894 (trecho transcripto infra, comment. ao art. 12).

§ 5.º Taxas de sello para os papeis, actos e contractos que incidirem sob a autoridade do Estado e do Municipio, ou della dependerem.
Paragrapho. Lei do Congresso discriminará a materia tributavel pelo sello da União da dos Estados.—*Moniz Freire.*

Na sessão de 16 outra emenda propunha a suppressão do n. 3 do art. 6º e accrescentava :

As taxas de sello pertencerão á União e aos Estados. Uma lei ordinaria fará a conveniente descriminação.—*Lauro Sodré e outros.*

Em 26 de Janeiro foi offerecida a seguinte :

Ao art. 9.º Accrescente-se: § 5º. Taxas de sello nos actos emanados e em negocios de sua economia.—*Arthur Rios.*

Em 17, est'outra :

E' da competencia exclusiva dos Estados: 4º. Instituir taxas de sello em documentos de caracter peculiar do Estado.—*Demetrio Ribeiro.*

Em 28, ainda esta :

Accrescente-se: Ao n. 5. Taxas de sello sobre documentos do mesmo Estado.—*A. Stockler.*

D'ellas o Congresso approvou a terceira, tendo reclamado seu auctor contra o modo porque se achava impressa (sessão de 4 de Fevereiro) e apparecendo, entre as emendas em segunda discussão approvadas, redigida da seguinte fórma (Annaes do Congr. Const., vol. III, pag. 141):

Accrescente-se:
5.º Taxas de sello nos actos emanados do seu governo e em negocios de sua economia.

Na redacção final do projecto pela Commissão competente (parecer em 21 de Fevereiro de 1891) lê-se o seguinte, no art. 9º :

§ 1.º Tambem compete exclusivamente aos Estados decretar:
Taxas de sello quanto aos actos emanados de seus respectivos governos e negocios de sua economia.

E é o que ficou consagrado na Constituição, no artigo e paragrapho correspondentes, só com a differença de vir no singular a palavra «taxa» (V. Annaes do Congr. Const., vol. III, pag. 290).

Do exposto e pelo confronto das emendas transcriptas ácima, se evidencia que o Congresso, tendo por insufficientes as fontes de renda pelo projecto assignadas aos Estados e creando, para augmental-as, o sello estadual, das emendas com tal proposito apresentadas repellira as mais restrictivas, as que aos Estados davam sómente a taxa sobre actos e documentos officiaes estaduaes, e adoptou a emenda mais ampla, a mais comprehensiva.

Com effeito, a emenda approvada cogita de *actos do governo estadual* e de *negocios da economia dos Estados*, como de duas cousas distinctas. Isto é irrecusavel, 1º porque não é admissivel palavra ou phrase inutil e ociosa no texto da lei, e 2º porque o Congresso despresou as emendas pelas quaes a nova faculdade que ella queria dar aos Estados ficaria exclusivamente reduzida ao sello dos papeis de caracter official, dependentes de autoridade estadual ou a ella sujeitos.

Além, pois, dos actos emanados do governo dos Estados, ha outros que o Congresso quiz sujeitar tambem ao novo sello, que elle autorisou, e são — «os negocios da economia dos Estados,» outros e distinctos dos primeiros.

Quaes são porém esses *negocios da economia dos Estados*, que não se comprehendem nos actos emanados de seu governo e que o Congresso julgou necessario accrescentar-lhes? Aos actos officiaes, de autoridade ou em que ella intervém, aos actos e documentos do regimen administrativo, comprehendidos na primeira parte da emenda, entendeu o Congresso addir outra ordem de negocios, que não pódem deixar de ser sinão os realisados sem intervenção ou dependencia de autoridade federal, actos que se prendam á vida civil nos Estados, aos interesses dos individuos que a elles pertencem ou n'elles vivem, aos interesses de qualquer natureza proprios da communhão estadual.

Deve-se pois aqui entender comprehendidos todos os negocios, de caracter official ou não, em cuja pratica os funccionarios da União não tem interferencia. «Quando o povo de todos os Estados (lê-se em notavel julgado norte-americano) se unio para organisar o governo federal, elles cuidadosamente definiram seus poderes, reservando a cada Estado, *não simplesmente sua organisação separada*, sinão tambem sua soberania *sobre seus assumptos domesticos...*» (N. Calvo, Dec. Const. n. 702). No nosso caso, os negocios da «economia dos Estados» são esses *seus assumptos domesticos*, distinctos dos que se referem á *sua organisação* separada, do seu governo, do seu regimen e administração.

Esta intelligencia evita que fiquem sem valor e inuteis as palavras do segundo membro do § 1, n. I do art. 9 *(verba non sint superflua et sine virtute operandi)* e dá-lhes o sentido que mais se conforma com o pensamento do Congresso, de crear para os Estados, além das do projecto, outras e bastante abundantes fontes de receita, na grande preoccupação, que tam manifestamente revelou, de impedir-lhes a ruina, de armal-os de recursos contra a crise financeira que atravessavam e que, em seu pensar, sem isso se aggravaria fatalmente.

E essa preoccupação não era destituida de fundamento. Ao iniciar-se a nova vida das provincias com o Acto addicional á Constituição do Imperio, acharam-se ellas em grave difficuldade quanto ao orçamento das suas rendas. Muitas viram-se em situação mais embaraçosa que antes d'aquelle Acto, no qual se fundavam tantas esperanças e que tam cedo se mostrou fonte de decepções e de mallogro ! A divisão, feita pela lei de 31 de Outubro de 1835, da materia tributavel entre o governo geral e as provincias, cedo revelou-se inadequada á situação d'ellas, por fórma que «si não houvesse sido concedido ás provincias o excesso dos 5 % addicionaes da exportação, teriam ficado algumas completamente destituidas de recursos.» *(Visconde de Uruguay*, Admin. das provincias, v. I, pag. 239). Não obstante esses addicionaes, ainda vio-se o poder central na necessidade de subsidiar, com quotas no seu orçamento, durante 13 annos, a quasi todas as provincias, «de peior condição que antes do acto addicional» e, auxiliadas assim até 1857, «sómente não tinham supprimento tres, Rio de Janeiro, S. Paulo e Rio Grande do Sul.» *Iḍ*. ibid. §§ 204 e 205). E por terem afinal cessado taes subsidios, nem por isso acabaram de uma vez os apuros das provincias e ellas, na urgencia de recursos, não tardaram em crear os impostos, chamados de consumo, sobre mercadorias importadas, contra os quaes o governo central expedio reiteiradas ordens aos presidentes, mas após pequena suspensão continuaram sob diversa denominação (gyro commercial, estatistica).

Era a lição de uma longa e triste experiencia. O Congresso não queria que a Constituição se convertesse tambem em decepção e mallogro para os Estados, como fôra para as provincias o Acto addicional, e corrigio o projecto augmentando as faculdades taxativas d'elles. E si este foi o seu proposito, como se manifesta das emendas que approvou e da discussão das que n'esse intuito se apresentaram, é claro que devendo na interpretação d'esta parte da Constituição, como em toda ella, predominar o espirito que a dictou, a intelligencia a seguir ha de ser a mais favoravel aos Estados; o que aliás se conforma tambem com o espirito do art. 65 § 2 da Constituição.

E foi com toda razão que o deputado Francisco Veiga disse em 1891 a este proposito:

«Os nobres deputados sabem que, segundo as disposições constitucionaes essa verba, sello do papel, póde dizer-se que ficou quasi exclusivamente pertencendo aos Estados, pois recahe principalmente sobre actos de suas autoridades ... Diz a Constituição: «Art. 9° § 1.° Tambem compete *exclusivamente* aos Estados decretar: Taxa de sello quanto aos actos emanados de seos respectivos governos e negocios de sua economia.»

Ora, si aos Estados *exclusivamente* cabe decretar, é visto que a União não tem egual direito, competindo-lhe tam sómente, e tambem exclusivamente, a decretação da *taxa do sello dos papeis submettidos as autoridades e funccionarios federaes*, isto é, ao juiz seccional, á administração dos correios, inspectoria das alfandegas, etc.» (Annaes da Camara dos Deputados, 1891, vol. III, pag. 122).

— Os autos e papeis forenses estaduaes podem ser sujeitos a sello federal? As autoridades, repartições administrativas, serviços publicos do Estado, têm existencia n'elle para desempenho dos altos fins que lhe são inherentes. O expediente, processo e despacho relativos aos negocios em que interferem officialmente os funccionarios estaduaes prendem-se, mais ou menos directamente, á esses fins e nisso a intervenção, por qualquer fórma, de poder estranho ao Estado seria uma invasão nos dominios de sua jurisdicção. O imposto federal sobre a expedição dos negocios publicos e serviços administrativos estaduaes seria a subordinação do Estado á União em assumptos de peculiar e exclusivo interesse d'elle, o que o regimen federativo não comporta.

Segundo a doutrina corrente, o poder de taxar é illimitado e envolve o de destruir *(the power to tax involves the power to destroy)* e não póde ser dado á União um tal poder sobre as operações proprias, constitucionaes e legaes, do governo estadual, uma das quaes e de superior relevancia é o serviço judiciario.

Estas considerações fundamentam o disposto no art. 10, que véda a taxação, pela legislação federal, de serviços a cargo dos Estados e (reciprocamente).

Assim é tambem nos Estados-Unidos Norte-Americanos, onde não ha sello federal nos processos perante as justiças estaduaes (Th. Cooley, Const. Limit., 1890, pag. 592). E isto prevalece ainda quanto aos que sobem ao Supremo Tribunal Federal por via de recurso, não se submettendo a sello nacional o processado no Estado, mas sómente o que em seguida o fôr perante a jurisdicção federal. Assim se tem praticado com todo o fundamento, entre nós, em vista do cit. art. 10 e segundo decisão do Supremo Tribunal Federal, em sessão de 15 de Maio de 1897, (V. *Jurispr. do Supr. Trib. Fed.*, 1897, pag. 367).

As mesmas considerações ácima expostas justificam tambem a isenção de sello federal nas notas, registros, contractos, etc., passados nos cartorios de tabelliães existentes nos Estados. E' inteiramente injustificavel a exigencia de tal sello em actos passados perante funccionarios estaduaes, creados para serviços que nada tem de federal.

— Esta materia tem sido objecto de muita discussão (*) e ultimamente o Congresso Nacional d'ella se occupou votando a resolução, que a administração estava a pedir, discriminativa do sello estadual e federal, decreto n. 585 de 31 de Julho de 1899.

Tal decreto declarou serem negocios da economia dos Estados os regulados por leis estaduaes e da economia da União os regidos por leis federaes (art. 2).

Criterio evidentemente erroneo, que faz entrarem na economia da União, como negocios d'ella, todos os actos e factos da vida civil nos Estados, todas as relações de direito que ahi se produzam, ainda quando não lhe digam respeito, pois tudo isso em nosso regimen se regula por leis federaes. Solução falsa, contraria aos principios fundamentaes do systema, sabido como é que os poderes da União são restrictos, limi-

---

(*) Vide *Jornal do Commercio*, de 2 e 7 de Março de 1899, e *Revista Juridica*, do mesmo anno, n. XVII, pag. 210 e n. XIX, pag. 5. Fo primeiro dos cit. ns. da *Revista*, o Dr. J. M. de Azevedo Marques, desenvolve n'o com mestria a questão, mostra que

« A economia do Estado é alguma cousa mais ou além dos actos emanados de seu governo e de suas actoridades, pois a Constituição visivelmente distingue as duas idéas. Será por conseguinte tudo quanto nascendo no Estado n'elle viva e tenha actividade completa, interessando directa e immediatamente á collectividade estadual. Assim, o empréstimo de dinheiro, as hypothecas, etc., feitas no Estado, entre pessoas n'elle residentes, ou sobre immoveis n'elle situados, representam negocios da economia do Estado, porque n'elle tem inteira effectividade; affectam d'rectamente á fortuna particular e publica, recahem sobre immoveis que constituem porções do seu territorio...».

tados aos fins d'ella, ao passo que amplos são os dos Estados e vão até onde se possam extender sem que offendam a esphera dos negocios federaes.— E negocios federaes (quaesquer que sejam as leis que os regulem) não se pódem considerar os actos e factos juridicos praticados ou succedidos nos Estados, simplesmente porque sobre isso legisla o Congresso Nacional.— Discriminação inconstitucional, quér por ser contraria á intenção manifestamente revelada pelos constituintes, quér pela incompetencia do Congresso para, sem os tramites extraordinarios de reforma constitucional, por simples lei ordinaria regular a partilha dos poderes entre a União e os Estados.

Art. 9.º § 1.º, n. 2. Telegraphos e correios. *Vide* commentario ao art. 34 n. 15.

Art. 9.º § 2.º A producção dos outros Estados. A prohibição de taxar os productos dos outros Estados obedece ao pensamento, revelado ainda em subsequentes disposições, de proteger e garantir a plena liberdade do trafico mercantil entre os Estados (arts. 8º e 9º § 2º). Sem esta prohibição, cada um dos Estados da União poderia, por meio de tributos, influir de modo decisivo e ruinoso, sobre a producção, industria e riqueza dos outros. Ora, difficilmente encontrar-se-iam motivos de ordem economica e politica ou de qualquer natureza, que justificassem tam descommunal poder. A Nação Brazileira constituio *unidos* os Estados de que se compõe; elles formam um todo, uma communhão nacional; e, pois, não lhes poderia deixar, como faculdade sua e livre, essa de, — indirecta, mas poderosamente, prejudicando-se uns aos outro em interesses essenciaes, — solapar a união d'elles, tornar frustratoria a federação e supervacaneas as disposições constitucionaes creadas para mantel-a e perpetual-a.

Os Estados interiores, nos quaes não existem portos e alfandegas e têm necessidade de fazer suas exportações por intermedio de estações fiscaes em outros Estados, acham-se habilitados a isso pela faculdade conferida no art. 65 § 1º, por ajustes e convenções de caracter administrativo, dependentes de approvação do Governo Federal (art. 48 § 16) ou com este feitos, como se deo com o de Minas Geraes, pelo accordo de 18 de Setembro de 1891 e 20 de Março de 1893 (Decreto n. 574 de 26 de Setembro de 1891 e lei n. 25 de 30 de Abril do mesmo anno, art. 5º, que autorisou a arrecadação no Districto Federal dos impostos de exportação dos Estados do Rio, S. Paulo, Minas e Espirito Santo «de harmonia com sua legislação fiscal.»)

Art. 9.º § 3.º... Um Estado tributar a importação de mercadorias estrangeiras. Este paragrapho é uma excepção ao n. 1 do art. 7º. Por elle ficaram os Estados com o direito de taxar a importação estrangeira, não com o fim de crear renda, mas, conforme se tem entendido, para onerar ou difficultar a entrada de certos effeitos mercantis, cuja introducção no Estado prejudique de qualquer fórma a producção e industria local. (*) Isto é arremedo do que estabeleceo a Constituição Norte Americana, art. 1º, secção 10, n. 2, com a differença que esta permitte aos Estados o imposto, quando *absolutamente necessario para a execução de suas leis de inspecção*, (ou, como explicam os commentadores, para fazer face ás despezas com a inspecção das mercadorias importadas ou exportadas), sendo o saldo recolhido aos cofres da União, e podendo o Congresso Nacional rever as leis em tal sentido feitas pelos Estados (*V.* A. Carlier, *La Rep. Amér.*, tome II, pag. 151).

Para o Thesouro Federal. Esta clausula refreiará a acção dos Estados, que sem isso facilmente poderiam ser tentados a extenderem-se desmesuradamente neste vasto campo de tributações. Não sendo para elles o producto do imposto, é natural que o não estabeleçam com exageração.

— Não consta até agora haver algum Estado recorrido ao emprego desta imposição que não aproveita a seos cofres; mas sob côr de imposto de expediente e disfarçado com o nome de imposto de estatistica e outros, têm apparecido em orçamentos estaduaes verdadeiros impostos de importação. O Supremo Tribunal Federal, porém, em decisão de recursos interpostos na fórma da Constituição, ha declarado illegaes e nullos esses impostos, por incompativeis com o disposto nos arts. 7º n. 1 e 9º § 3º combinados (Acc. n. 14 de 30 de Janeiro, n. 22 de 13 de Fevereiro de 1895, n. 167 de 7 de Junho de 1899 e outros). Egualmente tem decidido que as limitações que a Constituição põe ás faculdades taxatorias dos Estados, obrigam aos municipios tambem, como divisões administrativas d'elles, e ainda porque de outra sorte aquellas limitações seriam frustradas e illudidas. (Acc. n. 91 de 9 de Dezembro de 1896).

(*) *Vide* Parecer da Commissão mixta, do Senado e da Camara dos Deputados (de 2 de Dezembro de 1890), ácerca da intelligencia a dar-se ao art. 9 da Constituição Federal. Os ANNAES do Cong. Const. nenhum esclarecimento fornecem quanto aos motivos fundamentaes do § 3. O intuito protecçionista não parece bastante para justifical-o.

Art. 9º. E' prohibido aos Estados tributar de qualquer modo, ou embaraçar com qualquer difficuldade, ou gravame, regulamentar, ou administrativo, actos, instituições ou serviços estabelecidos pelo Governo da União. (Do projecto da Commissão do Governo Provisorio).	Art. 9º. E' prohibido aos Estados tributar de qualquer modo, ou embaraçar com qualquer difficuldade, ou gravame, regulamentar ou administrativo, actos, instituições, ou serviços estabelecidos pelo Governo da União. (Decretos n. 510 de 22 de Junho n. 914 A de 23 de Outubro de 1890).	Substitua-se o art. 9º pelo seguinte: E' prohibido aos Estados tributar bens e rendas federaes ou serviços a cargo da União e reciprocamente. Emenda da Commissão do Congresso (approvada em 23 de Dezembro de 1890).	Art. 10. E' prohibido aos Estados tributar bens e rendas federaes ou serviços a cargo da União, e reciprocamente.

Art. 10 E' prohibido aos Estados.

Si entre os poderes dos Estados se comprehendesse o de lançar taxas sobre a receita, serviços e bens da União, facil é de ver que esta ficaria á mercê dos Estados, tolhida no exercicio de suas funcções, sem indenpendencia no desenvolvimento constitucional d'ellas, subordinada, annullada; fôra isso incompativel com exercicio de suas faculdades soberanas.

Nem se poderia comprehender uma « União » com essa fonte de discordia e separação. Tampouco se poderia justificar esse poder como uma prerogativa propria e necessaria aos Estados, em quanto unidades da federação, pois lhe fôra ella antinomica e antipoda.

E reciprocamente.

E por outro lado, os apparelhos governamentaes dos Estados, sua dotação, seu funccionamento, tudo que concerne a seos serviços, necessariamente tem de ficar immune e isento do poder taxatorio da União.

Na qualidade de Estados, com antonomia, com direito de estabelecer seo mechanismo governamental, suas instituições, seos serviços publicos, essas entidades componentes da União não poderiam n'isso estar sujeitas a pagar-lhe cousa alguma, sob titulo algum. Importaria ao contrario obrigal-as a contribuição pelo proprio facto de terem-se constituido em Estados, o que é absurdo. E tal sujeição dar-lhes-ia certo caracter de vassallagem, de suzerania.

—O mesmo se deve dizer quanto aos municipios, em vista do art. 68 que os constituio partes autonomas dos Estados. Essa autonomia soffrerá, desde que forem tributarios dos Estados e da União. Tudo pois que constitue o governo municipal, suas repartições, seus serviços, seo funccionalismo, fica livre de impostos estadoaes e federaes.

—Egualmente, com quanto não o diga o art. 10, é fóra de duvida, pelas razões expostas, que um Estado não póde tambem tributar os bens, rendas e serviços de outros Estados.

Nos Estados Unidos Norte-Americanos vigóra, affirmada pela jurisprudencia dos tribunaes, a mesma doutrina, embora não consagrada expressamente na constituição.

Alli se tem decidido que não podem ser taxados da União os municipios e seos recursos, os vencimentos dos empregados publicos dos Estados, os processos das justiças estadoaes, etc.

Os titulos de emissão de emprestimos publicos respectivamente escapam tambem á tributação (salvo pelo proprio poder que autorisou a emissão.)

ARTIGO 11

Art. 89 § 2º.... nenhum serviço religioso ou de culto gosará na União de subvenção official.
(Do projecto da Commissão do Governo Provisorio).

Art. 10. E' vedado aos Estados como á União:
1º. Crear impostos de transito pelo territorio de um Estado, ou na passagem de um para outro, sobre productos de outros Estados da Republica, ou estrangeiros, e bem assim sobre os vehiculos, de terra e agua, que os transportarem.
2º. Estabelecer, subvencionar, ou embaraçar o exercicio de cultos religiosos.
3º. Prescrever leis retroactivas.
(Decretos n. 510 de 22 de Julho e n. 914 A de 23 de Outubro de 1890).

Art. 11. E' vedado aos Estados, como á União:
1º. Crear impostos de transito pelo territorio de um Estado, ou na passagem de um para outro, sobre productos de outros Estados da Republica, ou estrangeiros, e bem assim sobre os vehiculos, de terra e agua, que os transportarem;
2º. Estabelecer, subvencionar, ou embaraçar o exercicio de cultos religiosos;
3º. Prescrever leis retroactivas.

Art. 11, n. 1. Impostos de transito e sobre vehiculos.

Com a prohibição destes impostos, no tocante aos productos dos outros Estados da Republica ou estrangeiros, completa a Constituição seu plano de plena liberdade de commercio interestadual, quér por terra, quér por agua. Sem o transito livre atravez dos Estados (e dos municipios) esse plano seria falho. Basta imaginar os tropeços e embaraços fiscaes, os encargos e despezas que a cada passo accresceriam ao transporte, com prejuizo da prompta expedição e do preço das mercadorias, — para considerar quanto é sabia e fundada a prohibição; ella protege a producção, anima a industria, favorece ao consumidor e concorre para o incremento da riqueza nacional.

«E' vedado aos *Estados*, como á *União*, diz o art.; mas embora expressamente se não refira aos «municipios,» não se pode deixar de comprehendel-os tambem na prohibição.

Elles são partes integrantes dos Estados, divisões administrativas d'estes e não podem pretender maiores poderes que os do todo de que são fracções. E não só um municipio não póde taxar o transito de effeitos mercantis vindos, em passagem, de outro Estado, como tambem não têm a faculdade de tributar o transito das mercadorias que vêm de outro municipio do mesmo Estado.

Fôra absurdo permittir aos municipios entre si o que por altos principios de conveniencia nacional se prohibe aos Estados e á União.

A Constituição visa a livre circulação dos productos e não foi sua mente deixar os municipios armados do poder de embaraçal-a, fazendo-se entre si uma guerra de impostos, estabelecendo retaliações e oscillações continuas com prejuizo certo e immenso para a Republica.

De mais, o direito de taxar não é limitado com relação a seo *quantum*. Até que quantia podem chegar a União, o Estado, o municipio no uso legitimo de sua faculdade taxatoria? Ficou isso a seo prudente arbitrio, não havendo disposição constitucional que estabeleça o limite. Póde, pois, a imposição crescer até ser exagerada. E no uso mal inspirado d'essa faculdade, si a tivessem os municipios uns contra os outros, poderiam elles vedar, por insupportaveis taxas, o transito e circulação das mercadorias dentro de suas circumscripções.

Isto é, o plano da constituição ficaria assim á mercê e alvedrio das autoridades municipaes...

Art. 11, n. 2. Cultos religiosos.

«Em uma constituição politica não se deve prescrever uma religião, porque segundo as melhores doutrinas sobre leis fundamentaes, estas são sómente as garantias dos direitos politicos e civis; e como a religião não toca a nenhum destes direitos, ella é de natureza indefinivel na ordem social e pertence á moral intellectual.

A religião governa o homem em casa, no gabinete, dentro de si mesmo; só ella tem direito de examinar sua consciencia intima; as leis pelo contrario dizem respeito á superficie das cousas e não governam sinão fóra da casa do cidadão. Applicando estas considerações, poderá um Estado reger a consciencia dos subditos e velar sobre o cumprimento das leis religiosas?... A religião é a lei da consciencia; toda lei sobre ella annulla, porque impondo a necessidade ao dever, tira o merecimento á fé, que é a base da religião.

«O desenvolvimento moral do homem é a primeira intenção do legislador; logo que este desenvolvimento chega a lograr-se, o homem apoia a sua moral nas verdades reveladas e professa de facto a religião, que é tanto mais efficaz quanto que a adquirio por investigações proprias. Além de que os paes de familia não podem descuidar o dever religioso para com seus filhos e os pastores espirituaes estam obrigados a ensinar a religião... Deos e seos ministros são as autoridades da religião, que obra por meios e orgãos exclusivamente espirituaes: porém de nenhum modo o corpo nacional que dirige o poder publico a objectos puramente temporaes.»

Estas palavras, de um espirito tam superior quanto esclarecidamente religioso e patriotico, são o melhor commentario ao nosso art. 11 n. 2. Ellas são do discurso preliminar á constituição que a pedido do Bolivianos lhes deo em 1825 o grande Simão Bolivar, o libertador de cinco povos.

O Governo Provisorio, por dec. n. 119 A de 7 de janeiro de 1890, anticipára á Constituição a decretação da plena liberdade de cultos e vedára aos poderes publicos estabelecer, regulamentar e custear qualquer religião.

Pelo mesmo dec. a União obrigou-se a continuar a prover á congrua sustentação dos serventuarios do culto catholico, então existentes, —um acto de equidade e boa politica.

A Constituição, além do art. 11, n. 2, consagra disposições que se prendem a esta materia nos arts. 70 § 1°, n. 4, e 72 §§ 3° a 7°, 28 e 29.

Art. 11, n. 3. Leis retroactivas. Si a lei podesse ser com prejuizo dos direitos do cidadão applicada a factos passados antes d'ella, mal segura ver-se-ia a liberdade, e o poder de legislar fôra o da tyrannia e oppressão. Quem poderia estar tranquillo sobre suas acções, si o que hontem praticou como acto permittido e legitimo podesse hoje ser declarado pela autoridade publica como facto punivel ou nullo? A liberdade, honra, vida e propriedade do cidadão viriam a ser um brinco nas mãos de legisladores mal inspirados e ninguem em suas acções, em seos negocios, sentir-se-ia garantido. Nihil crudelius, nihil pernitiosius, nihil quod minus hæc civitas ferre possit (Cic.)

Moneat lex priusquam feriat (Bacon). Depois de publicada e dada a conhecer aos cidadãos é que a lei começa a existir para elles e sómente regerá casos futuros. *Lex prospicit, non respicit.* (*)

Mas, porquanto a prohibição de leis retroactivas é estabelecida por amor e garantia dos direitos individuaes, não ha motivo para que ella prevaleça em casos nos quaes offensa não lhes é feita e a retroacção é proveitosa ao bem geral; e eis porque têm pleno effeito com relação a factos anteriores:

1.º as leis constitucionaes ou politicas;
2.º as que regulam o exercicio dos direitos politicos e individuaes, ou as condições de aptidão para os cargos publicos;
3.º as de organisação judiciaria, competencias e processo civil ou criminal;
4.º as de interpretação ou declaratorias (menos quanto a factos, contractos e decisões judiciarias, que sob a lei anterior tenham já produzido todos os effeitos de que eram susceptiveis);
5.º as penaes quando eliminam ou diminuem a penalidade anteriormente estabelecida.

A retroacção legal que n'outros casos seria um principio barbaro e funesto, é salutar e de beneficos resultados nos casos acima enumerados. (*)

— E' esta, como se vê, uma das mais importantes garantias individuaes, ao mesmo passo que é um dos grandes principios da ordem social e politica. Sem ella, não seria possivel termos o *regimen livre* a que, como a mais alta aspiração nacional, allude o «preambulo» da Constituição, a qual por isso impõe, quér ao Congresso Nacional, quér ás legislaturas dos Estados, a prohibição deste n. 3. E para effectividade de tal garantia, a magistratura, desde que é provocada pelos meios regulares, tem obrigação de declarar sem vigencia e fóra de applicação as leis federaes ou dos Estados que acaso infrinjam a citada disposição constitucional (arts. 59 § 1', e 60 a).

Leis retroactivas sómente tyrannos as fazem e só escravos se lhes submettem. (Walker) A Constituição que as permittisse, impediria a estabilidade e segurança dos direitos, fim primordial do Estado, e autorisaria a ruina dos cidadãos.

(*) O dec. n. 572 de 12 de julho de 1890 fixou o momento em que entre nós a lei começa a obrigar, a saber:
1.º na capital da Republica, no terceiro dia depois da inserção no *Diario Official*;
2.º na capital de cada Estado, no terceiro dia depois da reproducção na sua folha official ou de annuncio na mesma de terem sido remettidos pelo correio os exemplares destinados ás autoridades competentes para a sua execução;
3.º e nas outras comarcas, no terceiro dia depois da publicação feita pelo juiz de direito em audiencia, ou, na falta, findo o mesmo prazo do numero anterior, augmentado de tantos dias quantos 30 kilometros mediarem entre a capital e a séde da comarca.
Não prevalecerão porém esses prazos:
(a) si a lei trouxer a clausula « desde já » ou fixar prazo differente,
(b) si a execução da lei ficar dependente de regulamento (neste caso começará a obrigar depois da publicação deste no *Diario Official*),
(c) si versar sobre interesse individual ou local,
(d) si se tratar de instrucções, avisos e actos de privativa attribuição do poder executivo, casos estes (c e d) em que a obrigatoriedade datará do conhecimento dado aos interessados e autoridades competentes, por meio do *Diario Official* ou fórma authentica,
(e) si a lei fôr interpretativa ou extinguir ou reduzir uma pena, e então obriga desde a publicação, e applica-se a casos pendentes (Cit. dec., arts. 1°, 3°, 4° e 5°)
As leis que orçam a receita e fixam a despesa annual do estado começam a vigorar desde o primeiro dia do anno financeiro.

(*) Basta, para que o preceito constitucional não seja preterido, que a lei de modo algum prejudique a) os direitos civis adquiridos, b) os actos juridicos já perfeitos e c) as sentenças passadas em julgado.
Quanto á lei penal, ao facto anterior só se applicará a lei nova: a) si por esta deixar de ser considerado punivel, b) ou fôr punido com pena menos rigorosa (Cod. Pen. art. 2ª).

ARTIGO 12

| Art. 10. A discriminação das competencias de que tratam os arts. 8° e 9° não inhibe a União e cada Estado de crear, cumulativamente ou não, outras fontes de receita.

(Do projecto da Commissão lo Governo Provisorio). | Art. 12. Além das fontes de receita discriminadas nos arts. 6° e 8°, é licito á União, como aos Estados, cumulativamente, ou não, crear outras quaesquer, não contravindo o disposto nos arts. 7°, 9° e 10 § 1°.

(Decretos n. 510 de 22 de Julho e n. 914 A de 23 de Outubro de 1890). | Art. 12. Além das fontes de receita discriminadas nos arts. 7° e 9°, é licito á União, como aos Estados, cumulativamente, ou não, crear outras quaesquer, não contravindo o disposto nos arts. 7°, 9° e 11 § 1°.

(Redacção pela Commissão do Congresso Constituinte)
Ao art. 12. Em vez de — § 1°, diga-se: n. 1.
—*Meira de Vasconcellos*.
(Emenda em 23 de Fevereiro de 1891). | Art. 12. Além das fontes de receita discriminadas nos arts. 7° e 9°, é licito á União, como aos Estados, cumulativamente ou não, crear outras quaesquer, não contravindo o disposto nos arts. 7°, 9° e 11, n. 1. |

Art. 12. Além das fontes de receita discriminadas.
Esta disposição completa o systema financeiro da Constituição. Relativamente á União, disse o presidente da Commissão do Congresso Constituinte:

« E' preciso contar com os casos communs e frequentes, mas não basta isso; uma nação não póde estar adstricta aos meios ordinarios, deve prever os casos extraordinarios, que a nossa propria experiencia mostra não serem muito raros, nem para contemporisações; cumpre ter os meios de fazer a guerra, quando ella fôr inevitavel, de providenciar quando occorra uma calamidade publica. Em circumstancias taes, é sempre insufficiente o orçamento ordinario. O projecto deixou no art. 12 um recurso supremo para eventualidades dessa natureza. » (Disc. do Senador Ubaldino do Amaral, ANNAES DO CONGR. CONST., I, 273).

Quanto aos Estados, expunha o Conselheiro Ruy Barbosa, então ministro da Fazenda e um dos autores da Constituição:

« Não teem, não pódem ter o menor fundamento real os receios, espalhados em certos Estados, de que a federação, nos termos do projecto, os inhabilite para satisfazer as suas necessidades interiores. Estamos em presença de um verdadeiro panico, de um phenomeno irreflexivo de medo, manifesto nessa persuasão, em que laboram muitos membros desta casa, de que os Estados não pódem aceitar esse plano, sem se condemnarem á miseria.

Nessas tres fontes de renda, que o projecto lhes reserva privativamente, de que o projecto exclue absolutamente a União, ou antes em duas dessas fontes apenas, as taxas sobre a exportação e sobre a transmissão de propriedade, sobram-lhes meios para a vida sem estreiteza no seio da federação. Depois, senhores, resta aos Estados por explorar vastissimo campo tributario, nunca ensaiado sob a monarchia. Não havemos de cingir-nos, em materia de impostos, aos instrumentos enferrujados, ás fontes escassas, de que se sustentavam as provincias no antigo regimen. Muitos ramos de materia tributavel estão por ahi ainda virgens; e esse campo, sobre o qual a antiga administração passava, e repassava, sem utilisal-o, é vasto, seguro e de consideravel fecundidade. A incidencia do nosso systema tributario concentra-se em direcções, de que poderia desviar-se assaz sem desvantagem accentuada para a renda, e deixa por occupar um largo terreno, onde ha toda uma colheita incalculavel, que tentar. »

E lembrava o orador a *taxa geral sobre a propriedade*, que os Estados na União Norte-Americana baurhãm para mais de seis centos mil contos, « não se comprehendendo nesse computo o producto de varios generos de tributos instituidos na legislação dos Estados, taes como o imposto pessoal, o imposto sobre industrias e profissões, as taxas sobre os direitos das companhias, os titulos de caminhos de ferro, as heranças e legados.

« Já se experimentou porventura entre nós esse imposto fecundissimo? Nem siquer ensaiámos ainda o imposto sobre a renda, tributo justissimo, reparador, indispensavel, urgente.

Não podemos, não pódem os Estados tambem recorrer ao imposto sobre o alcool, ao imposto sobre o fumo? » (Disc. em 16 de Dezembro de 1890).

Cumulativa ou não.
A competencia cumulativa ou concurrente, da União e dos Estados, para lançar taxas sobre materia que não seja de um ou outros exclusivamente tributavel, abre margem a recursos financeiros que occorram á insufficiencia dos que a Constituição designadamente destinou á União e aos Estados.

E o poder de crear essas outras fontes de receita não tem limitação nem soffre embaraço pela coincidencia nem pelo valor da taxa. A mesma mercadoria póde ser objecto de simultaneo imposto federal e estadual; nem ha grande receio de inconvenientes na pratica, sendo natural que venha a prevalecer o conselho de Hamilton—que a União se abstenha inteiramente d'aquelles objectos a que os Estados estiverem mais dispostos a recorrer. (FEDERALISTA, Cap. 34).

— Desde o Congresso Constituinte, votada a parte financeira da Constituição, começou-se a dizer que a União ficara n'isso prejudicada pelos Estados e sem os precisos recursos para seos serviços. E é ainda a opinião de muitos dos nossos politicos. A este proposito, porém, convém ponderar o que mui sensata e criteriosamente observava o senador L. Bulhões, na sessão de 12 de Setembro de 1894, dizendo:

« Examinemos agora em que consistiram os grandes favores concedidos aos Estados e quaes os prejuizos causados á União pelo partido federalista da Constituinte.
Os impostos transferidos foram os de industria e profissões, transmissão de propriedade, territorial e de exportação.
Mas estes tributos foram gratuitamente cedidos aos Estados? Não.
Houve uma descentralisação de serviços e uma descentralisação correspondente de rendas. O producto dos impostos é superior á dos serviços? Em um ou outro Estado sim, na maioria delles, não.
A Republica deo aos Estados o imposto de exportação, que já pelo Acto Addicional pertencia ás provincias; os impostos de industria e profissões e de transmissão de propriedade, que a monarchia cogitava de entregar ás provincias, passando-lhes as despezas com a magistratura de primeira instancia, policia e culto, como se verifica em um trabalho do Sr. Paranapiacaba, de 1883.
Ora, o imposto de exportação creio que produzio 16 o 18 mil contos; o de industria e transmissão de propriedade não attingio a 10 mil contos; o territorial estava apenas sendo estudado pela alta administração do paiz.

'A conclusão é que a *doação* não foi tam generosa, tam larga como apregoam e que o custeio dos serviços da administração, policia, justiça, hygiene, obras publicas, viação, etc., absorve as rendas estaduaes, na maioria dos Estados e alguns vivem ainda em difficuldades.

Não trato de renda de terras, porque sabe-se que, si é fonte importantissima de recursos dos Estados Unidos, entre nós nunca produzio cousa alguma. (*)

E' certo que desde que às terras publicas foram entregues aos Estados, o respectivo serviço foi muito bem organisado em varios d'elles, mas ainda não se tornou fonte de renda.

Pergunto qual foi o sacrificio imposto á União pelo triumpho da corrente federalista na Constituinte?' V. Ex. vae ver, pela leitura das notas que tomei dos ultimos relatorios da Fazenda, que a renda federal cresce prodigiosamente e não soffreu desfalque, quando entrou em execução o systema constitucional, isto é, quando passaram aos Estados os impostos do art. 9° da Constituição *(lê):*...

Vê-se que a renda sóbe continuada e até vertiginosamente, pois de 144 mil contos, em 1888, presume-se chegar a 258 mil, em 1893... — Torna-se patente que na partilha a União não foi lesada, foram entregues aos Estados os impostos directos pouco rendosos, ficando os indirectos, os mais productivos, para a União...

Si a União lucta hoje com difficuldades financeiras, a culpa não é dos Estados, que aliás têm vindo em seu auxilio; a culpa é da prodigalidade com que despende ella os seos recursos, dos esbanjamentos a que se entregou.

O mesmo illustre representante, na sessão do Senado de 5 de Outubro de 1900, fundando-se em dados officiaes, mostrava quanto era infundada a critica feita á distribuição das rendas entre a União e os Estados e quam injusto o apregoar-se que a União foi despojada pelos Estados:

Explorando a materia tributavel, que lhe foi reservada pela Constituição, a União vio as suas receitas se elevarem de 164.000:000$ a 385.000:000$, no periodo de 1889 a 1899, alcançando o equilibrio orçamentario e saldos, ao passo que os Estados, que, segundo affirmam, empobreceram a União, apossando-se das terras e tributos productivos, estão com *deficits* em seos orçamentos e oberados.

No antigo regimen já se havia verificado que a importação contribuia com quatro quintos para a receita geral; ora, os direitos alfandegarios ficam, na Republica, pertencendo exclusivamente á União, podendo esta ainda tributar o consumo, a renda, explorar imposições de caracter mixto, etc.

As Alfandegas produziram em 1899 réis 248.000:000$ e o consumo 25.000:000$, sendo provavel que n'este exercicio o producto do consumo attinja a 40.000:000$000.

Os Estados não partilharam com a União só a receita, mas tambem as despezas, ficando a seu cargo as de administração, justiça, hygiene, instrucção, obras publicas, immigração e colonisação, etc.

Si aos Estados incumbe o povoamento do sólo, por que razão não lhes haviam de pertencer as terras devolutas?

Si motivos de ordem politica aconselharem mais tarde a restituição dessas terras á União, o exemplo americano poderá ser seguido.

O systema de divisão de rendas, tam censurado entre nós, é de facto o que existe nos Estados Unidos, consagrado pela pratica e bem assim na Suissa...

Que fez o legislador constituinte brazileiro para ser tam criticado?

A experieneia do Acto Addicional havia condemnado os impostos cumulativos; a tradição nacional e a indole do nosso regimen repelliam o systema dos impostos addicionaes para o custeio dos serviços estaduaes: a divisão das fontes de renda se impoz ao Governo Provisorio e á Constituinte.

Já em 1883, em pleno regimen monarchico, cogitaram os poderes publicos de passar ás provincias alguns serviços e os impostos de transmissão de propriedade e de industrias e profissões, já lhes pertencendo a decima urbana e tendo algumas procurado organisar o imposto territorial.

Não foi muito adiante a Republica, concedendo aos Estados os direitos de exportação, porque tambem sobre elles lançou tódos os encargos de sua administração e dos serviços de justiça, immigração, etc.

Os impostos de exportação estão condemnados pelos seus máos effeitos economicos e falta de estabilidade do seu rendimento; tendem a desapparecer dos orçamentos estaduaes e não podiam figurar no federal.

As rendas provenientes de terras publicas só existem em alguns Estados que ficaram com as dividas dos colonos; nos outros o nem em quasi todos os Estados não compensam as despezas do serviço respectivo.

Mesmo nos Estados Unidos a renda das terras publicas, em um seculo, foi inferior á das Alfandegas em um anno. »

(*) E por Aviso n. 76, do Ministerio da Fazenda, de 9 de Maio de 1893, ordenou-se que fosse arrecadada *como renda eventual da União* o producto da venda de terras devolutas, «visto que somente depois de acto expresso do Congresso Federal assistirá aos respectivos Estados o direito ás referidas terras» *(sic).* O Av. esqueceu a lei n. 3.396, de 24 de Novembro de 1888, art. 4°, que já havia concedido ás provincias essa receita.

| Art. 11. Egualmente á União como aos Estados cabe o direito de legislar sobre estradas de ferro e navegação interior. Uma lei do Congresso determinará e regulará a respectiva competencia. (Do projecto da Commissão do Governo Provisorio). | Art. 13. O direito da União e o dos Estados a legislarem sobre viação ferrea e navegação interior será regulado por lei do Congresso Nacional. (Decretos n. 510 de 22 de Junho e n. 914 A de 23 de Outubro de 1890). | Ao art. 13: Propomos que se accrescente — devendo, porém, a navegação de cabotagem ser feita por navios nacionaes. — *Baptista da Motta* e outros. (Emenda approvada em 17 de Fevereiro de 1891). § unico. A navegação de cabotagem será feita por navios nacionaes. (Redacção pela Commissão do Congresso). | Art. 13. O direito da União e dos Estados de legislarem sobre viação ferrea e navegação interior será regulado por lei federal. § unico. A navegação de cabotagem será feita por navios nacionaes. |

Art. 13. Viação ferrea e navegação interior. Navegação, canaes, portos, estradas, correios e telegraphos grandemente interessam á prosperidade geral, ao commercio e ao desenvolvimento da riqueza publica, e não podem escapar á solicitude dos governos.

N'um regimen federativo é preciso estabelecer a partilha de poderes sobre tal objecto, entre o governo nacional e os governos locaes; e o criterio discriminativo ha de achar-se na missão e tarefa respectivamente assignada a esses governos. E assim, o que entende com o interesse de toda a nação, com o commercio estrangeiro e interestadual, com as grandes vias de communicação internacionaes e entre os Estados, isso não poderá deixar de ficar a cargo da União, zeladora do interesse geral, responsavel pela segurança externa do paiz e mantenedora das relações com as potencias estrangeiras, bem como reguladora em ultima instancia das pendencias interestaduaes e fiadora da paz e concordia entre os membros componentes da federação.

Aos Estados fica plena competencia no que respeita a seos interesses proprios, nos limites de sua jurisdicção territorial e em suas relações de visinhança (salvo quanto a estas a superintendencia da União, art. 9° § 4°, art. 48 n. 16 e art. 65 § 1°).

Será regulado por lei federal. Já o Governo Provisorio se havia preoccupado deste assumpto providenciando sobre a organisação de um plano de viação federal, no intuito de « assegurar a prompta acção administrativa, estabelecendo laços indispensaveis á manutenção da unidade politica e á união commercial dos Estados e obedecendo a condições technicas, estrategicas e sobre tudo economicas, e de fomentar o povoamento e aproveitamento dos territorios ainda não aproveitados (Decr. n. 159, de 15 de Janeiro de 1890)» (*)

Art. 13 § unico. Por navios nacionaes. A Constituição poz fóra de concurrencia o pavilhão nacional, quanto á navegação costeira. Esta disposição, restrictiva do commercio naval, revela o proposito de, privilegiando-a, desenvolver a industria maritima nacional. Embora o regimen de navegação reservada não gose de altos creditos, nem de unanime aceitação entre os economistas e não possa aspirar os foros de uma medida constituicional, pareceo elle aos constituintes adoptavel e vantajoso entre nós.

Naturalmente a maioria do Congresso considerou que, occupando o Brazil quasi metade da America meridional, tem, nessa vastissima extensão, dous terços de suas fronteiras formadas por costas maritimas, além de que correm no seo territorio grandes rios navegaveis, dos quaes só o Amazonas com seos tributarios forma uma bacia equivalente a cinco sextas partes da Europa e offerece um immenso percurso á navegação, pondo em communicação cinco dos principaes Estados da União e dando accesso ás republicas de Venezuela, Columbia, Equador, Perú e Bolivia. E a nacionalisação da navegação costeira e fluvial, ao passo que poderá mui largamente desenvolvel-as concorrendo muito para o incremento da riqueza nacional, e favorecendo-a pela facilidade do transporte, dará lugar, necessariamente a que tambem prospere a industria da construcção naval, que tanto cumpre animar, creando além disso nas populações á beira mar viveiros de marujada que fornecerão ao governo boa tripolação para seos navios. Em caso de urgencia, bons navios poderá elle, mesmo no paiz, promptamente adquirir para armar em guerra.

— Sobre a navegação costeira providenciaram as leis n. 123, de 11 de Outubro de 1892 e n. 227 A de 5 de Dezembro de 1894, sendo regulamentada pelo decreto n. 2304, de 2 de Julho de 1896.

(*) A lei promettida pelo art. 13 da Constituição é a seguinte, publicada sob n. 109 em 14 de outubro de 1892 :
« Art. 1.º E' de exclusiva competencia dos poderes federaes resolver sobre o estabelecimento :
1.º das vias de communicação fluviaes ou terrestres, constantes do plano geral de viação que fôr adoptado pelo Congresso ;
2.º de todas as outras que futuramente forem, por decreto emanado do Poder Legislativo, consideradas de utilidade nacional, por satisfazerem a necessidades estrategicas ou corresponderem a elevados interesses de ordem politica ou administrativa.
Art. 2.º Em todos os mais casos, aquella competencia é dos poderes estaduaes.
Art. 3.º Quando o melhoramento interessar a mais de um Estado, sobre elle resolverão os governos respectivos.

Art. 4.º Além das vias de communicação de que trata o art. 1.º, poderá a União estabelecer ou auxiliar o estabelecimento de outras, precedendo, neste caso, accordo com os poderes competentes dos Estados ou do Estado a que possam ellas interessar.
Poderá tambem permittir que as linhas a que se refere o mesmo artigo sejam estabelecidas por conta de um ou mais Estados interessados, celebrando, para isso, como os governos respectivos, convenios pelos quaes fiquem garantidas a uniformidade de administração e outras conveniencias de caracter federal.
Paragrapho unico. Taes accordos e convenios, sempre celebrados pelo Poder Executivo, só cream obrigações para a União depois de approvados pelo Congresso Nacional.»

ARTIGO 14

Art. 14. As forças de terra e mar são instituições nacionaes permanentes, destinadas á defesa da patria no exterior e á manutenção das leis no interior. Dentro nos limites da lei, a força armada é essencialmente obediente aos seus superiores hierarchicos e obrigada a sustentar as instituições constitucionaes.
(Decretos n. 510 de 22 de Junho e n. 914 A de 23 de Outubro de 1890).

Art. 14. Todos os brazileiros são obrigados a pegar em armas para sustentar a independencia, a união e a integridade da Republica, defendendo-a de seus inimigos externos e internos.
Art. 15. A força militar é essencialmente obediente, jámais se poderá reunir sem que lhe seja ordenado por autoridade legitima.—*Damasio*.
(Emenda prejudicada pela approvação do art. 14, em 24 de Dezembro de 1890).
Ao art. 14. Elimine-se a palavra—permanentes. *Gil Goulart. D. Vicente.*
Supprima-se a ultima parte do art. 14: «Dentro dos limites da lei, etc.», —*J. Hygino*.
(Emendas rejeitadas em 4 de Fevereiro de 1891).

Art. 14. As forças de terra e mar são instituições nacionaes permanentes, destinadas á defesa da patria no exterior e á manutenção das leis no interior.
— A força armada é essencialmente obediente, dentro dos limites da lei, aos seos superiores hierarchicos e obrigada a sustentar as instituições constitucionaes.
(Redacção da Commissão do Congresso Constituinte, em 21 e approvada em 23 de Fevereiro de 1891).

Art. 14. As forças de terra e mar são instituições nacionaes permanentes, destinadas á defesa da patria no exterior, e á manutenção das leis no interior.
A força armada é essencialmente obediente, dentro dos limites da lei, aos seus superiores hierarchicos, e obrigada a sustentar as intituições constitucionaes.

Art. 14 Instituições nacionaes. A disposição deste art. declara *nacionaes* o exercito e a armada e isto envolve a prohibição aos Estados de terem instituições suas desta especie.

Aos Estados é vedado fazer ou declarar guerra (art. 66 n. 4) e é á União que incumbe a defesa interna e externa da nação; tem ella o poder de fazer a guerra e contractar a paz (art. 34 § 11) e o de reprimir as commoções intestinas (art. 6º n. 3, art 34 n. 21, art. 48 n. 15 e art. 80). A' União, pois, é que deve caber o direito de levantar, manter e administrar as forças de terra e mar necessarias a taes fins.

Correspondem a esse direito a obrigação de todo o brazileiro ao serviço militar, —*para a defesa da patria e da Constituição*, art. 86 —(mas não para guerra ou alliança com o fim de conquista, art. 88)—, e a obrigação de cada um dos Estados e do Districto Federal, de fornecer os contigentes ordenados pela lei federal (art. 87), sem recrutamento forçado e por sorteio, na falta de voluntarios (art. cit. §§ 3º e 4º).

Permanentes. Suscitou reparos na discussão da Constituição o emprego desta palavra, considerando-se ser: 1.º escusada, porque tem caracter de permanencia tudo o que está consagrado na organisação constitucional, com excepção das providencias que são de natureza transitoria e como taes alli declaradas; e 2.º avessa á aspiração da democracia moderna, que quer a suppressão dos exercitos permanentes, por encommodos aos cidadãos, onerosos á nação e perigosos á liberdade. Mas força é convir que em quanto a humanidade não chegar ao estado de paz permanente, indispensavel será aos governos a força armada permanente, organisada em exercito e marinha, proporcionados aos recursos do paiz.

Essencialmente obedientes. Sem este freio legal, a nação ficaria inteiramenre á mercê dos homens por ella armados e estipendiados para defendel-a. Por toda a parte onde se constituem governos livres, o espirito fundamental das instituições militares é a disciplina hierarchica e a subordinação á autoridade. Um exercito que não obedece e que discute, em vez de ser uma garantia da honra e segurança nacional, constitue-se um perigo publico. A critica das ordens superiores e as deliberações tomadas collectivamente pela força publica influem, de modo prejudicialissimo, na disciplina e tornam o exercito incompativel com a liberdade civil da nação.

Entretanto, é preciso não confundir na pratica a disciplina com o mero servilismo e não lhe dar por base legal unicamente o temor do castigo e a expectativa das promoções. Ella sem duvida tem outro mobil, mais imperioso, mais alevantado, no pundonor e brio militar, como muito bem pensava, e dizia ao governo em 1886, o grande soldado que pouco depois á frente de seos companheiros e realisando a aspiração nacional, teria de fazer a Republica. Protestando contra publicas e, ao seo juizo, immerecidas reprimendas do governo imperial a officiaes do exercito, correctos e distinctos por seos serviços, escrevia, estigmatisando o abuso, o brazileiro illustre ao primeiro ministro de então—que isso era amesquinhar o exercito, tirar-lhe o brio, a dignidade e o amor proprio, «requisitos esses, dizia, sem os quaes não haverá soldados, mas vis e despresiveis escravos.» (Carta do Marechal M. Deodoro ao Barão de Cotegipe, em 14 de Novembro de 1886. *Diario Official* de 8 de Maio de 1891, pag. 1946).

A Constituição occupa-se da força armada nos arts. 14,—23 § 1º n. 2,—34, n. 11, 17 a 20,—

48, n. 3, 4, 5, 7 e 8, — 70 § 1° n. 3, — 72 § 21, 73, — 74, — 76, — 77, — 81 § 3°, — 85 a 88. — Antes da Constituição fôra decretado, sob n. 5884, a 8 de Março de 1875, o regulamento disciplinar do exercito — *Vide* lei n. 403 de 24 de Outubro de 1896 e Dec. n. 3193, de 12 de Janeiro de 1808.

Dentro dos limites da lei. Uma emenda propunha a suppressão destas palavras até ao fim do art. *Dentro dos limites da lei* hão de se achar todas as autoridades para que seos actos tenham valor, e a defeza das instituições constitucionaes pelo emprego da força armada, quando necessario, está dentro desses limites, é um dos fins da creação do exercito e da marinha.

E, sobre ser escusado dizel-o, o art., a pesar de não ter tal proposito, póde, pela sua redacção, dar margem á supposição de que é licito aos inferiores o exame da ordem superior sob o ponto vista da legalidade. Não tem tal proposito dizemos, porque isso fôra abolir a disciplina e entregar aos subalternos a sorte das providencias tomadas por chefes responsaveis pelo seo exito. Absurdo e perigo, qual d'elles maior.

Deve entender-se a Constituição de accordo com seos fins; a garantia, que ella visa, da ordem e das instituições, não se coaduna com a força armada deliberante; esta não queriam os constituintes, nem mesmo os de entre elles que eram militares, — justiça se faça á sua intelligencia e ao seo patriotismo.

ARTIGO 15

Art. 13. São orgãos necessarios da soberania nacional os poderes legislativo, executivo e judiciario, independentes e harmonicos entre si.
(Projecto da Commissão do Governo Provisorio).

Art. 15. São orgãos da soberania nacional os poderes legislativo, executivo e judiciario, harmonicos e independentes entre si.
(Decrs. n. 510 de 22 de Junho e n. 914-A de 23 de Outubro de 1890).

Art. 15. São orgãos da soberania nacional os poderes legislativo, executivo e judiciario, harmonicos e independentes entre si.

Art. 15 Orgãos da soberania. Tres grandes necessidades na governação dos povos — a legislatura, a administração, a justiça, que são outras tantas funcções da soberania ou poder supremo da nação

Funcções distinctas requerem orgãos tambem, quanto possivel, distinctos. Ensina-o a natureza, creando um para cada funcção. Doutrina-o a sciencia politica, inspirando-se no principio da divisão do trabalho, que tam uteis resultados produz em todos os ramos da actividade industrial. E attesta-o a mestra experiencia com as vantagens obtidas pelos povos em cujos governos o exercicio do poder publico não está a cargo e sob a dependencia de uma só autoridade, (individuo ou conselho), mas distribue-se por diversas.

Esta lição, de capital interesse para a garantia do direito e regular andamento dos negocios publicos, séguem todas as constituições democraticas, ainda mesmo quando não a proclamam em artigo especial. E eis porque a nossa, tendo estabelecido a divisão fundamental, não menos preciosa á liberdade e prosperidade da nação, dos poderes publicos em federaes, estaduaes e municipaes (arts. 1°, 2°, 63, 67 e 68), proclama, como orgãos da soberania nacional os poderes *legislativo, executivo e judiciario,* independentes entre si.

A Constituição mexicana mais precisamente diz (art. 50) que «o poder supremo da Confederação se divide, quanto a seo exercicio, em poder legislativo, poder executivo e poder judiciario. Dous desses poderes ou um maior numero não poderão jámais se achar reunidos nas mãos de uma só pessòa ou corporação, nem o poder legislativo confiado ás mãos de um só individuo.»

Harmonicos. Mas a divisão organica dos poderes não os insula; elles mantêm relações reciprocas, auxiliam-se e corrigem-se.

Expressões naturaes e necessarias da mesma soberania, são separados para o exercicio d'esta, mas não a ponto de prejudical-a. De todo desligados, da indifferença passariam á hostilidade, com sacrificio das liberdades publicas. Em vez, pois, de poderes rivaes e vivendo em conflicto, a Constituição os estatue *harmonicos*, devendo cada um respeitar a esphera de attribuições dos outros e exercer as proprias de modo que nunca de embaraço, mas de facilidade e coadjuvação, sirvam ás dos demais, collaborando todos assim a bem da communhão. Para obter isso, usou a Constituição de alguns expedientes e combinações, interessando e fazendo penetrar de certo modo a acção de uns no movimento funccional dos outros poderes.

E' assim que deo aó chefe do poder executivo faculdade para propôr leis que entenda convirem á administração publica (art. 29) e confiou-lhe a sancção das resoluções do Congresso, acto indispensavel, salvo casos especiaes, para se converterem em leis, (art. 16); deo-lhe tambem o direito de convocar extraordinariamente o Congresso, desde que entender que é necessaria sua reunião para decretar medidas que não viriam a tempo si tivessem de esperar pela epoca normal da reunião das camaras (art. 48, n. 10); forneceo-lhe no *veto* o meio de obter a reconsideração das leis cuja execução lhe repugne (art. 36 § 1°); fal-o informar annualmente ao Congresso Nacional da situação do paiz, habilitando as camaras a melhor conhecimento das necessidades da administração publica (art. 48, n. 9); põe em contacto os ministros com o corpo legislativo (sem que elles intervenham nas deliberações), por communicação escripta ou em conferencia com as commissões (art. 51); constitue o pessoal superior do poder judiciario por meio de nomeação pelo executivo, sob accordo e approvação do senado (art. 48, n. 12), e os demais juizes sob proposta do Supremo Tribunal Federal (cit. art., n. 11); confere ao chefe do executivo a designação do procurador geral da republica, incumbido sem voto no mesmo Tribunal, de funccionar como representante da União e de promover e velar sobre a execução das leis pelas autoridades judiciarias federaes (art. 58 § 2°), e confia ao mais alto funccionario da magistratura, ao presidente do Supremo Tribunal Federal, a presidencia do Senado, quando este tenha de julgar o chefe do poder executivo (art. 33 § 1).

Esses diversos modos de interferencia dos orgãos de uns nos outros poderes, quér quanto ao pessoal, quér quanto ao funccionamento, sem quebra da independencia de cada um, estabelece entre elles relações e influencia muito salutares, approximando-os, dando-lhes a consciencia de que são collaboradores e não rivaes e, sem conflicto, servindo de reciproco correctivo e contra-peso.

E assim segundo o systema que foi adoptado pela Constituição, nenhum dos tres poderes divididos fica absolutamente separado nem ácima dos outros de modo que d'elles se possa desembaraçar e, como dizia Guizot, a virtude e bondade do systema consiste precisamente na dependencia mutua dos poderes e nos esforços que ella lhes impõe para chegarem á unidade, — não havendo dependencia mutua sinão entre poderes investidos de uma certa independencia e bastante fortes para mantel-a (*Histoire des orig. du gov. repres.*, Vol. II, leç. 18).

A constituição do imperio estabelecera a divisão em quatro dos poderes publicos, creando mais um «Poder Moderador,» incumbido de harmonisar os outros e de contel-os em suas orbitas.

Mas tal creação, meramente arbitraria, sem apoio nos principios, — si não tinha por fim a supremacia do elemento monarchico e o sacrificio da democracia, entregando ao imperante hereditario e perpetuo a chave da organisação politica de que elle ficava sendo o unico arbitro, — era uma concepção que accusava a difficuldade do problema da constituição organica dos póderes divisos e contrapostos; mas não o resolvia e em nada aproveitava, desde que esse fiscal dos outros poderes ficava sem fiscalisação.

Quis custodiet custodem?

Para suffragal-a procurava-se apoio na velha maxima ingleza, segundo a qual o rei não póde fazer mal (*the king can do no wrong*), maxima contraria á natureza humana e solemnemente desmentida pela historia. Por quanto dos reis vinham para os povos muitos males, foi que começaram a fazer-se Constituições politicas.

A organisação republicana, em que jámais poderia figurar uma tal excrescencia, tem, para resguardo e limite dos poderes, um systema de freios e contrapesos, que se reduz ao seguinte: I Os excessos do governo federal são refreiados pelos Estados; II Os da camara dos deputados pelo senado e reciprocamente; III Os do poder legislativo pelo *veto* do executivo; IV Os deste pelo legislativo, por meio do processo de responsabilidade (*impeachment*); V Os do judiciario pelo legislativo, que tem o poder de estabelecer regras para o procedimento dos tribunaes e restringir-lhes a autoridade (respeitados os limites constitucionaes); VI Os do poder legislativo ainda pelo judiciario, que tem a faculdade de declarar inconstitucionaes, e por isso inapplicaveis, as leis que forem contrarias á Suprema Lei da Nação; VII Os do presidente da republica pelo senado, quanto á nomeação dos funccionarios sujeita á sua approvação; VIII Os dos deputados pelo povo, mediante eleições periodicas; IX Os dos senadores pela renovação triennal do terço d'elles; e X Finalmente os eleitores refreiam o povo por meio da escolha do presidente e vice-presidente.

(*Vide* Letter of Jonh Adms to J. Taylor, Works. VI, 467; *Cooley*, Const. Law, cap. VII, e Const. Limit., cap. III, 1890, pag. 46; e *Soriano de Sousa*, Dir. publ. const., pag. 94).

—Nas subsequentes disposições (art. 16 a 62) a Constituição trata de estabelecer os elementos e a fórma com que são organisados os tres poderes, o modo porque devem funccionar, seos attributos proprios e suas reciprocas relações.

E convém advertir aqui,—para perfeita intelligencia do que se refere ás attribuições de cada um desses ramos do poder publico nacional,— que essas attribuições não passam além das que estão expressamente consagradas na Constituição (poderes enumerados e limitados) e das que d'estas decorrem como condição necessaria para que possam ser exercidas (poderes implicitos ou por comprehensão) Isto resulta da propria indole do systema de governo consagrado pela Constituição. A União existe por amor do povo e dos Estados e a ella sómente são conferidos certos poderes para que essa existencia se dê e se cumpra seo fim. Esses poderes não são outros sinão os enunciados na Constituição ou nelles implicitamente contidos; —todos os mais entende-se que não lhe foram commettidos, nem a União os póde jámais exercer. Esses outros, a Constituição, no art. 65, n. 2, declara que ficam pertenecendo aos Estados:

«E' facultado aos Estados: em geral todo e qualquer poder ou direito que lhes não fôr negado por clausula expressa ou implicitamente contida nas clausulas expressas da Constituição.»

(*Vide* comment. ao art. 65, n. 2).

—Para verificar si tal ou qual attribuição pertence de direito a algum dos ramos em que se divide o poder federal, doutrinam os commentadores americanos, é preciso examinar si na Constituição Federal essa attribuição vem mencionada expressamente ou póde d'ella ser deduzida por necessaria inferencia; si não está consagrada em algum artigo ou de algum não decorre, a attribuição não existe, nenhum dos ramos do poder federal a possue e o que a exercer pratica um acto nullo e, conforme as circumstancias, criminoso.

Assim que, podia a constituição imperial dizer no seo art. 15 que era attribuição da Assembléa geral: § VIII «Fazer leis, interpretal-as, suspendel-as e revogal-as.» Egual disposição não poderia porém figurar n'uma constituição federal; aqui o Congresso não tem essa largueza e amplidão em sua esphera; compete-lhe fazer leis, mas não quaesquer leis, e sim sómente aquellas que por seu objecto são indicadas como attribuição d'elle; si d'ahi sahir, abusa, assummindo poder que não lhe foi dado. E por ser assim, o Congresso Constituinte não admittiu uma emenda que pretendia trasladar, *ipsis verbis*, para a Constituição que elle estava elaborando, a citada disposição da carta imperial (ANNAES DO CONGR. CONST., sessões de 26 de Janeiro e de 5 de Fevereiro de 1891).

Mas si os poderes que a Constituição confia ao governo federal são em pequeno numero e limitados (FEDERALIST., Vol. II, cap. 45), todavia no exercicio de cada um d'elles esse governo age soberanamente. E' assim que diz Bryce (*Americ. Commonwelth*):

«A soberania do governo nacional, embora limitada a objectos especificados, é plena quanto a esses objectos e suprema em sua esphera. O Congresso não poderá ir além do circulo de acção que lhe foi traçado pela Constituição, mas póde dentro d'esse circulo escolher quaesquer meios que lhe pareçam aptos para o exercicio de suas attribuições e n'essa escolha não está sujeito á acção revisora dos tribunaes na sua funcção de interpretes, porquanto o povo fez de seus representantes os unicos e absolutos juizes do modo como devem ser exercidas as attribuições que lhes foram conferidas.»

—E' pertinente tambem observar que a Constituição não permitte a nenhum dos poderes o

arbitrio de delegar a outro o exercicio de qualquer de suas attribuições. Quando por excepção alguma d'estas precisa ser exercida por poder diverso (a Constituição não o esqueceo), disposição especial ha a esse respeito, como *v. gr.* no caso de declaração de sitio (art. 80 § 1°).
Sendo os poderes creados pela Constituição divisos e cada um com esphera sua, si se lhes deixasse o arbitrio de delegar funcções uns aos outros, a separação dos poderes seria uma garantia annullavel ao sabor dos que os exercessem. A proposito de uma autorisação do poder legislativo ao executivo para reforma de repartições, dissemos n'um parecer de commissão do senado (n. 246, de 11 de dezembro de 1894):

«A experiencia tem mostrado que as Camaras Legislativas devem evitar estas autorisações dadas ao governo para reforma de repartições; pois, em regra, nesses actos se transgridem os termos da delegação, por mais terminantes e restrictivos que elles sejam e as reformas se fazem não só com esse excesso, mas tambem com o de despezas, como se verificou ultimamente com a dos Telegraphos.

«Além de que taes autorisações prestam-se a enormes abusos, accresce que ellas não se compadecem com a Constituição, a qual em seu art. 15 separa e constitue independentes entre si os Poderes Legislativo e Executivo e, nem nos art. 34 e 35 (que tratam das attribuições do Congresso), nem no art. 48 (que se occupa das que incumbem ao Poder Executivo), nem ainda em alguma outra disposição, consagra a permissão dessa transferencia para o Executivo da faculdade, que só o outro poder tem, de fazer leis.

«E tanto não quer a Constituição que o Poder Executivo, ainda que por delegação, faça leis, que no art. 48 § 1° sómente conferio-lhe a attribuição de *sauccionar, promulgar* e *publicar* os actos legislativos do Congresso e, quando no mesmo art. § 1° se refere a *regulamentos,* só os autorisa *para a fiel execução* das leis, suppondo que em caso algum serão feitas pelo Executivo e sendo a tarefa constitucional deste a *execução* e não a feitura dellas.

«E para que o Poder Executivo não ficasse absolutamente estranho á elaboração das leis que elle tem de executar, e não lhe restasse pretexto para, em regulamentos e instrucções, crear disposições de caracter legislativo, a Constituição, no art. 48, n. 9, o autorisa a indicar *(sic)* ao Poder Legislativo, na mensagem de abertura do Congresso, as providencias e reformas urgentes, e no art. 29 lhe faculta a apresentação de projectos de lei.

«Finalmente, as autorisações para reformas, conforme a pratica o tem demonstrado, dão margem a novas infracções da Constituição; os regulamentos expedidos por delegação legislativa não raro contém disposições inconstitucionaes. E porque em regra taes regulamentos entram logo em execução por não dependerem, como se tem entendido, de approvação do Congresso, ou emquanto esta não se dá, as clausulas contrarias a preceitos constitucionaes entram desembaraçadamente em execução.»

As leis assim feitas sao, de pleno direito, nullas *ex defectu potestatis* e como taes as devem reconhecer os tribunaes, quando perante elles em especie se tratar da applicação d'ellas.
Nos Estados Unidos N. A. é jurisprudencia assentada que *the powers confided to one department cannot be exercised by the other.* Wilbourn *v.* Thompson, *apud* Baker, *«Annot. const.,» 1891, pag. 232, n. 15* (*)

Discutindo um projecto que autorisava o governo a reformar as escolas militares, o deputado Aristides Lobo, em sessão de 24 de Agosto de 1891, observava, com toda a razão, que com isso o parlamento substituia sua autoridade, que é indelegavel, pela vontade do governo. E aos que allegavam que a reforma seria conforme ás bases dadas, retorquia:

«..... Uma das causas que mais desmoralisaram os parlamentos da monarchia, foi o principio funesto das delegações legislativas.

Essas camaras julgavam-se quites com os seus deveres decretando leis demasiadamente succintas, resumidas em magros textos, deixando aos regulamentos do executivo a ampliação do seu pensamento e de suas disposições.

E' desse passado, que vimos, mas que precisa ser abandonado. Outro deve ser o molde de legislação republicana.

E' melhor que ella seja desenvolvida e prolixa, do que imprevidente...

Em uma palavra, os legisladores tém o dever de guardar inteiro o deposito das attribuições que lhes são conferidas.

Nós estamos aqui para fazer as leis e não para mandar fazel-as.»

(*) One of the settled maxims in constitutional law is, that the power conferred upon the legislature to make laws cannot be delegated by that department to any other body or authority.
Where the sovereign power of the state has located the authority, there it must remain, and by the constitutional agency alone the laws must be made until the constitution itself is changed.
The power to whose judgment, wisdom and patriotism this high prerogative has beem intrusted, cannot relieve itself of the responsability by choosing other agencies upon which the power shall be devolved, nor can it substitute the judgment, wisdom and patrotism of any other body for those to which alone the people have seen fit to confide this sovereign trust.
Tb. Cooley, On the Const. Limit., 1890, pag. 137, onde em apoio são citadas em grande numero decisões da Suprema. Côrte.

SECÇAO I

DO PODER LEGISLATIVO

CAPITULO I

DISPOSIÇÕES GERAES

Art. 13. O poder legislativo é exercido pelo Congresso com a sancção, em regra, do Presidente da Republica.
Compõe-se de duas camaras: a dos Deputados e a Senadores.
Art. 20. Não se póde ser membro de ambas as camaras.
(Projecto da Commissão do Governo Provisorio).

Art. 16. O poder legislativo é exercido pelo Congresso Nacional, com a sancção do Presidente da Republica.
§ 1°. O Congresso Nacional compõe-se de dous ramos: a Camara e o Senado
§ 2°. A eleição para Senadores e Deputados á Camara far-se-á simultaneamente em todo o paiz.
§ 3°. Ninguem póde ser, ao mesmo tempo, Deputado e Senador.
(Decretos n. 510 de 22 de Junho e n. 914 A de 23 de Outubro de 1890).

Ao art. 16 § 1.°:
«Depois da palavra — Camara — accrescente-se — dos Deputados. —
§ 2°. Supprimam-se as palavras «á Camara».
Emenda da Commissão do Congresso em 8 e approvada em 27 de Dezembro de 1890.
Ao art. 16. Accrescente-se — em regra — ás seguintes palavras — com a sancção. — *Americo Lobo*.
(Emenda apresentada em 24 de e rejeitada em 27 de Dezembro de 1890.)

Art. 16 Congresso Nacional. Tem-se por vantajoso expediente não confiar a feitura das leis a uma, nem a um mui limitado numero de pessoas. Como condição essencial para que possam ter lugar todas as vantagens da deliberação e livre discussão, e a fim de evitar a facilidade de manejos e combinações contrarias ao bem publico, ha parecido preferivel dar aquella importante tarefa a assembléas bastante numerosas para conterem uma boa porção de homens capazes de bem desempenhal-a.

Por outro lado, considera-se que a lei deve ser a expressão do interesse geral e da vontade da nação; e para que, quanto possivel, ella genuinamente o seja, é necessario que em sua elaboração tomem parte, não alguns poucos individuos, mas pelo menos tantos quantos representem as diversas partes do paiz em suas principaes divisões, sendo que por isso dizia Mirabeau:

«As assembléas podem ser comparadas a cartas geographicas, que devem reproduzir todos os elementos do paiz, com suas proporções, sem que os elementos mais consideraveis façam desapparecer os menores.»

Força é porém convir que as assembléas representativas enchem-se não raramente de excellentes pessoas, mas muitas d'ellas sem alguma concepção scientifica, ignaras dos principios de legislação, de administração e de economia politica e social; umas, essencialmente doceis, votam sem exame tudo que lhes mandam chefes poucos competentes ou não escrupulosos; outras querem sobresahir, affectando capacidade que não têm, e julgam-se no caso de discutir e emendar tudo o que vem á discussão; A maior parte do tempo das sessões vae arrebatada pelo pruido de fallar. Por uma tendencia natural a certos espiritos, desde que são chamados para uma funcção, julgam que é preciso a todo o transe mostrarem-se competentes e activos; legisladores, querem legislar a todo o proposito — e d'ahi uma inconvenientissima multiplicidade de leis desacertadas e mal feitas. E além d'isso, julgando-se supremos arbitros da governação publica, querem a cada instante que o poder executivo esteja a informal-os sobre cousas de competencia exclusiva d'elle e até sobre o que não lhe compete, nem ao parlamento. Por suggestão partidaria esquecem muitas vezes a dignidade propria e a do parlamento, delegam ao governo poderes que não têm e, mais de um caso, em lei ordinaria hão derogado artigos da Constituição.

Isto não é asserto exagerado; não é um facto novo, nem é de um unico paiz. Já Cormenin, o illustre publicista francez, em um de seos notaveis pamphletos, *A legomania*, tinha mostrado como as camaras preparavam o chaos legislativo, por medidas viciosas quanto ao plano, cheias de lacunas e inutilidades, invadindo a esphera regulamentar, «notaveis, dizia, pela impropriedade dos termos, inintelligencia das emendas, pelo imprevisto das consequencias e impotencia da execução.» E Benjamin Constant, que tam vantajosamente soube figurar em assembléas politicas, que tanto as conhecia e assignalára os perigos da omnipotencia parlamentar, indicava a imprudente multiplicidade das leis como a molestia dos estados representativos.

Por forma que, um semelhante laboratorio legislativo não pode gosar de grandes creditos e seria preciso pensar em arranjar-se outro que mais se recommendasse pela melhoria do que pela abundancia de productos. Mas... o regimen representativo é o preferido, pelas muitas vantagens que promette, e por amor d'ellas força é aceital-o com seos inconvenientes, devendo entretanto tratar-se, com todo o empenho, de minoral-os.

Sancção. O Presidente da Republica é o CHEFE electivo e responsavel da nação (arts. 41 e 53) e assume o compromisso de manter e cumprir a Constituição, promover o bem geral da nação, executar suas leis, sustentar-lhe a união, a integridade e a independencia (art. 44); mal poderia elle desempenhar tam ardua tarefa, si tivesse de ficar inteiramente alheio á feitura das leis e sem ao menos ter o direito de propôr aos legisladores a reconsideração das que lhe pareçam obnoxias. Essa faculdade lhe é dada na attribuição que tem de sanccionar ou vetar as resoluções legislativas (art. 37 § 1°) e, sem que tenha ella sido exercida, as deliberações do Congresso não terão o caracter de leis.

D'ahi se deprehendem a importancia e grandes vantagens dessa prerogativa. A palavra e conselho do alto funccionario que preside a execução das leis, suas objecções fundadas no interesse publico, não são de pouca valia e contribuirão

Art. 16. O poder legislativo é exercido pelo Congresso Nacional, com a sancção do Presidente da Republica.

§ 1º. O Congresso Nacional compõe-se de dois ramos: a Camara dos Deputados e o Senado.

§ 2º. A eleição para Senadores e Deputados far-se-á simultaneamente em todo o paiz.

§ 3º. Ninguem póde ser, ao mesmo tempo, Deputado e Senador.

(Redacção pela mesa do Congresso para a 2ª discussão).

Art. 16. O poder legislativo é exercido pelo Congresso Nacional, com a sancção do Presidente da Republica.

§ 1º. O Congresso Nacional compõe-se de dois ramos: a Camara dos Deputados e o Senado.

§ 2º. A eleição para Senadores e Deputados far-se-á simultaneamente em todo o paiz.

§ 3º. Ninguem póde ser, ao mesmo tempo, Deputado e Senador.

---

muitas vezes para o aperfeiçoamento ou para a suppressão de medidas legislativas que careçam de correcção ou sejam inopportunas e inconvenientes. Vae n'isso uma inestimavel garantia; trata-se de amparar assim a liberdade e direitos dos cidadãos contra medidas não fundadas em conveniencia publica ou a ella contraria, e de abroquelar o poder executivo contra as invasões do legislativo, levando-o a considerar de novo e com pausa a materia, e habilitando-o a melhores deliberações.

Das condições, especies e fórma da sancção a Constituição occupa-se subsequentemente nos arts. 37 a 40 e 48.

— QUAES SÃO OS CASOS EM QUE SE PRESCINDE DA SANCÇÃO? Percorrendo-se a Constituição encontram-se quatro — 1º o caso dó art. 4 (encorporação, subdivisão e limites dos Estados), 2º a prorogação das sessões do Congresso, 3º o adiamento d'ellas, e 4º a reforma da Constituição (arts. 17 § 1º e 90 § 3º)— Poder-se-ão accrescentar outros? Parece que não.

— 1.º As excepções não se ampliam ao sabor do interprete e do executor, são de sua natureza limitadas, e amplial-as aqui seria diminuir as faculdades de um dos poderes e accrescentar as de outro, isto é, seria alterar a Constituição em ponto substancial—a divisão dos poderes e a competencia de cada um d'elles. —

— 2.º Nos projectos preliminares da Constituição dizia-se: «O poder legislativo é exercido pelo congresso com a sancção, *em regra*, do presidente da republica.» (Proj. Werneck-Pestana, art. 69 e da Commissão do Governo Provisorio, art. 13) A Const. publicada por este, com os decretos ns. 510 e 914 de 1890 supprimio as palavras «em regra» (art. 13). Uma emenda, apresentada na sessão de 24 de Dezembro d'aquelle anno, propunha o restabelecimento dessas palavras e o Congresso Constituinte rejeitou-a na sessão de 27 do mesmo mez. Renovada em 26 de Janeiro, teve egual sorte.

Deve-se d'ahi concluir que foi proposto não autorizar excepções outras além das que são estabelecidas pelo texto constitucional —

— 3.º Este proposito melhor se coaduna com a indole do nosso systema de governo (que quer poderes coordenados e equilibrados), do que a intelligencia contraria, a qual daria ao poder legislativo a faculdade de, a seo talante, furtar suas resoluções á intervenção do executivo. Desde que tenha esse arbitrio de estar creando excepções ao preceito constitucional, quem lhe poderá ir á mão? Do regimen presidencial passar-se-á á omnipotencia parlamentar. Só o desconhecerá quem quizer desconhecer as tendencias invasoras e os excessos dos parlamentos.

— 4.º O regimen politico consagrado por nossa Constituição é, como se sabe, o mesmo dos Estados Unidos Norte-americanos, no qual são dependentes de sancção, quér os projectos votados em cada uma das camaras, quér ainda todas as ordens, resoluções ou voto que necessitarem do concurso do senado e da camara dos deputados, salvo unicamente si se tratar de adiamento do Congresso (Const. dos E. U. N. Am., art. 1º, secção VII, ns. 2 e 3). Esta extensão do direito de sancção e *veto* tem por intuito, dizem os commentadores, impedir que o Congresso illuda essa prerogativa presidencial fazendo, sob fórma de ordens ou de outro modo, verdadeiras leis, que, d'este feitio, escapariam á opposição e repulsa do chefe do poder executivo. (Flanders, *Const. of the United States*, pag. 97, 4th ed.) Semelhante resguardo e escudo do executivo contra as interprezas do poder legislativo é uma necessidade tambem no organismo politico do Brazil, imitação do norte-americano, para que não se desvirtue nem deprave.

— 5.º E isto responde á argumentação que, tirada dos precedentes do regimen monarchico, faz (para o caso arbitraria) distincção entre *leis* e *resoluções*, a fim de submetter á sancção as primeiras todas e das segundas sómente algumas. Em ambas as especies de actos legislativos podem se dar os motivos pelos quaes adoptou-se o *veto* no systema republicano e em uma e outra cabe o exercicio dessa salutar prerogativa. Si diversamente se praticava no governo monarchico, cumpre ter em vista que então o regimen era parlamentar e agora é presidencial, menos *veto* n'aquelle, mais *veto* neste.

— 6.º Tam pouco póde prevalecer o argumento «que a extensão do direito de sancção a todos os actos legislativos dá lugar ao absurdo de confiar ao presidente da republica a approvação de suas propostas, ou de actos seos, *v. gr.* o estado de sitio e os tratados.» Colheria o argumento, quanto ás propostas, si acaso o Congresso não tivesse o direito de alteral-as e innoval-as a seo livre alvedrio, e si fosse impossivel que com a approvação incluisse medidas que o poder executivo deva embaraçar por inconvenientes ou inconstitucionaes, como póde tambem succeder com relação á approvação de tratados, etc. Clausulas podem, com effeito, ser adjectas ao acto de approvação que tornem necessaria a repulsa ou veto.

Garantia, pois, e nunca absurdo, é o que resulta da intelligencia que sustentamos.

Ainda ninguem se lembrou de dizer que é absurda a sancção dos orçamentos e elles são feitos mediante proposta do poder executivo, que a deve apresentar sob pena de responsabilidade (lei n. 30 de 8 de Janeiro de 1892, art. 51). O mesmo se deve entender das outras propostas.

Em summa, o presidente não sancciona ou veta o que fez ou que propoz, mas aquillo que sobre isso o Congresso deliberou e votou, e que póde ser cousa muito differente e prejudicial á nação ou contraria á Constituição. Finalmente,

— 7.º Tam verdadeira é esta intelligencia da extensão da questionada prerogativa, que a Constituição, na parte em que se occupa do processo legislativo (arts. 36 a 40), descendo á minudencia até da formula da sancção e da promulgação, absolutamente não se refere a *casos* em que, por não necessaria a sancção, devessem os projectos votados ir logo ao presidente para o simples acto da promulgação.

A unica hypothese prevista e regulada de promulgação sem sancção é a que se verifica quando esta é denegada (art. 37 § 3º e art. 38) E é crivel que si a Constituição tivesse querido limitada a sancção, deixasse de fazer expressa semelhante restricção á prerogativa presidencial, e ao tratar da promulgação não houvesse providenciado para o caso?

§ 1.º Compõe-se de dous ramos.

Justificando o projecto de constituição que, em 1890, para o Estado de Pernambuco, elaborámos na qualidade de membro da commissão d'isso então incumbida, escrevemos, sob a epigraphe *Uma ou duas camaras legislativas?* o que passamos a transcrever:

«A divisão em dous ramos do orgão legislativo é um artificio, puramente empirico, sem fundamento e sem virtude.

«Em sua origem explicava-se como a representação de elementos dissimiles. Na alta camara repimpava-se a aristocracia, refastelava-se o poder senhorial; na baixa, tomava assento s'outra parte da nação, sem privilegios, sem grandezas, o povo, por seus representantes.

«Hoje não ha (e em rigor entre nós já não existia) esse discrimen divisorio das duas camaras, caracterisco da representação especial de cada uma d'ellas. A egualdade de direitos, a suppressão do privilegio, a extincção da fidalguia operaram esse resultado. Não precisamos de camaras distinctas porque não ha interesses distinctos e antagonicos a fazer n'ellas separadamente se representarem.

«Poder-se-á porém justificar a divisão pela necessidade de moderar e corrigir a legislatura?

«Si o exemplo bastasse, achariamos ainda assim duvidas e incertezas, desde que o exemplo não é uniforme. Ha certamente grande numero de nações que têm duas camaras, mas não é menos exacto que tambem existem outros governos com uma só.

«E si quizessemos seguir o exemplo do maior numero, só por ser maior numero, era logico voltarmos á monarchia para estarmos tambem com o maior numero das nações...

«Eis, pois, um argumento que póde a primeira vista seduzir, mas que não colhe.

«Mas a segunda camara refreia e corrige a primeira?

«Por uma especie de convenção tacita deixou-se vingar essa crença; mas o exame dos factos, o estudo do como elles se produzem tira-lhe todo o prestigio.

«Ambas as camaras, eleitas pelo mesmo povo, escolhidas entre os mesmos cidadãos, são dominadas do mesmo espirito, resentem-se da mesma origem, representam por egual as mesmas virtudes, os mesmos vicios, os mesmos preconceitos, as mesmas paixões.

«Que melhoria póde alguma d'ellas ostentar sobre a outra? Só por estarem constituidos em dous corpos separados os representantes de uma nação, acham-se alteradas as condições intrinsecas, a indole e essencia da representação? A divisão não tem o poder mirifico de alterar as tendencias, a orientação, os vezos dos eleitos, não lhes modifica a natureza nem lhes domina as paixões.

«Pensa-se acaso que por constituir a segunda camara por fórma diversa da outra, crea-se reciproco correctivo? Essa diversidade só póde ser apparente. Não é cabivel representação politica vitalicia, e pois isto não virá mais para differençar uma de outra camara. Só vemos que possa vir para discrimen a edade. (Porque, tambem, no censo não é preciso mais fallar) Mas nem a camara dos deputados ha de ser uma corporação só de moços, — muitos velhos n'ella têm entrada —, nem os moços que ella contém são em geral tam moços que façam mui grande differença dos velhos; nem, finalmente, as cans são sempre a prova de cordura e placidez d'animo. E' facto que ha velhos mais ardentes e de paixões mais tempestuosas que muitos moços. As neves muita vez accumulam-se no cimo de montanhas ignivomas.

«No Imperio o senador devia ter, pelo menos, quarenta annos; mas essa mesma edade era a media da representação temporaria, porque ordinariamente entre os deputados não eram em numero muito consideravel os de edade inferior a essa.

«Agora, consideremos o funccionar das duas camaras, como era n'outros tempos. Póde-se dizer que era na casa dos velhos que exclusivamente estavam morando a reflexão, a calma, a tolerancia, e a proficiencia? Os annaes do parlamento que respondam.

«Como razão triumphante, se diz que no senado havia os mais provectos e os mais notaveis dos nossos estadistas. Mas agora que a fortuna politica não é mais um condão regio, um presente da magestade, — cabe-lhes muito bom lugar na camara dos deputados, onde a influencia de seus talentos e prestigio tem larga esphera de acção; — si a nação os quizer aproveitar, como é natural que succeda desde que se mostrarem dignos d'isso.

«Si, portanto, é para moderar a primeira camara que se exige a segunda mais edosa, a exigencia é escusada; basta não prohibir naquella os taes velhos, provectos e notaveis. O povo irá buscal-os si lhes achar merito. E a preponderancia da experiencia e do saber ha de se dar no seio da camara, refreando as demasias nos menos edosos, menos provectos, e mais exaltados.

«E ha muitos meios de moderar a camara unica:

«O primeiro é um regimen eleitoral que impeça a representação unanime. Ha diversos modos de organisal-o com o fim de abrir as portas á opposição, fiscal o mais apropriado e natural da propria camara e do governo.

«O segundo é um regimento tutelar sensato da opposição e que contenha prescripções que obriguem ao estudo e pausado exame dos negocios e evitem deliberações precipitadas, bem como punam o gazeio.

«O terceiro é a instituição de *deputação permanente*, com o trabalho de preparar a discussão dos negocios que exigem mais demora, investigação accurada, exame de contas; planos, etc. Na ausencia do parlamento, com todo o vagar, dispondo de todos os elementos para bem inteirar-se dos negocios, estudal-os a fundo, redigir pareceres e projectos, essa deputação prepara á camara farto subsidio para as suas deliberações e apresenta-lhes as questões e propostas maduramente reflectidas.

«Por este modo, diminue-se o trabalho dos deputados, restringe-se a tagarelice parlamentar e examinam-se os negocios como em duas camaras, — no seio da deputação, com toda pausa, — e na arena das discussões publicas, consistindo o trabalho da camara antes no emendar que em organisar projectos e redigir leis. E este expediente é aconselhado pela experiencia, a qual adverte que para a elaboração das leis uma corporação numerosa e dada a *verbiagem* não é a mais propria.

«O quarto é a publicidade das discussões é a acção da imprensa livre.
«O quinto é a abolição da *inviolabilidade* dos deputados. Elles devem responder perante os tribunaes por todos os seos actos, como todos os funccionarios da republica.
«Assim se evitam as recriminações e retaliações que tanto tempo roubam á discussão séria dos negocios publicos e se poupam espectaculos vergonhosos, de que as camaras tantas vezes têm sido theatro.
«Bem constituida a magistratura, bem organisado o ministerio publico, a responsabilidade dos funccionarios poderá ser effectiva e não puramente nominal, como até agora. E o deputado ao injuriar e calumniar será castigado, moralisando-se d'est'arte as discussões parlamentares e ficando mais espaço e mais calma para o estudo dos projectos.
«Estes meios e o *veto*, criteriosamente exercido, do chefe do poder executivo, sem duvida bastam contra os desmandos da camara.
«Si não bastam, não será na segunda camara que se ha de encontrar o remedio, porque esta tambem precisará de uma terceira que a corrija!
«Parece, portanto, que muito bem poderemos organisar o nosso Estado sem esse luxo de senado.
«Discutindo a constituição hespanhola, o grande orador que com sua palavra fulgurante enchia de luz o parlamento de sua nação, Castelar, dizia em 1869:
«Y qué dice la ciencia? Dice que la sociedad tiene sus leyes propias, sus leis orgánicas y no necessita, por consiguiente, de combinaciones arbitrarias, como la combinacion de las dos camaras...»
«Juntemos este argumento de autoridade e de razão, aos que ficam acima expostos e concluamos que é de todo o ponto exacto o que deixamos affirmado ao começar : que a divisão em dous ramos do orgão legislativo é um artificio puramente empirico, sem fundamento e sem virtude.»

Ostenta-se com principal e decisivo argumento contra a unidade das camaras legislativas o exemplo da *convenção nacional franceza* com seos excessos e horrores. Mas para que podesse colher esse argumento fôra preciso provar : 1.º que exactamente por unica, só por si, aquella *convenção* se desmandou,—o que póde tambem ser explicado attendendo-se ao meio e ao momento historico em que funccionou ella—; 2º que si houvesse sido dupla teria deixado de imperar nella o mesmo espirito ultra-revolucionario dominante, influindo em ambos os ramos e 3º que um destes não annullaria o outro para impôr-se pelo mesmo terror que vencia todas as resistencias.

Entretanto, na constituição do poder legislativo *federal*, menos como garantia de ordem e de maturidade das deliberações, do que como condição do federalismo, não cabe mal uma segunda camara. O regimen federal é um regimen de dualismo,—estado composto de Estados. E devendo funccionar pelo systema representativo, preciso é n'elle haver duas representações, a do Estado federal ou da União e a dos Estados particulares,—a camara dos deputados para aquelle, representando o povo de toda a nação—o senado para representar cada uma das partes componentes da União (os Estados), em pé de egualdade e todas como unidades de que ella é somma.

Assim o ensinam os commentadores do regimen federativo e assim discreteava um dos membros da Commissão do Congresso Constituinte :

«... No regimen federativo temos a considerar duas grandes ordens de relações : os interesses nacionaes e os interesses dos Estados. Ora, é necessario que na constituição que organisar as instituições federaes, nós demos aos Estados uma representação propria, uma representação que por suas condições, que por sua natureza possa ser a fiel expressão dos interesses, das aspirações, dos direitos dessa entidade collectiva — o Estado ; esta representação não poderá ser sinão de accordo com o regimen que encontramos nas constituições federaes, a que realisa-se no senado, visto que, como é sabido, a representação dos Estados no senado é egual, cada Estado, pequeno ou grande, rico ou pobre, forte ou poderoso, todos elles têm uma representação egual. De modo que, sendo assim, podem todos influir naquella corporação de maneira a evitar o predominio, a preponderancia dos elementos que se supponham mais fortes, mais poderosos, capazes de dominar pela numero ou por qualquer outra circumstancia.

A camara dos deputados, como se sabe, representa a nação ; o presidente da republica deve representar a nação ; elles devem tirar o exercicio do seu poder, directa ou indirectamente, desse grande manancial — o povo, a nação. Ora, si é assim, uma vez eliminado o senado, qual seria a sorte dos Estados, como pessoas juridicas, como collectividades distinctas, como unidades, no regimen federativo?
(Disc. do Dep. Bernard. de Campos, Ann. do Congr. Const., sessão de 26 de 1obr. de 1890).

§ 2.º Simultaneamente em todo o paiz.
A eleição popular é o processo normal consagrado nos governos representativos para a escolha dos funccionarios politicos e por esta manifesta-se a opinião do paiz, envolvendo ao mesmo tempo seo juizo sobre o andamento dos negocios publicos e a manifestação de suas aspirações. Cumpre, pois, que seja inteiramente livre e genuina em sua expressão. Ora, si não fôr feita ao mesmo tempo em todo o paiz, póde não exprimir exactamente o estado da opinião geral no momento politico.

De outro cabo, convindo supprimir os meios de influencia official sobre os actos eleitoraes, permittir se realise a eleição em tempos diversos, agora n'umas circumscripções, depois n'outras e mais tarde ainda em outras, fôra dar aso a que a interferencia governamental podesse actuar mais a gosto e desassombradamente na escolha dos representantes da nação. Prova pratica d'isso tivemos no regimen imperial, sob o melhor dos seos systemas eleitoraes ; os candidatos da opposição, que tinham suas eleições dependentes de segundo escrutinio, eram n'este, em regra, vencidos pelos candidatos do partido do governo ; todo um mundo official contra esses *rari nantes*...

§ 3.º Ao mesmo tempo Deputado e Senador. Basta considerar que cada camara tem o direito de emendar, rejeitar ou approvar o que faz a outra na sua missão de legislar, para se ver a impropriedade e inconveniencia da accumulação por uma mesma pessoa, das funcções de deputado e de senador. E desde que a Constituição adoptou o expediente da divisão, em duas partes, do orgão legislativo, fôra contradictorio que admittisse o mandatario amphibio.

Além d'isso, ou por amor dos representantes com funcções duplas se teria de estabelecer que as duas camaras legislativas trabalhassem em horas ou dias differentes, ou elles não podendo achar-se ao mesmo tempo em ambas, não poderiam em cada uma d'ellas cumprir bem seos deveres,—grande inconveniente em qualquer dos casos.

ARTIGO 16

Art. 14. O Congresso se reunirá todos os annos na Capital Federal no dia 3 de Maio, independentemente de convocação e funcionará tres mezes contados do dia da sua installação, salvo prorogação ou convocação extraordinaria.
Art. 19. Cada legislatura durará tres annos.
(Projecto da Commissão do Governo Provisorio).

Art. 17. O Congresso reunir-se-á, na Capital Federal, aos 3 de Maio de cada anno, independentemente de convocação, e funccionará quatro mezes, da data da abertura, podendo ser prorogado, ou convocado extraordinariamente.
§ 1.º Cada legislatura durará tres annos.
§ 2.º Em caso de vaga, aberta no Congresso, as autoridades do respectivo Estado farão proceder immediatamente a nova eleição.
(Decreto n. 510 de 22 de Junho de 1890).
§ 2.º Em caso de vaga, aberta no Congresso, por qualquer causa, inclusive a de renuncia, as autoridades do respectivo Estado farão proceder immediatamente a nova eleição.
(Decreto n. 914-A de 23 de Outubro de 1890).

Art. 17:
Diga-se: «a 3 de Maio.»
Substitua-se o § 2º pelo seguinte:
«O Governo do Estado em cuja representação se der vaga por qualquer causa, inclusive renuncia, fará proceder immediatamente a nova eleição.
Emenda da Commissão do Congresso (approvada em 27 de Dezembro de 1890).
Art. 17. Depois das palavras:—O Congresso reunir-se-á, na Capital Federal, a 3 de Maio de cada anno — accrescente-se: — salvo si uma lei ordinaria designar outro dia. — *Campos Salles*. (Emenda approvada em 17 de Fevereiro de 1891).
Onde se diz: — podendo ser prorogado, accrescente-se: — adiado.
Accrescente-se no fim do artigo: a prorogação e o adiamento da sessão do Congresso só poderão ser determinados por deliberação do mesmo Congresso. — *Arthur Rios*. (Emenda approvada em 17 de Fevereiro de 1891.)

Art. 17. Na capital federal. E' natural que na séde do governo funccione o Congresso. Mas circumstancias podem occorrer em que seja preciso fazel-o n'outro lugar, e de bom e prudente aviso teria sido que a Constituição houvesse facultado ao Congresso, em casos extraordinarios, para garantir a isenção e independencia em seos trabalhos, ou por outras circumstancias, funccionar, por deliberação propria, em outra parte, até cessar o motivo da mudança. Assim como lhe foi dado o poder de adiar suas sessões, não era muito que se lhe tivesse tambem conferido a escolha do local d'ellas, em certos casos. E não será impossivel que a mudança temporaria seja alguma vez mais conveniente que o adiamento.

Parece mesmo que, no caso de estado de sitio na capital federal (no qual o governo assume faculdades extraordinarias) e em vista da situação anormal que motiva aquella providencia, as sessões do Congresso Nacional se deveriam realizar n'outra parte.

Desta providencia não se deslembraram os constituintes de 1823, os quaes em seo projecto consagraram como privativa da assembléa geral, sem coparticipação do poder executivo, a attribuição de — mudar-se para outra parte, quando, por causa de peste, invasão de inimigos ou falta de liberdade, o quizesse fazer. Art. 44, n. VIII.

A 3 de Maio. Esta é a data official rememorativa do descobrimento do Brazil, — em contemplação da qual, em egual dia, deo-se a installação solemne da assembléa constituinte de 1823. No projecto de Constituição d'aquelle anno, para reunião da assembléa geral fôra tambem consagrado o dia 3 de Maio (art. 60). Egualmente o destinava para esse fim a constituição imperial (art. 18), e imitou-a nisso a Constituição vigente.

O projecto Americo Braziliense designava o dia 13 de Maio (art. 13), data da lei n. 3353 de 1888, que declarou extincta a escravidão no Brazil. E não se póde dizer que era isso mal lembrado. Mais do que haver sido descoberto a 3 de Maio ennobrece do Brazil o ter proclamado a egualdade civil de todos os seos filhos, supprimida a odiosa excepção dos escravos. Mais do que rememorar um facto puramente devido ao acaso e á fortuna, vale a consagração do grandioso feito, que nos fez figurar de um modo verdadeiramente digno entre as nações civilisadas e que exalta tam esplendorosamente o nome do Brazil. Naquella aurea lei da liberdade para todos, lei tam do coração do povo, se consubstanciam brio, pundonor, espirito publico, reparação, justiça, humanidade, sentimento christão, homenagem ao progresso, preito á civilisação, integração da patria, confraternisação dos brazileiros, — a victoria do bem e da razão! Prezamos com justo motivo a data em que o Brazil nasceo para historia, para o mundo civilisado; mas o facto de seo descobrimento deve-se a phenomenos meteorologicos, ás calmarías do Golpho de Guiné, que Cabral quiz evitar, e á tempestade que obrigou sua frota a correr a pannos largos em direcção ao occidente.

Si a lei não designar outro dia. Esta clausula não se encontra em nenhum dos projectos que antecederam á actual Constituição, nem a consagraram tam pouco o projecto de 1823 e a Constituição de 1824. Acha-se na Const. dos E. U. norte americanos, art. 1º, secç. 4, n. 2. Desde que póde vir a tornar-se, por circumstancias faceis de prever, impossivel ou inconveniente a reunião no referido dia 3 de Maio, nada mais natural que ficar o Congresso com a faculdade de, isso verificado, designar outro dia para esse fim.

A primeira reunião do 1º Congresso em sessão ordinaria foi aprazada para 15 de Junho de 1891 (art. 1º § 4º das Disp. trans. da Const.) e

Art. 17. O Congresso reunir-se-á na Capital Federal, independente de convocação, a 3 de Maio de cada anno, si a lei não designar outro dia, e funccionará quatro mezes da data da abertura, podendo ser prorogado, adiado ou convocado extraordinariamente.
§ 1.º Só ao Congresso compete deliberar sobre a prorogação e adiamento de suas sessões.
§ 2.º Cada legislatura durará tres annos.
§ 3.º O Governo do Estado em cuja representação se der vaga, por qualquer causa, inclusive renuncia, fará proceder immediatamente a nova eleição.
(Redacção pela Commissão do Congresso).
Art. 17... Mandará immediatamente proceder á nova eleição. — *Antonio Eu{ebio*. (Emenda á redacção, approvada em 23 de Fevereiro de 1891).

Art. 17. O Congresso reunir-se-á, na Capital Federal, independentemente de convocação, a **3 de Maio** de cada anno, si a lei não designar outro dia, e funccionará quatro mezes da data da abertura; podendo ser prorogado, adiado ou convocado extraordinariamente.

§ 1.º Só ao Congresso compete deliberar sobre a prorogação e adiamento de suas sessões.

§ 2.º Cada legislatura durará tres annos.

§ 3.º O Governo do Estado em cuja representação se der vaga, por qualquer causa, inclusive renuncia, mandará immediatamente proceder a nova eleição.

---

nesse dia se verificou, — praticamente se provando, deste feitio, não convir a fixação inalteravel da epoca da reunião do Congresso Nacional.

Funccionará quatro mezes. Um parlamento que funccionasse durante o anno inteiro seria inconnmodo aos seos membros, insupportavel ao Governo e prejudicial ao paiz. Bastará que esteja reunido o tempo indispensavel para votar as leis annuaes, de orçamento e de força publica e mais alguma que fôr indispensavel. Para isso chegam bem os quatro mezes fixados pela Constituição.

Este era o prazo no regimen imperial e hoje não ha mais, como então, a discussão da falla do throno, as ordens do dia motivadas, as interpellações, as moções de confiança e de censura, as eleições mensaes das mesas, o que consumia muito tempo, esterilisando grande parte da sessão. E si têm havido sempre prorogações, não é porque o tempo tenha sido escasso, mas, 1º pela demora da apresentação da proposta de orçamento, a qual o Governo deve offerecer logo no principio da sessão (sob pena de responsabilidade, lei n. 38 de 8 de Janeiro de 1892, art. 51), o que até agora não se tem cumprido; 2º pelas facilidades permittidas pelos regimentos das camaras, principalmente quanto a requerimentos e a explicações pessoaes, dando lugar a longas e inuteis controversias; 3º pela tolerancia excessiva das mesas (principalmente quando são infensas ao Governo). É' o que resulta da leitura dos Annaes do Congresso. Indicadas estas causas, indicado está o remedio.

A Constituição do Estado de Pernambuco, de 17 de Junho de 1891, providenciou da seguinte forma:

«Art. 12 As sessões annuaes durarão tres mezes, podendo ser prorogadas por trinta dias, findos os quaes, si não houverem sido votadas as leis de orçamento e força, o Governador do Estado prorogará as do anno anterior.

«Art. 11 § unico. A lei de orçamento não conterá disposição alguma que não se refira á despeza e receita do Estado.

«Art. 19 § unico. Durante as prorogações os representantes não receberão subsidio.»

(Esta ultima disposição foi supprimida pela reforma constitucional de 31 de Março de 1898).

E dous dos projectos que antecederam a essa Constituição propunham, o seguinte:

«Art. Ao encerrar a secção annual, a assembléa elegerá de seo seio e para funccionar em sua ausencia, uma deputação permanente composta de seis membros, á qual incumbirá:

«I Preparar o projecto de lei de orçamento e outros trabalhos d'assembléa,

«II Examinar o emprego dos fundos votados para as despesas publicas e as respectivas contas.
....

A creação de uma deputação desse genero muito concorreria para abreviar os trabalhos do parlamento e é indispensavel para o exercicio da attribuição dada ao Congresso de «tomar as contas da receita e despeza *de cada exercicio financeiro*» (art. 34, n. 1), attribuição que não tem sido ainda exercitada e cujo abandono é a abdicação de uma das mais importantes prerogativas das camaras. Esse condemnavel abandono é como que uma doação tacita dos dinheiros publicos ao poder executivo.

No Würtemberg a Commissão Permanente, no intervallo das sessões, verifica a legalidade do emprego do producto dos impostos, prepara o orçamento do proximo exercicio, com o concurso do ministro da fazenda e tem a superintendencia da caixa da divida publica. Consagram tambem a existencia de commissões permanentes, com varias funcções, as Constituições de Saxe, Bade, Archiducado d'Austria, Mexico, Perú, Paraguay e Uruguay.

Prorogado, adiado ou convocado extraordinariamente. Vide *infra* § 1º, art. 34, n. 35 e art. 48, n. 10. A prorogação justifica-se

8

pela necessidade de concluir a formação e expedição de actos legislativos que sem isso ficariam prejudicados e que entretanto com alguns dias mais de sessão se poderão ultimar. O adiamento é determinado por circumstancias que embaracem a reunião dos representantes, peste, calamidades publicas, etc., ou como medida politica em presença de grande exaltamento e effervecencia de paixões, que tornem a occasião impropria para as deliberações, que cumpre serem placidas e serenas. A convocação extraordinaria é aconselhada nos casos que urgirem providencias legislativas, que não viriam a tempo, si se tivesse de aguardar a época normal da reunião das camaras.

§ 1.º **Só ao Congresso.** A Constituição reservou ao Congresso Nacional, excluida a interferencia do poder executivo, a deliberação quanto á prorogação e adiamento das sessões, seguramente com o pensamento de affirmar a independencia com as camaras legislativas, de habilital-as a mais desembaraçadamente cumprirem sua missão.

Cumpre porém reconhecer que conviria ter facultado tambem ao poder executivo o adiamento. Casos podem occorrer em que esta providencia seja perfeitamente indicada como solução de graves difficuldades do momento, e nos quaes uma não bem avisada e intolerante maioria, sob o influxo e arrebatamento das paixões, não a queira adoptar. O *veto* nessas occasiões não será arma bastante efficaz. E as camaras não influem só pelo voto, como grandemente pelas discussões e expedientes parlamentares, que poderão embaraçar, em casos difficeis, a administração. Uma questão diplomatica, v. gr., póde vir a complicar-se por imprudentes actos imprudentes de maiorias pouco reflectidas. A salvação publica póde em certas occasiões exigir o adiamento das camaras a contra-gosto d'ellas. Ao menos sob consulta do senado devia ser autorisado.

O adiamento porém não poderá ser indefinido, mas por tempo certo e de modo que não deixe de funccionar no anno o corpo legislativo por menos de quatro mezes, afim de cumprir-se a disposição constitucional que lhe fixou esse prazo para cada sessão annual.

§ 2.º **Durará tres annos.** As eleições politicas devem ser periodicas, no intuito de poderem dar como resultado a expressão real da vontade da nação, para que acompanhem o movimento das idéas e o desenvolvimento das aspirações nacionaes e, além d'isso, para que tenha o povo occasião de depurar a sua representação, escolhendo novamente seos mandatarios e collocando outros no lugar dos que não tenham correspondido ás suas vistas.

A Constituição adoptou o periodo de tres annos para os deputados, de quatro para o presidente da republica e de nove para os senadores. Esses prasos são inteiramente arbitrarios, nem se encontram os mesmos em todas as constituicões republicanas; mas não se poderá dizer que são excessivos.

QUANDO COMEÇA E QUANDO ACABA A LEGISLATURA? Esta questão resolve-se pelo art. 17, segundo o qual cada sessão annual será de quatro mezes *da data da abertura*. São tres sessões annuaes em cada legislatura, abrindo-se a 3 de Maio (ou n'outro dia, conforme a Constituição autorisa). Do inicio da primeira sessão data pois a legislatura, que, sendo de tres annos, terminará quando reunido em primeira sessão o novo Congresso eleito. E sempre se entendeo que os poderes dos deputados de uma legislatura só terminam depois de constituida a nova camara, pois do contrario fôra preciso admittir que, durante o intervallo de uma a outra legislatura, fica supprimido no paiz o poder legislativo, o que é absurdo.

(*Vide* Annaes do senado imperial, sessão de 16 de Junho de 1857 e da camara dos Deputados, de 5 de Setembro de 1867).

E a propria palavra «legislatura» na accepção em que foi empregada no § 2º como equivalente a periodo legislativo, ministra esta solução.

Os nossos lexicons, com o diccionario da academia franceza, assignalam áquella palavra o sentido de — periodo de tempo que corre *desde a installação de uma assembléa legislativa* até ao termo de seos poderes —.

E' certo que pelo art. 20, o representante *desde que recebe o diploma*, entra no goso da immunidade quanto á prisão e processo, e pelo art. 23, *desde que é eleito*, não pode celebrar contractos com o governo nem d'elle receber commissão ou emprego remunerado. D'ahi porém não se pode inferir que a legislatura começa com a eleição nem com o recebimento do diploma. A Constituição apressou-se em estabelecer a effectividade d'aquellas garantias antes mesmo de constituir-se a camara e de renovar-se o terço do senado; mas não foi seo pensamento, não podia ter sido, com tas determinações, fixar o ponto de partida ou época inicial da legislatura. Do contrario ahi ficavamos tendo dous inicios d'esta, a eleição e o diploma.

E ainda mais, não se concluindo a apuração das eleições n'um mesmo dia em todo o paiz e dando-se que os representantes em dias diversos recebem diploma, teriamos que a legistarura começaria diversamente para elles, e diversamente terminaria o prazo de tres annos para cada um! Dava-se, além de tudo, o absurdo de começar a legislatura antes de saber-se, antes de verificar-se quaes entre os candidatos os que foram realmente eleitos (pois com o «reconhecimento» dos representantes é que elles são considerados taes).

§ 3.º **O Governo do Estado.** A disposição d'este § é, em melhores termos, a mesma do art. 54 da Const. Argentina, que por sua vez, com pequena differença, reproduz a do art. 1º, secç. 2ª, n. 4 da Const. dos E. U. Norte americanos, accrescentando-lhe a clausula «immediatamente.»

A vaga na representação politica de um Estado importa e affecta principalmente a elle mesmo; tem elle necessidade e urgencia de prove-la, para não soffrer em seo direito de interferir, por meio de mandatarios de sua escolha, nos negocios federaes.

Assim o explicava um dos signatarios do projecto apresentado pelo Governo Provisorio (senador Quintino Bocayuva, discurso em sessão de 20 de Junho de 1893):

«E' certo que a disposição exarada na Constituição e relativa á eleição dos membros do Congresso Federal foi alli inserida no proposito manifesto de zelar pelos Estados, de salvaguardar-lhes a autonomia, de não permittir, finalmente, que sobreviesse interregno na sua representação integral em as duas casas legislativas.»

O Governo do Estado onde occorre a vaga é pois quem deve tratar de fazer preencher o claro aberto na sua representação.

Mas a eleição dos representantes de um Estado não respeita a elle só, importa tambem, e grandemente, á União. Si não se preenche a vaga attenta-se contra a Constituição, quebranta-se o principio federativo e viola-se o direito de representação, que é uma das bases de nosso regimen constitucional. Vae n'isso um attentado contra a forma de Governo, e dado o facto, não seria justificada a indifferença, a inercia dos poderes federaes.

O QUE CUMPRE FAZER SI O GOVERNO DE UM ESTADO NÃO MANDA PROCEDER A NOVA ELEIÇÃO? Esta questão foi agitada no senado por occasião de um projecto apresentado pelo Senador Manoel Victorino em sessão de 25 de Outubro de 1893, fixando prazo para preenchimento das vagas, estabelecendo a responsabilidade e processo criminal para o caso e determinando qual a autoridade a que, verificada a omissão, devolver-se-ia a attribuição de que se trata. O projecto, discutido e emendado, passou á camara dos deputados, onde não teve andamento. De novo no Senado veio á baila, com o projecto que apresentámos em sessão de 26 de Novembro de 1895 *Et ad huc sub judice lis est*.

Entretanto, força é convir que não basta crear prazos, estabelecer jurisdicção subsidiaria e fulminar penas, pois o governo de um Estado póde, apesar de tudo, procrastinar e não deixar realizar-se a eleição. Vem de molde aqui o que em sessão de 20 de Junho de 1893, dizia o Senador Ubaldino do Amaral, discutindo esta materia:

«Mas o caso é que, si um Governador de Estado e os respectivos municipios, não quizerem fazer as eleições federaes, não as fazem.

«As disposições penaes... são, em meo conceito, sem nenhuma efficacia pratica.

«No dia em que fôr necessario processar o Governador, condemnal-o, porque não fez uma eleição, e processar as autoridades locaes, porque não se prestam a fazer eleições; no dia em que se encarregar a um juiz seccional, que nada tem com o Estado, de mandar proceder á eleição, de providenciar sobre todas as minuciosidades necessarias para esse trabalho, *no dia em que fôr preciso lançar mão destes meios, é conveniente tambem ter logo disposta a força publica para fazer a intervenção armada no Estado...*»

E tal deverá ser o remedio, si o Governador persistir na violação do preceito constitucional, quebrantando o principio federativo e de representação (art. 6º § 2º), e mutilando assim o regimen adoptado, attacando-o em sua base.

Vaga por qualquer causa. O mandato legislativo póde extinguir-se: I pela terminação da legislatura, II pela morte do mandatario, III pela perda da qualidade de cidadão brazileiro e IV pela renuncia (expressa, ou tacita, como a que resulta da aceitação de funcções incompativeis). A escolha entre dous ou mais diplomas (opção) no caso do mesmo candidato ser eleito por mais de uma circumscripção eleitoral, dá tambem lugar á vaga (e consequente nova eleição) quanto ao lugar ou lugares que, pelo facto da opção, ficam sem representante.

No primeiro dos casos ácima figurados (embora a generalidade da clausula «por qualquer causa»), não immediatamente, mas no dia determinado pela lei, procede-se á eleição; os demais casos são os deste § 3º, e dos termos em que está concebido resulta não ser indispensavel ao governo do Estado aguardar a communicação da existencia da vaga; a Constituição não exige tal communicação. Portanto, desde que haja certeza do facto, o Governo do Estado deve logo, e é direito seo, mandar proceder á eleição. E assim é nos Estados Unidos N. A. (*Baker*, Annot. Const. e *Paschal*, ad art. 1º § 2º, n. 4).

PERANTE QUEM DEVE SER FEITA A RENUNCIA DO MANDATO LEGISLATIVO? Entre nós se tem feito perante as camaras legislativas, e a lei eleitoral (n. 35, de 26 de Janeiro de 1892, art. 61) sómente dá por comprovadas (*sic*) as renuncias pela communicação da mesa da respectiva camara ao governador do Estado ou ao ministro do interior.

Mas quem nomeia o deputado e o senador é o proprio Estado que elles representam, representando embora (na collectividade a que passam a pertencer) tambem a nação (*) Quem nomeia deve ser competente para receber a desistencia ou renuncia de seo nomeado.

Por sua parte o resignatario deve esta homenagem a quem lhe conferio tam alta incumbencia; á autoridade, pois, que preside ao Estado cumpre que elle primeiro se dirija, communicando sua renuncia, o que em nada o embaraça de fazer egual communicação á corporação a que pertence, por bem entendida deferencia a esta.

«Não é necessario, diz Henry Flanders, que o chefe de um Estado receba communicação da camara onde se tenha dado a vaga, para mandar proceder á eleição: basta-lhe ter recebido a renuncia do representante.» (An exposition of the Const. of the United States, ns. 59 e 68.) E no caso de aceitação de emprego incompativel nem a communicação do representante se torna essencial (Baker e Paschal, *loc. cit.*)

(*) O direito que cada Estado tem á sua propria parte de poder representativo é, restrictamente fallando, um direito estadual, pertence ao Estado como Estado. Webster, *apud* Story, Comment. § 686, not. Ed. de 1891.

Art. 16. A Camara dos Deputados e a dos Senadores trabalharão separadamente; reconhecerão os poderes de seus membros respectivos, e só funccionarão estando presente a maioria absoluta do numero de membros que as compuzerem, podendo os ausentes ser compellidos ao comparecimento das sessões pelos meios que estabelecerem os respectivos regimentos.
Art. 18. As sessões serão publicas, desde que o contrario não fôr determinado pela maioria dos membros presentes.
Art. 17. Cada uma das camaras procederá á eleição de sua mesa, organisará o regimento interno, estabelecendo penas correccionaes contra os respectivos membros, inclusive a de exclusão, nomeará os empregados de sua secretaria e regulará o respectivo serviço de policia interna.
(Projecto da Commissão do Governo Provisorio).

Art. 18. A Camara e o Senado trabalharão separadamente, funccionando em sessões publicas quando o contrario se não resolver por maioria dos votos presentes, e só deliberarão, comparecendo, em cada uma das camaras, a maioria absoluta de seus membros.
§ 1.º Os regimentos das duas camaras estabelecerão os meios de compellir os membros ausentes a comparecerem.
§ 2.º Cada uma d'ellas verificará e reconhecerá os poderes de seus membros.
(Decretos n. 510 de 22 de Junho e n. 914 A de 23 de Outubro de 1890).

Art. 18. Redija-se assim: « A Camara dos Deputados e o Senado trabalharão separadamente e em sessões publicas, quando não se resolver o contrario por maioria de votos. As deliberações serão tomadas pela maioria absoluta dos seus membros. »
§ unico, substitutivo dos §§ 1º e 2º do art. 18 e do 19:
§ unico. A cada uma das camaras compete:
Verificar e reconhecer os poderes de seus membros;
Eleger a sua mesa;
Organisar o seu regimento interno, estabelecendo os meios de compellir os membros ausentes a comparecer, comminando penas disciplinares;
Regular o serviço de sua policia interna;
Nomear os empregados de sua secretaria.
Emenda da Commissão do Congresso, (approvada em 27 de Dezembro de 1890).
— Supprima-se o § 1º do art. 18, por ser materia regimental e não constitucional. — *Zama.* (Emenda na sessão de 26 e approvada na de 27 de Dezembro de 1800)

Art. 18. Trabalharão separadamente. Desde que a Constituição fez o poder legislativo dichotomo, estabelecendo o regimen de camaras distinctas, não era preciso dizer que ellas trabalhariam separadamente. Mas vinhamos de um systema politico onde, embora em regra funccionassem separadas as duas casas do parlamento, havia entretanto casos em que ellas se fundiam e as deliberações eram tomadas por votos promiscuos dos deputados e senadores (Const. imp., arts. 18, 19, 61 e 103, e lei de 26 de Agosto de 1826). A Constituição Republicana não admittio esse cerceamento ao dualismo estabelecido e estatuio a norma invariavel das deliberações não promiscuas, com o que evita-se a annullação, nas fusões de camaras, da menos numerosa d'ellas. Por isso determinou que (salvo o caso do art. 47 § 1º, — verificação dos poderes do Presidente da Republica) — funccionassem sempre em separado.

Um artigo additivo ao que figura com a numeração de 36 e offerecido na primeira discussão pelo representante Cantão, restabelecia o expediente da fusão em certos casos de desaccordo entre as camaras; chegou a ser approvado n'aquella discussão, mas em segunda foi rejeitado (sessões de 5 e 18 de Fevereiro de 1891), ficando assim fixado (salvo a limitação referida) o funccionamento separado de cada camara (tal como se consagrava em todos os projectos quér do governo, quér anteriores). *Vide infra*, verb. *Regimento* e Comment. ao art. 39.

Sessões publicas. A publicidade é a grande lei dos regimens livres. Ella esclarece os cidadãos quanto ao procedimento dos seus epresentantes, habilita ao conhecimento do modo como estes desempenham suas funcções e adverte quanto ás medidas que elles tratam de votar. E assim dá lugar á censura desse procedimento e d'essas medidas, abre margem ás apreciações da imprensa, ás reuniões populares, ás representações dirigidas ao parlamento, em apoio ou em opposição a providencias que elle discute. De onde resulta que as leis serão mais estudadas, elaboradas mais cuidadosamente.

Mas essa publicidade seria incompleta sem a edição na imprensa de todos os trabalhos legislativos, a fim de extender-se a todo o paiz o conhecimento d'elles.

E a publicação não é só uma homenagem ao eleitorado e á opinião nacional, bem como um elemento de bôa legislação, — é mais ainda um poderoso meio de fomentar a instrucção civica, informando e interessando o povo nos negocios do estado e desenvolvendo o espirito publico.

Podem, porém, occorrer casos em que na occasião seja inconveniente a publicidade (tudo seus avessos tem). Para não prejudicar o bom exito de certas providencias ou por força do momento em que ellas se discutem, alguma vez poderá ser indispensavel deliberar a portas fechadas. Não o esqueceu a Constituição e autorisou que, quando assim resolver por maioria de votos, cada casa do parlamento faça suas sessões secretas, desde que as tiver por necessarias. Mas está sub-entendido que, passado o motivo que determinou essa excepção, devem tornar-se publicas as discussões e deliberações assim realisadas.

Art. 18. A Camara dos Deputados e o Senado trabalharão separadamente e em sessões publicas, quando não se resolver o contrario por maioria de votos. As deliberações serão tomadas pela maioria absoluta dos seus membros.
§ unico. A cada uma das camaras compete:
Verificar e reconhecer os poderes de seus membros;
Eleger a sua mesa;
Organisar o seu regimento interno;
Regular o serviço de sua policia interna;
Nomear os empregados de sua secretaria.
(Redacção para a segunda discussão).
Substituam-se as palavras — as deliberações serão tomadas pela maioria absoluta dos seus membros — por estas: As deliberações serão tomadas por maioria de votos, achando-se presente em cada uma das camaras a maioria absoluta dos seus membros. —*José Hygino* —*Amphilophio*. (Emenda approvada em 4 e 17 de Fevereiro de 1891).
A Camara dos Deputados e o Senado trabalharão separadamente e em sessões publicas, quando não se resolver o contrario por maioria de votos. As deliberações serão tomadas por maioria de votos, achando-se presente em cada uma das camaras a maioria absoluta dos seus membros.
§ unico. A cada uma das camaras compete:
Verificar e reconhecer os poderes de seus membros ·
Eleger a sua mesa;
Organisar o seu regimento interno;
Regular o serviço de sua policia interna;
Nomear os empregados de sua secretaria.
(Redacção pela Commissão do Congresso em 21 e approvada em 23 de Fevereiro de 1891).

Art. 18. A Camara dos Deputados e o Senado trabalharão separadamente e, quando não se resolver o contrario por maioria de votos, em sessões publicas. As deliberações serão tomadas por maioria de votos, achando-se presente em cada uma das camaras a maioria absoluta dos seus membros.
§ unico. A cada uma das camaras compete:
Verificar e reconhecer os poderes de seus membros;
Eleger a sua mesa;
Organisar o seu regimento interno;
Regular e serviço de sua policia interna;
Nomear os empregados de sua secretaria.

Cumpre finalmente observar que ha objectos para os quaes não deve ser secreta a sessão:

a) O primeiro está expresso no art. 21; o representante, reconhecidos seos poderes, tomará assento e contrahirá o compromisso formal *em sessão publica*.

b) Por maioria de razão e pela natureza do acto, a verificação dos poderes dos representantes tambem não deverá ser secreta. Não está isto expresso no texto constitucional, é certo; ficou porém ao brio e dignidade dos eleitos. Não só lhes não vai bem reunirem-se como em conciliabulo, furtando-se ás vistas e inspecção do publico, para resolverem sobre os lugares da representação, como si fossem cousa sua só e que possam por camaradagem distribuir entre si; mas ainda aútorisar-se-iam d'est'arte abusos enormes, de perigosissimas consequencias. Agrupamentos de homens ousados se poderiam até converter em parlamento, embora sem diploma eleitoral, sem eleição mesmo.

c) Por egual, a apuração final, que ás camaras reunidas compete, da eleição do Presidente e do Vice-presidente da Republica (art. 47 §§ 1º e 2º), cumpre tambem não ser feita em segredo. A tal se oppõe a magnitude do acto, o qual mais que nenhum outro de representação politica importa á nação e precisa ser presenciado e fiscalisado pelos cidadãos. A Republica não seria o governo que deve ser si n'ella se admittissem taes actos em conclave.

d) Outro caso finalmente em que o sigillo não cabe é o da accusação pela Camara dos Deputados e julgamento pelo Senado, do Presidente da Republica e tambem dos ministros, nos crimes connexos com os delle. Esses funccionarios não deverão gosar menos que os outros, que os cidadãos em geral, das garantias creadas em favor dos accusados, a todos os quaes, sem excepção, a Constituição quér que se assegure a mais plena defesa (art. 72 § 16), e ninguem dirá que esta se dá quando o processo é secreto.

Maioria de votos. E' regra nos corpos collectivos que a decisão pertence á maioria, suppondo-se que com ella está a razão (cousa que, nas corporações politicas, tocadas da eiva partidaria, é frequentemente desmentida pela evidencia dos factos.) Cada camara funcciona achando-se presente mais de metade dos membros que a compoem (maioria absoluta); assim, para as sessões diarias basta o comparecimento de metade mais um. Nas deliberações prevalece porém o que é approvado por um numero de votos não inferior á metade mais um dos representantes presentes.

Quod major pars curiæ efficit, pro eo habetur, ac si omnes egerint. L. 11 Dig. ad munic.

Mas nem sempre a Constituição se satisfaz com essa maioria. Para a condemnação do Presidente da Republica pelo Senado, são necessarios dous terços de votos dos membros presentes (art. 33 § 2º); egual numero é exigido para a adopção das leis vetadas (art. 37 § 3º); para approvação por uma camara das emendas rejeitadas pela outra (art. 39 § 1º) e dous terços dos votos de uma e de outra camara para as reformas constitucionaes (art. 90 § 1º e 2º).

Com isso se procurou estabelecer maior garantia de acerto.

Finalmente, ha caso em que a maioria não é necessaria e tal é o da apuração da eleição do presidente e vice-presidente da republica *com qualquer numero de membros presentes*(art. 47 § 1º).
Bem ponderadas pórem as cousas, a decisão, em regra, não fica sendo do maior numero. Si se tem em vista as deliberações do Senado, nota-se que elle compõe-se de 63 membros e póde funccionar com 32 presentes; ora metade mais um destes são 17 (o que é menos de um terço de 63.) E isto ainda se aggrava com a pratica de contar os 32, incluidos os senadores que acaso, por impedimento, suspeição ou por não terem assistido á discussão, deixam de votar, o que dará lugar a poder prevalecer alguma vez numero ainda inferior a 17 e que não será então a maioria dos presentes. O mesmo se póde dar na camara dos deputados.

Entretanto não é possivel deixar de ser assim; do contrario só mui difficilmente e com enormes delongas os corpos legislativos poderiam votar as leis, não se contando com a presença diaria, certa e constante, do numero completo dos que os compoem.

Depois, os que voluntariamente não comparecem, implicitamente aceitam o que os outros têm approvado ; é licito suppôr-se que, si tivessem de se oppôr, teriam sido presentes para votar contra. Por ultimo, os inconvenientes do pequeno numero deliberante são bem compensados, quér porque esse numero é o dos mais assiduos, dos mais solicitos e ordinariamente entre elles se acham os mais competentes, quér porque, como as votações se repetem, isso dá lugar a reconsideração e abre margem a que n'ellas venham tomar parte os que anteriormente não tenham concorrido. E a experiencia mostra que para a votação das mais importantes materias concorre quasi sempre numero consideravel de representantes.

—Em 1894, anno de renovação do terço do senado (art. 31), achou-se este na situação de não poder funccionar, porque, em consequencia das vagas abertas para essa renovação e das que occorreram por outras causas, não havia possibilidade de se acharem presentes 32 senadores (maioria absoluta d'elles).

Suggeriram-se dous alvitres: o de fazer, com qualquer numero de senadores presentes, a verificação de poderes com relação ás eleições não contestadas, e o de considerar como maioria absoluta, em semelhante caso, a metade mais um do numero, não dos senadores todos, não dos 63 que compoem o senado, mas dos 42 a que elle fica reduzido por occasião da renovação. O senado tinha necessariamente de adoptar algum expediente para sahir-se do embaraço e approvou o segundo dos alvitres propostos. (Ann. de 1894, pags. 12—14)

§ unico. Reconhecer os poderes de seos membros. E' a ultima phase da formação do corpo legislativo. Feita a eleição, resta averiguar si em seo processo foi exactamente observada a lei, e si os portadores de diploma foram realmente eleitos, sem o que não podem ser declarados taes nem tomar assento na qualidade de representantes da nação.

Esta tarefa importantissima a quem deveria ser incumbida? Aos proprios diplomados? mas elles são interessados. A algum dos outros poderes politicos? Ao poder executivo? mas seria dar-lhe o meio de compôr á sua feição o corpo legislativo. Ao poder judiciario? mas seria instillar-lhe e desenvolver-lhe o virus partidario e dar-lhe funcção incompativel com sua missão serena e neutral. Além do que, confiar esta investidura a poder estranho fôra crear para com este uma certa relação de dependencia. A Constituição seguio o exemplo geral das outras nações, embora não se possa deixar de reconhecer que a verificação de poderes pelos proprios eleitos é por vezes occasião de grandes abusos devidos ao espirito de facção e cujo correctivo está a desafiar a cogitação dos publicistas e homens de Estado.

Obedecendo á preoccupação de embaraçar, si não de extirpar, abusos das juntas apuradoras e as decisões incorrectas do parlamento n'esta materia, um dos membros da commissão incumbida de elaborar a lei eleitoral, o deputado Augusto de Freitas, aventára o seguinte, que se lê na sua « exposição de voto, » em sessão de 22 de Agosto de 1891 :

«... Defendi ainda perante a commissão a idéa consignada em um projecto organisado por um dos seus membros, e que aceitei, de conferir-se ao Supremo Tribunal Federal a attribuição de julgar os recursos interpostos das decisões das juntas apuradoras dos Estados que expediram diplomas aos deputados ou senadores.

«Não pareceu-me inconstitucional tal disposição, combinada esta com a faculdade que tem cada uma das camaras de reconhecer os poderes de seus membros, desde que não ficava adstricta a Camara ao reconhecimento dos poderes do representante a favor do qual se manifestasse o Tribunal de Justiça, podendo ao contrario, no caso de repellir as conclusões da sentença, ordenar que se procedesse a uma nova eleição.

«O projecto conferia ao Supremo Tribunal as attribuições de uma junta apuradora em segunda instancia, com o poder de condemnar a fraude onde ella existisse, offerecendo todas as garantias de imparcialidade nas decisões, de rectidão no procedimento, tão necessarias para manter a legitima representação da nação sem que parecesse-me haver violação do preceito constitucional, como não existe na disposição do artigo no determina nova eleição sempre que o candidato diplomado ficar inferior em votos ao seu immediato, em virtude decisão da Camara ou do Senado, sobre a validade de qualquer eleição.

«Por tal disposição inspirada em motivos de conveniencia publica, que aconselham sempre banir o poder e a paixão politica das deliberações do parlamento, limita-se o direito que tem a Camara de reconhecer os poderes de seus membros, regulando-se o exercicio desse direito, o que por egual aconteceria, admittindo-se a intervenção do Supremo Tribunal Federal para decisão dos recursos interpostos das deliberações das juntas apuradoras.

«A intervenção desse tribunal seria a garantia segura do legitimo representante da nação contra as espoliações feitas pelas juntas apuradoras e a sua sentença fundamentada constituiria certamente um obstaculo ás diliberações apaixonadas do parlamento...»

Não vingou porém essa idéa, preferindo-se deixar exclusivamente ás camaras, como attribuição essencial d'ellas, a verificação dos poderes de seus membros, — prevalecendo assim o que Marshall chamava pratica liberal com relação aos direitos pessoaes dos candidatos e aos direitos constitucionaes dos constituintes, — e a sabia recommendação de A. Hamilton: «E' preciso apartar escrupulosamente os juizes de tudo quanto é estranho á missão que lhes é propria».

A seguinte emenda fôra apresentada ao ser discutida esta materia no' Congresso Constituinte, mas não foi adoptada:

«Os deputados e senadores virão ao Congresso Federal com os poderes reconhecidos e esse reconhecimento será feito pelos eleitos em reunião nas capitaes de cada Estado, sob a presidencia do presidente do tribunal judiciario superior. *Chagas Lobato.*»

Tinha ella uma vantagem não pequena, a de poupar tempo ás camaras que tanto o gastam na verificação de poderes; mas nem a intervenção de um magistrado presidente seria bastante efficaz contra a valentia dos interesses e paixões partidarias, nem a diminuição do numero dos verificadores poder-se-ia ter como uma garantia em negocio dessa natureza, tanto mais quanto ficavam constituidos todos elles juizes em causa propria e unica instancia. E não faltariam as apurações em duplicata e mais de uma serie de diplomados. A dualidade da camara dos deputados não seria então uma hypothese impossivel.

Eleger sua mesa. A mesa é uma commissão escolhida pelos representantes entre si para centro e direcção de seos trabalhos e para a policia interna da casa. Si essa escolha pertencesse a algum poder estranho, ficaria limitada e constringida a autonomia das camaras legislativas.

Ao organisar seo regimento, a camara dos deputados, conservára do antigo a eleição mensal da mesa; mas cedo advertio-se de que esse resquicio de parlamentarismo não devia subsistir. A eleição mensal no anterior regimen constituia um voto de confiança ao ministerio, o qual indicava ordinariamente o deputado que preferia para presidente e era ouvido quanto aos demais membros da mesa; fôra incongruencia admittir isso no governo presidencial e taes eleições passaram a ser annuaes. E isto trouxe a vantagem de dar estabilidade ao 3.º successor (eventual) do presidente da republica. Com effeito, o art. 41 § 2º chama para exercer esse cargo, na falta ou impedimento do vice-presidente da republica e do vice-presidente do senado, o presidente da camara dos deputados e nada mais incurial do que ser esse substituto renovavel de mez em mez.

Da mesa do Senado um dos membros, o presidente, não é de escolha dessa camara. Preside-a o vice-presidente da republica e no seo impedimento essa presidencia passa ao vice-presidente do Senado (art. 32).

Regimento. As funcções da mesa, ordem dos trabalhos, etc., constam do regimento de cada uma das camaras, por ellas elaborado.

Ha além d'isso o regimento commum para a reunião das duas camaras afim de procederem á apuração da eleição do presidente e vice-presidente da republica e lhes darem posse (Const. art. 44 e 47), ao que se accrescentou, mas sem razão, a solemnidade da abertura e encerramento das sessões legislativas. Sem razão, em vista do art. 48, n. 9, segundo o qual o presidente da republica remette sua mensagem «ao secretario do senado no dia da abertura da sessão legislativa,» para o que não ha necessidade de solemnidade alguma e muito menos a fusão das camaras para esperar e receber o portador d'essa mensagem.

O projecto da commissão do Governo Provisorio e o deste estatuiam que em seos regimentos podiam as camaras estabelecer medidas compulsorias contra os representantes não assiduos.

Por uma emenda, porém, foi isso supprimido «por ser materia regimental e não constitucional». Não o haviam entendido assim os constituintes norte-americanos; o procedimento compulsorio indo até á exclusão dos representantes mal procedidos, vêm autorisados na constituição dos E. U. N. A., art. 1º, seção V, n. 1 e 2.

Art. 21. No exercicio e cumprimento de suas funcções serão invioláveis os deputados e senadores por suas opiniões e votos. Cessa a inviolabilidade em todos os casos de calumnia ou injuria.
(Projecto da Commissão do Governo Provisorio).

Art. 20. Os deputados e senadores são inviolaveis por suas opiniões, palavras e votos no exercicio do mandato.
(Decretos n. 510 de 22 de Junho e n. 914 A de 23 de Outubro de 1890).

Art. 19. Os deputados e senadores são inviolaveis por suas opiniões, palavras e votos no exercicio do mandato.

Art. 19 Inviolaveis.

Entende-se que o devem ser os representantes da nação para que com toda a isenção e independencia possam exercer o seo mandato. Entretanto força é convir que nada ha mais estranho do que existirem *inviolaveis* n'uma republica. N'um regimen em que o chefe do executivo dispõe da immensa força e prestigio que é inherente á realeza, é preciso fortalecer e amparar o elemento democratico; os representantes do povo precisam ser garantidos contra o rei, que sem isso os póde perseguir e annullar. Foi isso o que deo lugar ás immunidades dos membros do parlamento, e ainda hoje se vê, na culta e livre Inglaterra, o presidente da camara baixa ou dos communs, por occasião da abertura, começar por declarar que reclama em nome e da parte d'elles, antes de tudo, o direito de fallar com liberdade, o direito de liberdade para suas pessoas, para seos criados, assim como o livre accesso á presença de Sua Magestade, etc.; o que o Lord Chanceller concede em nome d'essa Magestade. (J. Dubs, Le Droit public de la Confédétion Suisse, tom. I, pag. 197). Mas é da essencia do regimen republicano que quem quer que exerça uma parcella do poder publico tenha a responsabilidade d'esse exercicio; n'elle ninguem desempenha funcções politicas por direito proprio; n'elle não póde haver *inviolaveis* e *irresponsaveis* entre os que exercitam poderes delegados pela soberania nacional.

Não ha fundamento nem necessidade dessa excepção aberta em favor das pessoas dos legisladores. Já não estamos mais em tempos em que um chefe de estado, um Jayme VI, quando se irritava com a opposição, fazia prender os membros do parlamento que o contrariavam (*Cesar Cantu*, Hist. Univ., liv. 5, cap. III) e com a organização constitucional que temos, mais ha que recear das Camaras o presidente da Republica, do que ellas d'elle, dada a faculdade, que ficou cabendo á dos Deputados, de o suspender por uma simples maioria de votos, conforme o art. 53 § unico.

A liberdade de palavra e de voto é inherente, não ha negal-o, ao mandato legislativo; mas não é, não póde ser absoluta e illimitada, ao ponto de impunemente ferir direitos do povo e do cidadão. Isso seria até absurdo: o mandato é para agir no sentido do bem publico e em prol da nação.

Porque razão deverá ser irresponsavel um representante que se prova, *v. gr.*, haver mercadejado o voto? Porque ha de sel-o aquelle que da tribuna ataca a reputação alheia, com injurias e calumnias? Por muitas fórmas podem prevaricar os representantes com offensa e prejuizo publico e particular; são homens e com a investidura politica não mudam de natureza; nada mais justo e regular do que responderem pelos seos actos puniveis. Repugna admittir-se que seja menos perigosa e menos merecedora de repressão a violação do dever por parte de um representante do que pelos funccionarios dos outros poderes publicos.

A regra — onde ha um direito lesado ha uma acção contra o ledente (*where is a wrong, there is a remedy*) — é inteiramente applicavel aos abusos criminosos dos deputados e senadores; na republica não póde haver privilegiados.

E isto não embaraça a liberdade de discussão e deliberação. Liberdade e responsabilidade são termos correlatos; é póde-se bem discutir muito livremente sem abusar da palavra.

Para as perseguições de que se possam arreceiar os representantes, para as violencias, prisões illegaes, ha o recurso á justiça e devemos suppol-a organisada de modo que suas decisões sejam acatadas pelo governo.

Existem poder judiciario, *habeas-corpus*, formulas garantidoras, recursos, estabelecidos para todos, inclusive os que forem senadores ou deputados. Acaso não merecem confiança esse poder capaz, em certos casos, de julgar o proprio presidente da Republica, seos secretarios, ministros diplomaticos?

E afinal a isenção e independencia dos representantes está mais assegurada pelo caracter pessoal d'elles, pela sua coragem civica e nitida comprehensão do seos deveres, do que por essas anachronicas regalias e exquisitos privilegios.

Tambem de grande valia é no mesmo intuito a incompatibilidade, quér eleitoral, abrangendo todos os candidatos que forem dependentes do governo por empregos quaesquer, commissões e contractos, — quér parlamentar, para evitar que os representantes tenham a tentação de ser vir ao governo a troco d'essas vantagens; isto fortalecerá muito melhor a independencia dos camaras legislativas.

No exercicio do mandato, no desempenho das funcções de representante, e não só no recinto das sessões, como nos trabalhos das commissões, quér das regimentaes, quér das extraordinarias, fóra mesmo das camaras, a serviço d'ellas; é isto o que resulta dos termos genericos do artigo. Com effeito, este só não comprehende as opiniões proferidas *aliunde* e n'outra qualidade que não a de representante da nação, na de simples cidadão, pois este está sujeito a responsabilidade por suas palavras e actos offensivos ao direito alheio ou á ordem publica e por elles póde ser processado quem quér que seja, deputado, senador, ou não. Não ha que attender então a privilegio ou immunidade, desde que o acto não fôr praticado no caracter de representante, mas no de simples particular. Ahi predomina o direito commum, a lei a que estam sujeitos todos os cidadãos em geral.

—Os projectos preliminares Werneck-Pestana (art. 85), Magalhães Castro (art 42) e da commissão do Governo Provisorio (art. 21) não isentavam de processo criminal os membros do parlamento nos casos de calumnia e injuria. Tam descommunal lhes pareceo tal privilegio! (*)

Muito bem sabemos que autorisados commentadores o aceitam e declaram que elle não é propriamente dos membros do corpo legislativo, mas do povo que os elege por acto soberano.

Certamente a autoridade soberana que d'elle os investe, tem poder para isso, como para outras regalias; mas si outr'ora era cousa explicavel e justificada, na lucta contra o poder

(*) Na Republica Argentina a inviolabilidade soffre restricções; cada camara póde por dous terços de votos reprehender e excluir de seo seio qualquer de seos membros que commettam faltas no exercicio de suas funcções, e incorrem em responsabilidade criminal os que votam concessão ao governo de faculdades extraordinarias ou da totalidade dos poderes publicos. (Const. Arg., arts. 29 e 58; J. M. Estrada, curso de Dir. Const., 1895, pag. 450) E alli chegou-se a expulsar da camara um deputado que n'um jornal defendia uma insurreição politica no interior, entendendo-se ser essa medida autorisada pela Constituição, independentemente de procedimento judiciario (Estrada cit., pag. 451).

real, hoje, no dominio das idéas democraticas e na cessação d'aquelle poder omnimodo e avassallador, a immunidade realmente não tem razão de ser, é irritante e obnoxia. Na republica só a liberdade e a lei devem ser inviolaveis.

Na Constituição Federal Suissa não se encontram disposições de excepção em favor dos legisladores.

Nos cantões, apesar das constituições os declararem no pleno goso da liberdade de palavra, está admittido que na republica a responsabilidade se extende a todos os funccionarios, incluindo como taes os representantes do povo nos corpos legislativos, pelas violações da constituição, — o que no cantão de Lucerne teve applicação contra os membros do Grande Conselho, que concorreram para a conclusão do Sonderbund sem que, como de rigor, fosse consultado o povo. A Constituição do Cantão d'Argovia diz expressamente, § 9° n. 2: «Um membro do Grande Conselho é egualmente responsavel por seo voto, tendo concorrido para a violação da Constituição». (*J. Dubs*, cit., pag. 197). E a constituição mexicana, art 103, modificado pelo acto de 9 de Novembro de 1874: «Os senadores, deputados, membros do Supremo Tribunal de justiça e os secretarios d'Estado são responsaveis pelos delictos de direito commum que commetterem no exercicio de suas funcções e pelos delictos, faltas e omissões commettidas no exercicio dessas mesmas funcções».

ARTIGO 20

Art. 22. Durante o mandato, os deputados e senadores não serão presos nem processados criminalmente, sem prévia licença da camara a que pertencerem, salvo o caso de flagrante delicto, em que, feito o processo até pronuncia exclusive, a autoridade processante remetterá os autos á camara respectiva para que esta resolva si a accusação procede ou não.
(Projecto da Commissão do Governo Provisorio).

Art. 21. Os deputados e senadores não podem ser presos, nem processados criminalmente, sem prévia licença da sua camara, salvo flagrante delicto. E, neste caso, levado o processo até pronuncia exclusive, a autoridade processante remetterá os autos á camara respectiva, para resolver sobre a procedencia da accusação, si o accusado não optar pelo julgamento immediato.
(Decretos n. 510 de 22 de Junho e n. 914 A de 23 de Outubro de 1890).

Art. 21. Redija-se a 1ª parte deste artigo do seguinte modo: «Os deputados e os senadores, desde que tiverem recebido diploma até á nova eleição, não poderão ser presos, salvo caso de flagrancia em crime inafiançavel, nem processados criminalmente sem previa licença de sua camara.»
Emenda da Commissão do Congresso (approvada na sessão de 27 de Dezembro de 1890).

Art. 20. Desde que tiverem recebido diploma. Com o diploma está a presumpção de ter sido validamente eleito o representante e desde ahi a Constituição o protege, vedando sua prisão. Cabem aqui as considerações feitas sobre o art. 19.

E SI DOUS CANDIDATOS TIVEREM RECEBIDO DIPLOMA PARA A MESMA CADEIRA? O facto é muito menos raro do que se poderia pensar e é preciso saber a qual dos dous diplomados cabe a immunidade, si algum a tiver de invocar antes da verificação de poderes pela camara respectiva.

E' visto que sómente um d'elles é o eleito e só essa verificação dirá qual dos dous.

Mas, uma vez que a Constituição quer amparar desde logo os escolhidos do povo, entre o recusar a immunidade a ambos os diplomados (e portanto ao verdadeiramente eleito) e concedel-a ao que a reclama (que bem póde ser o que tenha de ficar reconhecido representante), é curial e consono com os intuitos da Constituição não negar a immunidade ao candidato com diploma de que haja duplicata.

Até á nova eleição. A immunidade subsiste mesmo depois de encerrados os trabalhos da ultima sessão annual da legislatura, até que para a subsequente sejam eleitos os respectivos representantes, visto que o periodo fixado pelo artigo é de eleição a eleição.

Sem previa licença de sua camara. Sem semelhante licença não póde o representante ser preso nem processado criminalmente, privilegio que tolhe, n'este particular, a acção do poder judicial, tam soberano em suas funcções como são os outros, tornando-o, para o caso, dependente da vontade, não já do poder legislativo, mas de uma só de suas camaras, a qual assim, a seo talante, impede a acção da justiça publica, quér se trate de procedimento movido em nome da sociedade, pelo ministerio publico, quér intentado por particulares offendidos em sua pessoa, honra e bens. Assim á justiça independente e cercada de todas as garantias de defeza (art. 15 e 72 § 16) sobrepõe-se uma justiça politica, cujos magistrados, fóra das condições normaes da investidura judiciaria, temporarios, momentaneos, costumam decidir-se em taes casos, como demonstra a experiencia, sob a influição do espirito de collegiusmo e de partidarismo.

E a Constituição não se limitou a autorizar que por motivo de ordem superior no momento se impedisse o procedimento judiciario, ficando ao offendido o direito de ulteriormente proseguir n'elle; foi além, dando ás camaras a attribuição de «resolver sobre a procedencia da accusação,» isto é, de julgar uma acção penal, publica ou particular.

Entretanto, para a immunidade e para obedecer á pretendida necessidade de não arredar do parlamento o representante accusado,—unico motivo que poder-se-ia, em rigor, allegar para essa justiça de excepção, não bastaria a faculdade de fazer-se sobrestar no processo durante a reunião do parlamento? N'isso respeitar-se-iam a invocada *razão de estado*, a acção publica e o direito dos particulares offendidos e prejudicados pelos representantes criminosos.

De mais sabio aviso foi a Constituição dos E. U. norte-americanos, que só veda a prisão dos representantes em quanto vão á sessão, assistem a ella e d'ella se retiram (art. 1º, secção 6ª n. 1),—*eundo, morando et ad propria redeundo*, como se exprimem os commentadores; e nisso foi seguida essa constituição pelos constituintes brazileiros de 1823, que em seo projecto estabeleceram a seguinte disposição: «Art. 75 No recesso da assembléa seguirão (os deputados e senadores) a sorte dos mais cidadãos».

EXTENDE-SE O PRIVILEGIO ÁS PRISÕES CIVIS? Póde o representante ser processado por motivo de deposito convencional ou judicial, que obrigue a prisão, póde contra algum representante ser requerida detenção pessoal, e ainda n'estes casos não terá de ser preso, 1.º porque o art. 20 não faz distincção em seos termos («não poderão ser presos, nem...»), refere-se assim a toda a especie de prisão; 2.º porque si com a immunidade se visa evitar que se embarace o comparecimento do representante, a prohibição deve abranger toda a prisão a que o representante possa estar exposto, e 3.º porque o artigo só uma excepção admitte e consagra, e é o caso de *flagrancia em crime inafiançavel*, ficando por isso prohibidas todas as mais prisões, quaesquer que ellas sejam, e portanto as civis.

A IMMUNIDADE ALCANÇA OS CRIMES ANTERIORES AO MANDATO? A affirmativa resulta ainda do texto e espirito do art. 20, que, com o fim de garantir o representante durante o mandato, prohibe as prisões, quaesquer que sejam (salvo

ARTIGO 20

Art. 20. Os deputados e os senadores, desde que tiverem recebido diploma até á nova eleição, não poderão ser presos nem processados criminalmente, sem prévia licença de sua camara, salvo caso de flagrancia em crime inafiançavel. Neste caso, levado o processo etc. — *A. Eu{ebio.*
(Emenda á redacção em 23 de Fevereiro de 1891 e nesse dia approvada).

Art. 20. Os deputados e os senadores, desde que tiverem recebido diploma até á nova eleição, não poderão ser presos, nem processados criminalmente, sem prévia licença de sua camara, salvo caso de flagrancia em crime inafiançavel. Neste caso, levado o processo até pronuncia exclusive, a autoridade processante remetterá os autos á camara respectiva, para resolver sobre a procedencia da accusação, si o accusado não optar pelo julgamento immediato.

---

em flagrante delicto inafiançavel), e mal garantido ficaria elle si, na constancia deste, podesse, por crime anterior, ser mettido em prisão.

Quid si o crime tiver sido commettido durante o mandato e a prisão se tenha de effectuar quando já extincto este? Questão foi esta muito controvertida no regimen da constituição imperial, e decidio-se então em uma e outra das camaras legislativas que a immunidade nesse caso prevalecia ainda.

Quando em 1857 se aventou no senado imperial a questão da competencia deste para o julgamento do Brigadeiro Pinto Pacca, cujo mandato a esse tempo estava já extincto, houve divergencia de opiniões; a maioria da Commissão de Constituição sustentou a incompetencia do senado, porque aquelle general não era então mais deputado; mas o Visconde de Abaeté, com voto separado, sustentou a competencia, visto que o delicto fôra praticado no periodo da legislatura. E seo voto foi approvado, em sessão de 6 de Junho do referido anno.

Approvando um parecer das commissões de justiça criminal e poderes, de 5 de Setembro de 1867, no qual se referem varias decisões anteriores no mesmo sentido, a Camara dos Deputados firmou mais uma vez a doutrina de que « é o poder legislativo o competente para tomar conhecimento dos crimes commettidos pelos deputados na constancia de seo mandato, muito embora tenha terminado a legislatura de que fazia parte o deputado criminoso.» Mas isto era nada mais nada menos que conferir garantias de deputados a quem já não tinha essa qualidade, garantir um mandato não mais existente. Nem a constituição imperial o permettia, pois no art. 27 o que ella preceituava era que o deputado não fosse preso *durante sua deputação*; a justiça politica, porém, de camaradagem e partidarismo é que para innocentar ao deputado compromettido, alargava-lhe o privilegio, contra a lettra e espirito da Constituição.

Semelhante chicana não acha guarida nas expressões do art. 20 da Constituição Federal, que só admitte o privilegio de fôro politico pelo espaço de tempo que se conta do recebimento do diploma «até á nova eleição». E pois não ha que inquirir da data do crime; o que se prohibe é que no referido prazo sejam presos ou processados senadores e deputados; feita a nova eleição, não existe, nem tem razão de ser, a immunidade para os que terminaram o mandato e não foram novamente diplomados.

A immunidade obsta as prisões militares? Já observámos ácima que os termos do art. 20 não dão margem a discriminação quanto á natureza das prisões, e pois envolvem tambem as de caracter militar, disciplinares e de qualquer outra sorte. E o deputado ou senador que pertença ao exercito ou á armada, nem por esse facto é differente dos outros representantes, nem ha motivo para ter menos garantias que os demais mandatarios do povo. Nem as expressões « levado o processo até pronuncia » se poderiam ter como unicamente referentes ao fôro commum, pois no militar tambem ha o processo de *formação da culpa* (Const., art 77 § 1º) com despacho de *pronuncia* ou não pronuncia (Art. 27 § 4º do Reg. processual militar, de 16 de Julho de 1895, expedido em virtude do art. 5º § 1º da lei n. 149, de 18 de Julho de 1893). (*)

Si fôr eleito um preso? Em virtude da immunidade inherente ao mandato, logo que receber o diploma, quem assim tiver sido eleito deverá ser solto, salvo si houver sido preso em flagrante delicto inafiançavel, ou si se achar cumprindo sentença. Fóra d'estes casos exceptuados, tem-se tornado illegal a prisão, desde que é adquirida a qualidade de representante. A Constituição, salvo esse limite, não permitte que esteja em prisão algum dos membros do parlamento sem o consenso de sua camara. No caso de flagrancia em crime inafiançavel, expressamente exceptuado no art. 20, o processo do representante preso antes de haver recebido o diploma seguirá até á pronuncia, que não será proferida sem a licença da camara.

D'est'arte prevalece a immunidade com os intuitos e nos termos em que foi estabelecida. Entender de modo contrario é facilitar a prisão de candidatos que tenham segura a eleição e aos quaes se queira perseguir, prendendo-os antecipadamente.

(*) Sobre licença para processo de deputados e senadores militares é digno de consulta o que consta dos *Annaes do senado*, 1893, vol. III, pags. 34, 109 e 270, vol. IV, pags. 19, 88, 118 a 146 e d'«A Constituição do Brazil» pelo deputado Aristides Milton, nota ao art 77 § 2º, onde se discute si o governo póde pedir a licença, si esta póde designar o fôro, etc., convindo aqui notar que, por 25 votos contra 13, deliberou o senado (sessão de 28 de Agosto de 1893) mandar que no fôro commum corresse o processo de um senador que o governo entendia (na mensagem na qual pedia a licença) que deveria ser processado no fôro militar.

A declaração de estado de sitio suspende a immunidade? Discutimos este ponto no commentario ao art. 34 § 21.

Poderá ser renunciada a immunidade? Desde que ella não existe em contemplação da pessoa do representante, mas em resguardo do prestigio e decoro das camaras legislativas e como um attributo inherente ao mandato electivo, como um reflexo da soberania popular (e é assim que a justificam os que a preconisam), pareceria dever permanecer inseparavel do caracter de mandatario do povo e irrenunciavel. Mas o art. 20, ainda para o caso de flagrancia em crime infiançavel, faculta ao representante accusado «optar pelo julgamento», isto é, desistir da immunidade para submetter-se á jurisdicção penal ordinaria. E' um appello que a Constituição faz ao brio e dignidade pessoal do cidadão investido do mandato popular. N'isto se apartando do geral das constituições, a nossa dá o privilegio ao representante, mas não lh'o impõe, deixa a seo melindre, á delicadeza de sua consciencia, aproveitar-se ou não dessa situação excepcional e seguir, querendo, a sorte commum a seos concidadãos que têm a infelicidade de responder criminalmente perante a justiça.

Permittindo semelhante opção (e não se poderá dizer que não tenha ella muito boas razões em que se estribe), a Constituição quebrou o encanto e prestigio tradicional da doutrina que veda a renuncia do immunidade. Embora os autorisados conceitos de Blackstone e tantos mais publicistas ácerca da natureza d'esse privilegio, embora o que ensinam contra a renuncia os Jepherson, Cooley, Hare e outros, diverso é o nosso direito constitucional. A renuncia está claramente autorisada no art. 20, que faculta ao accusado «optar pelo julgamento immediato» e que não põe essa opção sob a dependencia de voto da camara.

A nossa Constituição é moderna e si ainda traz essa antigualha de privilegio, não quiz entretanto ficar fóra de seo tempo; modificou-a profundamente e só assim a consagrou. (*Vide supra*, Comment. ao art. 19).

Terminaremos o commentario deste artigo transcrevendo o final da consulta do Supremo Tribunal Militar de 31 Outubro de 1898, com a qual se conformou o governo por acto de 12 de Janeiro de 1899 (*Diario Official* de 13 do mesmo mez e anno):

«... vê-se quanto a disciplina e a boa marcha do serviço publico pódem ser prejudicados com a nomeação de deputados e senadores federaes ou estaduaes para cargos militares nos intervallos das sessões.

«Para as faltas e delictos attentatorios da disciplina se requer correctivo prompto, desaggravo immediato; a punição de taes faltas e delictos incumbe ás autoridades e tribunaes militares, sem mediação nem interferencia extranhas á jurisdição militar.

«As exigencias da disciplina militar não podem, pois, harmonisar-se com as *immunidades parlamentares;* ellas são inteiramente incompativeis.

«Os militares congressistas devem, portanto, conservar-se fóra da alçada das autoridades superiores militares e afastados dos serviço nos intervallos das sessões, como estão emquanto funccionam as respectivas Camaras.

«Considerando assim, o Supremo Tribunal Militar é de parecer que, — sendo altamente inconveniente que os militares arregimentados ou pertencentes aos corpos especiaes, que forem Deputados ou Senadores Federaes ou estaduaes, por isso que ficam no goso de immunidades desde que recebem diplomas até nova eleição, — não devem, por conveniencia da disciplina e da marcha regular do serviço, exercer cargos nos Ministerios da Guerra e da Marinha emquanto estiverem investidos do seu mandato legislativo, salvo no caso de guerra ou n'aquelles que a honra e a integridade da União se acham empenhadas, convindo que, no intervallo das sessões se conservem em disponibilidade, como preceitua a lei de 30 de Dezembro de 1891».

Art. 23. Os membros do Congresso prestarão affirmação de bem cumprir os seos deveres...
(Do projecto da Commissão do Governo Provisorio).

Art. 22. Os membros das duas camaras, ao tomarem assento, contrahirão compromisso formal, em sessão publica, de bem cumprir os seos deveres.
(Decretos n. 510 de 22 de Junho e n. 914 A de 23 de Outubro de 1890).

Art. 21. Os membros das duas camaras, ao tomar assento, contrahirão compromisso formal, em sessão publica, de bem cumprir os seos deveres.

Art. 21. Compromisso formal. O juramento politico desde mujto andava em descredito, fragil precaução contra a inconstancia e infidelidade dos homens, muitos dos quaes procedem como a amada do poeta, a qual quando o queria enganar, jurava. Em França, a revolução 1848 o supprimio, motivando-se nos seguintes termos o decreto (de 1º de Março d'aquelle anno) que assim o determinou: «que todo o republicano tem por primeiro dever a dedicação sem reservas á patria, e todo cidadão que sob o governo da republica aceita funcções ou continúa a exercel-as, contrahe mais especialmente ainda o compromisso sagrado de a servir e sacrificar-se por ella».

Nossa Constituição contentou-se com o *compromisso*, deixando em paz a divindade e não a expondo á irreverencia de frequentes perjurios; e no art. 82 § unico tornou-o extensivo a todos os fuccionarios publicos.

Na camara dos deputados a formula regimental do compromisso é a seguinte (a mesma estabelecida para o presidente da Republica, art. 44 da Const., e quasi nos mesmos termos a do senado): «Prometto manter e cumprir com perfeita lealdade a Constituição Federal, promover o bem geral da Republica, observar as suas leis, sustentar-lhe a união, a integridade e a independencia».

Em sessão publica. Veja-se o que dissemos a respeito do art. 18.

Art. 23... Vencerão durante as sessões um subsidio pecuniario que cada uma das camaras marcará no fim da ultima sessão da legislatura anterior, além de uma indemnisação para despesas de vinda e volta.
(Projecto da Commissão do Governo Provisorio).

Art. 23. Durante as sessões vencerão os senadores e deputados um subsidio pecuniario, além da ajuda de custo, fixado pelo Congresso, no fim de cada legislatura, para a seguinte.
(Decretos n. 510 de 22 de Junho de 1890 e n. 914 A de 23 de Outubro do mesmo anno).

Ao art. 23, depois da palavra «pecuniario», accrescente-se esta —egual.—*Francisco Badaró.*
(Emenda apresentada na sessão de 26 e approvada na de 27 de Dezembro de 1890).

Art. 22. Subsidio pecuniario. Tam augustas e de ordem tam elevada são as funcções de representante do povo, que nada lhes assentaria melhor que o serem exercidas sem estipendio. Com isso evitar-se-ia, ao demais, que a deputação fosse procurada como emprego publico e meio de vida. Entretanto a gratuitade tem graves inconvenientes; seria vantagem para os ricos, afugentando ao mesmo passo os que o não são, os que por falta de recursos pecuniarios não pódem distrahir-se de seo meio de vida particular para occupar-se dos negocios publicos; d'ahi proviriam:

1.º um resultado antagonico com a indole da republica, uma aristocracia legislativa; em regra só os argentarios e seos protegidos entrariam para o parlamento;

2.º a condemnação de talentos e capacidades muito aproveitaveis, que não poderiam ser utilisados em bem da republica, pelo facto da pobreza;

3.º o consequente rebaixamento do nivel intellectual das camaras;

4.º pela relativa inferioridade dos operarios legislativos, imperfeição do producto de seos trabalhos; e

5.º homens ricos de talento, mas desfavorecidos de meios, acaso chegando a conseguir assento nas camaras, teriam contra si a tentação pecuniaria prompta a abrir-lhe as portas da corrupção.

Durante as sessões. No recésso d'ellas não ha que subsidiar os legisladores, occupados então em seos proprios negocios ou em seos empregos. Nem durante ellas têm elles direito a receber o subsidio si não comparecerem, sendo méro abuso a concessão de licença com direito a essa vantagem. E' pelo prejuizo que soffre em seos interesses o representante, d'elles afastado para estar presente á sua camara, que a Constituição lhe dá o *subsidio*, isto é, como a palavra o diz, auxilio, adjutorio (e não ordenado ou pagamento). E pois, si á sessão não vae, si não comparece nem concorre para o trabalho legislativo, não tem direito a esse auxilio, a menos que esteja em alguma commissão gratuita de serviço das camaras ou por ellas consentido, sem preterição dos deveres parlamentares. A percepção de subsidio sem exercicio no parlamento como que faz degenerar o mandato politico em simples emprego publico; é contraria mesmo á natureza e caracter do mandato (o procurador não tem direito a ser pago si não trabalha) e não assenta bem com a qualidade e jerarchia de tam altos gestores dos negocios publicos.

Fixados no fim da legislatura para a seguinte. Não ficava bem que o representante fixasse o subsidio para si mesmo; a Constituição respeitou justo melindre e evitou a situação embaraçosa dos legisladores, si tivessem de arbitrar elles mesmos o que para si houvessem de fazer sahir dos cofres publicos. No fim de cada legislatura, para os que hão de constituir a seguinte, arbitram-n'o então, sem constrangimento nem interesse proprio.

A Constituição Federal estatuiu que fosse egual o subsidio para o deputado e o senador (diversamente do que determinava a constituição imperial). O subsidio é pago pelo thesouro nacional; na Suissa, os membros do conselho nacional (deputados) são subsidiados pela caixa federal, e os do conselho dos estados (correspondem aos nossos senadores) são indemnisados pelos cantões (Const. Suissa, arts. 79 e 83).

PÓDE SER ACCUMULADO O SUBSIDIO COM OUTROS VENCIMENTOS? Veja-se o art. 73.

Ajuda de Custo. A constituição imperial (art. 39), reproduzindo disposição do projecto dos constituintes de 1823 (art. 77) dizia: —uma indemnisação para despezas de vinda e volta.

Do mesmo modo se exprimio o projecto da Commissão do Governo Provisorio (art. 23). O projecto por este apresentado variou para —ajuda de custo,—que o Congresso Constituinte conservou no artigo que estamos explicando.

Ora, as duas expressões não se equivalem. A primeira têm a restricção «para despeza de vinda e volta», o que no Imperio deo lugar a organisar-se uma tabella que fixou a indemnisação devida aos deputados (não a tinham os senadores), regulando-a pelas distancias da residencia d'elles e attendendo ás dificuldades do transporte (lei n. 672 de 13 de Setembro de 1852, art. 2º). Como se vê, havia n'isso o exclusivo intuito de facilitar áquelles representantes a viagem, ida e volta á sede do parlamento, com o pagamento do que se calculava corresponder ás despezas de transporte. Indemnisavam-se os deputados dos gastos dessa viagem (e não os senadores, por presumir-se que elles tinham ou deviam ter residencia n'esta capital).

A *ajuda de custo* não é exacta e inteiramente a mesma cousa.

O sentido d'essa expressão é amplo e os termos da disposição constitucional nenhuma restricção lhe fazem. Ajuda de custo não é auxilio sómente para viagem. Qualquer lexico o diz, é o que se paga, além do honorario,

ARTIGO 22

Art. 22. Durante as sessões vencerão os senadores e deputados um subsidio pecuniario egual, e a ajuda de custo, que serão fixados pelo Congresso, no fim de cada legislatura, para a seguinte.

Redacção pela Commissão do Congresso (approvada em 23 de Fevereiro de 1891).

Art. 22. Durante as sessões vencerão os Senadores e os Deputados um subsidio pecuniario egual, e a ajuda de custo, que serão fixados pelo Congresso, no fim de cada legislatura, para a seguinte.

salario, etc., a quem exercita algum emprego ou funcção (Grande Dicc. Port., por Fr. Domingos Vieira, Dicc. port. de Moraes, de Aulete, etc.). (*)

De modo que o emprego das palavras *ajuda de custo*, em lugar das que vinham no citado artigo do projecto da Commissão, autorisa a crer-se que o pensamento d'essa alteração foi evitar o sentido restricto e unicamente applicavel ao transporte, da expressão anteriormente usada. E assim não será descabido dizer que nada tem de irregular o facto de perceberem ajuda de custo os representantes que têm seo domicilio nesta capital, os que temporariamente n'ella se achem e não tenham que emprehender viagem para tomar assento na camara legislativa para que hajam sido eleitos.

Isto se conclue do facto da alteração dos termos do projecto da Commissão para adoptar-se outra linguagem; da escolha de expressão mais comprehensiva que a anterior, e da ausencia de qualquer restricção que áquella se tenha posto, devendo suppôr-se, feita como foi a

---

(*) Na propria collecção de leis e actos do governo acha-se o emprego lessa expressão n'outro sentido que não o de indemnisação sómente para gastos de viagem (v. gr. para despezas de primeiro estabelecimento, mesmo quando o nomeado passa a exercer emprego no lugar em que já morava) e antigo exemplo da extenção de que é susceptivel a ajuda de custo encontra-se na ordem de pagamento de uma ao Capitão Roque Ferreira em 1632, «para se curar».

alteração por quem conhecia o valor dos termos empregados na disposição constitucional, que isso foi assim intencionalmente para alteração do sentido do artigo em questão.

—E' LICITO AO REPRESENTANTE RENUNCIAR O SUBSIDIO? Entendia o eximio Pimenta Bueno (*Direito Publico Brazileiro*, pag. 124) não dever isso ser permittido, «pois que seria pôr em pratica uma causa ou ao menos uma apparencia de humiliação que excitaria sacrificios a muitos que não poderiam realisal-os». Mas, com venia da autoridade de tam sabio mestre, parece-nos que, a tal renuncia, desde que artigo algum constitucional a prohibe e é feita sem coação, livre, espontaneamente, nada ha que se possa oppôr.

E não ha motivo para se considerar humilhados com a renuncia do subsidio por uns os outros representantes que não a façam, desde que a percepção d'essa vantagem pecuniaria está consagrada em lei e em nada absolutamente prejudica ao brio e dignidade pessoal dos representantes.

Quanto ao receio de serem levados a sacrificios os que por emulação ou mal entendido ponto de honra acaso pareçam acharem-se na contigencia de acompanhar aos que tenham feito a renuncia, cremos que é este um dos casos em que o exemplo não será contagioso. As razões de melindre hão de ser contrabalançadas por outras não menos poderosas.

Art. 24. Durante o mandato os deputados e senadores não exercerão os seos empregos nem poderão ser nomeados para qualquer cargo ou commissão sem licença da camara a que pertencerem.
(Projecto da Commissão do Governo Provisorio).

Art. 24. Os membros do Congresso não podem receber do Poder Executivo emprego ou commissão remunerados, excepto si forem missões diplomaticas, commissões militares ou cargos de accesso ou promoção legal.
(Decretos n. 510 de 22 de Junho e n. 914 A 23 de Outubro de 1890).

Art. 24. Redija-se assim: «Os membros do Congresso não podem celebrar contractos com o Podei Executivo, nem delle receber empregos ou commissões remuneradas, salvo missões diplomaticas, commissões militares, ou cargos de accesso ou promoção legal.
Artigo additivo. O deputado ou o senador não pode ser nomeado para cargo diplomatico ou commando militar sem licença da respectiva Camara.»
Emenda da Commissão do Congresso (approvada em 27 de Dezembro de 1890).

Ao art. 24:
Antes das palavras da emenda da commissão, diga-se: —Desde que tenham sido eleitos—*José Mariano*.
(Emenda approvada em 10 de Dezembro de 1890).

Art. 23. Desde que tenham sido eleitos, os membros do Congresso não podem celebrar contractos com o Poder Executivo, nem delle receber empregos ou commissões remuneradas, salvo missões diplomaticas, commissões militares, ou cargos de accessó ou promoção legal.

Art. 24. O deputado ou o senador não pode ser nomeado para cargo diplomatico ou commando militar sem licença da respectiva Camara...
(Redacção, pela mesa do Congresso, para a segunda discussão).

Art. 24. Em vez das palavras — ser nomeado — diga-se — aceitar nomeação. —*Meira de Vasconcellos* —*A. Cavalcanti*.

Accrescente-se ao art. 24 o paragrapho seguinte:
Para cargo diplomatico e commando militar em caso de guerra ou naquelles em que se ache compromettida a honra e integridade da União, poderá ser nomeado senador ou deputado independentemente de licença da respectiva Camara.—*Mello. A. Azeredo*.
(Emendas approvadas em 4 e 17 de Fevereiro de 1891).

Art. 23. Celebrar contractos... receber commissões ou empregos remunerados. Desde que os poderes politicos são divididos (art. 15) e as pessoas investidas em funcções de qualquer d'elles não pódem exercer as de outro (art. 79), a prohibição ao deputado e ao senador de aceitarem commissões e empregos federaes é de toda a razão. Além do que, essa prohibição é uma barreira contra a corrupção pelo poder executivo, motivo que veda tambem os contractos entre elle e os representantes. Mas podem dar-se circumstancias em que seja de alta conveniencia publica a nomeação de algum membro do parlamento, por motivo de sua capacidade especial ou por alguma grave razão de ordem politica. Attendeo a isto a Constituição estabelecendo as excepções consagradas no § 1º ns. 1 e 2. A do n. 3 do mesmo paragrapho visa não se prejudicarem as vantagens de accesso ou promoção em virtude de lei; dependendo porém os dous primeiros casos de consenso da camara a que pertencer o representante, que poderá talvez lhe fazer falta e não deverá ser d'ella distrahido a mero arbitrio de autoridade estranha. Essa licença entretanto não é necessaria *em caso de guerra ou n'aquelles em que a honra ou integridade da União se acharem empenhadas*, diz o § 2º *in fine*. São motivos estes de força superior, que sobrelevam a todos os outros; em taes casos não seria justificado tolher-se a acção do poder executivo, nem demoral-a para esperar o consentimento de outro poder.

Fóra dos casos exceptuados, a aceitação de commissões e cargos remunerados, bem como

Aos arts. 23 e 24:
Sejam reunidos em um só art. e redigidos do seguinte modo:
Art. Nenhum membro do Congresso, desde que tenha sido eleito, poderá celebrar contractos com o Poder Executivo, nem delle receber commissões ou empregos remunerados.
§ 1º. Exceptuam-se desta prohibição:
1º, as missões diplomaticas;
2º, as commissões ou commandos militares;
3º, os cargos de accesso e as promoções legaes.
§ 2º. Nenhum deputado ou senador, porém, poderá aceitar nomeação para missões, commissões, ou commandos, de que tratam os ns. 1 e 2 do paragrapho antecedente, sem licença da respectiva Camara, quando da aceitação resultar privação do exercicio das funcções legislativas, salvo nos casos de guerra ou naquelles em que a honra e a integridade da União se acharem empenhados. — *Gabino Bezouro e outros.* Emenda á redacção (approvada em 23 de Fevereiro de 1891).

Art. 23. Nenhum membro do Congresso, desde que tenha sido eleito, poderá celebrar contractos com o Poder Executivo nem delle receber commissões ou empregos remunerados.
§ 1º. Exceptuam-se desta prohibição:
1º. As missões diplomaticas;
2º. As commissões ou commandos militares;
3.º Os cargos de accesso e as promoções legaes.
§ 2º. Nenhum deputado ou senador, porém, poderá aceitar nomeação para missões, commissões, ou commandos, de que tratam os ns. 1 e 2 do paragrapho antecedente, sem licença da respectiva Camara, quando da aceitação resultar privação do exercicio das funcções legislativas, salvo nos casos de guerra ou naquelles em que a honra e a integridade da União se acharem empenhadas.

---

contractos com o governo federal, fazem o deputado ou senador perder o mandato (art. 24 § unico.) E' a sancção que se estabelece para a efficacia da prohibição legal, a qual si censura merece é por não ter sido mais ampla e haver deixado ainda ao governo poder dar accesso e promoção a deputados e senadores, que assim para obterem o despacho poderão tornar-se subservientes ou condescendentes com quem tem de conceder-lhes tal vantagem. Certo que poderá haver casos em que o accesso seja de direito, como quando depende só de implemento de tempo; mas ainda assim, no modo de contar esse tempo e na demora do despacho o governo tem meio de favorecer, agradar ou contrariar o representante, que em tal caso não terá completa isenção para lhe ser adverso quando o deva.

O SENADOR OU DEPUTADO QUE PERDER O MANDATO POR ACEITAÇÃO DE EMPREGO, COMMISSÃO OU CONTRACTO, PODERÁ SER REELEITO? Cumpre distinguir quanto ao emprego; si elle é dos incompativeis em vista da lei, não póde haver questão; si não o é, como sómente foi vedada pela Constituição a reeleição do que aceitar o cargo de ministro (art. 50 § unico), em todos os outros casos, uma vez que não seja incompativel o cargo, nada obsta á reeleição. Quanto ás commissões, desde que não tenham sido por lei comprehendidas entre as incompatibilidades, não poderão ser obstaculo á eleição e do mesmo modo os contractos que não forem dos favorecidos do art. 24. As incompatibilidades, por isso que restringem o direito de elegibilidade, não podem admittir interpretação extensiva.

Additivo ao art. 24. Não podem egualmente ser presidentes nem fazer parte da directoria de bancos, companhias ou emprezas que gosem de favores do Governo Federal.— *José Mariano.*
(Emenda approvada em 27 de Dezembro de 1890).
Ao art. 24. Accrescente-se áo final do mesmo artigo o seguinte: sob pena de perda do mandato.— *Meira de Vasconcellos — A. Cavalcanti.*
(Emenda approvada em 4 e 17 de Fevereiro de 1891).

Art. 24. O Deputado ou Senador não póde tambem ser presidente ou fazer parte de directorias de bancos, companhias ou emprezas que gosem dos favores do Governo Federal definidos em lei.
§ unico. A inobservancia dos preceitos contidos neste artigo e no antecedente importa perda do mandato.
Redacção pela Commissão do Congresso (approvada em 23 de Fevereiro de 1891).

Art. 24. O Deputado ou Senador não póde tambem ser presidente ou fazer parte de directorias de bancos, companhias ou emprezas que gosem dos favores do Governo Federal definidos em lei.
§ unico. A inobservancia dos preceitos contidos neste artigo e no antecedente importa perda do mandato.

Art. 24. Favores do Governo. Elles estabelecem ligação e dependencia entre o poder executivo e os membros do parlamento que são parte de directorias de emprezas por aquelle favorecidas, os quaes perdem assim a necessaria insenção e imparcialidade para se occuparem de actos officiaes de que tiver de conhecer o Congresso. Os deputados e senadores têm a attribuição de velar na execução das leis, de accusar e julgar o chefe do poder executivo, e isto não se compadece com a posição de principaes interessados de emprezas que recebem auxilio, de qualquer natureza, prestados pelo governo.

Cabe referir aqui que, depois de votada em deliberação final a disposição d'este art. 24, surgio duvida quanto á extensão a dar-se á palavra «favores» e quanto aos membros do congresso nacional então presidentes e directores de emprezas nas condições do art. cit. O Congresso Constituinte decidio que esse artigo só poderia ter execução depois que uma lei ordinaria determinasse a natureza dos favores a que elle se refere. Allegou-se para isso a não retroactividade das leis, a falta de competencia do Congresso para annullar o mandato dos constituintes (eleitos com declaração, no acto convocatorio, de não haver incompatibilidades nessa eleição), a exclusão de uma classe importante, muito prestadia, e a reserva que, quanto a incompatibilidades, fizera o Congresso, no art. 27, para uma lei ordinaria. (ANN. do Congr. Const., vol. III, pags. 41, 44, 69 a 75).

Definidos em lei. Estas palavras foram accrescentadas na redacção final pela Commissão do Congresso Constituinte e exprimem o pensamento revelado na votação de que ácima tratamos. A lei veio a ser a de n. 35 de 26 de Janeiro de 1892, art. 31. (*)

Si o deputado ou senador não póde ser presidente nem director de companhias, emprezas e bancos favorecidos pelo governo, tam pouco podem ser eleitos representantes os cidadãos que forem presidentes ou directores nas mesmas condições; e isto o declara a citada lei, no referido artigo.

(*) Os favores de que se trata são:
1.º garantia de juros ou outras subvenções,
2.º privilegio para emissão de notas ao portador, com lastro de ouro ou não,
3.º isenção de direitos ou taxas federaes ou reducção d'elles em leis ou contracto, e
4.º privilegio de zona, de navegação, contracto de tarifas ou concessão de terras.

ARTIGO 25

Art. 24. Durante o mandato os Deputados e Senadores não exercerão os seus empregos... (Projecto da Commissão do Governo Provisorio).	Art. 24. Paragrapho unico. Durante o exercicio legislativo cessa o de outra qualquer funcção. (Decretos n. 510 de 22 de Junho e n. 914-A de 23 de Outubro de 1890).	Ao art. 24. Paragrapho unico. O mandato legislativo é incompativel com o exercicio de qualquer outra funcção durante as sessões. Emenda da Commissao do Congresso (approvada em 27 de Dezembro de 1890).	Art. 25. O mandato legislativo é incompativel com o exercicio de qualquer outra funcção durante as sessões.

Art. 25. Incompativel. Esta prohibição do exercicio de outras funcções que não sejam as do mandato legislativo, é uma consequencia da divisão dos poderes, estabelecida no art. 15 e traz a vantagem de evitar que os representantes, occupados ao mesmo tempo com outros trabalhos se distraiam dos legislativos e os exerçam mal. *Vide* comment. ao art. 27.

Durante as sessões, isto é, emquanto o Congresso está reunido e pelo tempo de que trata o art. 17. No recesso das sessões annuaes é licito ao representante exercer quaesquer outras funcções publicas (que não lhe sejam vedadas por lei) *Vide* comment. ao art. 20 *(in fine)*.

PÓDE O FUNCCIONARIO PUBLICO, QUE ACEITOU O MANDATO LEGISLATIVO, FICAR NO EXERCICIO DO CARGO, EM VEZ DE IR Á SESSÃO DA CAMARA A QUE PERTENCE?

O art. 25 não declara que o exercicio de outras funcções é incompativel com o *exercicio do mandato,* mas com o proprio mandato. E pois uma vez aceito este por quem tenha outras funcções, o exercicio d'estas deverá cessar quando fôr occasião de funccionar o parlamento. A Constituição imperial (art. 33) ia ainda além, pois prohibia aos representantes que tivessem empregos irem exercel-os quando d'isso resultasse impossibilidade de se reunirem ao tempo da convocação ordinaria ou extraordinaria. Nem fôra admissivel a preferencia de outro qualquer serviço publico ao de representante do povo; e si, por excepção, em vista de determinadas e momentosas conveniencias de ordem politica, a Constituição o autorisa no art. 23, nos restrictos casos de que ella cogita, isto mesmo firma a regra em contrario e tira o arbitrio ao representante de occupar-se de emprego que tenha, deixando desoccupada sua cadeira no parlamento, a qual não lhe foi dada para ficar vasia. Desde que aceitou o mandato, sua obrigação é exercel-o. E si sem licença de sua camara (visto que por estylo tal justificativa de ausencia se admitte) deixa de concorrer á sessão annual do parlamento, deve-se entender isso como renuncia para o effeito de preencher-se a cadeira deserta e por nova eleição dar-se entrada no Congresso a outrem que mais o preze.

Art. 25. São condições de elegibilidade para o Congresso Nacional:
1.º Estar na posse dos direitos de eleitor;
2.º Para a Camara, ter mais de sete annos de cidadão brazileiro, e mais de nove para o Senado.
(Decreto n. 510 de 22 de Junho de 1890).

Art. 25. São condições de elegibilidade para o Congresso Nacional:
1.º Estar na posse dos direitos de eleitor;
2.º Para a Camara, ter mais de quatro annos de cidadão brazileiro, e mais de seis para o Senado.
(Decreto n. 914-A de 23 de Outubro de 1890).

Substitua-se o § 1º do art. 25 pelo seguinte:
Estar na posse dos direitos de cidadão brazileiro e ser alistavel como eleitor.— *Correia Rabello* e outros.

Ao § 2º accrescente-se:
Esta disposição não comprehende os cidadãos a que refere-se o n. 4 do art. 68. (Emenda da Commissão do Congresso).
Approv. em 27 de Dezembro de 1890.

Art. 26. Condições de elegibilidade.

Podem dividir-se em positivas e negativas. Das primeiras trata este art., das outras occupam-se os arts. 23, pr., 24 e 27, e de todas a lei n. 35 de 26 de Janeiro de 1892, arts. 29 a 31.

Cidadão brazileiro. O art. 69 diz quem é cidadão brazileiro e nos ns. 4, 5 e 6 contempla com essa qualidade o estrangeiro naturalisado; póde este, pois, dados os outros requisitos, ser eleito deputado ou senador, e n'isso seguio-se, não o que dispunha a Constituição imperial, art. 95 n. 2, que vedava ao naturalisado a eleição para deputado, mas ó que se determina nas Constituições Norte-Americana, Argentina e outras.

Alistavel como eleitor. Não é necessario que o candidato no momento da eleição seja eleitor; basta que reuna os requisitos legaes para como tal ser alistado, o que está de accôrdo com o art. 70 § 2º, que declara inelegiveis os cidadãos *não alistaveis*.

O projecto só concedia a elegibilidade a quem estivesse « na posse dos direitos de eleitor »; o autor da emenda que nessa parte alterou o mesmo projecto (Corrêa Rabello, sessão de 24 de Novembro de 1890) assim a fundamentou:

« Em primeiro lugar deixam de ser elegiveis todos aquelles cidadãos, que, na época do alistamento, não estando presentes por qualquer circumstancia, deixem de ser alistados e pelo facto de não estarem presentes na occasião propria tenham deixado de lançar mão dos recursos legaes, inclusive aquelles que se tenham ausentado em serviço da Nação; todos os que completarem 21 annos no tempo que decorrer da época do alistamento á data da eleição, quando a lei estabelece como regra geral, que a edade para a elegibilidade seja a maioridade de 21 annos; e todos aquelles que, estando suspensos dos seus direitos de cidadão brazileiro *ex vi* do art. 71 do projecto, na época do alistamento, se tenham libertado dessa suspensão antes da eleição, o que é ainda grave inconveniente.

Assim pois, da adopção do § 1º do art. 25 resultará a exclusão da elegibilidade para varios cidadãos, sem uma razão plausivel, que a justifique....................

Creio que deve-se, attendendo aos direitos dos cidadãos brazileiros que se acham pelo projecto excluidos da elegibilidade, adoptar a emenda substitutiva.

Nesta exige-se para a elegibilidade a posse dos direitos de cidadão brazileiro, isto é, não havel-os perdido, na forma do art. 71, ou não estar delles suspenso na occasião da eleição. »

Quid quanto a residencia? Pelo projecto ficava implicitamente exigida (ao menos no paiz, quando não no Estado), pois a residencia (lei n. 35, de 26 de Janeiro de 1892, art. 13) é necessaria para o alistamento do eleitor, e assim sempre se considerou. Entretanto, com a referida emenda, deixou de ser condição de elegibilidade.

A Constituição Norte-Americana exige a residencia ao tempo da eleição (art. 1º, secç. 2ª, n. 2 e secç. 3ª, n. 3) e a Argentina ou naturalidade ou residencia immediata por dous annos (arts. 40 e 47). Não andou mal porém a Constituição Brazileira deixando isso ao criterio dos eleitores. Si por um lado é certo que em geral o habitante de um Estado é melhor conhecedor das cousas d'elle e mais proprio para zelador de seos interesses, mais digno assim da confiança e sympathia de seos conterraneos, de outro cabo, não menos exacto é que os Estados podem ter, sem que n'elles resida, pessoal muito competente e habilitado a representa-l-o, em que se encontrem o mesmo interesse e dedicação dos domiciliados n'elles.

A este proposito lembrava Story (Comment., § 619) o que occorreo na Inglaterra, onde por algum tempo se exigia a condição de residencia, mas depois foi desprezada na pratica, vindo por ultimo a ser revogada, e tendo a experiencia demonstrado que os burgos e as cidades eram muita vez melhormente representados por homens de eminente e notorio patriotismo, estranhos entretanto ao logar que os elegera, do que pelos escolhidos de entre seos proprios moradores; e ainda agora (accrescentava elle) dos mais illustres nomes da historia inglesa, como patriotas e estadistas alguns representam obscuros burgos. Isto com relação aos deputados, aos representantes do povo nacional; quanto aos senadores, o requisito da residencia afigura-se ao mesmo commentador ser indeclinavel, pois evidentemente é de conveniencia que o Estado seja representado por quem, tendo perfeito conhecimento de suas necessidades e aspirações e dos seos negocios locaes, tenha pessoal e intimo interesse em toda as medidas relativas á sua soberania, seos direitos e sua influencia, sendo para admirar que não se tivesse determinado que o senador deixasse de representar o Estado no senado desde que não fosse mais alli domiciliado (Comment. § 731).

Mais de quatro annos de cidadão. Tendo sido facultada a eleição de estrangeiros natura-

São condições de elegibilidade para o Congresso Nacional:
1.º Estar na posse dos direitos de cidadão brazileiro e ser alistavel como eleitor;
2.º Para a Camara, ter mais de quatro annos de cidadão brazileiro, e para o Senado mais de seis.
Esta disposição não comprehende os cidadãos a que refere-se o n. 4 do art. 70.
<small>Redacção pela Commissão do Congresso (approvada em 23 de Fevereiro de 1891).</small>

Art. 26. São condições de elegibilidade para o Congresso Nacional:
1.º Estar na posse dos direitos de cidadão brazileiro e ser alistavel como eleitor;
2.º Para a Camara, ter mais de quatro annos de cidadão brazileiro, e para o Senado mais de seis.
Esta disposição não comprehende os cidadãos a que refere-se o n. 4 do art. 69.

---

lisados, fôra incurial que não se lhes marcasse um prazo de posse de sua nova qualidade de cidadão para, preenchido elle, tornarem-se então aptos para o mandato politico. Esta exigencia habilita os eleitores a bem conhecerem o merito, capacidade e caracter do novo cidadão e facilita a este o conhecimento do caracter, necessidades e idéas de seos novos concidadãos (Story, cit. § 618). A Constituição brazileira fixou esse prazo em quatro annos para eleição de deputado e de seis para a de senador, dispensando porém desta exigencia os cidadãos de que trata o art. 69, n. 4, isto é, os estrangeiros que, achando-se no Brazil a 15 de Novembro de 1889, não declararam, dentro de seis mezes depois de promulgada a Constituicão, querer conservar a nacionalidade de origem. (*Vide* lei n. 35 de 26 de Janeiro de 1892, art. 29).

Art. 98. Não póde ser votado para cargo federal o que fôr excluido de votar.
(Projecto da Commissão do Governo Provisorio).

Art. 26. São inelegiveis para o Congresso Nacional:
1.º Os religiosos regulares e seculares de qualquer confissão;
2.º Os governadores;
3.º Os chefes de policia;
4.º Os commandantes de armas, bem como os demais funccionarios militares que exercerem commandos de forças de terra e mar equivalentes ou superiores;
5.º Os commandantes de corpos policiaes;
6.º Os magistrados, salvo si estiverem avulsos ha mais de um anno;
7.º Os funccionarios administrativos demissiveis independentemente da sentença.
(Decreto n. 510 de 22 de Junho de 1890).

São inelegiveis para o Congresso Nacional:
1.º Os religiosos regulares e seculares, bem como os arcebispos, bispos, vigarios geraes ou foraneos, parochos, coadjuctores e todos os sacerdotes que exercerem autoridade nas suas respectivas confissões;
2.º...
....
Decreto n. 914-A de 23 de Outubro de 1890).

Ao art. 26 diga-se:
O Congresso, em lei especial, declarará os casos de incompatibilidade eleitoral.
Emenda da Commissão do Congresso (approvada em 27 de Dezembro de 1890).

Art. 27. O Congresso, em lei especial, declarará os casos de incompatibilidade eleitoral.

Art. 27. Em lei epecial. E' a lei n. 35, de 26 de Janeiro de 1892, arts. 30 e 31:

Art. 30. Não poderão sei votados para senador ou deputado ao Congresso Nacional:
I. Os ministros do Presidente da Republica e os directores de suas secretarias e do Thesouro Nacional;
II. Os governadores ou presidentes e os vice-governadores ou vice-presidentes dos Estados;
III. Os ajudantes generaes do exercito ou armada;
IV. Os commandantes de districto militar no respectivo districto;
V. Os funccionarios militares investidos de commandos de forças de terra e mar, de policia e milicia dos Estados em que os exercerem, equiparado a estes o Districto Federal;
VI. As autoridades policiaes e os officiaes dos corpos de policia e de milicia;
VII. Os membros do Poder Judiciario Federal;
VIII. Os magistrados estaduaes, salvo si estiverem avulsos ou em disponibilidade mais de um anno antes da eleição;
IX. Os funccionarios administrativos, federaes ou estaduaes, demissiveis independentemente de sentença, nos respectivos Estados.
§ unico. As incompatibilidades acima definidas, excepto a do n. VIII, vigorarão até seis mezes depois de cessadas as funcções dos referidos funccionarios.
Art. 31. Conforme o disposto no art. 24 da Constituição, não póde ser eleito deputado ou senador ao Congresso Nacional o cidadão que fôr presidente ou director de banco, companhia ou empreza que gozar favores do governo federal, indicados nos numeros abaixo:
1.º Garantia de juros ou outras subvenções;
2.º Privilegio para emissão de notas ao portador, com lastro em ouro ou não;
3.º Isenção de direitos ou taxas federaes ou reducção delles em leis ou contractos;
4.º Privilegio de zona, de navegação, contracto de tarifas ou concessão de terras.
§ unico. O cidadão que, eleito deputado ou senador, aceitar qualquer dos favores constantes do artigo anterior, tem por esse facto renunciado o mandato legislativo, ficando considerado vago o logar, para se mandar proceder a nova eleição.

O prazo de que trata o art. 30 em seo § unico foi reduzido a tres mezes pela lei n. 342 de 2 de Dezembro de 1895.
—As incompatibilidades fundam-se, quanto aos funccionarios de mais alta categoria, na necessidade de embaraçar que elles, por seo prestigio e poderio, influam no eleitorado, por meio de pressão ou corrupção; e quanto aos demissiveis discricionariamente, no proposito de resguardar a liberdade e isenção do parlamento, evitando que este se componha de simples subalternos dos ministros, que os podem despedir a seo grado. Em ambos os casos concorrem ellas para augmentar o prestigio e dar garantias ao parlamento para a sua independencia e liberdade de acção, e ao corpo eleitoral para mais apurada escolha dos representantes.

E como sejam as incompatibilidades verdadeiras limitações ao direito de voto activo e passivo, não parece acertado ter sido esta materia deferida para leis ordinarias. Bem cabida ficava, com caracter permanente, na Constituição, para evitar-se que por manobras de maiorias partidarias viesse a perder a necessaria estabilidade e ficasse em jogo, á mercê do partido triumphante. Já um exemplo temos na citada lei n. 342 de 2 de Dezembro de 1895.

—Disse a Commissão do Congresso em seo parecer:

«Vingou perante a Commissão a idéa de deixar para a lei ordinaria as incompatibilidades eleitoraes, *por não serem materia constitucional*.»

Contra isso argumentava, com muito boas razões, o deputado Justiniano Serpa (sessão de 31 de Dezembro de 1890), dizendo:

«Não sei por que, senhores, tendo o projecto muito racionalmente estabelecido, ao lado das condições de elegibilidade, as de inelegibilidade, a Commissão conservou aquella secção e supprimiu a segunda. O motivo apresentado é não ser materia constitucional a questão de incompatibilidades. Mas esse motivo não procede. As incompatibilidades são restricções dos direitos politicos, determinadas por interesse publico, e o poder que faz a declaração de direitos é, indubitavelmente, o mais competente para estabelecer as restricções.» (*)

(*) O mesmo representante assim resumia sua argumentação em «declaração de voto» contra a emenda substitutiva, offerecida pela commissão ao art. 26 do projecto.

« 1.º Por considerar materia constitucional as questões de inegibilidade, consignadas nesse artigo, e, conseguintemente, da esphera de acção do Congresso Constituinte, unico poder competente para estabelecer restricções aos direitos politicos.

« 2.º Por parecer illogico o procedimento da Commissão, que, consignando na Constituição (art. 25) as condições de elegibilidade, não consignou egualmente os casos de inelegibilidade, de que cogitou o projecto, e que constituem assumpto da mesma natureza.

« 3.º Por ser improcedente e contraria á verdade historica a razão apresentada no intuito de justificar a conducta da Commissão— *de não consignar nenhuma Constituição disposições attinentes a incompatibilidades*, visto como além de não sermos obrigados a fazer o que outros fizeram,— *non tamen spectandum est quod Romæ factum est, quam quod Romæ fieri debet*,— accresce que muitas constituições consignam disposições perfeitamente identicas ás do projecto, bastando citar, entre outras, a ingleza, a da Belgica, art. 50, a de Luxemburgo, arts. 53 e 54, a da Suissa, arts. 76, 80 e 96, a da Suecia. art. 26, a da Costa Rica, arts. 73, 74 e 76, a do Equador, art. 42 e a de Portugal, Acto addicional, art. 7º.»

CAPITULO II

DA CAMARA DOS DEPUTADOS

Art. 25. A Camara dos Deputados é constituida de representantes dos povos dos Estados e do Districto Federal, na proporção de um por 70 mil habitantes ou fracção que exceda a 30 mil.
§ unico. Esta base de representação não póde ser diminuida e qualquer que seja o augmento da população deverá ser estabelecida a proporção de maneira que não exceda de 250 o numero de deputados.
Art. 26. Para o effeito do artigo precedente, o governo dentro do prazo maximo de tres annos contados da data da installação do primeiro Congresso, mandará proceder aos trabalhos de organisação da estatistica geral da população da União, os quaes serão revistos de 10 em 10 annos.
(Projecto da Commissão do Governo Provisorio).

Art. A Camara compõe-se dos deputados do Districto Federal e dos dos Estados; na proporção que não se poderá diminuir, de um por 70.000 habitantes, e é eleita por suffragio directo.
§ unico. Para este fim mandará o Governo Federal proceder, dentro em tres annos da inauguração do primeiro Congresso, ao recenseamento da população da Republica, o qual se reverá decennalmente.
(Decreto n. 510 de 22 de Junho de 1890).
Art. 27. A Camara compõe-se de deputados eleitos pelos Estados e pelo Districto Federal, mediante o suffragio directo.
§ 1.º O numero dos deputados será fixado pelo Congresso, em proporção que não excederá de um por 70.000 habitantes.
§ 2.º Para este fim mandará o Governo Federal proceder, dentro em tres annos da inauguração do primeiro Congresso, ao recenseamento da população da Republica, o qual se reverá decennalmente.
(Decreto n. 914-A, de 23 de Outubro de 1890).

Art. 27 — diga-se:
A Camara dos Deputados se compõe dos representantes da Nação eleitos por Estados e pelo Districto Federal, mediante suffragio directo.
(Da Commissão do Congresso).
§ 1.º Depois da palavra—habitantes — accrescente-se — não devendo esse numero ser inferior a quatro por qualquer Estado—*Ucbôa Rodrigues*.
§ 2.º Supprimam-se as palavras: Dentro em tres annos da inauguração do primeiro Congresso—e diga-se desde já.
Emendas da Commissão do Congresso (approvadas em 29 de Dezembro de 1890).
§ O systema eleitoral terá por base a representação proporcional das maiorias e minorias.—*Marciano Magalhães*.
(Emenda apresentada em 24 de e rejeitada em 27 de Dezembro de 1890.)
§ A União reconhece e garante a representação das minorias, que regulará por lei. — *Almino Affonso*.
(Emenda approvada em 4 e 17 de Fevereiro de 1891).

Art. 28. Do povo. Conforme a doutrina, ao passo que o senado representa os *Estados* particulares—a camara dos deputados é representante da communhão nacional, do *povo*, de todo o *povo* brazileiro. Mas, si esta camara é a representação politica do povo nacional, não é entretanto eleita por todo elle, por todos os individuos que o compõem, sem excepção.

Assim o dispõe e determina, n'isso se conformando com a natureza do direito de voto e com os fins do estado, a Constituição nos arts. 70 e 71.

Em vista d'elles, os representantes do povo de que trata o art. 28 são escolhidos sómente pelos cidadãos alistados eleitores e que não tenham suspensos ou perdidos os direitos de cidadão brazileiro, isto é, pelos que estão no goso da capacidade politica. E isto, se exclue o *voto universal*, no sentido absoluto da palavra, deixa entretanto a mais larga margem ao suffragio generalisado.

Suffragio directo. A Constituição fulminou de uma vez o systema eleitoral indirecto, que estabelecia entre o povo e o representante o eleitorado do segundo gráo, pretenso correctivo da incapacidade d'aquelle, prestando-se entretanto á facil deturpação e falseamento da expressão da vontade nacional. Desse expediente absurdo e nocivo tiveramos, no regimen imperial, a mais deploravel e desanimadora experiencia, até que o aboliu a lei n. 3.029, de 9 de Janeiro de 1881, estabelecendo o systema *directo censitario*.

A Constituição de 24 de Fevereiro de 1891, mantendo o *suffragio directo*, supprimio o *censo* ou qualificação dos eleitores pela renda, como se evidencia do art. 70, consagrando assim definitivamente o que no mesmo sentido legislára o Governo Provisorio, logo após a proclamação da Republica (Decr. n. 6, de 19 de Novembro de 1889).

O systema censitario, regulando a capacidade eleitoral segundo os bens e rendimentos dos cidadãos e instituindo um regimen de classes, resquicio de velleidades aristocraticas, não podia, realmente, ser conservado entre as instituições republicanas, sem palmar contradicção e grandes inconvenientes. Esse antipathico systema supprimia a capacidade politica de um grande numero de cidadãos, fazia do voto como que um privilegio do dinheiro, e estabelecia deseguldade inconciliavel com o principio democratico. Ao mesmo passo, reduzindo consideravelmente o eleitorado, facilitava a compressão official e a corrupção.

Representação da minoria. Das *minorias* (e não da *minoria*) com mais propriedade e acerto dizia a emenda additiva de que resultou esta clausula final do art. 28. Esta emenda, votada e aceita tal qual fôra escripta e sem nenhuma impugnação (Ann. do Congresso Const., vol. III, pags. 33, 142 e 213), foi sem razão modificada por aquelle modo na redacção final. Devendo a representação nacional ser como a photographia da opinião do paiz e reproduzil-a com seos differentes matizes e nas devidas proporções, é desconhecer a evidencia dos factos pretender que a respeito dos problemas politicos que interessam á nação, sómente haja duas diversas manifestações da opinião publica, que esta nunca tenha sinão duas unicas divisões—maioria e minoria, como si sómente houvesse dous unicos modos de ver as cousas

Art. 28. A Camara dos Deputados compõe-se de representantes do povo eleitos pelos Estados e pelo Districto Federal, mediante o suffragio directo, garantida a representação da minoria.

§ 1.º O numero dos deputados será fixado por lei em proporção que não excederá de um por 70.000 habitantes, não devendo esse numero ser inferior a quatro por Estado.

§ 2.º Para este fim mandará o Governo Federal proceder, desde já, ao recenseamento da população da Republica, o qual será revisto decennalmente.

Redacção pela Commissão do Congresso (approvada em 23 de Fevereiro de 1891).

Art. 28. A Camara dos Deputados compõe-se de representantes do povo eleitos pelos Estados e pelo Districto Federal, mediante o suffragio directo, garantida a representação da minoria.

§ 1.º O numero dos deputados será fixado por lei em proporção que não excederá de um por 70.000 habitantes, não devendo esse numero ser inferior a quatro por Estado.

§ 2.º Para este fim mandará o governo Federal proceder, desde já, ao recenseamento da população da Republica, o qual será revisto decennalmente.

publicas, dous unicos interesses de ordem geral a pleitear, duas unicas aspirações divergentes, dous unicos partidos politicos, em summa.

O que quiz o Congresso e o que elle votou foi que as cadeiras do parlamento não fossem monopolio de partido algum, ainda o mais numeroso, mas que se garantisse ás minorias, (isto é, aos partidos que por si não podem constituir a maioria das camaras) o accesso ao parlamento, sendo cada um representado na razão de sua força numerica. E é esta uma das mais notaveis disposições de nossa Constituição, procurando supprimir a tyrannia das maiorias parlamentares e assegurando a livre expansão e influencia de todas as aspirações legitimas que surjam no paiz e tendam ao bem publico. Sem isso, o governo adoptado não é o democratico-representativo e as camaras legislativas se comporão de mandatarios, não do povo, mas só de uma resumida parte d'elle; n'ellas não estará exactamente representada a opinião nacional. Ficarão assim sem representação consideraveis fracções, do eleitorado por mais avultadas que sejam e dando um numero de eleitores, não raro maior (tomadas juntas), do que a outra que figura de maioria.

Sem representação politica, sem influencia alguma na direcção das cousas publicas, essas minorias desherdadas verão nas urnas um escarneo e irrisão. Aceitar esta exclusão o mesmo é que querer o completo falseamento do regimen democratico e dividir o povo em duas classes, a uma das quaes se confere o direito de voto, e á outra um simples simulacro d'elle, como a Christo os judeos deram por diadema uma irrisoria corôa de espinhos e por sceptro uma canna.

Com razão ponderava o deputado Adolpho Gordo, em sessão de 20 de Outubro de 1891:

O legislador constituinte com a disposição do art. 28 não quiz garantir a representação de uma minoria; o que quiz foi garantir a representação de todos os interesses collectivos da nação, porque n'um systema verdadeiramente democratico, verdadeiramente representativo, a lei não tem interesse algum em que os cidadãos se dividam em dous ou mais partidos, e que apenas sejam representados na Camara dos Deputados, os dous partidos mais importantes. — o interesse maximo da lei consiste em que seja o systema organisado, de modo tal que tenha em vista todos os interesses que se distribuem entre as diversas espheras da actividade social.

Como se poderá então determinar os direitos da minoria? O que é uma minoria?

A minoria tanto póde ser uma parte importante do eleitorado, como ser uma porção minima: em um paiz com 100.000 eleitores, a minoria póde ser de 45.000 eleitores, como de dez eleitores, assim como tanto póde haver uma só minoria, como póde haver varias minorias, guardando entre si proporções differentes e com proporções variaveis em relação á maioria.

E' arbitrario, portanto, definir a priori o que seja a minoria, como é arbitrario determinar de antemão a parte que deve ter na representação: o texto constitucional deve ser entendido em termos habeis, de accordo com o espirito e sentimentos da Constituinte. A phrase da lei é impropria: a lei o que quer é que sejam representados todos os interesses e opiniões proporcionalmente ao numero de suffragios e a titulo de interesses collectivos da sociedade, e não a titulo de maioria ou minoria.

Cumpre, na execução do artigo de que tratamos, restituir-lhe seu sentido original e verdadeiro.

Certo fôra cousa estolida pretender que governem todos os que votam; de necessidade ha de prevalecer o voto da maioria; outra cousa não fôra admissivel, nem racional, não ha mesmo outro criterio possivel nas deliberações das collectividades. Mas convém notar:

«O principio das maiorias, com razão considerado como fundamento principal do moderno direito politico e da legitimidade dos governos populares (sem que entretanto, em absoluto possa ser tomado como infallivel manifestação da razão social), tem recebido uma applicação mais extensa e mais systematica do que o direito e a razão poderiam legitimar.

Melhor estudado e melhor comprehendido por muitos publicistas modernos, o principio das maiorias é hoje considerado como fundamento do poder e da autoridade collectiva, mas nunca como regulador invariavel dos factos sociaes, que facilmente encontram sua razão de ser no direito e na justiça, sem que seja necessario recorrer á inflexivel autoridade do numero, manifestação presumida da razão, porém muitas vezes tambem da oppressão e tyrannia.

Na constituição e mechanismo das assembléas legislativas é onde mais evidente se torna a exageração com que tem sido applicado este principio, e a necessidade de o restringir aos limites que lhe estam traçados pela razão e conveniencias sociaes. Nestas assembléas ha, em verdade, a considerar dous direitos realmente distinctos e diversos, mas que infelizmente têm andado confundidos e mal apreciados — o direito de *decisão* e o direito de *representação*. O direito de decisão pertence indispensavelmente ás maiorias, porque entre a affirmativa e a negativa não póde haver meio termo, e a preponderancia do maior numero é a unica expressão possivel da vontade e da opinião collectiva da assembléa.

O mesmo não acontece com o direito de representação. Este é puramente «individual» neste sentido — que todo o eleitor tem uma vontade propria e independente e o consequente direito á livre escolha de quem na assembléa deliberante seja o representante dos seos sentimentos e de sua opinião. E a preponderancia do numero na escolha dos representantes é a annullação deste valioso direito, porque outra cousa não é a imposição que se faz ao menor numero, de representantes que não são de sua escolha e até muita vez repellidos com repugnancia e energia.

A injustiça desta imposição é tanto mais sensivel quanto maior é o numero dos eleitores que não lograram ultrapassar a barreira invencivel, além da qual se veem obrigados a ir conquistar direitos, de cujo livre exercicio são elles os unicos e exclusivos arbitros».

Assim se exprimia, consubstanciando o que, em abono da representação das minorias, aventam os partidarios d'ella, a «Exposição de motivos» com que, em 1870, foi apresentada ao parlamento portuguez uma importante proposta de lei eleitoral.

Já o dissera com toda a razão Louis Blanc: «Onde quer que as minorias são abafadas, onde não se lhes dá uma influencia proporcional na direcção dos negocios publicos, o governo não passa de um governo de privilegio em proveito do maior numero, e cumpre não esquecer que a tyrannia germina em todo o privilegio.» E nada tam inconciliavel com a Republica como é o privilegio.

No proposito de proporcionar ás minorias representação politica conforme seu valor numerico, varios processos eleitoraes têm apparecido, e ainda hoje os publicistas se occupam do estudo e melhoria d'elles, cumprindo registrar aqui que o Brazil foi dos primeiros paizes em que surgio não só a propaganda do systema proporcional, mas ainda a concepção de planos e expedientes adequados á sua execução. A este proposito, tivemos occasião de dizer na tribuna do senado o seguinte (Discurso em sessão de 4 de Dezembro de 1894):

A primeira idéa que appareceo deste systema attribue-se ao duque Richmond, no parlamento inglez em 1780, apresentando um *bill* de reforma, segundo o qual, sendo de 558 o numero de representantes, dividir-se-ia o numero de eleitores de todo o reino por tantas circumscripções eleitoraes quantas correspondessem ao numero dos deputados, cómposta cada circumscripção de tantos quantos perfizessem o quociente resultante do numero total dos eleitores dividido pelo dos elegendos.

Esse projecto não prevaleceo então, quér por sua innovação, contraria aos habitos e espirito inglez, quér porque encerrava uma idéa contradictoria, consagrando um systema que dava em resultado ser eleito por simples maioria de votos em cada circumscripção eleitoral, não um representante da minoria, mas o da maioria local, da de cada districto.

A divisão eleitoral guardava proporção entre representantes e circumscripções, mas não a mantinha entre os eleitos, desde que em cada circumscripção o representante era eleito por maioria de votos; neste sentido, o systema não era *proporcional*.

Mais tarde, em 1839, um publicista francez, De Vilelle, que fôra presidente do conselho de ministros, na restauração, apesar do seu espirito reaccionario, ultramonta no e ultra-conservador, apresentou uma idéa semelhante. Cada grupo de eleitores, em numero correspondente ao quociente resultante da divisão da somma total dos eleitores pelo dos deputados a eleger, reunia-se livremente e apresentava seo candidato, e este, feito o competente registro pelo funccionario d'isso incumbido, ficava assim eleito deputado.

Assim assegurava-se a representação das minorias e a proporcionalidade da representação, dando-se entrada no parlamento a todas as opiniões que não tivessem numero insignificante de adeptos.

Succedeu que este homem de estado teve a felicidade de ver no anno seguinte ser posto seo systema em execução, não em seu paiz, mas em uma municipalidade da Australia, no districto de Adelaida, que o adoptou para as suas eleições e por elle foi cabida ás minorias se fazerem representar no conselho municipal.

Mais tarde, em 1842, Francisco Arago, o grande astronomo francez, que tantas conquistas fez no dominio das sciencias physicas e experimentaes, quiz mostrar que não se entregava ao estudo dos problemas do céo; emittio, em uma phrase que póde se dizer mathematica, a idéa da representação proporcional, nestes termos: «Si é de 500.000 o numero de eleitores francezes e de 500 o dos deputados a eleger, todo o cidadão que alcançar 1.000 votos é deputado de França.»

Victor Considerant, em 1846, apresentou modificações ao systema tal como era então conhecido, suggerindo a idéa da eleição por quociente com listas livres ou concurrencia de listas.

Posteriormente, em 1848, um joven e distincto estudante da Faculdade de Direito do Recife, Ignacio de Barros Barreto, que mais tarde figurou com muita vantagem entre os politicos do paiz, tendo sido deputado provincial e depois deputado geral, por Pernambuco, sua provincia natal, publicou uma «Memoria ácerca de um novo systema de organisação do governo representativo», suscitando a idéa de se fazer a representação dos mandatarios da nação por um systema que désse logar a que toda e qualquer opinião fosse proporcionalmente representada nos parlamentos, tomando por base o quociente eleitoral, de modo que estes não constituissem só á representação das maiorias, mas representassem effectivamente todas as opiniões politicas do paiz, isto é, as opiniões de todos os matizes que ahi surgissem e tivessem certo vulto.

Depois de escrever esta memoria e dominado de sua idéa, elle porfiou nella, continuando a fazer diversos trabalhos, que foram publicados no *Diario de Pernambuco*, e que elle teve de reduzir a projectos, quér na assembléa provincial, quér na assembléa geral, e nesses projectos insistiu no principio que tinha sustentado quando simples estudante. São trabalhos que estão nos *Annaes* do parlamento. Um desses projectos é precedido de uma exposição de motivos, muito luminosa, e que foi citada pela commissão de Constituição e Legislação da Camara quando teve de estudar a lei eleitoral chamada do terço.

Depois do Dr. Ignacio de Barros Barreto, em 1850, seo comprovinciano Nabor Carneiro Cavalcanti, sendo ainda tambem estudante da Faculdade de Direito do Recife, começou a discutir esta questão nos jornaes e em pamphletos; tratou de reduzir toda a legislação eleitoral vigente no systema que elle ideava e publicou sobre o assumpto um interessante livro sob o titulo *Direito Eleitoral*.

Elle adaptava assim perfeitamente o seu systema a todas as eleições municipaes, provinciaes ou geraes. Seus trabalhos correm impressos e deram grande notoriedade a seo nome, com esforçado proporcionalista, sendo como tal. citado no livro de M. Amandi, «Estudios sobre procedimento eleitoral», Madrid, 1885, pag. 188.

E. —ao passo que, proseguindo na Europa um esforçado trabalho de propaganda, era a idéa da representação das minorias adoptada na Constituição da Dinamarca de 1866 (art. 40) e ensaiada na legislação de outros paizes,—no Brazil, sustentada por proporcionalistas como José de Alencar, João Mendes, Tavares Bastos, etc., vinha avançando tambem, a principio parcial e timidamente se insinuando na legislação eleitoral, depois francamente proclamada, embora praticada com processos incompletos e de resultado quasi falho, até que definitivamente vingou, logrando figurar entre as instituições consagradas na Constituição Federal de 1891.
A lei porém votada por força do art. 34 n. 22 para regular as condições e o processo das eleições federaes (n. 35 de 26 de Janeiro de 1892), prescreveu (art. 36) um methodo inefficaz, não diremos hypocrita, estatuindo o *voto incompleto* ou *limitado*, cuja experiencia já traziamos do regimen monarchico, exprimindo um grande mallogro.

Para reparar esse mal enorme, que inutilisa uma das mais importantes e proficuas disposições de nossa Constituição, o então deputado Assis Brazil (que sob o titulo «Democracia Moderna» havia escripto ácerca da representação das minorias uma interessante brochura, recebida com justo applauso pelos competentes) apresentou á camara dos deputados, em 19 de Agosto de 1893, um projecto emendando aquella lei, no qual, combinando com engenho e felicidade os methodos eleitoraes ditos *por quociente* e *por pluralidade relativa* de votos, propunha o seguinte:

«—A lei n. 35 de 26 de Janeiro de 1892 será executada com as seguintes alterações:
Art. 36, com seus paragraphos—Substitua-se pelo seguinte:
Art. Para as eleições de deputados, cada Estado da União constituirá um districto eleitoral, equiparando-se para tal fim aos Estados o Districto Federal.
§ 1.° Cada eleitor votará em uma mesma cedula, em um só nome e, logo abaixo, e separado por traço bem visivel, em tantos nomes quantos quizer, até o numero de deputados a eleger pelo seu districto eleitoral.
§ 2.° Os nomes collocados no alto de cada cedula, e antes do signal referido no paragrapho antecedente, considerar-se-ão votados no primeiro turno; os que vierem depois se dirão votados no segundo turno.
§ 3.° Reputar-se-ão eleitos os cidadãos que houverem obtido no primeiro turno pelo menos numero de votos egual ao quociente que resultar da divisão do numero total de eleitores, que tiverem votado em algum nome, pelo numero de deputados a eleger, desprezadas as fracções.
§ 4.° Não alcançando o numero de eleitos no primeiro turno ao numero de deputados a eleger, considerar-se-ão eleitos os mais votados no segundo turno, até o preenchimento de todas as vagas do primeiro.
§ 5.° Si o nome do cidadão votado e eleito no primeiro turno fôr repetido no segundo, não será considerado na apuração deste ultimo.
§ 6.° Quando a eleição fôr de um ou dous deputados, cada eleitor votará em um só nome, considerando-se eleitos o mais votado ou os mais votados, ainda que attinjam o quociente».

Este projecto não em entrou discussão e, como tantos outros de reconhecida utilidade e valia, espera ainda a sua vez. Entretanto, a idéa capital nelle contida veio á baila n'um projecto (n. 17 de 1894) de lei para as eleições municipaes desta capital, apresentado pelos senadores Gil Goulart e outros, entre elles o autor d'esta obra, o qual defendendo-o contra o projecto substitutivo votado pela camara dos deputados, disse o seguinte (Sessão do senado em 4 de Dezembro de 1894):

O projecto da Camara voltou ao systema chamado do *terço*, que o primeiro Congresso tinha abandonado quando fez a lei que organisou o Districto Federal.
Este systema de representação, dando dois terços d'ella ao partido em maioria e reservando um terço á maioria, pecca por muitos defeitos.
Primeiramente, por elle o poder publico estabelece uma bitola para invariavelmente reduzir toda a maioria a dois terços, e toda a minoria a um terço do eleitorado.
Mas a representação das minorias deve comprehender as differentes variedades das opiniões que existem no paiz; uma minoria póde ser algumas vezes de um terço e outros vezes de menos ou de mais; e póde haver diversas minorias, cujos adeptos todos juntos, excedam ao partido mais numeroso; de maneira que não ha um criterio para que a lei possa considerar as maiorias sempre com dois terços e a minoria só com um terço sempre.
E é absurdo que,—si as minorias devem ser representadas, —quando ellas tenham menos de um terço do eleitorado deixem de ter essa representação.
Finalmente, si as minorias têm direito a representação e, si não tendo eleitores na razão de um terço, não se lhes permitte elegerem seus mandatarios, a consequencia é que a eleição deixa de ser a expressão, o transumpto, como o deve ser, das opiniões existentes.
E si por accordo e conchavo a minoria, sem ter o terço do eleitorado, chega a ter algum representante, póde se crer que foi a opinião em minoria que triumphou, mas vem a ser isso uma colligação hybrida dos partidos e não exprime a verdade eleitoral,—representa um terço apenas nominal, mas não dá o resultado real e exacto do estado das opiniões, não dá a representação proporcional e sincera dellas.

Nestas condições a apregoada excellencia do systema chamado do terço cahe por terra, deante da simples reflexão.
O projecto, porém, que o senado tinha mandado á Camara consagrava uma idéa, que por não ser ainda familiar a todos os que se occupam destas cousas, a muitos tem parecido uma innovação embaraçosa para os eleitores, cheia de complicações, e muitas difficuldades trazendo ao processo eleitoral em sua execução.
Entretanto, o simples exame do projecto mostra que não ha difficuldade pratica em tal systema e quando alguma houvesse, os nossos habitos eleitoraes pouco teriam de modificar-se; além de que, sabe-se que os cabalistas têm-se revelado homens muitos intelligentes e entendidos n'estas cousas; não ha embaraços que não consigam vencer.
Quanto á votação o que ha a fazer é muito simples. O processo é este: o eleitor no alto da chapa ou cedula escreve o nome do seu candidato, o nome que prefere entre todos, e escreve abaixo d'elle mais tantos nomes quantos bastem para completar, com o primeiro, o numero total de representantes do districto.
Não ha nisso a menor difficuldade.
Os representantes podem ser eleitos pelos votos da maioria, ou pelos votos da minoria; será preciso porém que cada candidato, para ficar eleito, tenha a votação correspondente ao quociente.
Isto porém é já para a mesa eleitoral e para o acto da apuração dos votos.
Os eleitores, os grupos, os partidos preparam suas listas, suas cedulas eleitoraes, dando nellas o primeiro logar ao candidato preferido.
Si é grande, si é muito numeroso o grupo ou partido, calcula elle suas forças e faz diversas series de cedulas para seus correligionarios, collocando no primeiro logar em certo numero dellas, um nome; em outras outros nomes e faz a sua distribuição conveniente.
Os nomes que se seguem ao primeiro de cada chapa, serão aproveitados, ou quando o primeiro nome não attingir o quociente ou quando não houver, dos votados em primeiro logar, tantos nomes quantos completem o numero de representantes a eleger.

O eleitor tém assim a certeza de que seu voto é sempre considerado,—e as minorias não insignificantes, as de certo vulto, têm certeza de eleger tambem seos representantes, sem precisar de conchavos nem favor da maioria.

Ora, o trabalho de fazer as listas e de votar, é, como se vé, simplissimo: consiste em escrever uma lista contendo o numero legal de nomes de representantes a eleger, e entregal-a á mesa eleitoral.

O segundo trabalho é o da mesa eleitoral: esta recebe as listas, conta-as e divide a somma pelo numero dos candidatos a eleger; o quociente assim obtido é o numero de votos apurados com que cada um ficará eleito.

Si este methodo podesse offerecer mais alguma difficuldade com vantagem pratica para expressão genuina do systema, ainda assim deveria ser adoptado, porque os beneficios compensariam bem esse accressimo de trabalho.

Entretanto, taes difficuldades não ha, o systema apresenta simplesmente uma differença quanto á apuração. Na occasião de apurarem-se as cedulas, um escrutador lerá o primeiro nome de cada uma e notará os votos,—outro ou outros escrutadores lerão os seguintes ao primeiro nome escripto em cada cedula e irão apurando-lhes os votos; os lidos pelo primeiro escrutador, que attingirem ao quociente, consideram-se eleitos; si não alcançarem o quociente tantos nomes quantos preencham o numero de representantes a eleger, consideram-se eleitos os mais votados, em numero correspondente aos que faltarem, dos apurados pelo segundo escrutador.

Não é grande trabalho, o calculo é elementar, muito simples, e de mais os partidos costumam ter entre seos membros homens praticos, muito habeis em calculos e combinações eleitoraes.

Assim, quér no modo de votar, quér no de apurar o voto, o processo proporcional não offerece difficuldade real alguma; e ainda que offerecesse, consideradas as vantagens que elle traz, será bom adoptar um processo que dá lugar a serem representadas todas as opiniões, que faz justiça a todos os partidos e colloca no parlamento a representação real do paiz.

Nestas poucas palavras creio ter justificado o parecer da commissão. E concluo fazendo votos para que o senado não deixe passar esta occasião de adoptar uma idéa que, na phrase de Stuart Mill, se deve considerar uma das descobertas de maior alcance das que se têm feito no mundo politico: a representação das minorias pelo systema proporcional; idéa tam grandiosa, de tamanha valia, de tanta magnitude, que estou convencido de que, mais dia menos dia, ella não será lei só no municipio do Districto Federal, mas tornar-se-á o processo geral para as eleições de todos os municipios, de todos os Estados, de toda a União.

Vingou o projecto do senado e foi publicado como lei, sob o n. 248 de 15 de Dezembro de 1894; mas com lastimavel soffreguidão, antes de larga e demorada experiencia, foi (por lei n. 543 de 23 de Dezembro de 1898) abandonado o methodo eleitoral por quociente, mal ensaiado nas eleições municipaes, e voltou-se ao desacreditado processo da lista incompleta. Na discussão, porém, dessa retrograda reforma, nenhum novo e valioso argumento se adduzio contra o systema tam precocemente repudiado, tendo concorrido para sua perda o predominio das conveniencias da politica partidaria local, naturalmente avessa á innovação e, não menos, certa indifferença da maioria dos representantes, na passagem de uma lei que interessava unicamente a uma dada e relativamente pequena circumscripção do paiz; ao que cumpre accrescentar (porque não havemos de dizel-o?) o pouco conhecimento do systema proporcional por quociente,—pela maior parte do parlamento.

Art. 28 § 1.º O numero dos deputados. Os projectos preliminares estabeleciam a proporção de um deputado por 50 mil habitantes (Americo Braziliense, art. 11), de um por 70 mil (Magalhães Castro, art. 52) e um por 100 mil habitantes (Werneck-Pestana, art. 89). O da Commissão do Governo Provisorio estabelecia a proporção de um deputado por 70 mil habitantes *ou fracção excedente de 30 mil* e fixava o numero maximo de deputados em 250. O projecto do Governo adoptou a base de 70 mil habitantes, a qual o Congresso Constituinte aceitou, rejeitando as varias emendas que na discussão surgiram:—dando ao Congresso a attribuição de fixar o numero de deputados, egual para todos os Estados e o Districto Federal;—fixando em 150 e em 250 o numero maximo de deputados;—elevando de 70 mil a 100 mil a base adoptada no projecto;—vedando que qualquer Estado ficasse com representação inferior á que tinha ao tempo da proclamação da Republica,—e que as circumscripções eleitoraes ultrapassassem os limites de um Estado (ANN. do Congresso Constituinte, vol. I, pags. 97, 399 a 407).

A egualdade de representação na Camara dos Deputados contrariava principio cardeal da organisação do «Estado Federal» e o desvirtuava dando-lhe o caracter de «confederação.»

O effeito deste systema é directamente contrario ao principio basilar dos governos republicanos, o qual exige que o voto da maioria seja decisivo. Dizer que soberanos são eguaes entre si e que a maioria dos votos dos Estados deve ser considerada como a maioria da America federal, é um sophisma; nem com tam capcioso argumento se podem destruir os mais elevados principios de justiça e senso commum. Póde muito bem ser que a maioria dos Estados não forme senão uma pequenissima parte no povo d'America; e não é possivel que os dous terços da população, deixando-se embair com distincções imaginarias e subtilezas syllogisticas, consinta em confiar o cuidado dos seos interesses á autoridade e disposição do outro terço. Os Estados maiores indignar-se-ão bem depressa da idéa de receber a lei dos mais fracos; pois acquiescer a semelhante privação da importancia que devem ter na balança politica, seria não só ser insensivel ao amor do poder, mas até sacrificar o desejo da egualdade: esperar uma destas cousas é desarrazoado, exigir a segunda é uma injustiça. Quanto aos Estados menores, si considerarem que a sua segurança e prosperidade depende ainda mais particularmente da União, não podem deixar de renunciar a uma pretenção, que si não fôr abandonada, virá a ser fatal á sua existencia (FEDERALIST, Cap. 22).

Dar ao Congresso o arbitrio de fixar por lei ordinaria o numero de membros de que se deva compôr, fôra temeridade em assumpto a que se ligam os mais altos interesses nacionaes; d'ahi a necessidade de estabelecer-se uma base fixa para, acompanhando o augmento da população, dar ao paiz representação quanto possivel proporcional ao numero de seos habitantes. Mas como por outra parte são obvios e grandissimos os inconvenientes de assembléas deliberantes compostas de mui crescido numero, teria sido curial a adopção de alguma das emendas que propunham o limite maximo do numero de deputados.

Inferior a quatro por Estado. Para evitar-se uma grande desegualdade na representação dos Estados, alguns dos quaes apenas davam dous ou tres deputados (Amazonas, Espirito Santo, Goyaz e Matto Grosso), estabeleceo-se que, antes mesmo de realisado o recenseamento de que trata o § 2º deste art. 28, nenhum Estado tivesse menos de quatro representantes na camara.

O seguinte quadro mostra o numero actual de deputados, confrontado com o do tempo do imperio (lei n. 2675, de 20 de Outubro de 1875, art. 2º, decreto n. 6097 de 12 de Janeiro de 1876, art. 123) e do Governo Provisorio (decreto 511, de 23 de Junho de 1890, art. 6º § 1º):

ESTADOS E DISTRICTO FEDERAL	Lei de 1875	Dec. de 1890	Lei de 1892
Amazonas	2	2	4
Pará	3	7	7
Maranhão	6	7	7
Piauhy	3	4	4
Ceará	8	10	10
Rio Grande do Norte	2	4	4
Parahyba	5	5	5
Pernambuco	13	17	17
Alagôas	5	6	6
Sergipe	4	4	4
Bahia	14	22	22
Espirito Santo	2	2	4
Rio de Janeiro	12	17	17
S. Paulo	9	22	22
Paraná	2	4	4
Santa Catharina	2	4	4
Rio Grande do Sul	6	16	16
Minas Geraes	20	37	37
Goyaz	2	3	4
Matto Grosso	2	2	4
Districto Federal	—	10	10
	122	205	212

Art. 28 § 2.º Recenseamento... revisto decennalmente. O fim desta disposição, tambem oriunda da Constituição dos Estados Unidos Norte-Americanos (art. 1º, secç. 2ª, n. 3), é restabelecer em epochas determinadas a proporção que deve existir entre o numero dos representantes e o dos cidadãos, e augmentar o dos representantes de accôrdo com o crescimento relativo da população dos Estados. E' o unico meio efficaz, diz Story, pelo qual o poder relativo de cada Estado póde ser exactamente representado.

Art. 27. Compete á Camara dos Deputados a iniciativa de todas as leis sobre impostos e sorteio militar, a discussão inicial dos projectos que forem apresentados pelo Poder Executivo e a declaração da procedencia da accusação contra o Presidente da Republica.
(Projecto da Commissão do Governo Provisorio).

Art. 28. Compete á Camara a iniciativa de todas as leis de impostos, a fixação das forças de terra e mar, a discussão dos projectos offerecidos pelo Poder Executivo e a declaração da procedencia ou improcedencia da accusação contra o Presidente da Republica nos termos do art. 52.
(Decretos n. 510 de 22 de Junho e n. 914 A de 23 de Outubro de 1890).

Art. 28. Depois da palavra—iniciativa—accrescente-se: do adiamento da sessão legislativa—e o mais como. está no projecto.—*Arthur Rios.* Emenda approvada em 5 e 17 de Fevereiro de 1891.

Ao art. 28—diga-se:
Em vez de fixação—das leis de fixação—e em vez de—a discussão—da discussão. Emenda da Commissão do Congresso (approvada em 29 de Dezembro de 1890).

Art. 28. Depois das palavras—nos termos do art. 52—diga-se—e contra os secretarios de Estado nos crimes connexos com os do Presidente da Republica.—*José Hygino.—José Mariano.* (Emenda approvada em 29 de Dezembro de 1890).

Art. 28.—Supprimam-se as palavras—a discussão dos projectos offerecidos pelo Poder Executivo.—*B. Campos.* Emenda rejeitada em 29 de Dezembro de 1890).

Art. 29. Iniciativa.

Com quanto ambas as casas do Congresso tenham de occupar-se dos objectos que são attribuição d'elle, todavia alguns devem ser necessariamente começados na Camara dos Deputados, por se entender que ella é a mais immediata expressão da vontade e sentimentos do povo. Esta prerogativa da nossa Camara dos Deputados origina-se do exemplo do parlamento inglez, onde a camara dos communs, por ser electiva e representar os contribuintes, ficou com esse direito de prioridade. Os americanos do Norte o adoptaram e entre nós já assim era no regimen do imperio, embora sem mesmeidade de razão.

E' incontestavel não ser, em nosso regimen, a mesma, que na Inglaterra, a differença entre as duas camaras, ambas electivas, do Congresso Nacional. No regimen federativo, estando estabelecido que o Senado Federal represente os Estados e a Camara dos Deputados seja representação do povo nacional, póde-se apenas por semelhante distincção explicar a iniciativa d'aquella camara nos casos que a Constituição estabelece e que são:

I As leis de impostos e de fixação de forças de terra e mar, que tam grandemente interessam á bolsa e á liberdade do cidadão, pelo sacrificio que exigem de uma parte do resultado de seo trabalho, pelo serviço pessoal de guerra e pelo cerceamento, que á sua actividade impõem, desviando-a para serviço publico forçado e pesadissimo. Além d'isso:

« A camara dos representantes (deputados) não só póde recusar, mas é a unica que póde propôr os recursos pecuniarios para a manutenção do governo. E' ella quem tem a bolsa; e é por meio deste poderoso instrumento que temos visto na Inglaterra a casa dos representantes, humilde e sem forças na sua origem, extender successivamente a esphera de sua actividade e poder, e reduzir finalmente até onde lhe parecer, o excesso das prerogativas usurpadas pelos outros membros do governo. O poder pecuniario é a mais poderosa de todas as armas que a Constituição podia dar aos representantes immediatos do povo para destruir os abusos e para fazer executar medidas justas e razoaveis». HAMILTON, *Federalist*, vol. II, cap. 58.

II A declaração da procedencia ou improcedencia da accusação contra o presidente da Republica e seos secretarios, para formar-se-lhes processo de responsabilidade (*impeachment* dos Norte-Americanos), de que tratam os arts. 52 § 2° e 57. E' o direito exclusivo de receber a denuncia, e de cujo exercicio depende todo o procedimento para o julgamento d'aquelles altos funccionarios, direito que não poderia ser dado a quem melhor exercesse do que aos proprios representantes do povo. « Deve-se presumir, diz Story, Comm. § 689, que elles são sensiveis ás sympathias, estam vigilantes aos interesses e promptos a reparar os males do povo. Si é do seo dever denunciar á justiça os delinquentes officiaes, mal poderão deixar de cumprir esse dever, sem que da parte dos seos constituintes, sejam publicamente denunciados e politicamente abandonados. »

Devendo-se dividir entre as duas camaras a *accusação e o julgamento*, é evidente que aquella fica melhor á camara sempre renovada por inteiro no periodo legal e trazendo 'mais recente e mais pronunciada a inspiração do povo. E' uma garantia para este, como um meio de chamar a contas o chefe da nação, tambem escolhido pelo povo (e muita vez esquecido do que lhe deve); é egualmente uma garantia para esse funccionario pela segurança que lhe traz de não ser processado sinão com licença do povo por intermedio de seos representantes.

III Os projectos offerecidos pelo poder executivo, os quaes podem envolver materia que entenda com os mais preciosos direitos do cidadão, proposta de providencias onerosas e vexatorias, reforma de leis garantidoras da liberdade, etc. (A lei n. 23 de 30 de Dezembro de 1891, art. 9° § 3°, determinou que os ajustes, convenções e tratados celebrados pelo presidente da Republica

Art. 30. Compete á Camara a iniciativa do adiamento da sessão legislativa e de todas as leis de impostos, das leis de fixação de forças de terra e mar, da discussão dos projectos offerecidos pelo Poder Executivo e a declaração da procedencia ou improcedencia da accusação contra o Presidente da Republica nos termos do art. 54 e contra os Secretarios de Estado nos crimes connexos com os do Presidente da Republica.
Redacção pela Commissão do Congresso (approvada em 23 de Fevereiro).

Art. 29. Compete á Camara a iniciativa do adiamento da sessão legislativa e de todas as leis de impostos, das leis de fixação de forças de terra e mar, da discussão dos projectos offerecidos pelo Poder Executivo e a declaração da procedencia ou improcedencia da accusação contra o Presidente da Republica, nos termos do art. 53, e contra os Secretarios de Estado nos crimes connexos com os do Presidente da Republica.

---

sejam sujeitos á ratificação do congresso, mediante um *projecto de lei* formulado pelo poder executivo).

Não se tratará de taes propostas sem primeiramente serem submettidas aos procuradores do povo, aos deputados, zeladores que são das instituições em garantia d'elle creadas, os quaes se consideram á parte immediata e popular da representação nacional.

IV O adiamento da sessão legislativa, trazendo a suspensão dos trabalhos parlamentares e a cessação d'elles na epoca propria, isto é, produzindo o eclipse do corpo legislativo, a retirada e ausencia dos eleitos da nação, ao tempo em que regularmente elles devem e costumam se reunir, é medida que, tendo de ser determinada pelo congresso, melhor cabe á iniciativa da camara dos deputados, guarda avançada do povo na defesa de seos direitos e primeiro fiscal do governo.

TEM O SENADO O DIREITO DE EMENDAR AS LEIS DE IMPOSTOS E OUTRAS DE INICIATIVA DA CAMARA DOS DEPUTADOS? A constituição Norte-americana expressamente o permitte no art. 1º secç. 7ª § 1º. Entre nós, no regimen imperial assim se praticava e a Constituição vigente o não veda, antes implicitamente o autorisa, enumerando no art. 38 essas leis como objecto de competencia de ambas as camaras, sem restricção alguma a este respeito e não exceptuando, no art. 39, dos projectos susceptiveis de emendas (as quaes com elles devem ser remettidas por uma camara á outra) os projectos de que se trata.

Mas é bem de ver que as emendas do senado em taes casos não deverão ser no sentido de augmentar ou trazer novos gravames aos cidadãos, nem de cercear-lhes direitos de que já estejam de posse, com relação ao objecto legislado. Obstam a isso os intuitos e motivos fundamentaes da iniciativa privativa da Camara dos Deputados. Seria realmente irrisorio que o senado não podendo iniciar leis de impostos, tivesse entretanto o direito de aggravar as imposições propostas pela camara ou addicionar-lhes mais outros impostos.

Vem de molde aqui o que a este proposito se lê no « Direito Publico Brazileiro,» de Pimenta Bueno, 1857, pag. 110:

« Por uma consequencia logica e rigorosa (do direito de iniciativa) o senado não póde mesmo emendar taes projectos no fim de augmentar por fórma alguma o sacrificio do imposto ou do recrutamento, ou de substituir a contribuição por outra mais onerosa, pois que seria exercer uma iniciativa nessa parte. Seo direito limita-se a approvar, rejeitar ou emendar sómente no sentido de diminuir o peso ou duração desses gravames.

A logica exige mesmo que todas as medidas que impõem novos encargos sobre a nação, que resolvem-se em impostos ou recrutamento, como um tratado que affectasse os direitos de importação, uma cessão territorial que fizesse perder as contribuições do respectivo territorio, exige, diziamos, que tenham prioridade de exame, discussão e voto na Camara dos Deputados».

— Uma emenda, rejeitada na Sessão do Congresso Constituinte de 29 de Dezembro de 1890, retirava do art. 29 as palavras: « da discussão dos projectos offerecidos pelo poder executivo,» e o seo effeito seria supprimir (pois que n'outra parte não figura) essa faculdade, que realmente mal se coaduna com o regimen da Constituição, de apresentar o governo projectos de lei.

Os arts. 16 e 37 já dão ao presidente da Republica a unica participação que lhe deve caber no exercicio do poder legislativo, a qual se verifica por meio da sancção e *veto* Além disso, tem elle a faculdade de dirigir-lhe mensagens (art. 48 § 9º) e seos ministros podem por escripto ou verbalmente, communicar-se com as commissões das camaras (art. 51), e por qualquer desses meios habilitar o Congresso a providenciar, de posse do pensamento do governo, quanto ás medidas urgentes ou necessarias á administração. E é quanto basta: mais que isso é autorisar intervenção injustificavel do executivo no processo da formação das leis, cousa inconvenientissima, contraria ao principio da divisão dos poderes e que, si em todo o caso devesse prevalecer, traria, como consequencia necessaria e logicamente irrecusavel, a faculdade de defenderem os ministros (indo para isso tomar parte nas discussões do Congresso) as propostas que apresentassem, e exporia o governo a derrotas parlamentares,— o que seria a negação do regimen presidencial. Mais valera ter sido adoptada a referida emenda, do que deixar os ministros apresentarem projectos, de fóra do parlamento, sem terem o direito de defendel-os e, expondo-se á contingencia de revézes que os podem desprestigiar.

CAPITULO III

DO SENADO

Art. 28. A Camara dos Senadores representa os Estados, sendo de tres membros a representação de cada Estado e do Districto Federal.
(Projecto da Commissão do Governo Provisorio).

Art. 29. O Senado compõe-se dos cidadãos elegiveis nos termos do art. 24, escolhidos pelas legislaturas dos Estados, em numero de tres senadores por cada um, mediante pluralidade de votos.
§ unico. Os senadores do Districto Federal serão eleitos pela fórma instituida para a eleição do Presidente da Republica.
(Decreto n. 510, de 22 de Junho de 1890).

Art. 29. O Senado compõe-se dos cidadãos elegiveis nos termos do art. 25 e maiores de 35 annos, escolhidos pelas legislaturas dos Estados, em numero de tres senadores por cada um, mediante pluralidade de votos.
§ unico. Os senadores do Districto Federal serão eleitos pela fórma instituida para a eleição do Presidente da Republica.
(Decreto n. 914 A, de 23 de Outubro de 1890).

Art. 30. Tres senadores por Estado.

Na organisação do «Estado Federativo», o senado, como já ficou dicto, representa o elemento *federal*, representa os Estados particulares em quanto unidades componentes da União; e estas, tendo o mesmo valor politico (sem attenção ao numero de seos habitantes), devem ter por isso representação numericamente egual. E, si a representação proporcional á população dá, na camara dos deputados, aos grandes Estados, por sua mais numerosa deputação, ensanchas á preponderancia, — é isso contrabalançado pela egualdade numerica de senadores, constituindo-se assim o senado uma corporação em que, tendo cada Estado um mesmo numero de votos, ficam todos em pé de egualdade e importancia politica. E isto, sem duvida, é uma garantia para os pequenos Estados.

Assim que, a composição por este feitio das camaras legislativas, consultando os principios cardeaes do systema, pela combinação do elemento nacional e democratico com o elemento federativo, é ao mesmo passo logica e util.

Nos Estados Unidos Norte-Americanos, tamanha importancia se liga á egualdade da representação senatorial, que para não haver n'ella intermittencias, os governadores dos Estados, no caso de vaga occurrente durante o periodo senatorial, têm o direito de nomear quem provisoriamente o preencha, si a reunião do congresso local não se dá a tempo de poder este eleger o senador para a proxima sessão do senado federal (art. 1º, secç. 3ª n. 2) e nenhum Estado póde ser privado, sem seo consentimento, nas reformas constitucionaes, da egualdade do suffragio no senado (art. 5º).

A Constituição brazileira prohibe que se admittam como objecto de deliberação no congresso «projectos tendentes a abolir a egualdade da *representação dos Estados no Senado*» Art. 90 § 4º.

Eleitos pelo mesmo modo porque o foram os deputados. «Escolhidos pelas legislaturas dos Estados», dizia a Constituição apresentada ao Congresso Constituinte pelo Governo Provisorio, seguindo n'isso a norte-americana e a da republica argentina (art. 46). A commissão do Congresso Constituinte, porém, emendou por aquelle modo.

A este proposito dizia, com acerto, o deputado Serpa Junior:

Menos logicamente andou a Commissão. Considerou a camara dos deputados representante immediata do povo e o senado dos Estados e entretanto estatue uma só formula eleitoral para as respectivas eleições (ANNAES do Congr. Const., vol. I, pag. 459).

A razão da emenda dava-a um dos membros da Commissão, o deputado Saraiva, depois de qualificar de «tolice» o que elle chamava a «velha doutrina americana dos tempos primitivos d'aquella republica, a doutrina de Hamilton»:

O que será uma eleição de senadores nas nossas camaras de Estados? Os chefes de partido serão os eleitores do Senado, isto é que é pratico (ANN. cit., pag. 341).

E, por esse horror aos chefes de partido, deo-se um profundo golpe no systema! Mas não influem na eleição dos deputados esses chefes? Não são elles, egualmente, no final das contas, os eleitores dos deputados? A apresentação dos candidatos pelos chefes politicos ao eleitorado e o trabalho destes para o triumpho eleitoral cousa é muito legitima, justificada e benefica. Elles concretisam n'essa indicação a opinião das grandes agremiações politicas a que presidem, as quaes servem de orgãos de manifestação da vontade geral. Os partidos, sabe-se, são necessarios á cousa publica e melhores orgãos não têm do que os seos chefes. Como pois não querer a influencia d'esses homens, em regra os mais notaveis e salientes dos partidos e, não raro, do paiz? Bem se vê que a «tolice» era de outrem, que não de Hamilton...

Por outro lado, si deve haver as duas camaras, é preciso que não sejam em tudo homogeneas, que haja entre ellas differenças caracteristicas e a principal destas deve se achar no modo porque são constituidas, estará na eleição.

Si a segunda camara não fôr outra cousa mais que a primeira *na sua origem*, nas suas attribuições, no seo tratamento, será uma inutilidade, não passará de segunda secção da camara dos deputados, não haverá razão para distinguil-a (Ubaldino do Amaral, ANN. do Congr. Const., vol. I, pag. 41).

—O estudo comparativo dos constituições dos paizes regidos pelo systema republicano mostra a preoccupação dominante, testemunha o facto geral da escolha de differentes meios de eleger os senadores e os deputados. Estes são escolhidos, em numero proporcional á população, pela generalidade dos cidadãos activos, por todos

Art. 29. O Senado compõe-se de cidadãos elegiveis nos termos do art. 25 e maiores de 35 annos, em numero de tres senadores por cada Estado e o Districto Federal, eleitos pelo mesmo modo por que o são os deputados.
Emenda da Commissão do Congresso (approvada em 30 de Dezembro de 1890).

Art. 30. O Senado compõe-se de cidadãos eligiveis nos termos do art. 26 e maiores de 35 annos, em numero de tres senadores por Estado e tres pelo Districto Federal, eleitos pelo mesmo modo por que o forem os deputados.

---

os que têm direito de voto politico. De outra maneira se elegem os senadores.

Nos Estados Unidos do Norte, são escolhidos pela legislatura de cada Estado,—conforme ácima dissemos.

Na Republica Argentina, são eleitos pelas legislaturas das provincias (exceptuados os da capital, cuja eleição é feita, como a do presidente da Republica, por um eleitorado especial) Const. art. 46 e 81.

Na Suissa, os membros do Conselho dos Estados, que é o senado d'essa republica, são eleitos pelos Cantões, em regra pelos seos corpos legislativos (art. 80).

Como na União norte-americana os Estados, têm os Cantões suissos o direito de regular o modo da eleição. Além d'isso a determinação do prazo do mandato dos membros d'aquelle Conselho é deixada á discreção dos Cantões.

No Mexico, a revisão constitucional de 1874, creando o senado, estabeleceo a eleição dos senadores por suffragio indirecto no primeiro gráu; a legislatura de cada Estado declara eleitos os candidatos que têm obtido maioria absoluta de votos ou faz ella mesma a eleição entre os que tiverem maioria relativa (art. 58).

Em França, os senadores são eleitos (por nove annos) pelos departamentos, em proporção da população, em escrutinio de lista por um eleitorado composto de deputados, conselheiros geraes e de districto e de um delegado de cada conselho municipal. Dos tresentos membros de que se compõe o senado, setenta e cinco eram vitalicios, eleitos pela assembléa nacional, tambem por escrutinio de lista e por maioria absoluta de votos (lei const. de 24 de Fevereiro de 1875, arts. 1º e 5º); mas, por lei de 9 de Dezembro de 1884, cessou de ser assim, devendo a eleição de todos os senadores fazer-se por um só systema e pelo collegio eleitoral ácima dicto. (*)

E cabe aqui mencionar, como pertinente á materia, as seguintes indicações que, em resultado de exame comparado das constituições republicanas, apresentou JORGE HUNEEUS, e se leem no tomo III, pag. 58 de suas Obras:

1.º Devendo o senado representar os Estados, o espirito de tradição, de autoridade, geralmente é organisado com um pessoal menos numeroso que o da outra camara, chamada a representar o individuo, o espirito de progresso, o principio da liberdade;

2.º Nas republicas modernas o senado consta quasi sempre de um numero de membros que não excede do terço dos que formam a outra camara;

3.º Exige-se mais edade nos que têm de ser eleitos para o senado que para a camara dos deputados;

4.º A eleição dos senadores se effectua por fracções territoriaes mais extensas que a dos deputados, o que a faz evidentemente mais difficil;

5.º As funcções senatoriaes têm maior duração que as de deputado;

6.º Geralmente a eleição dos senadores se effectua por meio de combinações que a fazem indirecta.

(*) No Chile, a eleição dos senadores, em virtude da reforma constitucional de 1874, passou a ser directa, por provincias.
No Equador, pela reforma de 1887, para essa eleição estabeleceo-se o regimen directo popular.
São casos que, formando excepção ao predominio do systema indirecto nas organisações republicanas, não podem ser apresentados como exemplo a adoptar-se.
E mais que a todas, ás republicas federativas repugna semelhante modelo.

Art. 29. O mandato de senador durará nove annos, renovando-se o Senado pelo terço triennalmente na mesma época em que se fizerem as eleições para a Camara dos Deputados.
Art. 30. Vagando alguma cadeira no Senado, proceder-se-á immediatamente á eleição no Estado a que pertencer o senador. O que fôr eleito só exercerá o mandato pelo restante do tempo que ainda faltava ao substituido.
(Projecto da Commissão do Governo Provisorio).

Art. 30. O mandato de senador durará nove annos, renovando-se o Senado pelo terço triennalmente.
§ 4.º O mandato do senador eleito em substituição de outro durará o tempo restante ao do substituido.
(Decretos n. 510, de 22 de Junho e n. 914 A, de 23 de Outubro de 1890).

Art. 30. O mandato de senador durará nove annos, renovando-se o Senado pelo terço triennalmente.
§ unico. O mandato de senador eleito em substituição de outro durará o tempo restante ao do substituido.
Emenda da Commissão do Congresso, transferindo para as disposições transitorias os §§ 1º a 5º do art. 30 (approvada em 30 de Dezembro de 1890).

§ unico. O senador eleito em substituição de outro exercerá o mandato pelo tempo que restava ao substituido.
Redacção pela Commissão do Congresso (approvada em 23 de Fevereiro de 1891).

Art. 31. O mandato de senador durará nove annos, renovando-se o Senado pelo terço triennalmente.
§ unico. O senador eleito em substituição de outro exercerá o mandato pelo tempo que restava ao substituido.

Art. 31. Durará nove annos. Esta disposição, fixando a duração do mandato senatorial n'um periodo triplo do dos deputados, inspira-se n'um pensamento conservador. E' innegavel a inconveniencia de frequentes mudanças totaes no pessoal da administração publica. Ao passo que ella deve ser influenciada pelas idéas novas que possam surgir com vantagem para o bem publico, é indispensavel que obedeça a espirito de continuidade e permanencia. Assim o pedem a estabilidade, a regularidade do governo, o bom exito de suas operações. No regimen democratico federativo, esse elemento conservador não podia ficar melhor collocado do que n'essa corporação legislativa, por meio da qual os Estados tomam parte na formação do governo federal, e que serve de laço entre elles e a União.

Isto porém não quer dizer que o Senado tenha por exclusiva missão oppôr barreiras ás idéas progressistas; e para que n'elle não prevaleça esta tendencia, estabeleceo-se a renovação periodica e parcial de seos membros.

Renovando-se o senado pelo terço triennalmente. Esta condição é aconselhada pela consideração de dever-se evitar que, pela natureza de algumas de suas funcções e pela extensão do periodo fixado, o espirito conservador do senado se exagere e este se insule e divorcie da opinião dominante no paiz. Como correctivo a essa tendencia, a renovação parcial abre a entrada a novos representantes, que poderão alterar a face do senado e inclinal-o ás idéas por ventura triumphantes já no juizo e senso geral do paiz. E assim, sem comprometter-se a procurada estabilidade e deixando-se permanecerem em suas cadeiras grande numero de senadores que têm adquirido longa experiencia e familiaridade no tracto dos negocios publicos, injecta-se sangue novo n'esse importante córpo politico que por esse modo torna-se, a um tempo, depositario da tradição e sympathico a innovações salutares.

Para regular o modo d'essa renovação triennal a contar logo desde o primeiro periodo legislativo, a Constituição reduzio a tres e a seis annos o prazo do mandato do primeiro e segundo terço dos senadores, estabelecendo o seguinte (em tres paragraphos deste art. 30, que por emenda da Commissão passaram a constituir os §§ 5º a 7º do art. 1º das « Disposições transitorias »):

No primeiro anno da primeira legislatura, logo nos trabalhos preparatorios, discriminará o senado o primeiro e segundo terços de seos membros, cujo mandato ha de cessar no termo do primeiro e segundo triennio.
Essa discriminação effectuar-se-á em tres listas, correspondentes aos tres terços, graduando-se os senadores de cada Estado e os do Districto Federal pela ordem de sua votação respectiva, de modo que se distribua ao terço do ultimo triennio o primeiro votado no Districto Federal e em cada um dos Estados, e aos dous terços seguintes os outros dous nomes na escala dos suffragios obtidos.
Em caso de empate, considerar-se-ão favorecidos os mais velhos, decidindo-se por sorteio, quando a edade fôr egual.

Pelo tempo que restava ao substituido. Isto se refere aos eleitos em caso de vagas que não coincidam com a época da renovação pelo terço. Si elles tivessem de preencher um prazo de nove annos, a renovação que se deve dar no fim de cada triennio viria a ser inferior á terça parte do senado, o que fôra contrario ao principio adoptado do art. 31.

Mas si a vaga occorre no ultimo anno do mandato, muita vez não ha bastante tempo para proceder-se á nova eleição (que de ordinario não se manda fazer antes de trinta dias do conhecimento da vaga), á apuração (que não é antes de um mez, passada a eleição) e á verificação de poderes (que precisa das actas remettidas pelas mesas eleitoraes) ou cerca de tres mezes sem effectivo preenchimento da senatoria, e dando-se que a vaga não occorra logo no principio da reunião das camaras, o processo para preenchel-a consome quasi, sinão todo, o resto do periodo.

Fôra conveniente pois, para obviar a isso, ter adoptado alguma adequada providencia e poderia ser a nomeação immediata e provisoria feita por escolha dos deputados e senadores federaes do Estado em cuja representação tenha occorrido a vaga. Com isto se evitaria que os Estados ficassem expostos a ter muitas vezes incompleta, e quiçá não ter mesmo representação no senado durante o anno final do periodo de renovação.

Art. 31. O vice-presidente da Republica será o presidente do Senado, só terá o voto de qualidade, sendo substituido em sua ausencia ou impedimento pelo vice-presidente do Senado. (Projecto da Commissão do Governo Provisório).	Art. 31. O vice-presidente da Republica será *ipso facto* o presidente do Senado, onde só terá o voto de qualidade, e será substituido, nas ausencias e impedimentos, pelo vice-presidente dessa camara. (Decretos n. 510, de 22 de Junho e n. 914 A, de 23 de Outubro de 1890).	Art. 31. O vice-presidente da Republica será o presidente do Senado, onde só terá o voto de qualidade, e será substituido, nas ausencias e impedimentos, pelo vice-presidente da mesma camara. Redacção da Commissão do Congresso (approvado em 23 de Fevereiro de 1891).	**Art. 32. O vice-presidente da Republica será presidente do Senado, onde só terá voto de qualidade, e será substituido, nas ausencias e impedimentos, pelo vice-presidente da mesma camara.**

Art. 32. O vice-presidente da Republica será o presidente do senado. A razão d'isto encontra-se no *Federalist*, cap. 68 (Hamilton):

... Tem-se achado superflua esta nomeação de um vice-presidente allegando-se que era melhor fazer escolher pelo senado um de seos membros para esse cargo; mas duas considerações justificam as medidas adoptadas no systema proposto: a primeira é que, como o presidente só tem voto de qualidade (que de outro modo casos poderia haver em que não podesse ter lugar resolução definitiva) fazer presidente um senador seria o mesmo que tirar-lhe, e portanto ao Estado que elle representa, o voto certo que em todo o caso lhe compete, para só lhe deixar direito de voto condicional; e a segunda, que como o vice-presidente póde vir a occupar o lugar do presidente, as mesmas razões que exigem tanto cuidado na escolha de um, o exigem ou pouco menos na de outro.

E commentava Story (ao art. 1º, secç. 3ª, n. 2, da Const. dos Estados Unidos N. Americanos):

Si o presidente do senado tivesse de ser escolhido de entre os proprios membros deste, o Estado de cuja representação sahisse o escolhido, poderia dispôr de mais ou menos influencia do que a que lhe era devida. Si o presidente só podesse votar nos casos de empate, então o Estado perderia um voto; si elle além do seo voto tivesse o de qualidade, então o Estado viria a ter de facto dous votos. Qualquer das alternativas apresentava uma condição egualmente embaraçosa. De outro lado, si o voto de qualidade em caso algum fosse permittido, então mui prejudicial á causa publica seria a indecisão no caso de empate, poderia dar lugar a discordias ou intrigas creando agitações locaes. Os Estados menores poderiam com razão julgar que seos interesses ficavam menos garantidos do que deviam ser. Em taes circumstancias, o vice-presidente parecia o arbitro mais proprio para decidir, porque elle representaria, não um, mas todos os Estados, devendo-se presumir-lhe o mais vivo interesse em inspirar-se sempre no bem geral. (Comment. § 738),

Mas estas não se poderão chamar «razões fracas e ufanas»? Em nosso Congresso Constituinte a isso surgio impugnação. Uma emenda apresentada a 29 de Dezembro de 1890 propunha a suppressão do art. 31 (que ficou com a numeração de 32) e na sessão do dia 31 era assim sustentada pelo deputado Serpa Junior:

«Que quer dizer um senado presidido pelo vice-presidente da Republica, que póde não ser membro dessa camara?

«Essa disposição do projecto só tem em seo apoio um argumento: ser a reproducção do que preceituam as constituições da Confederação Norte Americana e da Republica Argentina.

«Mas, eu, que aceito que se consultem os elementos historicos, quando se trata da elaboração das leis, não comprehendo nem posso aceitar essa disposição.

Consignal-a nas nossas codificações só porque outras nacionalidades o fizeram, não se conhecendo o fundamento logico de taes disposições, não me parece razoavel, nem digno...

«Depois, descubro mais de um inconveniente grave na adopção desses artigos do projecto.

O senado, como corporação electiva que é, deve ter o direito de eleger, dentre seos membros, o seo presidente.
O vice-presidente da Republica não precisa de ter essa occupação. Além disso, que quer dizer essa dualidade de presidentes —um effectivo, outro *pro tempore*?

Senhores, quem conhece a vida dos parlamentos sabe perfeitamente que o cargo de presidente de uma camara exige qualidades especiaes, que difficilmente se encontram no seio das proprias corporações. Mais ainda: o presidente de uma camara, em certas occasiões, precisa, para manter a ordem, de muita energia e de muita prudencia.

E que desgosto não experimentarão os membros do senado quando tiverem de ser chamados á ordem por cidadão illustre, é verdade, mas estranho á corporação?»

Cahio a emenda, mas a objecção ficou de pé e não tardou apparecer tambem fóra do parlamento, no dominio da imprensa.

E' incontestavel que um presidente eleito pelos senadores de entre si tem muito mais autoridade e fica com sua missão muito mais facilitada como *primus inter pares*, do que um estranho á corporação. Durante todo o primeiro periodo presidencial não tivemos o senado sob a presidencia de seo proprio vice-presidente, sem que inconveniente algum se produzisse? E' a experiencia a ensinar que o senado dispensa bem o ser dirigido em seos trabalhos por quem não pertence ao seo gremio. (*)

(*) *Vide*, quanto ao cargo de vice-presidente da Republica o que expomos adiante, commentando o art. 41 § 1º.

Art. 32. Compete privativamente ao Senado julgar o Presidente da Republica e mais funccionarios publicos nos termos e pela fórma que a Constituição estabelece.

§ unico. Nenhum dos accusados será condemnado sinão por dous terços dos votos presentes e em todos os casos a pena não irá além da perda do cargo ou decretação de incapacidade para exercer qualquer outro emprego, sem prejuizo da acção da justiça ordinaria contra o condemnado.

(Projecto da Commissão do Governo Provisorio).

Art. 32. Compete privativamente ao Senado julgar o Presidente da Republica e os demais funccionarios federaes designados pela Constituição, nos termos e pela fórma que ella prescreve.

§ 1.º O Senado, quando deliberar como tribunal de justiça, será presidido pelo presidente do Supremo Tribunal Federal.

§ 2.º Não proferirá sentença condemnatoria sinão por dous terços dos membros presentes.

§ 3.º Não poderá impôr outras penas mais que a perda do cargo e a incapacidade de exercer qualquer outro, sem prejuizo da acção da justiça ordinaria contra o condemnado.

(Decrs. n. 510 de 22 de Junho e n. 914-A de 23 de Outubro de 1890).

— Supprima-se o § 1º do art. 32. *Frederico Borges*, (Emenda rejeitada em 30 de Dezembro de 1890.

§ 3.º Depois das palavras *outras penas*, diga-se — serão as que estiverem estabelecidas em lei penal anterior ao delicto. — *José Hygino*.

(Emenda em 29 e rejeitada em 30 de Dezembro de 1890, reproduzida em 26 de Janeiro e ainda rejeitada em 5 de Fevereiro de 1891).

Art. 33. Compete privativamente ao Senado julgar o Presidente da Republica e os demais funccionarios federaes designados pela Constituição, nos termos e pela fórma que ella prescreve.

§ 1.º O Senado, quando deliberar como tribunal de justiça, será presidido pelo presidente do Supremo Tribunal Federal.

§ 2.º Não proferirá sentença condemnatoria sinão por dous terços dos membros presentes.

§ 3.º Não poderá impor outras penas mais que a perda do cargo e a incapacidade de exercer qualquer outro, sem prejuizo da acção da justiça ordinaria contra o condemnado.

Art. 33. Julgar o presidente da Republica. Conferido, como foi e era de mister que fosse, á camara dos deputados o poder de accusar e fazer processar o presidente da Republica (*Vide* comment. ao art. 29), a que autoridade ou juizo confiar o julgamento? O accusado é o *chefe* da nação, primeira autoridade d'ella na ordem governamental e administrativa, a quem compete, com outras muitas importantes attribuições, a de nomear e aposentar os magistrados. Bem se vê que não é caso para as justiças ordinarias, ainda na sua mais elevada categoria.

Conviria o julgamento por um tribunal especialmente creado com esse fim? Mas ou seria um tribunal permanente, existindo com jurisdicção *incubada*, sem exercicio ordinario, á espera da possibilidade de um processo rarissimo, — especie de machinismo de molas sempre enferrujadas pelo desuso e, consequentemente, de máo funccionar, — ou um tribunal nomeado em cada occasião, *ad hoc*, sob a influição do momento e com todos os defeitos dos « juizes de commissão », sem bastante imparcialidade, e de pouco ou nullo prestigio.

E de que pessoal se comporia esse singular tribunal? De magistrados? Mas então haveria os inconvenientes que fazem arredar dos juizes ordinarios o julgamento do presidente da Republica, e tanto peior si a nomeação ficasse ao poder executivo. Attribuir essa nomeação ao poder judiciario não fôra compatível com a indole d'este e seria confiar a sorte do processo a quem fizesse a nomeação. Dal-a ás camaras legislativas não menos inconvenientes traria,

recahindo naturalmente a escolha em homens partidarios, guiados principalmente pela paixão, ligados por solidariedade politica, que não por sentimento elevado de justiça.

Seria solução aceitavel o julgamento pelo senado e supremo tribunal federal reunidos? Que melhores garantias se poderiam desejar do que as offerecidas por estas duas eminentes e prestigiosas corporações? Independencia, proficiencia juridica, pratica dos negocios publicos, ahi se devem encontrar no mais alto gráo, alliadas á criteriosa moderação que dá o habito de julgar. Mas é de menos da quarta parte do numero dos senadores o dos ministros d'aquelle Tribunal e portanto seria este, em tal função, absorvido pelo senado.

Outra combinação se offerecia ainda, — o julgamento por numero egual de membros do Supremo Tribunal e de senadores, escolhidos estes de entre si pela maioria do senado, equilibrando-se d'est'arte os elementos componentes d'essa commissão politico-judiciaria. E este alvitre não se afigura desarrazoado. Operaria a selecção dos mais capazes do senado, onde (póde-se affirmar sem injuria) nem todos são habilitados para juizes:

Le ciel dont nous voyons que l'ordre est tout-pouissant,
Pour differents emplois nous fabrique en naissant. — MOLIÈRE.

Além disso, o accusado não se acharia sómente diante de juizes togados, alheios ao maneio de negocios politicos e governativos, aliás familiares aos membros do corpo legislativo, os quaes por isso são mais aptos para apreciar a boa ou má execução, os effeitos favoraveis ou contrarios á causa politica, dos actos que terão de julgar. (*)

Por outro lado, a intervenção do elemento judiciario seria barreira e contrapeso á tendencia dos politicos de se considerarem arbitros soberanos, inteiramente desligados das provas e razões de direito, quando têm de pronunciar-se sobre factos que a seo juizo são commettidos.

Mas, ponderou-se a inconveniencia de distrahir os juizes das regiões serenas da justiça nas suas funcções ordinarias e importantissimas já de si.

E teve-se ainda em vista que,—tratando-se de julgamento de natureza especial, essencialmente diverso do juizo criminal commum, e instituido antes com o proposito de arredar (havendo justo motivo) do exercicio da magistratura suprema o presidente accusado, que de castigal-o e infligir-lhe penas,—muito improprios seriam os funccionarios da ordem judiciaria para essa commissão.

Em taes condições assentou-se preferivel confiar ao senado o julgamento, como á camara dos deputados a accusação, embora não se possa dizer que não tenha isso seos inconvenientes (e inteiramente escorreito d'elles fôra, neste assumpto, impossivel encontrar outro expediente). Prevendo-os, porém, e tratando de mimoral-os, a Constituição achou pouca segurança no julgamento por simples maioria e exigio para a condemnação dous terços dos votos (art. 33 § 2°).

E os demais funccionarios federaes designados. São os ministros de estado (art. 52) e os membros do Supremo Tribunal Federal (art. 57 § 2°).

Os primeiros, em seo caracter de secretarios de estado, envolvidos em crimes funccionaes com o presidente da republica, não poderiam ter outro juizo sinão aquelle em que este responde.

Trata-se de factos que se ligam e concatenam por modo tal que não pódem deixar de ficar sob a mesma jurisdicção. Sem a unidade de juizo, poderiam sobre elles surgir decisões contradictorias no mesmo caso e na mesma occasião; dividindo-se o julgamento, dividir-se-ia tambem o processo, o trabalho das provas, quebrando-se o que os juristas chamam a *continencia da causa*.

Assim que, o fôro especial do presidente da Republica necessariamente attrae, por connexão de negocios, os seos secretarios para serem todos processados *in uno eodemque judicio*.

Nem era possivel ser o contrario: o presidente não poderia ir responder no fôro commum e os factos criminosos em que com elle tenham tomado parte os ministros, não são para juizo differente do especialmente creado para d'elles conhecer.

Os ministros do Supremo Tribunal, nos crimes praticados no exercicio de suas altas funcções, têm tambem por fôro especial o senado, em contemplação da natureza d'essas funcções. Sendo ellas da ordem mais elevada na jerarchia judiciaria e envolvendo interesses da maior monta para o estado, os crimes commettidos em seo exercicio não poderiam ficar sob a jurisdicção do proprio tribunal, cujos membros delinquiram, e muito menos dentro da alçada dos tribunaes inferiores, manifestamente incompetentes para julgar os que occupam a *prima sedes* judiciaria.

A lei n. 27, de 7 de Janeiro de 1892, cap. II, regulou o processo do presidente da Republica e dos ministros de estado (destes sómente quanto aos crimes connexos) perante o senado.

§ 1.º Presidido pelo presidente do Supremo Tribunal. Nos Estados Unidos N. Americanos (Const., art. 1º, secç. 4ª) e na Republica Argentina (art. 51), o senado, quando constituido em tribunal «para julgar o presidente da Republica» é presidido pelo primeiro magistrado do poder judiciario federal. E isto se estabeleceo, não na supposição de ser este funccionario superior aos outros juizes em confiança, firmeza e imparcialidade (embora se possa com justiça presumil-o superior nos conhecimentos, talento e respeito publico), mas na necessidade de arredar o vice-presidente da Republica, em quem se poderia suppôr natural desejo de succeder no cargo e por isso servir de instrumento favoravel á condemnação do primeiro magistrado (Story, Comment. §§ 761 e 777).

Nossa Constituição, porém, confere a presidencia ao presidente do Supremo Tribunal em todos os julgamentos pelo senado; e si isto era escusado fóra do referido caso, não deixa entretanto de ser mais uma garantia para os outros accusados, que assim terão seo julgamento presidido por um juiz nas melhores condições de rectidão, independencia e prestigio.

§ 2.º Dous terços dos membros presentes. Este é um caso de derogação do do principio que rege as deliberações dos corpos collectivos, segundo o qual estas se resolvem por simples maioria de votos, bastando metade mais um d'estes. A exigencia dos dous terços dá influencia e importancia á minoria, erigindo-a em freio e contrapeso da maioria, e isto, n'uma corporação politica, redunda em garantia de mais acerto na decisão.

«Si a simples maioria bastasse para a condemnação, poderia succeder que, em tempos de commoção popular, a influencia da camara dos deputados tornar-se-ia irresistivel. O unico correctivo praticavel era exigir o assentimento dos dous terços, tornando necessaria uma conformidade de opiniões e interesses rara, a menos que se trate de crime evidente e em que não se possa presumir a innocencia...

(*) Pelo geral, os juizes dos tribunaes ordinarios são estranhos aos conhecimentos diplomaticos, ás operações financeiras, ás combinações militares. São alheios ao estado exacto das relações internacionaes, circumstancias que de momento as affectam e só os iniciados na politica do governo conhecem bem. Seos deveres habituaes levam-n'os á applicação stricta da lei em todos os casos, entretanto que em muitos d'elles é preciso ter em consideração o que de discrecionario ha em certas faculdades administrativas. Não lhe são familiares as peculiaridades e meandros da administração. De modo que são pouco seguros na apreciação dos factos sob multiplas relações que se produzem no governo. (*Vide* Œuvres politiques de Benjamin Constant, édit. par Charles Louandre, Paris, 1874, pag. 100).

Si o crime não se apresenta provado aos olhos dos dous terços dos membros de uma assembléa onde primam talento e saber, cercada de sympathia geral representando ós Estados e tendo escrupulosamente investigado os factos, deve ser porque a prova é inconsistente e fraca para autorisar uma condemnação» (Story, cit. § 779).

§ 3.º A perda do cargo e a incapacidade de exercer qualquer outro.

Taes são as unicas penas a impôr nos julgamentos pelo senado, sendo d'elles o escópo sómente desembaraçar sem demora a nação do funccionario que por seos crimes, pela má gestão dos negocios publicos, a está prejudicando. Nem mais que isso conviria autorisar n'um juizo como o de que se trata, porque lhe fôra de todo avesso o emprego e applicação de penas propriamente criminaes. Esta restricção dá ainda uma garantia importantissima ao accusado, evitando que tenham os julgadores acção sobre a pessoa e liberdade d'elle e impedindo os excessos e aberrações a que poderiam ser levados por espirito partidario, rivalidades e exaltamento de paixões que em certas occasiões tanto se desenvolvem nas assembléas politicas. Esta precaução tem o apoio da experiencia, que mostra quanto é audaz e injusto o partidarismo exaggerado, dando-nos a historia exemplos bem tristes disso. Pronuncie, pois, o senado sómente a destituição e inhabilitação do presidente, em vista de factos provados pelos quaes se tenha tornado criminoso e por isso indigno de continuar no cargo que deshonra, — e n'esse juizo se observem as fórmulas préviamente estabelecidas por lei em garantia do accusado. A justiça ordinaria fará o resto:

«Sem prejuizo da acção da justiça ordinaria *contra o condemnado*» diz a Constituição. E destas palavras «contra o CONDEMNADO» se evidencia o proposito que ella tem de só permittir o pronunciamento da justiça commum, quando, depois de ter sido processado e julgado pelo senado, o presidente é por elle declarado em culpa e lançado fóra do cargo. Reduzido então á condição ordinaria de simples cidadão, a magistratura o toma sob sua jurisdicção e (para servirmo-nos do proprio texto legal) «julgará o *delinquente* segundo o direito processual e criminal commum» (art. 2º, *in fine*, da lei n. 30 de 8 de Janeiro de 1892). (Quanto ao processo criminal depois de ter o presidente renunciado o cargo ou terminado o periodo presidencial, *vide* comment. ao art. 54 § 2º).

E assim, por essa divisão do julgamento, o presidente criminoso é demittido por sentença do senado, e depois é criminalmente punido pelos tribunaes de justiça segundo as normas legaes ordinarias. Com a primeira decisão desembaraça-se a presidencia da nação de quem compromettia a dignidade do cargo e o deshonrava com o crime: — com a segunda, o presidente demittido purga a culpa, recebe a applicação da lei penal ordinaria pelos factos criminosos praticados e fica sujeito á indemnisação dos damnos que com seos crimes tenha causado ao estado e aos particulares.

Parecerá estranho que duas jurisdicções differentes conheçam do mesmo facto, com relação ás mesmas pessoas? Mas, como se acaba de ver, cada uma age em distincta ordem de idéas e com diverso proposito. E por mais singular que isso se afigure, é preferivel a abandonar-se inteiramente o accusado aos azares de uma justiça que lhe possa compromretter a liberdade, honra e bens, exercida por homens politicos e partidarios, sem effectiva responsabilidade e com grandes tendencias para abusar.

PODERÁ SER IMPOSTA SEPARADAMENTE, UMA COM EXCLUSÃO DA OUTRA, QUALQUER DAS DUAS PENAS DO ART. 33 § 3º? A Constituição de 24 de Fevereiro de 1891 diz que não poderão ser impostas «*outras penas mais que a* perda do cargo e a incapacidade,» e o mesmo dizia a Constituição submettida ao congresso pelo governo (art. 32 § 3º). Os projectos preliminares, porém, (Wernek-Pestana, art. 100, Magalhães Castro, art. 64, e da Commissão do Governo Provisorio, art. 32) diziam: «perda do cargo *ou* decretação da incapacidade»; ali a copulativa *e*, aqui a disjunctiva *ou*, revelando intuitos diversos, cumulação permittida n'um caso, applicação separada de penas autorisada n'outro. Ora, é certo que a disposição alternativa que vinha nos projectos precedentes, não foi admittida pelo Congresso Constituinte, o qual manteve o § 3º do art. 32 da Constituição apresentada pelo Governo Provisorio. E não dever-se-á d'ahi concluir contra a separação das penas no caso de que se trata? E' evidente (*).

Esta questão constitucional, como varias outras não menos importantes, não têm tido nos Estados Unidos Norte-Americanos solução peremptoria (*Story* § 805, *A. Carlier*, La Rep. Amer., 1890, tom. 4º, pag. 229), de modo que não temos para esclarecimento e por seguro subsidio o da jurisprudencia politica d'aquelle paiz.

Entre nós a duvida teve solução na lei n. 30, de 8 de Janeiro de 1892, art. 2º, *verb*. «Esses crimes serão punidos com a perda do cargo sómente ou com esta pena e a incapacidade para exercer qualquer outro».

Por este modo ficou ao senado a faculdade de pronunciar ou não a incapacidade politica do condemnado, não se tendo declarado quaes os crimes em que terá logar a applicação de uma só ou de ambas as penas. Estaria, entretanto, semelhante arbitrio na mente dos constituintes? Não ter-lhes-ia antes parecido de incompleta efficacia e desproporcionada ao crime a simples destituição? Não devendo dar-se a condemnação por qualquer simples falta, sinão por motivos gravissimos, não é muito justificada então a

---

(*) O illustre autor da « Critique de la Constitution Brésilienne» diz (pag. 12), ao occupar-se deste assumpto, que o Senado não poderá applicar outras penas sinão a de perda do cargo e de incapacidade para exercer outro qualquer (note-se a expressão no singular *a de perda, etc.*, como tratando de uma penalidade só); e traduzindo á nossa Constituição, verteo elle assim o art. 33 § 3º (pag. 23):
«Il ne pourra prononcer d'autres peines *que celle de* la perte de la charge et de l'incapacité de exercer toute autre...»

decretação, em todo o caso, da inhabilidade politica? Não é muito natural que a soffra em castigo quem perde a confiança da nação e pelos mandatarios d'ella é despedido por indigno do alto posto? E é curial estabelecer-se uma pena cuja applicação fique *facultativa* e ao arbitrio do tribunal, não se declarando a quaes dos crimes de sua competencia elle a poderá impôr? Será bem cabido aqui distinguir-se duas ordens de crimes para applicação ou só da perda do cargo ou d'esta conjunctamente com a incapacidade para outros? Qual o criterio para tal distinção? Não o estabeleceo a lei... Não consistirá aqui essensialmente o crime no tornar-se o presidente indigno de exercer a suprema magistratura? Póde haver n'isto questão de mais ou de menos? O facto que motiva o processo e a destituição, póde acaso ser algum de somenos importancia? Será proprio de um tribunal que, sem impôr penas criminaes, tem por unica missão arredar do posto supremo quem se mostrou indigno d'elle, preoccupar-se com graduação de penas? Porque não estabeleceo a lei differentes gráos e não curou de circumstancias aggravantes e attenuantes? E por ultimo como suppôr, que a Constituição tenha querido que possa tornar á presidencia quem já uma vez, por decisão irretractavel, foi d'ella demittido? Não fôra isso arrostar o decóro publico, o pundonor nacional e, ao mesmo tempo, expôr a nação aos perigos de um novo máo governo?

O que, quando muito, poder-se-ia n'isto admittir seria facultar ao congresso levantar ulteriormente a incapacidade (mas sómente quanto a cargos sem caracter politico), por votação de dous terços de cada casa legislativa. Mas tal faculdade só por disposição constitucional lhe poderá ser conferida. A emenda XIV, n. 3 *in fine*, das da Constituição dos Estados Unidos N. Americanos, assim o estatuiu (sem a limitação que indicamos) com relação aos que têm perdido a capacidade politica por tomarem parte em rebellião ou por se terem insurgido contra a Constituição.

Tem caracter de perpetuidade a incapacidade pronunciada em processos da natureza dos mencionados no art. 33? A nosso vêr, não ha duvida.

A Constituição não lhe fixou limites, nem deo a autoridade alguma o poder de restringil-a ou de levantal-a.

A lei imperial de 15 de Outubro de 1827 a graduava, para applicação aos differentes crimes que (sem a excessiva minuciosidade da lei n. 30, de 8 de Janeiro de 1892) definira.

Actualmente, não estando na competencia do senado reduzir o tempo da incapacidade, desde que a Constituição a isso não o autorisa, ella só poderá ser imposta sem restricção de prazo.

Poderá ter lugar o processo perante as camaras mesmo depois de haver o funccionario deixado o cargo pela renuncia ou pela terminação do praso? Pela negativa resolve esta questão, quanto ao presidente da republica, o art. 3º da lei n. 27, de 7 de Janeiro de 1892 (*Vide infra* Comment. ao art. 54 § 2º).

Mas não ha duvida que essa solução deve ser extensiva ao processo dos outros funccionarios, attendendo-se á indole e objecto d'elle. Esta especie de procedimento visa, como se sabe, antes que a punição, a prompta retirada do funccionario accusado e pois fica sem objecto desde que este deixa suas funcções. Ora, isto procede tanto com relação ao presidente como quanto aos outros funccionarios passiveis do mesmo processo e *ubi eadem ratio, ibi idem jus.*

A jurisdicção privativa creada para o processo dos funccionarios a que se refere o art. 33, foi estabelecida em consideração do cargo, para a boa serventia d'elle, no interesse publico, e não em contemplação da pessoa que o exerce; e desde que esta já o não occupa, já não é funccionario, cessa a competencia do senado; como simples cidadão o accusado irá responder por seo crime no fôro ordinario.

Quid si houver a renuncia ou a cessação do prazo do emprego, estando já começado o processo? Pela regra *ubi cœptum est judicium ibi finire debet*, bastaria a competencia de principio e o processo iniciado continuaria no fôro em que tinha começado. Mas, no caso que nos occupa, para que prosseguir o que já não tem objecto? E' verdade que poder-se-ia entender applicavel ao exonerado a pena de inhabilidade, mas entre nós isso não ha lugar, embora estabelecido o regimen da applicação separada da destituição, pela cit. lei n. 30 de 1892; pois, quér o art. 2º d'ella, quér o art. 23 da lei n. 27 do mesmo anno, com quanto autorisem o emprego isolado da demissão, não permittem a imposição da incapacidade sinão conjunctamente com aquella. E d'ahi, não ha o que fazer na hypothese em questão sinão impôr silencio ao processo e archival-o

CAPITULO IV

DAS ATTRIBUIÇÕES DO CONGRESSO

Cap. IV. Das attribuições do Congresso. Não são as unicas as que nos dous artigos de que consta este capitulo, se acham enumeradas; mais outras attribuições foram dadas ao Congresso Nacional nos arts. 4°, 27, 28 § 1°, 45, 46, 47, 48 n. 16, 54 §§ 1° a 3°, 55, 57 § 1°, 58 § 2°, 71 § 3°, 72 §§ 11 a 17, 25 a 27 e 30, 73. 77 § 2°, 81 § 1°, 87 § 1°, 90, Disp. trans., art. 1, 2, 4, e 7; e ainda por força do art. 34 ns. 33 e 34, de conformidade com o systema adoptado, outras lhe competem, que consistem nos chamados «poderes implicitos» (*implied powers* dos americanos) e taes se consideram os que são adequados e necessarios para serem levados a effeito os poderes conferidos á União.

Com effeito, conferir um poder, faculdade ou attribuição é virtualmente conceder a adopção e emprego de quaesquer meios licitos e efficazes para sua execução. Por isto, os poderes implicitos entendem-se existentes na Constituição como si expressamente se achassem n'ella declarados. *Cui jurisdictio data est, ea quoque concessa esse videntur, sine quibus jurisdictio explicari nequit.* L. 2° *Dig. de jurisdict.* (*Vide infra* commentario aos ns. 33 e 34 do art. 34)

Cumpre entretanto recordar que, si tal é a extensão dos poderes do Congresso Nacional, por outro lado elles são limitados. Fóra dos objectos que se acham mencionados como faculdades suas nos diversos artigos da Constituição, o Congresso nada mais póde. (*) E assim é por força do systema de governo que a Constituição estabelece, regimen de dualismo e em que são os poderes da União *enumerados e limitados* emquanto ao seo objecto, ao passo que amplos e numerosos os poderes dos Estados particulares; o que está consagrado no art. 65 § 2°, quando reconhece como pertencente aos Estados «todo e qualquer poder ou direito que lhes não fôr negado por clausula expressa ou implicitamente contida nas clausulas expressas da Constituição».

A indole e essencia do regimen federativo que restringe as funcções da «União» aos assumptos de ordem nacional,—a soberania dos Estados em quanto concerne a seo peculiar interesse,—e os termos da outorga ou concessão constitucional de poderes ao Congresso Nacional —impõem a este um circulo de efficiencia, em que fica limitado, embora n'elle agindo soberanamente. E, para que nesse circulo se contenha e não exorbite, ha:—o *veto* presidencial por motivo de inconstitucionalidade (art. 37 § 1°), —a acção do Supremo Tribunal Federal nos casos em que póde ser para isso provocado devidamente (art. 59, n. 1 *c.*),—a curta duração do periodo legislativo, que dá logar pelas novas eleições a modificar-se a composição pessoal do Congresso, pela entrada de outros representantes que reconsiderem, segundo o sentir dos Estados, as medidas invasoras das faculdades d'elles, e tambem a reacção da opinião publica, servida pela imprensa livre, contra as usurpações de poderes e as leis obnoxias.

Além de tal limitação resultante da fórma dualistica do regimen adoptado, tem mais o Congresso Nacional a que se opera pela separação dos Poderes, conforme o modo porque ficaram organisados pela Constituição, cada um d'elles em distincta esphera de acção, com respeito reciproco.

As camaras legislativas não concorrem para a formação do poder executivo. Não é d'ellas a nomeação do chefe d'esse poder, nem a dos seos ministros.

Estes, contra o que era no regimen parlamentar que tivemos, não são considerados uma commissão dos representantes do povo. Não existe governo de gabinete com a chamada *responsabilidade ministerial.*

Perante o parlamento responde o chefe da nação (e os ministros, só quando connexamente com elle culpados), mas unicamente em definidos *crimes* de responsabilidade, tendo elle poder discrecionario (salvo a correcção penal em caso de culpa e a acção privada em caso de damno), emquanto aos actos politicos e administrativos de sua alçada. Em suas relações com o governo, o Congresso com elle se entende strictamente na fórma e nos termos prescriptos pela Constituição,—por mensagens, relatorios e informações, sem que no exercicio e desempenho das funcções executivas, dentro das normas legaes, tenham interferencia as camaras legislativas. Não cabem portanto no regimen da Constituição moções de confiança ou quaesquer outras, interpellações aos ministros com as consequentes votações, ordens do dia motivadas, discussão da mensagem do chefe da nação, e tam pouco apresentação de ministerio com ou sem exhibição de programma. Praticas d'esta natureza, proprias de enscenação parlamentarista, deturpariam, desvirtuariam completamente o systema, sendo inteiramente neste condemnaveis, em quaesquer circumstancias e sob quaesquer pretextos.

É certo que o art. 35 n. 1° dá implicitamente ao Congresso o direito de exigir informações do poder executivo para que possa bem desempenhar a funcção, que ahi lhe é commettida, de velar na guarda da Constituição e das leis. Mas, nem nas camaras, ao votarem-se os requerimentos de informação, se póde estabelecer *questão de confiança*, como no antigo regimen, pois no systema vigente nem o presidente nem os ministros vivem dessa confiança e não necessitam d'ella para dirigir a administração e permanecer no poder,—como, além d'isso, o emprego d'aquelle meio de instrucção deve ser feito com muita sobriedade e criterio para não perturbar o proseguimento regular dos negocios nem embaraçar a acção propria e exclusiva do poder executivo, a qual não admitte a immixtão de poder estranho, sob pena de confusão e subor-

---

(*) O Congresso Nacional não póde fazer leis sinão sobre certos objectos especificados pela Constituição e, fazendo essas leis, não póde transgredir o que está disposto na Constituição. O rio não remonta suas aguas ácima da fonte de onde nasce. (James Brice)

dinação de poderes. Taes requerimentos, sobreleva notar, muita vez pódem ser, e quiçá terão sido, causa de mallograrem-se ou de não serem bastante efficazes providencias de grande interesse para o paiz; elles em regra não devem versar sobre negocios pendentes (especialmente tratando-se de medidas que no momento interessem á segurança publica ou fôrem de caracter diplomatico) pelo risco de ficarem taes negocios prejudicados. Pelo geral, emquanto os actos da administração não estão ainda consumados, a presumpção é que o governo, no uso de suas prerogativas, está cumprindo seo dever, ao passo que o Congresso, que deve tratar de cumprir tambem o seo, não tem a faculdade de dirigir, instruir nem aconselhar ao governo, e menos a de perturbal-o no livre exercicio de sua autoridade. O que não fôr isto, será mudar para o Congresso o eixo da administração, infringir o principio da responsabildade do executivo e abolir a separação dos poderes. Precedentes e praxes que em contrario possam ser citados, exemplificam abuso e impertinencia das camaras, tolerancia e fraqueza dos governos, que não a exacta comprehensão e a regular pratica do regimen.

Art. 33. Compete ao congresso nacional:	Art. 33. Compete privativamente ao congresso nacional:	Art. 34. Compete privativamente ao congresso nacional:
(Projecto da Commissão do Governo Provisorio).	(Decretos n. 510 de 22 de Junho e n. 914 A de 23 de Outubro de 1890).	

Art. 34. Privativamente ao Congresso.

A palavra «privativamente» não vinha nos projectos preliminares, incluido o da Commissão do Governo Provisorio; appareceu na Constituição por este apresentada ao Congresso Constituinte. Na discussão emendas foram offerecidas (ANNAES do Congr. Constit., Vol. II, pag. 476 e 557) para que se supprimisse aquella palavra, porque, dizia-se, não eram privativas do Congresso attribuições que tambem dependiam do presidente da Republica pela sancção.

Taes emendas porém foram com razão rejeitadas.

Já se tendo dicto no artigo 16 que o poder legislativo é conferido ao Congresso com a sancção do presidente da Republica, é bem de ver que o «privativamente» do art. 33, em que se enumeram as attribuições desse poder, deve ter sido empregado ahi com outra intenção que não a de excluir o presidente. E ainda isso se faz certo observando-se que as attribuições pelo art. 48 conferidas ao presidente da Republica tambem são enumeradas sob a mesma clausula «privativamente», e entretanto varias d'ellas são exercidas sem exclusivismo, mas antes com collaboração ou sob approvação ou proposta de outros poderes, taes como, as de declaração de guerra, de estado de sitio, de fazer tratados, de nomear certos funccionarios, nas quaes interferem respectivamente o Congresso, o Senado e o Supremo Tribunal Federal (art. cit. ns. 7º, 8º, 11, 12 e 15, combinados com o art. 34 ns. 11, 12 e 21).

Que poderes porém quiz a Constituição excluir, empregando aquelle adverbio, quando trata quér dos do Congresso (art. 34), quér dos do executivo (art. 48)? Não pódem ser outros sinão os poderes estaduaes. Quiz dizer, empregando tal expressão, que os assumptos enumerados nos dous citados artigos são de competencia dos poderes da União, sem n'elles admittir-se a interferencia dos poderes locaes. Foi o mesmo pensamento do art. 62 emquanto á competencia judicial da União, prohibindo a intervenção das justiças estaduaes.

Mais si os interesses nacionaes na sua generalidade toma a União a seo cargo, todavia de alguns d'elles pódem, por excepção, tratar os Estados, quanto ao que lhes toca e sem embaraçar a acção do poder central,—assim como a este é dado favorecer, sem quebra da autoridade d'aquelles, alguns interesses locaes, que não deixam de importar á União. Isto entende-se, por exemplo, do que se refere ao desenvolvimento das lettras, artes e sciencias, incremento do commercio, industria, lavoura, obras publicas de utilidade commum á União e a um ou mais de um Estado.

Em taes assumptos, de caracter mixto, as duas jurisdicções—nacional e estadual—são parallelas, agem sem prejuizo uma da outra, sem choque de attribuições, com vantagem para a União e para os Estados, uma e outros concorrendo para o progresso e engrandecimento do paiz.

Ha, pois, a jurisdicção exclusiva da União, constante dos poderes que lhe ficam conferidos *privativamente* e ha a jurisdicção cumulativa ou *concurrente*. São da primeira categoria as attribuições de que se occupam os arts. 7 e 34,—da outra as dos arts. 12 e 35 da Constituição (*Vide* comment. ao art. 35 n. 1º).

E é ainda de notar: para que uma faculdade ou poder se deva considerar de jurisdicção exclusiva da União, não se torna indispensavel que venha na Constituição com esse caracteristico em termos expressos, basta que a natureza desse poder exija que elle seja exercido exclusivamente pela União. Assim foi julgado pela Côrte Suprema nos Estados Unidos Norte-Americanos, na causa Sturges *versus* Crowninshield.—E toda a vez que pelos termos em que o poder é conferido ou pela natureza d'elle, a attribuição é privativa do Congresso, seo objecto fica bem fóra da competencia dos Estados, como si em termos formaes lhes fosse prohibido. (BAKER, Annot. Const, 1891, pag. 236, n. 44).

1º. Orçar a receita, e fixar a despesa federal annualmente; (Projecto da Commissão do Governo Provisorio).	1º. Orçar a receita, e fixar a despesa federal annualmente; (Decretos n. 510, de 22 de Junho e n. 914 A, de 23 de Outubro de 1890).	Additivo ao n. 1. Tomar as contas da receita e despesa de cada exercicio financeiro. Emenda da Commissão do Congresso (approvada em 30 de Dezembro de 1890).	1º. Orçar a receita, fixar a despesa federal annualmente e tomar as contas da receita e despesa de cada exercicio financeiro;

Art. 34, n. 1. Orçar a receita, fixar a despesa federal. Rejeitado, por falso e ruinoso, o systema das quotas e requisições pagas á União pelos Estados e estabelecido que esta proveja ás suas necessidades por meio de impostos por ella e para si directamente cobrados (arts. 7º e 12), o poder de levantal-os, bem como o de determinar a applicação de seo producto aos differentes serviços nacionaes, não poderia ficar pertencendo sinão ao poder legislativo nacional, exercido pelos representantes do povo, que é quem paga e tem o direito de fiscalisar o emprego de seo dinheiro recolhido ao erario publico. (E é este o melhor prestimo, sinão a unica verdadeira razão de ser, dos parlamentos). Não se póde dizer livre o povo que, por seos mandatarios (ou por si mesmo, nas pequenas democracias), não fixa ao governo o limite, que este não deve ultrapassar, do sacrificio imposto a cada cidadão de uma parte de seos haveres em troca das vantagens sociaes que se esperam do estado. E pois é com razão que estatue o art. 72 n. 30:

«Nenhum imposto de qualquer natureza poderá ser cobrado sinão em virtude de uma lei que o autorise».

Não menos importa á bolsa do cidadão fixar-se o limite ás despesas da administração e a restricta distribuição d'ellas pelos diversos serviços publicos, e por isso devem ser tambem reguladas e prefixadas por lei. Mas sendo, dos poderes publicos, o executivo ou o governo quem tem o maneio da administração geral, dirigindo-a nos seos diversos ramos, fazendo-lhe os gastos e até os de alguns serviços que não se acham sob sua gestão (parlamento, justiça),—é elle incontestavelmente o mais proprio para calcular quanto se tem de despender; a lei por isso o tem incumbido de organisar a proposta de orçamento geral da União (leis n. 23, de 30 de outubro de 1891, art. 3º § 2º, e n. 30 de 8 de janeiro de 1892, art. 51). E sobre essa proposta, mas podendo modifical-a conforme mais convier aos interesses da nação, as camaras legislativas orçam a receita e fixam as despezas federaes.

Annualmente. A revisão annual dos impostos e das despezas publicas é uma importante garantia para os contribuintes, fornecendo a seos representantes opportunidade de reconsiderar o assumpto, alterar o systema tributario para melhoral-o, segundo as circumstancias, que pódem variar de anno para anno, reduzir as taxas, simplificar o methodo da cobrança, etc.,

e por outro lado abre enseio á reducção das despezas e a mais estudada e economica realisação d'ellas.

E por ahi se vê quanto não fôra contrario ao espirito da Constituição votarem-se resoluções prorogativas dos orçamentos, em vez de se fazerem novos. No regimen imperial muitas vezes taes prorogações se deram,—um abuso que entretanto tinha sua attenuante. O systema parlamentar, com suas amplas e inevitaveis discussões de falla do throno, de materia politica á vontade dos oradores nos orçamentos e nas leis de fixação de forças militares, das informações tam repetidamente requeridas, das interpellações, etc., consumia, quasi sempre esterilmente, muito do tempo das sessões legislativas e dava lugar, não raramente, a chegar-se ao fim d'ellas sem terem sido votados em ambas as casas os orçamentos. De presente, nem essa attenuante poder-se-á allegar. Guarde-se pois o parlamento da Republica de chegar ao extremo de estabelecer semelhante pratica, sophistica, desmoralisadora e perniciosa.

Por outro lado, sendo o imposto um sacrificio, cumpre seja moderado e que seo producto seja applicado sómente ao que fôr inadiavelmente necessario ao serviço publico, poupando-se com prudencia e discernimento as forças productivas da nação. Sem isto, o imposto converte-se em vexame, extorsão e tyrannia. Devem os representantes ter sempre em vista, observa autorisado publicista, que na decretação de cada novo imposto vae implicito este discurso dirigido aos contribuintes:

«Tendes sido até agora livres no gastar como entendeis esta parte de vossos lucros; mas de ora em diante não mais o sereis, vamos nós outros gastal-a no bem publico.»

Devem mais considerar—além dessa privação que a cada cidadão se impõe no uso e goso do que lhe pertence, além de tal restricção á liberdade, effeito directo e proximo das imposições,— as suas consequencias remotas, tanto mais fataes quanto maior é o sacrificio exigido, tornando cada vez mais difficeis as condições vitaes da existencia individual ou social, de modo a pôr em declinio essa existencia,—cumprindo recordar, para exemplo e aviso que o estado de cousas que produzio a grande revolução franceza com suas terriveis catastrophes, originou-se da excessiva regulamentação da actividade humana, e da exorbitante absorpção dos productos d'essa actividade, a tal ponto que a vida se tornára quasi impossivel (H. Spencer, *Man versus state*, Cap. I e IV.)

Contas da receita e despesa. Bem pouco valeria ser orçada a receita e fixada a despesa, si da cobrança do imposto e do emprego de seo producto não fossem prestadas contas ao parlamento. O governo não teria peias no gastar, e abusos em materia que tam grandemente interessa aos cidadãos fraudariam facilmente as leis orçamentarias. Seria isso o mallogro do regimen representativo, sob méra apparencia de sua realidade. E não só é a prestação e tomada de contas uma indeclinavel exigencia do systema politico, quanto é condição essencial da regularidade do serviço financeiro. «Não póde haver administração que mereça este nome sem contas tomadas com brevidade, periodica e regularmente... Não póde haver orçamento que mereça este nome, sem contas», dizia o Visconde do Uruguay, exprimindo assim, em forma aphoristica, o que na ordem politica e financial é por todos reconhecido como dogma (ADMINISTRAÇÃO DAS PROVINCIAS, vol. I, pag. 348.)

Para liquidar essas contas e verifical-as quanto á legalidade das despesas e medidas financeiras, —antes de serem apresentadas ao parlamento,— a Constituição creou, como uma das grandes e indeclinaveis molas do mechanismo governamental, o TRIBUNAL DE CONTAS, de que se occupa no art. 89. Por este tribunal — cujos membros, nomeados pelo presidente da Republica, sob approvação do senado, são vitalicios, — é feito o confronto dos balanços geraes dos exercicios com os resultados das contas dos responsaveis e com as autorisações legislativas, trazendo esses balanços, em annexo, uma classificação das despesas segundo os responsaveis que as houverem levado a effeito. Em relatorio annual o tribunal expõe ás duas casas do congresso a situação da fazenda nacional e faz menção dos abusos e omissões praticados na execução das leis de orçamento e nas que entendem com a administração fiscal (lei n. 392 de 8 de Outubro de 1896.) D'est'arte, fica o parlamento habilitado a conhecer da regularidade e legalidade dos actos da administração em materia fiscal, para serem corrigidos os abusos e punidos, quando criminosos. Além disso, o regimento de cada uma das casas do Congresso incumbe ás suas commissões de finanças e contas, o exame e estudo dos relatorios e documentos apresentados pelo Tribunal de Contas, para regulamento definitivo d'ellas quanto a cada exercicio devidamente liquidado e encerrado; e taes commissões podem ainda proceder a inqueritos, exigir informações e documentos e praticar outras diligencias para desempenho de sua tarefa.

Cumpre que não se reduzam a lettra morta tam salutares determinações e que os representantes da nação jámais deixem de considerar como um de seos principaes deveres tam grandiosa incumbencia. Do contrario, trahem aos seos committentes, abandonando-os ás extorsões, aos disperdicios e a graves prejuizos pessoaes e nacionaes, oriundos da má gestão dos negocios financeiros.

2°. Autorisar o poder executivo a contrahir emprestimos, estabelecer meios para pagamento da divida, arrecadação e distribuição das rendas nacionaes; (Projecto da Commissão do Governo Provisorio).	2°. Autorisar o poder executivo a contrahir emprestimos, e fazer outras operações de credito; (Decretos n. 510 de 22 de Junho e n. 914 A de 23 de Outubro de 1890).	2°. **Autorisar o poder executivo a contrahir emprestimos e a fazer outras operações de credito;**

2° Emprestimos e... operações de credito. E' obvia a affinidade entre o poder de crear receita e regular despesas e o de usar do credito nacional por via de emprestimos. Estes em geral contrahem-se para despesas que não cabem nas forças do orçamento annual e têm de ser tambem pagos pelos contribuintes; precisam pois de ser autorisados por elles, pelo intermedio de seos representantes. A ser de outro modo, ao poder executivo ficaria o meio de inutilisar as prescripções orçamentarias e de metter arbitrariamente a mão no bolso dos contribuintes toda a vez que quizesse, contrahindo emprestimos para elles os pagarem.

Esta importante attribuição do congresso nacional arma o poder publico de meios precisos para occorrer ás difficuldades da situação financeira do paiz. Si della se tem muito abusado, com prejuizo do credito do estado e sacrificio das gerações futuras que, muita vez, terão de pagar juros e amortisação de divida contrahida sem proveito seo nem do paiz, e para despezas que uma administração mais sabia e prudente poderia ter evitado, —todavia é essa uma attribuição imprescindivel. Com ella fica habilitado o governo a prover de recursos o thesouro ao tempo em que elles lhe faltam, por não coincidir com a arrecadação das rendas a despesa inadiavel dos serviços publicos (e os emprestimos n'este caso, resgataveis em breve prazo, constituem a chamada *divida fluctuante*), a emprehender a realisação de grandes melhoramentos e obras de interesse nacional, e a occorrer a despesas impreteriveis, impostas por exigencias extraordinarias produzidas por calamidade publica, guerra, etc., para as quaes não bastem as rendas ordinarias (emprestimos geralmente de longo prazo ou perpetuos, constituindo a *divida consolidada.*)

2º.... estabelecer meios para o pagamento da divida... (Projecto da Commissão do Governo Provisorio).	3º. Legislar sobre a divida publica e estabelecer os meios para o seo pagamento; (Decretos n. 510 de 22 de Junho e n. 914 A de 32 de Outubro de 1890).	3º. Legislar sobre a divida publica e estabelecer os meios para o seo pagamento;

3º. Divida publica e... seo pagamento. O art. 48 dispõe:

«O Governo da União afiança o pagamento da divida publica interna e externa.»

E' a consagração do compromisso tomado em nome da nação pelo Governo Provisorio, na sua proclamação de 15 de Novembro de 1889:

«O Governo Provisorio reconhece e acata todos os compromissos nacionaes contrahidos no regimen anterior, os tratados subsistentes com as potencias estrangeiras, *a divida publica interna e externa*, os contractos vigentes e mais obrigações legalmente constituidas.»

E o cuidado de prover á satisfacção d'este compromisso naturalmente devia ficar ao mesmo poder que crea impostos e decreta a despesa nacional.

Esta disposição é ainda corollario do n. antecedente que autorisa o poder legislativo a *contrahir emprestimos* (divida da nação).

Vide com referencia á divida publica: lei de 15 de novembro de 1827, decr. de 26 de setembro de 1828, provisão de 25 de novembro de 1829, decr. de 7 de dezembro de 1830, lei de 8 de junho (art. 2) e decr. de 7 de novembro de 1831, lei de 23 e decr. de 24 de outubro de 1832, ord. e off. de 26 de fevereiro e lei de 10 de outubro de 1833, ord. de 18 de outubro de 1834, lei de 30 de novembro de 1841, art. 20, lei n. 567 de 22 de julho de 1850, ord. de 9 de dezembro de 1850, instr. de 10 de dezembro de 1851, aviso n. 221 de 23 de maio de 1862, decr. n. 832 A de 6 de outubro de 1890, etc.

2º.... estabelecer os meios para... arrecadação das rendas nacionaes; (Projecto da Commissão do Governo Provisorio).	4º. Regular a arrecadação e distribuição das rendas nacionaes; (Decretos n. 510, de 22 de Junho e n. 914 A, de 23 de Outubro de 1890).	N. 4. Substitua-se a palavra *nacionaes* pela *federaes*. Da Commissão do Governo Provisorio (Emenda approvada em 30 de Dezembro de 1890).	4º. Regular a arrecadação e distribuição das rendas federaes;

4º. Regular a arrecadação e a distribuição das rendas federaes é tambem tarefa propria dos representantes da nação e que entregue ao arbitrio do poder executivo exporia o contribuinte a vexame e extorsões, e os cofres publicos ao malbarato. Por lei se hão de regular o modo e as condições da arrecadação, da escolha ou nomeação dos empregados incumbidos da cobrança, guarda, escripturação, etc., da receita, assim como da realisação da despeza, numero dos empregados, categoria e funcções. E é dentro das normas prescriptas pelos legisladores para garantia dos contribuintes e do thesouro, que o poder executivo, pelas repartições fiscaes, exactores e mais agentes, põe em vigor o orçamento votado pelo congresso nacional.

Rendas federaes comprehendem, não somente o producto dos impostos de que tratam os arts. 7º (ns. 1º e 2º) 9º § 3º, e 12, as taxas dos telegraphos e correios federaes (art. 7º ns. 3º e 4º), como tambem outras, *v. gr.* as multas, os emolumentos das repartições publicas da União e a receita das vias-ferreas federaes e de quaesquer bens do dominio nacional.

3º Regular o commercio internacional, bem como o dos Estados entre si e com o districto federal, alfandegar portos, crear ou supprimir entrepostos... (Projecto da Commissão do Governo Provisorio).	5º. Regular o commercio internacional, bem como o dos Estados entre si e com o districto federal, alfandegar portos, crear ou supprimir entrepostos (Decretos n. 510 de 22 de Junho e n. 914 A de 23 de Outubro de 1890).	5º. Regular o commercio internacional, bem como o dos Estados entre si e com o districto federal, alfandegar portos, crear ou supprimir entrepostos;

5º. Regular o commercio. A necessidade de uma autoridade geral e da unidade da legislação sobre o commercio, e a competencia da União para regular os negocios de caracter nacional e os que possam affectar interesses e relações internacionaes, fundamentam esta attribuição do congresso nacional.

Internacional. É á União que cabe o que se refere á representação exterior da nação, bem como o poder de fazer tratados e convenções com os governos dos outros paizes; de necessidade, pois, sob sua alçada hão de ficar as relações commerciaes entre o nosso e os paizes estrangeiros.

Além d'isso, si este objecto ficasse na competencia dos Estados particulares, cada um d'estes teria o direito de regul-o a seo sabor e isto traria gravissimos inconvenientes, já testemunhados pela experiencia n'outras nações. O governo nacional não poderia fazer vantajosos tratados commerciaes; e não podendo elle offerecer seguranças e garantias ao commercio estrangeiro, este se esquivaria de nós, com prejuizo de nossa producção agricola e industrial, do incremento da riqueza nacional, da prosperidade publica.

Dos Estados entre si. A regulamentação do commercio inter-estadual não poderia ficar na esphera privativa de cada um dos Estados, pois não é assumpto exclusivamente de seo peculiar interesse, e a elles commettida traria perigo e damno para o interesse geral, além de que indirecta, mas poderosamente, influiria, de modo tambem nocivo, sobre o commercio exterior.

A Constituição sabiamente arredou de seo plano esse obstaculo á união dos Estados, essa fonte de discordias e conflictos entre elles, essa origem de males, que em resultado trariam o esphacelamento da federação. E tanto se preoccupou deste objecto que, — além de pôl-o sob a inspecção do governo federal, fazendo d'elle regulador o congresso nacional, — declarou livre, isento de impostos, o commercio interestadual, quér terrestre, quér costeiro (arts. 7° n. 2° e 11 n. 1°) e prohibio distincções e preferencias em favor dos portos de uns contra os de outros Estados (art. 8°), no intuito de manter uma completa egualdade commercial.

Da expressão «entre si» conclue-se que o commercio interior, o que se opera dentro dos limites de um Estado, fica sob a exclusiva alçada desse Estado, o qual é livre de regulal-o como mais conveniente fôr aos seos interesses, poder que lhe ficou reservado com o grande numero de outros a que se refere o art. 65 § 2.

Releva ponderar que no poder de regular o commercio inclue-se o de taxal-o, e isto é de jurisprudencia corrente na União Norte-Americana, de cuja Constituição (art. 1°, secção 8° n. 3) tomámos para a nossa o que dispõe o n. 5° do art. 34. A União tributa o commercio externo que ella regula, os Estados seo commercio interior, dentro dos seos limites. O commercio inter-estadual, porém, por força das disposições acima citadas, arts 7° n. 2° e 11 n. 1°, escapa á tributação e é isto um limite posto ao poder conferido pelo cit. art. 34 n. 5° e pelos que autorisam as imposições federaes e estaduaes.

Finalmente, este poder do congresso nacional (art. 34 n. 5°) extende-se á creação de alfandegas e entrepostos, e ainda, por comprehensão e inferencia, a construcções de pharóes, colocação de boias, serviços de desobstrucção e melhoramento de portos e desembaraço da navegação nos rios, lagos, bahias, e nas aguas territoriaes, regulamentos fiscaes e legislação commercial maritima (que é tambem incluida no n. 23 do cit. art. e em todo o caso teria de ficar para a União, mesmo que não houvesse sido adoptada a unidade de legislação).

Vide commentario ao art. 7° § 1° n. 2 e n. 6 *infra*.

3°.... e regular a livre navegação dos rios que banhem dous ou mais Estados, ou corram por territorio estrangeiro; (Projecto da Commissão do Governo Provisorio).	6°. Legislar sobre a navegação dos rios, que banhem mais de um Estado ou corram por territorio estrangeiro; (Decretos n. 510 de 22 de Junho e n. 914-A de 23 de Outubro de 1890).	N. 6. Substitua-se pelo seguinte: Legislar sobre a navegação dos rios que banhem mais de um Estado ou se extendam a territorios estrangeiros. Emenda da Commissão do Congresso (approvada em 30 de Setembro de 1890).	6°. **Legislar sobre navegação dos rios que banhem mais de um Estado ou se extendam a territorios estrangeiros;**

6°. **Navegação** é um dos ramos do commercio e portanto está comprehendida no anterior paragrapho, quanto ao trafego estrangeiro e inter-estadual. O art. 13 mandou regular por lei federal «o direito da União e dos Estados de legislarem sobre navegação *interior*» e essa promettida lei é a de n. 109 de 14 de outubro de 1892. (Vide *supra*, commentario ao art. 13).

O n. 6° reserva á União sómente o poder de legislar quanto aos rios que banhem *mais de um Estado* ou se extendam a *territorio estrangeiro*; e não falla da navegação dos lagos. Mas o mesmo criterio se deve adoptar quanto a estes por identidade de razão, em vista dos principios fundamentaes do regimen federativo, notando-se ainda que o art. 60 *g*) attribue á justiça federal o conhecimento das questões de navegação no oceano, nos rios *e nos lagos do paiz* (entende-se — dos que não estiverem no interior de algum Estado). A navegação dentro de cada Estado, salvo o limite ácima indicado, é de competencia meramente estadual.

4°. Determinar o peso, valor, inscripção, typo e denominação das moedas... (Projecto da Commissão do Governo Provisorio).	7°. Determinar o peso, valor, inscripção, typo e denominação das moedas; (Decretos n. 510 de 22 de Julho e n. 914 A de 23 de Outubro de 1890).	7°. Determinar o peso, o valor, a inscripção, o typo e a denominação das moedas; (Redacção pela Commissão do Congresso, em 23 de Fevereiro de 1891).	7°. **Determinar o processo, o valor, a inscripção, o typo e a denominação das moedas;**

7°. **Moedas.** A uniformidade da moeda, para maior facilidade e segurança das transacções, é uma necessidade a que não poderia permanecer estranho governo algum e no regimen federativo estaria desattendida, si cada Estado particular ficasse com o direito de lavrar moeda, instrumento universal de permuta, o qual sem aquella condição produziria enormes vexames, abusos e prejuizos para o commercio, para o publico e para o proprio governo. Tinham tal direito os cantões suissos, mas a experiencia não tardou em aconselhar-lhes que se despojassem d'elle, e para a União o passaram com a reforma constitucional de 1848.

A nossa Constituição, além do que neste paragrapho dispoz, prohibio aos Estados (art. 66 n. 2º) «rejeitar a moeda ou a emissão bancaria em circulação por acto do governo federal.»

O decr. n. 54 B, de 18 de dezembro de 1889 adoptou novo typo para as moedas de ouro, prata, nickel e bronze, e mandou observar quanto ao peso, modulo, liga, tolerancia e quantidade das de cada metal e valor, as anteriores disposições legaes em vigor.

(*Vide* leis n. 59 de 3 de outubro de 1833, n. 401 de 11 de setembro, decrs. n. 487 de 28 de novembro de 1846, n. 475 de 20 de setembro de 1847, n. 625 de 28 de julho de 1849, leis n. 552 de 31 de maio de 1850, n. 682 de 17 de setembro de 1851, n. 779 de 6 de setembro de 1854, n. 1083 de 1860, decrs. n. 1817 de 30 de setembro de 1870, n. 4822 de 18 de novembro de 1871, lei n. 2348 de 25 de agosto de 1873, decr. n. 6143 de 10 de março de 1876, decr. n. 4 de 19 de novembro de 1889 e n. 54 B de 18 de dezembro do mesmo anno.)

8º. Crear bancos de emissão, legislar sobre ella, e tributal-a,
(Decretos n. 510, de 22 de Junho e n. 914 A, de 23 de Outubro de 1890).

8º. **Crear bancos de emissão, legislar sobre ella, e tributal-a;**

8º. Bancos de emissão. Veja-se o commentario ao art. 7º § 1º n. I.

4º. ... e fixar o padrão dos pesos e medidas;
(Projecto da Commissão do Governo Provisorio).

9º. Fixar o padrão dos pesos e medidas;
(Decretos n. 510 de 22 de Junho de 1890 e n. 914 A de 23 de Outubro do mesmo anno).

9º. **Fixar o padrão dos pesos e medidas;**

9º. Pesos e medidas devem ser uniformes em toda a extensão do paiz, no interesse d'elle e por conveniencia tambem de seo commercio com o estrangeiro. A aspiração a um typo universal tem ganho terreno e quasi todas as nações civilisadas hão adoptado o systema metrico decimal; nós já o haviamos admittido (lei n. 1.157 de 26 de junho de 1862, decrts. n. 5.089 de 18 de setembro e n. 5.169 de 11 de dezembro de 1872).

Bem se vê que não era isto assumpto para ser deixado ao arbitrio dos Estados particulares e que por sua natureza devia caber aos poderes federaes, ficando ao legislativo regulal-o por normas geraes, obrigatorias para todos os membros da União, sem o que não se conseguiriam a uniformidade e estabilidade necessarias.

5º. Resolver definitivamente sobre os limites dos Estados entre si, os do districto federal e os do territorio nacional com as nações limitrophes;
(Projecto da Commissão do Governo Provisorio.).

10. Resolver definitivamente sobre os limites dos Estados entre si, os do districto federal e os do territorio nacional com as nações limitrophes;
(Decreto n. 510 de 22 de Junho e n. 914 A, de 23 de Outubro de 1890).

Ao n. 10. Divida-se em dous numeros:
a) approvar os tratados de limite celebrados pelos Estados entre si e resolver os conflictos que se suscitem entre elles a tal respeito;
b) resolver definitivamente sobre os limites do districto federal e os do territorio nacional com as nações limitrophes.
Emenda da Commissão do Congresso (approvada em 30 de Dezembro de 1890; na 2ª discussão foi adoptada outra, do representante *Felisbello Freire*, restaurando o texto dos Decrs. ns. 510 e 914 A, *Ann.* vol. III pag. 146).

10. **Resolver definitivamente sobre os limites dos Estados entre si, os do Districto Federal e os do territorio nacional com as nações limitrophes;**

---

10. Limites dos Estados. A alteração dos limites dos Estados envolve diminuição ou accrescimo do territorio d'elles e faz passarem os habitantes da parte separada ou accrescida para uma nova jurisdicção politica. E' acto que entende com a integridade estadual, não se póde realisar sem o accordo d'aquelles a que interessa, e a elles deve caber regulal-os.

Mas os Estados vivem na União, partes integrantes d'ella, que não póde ser indifferente a esse acto, attenta sua natureza e consequencias, pois é a ella que toca a policia entre elles, a superintendencia dos negocios que não interessam a um só, mas que, affectando a mais de um excedem á competencia local e assumem caracter não meramente estadual. Isto legitima a interferencia da autoridade federal. E desta o ramo mais apropriado a exercer essa interferencia é o congresso nacional, visto tratar-se de um acto de soberania, de um acto essencialmente politico, que não se deverá consummar sem a resolução definitiva dos representantes da nação, sobre o que entre si tiverem accordado os Estados finitimos interessados. Com essa sancção do poder legislativo federal tornar-se-á então o acto obrigatorio para toda a nação.

Esta doutrina resulta da combinação do disposto do n. 10 deste art. 34 com o art. 4 e dos principios cardeaes do systema democratico federativo. (*Vide* comment. aos arts. 4º e 59 n. 1, *c*).

Com as nações limitrophes trata o presidente da República, o qual personifica a nação brazileira perante os governos estrangeiros; mas os tratados que faz com ellas sobre limites (como sobre outros assumptos, arts. 34 n. 12 e 48 n. 16) ficam, e não poderia deixar de ser assim, dependentes da approvação dos representantes do povo, expressão a mais directa e proxima de sua soberania. Sem seo consenso não se justificaria o augmento ou diminuição do territorio nacional.

| 7º. Autorisar o governo a declarar a guerra e fazer a paz . . . (Projecto da Commissão do Governo Provisorio). | 11. Autorisar o governo a declarar a guerra e fazer a paz; (Decretos n. 510, de 22 de Junho e n. 914 A, de 23 de Outubro de 1890). | N. 12. — Accrescente-se depois da palavra — governo — esgotado o recurso de arbitramento. Emenda da Commissão do Congresso, (approvada em 30 de Dezembro de 1890) N. 12. — Autorisar o governo a declarar a guerra si não tiver logar ou não puder produzir seus effeitos o recurso do arbitramento, e a fazer a paz. — *Serzedello Correa*. (Emenda approvada em 5 e 17 de Fevereiro de 1891). | 11. **Autorizar o governo a declarar guerra, si não tiver logar ou mallograr-se o recurso do arbitramento, e a fazer a paz**; |

11. Declarar guerra, flagello dos povos, calamidade que resume todas as outras, é uma temerosa attribuição do poder publico e que o estado actual da civilisação apenas tolera como ultimo recurso em defeza da honra, dos direitos e do territorio das nações. Desde que não existe um tribunal para perimir as contendas entre differentes povos, entre seos governos, desde que não ha um juiz com autoridade e força para lhes interpôr com efficacia e em imparcial homenagem á razão e justiça universal, as suas decisões, — a menos que as partes contendoras voluntariamente se sujeitem a juizo arbitral e á execução de suas sentenças, — o recurso á solução pelas armas é inevitavel e legitimo. Nas monarchias semelhante attribuição é do chefe do estado, dependendo do parlamento a concessão dos recursos necessarios. N'uma Republica, um poder como é esse, — o qual, com o imposto de sangue que exige dos cidadãos o maior sacrificio pessoal, sujeita-os a tributos e contribuições novas ou aggravadas, para despezas cujo computo se mede só pelas necessidades da occasião, e que tanto pódem comprometter a fortuna publica, — sem duvida aos representantes da nação, aos procuradores do povo é que deve caber, aos que têm a incumbencia de defender e zelar os direitos d'elle e a applicação do producto do imposto, contra os erros e abusos da autoridade executiva. Por isso, a guerra precisa de ser autorisada pelo congresso nacional. Mas ha casos em que a autorisação, por não poder ser prompta e immediata, tem de ser dispensada e são os de invasão ou aggressão estrangeira, cuja repulsa não admitta demora; então é dever do chefe do poder executivo «declarar immediatamente a guerra» (art. 48 n. 8º), como responsavel pela segurança da Nação, e sem esperar autorisação especial legislativa.

Esta attribuição do congresso nacional extende-se a toda a legislação necessaria para a prosecução da guerra com vigor e exito, sem intervenção porém no mando das forças e na direcção das operações bellicas, o que é da competencia privativa do presidente da Republica por si ou por pessoa que para isso designar (art. 48 ns. 3 e 4).

Este poder é limitado: 1º pelo disposto no art. 88, que absolutamente prohibe as guerras de conquista; 2º pelo proprio n. 11 do art. 34, que só permitte declaração de guerra « si não tiver logar ou mallograr-se o recurso de arbitramento.» E sendo, como é, de privativa competencia do congresso nacional, acha-se implicitamente prohibido aos Estados particulares, os quaes, entretanto, ao serem invadidos ou na imminencia de invasão ou hostilidade cuja repulsa não admitta demora, poderão empregar contra ella os recursos de que dispuzerem até apparecer a acção do poder federal. Esta é estabelecida em protecção dos Estados; mas no caso de ser ella, por qualquer embaraço occorrente, damnosamente retardada, deve ser interinamente supprida pela acção do proprio Estado em perigo. E assim é por força de seo direito de conservação e para obviar maiores desastres. Um Estado em taes emergencias não, ha de ficar á espera do governo da União, bradando como a personagem dos Lusiadas:

«Acude e corre, pae; que si não corres,
«Póde ser que não aches quem soccorres.»

Elle ha de defender-se emquanto não chegar o soccorro federal, porque tal é o seo direito e seo dever imposto pela angustia das circumstancias.

Mas, si a guerra é um grandissimo mal e fonte de immensos males, *vox belli in terra et contritio magna* (Jerem. L. 32), que seguranças ficam ao povo quanto ao uso, pelo poder publico, d'esta arriscada attribuição de declarar e fazer a guerra? A isto ha como resposta o que disse Marshall o «magno expositor da Constituição Norte-Americana:»

«A sabedoria e discreção do congresso, sua identificação com o povo e a influencia que seos committentes exercem nas eleições, são, em muitos casos, quaes os de declaração de guerra e outros tambem importantes, o unico freio para premunir a nação contra os abusos que poderem occorrer. Em todos os governos representativos, é sómente n'isso que, na maioria dos casos, é preciso confiar.»

Para debellar a guerra com vigor e procurar-lhe exito favoravel e honroso á nação, o poder publico tem o direito de lançar mão das medidas que tiver por mais adequadas áquelle fim supremo. Mas, *sunt belli sicut et pacis jura;* esse arbitrio limita-se pelas regras e normas consagradas pelas nações civilisadas. Si os governos na paz devem fazer o maior bem, devem na guerra fazer o menor mal possivel.

A razão universal quer que, nesse estado de hostilidade armada, inimigos sómente se considerem a gente de guerra, as pessoas que os auxiliam e os espiões. «Em qualquer paiz (dizia, em seo leito de morte, o grande Du-Guesclin a seos velhos capitães) onde fizerdes guerra, as mulheres, as creanças, os sacerdotes e o pobre povo não são de modo algum vossos inimigos.» A civilisação moderna prescreve que se poupem as populações desarmadas, que o menor damno possivel se faça ás propriedades privadas, que sejam bem tratados e restituidos os prisioneiros, pensados os feridos e inhumados os mortos; as ambulancias, carros de transporte de feridos, os hospitaes, seo pessoal, estão declarados neutros pela convenção de Genebra em 1864; ao bombardeio de cidades ha de preceder aviso com 24 horas pelo menos de antecedencia; e á excepção do que se prende aos estratagemas da guerra, deve-se lealdade ao inimigo, respeito aos parlamentarios, fiel observancia ás tregoas e capitulações.

6º... e resolver definitivamente sobre os tratados e convenções do poder executivo com as nações estrangeiras; (Projecto da Commissão do Governo Provisorio).	13. Resolver definitivamente sobre os tratados e convenções com as nações estrangeiras; (Decretos n. 510 de 22 de Junho e n. 914 A de 23 de Outubro de 1890).	**12. Resolver definitivamente sobre os tratados e convenções com as nações estrangeiras;**

12. Tratados. O presidente da Republica é o orgão de communicação d'ella com as outras nações, é a elle que, por seos agentes, cabe a negociação dos tratados (Constituição, art. 48 ns. 14 e 16). E assim deve ser pela sua qualidade de chefe da nação que preside, e para assegurar a discreção e boa expedição dos negocios, como não se conseguiria de alguma assembléa.

Mas os tratados são uma troca de concessões e estabelecem reciprocidade de obrigações; ora, não é da alçada do poder executivo empenhar *motu proprio* a responsabilidade da nação, crear-lhe compromissos, obrigal-a, ainda que em permuta de vantagens, a onus e encargos. Por isso ficou reservada ao congresso nacional a ratificação dos ajustes, convenções e tratados feitos pelo presidente da Republica, o que redunda em correctivo e garantia contra possiveis abusos, contra a má comprehensão e compromettimento dos altos interesses nacionaes.

Nos Estados Unidos Norte-Americanos a approvação dos tratados é só por acto do senado, ao que entendeo-se não dever associar a outra camara legislativa, attendendo-se á sua composição numerosa e sujeita a continuas fluctuações; pois, conforme A. Hamilton, o conhecimento exacto e comprehensivo da politica estrangeira, a adhesão systematica aos mesmos planos, o sentimento delicado e seguro do caracter nacional, a firmeza, o segredo, a promptidão, são incompativeis com o espirito das corporações numerosas. A mesma complicação do negocio pela concurrencia de tantos corpos differentes e o muito tempo que se consumiria para chegar á approvação de cada clausula do tratado, traria taes inconvenientes que só isto bastaria para rejeitar o concurso da camara dos deputados (*Federal*, cap., 75).

Mas, si isto é mais pratico e dá mais celeridade ao acto da approvação, é innegavel que o expediente adoptado pela Const. brazileira, seguindo nisso a argentina (art. 67 n. 19), obedece mais completamente ao principio representativo democratico, e fazendo o negocio passar por mais um cadinho, visa apural-o melhor. Tambem a constituição suissa não prescindio n'isso da cooperação da camara dos deputados (Conselho Nacional), art. 85 § 5.

Aos Estados é visto que não poderia caber semelhante poder de fazer tratados, quér porque não têm, separadamente, personalidade internacional, quér pelos obvios e multiplos inconvenientes que d'ahi resultariam, em prejuizo d'elles e da União. Basta considerar que tratados haveria vantajosos para os que os realisassem e nocivos a outros Estados. Por outro lado, mal segura ficaria a União quanto á sua fé, seo credito e paz, dependentes assim das velleidades dos Estados, das difficuldades internas, bem como das complicações internacionaes d'ahi promanadas.

A APPROVAÇÃO DOS TRATADOS DEVE SER SEMPRE INTEGRAL OU PÓDE MESMO SER PARCIAL? Um tratado é o resultado de negociações, em que os governos transigem e chegam a um accordo final sobre todas e cada uma das clausulas reciprocamente aceitas, depois de conferencias, discussões, concessões de parte a parte; e o que vem a prevalecer é o que, ponderadas e maduramente consideradas as cousas, os pactuantes poderam admittir como mais adequado e possivel na occasião e nas circumstancias dadas.

Como pois mutilar um acto desta natureza? Como escolher entre as clausulas, si cada uma d'ellas não figura no tratado sinão por ter sido julgada necessaria sua inclusão n'elle juntamente com as outras? Quebrar-lhe a integridade vem a ser o mesmo que rejeital-o *per totum* e deve o congresso ver que si mais não obteve o governo em bem dos interesses que se prendem ao tratado, é que naturalmente outra cousa não póde conseguir.

Approve o congresso ou rejeite o tratado feito, — o mais é interferencia temeraria, que póde ser comprometora e ruinosa.

Dizem entretanto publicistas que um tratado póde ser approvado em seo todo ou ratificado sómente em parte e até recommendando-se artigos addicionaes; no caso de se fazerem alterações, o assentimento do presidente e do governo estrangeiro sobre as innovações é indispensavel para que o tratado se torne effectivo e tenha força de obrigar.

(*Vide* «An exposition of the Const. of the U. States», by Henry Flanders, 1885, pag. 182). E que assim se tem praticado nos Estados Unidos Norte-Americanos, asssegura-o C. Ellis Stevens, «Les Sources de la Const. des E'tats-Unis», trad. par L. Voission, 1897, pag, 163. Isto porém parece não poder prevalecer entre nós. A Constituição reservou para o poder legislativo a resolução final (art. 34 n. 12: Resolver *definitivamente*...) E como, pela approvação parcial e indicação de outras clausulas, o acto ficará ainda dependente de novos accordos, a resolução do congresso deixará então de ser conclusiva e de ultima instancia; serão os tratados como que negociados e feitos por elle e por elle mesmo approvados.

EM QUAL DAS DUAS CAMARAS LEGISLATIVAS DEVERÁ COMEÇAR A DISCUSSÃO DOS TRATADOS? Isto se discutio no senado em 1891 e ahi prevaleceo a opinião de que a iniciativa podia ser de qualquer d'ellas, sendo então approvado um requerimento para se requisitar do governo a apresentação ao senado do tratado com a Republica Argentina sobre o territorio das Missões; em resposta, declarou o governo já tel-o enviado á camara dos deputados (ANNAES do senado, 1891, vol. l, pags. 88, 93 e 113), na qual foi logo discutido e rejeitado. A questão ficou resolvida depois pela lei n. 23 de Outubro de 1891, cujo art. 9 diz assim:

«§ 3. Os ajustes, convenções e tratados celebrados pelo presidente da Republida, em virtude das attribuições que lhe confere o art. 48 n. 16 da Constituição, serão sujeitos á ratificação do Congresso, *mediante um projecto de lei formulado pelo poder executivo* nos termos do art. 29 da Constituição.»

O art. 29 dá a camara dos deputados a «iniciativa» quanto a taes projectos.

| 8º. Designar a capital da União... (Projecto da Commissão do Governo Provisorio). | 14. Designar a capital da União. (Decreto n. 510, de 22 de Junho e n. 914 A, de 23 de Outubro de 1890). | 13. Mudar a capital da União. Redacção pela Commissão do Congresso em 23 de Fevereiro de 1891). | **13. Mudar a capital da União;** |

13. Mudar a Capital da União. *Vide* commentario ao art. 3 (*in fine*). Esta attribuição, de caracter nacional, não poderia deixar de ficar reservada á União e razões de ordem politica e financeira aconselham que ao congresso e não ao poder executivo, pertença ella.

Em 1891, o mesmo congresso que votára a Constituição, preoccupado da mudança da capital federal, habilitou o Governo com os recursos precisos para iniciarem-se desde logo os trabalhos necessarios á execução do cit. art. 3º (lei n. 26 de 31 de dezembro, art. 8º n. 19) e a 17 de maio de 1892, o poder executivo nomeou pessoal e deo instrucções para a exploração do planalto central do Brazil e demarcação da área da futura capital. Na região central desse planalto, localisada na zona onde nascem os grandes rios do nosso systema hydrographico Araguaya, Tocantins, S. Francisco e Paraná, foi demarcada uma superficie de 14.400 kilometros quadrados, dando-se-lhe fórma rectangular e tendo por lados arcos de meridiano e de parallelo. N'ella se escolherá o melhor local para a nova cidade, cumprindo que seja a menor possivel a demora da realisação do magno intento dos constituintes de 1890, a cuja solicita previsão póde-se já accrescentar a lição da propria nossa experiencia a mostrar a necessidade da capital central.

Cabe ponderar que os termos do presente paragrapho não impedem a mudança da capital para outro logar que não o planalto-central, desde que o poder legislativo reconheça a necessidade de collocal-a n'outra parte; nem, ainda depois de estabelecida no logar indicado pelo art: 3°, a remoção para melhor sitio, definitiva ou provisoriamente, conforme aconselharem as circumstancias. Isto se corrobora com os motivos fundamentaes da attribuição de que se trata e fica ao criterio do congresso nacional, que, se presume, nisso andará com todo o tento.

O que porém não poderá elle, tendo-a removido, é repôl-a depois na antiga séde, condemnada pelo congresso constituinte como impropria, má e perigosa á segurança do governo; as razões de ordem topographica, estrategica e politica d'essa condemnação são de caracter permanente.

8°. , , , conceder subsidios aos Estados na hypothese do art. 5°... (Projecto da Commissão do Governo Provisorio).	15. Conceder subsidios aos Estados na hypothese do art. 4°.; (Decretos n. 510 de 22 de Junho e n. 914 A, de 23 de Outubro de 1890).	14. Conceder subsidios aos Estados na hypothese do art. 5°.;

14. Subsidios aos Estados. *Vide* commentario ao art. 5.

8°. ... prover as necessidades dos serviços dos correios e telegraphos ... (Projecto da Commissão do Governo Provisorio).	16. Legislar sobre o serviço dos correios e telegraphos; (Decreto n. 510, de 22 de Junho e n. 914 A, de 23 de Outubro de 1890).	Accrescente-se ao n. 16 as palavras da — União. —*A. de Freitas.* (Emenda approvada em 5 e 17 de Fevereiro de 1891). Legislar sobre o serviço dos correios e telegraphos federaes; (Redacção pela Commissão do Congresso, em 23 pe Fevereiro de 1891).	15. Legislar sobre o serviço dos correios e telegraphos federaes;

15. Serviço dos correios e telegraphos. A necessidade de promover a facilidade, presteza e segurança das communicações determina a entrada no dominio official dos correios e telegraphos, os quaes abandonados á industria particular naturalmente não teriam o grande desenvolvimento a que hão chegado, não offereceriam as preciosas vantagens de ordem, celeridade e discreção, nem poderiam facil e indistinctamente extender a todas as partes do territorio nacional o goso de um serviço regular e garantido.

N'um governo federativo, a gestão e superintendencia de serviços taes, de immensa importancia social e economica e que se extendem a relações exteriores de grande alcance para nação e para o commercio, industrias e particulares, de razão era que ficasse na competencia da União, além do mais, para uniformisação n'esses serviços, — e tamanha é a necessidade d'ella que não se impõe só quanto ao interior de cada paiz; para conseguil-a, se fazem tratados internacionaes. Ora, comprehende-se que difficuldades não adviriam para a realisação das uniões postaes e telegraphicas si semelhantes tratados dependessem, não dos altos poderes da nação, mas dos governos dos varios Estados particulares em que ella é dividida.

E entre os poderes federaes a tarefa de regular superiormente taes serviços evidentemente deve tocar ao poder legislativo, que fixa as taxas que n'elles se arrecadam, as despezas que exigem, regulamenta o commercio, navegação e vias de communicação no paiz e em suas relações com o estrangeiro, approva os tratados internacionaes, etc. (Art. 34 ns. 15 e 12 e art. 7° n. 4. (*)

Mas, sem embaraçar a acção do governo federal, os Estados podem estabelecer correios e telegraphos seos proprios, para utilidade de sua administração e dos particulares.

A Constituição lhes deixou com muita razão esse direito (art. 9° § 1° n. 2 e § 4°) e nenhum inconveniente haverá n'isso, antes vantagem. Não é natural, que facilmente e sem o decurso ainda de muitissimo tempo, o serviço federal postal e telegraphico abranja todos os logares povoados, si é que não se póde até dizer que nunca a isso chegará. Tendo os Estados a competencia com que ficaram, o beneficio da communicação por aquelle meio será mais generalisado, sem augmento de despeza para a União.

E isto não é derogação dos principios fundamentaes da União, desde que se trata de serviço de interesse peculiar de cada Estado, dentro dos respectivos limites.

(*) Para o transito territorial e maritimo da correspondencia enviada para os paizes estrangeiros, o Brazil se obrigará ao que foi estabelecido na convenção de 1 de junho de 1878 e depois na que se realisou em 4 de julho de 1891, sob a denominação de *União postal universal*, revista pela de 15 de Junho de 1897, celebrada em Washington.

E á *Convenção telegraphica internacional*, de 10 — 22 de junho de 1875, que reconheceo o direito de se corresponderem todas as pessoas por meio dos telegraphos internacionaes, nas condições que n'esse acto se estabelece ram, o governo brazileiro adherio pelo decr. n. 6.701 de 1 de outubro de 1877.

ARTIGO 34

8º.... prover... á segurança das fronteiras;
(Projecto da Commissão do Governo Provisorio).

17. Adoptar o regimen conveniente á segurança das fronteiras;
(Decretos n. 510, de 22 de Junho e n. 914 A, de 23 de Outubro de 1890).

16. Adoptar o regimen conveniente á segurança das fronteiras;

16. Segurança das fronteiras. Este objecto é evidentemente de natureza nacional, entendendo com as relações exteriores, com o poder militar terrestre e naval, e ligando-se essencialmente á segurança do paiz contra o estrangeiro, — cousas que excedem á competencia dos Estados. E, por ser assim, ficou tambem reservada á União «a porção de territorio que fôr indispensavel para a defeza das fronteiras» (art. 64).

A attribuição é dada ao congresso, porque, para estabelecer «o regimen conveniente,» de que trata o n. 16, autorisar as medidas apropriadas e regular as despezas necessarias, só ao poder que tem a prerogativa de estabelecer normas geraes, obrigatorias, relativas aos diversos serviços publicos e de dispôr dos cofres nacionaes, é que deveria ser conferida. O executivo observará as prescripções legaes que se estabelecerem e solicitará as que as conveniencias do serviço reclamarem.

9º. Fixar annualmente as forças de terra e mar...
(Projecto da Commissão do Governo Provisorio).

17. Fixar annualmente as forças de terra e mar;
(Decretos n. 510, de 23 de Junho e n. 914 A, de 23 de Outubro de 1890).

17. Fixar annualmente as forças de terra e mar;

17. Fixar annualmente as forças de terra e mar. Do poder de declarar a guerra e de reprimir as insurreições deriva-se este, e deve ser exercido «annualmente» pela razão de que são variaveis as circumstancias que podem determinar o *quantum* das forças que o governo deve levantar e manter para a segurança e defeza da nação, e na proporção de seu numero cresce o sacrificio de sangue e de liberdade, além do de dinheiro, que é com isso imposto aos cidadãos. A fixação annual abre ensejo á diminuição desse formidavel onus, quando, examinadas as circumstancias do paiz com relação a este objecto, se verifique a possibilidade da reducção.

Em circumstancias extraordinarias, a lei proverá, a bem da salvação do Estado, sobre o augmento que ellas reclamarem. E no voto annual das leis de força os representantes do povo, além de regularem o gráo de sacrificio que á nação ellas impõem, têm occasião de examinar como hajam sido empregadas essas forças, si exactamente foram despendidos os recursos pecuniarios a ellas destinados, e de, segundo a experiencia do serviço, tratar de melhoral-o com reformas adequadas ao seo bom exito, bem como de providenciar para se corrigirem os abusos verificados.

As forças militares compor-se-ão de voluntarios e, na falta delles, de conscriptos mediante sorteio, por contingentes fixados para cada Estado e o districto federal, na lei annua de fixação. (Const. art. 87).

Mas si é certo que á nação é de prudente aviso ter preparada a força armada necessaria, cumpre não esquecer que, como dizia Voltaire, «não ha melhores guerreiros do que os bons cidadãos» e que *regnum amore potius civium quam militum fortitudine diu manet.*

12. Diminuir os quadros do exercito á proporção que tratados de paz estabeleçam o arbitramento como recurso obrigatorio com sancção internacional, sem prejuizo dos officiaes ou praças que forem dispensados;
(Projecto da Commissão do Governo Provisorio).

19. Regular a composição do exercito;
(Decretos n. 510, de 22 de Junho e n. 914 A, de 23 de Outubro de 1890).

N. 19. Diga-se: Legislar sobre a organisação do exercito e da armada;
Emenda da Commissão do Congresso (approvada em 30 de Dezembro de 1890).

18. Legislar sobre a organisação do exercito e da armada;

18. A organisação do exercito e da armada, os quaes o art. 14 declara serem instituições *nacionaes*, muito razoavelmente ficou (por isso e pelos motivos acima expostos emquanto aos ns. 11, 16 e 17) pertencendo ao congresso nacional. Por acto legislativo federal se regula o assumpto, ficando ao poder executivo a administração da força publica e sua distribuição, conforme as necessidades do serviço publico e na conformidade da lei (art. 48 n. 4)

9º. .... conceder ou negar passagem a forças estrangeiras pelo territorio nacional; (Projecto da Commissão do Governo Provisorio).	20. Conceder ou negar passagem a forças estrangeiras pelo territorio do paiz, para operações militares; (Decretos n. 510, de 22 de Junho e n. 914 A, de 23 de Outubro de 1890).	19. Conceder ou negar passagem a forças estrangeiras pelo territorio do paiz, para operações militares;

19. Passagem a forças estrangeiras pelo territorio do paiz é objecto que intimamente interessa ás relações internacionaes, á soberania territorial da nação e á sua segurança.

O poder de autorisal-a ou impedil-a não devia caber, pois, aos Estados, quér pela propria natureza d'elle, quér ainda pelos perigos e complicações em que poderiam comprometter a União. E a autoridade a que isso toca só póde ser o poder legislativo, ainda pelas razões supradictas.

Territorio do paiz. Comprehende o dominio territorial terrestre, maritimo e fluvial; e portanto a passagem e entrada de tropas estrangeiras pelas fronteiras de terra, portos, praias, embocaduras de rios e suas margens, tudo depende de autorisação por acto legislativo.

Para operações militares. Estas palavras resalvam o caso de entrada de tropas estrangeiras em procura de asylo. Tem succedido que forças armadas de paiz belligerante, quando acossadas pelo inimigo, não lhes restando probabilidade de exito, tratam de se refugiar em territorio do paiz limitrophe. Um facto notavel desse genero deo-se na guerra franco-alleman em 1871, com um exercito francez de mais de 80.000 homens, que acolheu-se á Suissa e foi admittido a entral-a, mediante licença competente, depondo as armas e entregando munições, victualhas, equipamento e material bellico, sendo em seguida internado em differentes cantões até o fim da guerra.

Em semelhante conjunctura, não ha esperar que se reuna o corpo legislativo e, uma vez que a entrada das tropas não é «para operações militares», o poder executivo deve providenciar, observando as praxes admittidas em taes conjuncturas pelas nações civilisadas.

10. Mobilisar e dispôr das forças dos Estados nos casos estabelecidos n'esta Constituição; (Projecto da Commissão do Governo Provisorio).	21. Mobilisar e utilisar a força policial dos Estados, nos casos taxados pela Constituição; (Decretos n. 510 de 22 de Junho e 914 A, de 23 de Outubro de 1890).	N. 21. Substitua-se pelo seguinte: Mobilisar e utilisar a guarda nacional ou milicia civica dos Estados, nos casos taxados pela Constituição A. Gordo. (Emenda approvada em 11 e 18 de Fevereiro de 1891). Mobilisar e utilisar a guarda nacional ou milicia civica, nos casos previstos pela Constituição. (Redacção, em 23 de Fevereiro de 1891, pela Commissão do Congresso).	20. Mobilisar e utilisar a guarda nacional ou milicia civica, nos casos previstos pela Constituição;

20. Mobilisar e utilisar a guarda nacional. A guarda nacional, milicia composta da parte viril da população não empregada no exercito e marinha nacionaes, foi entre nós creada pela lei de 18 de Agosto de 1831

«para defender a Constituição, a liberdade, a independencia e integridade do Imperio; para manter a obediencia ás leis, conservar ou restabelecer a ordem e a tranquillidade publica; e auxiliar o exercito de linha na defesa das fronteiras e das costas» (Art. 1º da cit. lei e da lei n. 602 de 19 de setembro de 1850).

Organisada por municipios, não póde ser destacada sinão em casos excepcionaes,—guerra externa e sedição.—Pela lei de sua creação, art. 118, e pela de n. 602 (art. 118) ao chamamento a serviço devia preceder acto legislativo ordenando-o (salvo, no recesso do parlamento, em casos de invasão repentina ou rebellião, nos quaes essa attribuição cabia ao poder executivo, devendo elle dar contas d'isso ao legislativo). Pela reforma de 1873, ao governo geral, sob essa mesma condição, mas sem preceder lei, ficou esse poder em qualquer dos casos em que é autorisado (lei n. 2.395 de 10 de setembro de 1873, art. 1º), e cessando o motivo extraordinario da convocação e destacamento da guarda nacional, ficava esta desde logo dispensada do serviço, sem obrigação de mais outro algum, além do de reunir-se, sómente para revista de mostra e exercicios de instrucção, e isso uma unica vez por anno (cit. lei de 1873 e regulamento n. 5.573 de 21 de março de 1874, arts. 32 e 35).

Mas, havendo o decreto legislativo n. 431, de 14 de dezembro de 1896, declarado em vigor (até ser votada uma nova lei organisando a guarda nacional) os de n. 1.124 de 5 de dezembro de 1890 e n. 146 de 18 de abril de 1891, os quaes mantêm as disposições da lei cit. n. 602 de 1850, por elles não alteradas, subsiste, em virtude d'esta a necessidade de acto legislativo para cada caso em que seja preciso convocar a guarda nacional, salvo si na occasião não estiver funccionando o congresso, ao qual, logo que reunido, o governo deverá submetter o seo acto.

Por esta ligeira indicação da natureza, fim e serviços desta instituição, comprehende-se a alta importancia e extrema gravidade da attribuição conferida ao congresso em o n. 20 de que tratamos, e vê-se quanto fôra imprudente e temerario deixal-a á simples discreção do poder executivo.

Discutindo no senado federal um projecto de lei em que, para os casos de intervenção armada nos Estados, se autorisava o poder executivo a usar d'esta extraordinaria faculdade que a Constituição reservou ao congresso nacional, dissemos o seguinte:

«...Sabe-se o que vae nisso com relação á lavoura, ao commercio e á industria, á toda a vida activa da nação. O que é a mobilisação? Pergunte-se ao operario, ao artista, ao lavrador, ao commerciante, arrancados do logar em que vivem, onde pelo trabalho concorrem para o bem publico, e são d'ahi inopinadamente arrastados para longe, sem ter tempo, e muitos, a maior parte, sem meios, de providenciar quanto ao lar que abandonam, quanto a seus interesses e negocios que sacrificam.

Mobilisar a guarda cidadã é produzir o maior dos vexames, é necessariamente causar gravissimos prejuizos a todas as classes da sociedade: embora seja isto em nome de interesse da mais alta monta e reclamado por perigo gravissimo, só deve ser autorisado, deante de uma causa cuja pressão seja tamanha, que exija impreterivelmente o emprego desse meio extremo.

Mas tudo isto fica sendo pelo projecto uma livre faculdade do poder executivo, do poder que mais facilmente abusa, do poder cujos abusos são a preoccupação dos publicistas e das constituições!

Parece-me, Sr. Presidente, que foi muito avisada e sabiamente que a Constituição declarou que isto seria da competencia privativa do congresso. Quando fôr occasião, o poder executivo, — que tem á mão o exercito e a armada, — si precisar de mais tropa, peça-a ao congresso e sendo então necessaria a autorisação, não lhe será negada pelos representantes do povo, o que evitará mobilisação feita fóra das condições regulares e de circumstancias imperiosas. Sómente em momentos supremos haja esse vexame, esse incomparavel incommodo e damno para os artistas e para os operarios, para os homens laboriosos, que tanto servem á patria nas fabricas, que irão ficar desamparadas, nas officinas que ficarão desertas, no commercio que ficará quasi ao abandono e quiçá em muitos logares inteiramente paralysado!

Tamanho foi o escrupulo da Constituição nesta materia que, tendo dito que só o poder legislativo terá competencia para autorisar a mobilisação da guarda nacional, « nos casos em que a Constituição o admitte,» não faz entretanto menção expressa de caso algum. Tamanha foi a preoccupação, que parece não se atreveu a indicar os casos.

E como é que tomamos esta attribuição e vamos entregal-a ao poder executivo que, por suas tendencias naturaes ao abuso, póde servir-se deste acto como arma de perseguição áquelles que não forem adeptos do governo, que póde fazer disto instrumento de ordem partidaria e politica? Deste modo toda essa previdencia e zelo da Constituição não se poderão converter mais em pressão e insupportavel onus para o cidadão, do que em garantia publica? (Discurso nas sessões do Senado, de 12 e 13 de Setembro de 1895.)

Nos casos previstos na Constituição.

Não estão taes casos expressamente indicados em nenhum dos artigos da Constituição; mas esta declarou em vigor a legislação do antigo regimen no que não fosse contraria ao novo, como consta do art. 83. Ora, ácima mostrámos essa anterior legislação consagrando a providencia extraordinaria da mobilisação da guarda nacional em determinados e restrictos casos,— e os de invasão estrangeira e de sedição não só admittem, sem quebra das disposições e principios constitucionaes, a providencia de que se trata, como são os mesmos a que por sua extrema gravidade a Constituição applica as medidas excepcionaes da intervenção (art. 6º) e do estado de sitio (arts. 34, n. 21 e 48 n. 15).

De onde se pode inferir que os « casos previstos », de que falla a Constituição, outros não são mais que esses dous, cogitados pela legislação existente ao tempo d'ella ser votada, e n'esta parte não incompativel com as novas instituições. E tanto mais razão ha para d'esse modo entender-se, quanto assim é nos paizes cuja constituição servio de étymo á nossa, não havendo motivo peculiar que requeresse entre nós uma determinação differente. Constituição dos Estados Unidos Norte-Americanos, art. 1º, secção 8, n 15, Constituição Argentina, art. 67, n. 24.

E' A GUARDA NACIONAL INSTITUIÇÃO FEDERAL OU DOS ESTADOS? O projecto Werneck-Pestana conferia ao congresso nacional a attribuição de:

« Autorisar a mobilisação e reunião ou consolidação das milicias *dos Estados*... (Art. 111, XVIII)».

O da commissão nomeada pelo governo provisorio (art. 33 n. 10):

«Mobilisar e dispôr das forças *dos Estados*».

O projecto do governo provisorio (art. 33, n. 21):

« Mobilisar e utilisar a força policial *dos Estados*...»

A commissão do congresso constituinte sobre isto não apresentou emenda. Na segunda discussão, por varios representantes foi offerecida a seguinte:

« Mobilisar e utilisar a guarda nacional ou milicia civica *dos Estados*...»

Vê-se ahi a preoccupação, o intuito — dos que prepararam, nos seos trabalhos preliminares e nos do parlamento, a Constituição Republicana, — de regular o emprego da força armada «dos Estados» pela União, quando esta viesse a ter suprema necessidade d'esse recurso.

Em paragraphos anteriores e proximos ao art. 34 occupa-se da *força armada federal*, exercito e marinha; ahi é conferido ao congresso o poder de legislar sobre esta força, organisal-a, fixar-lhe o numero effectivo; em seguida trata de outra força armada que não é da União e sobre a qual esta não tem poder, salvo este de mobilisação e utilisação (o que se harmonisa com o disposto no art. 48 n. 4, que unicamente dá ao presidente da Republica o poder de — «administrar o *exercito e a armada*», com exclusão portanto de outras quaesquer tropas, milicia civica, guarda nacional, policia). Tal era, evidentemente, o pensamento dos legisladores e é o que se deduz dos termos da Constituição votada e de seo espirito, em conformidade com o principio dualista que lhe serve de base.

A este proposito recordaremos aqui o que por nós foi desenvolvido na tribuna do senado, em sessão de 4 de Setembro de 1893, demonstrando que *perante o texto constitucional a guarda nacional não é instituição federal*, mas dos Estados; *não pertence ao serviço da União, só nos casos de mobilisação fica sob administração e ordens das autoridades federaes, e isto mesmo sómente quanto aos corpos mobilisados:*

«A disposição da Constituição, que se refere a este objecto, é a do art. 34, n. 20:
«*Compete privativamente ao congresso:* Mobilisar e utilisar a guarda nacional ou milicia civica nos casos previstos pela Constituição.»
«Comparando este texto com o de todos os artigos que se referem á força armada, vê-se, claramente visto, que não se encontra na Constituição disposição alguma que autorise o congresso a legislar sobre guarda nacional.
«E' assim que o art. 14 declara que as forças de terra e mar são instituições *nacionaes* permanentes, destinadas á defesa da patria no exterior e manutenção das leis *no interior*, o que se entende do exercito e armada sob a administração do governo federal.
«No art. 23 § 1° n. 2 e § 2° ha referencia á força publica, unicamente para prohibir aos representantes da nação as commissões ou commandos militares sem licença da respectiva camara. E ninguem dirá que nessas commissões ou commandos *militares*, que precisam de ser autorisados, se incluam os da guarda nacional.
«O art. 34, n. 17, attribue ao parlamento a prerogativa de fixar annualmente «as forças de terra e mar». E o que sejam forças de terra e mar», vê-se do art. 87; são o exercito e a armada, constituidos de conformidade com a lei annua de fixação de forças ; e essa lei fixa sómente a força de linha e a da marinha, sem referencia á guarda nacional : assim succedia no antigo regimen e assim ainda é, conforme se verifica das leis de força promulgadas depois da Constituição de 24 de Fevereiro de 1891. Aqui tambem, neste art. 34 n. 17, não se menciona a guarda nacional como instituição de caracter federal.
«O n. 18 dá ao congresso federal a attribuição de *legislar sobre a organisação do exercito e da armada*, e não a dá quanto a guarda nacional ; e o n. 20, que é o unico referente a esta instituição, apenas confere ao congresso federal a faculdade de *utilisal-a e mobilisal-a*, não lhe dando poderes para creal-a nem regulamental-a.
O art. 48 n. 4 incumbe privativamente ao presidente da Republica « administrar o exercito e a armada » (sem duvida os mesmos de que tratam as leis annuaes de fixação de forças) e não menciona nem abrange a guarda nacional. O mesmo art. no n. 5 dá-lhe attribuição para prover os cargos civis e militares «de caracter federal».
«E nesta expressão «cargos militares *de caracter federal*» vemos bem assignalada uma restricção que deixa fóra do artigo a milicia civica ou guarda nacional do art. 34 n. 20.
«Nesses *cargos militares* com *caracter federal*, pois, não se envolvem os cargos da guarda nacional, a qual, embora força armada, não é a força armada federal de que trata a Constituição quando se refere ao exercito e marinha ; e isto mesmo veremos ainda em outros artigos, — taes como os 74, 76 e 77, da lettra dos quaes resulta, de modo inconcusso, que a guarda nacional não se considera parte integrante do exercito e, portanto, não póde ser comprehendida entre as disposições da Constituição, relativas á força armada de caracter federal.

«O art. 74, estatue que as *patentes*, os *postos* e os cargos inamoviveis são garantidos em toda sua plenitude. Combinado com os arts. 76 e 77, deixa bem evidente que as faculdades constitucionaes relativas a esta materia não comprehendem a guarda nacional.
«O art. 76 é terminante, diz: «Os officiaes do *exercito* e da *armada* só perderão suas patentes por condemnação, etc.» Não se refere de modo algum á guarda nacional ; e o art. 77 dispõe «Os *militares de terra e mar* terão tôro especial nos delictos militares.» E esse fôro, dil-o o § 1° do mesmo artigo, é o supremo tribunal militar ; o que, está se vendo, não dá attribuição á União quanto á guarda nacional ou civica.
«Tambem o art. 85 se refere á força publica — aos officiaes do quadro e das classes annexas da armada, — aos quaes dá as mesmas vantagens que aos do exercito, em categoria correspondente, e ainda aqui nada se dispõe quanto á guarda nacional..
«O art. 87 diz de que é que se compõe o «exercito federal», isto é, de contingentes, que os Estados e o districto federal são obrigados a fornecer, *constituidos de conformidade com a lei annua de fixação de forças* E, conforme notei já e sabe perfeitamente o senado, as leis annuas de força nada têm que ver com a guarda nacional.
«Em nenhum desses artigos que li se menciona nem delles se deprehende a guarda nacional como instituição federal.
«O art. 34 n. 20 emprega uma verdadeira equipolencia — *guarda nacional* ou *milicia civica*, que, pertencente aos Estados, poderá ser chamada a serviço federal, quando, por acto do congresso, isso fôr decretado. A Constituição não teria dado essa attribuição ao congresso, distincta da que se refere ao exercito e armada (federaes), si acaso este e a guarda nacional fossem todos elles instituições de identica natureza e sob a jurisdicção federal. Não teria explicação o artigo e os seus termos « mobilisar e utilisar.»

Não faz ao caso a circumstancia de não figurarem no n. 20 as palavras «dos Estados», as quaes vinham nos projectos e na emenda de que elle resultou. Convém ter presente o que a este respeito occorreo na occasião de votar-se essa emenda. Era ella, em sua integra, assim concebida:

« Substitua-se o § 21 do art. 33 pelo seguinte :
Mobilisar e utilisar a guarda nacional ou milicia civica *dos estados*, nos casos taxados na Constituição.»

Um dos representantes lembrou que havia sido rejeitado um additivo, segundo o qual os Estados tinham o poder de legislar sobre guarda nacional e organisal-a, entendendo que por isso a emenda devia ser modificada pela eliminação das palavras «dos Estados», e accentuava que, sem essa modificação, elle e outros representantes lhe negariam o voto. Não fôra, entretanto, apresentada sub-emenda fazendo essa suppressão, note-se. O presidente do congresso declarou que a commissão de redacção «podia harmonisar a emenda de accordo com o pensamento do congresso.» A emenda foi posta a votos, tal como estava redigida, com aquellas palavras: «dos Estados», — dizendo o presidente:

«Ficando salva a redacção » (ANNAES do congresso constituinte, vol. III, pag. 96).
Mas ficaram acaso supprimidas por isso as referidas palavras: «dos Estados»? — Evidentemente não, — sendo aliás certo que nem essa suppressão tirava aos Estados o seo poder de

crear, organisar e regulamentar a guarda nacional ou milicia civica.

1º. Não houve votação do congresso quanto a essa suppressão, nem na occasião fôra isso possivel, não tendo apparecido antes emenda propondo-a e achando-se já a discussão encerrada. O que assim houve foi — uma emenda verbal, serodia, fóra do regimento, portanto, inadmissivel e sem efficiencia, desde que especialmente sobre ella não se deo votação.

2º. A declaração de «salva a redacção» não tinha, não poderia ter o effeito de emenda suppressiva ou de alterar substancialmente o votado. Tudo que se vota nas assembléas obedece áquella clausula (e para execução d'ella é que existe uma commissão de redacção).

3º. O objecto da votação não é aquillo que na discussão entendam dizer os representantes, mas é o texto dos artigos e das emendas que se submettem a seos votos e só isto ; e o que se vence é o que d'esses artigos e emendas fica constando, tal como n'elles se contém.

4º. Não havia contradicção no facto de ter sido rejeitada uma emenda attribuindo á competencia dos Estados o poder de organisar a guarda nacional em seos territorios e sobre ella legislar, e de ser pelo mesmo congresso approvada outra e muito diversa, que ao governo federal dava sómente *o poder de mobilisal-a*.

5º Estava no projecto o art. que ficou com a numeração de 65 § 2º, declarando *pertencentes aos Estados todos e quaesquer poderes que por clausulas expressas ou n'ellas implicitamente contidas não lhes fossem negados.*

De modo que cahindo a emenda referida e não tendo sido approvado artigo ou emenda negando aos Estados aquelle poder, ficavam estes *ipso facto* com elle, como effectivamente ficaram.

6º. Si a commissão do congresso na redacção supprimio as sobreditas palavras, fez n'isso uso indevido, mas innoxio, de seos poderes, e em nada alterou n'este particular (nem tal lhe fôra licito, embora a investidura excepcional que pensou dar-lhe o presidente) o systema da Constituição, ficando, tal como n'ella se consagrou, o disposto no cit. art. 65 § 2º, que basta para assegurar aos Estados a competencia de que se trata.

Que importa que algum, alguns ou muitos (e até todos) os representantes *dissessem* haver antinomia entre poderes — dos Estados, de crear e organisar a guarda nacional em seos territorios e — da União, de chamal-a a serviço nacional em dados casos ? Elles o podéram ter dito, mas essa contradicção não existe de modo algum. Elles podéram ter assim pensado (erroneamente e esquecendo o art. 65 cit. § 2º), mas desde que não limitaram, n'esse ponto, o poder dos Estados, prohibindo explicita ou implicitamente aquella creação e organisação, estes ficaram no seo pleno direito instituindo, mantendo e regularisando semelhante milicia, como no seo direito está a União utilisando-se d'ella, mas sómente *utilisando-se*, nos casos prescriptos.

Referindo-se a explicações de voto no parlamento (e outra cousa não houve afinal, no caso que nos occupa, sinão uma explicação do voto do representante que no acto da votação fallou) diz o abalisado *Laurent*, Droit Civil, vol. 1, pag. 23 : « Si l'on veut que ces explications aient force de loi, il faut les écrire dans les lois. *C'est le texte en definitive que seul a une autorité légale*».

As assembléas legislativas não se consideram ligadas pelas doutrinas emittidas antes da votação (*Berriat de Saint-Prix*, Logique judic., n. 95). E na « Constituição dos Estados Unidos », explicada e annotada por J. W. Paschoal, trad. hespanhola de C. Quiroga, n. 423, se mostra a jurisprudencia d'aquelle paiz affirmando, por orgão do juiz Taney, na causa « Aldridge *v*. Williams» que a justiça não póde em nenhum gráo ser influenciada pela interpretação dada á lei pelos membros do congresso na discussão respectiva, nem pelos motivos ou razões dadas por elles na defeza ou impugnação das emendas propostas ; a lei que passa ou se sancciona é a vontade da maioria de ambas as camaras e o unico modo porque essa vontade se manifesta está na lei mesma e deve ser deduzida das palavras que nellas se empregam... O mesmo se estabeleceo no caso *United States v. The Union Pacific Railroad*.

E por não ser decisivo, mas auxiliar, o appello aos trabalhos preliminares e aos motivos dados na discussão é que o eximio jurisconsulto Paula Baptista, no seo primoroso «Compendio de hermeneutica juridica», § 33, mencionando esses e outros meios de esclarecer disposições duvidosas, fez notar que elles podem *em alguns casos* guiar o interprete vacillante, mas não são infalliveis.

— Em discussão sobre este assumpto se tem dito que a competencia da União está «implicitamente contida» no n. 20 do citado art. 34. Mas isto é forçar a noção de «poderes implicitos». Segundo a doutrina e jurisprudencia americana, taes poderes restringem-se aos necessarios á execução e pratica dos poderes expressos e conferem a escolha dos meios apropriados a isso. *Story*, Comm. § 1.237, *Cooley*, General principles, 1891, pag. 95, *Marshal*, Maculoch *v* Maryland (Writings, pag. 164) *Paschal*, n. 138, etc. Entre nós assim tambem é por força do art. 34 n. 33 combinado com o art. 65 § 2º. (*Vide* comm. a estes artigos).

Ora, para que a União possa empregar no serviço da segurança nacional em casos supremos a milicia cidadan, evidentemente não é necessario que esta seja, por aquella e como sua, estabelecida, organisada e regulada ; basta tel-a, para este effeito, ás suas ordens quando fôr mister, e dispôr dos meios necessarios para fazer effectivo e obedecido o chamamento. Que mais não é preciso prova-se com o exemplo

dos Estados Unidos Norte Americanos (Const. art. 1, sec. 8, ns. 15 e 16) e da Republica Argentina (Const. art. 67 n. 24).
«A milicia é dos Estados, respectivamente, e não da União. Quando é chamada ao serviço do governo federal, se converte então em milicia nacional...» Paschal cit., n. 131 *in fine*) E nossa organisação constitucional não está urdida de modo que assim tambem não possa ser entre nós; e que assim realmente é, resulta do que quanto a este objecto temos expendido.

| 11. Declarar em estado de sitio um ou mais pontos do territorio nacional, no caso de ataque por forças estrangeiras, ou commoção interna, e approvar ou suspender o que fôr declarado pelo poder executivo, ou seus agentes responsaveis, na ausencia do congresso; (Projecto da Commissão do Governo Provisorio). | 22. Declarar em estado de sitio um ou mais pontos do territorio nacional, na emergencia de aggressão por forças estrangeiras, ou commoção interna, e approvar ou suspender o declarado pelo poder executivo, ou seus agentes responsaveis, na ausencia do congresso; (Decretos n. 510 de 22 de Junho e n. 914 A, de 23 de Outubro de 1890). | N. 22.— Diga-se —Declarar em estado de sitio um ou mais pontos do territorio nacional, na emergencia de aggressão por forças estrangeiras ou de commoção interna, e approvar ou suspender o sitio que houver sido declarado pelo poder executivo ou seus agentes responsaveis na ausencia do congresso. Emenda da Commissão do congresso (approvada em 30 de Dezembro de 1890). | 21. Declarar em estado de sitio um ou mais pontos do territorio nacional, na emergencia de aggressão por forças estrangeiras ou de commoção. interna, e approvar ou suspender o sitio que houver sido declarado pelo poder executivo ou seus agentes responsaveis, na ausencia do congresso; |

21. Estado de sitio. Para a boa intelligencia deste n. 21, cumpre ter presente e combinar com elle o disposto no art. 48 n. 15 e no art. 80.

Art. 34. Compete privativamente ao congresso nacional:
21. Declarar em estado de sitio um ou mais pontos do territorio nacional, na emergencia de aggressão por forças estrangeiras ou de commoção interna, e approvar ou suspender o sitio que houver sido declarado pelo poder executivo ou seus agentes responsaveis, na ausencia do congresso;
Art. 48. Compete privativamente ao presidente da Republica:
15. Declarar, por si ou seus agentes responsaveis, o estado de sitio em qualquer ponto do territorio nacional, nos casos de aggressão estrangeira, ou grave commoção intestina; (Art. 6° n. 3; art. 34 n. 21 e art. 80).
Art. 80. Poder-se-á declarar em estado de sitio qualquer parte do territorio da União, suspendendo-se ahi as garantias constitucionaes por tempo determinado, quando a segurança da Republica o exigir, em caso de aggressão estrangeira, ou commoção intestina. (Art. 34 n. 21).
§ 1°. Não se achando reunido o congresso e correndo a patria imminente perigo, exercerá essa attribuição o poder executivo federal. (Art. 48 n. 15).
§ 2°. Este, porém, durante o estado de sitio, restringir-se-á, nas medidas de repressão contra as pessoas:
1°. A' detenção em logar não destinado aos réos de crimes communs;
2°. Ao desterro para outros sitios do territorio nacional.
§ 3°. Logo que se reunir o congresso, o presidente da Republica lhe relatará, motivando-as, as medidas de excepção que houverem sido tomadas.
§ 4°. As autoridades que tenham ordenado taes medidas são responsaveis pelos abusos commettidos.

Confrontados estes tres artigos e apurado o que em cada um se contém, acha-se o seguinte:

a) Quanto a competencia:

I—Compete privativamente ao congresso nacional declarar em estado de sitio (art. 34 n. 21)
II—Compete privativamente ao presidente da Republica ... declarar o estado de sitio, (art. 48 n. 15)
III—Poder-se-á declarar em estado de sitio, (art. 80).

E ahi temos que a competencia privativa ficou pertencendo ao congresso nacional (*), e (em sua ausencia) ao presidente da Republica. E a razão é que o sitio suspende garantias constitucionaes (art. 80), traz conseguintemente a suspensão de uma parte da Constituição, e o acto de declaral-o estabelece uma lei de excepção. Que poder, pois, sinão o legislativo, que autoridade, a não ser a dos mandatarios do povo, poderia ficar com semelhante faculdade?

Mas porque se diz «privativamente»? Pelo motivo dado no commentario ao principio deste art. 34, para tornar exclusiva da União essa faculdade extraordinaria, para dizer que ella não cal e aos Estados.

b) Ainda quanto a competencia, vê-se quando por excepção e em que condições é declarado o sitio sem acto das camaras legislativas, pelo poder executivo:

I—«... na ausencia do congresso» (art. 34 n. 21)
II—«... por si ou por seos agentes responsaveis (art. 48 n. 15)
III—«Não se achando reunido o congresso e correndo a patria imminente perigo » (art. 80).

Si o grande conselho nacional, composto dos representantes do povo, não se achar em funcções, nem por isso ficará desprecavida a defeza da nação em tam grave emergencia; a attribuição tutelar devolve-se então, até á reunião do congresso, ao presidente da Republica, chefe electivo da nação, agindo elle, conforme

---

(*) O projecto dos Constituintes de 1823 (art. 27) determinava que o acto legislativo fosse adoptado « por dous terços de votos concordes », cautela de que prescindiram a constituição de 1824 e a de 1891, que entretanto a estabeleceram para assumptos de menos gravidade. Além disso, a attribuição de declarar o sitio era só do poder legislativo, segundo aquelle projecto, assim mais cioso da liberdade e garantias do cidadão que a legislação constitucional posterior. (V. Annaes da Assemblea Constituinte de 1823, tomo V, pags. 13 e 19).

mais convenha, *por si ou por seos agentes responsáveis*.

c) Quanto a jurisdicção territorial, mostra-se do confronto que, tanto pelo congresso nacional, como pelo poder executivo, o sitio póde ser declarado em

I—«Um ou mais pontos do territorio nacional (art. 34 n. 21)
II—«Em qualquer ponto do territorio nacional» art. 48 n. 15)
III—«Qualquer parte da União (art. 80).»

De sensato aviso foi assim deixado ao criterio e prudente arbitrio da autoridade restringir ou extender esse interdicto, conforme melhor aconselhem as circumstancias do caso, lançando-o sobre *um ou mais pontos do territorio* da União, de modo a bem garantir o resultado de sua applicação. O grande vexame e descommunal sacrificio que aos cidadãos traz essa temerosa medida e o sentimento da enorme responsabilidade de sua decretação, serão parte para que ella abranja a menor extensão possivel.

d) Quanto ao fim, patentea-se do que consagra o art. 80, autorisando o sitio

«Quando a segurança da Republica o exigir»
« e correndo a patria imminente perigo».

Taes palavras caracterisam esta medida e reservam-n'a para momentos supremos, em que periclita a patria e não se póde de outra maneira salval-a.
Nem se concebe que a possam autorisar factos, ainda que muito graves, que succedem na vida normal da sociedade, para os quaes está apparelhada a autoridade com as faculdades e meios ordinarios de acção. Fóra contradictorio, fôra inepto fazer uma Constituição e regular n'ella o exercicio do poder publico para assegurar a liberdade e o direito do cidadão, dando á autoridade ao mesmo tempo a faculdade de apartar-se das normas tutelares para isso estabelecidas e empregar meios heroicos contra occurrencias que se podem vencer sem sacrificio da liberdade individual, com os recursos ordinários. Constituição que tal permittisse seria antes uma negaça e uma armadilha, urdidura digna de Tiberios e de Machiavellos, que não dos procuradores do povo para garantil-o e mantel-o soberano. Seria uma constituição-suicidio.

e) Quanto aos casos em que cabe declarar-se o sitio, resumem-se, segundo os termos dos arts. cits. :

I—Na emergencia de aggressão por forças estrangeiras ou de commoção interna (art. 34 n. 21)
II—Nos casos de aggressão estrangeira ou grave commoção intestina (art. 48 n 15)
III—Em caso de aggressão estrangeira ou commoção intestina (art. 80).

A aggressão por forças estrangeiras de tal modo põe em perigo a segurança da Republica que, independentemente de autorisação do congresso, deve nesse caso o governo *declarar immediatamente a guerra* (art. 48 n. 8). E de tamanha gravidade, e de arriscadas consequencias é essa commoção intestina a que a Constituição se refere, que ella quiz equiparal-a aqui á propria guerra ou aggressão estrangeira, extendendo a ambas a mesma extraordinaria providencia. Tanto ameaçam «a segurança da Republica» e tam grande perigo fazem correr a patria, que se consideram eguaes e se irmanam quanto a seo alcance e consequencias e tambem, quanto á urgencia do emprego de meios promptos, energicos e sufficientemente efficazes para pôr-se-lhes termo. E bem se vê d'ahi que para admittir e justificar o emprego de uma providencia d'essa natureza, creada para uma situação de guerra (da qual até tirou o nome de *estado de sitio*), é preciso que a «commoção intestina», a ella para esse effeito equiparada, assuma proporções taes que o perigo para a patria tamanho seja como o que ella corre com a guerra, e que não possa ser destruido sinão com os meios usados n'esta.

Não se póde entender de outro modo a Constituição neste ponto.

Que gráo de criterio, de senso commum, se poderia, com effeito, attribuir a legisladores que n'uma Constituição tivessem creado tal providencia, que é o maior dos vexames para os povos e o holocausto da liberdade individual, e deixassem ao governo o arbitrio de usar á sua vontade desse descommunal poder, quér no caso de salvação da patria em momento supremo, quér tambem fóra desse caso excepcional, em situação na qual bastam as faculdades ordinarias da autoridade? Os constructores da obra constitucional teriam d'este feitio edificado a dictadura e não a cidadela e baluarte da liberdade e do direito! si de boa fé, teriam sido simplesmente ineptos, si de caso pensado, traidores.

Assim que, é preciso ou restringir a este conceito a expressão «commoção intestina» ou confessar que a Constituição é ré do mais extravagante dos absurdos.

Ora que «commoção intestina» é a que, para este effeito, se póde comparar á guerra e invasão estrangeira? Na ordem dos factos desta natureza não encontramos mais uma d'este jaez—a guerra intestina—E realmente, que se possa equiparar a uma guerra só alguma outra guerra! A situação que requer o emprego de medidas singulares, fóra do commum, travadas de arbitrio e permittindo violencias, só póde ser o estado de guerra, quér por aggressão estrangeira, quér por levantamento á mão armada no paiz (guerra intestina, que o euphemismo da Constituição chama de «commoção».

O codigo penal cogita de motim, tumulto, assuada, ajuntamento illicito, sedição, e conspiração (arts. 109 § 2°, 114, 115, 116 e 119), e, para reprimir as mais graves d'essas perturbações da ordem, confere á autoridade policial o poder de contra ellas ir até ao emprego da força armada e da prisão preventiva, sem mandado de juiz (art. 121). É certo ninguem dirá que para casos taes, achando-se d'est'arte perfeitamente apparelhada a autoridade, fosse autorisado o uso da medida extraordinaria do sitio; ahi está tudo já providenciado e por modo a agir a autoridade com toda a energia e efficacia, sem ser preciso recorrer a outros meios. O sitio não póde ser, portanto, sinão para caso ainda de maior gravidade e esse não é sinão a rebellião, a revolução, a guerra intestina, que compromette, não já a ordem publica sómente, mas a propria «segurança da Republica».

Si recorrermos ao direito publico norte-americano, matriz do nosso, acharemos apoio a esta opinião. «O privilegio da ordem de *habeas-corpus* não se suspenderá sinão quando o exigir a segurança publica *em casos de rebellião* ou invasão. «Const. art. 1°, sec. 9, n. 2). (*)

E nenhuma razão ha para admittir-se que, adoptando uma semelhante disposição, os nossos constituintes tenham querido modifical-a em desproveito da liberdade individual e d'esta se mostrassem menos zelosos que os americanos do norte.

O intuito seguramente foi o mesmo e a providencia consagrada não póde ampliar-se a mais largo ambito aqui do que alli. Por isso, foi com toda a razão que póde um dos autores de nossa Constituição, com sua indisputavel e não egualada competencia, dizer o seguinte:

«A clausula «commoção intestina» sobresae, no texto, parede meia (permitta-se a phrase) com a clausula «invasão estrangeira», casadas, unidas, geminadas uma á outra. O perigo que se quer prevenir, é esse perigo anomalo e supremo, de que nos dá medida a hypothese de *invasão estrangeira* Com essa calamidade a lei associa e equipara a *commoção intestina*. A equivalencia é manifesta e incontestavel. O mal de que se quer precatar o paiz, é o mesmo: o risco imminente da Republica. Esse risco póde nascer de uma d'estas duas origens: commoção intestina ou invasão estrangeira. Logo, para que, na accepção do texto, se dé a commoção intestina é preciso que as perturbações que a caracterisam sejam analogas, pela gravidade, ás que acompanham a presença do inimigo no territorio do paiz. (*Ruy Barboza*, «O estado de sitio, sua natureza, seos effeitos, seos limites» pag. 36'

Finalmente, si remontarmo-nos ao regimen imperial, n'elle acharemos a suspensão de garantias autorisada para os casos de REBELLIÃO ou *invasão de inimigos*, pedindo-o a segurança do estado (Const. art. 179 § 35). E será admissivel que a Constituição Republicana tenha sido, em assumpto d'esta natureza, menos cautelosa, menos ciosa do que a do imperio?

(*) A lei de 3 de março de 1863 n. 1 declarou *«Durante a presente rebellião* o presidente dos Estados Unidos, toda a vez que, a seo juizo, a segurança publica o requeira, fica autorisado a suspendr o previlegio do *habeas-corpus* em qualquer caso, em todo territorio dos Estados Unidos ou em qualquer parte delle»

«Em 15 de setembro de 1863, o presidente expedio decreto suspendendo o *habens-corpus* DURANTE A REBELLIÃO» Paschoal, Const. dos Estados Unidos explicada, n. 141).

f) Quanto aos effeitos, o estado de sitio se verifica, em qualquer parte da União,

... «suspendendo-se ahi as garantias constitucionaes» (art. 80).

Ora, as garantias constitucionaes são (servimo-nos das palavras de um dos mais autorisados dos nossos lexicos) as garantias que para os cidadãos resultam dos artigos da Constituição (*Domingos Vieira*, Grande Dicc. port. v. Garantia), e conforme o nosso mais notavel publicista: a garantia é uma promessa, uma segurança que a lei estabelece para fazer respeitar effectiva e efficazmente um direito (*Pimenta Bueno*, Direito publ. braz. n. 539). E a nossa Constituição vigente, dizendo, no art. 78, que «a especificação das *garantias* e *direitos* na Constituição não exclue outras *garantias* e *direitos* não enumerados...», faz distincção entre estas duas entidades; pois no texto da lei se deve entender não haver phrase nem mesmo palavra ociosa (*verba non sint superflua*) Paula Bapt., Hermeneut. jurid., § 12 n. 4. Donde rigorosamente se conclue (como a respeito da constituição imperial dizia o citado preclaro publicista) que a suspensão de garantias imperiosamente exigida pelo perigo da patria, é a suspensão «não da Constituição, nem dos poderes politicos, ou dos direitos dos cidadãos, sim de algumas formalidades que garantem a liberdade individual». (*Dir. publ. braz.*, cit. n. 609).

Quaes são essas formalidades garantidoras que o estado de sitio ha de suspender? Não as especifica formalmente nenhuma das tres disposições constitucionaes que analysamos. Perambulemos um pouco pelo estrangeiro e vejamos o que em outras Constituições se colhe quanto a este objecto.

No Mexico a Constituição de 12 de fevereiro de 1857 permitte a suspensão das garantias outorgadas por ella, com excepção das que protegem a vida do homem (art. 29).

Na Prussia é autorisada a suspensão dos artigos da Constituição que garantem—o julgamento no juizo commum,—a livre manifestação do pensamento, independente de censura e sendo reprimidos os abusos pelas leis penaes ordinarias,—a reunião pacifica e sem armas,—a associação com fins não contrarios á lei,—e a do art. que prohibe o emprego da força armada sem requisição da autoridade civil contra as perturbações interiores ou para a execução das leis, nos casos previstos (Const. art. 111).

Na Hespanha a suspensão só pode ser dos artigos que garantem o cidadão contra prisão fóra dos casos e fórma prescriptos pela lei, sem mandado do juiz,—que assegurem a inviolabilidade do domicilio,—o direito de locomoção,—de livre manifestação do pensamento,—de reunião e de associação; e formalmente se prohibe a suspensão de outras garantias sinão essas. (Const. art. 17).

Na Servia suspendem-se as garantias da liberdade individual quanto a prisões, do domicilio, da palavra e imprensa, e da competencia dos tribunaes (Const. arts. 38 e 56).

Na Republica Argentina podem ser suspensas as garantias, mas o poder executivo não condemna e não applica penas, e contra as pessoas limita-se a detel-as ou transferil-as de um para outro ponto do territorio do paiz, si não preferirem sahir d'elle (art. 23); e o Congresso não lhe pode conferir poderes extraordinarios, nem a totalidade dos poderes publicos (art. 29).

No Paraguay (art. 72 § 22), como na Argentina, o governo póde deter ou transferir, ou permittir a sahida para o exterior. No Chile, detenção ou transferencia para outro ponto do paiz (art. 161).

Na União Norte Americana a garantia unica que se suspende é a do *habeas-corpus* (Const. art. 1°, sec. 9 n. 2).

Na Belgica « a Constituição não póde ser suspensa no todo ou em parte » (art. 130) Por egual dispõe a Const. da Romania (art. 123).

Destes especimens, desde a suspensão de todas as garantias, menos as que respeitam á vida, até á simples interdicção do *habeas-corpus*, nossa Constituição adoptou o da suspensão de quaesquer d'ellas, com tanto que, com relação ás pessoas, a autoridade apenas use da detenção ou desterro para algum ponto do territorio nacional (art. 80 § 2).

Por modo que, respeitada esta restricção, quaesquer outras garantias individuaes pódem ser suspensas. Evidencia-se isto da economia e arranjamento do cit. art. em suas disposições componentes, bem como de seo espirito.

Com effeito, na primeira parte d'elle se proclama a faculdade de declarar o sitio, — diz-se em que este consiste *(suspensão de garantias)*, seo limite no tempo *(por tempo determinado)* e no espaço *(em qualquer parte do territorio nacional)*, — sua opportunidade *(quando o exigir a segurança da Republica)*, — seos casos *(aggressão estrangeira ou commoção intestina)*. O § 1° prevê a necessidade do sitio no recesso das camaras *(Não se achando reunido o Congresso e correndo a patria imminente perigo)* e prevê sobre essa hypothese *(exercerá essa attribuição o poder executivo)*. Em seguida (§ 2°), a bem das pessoas alcançadas pelo sitio, estabelece uma unica limitação *(restringir-se-á, nas medidas de repressão contra as pessoas, a impôr: 1° a detenção . . . 2° o desterro´)*. E portanto, uma vez que se observe esta restricção, outras garantias ainda se contam que, n'ella não estando comprehendidas, pódem ser suspensas, taes como a inviolabilidade do domicilio, a liberdade de imprensa.

E isto prevalece quér o sitio seja declarado pelo poder executivo ou pelo legislativo: a extensão dessa providencia extraordinaria ha de medir-se pela gravidade e grandeza do perigo da patria, não importando para isso que a suspensão de garantias tenha de ser imposta por um ou por outro poder. A limitação quanto ao que se refere ás pessoas obriga de certo a ambos (a referencia do § 2° ao *poder executivo*, é-lhe feita como executor das medidas do sitio. Como é a elle que fica incumbida a applicação d'ellas, a Constituição adverte-o, qualquer que seja a origem dessa providencia, de que quanto ás pessoas apenas póde elle detel-as ou removel-as e mais nada, Acc. do Sup. Trib. Fed., n. 133 de 27 de novembro de 1895). Mas o determinar quaes as garantias, si alguma, si muitas, que vão ser suspensas, é do poder que decretar o sitio. E esta determinação deve ser expressamente feita no decreto declaratorio do sitio, visto que este é *suspensão de lei* e d'isso precisam e têm direito de conhecer os cidadãos, que de outro modo ficariam expostos a vexame e perigo inopinado, pela insciencia e incerteza. Ainda nessa extraordinaria conjunctura *opportet ut lex moneat, priusquam feriat*. Por occasião do sitio decretado em 10 de setembro de 1893 n'esta capital e na cidade de Nictheroy (decr. n. 172), o governo declarou *(Diario Official*, da mesma data) que mantinha inteira a liberdade de locomoção e o respeito ao segredo da correspondencia.

g) Quanto á sua duração, — o sitio só pode ser declarado

« . . . por tempo determinado » (art. 80).

Por tempo prefixado, certo, limitado. Si podèsse ser por prazo indeterminado e indefinido, não seria isso *suspensão*, mas *suppressão de garantias*, pois ao arbitrio ficava da autoridade constituir-se em dictadura por todo o tempo que lhe parecesse. Mas si a suspensão é restricta a prazo fixo, é visto que as medidas que ella autorisa só podem começar e vigorar dentro desse prazo. O arbitrio conferido á autoridade tem por balisas o acto da *declaração* do sitio (que é a publicação solemne d'elle para conhecimento dos cidadãos) e o termo fixado no proprio decreto que o declara.

Qual é o momento em que começa? O decreto de sitio é para casos urgentes e portanto deve entrar em vigor logo que publicado; antes disso, não, — seria até uma cilada. Esperar os tres dias da publicação, como nas outras leis (decr. n. 572 de 12 de julho de 1890) tambem não, por isso mesmo que trata-se de caso urgente, e o governo tem necessidade de agir immediatamente.

O decreto que suspende as garantias constitucionaes não obedece, por sua natureza, ás normas communs da publicação, mas encerra implicita a clausula de immediata execução, (Acc. do Supr. Trib. Fed., n. 300 de 27 de abril de 1892).

E, pela natureza especial desta especie de leis, conviria que sua publicação não se limitasse á inserção na folha official. Cumpre annunciar pelo modo o mais completo e formal essa entrada da autoridade no dominio do arbitrio que a lei lhe dá por certo tempo e dentro de certo limite. Na Prussia a lei manda que se faça conhecida a declaração do estado de sitio mediante rufos de tambor e toque de corneta, communicação ás autoridades competentes, affixação de cartazes nas praças publicas e immediata inserção do acto não só nas folhas officiaes como nas outras gazetas.

—Sendo o sitio *por tempo determinado* e sómente autorisadas medidas extraordinarias *durante o estado de sitio* (art. 80 pr. e § 2º), segue-se, de modo irrecusavel, que, terminado o prazo fixado, cessam essas medidas e volta para todos os cidadãos (incluidos aquelles por ellas afastados ou detidos) o regimen normal com a plenitude das garantias constitucionaes. Do contrario haveria suspensão destas fóra já do estado de sitio, o que é inadmissivel n'um regimen constitucional.

Depois, o sitio recahe sobre alguma *parte do territorio nacional* (art. 80) e só abrange as pessoas que n'essa parte se acham *(suspendendo-se ahi as garantias*, cit. art.) E portanto, levantado elle pela terminação de seo prazo, não ha mais parte do territorio em que estejam suspensas as garantias. Não ha sitio sinão o que é estabelecido *n'um ou mais pontos do territorio nacional* (arts. 34 n. 21 e 48 n. 15); e si as medidas ahi tomadas permanecessem depois do termo desse interdicto constitucional, ou teriamos ainda em sitio o ponto ou pontos do territorio, onde fôra lançado por tempo que já se esgotou, — e isto seria uma prorogação arbitraria e illegal do sitio, — ou teriamos um estado de sitio não mais cabindo sobre parte alguma do territorio nacional, porém sobre certas e determinadas pessoas, isto é, haveria um certo numero de cidadãos com suas garantias suspensas, sem haver parte alguma do paiz em estado de sitio, isto é, suspensão de garantias sem haver sitio!

Por Accordam n. 1073 de 16 de abril de 1898, o Supremo Tribunal Federal decidio «que com a cessação do estado de sitio cessam todas as medidas de repressão durante elle tomadas pelo poder executivo».

—Tem-se questionado SI O ESTADO DE SITIO SUSPENDE A IMMUNIDADE PARLAMENTAR estatuida nos arts. 19 e 20 da Constituição.

1º. A noção, acima exposta, do que sejam «garantias constitucionaes» resolve por si a questão. Taes se chamam as garantias estabelecidas na Constituição para segurança e livre goso dos *direitos do cidadão;* ellas enfeixam-se na *declaração de direitos* e sua denominação tem em direito publico um sentido classico e historico, referindo-se á «proclamação de direitos» da revolução franceza. Não se podem pois confundir, sem erro, com a immunidade, fôro e apanagio ou prerogativas proprias de cada um dos poderes publicos.

A immunidade parlamentar é considerada como inherente á funcção de representante da nação, como essencial á qualidade de membro do corpo legislativo. E' dando-lhe esse caracter que as constituições a consagram. E isto differente cousa é de garantias individuaes estabelecidas *para assegurar a inviolabilidade do direito do cidadão.*

Tambem o presidente da Republica tem sua immunidade, só póde ser submettido a processo e julgamento, si o permittir a camara dos deputados, julgando procedente a accusação; e não ha de ser processado e julgado sinão no fôro especial que lhe assigna a Constituição (art. 53). Por egual, os ministros do Supremo Tribunal Federal têm a garantia da vitaliciedade de seus membros e sómente os póde processar por crimes funcionaes o senado (art. 57). Ora, suspender taes immunidades seria nada menos que completamente subverter a ordem constitucional.

N'um sentido mais lato e generico, são tambem garantias constitucionaes o principio democratico, a representação, a divisão dos poderes, a periodicidade presidencial, a reunião annual do congresso, etc... Mas só algum egresso de asylo de alienados poderá affirmar que tudo isso é cousa que póde ser posta em estado de sitio e suspensa pelo presidente da Republica ou pelo congresso!

2º. Si fosse autorisada a suspensão da immunidade parlamentar, haveria n'isso contradicção. Sendo ella estabelecida para assegurar aos representantes a independencia e isenção mesmo em tempos normaes, como retiral-a exactamente quando essa isenção e independencia mais perigam? quando o poder executivo e seos agentes exercitam a certos respeitos funcções discrecionarias?

Com effeito, os constructores de nossa organisação constitucional entenderam imprescindivel a immunidade e estabeleceram-n'a como garantia e broquel. Quando pois a situação é a que exige maior segurança e quando mais expostos a arbitrio e violencias ficam os membros do parlamento, não é que se ha de dar ao poder mais capaz de pratical-as a faculdade de prender e desterrar a seo arbitrio deputados e senadores!

3º. A Constituição conferio ao congresso a attribuição de *approvar ou suspender o sitio* decretado pelo poder executivo (art. 34 n. 21) e isto constitue o parlamento fiscal e juiz da declaração de sitio pelo governo. Ora, dê-se a este o poder de mutilar esse tribunal por prisão e desterro dos membros que o compoem, e aquella attribuição constitucional, correctiva do abuso do executivo, torna-se nugatoria, sinão reduzida a um motejo, a um escarneo! Podendo a autoridade agir sem peias, suspensas as garantias de processo e fôro, e sendo permittido prender e desterrar membros do parlamento sem nenhuma formalidade e só ao talante do governo e de seos agentes, não é difficil arranjar-se motivo ou pretexto contra os representantes com quem elle não conte. E a suspensão do sitio, assim, só se dará quando o presidente quizer; por este modo terá sempre lugar a approvação, por effeito de desfalque no congresso e pela influencia que exerça no animo de muitos representantes (pois não é de humana expectativa contar que todos sejam heróes e exemplares de imperterrita firmeza de espirito) o emprego das medidas arbitrarias contra seos collegas.

Que assim já não haja succedido, *credat judeus Apella, non ego*. Com receio de tal perigo, a lei n. 201 de 31 de agosto de 1894, estabelecendo o sitio no districto federal e n'outros pontos, declarou-o «com as limitações dos arts. 19 e 20 da Constituição».

Posteriormente, o acto legislativo que declarou em sitio esta capital e Nictheroy (Decr. n. 456 de 12 de novembro de 1897) não reproduzio essa clausula restrictiva, por inutil, segundo se verifica da discussão na camara dos deputados, e de certo o era, desde que o sitio só suspende garantias *individuaes*. (Sem embargo, o governo interpretou o caso de modo diverso e foi prendendo e deportando representantes da nação sem respeito á immunidade).

4º. A disposição do art. 80 é em substancia a do art. 23 da Constituição da Republica Argentina e ahi está julgado pelo Supremo Tribunal Federal que as immunidades subsistem no estado de sitio (Acc. de 15 de dezembro de 1890, que se lê nas *Garantias Constitucionaes* de A. Alcorta, 1897, pag. 448). Assim foi tambem ultimamente julgado entre nós por Accordam do Supremo Tribunal federal, n. 1073 de 16 de abril 1898, publicado no «Diario Official» de 5 de junho do mesmo anno, decisão em que magistral e irrefutavelmente se expõe e resolve este importante ponto de nosso direito constitucional.

Approvar ou suspender o sitio... declarado pelo poder executivo... na ausencia do congresso. A primeira parte do n. 21 estabelece a attribuição do congresso de decretar o estado de sitio; esta segunda parte, de accordo com o n. 15 do art. 48, conferindo ao poder executivo, no recesso do parlamento, a mesma attribuição, declara-a todavia dependente de *approvação* ou *suspensão* pelo congresso. E' a consagração da fiscalisação suprema dos mandatarios da nação em objecto que tam altamente importa á liberdade individual. Sómente sob esta clausula garantidora póde o governo usar de tam perigoso poder.

Mas para *approvar ou suspender o sitio*, o congresso precisa de estar reunido e, portanto, desde que o poder executivo o declara, é indispensavel que immediatamente convoque o congresso. E sua convocação é nesse caso obrigatoria, ou o poder executivo fica com o direito de evitar a suspensão do sitio que decretar, até á reunião ordinaria do congresso.

De não vir expressa na Constituição esta obrigação do poder executivo não se póde concluir que ella não exista. A attribuição dada no art. 48 n. 10, de convocar extraordinariamente o congresso, envolve certamente a hypothese extraordinaria do sitio e para ter isso por certo, basta considerar que este só é permittido ao governo com a condição de homologação pelo congresso, que póde, negando-a, suspendel-o. Ora, para o congresso poder suspendel-o é indispensavel estar funccionando. Mas, como não se póde reunir extraordinariamente sem convocação e existe autoridade a quem se deo competencia para convocal-o e, por outro lado, como sem essa convocação frustra-se e annulla-se a funcção fiscalisadora que a segunda parte do n. 21 incumbe aó congresso, é conclusão irrecusavel que toda a vez que o executivo decreta o sitio por não estar presente o congresso, é obrigado a convocal-o immediatamente. E o sitio declarado sem essa providencia é uma verdadeira usurpação de poderes.

E' corrente noção na intelligencia das leis que d'ellas não é licito separar disposições para entendel-as á parte, desprezando sua connexão e tampouco interpretal-as de modo que fiquem sem vigencia nem efficacia. Ora, sem dar-se ao art. 34 n. 21, segunda parte, combinado com os ns. 10 e 15, do art. 48, o sentido que lhe attribuimos, ficará sem vigor aquella segunda parte, quanto á suspensão do sitio, clausula importantissima aliás, e condição *sine qua* não se permittiria o sitio lançado pelo poder executivo.

Prior ac potentior est quam vox, mens dicentis. O pensamento da Constituição, a qual não quiz desamparar a nação, entregando-a sem cautelas ao poder executivo, sobreleva ás palavras do texto. *Incivile est nisi tota perspecta lege. una aliqua particula ejus proposita judicare vel respondere.* Confrontem-se e conciliem-se os ns. acima citados para que as disposições constitucionaes se entendam umas pelas outras e nenhuma de suas partes fique sem vigor (e sem vigor ficará a parte segunda do n. 21 sem a convocação commettida ao poder executivo no n. 10 do art. 48). *Interpretatio in dubio capienda semper, ut actus et dispositio potius valeat quam pereat.* Vide comment. ao art. 48 n. 10.

Approvar ou suspender o sitio. Não diz a Constituição: «approvar os actos do governo no estado de sitio», mas *approvar ou suspender* o sitio declarado pelo poder executivo. E portanto a approvação de que aqui se trata não é a de taes actos, mas simplesmente a da decretação do sitio.

O n. 21 confere ao congresso, como á simples leitura se vê, dous poderes: 1º. o poder de declarar o sitio, e — 2º. o de homologar ou revogar o sitio que o governo haja declarado. O de approvar ou não actos administrativos não está em nenhuma das duas partes d'aquelle n.; nem por inferencia dos termos d'elle se póde admittir, por que esses termos o repellem.

Com effeito, essa approvação de actos não tem por si, na primeira parte da disposição, nem uma só palavra. Supponha-se que ella inhere á segunda parte: nesta hypothese teriamos que, quando o sitio fosse declarado pelo congresso, este não teria essa attribuição de approvar os actos das autoridades durante o sitio; isto é, a Constituição teria feito esta singular determição: no sitio declarado pelo congresso as autoridades não teriam contas a dar de seos actos, ficariam de melhor partido para o arbitrio contra os cidadãos, do que na decretação pelo executivo! Basta ler, ainda com mediocre attenção, a primeira parte do n. 21, para, sem esforço nem difficil operação mental, ver que não se cogita ahi de approvação alguma. A idéa de approvação surge só na segunda parte, mas esta é exclusivamente referente ao sitio posto pelo poder executivo.

Si, portanto, houvesse essa phantasiada approvação dos actos administrativos praticados no estado de sítio, ficavam fóra de semelhante providencia todos os realisados na primeira hypothese em que a Constituição permitte o sitio! E assim menos garantidos ficariam os cidadãos com o sitio do congresso do que com o do poder executivo! Porque? Qual a razão da differença?

Mas tambem a segunda parte do n. 21 não autorisa ou deixa de autorisar «approvação de actos administrativos». Approvar *ou suspender*, ahi se diz. E si isso se referisse a taes actos, no caso de não approval-os o congresso, se limitaria este, não a rejeital-os ou revogal-os, mas *a suspendel-os* só; e ainda que de todo se tivessem consumado, iriam ficar suspensos!...

O objectivo da disposição é outro e patente; ella visa a vigilancia do congresso quanto ao emprego dessa anomala e temerosa attribuição sua, em sua ausencia exercida pelo poder executivo, para que verifique si seo uso é opportuno, si é justificado por motivos bastante fortes e ponderosos que a tornem imprescindivel, si se deram realmente as condições em que a Constituição o consente. Com esse fito é que se deo ao congresso o poder de approvar ou *suspender o sitio* posto pelo governo, isto é, de confirmar o decreto de declaração de sitio, ou supprimil-o, levantando a suspensão de garantias que elle trouxe, o poder de fazer cessar o estado de sitio irregularmente ou sem razão decretado. — Será forçar a lettra e o espirito da Constituição neste ponto admittir cousa diversa.

Levantando esta questão no senado federal, em sessão de 1 de junho de 1895, tivemos occasião de, entre outras considerações, expôr o seguinte, a proposito do projecto de lei a respeito dos actos executivos no estado de sitio de 1893:

A attribuição de approvar a declaração de estado de sitio independe da approvação dos actos do governo e tem por escópo verificar si as condições constitucionaes para a decretação do estado de sitio se tenham realmente dado, ou, por outra, si houve effectivamente motivo para ser decretado o sitio pelo poder executivo; mas não visa o exame e apreciação dos actos praticados pelas autoridades durante o periodo do sitio...

Esses actos praticados pelo governo e seus agentes durante o sitio, ou são conformes á Constituição e ás leis, e neste caso subsistem pela autoridade, pela competencia que o poder executivo tem para executal-os, não precisando então de approvação; ou são contrarios ás leis ou ferem a Constituição.

Si são infringentes da Constituição, neste caso nem o senado, nem o congresso, nem poder algum, tem a faculdade de approval-os,— pela razão que dava o grande publicista americano Alexandre Hamilton, que a vontade do povo, expressa na Constituição, deve prevalecer sobre a vontade de seus representantes, expressa nas leis ordinarias. De maneira que haveria obstaculo invencivel á aceitação desses actos, ainda mesmo que o Congresso tratasse de cobril-os com a sua approvação, e este embaraço é a propria Constituição.

Não ha competencia para fazer lei contra ella e a lei assim feita, approvando actos inconstitucionaes, seria uma lei nulla.

Os actos de que se trata podem por varios modos ser contrarios ás leis ordinarias; podem, ser contrarios ás leis fiscaes, medidas financeiras illegaes, infrações dos orçamentos, etc. Nós não temos necessidade, não temos obrigação de nesta occasião verificar isso.

Contra actos taes no nosso systema de governo ha correctivos e no caso vertente não ha necessidade de crear novos; as leis ordinarias bastam, e ellas proveem. Ha de haver occasião e fórmas regulares de reformar os actos que não devam subsistir, ou regularisar os que cumprir manter.

Mas, tratando de «approvar o estado de sitio», não temos de entrar na disquisição dessa materia. Si os actos a respeito das leis fiscaes, ordinarias, ferem alguma disposição legal, ha o tribunal das contas, que na occasião competente fal-o-á sentir ao congresso, e opportunamente serão examinados, revalidados ou supprimidos.

Taes medidas podem tambem referir-se a leis de ordem administrativa e a simples actos de administração. Neste caso esses actos infractores das leis terão a seu tempo, na occasião competente, ulteriormente, para que não vinguem e se reparem, a impugnação da autoridade a que isso tocar e a opposição, a reclamação da parte prejudicada, que ha de fazer valer seo direito perante os tribunaes; poderão ter contra si a intervenção do ministerio publico, agindo egualmente perante a justiça como couber. E ao que necessitar de ser provido por lei, o congresso proverá opportunamente.

E assim se póde conciliar perfeitamente a 1ª com a 2ª parte do n. 21:

O decreto de sitio é uma attribuição privativa do poder legislativo: si pela circumstancia de não estar reunido o congresso, o poder executivo se acha na emergencia que a Constituição prevê, na necessidade absoluta, imprescindivel, urgentissima de lançar o sitio, decreta-o então e o congresso na occasião opportuna conhece disso, simplesmente das condições em que foi lançado o sitio, verificando si se dava realmente essa emergencia que a Constituição teve em vista.

Si chegarmos a admittir que o congresso tem o poder de approvar todos os actos praticados em estado de sitio, quaesquer que sejam as circumstancias (e até sem examinal-os, como está succedendo presentemente), os particulares que tiverem soffrido em seus direitos, em sua propriedade, em suas pessoas ou de sua familia, que tiverem sido victimas de verdadeiros attentados no periodo do sitio e a pretexto deste, estacarão diante dessa absolvição prévia que o congresso tiver proferido ao declarar que ficam approvados todos esses actos e por consequencia, eliminada a effectividade da responsabilidade criminal e politica, que poderia ter logar com o processo do presidente da Republica por iniciação da camara dos deputados. A camara não voltará atraz para julgar procedente a accusação que versar sobre actos que ella approvou. E assim verifica-se, como ha pouco disse, que essa approvação vem falsear completamente o regimen republicano, tal como está constituido em nosso codigo fundamental.

Com semelhante intelligencia da Constituição annullam-se as liberdades publicas, deprava-se o systema e fica o particular sem acção, sem protecção, fóra da lei, durante o sitio e, depois da approvação sem meio efficaz de rehaver os seus direitos e reparação; vingarão sem correctivo nem reparação os attentados contra sua pessoa e liberdade e até si o governo quizer poderá supprimil-as; e quanto á sua propriedade, si o entender chegará a confiscal-a.

Não é estranho fallar aqui em confiscação, porque a respeito de um dos actos de decretação do estado de sitio, chegou-se a ler no *Diario Official*, emittida muito desembaraçadamente, em 1892, esta asserção: que o governo não tinha tido necessidade de lançar mão do confisco!!!
Por conseguinte, não estou figurando uma hypothese inteiramente descabida, n'um paiz em que tanto se allegam os precedentes.
O facto de exigir a Constituição que o presidente da Republica apresente ao congresso um relatorio motivado das medidas de excepção que tiver tomado durante o sitio não é sinão uma homenagem ao congresso, que tem a privativa competencia para o sitio, e habilita-o a tomar as providencias de ordem legislativa que lhe fôrem suggeridas pelo interesse publico; mas isso não quer dizer que os actos praticados em sitio tenham de ficar dependentes de approvação.
Por outro lado, pretender que, por uma votação do congresso, os abusos, excessos e attentados podem ficar canonisados, com prejuizo da Constituição e em detrimento dos direitos individuaes que ella patrocina, é aberrar inteiramente do regimen adoptado e estabelecer a supremacia de um dos poderes publicos sobre a propria Constituição d'onde emanam suas prerogativas, cousa inteiramente insustentável».

A opinião contraria supprime de facto a responsabilidade do presidente da Republica, julgando seos actos sem processo e só diante das informações que elle offerecer (naturalmente não apresentará o que houver contra 'si), o que é uma deturpação do regimen em ponto capital. Esquece ou frauda o direito do cidadão (garantido pela Constituição, art. 72 § 9, e pela lei n. 27 de 2 de janeiro de 1892, art. 2°), de promover a responsabilidade do presidente da republica e de seos agentes, assim indevidamente prejulgados, sem juizo contradictorio, nem audiencia dos prejudicados. E dá margem a que ou os tribunaes, considerando-o essencialmente *politico*, recuem diante do *verdict* parlamentar ou tenham de annullal-o por inconstitucional, com relação a lesão de direitos individuaes, como é de sua competencia, desde que a isso fôrem provocados por fórma e via legal.
No primeiro caso, vingarão as illegallidades e attentados; no segundo, em materia de tanta monta, desprestigia-se o poder.
E vem ainda outro gravissimo defeito. A discussão dos actos do governo para chegar á conclusão de approval-os ou (suspendel-os, deviamos dizer com o n. 21)... rejeital-os, abre ensanchas a campanhas e torneios parlamentaristas, a victorias ou derrotas do governo nas camaras, a votações de confiança e aos chamados *bill* de indemnidade, cousa de todo contraria á indole do regimen presidencial.
Finalmente, tanto a Constituição repelle essa approvação, estrambotica, tumultuaria, extravagante, que no art. 80 § 3 simplesmente exige do governo um *relatorio* motivado das medidas de excepção que houverem sido tomadas, não lhe impondo ao menos a obrigação de apresentar documentos nem provas. Esse relatorio a camara, si assim entender, poderá tomar por base, não para immediato julgamento do presidente da Republica, o que é um contrasenso, — mas para iniciação de processo de responsabilidade (*impeachment*), si houver fundamento para isso; o que póde tambem fazer mesmo independentemente desse documento.
E eis porque dissemos que pela Constituição o congresso não tem (e não póde nem deve ter) essa attribuição de approvar actos de autoridades administrativas em estado de sitio; só approva ou suspende o acto da decretação do sitio.

12. Regular as condições e o processo da eleição para os cargos federaes em todo o paiz; (Projecto da Commissão do Governo Provisorio).	23. Regular as condições e o processo da eleição para os cargos federaes em todo o paiz; (Decretos n. 510, de 22 de Junho e o. 914 A, de 23 de Outubro de 1890).	22. Regular as condições e o processo da eleição para os cargos federaes em todo o paiz;

22. Eleição para cargos federaes

objecto é que por sua natureza deve ser regulado pela União e, entre os poderes desta, evidentemente pelo que tem competencia para fazer leis. E quando esta attribuição não viesse expressa na Constituição, ella ainda assim subsistiria por força do disposto no n. 33 do art. 34, que ao congresso confere o poder de decretar leis organicas para a execução da Constituição.
Mas esta attribuição o poder legislativo ha de exercel-a, tendo elle em vista e respeitando a disposição do art. 16 § 2° que prescreve seja feita a eleição simultanea em todo o paiz, — do art. 17 § 3° que determina ao governador do Estado em cuja representação occorre vaga, mandar elle proceder immediatamente á eleição, — do art. 26 que estatue as condições de elegibilidade, — do art. 28 que exige a representação das minorias, — do art. 70 que generalisa o direito de voto, conferindo-o a todo o cidadão maior de 21 annos, alistado na fórma da lei, e declarando quaes os não alistaveis, e — do art. 72 § 28 que não admitte privação de direitos politicos por motivo de crença ou de funcção religiosa.
Vide leis n. 35, de 26 de janeiro de 1892, n. 347, de 7 de dezembro de 1895 e n. 620, de 11 de outubro de 1899.

ARTIGO 34

13. Organisar no prazo maximo de cinco annos a codificação das leis civis, commerciaes e criminaes que devem regular as respectivas relações de direito em todo o territorio nacional, bem como a codificação das leis de processo, sendo licito aos estados alterar as disposições de taes leis em ordem a adaptal-as convenientemente ás suas condições peculiares;
Excedido este prazo sem estar feito o trabalho de codificação, fica livre aos Estados organisar por si a codificação das leis;
(Projecto da Commissão do Governo Provisorio).

24. Codificar as leis civis, criminaes e commerciaes da Republica e bem assim as processuaes da justiça federal;
(Decretos n. 510, de 22 de Junho e n. 914 A, de 23 de Outubro de 1890).

N. 24. Legislar sobre o direito civil, commercial, criminal e processual da justiça federal.
(Emenda da Commissão do Congresso, em 8 de Dezembro de 1890).

Substitua-se o § 24 do art. 33 pelo seguinte:
§ 24. Decretar as leis processuaes da justiça federal. *Leopoldo Bulhões*.
(Emenda approvada em 8 de Janeiro de 1891).

Substitua-se o n. 24 pelo seguinte: Legislar sobre o direito civil, criminal, commercial e processual da Republica. *Leovigildo Filgueiras*.
(Emenda approvada em 5 e 17 de Fevereiro de 1891).

Segundo o seu autor, deve ser assim redigido o n. 24: Legislar sobre o direito civil, criminal, commercial da Republica e o processo da justiça federal.
(Declaração feita pelo presidente do Congresso, em vista de requerimento apresentado pelo autor da emenda, em 17 de Fevereiro de 1891. *Annaes do Congr.*, vol. III, pags. 202, 234 e 262).

23. Legislar sobre o direito civil, criminal, commercial e o processual da Republica.
(Redacção pela Commissão do Congresso, em 23 de Fevereiro de 1891).

Substitua-se o n. 23 pelo seguinte: 23. Legislar sobre o direito civil, criminal e commercial da Republica e o processual da justiça federal. *Leovigildo Filgueiras*.
Emenda á redacção da Commissão do Congresso (approvada em 23 de Fevereiro de 1891).

23. Legislar sobre o direito civil, commercial e criminal da Republica e o processual da justiça federal;

23. Direito civil, commercial e criminal da Republica.

O poder de regular as relações de direito privado sob seos varios aspectos e de estabelecer a sancção penal em sua garantia e da ordem publica ficou, por esta disposição, attribuido privativamente ao poder legislativo federal.

Semelhante disposição porém é avessa ao principio federativo, tirando aos Estados um poder que elles têm como estados que são, mutilando-os em sua capacidade politica, restringindo-lhes faculdades inherentes a ella, e sem que essa amputação se possa considerar como essencial e indispensavel á União, á co-existencia e nexo dos Estados sob a forma federal (*fœdus*).

Muito bem o havia comprehendido o governo provisorio, quando logo após a proclamação da Republica, dissolveo a commissão de jurisconsultos nomeada em 1 de junho de 1889, para organisar um codigo civil, fundamentando da seguinte fórma esse acto:

«Que pelo decreto n. 1 de 15 de novembro, foi proclamada provisoriamente e decretada como forma de governo da nação brazileira a Republica Federativa e reconhecida a competencia de cada Estado para decretar as leis porque se deve reger em sua existencia autonomica, salvo apenas o que constitue as attribuições do Congresso Federal;

«Que da natureza e essencia d'este regimen politico é que á autoridade do poder Legislativo Federal só pertençam as attribuições relativas aos interesses geraes e á co-existencia harmonica dos Estados, ficando em plena independencia, na respectiva esphera de acção, as legislaturas d'elles;

«Que a confecção das leis que regulam as relações civis dos cidadãos dos differentes Estados não entra na legitima esphera de acção do Poder Legislativo Federal;

«Que pois seria restringir em limites indevidamente preestabelecidos a autonomia dos Estados decretar ou, siquér, redigir leis civis obrigatorias para toda a União, devendo, pelo contrario, ficar á legislatura de cada Estado, á sua soberana iniciativa e livre competencia o direito de regular, como a cada um d'elles mais convenha, as relações civis dos cidadãos que os compõem». (Av. n. 3, do ministerio da justiça, em 21 de novembro de 1889).

A commissão do governo provisorio, no seo projecto de Constituição, attribuia ao congresso nacional a codificação, que no prazo maximo de cinco annos deveria ficar feita, das leis civeis, commerciaes e criminaes e das de processo, salvo aos Estados o direito de alteral-as «em ordem a adaptal-as convenientemente ás suas condições peculiares» (art. 33 n. 13). O projecto do governo provisorio dava ao congresso nacional a incumbencia de «codificar as leis civis, criminaes e processuaes da Republica», não mais se embaraçando com «as condições peculiares dos Estados», nem com a «sua soberana iniciativa e livre competencia para regular as relações de direito entre os cidadãos que os compõem» (Aviso supracit.)

Surgiram na commissão do congresso constituinte e na discussão varias emendas, algumas reivindicando a prerogativa dos Estados, adoptando-se afinal a idéa de ficar privativa da União a competencia quanto ao direito ou legislação substantiva, sendo a formal ou de processo — da alçada da União, só quanto á sua justiça, e — dos Estados quanto á d'elles.

Sobre o assumpto assim discorria, em sessão de 7 de janeiro de 1891, o ministro que organisára a justiça federal (por decreto n. 848 de 11 de outubro de 1890, organisação que com pouca alteração passou para a Constituição):

> Em 1831, isto é, em consequencia da revolução d'essa época, outorgou-se ás provincias do imperio a faculdade de constituir e organisar a sua justiça de primeira instancia, mas esta faculdade vinha acompanhada tambem da de organisar o respectivo processo.
> Foi em virtude deste principio consagrado no Acto addicional que as provincias do imperio começaram a organisar a sua justiça de primeira instancia, estabelecendo a respectiva jurisdicção, assim como a divisão territorial. Em muitos pontos tornou-se sensivel a tendencia de alargar quanto possivel o preceito constitucional, tão profundo era o sentimento da independencia local.
> Na camara de 1836, tratava-se, entre outros actos que já faziam presentir um movimento reaccionario, de declarar a inconstitucionalidade da lei de 14 de abril do mesmo anno, votada pela assembléa provincial de Pernambuco, lei que tinha estabelecido a sua organisação judiciaria. Da commissão respectiva, encarregada de interpôr o seo parecer, destacou-se o illustre deputado Luiz Cavalcanti para dar o seo parecer em separado. O congresso lucrará em conhecer a elevação de vistas, a firmeza democratica e o brilhantismo com que o illustre pernambucano antecipava naquella época os fundamentos da politica experimental, ensinada em nossos dias por um emerito publicista.
> Destacarei do seu luminoso parecer o seguinte topico:
> «Lembram alguns o inconveniente de poderem apparecer 18 differentes codigos das diversas provincias, que não passam facilmente ser conhecidos pelos magistrados de tribunaes.
> «Entendo, porém, que, sendo os magistrados especialmente destinados ao conhecimento das leis, seu officio lhes impõe o dever de estudar as leis de todas as provincias, a onde sua jurisdicção se extender; além de que as provincias hão de seguir muito o exemplo uma das outras e conseguintemente não terão de verificar-se tantas differenças de codigos; antes poderemos ter a vantagem de ser mais imitado o codigo que tiver produzido bons effeitos em alguma provincia, livrando-se assim da calamidade que soffremos hoje pelo codigo do processo criminal decretado pela assembléa geral, de quem nem uma garantia nos induz presentemente a esperar como melhoramento em tal objecto...»
> Senhores, a este respeito tenho necessidade de dar uma explicação para que não haja mais duvida sobre o meu modo de pensar e de proceder. Sustentei no governo, até o instante em que assignava-se o projecto de Constituição, a necessidade de consagrar-se o principio da legislação separada, e sustentei este principio porque entendi que *era preciso não tirar aos Estados uma das mais importantes manifestações da sua soberania legislativa.*
> Fui, porém, vencido, porque a maioria dos meus collegas pronunciou-se em sentido contrario. Mas, senhores, declaro daqui que aceito francamente a emenda apresentada por alguns Srs. representantes restabelecendo o principio......
> Votando aqui por este systema não quer isso dizer que tenhamos estabelecido a obrigação para cada Estado de adoptar para si uma legislação caprichosamente diversa da dos outros Estados, não; o que fazemos é dar-lhes soberania legislativa bastante para que cada um possa adoptar as instituições que lhe sejam peculiares e uniformisal-as todas na parte geral, na parte em que as relações juridicas obedecem ás mesmas condições de uniformidade. Não tenho receio de que possa sahir daqui o cahos».

Estas idéas, com todo o vigor, foram ainda sustentadas com outros argumentos, e não menos valentemente combatidas, desenvolvendo-se na discussão toda a sorte de razões, desde as de ordem puramente scientifica, theorica, abstracta, até ás de caracter financeiro, sendo tratada com a maior largueza sob o ponto de vista da soberania da União e dos Estados (Abstemo-nos de considerar a questão quanto á soberania, sem entrar em demonstrações, em vista do que expozemos sobre o art. 1°., para o qual remettemos o leitor).

O illustre autor da *Politique expérimentale*, (a quem se referia o ministro da Justiça) apreciando o projecto de constituição federal brazileira, escrevera o seguinte, que muito bem cabe referir aqui:

> Dans un pays comme le Brésil, dont les ressources naturelles sont presque entièrement inexploitées, dont les provinces sont parfois si eloignées les unes des autres en latitude ou en longitude, et présentent tant de contrastes et d'aspectes divers, pourquoi enchainer, ou entraver tout au moins, les activités par une législation et une administration uniformes? Point n'est besoin de loi sur mines, là où les richesses minerales font défaut; les provinces de l'intérieur n'ont pas à légiférer sur la peche côtière.— ... le regime fédératif a des souplesses que la centralisation ne connait pas.
> L'élasticité n'en est est pas le seul mérite: il bénéficie, dans l'ordre politique, de tous les avantages qui resultent de la division du travail dans l'ordre industriel...
> Enfin, quel avantage pour un pays renaissant à une vie nouvelle que de pouvoir experimenter ses premiers élans! Tel loi sera essayé dans un E'tat, tel autre ailleurs. La bonne loi sera imitée et fera boule de neige: la mauvaise loi sera abandonée par ses auteurs et n'aura fait ou failli faire de mal qu'à un territoire restreint. Le système fédératif est celui qui permet le plus facilement de limiter les risques; il corrige lui même ses erreurs. (*Léon Donat*, Critique de la constitucion brésilienne. 1890, pag. 4).

Um facto mui significativo e que abona quanto expende o supra citado escriptor, é o que se dá nos Estados Unidos Norte Americanos. Ahi, tendo-se deixado aos Estados a legislação quér substantiva quér processual, ficou, por excepção, ao congresso federal o legislar sobre fallencias, uma vez que incumbia á União regular o commercio. O que succede, porém?

Até o presente, assegura A. Carlier, nada de completo tem n'isso podido fazer o congresso, salvo uma lei de fallencias, muitas vezes refeita, abandonada e renovada, e hoje finalmente abolida, prova evidente da extrema difficuldade de combinar uma lei que satisfaça a uma tam grande variedade de interesses divergentes (*La Rép. Amer. tom. 4, pag. 57*).

O congresso porém, — cedendo a principio á corrente federalista que n'elle se desenvolvia, e tendo em primeira discussão aceito a emenda a que alludia o referido ministro, — voltou depois sobre seos passos, obedecendo ao espirito de concentração e ao vezo de legislação symetrica, parecendo sobre tudo nimiamente preoccupado com os males que se lhe antolhavam da legislação separada; e preferio a unidade inflexivel, a rigida uniformidade do direito, como elemento de cohesão nacional, á applicação e desenvolvimento logico e completo do principio federativo n'este objecto. E' o que se colhe da importante e prolongada discussão havida e d'essa especie de hesitação revelada pelas duas votações contradictorias.

«Entendo que esta questão de unidade do direito privado, nos systemas federativos, não póde ser resolvida a *priori*. E' necessario contar-se com os antecedentes, com a formação historica.

«E' certo que nos Estados Unidos, as colonias que tinham instituições diversas, que provinham algumas dellas de raças differentes e tinham uma lingua diversa, que tinham legislações diversas, fundadas nos antecedentes, nos costumes e habitos peculiares; é certo que seria uma imprudencia, quando organisou-se o poder judiciario na America do Norte, mutilar-se este traço caracteristico do povo americano e uniformisar-se uma legislação, que era, por sua natureza, multipla.

«Mas, em nosso paiz, onde ha homogeneidade de costumes, de raça, de lingua, onde os habitos são os mesmos, um direito privado constituido, seria temeridade abandonar essa conquista de transcendente alcance politico para cedermos ás idéas da escola experimental, que, em ultimo caso, tende para a unidade do direito.

«Mas, si já temos esta unidade, vinculo poderoso de nacionalidade, por que não aproveital-a e ir forçar a natureza das cousas, a indole do nosso direito, tornando-o multiplo e vario?» (Discurso do Senador Gonçalves Chaves, em 6 de janeiro de 1891).

..... somos um povo completamente unificado; a mesma raça, a mesma historia, os mesmos costumes, o mesmo direito, a mesma lingua.

Temos um só direito pela mesma razão por que fallamos a mesma lingua; aquelle e esta são os dous symbolos vivos na nossa nacionalidade. O nosso direito é tão antigo quanto este corpo social; cresceu e desenvolveu-se com elle; é a nossa *common law*; é um patrimonio nacional. Malbaratal-o, fragmental-o, entregando ás assembléas legislativas dos Estados a faculdade de legislar soore as materias juridicas, seria não sómente um crime de lesopatriotismo, sinão tambem um gravissimo erro politico; pois no momento em que se affrouxam laços materiaes de dependencia, cumpre que se apertem os vinculos moraes de união, e a communhão do direito é um vinculo tão forte quanto a communidade da lingua. (Discurso do Senador José Hygino, em 5 de janeiro de 1891).

O phantasma da desintegração da patria pela pluralidade da legislação tanto aterrou os constituintes, que chegaram até ao extremo de deixar de approvar uma emenda da commissão que exceptuava da competencia federal o legislar sobre «contravenções policiaes, ou de disposições regulamentares em materia de competencia dos Estados e a locação de serviços». (ANNAES do Congr. Const., vol. I, pag. 102 e vol. II, pag. 137). São materias estas que se prendem a condições locaes e que com ellas variam de Estado a Estado. A este genero pertencem tambem os contractos de parceria agricola e pecuaria. Leis de locação de serviços tivemos varias no regimen transacto, mas planeadas por um só molde para todas as diversas localidades do paiz, a consequencia foi que não se executaram sinão mal e parcialmente; na maior parte das provincias não se praticaram, e isto com prejuizo dos interesses a que se referiam. Ainda recentemente varias tentativas se têm feito no congresso nacional para regular o assumpto e os projectos vão cahindo e com razão; não póde quadrar a um paiz tam vasto e onde as circumstancias e peculiaridades locaes tanto diversificam, uma lei d'essas, feita como se todas as circumscripções que ella deve reger fossem uniformes, inteiramente semelhantes, lei impossivel de ser ella só adaptavel a todo o territorio brazileiro. E si a União não póde estar fazendo leis geographicas, uma para cada Estado ou municipio, é melhor que os interesses locaes sejam regulados por aquelles a quem especialmente tocam. Ao menos esses caberia ficarem á competencia dos Estados, como a respeito mesmo de locação de serviços, chegou a ser determinado pelo Governo Provisorio, art. 2º do decr. n. 213 de 22 de fevereiro de 1890. Até deste direito, já reconhecido seo, os Estados foram despojados.

E o processual da justiça federal. Estas palavras são uma restricção á competencia que ficou á União de legislar sobre o direito; ella tem o poder de regular tudo o que concerne ao direito civil, commercial e criminal, menos quanto ao direito processual (salvo sobre o da justiça federal e da justiça local do districto federal, art. 34 ns. 23 e 30 e art. 67), Aos Estados ficou, pois, reservada a competencia (art. 65n. 2º) para as leis de processo e organisação judiciaria em materia civil, commercial e criminal que não incumba ás justiças da União. Eis como o explicava no Congresso Constituinte um dos representantes que discutiram a materia:

«O direito é uma força moral; o direito precisa de orgãos para ser applicado e são as instituições judiciarias que lhe dão vida e acção.

Eis aqui o ponto sobre o qual se baseia a razão de diversidade, em nosso paiz, da organisação judiciaria. Ha certamente um fundo commum de principios, que são a garantia da liberdade e da justiça, mas em paiz, cujos Estados differem nas condições do povoamento e de adiantamento, a constituição da magistratura, regras de processo, os recursos, as alçadas, condições da celeridade dos processos, não podem ser uniformes.

Si as condições do paiz podem diversificar, como de facto diversificam, de um para outro Estado, para remediar isto é preciso a diversidade da organisação judiciaria, de maneira que se adapte a cada Estado com as necessidades de cada um delles.

Outra razão é que conhecida a autonomia local, autonomia politica dos Estados, para organisarem os poderes publicos respectivos, sem nenhuma dependencia e subordinação e, por consequencia, soberanamente, seria mutilar essa autonomia, negar-lhe a instituição do poder judiciario.

E, si por ventura negassemos aos Estados a faculdade da sua organisação judiciaria a que ficariamos reduzidos? O que teriamos conseguido?

As leis de processo consideram-se como fazendo parte do que se chama organisação judiciaria. As instituições judiciarias devem pertencer aos poderes politicos dos Estados». (Gonçalves Chaves, cit. discurso em 6 de janeiro de 1891).

—N'isto se resumio toda a conquista dos Estados n'este terreno (que aliás não era sinão muito seo, visto a natureza do regimen adoptado) e o que se fez não foi nem inteiramente novo, nem completo. Em 1842 Hollanda Cavalcanti (depois Visconde de Albuquerque) já propuzera um projecto, cujo art. 5º (citado por

Tavares Bastos no seo precioso livro «A Provincia», pag. 203) dizia:

«Compete aos juizes de facto e de direito nas provincias julgar definitivamente as causas quér civeis, quér criminaes, intentadas dentro da provincia e em que não fôr compromettido o interesse geral da nação... Uma lei economica *provincial* marcará os districtos dos juizes de direito da 1ª instancia e a *fórma do processo* para estas causas somente».

Em 1891, para Estados autonomos, em organisação republicana federativa, isso já era pouco; cumpria ir até ao direito substantivo, sem receio de perigo. Os Estados foram reconhecidos aptos para o mais, para assumir a responsabilidade e arcar com as difficuldades de sua organisação politica, e conservam o direito de reformal-a. Organisaram seos codigos politicos e ninguem dirá que o fizeram mal; sahiram-se todos bem e pelo geral uns aos outros imitaram, alguns transcrevendo mesmo da Constituição federal cousas a que não estavam obrigados, como a dualidade das camaras legislativas (*). Tudo leva a crer-se, por ahi e pela observação dos nossos costumes politicos, que quanto aos outros codigos os Estados não procederiam de diverso modo e evitariam entrar no caminho das innovações temerarias e perigosas em materia, na qual tam grande é o predominio dos interesses conservadores e a influencia da tradição. E dado que algum se abalançasse a enveredar por essa arriscada senda, sujeitar-se-ia á disciplina das consequencias: logrando successo, teria feito util experiencia que naturalmente seguiriam, por interesse proprio, os outros Estados; mallogrado o intento, aproveitaria a lição como castigo da aventura e exemplo proveitoso; em todo o caso, teria isso sido o uso legitimo de um direito.

_____
(*) E é digno de observar-se que onde poderia variar a legislação estadual, como em objecto de organisação judiciaria e processo, os Estados usaram discretamente de sua prerogativa e quasi se copiaram uns aos outros. (*Vide* «O poder judiciario no Brazil» por Carvalho de Mendonça, pag. 286 e segs).

Accrescente-se:
§ 25. Estabelecer leis uniformes sobre naturalisação e fallencia.
Leopoldo de Bulhões.
(Emenda approvada em 8 de Janeiro de 1891).

24. Estabelecer leis uniformes sobre naturalisação e fallencia;
(Redacção pela Commissão do Congresso em 21 de Fevereiro de 1891.)

No n. 24 supprimam-se as palavras — e fallencia —, porque a attribuição de legislar sobre esta materia já está comprehendida no numero antecedente. *José Hygino*.
(Emenda approvada em 23 de Fevereiro de 1891).

24. Estabelecer leis uniformes sobre naturalisação;

24. Leis uniformes sobre naturalisação. A naturalisação investe o estrangeiro nos direitos de cidadão, não deste ou d'aquelle Estado particular da União, mas nos de *cidadão brazileiro*, sem distincção desta ou d'aquella parte do Brazil. Produz effeitos juridicos em todo territorio da União e a ella principalmente interessa. E' pois acto de caracter *nacional* e não local, e reservado, por isso, aos poderes federaes. E' materia que entende tambem com o direito internacional, e ainda por isso escapa á competencia dos Estados considerados separadamente, por não terem personalidade politica externa.

A nacionalidade é uma; não se poderia admittir dentro d'ella cidadãos só de uma ou outra circumscripção, mas do paiz todo. Si cada Estado particular tivesse competencia para regular a naturalisação de estrangeiros, teriamos que qualquer ficava com o direito de fazer cidadãos para os outros Estados, o que implicava com a soberania d'elles. E si essa naturalisação produzisse effeito sómente com relação ao Estado onde se operasse, n'este assumpto de tamanha ponderação e gravidade, viria a estabelecer-se uma heterogeneidade prejudicial.

Uniformes é necessario que sejam as leis de naturalisação, porque, além de prenderem-se a interesses de ordem internacional (e a variedade e complicações resultantes seriam um embaraço á regularisação do assumpto com as potencias estrangeiras), a diversidade de legislação com relação aos Estados estabeleceria condições que pela sua desigualdade poderiam aproveitar ou prejudicar mais a um que a outro dos Estados, o que fôra injusto em si e impolitico pelas consequencias.

E nada mais consentaneo que, vindo os naturalisados a gosar todos dos mesmos direitos, das mesmas garantias e protecção asseguradas pelas leis da Republica, seja regida por clausulas uniformes a admissão d'elles á communhão nacional, a que passam a pertencer.

— PODEM OS GOVERNADORES DE ESTADO CONCEDER NATURALISAÇÃO, GUARDADAS AS CONDIÇÕES LEGAES ESTABELECIDAS PELO PODER FEDERAL? Permittia-o o decr. n. 13 A de 26 de novembro de 1889 e isto facilitava o serviço com relação aos habitantes dos Estados. Mas promulgada a Constituição federal que discriminou de modo definitivo a competencia entre os Estados e a União, aquelle acto do Governo Provisorio ficou implicitamente revogado e assim o entendeu o governo federal «visto tratar-se de uma faculdade que produz effeitos juridicos em todo o territorio da Republica e interessa principalmente á União, além de affectar relações de ordem internacional». Av. n. 11 de 29 de março de 1894. De modo os governadores não têm o direito, que o cit. decreto lhes tinha dado, de conceder naturalisação; mas, como «a execução das leis federaes póde ser confiada aos governadores dos Estados mediante annuencia d'estes» (Const., 7 art. § 3°), nada obsta que os poderes federaes deem tal incumbencia aos governadores que a acceitarem, observadas por estes, em todo o caso, as prescripções da legislação federal referente á materia.

— O decr. n. 13 A de 26 de novembro de 1889 autorisa a concessão de naturalisação a todo o estrangeiro que a requerer, independentemente das formalidades anteriormente exigidas e mediante simples portaria, isenta de quaesquer impostos.

A pratica, conforme attestam os relatorios do ministerio da justiça e negocios interiores (1893 a 1895), tem mostrado inconvenientes produzidos por essa nimia facilidade, que tanto baratêa a qualidade de cidadão brazileiro, conferindo-a a qualquer forasteiro que a procure, venha de onde viér, sem haver residido ainda no paiz, sem se saber quem é, sem dar provas do seo bom procedimento, etc.

Asseguram aquelles documentos officiaes que tal decreto tem aproveitado a estrangeiros que deveriam antes ser arredados do paiz e a outros que apenas querem-se habilitar ao exercicio de empregos publicos, sendo certo que os estrangeiros de cuja actividade mais necessita o paiz, não são precisamente os que nelle tratam de se naturalisar.

E' urgente pois regular-se melhor a materia por modo que desappareçam os inconvenientes apontados, e cabe fazel-o na lei cuja expedição se exige no art. 34 n. 24, de que nos occupamos aqui.

14. Crear ou supprimir os cargos federaes, fixar-lhes as attribuições, marcar ordenados e conferir, quando julgar necessario, a nomeação dos empregados subalternos aos chefes das differentes repartições;

(Projecto da Commissão do Governo Provisorio).

26. Crear e supprimir empregos publicos federaes, fixar-lhes as attribuições, e estipular-lhes os vencimentos;

(Decretos n. 510, de 22 de Junho e n. 914 A, de 23 de Outubro de 1890).

25. Crear e supprimir empregos publicos federaes, fixar-lhes as attribuições, e estipular-lhes os vencimentos;

25. Crear e suprimir empregos publicos federaes.

O art. 9° § 3° estabelece que o serviço federal seja feito por funccionarios da União. Dos poderes d'ella é o legislativo a quem cabe a attribuição de crear, regular e estipendiar os empregos necessarios, visto que n'isso vae decretação de despesas, que se não devem fazer sem lei, sem voto dos que representam os contribuintes. Accresce que muitos desses empregos envolvem o exercicio de autoridade sobre os cidadãos e por isso ainda a Constituição dá ao congresso o poder de «fixar-lhes as attribuições». (*)

Finalmente, comprehende-se que, si isso ficasse ao executivo, a creação e renumeração dos cargos publicos mais facilmente obedeceriam aós interesses de clientela e espirito de corrilho, peste dos governos; e os empregos poderiam ser menos para o serviço publico que para pagar serviços de partido.

— E muito tento cumpre haver no exercicio desta attribuição. Além de attentar contra a bolsa do contribuinte a creação de empregos em numero superior ás necessidades do serviço publico, com este excesso de pessoal se desvia de outras occupações uteis uma multidão consideravel de individuos em prejuizo das lettras, artes e industrias do paiz, em damno de seo progresso, principalmente quando o governo impõe rigorosas provas de habilitação (não nos referimos a cargos scientificos e technicos) para escolher dos pretendentes os mais habeis e melhor preparados, e si a renumeração dos cargos publicos é generosa. O estado recruta assim o que na sociedade encontra de melhor, apartando muita vez de suas verdadeiras vocações, — pélo engodo dos bons vencimentos e vantajosas condições, — talentos e aptidões que n'outra esphera de actividade prestariam muito melhor serviço á nação.

Accresce que, d'este feitio, com o augmento do pessoal além do que é strictamente necessario ao serviço, forma-se uma grande classe de dependentes do governo, uma numerosa clientela por elle influenciada e dirigida, e que d'elle tudo espera. E a sociedade só tem a perder com isso, com esse accrescimo de influencia e poderio dos detentores do poder publico, com a submissão de consideravel massa de individuos, aferrados ao emprego pelas vantagens e commodo d'elle e servis ao governo pelo natural receio de soffrerem as consequencias de seo desagrado, assim ficando «a um só aceno seo doceis e attentos». E' de boa politica não reduzir as forças livres da sociedade, cumpre deixal-as expandir-se, desenvolver-se, multiplicar-se, sem desviar para funcções officiaes uma excessiva porção da actividade geral.

— A Constituição (arts. 73, 74, 75 e 82) declara accessiveis a todos os brazileiros os cargos publicos, exige que sejam observadas condições especiaes de capacidade estatuidas, por lei para cada um d'elles, prohibe que se accumulem vencimentos, garante os cargos inamo-

---

(*) O projecto do Governo Provisorio trazia, antes deste numero, outro que attribuia ao Congresso nacional o poder de «fixar os vencimentos dos ministros de estado». Uma emenda do senador José Hygino propoz a eliminação de semelhante dispositivo, e foi approvada nas sessões de 5 e 18 de fevereiro de 1890. Comprehendida, como se achava, na disposição de que estamos tratando, aquella attribuição, escusada ficava aquell'outra.

veis, determina que só se concedam aposentadorias por motivo de invalidez no serviço da nação e estabelece a responsabilidade dos funccionarios publicos por abusos, omissões ou negligencia no exercicio de seos cargos. *Vide* comment. aos arts. cits. e ao art. 48 n. 5.

27. Instituir tribunaes subordinados ao supremo tribunal federal; (Decretos n. 510 de 22 de Junho e n. 914 A, de 23 de Outubro de 1890).	N. 27. — Assim: — Organisar a justiça federal e nos termos do art. 54 e seguintes da 3ª secção. Emenda da Commissão do Congresso (approvada em 30 de Dezembro de 1890).	26. Organizar a justiça federal, nos termos do art. 55 e seguintes da secção III;

26. Organisar a justiça federal. Apparelhar o systema judicial da União, regular o modo porque se deve exercer, estabelecer-lhe as medidas accessorias necessarias, tarefa é que só ao congresso nacional poderia assentar, por sua natureza e alcance. E n'isto deve o congresso observar os limites estabelecidos para este fim nos arts. 55 e seguintes, a que se refere o presente n. 26. N'elles se acha o lineamento geral da organisação que ficou incumbida ao poder legislativo, a qual tam grandemente importa a interesses nacionaes da mais consideravel relevancia, bem como á salvaguarda de preciosos direitos dos cidadãos e dos Estados.

Esta organisação judiciaria, distincta da justiça dos Estados, é um dos elementos caracteristicos do governo dualista que entre nós ficou adoptado, e interessa ella á essencia e pureza do regimen de modo tal, que a Constituição teve de estatuir, em termos formaes e peremptorios, as duas cautelosas prohibições do art. 62, que veda á justiça dos Estados qualquer intervenção nas questões submittidas aos tribunaes federaes e *vice-versa* e — do art. 59 § 2º., que não consente que a execução das sentenças e ordens da magistratura federal seja feita por outros officiaes judiciarios sinão sómente pelos da União. Este accentuado zelo pela organisação da justiça especial da União funda-se na missão do poder judiciario, como pedra angular do edificio federal, pelo papel primario e importantissimo que lhe reservou a Constituição no governo da Republica.

«Nelle reside essencialmente o principio federal; e da sua boa organisação é que devem decorrer os fecundos resultados que se esperam do novo regimen, precisamente porque a Republica, segundo a maxima americana, deve ser o governo da lei.

O organismo judiciario no systema federativo, systema que repousa essencialmente sobre a existencia de duas soberanias na triplice esphera do poder publico, exige para o seo regular funccionamento uma demarcação clara e positiva traçando os limites entre a jurisdicção federal e a dos Estados, de tal sorte que o dominio legitimo de cada uma d'estas soberanias seja rigorosamente mantido e reciprocamente respeitado». Preambulo do decr. n. 848, de 11 de outubro de 1890.

O congresso nacional tem tambem a attribuição, implicitamente comprehendida no disposto no n. 30 deste art. e no 67, de organisar a justiça do districto federal.

«As condições excepcionaes do districto federal, capital da Republica e assento dos seos poderes supremos... determinam a necessidade de uma organisação peculiar da justiça, que ahi tem de ser o palladio de importantes interesses locaes a cargo do governo municipal e das avultadas e multiplas relações juridicas, que frequentemente envolvem os direitos de cidadãos de varios Estados e nacionalidades, e entrelaçam os interesses municipaes ccm os geraes». Preambulo do decr. n. 1030, de 14 de novembro de 1890.

Mas este n. 26 ou é redundante e escusado, em vista do art. 34, ns. 33 e 34 e dos arts. 55 a 62 —, ou deve ser considerado como uma limitação posta ao poder, dado ao congresso, de regular a organisação judiciaria federal—, para obrigal-o strictamente aos termos e clausulas estabelecidos na secção III «Do poder judiciario», tirando-lhe n'isso todo o arbitrio e não permittindo quaesquer innovações, mas simples regulamentação.

15. Conceder amnistia; (Projecto da Commissão do Governo Provisorio).	29. Conceder amnistia; (Decretos n. 510, de 22 de Junho e n. 914 A, de 23 de Outubro de 1890)	27. Conceder amnistia;

27. Conceder amnistia. A amnistia impede e tolhe a acção penal contra aquelles a quem é concedida; é pois uma suspensão de leis e como tal deve ser acto do congresso. E' uma medida de elevado alcance politico que na monarchia se attribuia á munificencia do imperante; na Republica pertence aos representantes do povo soberano. Applica-se aos chamados crimes politicos, movidos pelo arrebatamento das paixões, por impulsos que não se confundem com a immoralidade e torpesa dos crimes communs.

Usada a proposito, nas grandes convulsões intestinas, qual o sceptro do deos mythologico sobre as ondas revoltas, trazendo bonança e calma, ella concilia e congrassa os animos agitados. Nuncia de paz e conselheira de concordia, parece antes *do céo prudente aviso* que expediente de homens.

Seo nome traduz «esquecimento», que é mais que perdão e misericordia e não humilha nem abate; é a denominação que deram os gregos ao grandioso acto de Thrasybulo, quando, após a expulsão dos trinta tyrannos, prohibio que cidadão algum fosse perseguido por motivo de seo procedimento politico; a conservação desse nome é uma homenagem e consagração historica.

Seos effeitos, supprimindo a acção penal, são impedir que se intente ou se continue processo criminal contra os envolvidos no facto que a motivou, e abolir para sempre as condemnações acaso já proferidas em repressão desse facto (sem desobrigar todavia os agraciados de indemnisarem o damno que hajam causado).

Suas especies variam seguindo as circumstancias, ao criterio da autoridade soberana, que a póde conceder: —*plena*, para todos os effeitos, —*geral*, para todas as pessoas, —*limitada*, com exclusão de algumas, —*restricta* quanto a seos effeitos, sendo d'ella excluidos certos crimes e quanto a determinados lugares, —*absoluta*, si é dada sem condições, —*condicional*, si fica dependente de se verificarem clausulas estabelecidas no acto da concessão.

Como não se inspira só nos sentimentos de humanidade e clemencia, mas não menos ou principalmente no bem do estado, em ponderosas razões de ordem publica, é visto que a amnistia não poderá ser sempre geral e absoluta e d'ahi essa variedade e limitações, segundo as diversas situações em que se possa achar a patria, cumprindo observar-se a maxima circumspecção e prudencia, no uso de tam preciosa medida, para que logre efficacia.

Mas si, norteada pelo bem publico, póde a autoridade restringir, quando este assim aconselhe, os effeitos e extensão da amnistia, segundo as circumstancias, —e é pleno direito seo fazel-o, —não deverão as restricções ser taes que redundem em offensa a direitos garantidos por lei. Neste caso e por essa offensa, o acto equivaleria a uma pena e o congreso não tem a attribuição de punir.

Si as condições assim impostas são onus que se trocam pela pena em que o amnistiados tenham incorrido, então isto será uma verdadeira commutação, tambem fóra da competencia do congresso. N'um caso não haverá uma condemnação sem processo e sem magistrado; n'outro, uma commutação de pena antes de sentença condemnatoria; em ambos, a justiça por decreto com eliminação das garantias asseguradas pelo art. 72 §§ 15 e 16.

Ora, será fazer injuria ao bom senso e seriedade dos que votaram a Constituição suppôr que fosse pensamento seo autorizar tam estranha faculdade, —confundindo a amnistia com a punição, alliviada embora, —supprimindo importantes garantias individuaes em prejuiso d'aquelles a quem a medida deve beneficiar, e —invertendo os principios reguladores da competencia politica do congresso, administrativa do governo e jurisdiccional dos tribunaes.

Foi dominado por estas razões, além das do momento, que no senado federal, em sessão de 8 de junho de 1895, fomos contrarios ao projecto de amnistia restricta que então se votou (e foi rejeitado), repellindo-o pelos seguintes fundamentos (ANNAES do Senado, 1895, vol. II, pags. 23 e 28):

«1°. Por inopportuno, tanto que o governo, que está debellando a revolta, conhecedor de suas circumstancias e recursos, e responsavel pela ordem e segurança da Republica, não usou do direito que lhe confere o art. 29 da Constituição Federal, nem apresentou ao Congresso mensagem reclamando essa providencia;

2°. Por ser desegual e injusta, quér pelas exclusões que consagra, quér pela restricção do direito de uma classe dos indultados, vedando-lhes o exercicio de funcções publicas;

3°. Porque redunda na proscripção dos não contemplados; e, para os que indulta com restricção, equivale a uma condemnação sem processo, e a uma commutação de pena antes de haver sentença;

4°, Porque a exclusão dos que têm deliberado, dirigido ou excitado o movimento revolucionario, não podendo ser, em geral, praticada sem interferencia das autoridades locaes, naturalmente eivadas de paixão e comprometidas na luta, é origem de graves abusos. (E pertinente recordar que, quando o governo portuguez indultou os revolucionarios de 1817, exceptuados as cabeças, todos os que cahiam nas mãos da commissão julgadora ella os reputava cabeças e os condemnava); e

5.° Porque medidas desta natureza, incompletas e parciaes, tomadas emquanto dura a luta armada, a experiencia attesta inefficazes».

Mais tarde, os militares comprehendidos na amnistia restricta do decreto legislativo n. 310 de 21 de outubro do mesmo anno, reclamaram perante os tribunaes contra a clausula desse decreto, que lhes suspendia por dous annos o exercicio dos postos e lhes contava esse tempo sómente para a reforma, o que allegavam elles ser equivalente á applicação de uma pena criminal, sem processo, sem julgamento, sem defeza e por autoridade incompetente, sendo nessa causa patrocinados pelo senador Ruy Barbosa, um dos autores da Constituição e que magistralmente discutiu a questão da inconstitucionalidade dos §§ 1° e 2° do cit. decreto. Por accordam, n. 216 de 20 de janeiro de 1897, o Supremo Tribunal Federal, —considerando, entre outras razões, que a amnistia, medida de caracter essencialmente politico, é da competencia exclusiva do poder legislativo, que a póde estabelecr com as condições e garantias que julgar necessarias ao interesse do estado, á conservação da ordem publica e á causa da justiça e, embora contrarias aos interesses dos reclamantes, as restricções estabelecidas não assumiam a qualidade de pena, por serem consectarios de um acto de natureza condicional ou restricta, —julgou improcedente a acção para subsistir o decreto citado.

Esta decisão, porém, infirmará a doutrina, que sustentamos, de que as clausulas adjectas ao decreto de amnistia não pódem offender *direitos* dos amnistiados? Parece que não.

O Supremo Tribunal (como se vê do 4° «considerando» do supradicto accordam, *verb.* «as condições prescriptas no decreto n. 310 de 21 de Outubro de 1895, muito embora *prejudiciaes* AOS INTERESSES dos appellados...») não achou que aquellas restricções offendiam *direitos*, considerou que ahi tratava-se sómente de *interesses*, segundo seo modo de ver no caso; e pois não se póde dizer que aquelle interprete final da Constituição canonisou quaesquer amnistias restrictas, incluidas as que trazem violação de direitos.

— *Vide* Cod. Pen. arts. 71 n. 2, 75 e 76.

Decretando amnistia, o congresso nacional exerce attribuição sua privativa, de caracter eminentemente politico, e nenhum dos outros ramos do poder publico tem autoridade para entrar na apreciação da justiça ou conveniencia e motivos da lei promulgada consagrando tal medida, que é um acto solemne de clemencia autorisada por motivos de ordem superior. Accord. n. 11, do Supr. Trib. Federal, de 23 de Outubro de 1892.

QUAL O PODER COMPETENTE PARA AMNISTIAR OS CRIMES POLITICOS PRATICADOS NOS ESTADOS CONTRA ESTES E SUAS AUTORIDADES? *Vide infra* comment. ao art. 60 *i*).

PODERÃO OS AMNISTIADOS RENUNCIAR A AMNISTIA? Com a amnistia suspende-se o apparelho punitivo do estado e d'elle arredam-se crime e criminosos que sem isso lhe ficariam sujeitos; mas tal se faz por amor da ordem social, por bem do estado, e só secundariamente em proveito individual, — d'ahi a conclusão de que o que assim se obra deve prevalecer sobre a vontade e livre alvedrio dos particulares, — e isto parece logico.—

Mas alguma cousa ha contra a qual não prevalece, não deve prevalecer a conveniencia publica (pena do estado contradizer-se comsigo mesmo e mentir a seos fins), e é o direito, — para cuja garantia e segurança elle existe.— Si portanto a amnistia fôr lesiva ao direito individual, si em suas clausulas o preterir ou tolher, é visto que aquelles a quem ella por esse modo lesar, pódem muito bem renunciar esse presente funesto.

Em rigor, mesmo que a lesão seja só de interesses (que não obstem á segurança e tranquillidade do estado), porque razão forçar á amnistia o prejudicado, que prefere submetter-se á justiça? Tal é o caso de condições onerosas, taes são em geral as amnistias condicionaes. E, além d'isso, por mais que seja de ordem publica, a amnistia em geral não póde deixar de favorecer aos particulares a que affecta e cada um póde rejeitar o favor que se lhe queira fazer. *Invito non datur beneficium*. Um militar brioso, accusado de ter tomado parte em conspiração na qual não tenha entrado, quer mostrar sua innocencia e tem provas para isso; si em seo justo melindre e pundonor entende requerer processo, como recusar-lh'o? Elle quer zelar a sua honra como entende, não se satisfez com encobrir-se sob o manto da amnistia, — como embaraçar-lhe esse impulso tam nobre e alevantada dignidade? com que direito vedar-lhe esse acto exemplar de superioridade moral? E que á indole e essensia da amnistia não repugna a renuncia, prova o facto da existencia de leis permittindo-a expressamente,—de que é frisante exemplo o decreto de 23 de Fevereiro de 1821, *verb.* «deixando, não obstante esta generica e geral disposição, livre a qualquer d'elles (amnistiados) tratar ordinariamente de sua defeza, si assim o pretenderem.»

E afinal, a opinião que sustentamos não deve escandalisar aos que entendem irrenunciavel a amnistia. As clausulas onerosas e lesivas inteiramente deturpam e desnaturam o acto, tirando-lhe o caracter de amnistia; por fórma que, em rigor, esta não é o que se renuncia; o objecto da renuncia em taes casos só muito impropriamente terá esse nome, e é um gravame e offensa de direitos sob as apparencias de favor e generosidade.

— Entre nós têm havido amnistias dos mais varios matizes e uma das mais curiosas é a que foi concedida aos revolucionarios republicanos de Pernambuco, que em 1824 promoviam a «Confederação do Equador». Decreto de 7 de Março de 1825:

«Hei por bem... determinar o seguinte:
Art. 1°. Que sejam promptamente executados todos os réos que já estiverem sentenciados pela commissão militar e que esta sentenceie immediatamente os que estiverem ausentes...
Art. 2°. Que todos os mais réos que estiverem pronunciados, quér presentes, quér ausentes, sejam remettidos ao fôro ordinario afim de alli serem competentemente julgados.
Art. 3°. Hei outrosim por bem amnistiar a todos os que não estiverem pronunciados...».

Extraordinaria fórma de «lançar o véo do esquecimento sobre as opiniões passadas»! Quam differentemente se comprehendia e se praticava em tempos muito anteriores essa grandiosa medida politica que Cicero denominava *discordiarum oblivio sempiterna!* Ao senado romano, reunido para julgar os rebeldes, escrevera o Imperador Antonino:

«Ninguem morra por motivo da conjuração de Cassio. Nenhum sangue seja por isso derramado. Voltem de seo exilio os banidos e se lhes entreguem seos bens. E prouvera aos deoses que eu pudesse aos mortos restituir a vida!»

16. Commutar e perdoar penas impostas, por crime de responsabilidade, dos funccionarios federaes; (Projecto da Commissão do Governo Provisorio).	30. Commutar e perdoar as penas impostas, por crimes de responsabilidade, aos funccionarios federaes: (Decretos n. 510, de 22 de Junho e n. 914 A, de 23 de Outubro de 1889).	**28. Commutar e perdoar as penas impostas, por crime de responsabilidade, aos funccionarios federaes;**

28. Commutar e perdoar. A imperfeição das instituições judiciarias, a possibilidade do erro judicial, bem como a munificencia do soberano, são os fundamentos invocados para a existencia do perdão official. Delle não quizeram prescindir os nossos constituintes, que o repartiram entre a União e os Estados, e na União ainda o subdividiram entre o poder legislativo e o executivo.

No estado actual das idéas e com os aperfeiçoamentos introduzidos no systema penal, porém, essa especie de derogação do poder judiciario, essa piedade dos poderes publicos perde muito de seo antigo prestigio, si é que não tende quiçá a desapparecer.

O livramento condicional, que já temos em nossa legislação (Cod. pen., arts. 50 a 52) e a revisão das condemnações criminaes, facultada a todos os réos, aos que por elles se interessarem, a qualquer do povo e ao ministerio publico (Const., art. 81) e confiada ao mais alto tribunal da nação (Const., art. 59 n. III), não são pequenas garantias e vantagens, e ainda poderão ser aperfeiçoadas, si preciso fôr.

Minore-se e supprima-se a pena aos que tenham direito a isso, nos termos de lei que estabeleça os casos e as condições para esse effeito; melhor será para o condemnado livrar-se assim da condemnação, mostrar a sua innocencia, sendo esta averiguada e proclamada pelo poder que tem a competencia de punir, do que eximir-se da pena por acto de mera caridade official.

E mais ganhará com isso a sociedade. Os condemnados convictos serão levados a melhor proceder, a mostrar-se dignos da attenuação com que lhes acena a lei. Os innocentes não deverão seo livramento a favor, mas ao ganho de sua causa novamente julgada.

Por outro lado, retira-se aos governos uma attribuição que não está no seo papel e que poderá servir, em certas condições, para manejos e transacções, com sacrificio da justiça. Será caso virgem nos annaes da administração publica o perdão por motivo eleitoral, por conquistar a adhesão de influencias partidarias, por troca de votos, em premio de serviços politicos prestados por protectores de criminosos justamente condemnados? Quem conhece bem a nossa educação politica, ou antes a mingua em que dessa educação nos achamos, sem difficuldade póde ver no perdão um competidor da patente de guarda nacional como elemento de governo...

Aos funccionarios federaes por crime de responsabilidade. Os funccionarios federaes, pela maior parte, são subordinados ao presidente da Republica ou d'elle dependentes quanto á continuação nos cargos, accessos e vantagens. Si o presidente tivesse o poder de perdoar-lhes as penas, seria possivel que crimes funccionaes se commettessem por suggestão, conselho ou conluio dessa autoridade, na expectativa de seo perdão.

Não convinha pois deixar-lhes essa porta aberta á impunidade, e por isso o perdão a esses funccionarios por semelhantes crimes ficou ao congresso nacional.

Vide Const. arts. 48 n. 6 e 52 § 2º.

Legislar sobre terras de propriedade nacional e minas; (Projecto da Commissão do Governo Provisório).	A's palavras «sobre terras» accrescente-se — e minas de propriedade da União. M. *Valladão*. (Emenda approvada em 5 e 18 de Fevereiro de 1891).	29. Legislar sobre terras e minas de propriedade da União;

29. Terras e minas de propriedade da União, bens nacionaes, não podem como taes deixar de ser regidas por lei federal, que deve prover quanto á conservação, administração, aproveitamento d'ellas. Das primeiras póde utilisar-se a União para estabelecimentos e instituições de conveniencia federal, ou para os effeitos da segunda parte do art. 35, n. 2, em beneficio e para desenvolvimento da agricultura e immigração.

Das terras e das minas provém recursos para os cofres nacionaes, sua utilisação não póde ficar ao arbitrio do poder executivo, e entendem com o orçamento da União. E' materia, pois, que cabe inteiramente na competencia do congresso nacional, e lhe competeria mesmo que isso não fosse expresso na Constituição, attenta a natureza do assumpto.

Mas quaes são as terras e minas da União? As minas, pelo principio firmado no art. 72, § 17, são do dono do solo, o que não se deve entender só dos particulares, mas tambem dos Estados e da nação, uma vez que, como é corrente em direito, o dominio do solo abrange a superficie, o sub-solo, o interior d'elle. São, pois, de propriedade da União as minas existentes em suas terras (como lhe pertencem tambem as florestas, productos naturaes e fontes ahi encontradas). São terras de dominio da União: a zona central de que trata o art. 3º (para a futura capital federal), — as ilhas formadas quér nos mares do Brazil, quér nos rios que dividem o territorio nacional do de outro paiz (salvo o direito que acaso este n'ellas tenha), as quaes antes do actual regimen não pertenciam já a alguma das antigas provincias, — o territorio indispensavel para a defeza das fronteiras, fortificações, construcções militares e estradas de ferro federaes (art. 64), — os pontos do territorio nacional que por lei federal forem submettidos a legislação especial para a fundação de — *arsenaes ou outros estabelecimentos e instituições de conveniencia federal* (art. 34 n. 31), — e os territorios que por compra ou cessão a nação adquira de paizes estrangeiros mediante tratados. Isto se colhe quér do texto constitucional, quér do principio federativo que o inspira (*)

(*) Com grande proveito se póde consultar sobre este assumpto a notavel monographia do Dr. Rodrigo Octavio «Do Dominio da União e dos Estados, segundo a Constituição Federal». Rio, 1897.

32. Estatuir leis peculiares ao districto federal;
(Decretos n. 510, de 22 de Junho e n. 914 A, de 23 de Outubro de 1890).

N. 32. Diga-se: — Legislar sobre organisação municipal do districto federal, bem como sobre a policia, o ensino superior e os demais serviços que na capital fôrem reservados para o governo da União.
Emenda da Commissão do Congresso (approvada em 30 de Dezembro de 1890).

30. Legislar sobre a organização municipal do districto federal, bem como sobre a policia, o ensino superior e os demais serviços que na capital forem reservados para o governo da União;

30. Organisação municipal do districto federal.

Do facto de ser o districto federal a séde do governo da União e de não pertencer a nenhum dos Estados, resulta a necessidade de uma organisação especial e a competencia dos poderes federaes para regulal-a. Não se trata de um simples municipio como qualquer outro, no qual os municipes digam a ultima palavra sobre os negocios d'elle; tam pouco se trata de um Estado com todo o apparelho politico e administrativo que lhe é proprio; mas, de uma parte do territorio nacional destinada á residencia do governo da União, que não poderá desempenhar bem sua missão si, sob qualquer relação, estiver sujeito a dependencias com os poderes locaes, correndo o risco de attrictos constantes com estes, reduzido á condição de hospede, e com prejuizo de seo prestigio e autoridade.

O difficil, o impossivel mesmo, n'essa organisação, está em conciliar perfeitamente as duas ordens de interesses, locaes e da União, sem algum sacrificio de qualquer d'elles. Mas como existe o districto federal sómente por amor da União, bem é de ver que na collisão devem prevalecer os interesses que dictaram essa creação, subordinando-se-lhes, quanto necessario fôr, todos os outros. Bem o comprehenderam os norte-americanos, que, depois de varias organisações do seo districto federal, tiraram-lhe a autonomia, supprimiram-lhe a representação politica e deram-lhe uma administração inteiramente subordinada ao governo federal. O presidente da Republica alli nomeia tres commissarios, sob approvação do senado, os quaes gerem os negocios do districto sob a tutela de uma commissão do parlamento, e a este prestam contas por intermedio d'ella. N'esse governo não tem parte o povo, que tambem não elege deputados nem senadores federaes; é uma excepção ao regimen representativo, aconselhada pela experiencia, favoravel ao contribuinte e proveitosa á gestão dos negocios publicos.

O nosso districto federal foi organisado pela lei n. 85, de 20 de Setembro de 1892, quasi como um Estado, e a experiencia tem mostrado a necessidade de completa reforma.

Sobre a policia.

Si a policia do districto federal não pertencesse ao governo nacional, este seria ahi policiado pelas autoridades locaes e ficaria assim tolhido em sua liberdade de acção; é facil imaginar os gravissimos inconvenientes decorridos dessa dependencia e subordinação.

A superintendencia geral da policia no districto federal pertence ao ministro da justiça e negocios interiores (lei n. 23, de 30 de Outubro de 1891, art. 4º). O serviço policial foi regulado pela lei n. 76, de 16 de agosto de 1892, sob a immediata direcção de um chefe de policia nomeado pelo presidente da Republica.

Ensino superior.

O serviço e interesses da instrucção publica ficaram, em nossa urdidura constitucional, assim determinados:

O ensino em todos os seos gráos, primario, secundario, technico e superior, é objecto de legislação dos Estados nos limites de cada um d'estes, e dos municipios conforme essa legislação. Cabem exclusivamente na competencia federal, o ensino superior e o ensino secundario no districto federal. E, sem prejuizo da acção dos Estados, póde tambem a União crear n'elles estabelecimentos de ambas essas naturezas. E' o que resulta da combinação do art. 34 n. 30, art. 35 n. 3 e 4 e art. 65 n. 2. Nos estabelecimentos publicos o ensino será leigo (art. 72 § 6º). E é livre aos particulares o exercicio da profissão de mestre, comprehendida na generalidade do art. 72 § 24.

— Não é o ensino uma funcção propria do estado, absolutamente essencial d'elle. Mas si é preciso banir a idéa do estado-professor, força é tambem reconhecer que o estado não póde ser indifferente ao desenvolvimento da instrucção publica, um dos grandes elementos da prosperidade das nações. Si não lhe quadra encarregar-se do ensino e impôr aos particulares a sua direcção, nem lhe é licito prescrever condições restrictivas que embaracem ou onerem o exercicio da liberdade individual n'esta esphera, — cabe-lhe, entretanto, contribuir para o aperfeiçoamento e diffusão geral da instrucção, indo em auxilio da iniciativa privada, ou supprindo-a onde ella não apparecer, e agindo com efficacia para a cultura da intelligencia; auxilio, contribuição, eis ao que se deve limitar a acção official, sem monopolio nem privilegios.

Tal sendo a tarefa do estado em geral quanto ao ensino publico, qual deverá ser no Estado-federativo a da União? Si o estado não ha de ser professor, tambem não é possivel admittir-se a União docente, e si a funcção do estado quanto ao ensino deve ser simplesmente cooperativa e supplementar da acção individual, não se poderia pretender mais para a União. Por mais preciosas que sejam as vantagens da instrucção publica, é certo que em absoluto não é ella interesse directo e immediato da nação, neste sentido não é assumpto nacional e escapa por isso ao governo federal.

Toca-lhe porém incontestavelmente a attribuição de crear e manter institutos technicos para o preparo de pessoal destinado ao serviço militar de terra e marinha, porque esse serviço é inteiramente nacional (art. 14).

Nos Estados Unidos Norte-Americanos, o que concerne á instrucção, em todos os seos gráos, pertence exclusivamente á esphera dos Estados particulares; e a principio hesitou-se mesmo quanto á competencia da União para a fundação de estabelecimentos technicos militares (aliás implicitamente comprehendida no poder de prover á defeza do paiz e organisar a composição e administração da força publica, const. art. 1, secç. 8, ns. 11 a 14). Sómente em 1867 foi alli creado pela União um *concelho de educação*, sob a presidencia de um commissario, dependente do ministerio do interior, competindo-lhe unicamente organisar a estatistica do ensino dado em todo o paiz, recolhendo para isso os dados necessarios (mas sem poder coactivo sobre os Estados, municipios e estabelecimentos particulares de instrucção) e publicando além da estatistica, circulares com informações e memorias relativas a assumptos de interesse para o ensino. Ha além disso a dotação territorial das escolas, constituida de lotes de terreno consagrada ás despesas da instrucção popular (os quaes para esse fim se separam na organisação dos territorios e dos Estados) e de terras que, por lei federal de 2 de Julho de 1862, foram destinadas a auxilio aos institutos de mechanica e de agricultura que se proponham ao ensino de exploração de minas (A. Carlier, *La Repub. Amer.*, Vol II, pag. 268 e vol. III, pags. 30 e 525).

«Até aqui, na historia d'esta nação, o ensino ainda não foi considerado como objecto de legislação nacional, salvo quanto á concessão de terras, destinadas á subsistencia das escolas e collegios e á nomeação de uma Estação nacional de ensino, cujo papel é colligir estatisticas e disseminar informações.

Assumindo nestes termos a autoridade de legislar em beneficio da educação, não lhe assume a direcção local; fornece-lhe apenas subsidios materiaes».—(Do «Barnard's American Journal of Education», sept. 10.th 1880, *apud.* Ruy Barbosa, «Parecer sobre a reforma do ensino»—1882).

Os demais serviços. Além dos serviços propriamente federaes, existem no districto federal outros cuja administração ou inspecção a União toma a si, no interesse de uma melhor gestão, em vista do grande despendio que accarretam, por considerações de segurança publica, ou por força de contracto preexistente á Republica. (*) No numero d'elles se comprehendem os negocios da administração da justiça local do districto, das casas de correcção e de detenção, da junta commercial, do corpo de bombeiros, do jardim botanico, das obras do abastecimento d'agua á população, inspecção e custeio dos serviços contractados de illuminação e dos esgotos da capital federal, etc. Desde que, porém, venham a cessar os motivos especiaes, que tenham determinado essa situação anomala com relação a varios desses serviços, deverão elles ser abstrahidos da administração federal, então não mais justificada, para voltar á dos poderes locaes.

Por outro lado, si fôr necessario passar para a administração federal algum dos serviços actualmente geridos pela municipalidade, nada obsta que por lei assim se determine. E resulta isto dos termos amplos da presente disposição, *verb.* «os demais serviços *que forem reservados á União*»,—reservados a juizo d'ella, segundo entender ser isso necessario, sem dependencia de accordo com a municipalidade e por simples acto legislativo ordinario.

(*) A mudança de Constituição não exonera um estado dos contractos feitos sob outra constituição que os permittia. (*Decis. Const. de los Trib. Fed. os Est. Unid*, compil. por O. Bump, y trad. por Nicol. Calvo, tom. I, segund. ed., n. 903).

33. Submetter a legislação especial os pontos do territorio da Republica necessarios para a fundação de arsenaes, ou outros estabelecimentos e instituições de conveniencia federal;

(Decretos n. 510, de 22 de Junho e n. 914 A, de 23 de Outubro de 1890).

31. Submetter a legislação especial os pontos do territorio da Republica necessarios para a fundação de arsenaes, ou outros estabelecimentos e instituições de conveniencia federal;

31. Submetter á legislação especial os pontos do territorio da Republica necessarios á fundação de estabelecimentos de conveniencia federal é um poder que se conta entre os que decorrem da existencia e fins da União. Fortalezas, arsenaes, depositos de materiaes bellicos, estaleiros, etc., são necessarios á defeza nacional em diversos logares do paiz e no territorio dos Estados. Ora, o governo federal ficaria tolhido em sua acção, com sacrificio de altos interesses nacionaes, si taes estabelecimentos ficassem, sob qualquer relação, dependentes de outra autoridade que não a federal e sem que esta os podesse fundar e manter nas condições especiaes que tiver por mais convinhaveis a seo intuito.

Defendendo disposição semelhante da constituição norte-americana (art. 1º, secç. 8ª, n. 17) escreveo o insigne Madison no *Federalist.*, (Cap. 43, n. 2 *in fine*):

A necessidade da mesma autoridade (federal) sobre fortes e armazens estabelecidos pelo governo geral não é menos palpavel: nem os logares de que depende a segurança da União devem ser confiados á guarda de um só dos seos membros, nem o dinheiro publico com que foram construidos, e mais que tudo a propriedade publica que n'elles deve ser depositada, permittem deixal-os debaixo da autoridade de um Estado particular. Além d'isso, todas as objecções e escrupulos ficam removidos pela disposição que exige o consentimento dos Estados interessados para qualquer estabelecimento desta natureza.

A disposição a que se refere o publicista americano falla de — *logares comprados* mediante

ARTIGO 34

consentimento da legislatura do Estado a que pertencerem—A constituição argentina trata de logares *adquiridos por compra ou cessão* (art. 67 n. 27). A nossa Constituição não se referindo a algum meio especial de acquisição, admitte qualquer dos permittidos em direito. Quanto ao consenso das legislaturas dos Estados, não o exige a nossa Constituição.

---

35. Regular os casos de extradicção entre os Estados;
(Decretos n. 510, de 22 de Junho e n. 914 A, de 23 de Outubro de 1890).

32. Regular os casos de extradicção entre os Estados;

---

32. Extradicção entre os Estados.

Dos dominios do direito internacional foi este instituto transplantado para o «estado federal», com a differença que alli é voluntario e rege-se por clausulas convencionaes, aqui é obrigatorio, para assegurar aos Estados particulares toda a efficiencia de seo poder de policia e para a boa administração da justiça.

Comprehende-se que, dadas as condições de contiguidade de territorio, visinhança, facilidade de accesso de uns para outros desses Estados, sem a extradicção obrigatoria mal andariam a ordem e segurança interior d'elles, pela facilidade de evasão e consequente impunidade de grande numero de criminosos.

Por consideração d'isto, a Constituição impoz aos Estados o dever de satisfazerem as requisições uns dos outros para a captura, prisão, remessa e entrega dos criminosos reclamados como fugitivos ou refugiados em seos territorios. E' o que determina o art. 66 n. 4: «E' defeso aos Estados: Negar a extradicção de criminosos reclamados pelas justiças de outros Estados...»

Mas vê-se que o assumpto refere-se a relações entre os Estados, não é interesse de um ou de alguns d'elles, entende quér com a sua harmonia e respeito reciproco n'este particular, quér com tranquilidade geral na União, e prende-se ainda, com relação aos extradictados, á effectividade das garantias que ao direito individual promette a Constituição. Materia é pois para ser regulada pelos poderes da União.

Justificando o projecto que apresentára—e que com as alterações que soffreo, foi convertido em lei que hoje regula este objecto, discorria o deputado João Vieira (em sessão de 7 de outubro de 1891):

Podem dar-se dous factos egualmente prejudiciaes, desde que a lei não regular de modo claro, explicito e completo os casos de extradicção e o modo de effectual-a, em uma palavra, a requisição, a prisão e a entrega de criminosos entre os Estados e entre estes e o Districto Federal.

Assim, póde realisar-se o facto de recusarem abusivamente as autoridades dos mesmos Estados ou Districto federal a prisão e entrega do criminoso.

Do mesmo modo póde succeder o caso diametralmente opposto; isto é, o abuso de uma requisição sem condições juridicas, promptamente satisfeita pelo Estado requerido.

Ora, no primeiro caso será impossivel satisfazer as necessidades da repressão penal, desde que o individuo reclamado não puder ser submettido a julgamento e, uma vez condemnado, cumprir a pena.

No segundo caso, a satisfacção de requisições abusivas, a pretexto de extradicção, será um attentado manifesto á liberdade individual, que nos cumpre a todos cercar das maximas garantias...

Tambem é de facil intuição a idéa de não applicar a extradicção aos individuos sujeitos ás justiças federaes. E' isto uma consequencia das disposições constitucionaes «As leis da União, os actos e as sentenças de suas autoridades serão executados em todo o paiz por funcccionarios federaes, podendo todavia, a execução das primeiras ser confiada aos governos dos Estados, mediante annuencia destes». (Art. 7º § 3.º)

Ainda o art. 60 §§ 1º e 2º da Constituição dispõe que «é vedado ao congresso commetter qualquer jurisdicção federal ás justiças dos Estados» e que «as sentenças e ordens da magistratura federal serão executadas com officiaes judiciarios da União, aos quaes a policia local é obrigada a prestar auxilio, quando invocado por elles».

Vide a lei n. 39 promulgada em 30 de Janeiro de 1892 para reger esta materia.

Art. 101. O congresso organisará todas as leis que forem necessarias para a execução dos preceitos desta Constituição.
(Projecto da Commissão do Governo Provisorio).

37. Decretar as leis e resoluções necessarias ao exercicio dos poderes, em que a Constituição investe o governo da união;
(Decretos n. 510, de 22 de Junho e n. 914 A, de 23 de Outubro de 1890).

N. 37. Depois da palavra—poderes—diga-se: que pertencem á União—e supprima-se o resto.
Emenda da Commissão do Congresso (approvada em 30 deDezembro de 1890).

33. Decretar as leis e resoluções necessarias ao exercicio dos poderes que pertencem á União;

---

33. Leis necessarias ao exércicio dos poderes que pertencem á União.

E' da natureza das constituições conterem sómente os lineamentos geraes da organisação politica que instituem, seos principios essenciaes e a descriminação das funcções dos differentes orgãos do governo, indicando o objecto d'ellas, mas em geral sem descer aos meios particulares e ás providencias proprias da execução. A forma d'esta, o desenvolvimento pratico das prescripções constitucionaes hão de deduzir-se d'ellas mesmo, devendo-se ter em vista a indole e o fim de cada uma e a conformidade dos meios com esse fim.

E si, na phrase do jurisconsulto romano «*non possunt omnes articuli sigillatim aut legibus aut constitutionibus comprehendi*» (Fr. 2, dig. *de legib.*), não conviria,—mesmo que isso fosse possivel,—que a lei constitucional curasse de particularisar os meios havidos por adequados á boa execução de suas prescripções; isto lhes daria uma fixidez e invariabilidade incompativeis com a natural evolução dos negocios publicos.

«E' indispensavel que no exercicio de seos poderes e funcções tenha o governo ampla discreção nos meios a empregar. Occasiões se podem offerecer para o uso de meios apropriados aos objectos reconhecidos pela constituição, differentes dos que seos fundadores podiam ter previsto e quiçá contrarios aos que elles esperavam». (Caso Metropolitan bank *v.* Van Dyck, *apud* N. Calvo, *Dec. const.*)

Foi para favorecer essa evolução e assegurar essa discreção indispensavel que a Constituição autorisou o congresso nacional a fazer as *leis necessarias ao exercicio dos poderes que pertencem á União*, isto é, deo-lhe, na phrase de Madison, *os poderes particulares que são meios de obter o fim dos poderes geraes*, o que, segundo adverte Hamilton, é consequencia incontestavel de se haver estabelecido um governo federativo, ao qual são conferidos poderes determinados (FEDERALIST, cap. 33 e 44).

A Constituição, dizendo «os poderes que pertencem á União,» refere-se ás attribuições que ella confere ao governo federal, a cada um dos orgãos d'elle, legislativo, executivo e judiciario, e excluio (com o emprego d'essas palavras, e obedecendo n'isso á indole do systema) as leis e resoluções necessarias ao exercicio dos poderes dos Estados, cuja autonomia assim resalvou, de accordo com o art. 65 n. 2.

E eis-ahi, deduzida da natureza do regimen, uma primeira limitação d'esta faculdade de usar dos «poderes particulares,»—poderes subentendidos, tambem chamados *implicitos* ou *incidentes*. Outro limite é, em cada caso, a conformidade do meio preferido com o fim da attribuição ou poder que se tem de regular, embora não haja uma relação directa e immediata. Tem o poder legislativo federal a livre escolha dos meios a empregar, mas devem elles ser conducentes ao exercicio de um poder positivamente conferido pela Constituição, cumprindo que se accordem com sua lettra e espirito.

Finalmente, não é preciso que se trate de medida indispensavelmente necessaria para dar vigor ao poder especificado, basta que seja legitima e efficaz, isto é, que não encontre obstaculo na Constituição e seja adequada ao fim. *Vide* Calvo, Déc. const., ns. 681, 684, 687, 688 e 696. No caso *ex-parte* Beavins, foi decidido que quando a Constituição dá os meios para o exercicio de um poder concedido á União, ou para desempenho de um dever que lhe impõe, nenhum outro meio póde considerar-se implicito por motivo de conveniencia, nem ainda como sendo de mais efficacia (Calvo, cit. n. 691).

Art. 108. A interpretação por via de autoridade, ou como medida geral, pertence ao poder legislativo. (Projecto da Commissão do Governo Provisorio).	38. Decretar as leis organicas para a execução completa da constituição. (Decretos n. 510. de 22 de Junho e n. 914 A, de 23 de Outubro de 1890).	**34. Decretar as leis organicas para a execução completa da Constituição;**

34. Leis organicas para a execução completa da Constituição. «Leis organicas—leis que têm por objecto regular o modo e a acção das instituições ou estabelecimentos, cujo principio foi consagrado por uma lei precedente» (DOMINGOS VIEIRA, Grand. Dicc. port.) Em o n. 33 a Constituição habilitou o congresso nacional com os poderes necessarios á vigencia e pratica das *attribuições* conferidas ao governo da União em seos diversos orgãos, legislativo, executivo e judiciario; n'este n. 34 dá-lhe a faculdade de regular o funccionamento dos institutos politicos e administrativos por ella creados. Não seria ella constituição, mas tomaria o caracter e as largas proporções de um codigo, si em seu contexto particularisasse a organisação completa das instituições e serviços necessarios ao regimen que estabeleceo. E, como era indispensavel este poder de organisação, e elle não se comprehende nos outros especificadamente attribuidos á União nas disposições anteriores (excepto no que concerne á materia dos ns. 15, 18, 26 e 30), força foi estabelecel-o n'esta disposição distincta e generica.

D'este poder teve de usar o congresso proximamente á promulgação da Constituição, fazendo a lei de re-organisação dos serviços federaes, que supprimio o tribunal do thesouro nacional e o ministerio da instrucção publica, correios e telegraphos, fez nova distribuição d'esses serviços e regulou a competencia privativa de cada um dos ministerios (lei n. 23, de 30 de outubro de 1893). Foi ainda no uso d'esta attribuição que, pela lei n. 392, de 8 de outubro de 1896, foi organisado o tribunal de contas. Dentro d'essa competencia estariam tambem leis regulando o serviço do recenseamento geral da população da Republica e a revisão decennal d'elle, prescripta pelo art. 28 § 2°, e a responsabilidade civil dos empregados publicos (para com a fazenda nacional e para com os particulares) pelos abusos e omissões em que incorrerem no exercicio de seos cargos (art. 82).

ARTIGOS 34 e 35

Ao art. *33*, paragrapho:— Prorogar suas sessões.— *Arthur Rios*. (Emenda approvada em 5 e 18 de Fevereiro de 1891).	37. Prorogar suas sessões ; (Redacção pela Commissão do Congresso em 23 Fevereiro de 1891). ... accrescente-se depois da palavra « prorogar »—e adiar. *Meira de Vasconcellos*. Emenda á redacção (approvada no mesmo dia).	35. Prorogar e adiar suas sessões.

35 Prorogar e adiar suas sessões.	*Vide supra*, commentario aos arts. 17 § 1º e 29.

Art. 34. Incumbe, outrosim, ao congresso, mas não privativamente: Decretos n. 510, de 22 de Junho e n. 914 A, de 23 de Outubro de 1890).	Art. 35. Incumbe, outrosim, ao congresso, mas não privativamente:

Art. 35. Não privativamente. *Vide* commentario ao art. 34 *in princ*.

Art. 33 n. 17. Velar na guarda da constituição e das leis, e providenciar sobre as necessidades de caracter federal ; (Projecto da Commissão do Governo Provisorio).	Art. 33 n. 36. Velar na guarda da constituição e das leis, e providenciar sobre as necessidades de caracter federal ; (Decretos n. 510, de 22 de Junho e n. 914 A. de 23 de Outubro de 1890).	N. 36. Passe para o o art. 34 a attribuição de velar na guarda da constituição e das leis. Emenda da Commissão do Congresso (approvada em 30 de Dezembro de 1890).	1º. Velar na guarda da constituição e das leis, e providenciar sobre as necessidades de caracter federal ;

1º. Guarda da Constituição e das leis.
Zelar a execução da Constituição e das leis é tarefa inherente ás funcções de representante da nação; é propria, embora não exclusiva, dos parlamentos. Fazer leis não é tudo, para o bem geral é preciso não só que ellas não se deixem de cumprir, como tambem que sua execução seja exacta, conforme ao pensamento que as dictou, e proveitosa aos interesses que as reclamaram. D'ahi a necessidade da vigilancia do congresso para que não cheguem ellas a ficar lettra morta e a fim de, em vista dos inconvenientes, abusos e corruptelas introduzidos na pratica, providenciar elle como melhor conviér, por meio de novas medidas legislativas, bem como de promover ou fazer promover conforme fôr o caso, o processo e punição de quem se encontrarem culpados da inexecução ou má execução das leis.

Para facilitar semelhante tarefa a Constituição obriga o presidente da republica a dar annualmente contas ao congresso da situação do paiz, indicando as providencias e reformas a se promoverem (art. 48 n. 9), manda distribuir pelos representantes da nação ós relatorios dos ministros, e sujeita estes a conferencias com as as commissões das camaras (art. 51). Além d'isto podem estas requisitar as informações e esclarecimentos de que precisem, nomear commissões de seo seio que procedam a inqueritos, etc. (*Vide* o que com relação a este objecto está dicto *supra*, no comment. á epigraphe do cap. IV d'esta secção).

E porquanto esta attribuição é das de jurisdicção concurrente e o congresso nacional a exerce « não privativamente », podem tambem os Estados exercital-a, não só com relação á parte em que com elles entende a Constituição federal, sinão egualmente quanto aos assumptos de interesse nacional. A grande communhão politica que constitue a União não pode rejeitar a vigilancia dos seus membros componentes, os Estados, intimamente interessados na pratica regular e proficua do regimen adoptado. Elles têm o direito e o dever de zelar pela guarda da Constituição e leis federaes, mas, bem entendido, sem interferencia nem coerção quanto ás funcções e autoridades da União. Assim que, cabe-lhes, observada essa restricção, colligir informações, proceder a inqueritos, reunir provas sobre infracções das leis federaes, representar aos poderes da União contra os autores de abusos e malversações, requisitar providencias a bem da ordem constitucional, etc.

Providenciar sobre as necessidades de caracter federal. E' estranho que esta clausula figure entre as materias enumeradas como não privativas do governo federal, entre os assumptos de jurisdicção concurrente. Evidentemente providenciar sobre as necessidades de caracter federal é a missão especial da União; como é pois, que se declara pertencer isto tambem aos Estados ? Pois, pela regra fundamental do art. 65 § 2º e pela clausula inicial do art. 35 « não privativamente », figuram os Estados com o direito de tambem entrar no dominio da jurisdicção federal ! Mas isto é absurdo.

Cumpre recordar o que a este respeito occorreo ao formular-se e votar-se a Constituição. No projecto da commissão nomeada pelo Governo Provisorio consagrava-se esta disposição:

Art. 33. Compete ao congresso:
«17. Velar na guarda da Constituição e das leis ; e providenciar sobre todas as necessidades de caracter federal».

O projecto pelo Governo Provisorio, submettido ao congresso nacional, estabelecia:

«Art. 33. Compete privativamente ao congresso:
«36. Velar na guarda da Constituição e das leis e providenciar sobre as necessidades de caracter federal».

Mais a palavra «privativamente», menos a palavra «todas».

No congresso constituinte, a commissão que deó parecer sobre o projecto apresentado pelo governo, offereceo a seguinte emenda ao citado n. 36:

«N. 36. Passe para o art. 34 'a attribuição de velar na guarda da Constituição e das leis»:

e não adoptou uma emenda que supprimia as palavras restantes — e providenciar sobre as necessidades de caracter federal. (ANNAES do congr. const., vol. I, pag. 103).

Por occasião de ser annunciada a votação do n. 36, um dos membros d'aquella commissão explicou ao congresso que o pensamento d'ella era fazer passar a attribuição que, no artigo em que estava, pertencia privativamente ao congresso, para o artigo seguinte, onde competeria ao mesmo congresso, *mas não privativamente* (cit. ANN, pag. 418). E foi então approvada essa emenda translatoria; mas, como ao congresso não fôra apresentada a outra emenda á que a commissão adoptára e que supprimia a segunda parte do texto, foi este tal e qual transferido para o artigo das attribuições concurrentes, na redacção preparada pela mesa do congresso para a segunda discussão (ANN. cit., vol. II, pag. 394) E não mais se emendou, como resulta do que se lê nos mesmos ANNAES, vol. III, pag. 148.

Eis como veio a figurar no logar em que se acha a disposição de que se trata, ostentando assim em toda a sua integridade o caracter de jurisdicção cumulativa ou concurrente, quando só em sua primeira parte póde tel-o.

Poder-se-á dar ás palavras «não privativamente» do principio do art. 36 o effeito de tornar cumulativas, não com os Estados, mas com os outros poderes da União, ó executivo e judiciario, as attribuições do mesmo artigo? Mas isto repugna á indole systema, á separação dos poderes, á doutrina norte-americana quanto á jurisdicção concurrente e á natureza das diversas attribuições que constam dos paragraphos da mencionada disposição.

Com effeito, uma tal intelligencia daria ao poder judiciario a attribuição de fomentar a immigração (§ 1º) e prover á instrucção secundaria no districto federal (§ 4º); ao mesmo poder e ao executivo daria a de crear instituições de ensino superior e secundario nos Estados (§ 3º) E não se poderia registrar maior absurdo! A concurrencia cogitada no art. 35, só póde, pois, ser a dos poderes federaes com os dos Estados, e é irrecusavel que, pela nua lettra da segunda parte do § 1º, os Estados têm a seo cargo, é dever e incumbencia sua — *providenciar sobre as necessidades de caracter federal*, além do que lhes cabe pelos §§ 2 a 4 do referido artigo. E isto resultou do máo feito o dessa parte da Constituição *(Est génus prescribendi leges valde vitiosum*, já quanto ás leis de seo tempo dizia Bacon, *Apbor.* 71) e que ainda é isso muito exacto em nossos dias, bem se vê d'aqui).

Ora, diante d'este conflicto da lettra, clara terminante, irrecusavel, com o espirito da Constituição, inteiramente contrario ao que a lettra diz, em ponto que envolve objecto essencial como é a descriminação das competencias, — o que ha de aconselhar o interprete?

Com esse estranho poder de providenciar sobre as necessidades federaes terão os Estados o de invadir a esphera da União e com ella viver em antagonismo e constante lucta. E não foi para isso que se fez a Constituição, mas justamente para o contrario, para termos os Estados garantidos em seos direitos e vivendo em harmonia e segurança, como *estados-unidos*. A este intuito collima a organisação federativa. Ora, a clausula de que se trata, inserta no artigo em que está, é viciosa por contradictoria com essa organisação.

Não é o caso de applicar-se-lhe (por ser clara em seos termos) a regra — *quando verba sunt clara, non admittitur mentis interpretatio*, pois vê-se, pela natureza da disposição e pelo occorrido no congresso, que ella está deslocada, prestando-se a um sentido anormal e absurdo. E como, de outro cabo, não se póde deixar sem vigencia e inteiramente inerte uma clausula expressa da Constituição, o que ha a fazer é restituir-lhe o sentido com que vinha no projecto anterior, isto é, restringir o sentido da segunda parte do § 1 á jurisdicção sómente federal. Com isto cessará a anormalidade e evitar-se-á o absurdo; *interpretatio illa sumenda qua absurdum evitetur*. Sem isto, dar-se-á aos Estados separadamente a mesma missão da União, anniquila-se o systema federativo, rompe-se a Constituição.

1ª. Animar, no paiz, o desenvolvimento da educação publica, a agricultura, a industria e a immigração;
(Decretos n. 510, de 22 de Junho e n. 914 A, de 23 de Outubro de 1890).

N. 1. Redija-se assim:
« Animar no paiz o desenvolvimento das lettras, artes e sciencias, bem como a iinmigração, a agricultura, industria e commercio, sem privilegios que tolham a acção dos governos locaes. »
Emenda da Commissão do Congresso (approvada em 30 de Dezembro de 1890).

2º. Animar, no paiz, o desenvolvimento das letras, artes, e sciencias, bem como a immigração, a agricultura, a industria e o commercio, sem privilegios que tolham a acção dos governos locaes;

2º. Animar... o desenvolvimento das lettras, artes e sciencias. *Vide* o que dissemos sobre o ensino (Comment. ao art. 34 n. 30, pag. 135).

Note-se o emprego da expressão «animar o desenvolvimento», ao passo que nos ns. 1, 3 e 4 do artigo se diz—*providenciar, crear, prover*; deste confronto infere-se que a acção official nos casos deste n. 2 é mais limitada que nos outros, restringindo-se a favorecer e auxiliar, mas não indo até a tomar a si o desenvolvimento das lettras, etc.

Immigração. Considera-se a immigração como efficassissimo meio de augmentar a população e fomentar o incremento das industrias. N'um paiz de grande vastidão e escasso povoamento como é o nosso, interesse é esse de maxima importancia economica e social. Não poderia ficar pois a cargo sómente dos Estados, até porque affecta em seo serviço relações internacionaes, as quaes estão a exclusivo cargo da União.

Cumpre porém não exagerar n'isso a acção official e por parte do governo federal só medidas indirectas podem ser empregadas; pois só lhe cabe *animar* a immigração. Os Estados tratarão de attrahir immigrantes conforme melhor entenderem, pelos processos e meios que tiverem por mais adequados (sem perder de vista porém o que de desastroso e caro a experiencia de muitos annos mostra, entre nós, nos methodos empregados nesse serviço).

Agricultura — industria — commercio
—os grandes elementos da riqueza nacional, não poderiam ficar circumscriptos á acção exclusiva dos Estados; envolvem interesses de natureza complexa e da mais alta valia para o paiz. Deve-lhes a União o seo concurso, mas tambem estaria ella fóra do seo papel si os tomasse sob sua tutela e lhes impozesse peias e restricções, bem como si por medidas regulamentares, administrativas e fiscaes creasse embaraço á acção dos poderes locaes.

Desenvolver o credito agricola, auxiliar institutos bancarios, curar da grande viação e meios de communicação entre os Estados e com o estrangeiro, disseminar informações proveitosas, estatisticas, estabelecer patentes em garantias de invenções uteis, garantir as marcas de fabrica e de commercio, são outros tantos meios de animar o desenvolvimento da riqueza publica, os quaes estão na competencia da União, e sem prejudicar a dos Estados, deve-os ella empregar a bem da communhão nacional.

2º. Crear instituições de ensino superior e secundario nos estados;
(Decretos n. 510, de 22 de Junho e n. 914 A, de 23 de Outubro de 1890).

3º. Crear instituições de ensino superior e secundario nos Estados;

3º **Ensino superior e secundario nos Estados.** Veja-se o que quanto ao ensino fica dicto no commentario ao n. 30 do art. 34. Do que ahi se expõe resulta que o ensino em qualquer dos seos gráos não está na esphera da União (salvo o que respeita á instrucção militar). Quiseram, porém, os constituintes, no interesse do incremento e diffusão do ensino, ir em favor dos Estados mal dotados de recursos para seos encargos, —e não se poderá dizer que tenha sido máo esse proposito.

Na pratica, porém, se tem visto que a União ha tentado desembaraçar-se de seos cursos de ensino superior, querendo passal-os aos Estados, bem como supprimido os cursos secundarios que n'elles tinha.

Por outro lado, em alguns Estados, por iniciativa particular tem sido estabelecidos institutos de ensino superior, dando-lhes o governo federal validade aos diplomas que expedem, para admissão aos cargos publicos e exercicio das profissões cujo ensino em tus cursos se professa. E aos cursos secundarios dos Estados, de associações e de particulares tem sido conferida a vantagem de valerem para admissão nas instituições de instrucção superior da União os exames n'elles feitos.

3°. Prover á instrucção primarir e secundaria no districto federal.
Decreto n. 510, de 22 de Junho e n. 914 A, de 23 de Outubro de 1890).

Ao n. 3. Supprimam-se as palavras — primaria e . . .
Emenda da Commissão do Congresso (rejeitada em 30 de Dezembro de 1890; restabelecida pelo deputado *Schmidt* e outros e approvada em 5 e 18 de Fevereiro de 1891).

4°. Prover á instrucção secundaria no districto federal.

4° Instrucção secundaria no districto federal. Cabe aqui o que, quanto ao n. 3 *supra*, dissemos com relação á competencia federal.

O projecto do governo incluia, na disposição correspondente á de que tratamos, a instrucção primaria, o que o congresso constituinte a principio approvou rejeitando uma emenda da commissão, mas em segunda discussão condemnou-a.

Ora, tanta falta de competencia tinha a União para se encarregar da creação e custeio de escolas secundarias como de aulas primarias; e quanto a conveniencia, é certo que um dos maiores serviços á população e á Nação é a guerra ao analphabetismo.

Concluido como fica o nosso commentario quanto ás attribuições do congresso nacional, antes de passar adiante cumpre advertir que entre ellas não figura a de «resolver sobre o pavilhão, escudo e as armas nacionaes» que vinha no art. 51 § 7° do projecto preliminar Magalhães Castro; não a consagraram os projectos da commissão do governo, nem deste, nem tampouco foi alvitrada no congresso constituinte.

Sobre isso já havia providenciado o decreto do Governo Provisorio, n. 4 de 19 de novembro de 1890, estabelecendo «os distinctivos da bandeira e das armas nacionaes, e dos sellos e sinetes da Republica»

Poderá sobre o mesmo objecto legislar o congresso nacional, visto que a materia escapa, por sua natureza e caracter, á competencia estadual?

Mas de onde tiraria elle poder para este effeito? Seos poderes são limitados aos que expressa ou implicitamente a Constituição lhe confere. Expresso não vem n'ella e dos expressos não se póde, por comprehensão ou necessaria inferencia, deduzir mais este. Logo, não existe, e o que legislou o Governo Provisorio quanto a este assumpto, não se poderá alterar sinão por meio de reforma Constitucional. Nem de outro modo convém que seja; o symbolo nacional, uma vez adoptado, cumpre ser mantido perpetuo como a nação que representa.

CAPITULO V

DAS LEIS E RESOLUÇÕES

Art. 34. Com excepção do estabelecido no art. 27, todos os projectos de lei podem ter origem indistinctamente em qualquer das camaras, desde que sejam apresentados por algum ou alguns de seos membros.
(Projecto da Commissão do Governo Provisorio.).

Art. 35. Salvas as excepções do art. 28, todos os projectos de lei podem ter origem indistinctivamente na camara ou no senado, sob a iniciativa de qualquer dos seos membros, ou proposta em mensagem do poder executivo
(Decretos n. 510, de 22 de Junho e n. 914 A, de 23 de Outubro de 1890).

Ao art. 35. Supprimam-se as palavras — ou proposta em mensagem do poder executivo — para evitar a contradicção com o art. 28.
Emenda da Commissão do Congresso (approvada em 30 de Dezembro de 1890).

Art. 36. Salvas as excepções do art. 29, todos os projectos de lei podem ter origem indistinctamente na camara, ou no senado, sob a iniciativa de qualquer dos seus membros.

Art. 36. Iniciativa. Os membros de cada uma das camaras legislativas têm o direito de propôr á deliberação d'ellas, observadas as prescripções do regimento respectivo, quaesquer projectos de lei ou resolução, indicações e requerimentos, providenciando sobre medidas adequadas á satisfacção das necessidades publicas. Este direito, porém, inherente á qualidade de representante da nação e dos Estados, está sujeito a limitações: *a)* o deputado ou senador não póde offerecer projectos abolindo a forma republicana ou a egualdade da representação no senado (art. 90 § 4°); *b)* nem renovar na mesma sessão legislativa os que n'ella tenham sido rejeitados ou não sanccionados (art. 40);

c) nem, tampouco, apresentar projectos ou indicações que não tenham por fim o exercicio de alguma das attribuições da camara a que o representante pertencer ou que a ellas se prendam por sua materia e objecto (o que se deduz da natureza do regimen adoptado, de poderes separados, restrictos e coordenados, e da missão constitucional das camaras legislativas).

A iniciativa dos membros do senado tem ainda a limitação resultante do disposto no art. 29, que lhes veda apresentarem projectos sobre adiamento do congresso nacional, impostos e fixação de forças de terra e de mar.

(*Vide* comment. ao art. 29).

Art. 36. Si o presidente da Republica julgar o projecto contrario aos interesses da União, opporá o seu veto dentro em dez dias contados d'aquelle em que o recebeu e envial-o-á dentro de igual prazo á camara onde tiver tido origem, acompanhado das razões do veto. Passados os dez dias, o silencio do poder executivo importa sancção do projecto.
(Projecto da Commissão do Governo Provisorio).

Art. 36. O projecto de lei, adoptado em uma das camaras, será submettido á outra; e esta, si o approvar, envial-o-á ao poder executivo, que, acquiescendo, o sanccionará e promulgará.
(Decretos n. 510 de 22 de Junho e n. 914 A de 23 de Outubro de 1890).

Art. 37. O projecto de lei, adoptado em uma das camaras, será submettido á outra; e esta, si o approvar, envial-o-á ao poder executivo, que, acquiescendo, o sanccionará e promulgará.

Art. 37. Adoptado n'uma das camaras, será submettido á outra. E' isto uma consequencia da divisão do corpo legislativo em duas camaras e o meio de proporcionar a cada uma o exercicio de seo direito de approvar, emendar ou rejeitar os projectos da outra. Para orientação dos membros da camara que recebe o projecto da outra casa, é este ordinariamente submettido ao exame de uma commissão, que lhe estuda a constitucionalidade e utilidade, e propõe a aceitação (integral ou com emendas) ou a rejeição total. Assim instruida e requisitando as informações officiaes de que acaso necessitar, a camara delibera sobre o projecto, e

Si o approvar (entènde-se — sem emendal-o), envial-o-á ao presidente da republica. Verifica-se n'este caso o pleno accordo das duas casas do parlamento sobre a medida proposta e cabe então a vez de pronunciar-se o chefe do poder a quem incumbe executal-a, ou mandar que se execute, o qual passa a tomar conhecimento do projecto, e

Acquiescendo, o sanccionará. *Vide* a justificação desta intervenção do presidente da Republica na formação das leis, no commentario ao art. 16.

A acquiescencia de que se trata revela-se expressamente, si o presidente usa da formula prescripta neste artigo § 4°, 1ª *alinea*; ou é tacitamente dada, si elle sem isso, deixa correr o decendio fixado pelo § 2°. Si no primeiro caso o chefe da nação esposa francamente a idéa, a providencia do corpo legislativo, — no segundo não deixa de ser solidario com este, desde que, podendo oppôr-se e sendo-lhe submettido o projecto para que o approve ou recuse, elle, pelo seu silencio, deixa-o passar a ser lei do paiz e produzir os bens ou males que trouxer em seo bojo. «O silencio do presidente no decendio importa sancção», diz o cit. § 2°. Enganar-se-á, pois, suppondo ficar alheio ao acto legislativo, o presidente que deixar passar, podendo feril-a com seo *Veto* e não usando d'este, uma lei que tem por má. Não cabe em tal posição o papel de Pilatos. Essa falta de energia moral e civica servirá para attestar que o funccionario não comprehende suas altas responsabilidades. *Consentire etiam is videtur qui non testificatur dissentire...* «Quando o presidente retém o projecto em seo poder, é o seo acto de retel-o por dez dias que o faz tornar-se lei»; caso Gardner *v.* Collector, *apud* N. Calvo, Decis. const., n. 75. (*)

Promulgará. A noção da promulgação e da publicação das leis acha-se no commentario ao preambulo da Constituição, *verb. Promulgamos.* São actos indispensaveis á expedição, conhecimento e observancia d'ellas. Pela promulgação o novo acto do parlamento, depois de aceito pelo chefe do poder executivo (ou supprido, nos termos da Constituição, o seo consentimento) entra a fazer parte do corpo do direito nacional e ficam as autoridades a quem isso cabe, adstrictas a pôl-o em execução; d'ahi a formula antiga desse acto: «Mandamos portanto, *a todas as autoridades* a quem o conhecimento e execução da referida lei pertencer, *que a cumpram e façam cumprir e guardar* tão inteiramente como n'ella se contém...»

(*) O presidente póde sanccionar sob protesto. Disto offerece varios exemplos a historia legislativa dos Estados Unidos. *A. de Chambrun, Le pouvoir éxécutif aux Etats-Unis,* 1896, pag. 106.

Mas é visto que não bastaria a *promulgação*, e á execução a que ella obriga deve preceder a noticia e notoriedade da lei nova, para ser obedecida por todos. Isto torna imprescindivel sua *publicação* para que a conheçam os cidadãos, os habitantes do paiz, para que saibam o que a elles cumpre fazer em virtude do novo acto legislativo. Eis porque — no proprio acto da promulgação da lei se mandava que o secretario de estado competente a fizesse «imprimir, *publicar* e correr». O que, apesar de actualmente não vir expresso no acto promulgatorio, é ainda observado. E isto mostra a differença entre a *promulgação* e a *publicação* das leis.

A publicação faz-se, no districto federal, pelo «Diario Official»; nas capitaes dos Estados pelas suas folhas officiaes; nas comarcas do interior pelo juiz de direito em audiencia; nas intendencias municipaes serão franqueados ao povo exemplares da lei para seo conhecimento. Decr. n. 572 de 12 de julho de 1890.

E' sob a condição dessa publicidade que ninguem se poderá escusar com a ignorancia da lei. Da publicação, feita conforme as disposições que a regulam, data a obrigatoriedade dos actos legislativos e dos decretos do poder executivo com força de lei, salvo si a propria lei determinar o dia em que ella começará a obrigar (Decr. cit., art. 1º).

Art. 37. Remettido o projecto á camara, onde tiver tido origem, poderá ser approvado em uma só discussão; e si o fôr por dous terços dos votos presentes passará á outra camara, que o discutirá e approvando-o pela mesma fórma o enviará ao poder executivo para immediatamente promulgal-o como lei.

(Projecto da Commissão do Governo Provisorio).

§ 1º. Si, porém, o presidente da Republica o julgar inconstitucional, ou contrario aos interesses da nação, oppor-lhe-á o seu veto dentro em dez dias uteis, daquelle em que recebeo o projecto, devolvendo-o, nesse mesmo prazo, á camara onde elle se houver iniciado, com os motivos da recusa.

(Decretos n. 510 de 22 de Junho e n. 914 A, de 23 de Outubro de 1890).

§ 1º. Si, porém, o presidente da Republica o julgar inconstitucional ou contrario aos interesses da nação, negará sua sancção dentro de dez dias uteis, d'aquelle em que recebeo o projecto, devolvendo-o, n'esse prazo, á camara, onde elle houver sido iniciado, com os motivos da recusa.

(Redacção da Commissão do Congresso, em 21 e approvada em 23 de Fevereiro de 1891).

§ 1º. Si, porém, o presidente da Republica o julgar inconstitucional, ou contrario aos interesses da nação, negará sua sancção dentro de dez dias uteis, daquelle em que recebeo o projecto, devolvendo-o, nesse mesmo prazo, á camara onde elle se houver iniciado, com os motivos da recusa.

---

§ 1º. Inconstitucional ou contrario aos interesses da nação. A Constituição reduzio a estes dous os motivos de recusa do presidente — inconstitucionalidade e prejuizo para a nação. Nos Estados Unidos N. Americanos não subsiste esta restricção; o art. 1º, secç. 7 n. 2 da const., estabelece que o presidente devolva o projecto *com suas objecções*, não indica a natureza e qualidade d'ellas; confia tudo ao juizo e criterio desta autoridade, e alli largamente se tem usado desta faculdade. Parece isto mais conforme á indole do regimen presidencial e não traz inconveniente, porque a negativa de sancção tem por effeito a reconsideração do assumpto pelas camaras e estas pela nova votação podem manter seos projectos que considerarem mal vetados e dar-lhes definitivo caracter de lei. Em todo o caso, o novo exame e discussão da materia podem ser de grande utilidade; e a uma medida, não contraria á Constituição nem aos interesses nacionaes, muita vez terá razão de negar o seo assenso o presidente da Republica, por que lhe pareça ella desnecessaria ou por ser preferivel e mais adequada outra que elle suggere ao parlamento, etc. Assim se consultará melhor o bem publico, refreiando-se a *legomania*, essa praga dos parlamentos.

«Um grande mal de todos os governos livres é a tendencia para legislar de mais e a inconstancia e mobilidade das leis que o regem. O mal resultante de rejeitar-se uma lei boa é menor que o de adoptar-se uma que seja má ou o de ter-se uma legislação redundante e instavel». Story, Comm. § 884-886).

Negará sua sancção. *Oppôr-lhe-á o seo veto*, dizia o projecto do governo, com uma certa emphasis, e quiçá com mais propriedade, exprimindo,—com a formula que empregava em Roma o tribuno da plebe contra os decretos do senado—, o acto solemne de opposição, pelo qual a autoridade do chefe da nação se ergue para embargar a acção do poder legislativo, por obnoxia ou excessiva dos seos justos limites.

Consoante á natureza do regimen adoptado, o *veto* não é entre nós illimitado ou absoluto, mas apenas suspensivo da deliberação do poder legislativo, para ser por este reconsiderada. O contrario fôra estabelecer a definitiva supremacia do poder executivo sobre o parlamento e a consequente annullação deste.

A este proposito lê-se no *Federalist*, cap. 73:

«Em lugar do *veto* absoluto, admitte-se apenas o *veto* limitado, que é muito mais facil de ser empregado que o primeiro. Um homem a quem assustaria a idéa de anniquilar uma lei com uma só palavra de sua bocca, não deve ter tanto medo de submettel-a a um segundo exame de que só póde resultar a rejeição definitiva si os dous terços das camaras accederem ás suas objecções».

Vide Comment. ao art. 48 § 1º.

PODERÁ A LEI SER SANCCIONADA EM PARTE E EM PARTE VETADA?

Ha disto exemplo na constituição do Estado de Pensylvania, de 16 de dezembro de 1873, que admitte o *veto parcial* quanto a leis de despesas comprehendendo verbas ou consignações distinctas; as approvadas adquirem força de lei, as demais ficam dependentes de votação por dous terços. (art. 4º n. 16). E a constituição do Estado da Bahia determina: «Art. 41. A lei de orçamento poderá ser impugnada em parte, e neste caso será promulgada com a declaração de que taes e taes artigos ou paragraphos não foram sanccionados e pendem de ulterior deliberação d'assembléa».

Taes clausulas porém não são communs em actos constitucionaes. Nada de semelhante se encontra em nossa Constituição federal, nem do silencio d'ella se póde concluir pela sancção fragmentada. Não cabe aqui a regra de direito —*non debet cui plus licet id quod minus non licere.* Em materia de attribuições e competencia nem sempre se póde dizer que «quem póde o mais póde o menos».

Com effeito, o poder que a Constituição deo ao presidente da Republica foi o de sanccionar ou vetar os projectos votados pelas camaras, mas não o de emendal-os, que é cousa diversa,—e o *veto* parcial seria uma verdadeira *emenda suppressiva* de algumas disposições. Fôra uma immixtão nas funcções proprias e exclusivas do congresso e completo desvirtuamento do caracter da interferencia do presidente da Republica na formação da lei.

A lei é, deve ser, em sua contextura, um todo systematico, coheso, harmonico; a eliminação, ao arbitrio do governo, de alguns artigos a desconcertaria e desfiguraria. Por outro lado, o governo teria assim a escolha das disposições que lhe agradassem, e a final só prevaleceriam as que elle preferisse; a lei seria então, não o que o legislador tivesse estabelecido, mas o que quizesse o executivo. Este só poria em pratica a parte não vetada por elle, o resto ficaria em suspensão á espera de ulterior deliberação, e quebrado assim o nexo e dependencia das disposições, muitas só por isso se inutilisariam com a execução separada das outras partes.

Dentro de dez dias uteis, contados d'aquelle em que o presidente tiver recebido o projecto. *Dies a quo non computatur in termino.* O decendio, excluidos os dias feriados, é tambem o prazo que, para o presidente deliberar, dão as constituições dos Estados Unidos N. Americanos, art. 1º, secç. 7 n. 2, Mexicana, de 12 de fevereiro de 1857, modificada pelo acto de 1874, art. 71, e Argentina, art. 70.

Nesse mesmo prazo, tambem em 10 dias contados d'aquelle recebimento; isto é, no mesmo decendio concedido para deliberação, o presidente é obrigado a devolver o projecto por elle não sanccionado, com os

Motivos de recusa ou razões de não sancção, que, como acima se diz, são sómente a inconstitucionalidade do acto e o prejuizo da nação. O presidente ha de demonstrar em que o projecto fere a Constituição federal ou em que elle é prejudicial aos interesses da nação; e suas objecções motivadas, filhas de maduro exame do caso e autorisadas pelo conhecimento dos negocios, pela pratica e responsabilidade do governo, são um precioso elemento para a nova apreciação da materia pelas camaras.

Quid si o projecto fôr devolvido sem o acto da sancção e sem o *veto?*

Vide o commentario ao principio deste artigo *verb.* «acquiescendo» e *infra* § 2º.

ARTIGO 37

§ 2º. O silencio do poder executivo no decendio importa a sancção, salvo si esse termo se cumprir estando já encerrado o congresso. (Projecto da Commissão do Governo Provisorio).	Ao art. 36 § 2º: Elimine-se o que se segue depois da palavra — sancção. Substitua-se a ultima parte por estas palavras — dará publicidade ás suas razões, no caso de recusa de sancção, quando estiver encerrado o congresso. Emenda da Commissão do Congresso (approvada em 30 de Dezembro de 1890).	Redija-se assim o § 2º: O silencio do presidente da republica no decendio importa sancção; e no caso de ser esta negada, quando já estiver encerrado o congresso, o presidente dará publicidade ás suas razões. Emenda á redacção da Commissão do Congresso (approvada em 23 de Fevereiro de 1891).	§ 2º. O silencio do presidente da Republica no decendio importa a sancção; e, no caso de ser esta negada, quando já estiver encerrado o congresso, o presidente dará publicidade ás suas razões.

§ 2º. **O silencio do presidente no decendio importa a sancção.** E' a sancção tacita, subentendida, que se verifica pelo simples lapso do prazo. No regimen da constituição imperial o silencio do chefe da nação tinha o mesmo effeito como si expressamente elle negasse a sancção (art. 67); e assim esta ou era expressa, ou não se dava. Mais conforme á boa expedição dos negocios e accorde com a regra de direito, segundo a qual induz assentimento o silencio de quem, tendo o poder de se oppôr, entretanto se cala (*qui tacet consentire videtur*), é sem duvida esta sancção pela inacção, pelo escoamento do prazo sem deliberação approbatoria, sem a devolução do projecto. E si este fôr devolvido sem declaração de estar sanccionado e sem os exigidos motivos do *veto*, sanccionado estará ainda assim, como resulta dos termos absolutos deste § 2º, pois n'isso deo-se o silencio de que elle trata e verifica-se a comminação estabelecida.

No caso de ser a sancção **Negada, quando encerrado o Congresso,** o presidente publicará as suas razões de *veto*. O projecto do Governo Provisorio, seguindo a constituição norte-americana, (art. 1º, secç. 7 n. 2) exceptuava da sancção tacita o projecto de lei, si os dez dias se completassem quando já o congresso não estivesse funccionando.

Por emenda da commissão do congresso constituinte foi eliminada essa excepção.

E além disso, por maior cautela, se impoz a publicação das razões do veto opposto depois do encerramento das camaras, tirando assim ao governo o arbitrio de conservar suspensa a resolução votada, para convertel-a ou não em lei segundo seo capricho e por considerações menos conformes ao bem publico. Essa publicação, para corresponder aos intuitos da Constituição, deve ser immediata; retardal-a será contrariar o fim que com ella se teve em vista.

§ 3º. Devolvido o projecto á camara iniciadora, alli se sujeitará a uma discussão e á votação nominal, considerando-se approvado, si obtiver dous terços dos suffragios presentes; e, neste caso, se remetterá á outra camara, de onde, si vencer, pelos mesmos tramites, a mesma maioria, voltará como lei ao poder executivo para a solemnidade da promulgação. (Decretos n. 510, de 22 de Junho e n. 914 A, de 23 de Outubro de 1890).	§ 3º. Devolvido o projecto á camara iniciadora, ahi se sujeitará a uma discussão e a votação nominal, considerando-se approvado, si obtiver dous terços dos suffragios presentes. Neste caso, o projecto será remettido á outra camara que, si o approvar pelos mesmos tramites e pela mesma maioria, o enviará, como lei, ao poder executivo para a formalidade da promulgação. Redacção pela commissão do congresso, em 21 (approvada em 23 de fevereiro de 1891).	§ 3º. Devolvido o projecto á camara iniciadora, ahi se sujeitará a uma discussão e a votação nominal, considerando-se approvado, si obtiver dous terços dos suffragios presentes. Neste caso, o projecto será remettido á outra camara, que, si o approvar pelos mesmos tramites, e pela mesma maioria, o enviará, como lei, ao poder executivo, para a formalidade da promulgação.

§ 3º. **Devolvido o projecto** não sanccionado, juntamente com as razões de recusa, d'ellas passa a tomar conhecimento a camara onde tinha sido iniciado, a qual ordinariamente começa por submettel-as ao estudo de uma commissão, e com o parecer d'esta entra elle novamente em discussão.

Si tornar a ser approvado, apesar do *veto*, é remettido á outra camara e, sendo ahi tambem novamente adoptado, converte-se em lei, indo então ao presidente da Republica para a promulgação.

Sendo porém approvado o *veto* pela camara iniciadora do projecto, ahi morre este sem mais ir á outra casa; pois a Constituição diz «n'este caso», referindo-se ao de ser adoptado novamente o projecto por aquella camara; si isto não se dá, não tem logar a remessa ao outro ramo legislativo.

De modo que, para manter-se o *veto* e prevalecer a opinião do presidente da Republica, basta o voto de uma das camaras. E n'isso não irá uma certa diminuição da autoridade e quebra do prestigio da outra? Assim póde á primeira vista parecer; mas, cumpre considerar que não se dá no caso cousa muito diversa do que succede quando uma camara rejeita, pura e simplesmente, um projecto qualquer da outra, sem que n'isso se veja menospreço ou cerceamento de attribuições. Depois, si a camara de origem adopta o *veto*, com este procedimento, rejeita seo proprio projecto, e não ha por onde melindrar-se a outra. Finalmente, não ha outra solução, dada essa rejeição, para o caso, pois nenhum projecto póde ser convertido em lei sem a approvação por uma e outra das camaras.

Discussão—Votação nominal—Dous terços dos suffragios presentes. São outras tantas garantias de acerto na deliberação, que, já no senado, já na camara dos deputados, exige a Constituição para se verificar a solução do conflicto entre estes dous ramos do poder legislativo, de um lado, e o presidente da republica, de outro. Para evitar-se precipitação é preciso que a materia seja novamente discutida; a simples e núa votação não condiz com o pensamento de reconsideração inherente ao *veto*, destoa da ponderação que elle exige e é indispensavel no exame que de novo deve ser instituido sobre o assumpto. Mas a Constituição se contenta com *uma* discussão unica; e parece que tanto basta para a apreciação das razões do presidente da Republica contra o projecto, já estudado pelas camaras.

A *votação nominal* é a que nos parlamentos se reserva para as deliberações mais solemnes e de maior gravidade, e com muita razão se exige aqui, de preferencia ao voto symbolico e anonymo, que escapa á responsabilidade perante a opinião publica.

A exigencia de *dous terços dos votos presentes* não é menos justificada.

Tornar o *veto* dependente, para prevalecer, de um numero consideravel de representantes da nação é premunil-o contra a facilidade de rejeição, sob o imperio de pequenos grupos dominantes nas camaras, de insignificantes maiorias, em assumptos de alta relevancia. E, como dizia Hamilton (*Federalist*, cap. 73), não é de esperar que motivos condemnaveis dirijam ao mesmo tempo os dous terços de cada camara, sobretudo tendo que receiar o contrapeso da influencia do poder executivo; pelo menos não é tão possivel que a cousa se verifique com os dous terços da legislatura, como com a simples maioria.

Finalmente, os dous terços não são dos votos da camara toda e de todo o senado, mas só do numero de representantes que comparecerem á votação, como faz certo o texto do paragrapho, *verb.* «dos suffragios presentes». A Constituição norte-americana, art. 1º, secç. 7, n. 2, refere-se a dous terços de cada casa; mas, como se tem praticado, bastam duas terças partes dos membros presentes de cada camara, ainda que não constituam dous terços de todo o congresso (N. Calvo, cit. *Dec.*, n. 76). O contrario fôra excessiva exigencia.

Enviará como lei. Resolvido o caso pelo definitivo pronunciamento das camaras, e com rejeição do *veto*, supprida fica a sancção presidencial por esse acto do congresso, e este o remette, como lei já feita, não mais dependente de impugnação e objecções ao presidente, para que seja promulgada e cumprida, qualquer que seja a opinião d'este funccionario. Mas, como dá-se a possibilidade de que, vencido assim, e quiçá possuido por isso de má vontade (cousa não muito estranhavel em taes conflictos), demore elle ou evite a promulgação do acto que o contraria, era preciso providenciar promptamente contra esse procedimento. Um meio razoavel, para remover o embaraço, proporcionou-se no seguinte art. (38).

Art. 40. São estas as formulas da sancção e promulgação:
1º. O congresso nacional decreta e eu sancciono a seguinte lei (ou resolução).
2º. O congresso nacional decreta e eu promulgo a seguinte lei (ou resolução).
(Projecto da Commissão do Governo Provisorio).

§ 4º. A sancção e a promulgação effectuam-se por estas formulas:
1ª. «O congresso nacional decreta e eu sancciono a seguinte lei (ou resolução)»;
2ª. «O congresso nacional decreta e eu promulgo a seguinte lei (ou resolução)».
(Decretos n. 510 de 22 de Junho e n. 914 A de 23 de Outubro de 1890).

§ 4º. **A sancção e a promulgação effectuam-se por estas formulas:**
1ª. «O congresso nacional decreta, e eu sanciono a seguinte lei (ou resolução)».
2ª. «O congresso nacional decreta e eu promulgo a seguinte lei (ou resolução)».

---

§ 4º. Lei (ou resolução). A differença entre uma e outra cousa, bem como as formulas que lhes são applicaveis, e as normas da expedição dos actos emanados do poder legislativo, acham-se minuciosamente indicadas no regulamento expedido com o decr. n. 3191 de 7 de janeiro de 1899, arts. 39 a 41, que por seo interesse pratico para aqui trasladamos:

Art. 39. As *resoluções* do Congresso Nacional *que contiverem normas geraes e disposições de natureza organica ou que tenham por fim crear direito novo*, terão a seguinte formula:

Lei n... de... de... de... (a ementa). O Presidente (ou Vice-Presidente) da Republica dos Estados Unidos do Brazil: Faço saber que o Congresso Nacional decretou e eu sancciono a lei seguinte: (segue-se o texto da lei em sua integra). Capital Federal, em... de... de..., ...da Republica (assignatura do Presidente (ou Vice-Presidente) da Republica e do Ministro).

Art. 40. As *resoluções que consagrarem medidas de caracter administrativo ou politico, de interesse individual ou transitorio*, denominar-se-ão decretos legislativos—; e a formula differe da precedente em que as palavras—lei seguinte—são substituidas por est'outras—*resolução* seguinte—, vindo na epigraphe a expressão—decreto—em vez de—lei.

Art. 41. Quanto ás leis ou decretos legislativos que independem de sancção, ou são enviados ao Poder Executivo para a simples promulgação, a differença da fórmula é: O Presidente (ou Vice-Presidente) da Republica, etc.: Faço saber que o Congresso Nacional decretou e eu promulgo a lei (ou resolução) seguinte.

Relativamente ás resoluções concernentes ás prorogoções das sessões legislativas, na ementa diz-se: «Publica a resolução, etc.» e no contexto: O Presidente (ou Vice-Presidente) da Republira, etc.: Faço saber que o Congresso Nacional, em conformidade do disposto no § 1° do art. 17 da Constituição Federal, resolveo prorogar, etc.

Artigo additivo ao art. 36—Não sendo a lei promulgada pelo presidente da Republica nos casos dos §§ 2° e 3°, dentro em 48 horas, o presidente do senado a promulgará, usando da seguinte formula:

«O congresso nacional decreta e promulga a seguinte lei (ou resolução)».

Da commissão de congresso (e approvada em 30 de dezembro de 1890).

Modifique-se o art. 37 do modo seguinte:—Não sendo a lei promulgada pelo presidente da Republica nos casos dos §§ 2° e 3° do art. 36, dentro de 48 horas, o presidente do senado, e si este não o fizer em egual prazo, o vice-presidente a promulgará, usando da seguinte formula: «F., presidente (*ou vice-presidente*) do senado. faço saber aos que a presente virem que o congresso nacional decretou e promulgou a lei (*ou resolução*) seguinte:» *Francisco Veiga.*

(Emenda approvada em 5 e 18 de fevereiro de 1891).

Ao art. 39:

Transponham-se as palavras—dentro de 48 horas—para depois da palavra—promulgada. *Meira de Vasconcellos.*

(Emenda á redacção, approvada em 23 de fevereiro de 1891).

Art. 38. Não sendo a lei promulgada dentro de 48 horas pelo presidente da Republica nos casos dos §§ 2° e 3° do art. 37, o presidente do senado ou o vice-presidente, si o primeiro não o fizer em igual prazo, a promulgará, usando da seguinte formula: «F., presidente (ou vice-presidente) do senado, faço saber aos que a presente virem, que o congresso nacional decreta e promulga a seguinte lei (ou resolução)».

Art. 38. Dentro de 48 horas, a contar da terminação do decendio (no caso do art. 37 § 2°) ou do recebimento da lei depois de rejeitado o *veto* (cit. § 3°), é o presidente da Republica obrigado a promulgar o acto legislativo. Si, porém, faltar a esse dever, incumbe isso ao presidente do senado e si este funccionario tambem não fizer a promulgação em 48 horas, deverá ella ser feita pelo vice-presidente do senado; mas em que prazo? Não o diz expressamente a Constituição; mas para praticar por outrem o mesmo acto, não se lhe fixando prazo differente, é bem de ver que deve prevalecer o mesmo prazo;. não ha necessidade de ser elle diverso, nem é possivel que seja arbitrario, o que seria contradictorio com o cuidado e rigor que n'isto poz a Constituição para evitar a demora da promulgação.

Nas «quarenta e oito horas» DEVER-SE-Á COMPUTAR OU EXCLUIR FERIADO QUE N'ELLAS SE COMPREHENDA? Levantada esta questão no senado, foi por este adoptada a seguinte conclusão do parecer da commissão competente:

«O prazo de 48 horas deve ser contado de hora a hora desde a entrega do autographo na secretaria do ministerio respectivo, visto a disposição do art. 38, que se applica por connexão de materia na hypothese vertente, não excluir de dicto prazo os dias feriados». Ann. do senado, 1894, vol. II, pags. 87 e 101.

Os dous prazos diversificam pelos termos em que estão concebidas as disposições que os estatuem e quanto ao fim para que são estabelecidos. O de 10 dias é para o presidente deliberar, para exame e apreciação da materia, para preparar as suas razões de recusa, as quaes é obrigado a exhibir com o *veto*, para «julgar» (note-se a expressão empregada no § 1° do art. 37) si o projecto é ou não contrario á Constituição e ao bem publico. E sendo este um prazo de pouca extensão e instituido para o presidente *julgar* importantes assumptos, era preciso não deixal-o exposto a ser coarctado pela intercadencia de feriados. O outro é um prazo simplesmente para cumprir-se o que o art. 37 § 3° chama uma «formalidade»; n'elle não ha deliberação, nem cousa alguma a considerar e resolver, mas só a executar,—e para isso a Constituição contentou-se de conceder horas. (Já de si fôra cousa exquisita abstrahir dias de um prazo fixado em horas).

Não haveria, pois, necessidade ou razão para do prazo destinado á promulgação descontar-se qualquer feriado occurrente. A mente da Constituição aqui foi impôr a prompta promulgação, em tempo breve, sem procrastinações. É *prior ac patentior est, quam vox, mens dicentis.*

Nos casos dos §§ 2° e 3° do art. 37. A Constituição só prescreveo expressamente a promulgação pelo presidente ou vice-presidente do senado n'estes dous casos, que são o do presidente da Republica haver-se abstido do acto formal da sancção e o de ter usado do *veto*.

Mas si, fóra d'elles, der-se a mesma omissão do presidente da Republica? Ha actos legislativos não sujeitos á sancção, os quaes este não póde embaraçar por meio do *veto* (*Vide* comment. ao art. 16, *verb. Sancção*) e si, desavindo com o congresso, a um acto dessa natureza, o qual o contrarie e leve a affrontar as camaras, aquella autoridade quizer oppôr obices e, no intuito de demorar (que muita vez será frustrar) a execução, deixar de promulgal-o? Deve haver uma autoridade competente para a promulgação n'este caso; o contrario daria em resultado um *veto* disfarçado e com o caracter de absoluto; a lei ficaria sem sancção por não ser caso d'esta e, não a promulgando, o presidente suspendel-a-ia assim sem a submetter ao congresso! E fôra isto absurdo. Pela mesma razão que ao congresso cabe fazer a promulgação nos casos acima referidos, incumbe-lhe ella evidentemente tambem nos outros ora figurados. Ou isto é exacto, ou é preciso admittir que a Constituição, tão ciosa das attribuições das camaras neste particular, quiz deixar ao chefe do poder executivo um excellente meio de zombar d'ellas e anniquilar-lhes certas resoluções. Mas a constituição fez-se *ut valeat et maneat*.

Art. 38. Quando uma das camaras modificar projecto vindo da outra, voltará este com as modificações á camara onde tiver tido origem, a qual, si as aceitar, o enviará ao poder executivo. No caso contrario, voltará o projecto com as modificações á camara revisora, onde bastará um terço de votos presentes para reproval-as, subindo então o projecto sem ellas ao poder executivo; si as modificações, porém, passarem por dous terços de votos presentes na camara revisora, voltarão de novo com o projecto á camara de origem, onde bastará um terço de votos presentes para approval-as. Si as modificações ainda forem rejeitadas, o projecto irá sem ellas á sancção do poder executivo. (Projecto da Commissão do Governo Provisorio).	Art. 37. O projecto de lei de uma camara, emendado na outra, volverá á primeira, que, si aceitar as emendas, envial-o-á, modificado em conformidade dellas, ao poder executivo. § 1º. No caso contrario, volverá á camara revisora, onde só se considerarão approvadas as alterações, si obtiverem dous terços dos suffragios presentes; e, nesta hypothese, tornará á camara iniciadora, que só as poderá reprovar mediante dous terços dos seos votos. § 2º. Rejeitadas deste modo as alterações, o projecto submetter-se-á sem ellas á sancção (Decretos n. 510, de 22 de Junho e n. 914 A. de 23 de Outubro de 1890).	Redija-se assim o § 1º: No caso contrario, volverá á camara revisora, e si as alterações obtiverem dous terços dos votos dos membros presentes, considerar-se-ão approvadas, sendo então remettidas com o projecto á camara iniciadora, que só poderá reproval-as pela mesma maioria. Emenda da Commissão do Congresso (approvada em 23 de Fevereiro de 1891).	Art. 39. O projecto de uma camara, emendado na outra, volverá á primeira, que, si aceitar as emendas, envial-o-á, modificado em conformidade dellas, ao poder executivo. § 1º. No caso contrario, volverá á camara revisora, e si as alterações obtiverem dous terços dos votos dos membros presentes, considerar-se-ão approvadas, sendo então remettidas com o projecto á camara iniciadora, que só poderá reproval-as pela mesma maioria. § 2º. Rejeitadas deste modo as alterações, o projecto será submettido, sem ellas, á sancção.

Art. 39. O projecto... emendado.
No exercicio do direito de coparticipação que ás camaras compete na feitura das leis, cada uma póde, recebendo um projecto votado na outra, um dos seguintes procedimentos:

1º. Approvar o projecto tal qual lhe foi enviado; e, assim o adoptando inteiramente, remettel-o-á ao presidente da Republica para a sancção (art. 37, princ.);

2.º Rejeital-o totalmente: n'este caso dá-se um verdadeiro *veto* da camara recusante, e o projecto não poderá ser na mesma sessão legislativa annual novamente apresentado (art. 40);

3.º Emendal-o: mas dada a egualdade de poderes das duas camaras e em homenagem á que iniciou o projecto, a esta voltará elle com as emendas que lhe fez a outra.

A camara que recebe emendado pela outra o seo projecto, ou se conforma com as emendas, — e pondo-o de accordo com ellas o envia ao presidente da Republica, — ou não está por essas emendas, e neste caso o projecto volta com ellas á camara que as fez.

Si esta as mantém por dous terços dos votos dos membros presentes, as remette assim por ella de novo approvadas, com o projecto emendado, á camara onde elle foi iniciado; e esta ultima, si ainda não se conformar com taes emendas, poderá novamente rejeital-as, mas neste caso só se considerarão reprovadas quando reunirem contra si dous terços dos votos dos membros presentes. Assim rejeitadas as emendas, o projecto irá sem ellas á sancção.

A isto procurou-se preferir no congresso constituinte o expediente da fusão das duas camaras, sendo offerecida a seguinte emenda:

«Depois do § 3º — accrescente-se:

§ 4.º Si na outra camara o projecto não fôr approvado p elos dous terços dos membros presentes, reunir-se-ão as d uas camaras em congresso nacional, e ahi será submettido a uma só discussão.

Si fôr approvado pela maioria de dous terços, será considerado como lei, e de novo enviado ao poder executivo para promulgal-o.

Si, porém, não obtiver aquella maioria, entender-se-á que foi rejeitado.

§ 5.º Ainda quando na camara iniciadora o projecto não seja approvado pelos dous terços de seos membros presentes, será remettido á outra camara.
Si nessa tambem não fôr approvado por aquelle numero de votos, será julgado rejeitado; mas, si o fôr, reunir-se-ão as duas camaras em congresso nacional para proceder-se na fórma do paragrapho antecedente.
6.º A reunião das duas camaras em congresso nacional será solicitada por aquella em que fôr iniciado o projecto. *Cautão»*.

E o congresso constituinte pareceo hesitar. A emenda foi approvada a 5 de fevereiro de 1891; mas em nova discussão, a 18, foi rejeitada, como attentatoria do principio da dualidade das camaras, tendente a annullar o senado, e contrária ás bases do systema adoptado, como resulta do pouco que consta dos ANNAES, vol. III, pags. 61, 68 e 234.

Com effeito, sendo o numero dos deputados quasi o quadruplo do de senadores, vê-se que a reunião de uns com outros seria uma verdadeira absorpção do senado pela camara. E sendo obrigatoria a fusão, como pretendia a emenda *(verb.* «reunir-se-ão as duas camaras»·), seria o senado forçado a testimunhar, sem poder impedir, a passagem de leis sem a sua approvação. Fôra isso dar a uma só das camaras o direito de legislar, inutilisando-se o *veto* reciproco, elemento ponderador d'ellas. Accresce que esta suppressão do voto do senado iria ferir de frente o elemento federativo, que em nossa urdidura constitucional se representa n'essa corporação, a qual, na phrase dos publicistas, é a grande embaixada dos Estados.

Havia outro expediente a adoptar no caso de desintelligencia entre as duas camaras, o de confiar a solução ao exame e deliberação (definitiva ou dependente de approvação do congresso) de uma commissão parlamentar mixta, especialmente eleita para isso,— do que ha exemplo nas constituições de Portugal, art. 54, do Grão Ducado de Saxe, art. 91, 92 e 131, e Hamburgo, arts. 69 a 74, e é o que, embora assim o não disponha a constituição, se pratica nos Estados Unidos Norte-americanos. A Constituição do Estado de Pernambuco consagrou esta medida, art. 27, fazendo submetter o projecto com as emendas a uma commissão parlamentar de seis membros. Cada uma das camaras elege de seo seio tres, devendo em ambas um d'elles ser tirado da minoria. E' a chamada *deputação commum* (Saxe), *commissão de conciliação, commissão de decisão* (Hamburgo) *commissão de conferencia* (Estados U. N. Americanos).

Na America do norte a *committee of conference* compõe-se de tres membros da casa dos representantes e de tres senadores, sendo de cada camara um escolhido de entre os membros da minoria. Os commissarios se reunem *in secret*, e mediante concessões reciprocas procuram conciliar as divergencias; o resultado é submettido ao congresso, que discute, mas não emenda, sómente approva ou rejeita. (*De Noailles*, Cent ans de république aux Etats-Unis, t. 1º pag. 241; J, Bryce, t. 1º pag. 184; *Soriano de Souza*, Dir. Publ e Const., pag. 243). O pequeno numero dos commissarios é propicio ao pensamento conciliador, como o não deixa de ser tambem a reserva nos trabalhos da commissão e não menos o será o proprio facto da escolha, si, como é natural, elegerem-se para o accordo os mais cordatos. E si o estudo calmo da questão, entre poucos, fóra da agitação propria das assembléas e influenciado pelo espirito de transigencia, não dér em resultado a approvação das emendas impugnadas, força será então convir que ellas realmente são más; e mais valerá então não vingar o projecto, do que ser adoptado em taes condições.

Será porém este preferivel ao expediente adoptado pela nossa Constituição? O nosso systema, transplantado da constituição argentina, art. 71, não prima pela congruencia. Ao *veto* do presidente da Republica oppõe a votação de dous terços, e contenta-se com a de uma só das camaras para rejeital-o. Quanto ao *veto* reciproco d'ellas, ha a distinguir:—contra um projecto, basta a simples maioria da camara revisora—, mas as emendas desta, que a camara iniciadora rejeitar, prevalecerão por dous terços de votos da revisora, a menos que a outra, tambem por dous terços, se recuse de novo. Simples maioria derriba um projecto e veda sua apparição por uma sessão annual. Contra emendas só prevalece a grande massa de votos, os dous terços.

Mas o peior é que, rejeitadas as emendas por essa forma, fica approvado o projecto e vae á sancção (§ 2º), isto é, uma das camaras é forçada a submetter-se inteiramente ao querer da outra para adoptar-se uma lei na qual, afinal, aquella não collaborou.

Dir-se-á que, versando a desintelligencia sómente sobre as emendas, o projecto em si não está fóra da approvação da camara divergente. E' isto porém forçar a noção das cousas. Que approvação realmente é essa? No caso figurado ella não se póde considerar concedida, desde que se dava a condição de serem as emendas aceitas pela outra camara, que entretanto as rejeitou. Ao projecto a camara revisora sómente acquiescia emendando-o, pondo-o de accordo com seo modo de ver, tornando-o com as emendas digno, conforme suas vistas, de ser convertido em lei. Póde ser um projecto máo, de que as emendas expunjam o que é nocivo, ou pela suppressão de artigos ou pela inserção de alguma util providencia.

É da essensia do systema em que ha duas camaras legislativas, que a lei se faça por accordo de ambas. No caso vertente, é feita pela vontade de uma só e com repulsa da cooperação da outra. Com o expediente da commissão mixta, facilita-se o accordo e resalva-se a autonomia de cada uma das camaras.

PÓDE UMA DAS CAMARAS LEGISLATIVAS, EMENDANDO O PROJECTO QUE RECEBEO DA OUTRA, ALTERAR SUBSTANCIALMENTE O OBJECTO ORIGINARIO DESSE PROJECTO?

Surgio esta questão no senado, em 1891

(sessão de 13 de agosto), a proposito de um projecto, ahi apresentado, sobre incompatibilidades; levantou-a o senador Q. Bocayuva:

«... a discussão do projecto tal como veio da camara, colloca o senado em um estado de coacção.

Não se trata, como se deveria presumir, de uma emenda offerecida pela camara ao projecto que lhe foi remettido do senado; trata-se de um projecto novo, de um projecto substitutivo, que não póde absolutamente estar comprehendido na disposição regimental, que restringe a faculdade de apresentar emendas a esse projecto.

Ha aqui uma questão de fórma, mas uma questão de fórma que affecta substancialmente o direito que tem o senado de entrar em uma discussão larga e completa a respeito do assumpto.

O senado approvou um projecto; esse projecto foi remettido á camara dos deputados; a camara podia offerecer-lhe emendas, mas em vez disto, a camara enviou ao senado um substitutivo inteiramente novo, que ha de ser submettido á discussão do senado, correndo os tramites regimentaes que permittem toda a amplitude á apreciação de qualquer projecto.

Limita-se a offerecer estas rapidas considerações, esperando que a mesa encontre, no regimento, um meio de desembaraçar o senado desta coacção.

Ou o senado tem de submetter-se aceitando em uma só discussão o projecto substitutivo da camara, ou tem a faculdade de offerecer emendas, de alterar o pensamento da camara...».

E por essa occasião abundava o senador Ubaldino do Amaral nos seguintes conceitos:

«Veio da camara dos deputados um substitutivo. Póde uma das camaras substituir um projecto approvado pela outra? Parece que não. Nem a Constituição autorisa a substituição de um projecto por outro, nem os regimentos actuaes, nem os antigos que o orador consultou, e acredita que ha bons fundamentos para não ser permittida essa substituição.

É facil ver que, sendo o poder legislativo dividido em dous ramos e devendo ambos concorrer para a organisação das leis, approvada uma medida em uma das camaras, póde a outra propôr alguma emenda que virá conjunctamente com o projecto primitivo á camara iniciadora, e esta terá toda liberdade ou de sustentar o seo voto primitivo sobre a materia principal, recusando as emendas que lhe não parecerem uteis, ou de aceitar todas ou algumas dessas emendas, e parece que para esse caso está o processo bem estabelecido, tanto na Constituição como nos regimentos. Mas será a mesma cousa substituir um projecto inteiramente por um novo projecto?

Em que posição fica a camara iniciadora? Fica na obrigação de approvar o substitutivo sem a possibilidade de discriminar a materia deste aquillo de que a mesma camara não cogitou? Póde-se até dar um abuso e é que, tratando-se de uma materia em uma das camaras e tendo sido ella vencedora, venha a titulo de substitutivo da segunda camara materia inteiramente nova e até sem connexão com o que tinha sido proposto. A camara, que tinha iniciado, discutido e votado o projecto, aceitará uma materia de que não cogitou e condemnará a sua propria obra?

É possivel que na palavra — emendas — de que tratam a Constituição e o regimento, se possa enxergar o substitutivo; mas acha que é levar muito longe a latitude que se da á expressão. Assim acha-se o senado em uma situação difficil, com a iniciativa coarctada, e na necessidade de estabelecer um precedente; não só para resguardar as prerogativas do senado, mas egualmente as da camara dos deputados, para que o senado não se julgue amanhã no direito, sob o pretexto de emendar um projecto vindo da outra casa, de mandar-lhe daqui um projecto inteiramente novo, collocando-a exactamente nas mesmas difficuldades em que o senado se acha neste momento. Não se diga que o projecto não é inteiramente novo, visto que elle tambem cogita de incompatibilidades. O que é certo é que o projecto, que veio da outra casa, não conservou do projecto do senado um só artigo, um só paragrapho, portanto, quaes são as emendas sobre as quaes deve o senado pronunciar-se? O que é que poderá aceitar do novo projecto e do que sahio desta casa? Nada; ou o senado tem de aceitar por inteiro o seo prejecto, o que quer dizer rejeitar o que veio lá; ou aceitar o de lá, rejeitando inteiramente o do senado...».

Da discussão havida verifica-se que as opiniões não eram accordes sobre ser substancialmente diverso o substitutivo da camara; a mesa do senado o submetteo á votação como emenda nos termos do art. 39 da Constituição, e foi rejeitado. (V. ANNAES do senado, 1891, vol. II, pags. 261-6).

A Constituição em seo texto e espirito ministra-nos elementos para resolver pela negativa a questão. No art. 39 encontram-se as palavras —*projecto... emendado,—modificado em conformidade d'ellas* (emendas), —*alterações*— as quaes presuppõem e deixam subentendido que o projecto originario continúa a subsistir, não desapparece. *Emenda* é correcção de defeito ou falta, suppõe a existencia, a vigencia do que é emendado, como a suppõe egualmente a *modificação* ou *alteração*, as quaes não existem de per si, sinão com o proprio objecto modificado ou alterado. Ora, ninguem dirá que emendar, modificar, ou alterar por emendas, é pôr inteiramente de parte o projecto e fazer outro novo em lugar d'elle.

E nota-se mesmo no cit. art. o cuidado de não prescindir do projecto primitivo. O que elle manda volver á camara de origem é o *projecto* emendado. Esta camara, si approvar as emendas da outra, enviará o *projecto* modificado em conformidade d'ellas. No caso contrario, o *projecto* volverá á camara revisora (§ 1º); é evidente que trata-se ainda do projecto primitivo; dada ahi a votação de dous terços, as emendas serão « então remettidas com o *projecto* (é ainda o primitivo) á camara iniciadora» (§ cit.). Como admittir, pois, o completo desapparecimento desse projecto? Como não leval-o mais em conta? Como supprimil-o assim?

Considere-se agora que as *emendas* de uma camara não pódem ser emendadas pela outra; esta ou as approva ou repelle. Si sob côr de emendas, vem um projecto novo, outro, diverso, a camara revisora ou ha de aceital-o com preterição do seo, mas tal como o recebeo, integralmente, sem lhe alterar nem uma virgula, ou tem de rejeital-o todo, por entender que convém prevalecer o seo, e eis um projecto immune de emendas, um *noli me tangere*, ao qual não se extende a faculdade revisora da camara a que é remettido. E isto infirma o plano e contravém o espirito da Constituição, tornando nominal e inefficiente a dualidade das camaras legislativas, creada para correcção reciproca.

Deve-se, portanto, prover ao caso, obedecendo a esse plano e espirito, e o meio pratico será prohibir-se, no regimento de cada casa do parlamento, a admissão de taes contra-projectos, já que expressamente não fez a nossa Constituição, como a do Estado da Pensylvania (de 16 de dezembro de 1873) que no art. 3, secç. 1, determina que—*nenhum projecto poderá, passando de uma camara á outra, ser emendado ou modificado de maneira a alterar seo objecto originario*.

Art. 39. Na sessão do mesmo anno não se renovará a discussão de projecto que houver sido rejeitado *in-totum*. (Projecto da Commissão do Governo Provisorio).	Art. 38. Os projectos totalmente rejeitados, ou não sanccionados, não se poderão renovar na mesma sessão legislativa. (Decretos n. 510, de 22 de Junho e n. 914 A, de 23 de Outubro de 1890).	Ao art. 38. — Supprima-se a palavra — totalmente—. Emenda da Commissão do Congresso (approvada em 30 de Dezembro de 1890).	Art. 40. Os projectos rejeitados, ou não sanccionados, não poderão ser renovados na mesma sessão legislativa.

Art. 40. Os projectos rejeitados são evidentemente os que em' qualquer das duas camaras não obtêm a maioria de votos necessaria á sua approvação e n'elles se incluem não só os não approvados pela camara revisora, como os que cahem na propria casa onde se iniciaram. Assim se deve entender porque a Constituição usa de termos genericos, comprehensivos de toda a especie de projectos, que não tenham sido approvados, sem particularisar esta ou aquella, sem distinguir. E si não pode haver lei sem o concurso das duas camaras, ao que viria em uma o projecto já rejeitado pela outra na mesma sessão? Esta intelligencia do art. 40 é não só a consagração e garantia do *veto* reciproco das duas casas do parlamento, como tambem um freio á *legomania*, diminuindo o prurido de legislar, que é um dos peiores achaques das assembléas.

Não sanccionados. Desde que a Constituição não admittio o *veto* absoluto, — que seria a consagração da dictadura — e adoptou o suspensivo, era indispensavel fixar o prazo d'essa suspensão, a qual não poderia ser arbitraria, mas limitada. A limitação está n'este art. 40; em virtude d'elle, a deliberação do congresso sobre a resolução vetada fica suspensa até ao termo da sessão legislativa em que foi vetado o projecto; só em nova sessão annual se poderá tratar da materia.

Isto se conforma com a natureza e fim do *veto*, égide do poder executivo, freio das camaras, remedio contra deliberações precipitadas, inoportunas, intempestivas, mal cabidas — appello á calma das paixões, á serenidade dos espiritos, ao bom aviso da reflexão pausada e quieta, convite ás manifestações da opinião publica, que muita vez não está com o parlamento e que não é da capital só, mas dos Estados tambem, do interior do paiz, da nação toda, e que têm direito de pronunciar entre os legisladores, eleitos pelos Estados e pelas circumscripções eleitoraes em que estas se dividem, e o presidente da Republica, eleito, elle só, pela nação inteira.

Tudo isso se desvirtuaria, si acaso as camaras podessem immediatamente rejeitar o *veto* ! Tivessem as camaras este poder e seria um facto sua supremacia sobre o executivo, isto é, teriamos um regimen qual a Constituição não quiz; não mais o do presidencialismo que ella estabeleceo, mas o da omnipotencia parlamentar que ella repellio... Diante de uma lei má, prenhe de perigos para a liberdade e para a nação, o mais que o chefe d'esta poderia fazer com o seo *veto* seria suspendel-a por alguns poucos dias(!), isto é, o projecto obnoxio apenas esperaria, para tornar-se lei do paiz, os escassos dias necessarios para uma discussão unica e immediata em cada camara, ou mesmo em uma só, si por voto desta fosse logo repellido o *veto!* (*)

«E' o *veto* o UNICO FREIO que póde impôr-se ao corpo legislativo para defender a nação dos effeitos das facções, da precipitação ou de qualquer impulso contrario ao interesse publico, que a maioria deste corpo é susceptivel de receber». (*Federalist*, cap. 73).

Ora, esse *unico freio* não será freio algum desde que as camaras se arrogarem o direito de, em meia duzia de dias, repellir o *veto*, que assim deixa de ser um appello a nova deliberação pausada e reflectida e de proporcionar aso ao pronunciamento da opinião nacional. E' certo que, em França, o presidente em desaccordo com o parlamento limita-se a propôr seja reconsiderado o acto legislativo; mas, além de que tem para isso o prazo de *trinta dias*, elle póde *adiar* a assembléa e *dissolver* a camara dos deputados (leis const. de 25 de fevereiro, art. 5º e de 16 de julho de 1875. art. 2º). Ahi o chefe electivo da nação não está desarmado para o caso, não s annulla; si o projecto não promulgado é fatal ao paiz, o presidente tem esse meio de deferir-lhe a execução e dár espaço á reacção contra elle por parte da nação. Aqui, o chefe do poder executivo tem apenas dez dias para o *veto*, não adia nem dissolve camaras ; e si estas pódem immediatamente de novo approvar o projecto, o *veto* reduz-se assim a *tellum imbelle sine ictu* e fica falseado todo o systema architectado pela Constituição.

Entre nós tem se praticado o contrario do que expendemos, mas não póde haver pratica mais perniciosa e foi parte para o acto com que o primeiro presidente da Republica, a isso arrastado pelas circumstancias, entendeo (**) em seu patriotismo resolver o conflicto travado com elle pelo congresso, dissolvendo esta corporação e d'ella (que se puzera fóra da Constituição) appellando para o paiz. (*Vide* « MANIFESTO AOS BRAZILEIROS», no *Diario Official* de 3 de novembro de 1891),

Discutindo o *veto* do presidente da Republica a um projecto de lei sobre incompatibilidades

---

(*) O *veto* do presidente da Republica que foi lido no senado na sessão de 21 de setembro de 1891, no dia seguinte teve parecer da commissão competente e a 25 foi rejeitado—Ao todo cinco dias!
Outro, lido em sessão de 31 de outubro do mesmo anno, teve dispensa de parecer e de publicação e havendo o vice-presidente do senado (então na presidencia d'elle) suggerido que se fizesse sessão no dia 2 de novembro (feriado nacional ; o dia 1 era domingo), nesse dia foi o *veto* submettido a votação e rejeitado. Ao todo dous dias uteis! (*Vide* Ann. do senado, 1891, vol. 4° e 5°. sessões dos dias acima referidos.)

(**) Les fautes qui font les hommes d'Etat ne sont pas toujours libres. souvent sont des suites necessaires de la situation où l'on est. *Montesquieu*

(sessões de 22-25 de fevererro de 1891), o senador Theodoreto Souto propunha o adiamento para o anno seguinte e assim o justificava:

> Nos Estados Unidos, a pratica constante é adiar para a sessão seguinte qualquer resolução a que o presidente tenha opposto véto.
>
> Aquelle povo eminentemente pratico, tem entendido que não é no momento da devolução (que póde despertar sentimentos de amor proprio tão vivos nas corporações deliberantes), que se devem levantar questões dessa ordem.
>
> O adiamento resulta, ou de um acto espontaneo, ou de um acto voluntario, como se póde ver, por exemplo, nas obras de Paschal, de Carlieu e outros; o adiamento resulta ou de um acto espontaneo, em que o senado deixa para na sessão seguinte tomar conhecimento do assumpto, ou da retirada de algum dos votos com os quaes se podiam formar os dous terços e inutilisar o acto».

E ao lembrarem-lhe um artigo do regimento (inteiramente contrario ao espirito da Constituição) mandando discutir o projecto *logo que é devolvido* (!), obtemperava o mesmo representante:

> «A Constituição tem uma disposição, por virtude da qual todo o projecto não sanccionado não póde ser reproduzido no mesmo anno.
>
> Esta these parece ser superior, parece mais alta do que a these do artigo do regimento que manda submetter logo á camara iniciadora o projecto a que foi negada sancção.
>
> Pois bem, harmonisando estas disposições, em nome de principios superiores, póde-se perfeitamente aceitar como uma interpretação nova da Constituição este adiamento, que não é sinão um recurso para tomar-se uma resolução com toda a calma, com toda a prudencia, em nome de altos e eminentes interesses sociaes, em nome da ordem publica, em nome da harmonia dos poderes publicos e para que se evitem conflictos apparentes ou reaes entre estes poderes, e para que elles marchem concurrentemente, convergentemente, harmonicamente, pela senda larga de uma nova elaboração de leis organicas para o funccionamento da vida social».

O illustre representante que assim discorria, sustentava a san doutrina e apoiava-se na pratica Norte-americana, apenas interrompida ao tempo da furente lucta entre o congresso e o presidente André Johnson, sendo de notar que na America do Norte a constituição não cogitou, como entre nós, de prazo para o caso de que se trata e entretanto o parlamento costuma só se occupar do *veto* na sessão do anno subsequente; o bom senso e o amor aos principios e ás instituições justificam esse procedimento. Entre nós, outro não póde ser admittido, em vista do art. 40.

E de tal modo obvio e racional é este modo de entender esta disposição, que publicistas estrangeiros que têm estudado e criticado a nossa Constituição, não acharam outra intelligencia a dar-lhe e, assegurando que o *veto* suspende até á subsequente legislatura annual as resoluções não sanccionadas, não mencionam excepção alguma, não se referem a casos em que o congresso possa, na mesma sessão em que foi votada a lei e immediatamente que receber as razões de *veto*, tomar logo conhecimento d'elle. *Vide* Obras de *D. Jorge Heneeus*, professor de Direito Const. na Universidade do Chile, tomo III, «Dir. Const. Comparado», pags. 229 e 230, e *Léon Donnat*, «Critique de la Constitution Brésilienne» (pag 26), que traduzindo o art. 38 do projecto governo provisorio (art. 40 da Const.), verteo a palavra *renovados* pelo termo *repris*, que tem a significação de—retomados, continuados, proseguidos,—o que quer dizer que no projecto de lei vetado não se prosegue sinão na seguinte sessão legislativa annual.

Não poderão ser renovados. O sentido desta expressão só offerecerá duvida aos que a quizerem tomar separadamente, sem ligação ao que dispoem arts. anteriores e connexos. Trata este art. 40 de fixar prazo ao *veto* assim das camaras, como do presidente da Republica, e — para prohibir que, na mesma sessão, o congresso voltasse a occupar-se do projecto por qualquer dos dous modos vetado, ou que conhecesse novamente da mesma idéa ou medida n'elle contida, mas vindo em novo projecto, — usou daquella phrase «não poderão ser renovados», que abrange todos esses casos. Segundo os nossos mais autorisados lexicos, renovar não é só *fazer de novo, reparar, corrigir*, mas tambem *restabelecer o que estava interrompido, recomeçar, repetir, continuar*. Repelle uma das camaras o projecto da outra? esse *projecto rejeitado* não continúa, não se repete na mesma sessão, nem como foi proposto, nem renovado ou corrigido.

Uma camara não adopta um projecto n'ella mesma iniciado? tinha o direito de emendal-o, corrigil-o, substituil-o por outro melhor, e não o quiz fazer, — o *projecto rejeitado* por este modo tambem não póde ser reproduzido na mesma sessão annual em que foi apresentado.

O chefe da nação oppõe seo *veto* a um projecto que elle considera máo, inconveniente, ou inconstitucional? Esse *projecto não sanccionado* voltará á camara onde se iniciou, mas só na ulterior sessão legislativa poderá *continuar* e seguir os tramites determinados pelo art. 37 § 3°; só então poderá *restabelecer-se* o seo curso constitucional interrompido pelo veto, *renovar-se*, vir de novo á baila, á discussão e demais processo parlamentar; antes d'isso, não póde proseguir nem surgir de novo, quér como fôra apresentado, quér com innovações e retoques.

Assim que, o sentido obvio, patente, *rei gerendæ aptior*, da clausula «não poderão ser renovados» é ficar fóra da deliberação das camaras, até á subsequente legislatura annual, o objecto ou assumpto do projecto rejeitado ou não sanccionado, — isto é, o projecto tal como foi vetado ou ainda com modificações e emendas.

A prohibição é ampla e comprehende-se que, si fosse licito apresentar o projecto com alterações para não parecer o mesmo, ficaria autorisada a burla, a inutilisação da providencia que prescreve o art. 40; bastaria uma alteração em ponto accessorio para allegar-se differença entre os projectos. E é certo que «nenhuma clausula da Constituição póde ser interpretada de maneira que destrua seos fins obvios, quando outra interpretação, egualmente concordante

ARTIGO 40   155

com as palavras e com o sentido d'ellas, os robusteça e proteja». (Calvo, *Dec. Const.*, n. 7).

O precedente creado em contrario, na sessão de 1891, no mais acceso da lucta do congresso contra o immortal primeiro presidente da Republica, foi estabelecido *ab irato*, fóra de condições normaes, (*) não póde ser invocado para firmar doutrina; annulla a autoridade do chefe do poder executivo e o desarma contra as camaras; é contrario á lettra e ao espirito da Constituição, que o não quer subalterno d'ellas. E infringir por modo tal a Constituição é assumir attitude verdadeiramente revolucionaria.

Ao disposto no art. 40 haverá excepções?

O texto prohibitivo, terminante e amplo, parece repellil-as; mas as disposições de uma lei devem se entender em concordancia, umas pelas outras, e em conformidade com seo fim. Si o art. 40, pelos motivos que já vimos, impede, na mesma sessão legislativa, a renovação dos projectos rejeitados e dos vetados, o art. 34 §§ 1° e 17 impõe que em cada anno haja lei de orçamento de receita e despeza da Republica e lei de fixação da força publica nacional. Como prescindir d'essas leis annuas? E é principalmente para que ellas se façam que existem os parlamentos, sendo essa votação annual um dos caracteristicos do governo democratico. E são ainda indispensaveis em vista do que dispõe o art. 72 §§ 1° e 30, segundo os quaes o cidadão nada é obrigado a fazer sinão em virtude da lei e não se lhe póde cobrar imposto algum sem lei que o autorise, bem como não se completarão contingentes dos Estados para a força armada sinão «de conformidade com a lei annua de fixação de forças» (art. 87).

Ora, evidentemente todas estas disposições citadas foram estabelecidas para se cumprirem de um modo racional, sem se prejudicarem. Não se póde admittir que alguma tenha a força impedir em absoluto a execução de qualquer d'ellas. Suppôl-o fôra attribuir aos constituintes um pensamento absurdo, espurio e anarchico. Será preciso pois conciliai-as, de modo que não se revoguem, que não se annullem; e isto se obtém restringindo o sentido d'aquella que de limitação fôr susceptivel, sem quebra da cohesão e harmonia geral do systema. Pódem certamente coexistir com efficiencia, sem nada perder de seo valor, e concorrendo para funccionar regularmente a Constituição, admittindo-se, — por excepção ao art. 40, — que os projectos de leis annuas, rejeitados ou não sanccionados, se possam renovar na mesma sessão, e d'est'arte se resolve a difficuldade.

Esta solução se impõe como irrecusavel, estriba-se nos motivos e razões fundamentaes das disposições citadas, evita-lhes a antinomia, fal-as coherentes com o disposto em outras, salvando assim o espirito da Constituição, mantendo o equilibrio dos poderes e effectividade das garantias que ella estabelece.

—Completamos o commentario do capitulo «Das leis e resoluções», transcrevendo do regulamento expedido com o decreto n. 3.191 de 27 de janeiro de 1899, as seguintes disposições:

Art. 44. Dos autographos de lei ou resolução do congresso nacional, por este enviados ao Poder Executivo, dous serão devolvidos á camara que os houver remettido, por meio de Mensagem do presidente (ou vice-presidente) da Republica ao presidente da mesma camara, transmittida ao 1° secretario com aviso do Ministro.

Paragrapho unico. No *Diario Official* a respectiva publicação far-se-á do seguinte modo: a lei ou decreto, que contenha o texto da resolução do congresso nacional, sob a epigraphe — Actos do Poder Legislativo; a Mensagem do presidente (ou vice-presidente) da Republica, na secção dos Actos do Poder Executivo; e o aviso ao 1° secretario da camara ou do senado será dado por extracto, sob a rubrica.— Secretarias de Estado.

Art. 45. Na hypothese de ser negada a sancção á lei ou resolução do congresso, os autographos, em numero de dous, serão devolvidos á camara iniciadora, por meio tambem de Mensagem, acompanhada da exposição de motivos do *veto*.

Por occasião de transmittir-se a Mensagem á alludida camara será endereçado tambem aviso ao 1° secretario da outra casa do congresso, communicando a devolução.

Paragrapho unico. No caso de ser negada a sancção quando estiver já encerrado o congresso, dar-se-á publicidade ás razões do *veto* na parte do *Diario Official* destinada aos «Actos do Poder Executivo». Nessa publicação se incluirá o texto da resolução ou decreto a que tenha sido negada a sancção.

Art. 46. Não tendo sido promulgada a lei ou resolução, ou não lhe sendo negada a sancção dentro do prazo constitucional, serão dous os autographos devolvidos, por officio, ao director da secretaria do senado, afim de que se possa observar o disposto no art. 38 da Constituição Federal.

(*) Disso se pode julgar pela discussão havida então. As razões dadas contra o *veto* á lei de incompatibilidades foram, em substancia, as seguintes:
Que se tratava do primeiro projecto remettido á sancção;
Que esse projecto fôra adoptado pelo senado por mais de dous terços de votos (antes de ser vetado);
Que o primeiro senado da Republica Brazileira não devia humilhar-se diante de poder algum;
Que o *veto* fôra usado inconstitucionalmente, pois foi conferido para ser exercido dentro dos fins e grandes intuitos da Constituição;
Que era um acto acintoso, e visava desmoralisar as instituições;
Que o projecto não era inconstitucional, desde que não existia disposição da Constituição que expressamente prohibisse legislar sobre incompatibilidades. (Annaes do senado, 1891. IV, pag. 144).
O parecer da commissão (*ib*. pag. 192) garroteava o *veto* com este estupendo argumento: Tudo quanto por uma lei não é vedado, é por ella permittido; e, pois não havendo texto constitucional prohibitivo, quanto á decretação de incompatibilidades, o congresso tinha usado de seo direito. (Principio inteiramente falso em materia de competencia e de todo contrario aos principios capitaes de nossa organisação politica)
Não valeo haver o senador Ubaldino de Amaral, com toda a competencia e isenção, declarando approvar o *veto*, mostrado, á toda a luz, que o projecto continha materia inconstitucional, pois limitava um dos poderes presidenciaes (quanto a nomeação de seos secretarios (*ib*. 156). O presidente da Republica com o *veto* defendia o poder executivo, defendia a Constituição; exercia-o, pois, «dentro dos fins e grandes intuitos» d'ella.

SECÇÃO II

DO PODER EXECUTIVO

CAPITULO I

DO PRESIDENTE E DO VICE-PRESIDENTE

Do poder executivo. Sob esta epigraphe estabelece a Constituição a organisação e funcções do poder confiado ao presidente da Republica e a seos agentes. Mas além dos artigos de que se compõe esta «secção», outras disposições, que se prendem ao mesmo objecto se encontram nos arts, 23, 24, 28 § 2, 29, 34 §§ 2, 11 e 21, arts. 37, 38, 39, 56, 58 § 2, 59 a), 72 § 7, 80, 88 e 89; Disp. trans., arts. 3, 4, 6 e 8.

— A denominação de *poder executivo*, com quanto classica em direito publico, não é todavia rigorosamente exacta. O estudo das funcções superiores do poder de que se trata, mostra que elle é realmente muito mais do que um mero executor de alheias determinações. Basta considerar que o chefe de um tal poder têm o direito de propôr leis, de embargar com o *veto* as deliberações do parlamento, e de suspender, em casos especiaes, as garantias constitucionaes; tendo a seo cargo as relações com os governos estrangeiros, cabe-lhe o direito de iniciativa nos ajustes e convenções com elles; commanda, em pessoa ou por commissão, as forças de terra e mar, quando chamadas á acção em defeza do paiz; perdoa e commuta penas, etc. No desempenho de quasi todas estas attribuições, obra elle como superior, por discreção propria e não como agente executivo. O presidente vela pela ordem e segurança do estado, pela sua defeza contra inimigos internos e externos e é responsavel por ellas perante a nação. Collocado no mais alto posto do governo, tem a fiscalisação suprema da administração, impulsiona-a, imprime-lhe a direcção, usando de poder discrecionario quando lh'o não tolhem as leis e o comporta a natureza dos negocios que elle dirige. Cumpre, sim, e faz cumprir os actos legislativos, assim como obriga a respeitarem-se as decisões da justiça, — mas muito longe está de ser um subalterno do poder legislativo e do poder judiciario; nem tem missão inferior e somenos ás delles, embora um seja artifice de leis e o outro supremo arbitro e interprete final da Constituição em quanto concerne aos direitos do cidadão.

Toca ao poder executivo a funcção de vigilancia permanente de todos os interesses internos e externos da nação, os quaes elle promove perante os outros poderes, removendo obstaculos, preparando os elementos para solução adequada e d'est'arte exercendo a mais consideravel influencia sobre a direcção e andamento dos negocios publicos. Elle é o administrador da Constituição e guarda da paz publica.

Com razão, pois, ao mais elevado funccionario desse poder a Constituição chama — *chefe* electivo da nação — (art. 41). N'esta qualidade é elle collocado no fastigio da governação como orgam principal e primeiro zelador dos interesses nacionaes. E, si esta posição não lhe confere supremacia sobre os outros poderes, tendo cada um sua distincta esphera de acção, é indubitavel que — pela natureza de sua missão, pela grandeza, importancia e alcance de suas attribuições, pelos recursos e meios. de acção que ficam a seo dispôr, o presidente da Republica, chefe politico, civil e militar da nação, é o maior quinhoeiro do poder publico, e de facto a maior autoridade nacional.

Assim é, assim o quer a Constituição, e assim deve ser. Desde que a nação, leccionada pela experiencia, abandonou o regimen chamado parlamentar, acabando com ministerios considerados commissões das camaras, teve necessidade de tirar a estas a antiga preponderancia, quér na escolha dos ministros, quér na conservação d'elles. E para isto havia de constituir um executivo bastante forte para poder resistir ás demasias do legislativo e desassombrado cumprir sua missão.

No regimen anterior, o chefe do poder executivo era perpetuo e reunia condições de força e resistencia muito maiores que as possiveis n'uma organisação republicana; n'esta, dada a differença de situação, e preferindo-se o systema presidencial, indispensavel é fortalecer, por todo o modo evitando que desfalleça e se annulle, o poder que tem a direcção politica e governamental da nação e a responsabilidade da ordem e segurança interna e externa da Republica.

E pois na pratica de nosso regimen constitucional deve se banir tudo quanto possa embaraçar ao executivo á decisão expedita, acção prompta, e segurança inquebrantavel com que lhe cabe desempenhar sua missão, sem o que é impotente e incapaz de responder á nação pela gestão dos seos mais altos interesses.

Nem faça envez este conceito aos espiritos mais apaixonados pela democracia. «*Ceux qui aiment le plus la liberté sérieuse, et dévellopée* (dizia Cormenin, o celebre publicista francez) *sont ceux qoi aiment le plus aussi un pouvoir regulier et fort*». E com effeito, a autoridade bem fortalecida é uma garantia e segurança para o gozo pacifico e amplo da liberdade. Nem ha n'isso vislumbre de espirito anti-democratico, uma vez que essa autoridade é electiva, temporaria e responsavel. Convém ter presente que o presidente da Republica é tambem um eleito do povo, age com a autoridade que por este lhe é commettida e dentro do circulo que lhe é traçado. Eleja, pois, a nação, para essa mais elevada e suprema magistratura os seos melhores homens, que tenham dado sufficientes provas de indole liberal, patriotismo, competencia para tratar das cousas publicas, integridade de caracter e energia para arcar com difficuldades, e a elles se confie e lhes preste todo o apoio. Dest'arte terá bons governos; si proceder de modo contrario, é que os não quer; mas então a culpa não é do regimen e tem a sua punição nas consequencias funestas da má escolha feita.

Deixe-se que o presidente possa governar com mão prudente e firme. Enfraquecer o poder executivo, com ciume da liberdade, já foi grande preoccupação, cabivel em outro regimen. Hoje, — com a electividade, temporariedade, curto periodo de funcções do chefe desse poder, suppressão da attribuição de, pelo adiamento e dissolução conter os excessos das camaras, — é preciso, ao contrario, cuidar em robustecer-lhe a autoridade. Governos fracos são máos governos e sob elles não corre menos perigo a liberdade.

Ha muito quem se persuada, é observação de Hamilton, que a energia do poder executivo é incompativel com a índole do governo republicano; mas, mostrando que essa idéa não tém fundamento, recordava o grande mestre que a energia desse poder é um dos principaes caracteres de uma boa Constituição, — que esta circumstancia é essencial á segurança da sociedade contra os ataques estrangeiros, á firme administração das leis, á protecção da propriedade contra as tentativas dos poderosos para transtornar o curso ordinario da justiça, — e que finalmente o vigor do poder executivo é o que mantém e segura a liberdade contra o furor das facções e contra os projectos da ambição. Ninguem ha (accrescentava) que ignore haver-se muitas vezes visto a republica romana forçada a procurar no poder absoluto um só homem, revestido do titulo formidavel de dictador, refugio contra as intrigas dos que aspiram á tyrannia, contra sedições intestinas ou contra inimigos externos que ameaçavam a segurança de Roma; porém inutil parece corroborar esta doutrina com exemplos. Poder executivo sem força suppõe fraca execução das leis dos governos; execução fraca o mesmo é que máo governo e um governo mal executado, seja elle qual fôr em theoria, não póde na pratica deixar de ser máo. (FEDERALIST., Vol. III, cap LXX).

Para bem accentuar e firmar a acção independente, força e prestigio do presidente da Republica, além de nomeal-o e proclamal-o CHEFE DA NAÇÃO (art. 41, pr.), a Constituição não quiz que elle fosse eleito pelo congresso nacional, que o poderia crer creatura sua e porque essa eleição daria aso a transacções e conchavos que arriscariam a isenção e liberdade de acção do supremo director dos negocios publicos; preferio fazel-o eleger directamente pelo povo (art. 47) e pôl-o fóra da acção do parlamento, não sujeitando á approvação de nenhuma das casas d'este a nomeação dos ministros (nem ao menos ao senado, como nos Estados-Unidos Norte-americanos); dando-lhe plena liberdade na escolha d'elles (art. 48 § 1º); declarando-os *agentes de sua confiança* (art. 49) e não do congresso; não lhes permittindo ser ao mesmo tempo membros do corpo legislativo (art. 50); prohibindo-lhes até o comparecimento ás sessões do congresso (art. 51) e formalmente estabelecendo que não são responsaveis perante este (art. 52); estatuindo prazo para o exercicio da funcção presidencial (art. 43), dentro do qual não permitte que o presidente possa ser destituido, sinão mediante processo e sentença por especificados crimes (art. 54) e formou para isso um juizo especial, para cujas decisões condemnatorias não se contentou com a simples maioria de votos, impondo a condição dos dois terços d'elles (art. 33 § 2º).

Boa lição, neste ponto difficil, aos nossos offereciam os constituintes norte-americanos. Elles instituiram para chefe da nação como que um rei electivo e temporario, um funccionario supremo que só não tem de rei a hereditariedade, a perpetuidade, a côrte e os ouropeis.

Na constituição dos Estados Unidos, diz Maine, a semelhança entre o presidente e um monarcha da Europa, especialmente da Inglaterra, é evidente de mais para que possa haver engano. Foi-lhe devolvido todo o poder executivo. Os homens da convenção tomaram para molde o rei inglez, passaram em revista seos poderes, e applicaram-lhe restricções no que parecia excessivo ou mal apropriado aos Estados Unidos; mas não tomaram por prototypo um rei qualquer, um monarcha constitucional abstracto, uma especie de imagem antecipada da rainha Victoria; não, foi o proprio Jorge III que tomaram por modelo (o rei que por si mesmo dirigia a acção de seos ministros em todos os negocios importantes da politica interna como da politica exterior). Si Hamilton tivesse vivido cem annos mais tarde, sua comparação do presidente com o rei lhe teria feito admittir que o funccionario americano é o mais poderoso dos dous.

Foi sob o ministerio de Lord North de 1770 a 1782 (accrescenta Ellis Stevens, depois de citar May), que Jorge III attingio ao ponto culminante de seo poder pessoal. E este estado de cousas, note-se, coincidia com a epocha da guerra d'America, terminando um pouco antes da creação da constituição dos Estados Unidos. O governo pessoal desse rei fizera uma impressão profunda n'America e deixou traços permanentes nas disposições constitucionaes relativas ao executivo americano. E o mesmo autor aponta como facto digno de nota que, em quanto a influencia do soberano inglez tem diminuido, verifica-se que o presidente dos Estados Unidos não só tem mantido seo poder em tempo de paz, como em tempo de guerra (e é exemplo da administração de Lincoln) esse poder póde-se extender e alargar a ponto de tornar-se quasi dictatorial. *Les Sourses de la Const. des Etats-Unis*, par Ellis Stevens, trad. par Louis Vossion, 1897, chap. V e VI).

Mas, com tal organisação do executivo, assim tam vigorosa e fortalecida, não se acordarão velleidades de dictadura no depositario de tamanho poder? Em conflicto com os outros poderes, não levará sempre a melhor o executivo?

Fez-se a constituição na crença de que aquelles que têm de exercer os poderes por ella regulados hão de inspirar-se no bem publico e, na organisação de cada um d'esses poderes, se consagrou o que a experiencia e avisada previsão dos abusos aconselharam para prevenir estes, conjural-os e sanal-os. Si essa confiança é trahida e inefficazes se tornam as cautelas e resguardos estabelecidos como os melhores e mais adequados (qual a organisação constitucional que escape inteiramente a taes situações?), si alguma vez imprevisto surge conflicto sem facil solução legal, si a autoridade chega a se exceder por modo a tornar-se usurpadora, — é preciso então contar com as energias e reacção da opinião publica, com esse outro chamado *quarto poder do estado*, a imprensa, tão forte, tão efficaz e de enorme influencia quando traduz o sentimento geral do paiz. E' preciso tambem ter em conta a resistencia dos Estados; esses governos não prestarão apoio ao dictador, negarão obediencia ás suas determinações illegaes e funestas á nação e procurarão impedir, no que lhes fôr possivel, que os agentes federaes as cumpram. (E isso assignala uma das vantagens e meritos do regimen federativo). Si porém um tal movimento, tão salutar e vingador da Constituição, deixar de apparecer, então é que o poder executivo tem razão e a nação, por bem da propria segurança e salvação, a elle se confia. E si não é por confiança que ella se lhe entrega, então não ha mais no paiz espirito publico, não ha civismo, não ha energias patrioticas. Neste caso digna é da sorte que tem a nação que assim mostra não saber ser soberana, e bem é que haja no paiz quem seja por ella e a salve da anarchia, mil vezes peior que a dictadura.

Mas aquelles que exigem de uma Constituição politica remedio para todas as crises imaginaveis, devem reflectir em que (como por orgão de grande pensador se exprime o bom senso): Nada têm de absoluto as instituições politicas; não se tem até o presente achado constituição que dispense os homens de serem sisudos e justos, nem que os torne felizes e tranquillos apezar de suas loucuras». (Laboulaye).

E, finalmente, na phrase do autorisado Cooley, *it is not in the nature of things that all evils in government should be completely and perfectly guarded against*, ou como dizia o nosso *Pimenta Bueno*: «E' preciso em tudo contar com a imperfeição humana, renunciar á utopia da regularidade perenne, do céo sempre puro e adoptar o que entre os inconvenientes inevitaveis é melhor ou menos prejudicial.»

Art. 42. O poder executivo será confiado exclusivamente a um cidadão, que terá o titulo de Presidente dos Estados Unidos do Brazil.
Art. 43. Na mesma occasião em que se eleger o presidente, far-se-á a eleição do vice-presidente, que além da attribuição do art. 31, deverá substituil-o em todos os casos de impedimento ou falta.
Art. 43. § unico. Na falta ou impossibilidade do vice-presidente, serão chamados o vice-presidente do senado, o presidente da camara dos deputados e o presidente do supremo tribunal de justiça, pela ordem em que se acham mencionados.
Art. 45. São condições essenciaes para ser eleito presidente ou vice-presidente:
1º ter nascido no Brazil;
2º estar no exercicio dos direitos politicos.
(Projecto da Commissão do Governo Provisorio).

Art. 39. Exerce o poder executivo o presidente dos Estados Unidos do Brazil, como chefe electivo da Nação.
§ 1º. Substitue o presidente, no caso de impedimento, e succede-lhe, no de falta, o vice-presidente, eleito simultaneamente com elle.
§ 2º. No impedimento ou falta do vice-presidente, serão successivamente chamados á presidencia o vice-presidente do senado, o presidente da camara e o do supremo tribunal federal.
§ 3º. São condições essenciaes para ser eleito presidente ou vice-presidente da Republica:
1º. Ser brazileiro nato;
2º. Estar no exercicio dos direitos politicos;
3º Ser maior de 35 annos.
(Decretos n. 510 de 22 de Junho e n. 914 A de 23 de Outubro de 1890).

Art. 41. Exerce o poder executivo o presidente dos Estados Unidos do Brazil, como chefe electivo da nação.
§ 1º. Substitue o presidente, no caso de impedimento, e succede-lhe, no de falta, o vice-presidente, eleito simultaneamente com elle.
§ 2º. No impedimento, ou falta do vice-presidente, serão successivamente chamados á presidencia o vice-presidente do senado, o presidente da camara e o do supremo tribunal federal.
§ 3º. São condições essenciaes, para ser eleito presidente, ou vice-presidente da Republica:
1º. Ser brazileiro nato;
2º. Estar no exercicio dos direitos politicos;
3º. Ser maior de trinta e cinco annos.

Art. 41. O presidente da Republica.

Poder de acção e devendo tel-a prompta, expedita, desembaraçada e segura, o executivo melhor corresponde á sua missão sendo confiado a um só homem do que a uma assembléa, mesmo pouco numerosa. O exemplo da Suissa, com seo conselho executivo, é caso singular, explicavel pelas condições peculiares e tradicionaes d'aquelle paiz. A razão, a historia e o sentir do commum dos publicistas aconselham a unidade na suprema magistratura executiva.

Roma ut condita est, duo fratres simul habere reges non potuit, et parricidio dedicatur.
In navi unus dominus, in quamvis grandi exercitu unius signum expectatur. (Hieron., Epist. XIV ad Rusticum).

A pluralidade tem, além de tudo, o defeito de dividir a responsabilidade do poder e com isso a debilita, si não a annulla completamente. (*)

(*) O temor de perder a propria reputação tem menos força, quando vergonha de uma acção má deve ser repartida entre um certo numero de pessoas, do que quando ella deve recahir sobre uma só: o espirito de facção, cujo veneno infecta tantas vezes as deliberações dos corpos politicos, póde arrastar certas pessoas a erros e demasias de que cada uma d'ellas se envergonharia si se achasse sósinha. (Hamilton).

Entre muitos funccionarios de egual categoria e investidos das mesmas funcções, não será muito facil á opinião publica achar o verdadeiro causador das medidas que ella reprova e perde-se assim a efficacia dessa vigilancia e fiscalisação que tão util é ás cousas publicas. Com a unidade, o povo sabe com quem tem de se haver. Ella é pois uma garantia, em vez de um mal.

§ 1°. O vice-presidente. Não supprir o impedimento ou falta do presidente da Republica fôra suspender a direcção dos negocios publicos, ficando a nação sem chefe. A incurialidade e os perigos d'ahi resultantes impõem a necessidade de um substituto, para os casos de cessação temporaria do exercicio do presidente e, para o de cessação definitiva, a de um successor no cargo.

A Constituição providenciou para ambas as hypotheses, creando um *vice-presidente*. Mas, —para a primeira, para substituições temporarias (ás vezes até de dias), é evidentemente desnecessaria a instituição de um funccionario para ficar á espera que adoeça ou tenha outro limitado impedimento o titular effectivo a substituir; a designação para esse caso, de algum dos mais altos gestores de funcção publica de caracter politico fôra sem duvida bastante. Para a successão occurrente, a providencia adoptada é má; porquanto:

1°. Sendo o cargo de vice-presidente inferior, cómo de sua natureza é, ao de presidente, mais cuidado e preoccupação de acerto se dá na escolha d'este; na eleição dos dous, a nação menos se esmera e menos exigente é quanto a meritos, cóm relação ao vice-presidente. A successão por este é assim a de quem na occasião da escolha não foi considerado pela nação o mais capaz e digno de ser seo chefe, mas a de um homem escolhido para uma posição relativamente secundaria e a quem não teria sido dada a *prima sedes*.

2°. A escolha do vice-presidente terá, de ordinario, de obedecer á necessidade de servir a exigencias eleitoraes de momento, de transigir com dissidentes, de accommodar ambições, no intuito de cimentar a cohesão partidaria, de propiciar a victoria do candidato á presidencia. Esse eleito de segundo plano, subindo á presidencia, não deixará de ser influenciado pelos elementos occasionaes que o elevaram; naturalmente terá de consideral-os, de leval-os em conta e isto o porá muita vez em divergencia com o pensamento director da politica e da administração até então dominante. E é facil avaliar quaes consequencias d'essa mudança na alta governação.

3°. E' visto que esta situação do vice-presidente torna-se propria para tirar-lhe o prestigio e força necessarios para bem occupar o lugar de primeiro magistrado da nação, e produz máos governos. A historia politica dos Estados-Unidos Norte-americanos o mostra provado. «Nas tres vezes em que o vice-presidente tem succedido ao presidente, conflictos mais ou menos graves surgiram entre o poder executivo e o congresso. Tyler teve uma administração das mais agitadas. Fillmore, apesar de encontrar uma opposição menos violenta, achou-se entretanto em presença de mui serios embaraços. E com André Johnson as cousas foram ao extremo». A. de Chambrun, *Du pouvoir executif aux E'tats Unis*, 2me edition, pag. 42 e seg.). E a lição é para aproveitar-se.

A Constituição franceza de 4 de novembro de 1848 instituia um vice-presidente da Republica, escolhido pela Assembléa Nacional de entre tres candidatos apresentados pelo presidente eleito, no prazo de um mez de sua eleição. Da apresentação eram excluidos os parentes até o sexto gráo *inclusive*. O vice-presidente suppria o presidente nos impedimentos deste. Em caso de vaga, por qualquer motivo, do lugar de presidente, far-se-ia dentro de um mez nova eleição presidencial. E eis um modo de substituição que parece preferivel ao americano. O vice-presidente será naturalmente um continuador da politica e dos planos do presidente que o apresentou. Sem possibilidade de vir a ser-lhe successor, limitar-se-á a governar, sem velleidades de apoderar-se do cargo a titulo definitivo, sem tratar de fazer partido contra o presidente, sem fomentar conspirações. Approvado pelos representantes da nação, deve-lhes essa consagração e é natural que boas relações se estabeleçam entre elle e quem o preferio na lista dos propostos. E deixará de haver na republica essa especie de *herdeiro presumptivo* que a Constituição creou.

Simultaneamente devem ser eleitos o presidente e o vice-presidente para que ambos representem a mesma politica e se evite a escolha de um substituto e successor eventual que, vindo a assumir a presidencia, entre a perturbar a marcha dos negocios publicos contrariando o plano e direcção observados pelo presidente de accordo com a opinião da maioria que a este elegera; isto é, para evitar-se que o governo passe á minoria, postergando-se o principio democratico.

Mas não bastaria determinar-se a eleição simultanea. Si d'ella resultasse ser dada a presidencia ao mais votado e a vice-presidencia ao immediato em votos, abrir-se-ia margem a ficar como vice-presidente o candidato da minoria. O inconveniente não seria removido. Por isso, o congresso nacional, regulando o processo da eleição (autorisado pelo art. 47 § 3° da Const.), estabeleceo pela lei n. 35, de 26 de janeiro de 1892, art. 37, que cada eleitor votasse em dous nomes, escriptos em cedulas distinctas, sendo uma — para presidente e outra — para vice-presidente.

Pela constituição dos Estados-Unidos Norte-americanos (art. 2°, secção 1ª, n. 3), o eleitor votava conjunctamente em dous candidatos; fazia-se a lista dos que tinham obtidos votos e se considerava eleito presidente quem, tendo maioria absoluta, reunia o maior numero de votos; o immediato na votação era vice-predente. No caso de empate, a camara dos deputados escolheria um dos mais votados. Nenhum dos votados obtendo maioria absoluta, a camara dos deputados elegeria o presidente de entre os cinco de maior votação. Mas não tardou-se em reconhecer como esse processo era apto para quebrantar o systema democratico, falseando-o na escolha do chefe da nação e do seo substituto e successor eventual, e como na pratica era uma fonte de difficuldades e accesas luctas. (Basta recordar que por occasião da eleição do 4º presidente da Republica, tendo os candidatos Jepherson e Aaron Burr o mesmo numero de votos, a camara para escolher um dos dois gastou sete dias e sete noites e fez trinta e seis escrutinios, triumphando afinal o primeiro dos dois candidatos, graças aos esforços e grande prestigio de Hamilton). Tratou-se por isso de corrigir o processo eleitoral e pela emenda XII derogou-se o cit. art. 1º, secç. 1ª, n. 3, para se mandar que a votação fosse feita por cedulas distinctas para presidente e para vice-presidente. Ahi inspirou-se a nossa legislação (e já assim se tinha praticado na eleição, pelo congresso feita, do nosso primeiro presidente, art. 1º § 1º das Disp. trans.).

§ 2º. O vice-presidente do Senado substitue no governo ao vice-presidente da Republica, ao do senado o presidente da camara dos deputados e ao d'esta o do supremo tribunal federal, devendo elles ser nessa ordem chamados a exercer a presidencia da Republica. Exceptuada a substituição do presidente do supremo tribunal, o mesmo se observa nos Estados Unidos Norte-americanos; assim o determinára a lei de 1 de março de 1792 (votada em observancia do art. 2, secç. 1ª, n. 6 da const.), dando essa funcção interina ao presidente *pro tempore* do senado e em sua falta ao *speacker* da camara dos representantes, mas com a clausula de terminar a interinidade com a cessação do impedimento do substituto ou com a eleição do novo presidente. A lei, porém, de 19 de janeiro de 1886 providenciou por outra fórma, determinando que na falta de presidente e vice-presidente, as funcções de presidente fossem exercidas temporariamente por um dos secretarios do presidente (ministros) segundo a ordem que a mesma lei estabelece.

As vantagens d'esta medida estão no augmento do numero dos substitutos, no evitar longas interinidades e no impedir mudanças politicas inopportunas e temerarias ao tempo em que a nação está sem chefe por ella escolhido. Não se avisaram d'isto os nossos constituintes? Dissera-lhes o deputado Justiniano Serpa (sessão de 31 de dezembro de 1890):

«Como é facil de comprehender, o vice-presidente do senado e o presidente da camara escolhidos, por essas corporações, nem sempre serão partidarios do presidente da Republica. Em um dado momento da vida nacional poderão representar principios oppostos, politicas inteiramente differentes... Com esse systema de substituições teremos na Republica um dos grandes males que soffremos ao tempo do imperio; rapidas mutações no governo, sem possibilidade de ser praticado um systema qualquer, uma politica administriva de real proveito ao paiz.

Após um ou dous annos de governo, desapparece o presidente ou vice-presidente da Republica. Tem de succeder-lhe o vice-presidente do senado ou o presidente da camara. Actualmente a substituição se dá na ausencia do vice-presidente, pelos ministros do presidente da Republica, que se suppoem continuadores da sua politica».

No sentido de sua idéa, emenda foi offerecida pelo mesmo representante (sessão do dia 2 de Janeiro de 1891) e o congresso (sessão de 3) rejeitou-a, mas sem a discutir; de modo que nos ANNAES não se encontra elementos para apreciar os fundamentos dessa rejeição. Pode-se porém, aventar que tivesse prevalecido a consideração de que nos Estados Unidos Norte-americanos a nomeação dos ministros faz-se sob contraste da approvação do senado e assim elles têm a consagração desta autoridade, deste corpo de embaixadores dos Estados; mas, que não entrando no plano do nosso congresso constituinte providencia egual, não houvesse elle tido por bem confiar a substituição aos ministros, para não entregar a suprema magistratura da nação a meros agentes do presidente da Republica (art. 49) por elle nomeados a seu bel-prazer para auxiliares seos, sem responsabilidade, sem significação politica.

A constituição do Chili (art. 74) incumbe a vice-presidencia ao ministro do interior, o qual dentro em dez dias fará proceder-se á eleição para presidente, si o caso fôr de falta d'este.

Nossa lei n. 35 de 26 de janeiro de 1892, art. 37 § un., manda, no caso de vaga occorrente no primeiro biennio do periodo presidencial, que a eleição para preenchel-a se faça dentro de tres mezes contados da vaga. Havia necessidade de marcar-se para isso um prazo, afim de não prolongar-se a interinidade indefinidamente e esse prazo cumpre ser o mais curto possivel. A interinidade é sempre sujeita a muitos inconvenientes e *minime de malis*.

§ 3º. Condições essenciaes. A mais alta dignidade nacional que a Constituição estabelece e com que acena ás legitimas aspirações dos mais proeminentes estadistas brazileiros, nem poderia ser barateada a ponto de não se exigirem para seo preenchimento algumas condições garantidoras, nem essa exigencia deveria ser tal e tam ciosa que podésse afastar do supremo posto o verdadeiro merito, restringindo assim a circulo da escolha da nação, em seo prejuizo.

As «condições essensiaes» estabelecidas na Constituição preenchem evidentemente esse intuito e são tão liberaes quanto convém a uma organisação republicana.

1º. **Brazileiro nato.** A qualidade de estrangeiro, ainda que naturalisado, mesmo se tendo elle revelado bom cidadão, é impropria para a suprema chefia da nação. Confiar o mando supremo do paiz a quem fóra d'elle nasceo repugna a naturaes melindres patrioticos, que é preciso respeitar, mesmo a bem do prestigio do poder.

E a conveniencia de absolutamente ficarem os estrangeiros (observava Story, Comment. § 1497) excluidos do cargo de presidente nenhum estadista póde contestar. De tal arte cortam-se pela raiz pretenções que estrangeiros ambiciosos acaso poderiam alimentar, por meio de intrigas, de se pôr á frente dos negocios do estado; os governos estrangeiros não terão ensanchas de intervir na eleição do presidente. Por falta de providencias como essa, victimas de grande males foram as monarchias electivas da Europa.

Em notavel discurso na assembléa constituinte expunha Emilio Castellar, o grande astro da tribuna hespanholà, que um estrangeiro collocado no lugar de chefe de uma nação póde ser-lhe o escôlho da liberdade e independencia e isto é tão certo, dizia, que em todos os paizes, ainda os mais cosmopolitas do mundo, não se permitte ao estrangeiro o exercicio do supremo poder; póde na Suissa, póde nos Estados Unidos um estrangeiro vir a ser alcaide, juiz, deputado, ministro, general, mas não será presidente; não lh'o permittem, ainda que seja filho de uma familia norte-americana, ainda que tenha nascido em uma emigração; pelo simples facto de seo nascimento fóra da terra patria, não póde exercer o supremo poder. «Aquellos grandes legisladores han comprendido que el jugo de la patria se absorbe por todas las venas, que el cielo de la patria se refleja en toda la conciencia y que muchas vezes se puede sacrificar la patria adoptiva por la patria natal, merced á impulsos en el corazon humanos incontrastables». (*Disc. parlam., en la ass. const., t. 2º, pag. 295*).

2º. **No exercicio dos direitos politicos.** Politicos se dizem os direitos que entendem com a organisação constitucional do estado e as relações entre este e os cidadãos no que pertence á governação publica. N'esses direitos se comprehende o de intervir e tomar parte no exercicio da autoridade nacional. E isto mostra a importancia e fundamento da exigencia da posse delles como condição de elegibilidade para o cargo de presidente da Republica.

Por isso não podem ser eleitos os que se acharem comprehendidos nas hypotheses de suspensão e perda de direitos, previstas no art. 71 e 72 § 29.

3º. **Maior de 35 annos.** E' a edade exigida pela constituição dos E. U. N.-Americanos (art. 2º, secç. 1ª, n. 5), e pela do Mexico (art. 77). A mesma é a que se exige entre nós para senador (art. 30). A Constituição presume que esse numero de annos abona a necessaria madureza de espirito e sufficiente conhecimento e tracto dos negocios publicos. — *Vide* arts. 43 pr. e § 1º, 47 § 3º, e 50, bem como leis n. 35 de 26 de janeiro de 1892, art. 33, e n. 347 de 7 de dezembro de 1895, art. 5º que cogitam de casos de inhabilidade permanente e transitoria para a eleição presidencial.

Additivo ao art. 39:	Em vez de — dous terços — diga-se — metade. —*José Hygino*. (Emenda approvada em 7 e 18 de fevereiro de 1891).	Art. 43. Si, no caso de vaga, por qualquer causa, da presidencia ou vice-presidencia, não houverem ainda decorrido dous annos do periodo presidencial, proceder-se-á a nova eleição. (Redacção pela Commissão do Congresso, em 21 e approvada em 23 de Fevereiro de 1891).	Art. 42. Si, no caso de vaga, por qualquer causa da presidencia ou vice-presidencia, não houverem ainda decorrido dous annos do periodo presidencial, proceder-se-á a nova eleição.
«Si, no caso de vaga, por qualquer causa, da presidencia ou vice-presidencia, não houverem ainda decorrido dous terços do periodo presidencial, proceder-se-á a nova eleição.» Da Commissão do Congresso Constituinte (approvado em 3 de Janeiro de 1891).			

Art. 42. Si... não houverem decorrido dous annos do periodo presidencial, e der-se vaga de presidente ou vice-presidente, far-se-á nova eleição. Isto foi justificado pela commissão do congresso, no seo parecer offerecendo emendas á Constituição, da seguinte maneira:

«O art. 39 da Constituição, prevendo a eventualidade de faltarem o presidente e o vice-presidente da Republica, chama successivamente a substituil-os o vice-presidente do senado e o presidente da camara dos deputados e o do Supremo Tribunal Federal. A Commissão, considerando que, si tal eventualidade si der no começo do periodo presidencial, poderá succeder que a nação tenha por chefe durante uma longa interinidade, talvez em criticas circumstancias, a um cidadão que não se acha investido de um cargo electivo ou que não fôra eleito na previsão de vir a occupar definitivamente tão elevado posto, aceitou, uma emenda substitutiva, que remove semelhante inconveniente. Por essa emenda se prescreve que, *no caso de vagarem os cargos de presidente e vice-presidente da Republica, antes de decorridos dous terços do periodo presidencial, proceder-se-á á nova eleição.* ANN. DO CONGR. CONST., vol. I, pag. 80».

Tendo sido prosteriormente approvado um substitutivo reduzindo a quatro annos o periodo presidencial (que pelo projecto era de seis), essa emenda da commissão, tendo sido approvada em 3 de janeiro de 1891, foi alterada por outra, adoptada mais tarde (em 7 de fevereiro), segundo a qual se deveria proceder á nova eleição no caso de vaga verificada antes de decorrido metade d'aquelle periodo. Na redacção final, em vez de *metade*, a commissão disse equipolentemente «*dous annos*».

A restricção e cautela que se contêm no presente artigo indubitavelmente mostra o congresso pouco confiante no funccionario assim por elle diminuido em sua estatura, e induzem á pergunta—si não teria sido melhor haver-se logo prescindido d'elle? (*Vide* comment. ao art. 41 § 1º).

Vaga por qualquer causa. No artigo anterior, §§ 1 e 2, e no art. 43 § 3, a Constituição trata de *impedimento* ou *falta*; no presente artigo usa do vocabulo «vaga». Esta disposição, como acima vimos, resultou de uma emenda, que bem poderia ter empregado a technologia já usada na Constituição, para não induzir a que, pela diversidade dos termos se podesse suppôr differença de conceitos; mas, attendendo-se ao proposito da emenda, se comprehende que ella quiz providenciar,—não para o caso de impedimento, ainda o mais prolongado, mas—para o de não haver presidente ou vice presidente, isto é, para a hypothese de *falta* de qualquer d'elles.

A vaga pode se dar por causa voluntaria, — não aceitação do cargo, renuncia d'elle, abandono, sahida do territorio nacional sem licença do congresso (art. 45), aceitação de condecorações estrangeiras e por outros motivos motivos constantes dos arts. 71 § 1 e 72 § 29; ou por causa forçada,—incapacidade physica incuravel no periodo (*v. gr.*, cegueira, loucura), sentença condemnatoria á perda do cargo (art. 33 § 3) e morte. Mencionamos a incapacidade physica incuravel em periodo presidencial corrente (embora a incapacidade, conforme o art. 71 § 1, apenas *suspenda* os direitos politicos) porque nas condições de que cogitamos, ella crea verdadeira impossibilidade do exercicio da presidencia e importa o mesmo que faltar ou não haver presidente.

Mas como se hão de praticamente verificar e reconhecer os casos a que se referem os artigos supra-citados e qual a autoridade para isso competente? Não é n'este ponto expressa a Constituição; mas uma lei estabelecendo o processo e a forma, segundo os quaes se verifique a incapacidade superveniente do presidente ou a existencia de qualquer outro motivo constitucional para ser declarada vaga a presidencia, não está fóra da alçada do congresso nacional e comprehende-se nas que o art. 34 n. 34 autorisa «para execução completa da Constituição».

Uma lei regulando o meio pratico de pôr em obra as disposições constitucionaes, mediante as cautelas necessarias em objecto de tanta ponderação, não virá certamente sinão completar a *execução da Constituição* n'essa parte.

A autoridade competente para pronunciar a vaga?

Quanto aos casos de responsabilidade, não póde haver questão (arts. 29, 32 § 3º e 53); a sentença condemnatoria envolve a declaração da vaga. Si se tratar de condemnação pelo supremo tribunal federal por crime commum (arts. 53 e 59, I, *a*), a qual tenha por effeito *a suspensão de todos os direitos politicos* (Cod. pen., art. 55), e a duração da pena fôr excedente á do periodo presidencial, bastará tambem a sentença d'esse tribunal.

Mas dado o caso de abandono, inhabilitação physica, loucura ou qualquer impedimento absoluto, será preciso que d'elle tome conhecimento alguma autoridade para verificar a realidade do facto, declarar vago o lugar e mandar proceder á nova eleição. Essa autoridade parece não poder ser outra sinão o congresso, mediante inquerito e outras providencias adequadas, inclusive exame judicial, as quaes por leis especiaes se deverão estatuir. E toca isso ao congresso, porque tratando-se de fazer retirar do posto supremo quem ahi fôra collocado pelos votos da nação, aos representantes d'esta obviamente cabe interferir e providenciar, quér quanto á cessação do exercicio do presidente, quér quanto á determinação para que se eleja outro. Este poder é da mesma natureza do que lhe é conferido para, conhecendo da eleição, verificar si o eleito tem os requisitos exigidos pelo art. 42 § 3º, e um d'elles (cuja ausencia annulla a eleição) é o da posse dos direitos politicos. Assim como esta causa autorisa os membros do congresso a não reconhecer o eleito e não investil-o nos poderes de chefe do governo, assim tambem e com mais veras, os autorisa a, depois do reconhecimento, em caso de superveniencia de motivo legal, retirarem-lhe esses poderes. A causa que tinha força de impedir a eleição, surgindo após esta, tira-lhe o effeito desde que apparece, e a quem possue competencia para d'ella conhecer n'um caso, deve-se attribuil-a no outro.

Parece pois que não têm fundamento escrupolos constitucionaes para vedarem regular-se por lei ordinaria o assumpto de que tratamos, estabelecendo o respectivo processo, no qual se consagrem todas as possiveis garantias que reclama objecto de tão alta monta. Bem sabemos que os casos acima figurados serão rarissimos, mas basta que sejam possiveis para que por lei se trate de providenciar quanto á emergencia d'elles, em consideração de sua gravidade e do perigo de deixar-se isso para a hora.

Art. 44. O presidente exercerá as suas funcções por cinco annos, e só decorridos dous periodos eguaes poderá ser reeleito.
(Projecto da Commissão do Governo Provisorio).

Art. 40. O presidente exercerá o cargo por seis annos; não podendo ser reeleito para o periodo presidencial immediato.
§ 1º. O vice-presidente, que exercer a presidencia pelos tres ultimos annos do periodo presidencial, não poderá ser eleito presidente para o periodo seguinte.
§ 2º. O presidente deixará o exercicio de suas funcções, improrogavelmente, no mesmo dia em que terminar o seu periodo presidencial, succedendo-lhe logo o recem-eleito.
§ 3º. Si este se achar impedido, ou faltar, a substituição far-se-á nos termos do artigo antecedente, §§ 1º e 2º.
§ 4º. O primeiro periodo presidencial terminará aos 15 de novembro de 1896.
(Decretos n. 510, de 22 de Junho e n. 914 A, de 23 de Outubro de 1890).

Art. 40: Em vez de —seis annos—diga-se—quatro annos. —*Marcolino Moura*.
§ 1º. Substituam-se as palavras—pelos tres ultimos annos do periodo presidencial — pelas seguintes—no ultimo anno do periodo presidencial. —*Adolpho Gordo* e outros.
(Emendas approvadas em 3 de Janeiro de 1891).
§ 4º. O primeiro periodo presidencial terminará aos 15 de novembro de 1894.—*Fleury Curado—Bulhões.—G. Besouro.—B. Lapér.*
(Emenda apresentada á commissão do congresso, por esta incluida entre as rejeitadas ou prejudicadas que vêm annexas ao seo parecer, reproduzida na sessão de 31 de dezembro de 1890 e considerada prejudicada na votação em 3 de janeiro de 1891).

Art. 42. O presidente exercerá o cargo por quatro annos; não podendo ser reeleito para o periodo presidencial immediato.
§ 1º. O vice-presidente, que exercer a presidencia no ultimo anno do periodo presidencial, não poderá ser eleito presidente para o periodo seguinte.
§ 2º. O presidente deixará o exercicio de suas funcções, improrogavelmente no mesmo dia em que terminar o seo periodo presidencial, succedendo-lhe logo o recem-eleito.
§ 3º. Si este se achar impedido, ou faltar, a substituição far-se-á nos termos do art. 40 §§ 1º e 2º.
§ 4º. O primeiro periodo presidencial terminará a 15 de novembro de 1894.
(Redacção para a segunda discussão, sessão de 9 de janeiro de 1891. Annaes do congresso const., vol. II, pag. 396).

Art. 43. O presidente exercerá o cargo por quatro annos, não podendo ser reeleito para o periodo presidencial immediato.
§ 1º. O vice-presidente, que exercer a presidencia no ultimo anno do periodo presidencial, não poderá ser eleito presidente para o periodo seguinte.
§ 2º. O presidente deixará o exercicio de suas funcções, improrogavelmente, no mesmo dia em que terminar o seu periodo presidencial, succedendo-lhe logo o recem-eleito.
§ 3º. Si este se achar impedido ou faltar, a substituição far-se-á nos termos do art. 41, §§ 1º e 2º.
§ 4º. O primeiro periodo presidencial terminará a 15 de novembro de 1894.

Art. 43. Por quatro annos. O periodo presidencial seria de quatro annos pelo projecto Americo Braziliense (art. 27)—de cinco pelo projecto Magalhães Castro (art. 74), e pelo da commissão do governo provisorio (art. 44), —de seis pelo desse governo (art. 40),—e de 7 pelo projecto Werneck-Pestana (art. 114). De cada um d'esses prazos se encontram exemplos nas constituições de governos republicanos (*); não se póde porém *a priori* e em absoluto dizer qual é o preferivel, pois entram por muito na determinação d'elle as condições especiaes de cada povo, seo temperamento e até seos preconceitos. Inclinamo-nos para os menos escassos, que não sejam porém de tal extensão que adiem por um grande numero de annos a manifestação da faculdade soberana da nação de nomear o seo chefe e a satisfacção da necessidade, inherente ao regimen, da renovação d'essa autoridade. Só assim poderá o presidente praticar bem seo plano de administração, desenvolver sua politica com bastante efficacia; um periodo maior contribue para dar-lhe mais vigor, para tornar-lhe mais energica e firme a acção. O prazo curto diminue-lhe o estimulo e como que o desanima. Não lhe dá tempo para seguir o curso de suas providencias. Para que iniciar e dar andamento a certas medidas que lhe parecem bem, mas que elle não tem tempo de ver progredirem e se completarem, nem sabe si, deixando-as em começo ou inacabadas, seo successor, já proximo, as quererá ou não continuar? Governo, por isso, sem grandes iniciativas, governo de expediente, de meias medidas, governo fraco, isto é, máo governo.

O projecto do governo provisorio tinha estabelecido periodo legislativo de tres annos, renovação parcial do senado tambem triennal e periodo presidencial de seis annos (arts. 17 § 2º, 31 e 42): assim coincidiria sempre a eleição do presidente com uma nova legislatura. Eleitos no mesmo momento politico, sob os auspicios da mesma opinião, representando as mesmas idéas triumphantes na occasião, o chefe do excutivo e os membros do legislativo subiriam ao poder animados do mesmo espirito, e isto concorreria muito efficazmente para facilitar a missão de ambos, estabelecendo uma situação de concordia e boa intelligencia entre elles. O periodo presidencial de seis annos tinha assim a sua razão de ser, além da vantagem de avigorar o executivo, dando-lhe tempo sufficiente para desenvolver seos planos, ver medrar suas providencias, completar suas reformas, corrigi-

(*) O periodo presidencial é de sete annos na França, 6 na Argentina e Colombia, 5 no Chile, 4 nos Estados Unidos N. A., no Mexico, no Uruguay, Paraguay, Perú, Equador e Bolivia, 2 em Venezuela e um na Suissa.

as no que à pratica fosse aconselhando e de dar á sua administração e á sua politica mais seguro e efficaz impulso.

Esta inapreciavel vantagem porém foi rejeitada pelo congresso, approvando este uma emenda que reduzio o periodo presidencial a quatro annos, á imitação dos Estados Unidos,—imitação mal avisada, incongruente, incompleta. Alli os deputados são eleitos por dous annos, renova-se pelo terço o senado tambem biennalmente e, si o prazo da presidencia é de quatro annos (o que permitte a coincidencia das eleições), a constituição de certo modo remedeia essa estreiteza, permittindo a reelegibilidade (prohibida pela nossa) e d'este feitio proporcionando á nação um meio de conservar o bom administrador, de prolongar as funcções dos presidentes que bem tenham servido. O periodo é curto, mais é synchrono com o fixado á legislatura e é prorogavel. Este systema comprehende-se, é logico. Mas dar á presidencia um prazo escasso, ao mesmo tempo vedando a reeleição e desencontrando as epocas eleitoraes, é proceder sem systema, sem exacta comprehenção do assumpto, sem seguro criterio.

Não podendo ser reeleito. A espectactiva de nova eleição para o seguinte periodo presidencial póde ser um grande estimulo ao presidente, afim de que mourejo por tornar-se, no exercicio do cargo, um benemerito da nação. E a reeleição póde aproveitar um caracter provado em difficultosa commissão e uma experiencia adquirida com vantagem para o bem publico.

Mas é preciso não esquecer que trata-se de uma organisação politica, cujo gonzo é a eleição, meio de se manifestar e de influir na direcção dos negocios publicos a opinião soberana do paiz. E para que esta se manifeste livremente e possa exercer essa influencia é indispensavel garantir o voto. Uma das principaes garantias é, pela incompatibilidade, arredar do pleito eleitoral certos funccionarios, cuja alta e extensa autoridade póde ser empregada em prejuizo da liberdade do votante.

De que poderosos meios não poderá lançar mão o presidente que pretender se fazer reeleger? Admittir presidente candidato é expor o eleitorado á pressão, corrupção e fraude na mais larga escala. Já de si a eleição presidencial engendra no paiz agitação não pequena e temerosa; e o que não se dará quando o candidato fôr o homem que dispõe da maior somma de poder e força, pela sua autoridade, pelos vastos recursos que póde pôr em acção para impôr a sua reeleição?! E que perturbação na administração publica e que enorme prejuizo para o paiz no emprego de elementos officiaes com esse fim? Não ha incompatibilidade pois mais justificada.

Admittio, é verdade, a constituição norte-americana a reeleição do presidente; mas deprehende-se do que occorreo na convenção de Philadelphia, que ella a isso foi levada menos por enthusiasmo por essa idéa, do que pela necessidade de transigir na occasião com os que dissentiam sobre a organisação do poder executivo, a qual só ficou assentada depois de varios adiamentos e longas discussões. E ainda confirma este conceito a reserva ou limitação que (segundo a exemplar lição de Washington, o qual recusou terceira eleição por entendel-a contraria á indole do regimen democratico) na pratica alli se tem adoptado de não admittir-se segunda reeleição. Mas si ha na União americana Washingtons que rejeitam demorar-se de mais no poder, tem havido no Mexico exemplo muito diverso. E ha o do Chile, onde em regra cada presidente era novamente eleito, para o periodo seguinte, até que, reformando-se n'isso a constituição, foi prohibida essa repetição de prazo.

Por mais pobre que o paiz possa ser de homens capazes de assumir o governo e bem regel-o, não lhe faltará algum nestas condições a quem se incumba a successão do que tem terminado o seo periodo.

§ 1º. O vice-presidente que exercer a presidencia póde, pelo emprego dos meios e recursos que lhe dá o cargo, fazer triumphar sua candidatura e d'ahi a prohibição constitucional; mas é preciso, para que esta se torne effectiva, que esse exercicio seja «no ultimo anno do periodo presidencial» que é o anno da eleição. Suppõe a Constituição que o exercicio nos dous primeiros annos não prejudica.

A este proposito observa mui judiciosamente o autor dos «Principios geraes de direito publico e constitucional»:

Conhecidas as manobras eleitoraes, é facil conjecturar que um vice-presidente em exercicio durante certo tempo anterior ao *ultimo anno*, póde dispôr de poderosos recursos officiaes em favor de sua candidatura embora deixe o poder ao começar o ultimo anno. E' obvio que, na hypothese, si esse presidente fosse eleito no periodo presidencial immediato, sua eleição poderia ser justificadamente attribuida á influencia official que exerceo durante seo governo e é isso exactamente o que não quiz o legislador constituinte.

Em apoio d'este pensamento, invocamos a autoridade do legislador ordinario.

Com effeito, a lei de 26 de janeiro de 1892, reproduzindo as disposições constitucionaes relativas aos inelegiveis ao cargo de presidente, no art. 33, depois de dizer que não póde ser eleito para o cargo de presidente—o vice-presidente que exercer a presidencia no *ultimo anno* do periodo presidencial, acrescenta:

« Paragrapho unico. Entender-se-á por ultimo anno do periodo presidencial, para os effeitos do presidente artigo, o em que se dér a vaga que tiver de ser preenchida, contando-se até 90 dias depois da mesma vaga». Dr. J. Soriano de Souza, op. cit., pag. 298.

Discutindo este ponto, dizia, em sessão de 20 de setembro de 1893, o deputado Augusto de Freitas, um dos autores do projecto que veio a ser a citada lei:

Quanto ao modo por que se deve entender o ultimo anno do periodo presidencial, dirá que esse ultimo anno não póde ser logicamente contado para o caso actual, de 15 de novembro do corrente anno a 15 de novembro de 1894. Essa interpretação da lei redundaria no absurdo de ficar a incompatibilidade reduzida de um anno a tres mezes vigorando apenas de novembro deste anno a março de 1894 que é quando se tem de proceder á eleição presidencial. O que é logico, o que é racional é que se conte a incompatibilidade do ultimo anno anterior á eleição.

PODERÁ O PRESIDENTE SER ELEITO VICE-PRESIDENTE PARA O PROXIMO SEGUINTE PERIODO? A Constituição, litteralmente entendido o art. 43, poderia deixar margem á resposta affirmativa, pois elle expressamente o não prohibe; mas sabido é que *scire leges non est verba earum tenere*. Si o fim da prohibição é evitar a influencia official, o emprego dos poderosos meios e recursos de que, em prol de sua candidatura, póde lançar mão o presidente, — si é forrar o eleitorado á pressão e á corrupção pelos agentes do governo, isto procede com relação á eleição tanto para um como para o outro d'aquelles cargos. Em ambos os casos é preciso garantir a livre e genuina expressão da vontade nacional. A resposta negativa impõe-se portanto.

A Constituição legislaria a incongruencia e o absurdo, si autorisasse outra cousa.

A mesma solução, e pelo mesmo fundamento, prevalece quanto a est'outra questão:

SERÁ ELEGIVEL PARA O CARGO DE PRESIDENTE OU VICE-PRESIDENTE, O VICE-PRESIDENTE QUE NO GOVERNO SUCCEDER AO PRESIDENTE? Que o não é declarou uma lei para apuração da eleição presidencial, a qual fôra vetada, pelo então vice-presidente em exercicio, sob os seguintes motivos (V. ANNAES da camara dos deputados, 1893, vol. V, pag. 151):

O art. 5.° desse decreto determina que «é inelegivel para cargos de presidente ou vice-presidente da Republica o vice-presidente que succeder ao presidente, verificada a falta deste».

A latitude dessa disposição, abrangendo todos os casos que possam occorrer, comprehende não só a hypotese de um vice-presidente que, tendo succedido ao presidente, haja renunciado o cargo antes do ultimo periodo presidencial, mas até a d'aquelle que, lhe tendo succedido, ao iniciar o quatriennio, tenha occupado a presidencia, no primeiro e unico dia, e, acto continuo, resignado o lugar.

Semelhante incompatibilidade não está prevista na Constituição, a qual limitou-a aos casos marcados no art. 43, quanto ao presidente, e no § 1° desse artigo, quanto ao vice-presidente; sendo ainda para observar que alli não existe incompatibilidade, expressamente decretada, para a reeleição ao cargo de vice-presidente, como foi consignado no § 5° do decreto.

Suppondo mesmo que se possa dar intelligencia diversa áquella, que sôam as proprias palavras do § 1° do art. 43 da Constituição, tratando-se, na especie, de assumpto que entende directamente com a investidura dos poderes publicos, e, conseguintemente, de direito constitucional stricto, o texto em questão não é ampliavel nem alteravel por lei ordinaria, e, por egual, a sua interpretação só seria admissivel pelos meios indicados no art. 90 da mesma Constituição.

Por ultimo, é tambem de notar que o disposto no referido art. 5° é uma exorbitancia manifesta da attribuição conferida ao congresso nacional pelo art. 47, § 3°, da Constituição, no qual se cogita especificadamente, do processo da eleição e sua apuração, e, de fórma alguma, dos casos de inelegibilidade.

Na camara dos deputados, ao tomar-se conhecimento desse *veto*, foram contra elle allegadas as seguintes razões:

O SR. HOLLANDA DE LIMA : — ... A proposito da affirmação de que a Constituição só incompatilisou o presidente em exercicio para o cargo de presidente, diz que as mesmas razões existentes para incompatibilisal-o nessa eleição actuam na eleição para o cargo de vice-presidente.

O presidente em exercicio póde fazer-se eleger vice-presidente pelo mesmo modo por que se póde fazer eleger presidente da Republica.

O SR. JACOB DA PAIXÃO: — ... Está convencido de que ao congresso compete legislar sobre as incompatibilidades e que lhe sobra competencia para desenvolver os principios sobre esse assumpto estabelecidos pela Constituição.

O SR. ANDRÉ CAVALCANTI: — ... Desde que os affins do vice-presidente em exercicio estão incompatibilisados de ser eleitos, claro está que aquelle o é antes de todos.

O SR. AUGUSTO DE FREITAS : — ... O Sr. Vice-presidente da Republica confunde as palavras *substitue* e *succede-lhe* que se encontram no § 1° do art. 41 da Constituição. E' assim que S. Ex. deixa de sanccionar o projecto regulando a apuração da eleição do presidente e vice-presidente da Republica, porque diz, dado o caso de um vice-presidente que substituisse o presidente e renunciasse no dia immediato ao da posse, esse vice-presidente ficaria incompatibilisado o que não se encontra na Constituição Federal.

O § 1° do art. 41, porém, é clarissimo. Elle diz: «Substitue o presidente, no caso do impedimento, e succede-lhe no de falta, o vice-presidente eleito simultaneamente com elle». E o vice-presidente que substitue o presidente, no caso de impedimento, não impede que elle reassuma o exercicio de seo cargo. O que lhe succede, no caso de falta, esse sim é que se torna presidente de direito, presidente ao qual se refere o art. 43 e que não poderá ser reeleito para o periodo presidencial immediato. E' isso pelo menos o que foi estabelecido na Constituição.

O Sr. Vice-Presidente da Republica vae até citar o § 1° desse art. 43, como si elle lhe pudesse servir de base para a sua argumentação.

Esse § 1° porém estabelece: «O vice-presidente que exercer a presidencia no ultimo anno do periodo presidencial não poderá ser eleito presidente para o periodo seguinte». Isto é, além dos casos previstos no art. 41, § 1° e 43, será incompativel para a eleição de presidente o vice-presidente que substituir ou succeder ao presidente no ultimo anno do periodo presidencial. (V. ANN. da camara dos deputados, vol. V, pag. 289).

Rejeitado, nos termos constitucionaes, o *veto* de cuja discussão assim inteirado fica o leitor, foi promulgada, sob n. 347, a referida lei, em data de 7 de dezembro de 1895.

§ 2°. Deixará o exercicio... no mesmo dia em que terminar o seo periodo. A continuação no exercicio de funcções electivas, além do prazo d'ellas, é uma usurpação da autoridade do povo. Sob pretexto algum poderia ser consentida n'um regimen democratico. Nem era necessario que o dissesse a Constituição; decorre isso do systema adoptado. Lembra-o, todavia, ella ao presidente, porque naturalmente occorre que, mais que nenhum funccionario, a elle poderão assaltar velleidades e tentações de se demorar no posto e desfructar, mais tempo que o permittido, as vantagens e honras ligadas a tão cubiçada posição. Porém, mais do que este aviso e desengano, tem efficacia a determinação que o acompanha, de entrar logo em exercicio o recem-eleito, o successor, que immediatamente passa a occupar o cargo. Supprime-se assim toda a esperança que algum presidente possa ter de procrastinar sua sahida do poder e isto tira-lhe o desejo de recorrer para esse fim ao emprego de meios tortuosos ou violentos. Virá em todo o caso o novo presidente; mas

§ 3°. **Si este se achar impedido ou faltar**, assumirá então e logo o exercício o vice-presidente novamente eleito e, caso por qualquer motivo não o possa elle, o presidente do senado occupará a presidencia da Republica; si este estiver ausente ou impedido, será n'isso substituido pelo presidente da camara dos deputados e este, nas mesmas condições, pelo presidente do supremo tribunal federal. De modo que ao presidente que deve retirar-se não resta pretexto para continuar no poder. Tal foi a solicitude da Constituição no regular este assumpto importantíssimo. Tudo está previsto para que cessem as funcções do presidente que completou seo prazo, no dia mesmo em que a nova administração se tem de inaugurar, no dia inicial do novo periodo presidencial.

Por combinação das disposições da Constituição verifica-se que cada periodo começará a 15 de novembro para terminar em egual dia do ultimo anno do quatriennio, quaesquer que sejam as interrupções de exercicio do presidente e embora tenha este deixado de tomar posse no primeiro dia do periodo.

E' assim que a Constituição marcou o termino do periodo presidencial (começado a 25 de fevereiro de 1891), prefixando-lhe a data — *15 de novembro de 1894* (art. 43 § 2°), e si cada periodo é de quatro annos (art. cit. *pr.*), seguindo-se elles sem solução de continuidade, cada um começará em 15 de novembro do anno em que findar o periodo anterior, para concluir-se em egual dia do quarto anno subsequente. E que correm em continuação esses prazos vê-se do facto de não tratar a Constituição (tão minuciosa como é n'esta materia) de providenciar quanto a intersticios que separassem os periodos, e da impossibilidade, si acaso os admittisse, de fazer entrar em exercicio o recem-eleito no mesmo dia em que termina o periodo de seo antecessor (art. 43 § 2°).

Ou faltar. Póde, no dia em que um presidente terminar seo periodo, não haver novo presidente eleito, — por não ter se feito a eleição, por haver sido annullada e não estar realisada outra, ou porque se tenha dado renunciá ou morte do eleito antes de se poder eleger novo.

COMO SE DEVERÁ DE PROCEDER, SI NÃO HOUVER NOVO PRESIDENTE PARA EMPOSSAR-SE NO DIA EM QUE O OUTRO TERMINAR O PERIODO?

O art. 82 da constituição mexicana de 1857, modificado por acto do congresso em 1882, occupa-se deste caso.

Entre nós, o projecto Americo Braziliense tambem d'elle cogitou e incumbia provisoriamente a presidencia ao presidente do supremo tribunal federal, si por qualquer motivo a eleição não tivesse sido feita (arts. 31 e 32).

Perante a Constituição, a hypothese ventilada acha-se comprehendida no presente § 3°, que na expressão — *ou faltar* — evidentemente abrange o caso de não ter havido a eleição presidencial, ou qualquer dos outros acima figurados, e por isso falte presidente que assuma o governo.

§ 4°. **De 1894.** De — 1896 — dizia o projecto do governo. No seio da commissão do congresso constituinte surgiram emendas reduzindo o primeiro periodo presidencial; uma o fazia terminar em 1895 e outra em 1894. Nenhuma d'ellas a commissão adoptou (ANNAES DO CONGR. CONST., vol. I, pag. 107).

A segunda d'essas emendas foi reproduzida ao discutir-se a Constituição (na sessão de 31 de dezembro de 1890, ANN. cit., pag. 441) e na votação (em 3 de janeiro seguinte) o presidente do congresso a declarou prejudicada, tendo sido approvado sem modificação o § 4° que essa emenda pretendia alterar (ANN. cit., vol. II, pag. 32). De onde se vê que o congresso não emendou n'essa parte o projecto, não votou a restricção do primeiro periodo presidencial.

Entretanto, na «Redacção para a 2ª discussão», trabalho de que se incumbio a secretaria do congresso, sob a fiscalisação do presidente (cit. ANN., vol. II, pag. 642) o periodo foi reduzido, diminuindo-se-lhe dois annos, como si a emenda tivesse sido approvada (cit. ANN., vol. II, pag. 396).

Engano em notas postas nas emendas após a votação e em resultado d'ella, — ou ao fazer no texto, as correcções conforme o vencido, — ou ainda proposito de pôr de accordo o citado § 4° com o principio do artigo, emendado de *seis* para *quatro annos*, talvez por parecer incongruente ficar o periodo maior que os outros, — o que não á secretaria, mas ao congresso competeria corrigir, si acaso não fosse intenção d'elle dar maior extenção ao periodo em que se inaugurava a Republica — (e quem nos diz que o congresso não considerava ser isso necessario para mais completa segurança da Republica n'aquella phase inicial e tão difficultosa d'ella?), — o certo é que a referida «Redacção» (n'este ponto infiel e contraria ao vencido) (*), admittida como base para a segunda discussão do projecto, não foi alterada nesta parte e assim ficou até que se deo a approvação final e definitiva do texto integral de Constituição.

(*) O que o congresso approvou foi a emenda ao principio do art. 40, para dizer-se *quatro annos*, em vez das palavras «seis annos» que ahi vinham.
O § 4 do mesmo artigo não se referia a numero de annos; fixava uma data terminal do primeiro periodo presidencial, sem attenção a seo numero. Por tanto, aquella emenda não podia affectar a disposição do § 4°, que tinha diverso objecto e onde não se liam as palavras mandadas substituir, como se vê dos termos do artigo.
A emenda que atravez o § 4° fazia parte da que fôra apresentada pelo deputado Gabino Besouro e outros, concebida nos seguintes termos (ANN. cit., vol. I, pag. 107 e vol. II, pag. 441):
«Substitua-se o art. 40 pelo seguinte:
«O presidente da Republica dos Estados Unidos do Brazil exercerá o cargo por quatro annos, não podendo ser reeleito para o periodo immediato.
«§ 1°. O vice-presidente, que exercer a presidencia por dous annos não poderá ser eleito para o periodo immediato.
« Mantenham-se os §§ 2° e 3° a substitua-se o 4° pelo seguinte :
«O primeiro periodo presidencial terminará aos 15 de novembro de 1894».
Como se vê, esta emenda não se contentava de alterar o prazo do art. 40 in princ., de 6 para 4 annos; cogitava do § 4°, como de prazo differente, e queria tambem reduzil-o; mas esta reducção do § 4° não foi submettida a votação; o congresso pois não a approvou.

Art. 46. Ao ser empossado do cargo, o presidente fará publicamente a seguinte affirmação, perante o supremo tribunal de justiça:
Prometto e affirmo manter e cumprir com toda a fidelidade a Constituição Federal, tendo em vista o bem geral da Republica, o respeito aos direitos individuaes, a integridade da patria e a união dos brazileiros.
(Projecto da Commissão do Governo Provisorio).

Art. 41. Ao empossar-se no cargo, o presidente pronunciará, em sessão publica, ante o supremo tribunal federal, esta affirmação:
«Prometto manter e cumprir com perfeita lealdade a Constituição Federal, promover o bem geral da Republica, observar as suas leis, sustentar-lhe a união, a integridade e a independencia.»
(Decretos n. 510 de 22 de Junho e n. 914 A de 23 de Outubro de 1890).

Depois das palavras — em sessão — diga-se: — do congresso, e si este não estiver reunido — o mais como está no projecto. — F. Veiga.
(Emenda approvada em 7 e 18 de Fevereiro de 1891).
Art. 44. Ao empossar-se do cargo, o presidente pronunciará, em sessão do congresso, ou si este não estiver reunido, ante o supremo tribunal federal, esta affirmação:
(Redacção pela Commissão do Congresso em 21 e approvada em 23 de Fevereiro de 1891).

Art. 44. Ao empossar-se do cargo, o presidente pronunciará, em sessão do congresso, ou si este não estiver reunido, ante o supremo tribunal federal, esta affirmação:
«Prometto manter e cumprir com perfeita lealdade a Constituição Federal, promover o bem geral da Republica, observar as suas leis, sustentar-lhe a união, a integridade e a independencia.»

Art. 44. O presidente. E tambem o vice-presidente, embora não o diga a Constituição; tal tem sido a praxe entre nós seguida. Desde a primeira presidencia, o vice-presidente tem prestado affirmação constitucional por occasião de fazel-o o presidente com elle simultaneamente eleito.

Nos Estados Unidos N. A., o vice-presidente, quando assume por successão o governo, presta juramento de presidente e passa a usar deste titulo, assignando-se sob elle, sendo plenamente conhecido como tal para todos os effeitos, como si tivesse sido eleito presidente (embora só sirva pelo tempo que restar do periodo). Annot. á const. dos Est. Un. por G. W. Paschal, trad. de N. A. Calvo, ns. 172 e 411. Entre nós, quando, pela renuncia do presidente em 1891, assumio o governo o vice-presidente, prescindio-se de nova affirmação; mas este precedente parece não dever servir de norma, pois que n'aquella occasião não tinha sido resolvida (e talvez ainda nem se havia suggerido) a questão si o vice-presidente do primeiro periodo occuparia o lugar de presidente como successor deste ou só em quanto se não procedesse á nova eleição. Vide art. 1° § 2° das «Disp. provisorias».

Em sessão do congresso. O projecto Werneck-Pestana (art. 116) e o da commissão do governo provisorio (art. 46) estatuiam a «affirmação» só perante o supremo tribunal federal. O projecto do governo a quiz ante o congresso nacional, toda a vez que se achasse reunido, e ante ao referido tribunal no caso contrario (art. 41), o que o congresso constituinte adoptou no presente artigo, em homenagem á mais alta corporação politica do paiz.

Prometto. «Ou juro», diziam emendas, que com o accrescimo destas palavras punham a formula da affirmação accorde n'isso com a da constituição dos Estados Unidos N. A. (art. 2°, secç. 1ª, n. 7), ficando livre ao funccionario o empenhar sua palavra sob juramento ou sómente sob sua honra. Foram porém rejeitadas, contentando-se os constituintes com a promessa não jurada (Ann. do Congr. Const., I, pag. 453).
O insigne commentador Story, occupando-se da formula constitucional do juramento do presidente, expõe ser de incontestavel conveniencia collocar este funccionario sob a sagrada obrigação de jurar manter, proteger e defender a constituição; o juramento lhe incutirá na consciencia o profundo sentimento de seos deveres mediante um solemne compromisso tomado para com Deos e os homens (§§ 764 e 765).
Vide supra nosso comment. ao art. 21.

Art. 47. O presidente, o vice-presidente e os secretarios do governo só com licença do congresso poderão sahir do territorio nacional. A infracção desta disposição importa renuncia do cargo.
(Projecto da Commissão do Governo Provisorio).

Art. 42. O presidente e o vice-presidente não podem sahir do territorio nacional sem permissão do congresso; pena de perderem o cargo.
(Decretos n. 510, de 22 de junho e n. 914 A, de 23 de Outubro de 1890).

Art. 45. O presidente e o vice-presidente não podem sahir do territorio nacional, sem permissão do congresso, sob pena de perderem o cargo.

Art. 45. Permissão do congresso. E' de maxima importancia, para o bom desempenho de suas altas funcções e para o bem do estado, a presença do supremo magistrado, sempre vigilante, sempre no seo posto. Poderão porém occorrer circumstancias em que lhe seja preciso sahir do paiz, mesmo quiçá em beneficio d'este. Mas, sendo inconveniente deixar isso inteiramente a seo arbitrio, é sensata determinação fazer sua sahida dependente de autoridade que lhe aprecie a necessidade ou conveniencia e opportunidade. Ora, esta ausencia affecta a direcção dos mais graves negocios publicos, não só de ordem administrativa, como de natureza politica. Ao congresso, pois, corporação politica da mais alta categoria, naturalmente cabia deferir-se o poder de permittir ou não a sahida do presidente para fóra do territorio nacional.

SI FÔR DE CONVENIENCIA A SAHIDA DO PRESIDENTE DA REPUBLICA E AO TEMPO NÃO ESTIVER FUNCCIONANDO O CONGRESSO? A constituição argentina dispensa a autorisação do congresso, no recesso d'este, mas só por graves motivos de serviço publico (art. 86 § 21). A mexicana de 12 de fevereiro de 1857 (art. 84) prohibe ao presidete sahir da séde dos poderes federaes sem motivo grave approvado pelo congresso; mas na ausencia d'este, torna a licença dependente da «deputação permanente» (que estabeleceo para funccionar no recesso das camaras legislativas).

Nossa Constituição porém não quiz estatuir excepções á sua disposição prohibitiva de sahida do presidente sem licença do congresso. Não tinha outra autoridade a quem devolvesse a faculdade de conceder licença; não havia necessidade de constituir uma sómente para isso. E sem duvida teve bons motivos para não facultar a ausencia do chefe da nação e deixal-a se verificar sem o consenso dos representantes d'esta.

Si realmente houver necessidade de sahir o presidente e o congresso não estiver em funcções, a unica providencia que cabe é a convocação extraordinaria das camaras, attribuição que é de competencia do proprio presidente (art. 48 n. 10).

Sob pena. Egual comminação na constituição imperial se encontrava com relação a sahida do chefe do estado sem licença; entendia-se, verificado o facto, haver elle então renunciado o cargo (art. 40). E' o que se verifica tambem quando o presidente ou vice-presidente da Republica sahe, sem haver pedido ou sendo-lhe recusada a necessaria permissão; elle tém assim revelado fazer deixação do cargo e resignal-o; e *ipso facto* fica este vago, sem haver necessidade de processo. E é por isso que a lei de responsabilidade, n. 30 de 8 de janeiro de 1892, não comprehende esta hypothèse. Entretanto, o parlamento deve tomar conhecimento do facto para providenciar sobre o preenchimento da vaga, si d'isso houver necessidade e conforme fôr prescripto em lei (*Vide supra* comment. ao art. 42).

Quid si o presidente, finda a licença, não torna ao exercicio? Por semelhante facto evidentemente se acha elle fóra do cargo sem licença, que é justamente o que não quer a Constituição, e portanto deve incorrer na comminação da perda d'elle.

Mas, visto que a Constituição não equiparou expressamente (como fizera o Cod. pen., art. 112) ao abandono do cargo o excesso do prazo da licença e poderão acaso occorrer ponderosos motivos que justifiquem tal excesso, não será justo nem politico considerar-se *ipso facto* perdido o cargo e sem processo algum pronunciar-se-lhe a vaga.

A lei deverá prover para audiencia do funccionario, cabendo ao parlamento apreciar as razões occorrentes. E como n'isso não se trata propriamente de punição, e não é caso de processo de responsabilidade (as cits. leis n. 27 e 30 de tal não cogitam), a materia é d'aquellas em que o congresso não está adstricto ás formas processuaes estabelecidas para o conhecimento dos crimes furccionaes, e obra com poder discrecionario, inspirando-se no verdadeiro interesse da nação e evitando que por qualquer protrahimento, que aconteça, da licença, venha o paiz a ficar privado dos serviços de um bom presidente.

No poder de conceder a licença acha-se, por comprehensão, o de proceder na fórma que indicamos.

Art. 43. O presidente e ò vice-presidente perceberão subsidio, fixado pelo congresso no periodo presidencial antecedente.
(Decretos n. 510 de 22 de Junho e n. 914 A de 23 de Outubro de 1890).

Art. 46. O presidente e o vice-presidente perceberão subsidio, fixado pelo congresso no periodo presidencial antecedente.

Art. 46. Subsidio fixado pelo congresso no periodo presidencial antecedente é uma condição de independencia e vigor do poder executivo. Sem isso, o parlamento em desavença com o presidente da Republica poderia ir até a castigal-o na bolsa, reduzindo-o a escassos vencimentos, e algum congresso subserviente ou corruptor não se daria de augmental-os, á vontade d'elle, com exaggerada generosidade. Os constituintes norte-americanos deram o exemplo desta cautela, que o profundo Hamilton considerava a mais sabia disposição que neste particular se póde imaginar (FDERALIST, vol. III, cap. 73), e ella tem sido como tal adoptada em outras constituições.

Não o diz o presente artigo, mas para servi-lhe antes ao intuito do que á lettra, deve ser fixado o subsidio anteriormente á eleição. Depois d'ella, o subsidio vae ser votado já para certo e determinado presidente, o acto tem então um tanto de pessoal e poderá ser praticado sem completa isenção.

Opinava Carlos Sumner que se antecipasse esse acto ao da eleição, porque «nunca um chefe politico é tão poderoso como na hora de seo primeiro triumpho ante o povo». (Paschal, trad. cit., n. 413).

Çom effeito, o novo eleito é astro que se ergue fulgurante, attrahindo as vistas e attenções geraes e especialmente dos que, já não

ARTIGO 46

tendo fé no outro que caminha para o occaso, afanam-se na contemplação do que vem em marcha ascencional. E' natural que esse novo sol, com sua risonha e deslumbrante apparição, venha espargindo esperanças e fazendo sentir desde logo sua influição. E subtrahir a esta objecto tam delicado e susceptivel não é sinão obrar com juizo.

Era conselho de Aristoteles: — Combinae de tal fórma vossas leis e vossas instituições, que os empregos não possam ser objecto de um calculo interessado. *(Polit.*, liv. 4°, c. VII).

A Constituição destina ao presidente e ao vice-presidente um *subsidio*, isto é, um auxilio pecuniario e não propriamente uma retribuição ou paga. E nisto vae um recommendação e aviso aos que o têm de fixar para, arbitrando-o, nem o elevarem tanto que por isso venha o cargo a ficar cobiçavel mais pelo lucro que pelo desejo de servir ao paiz, nem sejam tão mesquinhos que imponham ao eleito o sacrificio de seos haveres.

Nem tão farto deve ser o subsidio que induza a procurar-se o cargo para crear patrimonio, nem tão escasso que d'elle arrede os que, ricos de meritos, são pobres de dinheiro.

Por decr. n. 27 G de 1 de dezembro de 1889 foi fixado provisoriamente o subsidio do chefe do governo em dez contos de reis por mez, até resolução do congresso. A lei n. 9 de 12 de setembro de 1891 destinou para o presidente egual quantia e para o vice-presidente a de 36 contos annuaes. E é o que se tem votado para os subsequentes periodos presidenciaes.

A citada lei dispõe (art. 43) que « vencerá o subsidio do presidente o vice-presidente quando, em virtude do art. 41 da Constituição exercer effectivamente a presidencia da Republica».

Além do subsidio, o decreto n. 183 de 27 de janeiro de 1890 consignou 50 contos de reis para despeza extraordinaria com o estabelecimento do chefe do estado (art. 1° § 2°). A lei de orçamento n. 26 de 30 de dezembro de 1891, revogando aquella disposição destinou para o primeiro presidente, com applicação á despeza do palacio e da secretaria d'elle, a quantia de 20 contos de reis; — mas tendo assumido o governo (pela renuncia do general Deodoro) o vice-presidente, foi votada (vinte e sete dias depois) a lei n. 36 de 26 de janeiro de 1892, autorisando a abertura de *creditos suplementares a todas as verbas do orçamento da cit. lei n. 26.* A lei n. 191 B de 30 de setembro de 1893 elevou aquella quantia a 50 contos (art. 2° § 3°). A de n. 360 de 30 de dezembro de 1895 especificou os differentes serviços subordinados a egual verba (art. 2° § 3°), a qual, pela lei n. 429 de 10 de dezembro de 1896, foi ainda elevada a 100:000$000.

— A lei n. 232 de 7 de dezembro de 1894 organisou o estado maior do presidente da Republica, com um chefe, um adjunto e quatro ajudantes de ordem, — officiaes do exercito ou da armada, — e além d'isso deo ao presidente um secretario e dous officiaes de gabinete.

O presidente dos E. U. Norte-americanos póde nomear para seo serviço um secretario particular, um pro-secretario (que deverá ser tachigrapho), dous amanuenses e um mordomo, responsavel (mediante fiança) pela baixela, mobilia e quaesquer objectos pertencentes ao estado, que no palacio da presidencia se achem. *(N. Calvo, Anot. à la const. de los E. U.* por G. W. Paschal, 1888, vol. I, p. 573*).*

CAPITULO II

DA ELEIÇÃO DO PRESIDENTE E VICE-PRESIDENTE

Art. 48. O presidente e o vice-presidente serão escolhidos pelo povo por eleição indirecta, formando os Estados circumscripções eleitoraes, tendo cada qual um numero de eleitores egual ao decuplo da sua representação ao Congresso.

Art. 49. Os eleitores reunir-se-ão em cada Estado em um só ponto designado pelo respectivo governo, e a eleição effectuar-se-á em todo o territorio da Republica no mesmo dia e hora, comtanto que não seja domingo, 40 dias depois da eleição popular para os eleitores especiaes.

Art. 50. Votar-se-á distinctamente em duas cedulas: em uma para presidente, em outra para vice-presidente. Serão organisadas duas listas differentes, tirando-se de cada uma dous exemplares, nos quaes se escreverão os nomes dos votados com a indicação do numero de votos que obtiveram.

De cada uma destas listas se tirarão tres copias que serão remettidas, fechadas e selladas, uma ao governador no Estado e no districto federal á autoridade que lei determinar, outra ao presidente do senado da União e a terceira ao archivo publico.

Art. 51. Reunidas as duas camaras, proceder-se-á a apuração geral dos votos e serão proclamados presidente e vice-presidente os que obtiverem maioria absoluta.

Art. 52. Quer na eleição de presidente, quer na de vice-presidente se nenhum dos candidatos houver alcançado a maioria absoluta, dentre os que tiverem obtido a tres maiores votações, o congresso escolherá um, em escrutinio secreto, por maioria absoluta da votação dos seos membros presentes.

Art. 53. Si ninguem obtiver a votação do artigo anterior, ficará eleito o que tiver maior numero de votos, caso tenha tambem alcançado a maior votação dos eleitores especiaes; si assim não for, proceder-se-á a novo escrutinio entre os candidatos que obtiverem as duas maiores votações na eleição do congresso e, salvo a hypothese de maioria absoluta, será considerado eleito o que fôr mais votado na eleição feita pelos eleitores especiaes.

Paragrapho unico. Sendo necessario repetir-se o escrutinio, este se fará ainda entre os que obtiveram as duas maiores votações no congresso, triumphando afinal o que conseguir maioria absoluta, ou então a relativa, sí tiver tido tambem a mesma maioria na eleição feita pelos eleitores especiaes.

(Projecto da Commissão do Governo Provisorio).

Art. 44. O presidente e o vice-presidente serão escolhidos pelo povo, mediante eleição indirecta, para qual cada Estado, bem como o districto federal, constituirá uma circumscripção, com eleitores especiaes em numero duplo do da respectiva representação no congresso.

§ 1º. Não podem ser eleitores especiaes além dos enumerados no art. 26, os cidadãos que occuparem cargos retribuidos, de caracter legislativo, judiciario, administrativo, ou militar, no governo da União, ou nos dos Estados.

§ 2º. Essa eleição realizar-se-á no dia 1º de março do ultimo anno do periodo presidencial.

Art. 45. No dia 1 de maio seguinte se celebrará em todo o territorio da Republica, a eleição do presidente ou do vice-presidente.

§ 1º. Os eleitores de cada Estado formarão um collegio e bem assim os do districto federal, reunindo-se todos no lugar que, com a devida antecedencia, prescrever o respectivo governo.

§ 2º. Cada eleitor votará, em duas urnas por duas cedulas differentes, em uma para presidente, em outra para vice-presidente, em dous cidadãos, um dos quaes pelo menos, filho de outro Estado.

§ 3º. Dos votos apurados se organisarão duas actas distinctas de cada uma das quaes se lavrarão tres exemplares authenticos, designando os nomes dos votados e o respectivo numero de votos.

§ 4º. Dessas seis authenticas cujo teor immediatamente se fara publico pela imprensa, remetter-se-ão duas (uma de cada acta) ao governador do Estado, para o respectivo archivo e, para o mesmo fim, no districto federal, ao presidente da municipalidade, duas ao presidente do senado da União, e as duas restantes ao archivo nacional, todas fechadas e selladas.

§ 5º. Reunidas as duas camaras em assembléa geral, sob a presidencia do presidente do senado, ella abrirá perante ellas as duas actas proclamando presidente e vice-presidente dos Estados Unidos do Brazil, os dous cidadãos, que, em cada uma dellas, reunirem a maioria absoluta de votos contados.

§ 6º. Si ninguem obtiver essa maioria o congresso elegerá o presidente ou o vice-presidente, por maioria absoluta, em votação nominal, dentre os tres mais suffragados em cada uma das actas.

§ 7º. Nessa eleição cada Estado, bem como o districto federal, terá um voto; e este caberá áquelle dos tres candidatos que na respectiva representação no congresso alcançar a maioria relativa dos suffragios.

§ 8º. Para esse effeito, os representantes de cada Estado, e assim os do districto federal, votarão por grupos discriminados.

Art. 46. Não se considerará constituida a assembléa geral para proceder á verificação da eleição do presidente e vice-presidente da Republica, sem a presença, pelo menos, de dous terços, dos seos membros.

§ 1º. O processo determinado para esse fim nos dous artigos precedentes começara e findará na mesma sessão.

§ 2º. Feita, nessa sessão, a chamada dos membros do Congresso, não será permittido aos presentes retirarem-se da casa: para o que se tomarão as convenientes medidas de precaução material.

§ 3º. Nenhum membro presente póde abster-se de votar.

(Decreto n. 510 de 22 de Junho e n. 914 A de 1 de Outubro de 1890).

Substitutivo aos arts. 44, 45 e 46: «O presidente e o vice-presidente da Republica serão eleitos pelos Estados, tendo cada Estado sómente um voto.

§ 1º. O voto de cada Estado é o da maioria dos seos eleitores qualificados para as eleições de deputados ao congresso nacional.

§ 2º. A eleição será directa e realizar-se-á em todo o territorio da Republica no dia 1 de fevereiro do ultimo anno do periodo presidencial.

§ 3º. Cada eleitor votará por duas cedulas differentes, em dous cidadãos, n'uma para presidente, n'outra para vice-presidente, as quaes serão recolhidas em urnas distinctas.

§ 4º. As authenticas das secções de cada municipio serão apuradas 15 dias depois da eleição pela respectiva camara ou intendencia municipal, que decidirá as questões contenciosas, com recurso para o tribunal de appellação do Estado.

§ 5º. Dos votos assim apurados se organisarão duas actas distinctas, de cada uma das quaes se lavrarão dois exemplares authenticos.

§ 6º. Destas quatro authenticas serão remettidas duas (uma de cada acta) ao governador do Estado, para o respectivo archivo, e duas ao presidente da assembléa legislativa ou ao presidente do senado do Estado, si este o tiver.

§ 7º. No dia 15 de maio reunir-se-ão as duas camaras legislativas do Estado, sob a presidencia do presidente do senado, si o Estado tiver duas camaras, ou, no caso contrario, á assembléa legislativa sob a presidencia do respectivo presidente, far-se-á a apuração dos votos, sendo proclamados candidatos do Estado para a presidencia ou vice-presidencia dos Estados Unidos do Brazil os cidadãos que obtiverem a maioria dos votos contados.

§ 8º. No caso de empate, a assembléa escolherá por maioria absoluta um dentre os candidatos egualmente suffragados.

§ 9º. Lavradas as actas distinctas dos votos apurados para presidente e vice-presidente, se extrahirão de cada uma d'ellas tres copias authenticas, que terão o seguinte destino: duas remetter-se-ão ao archivo do Estado, duas ao presidente do senado da União, e duas restantes ao archivo nacional, todas fechadas e selladas.

§ 10. Reunido a 15 de junho o congresso nacional sob a presidencia do presidente do senado, elle abrirá as actas e proclamará presidente e vice-presidente dos Estados Unidos do Brazil os dois cidadãos que obtiverem a maioria absoluta dos votos dos Estados.

§ 11. Si nenhum cidadão obtiver essa maioria, o congresso elegerá o presidente e o vice-presidente por maioria absoluta dentre os tres mais suffragados, devendo ser tambem comprehendidos no escrutinio todos os candidatos que tenham alcançado o mesmo numero de votos.

§ 12. Nessa eleição cada Estado terá um voto e este caberá ao candidato que, na respectiva representação ao congresso obtiver maioria relativa dos suffragios.

§ 13. Para esse effeito os representantes de cada Estado votarão por grupos discriminados.

Art. 45. O districto federal no que respeita á eleição presidencial é equiparado aos Estados.

§ 1º. A intendencia municipal do districto federal apurará os votos das secções eleitoraes a 15 de maio e observara as disposições dos §§ .... em tudo quanto lhes for applicavel.

§ 2º. Aos representantes do districto federal tem applicação o disposto no art. 44, §§ 12 e 13.»

Emenda da Commissão do Congresso (rejeitada em 3 de janeiro de 1891).

Art. 47. Por suffragio directo. Os projectos preliminares estabeleciam a escolha do presidente e vice-presidente da Republica por suffragio indirecto. Segundo o projecto Magalhães Castro, seriam eleitos esses funccionarios pelas municipalidades, tendo cada uma um voto (art. 75). O projecto Americo Braziliense estatuia que os eleitores de cada Estado escolheriam vinte cidadãos e estes, reunidos na respectiva capital, votariam em dous

Substituam-se os arts. 44, 45 e 46 pelo seguinte:

O presidente e o vice-presidente da Republica serão eleitos por suffragio directo da Nação, e maioria absoluta de votos.

§ 1º. A eleição terá logar no dia 1 de março do ultimo anno do periodo presidencial, procedendo-se na capital federal e nas capitaes dos Estados á apuração dos votos recebidos nas respectivas circumscripções. O congresso fará a apuração final até o dia 20 de maio do mesmo anno, com qualquer numero de presentes. — *Muniz Freire* e outros.

(Emenda approvada em 3 de Janeiro de 1891, com os §§ 2º e 3º *infra*).

O congresso fará a apuração na sua primeira sessão do mesmo anno, com qualquer numero de membros presentes.

(Redacção pela commissão em 21 e approvada em 23 de Fevereiro de 1891).

§ 2º. Si nenhum dos votados houver alcançado a maioria absoluta, o congresso mandará proceder a nova eleição entre os dous mais votados para cada um dos cargos, designando dia para essa eleição dentro dos tres mezes seguintes. A nova apuração se realizará em dia marcado pelo mesmo cidadão que houver presidido a primeira, sendo declarados eleitos os dous cidadãos que houverem obtido a maioria relativa. Para esse fim poderá reunir-se a congresso em qualquer tempo e com qualquer numero. — *Muniz Freire ut supra*.

Substitua-se o § 2º pelo seguinte:

« Si nenhum dos votados houver alcançado maioria absoluta, o congresso elegerá, por maioria dos votos presentes, um, dentre os que tiverem alcançado as duas votações mais elevadas, na eleição directa ». — *B. Campos*.

(Emenda approvada em 7 e 18 de Fevereiro de 1891).

Em caso de empate, considerar-se-á eleito o mais velho. — *Augusto de Freitas*.

(Emenda approvado em 7 e 18 de Fevereiro de 1891).

§ 3º. O processo da eleição e da apuração será dado em lei ordinaria. — *Muniz Freire, ut supra*.

§ 3º. O processo da eleição e da apuração será regulado por lei ordinaria.

(Redacção pela Commissão do Congresso em 21 e approvada em 23 de Fevereiro de 1891).

§ 4º. São inelegiveis para os cargos de presidente e vice-presidente os parentes consanguineos e affins, nos 1º e 2º gráos do presidente ou vice-presidente que se ache em exercicio no momento da eleição ou que tenha deixado até seis mezes antes. — *Belarmino de Mendonça* e outros.

(Emenda approvada em 3 de Janeiro de 1891).

Art. 47. O presidente e vice-presidente da Republica serão eleitos por suffragio directo da Nação, e maioria absoluta de votos.

§ 1º. A eleição terá logar no dia 1 de março do ultimo anno do periodo presidencial, procedendo-se na capital federal e nas capitaes dos Estados á apuração dos votos recebidos nas respectivas circumscripções. O congresso fará a apuração na sua primeira sessão do mesmo anno, com qualquer numero de membros presentes.

§ 2º. Si nenhum dos votados houver alcançado maioria absoluta, o congresso elegerá, por maioria de votos presentes, um, dentre os que tiverem alcançado as duas votações mais elevadas, na eleição directa.

Em caso de empate, considerar-se-á eleito o mais velho.

§ 3º. O processo da eleiçao e da apuração será regulado por lei ordinaria.

§ 4º. São inelegiveis para os cargos de presidente e vice-presidente os parentes consanguineos e affins, nos 1º e 2º gráos, do presidente ou vice-presidente, que se achar em exercicio no momento da eleição, ou que o tenha deixado até seis mezes antes.

---

nomes, para presidente e vice-presidente, em cedulas separadas (art. 29).

Pelo projecto Werneck-Pestana a eleição seria indirecta, escolhendo cada Estado um numero de eleitores egual ao de seos representantes no congresso nacional. Este porém poderia augmentar esse numero, guardado para todos o mesmo multiplicador, e desde que de semelhante augmento resultasse ficar o Estado de menor representação no congresso com tantos eleitores presidenciaes quanto o numero total dos senadores e deputados dos Estados, o congresso poderia tornar directa a eleição (art. 117).

O projecto da commissão do governo provisorio queria tambem a eleição indirecta, cada Estado com um numero de eleitores egual ao decuplo de sua representação no parlamento nacional (art. 48). O mesmo propunha o projecto do governo provisorio, reduzindo porém esse numero ao duplo do dos representantes (art. 44), no que imitava a constituição argentina (art. 81), a qual seguira a dos Estados Unidos N, A. (art. 2º, secç. 1ª, n. 2), com a differença de que nesta o numero dos eleitores presidenciaes de cada Estado equivale ao de sua representação no congresso nacional.

A commissão do congresso constituinte propoz a eleição pelos Estados, cada um tendo um voto, o qual seria o da maioria dos eleitores qualificados para as eleições de deputados ao congresso nacional (ANNAES do congr. const., vol. I., pag. 108) e rejeitou as seguintes emendas:

Aart. 44. Substitua-se pelo seguinte:
«O presidente e o vice-presidente da Republica serão escolhidos pelo povo, mediante suffragio directo, realisando-se a eleição no dia 1 de março do ultimo anno do periodo presidencial».— *Fleury Curado.*

Art. 44. Substitua-se pelo seguinte:
«O presidente e o vice-presidente serão escolhidos pelo povo, mediante eleição indirecta, para qual cada Estado, bem como o Districto Federal, constituirá uma circumscripção com eleitores especiaes em numero de 20 por cada Estado.—*J. Retumba.— Epitacio Pessôa.*

Art. 44. Substituam-se os arts. 44, 45 e 46 pelo seguinte:
«O presidente da Republica será eleito por suffragio directo e maioria absoluta, no dia 1º de março do ultimo anno do periodo presidencial. A' apuração geral procederá a assembléa geral. O processo será dado por lei ordinaria».—*Muniz Freire.*

A emenda da commissão era, no «Parecer» d'esta, assim fundamentada (ANNAES cit., pag. 80):

Da mais alta importancia é a medida consagrada na emenda substitutiva aos arts. 44 e seguintes da Constituição e aceita pela maioria da Commissão.
Segundo esse emenda, o presidente e o vice-presidente da Republica serão eleitos pelos Estados e pelo Districto Federal, tendo cada um d'elles sómente um voto.
Esse voto será o da maioria dos respectivos eleitores alistados para as eleições de deputados ao congresso nacional.
As camaras ou intendencias municipaes apurarão os votos das secções eleitoraes comprehendidas nas suas respectivas circumscripções, decidindo as questões contenciosas com recurso para o Tribunal de Appellação do Estado, e a assembléa legislativa deste apurará por sua vez os votos dos municipios, e proclamará candidatos do Estado os cidadãos que tiverem obtido a maioria relativa dos votos do eleitorado.
Por ultimo, o congresso apurará os votos dos Estados e proclamará presidente e vice-presidente dos Estados Unidos do Brazil os candidatos que houverem alcançado a maioria absoluta dos votos dos Estados.
Esse systema altera o da Constituição em dous pontos capitaes:— 1º, substitue a eleição indirecta pela directa, prescindindo assim de um processo artificial, tão desacreditado nos Estados Unidos da America do Norte, justamente em materia de eleição presidencial, quanto entre nós pela amarga experiencia colhida sob o longo regimen anterior á lei de 1881;— 2º, confere aos Estados, como entidades politicas, que são os membros immediatos da União, a

egualdade de suffragio, meio este considerado o mais efficaz pela maioria da commissão para estabelecer o equilibrio entre elles e fortalecer o elemento federal naturalmente fraco em um corpo politico, que apenas acaba de tomar a fórma de Republica federativa por uma rapida transição do imperio uno e da centralisação administrativa.

Contra isso, em voto separado, assim se expressava o deputado Julio de Castilhos (ANN. cit., pag 84):

Quanto á eleição do presidente da Republica, a maioria da commissão adoptou um methodo que reputo inaceitavel. Entendo que o supremo funccionario nacional deve ser eleito pela nação, representada pela maioria do eleitorado, que se compõe de todos os cidadãos activos. Desde que seja eleito pelos Estados, representando cada um destes um voto, póde facilmente acontecer que seja eleito pela minoria nacional o presidente da Republica. Uma vez adoptado o processso electivo, com todas as suas naturaes imperfeições, como unico meio de determinar o pessoal que deve exercer os supremos poderes publicos, devemos ser logicos: façamos prevalecer a maioria dos suffragios dos cidadãos. Sob este ponto de vista é, portanto, radicalmente defeituoso o methodo da eleição do presidente da Republica, por Estados.

Na discussão desta parte do projecto de constituição, entre outras considerações, ponderava, o deputado Adolpho Gordo (Disc. em 30 de dezembro de 1891):

«A instituição de um corpo especial de eleitores para a eleição de presidente e vice-presidente da Republica dá lugar ao que se deo na America do Norte— converter esses eleitores em instrumentos cegos, em verdadeiras machinas nas mãos dos partidarios politicos.
Tem-se observado n'aquella republica—desde que foi posto em execução o systema consagrado em seo codigo fundamental—que os eleitores recebem um mandato imperativo, de modo que não agem segundo os impulsos de sua consciencia e do seo patriotismo, mas de accordo com o o seo mandato, porque já são eleitos com a missão especial de escolher um certo e determinado candidato.
Entretanto não foi este o pensamento que dominou os constituintes americanos . . . .
Segundo o systema proposto pela illustre commissão, a eleição para cargos de presidente e vice-presidente da Republica será directa, mas cada Estado terá apenas um voto, de modo que se chamará ás urnas o eleitorado todo do paiz, agitar-se-á violentamente a opinião publica e afinal cada Estado fica apenas com o direito a um voto.
Minas, que tem mais de 200.000 eleitores, depois de depositar nas urnas mais de 200.000 votos, fica apenas com um voto—isto é, fica com direito egual ao Rio Grande do Norte, que não tem 15.000 eleitores!
Pergunto aos illustres membros da commissão dos 21 si este systema não é mais artificial ainda do que o systema do projecto constitucional?
Diz a commissão que o seo processo é o unico que póde tornar forte o laço de união entre os diversos Estados, porque é o unico que estabelece o equilibrio entre elles, e fortalece o elemento federal; mas, desde que por esse processo os Estados ficam com direitos eguaes não obstante a desproporção de sua população e eleitorado, tendo cada um apenas um voto, póde dar lugar ao mesmo facto que o projecto constitucional póde provocar, isto é, póde acontecer que a maioria dos Estados, que nem sempre representa a maioria do eleitorado, decida a questão de um modo contrario ao da maioria da nação; póde acontecer que seja eleito o primeiro magistrado da Republica, primeiro representante do paiz, um candidato contra o voto expresso e manifesto da maioria de todo o paiz!».

Depois dessa critica dos dous systemas do projecto e da maioria da commissão, o mesmo representante accrescentava, apresentando emenda sua (Disc. cit.):

«Parece-me que o melhor systema é o que confia a eleição ás legislaturas dos Estados. Os membros dessas legislaturas, os homens escolhidos pelos Estados para cuidar dos seos mais importantes interesses, são aquelles que pelo conhecimento dos negocios publicos, pela sua posição e pela sua responsabilidade, estão em melhores condições de eleger o presidente e o vice-presidente da Republica.

... Os membros das legislaturas locaes não são eleitos especialmente para eleger o presidente e o vice-presidente da Republica, mas para tratar dos interesses mais importantes do Estado, de modo que não estão nas condições de um collegio especialmente incumbido d'aquella eleição, e antes são os mais dignos e competentes representantes do Estado para escolher, de entre todos os candidatos, o que melhor possa servir o paiz. Accresce que não funccionando todos em um mesmo lugar, mas cada representação no seo respectivo Estado, tém os representantes mais calma e isenção de espirito, e estão menos sujeitos ás transacções e conchavos.

E para evitar o inconveniente grave de cada Estado formar a sua legislatura já com o pensamento de ter grande numero de votos, podendo um Estado menor ter maior numero de votos que um maior, determina a emenda que ao candidato que obtiver maioria de votos no congresso local serão contados tantos votos quantos tem esse Estado no congresso nacional. Fica assim consagrado o principio da maioria.

Occupando-se da eleição de presidente, por tal modo feita, dizia o deputado Almeida Nogueira (discurso em sessão de 2 de janeiro de 1891):

Um notavel publicista francez, analysando a constituição americana e estudando os diversos modos de eleição do presidente aventou essa idéa que se acha consignada na emenda do honrado deputado. Mas ainda assim mesmo mostrou os inconvinientes que havia na adopção deste principio. Primeiro, porque poderiam as legislaturas dos Estados, eleitas com muita antecedencia, não representar a corrente de opinião da actualidade politica no momento da eleição presidencial. Segundo, porque, devendo o poder executivo federal ser eleito pelas legislaturas dos Estados, e despertando naturalmente essa eleição o mais ardente interesse, esse facto viria prejudicar a composição desses corpos legislativos. Escolher-se-iam para membros dos congressos dos Estados, não os cidadãos mais aptos para legisladores, mas os mais doceis eleitores presidenciaes, com sacrificio da missão legislativa. . . . .
Além disto, ainda me parece que esta emenda traria outro inconveniente. E' que, pretendendo corrigir uma injustiça clamorosa da emenda da commissão, que dá um voto egual e unico a todos os Estados, ella inicia a idéa de dar-se a cada Estado um numero de votos egual ao de seus representantes ao congresso federal.
Ora, dado o caso de dividir-se a votação dos membros dos congressos dos Estados, de modo que um dos candidatos obtenha metade e mais um, este voto decisivo, que representaria a maioria de um, traria como consequencia a totalidade da votação do Estado a um candidato, ficando sem um voto o que houvesse obtido a metade, menos um, dos suffragios do congresso local.
Póde-se o mesmo admittir que as assembléas locaes componham-se de numero par; esta hypothese ainda offerece embaraços maiores, pois concebe-se um distribuição egual de votos entre os candidatos: e nesse caso, qual d'elles deveria ter a totalidade dos votos do Estado?

Outras emendas foram ainda offerecidas:

O presidente e o vice-presidente serão escolhidos pelo povo, mediante eleição indirecta, para a qual cada Estado, bem como o Districto Federal, constituirá uma circumscripção, com eleitores especiaes em numero egual para todos os Estados. *Pedro Americo.*

Substitua-se — O presidente e vice-presidente da Republica serão escolhidos pelo povo em eleição directa e mediante a formula processual que fôr estabelecida.—*J de Serpa.*

Art. O presidente e o vice-presidente da Republica serão eleitos por suffragio directo da nação, e maioria absoluta de votos.
§ 1º. A eleição terá lugar no dia 1 de março do ultimo anno do periodo presidencial, procedendo-se na Capital Federal e nas capitaes dos Estados á apuração dos votos recebidos nas respectivas circumscripções. O congresso fará a apuração final até o dia 20 de maio do mesmo anno, com qualquer numero de presentes.
§ 2º. Si nenhum dos votados houver alcançado a maioria absoluta, o congresso mandará proceder a nova eleição entre os dous mais votados para cada um dos cargos, designando dia para essa eleição dentro dos tres mezes seguintes. A nova apuração se realisará em dia marcado pelo mesmo cidadão que houver presidido á primeira, sendo declarado eleitos os dous cidadãos que houverem obtido a maioria relativa. Para esse fim poderá reunir-se o congresso em qualquer tempo e com qualquer numero.
§ 3º. O processo da eleição e da apuração será dado em lei ordinaria. *Muniz Freire e outros.*

A ultima das emendas transcriptas, assignada por 21 representantes (ANN. DO CONGR. CONST., vol. I, pag. 430) e que mais se conformava com o principio democratico, consagrando a escolha do chefe da nação por ella mesma, por voto universal e directo, foi a que o congresso teve por melhor e adoptou na votação do projecto em primeira discussão, aos 3 de janeiro de 1891, por 88 votos contra 83 (cit. ANN., vol. II, pag. 33).

Outras emendas sobre este assumpto ainda appareceram, entre as que (em numero superior a 600) foram apresentadas na segunda discussão. D'ellas mencionaremos, como mais importantes, — a que creava um eleitorado especial, composto dos governadores dos Estados, membros dos congressos estaduaes, magistrados, officiaes de terra e mar, professores, medicos, pharmaceuticos, engenheiros, industriaes, fazendeiros, commerciantes matriculados, banqueiros, empregados publicos e membros do congresso nacional (ANN. DO CONGR. CONST., vol. II, pag. 33), — a que fazia eleger o presidente e o vice-presidente por maioria absoluta dos votos dos membros do congresso (ANN. cit., pag 477), — as que restabeleciam as disposições do projecto do governo relativas a este objecto (ANN. cit., pags. 482 e 593), — a que estatuia eleição indirecta, dando cada Estado mil eleitores (ib. pag. 564) — a que por voto directo queria mesmo a eleição do primeiro presidente, a qual o projecto, por excepção, incumbia ao congresso (ib. pag. 568).

Nenhuma de taes emendas logrou ser approvada (ANN. cit., vol. III, pag. 76), subsistindo assim a que fôra adoptada na primeira discussão, mas agora modificada em parte: o seo § 2º obrigava a nova eleição os dous candidatos mais votados, no caso de não haver maioria absoluta, — uma emenda estabeleceu, para este caso, a escolha feita pelo congresso e por maioria dos votos presentes, de um entre os candidatos que tivessem as duas maiores votações na eleição directa, e outra emenda regulou o desempate, preferindo o candidato mais velho (ANN. cit., pags. 76 e 151, sessão de 7 de fevereiro de 1891).

A abundancia e variedade das emendas apresentadas e a insignificante maioria, de cinco votos, por que passou no congresso a emenda approvada, mostram quão difficil é arriscado é legislar sobre este objecto, seguramente o mais ponderoso e grave de toda a organisação do regimen republicano.

Ter-se-ia sahido bem da difficuldade o congresso constituinte? A lição da experiencia nos Estados U. N. Americanos justifica o abandono de seo systema, adoptado pelo projecto submettido ao congresso. Alli as primeiras eleições presidenciaes fizeram escolha verdadeiramente *nacional*; os presidentes eram os preferidos do povo; no primeiro posto viram-se assim collocados os Washington, Adamson, Jefferson, Madison, que gosavam de estima e respeito de todo o paiz e eram realmente indicados pela opinião geral. Não tardou porém a fallir a espectativa dos constituintes. O eleitorado presidencial passou a ser desvirtuado em sua missão, sendo elle eleito já em vista de certa e determinada candidatura presidencial e convertendo-se em mero instrumento, cego, passivo, de uma escolha que deveria antes nascer de seo criterio e espontaneidade. Não é o senso popular, não são as sympathias da nação, não é o espirito publico o que inspira essa escolha. Ella é feita sob influencia do interesse pessoal, da corrupção, da intriga. Corpo eleitoral reduzido, adrede preparado e com o compromisso de votar em tal ou qual individuo, deixa elle de ser delegado do povo, cumpre as ordens dessa especie de syndicatos eleitoraes, alli constituidos sob o nome de *convenções*, que ramificam-se por todos os Estados e manipulam a eleição, usando de todos os elementos adaptados a seos fins e acenando com os despojos da victoria (*victoribus spolia*), isto é, com a distribuição dos empregos, commissões, contractos e quaesquer vantagens das posições officiaes. Attestam-n'o os proprios publicistas norte-americanos, lamentando essa perversão e a consequente desordem administrativa, que ella traz pela necessidade, em que cada novo governo vem a se achar, de satisfazer os compromissos eleitoraes pela renovação do pessoal das repartições, considerando-se os empregos como propriedade do partido que vence.

«Sob todas as relações, escrevera o autorisado Story (Comment., § 1463), as idéas largas e liberaes dos autores da constituição e as esperanças do publico foram de todo frustradas na pratica do systema no que concerne á independencia do eleitorado do segundo gráo. E' notorio que os eleitores são agora escolhidos para eleger determinados candidatos e com o compromisso de só n'elles votarem... Votar com independencia é até procedimento havido como deshonroso, fraude e usurpação politica para com os constituintes».

Em 1826 surgio no senado a idéa de fazer pelo systema directo a eleição do presidente. Em mensagem ao congresso o presidente André Jackson em 1829 chamava a attenção do congresso para essa reforma.

E mais tarde, em 1844, o assumpto voltou á baila, vindo ainda a ser em 1871—72 aventado de novo por M. Sumner, fazendo elle ver que — o systema vigente prescinde da opinião e exclue a interferencia do povo na eleição presidencial, entrega o eleitorado á discreção da convenção, corporação irresponsavel, não conhecida pela lei e pela constituição,—que a convenção por manobras, intrigas e corrupção, levanta e impõe a candidatura que quér e assegura seo triumpho,—que tendo assim feito nomear o presidente, ella torna-se o instrumento pessoal deste e por seo apoio e acção fica elle gosando de um poder dictatorial,—e que este modo de eleger presidentes, artificial, complicado, completamente defeituoso, nada tem de republicano, supprimindo na eleição a vontade popular (*Apud* A. de Chambrun, *Le pouv. exec. aux États-Unis*, *chap. I*)

— Attribuir ao congresso nacional a eleição do presidente da Republica é cahir nos defeitos da eleição indirecta, que se basea na incapacidade do votante primario, isto é, da maioria da nação; é tirar de facto a esta a escolha do funccionario a eleger e commettel-a a um mui limitado numero de eleitores, facilitando assim a influencia de meios corruptores e compressivos. E', além disso, depravar a constituição das camaras legislativas, dando lugar a que passem a ser eleitas principalmente em vista da eleição presidencial e com o proposito da escolha de tal ou qual candidato, subordinando-se a isto todas as demais considerações e os mais importantes interesses nacionaes.

E', finalmente, falsear completamente a posição do eleito, fazendo-o creatura das camaras (n'uma fórma de governo em que ellas em caso algum podem ser dissolvidas e só são adiadas de sua propria autoridade) e tornando-o seo subordinado, por força das manobras e compromissos que antecederam e produziram a eleição d'elle.

E, em vista d'isto, que outro melhor expediente haveria a adoptar-se, sinão o suffragio directo, apesar dos inconvenientes que o possam inquinar?

E' a consagração a mais positiva do principio democratico; é o systema o mais natural n'uma Republica; é o mais simples, não complicado, nem artificioso; faz interessar no acto eleitoral a nação inteira, chamando ás urnas todos os cidadãos activos; desperta e eleva o sentimento civico do povo e dignifica-o, commettendo-lhe a grandiosa tarefa de nomear elle mesmo o chefe da nação.

E' certo, o voto directo generalisado padece tambem seos achaques, mas a elles não estão egualmente sujeitos todos os outros instrumentos e apparelhos dos systemas politicos governamentaes? Instituições perfeitas só entre homens perfeitos tambem; *vitia erunt donec homines erint*. Eleições extremes de defeitos, systemas eleitoraes escorreitos de vicios são chimeras, e em politica não se anda em busca de chimeras, procuram-se cousas possiveis e praticas.

O congresso fará a apuração. Nisto andaram de accordo os projectos preliminares, o da commissão do governo, a Constituição por este submettida ao congresso, as emendas n'elle apresentadas quér pela commissão respectiva, quér por deputados e senadores. Apenas, em um dos projectos que separadamente elaboraram os membros da commissão do governo, o projecto Magalhães Castro, se encontra a apuração commettida ao supremo tribunal federal (a eleição seria feita pelas municipalidades, cada uma com um voto) arts. 75-79.

A apuração feita pelo congresso innegavelmente participa dos defeitos que se assignalam á propria eleição presidencial commettida áquella corporação. Ella envolve o conhecimento da validade das eleições parciaes e o poder de annullar as irregulares ou realisadas de modo contrario á lei. E no uso desse poder o congresso está sujeito á influencia de espirito de partido, cabala, manobras, e exposto a compressão e corrupção por parte do governo, si neste se achar um presidente que (transviando-se de sua missão) tenha predilecção por algum dos candidatos e procure usar, em beneficio d'elle, do prestigio e recursos, que lhe dá sua posição.

A apuração consiste em sommar os votos validos; mas si sabido é que *em arithmetica politica nem sempre dous e dous são quatro*, em materia eleitoral é de tanta transcendencia a applicação das regras fundamentaes do calculo, que não raro se tem visto ter a addição o resultado de uma subtracção (de diploma). E a autoridade apuradora, soberana no manejo dos algarismos, substitue-se ao eleitorado.

A idéa de submetter-se á justiça, como já tem sido lembrado, o conhecimento das eleições parciaes contestadas tem contra si valiosas razões. E' facil de ver como essa providencia multiplicaria as contestações e poucas seriam as eleições não contestadas de que conheceria o congresso; isto é, a apuração, afinal, pertenceria menos ao congresso, que aos tribunaes. E calculam-se os immensos inconvenientes dessa intervenção judiciaria em cousas meramente politicas? Isso fôra trazer para as regiões plácidas e serenas da justiça a cabala eleitoral com todos os seos apparelhos, com todo o seo cortejo de ousadias e estratagemas, com todo o seo sequito de praticas corruptoras, com todos os seos escandalos. Fôra desviar de sua missão o poder judiciario em prejuizo d'ella, em desprestigio d'elle, em perigo das instituições.

A quasi unanimidade com que, a partir dos projectos preliminares, se acéitou a competencia do congresso nesta materia, si não a suffraga como uma medida que reuna todas as excellencias e fique ácima de todas as objecções, revela todavia ser ella, entre tudo quanto a esse respeito se tem cogitado, o que parece ser a melhor providencia que é dado estabelecer-se.

Na sua primeira sessão do mesmo anno, isto é, do ultimo anno (a que se refere o principio deste § 1º) do periodo presidencial. E' a sessão legislativa (periodica ou annual) subsequente á eleição de presidente da Republica.

A expressão «primeira sessão» vem dos projectos anteriores e das emendas que estabeleciam a eleição de dous gráos; e evidentemente se referia a sessão diaria, — sendo n'ella possivel fazer e concluir a apuração (que nesse systema consistia no exame e conta dos votos de vinte uma actas, cousa realisavel em uma só sessão diaria). Com a alteração, porém, feita pelo congresso constituinte, esse trabalho seria impossivel em um dia; e, embora conservando o vocabulo — primeira —, a respeito de uma sessão, a que se não segue segunda, a Constituição deve ser entendida como referindo-se á proxima sessão annual, para não attribuir-se-lhe um proposito inexequivel, qual seria a apuração, em um só dia, das actas de todas as secções eleitoraes do paiz. E esta é a intelligencia que na pratica se tem, com razão, admittido e com a qual se conformaram o regimento commum das camaras legislativas (dando cinco dias para os trabalhos das commissões e não vedando prorogação) e a lei n. 347 de 7 de dezembro de 1895, que não alterou essa pratica.

Feita a eleição no dia primeiro de março, o congresso apura-a no principio de maio, com bastante antecedencia da posse do presidente em 15 de novembro, o que dá tempo, em caso de se annullar a eleição, a proceder-se a nova, sem prejuizo dos prazos marcados aos differentes trabalhos do processo eleitoral.

Apuração... com qualquer numero de membros presentes. O projecto do governo exigia a presença de *dous terços*, pelo menos, dos membros do congresso (art. 46). A emenda Muniz Freire, que estabeleceo outro systema eleitoral, foi que permittio se proceder á verificação da eleição do presidente sem essa exigencia e sem questão de numero de representantes (podendo portanto prevalecer a decisão da minoria do congresso).

E' innegavel que n'isso vae uma infracção do principio democratico e que maiores garantias offerecia a disposição emendada. E' este o unico caso em que o congresso funcciona e delibera sem a maioria dos membros que o compoem, e isto n'um assumpto da maior gravidade! Interessantes questões e de muita importancia podem assim ser resolvidas por um numero de representantes em minoria, contra o que tenha querido e votado a maioria da nação.

Terá sido intuito da disposição que ficou vigorando não demorar a apuração á espera de numero de deputados e senadores para as sessões?

Mas as camaras reunem-se em congresso nacional depois de constituidas com o numero (*quorum*) necessario para funccionar cada uma d'ellas; assim se tem praticado, de accordo com o art. 16 § 1º, segundo o qual do senado e da camara dos deputados (não de alguns deputados e senadores) se compõe o congresso.

Póde-se entretanto explicar a referida clausula constitucional pelo proposito de evitar o que em giria parlamentar se chama «obstrucção», a ausencia ou retirada de representantes para não formar casa, pela privação do numero d'elles requerido para a sessão, — verdadeira deserção e chicana de baixa politica, que poderia procrastinar indefinidamente a apuração da eleição presidencial.

§ 2º. Si nenhum dos votados houver alcançado maioria absoluta no escrutinio popular, devolve-se a eleição ao congresso nacional. Mas então a escolha versará sómente entre os candidatos que n'aquelle escrutinio tiverem obtido as duas maiores votações. E não será, em todos os casos, de dous escolher um, mas mesmo de tres, e quiçá de quatro, a tarefa do congresso: — por empate na eleição popular, póde dar-se que mais de dous tenham obtido *as duas mais elevadas votações*.

Os dous mais votados, posto que sem maioria absoluta na eleição directa, tiveram, supponha-se, cada um 400 mil votos; o congresso terá de eleger um, não entre esses dous sómente, mas entre tres, — esses que empataram e o da immediatamente inferior votação; ou entre quatro, si tambem houverem tido dous candidatos egual votação immediatamente inferior á mais alta: ahi teremos as duas votações mais elevadas conseguidas, por tres ou por quatro candidatos, e d'elles escolherá um o congresso nacional. Isto é consequencia da emenda (que se converteo no presente §) substitutiva da anteriormente approvada (em 3 de janeiro de 1891). Aquella dispunha que, não havendo candidato com maioria absoluta na eleição directa, se procedesse a nova eleição (tambem directa) *entre os dous mais votados* (sic); e a outra passou para o congresso essa eleição, mas em vez de referir-se aos *dous* mais votados, disse: «um de entre os que tiverem alcançado *as duas votações* mais elevadas».

O congresso elegerá por maioria dos votos presentes. A condição de maioria absoluta, que é exigida para a eleição presidencial por voto popular, cessa na que é feita pelo congresso nacional. A Constituição, que para a apuração contenta-se com a presença de *qualquer numero* dos representantes (§ 1º *in fine*), tambem não é exigente ao quanto numero de votos que devem constituir maioria para a escolha na segunda eleição; satisfaz-se com a simples pluralidade. E em verdade, já a eleição popular têm consagrado, pelas duas mais elevadas votações, as candidaturas que por essa selecção são as unicas a entrar no novo escrutinio; as camaras limitam-se propriamente a preferir entre eleitos. Depois, a exigencia de maioria absoluta poderia difficultar o novo escrutinio ou multiplical-o, concorrendo para augmentar a já não pequena agitação que naturalmente produz uma eleição presidencial.

Em caso de empate considerar-se-a eleito o mais velho. A lei tem por mais capaz o mais edoso. Fallaz criterio quando se trata de escolha para cargo que exige requisitos de ordem mais elevada que a simples presumpção de maior madureza de senso e experiencia da vida!

Quanta vez não concorrerá com um velho algum candidato mais moço e, ao mesmo passo, mais instruido, mais pratico em negocios publicos, mais apto para o governo? Veneranda condição é a velhice, mas lá está na Biblia: *Senectus enim venerabilis est, non diuturna, neque annorum numero computata; cani autem sunt sensus hominis et ætas senectutis vita immaculata* (Sap. IV, 8, 9).

Tres meios havia a adoptar para resolver o empate: a edade, a sorte e uma nova votação. O ultimo, a repetição de escrutinio, expediente adoptado para os casos ordinarios, n'este de que se trata abriria nova margem á cabala e manobras, e poderia reproduzir-se mais de uma vez sem successo, mantendo-se o empate e prolongando-se uma encommoda situação de incerteza e expectativa nacional. A edade nem sempre é condição de preferencia. A sorte não pesa as qualidades, nem compara os meritos.

Desses expedientes o escrutinio renovado seria o preferivel por mais racional, si não fôram os inconvenientes apontados. A preferencia pela edade é a condemnação prévia e sem recurso do merecimento não encanecido, mas real, superior; solução irritante, que choca a consciencia publica. A sorte, céga como é, e sem contemplações, deixa ao menos uma entrada, abre mais uma possibilidade ao merito que de outro modo pela differença da edade estaria irrefragavelmente fóra de combate.

E' de notar-se que esta clausula da Constituição, embora figure neste § 2º do art. 47, ao tratar-se da eleição do presidente pelo congresso, não rege só a hypothese n'elle cogitada (como poderia parecer por sua collocação neste paragrapho), mas applica-se egualmente ao caso de empate que se dê em resultado da eleição popular ou directa, de que trata o § 1º. Não se póde admittir que o congresso tenha querido deixar sem providencia um caso inteiramente analogo ao outro sobre o qual providenciou e onde se dá *eadem ratio*.

Assim, si em resultado da eleição popular dous candidatos com maioria absoluta tiverem obtido o mesmo numero de votos, considerar-se-á eleito o mais velho.

§ 8º. Lei ordinaria. O processo da eleição presidencial está regulado pelas leis n. 35 de 26 de janeiro de 1892 e n. 347 de 7 de dezembro de 1895. O regimento commum do congresso, de 22 de agosto de 1892, dispoz sobre a apuração final.

A disposição do presente paragrapho (parte de uma emenda substitutiva do artigo que no projecto estatuia o modo da eleição de presidente da Republica) é inteiramente escusada, em vista do art. 34, ns. 22 e 34, que autorisa o congresso nacional a regular as eleições federaes e decretar leis organicas para execução da Constituição.

§ 4º. São inelegiveis... os parentes. E' uma cautela contra o espirito de oligarchia, que, não sendo obstado, arriscaria a Republica a reduzir-se ao governo do paiz por um pequeno numero de privilegiados. Não lhe sendo permittida a reeleição, o presidente poderia promover a eleição de pessoa sua, conjuncta por estreitos laços de consanguinidade ou por affinidade, e teriamos assim uma familia reinante, uma como «dynastia republicana», palavras que *burlent d'effroi de se voir accouplées*. Mas, como em tudo, e mesmo (sinão principalmente) em boa politica, *est modus in rebus*, a Constituição não levou tão longe seos receios que extendesse sua prohibição a toda a parentela do presidente ou vice-presidente; limitou a inhabilidade aos parentes mais proximos (*no 1º e 2º gráos*) que são exactamente aquelles que, pelo ordinario, mais desafiam e concentram complacencias e protecção.

CAPITULO III

DAS ATTRIBUIÇÕES DO PODER EXECUTIVO

Art, 54. Compete ao presidente da Republica: (Do projecto da commissão do governo provisorio).	Art. 47. Compete privativamente ao presidente da Republica: (Decretos n. 510 de 22 de junho e n. 914 A de 23 de outubro de 1890).	Art. 48. Compete privativamente ao presidente da Republica:

Art. 48. Privativamente. *Vide* comment. ao art. 34, *princ*. (pag. 103).

1º. Sanccionar, promulgar e fazer publicar as leis e resoluções do congresso e expedir decretos, regulamentos, avisos e instrucções para a sua fiel execução; (Do projecto da commissão do governo provisorio).	1º. Sanccionar, promulgar e fazer publicar as leis do congresso: expedir decretos, instrucções e regulamentos para a sua fiel execução; (Decretos n. 510, de 22 de junho e n. 914 A, de 23 de outubro de 1890).	Ao art. 47 § 1º. Depois da palavra congresso, diga-se: — salvas as restricções estabelecidas nesta Constituição. Emenda da commissão do congresso (approvada em 3 de janeiro de 1891 e como tal mencionada a pags. 35 e 399 do vol. II dos Annaes do congresso constituinte).	1º. Sanccionar, promulgar e fazer publicar as leis e resoluções do congresso; expedir decretos, instrucções e regulamentos para a sua fiel execução;

1º. Sanccionar. A' recusa de sancção por parte do presidente da Republica chama-se *veto*, palavra de que usavam os tribunos em Roma quando se oppunham a algum decreto do senado. Entre nós apenas é suspensivo, provocando ulterior deliberação das camaras legislativas, comó já antes dissemos. E' arma com que o chefe do poder executivo se defende contra a invasão e absorpção dos poderes que lhe pertencem e impede medidas legislativas inconsideradas, immaturas, prejudiciaes ou inopportunas. Sem ella «o presidente teria apenas um titulo vão e achar-se-ia desautorado (Story)».

O *veto*, tal como o estabelece a Constituição, torna-se uma garantia para o paiz e para a autoridade do presidente, 1º pela dilação do negocio, dando espaço a maior estudo e reflexão, e subtrahindo-o á paixão do momento; 2º pela exigencia dos dous terços de votos dos representantes da nação, submettendo assim o assumpto á decisão approbatoria por um maior numero; 3º pela votação nominal, que dá mais importancia e mais responsabilidade ao acto; e 4º por envolver um appello, uma provocação á opinião nacional para manifestar-se sobre o caso, em quanto suspenso, suscitando o pronunciamento d'ella na imprensa, nas reuniões populares, nas representações aos poderes publicos, etc. (*Vide* comment. ao art. 40, verb.: *Não sanccionados*, pag. 153).

Uma emenda da commissão do congresso constituinte accrescentava á primeira parte deste paragrapho as palavras «salvas as restricções estabelecidas nesta Constituição». (ANN., vol. I, pag. 111). Foi approvada na sessão de 3 de janeiro de 1891 e como tal se menciona a pags. 35 e 399 dos ANN. cit., v. II; não figura porém na «confrontação das emendas approvadas em 2ª discussão com o projecto...» confrontação elaborada pela secretaria do congresso sob a fiscalisação do presidente (ANN., vol. II, pags. 384 *in fine* e 435 combinadas com o que consta de pags. 641 e 642) e que vem no vol., III pags. 139 a 169. Ahi, á pag. 152, o texto do projecto, art. 47 § 1º, está como si não tivesse sido emendado na primeira discussão e na columna das emendas da segunda nenhuma ha que autorise a suppressão. Naturalmente isso occorreo pela precipitação assignalada pelos deputados Francisco Veiga (ANN., vol. II, pag. 591) Serzedello Corrêa e pelo senador Quintino Bocayuva (vol. III, pag. 74 e 95).

Felizmente, porém, semelhante falha nada prejudica. A emenda referia-se a *restricções estabelecidas na Constituição*; a referencia desappareceo, mas as restricções ficaram e subsistem nos diversos artigos onde se achavam: quanto á sancção, nos arts. 4º, 17 § 1º e 90 § 3, e quanto á promulgação, nos arts. 38 e 91.

Vide comment. ao art. 16 *verb*. «Sancção», ao art. 37, pr., *verb*. «Acquiescendo», ao § 1º, verb. «Negará sua sancção», pag. 52, 144 e 146.

Promulgar e fazer publicar. *Vide* comment. ao *preambulo* (verb. *Promulgamos*, pag. 5) e ao art. 37 (verb. *Promulgará*, pag. 145) e decreto n. 3191 de 7 de janeiro de 1899, arts. 39 a 46, transcripto no comment. ao art. 37 § 4º e ao art. 40 (*in fine*).

O momento em que as leis da União e decretos do governo federal começam a obrigar foi fixado pelo decreto n. 572 de 12 de julho de 1890 (*Vide* comment. ao art. 11 § 3º, pag. 42).

Expedir decretos, instrucções e regulamentos. A lei é *id quod jussum est* pelo poder competente para fazel-a. Para ser observado e praticado porém o que ella estatue, o chefe da nação, como autoridade a quem incumbe cumpril-a e fazel-a cumprir, tem o poder de estabelecer, por disposições de caracter obrigatorio, os meios, regras, providencias e formulas a isso adequadas. Inclue-se esse poder na sua missão executiva, é uma funcção essencialmente inherente a ella.

E na escolha desses meios e processos, — a menos que por motivo especial a lei expressamente tenha prescripto algum que considere indispensavel ao bom exito da providencia legislada, — é discricionario o poder do chefe do estado e podem ser ulteriormente alterados ou mudados os regulamentos por elle expedidos, si as circumstancias do negocio e do paiz assim o aconselharem para melhor execução da lei. Agente responsavel dessa execução, tal discreção não lhe póde ser recusada.

Fiel execução. Esta clausula contém salutar-aviso; recorda que o poder de regulamentação, discrecionario quanto aos meios a preferir, tem entretanto natural limite; estes devem ser conducentes á exacta e FIEL execução da lei, sem alteral-a em cousa alguma; a este proposito cumpre lembrar, com Pimenta Bueno, que o poder executivo commetteria grave abuso em qualquer das hypotheses seguintes:

1º. Em crear direitos ou obrigações novas, não estabelecidas pela lei; seria uma innovação exhorbitante, uma usurpação do poder legislativo; e assim poderia o governo crear impostos, penas e deveres não estabelecidos pela lei e teriamos dous legisladores, tornando-se o systema constitucional verdadeira illusão;
2º. Em ampliar, restringir ou modificar direitos ou obrigações, porquanto a faculdade lhe foi dada para fazer observar fielmente a lei, e não para introduzir mudança ou alteração alguma n'ella; para manter os direitos e obrigações como foram estabelecidos e não para accrescental-os ou diminuil-os; para obedecer ao legislador e não para sobrepôr-se a elle;
3º. Em ordenar ou prohibir o que ella não ordena ou não prohibe, abuso egual ao que já notamos no antecedente n. 1º. E demais o governo não tem autoridade alguma para supprir, por meio regulamentar, as lacunas da lei, e mórmente de direito privado, porque estas entidades não são simples detalhes ou meios de execução;
4º. Em facultar ou prohibir diversamente do que a lei estabelece, por quanto deixaria esta de ser qual fôra decretada, passaria a ser differente, quando a obrigação do governo é ser em tudo por tudo fiel e submisso á lei;
5º. Finalmente, em extinguir ou annullar direitos ou obrigações, pois que um tal acto equivaleria á revogação da lei que se estabelecera ou reconhecera; seria um acto verdadeiramente attentatorio. (DIR. PUBL. BRAZ., pag. 237).

Não pódem os regulamentos do governo crear repartições, empregos, nem agentes, ainda mesmo temporarios, nem fixar ordenados, estabelecer emolumentos, taxas, multas nem penas. A sancção das disposições regulamentares que não estiver nos artigos respectivos do codigo penal, deve ser estabelecida por lei. A creação de cargos publicos e seos vencimentos é attribuição privativa do poder legislativo (art. 34 § 25); não se comprehende, na faculdade de fazer regulamentos, mas prende-se á de dispôr dos dinheiros publicos, o que não se póde fazer sinão em virtude de lei.

—Decretos offensivos aos direitos garantidos pela Constituição e pelas leis, são nullos e de nenhum effeito juridico. (Acc. do Sup. Trib. Fed., n. 112 de 19 de setembro de 1895).

Contra os actos das autoridades publicas fundados em regulamentos e determinações do governo, contrarios á Constituição e ás leis, podem os particulares prejudicados intentar acção judicial (Const., art. 60 a) e lei n. 221 de 20 de novembro de 1894, art. 13 § 9 a 12).

Os avisos do governo não poderão versar sobre interpretação de lei ou regulamento, cuja execução estiver exclusivamente a cargo do poder judiciario (lei n. 23 de 30 de outubro de 1891, art. 9º § 2º). *Vide* Const. do Mexico, art. 101, § 1º, da Suissa, art. 113 e o art. 107 da const. Belga: «As côrtes e tribunaes não applicam as decisões e regulamentos geraes, provinciaes e locaes sinão em quanto conformes ás leis». A da republica argentina (art. 86 n. 2) dá ao presidente o poder de expedir regulamentos para a execução das leis; *tendo o cuidado de não lhes alterar o espirito com excepções regulamentares.*

Taes precauções são suscitadas pela facilidade e frequencia de abusos do poder executivo neste particular, os quaes aliás não seriam tantos e tamanhos, sem a complacencia das camaras legislativas, que não só toleram a usurpação, mas vão ao ponto de autorisal-a por leis, trahindo assim sua missão e fomentando o arbitrio e demasias do executivo. *Vide* comment. ao art. 15, *verb.* » «E' pertinente», etc., pag. 49.

2º. Nomear e demittir livremente os secretarios do governo e o commandante em chefe das forças federaes, bem como prover todos os empregos civis e politicos, respeitadas as limitações desta constituição; (Do projecto da commissão do governo provisorio).	2º. Nomear e demittir livremente os ministros de estado; (Decretos n. 510 de 22 de Junho e n. 914 A de 23 de Outubro de 1890).	2º. **Nomear e demittir livremente os ministros de estado**;

2º. **Nomear e demittir livremente os ministros de Estado.** O art. 49 estabelece que os ministros são *auxiliares* do presidente da Republica e *agentes de sua confiança*. E o art. 52 exime-os da responsabilidade politica perante o congresso. São secretarios do chefe do Estado, collaboradores na execução de seo pensamento politico e na sua administração. E desde que o responsavel é o presidente, justo é que se lhe deixe chamar e associar á sua tarefa as pessoas que elle ache mais proprias para isso. Impôr-lhe taes e quaes auxiliares ou restringir a esphera de sua escolha, já, pela natureza das cousas, naturalmente reduzida, fôra annullar-lhe a responsabilidade e enfraquecer-lhe o poder. D'ahi o «livremente» deste n. 2.

Já naturalmente restricta a escolha, dizemos, pois que é bem de ver que ella não ha de ir além do circulo dos correligionarios do presidente; entre estes, das pessoas que possuam os necessarios predicados; entre estes, dos que não sejam legalmente incompativeis; entre estes, dos que aceitem o programma politico e administrativo do governo, e finalmente entre estes, dos que não tenham motivo particular ou de occasião que os arrede da incumbencia.

Nos Estados Unidos N. A. a nomeação dos ministros depende de approvação do senado, entendendo-se comprehendida no art. 2°, secç. 2, n. 2 da respectiva constituição. A nossa seguio a argentina, segundo a qual *o presidente nomea e demitte por si só os ministros d'Estado* (art. 86, n. 10). *Vide* comment. ao cap. IV desta secção).

10. Distribuir e empregar as tropas federaes de conformidade com as leis e as exigencias do serviço publico, e quaesquer forças dos Estados nos casos de guerra externa ou interna; (Do projecto da commissão do governo provisorio).	3°. Exercer o commando supremo das forças de terra e mar dos Estados Unidos do Brazil, assim como das de policia local, quando chamada ás armas em defesa interna ou externa da União, (Decretos n. 510 de 22 de junho e n. 914 A, de 23 de outubro de 1890).	N. 3. Redija-se assim: Exercer ou designar quem deva exercer o commando supremo das forças de terra e mar dos Estados Unidos do Brazil, quando chamadas ás armas em defesa interna ou externa da União.—*João Vieira* e outros. (Emenda approvada em 7 e 18 de fevereiro de 1891).	3°. Exercer ou designar quem deva exercer o commando supremo das forças de terra e mar dos Estados Unidos do Brazil, quando forem chamadas ás armas em defesa interna ou externa da União;

3°. **O commando supremo das forças** militares chamadas ás armas para a defeza da nação envolve tamanha responsabilidade e tão de perto toca á salvação publica, que a ninguem mais adequadamente poderia ser commettido do que ao magistrado supremo, para que o exerça por si, sempre que o possa com vantagem fazer, ou por commissão, incumbindo-o a quem mais o mereça.

Esta attribuição de commandar em chefe e de nomear quem commande é, por sua natureza, executiva, e constitue um predicado essencial do poder que tem o encargo de gerir superiormente os serviços da nação, entre os quaes um dos de mais alta monta é o da segurança e defesa nacional. E si ao chefe do poder executivo cabem o encargo e a responsabilidade desse serviço, deve necessariamente incumbir-lhe dirigil-o, podendo fazel-o—em pessoa, si se achar/por suas habilitações technicas, no caso disso, e lh'o não vedarem as circumstancias, —ou por commissão, designando para commandante quem melhor o possa ser na occasião, em virtude de seo merito profissional e pela maior confiança que inspire á nação.

Do teor deste n. 3 resulta que esse commando directo, pessoal, só terá lugar por occasião de guerra e quanto á tropa que n'ella tiver de operar. As demais forças federaes ficarão sob as ordens das autoridades militares ordinarias a que competir, salvo ao presidente chamal-as quando convenha; as estaduaes sómente passarão ao commando do presidente, quando mobilisadas por acto do congresso nacional (art. 34 n. 20).

E' sem duvida um formidavel poder esse, conjunctamente com o dos ns. 4 e 8, conferido ao chefe do executivo; limita-lhe, porém, de certa forma, os perigos e attenúa as apprehensões que seo uso suscita, a acção do parlamento, ao qual cabe votar as sommas para o serviço de guerra, fixar as forças necessarias, os contigentes que os Estados devem prestar, autorisar a mobilisação das milicias estaduaes e prover quanto á organisação do exercito e da armada.

ARTIGO 48

Art. 50, n. 10. *a*) O presidente não conservará qualquer contingente de forças federaes nos Estados desde que contra isso representem os respectivos governos;
b) Removerá, mediante representação dos mesmos poderes, os commandantes de taes forças;
c) Só mediante consentimento desses mesmos poderes retirará de qualquer Estado as forças por este creadas e sustentadas.
(Do projecto da commissão do governo provisorio).

4°. Administrar e distribuir, sob as leis do congresso, conforme as necessidades do governo nacional, as forças de mar e terra.
(Decretos n. 510 de 22 de junho e n. 914 A de 23 de outubro de 1890).

N. 4. Administrar o exercito e a armada e distribuir as respectivas forças, conforme as leis federaes e as necessidades do governo federal.
Redacção pela commissão do congresso (approvada em 23 de fevereiro de 1891).
Ao n. 4° do art. 47 — accrescente-se — O exercicio destas attribuições fica sujeito ás seguintes restricções:
a) O presidente não conservará qualquer contingente de forças federaes nos Estados, desde que contra isto representem os respectivos governos;
b) Removerá, mediante representação dos mesmos poderes, os commandantes de taes forças. — *F. Veiga.*
(Emenda approvada em 7 e rejeitada em 18 de de fevereiro de 1891)

4°. **Administrar o exercito e a armada e distribuir as respectivas forças, conforme as leis federaes e as necessidades do governo nacional;**

4°. **Administrar o exercito e a armada** é funcção inherente á chefia da nação, confiada ao presidente; attribuição de caracter executivo, que n'essa qualidade lhe toca e que não poderia ser dada a outra autoridade, sem violencia aos principios, sem quebra da responsabilidade d'elle e sem gravissimos inconvenientes para a ordem e segurança interna e externa do paiz.

Conforme as leis federaes. Esta clausula é uma limitação posta ao poder de administrar a força publica e de dispôr d'ella; e, com as que assignalámos ao n. 3, premunem a nação contra abusos e excessos em que poderiam perigar a regularidade do serviço militar, a ordem e segurança geral.
— O projecto Americo Braziliense estabelecia mais as seguintes limitações (art. 36, n. 16), garantidoras da autonomia estadual:

(*a*) *O presidente não conservará qualquer contigente de forças nos Estados desde que contra isso representem os respectivos governadores e camaras legislativas.*
(*b*) *Removerá mediante representação dos mesmos poderes, os commandantes de taes forças.*
(*c*) *Só mediante consentimento desses mesmos poderes retirará de qualquer Estado as forças por estes creadas e sustentadas.*

E o projecto da commissão do governo provisorio consagrou essas limitações em seo art. 50, n. 10. D'ellas porém prescindio a Constituição pelo governo apresentada ao congresso com os decretos ns. 510 e 914 A.
Ao discutir-se esta, na sessão de 27 de janeiro de 1891 foi offerecido como emenda additiva o cit. art. e n. dos referidos projectos (menos a ultima parte) com a seguinte justificação (ANNAES DO CONGR. CONST., vol. II, pag. 516):

A emenda supra está amparada pela autoridade dos Srs. Saldanha Marinho, Rangel Pestana, Americo Braziliense e mais distinctos membros da commissão encarregada de organisar o projecto de Constituição, em o qual ellas foram consignadas. Estão, na memoria de todos os repetidos e lamentaveis conflictos que se têm dado entre forças do exercito e de polícia local, em varios Estados; elles se pódem reproduzir e desde que os governadores deixam de ser delegados do governo central e não têm ingerencia alguma, nem a menor inspecção sobre as forças federaes, que estiverem em seos Estados, parece conveniente a medida da illustrada commissão, a qual, em caso dado, será salvadora da paz e da ordem. *Francisco Veiga.*

Em sessão de 7 de fevereiro o congresso approvou essa emenda (ANN. cit., vol. III, pag. 78). Objectou-se depois que ella era — ou inutil, pois desde que, por consideração de ordem e tranquillidade publica, fosse preciso remover algum contingente de força publica, o presidente, que o soubesse ser, tomaria as providencias mais energicas e efficazes para o caso, — ou perigosa e deprimente do exercito, expondo os militares a se tornar joguete de paixões partidarias e a viver em contradança continua, ao passo que o exercito tem sido sempre e será entre nós uma garantia de ordem e liberdade, ostentando-se na historia como a encarnação de todas as aspirações nacionaes, batendo-se em nome dos grandes principios. (Disc. do dep. Serzedello, em sessão de 16 de fevereiro). Não mais discutio-se o assumpto e foi no dia seguinte encerrada a discussão, a requerimento do mesmo deputado, sendo na sessão subsequente rejeitada a emenda (ANN. cit. III, pag. 235).

5º. Prover os cargos civis e militares de caracter federal, salvas as restricções expressas na Constituição.
(Decretos n. 510, de 22 de junho e n. 914 A, de 23 de outubro de 1890).

5º. Prover os cargos civis e militares de caracter federal, salvas as restricções expressas na Constituição;

5º. Prover os cargos... de caracter federal. Si é attribuição legislativa crear empregos (art. 34 n. 25), o provimento d'elles na conformidade das leis é funcção executiva. Põe elle por obra a intuito da lei; a providencia que ella estabelece executa-se pelo preenchimento do cargo. E a escolha do individuo que o exerça não póde caber sinão a quem dirige a administração e a superintende; é elle o mais proprio para escolher os de maior aptidão e tem a responsabilidade dessa escolha.

A este poder é correlato o de demittir (quando por excepção o não veda a lei). De outro modo a administração publica ficaria em muitos casos confiada a agentes que se tornassem incapazes, infieis e nocivos, sem que o chefe d'ella ou a autoridade a elles preposta podesse livral-a desse mal. D'esta faculdade, porém, é facillimo e não pouco commum o abuso. Ora, as grandes e constantes mudanças no pessoal administrativo são prejudiciaes aos serviços publicos. Ellas privam-n'os de empregados experimentados, que na pratica têm avigorado suas aptidões. E introduzem grande numero de novos em inferiores condições. Isto compromette a correcção, a regularidade na expedição dos negocios e impede o espirito de continuidade e method, tão necessarios á administração na grande variedade de seos serviços. Por isso será preciso guardar muito cuidado e ponderação no exercicio dessa faculdade discrecionaria, cumprindo sobre tudo não fazer dos cargos publicos elemento de campanhas eleitoraes. E longe de nós a pratica dos E. U. norte-americanos (que já tantos protestos mesmo ali tem levantado) de fazer taboa rasa dos empregados em cada nova administração. Longe de nós o predomínio da maxima, aberrante dos bons principios e desmoralisadora, —*Spolia victoribus* —applicada á occupação dos empregos publicos.

Entretanto, cumpre não exaggerar as condições de estabilidade dos funccionarios administrativos nos seos empregos a ponto de fazel-os vitalicios.

E' da indole do systema republicano a temporariedade no exercicio das funcções publicas (e em alguns Estados não são perpetuas nem as de judicatura). A democracia é a essencia da Republica e a verdadeira formula dos estados que reconhecem e admittem a democracia é— a mobilidade nas pessoas e a perpetuidade nas funcções. (*)

(*) Gustave Chaudry; *apud* L. Gambeta Obras Polit., vol III. Discurso contra o plebiscito.

Repugna mesmo á natureza dos cargos administrativos a vitalicidade. Como admittir vitalicios chefes de repartições, secretarios, escripturarios, thesoureiros, fieis, exactores, etc.?

E, afinal, o direito de permanecer no emprego por toda a vida é uma especie de privilegio e dá ao cargo um certo caracter de propriedade, —e nada mais incompativel com o regimen republicano. Por excepção e por altos motivos de segurança e firmeza das instituições, admitte-se que sejam vitalicios os postos militares e as funcções de juiz, e por considerações, que se têm tambem por valiosas, de outra natureza, o magisterio e os officios da justiça. Em rigor, sómente devem ser vitalicios os funccionarios a quem a Constituição attribue essa qualidade, —os membros da justiça federal (art. 57), os do Supremo Tribunal Militar (art. 77 § 1º), os do Tribunal de Contas (art. 89) e os officiaes militares (art. 74). *Vide* comment. ao art. 74.

Restricções são estabelecidas na Constituição, relativamente ao uso deste poder,

a) quanto á nomeação dos empregados das secretarias das camaras legislativas, a qual cabe a cada uma d'estas (art. 18 § un. *in fine*),

b) quanto á dos magistrados federaes, a qual depende de proposta do Supremo Tribunal (art. 48 n. 11),

c) quanto á dos ministros deste tribunal, para a qual se exige confirmação pelo senado (cit. art., n. 12),

d) quanto á dos ministros diplomaticos, a qual necessita de egual approvação (cits. art. e numero),

e) quanto á dos presidentes dos tribunaes federaes, a qual compete aos mesmos tribunaes, recahindo a escolha em um dos seos membros (art. 58, *princ.*),

f) quanto á do procurador geral da Republica, a qual o presidente d'esta só póde fazer de entre os ministros do Supremo Tribunal (cit. art. § 2º),

g) quanto á nomeação e demissão dos empregados das secretarias dos tribunaes federaes e provimentos dos officios de justiça, o que compete aos presidentes desses tribunaes (cit. art. § 1º), e

h) quanto á dos membros do Tribunal de Contas, que é dependente de approvação do senado (art. 89 § un.).

E, ainda, com relação ao poder de demittir, ha a limitação quanto ás patentes, postos e cargos de que tratam os arts. 57, 74, 77 § 1º, e 89.

ARTIGO 48

3º. Perdoar e commutar as penas por crimes communs no districto federal;
(Do projecto da commissão do governo provisorio).

6º. Indultar ou commutar as penas nos crimes sujeitos á jurisdicção federal, salvo nos casos a que se refere o art. 32, n. 30 e art. 50 e § 2º.
(Decretos n. 510 de 22 de junho e n. 914 A de 23 de outubro de 1890).

6º. Indultar e commutar as penas nos crimes sujeitos á jurisdicção federal, salvo nos casos a que se referem os arts. 34, n. 28 e 52 § 2;

6º. **Indultar e commutar.** *Vide* comment. ao art. 34 n. 28.
A excepção estabelecida neste paragrapho (verb. *salvo*, etc.) é referente aos crimes de responsabilidade de quaesquer funccionarios, e aos crimes, em geral, dos ministros de estado,— para que o chefe do governo não disponha de um facil meio de isentar de pena criminal funccionarios que tenham delinquido por elle suggestionados, em connivencia com elle, ou procurando servir a seos planos.—Mas na excepção vão comprehendidos os crimes communs praticados pelos ministros.

Ora, a Constituição dá ao presidente a faculdade de conceder commutações e perdões de pena, menos quanto a crimes de responsabilidade e quanto aos de que trata o art. 52 § 2º (o qual expressamente menciona os *crimes communs* dos ministros) e pelo art. 34 n. 28 confere ao congresso o poder de commutar e perdoar sómente as penas impostas por *crime de responsabilidade* aos funccionarios federaes: quem perdoará ou commutará as penas dos ministros no caso de condemnação por crime commum?

A Constituição não deo poder para isso a autoridade alguma. No nosso systema federal os poderes de qualquer dos tres ramos do governo são *limitados* e não pódem exceder dos que são conferidos expressa ou implicitamente. E no caso vertente nem se póde, por comprehensão ou inferencia, ter como incluida nas do congresso ou do presidente, aquella faculdade, visto que a repellem os termos dos cit. artigos e paragraphos.

Só ha pois um meio de resolver-se a difficuldade: é... não commetterem crimes os ministros. (E naturalmente desde que sejam processados, o presidente os terá demittido).

O INDULTO A DESERTORES NÃO SENTENCIADOS COMPREHENDE-SE NO ART. 48 N. 6? Esta especie de indulto no regimen imperial nunca se contestou ser prerogativa do monarcha, o qual tinha o poder amplo de perdoar e amnistiar (const. de 1824, art. 101 §§ 8º e 9º). No regimen actual porém o poder de agraciar está repartidamente confiado ao chefe do poder executivo e ao congresso nacional, como acima vimos, sendo a amnistia de exclusiva competencia deste. Ora o indulto antes de condemnação passada em julgado é a abolição do crime, caracteristico da amnistia: o supremo tribunal militar, assim considerando, entre outros por accordam de 22 de maio de 1896, não admittindo no presidente da Republica autoridade para conceder amnistias, não tem reconhecido legaes os indultos conferidos n'aquellas condições.

Levado o caso ao governo, em duvida levantada por autoridade militar, baixou elle o aviso do ministerio do interior, de 23 de fevereiro de 1897, em contrario á decisão d'aquelle tribunal, fundando-se para isso em argumentos que se substanciam no seguinte: o perdão a militares, na pratica e por direito consuetudinario, tornou-se uma graça distincta do simples perdão, podendo ser mais ou menos plena e extender-se mesmo a apagar o crime, como se verifica de não interrompida praxe e jurisprudencia desde os tempos coloniaes até após o advento da Republica, e n'essa lata accepção foi empregada no art. 48 n. 6 da Constituição a palavra *indultar*.

Mas, si *optima est enim legum interpres consuetudo*, caberá aqui o appello á praxe? Praxe velha contra regimen novo e em ponto onde este diverge do antigo? Essa invocada praxe divide-se naturalmente em dous periodos, um anterior e outro posterior a 24 de fevereiro de 1891 (data da actual Constituição). No primeiro ella viveo enraizada na constituição imperial que nas mãos do monarcha enfeixava as duas prerogativas—do perdão e—da amnistia. No segundo, ella veio encontrar diviso o poder de agraciar, o perdão ou indulto entre os attributos do executivo e a amnistia entre os do legislativo. E sendo d'isso mesmo que nasce a questão, no allegar a praxe pouco se adianta. Subsidio algum prestam n'isto os ANNAES do congresso constituinte. O deputado João Vieira combateo a faculdade de perdoar (Vol III, app. pag. 62). O congresso manteve n'essa parte o projecto (Vol. III, pag. 78).

Esclarecerão o caso os projectos preliminares? O projecto Werneck-Pestana attribuia ao congresso nacional:—*Conceder* pensões e *amnistias* (art. 111 n. 24). O projecto Magalhães Castro,—ao presidente:—*Exercer o direito de graça* nos casos e pela forma que fôr estabelecida em lei; e ao congresso:—*Conceder amnistia e indultos* arts. 84 § 12 e 51 § 2º). O projecto Americo Braziliense—ao presidente da Republica:—*Perdoar e commutar* as penas impostas por crimes communs (art. 36 n. 15); e ao congresso:—*Concessão de amnistia*, commutação e perdão de penas impostas por crime de responsabilidade (art. 19 n. 11). O projecto da commissão nomeada pelo governo,—ao presidente da Republica:—*Perdoar e commutar* as penas por crimes communs no districto federal (art. 54 n. 3); ao congresso:—*Conceder amnistia* (art. 33 n. 15) e *Commutar e perdoar* as penas impostas por crime de responsabilidade dos funccionarios federaes (cit. art., n. 16). Mas o projecto redigido pelo governo e por elle apresentado ao congresso constituinte, em vez do *perdoar e commutar* que nos anteriores se lia, entre as attribuições do presidente, poz: *Indultar e commutar*, apartando-se de todos os projectos antecedentes.

Esta mudança nos termos terá sido feita com o proposito de alterar o sentido da disposição, de alargal-o, abrangendo o que em nosso direito administrativo militar se conhece por *indulto* e que sem isso poderia parecer não estar comprehendido no n. 6? E' plausivel admittil-o.

Entre os que assignaram o projecto do governo provisorio se contavam quatro altas patentes, conhecedoras do serviço e experimentados em elevados cargos de administração militar; era recente o movimento politico que depoz a monarchia e das discussões do parlamento se vê quanto contribuio para essa mudança o desgosto das classes armadas; nada mais natural que a competencia d'aquelles generaes e o desejo de não parecer que se deslembravam, no governo, de assumptos interessantes á sua classe, lhe suggerissem a emenda que resalvava o que sem isso talvez viesse a suppôr-se haver sido esquecido. Desses signatarios do projecto, dous assignaram tambem o codigo penal da armada, cujo art. 64 refere-se a *indulto do presidente da republica*. Assim que, autoridades competentes, não unicamente pelo poder de que se achavam investidas, como ainda por seos conhecimentos especiaes na materia, devem ter concorrido para essa mudança de redacção, que não fôra natural haver-se feito pelo simples prazer de pôr uma palavra no lugar de outra, sem intenção de alterar o sentido.

Admittida esta conjectura, que nada tem de desarrazoada, será preciso haver como incluido no *Indultar* deste n. 6 o indulto especial de que se trata, qual elle era e queriam manter os membros do governo provisorio, attribuição propria do chefe do poder executivo como tal e na qualidade que tem de generalissimo (art. 48 ns. 3 e 4).

Prover, na fórma da lei, quanto a deserções que aconteçam e quanto á readmissão dos desertores que se apresentem é indubitavelmente funcção que se comprehende no «administrar o exercito e armada» do n. 5 deste art. E, no exercer essa funcção, porque razão aquelle a quem está conferido o supremo commando não terá o poder de dispensar o processo dos que hajam abandonado as fileiras e de, sem essa formalidade, incluil-os novamente n'ellas? Trata-se de uma medida disciplinar, de um processo não propriamente judicial, mas de ordem administrativa, — que mais competente autoridade para prescindir desse processo e abolil-o, quando assim convenha ao serviço, do que o chefe da administração, do que o primeiro responsavel pela disciplina?

Não tem que interferir n'isto o congresso; trata-se de acto por sua natureza executivo.

O presidente administra o exercito e armada conforme as leis vigentes e as *necessidades do governo* (cit. n. 5); n'essas necessidades estão as da guerra e podem ser as de guerra existente na occasião. Incurial e extravagante seria reservar para o conhecimento e resolução das duas camaras legislativas (que até poderão no momento não estar em funcção) uma providencia que mais prompta e opportunamente, com mais acerto e, diga-se mesmo, com mais direito, póde ser tomada pelo governo

Por ter de commum com a amnistia o esquecimento, a abolição da culpa, deverá necessariamente ser o indulto de que se trata, attribuição privativa de quem tem competencia para amnistiar?

Mas, 1º será certo que esse indulto a não senteciados em todo o caso produza apagamento do crime?

Questionou-se sobre isto no regimen Imperial. O aviso nº 342 de 28 de setembro de 1857, expedido sob consulta do supremo conselho militar, resolvera negativamente; e trinta annos depois, outro sob consulta da secção competente do conselho de estado (nº. 16 de 25 de outubro de 1888), distinguia:—si a concessão do indulto era generica referindo-se a desertores sem nenhuma distincção, ou fazia expressa referencia a sentenciados e por sentenciar, isso equivalia a amnistia e envolvia-se o crime no véo do esquecimento; no caso contrario, era perdão e desapparecia, não a culpa, mas só a condemnação. Ora, além de que esta doutrina nunca chegou a converter-se em lei, continuando a ser ponto pouco meos que litigioso, a distincção que ella faz não cabe no novo regimen, que negou ao presidente o poder de amnistiar.

2º. Dado, porém, que o indulto em todo o caso supprima o crime de deserção não sentenciado, isto não o equipara á amnistia.

A abolição da culpa, si é effectivamente um dos caracteristicos deste acto, não é todavia o unico. A amnistia é uma medida de caracter politico, com intuitos de pacificação e concordia, visando acalmar os espiritos, extinguir as dissensões.

O indulto a militares em deserção é um appello a seu brio para voltarem a suas fileiras, ao desempenho de seus compromissos de honra. A amnistia diante da difficuldade e, muita vez, da impossibilidade de legalmente apurar-se a responsabilidade real e exacta de cada um dos compromettidos no movimento a que ella se applica, prefere suppôr não existente a culpa. O indulto a desertores não poderia allegar tal fundamento, nenhuma difficuldade offerece a prova de deserção.

E 3º, finalmente, trata-se de crime de um caracter especial, sujeito a uma jurisdicção excepcional, e cujo conhecimento tirou-se ás justiças ordinarias por motivos superiores; ora, as mesmas razões que impõem essa jurisdicção á parte, determinam que nenhuma outra autoridade sinão o supremo chefe das forças armadas, responsavel pela boa administração e disciplina d'ellas, possa subtrahir á acção penal, ao processo e á pena, os desertores.

ARTIGO 48

Esta interpretação,—sem diminuir os poderes do congresso, o qual, em casos de connexão com crimes politicos que altas conveniencias do estado aconselhem sejam amnistiados, póde conceder .mnistia a desertores n'elles implicados, —co,' serva ao presidente toda a sua autoridade e prestigio de generalissimo da força publica nacional.

7º Declarar a guerra e fazer paz, nos termos do art. 32, n. 12.
(Decretos n. 510, de 22 de junho e n. 914 A, de 23 de outubro de 1890).

7º. Declarar a guerra e fazer a paz, nos termos do art. 34 n. 11;

8º. Declarar immediatamente a guerra nos casos de invasão ou aggressão estrangeira.
(Decretos n. 510, de 22 de junho e n. 914 A, de 23 de outubro de 1890).

8º. Declarar immediatamente a guerra nos casos de invasão ou aggressão estrangeira:

7º e 8º. Guerra. *Vide* comment aos arts. 14, 34 ns. 16 a 20, art. 48, ns. 3 e 4, e art. 88 E lei nº. 30 de 8 de Janeiro de 1892, art. 10.

4º. Installar o congresso nacional por meio de mensagem que lerá ou mandará ler por qualquer de seos secretarios, na qual exporá minuciosamente o estado dos negocios publicos internos e externos, indicando ao mesmo tempo as medidas que julgar convenientes. A' mensagem acompanharão os relatorios das differentes repartições ministeriaes;
(Do projecto da commissão do governo provisorio).

9º. Dar conta annualmente da situação do paiz ao congresso nacional, recommendando-lhe as providencias e reformas urgentes, em uma mensagem que remetterá ao secretario do senado no dia da abertura da sessão legislativa;
(Decretos n. 510, de 22 de junho e n. 914 A, de 23 de outubro de 1890).

N. 9.— Em vez de— recommendando—diga-se —indicando.
Emenda da commissão do congresso (approvada em 3 de janeiro de 1891).

9º. Dar conta annualmente da situação do paiz ao congresso nacional, indicando-lhe as providencias e reformas urgentes em mensagem, que remetterá ao secretario do senado no dia de abertura da sessão legislativa;

9º. Dar conta... ao Congresso... em mensagem... no dia da abertura. 1.º Vai nisto uma homenagem á nação, pelo presidente, perante os representantes d'ella. Ao receber a investidura das altas funcções que lhe são confiadas, o presidente compromette-se a cumprir a «Constituição, observar as leis e promover o bem geral da Republica» (art. 44). Cada vez que chegam das diversas partes d'esta e se reunem para seos trabalhos annuaes os mandatarios do povo, vem ante elles o supremo chefe da administração publica, lhes refere o modo porque se houve na gestão d'ella e lhes subministra, para exame e apreciação, as informações e dados com que sobre isso se instruirão. E' um dos modos porque o presidente *trata de promover o bem geral*, pondo os legisladores ao corrente das *necessidades de caracter federal*.
2º. Por este modo, que é um dos estabelecidos no interesse da harmonia e boas reações entre os poderes legislativo e executivo (comment. ao art. 15) habilitam-se as camaras a melhormente conhecer e attender as necessidades da administração e do governo, facilitando-se assim sua tarefa; e 3º. dá-se ao executivo a faculdade muito preciosa de propôr as providencias que as circumstancias e conveniencias do serviço reclamarem. E ninguem mais proprio e mais no caso de fornecer ao congresso os elementos necessarios para sua deliberação e juizo, do que o presidente da Republica, pela sua superior posição, pratica dos negocios publicos e fiscalisação na observancia das leis, o que o habilita a conhecer-lhes os defeitos e lacunas e a indicar as providencias e reformas que o serviço da nação possa exigir.

Que remetterá ao secretario do senado. *Vide* comment. ao art. 18, *verb*. REGIMENTO.
A Constituição prescindio da apparatosa solemnidade que no anterior regimen se dava ao abrir-se o parlamento. Então, ao lugar da reunião das camaras ia em pessoa o imperante, acompanhado dos seos ministros, ler a chamada *falla do throno* que em regra começava por uma congratulação pelo facto da reunião dos representantes, expunha brevemente a situação do paiz, indicava reformas (as que constituiam o programma do ministerio) e terminava confiando do patriotismo dos legisladores que attendidos fossem os interesses do paiz por medidas adequadas. As camaras discutiam por muitos dias a resposta áquella *falla* e votando uma especie de paraphrase d'ella, que se chamava o *voto de graças*, cada uma enviava o seu ao imperador, por uma commissão especial: este declarava-se inteirado dos patrioticos sentimentos dos

representantes da nação; depois cada casa recebia «com muito especial agrado» essa resposta. (*) Organisando um regimen de indole contraria ao anteriormente existente, sem rei e sem governo de gabinete, nem responsabilidade ministerial, necessariamente a nova Constituição havia de proscrever a pratica do imperio na abertura das camaras, renunciando á enscenação consoante áquelle antigo regimen, e fez bem contentando-se com a simples remessa da mensagem presidencial ao congresso. E como que para mais accentuar a differença dos systemas e prohibir praxe e solemnidades menos conformes ao novo, estabeleceo, como unica formalidade, a entrega da mensagem ao secretario do senado.

Na Republica não ha que discutir a mensagem do poder executivo e a resposta a esta será a votação das providencias por elle pedidas, depois de estudadas e discutidas, em vista do interesse publico e da Constituição, pelas duas camaras legislativas

(*) Caso houve em que não appareceo eesse muito especial agrado, e foi em 1837, quando o regente Feijó, respondeu á commissão da camara dos deputados, que—sem lhe importarem os elementos de que se compunha a camara, prestava-lhe a mais franca e leal cooperação, esperando que ao MENOS D'AQUELLA VEZ os deputados cumprissem as promessas tantas vezes feitas de tomar em consideração as propostas do governo.
(Fallas do throno desde 1833, Typ. nac., 1872, pag. 265).

8º. Convocar o congresso extraordinariamente quando exigirem as necessidades publicas;
(Do projecto da commissão do governo provisorio).

10. Convocar o congresso extraordinario e prorogar-lhe as sessões ordinarias.
(Decreto n. 510, de 22 de junho e n. 914 A, de 23 de outubro de 1890).

N. 10. Supprimam-se as palavras—e prorogar-lhe as sessões ordinarias.
—Arthur Rios.
(Emenda approvada em 7 e 18 de fevereiro de 1891).

10. Convocar o congresso extraordinariamente;

10 Convocar o congresso extraordinariamente. *Vide* Comment. ao art. 17, *verb*.

PROROGADO, etc. Esta attribuição tem o presidente no caracter de chefe supremo da administração publica e é inherente á incumbencia *que a elle é dada de promover o bem geral da Republica* (art. 44). Si o interesse publico exigir providencia que não seja da alçada do presidente, para que não periclite com a demora, não estando reunidas as camaras legislativas, cabe-lhe convocal-as. E' uma funcção, como se vê, propria do poder executivo e que não poderia ser dada a nenhuma outra autoridade sinão ao chefe da nação.

Esta é uma attribuição de sua natureza, discrecionaria, neste sentido que o presidente poderá usar d'ella sempre que entender, segundo seo proprio criterio, ser caso d'isso, quando lhe parecer que o exigem a situação dos negocios publicos e as circumstancias do paiz. Deixará porém de ser assim e deve-se considerar obrigatoria a convocação, quando, pela sua preterição, embaraçar-se ou impedir-se o uso e exercicio de alguma funcção assignada pela Constituição a qualquer dos poderes publicos.

Realmente, este poder foi conferido ao presidente com altos fins de utilidade nacional, no interesse do regular andamento dos negocios publicos e exacta pratica da Constituição que elle tem obrigação de «manter e cumprir com perfeita lealdade» Absurdo fôra pois admittir-se que fica-lhe o arbitrio de, pelo proprio retrahimento e inercia, obstar a acção legal das outras autoridades e entravar o movimento do apparelho constitucional. Não é licito que por falta de um acto seo, previsto e autorisado pela Constituição, o presidente prejudique a observancia d'esta em parte alguma de suas determinações. *Vide* Comment. ao art. 34 n. 21, *verb*. «Approvar ou suspender o sitio declarado pelo poder executivo na ausencia do congresso».

11. Nomear os magistrados federaes.
(Decretos n. 510 de 22 de junho e n. 914 A, de 23 de outubro de 1890).

11. Nomear magistrados federaes medeante approvação do supremo tribunal.—A. de Freitas.
(Emenda approvada em 8 de janeiro de 1891).

N. 11. Substitua-se no n. 11 do art. 47 a palavra—approvação—por—proposta.—*Augusto de Freitas*.
(Emenda approvada em 9 e 18 de fevereiro de 1891).

11. Nomear os magistrados federaes, mediante proposta do do supremo tribunal;

11 Nomear os magistrados federaes.

Esta attribuição acha-se comprehendida na do n. 5 (Vide comment. respectivo).

Si a nomeação dos juizes não devesse caber ao presidente da Republica, a quem conviria attribuil-a? Ao povo? A escolha dos magistrados por votação popular tem gravissimos inconvenientes. Reduz a nomeação d'elles afinal a mero negocio de partido. Os candidatos não serão preferidos pelo facto de seo merito e aptidão profissional. As aggremiações partidarias quererão ter na judicatura homens seos e na eleição dos juizes será para isso que principalmente hão de olhar. Os magistrados assim escolhidos trarão compromissos incompativeis com a isenção e independencia que sua funcção requer. Serão juizes politicos, farão justiça parcial, partidaria, a negação da justiça.

Os candidatos á judicatura começarão por fazer pacto de submissão a um partido. A independencia do juiz porém é medida de interesse publico, sobre ella não cabe transacção, não é estabelecida para que elle a renuncie e voluntariamente aceite uma posição que d'ella é antipoda. Essa independencia é uma garantia de ordem politica. E' condição basilar de um regimen de governo livre. E um methodo de compôr d'esse feitio o pessoal da magistratura é contradictorio com o fim da instituição.

A nomeação pelo congresso não daria melhor escolha; o eleitorado fôra menor, mas eivado do mesmo virus de partidarismo.

Confiar ao proprio poder judiciario a nomeação de seos membros não seria mais acertado? Não dever ao governo a nomeação ou accesso é sem duvida para o juiz uma condição de independencia.

E ser elle escolhido pela mesma corporação para onde vae entrar, ou por quem d'ella faz parte, por quem tem o dever de zelal-a e não a quererá desmoralisada pela admissão dos que não a honrem, é uma boa condição de acerto da nomeação. Mas é innegavel que este methodo encaminha para a oligarchia judiciaria, com que a republica teria muito a perder.

O escolher pessoal para o exercicio dos cargos publicos é funcção de caracter executivo; mesmo os da administração judiciaria devem ser providos pelo presidente da Republica, e a Constituição, como se vae ver providenciou de modo a garantir melhor o acerto da nomeação.

Mediante proposta do supremo tribunal. Esta clausula é uma restricção imposta por amor da missão da justiça federal e que faz o supremo tribunal collaborar na formação do pessoal d'ella. Adoptando-a, a Constituição, sem preterir a prerogativa presidencial, procurou evitar que esta, em objecto de tão importante relevancia, se podesse converter em mais um meio de servir á clientela partidaria e fosse exercida sem muito terem-se em conta os dotes e aptidão requeridos nos candidatos á magistratura.

A apresentação pelo supremo tribunal é assim uma efficaz garantia de boa nomeação. O presidente da Republica escolhe entre os propostos; estes serão em numero superior ao das vagas (do contrario ficaria coarctada de tal modo a attribuição do presidente, que a proposta equivaleria á nomeação.)

A lei n. 221 de 20 de Novembro de 1894 regulou esta materia e estabeleceo que aquelle numero fosse de tres, sendo uma a vaga, de quatro sendo duas e assim por diante (art. 27 § 3º). Com a proposta, será submettida ao presidente copia dos documentos abonatorios da idoneidade dos n'ella contemplados (cit. art. § 7).

PÓDERÁ A PROPOSTA DO SUPREMO TRIBUNAL PARA A NOMEAÇÃO DOS JUIZES FEDERAES DEIXAR DE SER ACEITA PELO PRESIDENTE DA REPUBLICA? Para o effeito de recahir a nomeação em pessoa n'ella não contemplada, absolutamente não; mas para dar logar a nova proposta, sim, si a primeira não estiver nas condições estabelecidas na lei. No primeiro caso, incorrerá o presidente em responsabilidade por acto contrario a disposição expressa da constituição (lei n. 30 de 8 de Janeiro de 1892, art. 38). No segundo, estará em seo direito, fazendo valer a lei e compellindo á sua execução; não é sinão por isso que a proposta, como acima fica dito, ha de ser acompanhada de documentos comprobatorios da idoneidade dos apresentados (cit. art. da lei n. 221). De que serviria esta exigencia, si em todo o caso o presidente devesse estar pela proposta?

---

12. Nomear os membros do supremo tribunal federal e os ministros diplomaticos mediante approvação do senado; podendo na ausencia do congresso designal-os em commissão até que o senado se pronuncie.

(Decretos n. 510 de 22 de junho e n. 914 A de 23 de outubro de 1890).

N. 12.—Em vez de—medeante—diga-se—sujeitando-a.

Emenda da commissão do congresso (approvada em 8 de Janeiro de 1891).

12. Nomear os membros do supremo tribunal federal e os ministros diplomaticos, sujeitando a nomeação á approvação do senado.

Na ausencia do congresso, designal-os-á em commissão, até que o senado se pronuncie;

---

12 Nomear... sujeitando a nomeação á approvação do Senado. Do mesmo modo que a anterior, esta attribuição, de caracter executivo, não poderia caber sinão ao presidente da Republica, mas tambem não ficou dependente só d'elle. Trata-se do provimento de cargos de tão elevada hierarchia, que cumpre fazel-o com cautelas taes que possam evitar quaesquer abusos e facilidades na escolha. E muito mais facilmente estes poderão occorrer sendo ella abandonada ao presidente, sem algum contraste, sem fiscalisação. Como correctivo associou-se o senado a esta funcção de altissima importancia.

Justificando providencia desta natureza, escrevera Hamilton:

Mas si assim é de que vem realmente a servir a concurrencia do senado? Respondo que deve influir grandemente, embora não parecendo: que repellirá a tendencia do presidente a ser parcial; e em consequencia, nenhum candidato indigno será nomeado por considerações pessoaes, ou de parentesco, ou por vistas de ambição ou de popularidade...

Não é difficil de ver que um homem, cuja escolha deve ser submettida ao exame de uma corporação independente e que nada menos é que um ramo inteiro da legislatura, deve estar mais acautelado contra as suas paixões e interesses, do que si o direito lhe pertencesse exclusivamente a nomeação dos empregos; a possibilidade da rejeição o deve fazer mais attento... *Federalist*, Cap. 76).

E porque, em vez do senado, não foi á camara dos deputados que se conferio o poder de que se trata? Responde o mesmo autor que isso fôra extravagancia, sendo menos propria a camara por ser uma corporação muito numerosa, muito fluctuante, e que as vantagens da estabilidade do poder executivo e do senado desappareceriam em tão ponderosa operação: infinitas delongas e embaraços viriam a ter lugar (Federalist, cap. 77).

Na ausencia do congresso podem dar-se vagas que cumpre preencher para regularidade do serviço:

«O poder de nomear pertence ao presidente em concurrencia com o senado; e portanto não póde ser exercitado sinão durante as sessões d'este. Mas, pois que o senado não póde nem deve estar sempre em exercicio, só para que se occupe com esta funcção, era de publica necessidade que os lugares que viessem a vagar durante os intervallos das sessões fossem, sem mais demora, posto que temporariamente, providos; por isso concede-se ao presidente autoridade para fazer nomeações temporarias; e o modo de exercital-a é concedendo commissões, cujo termo não passa do fim da sessão immediata». (*Federalist*, cap. 77).

Entre nós essa commissão dura «até que o senado se pronuncie». E este o faz, precedendo parecer da commissão competente, depois desta proceder, quando necessario seja, ás inquirições e diligencias que no caso couberem, podendo tambem o senado requisitar do poder executivo novos esclarecimentos. Quando se articularem accusações contra o nomeado, póde a commissão ouvil-o antes de dar parecer. O assumpto trata-se em sessão secreta (Reg. do senado, arts. 159 a 166). São salutares disposições para apurar-se o acerto da nomeação e contribuem ellas para o acto do senado não ser de simples chancellaria.

Além da nomeação dos ministros do supremo tribunal e da dos ministros diplomaticos, dependem tambem de approvação do senado a dos membros do tribunal de contas (art. 89), e a do prefeito da capital federal (lei n. 85 de 21 de setembro de 1892, art. 18). Não assim a dos membros do supremo tribunal militar (Const. art. 77).

Estará tambem sujeita á approvação do senado a demissão dos funccionarios por elle approvados? Acerca dos vitalicios, é bem de ver que absolutamente não. Estes sómente por sentença poderão perder o cargo e, passada esta em julgado, por esgotados ou não usados os recursos que d'ella couberem, seria verdadeira extravagancia tel-a por dependente de quaesquer approvações. Restringe-se a questão aos demissiveis.

Entendia Hamilton que o consentimento do senado era tambem necessario para a demissão (*Federalist*, cap. 77). Isto limitaria o arbitrio do presidente e concorreria para a estabilidade do pessoal da administração, com proveito d'esta. Reduziria além disso os meios de acção do presidente em possiveis propositos contra o bem publico. Madison (collaborador d'aquelle grande estadista na obra da convenção de Philadelphia e no Federalist), sustentava no congresso, em 1789, opinião contraria, considerando a demissão como propria e exclusiva do poder executivo, necessaria ao chefe do governo para prompta e energica repressão dos abusos e malversações dos funccionarios, sob a garantia do *empeachment* ou processo de responsabilidade do presidente no caso de demissão injusta. E esta opinião foi a que então prevaleceo na camara dos deputados por escassa maioria e no senado por voto de desempate, sendo o *bill* sanccionado por Washington (Paschal, ns. 184 e 429; Walcker, Introd. to Amer. Law, 1895, pag. 102; *Story* § 1541 e seg., *Carlier*, La republ. amer. vol. 1l, pag. 169).

A questão porém foi posteriormente agitada de novo e veio a ter solução contraria em 1867, no *bill* relativo á duração dos empregos, acto de hostilidade do congresso contra o presidente André Johnson, com quem se achava em franca lucta, por occasião da chamada guerra de secessão. Pretendia o congresso por esse modo forçar o presidente a conservar o ministro da guerra Stanton (alliado contra elle á maioria d'aquella corporação). Em consequencia se não ter sujeitado a isso, foi processado Johnson e teria sido condemnado, si não fôra a sabia exigencia constitucional de dous terços de votos para a condemnação do presidente.

Passado o periodo de governo de Johnson, outro acto do congresso, sobre o mesmo objecto, de 5 de abril de 1869, reproduzio a primeira secção de 1867, menos no que se referia á conservação dos ministros contra a vontade do presidente. Mas o que fora estabelecido quanto á confirmação assim da nomeação, como da demissão dos funccionarios superiores, não foi alterado e a questão subsiste ainda sem solução legal nos Estados Unidos Norte americanos (A. Carlier cit.)

Manifestara Hamilton aquella sua opinião antes de pôr-se em exercicio o novo systema de governo (que elle tão proficiente e galhardamente defendia) e quando o via ser com prevenção recebido quanto á somma de poderes enfeixados nas mãos do presidente, que os adversarios da constituição, consideravam demasiados (V. Federalist, cap. 67). Madison fallava quando posta em execução e observando elle, com seu espirito ponderativo, o movimento e jogo do mechanismo d'ella. No que aventava aquelle, em taes circumstancias, não se póde deixar de ver o espirito de propaganda politica com seos euphemismos e indispensaveis transigencias. No que dizia o outro encontra-se a voz da razão pratica.

Com effeito, como querer a responsabilidade do presidente da Republica e ao mesmo tempo forçal-o a manter agentes que lhe não inspiram confiança? A que conflictos, a que perigos e desmoralisação não ficaria elle então exposto?

Si o presidente não tem a liberdade de desembaraçar-se de agentes que lhe não são fieis, que lhe contrariam os planos administrativos ou politicos, e si a retirada d'aquelles fica, não a seo prudente arbitrio, mas dependente de outra diversa autoridade, elle já não é o chefe da administração, nem pode ter a responsabilidade d'ella; e sem duvida não foi um presidente assim que a constituição quiz crear. (Vide *supra* comment. á secção II, *Do poder executivo*).

Em summa, a dependencia de confirmação pelo senado das demissões de funccionarios de ordem administrativa, não só affronta o principio da independencia dos poderes, e o da responsabilidade do presidente, como tambem traz resultados praticos damnosos ao expediente e curso regular dos negocios publicos. E portanto, quando a Constituição diz: «sujeitando a *nomeação* á approvação do senado» é para entender-se que sómente a nomeação está sujeita a essa formalidade.

A REMOÇÃO DOS FUNCCIONARIOS CUJA NOMEAÇÃO TENHA SIDO CONFIRMADA PELO SENADO, DEPENDE TAMBEM DE APPROVAÇÃO D'ELLE? A remoção bem como o accesso, e tambem a reintegração, independem de confirmação, pois não são novas *nomeações*,—e sómente para as «nomeações» é que a Constituição estabelece necessidade d'aquelle acto—.

A solução contraria crearia mais uma limitação ás prerogativas do poder executivo,—escusada, porque trata-se de funccionarios já approvados pelo senado,—não justificada, porque não ha razão de ordem publica que aconselhe impór-se a esse poder mais esta restricção,—e contraria ao espirito da Constituição, que não admitte multiplicarem-se laços de dependencia e subordinação entre os poderes publicos, devendo sómente subsistir o que ella tem estabelecido para a coordenação d'elles.

— Quanto á nomeação dos ministros do supremo tribunal federal, vide art. 56 e parecer da commissão de legislação e justiça do senado, approvado em sessão de 24 de fevereiro, de 1894, — e quanto á dos ministros diplomaticos, vide «Consolidação das leis... referentes ao corpo diplomatico» arts. 21 a 31 (Decr. n. 3263, de 20 de abril de 1899).

7º. Nomear embaixadores e outros agentes diplomaticos;
(Do projecto da commissão do governo provisorio).

13. Nomear os demais membros do corpo diplomatico e os agentes consulares;
(Decretos n. 510 de 22 de junho e n. 914 A, de 23 de outubro de 1890).

13. Nomear os demais membros do corpo diplomatico e os agentes consulares;

---

13 Os demais membros do corpo diplomatico e os agentes consulares. Esta disposição comprehende-se na do n. 5 e si aqui apparece, naturalmente é porque, tendo o n. 12 estabelecido a clausula de approvação do senado para as nomeações de ministros diplomaticos, quiz-se tornar claro que ella não abrange as dos outros funccionarios da diplomacia nem os consules.

A lei n. 614 de 22 de Agosto de 1851 e seo regulamento (decr. n. 940, de 20 de março de 1852) estabeleciam tres differentes categorias de ministros diplomaticos: enviados extraordinarios, ministros residentes e encarregados de negocios. Hoje temos *enviados extraordinarios e ministros plenipotenciarios*, de uma só classe; e, para certas legações, encarregados de negocios (quando substituem o ministro, assumem os secretarios tambem o titulo de *encarregados de negocios*). O governo póde, além disso, sendo necessario, nomear *embaixadores* ou enviados extraordinarios em missão especial. (*Vide* Consol. cit., arts. 2, 4 e 8 e lei n. 644, de 15 de novembro de 1899, art. 1). E pois sómente dependente de approvação é a nomeação dos enviados extraordinarios quér em missão ordinaria, quér em missão especial, e a dos encarregados de negocios effectivos. Os demais membros do corpo diplomatico são os secretarios e os addidos (Consol. cit. art., 3 e lei n. 322, de 8 de novembro de 1895).

Agentes consulares. Posto que resvestido de caracter official, os consules não são ministros publicos, mas meros *agentes commerciaes* constituidos pelo governo para, em seus districtos, velarem pelos interesses do commercio e navegação, bem como prestarem auxilios aos cidadãos brazileiros. O corpo consular compõe-se de *consules geraes* de 1ª e 2ª classe, *consules, vice-consules, chancelleres e agentes commerciaes*. (Consol. das leis referentes ao corpo consular, approvada pelo decro. n. 3259 de 11 de abril de 1899, arts. 1 e 3).

6º. Receber os ministros diplomaticos e admittir os consules estrangeiros;
(Do projecto da commissão do governo provisorio).

14. Manter as relações com os estados estrangeiros;
(Decretos n. 510 de 22 de junho e n. 914 A de 23 de outubro de 1890).

14. Manter as relações com os estados estrangeiros;

---

§ 14 Manter as relações com os estados estrangeiros. E' ésta uma attribuição que por sua natureza não poderia caber aos estados particulares da União, visto não terem elles personalidade internacional. As relações exteriores escapam á sua alçada, pois interessam á nação em geral. Ellas constituem por isso um dos assumptos que ficaram reservados ao poderes federaes (*vide* comment. ao art. 1, *verb. Republica federativa*). E de entre esses poderes é ao executivo que deve ella caber como poder de acção e de funccionamento continuo. O presidente da republica, chefe desse poder, do governo e da administracção, é o mais proprio e competente para ser o orgão de communicação da nação, com os governos estrangeiros. Com razão pois é que a elle incumbe manter as relações internacionaes, no interesse do paiz sob sua presidencia, observadas as prescripções estatuidas pela Constituição e mais leis e pelos dictames do direito das gentes.

Para auxilial-o no desempenho desta tão importante tarefa, tem o presidente o ministerio das relações exteriores e os agentes diplomaticos, ordinarios e extraordinarios. (*Vide* comment. ao art. 34 n. 12 e art. 48 ns. 13 e 16).

N'esta attribuição se comprehende o receber os ministros estrangeiros e admittir os consules dos outros paizes. A' nomeação de ministro diplomatico costuma preceder apresentação de seo nome ou consulta ao governo do paiz onde vae servir — si o tem por *persona grata* —. O governo consultado póde acceitar ou não o indicado; é um direito que tem todo o estado, mas de que se usa com a necessaria reserva e discreção

| 9º Declarar em estado de sitio um ou mais pontos de territorio nacional em caso de ataque por forças estrangeiras, ou de commoção interna, não estando reunido o congresso; (Do projecto da commissão do governo provisorio). | 15. Declarar por si ou por seos agentes responsaveis, o estado de sítio em qualquer ponto do territorio nacional, nos casos de aggressão estrangeira ou grave commoção intestina. Arts. 77 e 32 n. 22. (Decretos n. 510, de 22 de junho e n. 914 A, de 23 de outubro de 1890). | N. 15.—Comprehenda-se tambem no parenthesis o art. 5º n. 3. Emenda da commissão do congresso (approvada em 3 de de janeiro de 1891). | 15. Declarar, por si ou seos agentes responsaveis, o estado de sitio em qualquer ponto do territorio nacional, nos casos de aggressão estrangeira, ou grave commoção intestina (arts. 6, n. 3; 34, n. 21, e art. 80); |

15 Estado de sitio. *Vide* comment. ao art. 34 n. 21 e lei n. 30 de 8 de janeiro de 1892, art. 33.

| 5º, Negociar ajustes, convenções e tratados com as diversas nações, sempre *ad referendum* do congresso, e suspender ou approvar os ajustes que os Estados tenham feito nos termos da autorisação do art. 71; (Do projecto da commissão do governo provisorio). | 10. Entabolar negociações internacionaes, celebrar ajustes, convenções e tratados, sempre *ad referendum* do congresso, e approvar os que os Estados celebrarem na conformidade do art. 46, submettendo-os, quando cumprir, á autoridade do congresso. (Decretos n. 510, de 22 de junho e n. 914 A de 23 de outubro de 1890). | | 16. Entabolar negociações internacionaes, celebrar ajustes, convenções e tratados, sempre «ad referendum» do congresso, approvar os que os Estados celebrarem na conformidade do art. 65, submettendo-os, quando cumprir, á autoridade do congresso. |

16 Tratados. *Vide* comment. ao art. 34 n. 12 (pag. 110) e leis n. 23 de 30 de Outubro de 1891, art. 9 § 3, e n. 30 de 8 de Janeiro de 1892, art. 9.

Ad referendum. O poder de fazer tratados considera-se um dos mais altos attributos da soberania; e si elle é exercido pelo presidente, que a representa e personifica perante os governos estrangeiros, ao congresso,—que representa a nação e em nome d'ella é incumbido de velar na guarda da Constituição e das leis, bem como de providenciar sobre as necessidades de caracter federal (art. 35 n. 1), — toca tomar conhecimento desses tratados e, si os achar dignos d'isso, approval-os, no desempenho d'essa sua tão ponderosa incumbencia.

Assim dividido, esse poder torna-se menos susceptivel de abuso ou desacerto. O estudo e exame dos tratados pelo corpo legislativo fornece occasião de considerar novamente o assumpto e só a existencia dess'outra instancia em que elle tem de ser ainda apurado é por si uma garantia. O facto de depender de mais outra autoridade dá lugar a que o negocio seja tratado com maior cuidado e esmero.

Approvar os que os Estados celebrarem. O art. 65 n. 1 autorisa os Estados a celebrar entre si ajustes e convenções, sem caracter politico. N'isso é possivel que em alguns casos sejam compromettidos e prejudicados interesses de outros Estados e da União. O poder federal, que faz a policia entre os Estados e a quem incumbe acautelar os interesses da União, em todas as circumstancias, deve por isso contar entre suas prerogativas esta de dar ou negar sua approvação ao que entre si ajustarem e convencionarem os Estados.

Submettendo-os, quando cumprir, á autoridade do Congresso. Mas as convenios interestaduaes podem em alguma circumstancia encontrar embaraço na legislação fiscal e administrativa federal, ou depender de providencias complementares que não sejam da alçada do presidente da Republica. N'esta previsão e com o pensamento de auxiliar e favorecer os Estados no que fôr de legitimo interesse d'elles e não prejudicar á União, mas antes indirectamente lhe aproveite, a Constituição manda que o chefe do poder executivo leve o caso ao congresso nacional.

Não podem os convenios interestaduaes versar sobre assumptos de ordem politica, pela razão que exporemos no commentario ao art. 65 § 1º; terão simples caracter administrativo. As fontes desta disposição são os arts. 7º da constituição suissa e 107 da argentina. O primeiro d'elles, prohibindo todo o tratado de natureza politica entre os cantões, autorisa *convenções sobre objecto de legislação, administração ou de justiça;* o segundo reconhece ás provincias o direito de celebrarem *tratados parciaes para fins de administração de justiça, de interesses economicos e obras de utilidade communi.*

A constituição argentina exige que as provincias, do que nesse sentido fizerem, *deem conhecimento* ao congresso federal; a Suissa accrescenta que *si estas convenções contiverem alguma cousa contraria á confederação ou aos direitos dos outros cantões,* a autoridade federal é autorisada a impedir sua execução; no caso contrario, os cantões contractantes são autorisados a reclamar para a sua execução a cooperação das autoridades federaes.

Taes disposições nos servirão de guia e instrucção nesta materia, indicando a natureza dos convenios permittidos aos Estados e os limites do poder federal quanto á approvação d'elles.

Dependerão tambem de approvação as alterações que nesses convenios os Estados venham a fazer. E a razão é que ellas podem alterar-lhes a natureza e estabelecer clausulas novas, quiçá contrarias a interesses nacionaes e dos outros Estados.

CAPITULO IV

DOS MINISTROS DE ESTADO

Cap. IV. Dos ministros de estado.

A constituição imperial dava ao seo cap. VI, titulo V, esta epigraphe:—Do MINISTERIO.—Este compunha-se de certo numero de representantes da nação gosando da confiança da maioria das camaras legislativas, ou antes da camara dos deputados, segundo a doutrina, e nomeados pelo imperador; formavam elles o *conselho de ministros*, entre si solidarios, executando um programma de medidas ou reformas por todos e cada um delles aceito, e sendo um o *présidente do conselho*, ou chefe do *gabinete ministerial*. O gabinete era considerado uma commissão do parlamento para governar e exercia o que alguns publicistas têm chamado —o poder ministerial. Uma votação hostil a qualquer dos ministros ou á politica do gabinete, fazia que este désse sua demissão *(crise ministerial)*, a menos que o chefe do estado entendesse dever dissolver a camara dos deputados (*crise parlamentar e appello á nação*).

Era isto proprio do systema de *governo parlamentar* e muito bem cabia no *regimen monarchico hereditario, constitucional e representativo* da constituição de 1824. Tornar dependentes dos representantes da nação os ministros do imperador foi o meio achado preferivel para fazer de algum modo actuar o elemento democratico nesse consorcio hybrido com a monarchia. D'est'arte a nação, por seos delegados, indirectamente escolhia, indicava ou approvava aquelles que com o monarcha deviam assumir a tarefa do governo. E visto que assim os ministros do imperador eram uma commissão do parlamento e viviam da confiança deste, não podia aquelle ser responsavel pelos actos do governo. A responsabilidade era do ministerio, o qual prestava contas aos representantes do povo e deixava o poder por voto delles, devendo, em dados casos, soffrer o processo e julgamento estabelecido por lei.

Semelhante combinação não deixava de ser engenhosa. E impunha-se á imaginação do povo, pelo que, na pratica, ella tinha de espectaculoso e theatral, com o acto da apresentação do programma ministerial ás duas camaras, exhibição do programma ministerial pelo presidente do conselho, discursos do *leader* da maioria, e resposta da opposição. (Entravam estas e outras cousas no que se entendia ser a «funcção educativa do systema») Depois vinha a *moção de confiança* ou *ordem do dia motivada*, em que a camara, ordinariamente muito satisfeita com a organisação ministerial e protestando apoio ao governo, passava aos seus trabalhos. Tambem eram solemnes as *interpellações*, quasi sempre feitas por deputados desgostosos ou por opposicionistas, que collocavam o ministro n'uma especie de banco de réos, a responder a impertinente interrogatorio e a ouvir todo o genero de apreciações, bem ou mal cabidas, terminando tudo por uma *moção* affirmativa ou negatoria de confiança ao governo, votada muita vez por uma colligação momentanea de governistas descontentes e membros da opposição, que assim constituiam maioria unicamente para derrotar o ministerio.

Este arranjo e enscenação eram muito proprios para lisonjear e embahir a opinião publica. Poder executivo diviso e, por isso mesmo, limitado, em beneficio da liberdade. Poder monarchico contrastado pelo poder ministerial. Principio hereditario, pelo principio democratico. Perpetuidade do chefe do poder, pela temporariedade de seus immediatos agentes. A governação publica influenciada, dirigida pelos representantes da nação. Não era só a nação por intermedio destes fazendo leis para seo governo, era mais que isso; ella limitava a propria acção do rei e reinava mesmo por meio do ministerio!

Mas...

> Le plus souvent l'apparence déçoit ;
> Il ne faut toujours juger sur ce qu'on voit.
>
> *(Molière)*

Bello espectaculo esse, na verdade! Mas quem não se deixasse por elle deslumbrar e tivesse de ir até aos bastidores e machinismos, veria como se produzia a illusão no publico. Ao rei sempre ficava, na pretendida partilha, um enorme quinhão de poder, resultante da propria instituição da realeza (por mais *constitucional* que ella parecesse), das tradições della, do peculiar prestigio e dos immensos recursos que lhe assegurava sua posição no fastigio da organisação politica. Era a elle que cabia, tolere-se a expressão, puxar os cordeis e o que de fóra viam os espectadores não era movido sinão por elle. Por isso, elle sempre teve os ministros que quiz, e as camaras pensavam ou admittiam que eram d'ellas. Fazia-os demittirem-se a proposito, quando não mais os queria, sem se lhe dar das maiorias parlamentares. E para ver o que eram o *appello á nação* e a *responsabilidade ministerial* (suppletoria da do chefe, vitalicio e hereditario, do poder executivo), basta considerar que o ministerio a quem o imperador concedia a dissolução das camaras (medida de salvação publica, dizia-se), tinha sempre grande maioria ou unanimidade nas que em seguida vinham eleitas, e lembrar que de responsabilisar ministros era do que a camara dos deputados menos se preoccupava; sendo de notar que, para mais assegurar a impunidade dos ministros, o poder de perdoar, confiado á corôa, podia abranger os crimes delles; em ultimo caso havia este recurso e a realeza nunca poderia ficar mal.

Assim era, assim devia ser na monarchia.

Na Republica, porém, preciso é que as cousas se passem de outro modo. Prescinde-se do *ministerio*, do *conselho de ministros* com seu *presidente*; supprimem-se as *votações de confiança*; das camaras não vêm auras vivificantes nem lethaes para os ministros, e si alguma vez a maioria pensa derribal-os por votação contrária

ARTIGO 48

ás medidas e planos do governo, elles sobrevivem a essa campanha, podendo usar da celebre exclamação: *Hélas, Cléanthe, ceux que vous avez tué hier se portent en bonne santé!*

Desde que não existe chefe vitalicio, perpetuo, inviolavel, na Republica,—desnecessario é crear-se a ficção, contrária á natureza moral e á dignidade humana, de um chefe sem responsabilidade. O ministerio parlamentar é responsavel nas monarchias, porque não ha como responsabilisar o funccionario hereditario e supremo da nação. Na organisação monarchica não póde este ter superior nem egual e por nenhuma autoridade póde ser julgado. Cabe aqui o *prima sedes a nemine judicatur*. Na republica, porém, não ha necessidade de arranjar-se algum responsavel de emprestimo e para supprir lacuna ; nada embaraça a responsabilidade do chefe eleito periodicamente pela nação para seo governo; e os ministros ficam, não para abroquelal-o com a responsabilidade sua delles, mas para auxilial-o na tarefa de governar. Não tem cabida nem explicação, assim, o governo de gabinete, o chamado *parlamentarismo*, no regimen republicano. Admittido nas monarchias temperadas, representativas, pela razão e da fórma exposta, sua admissão na republica seria a depravação do systema.

Nem ao menos um tal regimen é possuidor de tamanhas e tão apeteciveis vantagens, que induzam a esquecer seo disparate na organisação republicana. Sua pratica desmente em geral suas virtudes e descortina seus vicios: instabilidade dos ministerios, em prejuizo da administração,—influencia excessiva do espirito de partido,—resoluções improvisadas,—ingerencia abusiva dos representantes em todos os ramos do serviço publico,—discussões desordenadas e em demasia, com sacrificio de tempo util,—interpellações intempestivas e, quando sobre politica exterior, temerarias,—coalisões de grupos da opposição,—leis mal estudadas,—retardamento de reformas necessarias,—recusa de medidas convenientes, ou prejudicial procrastinação dellas, sómente para hostilisar o gabinete, —obstrucção,—necessidade do governo (para crear ou manter maioria) transigir com representantes, satisfazer-lhes exigencias mal cabidas, não inspiradas no interesse publico ; em uma palavra—annullação da independencia do poder executivo, joguete de maiorias variaveis, ficticias, ephemeras, em detrimento da administração publica e sacrificio da alta direcção politica do paiz.

Isto é o que se tem visto por toda a parte onde se observa tal regimen (excepto, por circumstancias muito especiaes, na Inglaterra, onde o mal não se revela ainda na mesma extensão e intensidade que n'outras partes, mas o systema, no dizer de Bismark, já passou sua edade de ouro.) *Vide*—E. de Lavéleye, Le gouvernement dans la democratie, 1891,—*M. Mingbeti*, I partiti politici,—*Assis Brazil*, Do governo presidencial, 1896).

O exemplo da França não é para ser imitado. Sabe-se que a organisação constitucional ahi vigente foi resultado de uma transacção com os republicanos feita pelos monarchistas (eram maioria na assembléa), quando mallogradas as tentativas de accôrdo entre seus diversos grupos.

Fizeram uma republica com presidente irresponsavel, com ministerio parlamentar, direito de dissolução das camaras, e a estas deram a faculdade de revisão parcial *ou total*, das leis constitucionaes; durante o septenado da presidencia do general Mac-Mahon (monarchista) só elle teria o direito de propôr essa revisão. (Lei const. relativa á organisação dos poderes publicos, de 25 de fevereiro de 1875). Nem mesmo quizeram redigir uma Constituição, fizeram separadamente varias leis organicas dos poderes constitucionaes. E tudo isto está mostrando que predominava o pensamento de estabelecer uma instituição próvisoria, preambular da monarchia e muito propria para facilitar-lhe o advento. Todo o apparelho está para isto disposto e preparado ; numa revisão constitucional as camaras, reunidas em assembléa nacional, poderão supprimir o presidente de sete annos e instituir perpetuo e hereditario o chefe do poder executivo. Ahi está como, porque e com que proposito se fez parlamentar a republica franceza. Sabe-o quem quer que seja, ainda mediocremente, versado na historia politica contemporanea.

Não foi ahi pois preferido o parlamentarismo por ser mais excellente e convinhavel á republica, mas antes com segunda tenção contra ella. E não ha funccionado de modo a recommendar-se, sendo bem conhecidas as crises politicas que tem occasionado, forçando á renuncia presidentes que bem serviam á nação e derribando ministerios com uma frequencia pasmosa. Leroy-Beaulieu calculava em seis mezes a duração media de um ministerio em França ! E uma revista franceza, apresentando um quadro dos ministerios d'esse paiz, desde 1870 até 1895, exclamava (n'um artigo assignado A. F. Carlier):

Trent et trois (*) governements en 24 ans !... Décidément, la France detient le record des à-coups parlementaires. Il n'y a vraiment pas de quoi s'en faire gloire, et c'est merveille qu'un pays puisse résister aussi longtemps à de semblables soubresaults. Il a resisté jusqu'ici ! mais nous savons tous à quel prix. Tous les ressorts sont tendus et usés au point qu' à chaque instant on craint de les voir éclater. Comment pourrait-il en être autrement? Y a-t-il une seule maison de commerce, une administration, une entreprise quelconque dont le succés ne se trouvât compromis aprés un changement de direction aussi fréquent?...

La faute est tout d'abord à nos députés, qui, méconnaissant leur mandat, n'entrent au Palais Bourbon que pour susciter toutes les difficultés imaginables au gouvernement; si bien que la politique de ce dernier semble réduit à franchir victorieusement une série d'obstacles que ces messieurs s'ingénient à dresser devant lui, sous la dénomination fallacieuse d'interpellations. Quelques beaux parleurs, plus ambitieux ou plus intrigants que les autres, forment des groupes qu'ils dirigent et mènent au vote avec un ensemble

---

(*) Este numero elevou-se a 37 até o anno de 1898. *Vide* Les crises ministérielles en France, par Léon Muel, 1899.

parfait, et, à la première occasion favorable, ont uni ses efforts, faisant même pour la circumstance cause commune avec ses pires adversaires, et l'on culbute le ministère. C'est là l'essensiel; car le plus grand ennemi, c'est le gouvernement. (*L'étranger*, revue internationale, n. 3, 1895).

E já alguem, observando o andamento das cousas politicas em França, ponderára que nesse rapido desfilar de ministerios que se succedem, em breve não haveria deputado francez republicano que já não tivesse sido ministro. Quanto essa incrivel inconstancia enfraquece o governo e prejudica á nação vê-se bem claro e está na consciencia publica, inquieta com tal estado de cousas. « Todos as classes em França, dizia não ha muito, imparcial e observador, o *Times*, todas classes em França almejam um governo forte e independente». E o parlamentarismo cada vez está mais longe de lh'o dar, accrescentamos nós.

Agora vejamos,—esse regimen, que se não tem podido dar bem na republica franceza *unitaria*, acaso accommodar-se-á melhor na republica brazileira *federativa?* No imperio uno, elle foi entre nós nada mais que uma burla; como ha de ser outra cousa no regimen em que perde as vantagens que auferia da unidade? No regimen unitario, o governo central acha-se em um vasto campo em que pode exercer folgado a acção eleitoral; pela dependencia em que d'elle ficam as autoridades, os chefes locaes, as *influencias*, pelos largos recursos que lhe facilitam a intervenção nos comicios. E ahi estava o segredo das grandes maiorias, das unanimidades parlamentares. Isto proporcionava aos ministerios, ao menos por algum tempo, certo ponto de apoio em que se firmavam nas camaras. Na federação, a politica fragmenta-se. A intervenção eleitoral do centro é cerceada em muito pelo elemento regional; a influencia dos chefes locaes é decisiva.

O producto da eleição é, consequentemente, vario; muito facilmente occorrerá que os eleitos de diversos Estados sejam de oppostas matizes e o parlamento conste de certo numero de grupos discordantes, inconciliaveis até. E' um regimen pouco apto para dar maiorias parlamentares compactas, fortes pela cohesão, pela solidariedade e com certa estabilidade relativa. E isto torna ainda mais precaria a sorte dos ministerios ou os obriga a frequentes dissoluções das camaras.

Assim que, a forma federativa em vez de curar os achaques do parlamentarismo, grandemente os aggrava. E não se conhece exemplo de republica federal com semelhante regimen.

Considere-se ainda a questão sob outra face. O parlamentarismo visa tornar efficiente no governo a opinião predominante no paiz e por isso é um de seos caracteristicos essenciaes a consulta á nação pela dissolução do parlamento e nova eleição d'elle.

Ora, o presidente electivo é tambem representante da nação a quem, ao dissolver as camaras, elle consulta. Elle representa uma opinião, — aquella que predominava quando foi eleito. Si elle mantendo seo ministerio, com cujo programma governa e que quer ver triumphante, faz o appello á nação, e esta lhe responde de modo contrario, então não estará condemnado só o ministerio. Já não prevalece no paiz a opinião que elegeo ao presidente e este é desde então um intruso, um falso procurador; a eleição de um parlamento contrario vale a cassação de seos poderes.

Com effeito, sob o parlamentarismo, o congresso não representa o paiz sómente para fazer leis, mas tambem para governar (para governar por uma commissão sua, que é o ministerio). Como admittir que o presidente, que tambem representa a nação para governal-a, fique no poder em nome de uma opinião, da que o escolheo, ao lado do parlamento eleito por opinião adversa? Ou elle fica, isto é, governa representando uma opinião vencida, condemnada,— ou demitte-se, em vista da sentença das urnas, que deram razão contra elle á opinião triumphante. Da alternativa, a primeira proposição é aberrativa do bom senso; a segunda é logica, mas dá em resultado presidencias contingentes, sem prazo certo, ephemeras, inseguras; elimina da suprema autoridade do estado um de seos fundamentaes caracteristicos, uma indeclinavel condição de sua existencia, a estabilidade,— suprime do poder o principio conservador.—

A constituição chilena evitou o appello á nação, creando um parlamentarismo bastardo e manco, com um chefe de estado irresponsavel, sem a faculdade de dissolução do congresso. (*) Porque razão assim apartou-se do typo normal do systema? Seguramente por não achal-o adaptavel, tal qual, á forma republicana (ainda mesmo unitaria). Mas a mutilação feita recahio em parte essencial, desvirtuou o systema, collocando fronteiros e facilmente adversarios o governo e as camaras; estas tomando contas aos ministros, estes responsaveis perante ellas, mas independentes de seo voto (salvo por processo em consequencia de acto criminoso). E assim, a constituição, por essa hybrida creação, instituio uma fonte de conflictos e não estabeleceo meio algum de solvel-os. A consequencia é o sacrificio de um dos dous poderes. Afinal, ou o presidente ver-se-á forçado a demittir-se ou o parlamento terá de ser dissolvido! Por certo tempo o tacto e patriotismo dos estadistas chilenos pôde a custo arredar taes crises. Uma, de caracter gravissimo, no governo de D. Manoel Montt esteve quasi a produzir-se (conforme, sob seguro testemunho, attesta o autor do *Governo Presidencial* na Republica brazileira, pag. 350). No do presidente Balmaceda, que não se deixou subjugar pelo congresso faccioso, a crise politica, que não achava solução na constituição, foi afinal resolvida violentamente, como se sabe. Estalou a guerra civil.

(*) Em sessão de 1 de Setembro de 1891, a nossa camara dos deputados, cumprimentando o povo chileno « pela victoria da liberdade e pela causa do direito que defendeo », com elle congratulou-se pela terminação da guerra civil. A junta governativa do Chile, agradeceo-lhe, em 4 do mesmo mez, e com tanto maior regocijo cuanto que su causa ha sido *la defensa del régimen parlamentario en America.* (Annaes da Camara dos Deputados, 1891, vol. III, pag. 7169).

*La guerre! horribile mot, qui de lui seul rappelle
Les fléaux qu'ici bas les enfers ont vomis —*

A guerra civil, cujo evitamento é escopo das constituições, ficou assim como uma especie de sobresalente da do Chile, a supprir-lhe faltas faceis de prever e ás quaes ella não tratou de prover por forma alguma!

Que dizer de um regimen que abre margem a tão temerosos conflictos e para solvel-os dá a palavra ao fuzil e ao canhão?

Em conclusão, o chamado systema parlamentar, quér completo, como na França, quér limitado como no Chile, é improprio do regimen republicano, contrario ao principio da divisão e independencia dos poderes, avesso á federação e fatal á administração publica.

Fizeram bem os nossos constituintes no prescindir d'elle.

« Seguros contra a acção das assembléas deliberantes, os ministros com calma se occupam dos negocios de suas pastas, suggerem as reformas que se devem fazer, indicam as lacunas a preencher e chegados ao termo de suas funcções, mais serviços têm conseguido prestar á causa publica que os ministros parlamentares, cujo tempo e actividade são devorados pelas intrigas de partido e pelos esforços incessantemente empregados para sustentarem-se no poder. Entretanto, embora estas vantagens incontestaveis, certos espiritos aprazem-se em querer ver os ministros tomar parte nos trabalhos do congresso por uma activa collaboração que tornaria os membros das duas camaras mais familiares com a pratica dos negocios e diminuiriam a influencia das commissões permanentes *(Standing Committies)*. Estamos longe de adoptar uma tal opinião. A communicação, como está estabelecida, entre os dous poderes é quanto basta para a boa intelligencia das questões. Relações mais directas apenas servirião para gerar conflictos, tornar oscillante a condição dos ministros e quiçá multiplicar as occasiões de corrupção.

Deus preserve a America de semelhante calamidade!
(Carlier, *La Rép. Amer. des E. U.nis*, 1890, vol. II, p. 176).

Art. 55. Como seos auxiliares no exercicio do poder executivo, o presidente da Republica nomeará para as diversas secretarias em que fôr dividida a administração, conforme lei do congresso, cidadãos de sua confiança.
(Projecto da commissão do governo provisorio).

Art. 48. O presidente da Republica é auxiliado pelos ministros de estado, agentes de sua confiança, que lhe referendam os actos, e presidem cada um a uma das secretarias, em que se divide a administração federal.
(Decretos n. 510, de 22 de junho e n. 914 A, de 23 de outubro de 1890).

Art. 48. Em vez de — referendam — diga-se —subscrevem.
Emenda da commissão do congresso (approvada em 23 de fevereiro de 1891).
Vide Annaes, vol. III, pag. 259, 281 e 283.

Art. 49. O presidente da Republica é auxiliado pelos ministros de estado, agentes de sua confiança, que lhe subscrevem os actos, e cada um delles presidirá a um dos ministerios em que se dividir a administração federal.

Art. 49. Auxiliado pelos ministros de estado, agentes de sua confiança.

Por estas palavras accentúa a Constituição um dos caracteristicos essenciaes do regimen presidencial por ella adoptado, no qual os ministros não têm responsabilidade politica pelos actos do chefe do estado e não dependem das camaras. *Vide* comment. ao titulo deste cap. IV, e ao art. 48 n. 2.

Lhe subscrevem os actos. O projecto do governo dizia : «lhe *referendam* os actos». Por iniciativa da commissão do congresso constituinte, este trocou aquella por esta expressão. A' palavra *referenda* anda associada, na technologia do direito constitucional, a idéa de responsabilidade. E *subscrever*, embora em certa accepção valha o mesmo que aceitar, consentir, assignar para approvar (Aulete, Dicc. contemp.), tem ainda, derivada da technica forense, a significação de assignar para authenticar o que é feito, escripto ou mandado escrever por outrem. Neste ultimo sentido foi empregada pela commissão a palavra *subscrever*, consoante com seu pensamento de arredar toda a idéa de poder ministerial e responsabilidade ou co-responsabilidade dos ministros, sendo que, para mais accentuar esse pensamento, havia apresentado tambem a seguinte emenda, que qualifica os ministros de simples *secretarios* :

No Capitulo IV e seus arts. bem como em todas as disposições da Constituição em que se encontrar a palavra— Ministros— refirindo-se aos membros do Poder Executivo seja substituida pelo vocabulo— Secretarios.

(Ann. do Congresso Const., vol. II, pag. 35).

Ministerios. No projecto da commissão e no do governo, dizia-se : «secretarios», e assim se votou este sem alteração nesta parte, até que á redacção final foi offerecida emenda, que a commissão do congresso aceitou, e elle approvou, para dizer-se, em vez de *secretarios*, ministerios. (Annaes, vol. III, pags. 259, 281 e 283.)

Ministerios em que se dividir a administração federal. A repartição do serviço executivo em ministerios é reclamada pelo grande numero e vastidão dos objectos que elle abrange. E' uma applicação do fructuoso principio da divisão do trabalho. Concorre de modo grandemente efficaz para a boa expedição e desempenho dos negocios publicos. Distribuidos e coordenados elles em grandes grupos, segundo sua natureza e affinidades, cada um d'estes fica a cargo e sob a superintendencia de um agente superior da administração publica, o ministro, e constitue uma *repartição* ministerial, *ministerio* ou *secretaria de estado*, com os funccionarios e empregados necessarios ao exame, estudo e expediente dos negocios.

Os serviços da administração federal distribuem-se pelos seguintes ministerios :
— da Fazenda,
— da Justiça e Negocios Interiores,
— da Industria, Viação e Obras Publicas,
— das Relações Exteriores,
— da Guerra,
— da Marinha. (Lei n. 23 de 30 de Out. de 1892, art. 1°.)

Os actos do poder executivo sob a fórma de decretos ou regulamentos são expedidos com a assignatura do presidente da Republica e do respectivo ministro.
Os demais actos são despachados e assignados ou rubricados pelos ministros que os expedem, ou, conforme o caso, pelos directores da respectiva secretaria, de accordo com as normas regulamentares.
Os avisos não poderão versar sobre interpretação de le ou regulamento, cuja execução estiver exclusivamente a cargo do poder judiciario. (Lei cit., art. 9.)
Ao presidente da Republica compete prover ás substituições temporarias dos ministros. (Lei cit., art. 1.)
Quanto á correspondencia, expedição de decretos, avisos e portarias, *vide* decreto n. 2.766, de 27 de dezembro de 1897, arts. 86 a 92, e decreto n. 3.191, de 7 de janeiro de 1899.

ARTIGO 50

Art. 56. Não poderão os secretarios do governo exercer qualquer outro emprego ou funcção publica, nem ser eleitos membros do congresso, presidente ou vice-presidente da Republica, nem juiz federal.
Paragrapho unico. Si algum deputado ou senador aceitar o cargo de secretario do governo, entender-se-á que renunciou o mandato legislativo, procedendo-se immediatamente á eleição para preenchimento da vaga.
(Projecto da commissão do governo provisorio).

Art. 49. Os ministros de estado não poderão accumular outro emprego ou funcção publica, nem ser eleitos presidente ou vice-presidente da União.
Paragrapho unico. O deputado ou senador, que aceitar o cargo de ministro de estado, perderá o mandato, procedendo-se immediatamente a nova eleição, na qual não poderá ser votado.
(Decretos n. 510 de 22 de junho e n. 914 A de 23 de outubro de 1890).

Art. 49. Em vez de —accumular outro emprego ou funcção publica—diga-se— accumular o exercicio de outro emprego ou funcção publica. — *Almeida Nogueira*.
(Emenda approvada em 3 de Janeiro de 1891).
Art. 49. Accrescente-se:—deputado ou senador—depois da palavra—União.
(Idem).

Art. 50. Os ministros de estado não poderão accumular o exercicio de outro emprego ou funcção publica, nem ser eleitos presidente ou vice-presidente da União, deputado ou senador.
Paragrapho unico. O deputado ou senador, que aceitar o cargo de ministro de estado, perderá o mandato, e proceder-se-á immediatamente a nova eleição, na qual não poderá ser votado.

Art. 50. Accumular o exercicio. O exercerem os ministros outras funcções simultaneamente com as que lhes são proprias, lhes é vedado com razão.

Essas outras funcções accumuladas seriam ou de caracter executivo e os ministros exercel-as-iam contra o principio hierarchico, ficando cada um delles chefe de si mesmo ou subalterno de algum collega,— ou de caracter legislativo ou judiciario e neste caso infringir-se-ia o principio, fundamental no systema, da divisão e independencia dos poderes.

Junto a isto, como resultado da accumulação, —o máo desempenho de um ou de outro dos cargos accumulados, ou mesmo de ambos. Já de si o ministerio é tarefa onerosissima, propria para absorver toda a actividade do funccionario.

— O projecto do governo dizia: « accumular outro emprego ou funcção publica.»

Foi apresentada emenda para, em vez disso, dizer-se : « *accumular o exercicio* de outro emprego ou funcção publica.»

O autor dessa emenda assim a justificou :

O Sr. Almeida Nogueira— Uma outra emenda que tive a honra de apresentar é a que se refere ao art. 49. Creio que não houve da parte de seos autores a intenção de adoptar o preceito que parece resultar da redacção deste artigo. Aqui se diz que os ministros de estado não poderão *accumular outras funcções* publicas nem ser eleitos para presidente, vice-presidente, senador ou deputado.

Ora, a posição de ministro já soffre muitas restricções ; o ministro não poderá gosar do prestigio que tinha antigamente e que as tradições ainda ligam a essa posição, pois não tem a effectividade do poder executivo. Sua posição torna-se relativamente ingrata; entretanto, si a aceitação do cargo de ministro devesse trazer como consequencia para o cidadão nomeado a perda de algum emprego ou funcção publica que tivesse, ninguem quereria ser ministro ; pelo menos ter-se-iam de incompatibilisar por essa tarefa muitas aptidões especiaes ; por conseguinte propuz uma emenda para que o ministro de estado não pudesse *accumular o exercicio* de outro emprego ou funcção publica. Restringi a incompatibilidade ao exercicio. (Discurso na sessão de 2 de Janeiro de 1891).

E na sessão do dia 3 foi ella approvada pelo congresso. Entrando, porém, o projecto em segunda discussão, foi, na sessão de 30 de janeiro, apresentada e, na de 7 de fevereiro, approvada a seguinte emenda, (Annaes, vol. II, pags. 35 e 36 e vol. III, pags. 79 e 153):

Art. 49. Substitua-se pelo seguinte :
Os ministros de estado não poderão accumular outro emprego ou funcção publica, nem ser eleitos presidente ou vice-presidente, deputado ou senador da União. (E' reproducção do projecto primitivo). *Campos Salles* e outros.

Por este modo o congresso restaurou nessa occasião a disposição que emendára, ficando assim adoptada tal qual viera no projecto do governo: a incompatibilidade não seria só do exercicio, mas plena e absoluta para os ministros, como explicaram os autores dessa ultima emenda em *declaração* que se lê nos Annaes, vol. III, pags. 136, nos seguintes termos :

Para evitar duvidas que se queiram suscitar sobre a verdadeira intelligencia e dar-se ás emendas approvadas pelo congresso aos arts. 49 e 78 da Constituição, os abaixo-assignados, como autores das mesmas emendas, apresentam a seguinte declaração:

No art. 49, conforme dispõe o texto, tratava-se particularmente de incompatibilidade do *exercicio simultaneo* do cargo de *ministro de estado* com o de outro emprego ou funcção publica.

A emenda approvada, ampliando essa disposição, estatuio que a incompatibilidade resultará, não do exercicio sómente, mas do simples facto da accumulação desse cargo com algum emprego publico. Assim, o cidadão que aceitar o cargo de ministro de estado, perderá, *ex-vi* desse preceito, o emprego ou funcção publica em que se achar investido.

O art. 78, abrangendo a generalidade dos casos, dispunha sobre a incompatibilidade relativa aos cidadãos investidos em funcções de qualquer dos tres poderes, sem cogitar do caso particular relativo ao ministro de estado, pois que este já ficára previsto e regulado pelo art. 49.

A emenda, corrigindo o rigor do texto (em virtude do qual, nem siquer o deputado ou senador poderia ser eleito presidente ou vice-presidente da Republica), estabeleceu simplesmente incompatibilidade do *exercicio simultaneo* das funcções.

Em conclusão, dos preceitos constitucionaes consagrados em virtude da approvação das emendas, resulta que:

1.º O cidadão que aceitar o cargo de ministro de estado perderá, só por esse facto, o emprego publico em que se achar investido ;

2.º O cidadão que, estando investido em funcções de qualquer dos tres poderes federaes, aceitar outro emprego publico, *que não seja o cargo de ministro de estado*, sómente deixará o exercicio daquellas funcções.

Não existe, portanto, antinomia, nem contradicção entre as disposições das duas emendas; ao contrario, dispondo sobre hypotheses diversas, ellas se harmonisam perfeitamente, restabelecendo, com a propria lettra, o systema do projecto de Constituição apresentado pelo governo provisorio.

Semelhante declaração, *para evitar duvidas*, mostrava perfeitamente que a emenda victoriosa não creára contradicção no texto constitucional e sem minima discordia subsistiam nos seos lugares e bem dispostos os arts. 49 e 78 (que depois ficaram com a numeração de 50 e 79). Mas servio tambem (e foi um bom serviço) para fazer ver aos que assim votaram, (acaso não calculando todo o alcance da emenda) que ella vinha cercear por demais o circulo em que se teria de fazer a escolha dos ministros. *O cidadão que aceitasse o cargo de ministro, perderia, só por esse facto, o emprego publico em que se achasse investido.* E estaria assim o presidente da Republica privado de chamar para seus collaboradores no governo, funccionarios da alta administração civil e militar, entre os quaes se encontram muita capacidade e saber experimentados na pratica dos negocios publicos. A magistratura, o ensino publico superior, que desde os tempos da independencia tantos (e alguns bem notaveis) ministros forneceram,—o exercito e armada, que os têm dado até para pastas não militares, iriam incorrer nessa especie de excommunhão, não merecida por elles nem util á patria.

Com tempo advertio-se disso o congresso, e rejeitou aquella mal pensada emenda, quando submettida a nova discussão com as demais offerecidas em segunda, na sessão de 18 de fevereiro de 1891. Vide ANNAES do Congr. const., vol. III, pag. 235. Ficou, pois, prevalecendo o artigo, tal como fôra emendado na primeira discussão, desembaraçado o presidente da Republica da pretendida restricção á sua prerogativa e conservado ao funccionario publico de qualquer classe, quando nomeado ministro, o cargo (administrativo de fazenda, magisterio, judicatura, milicia) por elle occupado, suspenso sómente o exercicio durante o das funcções ministeriaes.

Perderá o mandato o deputado ou senador que aceitar o cargo de ministro. A Constituição não quer a suspensão só das funcções do representante, escolhido para ministro; não lhe applicou a regra, acima estabelecida, da simples incompatibilidade do exercicio; vae além, e falo perder sua qualidade de mandatario da nação.

Com effeito, repugna á bem entendida separação dos poderes que passe a exercer funcções do executivo quem, sendo membro do legislativo, continue a fazer parte d'este. Os ministros não devem ficar pertencendo á corporação a que nos casos criminaes estam sujeitos.

A camara dos deputados os accusa e o senado os julga nos crimes connexos com os do presidente da Republica (art. 52 § 2). O espirito de colleguismo obstará á completa isenção no processo e julgamento.

Além d'isso, a sahida dos representantes para occuparem as pastas, abre claros na representação nacional e priva os Estados do exercicio das funcções de seos mandatarios nomeados ministros.

Não convindo que estes accumulem o exercicio de seo mandato com o de ministro (e seria isto avesso ao regimen presidencial), deixarem-se vasias suas cadeiras no parlamento fôra coarctar o direito de representação politica dos Estados.

De bom aviso e da essencia do regimen é, pois, que o representante deixe então definitivamente seo logar no parlamento e se proceda a nova eleição.

Immediatamente. *Vide* Comment. ao art. 17, § 3.

Não poderá ser votado o ministro na eleição para preenchimento da vaga resultante de sua nomeação (nem n'outra posterior). O contrario d'isto é proprio do regimen parlamentar, no qual se considera que o deputado chamado ao ministerio póde ter perdido a confiança da nação e se entende necessario o pronunciamento d'ella em tal conjunctura; não sendo elle reeleito, tem-se como retirada essa confiança e deixa elle a pasta. No regimen presidencial não cabe isso. A Constituição fez os ministros agentes da confiança do presidente da Republica (art. 49), sem responsabilidade politica perante as camaras e fóra da acção d'ellas. Com isto conservou-se fiel ao regimen por ella preferido e poupou ao paiz o degradante espectaculo da candidatura ministerial, que punha em jogo todos os recursos officiaes, todos os meios possiveis de utilisação no momento, pressão, fraude, corrupção, para a reeleição dos ministros. Para que a nação consultada respondesse com franqueza e isenção si o ministro continuava a merecer sua confiança, mais alguns batalhões de guarda nacional se creavam; porção de patentes se expediam; era preciso que houvesse mais coroneis, capitães, etc., d'essa milicia; questões *encalbadas* na administração promptamente se resolviam ao sabor dos interesses do momento; demissões de certos cargos se davam para accommodar nas vagas os recommendados dos chefes politicos; commissões, contractos, prorogações de prazos d'estes, despezas secretas e um sem numero de favores se empregavam, ao passo que pairava sobre os funccionarios publicos, para avigorar-lhes o fervor ministerialista, a ameaça tremenda de remoção e exoneração dos não enthusiastas do governo. Ao mesmo tempo expediam-se circulares hypocritas recommendando ás autoridades o respeito á *liberdade de voto*...

E assim se fazia um deputado-ministro, ou melhor, um ministro se fazia deputado e ia dizer no parlamento que vinha da victoria das urnas.

ARTIGO 51

Art. 57. Não poderão os secretarios do governo comparecer ás sessões do congresso, salvo quando por ordem do presidente da Republica algum delles tiver de ler a mensagem ás camaras; e só se entenderão com o Congresso por meio de officios, ou, extra-parlamentarmente, em conferencias com as commissões das camaras.

(Projecto da commissão do governo provisorio).

Art. 50. Os ministros de estado não poderão comparecer ás sessões do congresso, e só se communicarão com elle por escripto ou pessoalmente em conferencias com as commissões das camaras.

Os relatorios annuaes dos ministros serão dirigidos ao presidente da Republica, e communicados por este ao congresso.

(Decretos n. 510 de 22 de junho e n. 914-A de 23 de outubro de 1890).

Art. 50. Supprima-se.—*Frederico Borges*.

Substitua-se o periodo que se segue á palavra—congresso—pelo seguinte:—salvo para discutirem assumptos relativos ás suas secretarias, ou quando convidados por algumas das camaras.— *F. Veiga* e outros.

(Emendas rejeitadas em 3 de janeiro de 1891).

Substitua-se a ultima parte do art. 50:

Os relatorios annuaes dos ministros serão dirigidos ao presidente da Republica e distribuidos por todos os membros do congresso.—*Julio de Castilhos*. e outros.

(Emenda approvada em 9 e 18 de Fevereiro de 1891).

Art. 51. Os ministros de estado não poderão comparecer ás sessões do congresso, e só se communicarão com elle por escripto, ou pessoalmente em conferencias com as commissões das camaras.

Os relatorios annuaes dos ministros serão dirigidos ao presidente da Republica e distribuidos por todos so membros do Congresso.

Art. 51. Os ministros de estado não poderão comparecer ás sessões do conselho.

Explicação d'isto se infere do quanto ácima expendemos e do que se passou no congresso constituinte. Emendas se offereceram para suppressão d'este artigo e para modifical-o no sentido de poderem os ministros comparecer ás sessões para discutir negocios de suas pastas. Foram rejeitadas, tendo o deputado Almeida Nogueira, na sessão de 2 de janeiro de 1891, exposto o seguinte:

«Coherente com as idéas que tenho expendido, sou opposto á emenda que faculta aos deputados e senadores serem ministros, ou antes como ministros accumularem suas funcções com as de deputado ou senador. E' certo que o ministro não é um membro do poder executivo, mas um agente d'elle, um secretario do presidente da Republica; não obstante, pela funcção que preenche ao lado d'elle, pela tradição que difficilmente se destruirá em nosso espirito, aos ministros hão de ser sempre imputados, ao menos politicamente, os actos do poder executivo, que elles subscreverem; e assim *a presença do ministro no parlamento motivará a cada instante pedidos de explicações inconvenientes no systema que devemos inaugurar: pois importariam a ingerencia do poder legislativo em attribuições constitucionaes, cuja competencia não lhe é reconhecida e seria a continuação do parlamentarismo.*»

Inconvenientes da mesma natureza se dariam com o comparecimento dos ministros não deputados ou senadores.

As opposições achariam n'isso mais um azado expediente de delonga e perturbação da passagem de medidas necessarias á administração.

Meios adequados de intelligencia entre os ministros e as camaras legislativas são as *mensagens* do governo, os relatorios dos ministros e as *conferencias* com as commissões parlamentares. A Constituição os autorisa n'este artigo e são mais que bastantes.

Vem aqui de molde os seguintes conceitos de um dos mais notaveis e esforçados evangelisadores da Republica. Respondem aos que arguem ao systema presidencial pretendida falta de flexibilidade no que concerne ás relações entre o poder legislativo e o executivo, aos que propõem o comparecimento dos ministros nas camaras para melhor receber o governo a influencia da opinião publica por orgão do parlamento:

A structura constitucional d'este regimen, sendo como é essencialmente democratica, a sua base, o seu processo e as suas soluções repousam inteiramente nas mãos do proprio povo.

Póde haver mais demora nos appellos resultantes de conflictos entre os poderes publicos, mas os seus resultados devem ser mais estaveis e mais seguros.

Tudo é positivo, desde a responsabilidade que é determinada e certa, até o que parece mais arbitrario nos governos — a decomposição de sua autoridade nos detalhes administrativos.

E, si não, vejamos.

Appellando para a opinião nacional, muito embora em periodos determinados, appella-se para o tribunal supremo, mas isso não exclue as camaras de sua intervenção na vida do governo, já chamando-o ao trabalho commum, no seio das commissões, já pela critica de seus actos, que fórma o processo da opinião.

Ha falta de comprehensão absoluta da parte d'aquelles que entendem que as camaras só podem fazer prevalecer a sua opinião no jogo das instituições, despedindo os ministerios.

A politica, senhores, caminha todos os dias para uma phase mais elevada e positiva.

As nações, os povos principiam a olhar para os resultados, deixando de parte o elemento phantastico dos problemas sociaes.

Afinal, o que elles precisam é que isso que se chama systema de governo faça aquillo que por si mesmo elles não poderiam fazer.

E' esta a expressão do mandato, onde nada ha de abstracto.

E esse mandato se decompõe para um resultado previsto — a felicidade publica,— na vida organica dos poderes politicos.

Depois, as organisações governamentaes não escapam ao meio em que surgem nem ás influencias do momento.

O systema presidencial parece mais rigido e mais aspero do que na verdade é.

Estamos no primeiro periodo das adaptações funcionaes de um organismo novo, leve-se isto em conta, e temos atraz de nós uma educação impaciente dos costumes publicos.

Estava-se habituado ao uso de uma valvula facil, porém illusoria e falsa, que parecia considerar as exigencias publicas, dando sahida immediata aos seus desafogos.

E' preciso confiar na facil e prevista transmissibilidade do poder, não estamos em face da perpetuidade e quasi eternidade das successões pela hereditariedade absurda da transmissão governamental, como na monarchia, entregue ao azar de uma familia.

Os factos são eloquentes, as esperanças do parlamentarismo foram illusorias.

ARISTIDES LOBO, Discurso na camara dos deputados, *Annaes*, 1891, vol. Ili, pag. 181.

| Art. 58. Receberão por seos serviços os vencimentos que o congresso determinar.
Art. 59. Os secretarios do governo serão responsaveis pelos actos que referendarem ou praticarem e bem assim pelos crimes individuaes. Serão processados e julgados nos crimes de responsabilidade pelo supremo tribunal de justiça e nos connexos com os do presidente da Republica, pelo tribunal competente para o julgamento deste.
(Projecto da commissão do governo provisorio). | Art. 51. Os ministros de estado não são responsaveis ao congresso, ou aos tribunaes, pelos conselhos dados ao presidente da Republica.
§ 1.º Respondem, porém, quanto aos seos actos, pelos crimes qualificados na lei criminal.
§ 2.º Nos crimes de responsabilidade serão processados e julgados pelo supremo tribunal federal, e, nos connexos com os do presidente da Republica, pela autoridade competente para o julgamento deste.
(Decretos n. 510, de 22 de junho e n. 914 A, de 23 de outubro de 1890). | Ao art. 51 :
§ 2.º Accrescente-se depois da palavra — crimes — a palavra — communs.
Emenda da commissão do congresso (approvada em 3 de janeiro de 1891). | Art. 52. Os ministros de estado não são responsaveis perante o congresso, ou perante os tribunaes, pelos conselhos dados ao presidente da Republica.
§ 1.º Respondem, porém, quanto aos seos actos, pelos crimes qualificados em lei.
§ 2.º Nos crimes communs e de responsabilidade serão processados e julgados pelo supremo tribunal federal, e nos connexos com os do presidente da Republica, pela autoridade competente para o julgamento deste |

Art. 52. Os ministros... não são responsaveis... pelos conselhos dados ao presidente da Republica. A responsabilidade da direcção politica e governamental da nação, segundo o que antes temos expendido, é propria de quem d'ella é chefe. Os ministros, que o art. 49 institue como *agentes* d'elle, não recebendo da nação, pelo voto d'esta ou por delegação do parlamento, sua investidura, não têm que responder-lhe pela alta gestão commettida ao presidente da Republica. Seos conselhos, sua intervenção nos negocios, prendem-se á confiança de quem os chamou para auxiliares e collaboradores seos, sómente a elle subordinados. Elles são, n'este sentido, *irresponsaveis*. E o são sem que a nação fique desprovida de garantias :

Quando fallei da responsabilidade ministerial disse que era uma condição essencial da liberdade politica nas monarchias e calei-me quanto ás republicas.

De feito, quando é perpetuo e hereditario o poder executivo, si não ha ministros responsaveis, não ha tambem nenhuma especie de responsabilidade. Não tem a nação garantia alguma contra um máo governo (porque a meo ver uma revolução nunca foi garantia).

Nas republicas, porém, em que o poder executivo é temporario, pode uma constituição collocar a responsabilidade não nos ministros, mas no chefe do estado. Existe a garantia, mas repousa n'outra cabeça.

Assim é que entre os antigos, com magistratura annual e electiva, nunca houve outra responsabilidade sinão a do proprio magistrado; como tambem nos Estados Unidos são os ministros irresponsaveis e estranhos ás camaras. Não dura longamente porém a presidencia e tem attribuições limitadas; só ás camaras compete legislar (o presidente tem apenas um *veto* suspensivo); podem ellas por meio de uma lei fazer sempre prevalecer sua vontade... Quando um povo ingere-se a este ponto em seos proprios negocios, quando reserva para si tamanha parte do poder publico, concebe-se que não tenha precisão da responsabilidade ministerial e que a substitua por outras garantias. (E. La boulaye, o partido liberal, seo programma e futuro, cap. XIII).

Poderá parecer estranho gosarem de *irresponsabilidade* funccionarios que exercem tão grande somma de poderes, tão altas funcções, tamanha autoridade ; mas pelo que fica exposto, isso perfeitamente se explica e em nada prejudica ás instituições e liberdades publicas. Cumpre não perder de vista que essa irresponsabilidade é puramente *politica* (dada a esta expressão o sentido restricto que em direito publico n'este assumpto se lhe attribue); os ministros não respondem perante as camaras, não lhe dão contas, nem dependem de seo voto ou do voto popular.

Entretanto,—não fallando da responsabilidade *moral*, da qual não se exime nenhum ser humano com imputação, *compos mentis*,—ha a responsabilidade *criminal* e a *civil*, e a estas está sujeito o ministro, além da responsabilidade *pessoal* para com o presidente da Republica. Desta ultima a sancção está no «demittir livremente os ministros», do art. 34 § 2º. Da criminal, nos §§ 1º e 2º deste presente artigo. Da civil, no art. 82. (*)

§ 1º Respondem, porém, quanto aos seos actos, pelos crimes qualificados em lei. E' a responsabilidade criminal, da qual ácima fallámos. A Constituição neste paragrapho torna responsaveis os ministros *pelos seos actos* (de ministros), referindo-se assim aos crimes funccionaes (ou de responsabilidade, na technica de nosso direito criminal). Quanto aos particulares ou communs, não tinha que dispôr aqui. E a respeito d'estes mais adiante apenas trata de estabelecer-lhes o fôro (e é o que faz no paragrapho seguinte), que por motivos de ordem superior não poderia ser o ordinario.

Quanto aos seos actos. Estas palavras eximem os ministros de responder criminalmente pelos actos proprios do presidente em materia politica ou administrativa, ainda mesmo por elles subscriptos. A Constituição não quiz repartir a responsabilidade. Dividil-a fôra enfraquecel-a. Diminuiria tambem a energia e decisão do poder executivo. Socio na responsabilidade, o ministro seria egualmente quinhoeiro no poder presidencial, em vez de agente d'elle. Seria isso contradictorio com o intuito, revelado pela Constituição e fundamental no re-

gimen que ella adoptou, de estabelecer um poder executivo vigoroso, resoluto e forte (Comment. á Secção II, «Do poder executivo»).

§ 2º Nos crimes communs e de responsabilidade...pelo supremo tribunal. A alta jerarchia e grandes poderes dos accusados aconselham, de modo obvio, que seo julgamento se confie á mais elevada autoridade judiciaria da nação. Não se trata de homenagem e privilegio conferidos a taes potestades, mas de maior segurança e isenção na justiça que se lhes tem de fazer e que grandemente interessa á nação e ao prestigio do poder publico.
Vide lei n. 27, de 7 de janeiro de 1892, art. 32.

E nos connexos com os do presidente da Republica. *Vide* comment. ao art. 33, verb.: *É aos demais funccionarios.*

No caso de ser a queixa ou denuncia contra o ministro de estado por acto praticado n'esta qualidade, o supremo tribunal federal, si pelos termos d'ella ou pela resposta do accusado, verificar que a responsabilidade do ministro é connexa com a do presidente da Republica, declarar-se-á incompetente para d'ella tomar conhecimento e remetterá os papeis á camara dos deputados. Regim. do supremo tribunal federal, de 8 de agosto de 1891, art. 80. Lei n. 27, de 7 de janeiro de 1892, arts. 31 e 32.

No julgamento pelo senado não serão impostas aos ministros, por crimes de responsabilidades, outras penas mais que a perda do cargo e a incapacidade para exercer qualquer outro, sem prejuizo da acção da justiça ordinaria. Lei n. 27, cit. art. 32 *in fine*.

(*) O illustre e provecto parlamentar asseverou que, no actual regimen, os ministros ou secretarios de estado eram irresponsaveis. Isto não é verdade em absoluto. Não ha responsabilidade dos ministros pelos conselhos dados ao chefe da nação, mas ha a criminal pelos actos que elles praticarem na gestão dos negocios que lhe são confiados, além da censura moral e publica que são sempre inevitaveis e que o devem ser.

Não é comprehensivel que o chefe de estado possa governar contra a vontade de seos ministros e arrostando a opinião a sí contraria de todos os homens publicos do seu paiz. (*Aristides Lobo*, Annaes da camara dos deputados, vol. II, 1891, pag. 458).

CAPITULO V

DA RESPONSABILIDADE DO PRESIDENTE

Cap. V Da responsabilidade do Presidente. A esta materia prende-se quanto deixámos exposto ácima (comment. ao art. 29, verb. «Iniciativa» II, e arts. 33 e 52).

No texto da Constituição não ha especial referencia a responsabilidade do *vice-presidente*, nem n'este capitulo nem n'outra parte. Mas desde que este funccionario assume o exercicio da presidencia, incumbem-lhe as mesmas e todas as funcções, prerogativas e faculdades do titular desse cargo, e portanto, a mesma responsabilidade d'elle emquanto collocado nesse alto posto. E assim fica, quando no governo, sujeito á mesma jurisdicção especial creada para responsabilisar o chefe do estado.

Quid, tratando-se de crime praticado pelo vice-presidente que não estiver no exercicio da presidencia da Republica?

A Constituição legislou quanto a processo e julgamento dos deputados e senadores, do presidente da Republica e dos ministros (arts. 20, 33, 52 e 53). E' silenciosa porém quanto ao fôro do vice-presidente nesta sua propria qualidade. E assim, não se achando elle no exercicio da presidencia, poderá ser processado no fôro especialmente instituido para o presidente? Ou irá responder perante a justiça ordinaria, visto não lhe ter sido designada outra?

Envolvido em processo por crime que os tribunaes consideraram commum, o vice-presidente em 1898 allegou, em protesto, seo caracter de presidente do senado, e reclamando a garantia do art. 20, dizia:

«Sou, no momento, e durante o periodo presidencial a terminar em 15 de novembro do corrente anno, o vice-presidente da Republica, e, como tal, presidente do senado, ex-vi do art. 32 da Constituição de 24 de fevereiro, que, designando tão importante funcção, a de presidir o senado, ao vice-presidente da Republica, eleito pelo suffragio directo da Nação e maioria absoluta de votos (Const., art. 47), não o deixou em plano inferior aos representantes do povo eleitos pelos Estados e pelo districto federal para cada uma das casas do congresso.

«Presidindo o senado, o vice-presidente é um senador por direito; e, si não representa nessa funcção algum dos Estados da Republica, é certo que representa a Nação pelo suffragio directo desta, sendo, como é, tão inviolavel no exercicio do mandato, *por suas opiniões, palavras e votos*, (Const., art. 19) como os representantes do povo eleitos pelos Estados,—não podendo ser preso nem processado criminalmente sem licença da camara que preside (Const., art. 20) e onde tem voto de qualidade (Const., art. 32).

«E, força é convir, o contrario redundaria, sob qualquer aspecto, n'um flagrante absurdo, incompativel com as luzes do legislador constitucional.

«Neste modo de ver a funcção de que me investio a confiança dos meos concidadãos, tenho por dispensavel procurar outro soccorro além da propria Constituição, cujo espirito seria falseado, occasionando os mais graves embaraços ao funccionamento do regimen, caso vingar pudesse o sentir daquelles para os quaes a vice-presidencia da Republica e a presidencia do senado nada traduzem, nada significam, si estão a cargo de um cidadão por ventura incurso no desagrado do presidente, dos seus ministros, dos seos cortezãos, dos seos familiares e criados.

«Antes, como védes, pelo respeito á funcção constitucional que exerço, e para que não passe sem protesto da minha parte um facto, que importaria, pelas consequencias que d'elle dimanam, na annullação do vice-presidente, é que me pronuncio, defendendo a Constituição Federal, contrariamente a pretenções que, si legitimas fossem, poderiam auctorizar, sem dependencia do voto ou da licença do senado, a eliminação do presidente d'esta casa do congresso, arrebatando-o da sua cadeira para o banco dos accusados ou para as prisões dos malfeitores, por simples mandado da justiça ordinaria e local, á primeira manifestação do odio partidario, ao primeiro aceno da politicagem, que seriam largamente satisfeitos, á custa embora da dignidade nacional . . . .

«Persisto em acreditar, fazendo justiça á sabedoria do legislador, que o vice-presidente da Republica e presidente do senado tem, no regimen da Constituição de 24 de fevereiro, um valor que não é precisamente o que lhe empresta, na cegueira da sua paixão, o Sr. presidente.

«Eleito simultaneamente com o presidente para substituil-o no caso de impedimento, e succeder-lhe no de falta (Const., art. 42 § 1°) e *para presidir o senado* (Const., art. 42), não podendo, *sob pena de perder o cargo*, sahir do territorio nacional sem permissão do congresso (Const., art. 45)—, o vice-presidente, cuja auctoridade extende-se até á de promulgar as leis (Const., art. 38) quando o presidente não as promulga dentro de 24 horas nos casos dos §§ 2° e 3° do art. 37 da Constituição, é uma alta dignidade da Republica, e não póde, attenta a somma de poderes de que está investido no machinismo constitucional, ser equiparado a qualquer cidadão: é, como o presidente, um funccionario responsavel, nada tem de inviolavel, a não ser por suas opiniões, palavras e votos na presidencia do senado; mas no exercicio do mandato, e, emquanto presidir o senado, o que constitue a sua funcção ordinaria, não póde ser processado criminalmente sem prévia licença desta casa do congresso, salvo flagrancia em crime inafiançavel, observada, neste caso, a regra da parte final do art. 20 da Constituição.»

E por parte do ministerio publico allegou-se mais:

1.° que quasi todos os artigos dos capitulos I, II e V da secç. II, tit. I da Constituição consagram disposições communs ao presidente e ao vice-presidente da Republica;

2.° que ha disposições que pelo rigor da lettra parece não se referirem ao vice-presidente, mas que logicamente a este se extendem: a que trata do compromisso formal no acto da posse, a que fixa o praso ao periodo presidencial;

3.° que o vice-presidente deixaria de ser imputavel por qualquer dos crimes que praticasse dos especificados no art. 54, porque n'este só foi empregada a palavra *presidente*;

4.° que, sem o fôro especial, dar-se-ia o absurdo de ficar o vice-presidente em inferioridade de condições e garantias em relação ao 2°, 3° e 4° substituto do presidente;

5.° que ao caso é applicavel a interpretação extensiva por força de comprehensão e inducção, embora se trate de disposições legaes derogatorias do direito commum;

6.° que era para ter-se em conta a proeminencia da qualidade de vice-presidente da Republica sobre a de presidente do senado, devendo o caso reger-se pelo art. 53 da Constituição que estabelece fôro especial para o processo e julgamento do presidente da Republica, declarada, pela camara, a procedencia da accusação.

Taes allegações, porém, não prevaleceram. Os tribunaes, sem embargo dellas, conheceram da denuncia contra o vice-presidente e não acharam culpa neste (Vide REVISTA DE JURISPRUDENCIA, 1898, pag. 203-204).

Mas é inegavel que, com effeito, ponderosos motivos se dão para não se deixar sem fôro especial o vice-presidente da Republica. Pedem-n'o sua alta jerarchia, a importancia das elevadas funcções que exerce, sua interferencia na obra legislativa, sua qualidade de escolhido da nação para em dados casos assumir-lhe a suprema direcção. Quem n'uma posição tal é collocado não póde ficar desamparado de garantias que lhe assegurem a independencia e o fortaleçam contra interprezas e manejos que o possam arredar do cargo, para proporcionar a posse deste a substituto que se preste docilmente á realisação de medidas inspiradas em outra ordem de interesses que não os do bem publico. O processo criminal perante jurisdicções em que seja facil fazer-se sentir a influencia do governo e de altas potestades politicas, será um muito adequado expediente de inutilisar o vice-presidente da Republica. Como suppôr que o não tivessem previsto os constituintes? Como admittir que elles tenham querido assim tornar esse funccionario simples joguete nas mãos dos homens de partido? Pôl-o immediato ao primeiro magistrado da nação, á dextra deste sental-o, e, em tal culminancia, expôl-o, em desabrigo e inerme, a ataques e manobras que facilmente o despenhem dessas alturas? Fazel-o deos e arriscal-o, qual outro Vulcano, a cahir do Olympo a um pontapé de Jupiter?

Não podia estar na mente dos constituintes sacrificar o vice-presidente. Não estava em seo plano garantir todos os que exercem altas funcções politicas só com excepção do vice-presidente que tambem necessita ser garantido. E, portanto, é preciso, para não fazer incorrer a Constituição na censura de incongruencia e absurdo, consideral-a comprehendendo aquelle funccionario entre os que têm fôro especial. Esse foi evidentemente o proposito dos constituintes. E a garantia de que se trata é substancial do regimen, como condição *sine qua* da efficiencia e vigor da autoridade a que se liga. Póde-se, assim, dizer que ella está na constituição, virtual e implicitamente. E devia ter sido regulada pelo congresso, em virtude do art. 54 §§ 2º e 3º da Constituição, do mesmo modo que o foi o fôro e processo dos ministros (lei n. 27, de 7 de janeiro de 1892, art. 32).

Uma disposição legislativa mandando applicar a citada lei n. 27 ao processo e julgamento do vice-presidente, nos crimes communs por elle praticados fóra do exercicio da presidencia, cortaria toda a questão e completaria a legislação necessaria para regular a execução do systema constitucional nesta parte (art. 34 n. 34).

—A jurisdicção especial creada pelos arts. 29, 33 e 52 abrange em seu ambito crimes de responsabilidade e crimes communs (art. 53). Supponha-se que o presidente, estando fóra do exercicio, commetta um dos desta ultima classe: embora não esteja elle a esse tempo exercendo a presidencia, não póde ser outro o seo fôro sinão o mesmo em que seria processado e julgado si estivesse no governo.

Esta solução decorre do espirito da Constituição e está accorde com o art. 3º da lei n. 27 de janeiro de 1892, a qual, regulando o processo e julgamento do presidente por crimes, quér de responsabilidade quér *communs*, dispõe que cessará todo o procedimento *quando o presidente deixar* DEFINITIVAMENTE *o lugar* por qualquer motivo. De modo que em quanto presidente fôr, embora esteja provisoriamente fóra do cargo, o fôro em que responde é o especial.

O mesmo cabe dizer-se quanto ao caso de crime commum commettido pelo presidente eleito e reconhecido, que não tenha ainda tomado posse do cargo. O fôro especial é uma garantia de ordem publica e annexa á qualidade de presidente, a qual é adquirida desde o acto da apuração da eleição presidencial e proclamação do resultado dessa apuração pelo congresso.

Não ha menos razão para isso do que para a immunidade assegurada aos deputados e senadores (art. 20), antes mesmo da verificação de seus poderes, antes de seu reconhecimento pela respectiva camara.

— Em sessão de 23 de maio de 1893 foi apresensada á camara dos deputados denuncia contra o vice-presidente da Republica então em exercicio da presidencia. Não é fóra de proposito mencionar aqui o que com relação a isso occorreo.

Ao offerecel-a, o primeiro signatario da denuncia fundamentou-a longamente na tribuna (ANNAES da Cam. dos Dep. 1893, vol. 1, pag. 128 a 140) e, com os oito documentos que a acompanhavam, ficou ella sobre a mesa para ser remettida opportunamente á commissão especial que teria de dar parecer sobre o seo recebimento (pag. 141). No dia seguinte foram pela camara eleitos os nove deputados de que se devia compôr esta commissão, sendo delles cinco governistas e quatro da opposição.

O chefe do estado era accusado pelos seguintes factos:

I Reforma illegal de varios generaes do exercito e marinha (dec.º de 7 de abril de 1892);
II Reforma, nas mesmas condições, de alguns officiaes militares de terra e mar (dec.º de 12 do mesmo mez e anno);
III Demissão de lentes vitalicios de ensino superior (dec.º idem);
IV Fusão dos bancos da Republica e do Brazil e providencias sobre emissão e resgate do papel-moeda (dec. de 17 de dezembro do mesmo anno);
V Recrutamento militar forçado;
VI Esbanjamento dos dinheiros publicos em despesas não-autorisadas por lei e excedentes ás verbas do orçamento.

Além disso a denuncia referia-se a
VII Intervenção indebita nos Estados, principalmente no Rio Grande do' Sul entregue á guerra civil, producto da politica criminosa do vice-presidente da Republica.

Na sessão de 1 de junho apresentou a commissão seo parecer, com voto separado da minoria; concluia assim (ANNAES cit., vol. II, pag. 23):

« Ao redigir a conclusão do seu parecer, convém á commissão procurar estabelecer doutrina sobre a natureza da missão que desempenha.

« Ha quem affirme que, durante o processo de responsabilidade do presidente da Republica, a camara e o senado funccionam sempre como tribunaes judiciarios, que se devem restringir, antes de pronunciar as suas decisões, á analyse secca e fria do que fôr allegado. A commissão não o entende assim.

« O senado funcciona como tribunal judiciario; mas a camara, antes de funccionar como tribunal judiciario, para julgar, depois de executadas algumas diligencias expressas em lei; si a accusação é *procedente* ou *improcedente*, funcciona como tribunal soberana e exclusivamente politico para decidir—sem ser obrigada antes disso a fazer diligencia alguma—si a denuncia *é ou não é objecto de deliberação.*

«A commissão julga que pugna pela dignidade da assembléa que a elegeu, equiparando a extensão do poder que ella tem, neste caso, á do que lhe é concedido no art. 29 da Constituição e em virtude do qual a justiça ordinaria não pode processar um dos seus membros sem sua prévia licença.

Pelo que, a commissão:

« considerando que dos actos, que constituem os fundamentos da denuncia, uns não foram praticados pelo governo;

« que outros o foram no exercicio incontestado de attribuições constitucionaes;

« que outros o foram por solemne autorisação do congresso;

« que outros já estão approvados por lei;

« e que, finalmente, outros dependem de approvação ou rejeição do congresso,

« pede á camara dos srs. deputados que vote a seguinte conclusão de parecer:

« A denuncia apresentada contra o vice-presidente da Republica... não é objecto de deliberação.»

O voto separado demonstrava que os factos arguidos eram criminosos e em sua maior parte se achavam até reconhecidos pela maioria da commissão. E dizia (ANNAES cits., pag. 24):

... E assim, apenas instaurado o processo, de prompto poderia ser proferido o julgamento, sob a breve fórma de um syllogismo em que a consequencia resulta de premissas irrecusaveis.

Neste ponto é conforme a quasi unanimidade dos membros da commissão especial, pelo menos quanto á mór parte dos factos denunciados.

Mas, advertio a maioria que subscreve o parecer vencedor, o aspecto judiciario não é o unico nem o mais importante das denuncias referentes a crimes de responsabilidade perpetrados pelas autoridades que a Constituição federal sujeita á jurisdicção da camara dos deputados e do senado; por isso mesmo que o juizo para taes crimes é de excepção ou privilegiado, evidencia-se que no respectivo processo podem preponderar, contrapondo-se á justiça do julgamento e á comminação da lei penal, razões de ordem politica, attinentes a supremos interesses da Republica, as quaes inadmissiveis perante os tribunaes ordinarios, constituem, entretanto, a legislação superior, o dictamen inilludivel a que devem obedecer as deliberações dos corpos legislativos, quando agem como tribunaes politico-judiciarios.

Abstendo-se de investigar si ao conceito ácima enunciado não se oppoem motivos decorrentes do regimen constitucional vigente, não teem duvida os signatarios do voto divergente em acudir ao terreno a que é levada a questão, certos de que dentre os mais altos interesses da Republica, geraes e permanentes, ou transitorios e creados por extraordinarias circumstancias da actualidade politica, nenhum sóe sobrepujar o supremo interesse de manter a Constituição, de resguardar a competencia e autonomia dos poderes politicos e de assegurar o respeito ás garantias individuaes, o que importa defender a existencia mesma da Republica contra attentados que, como os denunciados, a desnaturam, a deturpam e a ferem de morte.»

Ao discutir-se o parecer (ANNAES cit., vol. II, pag. 93, 147 e 175) não veio á baila o caracter politico, nelle aventado, da decisão inicial do processo, desse despacho de recebimento da denuncia (que tanto vale o declarar-se ser ella *objecto de deliberação*). Mas é incontestavel que vinha provada a existencia dos factos arguidos, quanto bastava para aquella decisão (o art. 4 da lei de responsabilidade contenta-se com «documentos que façam acreditar a existencia do delicto»). E sob pena de admittir-se que a camara dos deputados tivesse querido fechar os olhos á evidencia ou ignorasse o citado artigo da lei que lhe cumpria observar, deve-se crer que razões de ordem meramente politica—para as quaes em mais de um ponto appellava o parecer da maioria da commissão e que foram invocadas pelo relator ao justificar seu voto (ANNAES cit. pag, 191), bem como nas diversas declarações de voto *(ib* pag. 191, 193, 202 e 203),—induziram-n'a a rejeitar a denuncia.

Ora, este procedimento equivale ao chamado *bill de indemnidade* do regimen parlamentar e é avesso ao espirito da Constituição. Elle enthronisa a omnipotencia do parlamento ou antes, da camara dos deputados. Concebe-se que essa especie de graça se dê n'um regimen no qual o executivo é creatura d'essa camara, commissão sua, que a ella deve contas; n'um systema em que o parlamento póde «fazer do branco preto e do quadrado redondo.» E' inadmissivel, porém, n'um regimen em que os poderes são limitados e coordenados, e no qual existem leis definindo os delictos funccionaes do chefe da nação e regulando seo processo, leis que obrigam á propria camara dos deputados e nas quaes não se lhe deo, nem se lhe poderia dar, a faculdade de pôr de lado a prova dos autos e abolir a seo talante os factos que ella faz certos e evidentes.

Semelhante faculdade seria annullatoria ou da responsabilidade ou da independencia presidencial. O presidente que tivesse a seo dispôr a maioria da camara, tudo poderia affrontar contra os outros poderes, contra o cidadão, contra as liberdades publicas. E para ter a posse segura d'esse talisman, elle seria levado a interferir de modo decisivo na eleição dos deputados. O presidente com uma maioria hostil, seria prisioneiro d'ella, seo escravo, ou seria demittido.

Assim, não só os principios fundamentaes de nosso systema constitucional, como altas razões de conveniencia, repellem a ideia de fazer-se simplesmente politico e discrecionario o recebimento da queixa ou denuncia contra o presidente da Republica.

Art. 60. O presidente dos Estados Unidos do Brazil será sujeito a processo e julgamento pelos crimes communs perante o supremo tribunal de justiça, depois que a camara dos deputados tiver declarado que procede a accusação. Paragrapho unico. Decretada a procedencia da accusação, ficará o presidente suspenso de suas funcções. (Projecto da commissão do governo provisorio).	Art. 52. O presidente dos Estados Unidos do Brasil será submettido a processo e julgamento depois que a camara declarar procedente a accusação, perante o supremo tribunal federal, nos crimes communs, e, nos de responsabilidade, perante o senado. (Decretos n. 510, de 22 de junho e n. 914 A, de 23 de outubro de 1890).	Ao art. 52 accrescente-se: Paragrapho unico. Decretada a procedencia da accusação, ficará o Presidente suspenso de suas funcções. Emenda da commissão do congresso (approvada em 5 de janeiro de 1891.)	Art. 53. O president dos Estados Unidos d Brazil será submettid a processo e a julga mento, depois que camara declarar pro cedente a accusação perante o supremo tri bunal federal, nos cri mes communs, e, no d e responsabilidade perante o senado. Paragrapho unico.- Decretada a proceden cia da accusação, ficar o presidente suspens de suas funcções.

Art. 53. Submettido a processo. Não só como autor, mas tambem como complice (art. 5 da lei n. 30 de 8 de janeiro de 1892). Póde deixar de comparecer pessoalmente, fazendo-se representar por advogado (lei n. 27 de 7 de janeiro do mesmo anno, arts. 9 e 17),

Procedente a accusação. Vide o que ácima acabamos de expôr, e comment. ao art. 29, verb. « Iniciativa» II.

Nos crimes communs. Vide art. 59 n. I
a) O processo e julgamento d'estes crimes regulam-se pelas disposições dos arts. 79 a 86 do Remento do supremo tribunal federal, de 8 de agosto de 1891 (art. 31 da lei n. 27 cit.).

Perante o senado. Vide comment. ao art. 33. N'este caso, não ao presidente do senado, nem a seus substitutos compete a presidência, mas ao presidente do supremo tribunal federal, a quem se enviará o processo em original (art. cit. § 1,— lei n. 27 cit, art. 1,— e art. 16 § 2 do cit. regim. do supremo tribunal).

§ unico. Suspenso de suas funcções a Constituição quer que fique o presidente quando se lhe decretar a accusação. Esta disposição vinha no projecto da commissão do governo provisorio (art. 6º), que a tomára do projecto Americo Braziliense (art. 37). Não a quiz consagrar o projecto do governo (e boas razões tinha para isso). A commissão do congresso, porém, a reproduzio, sem justificação nem no parecer com que apresentou suas emendas nem na discussão d'ellas, e o congresso, adoptou-a tambem sem a discutir.

O que é o decreto de accusação ? Julgada a denuncia objecto de deliberação, ouvidos o accusado e testemunhas, a camara dos deputados approva (bastando simples maioria) um parecer de commissão julgando procedente a accusação, remette ao senado a denuncia e as provas, para ser o presidente processado e jul gado.

E com isto está arredado do governo, por mando só dos deputados, com qualquer maioria o chefe da nação, assim incurialmente tratade como qualquer empregado publico que por despacho de pronuncia fica suspenso do exercicic do cargo... O primeiro magistrado da nação, c gestor dos seos mais altos negocios politicos e governamentaes, em tão grave conjuncturaequiparado ao simples funccionario administrativo, sem se ponderar a natureza caracteristica de suas funcções, a origem nacional de sua investidura, sem terem-se em consideração os inconvenientes e perigo da substituição do governo n'um momento tão arriscado e de tamanha expectação para o paiz, como deve ser esse em que se trata de processar o presidente !

O projecto do governo seguira a jurisprudencia politica norte-americana. A Constituição dos Estados-Unidos da America do Norte não consagra a suspensão do presidente processado e c precedente no processo de Johnson em 1867, (que continuou no exercicio de suas funcções, não obstante o decreto de accusação) é uma licção de grande tino e prudencia politica.

As razões que levam a não se confiar á camara dos deputados o julgamento do presidente accusado, induzem tambem a se lhe não conferir o temeroso poder de suspendel-o do exercicio do cargo. E a necessidade de dar força, vi gor e todo o prestigio ao chefe do governo, n'um regimen em que elle é temporario e não tem os elementos de resistencia que amparam o chefe do estado no systema monarchico, exige que de sobre a cabeça do presidente se retire aquella especie de espada de Damocles.

Art. 61. Pelos crimes de responsabilidade será o presidente processado e julgado pelo senado, depois dos tramites ácima indicados.

Art. 62. A accusação do presidente será decretada pelo congresso nacional, competindo ainda o processo e julgamento ao senado, que poderá destituil-o das funcções presidenciaes, quando se tratar dos seguintes crimes:
1.º traição;
2.º peita, suborno;
3.º dissipação dos bens publicos;
4.º intervenção indebita em eleições de qualquer cargo federal ou dos estados.
Paragrapho unico. Uma lei particular definirá a natureza desses delictos.

(Projecto da commissão do governo provisorio),

Art. 53. São crimes de responsabilidade do presidente da Repubica, os que attentam contra:
1.º A existencia politica da União;
2.º A Constituição e a fórma do governo federal;
3.º O livre exercicio dos poderes politicos;
4.º O goso e exercicio legal dos direitos politicos, ou individuaes;
5.º A segurança interna do paiz;
6.º A probidade da administração;
7.º A guarda e emprego constitucional dos dinheiros publicos.
§ 1.º Esses delictos serão definidos em lei especial.
§ 2.º Outra lei lhes regulará a accusação, o processo e o julgamento.
§ 3.º Ambas essas leis serão feitas na primeira sessão do primeiro congresso.

(Decretos n.º 510 de 22 de junho e n.º 914 A de 23 de Outubro de 1880).

Accrescente-se ao art. 53:
8.º As leis orçamentarias votadas pelo congresso.

Emenda da commissão do congresso (approvada em 5 de janeiro de 1891).

Art. 54. São crimes de responsabilidade os actos do Presideute da Republica, que attentarem contra:
1.º A existencia politica da União;
2.º A Constituição e a fórma do governo federal;
3.º O livre exercicio dos poderes politicos;
4.º O goso e exercicio legal dos direitos politicos, ou individuaes;
5.º A segurança interna do paiz;
6.º A probidade da administração;
7.º A guarda e emprego constitucional dos dinheiros publicos;
8.º As leis orçamentarias votadas pelo Congresso.

§ 1.º Esses delictos serão definidos em lei especial.
§ 2.º Outra lei regu lará a accusação, o processo e o julgamento.
§ 3.º Ambas essas leis serão feitas na primeira sessão do primeiro congresso.

Art. 54 São crimes de responsabilidade. Estabelecida a responsabilidade do presidente da Republica, a Constituição passa a determinar os actos pelos quaes n'ella incorre elle. Sahindo assim do vago em que n'esta materia se expressam outras constituições, a nossa melhor garantio o poder publico e a pessoa do chefe da Nação. Applicou ao accusado o salutar principio que se lê em seo art. 72 § 15 e no art. 1 do codigo penal. E tirou, quér á camara dos deputados, quér ao senado, todo o poder discrecionario que n'isto de outro modo lhes ficaria pertencendo. D'este feitio, ficou consagrado que o presidente denunciado deverá ser processado, absolvido ou condemnado, não *absque lege* e por meras considerações de ordem politica, quaesquer que sejam, mas com procedimento de caracter judiciario, mediante as investigações e provas admittidas em direito, e julgado *secundum acta et probata*.

É de outro modo deturpar-se-ia o regimen presidencial, podendo as camaras sob qualquer pretexto demittir o presidente; dar-se-ia incontrastavel predominio d'ellas. A posição do chefe da nação seria cousa instavel e precaria, sem independencia, sem garantias.

—A presidencia constitue um dos grandes ramos «coordenados» do governo; seos poderes, bem como seos privilegios e seos deveres, são definidos. Faz parte integrante da organisação governamental e não se lhe deve tocar sinão muito ao de leve. Tudo o que póde enfraquecer o direito que o presidente tem ao respeito do povo, quebrar as barreiras que o cercam, fazel-o joguete de maiorias occasionaes, tende a destruir nosso governo e prejudicar a liberdade constitucional. A destituição do Supremo Magistrado deveria ser promovida de feição que o espirito de partido não podesse ser accusado de tel-a dictado. Ella não deve deixar suspeitar os motivos dos que applicam a pena; deve-se apresentar ao paiz e ao mundo civilisado como uma medida justificada pela gravidade do crime e pela necessidade do castigo... O senado convertido em Alta Côrte de Justiça, ao pronunciar-se sobre os artigos da accusação, deve restringir-se a decidir si elles se acham provados.— Estes conceitos de um senador norte-americano justamente havido por grande jurisconsulto, W. P. Fessenden, no processo Johnson, dando exacta idéa do *impeachment*, quadram ao nosso proposito, e o autor de *Le pouvoir executif aux Etats-Unis*, depois de os ter citado, adduz as considerações, que, aqui vindo muito de molde, em seguida resumimos:

> O precedente solemnemente estabelecido com a decisão do *impeachment* intentado contra Johnson, fará jurisprudencia.
> Ficou firmado que o presidente só póde ser processado por factos que lei da União definir como crimes.
> A independencia do poder executivo assim torna-se uma realidade. O congresso não ha de contar com o processo ço *impeachment* para dominar o presidente ou desembaraçar-se delle.
> Equivalerá isto a isental-o, de facto, de responder perante o povo e a autoridade legislativa? Mas para escapar a esta critica bem fundada, ter-se-ia de cahir em não menos grave inconveniente, facultando ao povo a deposição d'aquelle em quem elle delegou a autoridade executiva. Perderia então o presidente a independencia, abrindo-se a porta á anarchia, fatal ao paiz e mais fatal ainda á liberdade.
> Si o senado tivesse o direito de demittir um presidente que não pensasse como elle, o ramo legislativo do governo se tornaria supremo. O executivo lhe ficaria completamente subordinado. Essa organisação de poderes eguaes, que se equilibram entre si, na qual se esmeraram os constituintes de 1787, ruiria de um golpe. Os Estados-Unidos passariam a ficar sob a dominação de assembléas omnipotentes. E é evidente que nada ganhariam com isso. Nas democracias uma assembléa é em geral inhabil para dirigir o governo. Póde fazer leis e é excellente para fiscalisar o poder; para retel-o porém em suas mãos é quasi sempre impropria.
> E os patriarchas da Republica norte-americana, tendo de escolher entre a responsabilidade imperfeita do presidente e os males gravissimos que infallivelmente arrastaria a intervenção legislativa, mostraram uma grande sabedoria assegurando a independencia dopoder executivo. (*De-Chambrun*, op. cit., cap. XI *in fine*).

Os actos... que attentarem contra... O projecto Magalhães Castro dizia — *por delictos commettidos no desempenho de suas funcções* (art. 62). O projecto Werneck-Pestana, por *máo procedimento* ou por *delicto no exercicio de suas funcções* ou por crimes communs (art. 93). O projecto Americo Braziliense, por: I traição, II peita, suborno ou concussão, III dissipação de bens publicos, IV *intervenção indebita em eleição de qualquer cargo federal ou dos Estados* (art. 38). O projecto da commissão do governo seguia este ultimo (art. 62). O projecto do governo provisorio apartou-se do vago dos dous primeiros, abandonou o caso de intervenção em eleições, do terceiro (art. 38 n. IV) e precisou como crimes de responsabilidade do presidente (art. 53) os de que trata o art. 54 da Constituição ns. 1 a 7 (o n. 8 deste artigo resultou de uma emenda da commissão). E isto claramente mostra o proposito de evitar nesta materia tudo o que pudesse dar ensanchas a arbitrio, tudo o que servisse de pretexto a considerar-se o juizo especial creado pela Constituição como meramente politico e inteiramente discrecionario.

O § 1º deste artigo é ainda uma prova disso, não se contentando com a designação em termos geraes, feita nos ns. 1 a 8, dos crimes de responsabilidade do presidente e mandando que estes sejam *definidos em lei especial*.

Em lei especial. E' a lei, ácima citada, n. 30 de 8 de janeiro de 1892. Procede de projecto de uma commissão mixta, de deputados e senadores. Pouca discussão teve, soffrendo apenas uma emenda na camara e outra no senado. Vetada, foi adoptada por dous terços de votos, na fórma do art. 37 § 3. (*Vide* Ann. do senado, 1891, pags. 191, 192 e 204).

Pela importancia da materia, inserimos em seguida as razões de não sancção e a critica que essa lei suscitou.

> O projecto de lei do congresso nacional, que especifica os crimes de responsabilidade do presidente da Republica, offende mais de uma vez a Constituição Federal, porquanto:
> 1.º Na ultima parte do art. 2º, tambem sujeita o presidente á justiça ordinaria, no fôro commum, quando é certo que, pelo art. 53 da Constituição, elle tem sempre, quér para os crimes communs, quér para os de responsabilidade, fôro privilegiado, que, para os primeiros, é o supremo tribunal federal, e, para os segundos, o senado;
> 2.º No art. 15, que teve em vista o art. 109, § 2º do codigo penal, supprime-se da definição d'este as palavras— por meio de força ou ameaças de violencia — resultado que, como está concebida, a disposição, na parte final negaria ao presidente o direito de exercer o *veto*, o qual, em ultima analyse, importa em obrigar cada uma das camaras do congresso a exercer as suas funcções constitucionaes de certo modo—, contra o disposto no art. 37, § 1º da Constituição e os interesses da Nação, art. 37, § 1º da Constituição, que assim é violado;
> 3.º Define, no art. 34, entre os crimes de responsabilidade do presidente « provocar algum crime por discursos proferidos publicamente ou por escriptos affixados ou postos em circulação», facto que não se póde capitular como crime de responsabilidade, pois este presuppõe, como elemento essencial o exercicio de qualquer autoridade ou funcção publica, por occasião e com abuso do qual se commetta, tanto que só póde ser praticado por funcionario publico. E d'est'arte infringe o art. 54 §§ 1º e 3º da Constituição, que manda nesta lei definir sómente crimes de responsabilidade.
> 4.º Prevê, no art. 43, como crime de responsabilidade do presidente « usa: mal de sua autoridade, commettendo excessos ou abusos *não especificados na lei*, que tenham I roduzido damno provado a algum particular ou ao estado», o que é contra principio elementar de direito criminal (art. 1º do codigo criminal de 1830; art. 1º do novo codigo penal), contra o art. 1º d'este mesmo projecto, que diz: « São crimes de responsabilidade do presidente da Republica os que esta lei especifica» e contra o art. 72 § 1º da Constituição, que preceitua: «ninguem póde ser obrigado a fazer ou deixar de fazer alguma cousa sinão em virtude da lei», não se comprehendendo, pois, crime consistente em factos não especificados em lei.
> Nego, portanto, sancção a este projecto de lei e o devolvo á camara iniciadora, na fórma do art. 37 § 1º da Constituição.

Por occasião de ser submettido á discussão na camara dos deputados o projecto não sanccionado, assim se exprimio o deputado Seabra (Disc. na sessão de 29 de dezembro de 1891:

> Não concorda com todos os pontos das razões dadas pelo presidente da Republica, para a não sancção d'este projecto, mas alguns ha que na verdade vão de encontro ás disposições constitucionaes.

Segundo a Constituição Federal, o presidente da Republica póde commetter duas especies de delictos : delictos de responsabilidade e delictos communs ; pelos primeiros, o presidente da Republica responde perante o senado, e pelos segundos perante o tribunal federal.

Pensa que o art. 2º do projecto offende a Constituição, porquanto cogita de crimes do presidente da Republica e não de um homem que já não occupa aquelle cargo. Portanto, pelo art. 2º da lei de responsabilidade, si concorre com o crime de responsabilidade praticado pelo presidente da Republica a pratica de um crime commum, o presidente responde pelo crime de responsabilidade perante o senado e pelo crime commum perante as justiças ordinarias.

Ora, pela Constituição o presidente da Republica tem um tribunal privilegiado, logo o art. 2º offende a Constituição.

Mas dizem que este artigo refere-se aos crimes que elle pratica como presidente da Republica.

Ora, o art. 2º só cogita de crimes que pratica o presidente da Republica e não dos que pratica um homem que já não está mais occupando aquella posição, porque estes estão definidos na lei commum.

N'estas condições parece-me que andou bem o Sr. presidente da Republica, negando sancção a esta lei de responsabilidade pelo motivo de sua inconstitucionalidade; desde que a Constituição facultou-lhe o direito do *veto*, negando-o elle a essa lei, usou de um direito seo.

O absurdo d'esta lei, não fica sómente n'este art. 2, o art. 43 offende tambem o § 1º do art. 70 da Constituição Federal, que determina que todos podem fazer aquillo que a lei autorisa ou permitte, ninguem póde ser punido sinão por factos especificados na lei; no emtanto aquelle artigo do projecto diz que o presidente da Republica póde ser punido por « factos não especificados na lei.»

Negando, portanto, o meo voto a esta lei, entendo que não fica a camara inhibida de formular uma outra lei de accordo com a disposição da Constituição.

A proposito da mesma lei, dizia o deputado Leovigildo Filgueiras, em sessão de 6 de junho de 1893 :

Essa lei não é só inconstitucional nas disposições a que referio-se o *veto* do Sr. marechal Deodoro.

Ella é toda inconstitucional, porque, em vez de *definir os delictos* enumerados no art. 54 da Constituição, que era o que ao congresso competia fazer, converteo cada um d'elles em uma epigraphe de capitulo, *creando* em cada capitulo uns poucos de delictos novos, que a Constituição não havia enumerado.

Poderia demonstral-o, si não incorresse na censura de abusar da attenção da Camara...

E, em sessão de 24 de outubro de 1898, o deputado Moreira da Silva (o qual, como os outros acima citados, tinha feito parte do congresso constituinte e na primeira legislatura ordinaria votára a lei de responsabilidade) :

«... como estudo historico da questão recordo á camara que a lei de responsabilidade do presidente da Republica foi votada no momento em que os espiritos encontravam-se apaixonados e sob a impressão de lucta tremenda entre o poder legislativo e o poder executivo. Parecia que o congresso nacional organisava meios e modos de apanhar em crime o presidente da Republica, para responsabilisal-o e punil-o, arrancando-lhe as suas attribuições constitucionaes.»

Em seos «Principios Geraes de Direito Publico e Constitucional», 1893, pag. 330, o abalisado professor Dr. J. Soriano de Souza, manifestou o seguinte juizo :

«Seguindo o methodo analytico, fizeram (os nossos legisladores ordinarios) uma lei casuistica e de certo modo uma lei de occasião. Desejosos de que o accusado não podésse em caso algum escapar-se, chegaram a definir casos impossiveis, ou pelo menos improvaveis.

Desceram até á degradante supposição de um presidente de Republica capaz de receber donativo para praticar ou deixar de praticar algum acto de officio (art. 48); de exigir gratificação ou premio para cumprir o seu dever (art. 47); de ser incontinente publico, jogador e ebrio (art. 48). E como si ainda não bastasse, no art. 43 se considera crime de responsabilidade do presidente «usar mal de sua autoridade commettendo excessos e abusos *não especificados na lei !* Não ha como escapar!»

E na sua «Historia constitucional da Republica dos Estados Unidos do Brazil», referindo-se á mesma lei, observa o ex-deputado Felisbello Freire (pag. 213):

Opiniões de publicistas lhe são desfavoraveis (transcreve a do Dr. Soriano cit.).....

A lei não podia deixar de resentir-se da effervescencia politica dominante ao tempo em que foi elaborada. O congresso nacional movia ao presidente de então, o marechal Deodoro da Fonseca, a maior opposição, não tendo a autoridade executiva no seio d'elle maioria sufficiente para as medidas necessarias á administração publica.

Tudo negou-lhe...

§ 2. **Outra lei.** E' a de n.º 27, de 7 de janeiro de 1892. Resultou tambem de projecto da commissão mixta já mencionada.

A esse projecto apresentára a seguinte emenda o deputado Epitacio Pessoa :

Art. 8. O processo de que trata esta lei poderá ser intentado não só durante o periodo presidencial, mas ainda depois que o presidente, por qualquer motivo, houver deixado definitivamente o cargo.

E abundando em considerações justificativas d'essa emenda, dizia seu autor :

Poderá dizer-se, á vista dos termos em que está concebido o artigo constitucional e da uniformidade nas outras constituições, que o presidente da Republica só póde ser processado perante as justiças communs; sem prejuizo da acção da justiça ordinaria contra o *condemnado*, diz a Constituição. Mas si se dér esta intelligencia ao artigo da Constituição, então os inconvenientes do art. 3º do projecto, que se acha em debate, serão tantos e de tal gravidade e importancia que o poder legislativo não póde deixar de rejeital-o *in limine*. Com effeito, si o presidente da Republica só póde ser sujeito á acção ordinaria da justiça, si fôr e depois que fôr condemnado pelo senado, e si o processo politico tem de cessar logo que elle deixe definitivamente o exercicio do cargo, o que póde fazer por uma renuncia, podemos desde já garantir que este projecto que estamos discutindo não é o projecto da responsabilidade do presidente, mas sim o da sua irresponsabilidade. O presidente da Republica poderá commetter os mais graves delictos que a lei não o attingirá, porque, com a renuncia, elle conseguirá o silencio do senado, e com o silencio do senado elle terá alcançado tambem o silencio dos tribunaes ordinarios, os quaes só podem julgal-o depois que aquella corporação politica se houver manifestado.

Entretanto, devo dizer que para mim não é esta a verdadeira intelligencia do texto constitucional; penso, pelo contrario, que muito embora não se dé o julgamento politico, o presidente, pelo facto da renuncia, se torna um simples cidadão, e como tal incide na alçada dos tribunaes ordinarios; mas o que é incontestavel é que a Constituição usando da expressão restricta—condemnado—não cogitou da hypothese de o presidente ficar sujeito aos tribunaes communs pelo simples facto da renuncia. Demais já mostrei á camara que o julgamento ordinario não previne os inconvenientes que figurei.

Todos estes inconvenientes são removidos pela emenda substitutiva.

(Annaes da cam. dos dep., 1891, IV, pag. 39).

O mesmo era o modo de ver do presidente da Republica, nas razões de *veto* que oppoz á lei (Ann. do Sen., sess. extr. de 1891, vol. I, pag. 7):

«O projecto de lei que regula o processo e julgamento do presidente da Republica, com a disposição do art. 3°, que diz que o processo estabelecido só poderá ser intentado durante o periodo presidencial e cessará quando o presidente, por qualquer motivo, deixar definitivamente o exercicio do cargo, tornaria inapplicavel e inerte, em muitos casos, a pena de incapacidade para qualquer outro cargo, que o art. 33, § 3° da Constituição (que assim é violado) autorisa o Senado a impôr. Isto se verificaria todas as vezes que o Presidente, para evitar o julgamento do senado, renunciasse o cargo, havendo commettido crime de responsabilidade que o sujeitaria áquella pena, si julgado pelo tribunal especial e que não seja punido com tal inhabilitação pela lei criminal commum. O mesmo se daria sempre que o julgamento se verificasse depois de findo o periodo presidencial, ou porque o delicto houvesse sido praticado nos ultimos dias deste, ou porque só se descobrisse depois que o delinquente tivesse deixado as funcções do cargo.

Em refutação da emenda, porém, o senador José Hygino argumentava (Ann. do Senado, 1891, v, pag. 104):

O art. 33 da Constituição diz que «compete privativamente ao senado julgar o *presidente da Republica*». E' pois o *presidente da Republica*, o funcionario investido das funcções de chefe da União, que o senado julga. Ora, não é presidente da Republica quem largou o cargo presidencial, porque terminou o periodo legal ou por qualquer outro motivo, o *ex-presidente* é um simples cidadão, e como tal, não póde ser arrastado á barra do senado; só ás justiças ordinarias compete julgal-o segundo o direito commum.

O autor da emenda procurou justifical-a, allegando que, si prevalecesse o systema adoptado no art. 3° do projecto, o presidente da Republica poderia evitar o julgamento do Senado e consequentemente a pena de incapacidade, demittindo-se do cargo presidencial. Não ha duvida que o presidente da Republica, como qualquer outro funcionario sujeito ao julgamento do senado, póde evitar o *impeachment* e os seus effeitos, fazendo renuncia do cargo. Mas *quid juris*? Si por esse meio o presidente subtrahe-se á justiça do senado, não evita a acção das justiças ordinarias nem as penas criminaes que as leis tenham estabelecido para o crime ou crimes por elle perpetrado. Ora, as leis criminaes e a justiça ordinaria é que são a garantia da ordem juridica e da inviolabilidade do direito. A emenda da camara dos deputados desvirtua todo o systema, mantendo a jurisdicção excepcional do senado, apezar de haver cessado a causa que a determina.

Mais tarde, occupando-se do *veto* dizia o mesmo representante (Ann. cit., pag. 204):

«A missão do senado não é conhecer dos crimes de responsabilidade do presidente da Republica para punil-o criminalmente, mas para decretar uma medida de governo, a qual é a destituição do presidente delinquente.

Desde que o presidente tenha largado o cargo, ou seja por força de sentença condemnatoria do senado, ou por motivo de renuncia ou por ter expirado o periodo criminal, responde pelos crimes de responsabilidade que perpetrara no exercicio do cargo perante a justiça ordinaria, que o julgará e punirá segundo o direito criminal commum.»

E sem mais debate, vê-se dos citados annaes, foi encerrada a discussão, sendo approvado o projecto por dous terços de votos, e prevalecendo, assim, as razões exhibidas em justificação do acto vetado.

D'ahi se infere que a palavra «condemnado», do art. 33 § 3°, só obsta ao processo da justiça commum contra o presidente que tiver sido trazido perante o tribunal especial de *impeachment* e por elle absolvido;—mas não embaraça o processo ordinario no caso de haver aquelle funccionario por qualquer causa deixado definitivamente o cargo.

§ 3° **Na primeira sessão do primeiro congresso.** Esta disposição veio do projecto do governo provisorio (art. 53 § 3°). Tinha por fim evitar que ficasse o governo a funccionar sem responsabilidade, pois sem as leis de que se trata ella seria puramente nominal e van. Quiz por isso a Constituição que não se adiassem esses actos legislativos, complementos necessarios da organisação do poder presidencial.

SECÇÃO III

DO PODER JUDICIARIO

Do poder judiciario. Da indole e missão do poder judiciario na União Federal, já, de passo, demos idéa no commentario ao art. 1. Convém agora pôr sob os olhos do leitor o que a este respeito se lê no *preambulo* do dec. n. 848, de 11 de Outubro de 1890, pelo qual o governo provisorio organisou a justiça federal, sobre as mesmas bases e com a mesma orientação que vieram a prevalecer na Constituição que o congresso emendou e adoptou :

« Não se trata de tribunaes ordinarios de justiça, com uma jurisdicção pura e simplesmente restricta á applicação das leis nas multiplas relações do direito privado.

A magistratura que agora se installa no paiz, graças ao regimen republicano, não é um instrumento cégo ou méro interprete na execução dos actos do poder legislativo. Antes de applicar a lei cabe-lhe o direito de exame, podendo dar-lhe ou recusar-lhe a sancção, si ella lhe parecer conforme ou contraria á lei organica.

O poder de interpretar as leis, disse o honesto e sabio juiz americano, envolve necessariamente o direito de verificar si ellas são conformes ou não á Constituição, e neste ultimo caso cabe-lhe declarar que ellas são nullas e sem effeito. Por esse engenhoso mecanismo consegue-se evitar que o legislador, reservando-se a faculdade da interpretação, venha a collocar-se na absurda situação de juiz em sua propria causa.

E' a vontade absoluta das assembléas legislativas que se extingue, nas sociedades modernas, como se hão extinguido as doutrinas do arbitrio soberano do poder executivo.

A função do liberalismo no passado, diz um eminente pensador inglez, foi oppôr um limite ao poder violento dos reis ; o dever do liberalismo na epoca actual é oppôr um limite ao poder illimitado dos parlamentos.

Essa missão historica incumbe sem duvida, ao poder judiciario, tal como o architectam poucos povos contemporancos e se acha consagrado no presente decreto.

Ahi está posta a profunda diversidade de indole que existe entre o poder judiciario, tal como se achava instituido no regimen decahido, e aquelle que agora se inaugura, calcado sobre os moldes democraticos do systema federal. *De poder subordinado, qual era, transforma-se em poder soberano, apto na elevada esphera da sua autoridade para interpôr a benefica influencia do seu criterio decisivo, afim de manter o equilibrio, a regularidade e a propria independencia dos outros poderes, assegurando ao mesmo tempo o livre exercicio dos direitos do cidadão.*

E' por isso que na grande União Americana com razão se considera o poder judiciario como a pedra angular do edificio federal e o unico capaz de defender com efficacia a liberdade, a autonomia individual. Ao influxo da sua real soberania desfazem-se os erros legislativos e são entregues á austeridade da lei os crimes dos depositarios do poder executivo.

De resto, perante a justiça federal dirimem-se não só as contendas que resultam do direito civil, como aquellas que mais possam avultar na elevada esphera do direito publico.

Isto basta para assignalar o papel importantissimo que a Constituição reservou ao poder judiciario no governo da Republica. Nelle reside essencialmente o principio federal ; e da sua boa organisação, portanto, é que devem decorrer os fecundos resultados que se esperam do novo regimen, precisamente porque *a Republica*, segundo a maxima americana, *deve ser o governo da lei.*

O organismo judiciario no systema federativo, systema que repousa essencialmente sobre a existencia de duas soberanias na triplice esphera do poder publico, exige, para o seu regular funccionamento, uma demarcação clara e positiva, traçando os limites entre a jurisdicção federal e a dos Estados, de tal sorte que o dominio legitimo de cada uma destas soberanias seja rigorosamente mantido e reciprocamente respeitado.

Na Suissa, a lei de 27 de Junho de 1874, que deo nova organisação á justiça federal, em vez de reprimir, como devêra, desenvolveu a tendencia, já manifestada na legislação anterior, de ampliar a jurisdicção federal nas causas civis, extendendo-a até áquellas que por sua natureza deviam ser da privativa competencia da justiça cantonal.

Além de estabelecer que em regra é permittido sujeitar ao julgamento do tribunal federal as causas estranhas á sua competencia, quando nisto convierem os litigantes, a legislação actual consagra a competencia do mesmo tribunal para julgar em recurso as questões derivadas do contracto matrimonial e aquellas que, julgadas pelos tribunaes cantonaes, tiverem valor superior a 3.000 francos uo não susceptivel de estimação.

Mas os inconvenientes de um tal systema se fizeram sentir desde logo, aconselhando a necessidade de uma descriminação perfeita e completa, garantidora da reciproca soberania.

E' notavel no meio das reclamações geraes, que teem sido provocadas por esta tendencia subversiva dos bons principios, o energico protesto de um illustre membro do tribunal federal, que começa a ver o perigo de ser o proprio tribunal desnaturado por esta competencia tão extensa no civil, quando a sua natural destinação é conhecer das questões de direito publico. Mas o que sobretudo inquieta os espiritos, é o fundado receio de que por este modo se perturbem todas as relações, se paralyse e destrua o sentimento de soberania dos juizes locaes, fazendo desapparecer por essa continua invasão, e cada vez mais extensa, a correlata independencia da justiça federal e local, principio basico do systema federativo.

A organização contida no decreto, que ora submetto á vossa assignatura, rigorosamente calcada sobre as bases estabelecidas pela Constituição, remove todas as difficuldades e evita todos os perigos, traçando com clareza e precisão os limites da competencia entre a justiça federal e a dos Estados, de tal modo que cada uma, resguardada de todo o perigo de invasão, conservará na mais ampla integridade a sua autonomia jurisdiccional.

Nos arts. 9", 15 e 16 acham-se especificadas as causas que, em razão das pessoas ou da natureza do seu objecto, pertencem ao julgamento dos juizes federaes. Mais liberal do que a propria organização americana, o decreto restringe a jurisdicção civil da justiça federal, ampliando correspondentemente a esphera de competencia da justiça territorial.

Está ahi bem positivamente assignalada, como principal caracteristico do regimen adoptado, a coexistencia de um poder judiciario federal e de um poder juniciario local, cada um desenvolvendo a sua acção dentro da respectiva esphera de competencia, sem subordinação, porque ambos são soberanos, e sem conflictos, porque cada um conhece a natureza dos interesses que provocam a sua intervenção.

Isto quanto ao que é relativo ás funcções peculiares das justiças parallelas.

No tocante á estructura especial da justiça federal, e a acção que lhe é peculiar, julguei conveniente instituir sómente duas instancias, de accordo com o systema modernamente aceito para a hierarchia judiciaria.

Examinando este assumpto e de um ponto de vista amplo e elevado, um dos mais illustres especialistas da materia na Confederação Suissa sustenta, com a firmeza de uma convicção bem estabelecida, que um dos caracteres da nossa época é a tendencia de abolir o systema de instancias e crear as instancias unicas, com a clausula salutar e devidamente comprehendida de ser bem composto o tribunal encarregado de julgar.

A moralidade, a pureza da consciencia, a elevação do do talento e a preparação do espirito não teem superior hierarchico. E' no trajecto de uma instancia para outra que muitas vezes tem perecido a justiça.

Nos cantões de Zurich e Genebra, por exemplo, teem-se introduzido tribunaes de commercio com uma só instancia, e a opinião sente-se bem com esta instituição.

E' que debaixo de um tal regimen a responsabilidade do julgador eleva-se na mesma proporção em que cresce a sua independencia, e os escrupulos de uma consciencia immaculada mais se estimulam pela ausencia completa da subordinação hierarchica.

Em respeito a este principio, o supremo tribunal, tal como se acha aqui constituido, não julga, nos casos de recurso, sinão como uma segunda e ultima instancia ; é um typo inteiramente novo, e por isso mesmo bem diverso daquelle que deixou-nos o regimen centralisador da monarchia.

Mas, como, de sua anterior situação ácima descripta, elevar o poder judiciario á importante posição que no novo regimen lhe é assignalada ?

Por um meio muito simples, integrando sua missão com o que lhe faltava para ser preenenchida de modo completo. Antes julgava elle sómente *secundum legem*, passou a julgar tambem *de legibus*, e eis tudo. Cabia-lhe, nos casos controversos que lhe eram levados, applicar aos factos a lei existente, fosse qual fosse, sem mais exame que o necessario para sua intelligencia. Foi agora investido do poder de conhecer egualmente da *legalidade da lei*, isto é, si o acto legislativo está dentro dos limites do poder que o decretou, si não lhe excede as raias da competencia, si não ha n'elle *defectus potestatis*; e com essa faculdade deo-se-lhe a de, verificando esse defeito (e para o juiz *nullus est major*), pronunciar a nullidade do acto.

Isto, que é tão simples e rasoavel, é ao mesmo passo, de magno alcance e de utilissimas consequencias para a effectividade do regimen politico adoptado, como cerceamento ás demasias do poder que faz e do que executa as leis, e como garantia dos cidadãos, de suas liberdades, de seus direitos. No systema de freios e contrapesos postos como segurança do regimen republicano federativo (*vide* comment. ao art. 15, verb.: HARMONICOS), não se considerou sufficiente o *veto* presidencial e instituio-se est'outro, indirecto, mas efficaz, do poder judiciario. O presidente póde por erro ou má inspiração, sanccionar lei contraria á Constituição;— as camaras, pela votação de dous terços, podem manter a lei inconstitucional vetada.— A justiça embargará o passo ao arbitrio e attentado, e vingará a Constituição.

Isto, que os publicistas tanto gabam, considerando como um grande achado, um rasgo de genio dos constituintes norte-americanos, não é afinal mais que a logica do systema:

1.º Este, para evitar o despotismo e garantir os cidadãos, divide as funcções do governo nacional nos tres ramos— poder legislativo, executivo e judiciario. Como não lhes bastaria a divisão e separação, podendo apezar d'ella dar-se a impotencia, a annullação de algum delles, estabeleceo-se que seriam independentes tambem, creando-se-lhes as condições necessarias para isso. Uma d'essas condições, para o poder judiciario, é a de que se trata, é a de deixar-se-lhe a faculdade de julgar si o acto do poder legislativo é realmente lei, si o do poder executivo conforma-se com uma lei que verdadeiramente o seja,— e não ser obrigado a considerar como leis e como validos quaesquer actos legislativos ou administrativos, mas sómente os que não forem infringentes da Constituição, que é a lei das leis. Sem isso, o poder judiciario ficaria adstricto ás injuncções dos outros poderes, cerceado em sua missão de *declarar a lei* e exposto a ver reduzida por leis ordinarias sua competencia constitucional.

2.º O systema republicano-federal é, de sua essencia, dualista. Ha a competencia federal e a competencia estadual. E na pratica ellas podem collidir. Ora, as controversias d'ahi resultantes precisam ser derimidas, para o regular funccionamento do regimen. Mas por quem? Por autoridade estadual é visto que não, pois esta tem sua jurisdicção circumscripta aos limites e interesses do Estado respectivo. E assim, não obrigando aos outros a solução dada pela justiça de um d'elles, a consequencia seria reinar nas decisões variedade e desaccordo, incompativeis com a indole do direito federal, o qual deve ser uno e reger superior e egualmente, sem distincção, todos os Estados.

De necessidade, pois, ha de a solução ser dada por autoridade federal. E é logico que o seja pela judiciaria.

3.º O systema visa «assegurar os beneficios da liberdade» e primaria condição para isso é manter-se a inviolabilidade dos direitos individuaes.

Mas os attentados contra estes podem provir, não só dos particulares e dos funccionarios officiaes, como tambem dos proprios orgam superiores tdos poderes publicos, especialmente do executivo e do legislativo (que o judiciario por indolee vezo é propenso ao respeito á lei).

Cumpre, pois, garantir efficazmente esses direitos contra a administração e as legislaturas. E mui naturalmente occorre estabelecer-se que, para obter desaggravo e reparação, os lesados tenham o recurso de pleitear seu direito ante a justiça federal, mesmo contra o governo e os legisladores. Sem esse freio, serão chimeras direitos e liberdade! E assim impõe-se — como um natural e adequado meio de alcançar a effectividade das garantias que o systema promette— a extensão da competencia do poder judiciario ás causas da natureza das de que se trata.

Assim que, nada ha de extraordinario e descommunal em attribuir-se ao poder judiciario a autoridade que ficou tendo na organisação federal. E si d'ahi lhe resulta grande força, prestigio e influencia, a ponto de ser considerado arbitro supremo em materia de competencia constitucional, égide e palladio da liberdade individual, é isso cousa muito natural, para applaudir-se e estimar-se, attenta a acção benefica e salutar por elle exercida.

Nem se tema que, por sua vez exorbitando, o poder judiciario invada jurisdicções alheias e nullifique os outros poderes:

a) Quem reflectir sobre a natureza do poder judiciario, sobre o seo objecto, sobre a maneira porque elle se exercita, sobre sua fraqueza comparativa, sobre sua impotencia absoluta de sustentar pela força as suas usurpações, não póde ter a menor duvida a esse respeito (*Federalist.*, vol. III, cap. 81).

b) Ha contra os excessos dos magistrados o processo de responsabilidade e esses excessos sómente vingarão com a acquiescencia do supremo tribunal, quando praticados por juizes inferiores, ou como actos d'elle proprio.

Ora, o senado tem autoridade para processar e julgar os ministros do supremo tribunal. E eis poderosissima barreira que se oppõe ás, aliás pouco provaveis, interprezas do judiciario contra os outros poderes. E' uma especie do *impeachment* norte-americano, que Hamilton adduz no *Federalist.*, (loc. cit.), como *um freio contra os juizes*.

c) Além de não ter iniciativa o poder judiciario e de só obrar por provocação de parte (decreto organico n. 846 de 11 de outubro de 1890, art. 3), em processo regular, com pedido e contestação, com autor que demande e réo que se defenda (Acc. do Supr. Trib. Fed. n. 3, de 29 de abril de 1893), conhecendo unicamente dos casos que lhe são submettidos (o que não pouco já lhe constringe a acção), accresce, para ainda mais reduzil-a, que não decide estabelecendo normas geraes, preceitos novos; não crea direito, mas sómente o declara em cada caso particular, entre as partes pleiteantes, e a sentença não é exequivel sinão a respeito d'aquellas que figurarem no processo. Em tal estreiteza, como pensar em demasias? E' certo que nesse mesmo limitado campo de acção, póde acontecer que decisões se profiram interpretando mal as intenções dos legisladores ou lhes contrariando as determinações; mas, como observa o abalisado Hamilton (*Federalist..* cit.), nunca d'ahi póde resultar inconveniente que real influa sensivelmente sobre o systema geral do governo.

d) Occorre mais, e é este um ponto para tomar-se muito em consideração, que o ambito da autoridade judiciaria n'este objecto não é tão extenso como á primeira vista póde afigurar-se. Ella decide da competencia constitucional dos poderes publicos, com relação ao acto que lhe é submettido e tem jus para declaral-o insubsistente e sem efficacia, sendo contrario á Constituição. Mas isto não se refere a todo e qualquer acto, e sim unicamente aos que, além de infringentes da Constituição ou de tratado ou de lei feitos de conformidade com ella, forem lesivos de direitos.

Sem esta condição a jurisdicção do juizo federal quanto a este objecto é nenhuma; o acto arguido escapa inteiramente ao seo conhecimento. Disse-o magistralmente Marshall, na celebre sentença do caso *Marbury v. Madison*:

« O tribunal tem competencia sómente para decidir ácerca de direitos individuaes, e nenhuma para examinar o modo por que o executivo, ou os funccionarios d'elle dependentes desempenham seos deveres em tudo o que respeita a faculdade discrecionaria. Questões por sua natureza politicas ou submettidas ao juizo prudencial do executivo pela Constituição e pelas leis, nunca poderão ser ventiladas n'este tribunal.»

O contrario d'isso seria verdadeira invasão em alheia esphera de poderes e subordinação de todos ao judiciario.

E o preambulo da lei que organisou a justiça federal entre nós não preterio este interessante ponto:

« A magistratura federal... não desce jámais a immiscuir-se nas questões politicas.»

(*Actos do governo provisorio*, expedidos pelo ministro da justiça, pags. 260-261).

D'este feitio considerada a funcção constitucional do poder judiciario, vê-se que este no jogo do systema não embaraça o funccionar dos outros, não os prejudica, nem póde annullal-os ou absorvel-os.

— D'essa funcção resulta, como natural e necessaria consequencia, assegurar-se a supremacia da Constituição sobre todas as leis e actos governamentaes e de administração, emanados dos poderes e funccionarios quer da União federal quer dos Estados. D'ahi resulta tambem poderem manter-se inviolaveis e superiores á acção dos poderes publicos e das autoridades os direitos do cidadão,— e esta é uma garantia das referidas pelo art. 78, não enumeradas e expressas como taes, mas resultantes do systema e dos principios consagrados pela Constituição.

Em rigor nem fôra necessario texto formal e explicito, attribuindo á magistratura o poder, ou antes o dever (como o consideram os commentadores) de deixar de applicar leis inconstitucionaes e de declarar inefficientes e invalidos actos officiaes illegaes. Está isso implicitamente comprehendido no poder de julgar, que não póde ser exercido com esquecimento e preterição da Constituição, fonte da autoridade judicial e lei suprema, não para os cidadãos sómente, mas tambem para os proprios poderes publicos.

Nos Estados-Unidos norte-americanos, a Constituição federal não consagrou em disposição expressa essa attribuição. E' mui conhecida e muitas vezes citada a anedocta, referida por Bryce (*The American Commonwealth*, I, pag. 246), do inglez que, vindo a saber que a justiça americana tinha o poder de annullar as leis inconstitucionaes, folheou em vão a Constituição, durante dous dias, procurando a disposição onde isso se consagrava. Tal poder se infere do art. 3, secção 2ª. :

« O poder judiciario extender-se-á a todas as causas, de direito e equidade, que nascerem d'esta Constituição ou das leis dos Estados-Unidos».

Nossa Constituição o contém no art. 60, *a*) e art. 59, § 1 *a*), referindo-se ás causas em que uma das partes fundar a acção ou a defesa em disposição da Constituição federal e estabelecendo recurso para o supremo tribunal das sentenças das justiças estaduaes, quando, questionando-se sobre a validade dos tratados e leis federaes, a ella fôr contraria a decisão. E a lei n. 221 de 20 de novembro de 1894, completando a organisação dada pelo decreto n. 848, de 11 de outubro de 1890 á justiça federal, estabeleceu (art. 13) que os juizes e tribunaes da União têm competencia para processar e julgar as causas que se fundarem na lesão de direitos individuaes por actos ou decisões das autoridades administrativas federaes, accrescentando (§ 10):

« Os juizes e tribunaes apreciarão a validade das leis e regulamentos e deixarão de applicar aos casos occurrentes as leis manifestamente inconstitucionaes e os regulamentos manifestamente incompativeis com as leis, ou com a Constituição.

A mesma lei dispõe ainda que as sentenças, passadas em julgado, «obrigarão ás partes e á administração em relação ao caso concreto que fez o objecto da discusssão» e que «a violação do julgado por parte da autoridade administrativa induz em responsabilidade civil e criminal» (art. cit. §§ 11 e 12). A autoridade judiciaria, porém, ha de fundar-se em razões juridicas, abstendo-se de apreciar o merecimento do acto, que lhe é submettido, sob o ponto de vista de sua opportunidade ou conveniencia (art. cit. § 9 a) e declarando-o illegal sómente por motivo de incompetencia ou excesso de poder da autoridade respectiva (ib. § 9 b). Accs. do Supr. Trib. Fed., ns. 90 e 91, de 1 de junho de 1895.

— No exercicio de tão relevante poder cumpre aos tribunaes observar a maxima circumspecção; os commentadores, na ausencia de prescripções legaes, aconselham e os juizes observam certos preceitos de muito bom aviso a este respeito.—A lei traz sempre a presumpção de validade. Sómente dando-se razões peremptorias, e em vista de texto preciso com o qual se contradiga a lei, é que poder-se-lhe-á negar execução. Não é licito declarar inconstitucional um acto legislativo porque se entenda que contém clausulas oppressivas ou se considere que viola direitos naturaes, sociaes ou politicos dos cidadãos; é preciso que haja um texto constitucional em que repouse a arguição. Deve o juiz abster-se da questão de constitucionalidade, toda a vez que sem isso possa julgar a causa, fazendo a justiça que no caso caiba. E convém que questões desta natureza sómente sejam submettidas á decisão nos tribunaes, quando todos os membros d'elles se acharem presentes, para que tenham mais autoridade suas resoluções e para mais seguramente manter-se a jurisprudencia.—

As condições necessarias para a regularidade no exercicio da funcção judicial invocada contra os actos inconstitucionaes do congresso ou do governo, são assim resumidas n'uma notavel monographia do Conselheiro Ruy Barbosa, publicada em 1893, sobre o titulo «Os actos inconstitucionaes do congresso e do executivo ante a justiça federal,» (pag. 123):

1.º que o direito, cuja offensa se accusa, assente em disposição constitucional, si o acto impugnado é do poder legislativo, em disposição constitucional ou legislativa, si o acto acoimado fôr da administração;
2.º que a intervenção judicial seja provocada por interessado;
3.º que essa intervenção se determine por acção regular, segundo as formas technicas do processo;
4.º que a acção não tenha por objecto directamente o acto inconstitucional do poder legislativo, ou executivo, mas se refira á inconstitucionalidade d'elle apenas como fundamento, e não alvo do libello;
5.º que a decisão se circumscreva ao caso em litigio, não decretando em these a nullificação do acto increpado, mas subtrahindo á sua autoridade a especie em questão; e
6.º que o julgado não seja exequendo sinão entre as partes, dependendo os casos analogos,—emquanto o acto não fôr revogado pelo poder respectivo—, de novas acções, processada cada uma nos termos normaes.

Fica entendido que, mesmo não sendo a inconstitucionalidade allegada por nenhuma das partes, o juiz ou tribunal tem o poder de pronunciál-a. (cit. lei n. 221). Cabe-lhe applicar a lei ao caso sujeito, mas o acto contrario á Constituição não é lei, e a justiça não lhe deve dar efficacia e valor contra a lei suprema.

— Decorre da posição constitucional do judiciario entre os poderes publicos, da propria natureza das funcções d'elle e da missão politica que lhe ficou confiada:

1.º que a elle proprio compete determinar a sua jurisdicção, quando contestada pelas partes nas causas que lhe forem sujeitas; e sua decisão é conclusiva. (*Cooley*, Generals Principles, pag. 139 e Const. hist., pag. 40; *Paschal*, Anot. á la Const., trad. de Calvo, I, n. 195; *Hare*, Amer. const. law, I, p. 120; *J. Dubs*, Le droit féd. suisse, 1879, II, pag. 127; *L. Lowell*, Essays on govern., pag. 123);
2.º que, actuando, como poder federal, directamente sobre os individuos, suas sentenças são exequendas nos Estados independentemente das autoridades d'estes (art. 60 § 2);
3.º que as justiças dos Estados não podem intervir nas questões submettidas aos tribunaes da União, nem annullar, alterar ou suspender suas sentenças ou ordens (art. 62);
4.º que os Estados são obrigados a auxiliar a execução das sentenças e ordens da magistratura federal, prestando para isso a necessaria força armada, si fôr requisitada (cit. art. 60 § 2 e acc. do Sup. Trib. fed., n. 109, de 29 de agosto de 1895) e
5.º que, em caso de opposição ou resistencia, dar-se-á para assegurar essa execução a intervenção federal no Estado em que isso se verificar (art. 6 § 4).

— Por seo lado e em respeito ao principio dualistico do systema, a justiça federal não póde intervir em questões submettidas aos tribunaes dos Estados, nem annullar, alterar ou suspender as decisões ou ordens d'estes (cit. art. 62). Si o podesse, o judiciario estadual passaria a ser dependente e subalterno do federal, que habilitado estaria assim a reduzil-o e absorvel-o.

Mas essa independencia das duas espheras jurisdiccionaes, dentro de um mesmo systema, não póde todavia ser tal, que absolutamente alguma vez ellas não se toquem e é preciso então que uma prevaleça sobre a outra, para que não se entrave e não se perturbe d'ess'arte seo regular funccionamento. E é visto que em taes casos a supremacia necessariamente é da União, poder central, mantenedor do nexo federativo, guarda dos altos interesses nacionaes e fiscal dos Estados no que a esses interesses concerne.

Por isso, no art. 62 cit., estabelecendo-se parallelas as duas jurisdicções e vedando-se-lhes a reciproca immixtão, fez-se a indispensavel resalva : «exceptuados os casos expressamente declarados n'esta Constituição».

Os casos resalvados, e que adiante, nos lugares competentes, serão justificados, são os seguintes, assim resumidos no Acc. n. 43 do Supremo Tribunal federal, de 1 de junho de 1893 :

a) O de conflictos dos juizes ou tribunaes federaes com os locaes ou entre os locaes de Estados diversos (art. 59, n. I, *e*)
b) O de revisão de processos criminaes das jurisdicções locaes, os quaes tenham terminado por condemnação (arts. 59 n. III e 81) ;
c) O de decisões de justiças locaes de ultima instancia quando contrarias á validade ou applicação de tratados e leis federaes, ou quando confirmativas de leis ou actos dos governos dos Estados, arguidos de contradictorios ou incompativeis com a Constituição e tratados federaes, art. 59, § I *a*) e *b*);
d) O de prisões decrétadas pelas autoridades locaes, provocada a intervenção da justiça federal por meio de *habeas-corpus* (art. 61, n. 1.°); e
e) O de decisões dos juizes ou tribunaes locaes em materia de espolio de estrangeiro, quando não prevista a especie em convenção ou tratado (cit. art. n. 2).

Destes casos, o mencionado em terceiro logar indica que a attribuição de julgar inoperativas e sem execução as leis e actos administrativos contrarios á Constituição federal, cabe assim aos tribunaes da União como aos dos Estados (dependente a decisão d'estes de recurso para o supremo tribunal federal.)

Não poder-se-ia negar ás justiças estaduaes esse poder. A funcção de applicar a lei aos factos submettidos á sua jurisdicção envolve necessariamente o exame do acto legislativo impugnado como inconstitucional. Desde que se allega, perante o juiz, que a obrigação cujo cumprimento é pedido, não póde prevalecer, porque a isto se oppõe uma disposição legal e que esta é um artigo da Constituição ou de lei a ella conforme,—desde que o juiz, provocado por acção competente e sobre objecto dentro de sua jurisdicção, tem de declarar o direito nesse caso controvertido, como admittir que elle julgue sem exame do ponto que constitue o objecto da controversia? E si a parte contendora, pleiteando seo direito, pleiteia ao mesmo tempo a execução da Constituição, porque motivo recusar-lhe a justiça devida, quando ella assim, além de fazer valer seo direito, concorre para tornar-se pratica, effectiva, real, a lei suprema do paiz ?

Cabe aqui o conhecido asserto de Bryce :

« O intitulado poder de annullar as leis inconstitucionaes é antes um dever que um poder, dever que incumbe não menos á suprema Côrte federal em Washington, do que ao mais humilde tribunal de qualquer Estado, desde que perante elle se agite pleito em que surja questão desse genero ».

(AMER. COMMONW., Cap. XIII).

Compete ao governo federal, si bem que *não privativamente*, velar na guarda da Constituição (art. 35 § 1—*Vide* comment. ao art. 34 princ. do *verb*. « Privativamente» e ao art. 35 § 1), e isto quer dizer que os Estados têm ahi jurisdicção concurrente, compete-lhes egualmente essa guarda. E esta é tambem uma das garantias decorrentes do systema.

Como estranhar, pois, que o juiz estadual decida que se não execute uma lei, para cujo cumprimento é invocada, pelo meio competente, a sua autoridade, quando essa lei é contraria á Constituição federal ? Estranho seria que a Constituição não fosse obrigatoria para as justiças dos Estados.

Para correctivo contra decisões, em assumptos desta natureza, nas quaes se sacrifique a genuina intelligencia do texto constitucional, sabiamente dispozeram os constituintes, estabelecendo recurso em taes casos para o supremo tribunal federal, dos julgados finaes da jurisdicção estadual. Este restabelecerá o verdadeiro sentido da disposição invocada,—e o que por elle fôr decidido *ita jus esto*.

Dest'arte nas questões constitucionaes, agitadas quér no fôro federal, quer no estadual, toca-lhe dizer a ultima palavra e sua decisão (*) obriga a todas as autoridades e poderes publicos; e eis porque se diz, com razão, que o supremo tribunal federal é nisso ARBITRO E INTERPRETE FINAL DA CONSTITUIÇÃO.

—Nos arts. 34 n. 26, 48 ns. 11 e 12, e 55 a 58, a Constituição se occupa da organisação judiciaria e nos arts. 59 a 62, da jurisdicção dos juizes e tribunaes federaes.

A organisação do poder judiciario, planejada no projecto de Constituição submettido ao congresso, muita discussão suscitou, provocada pela apresentação de emendas que radicalmente alteravam esta parte do projecto.

A' commissão incumbida pelo congresso de estudar e rever este projecto foi offerecido, e por ella rejeitado (ANN. DO CONGR. CONST., pags. 115 e 119), um diverso plano, do deputado Amphilophio, por este reproduzido na primeira e na segunda discussão, apoiado com quarenta e tres assignaturas e, pela sua importancia integralmente o transcrevemos em seguida :

—Sejam os arts. 54 e 55 substituidos por estas disposições :

1.ª O poder judiciario será regulado por lei do congresso e pelas dos Estados, na parte que a estes competir, tendo por orgãos de acção : um supremo tribunal, com séde na capital da Republica e jurisdicção em todo o paiz, tribunaes de appellação distribuidos pelos Estados e districto federal, na razão de um tribunal para cada uma destas secções do territorio nacional, e os juizes ou tribunaes de primeira instancia, que cada Estado crear para si e o congresso para o districto federal.

2.ª O supremo tribunal será mantido pelos cofres da União e composto de um numero de juizes, que seja egual ao dos tribunaes de appellação augmentado de um terço, sendo seos membros em parte tirados de todos os tribunaes de appellação, pelo accesso do juiz mais antigo de cada um desses tribunaes, em parte nomeados pelo presidente da Republica dentre os cidadãos que tiverem as qualidades exigidas na lei, com approvação do senado.

3.ª Sempre que uma vaga aberta no supremo tribunal referir-se a juiz tirado de algum dos tribunaes de appellação, a substituição recahirá em juiz do mesmo tribunal de onde

―――――――――
(*) E' dever constitucional do poder executivo obedecer ás decisões finaes das justiças da União sobre direitos e immunidades individuaes e executar as leis de accordo com taes decisões. (*Burgress*, Polit. Science, vol. I p. 178).

houver sahido aquelle, cuja vaga tratar-se de preencher, de modo que nunca deixe de haver, entre os membros do supremo tribunal, um juiz tirado de cada tribunal de appellação.

4.ª Os tribunaes de appellação, sustentados tambem pelos cofres da União, serão formados pelo numero de juizes que para cada um delles decretar a lei federal, e seos membros nomeados pelo presidente da Republica, sob proposta do tribunal, mediante as provas de habilitação que aquella lei exigir.

5.ª As propostas e nomeações para tribunaes de appellação só poderão recahir em juizes da primeira instancia, ou do Estado a que pertencer o tribunal onde verificar-se a vaga, ou de qualquer dos Estados e do districto federal, quando o caso fôr de vaga no tribunal desse districto.

6.ª Cada Estado nomeará e manterá a expensas proprias seus juizes de primeira instancia, estabelecerá condições de idoneidade para a respectiva investidura e proverá sobre tudo mais que fôr attinente ao assumpto, guardados os preceitos e regras da lei federal.

— Fique por esta fórma redigido o art. 56:

Os juizes do supremo tribunal e os dos tribunaes de appellação serão vitalicios, e só por sentença poderão perder o cargo ou soffrer suspensão.

§ 1.º (Como está no projecto.)

§ 2.º O senado julgará os membros do supremo tribunal e este os dos tribunaes de appellação, os quaes, por sua vez, julgarão os juizes de primeira instancia, assim nos crimes communs, como nos de responsabilidade.

Ao § 2º do art. 57, in fine, accrescente-se : ... e bem assim, junto a cada tribunal de appellação, como delegado daquelle funccionario, com as attribuições que a lei declarar.

— No art. 58 façam-se estas alterações :

. . . .
e os conflictos entre autoridades judiciarias de nomeação da União, e entre ellas e autoridades administrativas federaes ou os governos dos Estados.

2º Julgar, em gráo de revista, as causas decididas definitivamente pelos tribunaes ou juizes inferiores, segundo as regras que a lei prescrever, sempre que houver *violação do direito*, pela não applicação deste, ou pela sua falsa ou indevida applicação.

— Elimine-se o resto do art. 58, e bem assim as disposições dos arts. 59, 69 e 61.—*Amphilophio* e outros.

O deputado Tavares Bastos apresentou um substitutivo, estabelecendo um supremo tribunal na capital federal, um tribunal de appellação em cada Estado e no districto federal, e tantos juizes e tribunaes de 1.ª instancia, quantos os mesmos Estados creassem e no districto federal quantos fossem indispensaveis. O supremo tribunal com 24 juizes tirados um de cada tribunal de appellação, por antiguidade absoluta, sendo os tres outros nomeados, mediante approvação do senado, pelo presidente da Republica. Os tribunaes de appellação, com o numero de juizes fixado pelo congresso nacional, nomeados, nos Estados pelos governadores e na capital federal pelo presidente da Republica, d'entre os juizes de direito em exercicio nos mesmos Estados ou em disponibilidade, e por antiguidade absoluta. Os cofres da União pagariam toda a magistratura, excepto os juizes de comarcas creadas após a promulgação da Constituição federal. Ficariam sem effeito as nomeações já realisadas para a justiça federal e do districto da capital da Republica (ANN. DO CONGR. CONST., ll, pag. 18).

O deputado Leovigildo Filgueiras propunha um tribunal federal de justiça, composto de tantos juizes quantos os Estados e o districto federal, mais um procurador geral da Republica,—aquelles eleitos pelas legislaturas estaduaes e nomeado o ultimo pelo presidente da Republica. Estabelecia recurso necessario para o tribunal federal das decisões finaes das justiças dos Estados nas causas em que a acção ou a defeza se fundassem em disposição da Constituição federal, bem como em algumas outras questões. E conferia ao congresso o poder de dar mais outras attribuições ao referido tribunal. (ANN. cit., II, pag 465.)

Emenda do deputado Bueno de Paiva, com outros, constituia o supremo tribunal com juizes tirados de entre os dos Estados na razão do numero destes e um do districto federal, por antiguidade absoluta,—um de cada Estado (ANN. cit., pag. 467).

O deputado Pinheiro Guedes queria um supremo tribunal, — tribunaes federaes, um em cada Estado e — tribunaes municipaes. O primeiro, com numero de juizes correspondente ao dos tribunaes federaes e destes tirados, mais um terço de livre escolha entre os cidadãos distinctos por seos talentos e moralidade, tendo quarenta annos de edade. Os tribunaes federaes, compostos de juizes tirados «de um e outro fôro, «e de advogados distinctos,—um de cada municipio.» (ANN. cit., pag 471).

O deputado Casimiro Junior, propondo que o poder judiciario federal se compozesse de um supremo tribunal e de tantos tribunaes inferiores e juizes singulares quantos fossem julgados necessarios, deixava ao congresso a incumbencia de, por lei ordinaria, organisar a magistratura em todo o paiz. (ANN. II, pag. 127).

Da discussão desta materia no congresso nos occupámos a proposito dos ns. 23 e 26 do art. 34. (*Vide* comment. respectivo). D'ella dizia o deputado Gonçalves Chaves que tinha sido collocada sob um ponto de vista estranho á esphera dos parlamentos, deslisando do terreno politico, do terreno pratico para as especulações scientificas, para as doutrinas metaphysicas, aliás luminosamente enunciadas (ANN. ll, pag. 82). E ella não convenceo á maioria do congresso contra o systema consagrado no projecto de Constituição, o qual teve completo triumpho nas duas votações a que foi submettido. (ANN. II, pag. 135 e III, pag. 85.)

Art. 63. O poder judiciario federal será exercido por um supremo tribunal de justiça e por tantos juizes ou tribunaes federaes, quantos o congresso crear, tendo em vista a extensão do territorio, a disseminação da população e o numero mais ou menos provavel de causas e questões.
Art. 64. Paragrapho unico. A séde do supremo tribunal será na capital da União.
(Projecto da commissão do governo provisorio).

Art. 54. O poder judiciario da União terá por orgams um supremo tribunal federal, com séde na capital da Republica e tantos juizes e tribunaes federaes, distribuidos pelo paiz, quantos o congresso crear.
(Decretos n. 510 de 22 de junho e n. 914 A de 23 de outubro de 1890).

Art. 55. O poder judiciario da União terá por orgams um supremo tribunal federal, com séde na capital da Republica e tantos juizes e tribunaes federaes, distribuidos pelo paiz, quantos o congresso crear.

Art. 55. Um supremo tribunal federal. Do que acabamos de expender, o que se refere á missão deste tribunal justifica esta denominação dada á mais alta autoridade judiciaria do paiz, áquella que, tem tal culminação que, a certos respeitos, deixa mesmo abaixo de si todos os outros poderes publicos, só encontrando superior na Constituição e nas leis que, a seo juizo, fôrem conformes a ella.

Um enthusiasta das instituições norte-americanas, referindo-se á «Suprema Côrte», lhe assignala assim a supremacia e excellencia :

«Essa côrte, tal como seo nome está indicando, é superior a todas as nossas instituições ; ella está ácima da camara dos representantes, do senado, do Presidente ; é o arbitro definitivo, o unico arbitro : nenhuma jurisdicção existe sobre a sua (*). Mais de uma vez, Lord Salisbury tem declarado invejar a seos irmãos do outro lado do Atlantico essa côrte suprema. Em um discurso pronunciado em Edimburgo, a 23 de novembro de 1882, dizia elle :
«Confesso que não costumo invejar os Estados-Unidos ; «mas entre suas creações uma existe que é para mim «objecto da maior inveja,—éa sua admiravel instituição da «côrte suprema. Nos Estados-Unidos, si o congresso de-«creta uma medida incompativel com a constituição, ha «um tribunal para infirmal-a e que dá assim ás instituições «do paiz uma estabilidade que embalde nós procurariamos «em nosso systema de promessas vagas' e mysteriosas.»
Andrew Carnegie, Triumphant Democracy, C. XXI.

Com séde na capital da Republica. A Constituição dos Estados Unidos N. A. e a da Republica Argentina (as de que mais se approxima a nossa), bem como a da Suissa, não fixaram a séde do supremo tribunal ; e não se dirá que n'isso andaram mal avisados. Póde surgir necessidade de collocal-a fóra da capital e á acção ordinaria dos poderes publicos fica livre assim, sem infracção constitucional, fazer a remoção.

E parece mesmo de conveniencia,—para a mais completa serenidade e isenção nas decisões das grandes questões de direito publico, que tanto impressionam, n'aquellas em que se possam interessar pessoas do governo, nas que affectem classes altamente poderosas, nas que pelo objecto ou pelo momento excitem grandemente o animo popular e apaixonem as multidões,—fazer funccionar o tribunal fóra das grandes cidades, fóra d'esse meio que n'ellas se encontra, tão excitavel, tão irrequieto, ruidoso e sujeito a influencias opugnantes ao rigor do direito, e que tanto podem perturbar o curso normal da justiça.

A Confederação Suissa em 1874 designou para séde especial de seo Tribunal Supremo, não Berne, capital federal, mas Lausana, no cantão de Vaud, o que, segundo Adams e Cunningham, teve por fim não só dar satisfacção á Suissa Franceza, como tambem subtrahir aquelle tribunal á influencia politica da cidade de Berne (*La Conféd. Suisse, 1890, pag. 74.*)

Juizes e tribunaes federaes. Traçando apenas o lineamento geral do systema judiciario federal, a Constituição estabeleceo como a mais alta autoridade d'elle o supremo tribunal e autorisou o congresso a crear os demais tribunaes e os funccionarios prepostos á administração da justiça, em toda a extensão do paiz.

Além d'isso, discriminou as attribuições do supremo tribunal e dos juizes que lhe são subordinados. Nem mais fôra preciso. O resto cabe á legislação ordinaria, respeitadas as disposições fundamentaes e attendidas, como melhor convièr, as necessidades do serviço quanto ao numero, situação e distribuição dos tribunaes e magistrados pelo territorio nacional.

A organisação da justiça federal e os codigos processuaes das causas que perante esta se agitarem, ficaram a cargo do congresso nacional (art. 34, ns. 23 e 26).

Essa organisação porém de facto precedèra á adopção definitiva da Constituição pelo congresso constituinte e é a que o governo provisorio tinha estabelecido (dec. n.848 de 11 de outubro de 1890), sobre as bases constantes do projecto da Constituição, já então submettido á nação e de que iam conhecer seos representantes. Tal antecipação o governo explicou assim no preambulo desse decreto :

...O principal, si não o unico intuito do Congresso na sua primeira reunião, consiste sem duvida em collocar o poder publico dentro da legalidade. Mas esta missão ficaria incompleta si, adoptando a Constituição e elegendo os depositarios do poder executivo, não estivesse todavia préviamente organisada a justiça federal, pois que só assim poderiam ficar, a um tempo e em definitiva, constituidos os tres principaes orgams da soberania nacional. Trata-se portanto, com este acto, de adoptar o processo mais rapido para a execução do programma do governo provisorio no seo ponto culminante—a terminação do periodo dictatorial. Mas o que principalmente deve caracterisar a necessidade

---

(*) *Vide supra*, em que sentido se deve isso entender.

da immediata organisação da justiça federal é o papel de alta prepoderancia que ella se destina a representar, como orgam de um poder, no corpo social...»

Adoptado, com mui ligeiras alterações nesta parte, o projecto de Constituição, ficou subsistindo a organisação judiciaria do citado decreto do governo provisorio, a qual foi mais tarde completada pela lei n. 221 de 20 de Novembro de 1894. O art. 87 § 2º desta lei mandou fazer uma consolidação systematica de todas as disposições vigentes sobre organisação da justiça e processo federal. Esse acto foi expedido com o decreto n. 3.084 de 5 Novembro de 1898.

—A justiça da União é administrada pelos seguintes tribunaes e juizes:

Um supremo tribunal, com jurisdicção em todo o paiz,

Juizes seccionaes, um para cada Estado e o districto federal,

Juizes substitutos dos seccionaes, um para cada secção ou Estado e o districto federal,

Juizes supplentes, tres nas sédes de secção e outros tantos nas circumscripções onde convier, e

Tribunaes do Jury (*) nas sédes de secção.

Representam a União, officiando e dizendo de direito nos tribunaes e juizos perante os quaes servem, como orgams do ministerio publico, os seguintes funccionarios:

Um procurador geral da Republica, junto ao supremo tribunal federal,

Um procurador da Republica, em cada secção de justiça federal,

Adjuntos do procurador da Republica, dous no districto federal e um em cada circumscripção em que forem creados juizes supplentes, e

Solicitadores (cit. decreto n. 3.084).

—O systema judiciario adoptado pela Constituição e desenvolvido pelas leis ácima citadas, como se vê, e se confirma com o que se vae ver exposto sobre os subsequentes artigos, é de grande simplicidade e efficacia para quanto possivel, proporcionar-se ao direito prompto triumpho.

Nelle se nota ausencia de jurisdicções especiaes, de juizos privativos (da fazenda, commercio, etc.) Quaesquer questões, sobre negocios de qualquer natureza, ainda os administrativos, podem ser conhecidas e julgadas pelos magistrados da União (sem distincção de varas), uma vez que tenham caracter federal em razão da causa ou pela qualidade das pessoas. Ha sómente duas instancias para o geral dos pleitos e, para varios d'elles, uma instancia unica (jurisdicção originaria e exclusiva do supremo.

(*) Vide Comment. ao art. 72 § 31.

tribunal em casos especiaes); no preambulo, que acima transcrevemos, do decreto n. 848 de 11 de Outubro de 1890, justifica-se isso com argumentos de razão, exemplo e autoridade, e vide J. DUBS, Le droit public de la Confederation Suisse, 2.ᵐᵉ part., 1879, pag. 143. E a legislação processual é dominada pelo intuito de favorecer a expedição, sem delongas, dos negocios judiciaes; neste sentido providenciou-se precisando bem os casos de recurso em geral, seos prazos e effeitos, reduzindo os de embargos e as nullidades insuppriveis, além de outras medidas contrarias a protellações. (Vide cits. decreto n. 848 e lei n. 221.)

Os magistrados federaes gosam de bastantes garantias para o desempenho firme, seguro, recto, de sua missão. Só podem ser destituidos por sentença passada em julgado. Não podem ser removidos, salvo si o requererem. São julgados, nos crimes de responsabilidade, pelo senado os ministros do supremo tribunal e por este os juizes inferiores. Seos vencimentos, taxados por lei, não poderão por modo algum ser diminuidos. Não depende do poder executivo a concessão de licença aos juizes. Os presidentes dos tribunaes são escolhidos, não pelo governo, mas pelos proprios tribunaes e no seo seio. (Const.. arts. 57 e 58, decr. n. 848, art. 161) Monte-pio e aposentadoria em condições vantajosas são asseguradas aos juizes, pela legislação ordinaria. (Decrs. n. 956, art. 1; n. 848, art. 39; 1018 de 14 de novembro de 1890, n. 1420 D., de 21 de fevereiro de 1891; n. 113 de 21 de outubro de 1892 e n. 363 de 6 de janeiro de 1896.

Por outro lado, os membros do poder judiciario são inelegiveis para o congresso nacional e é incompativel o exercicio de suas funcções com quaesquer das dos outros poderes publicos (Const. art. 79 e lei n. 35, de 26 de janeiro de 1892, art. 30, n. VIII, Vide infra, commentario ao art. 79).

E assim, póde-se dizer que a organisação judiciaria da Republica está architectada em condições de poder dar-nos uma administração de justiça protectora, facil, prompta e imparcial.

O congresso crear. Da combinação d'esta clausula com o n. 26 do art. 34, verb.: «nos termos do art. 55 e seguintes» e com o § 15 do art. 72, verb.: «em virtude de lei anterior», resulta que, nem provisoriamente e ainda sob a allegação do que se lhe afigure ser o mais ponderoso motivo, nem mesmo na phase de suspensão de garantias constitucionaes, poderá o poder executivo, em caso algum, crear juizes, commissionar magistrados, estabelecer tribunaes. Juizes e jurisdicções só existem, só podem existir os creados por lei, constitucional ou ordinaria nos termos da Constituição.

Art. 64. O supremo tribunal de justiça se comporá de 15 membros nomeados pelo senado da União, dentre os 80 juizes federaes mais antigos e jurisconsultos de provada illustração, não podendo o numero destes exceder ao terço do numero total dos membros do tribunal.
(Projecto da commissão do governo provisorio).

Art. 55. O supremo tribunal federal compor-se-á de quinze juizes, nomeados na forma do art. 47, n. 12, dentre os cidadãos de notavel saber e reputação, elegiveis para o senado.
(Decretos n. 510 de 22 de junho e n. 914 A, de 23 de outubro de 1890).

Art. 56. O supremo tribunal federal compor-se-á de quinze juizes, nomeados na forma do art. 48, n. 12, dentre os cidadãos de notavel saber e reputação, elegiveis para o senado.

Art. 56. O supremo tribunal compor-se-á de quinze juizes. A Constituição dos Estados-Unidos Norte Americanos e a da Republica Argentina não fixaram o numero dos membros do supremo tribunal. Deixaram isso para a lei organica d'essa instituição e facilitaram assim á legislatura ordinaria poder regular esse numero segundo o desenvolvimento e circumstancias do serviço.

Entre nós, sómente por via de reforma constitucional póde tal numero ser alterado, e isto é o mais prudente. Os constituintes tinham para justificação de seo procedimento a licção da propria União Norte-Americana. Ahi, pelo acto judiciario organico de 1789, (ao qual se liga mui grande apreço e Walter chama «acto de admiravel sabedoria,» Intr. to Amer. Law, 1895, pag. 123), eram seis os juizes da côrte suprema; em 1801, foram reduzidos a cinco, pela primeira vaga que se désse, augmentando-se o numero dos juizes de district, em cuja nomeação prevaleceo o espirito de partido. E isto foi ás vesperas de assumir o poder o partido contrario. Mudada a situação, a reforma foi supprimida pelo acto de 29 de abril de 1802 e os novos magistrados ficaram sem emprego nem vencimentos. Em 1837, attendendo ao augmente consideravel da população e ao accrescimo do numero dos Estados, o congresso elevou a nove, e em 1863, a dez, o numero dos ministros do supremo tribunal. Mas em 1866, apesar de subsistirem as razões que deram cabida a esse augmento, o congresso o supprimiu, reduzindo a sete aquelle numero; havia expectativa de uma vaga e o congresso, então em ardente lucta com o presidente Johnson, tratou de paralysar nas mãos d'este o direito de nomeação, medida destituida de dignidade e em contradicção com as necessidades do serviço, que exigiam imperiosamente um mais numeroso pessoal. E em 1869, findo o governo de Johnson, o congresso que tres annos antes achára sufficiente o numero de sete juizes, novamente estabeleceo o de nove. Vide A. Carlier, La Republ. Amer., 1890, vol. 4, pags. 21-29; T. Walker, Introd. to Americ. Law., 1895, pag. 11, not. b).

A determinação do numero pela Constituição evita semelhantes mutilações e resguarda de taes vae-vens politicos o supremo tribunal, que pela sua missão deve ter todas as condições de permanencia e independencia.

Nomeados na forma do art. 48, n. 12, isto é, pelo presidente da Republica, com approvação do senado. Vide supra, comment. ao cit. art.

A mesma autoridade nomeia os juizes seccionaes (mediante proposta do supremo tribunal, Const. art, 48, n. 11), os substitutos d'estes, e os supplentes dos substitutos, apresentados os d'esta ultima classe pelos juizes seccionaes (lei n. 221 de 20 de novembro de 1894, arts. 2, 3 e 27).

O projecto da commissão do governo provisorio estabelecia o seguinte:

Art. 65. Os juizes federaes singulares ou collectivos serão eleitos pelo supremo tribunal d'entre os cidadãos que tiverem mais de quatro annos ininterruptos no exercicio da advocacia ou da magistratura.

De entre os cidadãos de notavel saber. Conhecida a alta missão do supremo tribunal e a importancia de suas funcções, está sabida a razão d'esta exigencia.

Em parecer que na qualidade de relator da commissão de justiça e legislação apresentámos ao senado, dissemos, a proposito d'esta clausula constitucional, o seguinte. que lhe serve de commentario:

«... — que nas attribuições do supremo tribunal federal envolvem-se funcções das mais alta transcendencia com relação a graves interesses da ordem politica, civil e judiciaria, quaes as que constam dos arts. 59 e 60 da Constituição federal;

— que para o regular e completo desempenho d'essas funcções é absolutamente necessario que os ministros que compõem aquelle tribunal, notaveis por seo saber em quaesquer ramos de conhecimentos humanos, não menos o sejam nos diversos e vastos ramos de jurisprudencia que entendem com a organisação politica do paiz, legislação federal e estadual, tratados e convenções internacionaes, direito maritimo, direito criminal e civil internacional, e criminologia politica;

— que esse alto conselho nacional, conservador da Constituição, das leis, das garantias e direitos dos Estados e dos individuos, não poderá desempenhar sua grandiosa missão, si em pessoas menos aptas recahir a nomeação dos que o devem compôr, sendo que por isso exige a Constituição, art. 56, que os nomeados *sejam pessoas de notavel saber e reputação;*

— que esse requisito *de notavel saber*, exigido pela Constituição, refere-se especialmente á habilitação scientifica em alto gráo nas materias sobre que o tribunal tem de pronunciar-se, *jus dicere*, o que suppõe nos nomeados a inteira competencia e sabedoria que no conhecimento de direito devem ter os jurisconsultos;

....

— que mentiria a instituição a seus fins, si se pudesse entender que o sentido d'aquella expressão *notavel saber*, referindo-se a outros ramos de conhecimentos humanos independentes dos que dizem respeito á sciencia juridica, pois que isso daria cabimento ao absurdo de compôr-se o tribunal judiciario, v. gr. de astronomos, chimicos, architectos, etc., sem se inquirir da habilitação profissional em direito;

ARTIGOS 56 e 57

— que, si combinado o citado art. 56 com o art. 72 § 24 da Constituição poder-se-ia concluir pela legitimidade da nomeação, para membro do supremo tribunal federal, de um individuo não diplomado por alguma das faculdades de direito da Republica, não se pode, todavia, concluir sinão pela nomeação de pessoa de *notavel saber juridico*.

....

— conforme a Constituição para ser alguem nomeado ministro do supremo tribunal não basta sómente ser jurisconsulto, mas é ainda necessario ser notavel *por seo saber* nas materias sobre que versam as funcções do tribunal.

Tal parecer mereceo a approvação do senado na sessão (secreta) de 24 de setembro de 1894, e «em vista de sua doutrina», a requerimento de um senador, foi mandado publicar no dia seguinte no Diario do Congresso e consta dos Annaes d'aquella alta corporação, de 1894, vol. IV, pag. 48.

E a nomeação de um notavel medico e a de dous distinctos generaes, em consequencia d'essa approvação, foram reprovadas pelo senado.

Ficou assim firmada a intelligencia do presente artigo, no sentido de não ser necessario que o nomeado possua titulo academico, mas cumpre que seja jurisconsulto e tenha em alto gráo competencia profissional nas materias que constituem a jurisdicção do supremo tribunal.

Elegiveis para o senado. *Vide* arts. 26 e 72. Esta e a antecedente são das *condições especiaes de capacidade* (exigidas pela natureza e importancia do cargo), ás quaes se refere o art. 72.

Art. 66. São garantidas a independencia e a inamovibilidade dos membros do supremo tribunal e mais juizes federaes. Serão conservados emquanto se houverem no desempenho de suas funcções com intelligencia e probidade, e só por sentença perderão os seus lugares.
Paragrapho unico. Ao senado compete o julgamento dos membros do supremo tribunal e a estes o dos juizes federaes inferiores.
(Projecto da commissão do governo provisorio).

Art. 56. Os juizes federaes são vitalicios, perdendo o cargo unicamente por sentença judicial.
§ 1.º Os seus vencimentos serão determinados por lei do congresso, que não os poderá diminuir.
§ 2.º O senado julgará os membros do supremo tribunal federal e este os juizes federaes inferiores.
(Decretos n. 510 de 22 de junho e n. 914 A de 23 de outubro de 1890).

Ao § 2º do art. 56:
«Depois das palavras — tribunal federal — accrescente-se—nos crimes de responsabilidade.
(Primeira parte da emenda do sr. *Gonsalves Chaves*, approvada em 8 de janeiro de 1891.)

Art. 57. Os juizes federaes são vitalicios e perderão o cargo unicamente por sentença judicial.
§ 1.º Os seus vencimentos serão determinados por lei e não poderão ser diminuidos.
§ 2.º O senado julgará os membros do supremo tribunal federal nos crimes de responsabilidade, e este os juizes federaes inferiores.

Art. 57. Os juizes federaes são vitalicios. Depois de estabelecer condições de aptidão profissional (art. 56), estatue a Constituição as de independencia dos juizes, e em primeiro logar colloca a vitaliciedade, ou perpetuidade no exercicio de suas funcções, só podendo elles perder o cargo por força de sentença.

Pretende-se com esta garantia premunil-os contra a pressão official e partidaria. E' preciso que o juiz nada tenha que temer ou que esperar do governo e das potestades do dia. N'esta situação, devidamente abroquelado, elle cumprirá desassombrado seo dever e resistirá ás influencias perturbadoras da justiça. Entretanto, que, demissivel seria elle muita vez dominado pela tentação de sacrificar o dever á conservação no cargo.

E nada mais sabio do que pôl-o fóra da dependencia do poder que o nomeia e d'aquelles que n'esse poder influem. (*)

E como não deveria n'isto ser cuidadosa a Constituição, quando ella deo aos magistrados o poder de julgar dos actos da administração publica, bem como da constitucionalidade das leis ? As decisões e interpretações constitucionaes de uma corporação demissivel ou *pro tempore*, transformariam, afinal, a Constituição no que o governo quizesse ! Isto posto, não será fóra de razão dizer-se que os magistrados devem ser perpetuos para que perpetua possa ser a Constituição.

Além de tudo, a permanencia e estabilidade que esta condição assegura ao titular do cargo, convida e attrahe para este as aptidões, os mais competentes, que, conscios de seo merito, não aceitariam uma posição—comquanto mui digna e elevada,—precaria e insegura.

§ 1. Seos vencimentos... não poderão ser diminuidos. Outra garantia de independencia. Para dar esta não bastaria a vitaliciedade. Com escasso vencimento, não proporcionado á altura do cargo e á importancia de sua missão, o magistrado ficaria escravo da necessidade e «*Le besoin d'argent est la pire des servitudes.*»

(*) E' innegavel que a perpetuidade de direito no exercicio dos cargos publicos é avessa á democracia (*vide* comment. ao art. 48, n. 5). Só por considerações muito especiaes e escassamente poderá ser tolerada essa anomalia. Na Suissa os proprios membros do supremo tribunal federal não gosam d'esse privilegio, servem pelo tempo fixado em lei (Const., art. 107), e este é de seis annos (lei federal de 27 de junho de 1874). Também de seis annos é a duração das funcções dos membros d'esse tribunal no Mexico (Const., art. 92). No Estado de Pennylvania, a Côrte Suprema compõe-se de juizes que servem por vinte um annos (Const., art. 5, sect. 2). Em todos esses Estados taes juizes são inamoviveis durante os referidos prazos.

A Constituição obstou a que os juizes podessem soffrer reducções em seus vencimentos, acaso inspiradas por odios partidarios, por desforço, por vingança, ou por outros motivos. Acima de quaesquer considerações neste particular ella collocou a irreductibilidade desses vencimentos, sem a qual, no dizer de Story, terla sido inutil e quasi ridicula a disposição que consagra a vitaliciedade. (*Comment.*, trad. de N. Calvo, 1888, p. 441). E tinha dito Hamilton :

« Os funccionarios publicos, encarregados do exercicio de cada um dos poderes, devem, quanto aos emolumentos dos seus empregos, ser, tanto quanto possivel, independentes dos que exercitam os outros. Si o magistrado executivo ou os juizes ficassem n'este artigo dependentes da legislatura, claro está que a sua independencia a qualquer outro respeito seria inteiramente illusoria...
Geralmente fallando, dispôr da subsistencia de um homem é dispôr da vontade d'elle ; e não é possivel que o poder judiciario esteja real e completamente separado do legislativo, em quanto seos recursos pecuniarios estiverem ao arbitrio da legislatura». (*Federalist.*, Ll e LXXIX).

— A Constituição determina que os vencimentos dos magistrados NÃO PODERÃO SER DIMINUIDOS. Esta determinação é absoluta, não tem limitações. E uma só que tivesse a inutilisaria de todo. Foi julgado necessario garantir ao juiz a fixidez e integridade do vencimento que se lhe estipulou, por bem de sua independencia, e desde que se permittisse, sob qualquer titulo que fosse, e ainda indirectamente, fazer-se-lhe alguma reducção, por ahi operava-se a diminuição que se quiz prohibir. Fôra uma contradicção com o preceito da irreductibilidade e abrir-se-ia n'ella uma fenda, por onde se poderia escoar o vencimento que ao magistrado é garantido integralmente.

Nem mesmo por motivo de imposto tal reducção se consente, desde que inegavelmente redunda isso em diminuir a quantia que constitue o vencimento. Por leve que seja a taxa, ella dá lugar a que o juiz receba menos que o vencimento fixado, isto é, soffra diminuição que a Constituição não quer. E si fosse licita a reducção por via de imposto, não havendo, na faculdade de impôr, um limite legal a que esteja adstricto o congresso, elle poderia estabelecer a taxa que lhe parecesse, v. gr. 5,—10,—20, —50 %, quanto quizesse... Isto é, ficava com o poder de, exagerando a imposição, supprimir uma das mais valiosas garantias da independencia da magistratura, a fixidez do ordenado, proporcional á importancia das funcções, certo, completo, irreductivel.

E nada ha mais claro e fóra de duvida. Mas como *nihil inter homines sic est indubitatum ut non possit suscipere quandam sollicitam dubitationem* (Nov. 44, 1, 3), uma lei de impostos sobre vencimentos fez surgir a questão — si se poderiam considerar exceptuados os dos magistrados, tratando-se de uma medida geral, decretada pelo poder legislativo no exercicio de uma attribuição constitucional.

Ora, cumpre não perder de vista que «a Constituição, como lei fundamental de governo, deve ser razoavelmente comprehendida, interpretando-se suas palavras e seos poderes de conformidade com os fins e o objecto para os quaes foram conferidos esses poderes.» STORY, *Comment.* § 19. E no uso do poder de taxar terá de haver-se o congresso por fórma que não contrarie o intuito e proposito de outras disposições constitucionaes. *Lex sibi consonat.*

O fim e objecto do poder de taxar, para proporcionar á União meios de prover as suas despezas, perfeitamente se alcança sem que seja indispensavel levar a tributação ao ordenado dos magistrados. Por outro lado, a Constituição quer a independencia d'estes e esta não se dará si a autoridade legislativa podér, de qualquer modo, reduzir-lhes o vencimento. Si se observar isolada a primeira das duas disposições constitucionaes, sem attenção á segunda, prejudicam-se os altos fins da Constituição, para os quaes é essencial uma independente magistratura. Si se considerar a segunda como contendo uma virtual restricção da primeira, não se prejudicará o fim d'ella, e dar-se-á efficiencia e vigor á segunda, que sem isso virá a ser lettra morta.

A Constituição é um systema de disposições, formando um todo harmonico e para vigorar em todas as suas partes. «Razoavelmente comprehendida», todas as suas clausulas se animam e se vivificam, sem se collidirem, sem se embaraçarem, sem se annullarem, antes se reforçando mutuamente, se revigorando. Interpretação contraria *incivile est*, na phrase do Jcto romano, inutilisando uma determinação expressa, positiva, da lei constitucional.

Cousa semelhante ao que a este respeito se deo entre nós, occorrera na União Norte-Americana. Alli, onde tambem os vencimentos dos magistrados não podem ser diminuidos (Const., art. 3, secção 1), havia-lhes sido cobrada certa taxa com imposição sobre renda, por occasião da guerra de secessão. Considerou-se isso uma verdadeira reducção. O juiz-presidente Taney lavrou um protesto que por voto da Côrte Suprema foi inserido no livro das actas. Mais tarde o secretario do thesouro, Boutwell estudada de novo a questão, teve por inconstitucional o imposto e por iniciativa propria fel-o restituir aos juizes de quem fôra cobrado indevidamente e que não teriam podido reclamal-os judicialmente, pois não lhes era licito fazel-o perante si mesmos, julgando em causa propria. D'este modo ficou definitivamente resolvido o caso. *Vide* PASCHAL, Anot. a la Const. de E. Un. trad. de N. Calvo, ns. 198 e 438 ; MILLER, On the Const., pags. e47 e 248; FLANDER, Const. of. the U. S., pag. 201.

Entre nós, houve egual protesto e restituição. *Vide* « Jurispr. do Sup. Trib. Fed.,» 1897, pag. 368, Acta publicada no *Diario Official*, da sessão do mesmo tribunal em 18 de dezembro d'esse anno— e Avisos do ministerio da fazenda de 25 de março, 1 de maio e 28 de setembro de 1899,

Esse protesto, redigido pelo ministro Piza e Almeida, é digno de leitura.
— Fixaram os vencimentos dos magistrados federaes o decreto organico n. 848, de 11 de outubro de 1890, art. 33 e lei n. 363, de 6 de janeiro de 1896.

§ 2. **O senado julgará os membros do supremo tribunal federal** nos crimes de responsabilidade. Isto deixámos explicado no Comment. ao art. 33, *verb.* « E os demais funccionarios.»

As palavras « nos crimes de responsabilidade» não vinham no projectó de Constituição; figuravam, porém, no decreto organico da justiça federal, n. 848 de 11 de outubro de 1890, art. 10. Uma emenda, apresentada pelo representante Gonçalves Chaves, approvada em 8 de janeiro de 1891, as accrescentou. E isso era necessario, dizia, justificando-a, o autor d'essa emenda. O senado só póde impôr a pena de perda do cargo e inhabilidade para servir outro emprego (art. 33 § 3) e ou violaria sua competencia, impondo outras penas, ou haveria de remetter os crimes communs para que tribunal ? Para o tribunal commum, para o jury. Ora, os membros da magistratura federal inferior, têm o seo tribunal especial, que é o proprio supremo tribunal federal, não só para os crimes communs como para os de responsabilidade. Entretanto, os ministros do supremo tribunal não teriam esse juizo especial para os crimes communs que commettessem e iriam ser julgados pelo jury! A emenda corrigio esse defeito do artigo, deixando-se evidenciado pela discussão que nos crimes communs os membros d'aquelle tribunal respondem perante elle, são julgados por seos pares (ANN. DO CONGR. CONST., II, pags. 89 e 135).

E de accordo com isto está o regimento do supremo tribunal (approvado pelo art. 85 da lei n. 221, de 20 de novembro de 1894), o qual no seo art. 15 remette-se aos arts. 59 e 83 da Const., á lei de 18 de setembro de 1828, art. 5, § 2, vigente n'esta parte, por força d'esse art. 83, art. 139 do decreto n. 1.030, de 14 de novembro de 1890 e art. 3 do decreto n. 1, de 26 de fevereiro de 1891. A cit. lei n. 221 no mesmo sentido dispoz em seo art. 22, *a*) n. I.

Art. 67. O supremo tribunal de justiça e mais tribunaes federaes elegerão os seus presidentes, organisarão as respectivas secretarias, competindo aos presidentes a nomerção e demissão dos empregados e o provimento dos officios de justiça.
Paragrapho unico. O supremo tribunal elegerá dentre seus membros o procurador geral da Republica, cujas attribuições serão definidas por lei.
(Projecto da commissão do governo provisorio).

Art. 57. Os tribunaes federaes elegerão de seu seio os seus presidentes e organizarão as respectivas secretarias.
§ 1.º Nestas a nomeação e demissão dos repectivos empregados, bem como o provimento dos officios de justiça nas respectivas circumscripções judiciarias, compete respectivamente aos presidentes dos tribunaes.
§ 2.º O presidente da Republica designará, dentre os membros do supremo tribunal federal, o procurador geral da Republica, cujas attribuições se definirão em lei.
(Decretos n. 510 de 22 de junho e n. 914 A de 23 de outubro de 1890).

Art. 58. Os tribunaes federaes elegerão do seu seio os seus presidentes e organizarão as respectivas secretarias.
§ 1.º A nomeação e demissão dos empregados de secretaria, bem como o provimento dos officios de justiça nas circumscripções judiciarias, compete respectivamente aos presidentes dos tribunaes.
§ 2.º O presidente da Republica designará, dentre os membros do supremo tribunal federal, o procurador geral da Republica, cujas attribuições se definirão em lei.

Art. 58. **Os tribunaes federaes elegerão de seo seio seos presidentes.** Esta disposição é reproduzida do decreto n. 210, de 20 de fevereiro de 1890. Fôra suggerida ao governo provisorio pelo tribunal da relação de São Paulo, que n'esse sentido lhe representou.

O decreto organico da justiça federal a consagrou e fixou em tres annos o prazo da presidencia (art. 11).

Aconselham-n'a os principios garantidores da independencia do poder judicial, que devem ser affirmados e escrupulosamente observados, diz o preambulo do cit. decr. n. 210.

Inspira-se no mesmo intuito a disposição do § 1 d'este art. 58, collocando os funccionarios administrativos da justiça unicamente sob a dependencia das autoridades judiciarias.

E não pareça isso exagerada cautela ou mal entendida confiança. O poder judiciario é por sua natureza o mais fraco e é fortalecel-o assegurar-lhe a completa subordinação de seos agentes, e quanto possivel collocal-o fóra da acção do poder executivo, até n'estas que parecem pequenas cousas, mas que em dadas circumstancias assumem certa importancia.

Occorre recordar o seguinte : O decreto n. 1, de 26 de fevereiro de 1891, estatuia que o presidente do supremo tribunal federal prestasse perante o presidente da Republica o compromisso constitucional. O regimento d'esse tribunal repetia essa determinação. Findára-se em 1894 o prazo da sua primeira presidencia. O tribunal fizera a competente eleição e a communicára ao governo. Este não lhe deo resposta e sómente passados mais de oito mezes o eleito pôde tomar posse do cargo.

Vagára tambem o lugar de procurador geral da Republica e vago ficou, com grandissimo prejuizo para o serviço, durante mais de um anno. Um sem numero de causas ficaram sem poder ter andamento e das de mais interesse para a União. (*)

Por motivo de concessão de *habeas-corpus* o tribunal incorrera, a esse tempo, no desagrado do governo (annos depois teve a infelicidade de tornar-lhe isso a succeder, em 1898) — e este n'aquelle tempo foi deixando sem provimento as vagas que se iam abrindo, de modo que estas chegaram a subir ao numero de sete,— quasi a metade do tribunal.

E quando appareceram as nomeações, vieram entre ellas a de um medico e de dous generaes, que, com quanto distinctos e respeitaveis em suas classes e por seo caracter, nunca se tinham mostrado juristas, nem versados em negocios de estado.

O senado reprovou taes nomeações.

Estes factos, que aliás se resentem muito da anormalidade da epocha e que, por bem do mutuo respeito e necessaria cooperação dos poderes publicos, é de esperar não se repitam, mostram a quanto está exposto o poder judiciario com relação a seo prestigio e á regularidade do serviço, apesar de todas as cautelas constitucionaes.

§ 2. O presidente da República designará... o procurador geral. O procurador geral da Republica, como sua denominação indica, é o promotor dos interesses e zelador dos direitos da União, orgam e representante do governo federal perante a justiça. Não poderia deixar de ser nomeado por este, como agente seo que é. E é uma idéa sensata escolhel-o de entre os membros do mesmo tribunal perante o qual lhe toca officiar. Ahi, si é limitado o circulo da escolha, acham-se as maiores competencias, affeitas ao conhecimento dos assumptos que aquelle funccionario tem de tratar e promover, e o facto de fazer elle parte da mesma corporação, embora em caracter diverso, não deixa de ser vantajoso, dominando n'ella o mesmo espirito e firmando-se entre todos boa intelligencia e harmonia, quanto aos fins que têm em vista como partes de uma mesma collectividade.

O cit. decreto. n. 848, art. 21, dizia que o procurador da Republica « conservar-se-ia vitaliciamente no cargo». Era um erro. Desde que é um agente do governo, embora da mais alta categoria e gosando de predicamento de magistrado, pertencendo mesmo á classe dos magistrados, todavia, com relação á funcção especial de que fica investido é um delegado e precisa ser da inteira confiança de quem o nomeia. Por isso, com razão a lei n. 280, de 29 de julho de 1895 tornou demissiveis aquelle cargo e em geral os do ministerio publico federal.

Cujas attribuições se definirão em lei. *Vide* quanto ao procurador geral da Republica e demais agentes do ministerio publico: Const., art. 81, § 1 ; Decr. n. 848, de 11 de outubro de 1890, arts. 22 a 26 ; Decr. n. 1, de 26 de fevereiro de 1891, art. 5, § 2 ; Regim. do Supremo Trib. Fed., de 8 de agosto de 1891 ; lei n. 173 B, de 10 de dezembro de 1893 ; lei n. 221, de 20 de novembro de 1894, arts. 4, 11, 12 § 4, 28 a 41, 74 § 2 e 81.

(*) Por um projecto de lei apresentado ao senado pelo autor d'esta obra, tratou-se de obviar a isto, fazendo-se o presidente e vice-presidente do supremo tribunal passarem a prestar o compromisso perante o tribunal mesmo, mandando-se em falta de ambos servir o mais edoso dos membros da mesma corporação e dando-se ao presidente d'ella a attribuição de designar de entre elles quem preencha a falta do procurador geral da Republica. Estas providencias foram incluidas na lei n. 221, de 20 de novembro de 1894 (arts. 25, 26 e 41).

Art. 68. Ao supremo tribunal de justiça compete: 1.º processar e julgar: (Do projecto da commissão do governo provisorio.)	Art. 58. Ao supremo tribunal federal compete: I. Processar e julgar ordinaria e privativamente: (Decr. n. 510 de 22 de junho e n. 914 de 23 de outubro de 1840.)	Art. 59. Ao supremo tribunal federal compete: I. Processar e julgar originaria e privativamente:

Art. 59. I. Originaria e privativamente.

De certas causas sobre assumpto de caracter nacional ou internacional só o supremo tribunal federal conhece. Perante elle começam e acabam, em uma unica instancia. Com relação a ellas os juizes inferiores apenas praticarão as diligencias que lhes forem ordenadas.

São causas que, por contemplação das pessoas e interesses a que respeitam, ficam reservadas ao exclusivo conhecimento da mais elevada autoridade judiciaria nacional; e constituem sua *jurisdicção originaria* ou *directa*.

De outras o supremo tribunal conhece em instancia superior, quér confirmando ou reformando as decisões dos juizes e tribunaes federaes, que nas condições da lei a elle sejam submettidas (é a *jurisdicção de appellação*, propriamente dicta), quér extraordinariamente revendo,—sob o ponto de vista de constitucionalidade,—as sentenças em ultima instancia proferidas pelas justiças dos Estados, e—em beneficio dos condemnados,—os processos findos em materia crime *(jurisdicção de recurso* ou *de revisão)*.

As attribuições do supremo tribunal federal não pódem ser augmentadas nem diminuidas por lei ordinaria (Acc. do supr. trib. fed., n. 5 de 17 de agosto de 1895); mas não é para considerar-se innovação ou accrescimo de jurisdicção o conhecer elle, por appellação, de causas não expressamente mencionadas pela Constituição, mas que por seo evidente caracter federal se devam ter por incluidas na competencia das justiças da União. Assim o entendeo o supremo tribunal, julgando-se competente, antes de lei que o declarasse, para conhecer, em gráo de appellação, de processos por crime de contrabando, moeda falsa e responsabilidade de empregados publicos federaes (processos de que não falla a Constituição). Acc. n. 14 de 15 de março, n. 5 de 24 de maio, n. 7 de 19, n. 29 de 29 de julho e n. 35 de 22 de novembro de 1893. *(Vide infra,* comment. ao n. II deste art. 59 e *supra* ao art. 34 § 26, *in fine).*

— O caracter, attribuido ao supremo tribunal federal, de guarda e oraculo da Constituição nos assumptos submettidos a seo conhecimento e juizo, assigna-lhe tamanha proeminencia e é encarado como tão salutar, que a principio deo logar a que, por mal comprehender-se o modo porque elle desempenha essa grandiosa funcção, se lhe fizessem pedidos directos de interpretações e consultas sobre intelligencia de disposições legaes. Exemplos disso temos n'um recurso interposto de deliberação de intendentes municipaes do districto federal em materia de verificação de poderes, pedindo decisão interpretativa de um artigo da lei organica do referido districto. O tribunal não tomou conhecimento do recurso, interposto sem o caracter gradual de jurisdicção recorrida, visto não ser caso da sua competencia originaria, conforme as prescripções do art. 59 da Constituição, sendo que nas funcções da autonomia municipal não intervém a justiça federal e *os juizes não interpretam as leis em abstracto, e sim sómente na applicação ás especies de seo julgamento pelos meios estatuidos* (Acc. do sup,. trib. fed., n. 1 de 3 de dezembro de 1892). N'uma reclamação de pretores desta capital contra acto do governo que lhes era lesivo, despachou o supremo tribunal declarando não conhecer d'ella, *por não se comprehender entre suas attribuições a de tomar conhecimento de protestos contra a falsa interpretação das leis ou representar ao poder executivo sobre a intelligencia e applicação d'ellas* (Acc. n. 2, da mesma data).

Pretendeo-se que o supremo tribunal declarasse por accordam «si a Constituição veda ou não a conservação ou installação dos symbolos religiosos de quaesquer crenças no jury ou em qualquer estabelecimento publico, em que sejam obrigados a funccionar cidadãos de crenças diversas.»

O tribunal declarou que nada havia a prover sobre isso, *por não ser elle tribunal de consulta, mas de julgamento*, sendo que no exercicio da attribuição que lhe compete de velar na guarda e applicação da Constituição e das leis nacionaes, não as interpreta em abstracto nem resolve duvidas sobre a intelligencia das mesmas leis, sinão *intervindo em especie e por provocação de parte, julgando (fóra dos casos de jurisdicção originaria) em gráo de recurso, as questões que houverem sido resolvidas pelos juizes e tribunaes competentes, mediante as formas processuaes estabelecidas* (Acc. n. 3, de 22 de fevereiro de 1893).

— Refere Marshall que tendo, em 1793, o presidente Washington pedido o parecer da côrte suprema dos Estados Unidos sobre a intelligencia do tratado concluido com a França em 1778; aquella côrte declarou dever se abster (Carlier, *La Rep. Amer.*, IV, pag. 130). The federal juges cannot be consulted upon mere abstracts questions. Walker, Introd. to Amer. Law, § 49 n. 1.

— O decreto n. 848, de 11 de outubro de 1890, art. 3, declara:

Na guarda e applicação da Constituição e das leis nacionaes, a magistratura federal só intervirá em especie e por provocação de parte.

E isto simplesmente quer dizer que «o supremo tribunal não resolve as questões de direito em abstracto nem em forma regulamentar e por deliberação espontanea, mas sómente por provocação de parte e com relação sempre ao facto ou especie sujeita á sua decisão». (Acc. n. 31, de 29 de julho e n. 23, de 11 de novembro de 1893).

a) o presidente da Republica nos crimes communs e os secretarios do do governo nos casos do artigo 59 ; *b*) os ministros diplomaticos nos crimes communs e de responsabilidade; *c*) o commandante em chefe das forças federaes nos crimes de responsabilidade; *d*) as questões entre o poder federal e o dos Estados, entre dous ou mais Estados, e as que se suscitarem entre as nações estrangeiras e o poder federal ou do Estado. *e*) os conflictos entre juizes ou tribunaes federaes. (Projecto da commissão do governo provisorio.)	*a*) o presidente da Republica nos crimes communs, e os ministros de estado nos casos do art. 51; *b*) os ministros diplomaticos, nos crimes communs e nos de responsabilidade; *c*) os pleitos entre a União e os Estados, ou entre estes uns com os outros; *d*) os litigios e reclamações entre nações estrangeiras e a União ou os Estados; *e*) os conflictos dos juizes ou tribunaes federaes entre si, ou entre esses e os dos Estados. (Dec. n. 510 de 22 de junho e n. 916 A de 23 de outubro de 1890.)	Art. 58 : Ao n. I *c*) diga-se — causas e conflictos — em vez de — pleitos. Emenda da commissão do congresso (approvada em 8 de janeiro de 1891). «No final do periodo sob lettra — *e*) — do ar. 58 n. I, — accrescente-se — assim como os dos juizes e tribunaes de um estado com os juizes e tribunaes do outro Estado. — *Gonçalves Chaves*. (Segunda parte de emenda approvada em 8 de janeiro de 1891.)	*a*) **o presidente da Republica nos crimes communs e os ministros de estado nos casos do art. 52;** *b*) **os ministros diplomaticos, nos crimes communs e nos de responsabilidade;** *c*) **as causas e conflictos entre a União e os Estados, ou entre estes uns com os outros;** *d*) **os litigios e as reclamações entre nações estrangeiras e a União ou os Estados;** *e*) **os conflictos dos juizes ou tribunaes federaes entre si, ou entre estes e os Estados, assim como os dos juizes e tribunaes de um Estado com os juizes e tribunaes de outro Estado:**

a) **O presidente da Republica.** *Vide* comment. II ao art. 29, e aos arts 33 e 53, quanto ao processo e julgamento do presidente nos crimes de responsabilidade.

Nos crimes communs, o presidente, depois que a camara dos deputados julga procedente a accusação (art. 53), o processo e julgamento são de competencia do supremo tribunal. Não se verificando então as condições especiaes que arredam dos tribunaes ordinarios o conhecimento e punição dos delictos do presidente, se tratando dos de natureza funccional, melhor juiz não se lhe poderia dar do que a mais elevada corporação judiciaria nacional. E é por altas razões de ordem politica e para maior resguardo da autoridade do primeiro magistrado da nação, que elle, mesmo em crimes particulares, só é processado depois que a accusação, apreciada pela camara dos deputados, é por ella julgada procedente. Assim remover-se-ão denuncias calumniosas, evitar-se-á ao chefe do estado o encommodo da posição de processado antes por vindicta e proposito hostil, do que por legitimo desaggravo, e obstar-se-á que processos inopportunos e impertinentes, venham, quiçá em conjunctura gravissima para o paiz, arredar de seo posto, e com prejuizo da nação, o primeiro magistrado d'ella.

O conhecimento da queixa ou denuncia por crime commum, para a camara dos deputados julgal-a ou não procedente, é nos mesmos termos estabelecidos para o caso de crime de responsabilidade e regula-se pela lei n. 27, de 7 de janeiro de 1892, cap. l. Vencida a procedencia da accusação, é o processo, com todos os documentos, remettido em original (*ex arg.* do art. 16 § unico da cit. lei) ao presidente do supremo tribunal federal (art. 10 *id.*) e o procedimento ahi é o determinado nos art. 79 a 86 do regimento do tribunal, de 8 de agosto de 1891 (art. 31 da cit lei n. 27).

E os ministros de estado. *Vide* Commentario ao art. 52 § 2.

b) **Os ministros diplomaticos.** Os direitos, poderes, obrigações e privilegios destes funccionarios fundam-se em leis internacionaes, e estando, intimamente ligados á paz geral, á politica das nações e á dignidade dos soberanos, haveria perigo em submettel-os a outro tribunal que não fosse a mais alta magistratura da União. (*Story*, Comment.; trad. cit. § 903).

Além d'isso, pelo principio da exterritorialidade, admittido pelo direito das gentes universal, os ministros diplomaticos são considerados como si não tivessem deixado o estado de que são cidadãos e não sujeitos ás leis e jurisdicção civil e criminal do paiz onde exercem suas funcções. Si pois ahi praticam algum crime, terão de responder perante as autoridades de sua nação. Mas a competencia d'estas para isso regula-se pelo districto da culpa ou do domicilio do réo e no caso um e outro escapam á sua jurisdicção. Havia por tanto necessidade de se estabelecer excepção a esse preceito geral e determinar o fôro competente.

Dos crimes de responsabilidade só poderia caber o conhecimento á justiça federal, visto o caracter dos funccionarios. Quanto aos crimes communs, onde aforal-os? Não prevalecendo quér a respeito destes, quér daquelles, a regra do lugar do domicilio ou da culpa, era indispensavel a escolha de um tribunal. Entre os estaduaes, não haveria razão para preferir algum aos demais, em nenhum Estado sendo domiciliado e culpado e em nenhum se tendo dado o crime. Entre os federaes, afastada tambem a questão do lugar, só havia a solução que se adoptou, preferindo-se o supremo tribunal, e assim se attendeo ás razões de conveniencia indicadas ácima e á categoria dos funccionarios.

A Constituição, mencionando n'esta parte sómente «os ministros diplomaticos», excluio os consules, ao contrario da Const. dos Estados-Unidos N.A., que expressamete os comprehende em seo art. 3 Secç. 2, n. 1 (o que *Story*, § 904 Comment. cit., explica, dizendo que, como são agentes publicos de sua nação e frequentemente se lhes confiam missões delicadas, os consules difficilmente poderiam preencher seus deveres estando sujeitos aos tribunaes inferiores da União ou dos Estados).

Os consules são meros agentes commerciaes, não têm caracter diplomatico, não gosam da exterritorialidade, estão sujeitos ás justiças e policia do paiz onde exercem suas funcções. (Reg. que baixou com o Decr.º n. 3.259 de 11 de abril de 1899, art. 40). Não ha pois motivo para dar-lhes o fôro especial que têm os diplomatas.

Mas nossa legislação dá o caracter de empregados publicos aos consules que forem cidadãos brazileiros (nessa qualidade são nomeados pelo governo federal, prestam compromisso formal no acto da posse, têm vencimentos pagos pelo thesouro nacional, licenças, disponibilidade, remoções, aposentadoria e monte-pio. (Reg. cit. arts. 10, 49, 74, 94, 106, 113, 126, 128 e 140.) Pelos crimes funccionaes que commetterem devem ser processados perante a justiça brazileira. (Aviso n. 126 de 26 de março de 1867) e na de funccionarios federaes, hão de responder perante as justiças da União. E, visto que o caso não é expressamente contemplado na Constituição entre os de competencia originaria do supremo tribunal, só póde caber na dos juizes inferiores, incluindo-se entre os de que tratam os art. 95, 1.ª parte e 96 do Decr. n. 848, de 11 de outubro de 1890.

c) **As causas e conflictos entre a União e os Estados** entram muito naturalmente na competencia federal. Não haveria razão que determinasse confial-as de preferencia ás justiças estaduaes, desde que taes questões versam sobre assumpto que de sua natureza é nacional, como são as relações entre a União e os Estados. E, segundo o asserto de *Story* (Comment. cit. § 914), isso fôra collocar os direitos, prerogativas e contractos da União á mercê dos tribunaes estaduaes.

E incluidas taes causas na jurisdicção originaria e privativa do supremo tribunal, têm n'isso os Estados a melhor possivel garantia de imparcialidade e justiça, para seos direitos. Nenhum outro tribunal lhes offereceria egual.

Ou entre estes uns com os outros. As questões entre dous ou mais Estados, não poderiam ser decididas pela justiça de algum d'elles. Interessando o caso a mais de um e sendo todos eguaes em categoria, com que direito ficaria a este ou áquelle dicidil-o por seos tribunaes? Cabe isso á União, que superintende as relações interestaduaes (*) e muito bem se enquadra essa competencia na jurisdicção originaria e privativa do supremo tribunal federal, visto o caracter dos litigantes.

NAS QUESTÕES ENTRE DOUS OU MAIS ESTADOS, das quaes trata esta clausula constitucional, COMPREHENDEM-SE AS DE LIMITES?

A negativa é suggerida pelo art. 34 n. 10 combinado com o art. 4, segundo os quaes os Estados convencionam entre si ácerca de seos territorios limitrophes, e ao congresso nacional cabe, mediante a acquiescencia das assembléas legislativas estaduaes, *resolver definitivamente*. Não ha lugar n'isso á interferencia judicial, com razão excluida pela natureza do acto, que é de caracter politico. (*Vide* Comment. aos arts. cits.)

Mas, cumpre notar, o que d'ahi resulta é que no estabelecerem, ratificarem ou alterarem por accordo seos limites, os Estados, obrando como entidades politicas e exercendo acto de soberania, com respeito a seus territorios, absolutamente não dependem n'isso de tribunal judiciario algum; o que entretanto não quer dizer que,—uma vez fixados os limites ou por força da legislação anterior que a Constituição mandou vigorar (art. 83), ou na fórma dos referidos arts. 4 e 34 n. 10,—não possam os tribunaes conhecer das questões de limites, quando ellas venham a seo conhecimento por acção competente,—não para os alterar ou modificar, mas para fazel-os respeitar, taes como legalmente se acharem estabelecidos.

Com effeito, não está na missão da justiça crear e regular taes limites, operação politica, que lhe é avessa; mas muito n'ella está o assegural-os e mantel-os, que é *declarar e garantir o direito* dos Estados interessados, quando para isso recorrem á via judiciaria.

Annotando clausula semelhante da Const. N. Americana, expõe G. Paschal (*Anot.* cit., n. 447) que uma questão de limites entre Estados está dentro da jurisdicção conferida por esta clausula; é uma questão a resolver-se por convenio, pelos departamentos politicos do governo, mas póde converter-se em caso judicial para ser resolvido pela Côrte Suprema. E cita decisões d'ella em apoio d'isso.

Entre nós no mesmo sentido decidio o supremo tribunal federal. Accs. n. 4, de 23 de junho e n. 1, de 1 setembro de 1897.

(*) Tudo o que póde alterar a harmonia entre os Estados deve ser submettido á vigilancia e autoridade federal.—(*Hamilt.*, FEDERAL, Cap. 8o.)

d) **Entre nações estrangeiras e a União ou os Estados.** A gestão dos negocios publicos, no que entende com interesses internacionaes, é, nos governos federativos, exclusivamente reservada á União.

E' bem de ver, pois, que, desde que tenham de assumir feição judiciaria, elles deverão ser tratados perante as justiças, não estaduaes, mas federaes, e destas (em homenagem á alta parte contendora que livremente procurar ou acceitar a decisão pelos tribunaes nacionaes), perante o de mais elevada categoria. Dizemos «que livremente procurar ou acceitar os tribunaes nacionaes», porque, como é sabido e conforme aos principios admittidos pelo direito das gentes universal, nenhuma nação é obrigada a submetter-se a leis e jurisdicções alheias. Os governos costumam perimir suas contendas, uns com os outros, por via diplomatica, arbitragem, tratados e até (o que por honra da civilisação vae sendo mais raro) por meio da guerra.

Portanto, a presente clausula só vigorará quando alguma nação, espontaneamente ou por anterior accôrdo, quizer recorrer á nossa justiça, e figura na Constituição para, na phrase do Story «offerecer um recurso amistoso ante a justiça ordinaria do paiz em casos de contestação entre um Estado da União e um Estado estrangeiro, sem que seja necessario pedir a reparação por meio de negociações» (Comment. n. 929).

Na hypothese de, em virtude desta clausula, ter de ser, por governo estrangeiro, citada para qualquer litigio a União, é necessario que esta, legitimamente representada, satisfaça a condição, imposta por sua soberania e dignidade á admissão judicial desse pleito, isto é, consinta ella nisso, diz o Acc. do supremo tribunal federal n. 223, de 17 de Novembro de 1897.

A commissão do congresso constituinte tinha proposto a eliminação desta *alinea d*) do art. 59 n. I (ANN. I, pag. 118). Não a quiz suprimir o congresso (ANN. cit, II, pag. 136). Nem sobre ella houve discussão. Julgou-se de melhor aviso não alterar n'isso o projecto.

O ministro que organisára a justiça federal defendia essa disposição constitucional amparando-a com o exemplo dos Estados Unidos N. A. e da Republica Argentina, e allegava a influencia benefica que ali produzira na solução de questões com varios Estados da União, mórmente sobre dividas, tendo varias nações autorisado seus agentes diplomaticos a submetterem as pendencias á suprema côrte, abrindo-se margem ao compromisso de, nos contractos com os Estados, ser aceita essa jurisdicção, e tendo concorrido isso muito para manter-se a paz interna e as boas relações internacionaes. (Relatorio do Min. da Just., janeiro de 1891, pag. 28).

e) **Os conflictos dos juizes.** Si dous juizes entre si disputam a competencia para conhecer de um caso dado (conflicto positivo de jurisdicção) ou si ambos a repellem (conflicto negativo), alguma autoridade deve ter o poder de decidir a quem cabe o conhecimento do negocio, por bem do direito das partes, no interesse da ordem geral e em guarda dos limites postos ás jurisdicções estabelecidas.

Ora, uma tal attribuição não poderia ser conferida ao poder legislativo; a elle toca estabelecer e regular, dentro de suas faculdades, as jurisdicções e competencias, mas não lhe incumbe a execução das disposições legaes que as instituem.

Tambem não ao poder executivo, comquanto se trate de execução de leis, mas de leis que devem ser cumpridas pelo poder judiciario, que delle não é subalterno, nem recebe instrucções. (Lei n. 23, de 30 de Outubro de 1891, art, 9 § 2).

De necessidade, pois, ha de isso caber ao proprio poder judiciario e a autoridade de superior jerarchia sobre os juizes em conflicto. Mas o conflicto póde surgir:

a) ou entre juizes federaes uns com outros, e então a solução muito naturalmente toca ao supremo tribunal federal;

b) ou entre juiz federal e juiz estadual, e neste caso não ha razão para deixar de ser do mesmo supren.o tribunal a decisão, porque trata-se de resguardar a competencia federal, que não póde ficar sujeita aos julgados dos tribunaes locaes;

c) ou entre juiz de um Estado e juiz de outro e (como no congresso constituinte a respeito desse ultimo caso se disse) «é conveniente que a decisão desses conflictos seja dada pelo supremo tribunal da União, visto que nenhum dos Estados interessados tem competencia para isso (ANN. vol. II, Gonçalves Chaves, disc., pag. 90).

2.º Tomar conhecimento e julgar em gráo do recurso as questões que forem resolvidas pelos juizes ou tribunaes federaes e as de que trata o art. 70.
(Projecto da commissão do governo provisorio.)

II. Julgar, em gráo de recurso, as questões resolvidas pelos juizes e tribunaes federaes, assim como as de que trata o presente artigo, § 1.º, e o art. 60:
(Dec. n. 510 de 22 de junho e n. 491 A de 23 de outubro de 1890.)

II. Julgar, em gráo de recurso, as questões resolvidas pelos juizes e tribunaes federaes, assim como as de que tratam o presente artigo, § 1.º, e o art. 60.

II **Julgar em gráo de recurso.** Ao contrario da jurisdicção originaria e privativa do supremo tribunal, que é restricta e não ampliavel, a de recurso, por effeito da presente clausula, é larga e vasta. A clausula, decomposta em seos elementos, mostra conter tres distinctas proposições:

I *Julgar, em gráo de recurso, as questões resolvidas pelos juizes e tribunaes federaes,*

II *assim como as de que tratam o presente art.* (59) § *1,*

III *e o art. 60.*

Ha, como se vê, tres classes de questões a julgar em gráo de recurso. A locução « assim como » accrescenta á primeira as duas outras; a copulativa « e » ajunta á segunda a ultima.

Duas, as primeira e terceira, referem-se aos julgados da justiça federal (e constituem a jurisdicção propriamente *de appellação*) e a segunda, aos das justiças estaduaes (e entra na jurisdicção *de recurso* ou revisão).

Das tres, a segunda e terceira são limitadas pela referencia que fazem aos artigos n'ellas citados. A primeira é estabelecida em termos genericos, sem restricções; abrange o conhecimento de todas as causas que, pelo seo objecto ou pela qualidade das partes, revistam caracter federal, não comprehendidas nas outras disposições constitucionaes reguladoras da competencia federal (e isto mostra a quanto se póde esta extender).

Esta doutrina foi firmada pelo supremo tribunal federal, em Acc. n. 350 de 21 de setembro de 1898, o qual, depois de distinguir, como ácima, as tres diversas proposições contidas neste n. II do art. 59, estabelece que:

«...afóra as causas que pelo art. 60 são da jurisdicção dos juizes seccionaes e ás quaes allude a terceira d'essas proposições, outras questões existem cujo conhecimento a elles ficou competindo, e são em termos genericos comprehendidas na primeira das mesmas proposições;
...que fôra injuridico restringir a competencia dos juizes seccionaes só ao que se comprehende no art. 60, desde que em o n. II do art. 59 se cogita de mais outras causas e para admittir tal interpretação seria preciso mutilar a disposição nesse n. II, deixando inoperativa sua primeira parte, como inutil e supervacanea, contra a regra de hermeneutica: *verba non sint superflua et sine virtute operandi;*

...que a Constituição providenciou d'est'arte para que não podessem escapar á jurisdicção federal outros interesses de ordem nacional (não comprehendidos no art. 60), os quaes de outro modo ficariam sem fôro ou iriam para as justiças locaes, com quebra dos principios fundamentaes do systema adoptado.

— Entre as questões de que, em gráo de recurso, segundo o presente art., n. II, o supremo tribunal toma conhecimento, comprehendem-se as acções rescisorias, de que tratam o reg. n. 737 de 25 de novembro de 1850 (art. 681), mandado observar pelo decr. n. 3.084 de 5 de novembro de 1898 (parte III, arts. 100 e 102). Assim o tem decidido o referido tribunal. Acc. n. 494 de 25 de outubro de 1899 e n. 329 de 4 de novembro do mesmo anno. No segundo d'elles lê-se o seguinte:

...Isto posto, e considerando que, não havendo lei que obste actualmente a acção rescisoria contra julgados deste tribunal, deve ella ser admittida nos casos previstos na legislação em vigor no fôro federal *(Consolidação das Leis da Justiça Federal,* annexa ao decreto n. 3.084, de 5 de novembro de 1898, arts. 100, letra *c,* e 102 da 3ª parte);
Considerando que, por tratar-se, na especie vertente, de uma acção rescisoria que visa a annullação de um acórdão deste tribunal, não póde o feito deixar de correr perante a justiça federal, maxime em face da terminante disposição do art. 62 da Constituição da Republica, que véda ás justiças dos Estados annullar sentenças dos tribunaes federaes;
Considerando que, em falta de lei vigente no fôro federal estabelecendo processo especial para a acção rescisoria, deve ella, como qualquer outra acção ordinaria, seguir os tramites do processo commum, e, portanto, transitar pelas duas instancias; não sendo admissivel intental-a directamente perante este tribunal, embora tenha sido proferida por elle a sentença rescindenda, por ser sua competencia para processar e julgar originariamente restricta aos casos taxativamente expressos no art. 59, n. 1, da Constituição Federal, entre os quaes não se comprehende a acção rescisoria contra seus proprios julgados;
Considerando que, por Accordão n. 494, de 25 de outubro ultimo, já este tribunal pronunciou-se sobre a admissibilidade da acção rescisoria contra suas sentenças, firmando ao mesmo tempo, o principio de que ella está sujeita ao curso de qualquer acção ordinaria;
Accordam dar provimento, etc.

— A jurisdicção appellada ou de recurso, observam os commentadores, não abrange sinão a decisão, em superior instancia, de causas julgadas por autoridades *judiciarias* no exercicio de suas funcções (*Vide* Story, comment. § 951).

O contrario infringe o principio da separação dos poderes publicos e desnatura a missão do judiciario.

3.º Rever os processos crimes findos, nos termos do art. 104.
(Projecto da commissão do governo.)

III. Rever os processos findos, nos termos do art. 78.
(Dec. n. 510 de 22 de junho e n. 914 A de 22 de outubro de 1890).

III. **Rever os processos findos, nos termos do art. 81.**

III. **Rever os processos findos.** Em nenhum dos projectos preliminares, apresentados separadamente por varios membros da commissão nomeada pelo governo provisorio para elaborar a Constituição, figurava esta tão salutar e humanitaria providencia da revisão das condemnações criminaes.

Surgio ella no projecto que essa commissão preparou (arts. 68 § 3 e 104). Conservou-a o governo no que apresentou ao congresso constituinte (Dec. n. 510, de 22 de junho de 1890, art. 58, n. III). Mencionou-a o decreto n. 847 (cod. penal) de 11 de outubro do mesmo anno, art. 86. Figura entre as novas medidas adoptadas pelo decreto n. 848, de egual data, o qual organisou a justiça federal (art. 9, n. III). O congresso constituinte a manteve, no presente artigo e no art. 81. D'ella se occupam o regimento do supremo trib. fed., de 8 de agosto de 1891, arts. 15, § 4, 103 a 106, a lei n. 221, de 20 de novembro de 1894, arts. 54, n. VIII, 74 e 84, Consol. das leis referentes ao processo na justiça federal, Decr. n. 3.084, de 5 de novembro de 1898, arts. 342 a 351. E constitue inegavelmente um dos maiores beneficios que a Republica doou á nação, realisando a bella aspiração que o eximio PIMENTA BUENO recommendava n'estes termos :

«O recurso extraordinario da revisão deve ser garantido, mas deve ter lugar sómente em presença de circumstancias graves e excepcionaes. Com effeito, esgotados os tramites legaes, é indispensavel que a questão criminal tenha um termo, que a presumpção da justiça da sentença seja tal que não se admitta mais contestação alguma. Esta consideração, essencialmente ligada á ordem publica, não deve ceder, sinão quando de todo não poder sustentar-se, por isso que claramente se demonstre que ella funda-se em erro visivel e em materia grave.

Quando uma evidencia palpavel destróe em face da sociedade a infallibilidade attribuida á cousa soberanamente julgada, o que fazer ? Sacrificar a innocencia apesar da evidencia ? Não; oppoem-se a isso a justiça e a humanidade. O que cumpre pois é considerar e formular os unicos casos em que essa rara evidencia póde vir apresentar-se perante os tribunaes e só n'elles admittir esse meio extremo e exorbitante.

... Então é indifferente que... o processo tivesse sido ou não regular, que apparentemente não houvesse violação alguma da lei, nada d'isso deve embaraçar o sentimento da razão, da justiça, do dever social de alliviar a sorte ou memoria do innocente, quér a sentença esteja ou não já executada. Então não só o réo deve em todo e qualquer tempo ter este recurso aberto, mas a propria autoridade deve interpol-o *ex-officio* desde que lhe constar que dá-se essa evidencia demonstrativa da imperfeição da justiça humana.»
(*Dir. Publ. Braz.*, 1857, pag. 357).

Vide infra, art. 81. O regimento do supr. trib. fed., arts. 103 a 106, a lei n. 221, de 20 de novembro de 1894, arts. 54, n. VIII, 74 e 84, estabeleceram as condições regulamentares da revisão.

Na expressão *processos findos*, usada no art. 81 não se comprehendem os processos de natureza politica, impondo as penas de destituição e inhabilitação. Acc. do supr. trib. fed., n. 104, de 11 de outubro de 1895 e n. 343, de 22 de julho de 1899.

§ 1.º Das sentenças da justiça dos Estados em ultima instancia haverá recurso para o supremo tribunal federal :

a) quando se questionar sobre a validade, ou a applicabilidade de tratados e leis federaes, e a decisão do tribunal do Estado fôr contra ella;

b) quando se contestar a validade de leis ou actos dos governos dos Estados em face da Constituição, ou das leis federaes, e a decisão do tribunal do Estado considerar validos os actos, ou leis impugnadas.
(Decr. n. 510 de 22 de junho e n. 914 de 23 de outubro de 1890.)

§ 1.º Das sentenças das justiças dos Estados em ultima instancia haverá recurso para o supremo tribunal federal :

a) quando se questionar sobre a validade ou a applicação de tratados e leis federaes, e a decisão do tribunal do Estado fôr contra ella ;

b) quando se contestar a validade de leis ou de actos dos governos dos Estados em face da Constituição, ou das leis federaes, e a decisão do tribunal do Estado considerar validos esses actos, ou essas leis impugnadas.

§ 1. **Das sentenças das justiças dos Estados em ultima instancia haverá recurso para o supremo tribunal.** (*) Este recurso é um dos elementos essenciaes da organisação federal. Promovendo a reintegração da ordem juridica constitucional violada, elle visa a exacta execução da Constituição, tratados e leis federaes, e a fiel observancia das limitações postas aos poderes dos Estados. E' condição *sine qua non* do funccionamento regular, harmonico e efficaz do systema. Sem isso, perderia este sua cohesão.

Em cada um dos Estados da União poderiam ser a Constituição, bem como as leis e tratados feitos por virtude d'ella, entendidos de modo vario, prejudicial ao nexo federativo, aos direitos e interesses que elle deve assegurar, ás relações internacionaes. Não teriamos *governo nacional*, prevaleceriam os poderes regionaes, forças centrifugas. De facto não seriamos Estados *Unidos*. Nossa fórma de governo viria a ser a anarchia constituida e a instabilidade organisada.

(*) *Vide* quanto ao sello nos recursos, comment. ao art. 9 § 1 n. 1, pag. 38.

Não é expressamente consagrado na Const. dos Estados Unidos N. A. semelhante recurso, mas infere-se de seo art. 3, secç. 2ª, verb.: *In all other cases before mencioned, the Supreme Court* SHALL HAVE APPELLATE JURISDICTION, tendo sido decidido pela Côrte Suprema que a jurisdicção de recurso abraça tambem as causas definitivamente julgadas pelos tribunaes dos Estados (Story, Comment. cit. § 941).

O congresso, em virtude de poderes deduzidos d'aquella e da clausula final da secç. cit.: *and under such regulation* AS THE CONGRES SHALL MAKE», o regulou no importante *Judiciary Act.*, de 1789. É, accrescenta Walker, apesar da grande opposição que soffreo dos advogados da supremacia dos Estados, ninguem póde pôr em duvida que tem produzido resultados os mais eminentemente salutares. (*Introd. to Amer. Law* 1895, pags. 124).

D'ahi foi transplantado para nosso direito federal. O projecto Americo Braziliense estabelecia que as decisões finaes das justiças estaduaes poriam termo aos processos e questões suscitadas nos Estados, menos quanto a—I *habeas-corpus*, II condemnações por crimes publicos e III questões sobre espolio deixado por estrangeiros, sempre que por tratados ou convenções não estivesse providenciado (art. 51). E facultava recurso n'esses casos para o supremo tribunal federal.

O projecto Werneck-Pestana estatuia:

Aos juizes e tribunaes inferiores compete decidir em appellação e ultima instancia das causas concernentes ao direito federal privado, julgadas pela magistratura não federal. Esta appellação far-se-á directamente ao juiz federal, qualquer quer que seja a categoria a que pertença o juiz não federal.» (Art. 136.)

O projecto da commissão do governo provisorio seguio, n'este ponto, o projecto Americo Braziliense (art. 70). E o do governo (Decr. n. 510, de 23 de junho e n. 914 A, de 23 de outubro de 1890, art. 60) estabeleceo o recurso nos casos 1º e 3º dos do art. 51 do projecto Americo Braziliense e nos do art. 70 do da commissão, accrescentando a disposição seguinte:

Art. 58, § 1.º Das sentenças da justiça dos Estados em ultima instancia haverá recurso para o supremo tribunal federal:
a) quando se questionar sobre a validade, ou a applicabilidade de tratados e leis federaes, e a decisão do tribunal do Estado fôr contra ella;
b) quando se contestar a validade de leis ou actos dos governos dos Estados em face da Constituição, ou das leis federaes, e a decisão do tribunal do Estado considerar validos os actos, ou leis impugnadas.

Submettido o projecto á commissão pelo congresso constituinte eleita de seo seio, a ella foi presente, com outras, a seguinte emenda:

No art. 58 façam-se estas alterações :........................
... 2.º Julgar, em gráo de revista, as causas decididas definitivamente pelos tribunaes ou juizes inferiores, segundo as regras que a lei prescrever, sempre que houver violação do direito, pela não applicação d'este ou por sua falsa ou indevida applicação.—*Amphilophio*.

Mas, discutida na commissão com as outras emendas que a acompanharam, alterando o plano da Constituição, não foi approvada essa que convertia o supremo tribunal em tribunal de revista, ou côrte de cassação. (ANN. DO CONGR. CONST., vol. 1, pag. 119).

Entrando em discussão no congresso constituinte o projecto de Constituição com o parecer da commissão, a referida emenda foi novamente apresentada nos mesmos termos. (ANN. cits. II, pag. 45.)

Um dos mais esforçados adversarios do systema judiciario da Constituição assim defendia essa emenda:

— O principio da unidade da justiça pede que os tribunaes superiores dos Estados se subordinem a um tribunal central que, em gráo de recurso e nos casos previstos por lei, julguem as questões resolvidas definitivamente pelos tribunaes superiores dos Estados, e assim uniformise a jurisprudencia, cassando as sentenças offensivas do direito em vigor. O que se contrapõe a esse principio, não é a descentralisação, mas a independencia dos tribunaes locaes superiores. Note-se que o projecto, apezar de crear duas magistraturas, estabelece em parte essa subordinação, pois confere ao supremo tribunal federal a attribuição de julgar as decisões dos tribunaes dos Estados sobre *habeas-corpus*, bem como a de rever os feitos crimes. A justiça será uma só, desde que se der a mesma subordinação em materia civil e commercial.

O recurso de revista é o instituto necessario para unificar a justiça e manter a unidade do direito. (Disc. do senador J. Hygino, em sessão de 5 de Janeiro de 1891, cit. ANN., II, pag. 66.)

E o ministro da justiça, autor da organisação judiciaria da União, dizia a este proposito, na sessão de 7 de Janeiro de 1891:

«... Os nobres representantes dizem que aceitam a a organisação do projecto, comtanto que se amplie a competencia civil do supremo tribunal, dando-se-lhe attribuição para julgar todos os feitos da alçada, tal como se acha constituido na Suissa, onde, na opinião dos nobres representantes, manifesta-se a tendencia unificadora.—Senhores, na Suissa não existe tendencia alguma para a unidade judiciaria: o que lá apparece é a tendencia subversiva, perniciosa, condemnada pelos bons espiritos, egual a isso que V. Ex. quer trazer para a nossa organisação, de ampliar a esphera de competencia do tribunal, abrangendo as causas de certa natureza ou de certo valor, como as que resultam do casamento, etc.

«Mas esta tendencia tem encontrado os mais energicos protestos, inclusivamente o de um dos mais conspicuos membros do supremo tribunal suisso... Devemos, porém, considerar que nossas circumstancias são bem diversas das da Suissa. Basta confrontar o seu territorio com o nosso...

«Quer-se adjudicar á competencia do tribunal federal o julgamento em ultima instancia de todos os feitos. Mas, neste caso, que restará do systema? A que ficará reduzida a independencia e a soberania dos tribunaes locaes, si as suas sentenças ficarem subordinadas á decisão suprema do tribunal federal? (ANN. cit., pags. 125 e 402).

A emenda, submettida á votação com o art. 58 do projecto, não foi aceita pelo congresso, approvando este o artigo, sem a radical modificação que lhe trazia ella. (ANN. cit., II, pag. 136.)

Ainda essa emenda, na sessão de 26 de janeiro de 1891, reappareceo em identicos termos. (ANN. cit., pag. 465). Impugnou-a então o deputado J. A. de Freitas (na sessão de 29 de janeiro de 1891):

«Estabelecendo a competencia do supremo tribunal federal disseram (os que sustentavam essa emenda):
«Ao supremo tribunal cabe:
«1.º Julgar, em gráo de revista, as causas decididas definitivamente pelos tribunaes e juizes inferiores, segundo a alçada e regras que a lei prescrever, sempre que houver violação do direito pela não applicação deste, ou por sua falsa ou indevida applicação.»
«Sr. presidente, ou eu não comprehendo o alcance deste preceito legislativo, ou é verdade que os autores da emenda admittiram uma terceira instancia para o julgamento dos pleitos.

«Quando a tendencia moderna entre os povos livres é para a unificação das instancias, como vae succedendo na Suissa, onde os cantões de Genebra e Zurich teem os seus tribunaes commerciaes unicos, porque a Suissa comprehende que, á medida que augmenta a responsabilidade do representante do poder judiciario, desenvolve-se o estimulo para o exacto cumprimento dos deveres, pelo desapparecimento desta subordinação hierarchica, os nobres signatarios da emenda vem dar-nos tres instancias!

Não comprehendo hypothese de uma decisão proferida, que não possa ser suspeita de error ou injustiça, porque as partes contendoras terão o direito de dizer sempre, que o julgamento não se baseou nas provas produzidas, que o direito foi violado, que o direito foi falsamente applicado.

E' ainda, em nome da uniformidade da jurisprudencia, que se pretende crear essa terceira instancia, á qual competirá proferir o julgamento definitivo!

Essa uniformidade, além de ter sido irrealizavel em todos os paizes, a despeito da creação de tribunaes semelhantes a esse, que se projecta na emenda, só pode ser legitima, só pode assentar na razão, quando ella fôr o resultado verdadeiro do fiel, do exacto cumprimento da lei, o que se conseguirá necessariamente com uma judiciosa organisação do poder judiciario nos Estados, independente da existencia deste tribunal superior.» (Ann. cit., pags. 602—3.)

Por occasião de votar-se a emenda, ainda seo autor chamou a attenção do congresso e insistentemente fez ver que por ella se conferia ao supremo tribunal *a faculdade da revisão do direito privado.* (Ann. cit., vol. lll, pag. 84). E o congresso novamente a rejeitou (pag. 85).

Do exposto se vê que a emenda tinha por fim ampliar a revisão ás decisões sobre direito privado, indo muito além do que pretendia o projecto e fundava-se na allegada necessidade de estabelecer o recurso de revista, como instituto necessario para unificar a justiça e manter a unidade do direito; mas o congresso, contentando-se com a revisão para os casos restrictos do projecto, pelas razões que se allegaram de ser a emenda contraria ao systema federativo, multiplicar inconvenientemente as instancias e não ter decisiva efficacia para a pretendida uniformidade, rejeitou essa emenda todas as vezes que ella lhe foi apresentada.

E em vista d'isto, poder-se-á hoje dar á Constituição, nesta parte, por via de interpretação, uma intelligencia contraria ao pensamento, tão clara e terminantemente manifestado na discussão e votação, do congresso constituinte? Não será interpretar, será reformar.

a) **Sobre a validade ou a applicação de tratados e leis federaes.** Por *validade* ha de entender-se:

1º a legitimidade constitucional do acto, sua conformidade com a Constituição, com os principios nella consagrados.

Uma lei pode ser inconstitucional, quér por que verse sobre objecto a respeito do qual o congresso não possa legislar, por não se comprehender na sua competencia (que é limitada aos assumptos enumerados na Constituição, ou delles decorrentes por necessaria inferencia, ou nelles incluidos por obvia comprehensão)—quér por ser, em suas determinações, contraria a disposições constitucionaes. Em taes condições um acto legislativo não tem *validade.* Suscitando-se sobre elle questão em juizo e em forma processual adequada, da decisão em ultima instancia nas justiças estaduaes, é cabido o recurso para o supremo tribunal federal (que soberanamente decide) no caso da sentença ter sido contra a validade da lei,—e não no caso contrario, porquanto presumindo-se valida a lei, não ha que reformar decisão conforme a legislação federal e que não prejudica as prerogativas e interesses da União.

2º a conformidade do processo parlamentar ou formação da lei com os respectivos preceitos da Constituição.

A lei ao ser elaborada deve passar pelos tramites constitucionaes estabelecidos; ha de ser feita nos moldes para isso estatuidos, e não a arbitrio dos legisladores, com infracção de formulas e cautelas que se julgaram indispensaveis para a sua factura e que são garantias de ordem tal que os constituintes entenderam não se poder prescindir d'ellas, não as deixando ao talante dos legisladores ordinarios.

Sobre isto lê-se o seguinte, n'um importante trabalho do Conselheiro Ruy Barbosa, ultimamente publicado na imprensa jornalistica desta Capital (*Vide O Paiz,* de 25 de fevereiro de 1892:

Na elaboração das leis podem occorrer anomalias, lacunas, maculas, que tirem ao acto pretensamente legislativo o caracter e a mesma existencia de leis. Já os romanos entendiam não se deverem observar as leis, a respeito das quaes se não houvessem observado as fôrmas prescriptas. (L. 8. *Cod. De leg. et const. prin.*, l. 14! L. 1 *Cod. Theod., De const. prin. et edict,* l. 1.) Mas quaes são essas fôrmas, em virtude de cuja omissão ou transgressão as leis *auctoritate careant?*
Moretti, na sua monographia do assumpto (*La funzione legislativa*, p. 214), propõe a questão de saber si um acto promulgado como lei, mas do qual se possa demonstrar que a «a sua deliberação foi irregular», tem efficacia de lei, nossa resposta não hesita, diz elle. « Respondemos que não é valido esse acto.» Mas esta solução, com a sua vaga formula de *irregularidade* na deliberação, me parece e nimiamente longe.
A theoria geralmente aceita dá por nullas as leis, na gestação das quaes não se observaram as fôrmas impostas pela Constituição ao processo legislativo, E, o que mais é, quando os actos inculcados por leis apresentam defeitos dessa natureza, o poder judiciario não lhes deve dar execução, ainda nos paizes em que os tribunaes não exercem a autoridade, reconhecida na America, aos tribunaes federaes, de pronunciarem a inconstitucionalidade das leis. (A. Brunialti: *Dir. constituzion.,* II, p. 592.)
Mas essa indagação se encerra em limites breves e precisos. O que o poder judiciario tem de examinar é o concurso dos tres orgãos legislativos, isto é, verificar si as camaras deliberaram, si o chefe do estado sanccionou, si se operou devidamente a promulgação e a publicação do acto. (Armann : *Il potere executivo e la promulgazione delle leggi.* Na *Revista Italiana per le Scienze Giuridiche* v. A., p. 45—Pacifici-Mazzoni: *Ist di dir. civ. it.* v. I., p. 27, n. 10—Saredo Tratt : *delle leggi,* p. 146-7, 355-6— Fadda e Bensa, not. a *Windsheid,* I. 1, p. 107-111— Brunialli: *Op. cit.* 11, p. 592-3.)

São actos successivos, que se concretizam materialmente: a deliberação, a sancção, a promulgação, a publicação. A justiça tem de conhecer-lhes da existencia, para conhecer da existencia da lei. Mas não exerce, a tal respeito, a menor funcção discrecionaria. A Constituição traçou, nos arts. 36 e 40 as regras de elaboração legislativa imposta aos tres factores, de cuja cooperação depende a formação legitima das leis. Si algumas dessas regras fôr materialmente conculcada, ou postergada, e dessa infracção flagrante se conservar a prova authentica *nos proprios actos do Congresso ou do governo, destinados a attestar a deliberação, a sancção, a promulgação*, lei não ha; porque a sua elaboração não se consumou. Os tribunaes, portanto, não podem applical-a.

Em uma palavra, toda contravenção material das formas constitucionaes, authenticamente provada, no processo de elaboração legislativa, vicia e nullifica o acto do legislador. Não assim a simples violação *de formas regimentaes*.

3º a vigencia da lei, do tratado. Declarar que um ou outro não está mais em vigor é decidir que não tem valor, que perdeo sua força de obrigar, sua *imperatividade*, que não é valido. Assim o tem com razão entendido o supremo tribunal federal :

«Considerando que nos termos desta disposição (art. 59 n. III, § 1 a) se comprehendem os casos em que as sentenças das justiças estaduaes se fundam sobre a revogação ou o não vigor de leis federaes, qualquer que seja a causa de que tal falta de validade resulte ;
Considerando que, com effeito, declarar revogada ou derogada uma lei é decidir contra sua validade... (Acas. n..78 de 27 de maio, n. 74 de 8 de agosto, n. 85 de 19 de outubro de 1896 e outros).

Ou applicação. Quanto ao sentido da palavra—applicação—, ha a observar o seguinte: o que se passou ao ser discutida e votada a presente disposição no congresso constituinte, legitima e autorisa, de modo indubitavel, a opinião de que aquella palavra vale no artigo o mesmo que *applicabilidade* (de onde resulta que o recurso aqui estabelecido não cabe de sentença que tiver applicado neste ou naquelle sentido alguma lei federal, mas da que houver declarado não ser ella applicavel, não caber no caso sua applicação).

Isto é de maxima importancia, porque restitue ao texto constitucional seo genuino sentido e faz prevalecer a intenção, tão firmemente revelada pelos constituintes, de não admittirem, no systema judiciario que adoptaram, o recurso ordinario de revista das decisões das justiças estaduaes sobre o direito privado, recurso amplissimo que annullaria a autonomia do poder judiciario dos Estados, em contravenção com o que preceituam os arts. 61 e 62, e que poria o congresso constituinte em contradicção com o que fez e com o que quiz.

Instruamo-nos nos Annaes, que nestas materias deve ser a nossa primeira licção e tenhamos em mente que «a lettra mata e o espirito vivifica». Delles si verifica que, finda a votação ultima dos artigos e emendas, declarou o presidente do congresso constituinte que o projecto de Constituição com as emendas approvadas ia á commissão *para redacção final* DE ACCÔRDO COM O VENCIDO. (Ann. cit., III p. 240).

No projecto redigido pela commissão *conforme o vencido*, o art. 60 § 1 a), que fôra objecto da emenda rejeitada ácima transcripta, traz a palavra «applicação» em vez de «applicabilidade» que alli estava desde o projecto do governo, e a qual durante todas as discussões e votações passára sem emenda alguma que puzesse outra palavra em seu logar.

Esse projecto redigido pela commissão não consta dos Annaes, sensivel lacuna n'elles ; apenas foi impresso em avulso e no «Diario do Congresso Nacional», n. 43 de 22 de fevereiro de 1891. O parecer que lhe precede é de 21 de fevereiro de 1891; a disposição em questão acha-se á pag. 29 d'elle.

Essa redacção, tendo soffrido emendas ao ser discutida (nenhuma porém n'este ponto), voltou com ellas á commissão (Annaes cit., pag. 258 e 270-1) que deo parecer aceitando algumas (*ibid*. pag. 280) e foram approvadas (pag. 283), sendo na conformidade d'ellas redigido definitivamente o texto da Constituição promulgada pelo congresso e constante dos Annaes cits. (pag. 289) e ahi se encontra á pag. 296, no art. 59 § 1 (alinea a) a palavra «applicação» por applicabilidade, e sem duvida como equipolente, na mesma accepção, com o mesmo significado.

Que objectar a isto ? O valor material, digamos, da palavra «applicação»? Não é elle o que em caso de duvida se deve levar em conta. Bem ou mal empregadas, as palavras da lei valem pela intenção com que foram usadas. *Prior ac potentior est, quam vox, mens dicentis*. E a intenção no caso vertente é clarissima. O sentido a dar áquella palavra ou é o mesmo do que fôra anteriormente empregada no lugar onde veio a ficar (pois não houve proposito de alterar com ella a disposição, como demonstram bem os Annaes),—ou será um sentido vicioso, contradictorio do systema constitucional adoptado e destructivo d'elle. E é elementar preceito de hermeneutica que o interprete deve arredar o sentido vicioso, anormal, contradictorio e absurdo.

Que importa o uso de uma expressão impropria, si a intenção com que foi empregada, si o pensamento de quem d'ella usou é sabido e claro ? Desde os romanos se sabe que *non lex est quod scriptum est ; sed quod legislator voluit, quod judicio suo probavit et recepit*.

E cumpre não perder de vista, como dos Annaes se evidencia, que o emprego da nova expressão não teve o proposito de alterar o sentido do artigo emendado :

1º A commissão foi a primeira a repellir *in limine* a emenda que trazia esse resultado. Em voto vencido se dizia justificando a dicta emenda : " O supremo tribunal, além das funcções declaradas na Constituição, terá tambem as de tribunal de cassação..." Rejeitando a emenda, a commissão quiz que o supremo tribunal não tivesse esse caracter.

2º Essa foi egualmente a intenção do congresso, rejeitando por duas vezes, depois de grandes discussões, a emenda perante elle renovada. E a commissão vio assim sanccionado pelo congresso, e do modo o mais terminante e solemne, o seo procedimento, a sua repulsa áquella emenda.

3º Assim vencedora a commissão, — si no acto de redigir para approvação final o projecto de Constituição definitivamente votado, variou ella de expressão, no ponto discutido,—certamente com isso não quiz, não podia ter querido, alterar, e de modo radical, o que, de accordo com ella, o congresso acabava de votar. E as pessoas incumbidas da redacção eram os mesmos membros da commissão que haviam dado o primitivo parecer e repellido a emenda. E seria crivel que á ultima hora, resolvida soberanamente a materia, e sem apresentar emenda ném justificar a mudança de opinião, em assumpto tão grave, tivessem elles voltado atraz ? Seria crivel que de proposito insinuassem no texto definitivo da Constituição uma palavra que elles entendessem ser de sentido diverso e opposto ao que tinha sido aceito ? Para admittil-o fôra necessario admittir tambem que elles tiveram o proposito de illaquear a boa fé do congresso e zombar d'elle, *in re severa jocari...*

4º O art. 62 do regimento do congresso constituinte determinava :

« Terminada a discussão e approvada a Constituição, o presidente a remetterá *com as emendas APPROVADAS*, á commissão especial para *redigil-a conforme o vencido»*. (ANN. DO CONGR. CONST., I, pag. 64).

O parecer que acompanhou a redacção da commissão, assim começava :

«A commissão especial do congresso, em cumprimento do disposto no art. 63 do regimento, apresenta *a Constituição redigida de conformidade com o vencido*.

«Alguns artigos do projecto mereceram particular estudo e para elles a commissão chama a attenção do congresso afim de que verifique si a redacção proposta está de inteiro accordo com o voto expresso.». E passava a indicar os arts. 23 e 24, em que notava certa confusão e contradicção, o art. 35, ns. 23, 24 e 25, onde achava incongruencia, e ns. 27 e 29, que a minoria da commissão considerava superfluos, e finalmente a commissão dava conta da alteração de palavras que fizera ao art. 47. Mas,— e isto é bem para notar-se,— quanto ao ponto de que nos occupámos nenhuma referencia nem menção fez. E é bem de ver que, si tivesse entendido que com a troca da palavra *applicabilidade* por *applicação* se envolvida alteração no dispositivo da Constituição, sem duvida alguma esse ponto teria sido tambem indicado á attenção do congresso. E' clarissimo, pois, que essa troca de expressões nada innovou, conservando a disposição em que ella se deo o mesmo sentido, com que fôra votada nas discussões anteriores.

Provado assim, á toda a luz, que a mudança de palavra não foi feita com proposito de alterar o texto (si é que não foi, como cremos, simples erro de copia) nem de dar-lhe outro diverso sentido, a que fica reduzido o argumento dos que se agarram á lettra e estribam-se na differença lexicologica entre *applicação e applicabilidade* ? Pelo que fica exposto vê-se, claramente visto, que a aquella mudança de palavra não teve por intuito mudar o sentido da lei,— isto é irrecusavel em face dos ANNAES.— Póde a significação das duas palavras divergir, mas á que ficou no texto, assim alterado, é preciso não attribuir sinão o sentido ou accepção que exprime o pensamento do congresso. *Plerumque dum proprietas verborum attenditur, sensus veritatis omittitur.*

Que importa a lettra da lei desquitada de seo espirito ? SCIRE LEGES NON HOC EST VERBA EARUM TENERE, *sed vim ac potestatem* e si o não tivesse dicto ha seculos o jurisconsulto romano Celso (Fr. 17, Dig. *de leg.*), era o caso de crear-se este aphorismo, em vista da disputa travada sobre a disposição legal que discutimos.

E si os lexicos estabelecem distincção entre aquelles dous vocabulos, nem por isso podemos rejeitar a accepção com que pelos legisladores foi empregado o de que elles se serviram.

Entre dar á palavra em questão o sentido amplo que se lhe quer attribuir e põe os legisladores em contradicção comsigo mesmos, destruindo o que elles construiram, e adoptar a intelligencia que se firma no historico da lei, deduz-se de seos trabalhos preliminares e discussões, e harmonisa-se com os principios capitaes do regimen estabelecido pela Constituição,— não ha hesitar. *Non dubium est in legem committere, eum qui, verba legis amplexus, contra legis nititur voluntatem.* (L. 5. Cod. *de legib.*)

Pelo que fica exposto vê-se que não exorbitou o congresso nacional ao declarar que «a simples interpretação ou applicação do direito civil, commercial ou penal, embora obrigue em toda a Republica como leis geraes, não basta para legitimar a interposição do recurso» de que se trata (lei n. 221, de 20 de novembro de 1894, art. 24) e que muito acertadamente assim o tem entendido e julgado o supremo tribunal, desde antes mesmo d'essa lei. (Accs. n. 56, de 31 de janeiro de 1894, e muitos outros).

Sobre as condições e limitações do recurso *vide* os arts. 99 (que lhe deo a bem adequada denominação de *extraordinario*) a 102 do regimento do supremo tribunal federal, de 8 de agosto de 1891, e comment. *supra* ao titulo d'esta secção III.

Recurso para o Supremo Tribunal. Quadram bem neste 'lugar, em elucidação da materia, os seguintes trechos do bem elaborado opusculo que sobre ella escreveu um dos distinctos ministros do nosso supremo tribunal federal :

a) O recurso extraordinario é exclusivamente interposto para o supremo tribunal federal ;
b) Só se admitte de decisões proferidas em ultima instancia ; e
c) Precisa que a questão que o provoca tenha sido effectivamente suscitada e decidida.

a. A exclusiva competencia do supremo tribunal federal para conhecer d'este recurso é ainda um collorario da independencia que a nossa organisação judiciaria republicana quiz deixar ás justiças dos Estados, pois seria desconhecel-a o subjeitar-lhes as decisões definitivas ao contraste dos juizes federaes de primeira instancia.

b. Que só de decisões definitivas cabe o recurso é indubitavel, expresso e consequente de sua propria indole: indubitavel, pois nunca o vimos posto em questão onde quer que fosse; expresso, nos textos que estabelecem o recurso, salvo no art. 61, que só indirectamente exprime esta idéa; e consequente de sua indole, porque o contrario seria perturbador da independencia e regular funccionamento das justiças locaes, além de opposta á propria dignidade e preeminencia do supremo tribunal, pois ridiculo fôra levar-lhe o conhecimento de méros interlocutorios d'aquellas justiças.

c. Para que caiba este recurso, é necessario que a questão que o provoca tenha sido effectivamente agitada em processo movido perante as justiças estaduaes e lá tenha sido julgada: não basta que tal questão se possa ou pudesse suscitar naquella ordem judiciaria. Isto é expresso no *Judiciary Act*, a que mais de uma vez nos temos referido como a origem remota do nosso recurso:

> But to authorize the removal under that act, it most appear by the record, either expressely or by clear and necessary intendment, that some one of the enumerated questions did arise in the State court, and was there passed upon. It is not sufficient that might have arisen or been applicable.

Ainda neste ponto assentou o supremo tribunal a sã doutrina no Accordam de 11 de maio de 1895. (Lucio de Mendonça,—«Do Recurso extraordinario» pag. 26—27.)

E fica, além disso, entendido que é preciso tambem, para legitimar o recurso extraordinario, que a sentença recorrida tenha decidido em contrario á validade ou applicabilidade de leis federaes ou pela validade contestada de actos legislativos ou executivos dos governos dos Estados, em face da Constituição federal,—o que é assim explicado pelo Acc. n. 71 de 11 de abril de 1896:

«Nos termos do art. 61 da Constituição as decisões dos tribunaes dos Estados em materia de sua competencia, pôem termo aos processos e ás questões; e desde que estas não versarem sobre nenhuma das excepções mencionadas no art. 59 § 1.º, nem sobre as do referido art. 61, d'ellas não cabe recurso extraordinario. Admittir-se o contrario seria estabelecer para as sentenças dos Estados uma terceira instancia, pois de todas interporiam recurso os pleiteantes vencidos, dando-se lata e incabivel interpretação ao cit. art. 59 § 1.ª da Constituição, o que importaria ainda em intervir a justiça federal em questões submettidas aos tribunaes dos Estados, com infracção do art. 62...»

Quaes os *recursos* que se comprehendem na disposição deste art. 59 n. ll, dil-o especialmente o art. 149 do regimento do supremo tribunal federal, de 8 de agosto de 1891, approvado pela lei n. 221, de 20 de novembro de 1894, art. 85.

Tratados. Incluem-se n'esta denominação, para os effeitos deste art., todos os pactos, ajustes, convenios, de qualquer natureza e sobre quaesquer assumptos, entre a União e governos estrangeiros. E é obvio que, tando-se assim de interesses de ordem internacional, não fique a ultima palavra ás justiças estaduaes quando acaso, mesmo indirecta e incidentemente, elles venham á baila em questões perante ellas intentadas.

E' da maior gravidade e pode trazer complicações e perigos para a União a declaração de nullidade ou não applicabilidade de tratados, em que se acham compromettidas a fé e a honra da nação. O recurso extraordinario evitará que venham a ser sacrificados tão altos interessesda nação.

— *Quid* no caso de sentença, em ultima instancia, de tribunal estadual, contra a validade ou applicabilidade de *ajustes* ou *convenções entre Estados?* Nas questões entre Estados a justiça é a da União (art. 59, l c). Mas assim como os tratados federaes podem vir a ser discutidos, segundo prevê a Constituição (art. 59 § 1 a), perante as justiças estaduaes, tambem podel-o-ão ser as convenções interestaduaes. E assim como da decisão contraria áquellas, e para salvaguardal-os, foi estabelecido o recurso extraordinario, por egual deve-se entender extensiva esta providencia tambem aos ajustes e convenios entre Estados. Porquanto:

1.º Nenhum dos Estados contractantes tem jurisdcção sobre o outro,—quér porque, como Estados, são todos da mesma categoria, sendo em prerogativas e direitos todos eguaes,—quér porque ainda o são como partes contractantes, não tendo uma, sobre o que consta do contracto, maior autoridade que a outra para decidir as duvidas e contendas que se suscitem.

2.º Taes convenções regulam relações interestaduaes que no regimen federativo ficam sob a superintendencia da União (*vide* comment. *supra*, á lettra c) deste art.) e é por isso que a Constituição as subordina a autoridades federaes (arts. 4, 34 n. 10, e 48 n. 16).

E as contendas sobre taes ajustes e convenções, escapando assim á autoridade exclusiva dos Estados, ficariam inteiramente sem effectiva sancção, si não lh'a garantissem os poderes federaes—pelo orgam a isso apropriado, que no caso é o judiciario; pelo meio mais adequado, que é a revisão; e pelo tribunal a quem sómente deve esta competir, que é o supremo tribunal federal, cujas decisões são a mais alta e autorisada expressão da justiça nacional.

Leis federaes. Não se incluem aqui as leis subsidiarias, decidio o Acc. do supremo tribunal federal, n. 50 de 9 de setembro de 1893.

«E porque, versando a decisão recorrida sobre a applicabilidade da doutrina do direito romano, não é caso de recurso, o qual se limita, conforme o art. 59, § 1 a) da Constituição Federal, ás sentenças estaduaes que decidirem a questionada validade ou applicação das leis federaes, e estas não são dos preceitos daquelle direito, que apenas podem subsidial-o na jurisprudencia» (*).

No mesmo sentido o Acc. de 31 de Agosto de 1894.

Tambem não cabe o recurso sob a allegação de ser a lei contraria aos principios abstractos de justiça, porque o poder judiciario não tem o

---

(*) Já a carta de lei de 3 de novembro de 1768 § 3º, a que se refere o dec. de 20 de dezembro de 1830, art. 8, estabelecia que não era caso de revista a infracção das disposições do direito romano, mas tão sómente a das leis patrias.

direito de declarar invalido por esse fundamento um acto legislativo. (Iredell. J. *apud* Marshall's Writings, p. 522). Elle applica o direito constituido, legislado.

— *Quid* com relação aos regulamentos expedidos pelo governo federal? Elles são actos complementares das leis, contendo os meios e medidas adequados á sua boa execução, são actos necessarios á realização das providencias nellas determinadas, dão-lhes vigor e efficiencia pratica. Expedidos pelo presidente da Republica no uso e nos limites da faculdade que para isso lhe dá a Const. (art. 48 n. 1), têm força de obrigar, têm autoridade de lei. E para manter-se e bem garantir-se essa autoridade, deve pravalecer a respeito d'elles tambem a providencia constitucional do recurso extraordinario. De outra fórma, a *fiel execução das leis* federaes, a que se refere o art. cit., ficaria dependente dos Estados, contra a indole e regular pratica do systema.

(Esta força obrigatoria, porém, os regulamentos feitos pelo governo mediante autorisação do congresso não a tem, visto que a este fallece competencia para delegar poderes. Taes regulamentos são inconstitucionaes. *Vide* commentario ao art. 15, *verb*. «E' pertinente», etc).

— Finalmente, cumpre não perder de vista, que «a Constituição creou este recurso, não para corrigir qualquer erro na applicação da lei federal, mas para restabelecer a autoridade desta, quando negada pela justiça local». Acc. do supremo tribunal federal, no recurso extraordinario n. 155, de 28 de setembro de 1898.

b) **De leis ou de actos dos governos dos Estados.** O recurso extraordinario neste caso corrige as exorbitancias e usurpações da autoridade estadual legislativa ou executiva, e contra elle defende a federal, que de outra sorte ficaria annullada, perdendo a supremacia que lhe cabe quanto aos assumptos de sua competencia.

Na palavra **leis** comprehendem-se as municipaes, infringentes da Constituição e das leis federaes. Acc. do supremo tribunal federal, no recurso extraordinario n. 91 de 9 de dezembro de 1896.

Em face da Constituição ou das leis federaes. Estas palavras excluem do recurso as sentenças dos tribunaes estaduaes resolvendo sobre validade de lei do Estado em face da Constituição respectiva. (*Vide* Accs. do supr. trib. fed., n. 254, de 6 e n. 73 de 20 de julho de 1898).

Casos desta natureza são da exclusiva jurisdicção estadual. E as decisões n'elles proferidas em ultima instancia prevalecem ante a justiça federal (BAKER, Annot. Const., pag. 229 n. 4, COOLEY *apud* Marshall's Writings, App., pag. 513, WALKER, Introd. to Amer. Law., 1895, pag. 124 nota *a*).

E com effeito, nada tão conforme ao regimen federativo como decidirem os proprios Estados, pelo orgam competente, as controversias que n'elles occorram por motivo de conflicto entre as leis pelas quaes se constituiram e as suas leis ordinarias. Do contrario, dependendo até n'isso do governo central, elles mais seriam provincias do que Estados.

Das decisões das assembléas dos Estados em julgamento de natureza politica tambem não cabe o recurso extraordinario para o supremo tribunal federal, como não cabe o de revisão crime, do n. III deste art. 59 — Assim o determinam a natureza de taes decisões (*Vide supra* commentario ao titulo desta secção III) e o caracter não judiciario da autoridade, que as profere (Acc. do supr. trib. fed., n. 104, de 11 de outubro de 1895 e n. 343, de 22 de julho de 1899). Nos termos da Constituição, dá-se o recurso: «Das sentenças *das justiças* dos Estados» e a lei n. 221, de 20 de novembro de 1894, art. 24, diz: «das sentenças *dos tribunaes* dos Estados». Estas expressões repellem evidentemente as decisões de quaesquer autoridades e corporações que não pertençam á ordem judiciaria.

— A lei n. 221 de 20 de novembro de 1894, art. 58, estabelece determinações garantidoras da interposição do recurso extraordinario e da execução da sentença nelle proferida, e dispõe que:

« § 3 Si por qualquer modo fôr obstada ou impedida a execução das sentenças do supremo tribunal federal, o ministerio publico apresentará denuncia contra o oppositor ou oppositores, pelo crime definido no art. 111 do codigo penal e tanto elle como as partes interessadas poderão promover a execução das mesmas sentenças perante o juiz federal, recusando-se o local».

A Constituição autorisa a intervenção federal nos Estados *para execução das sentenças federaes* (art. 6 § 4).

§ 2.º Nos casos em que houver de applicar leis dos Estados, a justiça federal consultará a jurisprudencia dos tribunaes locaes, e vice-versa, a justiça dos Estados consultará a jurisprudencia dos tribunaes federaes, quando houver de interpretar leis da União.
(Decretos n. 510 de 22 de junho e n. 914 A de 23 de outubro de 1890.)

§ 2.º **Nos casos em que houver de applicar leis dos Estados, a justiça federal consultara a jurisprudencia dos tribunaes locaes, e vice-versa, as justiças dos Estados consultarão a jurisprudencia dos tribunaes federaes, quando houverem de interpretar leis da União.**

§ 2 Applicar leis dos Estados, bem se vê, não é tarefa peculiar da justiça federal; para isso têm elles suas jurisdicções proprias. Mas, cabendo aos tribunaes da União conhecer das questões entre dous Estados (n. 1 *c* deste artigo),—entre um Estado e cidadãos de outro, e entre cidadãos de Estados diversos (art. 60 *d*), occorrerá n'isso occasião e necessidade de interpretar e applicar leis estaduaes. Em casos taes **a justiça federal consultará a jurisprudencia dos tribunaes locaes, e**

1º — Vae n'isto uma homenagem aos poderes estaduaes, fazendo-se que negocios por elles regulados, sejam decididos, não sob diverso criterio e estabelecendo-se novas interpretações, mas respeitados os arestos estabelecidos pelas suas justiças.

2º — Com este expediente, remove-se o que poderia vir a ser uma fonte de desgostos, discordias e conflictos entre a União e os Estados. As decisões proferidas de um modo conforme á jurisprudencia d'estes não têm porque lhes desagradem. As justiças federaes decidem segundo em casos identicos o têm feito em ultima instancia as estaduaes.

3º — E' presumivel que, muito melhor que estranhos, entendam as leis de um Estado seos magistrados, affeitos como são ao estudo e applicação d'ellas. E assim, seguir o que se acha consagrado em seos julgados formando aresto, é uma garantia de acerto.

E vice-versa. E' obvio que a jurisprudencia federal deve ser respeitada pelas justiças locaes. Ella vale por lei e obriga a todas as jurisdicções. E si assim não fosse, o direito federal viria a ser vario, multiforme e incerto. Cada Estado o poderia entender e applicar a seo modo e, quando quizesse, estabeleceria nova jurisprudencia para seo uso.

Art. 69. Compete aos juizes ou tribunaes federaes decidir :	Art. 59. Compete aos juizes ou tribunaes federaes decidir:	Art. 59. Substitua-se a expressão — decidir — por estas—processar e julgar.—*Adolpho Gordo* e outros.	Art. 60. Compete aos juizes ou tribunaes federaes processar e julgar :
a) as questões entre os cidadãos e o governo federal ou dos Estados, oriundas de violação de preceito constitucional ou de leis federaes ;	*a*) as causas em que alguma das partes estribar a acção, ou a defesa, em disposição da constituição federal;	(Emenda approvada em 9 e 18 de fevereiro de 1891.)	*a*) as causas em que alguma das partes fundar a acção, ou a defesa, em disposição da Constituição Federal :
b) as questões ou litigios dos estrangeiros que se basearem quér em contractos celebrados com o governo federal ou dos Estados, quér em tratados e convenções com as nações estrangeiras.	(Decretos n. 510 de 22 de junho e n. 914 A de 23 de outubro de 1890.)	Substitua-se pelo seguinte o art. 59 *a*) : As causas em que alguma das partes fundar a acção ou a defesa em disposições da Constituição federal.—*Moraes Barros.*	*b*) todas as causas propostas contra o governo da União ou fazenda nacional, fundadas em disposições da Constituição, leis e regulamentos do poder executivo, ou em contractos celebrados com o mesmo governo.
c) as questões sobre presas e represas e em geral as de ordem civil ou criminal baseadas no direito internacional.	*b*) os litigios entre um Estado e cidadãos de outro, ou entre cidadãos de Estados diversos. (Decreto n. 510 de 22 de junho de 1890).	(Emenda approvada em 8 de janeiro de 1891).	*c*) as causas provenientes de compensações, reivindicações, indemnização de prejuizos ou quaesquer outras, propostas pelo governo da União contra particulares ou vice-versa.
(Projecto da commissão do governo provisorio.)	*b*) os litigios entre um Estado e cidadãos de outro, ou entre cidadãos de Estados diversos, diversificando as leis destes; (Decreto n. 914 A de 23 de outubro de 1890.)	Accrescente-se á disposição da lettra—*a*, do art. 59 : I. Julgar todas as causas propostas contra o governo da União ou fazenda nacional, fundadas em disposições da Constituição, leis, regulamentos do poder executivo, em contractos celebrados com aquelle governo.	
	c) os pleitos entre estados estrangeiros e cidadãos brazileiros;	II. Julgar as causas provenientes de compensações, reivindicações, indemnização de prejuizos ou quaesquer outras, propostas pelo governo da União contra particulares ou vice-versa.—*L. de Bulhões.*	*d*) os litigios entre um Estado e cidadãos de outro, ou entre cidadãos de Estados diversos, diversificando as leis destes ;
	d) as acções movidas por estrangeiros e fundadas, quer em contractos com o governo da União, quer em convenções ou tratados da União com outras nações ;	(Emenda approvada em 9 e 18 de fevereiro de 1891.)	*e*) os pleitos entre estados estrangeiros e cidadãos brazileiros;
	e) as questões de direito maritimo e navegação, assim no oceano como nos rios e lagos do paiz ;	Supprimam-se as palavras do art. 59 *b*) : Ou entre cidadãos de estados diversos, diversificando as leis destes. —*Moraes Barros.*	*f*) as acções movidas por estrangeiros e fundadas, quér em contractos com o governo da União, quér em convenções ou tratados da União com outras nações ;
	f) as questões de direito criminal ou civil internacional;	(Emenda rejeitada em 8 de janeiro de 1891.)	*g*) as questões de direito maritimo e navegação, assim no oceano como nos rios e lagos do paiz ;
	g) os crimes politicos. (Decretos n. 510 de 22 de junho e n. 914 A de 23 de outubro de 1890.)		*h*) as questões de direito criminal ou civil internacional ;
			i) os crimes politicos.

Art. 60. Compete aos juizes e tribunaes federaes. O art. 55 estabelece que, além do supremo tribunal federal, haja *juizes* e *tribunaes*, creados por lei ordinaria do con-

gresso nacional, isto é, tribunaes inferiores. Destes ultimos nem um ainda temos. O congresso os estabelecerá si e quando as necessidades do serviço nacional exigirem. O dec. n. 848 de 1890, art. 14, fez de cada Estado, assim como do districto federal, uma *secção judicial* com um só juiz. A estes juizes seccionaes compete toda a jurisdicção estabelecida no presente artigo. Das decisões porém que proferirem ha recurso para o supremo tribunal federal (art. 59 n. II).

— Em vista do que dispõem a Constituição, art. 55, o dec. n. 848 de 11 de outubro de 1890, art. 13, e a lei n. 221 de 20 de novembro de 1894, art, 2º, não se póde deixar de reconhecer que a cada juiz federal devem competir as causas, que versarem sobre questões oriundas de factos passados na respectiva secção, — assim decidio o supremo tribunal federal, por Accs. nos Aggr. n. 230, de 2 de fevereiro e n. 242 de 15 de junho de 1898, em questões propostas contra a União.

a) **As causas.** Esta expressão é aqui empregada em sentido lato, abrangendo quaesquer acções propostas em juizo para reconhecimento ou declaração de um direito. Comprehende as questões não sómente civeis, mas ainda as criminaes (que todas se podem fundar em disposição constitucional).

Já em nossa antiga jurispendencia a palavra *causa* envolvia em seo sentido qualquer demanda criminal (Pereira e Souza, *Dicc. jurid.*) Do mesmo modo no direito norte-americano a respeito da palavra *cases*, traduzida na constituição argentina por «causas», de onde, com o mesmo valor, passou para a nossa. (Const. dos E. U. N. A., art. 3º, secç. 2ª, n. 1; Const. Argent., art. 100; *J. Story* Comment. cit. § 292; *Walker*, Intr. to Amer. Law, 1895, § 49, n. 1, etc.)

Com a mesma extensão vemol-a empregada n'outra parte da nossa Contituição (art. 72 § 23). E uma tal intelligencia acha-se já firmada em nossa jurisprudencia, como se vê do Acc. n. 14 de 15 de março de 1893, de accordo com o pensamento que prevaleceo no acto organico da justiça federal (Decr. n. 848, de 11 de outubro de 1890), e conforme ao que expoz em seo relatorio o ministro autor dessa organisação (Rel. do ministerio da justiça, 1891, pag. 32).

Em disposição da Constituição Federal. As causas a que allude esta clausula, explica Story, commentando o art. 3, secção 2ª, n. 1, da Constituição N. Americana, são as que concernem a questões regidas directamente pela Constituição, as que dizem respeito aos poderes conferidos, ás garantias asseguradas e ás prohibições feitas pela Constituição independentemente de toda lei especial (*).

(*) Hamilton, exemplificando, refere-se ás restricções postas ás legislaturas dos Estados. Estas, diz, não poderão emittir papel moeda; mas esta prohibição resulta da Constituição sem connexão alguma com qualquer lei da União. Supponha-se que um dos Estados fazia uma emissão dessas : todas as contestações que se levantassem a esse respeito, deveriam ser decididas pela Constituição, e não pelas leis dos Estados Unidos. E assim n'outros casos (Federalist, Cap. 8º, n. 1). Nesses «outros casos» estão o tratamento desegual dado por um Estado, quanto a direitos de cidadão e a recusa dessa qualidade aos cidadãos de outro Estado, — a suppressão do julgamento pelo jury, —o impedir-se o julgamento no Estado onde se commettera o crime, etc., etc. (*Vide* Story, lo.co cit).

Julgando causa em que se allegava lesão de direitos pela transgressão das disposições cont - das no art. 72 §§ 17 e 24, o supremo tribunal federal, considerando que nem o direito de propriedade nem a liberdade de industria são regidos directamente pelos cit. §§ e que, ao contrario dependem de leis especiaes que lhes regulem o exercicio e estão sujeitos a restricções, entre as quaes as disposições de policia administrativa e hygienica, — consagrou no Acc. em Aggr. n. 185, de 3 de abril de 1897, aquella interpretação do sabio commentador. E, accrescenta o cit. Acc., a dar-se maior amplitude ao art. invocado, «não só seria uma inutilidade o art. 59 § 1 da Constituição, como ainda viriam a pertencer á esphera da justiça federal, todas as causas que se agitassem na Republica, visto como todas tendem a reparação de uma lesão de direito e todos os direitos encontram base na Constituição ; e inuteis seriam, por sua vez, as demais especificações contidas no art. 60. *Vide* Accs. do supr. trib. federal, n. 98 de 17 de julho de 1895, n. 112 de 19 de setembro de 1895, n. 146 de 8 de julho de 1896, n. 185 de 3 de abril de 1897, n. 260 de 24 de agosto e n. 75 de 17 de setembro de 1898.

E já por Acc. n. 297 de 20 de abril de 1892 pelo mesmo tribunal havia sido firmada essa intelligencia, sendo então julgado que «a esphera jurisdiccional do poder judiciario federal, limita-se ás causas de interesse directo, geral e principal da União, salvo unicamente os casos de excepção especial contidos no art. 59 n. II e III da Const.»

Nessa conformidade se tem estabelecido a jurisprudencia do supremo tribunal, por innumeras decisões, das quaes citaremos os Accs. nas Appel. n. 252 de 26 de maio, n. 247 de 30 de junho de 1897, n. 231 de 12 de fevereiro, n. 254 de 6 de julho, n. 260 de 24 de agosto e n. 287 de 30 de novembro de 1898. A ultima das citadas decisões traz o seguinte :

Considerando que, fundando se a secção, em que se pede a restituição do imposto de heranças e legados, indevidamente pago, na inconstitucionalidade do art 10. n. 2, do dec. estadual n. 274, de 29 de junho de 1891, que sujeitou á referida taxa a transmissão *causa mortis*, de apolices da divida publica nacional, com flagrante violação do art. 10 da Constituição Federal, tendo se travado sobre este ponto de vista a questão da validade d'aquella disposição, dava-se o caso, não do art. 60 *a*) mas sim o do art. 59 § 1 *b*) da mesm. Const.: pelo que pertencia á alludida acção *ratione materiæ* á esphera da justiça local, perante a qual cumpria que fosse proposta, intentando-se opportunamente o recurso extraordinario para este tribunal, si a decisão da ultima instancia fosse no sentido da validade da disposição arguida de inconstitucional, sendo esta a doutrina consagrada pela jurisprudencia do tribunal, como consta de uma grande serie de arestos.

Assim que, em vista de taes decisões, póde-se formular a seguinte regra :

Quando a acção ou a defeza fundar-se em disposição constitucional, que haja sido violada por acto legislativo ou executivo do poder federal, a competencia é das justiças da União, (art. 60 *a*). Quando se fundar em disposição constitucional que haja sido violada por acto do poder legislativo ou executivo dos poderes dos Estados, a competencia é das justiças estaduaes, com recurso para o supremo tribunal (art. 59 § 1).

E dest'arte o poder de declarar nullos e inefficientes, por contrarios á Constituição Federal, actos legislativos e executivos, é tanto da União como dos Estados e neste sentido pode-se dizer que elle é de jurisdicção concurrente. Da questão de constitucionalidade conhecem os tribunaes todos do paiz, nacionaes e locaes, mas estes a proposito de leis e de actos de autoriridades do Estado e aquelles quanto aos da legislatura e da administração federaes sujeitas entretanto as decisões finaes da magistratura estadual á revisão pelo supremo tribunal federal, quando considerarem validos os actos impugnados como inconstitucionaes.

b) **Todas as causas propostas contra o governo da União ou fazenda nacional...** Esta e a seguinte alinea *c)* não vinham nos projectos preliminares, nem no que o governo submetteo ao congresso constituinte; resultaram de emenda additiva a esta parte da Constituição (ANNAES, vol. lll, pags. 85 e 156). Em rigor, tanto uma como outra eram escusadas; não se tinha creado uma justiça federal para ficar á margem e irem-se agitar as questões de direito e interesse federal perante as justiças dos Estados, estabelecidas para outra ordem de negocios. Mas occorre mencionar que, ao tempo em que a referida emenda foi apresentada, havia triumphado no congresso o principio da legislação separada (ANNAES cit. vol. ll, pags. 137 e 393, n. 24) e cada Estado poderia, conseguintemente, regular por leis suas as relações de direito commum. Parece que, devendo-se reger pelo direito commum os assumptos de que cogitava a emenda, considerou-se que havia certo risco em não reserval-os expressamente ás justiças da União; os Estados seriam tentados— uma vez que o *direito* iria ser de feitura ou consagração sua—a entender que o applicar-o por via judiciaria a quaesquer pendencias haveria de caber-lhes tambem como prerogativa propria. A emenda vinha impedir-lhes essa possivel tendencia.

Mas fôra apresentada tambem emenda restabelecendo a disposição do projecto que consagrava a unidade de legislação (ANNAES, vol. lll, pag. 49). E o congresso, por maioria de 7 votos, voltando sobre seus passos, approvou-a (ANN., pag. cit. e 50). Mais tarde adoptou entre muitas outras tambem aquella. (ANNAES cit. pag. 85). E a final, na votação definitiva das emendas em segunda discussão, manteve ambas (ANNAES cit., pags. 147 e 156).

c) **Ou quaesquer outras**, propostas pelo governo da União.—Seria incongruencia (diz o Acc. n. 14 do supremo tribunal federal, de 15 de março de 1893) não poder a União, quando prejudicada, invocar a autoridade de seos proprios tribunaes em defeza de seos direitos, sendo forçada a recorrer para tão legitimo fim, á justiça dos Estados.—

Com effeito, importaria isto a inutilidade da justiça federal e estabeleceria uma relação de dependencia e subordinação das prerogativas e interesses da União á autoridade dos Estados.

A expressão *quaesquer outras* (causas) abrange todas as especies de questões que possam ser levadas a juizo, uma vez que versem sobre objecto de interesse da União,—provenham de contractos, quasi-contractos, delictos, quasi-delictos ou directamente da lei.

Ou vice-versa. Por egual, si os particulares têm de accionar a União, o governo federal, a fazenda nacional, está visto que o fôro não póde ser o dos Estados. Para tratar contenciosamente interesses nacionaes ha no apparelho federal um orgam para isso proprio, a sua justiça. E a ella devem recorrer os que tiverem de contender com a União, sobre a qual não ha poder algum quanto ao que lhe diz respeito e portanto só a um dos proprios poderes d'ella caberá proferir decisão—e isto está na missão de sua magistratura.

Mas, releva ponderar que, si as causas intentadas pela fazenda nacional ou contra ella só pódem correr perante a justiça federal, não lhe cabem entretanto procedimentos judiciaes especiaes seos, distinctos dos que prevalecem para os particulares.

Mal avisada nesta parte, a legislação processual republicana conservou a anomalia de privilegios fiscaes que não se compadecem com a natureza e indole do novo regimen. A fazenda nacional, quando entra na arena forense, não vem sinão como litigante e ahi é egual a qualquer outro, não póde pretender uma posição excepcional e superior aos demais pleiteantes. Privilegios explica-se que os tivesse a *fazenda real*, n'um regimen que era de privilegios e que até os admittia na legislação penal, *v. gr.*, punindo diversamente o fidalgo e o plebeo; mas hoje a fazenda não é do rei, é nacional, e a nação professa o dogma da egualdade.

Já os constituintes de 1823, n'aquella assembléa de patriotas que reunio tão grande numero de homens illustres, tinham se apercebido da injustiça dessa situação singular e injustificavel da fazenda, e trataram de supprimil-a. Seo monumental projecto de Constituição, elaborado por estadistas da estatura de Antonio Carlos (relator), José Bonifacio, Pedro de Araujo Lima (depois Marquez de Olinda), monsenhor Muniz Tavares e outros grandes vultos, lavrára esta sentença:

Art. 225 O juizo e execução em materia de fazenda seguirá a mesma regra que o juizo e execução dos particulares, sem privilegio de fôro.

Nós outros conservamos com esmero a antigualha caranchosa, repudiada por aquelles grandes espiritos e inteiramente incompativel com regimen liberal e de egualdade estabelecido pela nova Constituição, embora tenha esta expressamente abolido (art. 83) tudo o que lhe é contrario e que aberra, não só de seo texto, mas dos principios que o inspiram... (*Vide infra*, commentario ao art. 72 § 23, nota).

d) **Os litigios entre um Estado e cidadãos de outro**, ou entre cidadãos de Estados diversos, foram comprehendidos na jurisdicção federal, por amor ás boas relações e harmonia entre os differentes membros da União e como essencial á paz d'esta.

E, em verdade, não poderia um Estado ficar com a faculdade de, por suas leis e pelos julgados dos seos tribunaes, sacrificar o direito e prejudicar os interesses dos cidadãos de outro, e de crear assim discordias e rivalidades perturbadoras do regimen adoptado para tranquillidade e bem estar da communhão nacional. E isso succederia facilmente si as causas de que se trata não fossem arredadas das justiças locaes.

«Ninguem póde ser juiz em causa propria ou em causa em cuja decisão possa ter ainda o minimo interesse e isto basta para ser attribuida aos tribunaes federaes a decisão das contestações entre os differentes Estados e seos cidadãos... (Hamilton, Federalist, cap. 80).

«A disposição da Constituição, extendendo o poder judiciario da União ás controversias entre cidadãos de differentes Estados, teve sua razão de ser no receio de que as preoccupações e predilecções regionaes podessem affectar de modo prejudicial a administração da justiça nos tribunaes dos Estados». (Paschal, Anot. à la Const., trad. de Calvo, n° 452).

«Mesmo admittindo que a justiça seja tão bem e tão firmemente administrada pelos tribunaes estaduaes como pelos da União, não o crerá o espirito publico, e o mal será egualmente grave, porque a administração da justiça não deve só estar fóra de toda a inculpação, mas ainda ácima de toda a suspeita. E já são muitas as causas de ciumes entre os Estados para deixar-se-lhes mais esta, tão importante, da duvida sobre a imparcialidade dos tribunaes —(J. Story, Comment. cit., § 924).»

Cidadãos. Os projectos que precederam á Constituição traziam esta mesma palavra, — menos um d'elles (Werneck-Pestana, art. 135), que não traduzio assim o CITIZENS da Constituição dos Estados Unidos norte-americanos, como fizeram os outros, mas empregou o termo —habitantes—, mais apropriado e cujo sentido está consagrado na jurisprudencia d'aquelle paiz por equivalente ao que deve ter aquella palavra nesta clausula constitucional (Walker, Introd. to Americ. Law, 1895, pag. 121, n. 7, Paschal, Anot. á la Const., cit. n. 206).

E é este o sentido que na pratica está admittido entre nós, nunca tendo os tribunaes, para os effeitos da presente disposição, exigido a *qualidade de cidadão*, mas contentando-se com o facto da residencia, como se verifica de grande numero de decisões (entre outras, os Accs. do supremo tribunal federal n. 167, de 19 de outubro de 1896, que no seo «considerando» final estabelece a synonimia—*cidadãos ou habitantes*— e n. 223 de 27 de fevereiro de 1897, *verb.*: «indi-

viduo habitante em outro Estado». Tambem a lei organica da justiça federal, decreto n. 848, art. 15 *b)* e *c)*, em vez de *cidadãos*, disse correctamente *habitantes* (o que abrange os que acaso não tenham os direitos de cidadãos, embora sejam nacionaes, e os estrangeiros).

Nem de modo diverso se poderia entender, pois não sendo o *caracter* das partes, mas a *situação* d'ellas, o que determina aqui a jurisdicção (Paschal, cit.), não haveria razão para sómente incluir n'ella as causas dos *cidadãos* e privar de semelhante garantia as dos demais habitantes do Estado. E, ainda por isso, hão de se comprehender na presente clausula, não só as causas individualmente intentadas por quaesquer habitantes, mas tambem as que o forem por corporações, institutos, sociedades, companhias existentes em Estado diverso d'aquelle em que a acção tenha de correr.— Tal é tambem a nossa jurisprudencia, attestada por innumeros julgados (Acc. n. 86, de 11 de julho de 1895, n. 114 de 22 de janeiro e n. 167 de 19 de outubro de 1896, n. 302 de 15 de novembro de 1897, etc.)

De Estados diversos. ESTARÃO COMPREHENDIDAS NESTA CLAUSULA AS QUESTÕES ENTRE HABITANTES DE UM ESTADO E DO DISTRICTO FEDERAL? Pela affirmativa resolveo o supremo tribunal federal, por accordãos n. 167 de 19 de outubro de 1896, n. 187 de 20 de abril de 1897 e outros. A' segunda dessas decisões oppuzemos o seguinte voto : «Vencido, — neguei provimento porque o Districto Federal não é um Estado, e portanto no caso vertente não se trata de questão *entre habitantes de Estados diversos*.

E que não é um Estado vê-se do § 1 do art. 3 da Constituição : *Effectuada a mudança da Capital, o actual districto federal passará a constituir um Estado*, e verifica-se de sua organisação como municipio, sem direito de escolher seo chefe, nem o de regular sua organisação politica, de revel-a e reformal-a, e sendo, aliás, a principal de suas autoridades administrativas, sua justiça e sua policia nomeadas por um poder estranho (Const., art. 34 n. 30 e art. 67; decreto n. 1.030, de 14 de novembro de 1890, art. 14 e 23 a 26 ; lei n. 85, de 21 de setembro de 1892, art. 18).

«O decreto n. 848, de 11 de outubro de 1890, planejava uma organisação judiciaria, na qual aforava á justiça federal as causas *(sic)* entre um Estado e os habitantes de outros *ou do districto federal ;* mas a Constituição que quasi *verbatim* reproduzio essa disposição, teve o cuidado de eliminar a referencia ao districto federal, como se evidencia do confronto do texto do art. 15 *b)* e *c)* d'aquelle decreto com o do art. 60 *d)* da mesma Constituição, correcção que não é de simples redacção e que está de accôrdo com a doutrina e jurisprudencia norte-americana, segundo a qual o cidadão do districto federal não é considerado cidadão de um Estado para os effeitos da clausula de que se trata. Isto se lê na *Annot. Const. of the U. S.*, by J. A. Baker,

1891, pag. 130, n. 74 :—A *citizen of the District of Columbia is not a citizen of a State, in the meaning of the Constitucion*,—Hepburn v. Ellzey, e é attestado por Paschal, Anot. á la Const., trad. de Calvo, n. 206 : « Esta clausula não abrange os casos em que uma das partes é cidadão de um territorio ou *do Districto de Columbia*,» Hartshorn v. Wright, etc.

« Nem contra isto prevalece o disposto no art. 365 do referido decreto n. 848, equiparando, para seos effeitos, o districto federal aos Estados, pois esse decreto é anterior á promulgação da Constituição, a qual muito de industria supprimio as citadas palavras *Districto Federal*. O proprio decreto cit. prescreve (art. 387) que se tome como subsidiaria a jurisprudencia norte-americana e esta, no caso, é a que fica referida ».

Não se dão a respeito da justiça local do districto federal as razões que arredam das justiças estaduaes as causas entre cidadãos de Estados diversos. Ella é organisada e seu pessoal é nomeado pelo proprio governo da União e não por autoridade de caracter local, a cuja influencia possa ficar subordinada. Não funcciona em um meio na qual possam reinar velleidades regionaes. Offerece as desejaveis condições de boa administração de justiça, assim aos habitantes da capital federal, como aos dos Estados, aos individuos que n'ella venham pleitear seos direitos.

E com relação a litigios que cidadãos do districto federal tenham de propôr contra cidadãos de algum Estado, ha a considerar que os motivos de dissenção e rivalidade, neste particular, entre o districto federal e os Estados, em vista da organisação d'elle e de sua dependencia do governo da União, acham-se naturalmente tão attenuados que tudo leva a esperar que pouco ou nada actuarão para tornar parciaes os tribunaes de Estado. Não ha, assim, razão para mutilar-lhes a competencia.

— Quanto a causas entre um Estado e cidadãos d'elle, é visto que ficam na jurisdicção das justiças desse mesmo Estado. Acc. do supremo tribunal federal, n. 406, de 30 de novembro de 1898 — E a circumstancia de ser parte um estrangeiro domiciliado no Estado não basta para estabelecer a competencia da justiça federal. Acc. n. 81 de 13 de julho de 1895.

A jurisdicção federal extende-se ao conhecimento das causas em que os Estados sejam accionados em caracter de réos ? Esta questão, levantada como preliminar em julgamentos no supremo tribunal federal, foi por elle affirmativamente resolvida (Acc. na App. n. 360, de 11 de junho de 1898 e n. 440 de 16 de setembro de 1899).

Em declaração de voto na segunda dessas decisões, dissemos, justificando-a, o seguinte :

A disposição do art. 60, lettra *d*) da Constituição, affectando á justiça federal «os litigios entre um Estado e cidadãos de outro», abrange os casos em que um Estado é autor e aquelles em que elle é réo :

1.° A Constituição nenhuma distincção faz a esse respeito, nem no citado artigo nem em algum outro, e tal distincção tão pouco se póde estabelecer por inferencia, pois a isto se oppõe, não o texto só, mas o espirito tambem das disposições constitucionaes ;

2.° Essa distincção não se encontra em nenhum dos projectos preliminares dos membros da commissão nomeada pelo governo provisorio para elaborar a Constituição ; — não se acha tambem no projecto organisado por essa commissão,— nem ainda em algum dos que, pelos decretos ns. 510 e 914 A, de 1890, o governo provisorio publicou e submetteo ao congresso constituinte ; — tão pouco foi ella aventada nesse congresso pela commissão competente, ou por algum representante. E é claro que aquelles que organizaram, emendaram e approvaram o projecto de constituição, conheciam bem a constituição norte-americana com suas emendas ou artigos addicionaes e si tivessem tido o pensamento de desafórar da justiça federal os Estados demandados por particulares, não teriam esquecido estabelecer esta restricção, transplantando-a da emenda XI das addicionaes á constituição dos Estados Unidos da America do Norte, que á nossa servio de paradigma;

3.° A constituição argentina tambem imitou a organização constitucional norte-americana, mas não consagrou em seu texto a emenda XI citada (art. 100) e esta não podia ser tambem desconhecida dos constituintes argentinos. (Fôra ratificada pelos Estados em 1798 e a constituição argentina é de 25 de setembro de 1860);

E o notavel publicista argentino N. A. Calvo, a proposito da mencionada emenda XI, diz, na sua traducção de Paschal :

«Nossa constituição não contém disposição alguma deste genero e como se verá mais adeante, foi *esta uma lei de circumstancia* nos Estados Unidos.»

E o texto por elle traduzido affirma que a emenda foi motivada pela sentença proferida pela Côrte Suprema no caso « Chisksolm v. Scorgia », decidindo que os Estados podiam ser trazidos á justiça federal como réos. « As causas contra os Estados eram principalmente por dinheiro sequestrado ou confiscado em poder dos devedores dos inglezes realistas.» (Anot. á la Const. de Estados Unidos, 1888, I, n. 270);

4.° A prevalecer esta regalia excepcional e exotica, os Estados ficariào com o privilegio de collocarem-se assim inteiramente fóra da acção judicial e cavalleiro de seus credores, sendo excluida a justiça federal e regulando os Estados sua propria justiça, ante a qual só responderiao (como nos Estados da União Americana), si elles mesmos consentirem no chamamento a ella.

«Resulta desta disposição additional (diz A. Carlier) que cada Estado tem o arbitrio de cumprir ou não seus compromissos para com estrangeiros e mesmo contra nacionaes de outro Estado da União, segundo sua maior ou menor boa fé; pois não existe meio algum de forçal-os a isto perante os tribunaes dos Estados Unidos.

« A consciencia publica protesta contra esta omnipotencia... Este abuso tem grandemente prejudicado a consideração de muitos Estados americanos, que não só no passado, mas ainda recentemente, collocando-se por traz de inexpugnavel muralha, teem repudiado dividas legitimamente contrahidas.» (*La Repubi. Amér.*, *vol. II, pag. 185*.)

Afim de não preparar para seu paiz uma situação dessa natureza, os constituintes brazileiros se abstiveram de consagrar uma tal causa de desmoralização e descredito; preferiram o primitivo texto constitucional norte-americano, e submetteram as causas da natureza da presente á justiça federal, jurisdicção extreme de predilecções locaes e inteiramente imparcial entre os differentes Estados e entre quaesquer destes e os particulares que com elles litigarem.

Diversificando as leis d'estes. Não vinham estas palavras em nenhum dos projectos preliminares, nem no que o governo provisorio publicou com o decr. n. 510 de 22 junho de 1890, cujo art. 59, que ao presente corresponde, não contém semelhante restricção. Consagrou-a porém o decr. organico da justiça federal, n. 848, de 11 de outubro seguinte, art. 15 c), verb. :—«quando sobre o objecto da acção houver diversidade nas respectivas legislações, caso em que a decisão deverá ser proferida de accordo com a lei do fôro do contracto». O projecto novamente publicado, em 23 do mesmo mez, com o decr. n. 914 A, adoptou a limitação, art. 59, verb.: «—diversificando as leis destes.»

No congresso constituinte, o representante Moraes Barros propoz a suppressão de taes palavras e era isso curial, desde que o projecto não consentia a diversidade de legislação (art. 34, n. 24). Mas, na occasião, a tendencia do congresso era permittil-a aos Estados e com tal intuito fôra offerecida uma emenda, do representante Bulhões, com 70 assignaturas. Na votação, em primeira discussão, o congresso congruentemente rejeitou aquella e adoptou esta. Permaneceram assim as referidas palavras. (ANN. do Congresso Const. v. II, pags. 19, 97, 136, 137 e 392, n. 24). Na segunda discussão, porém, sendo (aliás por escassa maioria) approváda uma emenda substitutiva, do deputado Filgueiras (ANN. cit., v. III, pag. 49), ficou restabelecido o texto do projecto e com elle a unidade de legislação; mas não foi emendada a clausula de que no presente commentario tratamos e ficou de pé a referencia a uma diversidade que o congresso rejeitára. (ANN. cit., vol. III, pag. 147 e 156, art. 59 *b*).

Poder-se-á referir a clausula ás leis processuaes dos Estados (pois estabeleceo-se sómente a unidade do direito substantivo, art. 34 n. 23 e art. 65 n. 2)? Pela negativa decidiram os Acc. do Supr. Trib. Fed., n. 197, de 20, e n. 189 de 24 de abril de 1897, declarando o primeiro d'elles:

— que a expressão—*diversificando as leis d'estes*—não póde referir-se á leis processuaes; porquanto, assistindo aos Estados a faculdade de estabelecerem as regras para as differentes acções que se agitarem perante os seos respectivos juizos, evidentemente basear a competencia dos tribunaes federaes na diversidade d'essas leis processuaes, que não offendem o objecto do litigio em sua substancia, seria decretar a anarchia judiciaria, pois que dar-se-ia absorpção das justiças locaes pelas da União, com o completo anniquilamento da indole do systema federativo aceito e proclamado pelo nosso pacto fundamental.

O Acc. na Appell. n. 223, de 27 de fevereiro de 1897, declarou:

— que o juizo federal é competente sempre que a acção se move entre um Estado e individuo habitante em outro Estado; pois a clausula de diversidade das respectivas leis no final do art. 60, lettra *d)* da Constituição se refere ao caso de acção entre habitantes de Estados differentes, o que se manifesta—já da legislação anterior, decr. n. 848, de 11 de outubro de 1890, art. 15, *b)* e *c)*, onde os dois casos vêm separados,—já da lettra da Constituição, visto que o demonstrativo—estes—sómente a Estados se póde referir e não a Estado.

Vejam-se ainda sobre esta materia os Accs. n. 86 de 27 de julho, n. 127 de 15 de outubro de 1895, n. 188 de 24 de abril, n. 128 de 25 de setembro e n. 302 de 15 de novembro de 1897, etc. Em alguma destas decisões a unidade de legislação não servio de embaraço á competencia federal.

E em rigor, a diversidade legislativa não é a causa determinante da competencia federal no caso, mas a que, em resumo, se acha assignalada no § 948 dos Commentarios de J. Story: «A Constituição presumio que as predilecções dos Estados, suas preoccupações, seos zelos ou seos interesses particulares, podiam travar ou impedir a administração regular da justiça. E eis porque as contestações entre cidadãos de differentes Estados... submettem as partes ás leis do congresso e á jurisdicção dos tribunaes da União.» (*Vide supra*, verb. : « Os litigios entre um Estado e cidadãos de outro.»)
Ora, este fundamento prevalece ainda que não seja uniforme e una a legislação dos Estados, e exige que as causas de que se trata passem ao conhecimento e decisão de juizes em quem se encontre a mais plena isenção, de todo alheios a possiveis suggestões dos governos e dos interesses locaes, fóra de toda inspiração que se possa tornar avessa aos dictames da justiça.

Assim, pois, si o inconveniente, como é obvio, se produz tanto no regimen da unidade como no da diversidade da legislação, nada mais justo, nada mais juridico do que applicar-lhe o mesmo remedio. Aqui a regra de hermeneutica que não admitte palavras inuteis na lei cede ao elemento historico, que revela « as circumstancias especificas em que o legislador a concebeu, a rasão e o fim que o determinaram a fazel-a.»

E esta intelligencia da clausula constitucional que commentamos, sendo a que mais quadra ao assumpto é por isso preferivel : *interpretatio illa sumenda, quæ magis convenit subjectæ materiæ.*

e) **Estados estrangeiros.** As questões entre nações estrangeiras e Estados brazileiros aforam-se na justiça federal, por motivo de interesse internacional. (*Vide supra*, comment. ao art. 59 *d*).

O mesmo motivo prevalece quanto ás que Estados estrangeiros agitem contra os da União.

Cumpre aqui recordar, com Story, que um Estado estrangeiro não póde ser obrigado a apresentar-se ante os tribunaes da União, nem na qualidade de autor nem na de réo. Si pois o faz, seo consentimento é o que estabelece a jurisdicção. (929).

Por aviso n. 5, de 1 de março de 1891, do ministerio da justiça, foi respondido o das relações exteriores, em todos os casos em que um consul appareçe em juizo na sua qualidade de empregado estrangeiro, de mandatario de sua nação, agindo na esphera de suas attribuições consulares propriamente dictas, pelo facto de representar elle em determinadas relações de direito privado a nação de que é funccionario, esta constitue-se uma das partes do pleito e o caso pertence ao conhecimento da justiça federal. (Decr. n. 848, art. 15 *e)* e *f)* e art. 9, n. II, § un. *a)* e *c)*.

Vide Aviso de 19 de janeiro de 1830.

f) **Por estrangeiros e fundadas em contractos com o governo da União.** Comprehende-se qual poderia ser asorte dos contractos feitos coma União, si as questões a elles referentes ficassem á decisão das justiças dos vinte Estados d'ella ; nem ha rasão para assumpto como este, inteiramente federal, escapar á jurisdicção dos tribunaes creados para conhecer justamente dos negocios d'essa natureza.

Nem carecia mencionarem-se aqui taes questões, pois já se achavam comprehendidas na *alinea c*), que em seos termos abrange-as tambem, quando se refere a *quaesquer outras* (causas) propostas contra a União por *particulares* (verb.: OU VICE-VERSA).

Em convenções ou tratados com outras nações. Pelo caracter internacional do negocio, as questões fundadas em convenções ou tratados entram na competencia das justiças da União. Quando assim não o exigissem os principios reguladores da materia, estavam-n'o impondo altas razões de prudencia politica. A União é responsavel pelos tratados e convenções com as outras nações, e a exacta execução d'elles importa ao credito do paiz, á fé publica, á segurança geral.

Não é isso objecto para d'elle decidirem autoridades locaes. Um caso de denegação de justiça, uma decisão injusta, poderia produzir um *casus belli* ; e o procedimento de um dos membros da União viria assim a trazer-lhe grave perigo e enorme damno.

« A paz do todo não deve ficar á mercê de uma das partes, e a União responde perante as nações estrangeiras pelo procedimento dos membros de que se compõe. (Hamilton, *Federalist.*, cap. 80)».

Note-se que a simples qualidade de estrangeiro não é o que afóra no juizo federal os que o sendo pleiteam as causas de que trata esta *alinea f*) ; é preciso que a acção seja fundada em contracto com o governo ou em convenção ou tratado d'este com outras nações. Não sendo assim, desde que nenhuma disposição constitucional dá aos estrangeiros para seos negocios o fôro federal, elles têm o fôro commum, o local, do mesmo modo que os cidadãos e mais habitantes do paiz, excepto tratando-se dos casos da presente *alinea* e em todos aquelles em que, pela qualidade da pessoa ou pela natureza da causa, esta é das que a Constituição inclue na jurisdicção federal.

Vide Accord. do Supr. Trib. Fed., n. 357, de 4 de agosto de 1900.

g) **As questões de direito maritimo e navegação.** A União tem o poder de regular o commercio internacional, bem como o dos Estados entre si, (art. 34, n. 5º),— de legislar sobre a navegação de rios que banhem mais de um Estado ou se extendam a territorio estrangeiro (*id.* n. 6)— e de manter as relações com os Estados estrangeiros (art. 48, n. 14).

E é bem de ver que não poderiam congruentemente ser confiadas ás jurisdicções locaes, as causas agitadas sobre taes objectos, de evidente caracter federal, de interesse internacional uns e interestadual outros. Reclamam-n'as para o juizo federal a logica do systema, os principios que lhe servem de base e razões de conveniencia e proveito para a concordia entre os membros componentes da União e paz entre esta e as nações estrangeiras.

No oceano. Esta expressão, traduzindo a idéa do mar em geral, abrange os mares territoriaes e adjacentes, a parte do oceano que fica entre a costa e a chamada *linha de respeito*, e tambem toda a vasta extensão d'elle além d'essa linha. Foi naturalmente com o proposito de dar á disposição que ora commentamos, esse sentido lato, que a Constituição usou da palavra *oceano*, em vez da palavra mar, que fôra empregada na disposição a esta correspondente do decreto n. 848, de 11 de outubro de 1890, (art. 15, *alinea* g).

Nos rios e lagos do paiz. Entende-se d'aquelles, cuja navegação dependa de regulamentação federal, e se comprehendam na disposição do art. 34, n. 6. *Vide comment.*, aos arts. 13 e 34, n. 6. (Acc. do Supr. Trib. Fed., n, 2, de 28 de maio de 1892 e lei n. 109, de 14 de outubro do mesmo anno.)

De direito maritimo. QUAES SÃO AS QUESTÕES D'ESTA NATUREZA QUE TOCAM A COMPETENCIA FEDERAL ? dil-o o art. 15 g) do decr. n. 848, DE 1890 :

— as questões relativas á propriedade e posse de embarcações, sua construcção, reparos, vistoria, registro, alienação, penhor, hypotheca e pessoal ;

— as que versarem sobre o ajuste e soldada dos officiaes e gente da tripolação ;

— sobre contractos de fretamento de navios, dinheiros a risco, seguros maritimos ;

— sobre naufragios e salvados, arribadas forçadas, damnos por abalroação, abandono, avarias ; e

— em geral as questões resultantes do direito maritimo e navegação, tanto no mar como nos rios de exclusiva jurisdicção da União, *comprehendidas nas disposições da segunda parte do Codigo Commercial* (arts. 457 a 796).

Os termos do cit. art. 15 *g*), o qual o supremo tribunal federal tem considerado em vigor, excluem da competencia federal as questões concernentes ás pequenas embarcações, *barcas, lanchas, saveiros, faluas, canôas e outros quaesquer barcos de natureza semelhante*, mencionados, não na Parte II, do codigo commercial, mas no art. 118 de sua Parte I.

Que o supremo tribunal tem considerado em vigor o referido art. 15 *g*) do decreto n. 848, quér na sua parte exemplificativa, quér em sua synthese final, vê-se dos Accs. n. 184, de 26 de agosto de 1896, n. 249 de 19 de junho, n. 297, de 4 de dezembro de 1897 e n. 269, de 11 e n. 271, de 15 de outubro de 1898.

E que as embarcações de que trata o citado artigo 118, não podem (para o effeito de se aforarem na justiça federal as questões que lhes são relativas) equiparar-se ás outras embarcações que servem ao commercio interestadual e internacional,—resulta do destino das primeiras e da natureza de seo pequeno trafico, de caracter local.

E' certo que o segundo dos Accs. citados declara que « á competencia federal não obsta a pouca capacidade da embarcação» porque o decreto n. 848 não faz distincção, a qual tambem não é observada nos Estados-Unidos Norte-Americanos.

Entretanto :

1º. A distincção acha-se estabelecida virtualmente, estando, como dissemos, mencionadas as pequenas embarcações fóra da Parte II do codigo commercial: «Do direito maritimo»,—não simplesmente por motivo do tamanho, mas pelo mistér em que se empregam;

2º. Ella se impõe, em face da indole caracteristica da justiça federal, que não conhece de questões de interesse puramente local, como são as que se podem originar da pequena navegação nos portos, e nas costas e rios, não excedentes dos limites de um Estado ;

3º. Si ha differença n'este ponto entre a nossa e a legislação norte-americana, nada prova isto contra a intelligencia que damos á presente clausula. Nossa Constituição não foi estrezida da norte-americana ; os constituintes não se limitaram a traduzil-a *ad litteram ;* imitaram-n'a, sim, adoptando-lhe os principios fundamentaes,— mas alguma vez deixaram de seguil-a completamente, como succedeo n'esta materia.

« A competencia reservada á justiça federal, diz o autor do plano de organisação do poder judiciario nacional, a competencia reservada á justiça federal é menos ampla do que a conferida por qualquer das outras Constituições do mesmo systema de governo, sem exceptuar as que mais latitude deram aos poderes locaes, a da União-Americana e a da Suissa.» (Relat. do Min. da Just., janeiro de 1891, pag. 26).

Cumpre, na execução d'esta parte da Constituição, não abandonar esta indicação para dar ao texto constitucional uma largueza e extensão que seo espirito repelle.

Nossa interpretação respeita assim a intenção da lei e obedece ao principio discriminal da justiça da União e dos Estados, destinando á primeira os assumptos de direito maritimo, quando envolvam interesse commum a dous ou mais Estados ou assumam caracter internacional, e attribuindo as demais questões aos tribunaes estaduaes.

b) **As questões de direito criminal ou civil internacional.** O caracter internacional das questões d'esta natureza as colloca fóra das jurisdicções locaes, improprias para conhecer d'ellas. Cabe isto á União, ao poder federal, a quem incumbe o que se refere ás relações com os Estados estrangeiros. (Const., arts. 34, n. 12 e 48, ns. 14 e 16).

A presente *alinea* respeita ao direito internacional privado, e comprehende, nas questões a que allude, tambem as de direito commercial e administrativo, conforme o Acc. do supr. trib. fed., Rec. extr., n. 54, de 4 de dezembro de 1895:

« ... o art. 60, lettra *b*) dispõe que aos juizes ou tribunaes federaes compete processar e julgar as questões de direito criminal ou civil internacional, alludindo ahi claramente ao *direito internacional privado,* pois que do direito publico internacional ou das gentes se occupa o art. 59, n. I, *d*), attribuindo privativamente ao supremo tribunal federal a competencia de processar e julgar os litigios e as reclamações entre as nações estrangeiras e a União ou os Estados ;
... o direito internacional privado é, na opinião dos publicistas, o complexo de leis positivas, actos, precedentes, maximas e principios, segundo os quaes as nações applicam suas leis ou consentem na applicação de leis estrangeiras nas questões de caracter particular; que affectam subditos estrangeiros *em materia de direito civil, commercial, criminal e administrativo ;* pelo que o pensamento do direito internacional privado é estabelecer as regras para resolver o conflicto das leis de nações differentes sobre o mesmo caso e para cuja solução ha o processo e os tribunaes do paiz em que ellas se agitam, em quanto que as questões de direito publico internacional ou das gentes não tem um tribunal superior que as decida e só podem ser pacificamente resolvidas por meio de tratados ou convenções internacionaes.

i) **Os crimes politicos.** Nas disposições que especificavam as materias da competencia dos juizes e tribunaes federaes, os projectos preliminares não incluiam esta *alinea*. Mas, entre elles, o projecto Americo Braziliense (art. 51) dispunha que das *condemnações por crimes politicos*, proferidas pelas relações nos Estados, haveria recurso voluntario para o supremo tribunal federal, bem como nos casos de *Habeas-corpus* e de espolio de estrangeiros não regulado por convenção internacional. O projecto da commissão nomeada pelo governo provisorio estabeleceo nos mesmos casos, recurso para o supremo tribunal *das decisões dos juizes e tribunaes dos Estados* (art. 70). Não quiz deixar á mercê das justiças estaduaes o julgamento dos crimes politicos n'ellas processados.

O projecto apresentado pelo governo ao congresso constituinte, fez mais. Mantendo tal disposição, modificou-a, entretanto, eliminando d'ella o recurso das condemnações por crimes politicos (art. 60), para, nas materias da competencia dos juizes e tribunaes federaes (mencionadas no art. 59) incluir (*alinea g*) *os crimes politicos* e assim os excluio inteiramente da jurisdicção estadual. E isso foi approvado pelo congresso constituinte, como está no art. 60 *i*) da Constituição. (ANNAES DO CONGR. CONST., vol. II, pag. 136 e vol. III, pag. 156).

Esta génese da disposição que ora commentamos, revela como os constituintes se tinham preoccupado com o que dizia respeito aos crimes politicos. E tal preoccupação ainda mais se vê accentuada, quando se nota que, havendo sido emendado na primeira discussão o projecto, para permittir-se a diversidade de legislação, (que depois se abandonou), não se prescindio de, na mesma occasião, resalvar para a União nacional o poder de *definir e punir os crimes politicos*. (ANN. cit., II. pags. 136 e 393, ns. 24 e 26). Os Estados teriam assim liberdade para legislar a seo modo, mas o crime politico e sua punição lhes escapariam em todo o caso.

E não é patente, do historico d'esta disposição, que, tendo-se em grande consideração esta materia, pela sua muita importancia, e havendo-se cogitado a principio de abrir excepção ás prerogativas dos Estados, para estabelecer recurso das decisões ultimas das suas justiças, pareceo isso ainda pouco, e quiz-se, para maior garantia, affectar o negocio a uma jurisdicção inteiramente diversa, preferindo-se, como para alguns outros casos, juizes alheios ao meio e ás influencias locaes? Sem duvida, comprehendeo-se quanto correriam risco a isenção e imparcialidade da magistratura regional, si outra cousa se determinasse a este respeito.

Hamilton, o sabio expositor e grande politico, cujos escriptos se podem considerar a Biblia do federalismo, justificando casos em que se não poderá confiar muito na justiça dos Estados, lembrava a *parcialidade natural dos juizes a favor das pretenções dos governos respectivos*. (FEDERALISTA, trad. brazil. de 1840, tomo III, pag. 174). E taes pretenções, como todos sabem, são principalmente *politicas*.

Não parece mesmo que, em sua patriotica solicitude e perspicacia, estavam os constructores de nossa machina politica prevendo o modo arbitrario e aberrante dos sãos principios, pelo qual nos Estados liquidam-se certas questões, ficando na mais deploravel situação os adversarios do governo local, diante da fraqueza e da impotencia da justiça, d'elle dependente?

Sensata previsão não aconselhava, ao fazer-se a Constituição, estabelecer como garantia o fôro especial para os crimes politicos, sem distincção de federaes e estaduaes? (*)

A propria natureza especifica de taes crimes arrazoa em prol de uma jurisdicção distincta da commum, differente da que julga os faccinorosos, os ladrões, os assassinos, os falsarios, etc.

Um dos mais notaveis entre os nossos constituintes de 1823 lembrava á patriotica assembléa da qual o seo saber o constituia como que um oraculo, que « nos crimes politicos não ha padrão certo e determinado de criminalidade, essencial elemento de justiça das leis penaes; que aquillo que uns julgam crime, outros julgam virtude; que muita vez falta mesmo a imputação, pois o perpetrador cuida fazer bem e não mal; que o exemplo sobre os espectadores é circumscripto ao circulo dos que creem criminoso o acto, mas não abrange os que pensam como o soffredor, os quaes, julgando virtuoso o acto, irritam-se com a pena... E' mesmo muito differente a situação dos criminosos politicos comparada com a dos faccinorosos particulares. Estes têm por inimigos a sociedade inteira; quasi ninguem soffre com o mal que a elles acarreta a pena, porque d'esta vem a segurança geral. Os criminosos politicos, porém, não estão no mesmo caso; si um partido os aborrece e gosa com o seo castigo, outro partido os ama e soffre com elles; e a maior parte da nação afflige-se com o espectaculo das dores de homens de cuja perversidade não tem apodictica convicção.» (ANTONIO CARLOS, Annaes da Assembléa Constituinte de 1823, tomo I, pag. 128).

Isto mostra o tento e circumspecção com que se deve julgar e punir essa especie de criminosos. E creando-se, em nossa organisação politica, uma jurisdicção especial e muito mais garantidora que as locaes, a sabedoria politica estava aconselhando aproveital-a para conhecer de uma classe de crimes que outros juizes não poderiam julgar tão bem e em tão boas condições de isenção de espirito e imparcialidade.

Deve-se pois, admittir, que esse foi o proposito dos constituintes, como fôra o dos que lhes prepararam o plano e materiaes da obra que realisaram.

E olhe-se agora ao contexto do art. 60. Especificando as causas reservadas aos tribunaes da União, elle as vae mencionando por modo que salienta-lhes o caracter *puramente* federal, ou porque se fundem na Constituição, ou porque se refiram a actos e contractos do governo nacional, ou affectem a fazenda nacional, ou relações de Estados com a União ou d'estes entre si, etc.; mas, ao concluir o elencho, muda de methodo e diz, pura e simplesmente: OS CRIMES POLITICOS,— usando de expressão generica, sem pôr-lhe alguma limitação, não se exprimindo, como nos outros casos, em termos que inteiramente excluissem materia estadual. E si crimes politicos podem se dar com relação tanto ao Estado como á União, é visto que sua menção sem esse discrimen é intencional, é feita para abranger quér uns, quér outros (isto é, materia que poderia ter ficado á competencia estadual, razões especiaes fizeram ser *federalisada*):

Nem isto é para se estranhar:

1.º Visto o que acima expomos, casando-se os termos da disposição com o intuito que a inspirou, que demonstrámos ter sido dos constituintes.

E assim a nossa interpretação respeita o que fica evidenciado ser a *mens legis* e é a que *magis convenit subjectæ materiæ*.

2.º Verifica-se aqui o mesmo que se dá com a amnistia. O poder de perdoar e minorar as penas exercem—o congresso nacional, si se trata de *crime de responsabilidade de funccionario federal*, e—o presidente da Republica *nos crimes sujeitos á jurisdicção federal* (art. 34, n. 28 e art 48, n. 6).

(*) « Qualquer que seja a independencia moral do juiz de Estado, os laços que o unem ao governo que o collocou e mantém são de natureza a tornal-o suspeito, sempre que aquelle for interessado no feito. Ora, nas conspirações, nos crimes politicos, em geral, o vencedor será sempre o governo para a culpa, cuja existencia só depende de ale.
A garantia de uma plena isenção de parcialidade não póde existir em taes julgamentos. Aliás, não é iste que nos tem mostrado a instabilidade da magistratur estadual nas mutações dos governos locaes ? (*O poder judiciario no Brazil*, por M. Ig. Carvalho de Mendonça, 1899, pag. 198).

O poder vem assim declarado e limitado ; é exercido sómente quanto a casos propriamente federaes. Tratando-se, porém, da amnistia, já é outra cousa, não ha restricção alguma :

« Art. 34. Compete *privativamente* ao congresso nacional :

§ 27. *Conceder amnistia*.»

E muito de industria assim se dispoz : houve o evidente proposito de não estabelecer limitações que podessem vir embaraçar a applicação d'essa medida de alta prudencia politica a crimes contra os poderes estaduaes. Esta intelligencia está já canonisada na pratica e exercicio dos poderes publicos federaes, e os Estados a têm aceito.

Vejam-se as leis federaes ns. 174, 175 e 176, de 12 de setembro de 1893, e n. 305, de 17 de outubro de 1895,— que amnistiaram todas as pessoas directa ou indirectamente implicadas nos movimentos que deram lugar ás deposições de autoridades estaduaes de Santa Catharina e Alagôas, — nos que tiveram lugar nos municipios de Triumpho e outros de Pernambuco em 1892, — nas comarcas de Catalão e Boa-Vista, em Goyaz, etc. Crimes contra autoridades locaes, amnistiados pelo poder federal.

As Constituições dos Estados abstiveram-se de incluir entre as attribuições de suas assembléas legislativas e de seos governadores a concessão de amnistias, respeitando assim esta prerogativa federal e deixando a ella submettidos os casos estaduaes a que se podesse applicar tal medida. (Só por excepção apartaram-se disto, abusivamente, as da Bahia, Paraná e S. Paulo, *Vide* «As Constituições dos Estados», por Felisbello Freire, pag. 76, n. V).

Assim que, si dizendo a Constituição Federal: *Conceder amnistia*—entende-se isto com relação mesmo a crimes não federaes, como fica patente,—não é extraordinario que dizendo :— *processar e julgar os crimes politicos*, sem fazer nenhuma restricção, se entendam tambem comprehendidos os crimes politicos de caracter estadual.

São objectos que por motivo superior, embora sendo elles, em rigor, de natureza estadual, foram *federalisados*,—isto é, taes crimes, no regimen da Constituição, passam a considerar-se federaes por serem politicos.

Contra isto não vale o ter a Constituição, creando duas jurisdicções, discriminado da federal a justiça dos Estados, cada uma para os assumptos respectivos. Não ha aqui ataque á competencia estadual. Entra nesta competencia aquillo que a Constituição quer. O molde federativo não é assim rigido e inflexivel que seos principios fundamentaes não possam soffrer em sua applicação e desenvolvimento as restricções e modificações que se acharem necessarias para o melhor funccionamento do governo adoptado, para o bem da communhão, ao qual, e não a theorias, devem as constituições servir.

Em materia de organisação politica, os principios presidem, é sabido, mas têm modalidades que se impõem. Isto dá-se em todas as fórmas de governo, incluida a organisação federal republicana, ácerca da qual o mais autorisado mestre no assumpto ha muito doutrinára : «Republica federativa é a reunião de sociedades differentes ou a associação de varios Estados debaixo de um só governo ; *porém a extensão e as modificações deste governo e os objectos submettidos á sua autoridade, são cousas puramente arbitrarias*.

Emquanto a organisação particular de cada um dos Estados não fôr destruida, — emquanto ella existir por leis constitucionaes para todos os objectos de administração local, *ainda que com subordinação absoluta á autoridade geral da União*, persiste tanto em theoria como em pratica uma associação de Estados, um governo federativo—»(*Hamilton*, Federalist., Cap. IX).

Não ha, portanto, rigorosamente, quebra de principios, não ha incongruencia nem absurdo, ao passo que ha vantagem e garantia, no admittir a opinião que aqui sustentamos, garantia sem a qual não haverá nos Estados liberdade politica, isto é, falhará um dos intuitos da organisação federativa.

Diversamente, porém, hão entendido o supremo tribunal federal e o congresso nacional. Aquelle tem decidido que a jurisdicção federal ácerca de crimes politicos não abrange os que affectam ás instituições e autoridades locaes (Acc. n. 2, de 30 de março e ns. 297 e 298, de 20 de abril de 1892). O Congresso adoptou a mesma doutrina, convertendo-a em lei, com uma restricção,—reservando para as justiças da União os crimes que fôrem a causa ou consequencia de perturbações que, nos termos do art. 6 da Constituição, occasionem uma intervenção armada federal (lei n. 221 de 20 de novembro de 1894, art. 83), o que tem prevalecido nos julgados do supremo tribunal. (Accs. n. 26, de 1 de maio, n. 799 de 8 de junho, n. 811 de 31 de agosto de 1895, etc.)

O fundamento de taes decisões (*) foi haurido da distincção fundamental entre as justiças federal e estaduaes, devendo áquella sómente attribuirem-se as causas que versarem sobre assumpto de interesse directo, geral e principal da União, salvo sómente os casos de recurso (art. 59 ns. II e III) e á outra, as de caracter meramente estadual (cits. Accs. de 1892).

Mas, si realmente é irrecusavel e fundamental no systema federativo a distincção das duas justiças, cumpre não levar isto ás ultimas consequencias.

(*) Nenhuma das citadas decisões, nem das posteriores sobre o assumpto logrou unanimidade de votos e os divergentes fundamentam-se em razões que mui profundamente abalam a doutrina judicialmente triumphant. (*Vide* as Accs. supracitadas).

A Relação do Estado do Rio, no Rec. crime n. 1166, por Accord. de 13 de Abril de 1901, annullou o feito, « considerando que a lei n. 221 de 20 de novembro de 1894, citada pelo juiz *a quo* como ponto de apoio para sua competencia e que procurou differençar os crimes politicos contra a União, não póde ser applicada, pois veio cercear as attribuições da justiça federal, consignadas na Constituição, cujo espirito não póde ser reformado nos preceitos de seo art. 90 e paragraphos subsequentes, e nunca por uma lei ordinaria, que no intuito de interpretal-as, as modifique em desaccordo com o pensamento do legislador constituinte.»

Os casos de recurso e de revisão, a que alludem, como excepcionaes, os citados julgados, são d'isso evidente prova, e mais os do art. 61, em seos n.ᵒˢ 1 e 2.

Pois bem, o art. 60 *i*), entendido sem arbitraria distincção, em seu sentido normal e generico, é tambem uma excepção, como as outras, estabelecida com o proposito de melhorar o systema e de mais efficazmente garantir a segurança da União, dos Estados, e dos direitos dos cidadãos. Como se fizeram, sem quebra do systema, aquell'outras excepções, fez-se mais esta. Quem teve poder para do principio fundamental da divisão da justiça separar aquelles casos, tinha o de fazer o mesmo com relação aos crimes politicos,—e bons motivos não faltavam para isso, como acima vimos.

Com o art. 83 da lei n. 221 pretendeo-se legalisar a doutrina que o supremo tribunal firmára, tirando da justiça federal para a dos Estados o conhecimento dos *crimes politicos*, quando commettidos contra as instituições e autoridades d'estes. Foi isso porém *(data venia)* um erro:

1.º O interprete final da Constituição é o supremo tribunal federal, como é sabido; não é o congresso nacional; não se fazia necessaria e nada adianta uma lei feita para dar valor ás decisões d'elle. E' inconcusso que o supremo tribunal é o juiz de sua propria competencia e da dos juizes inferiores, quando contestada. Não fosse assim, e elle não seria mais *supremo*, não seria o que idearam os fundadores do systema, e o direito federal se rasgaria em retalhos.

2.º A interpretação dada pela lei e art. cits. altera a demarcação constitucional entre a União e os Estados; e si por lei ordinaria fosse isso permittido... era uma vez a Constituição, e o congresso nacional assumiria, á maneira do parlamento inglez, a plenitude do poder constituinte. Outra cousa porém se pretendeo com a nossa organisação federativa, que não conhece a omnipotencia parlamentar e que faz inviolavel, uma vez fixada, a fronteira entre a União e os Estados quanto a seos poderes e prerogativas.

3.º O referido art. 83 é transplantado da Constituição Suissa, art. 112 n. 3. (*). Ora, os que prepararam o projecto do congresso constituinte, emendando, converteo em constituição, conheciam essa disposição e não a quizeram adoptar. E esse congresso, sendo-lhe ella apresentada por emenda áquelle projecto, não lhe fez melhores acolhenças,—rejeitou-a peremptoriamente. (Ann. do Congr. Const., vols. II, pag. 479 e III, pag. 85). E é licito reviver, por disposição de legislatura ordinaria, um artigo em taes condições repellido pelos constituintes? Esse artigo, contendo idéa diversa da que estes preferiram, é uma derogação, é uma emenda á Constituição.

4.º Si essa derogação fosse permittida, não seria conveniente. Na Suissa mesmo já se tem verificado que é excessiva a restricção; e estudada a materia, chegou-se a votar lei (art. additivo ao codigo penal federal) estatuindo o seguinte:

«Quando em negocios criminaes de sua competencia, a confiança na independencia ou na imparcialidade dos tribunaes cantonaes acha-se abalada em consequencia de agitações politicas, o conselho federal póde affectar ao tribunal federal o processo e julgamento da causa, mesmo não se tratando de crime previsto pelo presente codigo.»

Tal disposição não logrou, é verdade, quando submettida, em março de 1884, ao *referendum* popular, a maioria necessaria para ficar approvada definitivamente e ser incorporada á legislação federal; mas o facto de já por duas vezes terem os poderes publicos tratado da ampliação da competencia federal quanto a esta materia e o acolhimento que a providencia indicada mereceo do governo e das camaras legislativas d'aquelle paiz (*Vide* Le Droit Fed. Suisse, R. L. de Salis, trad. de Borel, n. 42), bastam para mostrar que o art. 112, n. 3, da Const. Suissa está condemnado. No nosso congresso constituinte, sem duvida, havia muito quem soubesse d'isso, e é natural que esta circumstancia não tivesse influido pouco para a rejeição da emenda que vinha enxertar em nosso systema politico aquillo que alheia experiencia estava aconselhando repellir-se.

E hoje, passados já dez annos de pratica do novo regimen, a nossa propria experiencia está protestando contra a intelligencia dada á Constituição em tão melindroso assumpto, com sacrificio da liberdade e garantias dos cidadãos nos Estados. A Constituição annuncia-se em seo «preambulo» como destinada a dar-nos um regimen democratico e *livre*. A este primordial intuito estão subordinadas todas as suas disposições. E não haverá *liberdade* onde os governadores de Estado, arrogam-se o poder de organisar a justiça á feição de seo partido e de seos interesses, como desgraçadamente se tem visto entre nós. E' da maior evidencia que juizes creaturas dos governadores e quasi sempre juizes *politicos*, são improprios para conhecer dos crimes contra essas e as mais autoridades locaes... Não o quizeram, não podiam tel-o querido, e mostraram que o não queriam os constituintes, quando reprovaram a emenda importada da Suissa.

Em resumo,— a interpretação que attribue exclusivamente á justiça federal o conhecimento dos crimes politicos sem excepção, tem por si, como demonstrado fica:

1.º a lettra do texto constitucional, cujos termos amplos e genericos não admittem restricções;

2.º o elemento historico e systematico d'essa parte da Constituição, notando-se desde os projectos preliminares o proposito de collocar os crimes politicos contra os Estados e suas auto-

---

(*) «O tribunal federal, assistido pelo jury, o qual estatúe sobre os factos, conhece em materia penal:
«3.º dos crimes e dos delictos politicos que fôrem a causa ou consequencia de perturbações que occasionem uma intervenção armada federal.»

ridades, sob a alçada e jurisdicção nacional, e tendo sido pelo congresso constituinte rejeitada a emenda que dispunha o contrario ; e

3°. o espirito da lei constitucional, abrindo, para maior segurança dos direitos e liberdades individuaes e politicas, n'este, como em alguns outros casos, excepção á alçada estadual, evidentemente menos garantidora que a nacional, em que os factos delictuosos de que se trata podem ser melhormente apreciados, fóra do influxo das paixões locaes e julgados com imparcialidade, que a este respeito não podem ter as judicaturas dos Estados.

§ 1°. E' vedado ao congresso commetter qualquer jurisdicção federal ás justiças dos Estados.
§ 2°. As sentenças e ordens da magistratura federal são executadas por officiaes judiciarios da União, aos quaes é obrigada a prestar auxilio, quando invocada por elles a policia local.
(Decreto n. 510, de 22 de junho e n. 814 A, de 23 de outubro de 1890).

§ 1°. E' vedado ao congresso commetter qualquer jurisdicção federal ás justiças dos Estados.
§ 2°. As sentenças e ordens da magistratura federal são executados por officiaes judiciarios da União, aos quaes a policia local é obrigada a prestar auxilio, quando invocada por elles.

§. 1.° **Commetter qualquer jurisdicção federal ás justiças dos Estados** seria violar o principio, admittido como essencial á organisação federativa constitucional, da dualidade judiciaria com funcções parallelas e distinctas para cada uma das ordens de negocios que lhes são respectivamente attribuidos. Separadamente constituidas, como é indispensavel que sejam, têm ellas para seo movimento apparelhos e orgams distinctos. E isto posto, seria contradicção incumbir assumptos federaes á decisão de funccionarios locaes. Veja-se *supra*, comment. ao art. 7 § 3.

Mas, co-existindo no mesmo territorio as duas justiças, e tendo como jurisdiccionados, cada uma em sua esphera, as mesmas pessoas, nada mais natural do que ser a jurisdicção nacional, quando preciso, auxiliada pela outra. Com isso, nenhuma fica prejudicada em sua missão propria e o concurso assim prestado facilita o bom desempenho da administração judiciaria no paiz, collaborando ambas d'est'arte para o triumpho do direito, fim primordial do estado.

Por isso, a prohibição contida no presente § não deve entender-se de modo absoluto.

E com razão o governo provisorio no acto organico do Justiça federal, dec. n. 848, incluira disposição por virtude da qual os juizes e tribunaes estaduaes devem cumprir os despachos rogatorios de diligencias da justiça federal, como citações, inquirições de testemunhas, e para execução de mandados e sentenças, art. 362.

Por egual, o congresso nacional autorisou esse auxilio, comtanto que não importe delegação de jurisdicção federal. (Lei n. 221, de 20 de novembro de 1894, art. 79).

E o supremo tribunal assim tambem decidio, considerando em vigor o cit. art. 362 do decreto n. 848 e declarando que a elle não se oppõe a Constituição, em seos arts. 7 § 3 e 60 §§ 1· e 2·, sendo sómente prohibido ao congresso nacional delegar aos Estados «jurisdicção» federal, devendo n'esta parte entender-se por delegação de jurisdicção a do poder de julgar. Acc. (unanime) na Appel. n. 109, de 29 de agosto de 1895.

«E' claro e manifesto que não vae n'isto a menor invasão de competencia e nenhum germen de perturbação e confusão de limites jurisdiccionaes, por isso mesmo que não se trata sinão de pedir e prestar auxilios para a execução de diligencias.
São actos de mero expediente no andamento dos feitos e não nos julgamentos.
Esta solução tem a dupla vantagem de facilitar a acção da justiça federal, sem comtudo, offender o principio fundamental da separação e independencia das duas justiças. (Preambulo do Decreto n. 848, de 11 de outubro de 1890)».

§ 2.° **Por officiaes judiciarios da União.** Tem a isto applicação o que acabámos de dizer quanto ao § 1 e o que expendemos sobre o art. 7 § 3, pag. 32.

Prestar auxilio. Si por parte dos poderes e autoridades dos Estados fôr denegado o auxilio invocado para a execução das sentenças e ordens da magistratura federal, será caso de proceder-se, conforme as circumstancias, nos termos do disposto nos arts. 17, 58 § 3, e 79 da lei n. 221, de 20 de novembro de 1894, e art. 6 § 4 da Constituição.

| Art. 70. As decisões dos juizes e tribunaes dos Estados porão termo aos processos e questões, menos quanto a
1.º Habeas-corpus;
2.º Condemnação por crimes politicos;
3.º Questões sobre espolio de estrangeiro, sempre que o caso não estiver providenciado em algum tratado ou convenção.
Nestes casos poderá haver recurso para o supremo tribunal.
(Projecto da commissão do governo.) | Art. 60. As decisões dos juizes ou tribunaes dos Estados, nas materias de sua competencia, porão termo aos processos e questões, salvo quanto a
1.º, habeas-corpus, ou
2.º, espolio de estrangeiro, quando a especie não estiver prevista em convenção ou tratado.
Em taes casos haverá recurso voluntario para o supremo tribunal federal.
(Decretos n. 510, de 22 de junho e n. 814 A de 23, de outubro de 1890.) | **Art. 61.** As decisões dos juizes ou tribunaes dos Estados, nas materias de sua competencia, porão termo aos processos e ás questões, salvo quanto a
1.º, «habeas-corpus», ou
2.º, espolio de estrangeiro, quando a especie não estiver prevista em convenção, ou tratado.
Em taes casos, haverá recurso voluntario para o supremo tribunal federal. |
|---|---|---|

Art. 61. Nas materias de sua competencia. A competencia judiciaria dos Estados abrange todos os objectos não reservados á União, conforme a regra geral do art. 65 § 2. Devem, porém, as justiças estaduaes, nas questões de direito privado interno, applicar aos casos occurrentes a legislação estabelecida pelo poder legislativo federal, art. 34 n. 23. Para o processo no fôro estadual, as assembléas dos Estados têm competencia para estabelecer os necessarios codigos (arts. cits., combinados).

Porão termo aos processos e questões. E' isto a consagração da independencia da justiça dos Estados dentro de sua legitima esphera. A Constituição a quer garantida em toda a plenitude, como convém e é direito dos Estados. De outro modo teriam elles um poder judiciario (que lhes compete na sua mesma qualidade de estados) reduzido a simples simulacro; e assumpto de exclusivo caracter local, nos quaes as autoridades estaduaes devem dizer a ultima palavra, ficariam subordinados a alheia competencia, o que por modo algum se compadeceria com a indole e essencia do regimen federativo.

Salvo. Ao principio da autonomia e independencia da justiça estadual o nexo federativo impõe, para certos casos especiaes, algumas restricções. Taes restricções se fundam ou *a)* na necessidade de resguardar a competencia da justiça federal contra as invasões das dos Estados ou a das justiças destes entre si, ou *b)* na de manter a supremacia da Constituição federal, das leis e tratados feitos de conformidade com ella, ou *c)* na de melhor garantir o direito do cidadão ou certos interesses que importam á União, embora estaduaes.

E' assim que ficaram reservados *á* União, ao poder judiciario federal :

aa) a solução dos conflictos dos juizes e tribunaes federaes com os estaduaes, assim como os dos juizes e tribunaes de um Estado com os de outro (art. 59 *c*);

bb) o conhecimento, em recurso, das decisões em ultima instancia, das justiças dos Estados contra a validade ou applicabilidade de tratados e leis federaes, ou pela validade de leis e actos dos governos locaes impugnados em face da Constituição (art. 59 § 1); e

cc) a revisão dos processos findos, em materia criminal (art. 59, n. III) e, pelo presente art. 61, o conhecimento em recurso, das decisões das justiças dos Estados em materia de *habeas-corpus* e espolio de estrangeiro, quando a especie não estiver prevista em convenção ou tratado.

«Na organisação (da justiça nacional) mereceo o maximo cuidado a discriminação das duas jurisdicções, a federal e a dos Estados, de modo a ser respeitado o dominio legitimo de cada uma. Dentro da sua esphera é mantida a independencia da justiça dos Estados em toda a sua plenitude. Sem prova de decisão contraria á applicabilidade das leis federaes ou dos tratados, não cabe recurso algum das suas decisões para as jurisdicções da União, salvo, em garantia de todos os cidadãos, o *habeas-corpus* e a revisão dos processos criminaes, e no empenho de firmar as regras do direito internacional privado, o das decisões relativas á successão de estrangeiros, quando o caso não fôr previsto por tratado ou convenção. (Relat. do Min. da Just., em janeiro de 1891, pag. 26).

1º Habeas-corpus. A Constituição, para dar a maior segurança de exito, a mais completa efficacia a este prompto e heroico recurso contra as prisões arbitrarias e illegaes, deixa-o atravessar todas as alçadas até chegar á mais elevada jerarchia judiciaria da nação.

O mais obscuro cidadão, o mais humilde habitante do paiz, ainda das mais longinquas paragens, póde por si ou por outrem fazer subir até ahi sua reclamação contra a prepotencia, contra o attentado á sua liberdade, praticado por quaesquer autoridades.

E' dado a nacionaes e estrangeiros confiar na acção, que por qualquer póde ser invocada, de um tribunal collocado ácima de todas as jurisdicções, como guarda e baluarte da liberdade e que aos perseguidores, aos que abusam do poder, aos que reduzem a victimas os fracos, os desprotegidos, desconhecendo-lhes seos direitos, está na altura de dizer aquellas palavras da Biblia : *Si læseris eos, vociferabuntur ad me et ego audiam clamorem eorum.*

Grande fortuna é para um povo o possuir esta bella, salutar e inestimavel instituição e faz honra aos nossos constituintes o modo e a largueza com que a trataram em nosso codigo fundamental.

Vide art. 72, § 22.

— Do theor d'este art. 61, dominado pelo principio discriminativo das jurisdicções federal e estadual, resulta que as excepções que elle estabelece á competencia definitiva das justiças locaes, referem-se a decisões por ellas proferidas em ultima instancia, das quaes não haja mais autoridade judiciaria estadual a que recorrer ou por terem sido esgotados todos os recursos permittidos, tendo sido percorridas todas as instancias, ou por que, nos termos da legislação respectiva, não caiba recurso. E isto equivale a dizer que n'esses casos de excepção, sómente depois de ter dicto a ultima palavra a competente autoridade judiciaria estadual, é que o negocio passa, por provocação da parte interessada, ao conhecimento da justiça federal. De onde decorre que esses casos excepcionaes hão de subir á instancia federal unica, para elles autorisada pela Constituição, sem que seja preterida qualquer das instancias estaduaes. (*)

Do mesmo artigo, combinado com o art. 60, se evidencia que não ha recurso da justiça local para os juizes seccionaes, nem nos dous casos do art. 61, nem n'outros quaesquer. A instancia para revisão de julgados estaduaes, nos limitados casos que a Constituição a admitte, é sempre o supremo tribunal federal, qualquer que seja a natureza do negocio e o valor da causa. E os referidos casos do artigo de que nos occupamos accrescem á *jurisdicção em gráo de recurso*, estabelecida pelo art. 59, n. ll.

Isto é de toda a evidencia. A Constituição dá o recurso sómente das decisões que sem elle poriam termo á causa, isto é, quando n'esta se tenham esgotado todas as instancias locaes e esteja ella finda. Não ha razão para mutilar-se a jurisdicção estadual.

Por outro lado, estabelecer recurso das decisões das mais altas autoridades judiciarias dos Estados para os juizes inferiores da União, fôra incurial e deprimente.

Mas o supremo tribunal federal não tem quanto a *Habeas-corpus* sómente a competencia que lhe confere o art. 61, n. 1, de conhecer d'elle quando interposto por via de recurso das decisões das justiças locaes. Na attribuição que lhe dá o art. 59, n. ll, de conhecer *em gráo de recurso* das decisões dos juizes e tribunaes federaes, comprehende-se o conhecimento das por elles proferidas quanto a *Habeas-corpus*. E já pelo decreto n. 848, de 11 de outubro de 1890, art. 9, n. IV, essa competencia lhe era attribuida expressamente.

Póde o supremo tribunal federal, independentemente de recurso, no uso de jurisdicção originaria e directa, conceder *Habeas-corpus*?

Questão foi esta a principio muito controvertida nos tribunaes e no parlamento. (*) Para a solução negativa allegava-se a natureza especial e stricta da jurisdicção originaria do supremo tribunal, na qual a Constituição não mencionou o *Habeas-corpus* (art. 59, n. l), o respeito á ordem hierarchica judiciaria e homenagem á autonomia das justiças locaes.

Para a affirmativa adduzia-se que o recurso fôra estabelecido sómente para o caso de denegação da ordem de *Habeas-corpus* ou pelo juiz seccional (decreto n. 848, art. 9, n. 4 e art. 49), ou pelas justiças dos Estados nas materias de sua competencia, mas que ha tambem casos em que o *Habeas-corpus* é autorisado sem ser em recurso, nas materias da competencia da União, dispondo os arts. 47 e 48 do cit. decreto— que o supremo tribunal fará passar de prompto a ordem solicitada e que *independente de petição* poderá qualquer juiz ou tribunal federal expedil-a, quando no curso de um processo chegue a seo conhecimento a illegalidade da prisão ou detenção de algum cidadão.

O regimento do supremo tribunal federal, de 8 de agosto de 1891, atendo-se ao decreto n. 848 cit., já consagrava a competencia originaria para o conhecimento da illegalidade das prisões ou constrangimentos ordenados por qualquer autoridade (excepto a militar com relação a militares), quér lhe fosse requerido o *habeas-corpus*, quér *ex-officio* no caso de no curso de qualquer processo achar motivo legal para a concessão (art. 15 § 3º). E esse regimento fôra organisado pelo proprio supremo tribunal, *ex-vi* do decreto n. 848, arts. 349 e 364, e do decreto n. 1 de 26 de fevereiro de 1891, art. 3.

A lei n. 221 de 20 de novembro de 1894, que no art. 83 mandou cumprir o mesmo regimento na parte não alterada por ella, dispoz (art. 23 *in princ.*) que o supremo tribunal *é competente para conceder originariamente a ordem de* HABEAS-CORPUS:

— quando proceder o constrangimento, ou ameaça d'este, de autoridade cujos actos estejam sujeitos á jurisdicção do tribunal,

— ou fôr exercido contra juiz ou funccionario federal,

— ou tratar-se de crimes sujeitos á jurisdicção federal,

— ou ainda no caso de imminente perigo de consumar-se a violencia antes de outro juiz ou tribunal poder tomar conhecimento da especie em primeira instancia.

Semelhante artigo embora não se possa dizer perfeitamente constitucional em todas as suas partes (pois alargou, em lei ordinaria, a competencia originaria do supremo tribunal e não deixou de restringir um pouco a jurisdicção estadual) parece haver posto fim á controversia,

---

(*) D'isto apartou-se o art. 23, § unico, da lei n. 221, de 20 de novembro de 1894,— *verb.* : a independente de decisão de juiz ou tribunaes de 2ª instancia», clausula evidentemente contraria ao espirito e ao plano udiciario da Constituição.

(*) *Vide*, entre outros, os *Accordams do supremo tribunal federal*, n 217, de 13 e n. 234 de 23 de fevereiro, n. 297 e 298, de 20, ns. 303, 304 e 306 de 30 de abril de 1892; n. 379 de 2 de maio, n. 414 de 30 de agosto de 1893, etc.—*Annaes do senado*, 1891, vol. V,pag. 36;—*Organisação judiciaria e policial*, pelo dezembargador Souza Martins, not. 38.

tendo sido elle aceito e executado pelos tribunaes, sem mais questão de constitucionalidade. Para isso deve ter contribuido o se haver, com essa disposição de lei, tornado ainda mais prompta, larga e segura a efficacia de tão preciosa garantia da liberdade individual.

Os juizes seccionaes ficaram tambem com competencia para a concessão de *habeas-corpus*, dentro de sua jurisdicção, ainda que a prisão ou ameaça d'esta seja feita por autoridade estadual, desde que se trate de crimes da jurisdicção federal ou o acto se dê contra funccionario da União (Decr. e art. cit.)

2º **Espolio de estrangeiro** é evidentemente materia de competencia das justiças estaduaes, como resulta dos termos d'este artigo, estabelecendo elle recurso das decisões finaes, de ultima instancia, proferidas pelos juizes e tribunaes dos Estados, para o supremo tribunal federal. E foi com toda a razão que, tendo a legação portugueza pedido providencias no sentido de ser reconhecida á justiça federal competencia para o inventario e liquidação dos espolios pertencentes a estrangeiros, declarou-lhe o governo que isso não se poderia admittir, pois, *segundo o art. 61 da Constituição a arrecadação dos espolios dos estrangeiros fallecidos no Brazil compete ás autoridades estaduaes e só em recurso cabe á justiça federal conhecer da especie* — Aviso n. 20 de 1 de novembro de 1892.

Quando a especie não estiver prevista em convenção ou tratado. D'esta clausula têm-se concluido *a contrario* que, si a especie estiver prevista, o caso passa a ser da competencia federal. (*Vide* Carvalho de Mendonça, «O poder judiciario no Brazil», pag. 125, Accs. do Supr. Trib. Fed., n. 5 de 25 de maio, n. 53 de 21 de agosto de 1895, etc.) Dissentimos d'esta intelligencia.

O art. 61 firma um preceito geral:

— *as decisões dos juizes e tribunaes estaduaes*, nas materias de sua competencia, *porão termo os processos e questões*, — (proclamada assim a separação autonomica, a independencia das justiças locaes da federal.)

E a esse preceito faz o mesmo art. duas excepções, declarando que *não porão fim aos processos e questões*:

— 1.º as decisões das justiças dos Estados sobre *habeas-corpus* (sem limitação), e

— 2.º as decisões d'essas justiças sobre espolio de estrangeiro, mas com esta limitação: sómente quando taes decisões versarem sobre especie não regulada por tratado. Logo, ha outras especies desta natureza, das quaes as justiças estaduaes tambem conhecem — (e são aquellas a respeito das quaes houver tratado.)

Em outros termos: *Regra geral*, — os assumptos de competencia estadual são definitivamente julgados pela magistratura dos Estados. *Excepções* — menos tratando-se de *habeas-corpus* (qualquer que seja o caso) e de espolio de estrangeiro (unicamente no caso de haver tratado ou convenção regulando a especie); de onde resulta que, existindo tratado ou convenção, a decisão das justiças estaduaes, porão termo ao processo ou questão sobre o espolio (isto é, entra o caso na regra geral).

Este modo de entender o presente artigo harmonisa-se com o primordial intuito d'elle, que é firmar a separação e autonomia do judiciario estadual e obedece ao principio de exegese juridica, segundo o qual as excepções são *stricti juris*, não se ampliam.

Allega-se que as questões de espolio de estrangeiros, nas especies previstas em tratado, envolvendo interesse internacional, são por isso da alçada da União.

O facto porém de tratar-se de objecto regulado por convenção internacional não induz necessariamente competencia judiciaria federal; e isto é tão certo que a propria Constituição, em termos expressos e irrecusaveis, diz no art. 59 § I *a*) que «*Das sentenças das justiças dos Estados* em ultima instancia *haverá recurso* para o supremo tribunal federal *quando se questionar sobre a validade ou applicação* DE TRATADOS»...

Em taes casos haverá recurso. I No caso de HABEAS-CORPUS, dá-se o recurso sómente si a decisão é denegatoria; assim tem sido julgado pelo supremo tribunal (Acc. n. 396, de 5 de julho de 1893 e outros), assim o dispõe a lei organica da justiça federal (Decr. n. 848, arts. 9 n. IV e 49) e isto é conforma com o espirito liberal da Constituição e da nova legislação republicana, na qual não se dá ao juiz nem ao ministerio publico a attribuição de recorrer dos despachos que negam a ordem de *habeas-corpus* ou a de soltura dos pacientes.

No preambulo do decr. cit. lê-se:

«O mesmo zelo pela liberdade individual presidio ás disposições relativas ao *habeas-corpus*. As formulas mais singelas, mais promptas e de maior efficacia foram adoptadas; e, como uma solida garantia em favor d'aquelle que soffre o constrangimento, ficou estabelecido o recurso para o supremo tribunal federal *em todos os casos de denegação* de ordem de *habeas-corpus*.»

II. Em caso de espolio de estrangeiro, ha a distinguir:

Si a especie não está prevista em tratado, a decisão da justiça local admitte recurso para o supremo tribunal federal, sob qualquer fundamento, dos que autorisam appellação, como damno, injustiça, nullidade. E não foi inteiramente sem razão que a lei n. 221, de 20 de novembro de 1894, art. 54 n. IV, chamou de «appellação» o recurso neste caso.

Si a especie está prevista em tratado, a decisão sobre ella proferida pela justiça local admitte recurso de que trata o art. 59 § 1· *a*) da Constituição, commum a todas as causas nas condições ahi estabelecidas.

Esta distincção resulta da combinação do mesmo art. 59 § 1º *a*) com o art. 61. Si, estando previsto o caso em tratado ou convenção, a decisão do tribunal do Estado fôr contraria á validade e applicação do tratado, cabe o recurso por esse motivo, na fórma da disposição que acabamos de citar; e assim se resguarda a vigencia das convenções internacionaes sobre a materia. Versando porém a decisão estadual sobre espolio ácerca do qual não exista tratado, o recurso é conhecido pelo supremo tribunal na plenitude de sua jurisdicção appellada. Naquelle caso, está adstricto á questão da validade ou applicabilidade do tratado ou convenção,— no outro o tribunal *ad quem* conhece da questão *ab integro* e póde reparar quaesquer aggravos, ficando investido na mesma extensão de poderes do juizo inferior. E a esta intelligencia serve o art. 102 § un. do Regimento do supremo tribunal, approvado pela cit. lei n. 221, art. 85.

E deste feitio, o recurso garante o interesse geral, ligado ás relações internacionaes, e o interesse das partes.

Art. 61. A justiça dos Estados não póde intervir em questões submettidas aos tribunaes federaes, nem annullar, alterar ou suspender as suas sentenças, ou ordens.
(Decretos n. 510 de 22 de junho e n. 914 A de 23 de outubro de 1890.)

Accrescente-se ao art. 61:
E, reciprocamente, a justiça federal não póde intervir em questões submettidas aos tribunaes dos estados, nem annullar, alterar ou suspender as decisões ou ordens destes, exceptuados os casos expressamente declarados nesta Constituição.—*Moraes Barros*.
(Emenda approvada em 8 de janeiro de 1891.)

Art. 62. As justiças dos Estados não podem intervir em questões submettidas aos tribunaes federaes, nem annullar, alterar ou suspender as suas sentenças, ou ordens. E, reciprocamente, a justiça federal não póde intervir em questões submettidas aos tribunaes dos Estados, nem annullar, alterar ou suspender as decisões ou ordens destes, exceptuados os casos expressamente declarados nesta Constituição.

Art. 62. As justiças dos Estados não podem intervir em questões submettidas aos tribunaes federaes, nem annullar, alterar ou suspender as suas sentenças, ou ordens. As razões que determinam a existencia de um poder judiciario proprio e exclusivo da União, impõem tambem a inviolabilidade desta esphera jurisdiccional e vedam a immixtão n'ella das jurisdicções locaes (salvo, quando invocado, o auxilio destas nas condições que a lei tem estabelecido.) *Vide supra* Comment. ao art. 60 §§ 1 e 2.

E reciprocamente. A esphera jurisdiccional estadual é tambem autonoma, e por sua vez independente da federal. Compete-lhe conhecer das questões que a esta não pertençam por sua natureza ou pela qualidade das partes; decide todos os casos não federaes, os não comprehendidos nos arts. 59 e 60 como pertencentes ás justiças da União. O principio primordial da federação, estabelecido no art. 65 § 2º deixa ás jurisdicções locaes todo esse vasto dominio e o art. 61 proclama que, dentro delle, ellas não têm superior,—*suas decisões nas materias de sua competencia* PORÃO TERMO AOS PROCESSOS E ÁS QUESTÕES. E congruentemente, este art. 62 as resguarda da intrusão da magistratura federal.

Exceptuados os casos expressamente declarados na Constituição. As excepções se acham mencionadas ácima, no comment. ao art. 61, *verb.: salvo*, e constam do Acc. do supremo tribunal federal, n. 43 de 1 de julho de 1893.

Vide supra comment. á epigraphe da secção III, «Do poder judiciario».

—A disposição que se contém neste art. 62, não vinha em nenhum dos projectos preliminares.—D'ella o projecto do governo provisorio apenas incluia a primeira parte. O congresso constituinte, porém, não se contentou com isso. Era pouco garantir a acção da justiça federal contra quaesquer obstaculos oppostos e invasões possiveis pelas dos Estados. Pareceo conveniente amparar tambem estas e tornar saliente que a divisão do poder judiciario, em nacional e estadual, constitue duas justiças separadas, cada uma com sua jurisdicção diversa,— parallelas, mas não rivaes, nem tampouco subordinada qualquer dellas á outra nas materias de sua respectiva e exclusiva competencia. D'ahi a emenda, approvada na sessão de 8 de janeiro de 1891, que é a segunda parte do artigo, significativa manifestação do zelo dos constituintes pelas prerogativas estaduaes.

TITULO II

DOS ESTADOS

Titulo II, dos Estados. *Vide* comment. ao art. 1, *verb.* «Republica Federativa» e ao art. 2, *verb.* «Formará um Estado».

O decr. n. 1, de 15 de novembro de 1889, proclamando como fórma de governo da nação brazileira a REPUBLICA FEDERATIVA (art. 1) erigio as provincias do Brazil em ESTADOS, unidos pelo laço federal (art. 2) e provisoriamente regidos por governos por ellas proclamados ou, na falta d'estes, por governadores nomeados pelo chefe da nação, emquanto pelos meios regulares não se procedesse á eleição das legislaturas dos Estados (art. 4).

Quanto a essa eleição providenciou o decr. n. 802, de 4 de outubro de 1890, ordenando a convocação, pelos governadores de cada Estado, de assembléas legislativas com poderes conferidos pelos eleitores para conhecerem ellas dos projectos de constituição que por aquelles funccionarios lhes deveriam ser submettidos. O processo dessa eleição foi o mesmo que havia sido estabelecido para a do congresso nacional (constituinte).

Promulgada a Constituição Federal, desempenharam as assembléas estaduaes o seo mandato constituinte e cada Estado proclamou sua constituição, que logo entrou em vigor, independentemente de conhecimento e approvação dos poderes federaes, que a Constituição Federal não exigio. (*)

(*) No Relatorio por nós apresentado na qualidade de Ministro dos Negocios do Interior, em 22 de maio de 1891, pag. 3 acham-se referidas as épochas e occurrencias dignas de menção, da promulgação, pelos governadores dos estados, das constituições por elles submettidas ás assembléas estaduaes; e n'«As Constituições dos Estados e a Constituição federal» pelo Dr. Felisbello Freire, 1898, estão inseridas, após um minucioso estudo comparado, todas as que foram promulgadas por essas assembléas.

Art. 71. Cada Estado governar-se-á por suas proprias leis constitucionaes e ordinarias, com a condição de amoldal-as ao regimen republicano e aos principios fundamentaes consignados nesta Constituição. Art. 72. O Estado se constituirá livremente: elegerá o seo governador; confiará o poder legislativo a uma ou duas camaras; adoptará como condições de capacidade eleitoral activa e passiva para cargos federaes a edade de 21 annos e os demais requisitos da Constituição federal, podendo-se estabelecer outras condições para os cargos do Estado ou dos municipios; terá a organisação judiciaria que entender, creará a sua força armada, cabendo-lhe a nomeação de seos officiaes, organisará a instrucção primaria gratuita pela fórma que julgar melhor, e confiará ao seo poder legislativo ou executivo o direito de perdoar ou commutar as penas nos crimes communs. (Projecto da commissão do governo provisorio).	Art. 62. Cada Estado reger-se-á pela Constituição e pelas leis que adoptar, comtanto que se organisem sob a fórma republicana, não contrariem os principios constitucionaes da União, respeitem os direitos que esta Constituição assegura e observem as seguintes regras: 1.º Os poderes executivo, legislativo e judiciario serão discriminados e independentes; 2.º Os governadores e os membros da legislatura local serão electivos; 3.º Não será electiva a magistratura; 4.º Os magistrados não serão demissiveis sinão por sentença; 5.º O ensino será leigo e livre em todos os gráos, e gratuito no primario. (Decretos n. 510, de 22 de junho e n. 914 A, de 23 de outubro de 1890).	Art. 62. Substitua-se pelo seguinte: Cada Estado reger-se-á pela Constituição e pelas leis que adoptar, respeitados os principios constitucionaes da União. — *Lauro Sodré* e outros. (Emenda approvada em 12 de janeiro de 1891).	Art. 63. Cada Estado reger-se-á pela Constituição e pelas leis que adoptar, respeitados os principios constitucionaes da União.

Art. 63. Cada estado reger-se-á pela Constituição e pelas leis que adoptar.

Este artigo registra o poder que tem cada um dos Estados da União de instituir seo organismo politico. Elles o tem na sua propria qualidade de estados. Mas desde que são membros de uma União Federal, é indispensavel que sejam organisados de modo homogeneo e compativel com essa União, a qual sem isto não subsistirá.

E eis porque, já nos projectos preliminares, já no do governo provisorio, foram com este pensamento estabelecidas certas condições ou bases.

Pareceram, porém, excessivas as do projecto submettido ao congresso constituinte e sua commissão propoz que se supprimissem (menos a exigencia da fórma republicana e a da conformidade com os principios da União) ANN. do Congr. Const., I, pag. 121.

ARTIGO 63

Contra ellas pronunciámo-nos, na sessão desse congresso, de 8 de Janeiro de 1891 :

O regimen federativo é a forma de governo pela qual os Estados se congregam debaixo de um governo commum, unicamente para certos e determinados fins, que, por si mesmos ou não-poderiam conseguir ou conseguiriam mal e difficilmente.

Nestas condições, os poderes que ficam pertencendo a á União não podem deixar de ser restrictos. Os poderes em maior somma são os que ficam reservados aos Estados.

Por isso é preciso que sejam conferidos para os fins da União unicamente os poderes que são strictamente indispensaveis para que ella possa subsistir, para que o governo federal possa funccionar por modo efficaz, para que elle possa desempenhar proficuamente sua missão e não mais que isso, mantido nos Estados o direito de se governarem á sua vontade, respeitada sua autonomia.

E si, adoptando por criterio esta noção elementar do estado federal, passarmos uma revista ainda que rapida ao titulo que se trata de discutir, verificaremos ahi clausulas que excedem da competencia da Constituição Federal.

O titulo 2° começa por uma disposição que é realmente insustentável, fixando condições, impondo preceitos aos Estados quanto ao modo por que elles deverão organisar seo governo, sua Constituição *(lê)*:

« Cada Estado reger-se-á pela Constituição e pelas leis que adoptar, comtanto que se organisem sob a fórma republicana, não contrariem os principios constitucionaes da União, respeitem os direitos que esta Constituição assegura e *observem as seguintes regras:* »

Justamente estas regras são limites que vêm restringir a autonomia dos Estados e attentam contra ella, por serem incompativeis com as faculdades que elles têm de se constituir, de estabelecer a fórma, as normas por que se hão de reger no seu governo, usando para isso de poderes que possuem, que são seos, de que não podem ser despojados e que em caso algum devem passar á União, sob pena de não haver assim federação, mas regimen unitario, consolidação de Estados.

Cada Estado, se organisando de modo que não offenda os direitos e faculdades da União, terá a liberdade de regular-se e de estabelecer seo regimen, conforme entender mais conveniente ás suas condições e circumstancias.

Neste particular me parece que o projecto aferrou-se a máos versos, atendo-se a antigos moldes, para estabelecer um systema uniforme, inflexivel, symetrico, a ser adoptado em todos os Estados, como si fosse licito entrar nas prerogativas destes e sequestrar aquillo que é da competencia dos mesmos. (ANN. II, pag. 148.)

Na sessão do dia seguinte, justificando uma emenda substitutiva, offerecida pelo deputado Lauro Sodré e demais membros da representação do Estado do Pará, dizia

O SR. NINA RIBEIRO (ANN. cit. pag. 163):

Nota-se em todo o projecto do governo um certo medo em enfrentar a republica federativa na sua mais vasta concepção. Nas differentes disposições do projecto relativas á autonomia dos Estados e a descentralisação governamental, vê-se um certo constrangimento, um amor ao predominio da União, umas concessões feitas a medo aos Estados, deixando-se sempre porta aberta á intervenção do poder central...

Estabelecem-se nesse artigo condições e regras para a Constituição dos Estados, que, além de superfluas e desnecessarias, importam uma restricção á soberania que não lhes póde ser contestada.

A emenda substitutiva que temos a honra de submetter á consideração do congresso, consagra o principio da soberania dos Estados, reconhecendo-lhes o direito de se regerem pela Constituição e pelas leis que adoptarem, sem outra restricção que não o respeito aos principios constitucionaes da União.

Diz a emenda: *Cada Estado reger-se-á pela Constituição e pelas leis que adoptar, respeitados os principios constitucionaes da União.*

Assim, fica perfeitamente accentuada a autonomia e a soberania dos Estados. Elles poderão constituir-se como entenderem, uma vez que respeitem os principios constitucionaes da União.

No mesmo sentido pronunciaram-se os representantes Meira de Vasconcellos e outros (cit. ANN., pags. 159, 189 e 159) e o congresso preferio e approvou a emenda substitutiva, prescindindo das clausulas restrictivas do projecto, contraventoras do principio federativo.

Respeitados os principios constitucionaes da União, diz o art. e não «respeitada a Constituição Federal»; e isto indica que as constituições dos Estados não são obrigadas a seguil-a inteiramente á risca, a modelarem-se completamente por ella, sem divergir em alguns pontos, com tanto que não sejam fundamentaes.

— E bem o comprehenderam elles no organisarem seos governos, apartando-se em alguma cousa do modelo federal (*v. gr.*, quanto á dualidade das camaras legislativas, adoptando a maioria d'elles uma só assembléa ; quanto ao processo e julgamento do chefe do Estado, etc.)

Mas quaes são esses *principios constitucionaes da União ?* Está visto que não podem ser outros sinão aquelles que a ella servem de base, sobre os quaes ficou constituida pelo acto de 24 de fevereiro de 1891. Percorrendo-se o texto constitucional, desde o preambulo, veem-se adoptados os seguintes :

— a liberdade individual e suas garantias (*regimen livre*, preambulo, *declaração de direitos*, tit. IV, secção II),
— a democracia (*regimen democratico*, preambulo, arts. 15, 41, 73),
— a representação politica (*regimen representativo*, arts. 1, 2 8, 30),
— a forma republicana (arts. 1, 6, § 2 41 e 90 § 4),
— o regimen federativo (arts. 16, § 2, 30, 63 e 90 § 4);

Com a forma republicana—a temporariedade das funcções politicas (arts. 17 § 2 e 28 combinados, e arts. 31 e 43), e—a responsabilidade politica e civil dos gestores de funcções publicas (arts. 53. 57 § 2 e 82).

Com a federação—a autonomia e a egualdade politica dos Estados (arts. 2, 4, 5, 6, 7 § 2, 30, 62 e 90 § 4).

A divisão do poder publico nos tres ramos— legislativo, executivo e judiciario—sem a qual não pode estar segura a liberdade e antes corre os maiores perigos,— bem como a faculdade de emendar e de reformar a constituição adoptada, entram como elemento fundamental em toda a organisação politica tendente a estabelecer um *governo liberal e democratico*,—são garantias supremas, cuja ausencia fraudaria o regimen estatuido. E pois devem considerar-se como clausulas indeclinaveis das constituições estaduaes.

A Constituição Federal tem por existentes no organismo politico de cada Estado os referidos tres poderes (e a estes se refere separadamente): legislativo (art. 4 e 90) executivo (arts. 7 § 3 e 17 § 3) e judiciario (arts. 59, n. I e) e § 1, 60 § 1 a 62 e 64 § 4). Egualmente tem como consagrada em todas as constituições estaduaesa faculdade de reforma (Disp. trans., art. 2)

QUAL O MEIO DE TORNAR EFFECTIVO E MANTER-SE O RESPEITO AOS PRINCIPIOS CONSTITUCIONAES, RECOMMENDADO PELO ART. 63?

A Constituição Federal o tem estabelecido no art. 6 — a intervenção *para manter a forma federativa* (§ 2) e *para assegurar a execução das leis e sentenças federaes* (§ 4).

Si a Constituição do Estado infringe o art. 63, attentando contra os direitos e garantias individuaes, qualquer pessoa que em consequencia e effectivamente tenha sido prejudicada póde e deve recorrer á justiça federal (art. 60 a) para ser nullificado o acto; a decisão obriga ao Estado; si não fôr executada por opposição, resistencia ou inercia d'elle, de suas autoridades ou de quem quer que seja, o poder executivo federal a fará cumprir, podendo para isso ir até ao emprego da força armada, caso necessario se torne chegar a esse extremo.

Si por outro modo se der a infracção, deverá ser o caso submettido ao congresso nacional. *Vide supra*, comment. ao art. 6 § 2.

Art. 73. Independentemente do prazo marcado no art. 33 § 13, poderá desde já legislar: ...3º sobre as suas terras, florestas e sub-solo.

Art. 75. Ficará pertencendo aos Estados, conforme lei do congresso, uma certa área de terras devolutas, que será demarcada á sua custa, com a condição de povoal-a e colonisal-a dentro de prazo determinado, sob pena de, não o fazendo, a União readquirir a propriedade cedida.

Art. 76. Os Estados poderão ceder as terras, que lhe forem concedidas, por arrendamento, aforamento, ou qualquer outro titulo de direito, oneroso ou gratuito, a particulares ou á emprezas que se organisem no intuito de povoal-as, e colonisal-as, comtanto que os adquirentes assumam perante o governo federal a mesma obrigação do Estado no artigo antecedente.

(Projecto da commissão do governo provisorio).

Art. 63. Uma lei do congresso nacional distribuirá aos Estados certa extensão de terras devolutas, demarcadas á custa delles, fóra da zona da fronteira da Republica, sob a clausula de as povoarem, e colonisarem dentro em determinado prazo, devolvendo-se, quando esta resalva se não cumprir, á União a propriedade cedida. (Decreto n. 510 de 22 de junho de 1890).

Art. 63. Uma lei do congresso nacional distribuirá aos Estados certa extensão de terras devolutas, demarcadas á custa delles, aquém da zona da fronteira da Republica, sob a clausula de as povoarem, e colonisarem dentro em determinado prazo, devolvendo-se, quando essa resalva se não cumprir, á União a propriedade cedida. (Decreto n. 914 A, de 23 de outubro de 1890).

Paragrapho unico. Os Estados poderão transferir, sob a mesma condição, essas terras, por qualquer titulo de direito, oneroso, ou gratuito, a individuos, ou associações, que se proponham a povoal-os e colonisal-os.

(Decretos n. 510, de 22 de junho e n. 914 A, de 23 de outubro de 1890).

Art. 63. Substitua-se: Pertencem aos Estados as minas e terras devolutas situadas nos seos respectivos territorios, cabendo á União sómente a porção de territorio que fôr indispensavel para a defesa da fronteira, para fortificação, construcção militar e estradas de ferro federaes.

Conserve-se o paragrapho unico.—*Julio de Castilhos* e outros. (Emenda rejeitada em 9 e approvada em 18 de fevereiro de 1891).

Art. 63. Redija-se deste modo:
As terras devolutas e as minas, nestas existentes, são do dominio dos Estados.
O mais como está no artigo.—*F. Penna. Chaves*.

(Emenda approvada em 9 e 18 de fevereiro de 1891).

O Snr. presidente do congresso:

« A emenda do Snr. Castilhos, bem como a do Snr. Feliciano Penna, devem ser redigidas formando um todo, porque ellas se completam ». (Em 18 de fevereiro de 1891. Annaes, Vol. 3, pag. 236).

Os proprios nacionaes, que não forem necessarios para serviços da União, passarão ao dominio dos Estados, em cujo territorio estiverem situados.— *Lauro Sodré* e outros. (Emenda approvada em 12 de janeiro de 1891).

Art. 64. Pertencem aos Estados as minas e terras devolutas situadas nos seos respectivos territorios, cabendo á União sómente a porção de territorio que fôr indispensavel para a defesa das fronteiras, fortificações, construcções militares e estradas de ferro federaes.

Paragrapho unico. Os proprios nacionaes, que não fôrem necessarios para serviços da União, passarão ao dominio dos Estados, em cujo territorio estiverem situados.

Art. 64. Minas e terras devolutas.

A commissão do congresso constituinte disse no seu «Parecer»:

A maioria da commissão, convencida de que da autonomia reconhecida aos Estados pelo novo regimen decorre o direito ás terras devolutas comprehendidas dentro dos seus respectivos limites, como parte que são dos seus territorios, opinou que o art. 63 da Constituição fosse substituido pelo seguinte:

«Pertencem aos Estados as terras devolutas situadas nos seus respectivos territorios, cabendo sómente á União as que existem nas fronteiras nacionaes comprehendidas dentro de uma zona de cinco leguas, e as que forem necessarias para as estradas de ferro federaes.»

Sendo incontestavel a necessidade de alargar as fontes de receita dos Estados, a emenda em questão de alguma sorte attende a essa necessidade, facultando aos Estados a venda de suas terras devolutas, da qual tirarão elles abundantes recursos paia occorrer aos seos pesados encargos futuros.

Os interesses da colonisação, que affectam mais directamente os Estados, ficam tambem melhor garantidos pela nova disposição, que ainda tem a vantagem de evitar a desegualdade com que a União poderia occupar-se desse importante ramo de serviço.

Nos Estados Unidos da America do Norte prevaleceu o principio de pertencerem aos Estados as terras devolutas e si hoje a União alli se acha no dominio dellas é porque as houve por compra ou conquista aos indios,—por cessão dos Estados gratuita ou onerosa.

O Congresso porém na primeira votação preferio a seguinte em emenda, approvada na sessão de 12 de janeiro de 1891 :

As minas e as terras devolutas são do dominio dos Estados, sem prejuizo dos direitos da União a toda porção de territorio que precisar para a defesa das fronteiras, para fortificações, para construcções e em geral para qualquer serviço publico que dependa directa e exclusivamente de sua autoridade.—*Antão de Faria.—Moniz Freire.*»

E na ultima discussão approvou os suostitutivos dos representantes Julio de Castilhos com outros e F. Penna, e destes substitutivos combinados resultou o presente art. 64.

No trecho acima transcripto, do parecer da commissão do congresso, acham-se expostos o fundamento e propositos da disposição adoptada. Com effeito, tendo sido as antigas provincias brazileiras elevadas á categoria de «estados» e sendo destes um elemento essencial o territorio, é patente que as terras nelle comprehendidas e não occupadas ou abandonadas por seus antigos possuidores, são do dominio do Estado em que ellas se acham. De modo que bastariam os arts. 2 e 4 da Constituição para resolver a questão do dominio das terras devolutas, si não existisse o art. 64, cuja presença entre as disposições constitucionaes menos necessarias se tornava para affirmar aquelle direito dos Estados, do que para assegurar á União meio de satisfazer as necessidades de caracter federal a que o mesmo artigo se refere. E por aqui se vê quam desarrazoada é a grita contra esta disposição, bradando-se que a União foi despojada *de suas terras.* (E não admira haver-se pretendido instituirem-se Estados sem os direitos que, nessa qualidade lhes competem quanto ao territorio, quando se vio querer-se que elles se organisassem sem poder judiciario seo, sem justiça sua, sendo a guarda de suas leis constitucionaes e ordinarias confiada a um poder estranho, a uma magistratura fóra de sua jurisdicção...)

Minas. O seguinte parecer da maioria da commissão competente da camara dos deputados resume a doutrina constitucional quanto á competencia legislativa sobre minas:

A commissão de constituição, legislação e justiça a quem foi presente o projecto n. 47 de 1891, que regula a propriedade das minas e dá outras providencias, vem dar o seu parecer:

Dispõe o n. 29 do art. 34 da Constituição, que ao congresso nacional compete *legislar sobre terras e minas de propriedade da União.*

Dispõe do art. 64 que *pertencem aos Estados as minas e terras devolutas situadas nos seus respectivos territorios, cabendo á União a porção de territorio que fôr indispensavel para a defeza das fronteiras, fortificações, construcções militares e estradas de ferro federaes.*

Dispõe finalmente a segunda parte do § 17 do art. 72 que *as minas pertencem ao proprietario do solo, salvas as limitações que forem estabelecidas por lei a bem da exploração deste ramo de industria.*

Destas disposições constitucionaes se deduzem as seguintes consequencias juridicas :

a) que a União não tem mais propriedade sobre as minas ;

b) que ao congresso só caberá legislar sobre as que a União porventura adquirir por qualquer titulo transmissivo de propriedade, ou resultar das terras devolutas que lhe forem reservadas, por virtude do art. 64, para defesa das fronteiras, fortificações, construcções militares e estradas de ferro federaes ;

c) que o subsolo pertence ao proprietario do solo em relação á existencia de jazidas.

Considera, pois, a commissão limitada a competencia do congresso nacional á legislação sobre minas de propriedade da União, cabendo aos Estados competencia incontestavel em relação ás que estiverem situadas em seu territorio, salvas as referidas restricções do art. 64.

E' certo que o § 17 do art. 72, estabelece que, em todo o territorio da Republica, a propriedade das minas pertence ao proprietario do solo, salvas as limitações que forem estabelecidas por leis a bem da exploração deste ramo de industria.

Mas está bem visto que taes limitações serão estabelecidas por leis federaes, quando ellas se destinarem a regular a exploração das minas de propriedade da União ; porquanto, as que forem encontradas no territorio dos Estados, e sobre as quaes unicamente cumpre limitar o direito do proprietario sobre o solo e regular as obrigações do concessionario do subsolo, devem ser regidas por leis emanadas de suas legislaturas, salvas sempre as limitações do art. 64.

Quanto á parte final deste «parecer», cumpre entendel-a sem prejuizo do direito, que privativamente pertence á União (art. 34 n. 23), de legislar sobre o direito civil substantivo. Os Estados, ao regularem por leis suas este assumpto, no que lhes é pertinente, estarão adstrictos a respeitar os preceitos geraes da legislação civil federal.

Terras devolutas. A lei n. 601, de 18 de setembro de 1850, define no art. 3 as que se devem comprehender n'esta denominação. (*)

A cada uma das provincias concedeu a lei n. 514, de 28 de outubro de 1848, art. 16, no mesmo ou em differentes lugares de seo territorio, seis leguas em quadra de terras devolutas, exclusivamente destinadas á colonisação e não podendo ser roteadas por braços escravos.

A lei n. 3396, de 24 de novembro de 1888, art. 4, destinou ás provincias, para a mesma applicação, o producto da venda das terras publicas, e a lei n. 3397, da mesma data, cedeo-lhes 360.000 hectares dessas terras.

E assim já no antigo regimen, posto que não fossem ainda as provincias entidades politicas, propriamente taes, tinham entretanto (si bem que limitado e devido a cessão do governo central) seo dominio territorial, dispunham de terras publicas suas, pertencia-lhes parte das

---

(*) *Vide* Teixeira de Freitas, «Consol. das leis civ.» arts. 52 § 2 e 53.

terras devolutas. Com a organisação federativa, tornaram-se verdadeiras entidades politicas, passaram a ser «Estados», e gosar, n'esta qualidade, das prerogativas e direitos inherentes, entre estes o dominio territorial, sem o qual não se concebe a existencia do «Estado», qualquer que seja o regimen sob que se ache e seja qual fôr sua extensão. Era natural, era forçoso, pois, que aos Estados ficassem as terras devolutas, como se estabeleceo no art. 64.

Espiritos subjugados por idéas centralistas, avezados ao governo—providencia—que devia remediar a tudo e ir levar o sopro vital até as mais longiquas paragens do imperio, crendo-se ser para isso essencial que dispuzesse de immensos meios materiaes e de enormes riquezas, espiritos attreitos a uma tal concepção do Estado e do governo geral escandalisaram-se com o que não é mais que uma consequencia do novo systema adoptado e entraram a proclamar a União empobrecida, sem meios de vida, quasi mendiga...

A este proposito vem aqui de molde as seguintes conceituosas palavras do senador Lauro Müller (na sessão de 19 de novembro de 1900):

> Não sou dos que pensam que a Constituição legislou mal, passando as terras devolutas aos Estados.
>
> Não; ha, a meo ver, na critica, que se faz a esta disposição constitucional, uma verdadeira illusão: attribue-se ao texto constitucional haver passado para os Estados as maiores riquezas que a União possuia.
>
> Estas riquezas, porém, ainda em ser, são riquezas muito contestaveis.
>
> A riqueza do territorio nacional poderá vir, como a de todos os territorios, do seu povoamento e da sua cultura.
>
> Comparemos o regimen do tempo do imperio com o regimen constitucional da Republica e vejamos qual é aquelle que mais onera e qual é aquelle que mais desafoga a União.
>
> No regimen da Constituição do imperio e da sua legislação, a União era, sem duvida, dona dos terrenos devolutos. Mas, provinha-lhe dahi alguma riqueza?
>
> Ao contrario, o senado sabe que a União era, por este mesmo facto, incumbida de povoal-os, de manter propaganda e de pagar passagens para este fim, de mandar demarcar territorios, de fornecer sementes, de fornecer instrumentos, emfim, de fazer uma despeza que regulava no ultimo contracto por 14.000 contos annuaes, e que, pelos contractos então existentes, ainda haveria de elevar-se, de accordo com o que fôra orçado, a cerca de 180.000 contos.
>
> Tudo isso, com a passagem das terras devolutas, sahio das obrigações da União para fazer parte das obrigações dos Estados.
>
> Dir-se-á, porém: «A União tinha compensação disto pela venda das terras.»
>
> Não a tinha, porque o producto da venda das terras já era, pela propria legislação do Imperio, entregue ás então provincias, para a sua viação.
>
> Assim, nesse regimen, as terras devolutas eram uma fonte de *onus* para a União, *onus* superiores a 14.000:000$ annuaes.
>
> No regimen actual, estes *onus* passaram aos Estados que, separadamente, cuidam da parte que a cada um compete.
>
> Onde, pois, a riqueza que se tirou da União? Onde, pois, a renda que se lhe foi tirar do orçamento? Este facto póde ser invocado, como se invoca, para dizer que o orçamento da União tem difficuldades, porque se lhe tiraram as riquezas?
>
> A verdade é que, neste particular, tirou-se da União um *onus* muito grande para transferil-o aos Estados.

§ unico. Os proprios nacionaes (*) existentes ao tempo da promulgação da Constituição federal constituem um acervo de bens para partilharem-se entre a União e os Estados.

Antes do acto addicional á Constituição do imperio, achavam-se enfeixados os interesses provinciaes com os geraes, sob a gestão superior do governo central.

Pela reforma de 12 de agosto de 1834, porém, a provincia deixou de ser simples circumscripção administrativa e devia ter certa autonomia, desmembrando-se do governo geral, em favor della, direitos, funcções, prerogativas que então se lhe attribuiram.

Nessa partilha não se podia deixar de fazer entrar a dos terrenos, edificios e propriedades até aquella época possuidos e administrados pelo governo geral: o acto addicional estabeleceo que ficava pertencendo á provincia regular a administração de seus bens, sendo que uma lei geral ordinaria deveria discriminar os bens que passariam a pertencer ás provincias (art. 11, § 4º.)

O aviso de 6 de abril de 1835 prometteo que no anno seguinte se passariam a extremar os bens provinciaes dos que deveriam continuar a ser proprios nacionaes. E o de 21 de abril de 1837, tratando de resolução de assembléa provincial ácerca de terrenos devolutos, mandou que *se aguardasse a divisão dos bens geraes e provinciaes* promettida pelo acto addicional, art. 11 § 4º. Sobre o assumpto baixaram ainda os avisos de 21 de julho de 1837 e n. 346, de 10 de agosto de 1861.

Quanto á realisação dessa promessa, um projecto na camara dos deputados, em 23 de junho de 1835, curava disso, e em 27 de agosto de 1838 foi nomeada uma commissão *para extremar os bens geraes dos provinciaes* (*Vide* Uruguay, «Admin. das Provincias», vol. II, pag. 182).

Mas essa partilha nunca se fez (apenas encontramos na legislação do imperio a lei n. 779, de 6 de setembro de 1854, que no art. 18 declarou ficar pertencendo á Bahia, Minas-Geraes, Parahyba e Ceará um dos proprios nacionaes existentes em cada uma dessas provincias); continuou a communhão e quando se proclamou a Republica ainda se achavam *pro indiviso* os bens a repartir com as provincias.

E' evidente portanto que as provincias eram consenhoras, com o governo geral, dos proprios nacionaes existentes ao tempo da proclamação da Republica. E é evidente tambem que, estabelecido o novo regimen e com elle dada a elevação das provincias á categoria de Estados, em satisfacção á antiga aspiração federativa dellas, não foi proposito da nova Constituição dar aos Estados menos do que tinham as provincias e reduzir-lhes o patrimonio.

Fôra isto contradictorio com o espirito federalista que predominou no congresso constituinte, onde de mais a mais tinham assento representantes que eram testemunhas da pes-

---

*) *Vide* Teix. de Freitas, «Consol. das leis civ.», art. 59

sima administração e quasi geral abandono dos proprios nacionaes nas provincias, exceptuados os que eram occupados com repartições geraes, havendo muitos chegado a estado de ruinas. (O relatorio do ministerio da fazenda, de 1896, dá noticia d'essa má administração.) De modo que a interpretação do art. 64 paragrapho unico, da Constituição Federal não póde ser sinão em favor dos Estados, salvo a limitação nelle feita.

Diz a disposição citada:

«Os proprios nacionaes que não forem necessarios para os serviços da União, passarão ao dominio dos Estados em cujo territorio estiverem situados.»

E ahi está a base para a partilha, promettida desde o acto addicional: do acervo separem-se para quinhão da União os proprios *necessarios aos seos serviços;* nos outros ficam aquinhoados os Estados, cabendo a cada um destes os bens que se acharem em seus respectivos territorios e que não tenham tocado á União pelo facto de serem desnecessarios aos serviços della.

Ex antecedentibus et consequentibus, optima fit interpretatio.

O governo federal tem sustentado que os proprios nacionaes são ainda necessarios, no sentido da Constituição para o serviço financeiro da União, podendo ella vendel-os para applicar o producto ás despezas a seo cargo (Avs. do ministerio da fazenda, n. 4 de fevereiro e 25 de 14 de novembro de 1899, e razões de *veto* á resolução legislativa que transferia aos Estados do Ceará e Matto-Grosso diversos proprios nacionaes n'elles situados, *Diario do Congr. Nac.* de 2 de Nov. de 1895).

Esta singular idéa, porém, com certeza não passou do cerebro de nenhum dos membros do congresso constituinte! Nos annaes respectivos nada ha que auctorise ou recorde esse *donner et retenir*...

Por nenhum representante fôra apresentada e haveria sido combatida, si algum tivesse aventado tão peregrina lembrança.

Para as provincias, erigidas em Estados, iam passar novos e despendiosos serviços, que precisavam de edificios, material apropriado e installação conveniente; e os representantes que isso votavam, ao mesmo passo entregavam á União a massa dos proprios nacionaes, indispensaveis a esses serviços?!

As provincias já eram quinhoeiras nesses proprios por se acharem elles ainda *pro indiviso* como acima mostrámos, e os representantes que as convertiam em Estados e lhes attribuiam novos onus poderiam acaso despojal-as da parte que era d'ellas n'aquella propriedade, justamente quando iam mais precisar de seo uso e goso?

O *veto* citado recusa a entrega dos proprios nacionaes aos Estados, porque (textual) «as alfandegas acham-se em máo estado, reclamando a generalidade dellas reparos importantes, sinão reconstrucção completa; que os serviços militares, os de correios e telegraphos, os de hygiene e arrecadação das rendas internas e todos emfim não funccionam com a precisa regularidade por falta de boas accommodações...

«Proprios nacionaes da União pódem não se prestar em um momento dado para o estabelecimento de certo serviço, mas quando não possam ser permutados, seo valor ou o preço de seo aluguel será muitas vezes sufficiente para a acquisição, no mesmo Estado e até na mesma localidade em que estiver situado, de um outro que offereça as condicções exigidas...»

De maneira que, segundo esta idéa, os constituintes, no art. 64, paragrapho unico, engenharam a seguinte burla: «Os proprios nacionaes passarão aos Estados em que se acharem, com excepção dos que estiverem occupados com repartições federaes, ficando, porém, os demais em poder da União para ella os alugar, permutar ou vender, e com a receita reconstruir e ir concertando os outros á medida que de reparo forem necessitando, isto é, os proprios nacionaes passarão aos Estados, mas ficarão com a União!!!

A administração na monarchia protrahio e evitou a partilha ordenada pelo acto addicional, na Republica, ella sophisma e recusa a entrega determinada pela Constituição. *Quod non fecerunt barbari, fecerunt Berberini,* bem poderão dizer os Estados.

Nem ao menos o governo central tem sabido tirar dessa massa de bens o proveito que elles poderiam dar (não fallando dos que são occupados com repartições publicas). Nas provincias não havia serviço de conservação d'elles; estragados muitos, eram arrendados por vis preços e não poucos arruinavam-se a ponto de ficarem sem utilisação e em abandono até (o que se evidencia do ácima citado relatorio).

E têm reinado tal confusão e negligencia neste serviço, que, havendo o governo federal tratado de regularisal-o, até hoje não tem ainda o tombamento completo dos proprios nacionaes e não se sabe exactamente o valor d'elles (e estamos no 13.º anno da Republica).»

Isto consta do relatorio da commissão do tombamento dos proprios nacionaes, publicado no *Diario Official* em fevereiro e março de de 1901, onde se esma esse valor em 435:000$ (incluindo 341.841:999$844, custo das estradas de ferro da União) e sendo de 33 mil contos o valor correspondente aos bens situados nos Estados. Quanto a receita, segundo o mesmo documento, exceptuando a das estradas de ferro arrendadas, não passa elle de 188:586$973, sendo 124:423$973 dos bens sitos no districto federal e no Estado do Rio e 64:163$180 dos nos outros Estados (*Diar. Off.* cit. pag. 1162)!

— A lei n. 652, de 22 de novembro de 1899, art. 44, ns. 9 e 10, autorisou o governo a vender os proprios nacionaes, sem attenção ao direito dos Estados, consagrando assim um verdadeiro esbulho e revogando a disposição constitucional que lhes garantia sua parte nesses bens. E alguns Estados já tem comprado á União bens que são proprios d'elles e dos quaes tanto não precisa ella, que os tem vendido...

PERTENCEM Á UNIÃO OU AOS ESTADOS OS TERRENOS DE MARINHA? (*)

Em 1834, por força da lei de orçamento do Imperio, passára para a camara municipal da côrte a faculdade, exercida até então pelo governo geral, de aforar *terrenos de marinha* no districto da capital, cabendo á receita municipal o producto dos fóros. E em 1887 legislou-se a transferencia á mesma camara do aforamento dos terrenos *accrescidos* aos de marinha, assim como as demais municipalidades o dos terrenos *de marinha e accrescidos* nos respectivos municipios, passando a pertencer á receita das mesmas corporações a renda que d'ahi proviesse. Vê-se por essa fórma que a Republica já veio encontrar esse *dominio* dos terrenos de marinha e accrescidos pertencendo ás municipalidades (RODRIGO OCTAVIO, «Do dominio da União e dos Estados segundo a Constituição Federal», pag. 80).

A' União não podem pertencer taes terrenos pelo mesmo principio porque não lhe pertencem as terras devolutas; ella só tem os que expressamente lhe attribue, para seos fins, a Constituição Federal e terá os que vier a adquirir, como acima ficá exposto.

Além disso, as *marinhas* não estão explicita, nem implicitamente consideradas na Constituição como pertencentes á União e pois o direito ou poder a ellas referentes cabe aos Estados, os quaes no uso delle podem alterar ou deixar subsistente a antiga legislação sobre este objecto. Isto decorre do principio fundamental estabelecido no art. 65 § 2. O art. 27 do projecto Wernek-Pestana estabelecia: «O sub-solo e os terrenos de marinha nos Estados não pertencem á União.» E temos demonstrado que assim é.

PERTENCEM OS BENS VAGOS Á UNIÃO OU AOS ESTADOS? (**) Os bens que nos Estados se encontram sem dono pertencem-lhes como parte ou accessorio de seo dominio territorial. E a Constituição por nenhuma clausula explicita ou implicita os reservou para a União; o direito a elles acha-se assim comprehendido entre os que o art. 65 § 2 reconhece nos Estados. Isto é de tal modo evidente e certo entre nós, em face dos principios e de nossa lei fundamental, que bem podemos dizer como Walker: *The propriety of the state taking property on escheat, when it has no other owner, is too obvious to need comment.* (Introd. to Amer. law., 1895, pag. 417).

Mas embora a evidencia seja n'isso tamanha que, no dizer do celebre jurisconsulto e publicista americano, torna escusado qualquer commentario, trasladamos em seguida, para mais illustrar a materia, o autorisado voto do então ministro Barradas, do supremo tribunal federal, no Accórdam, proferido no conflicto de jurisdicção n. 18, de 26 de julho de 1893, que considerou *nacionaes* os bens vagos:

Os bens vagos, de defunctos e ausentes, quando não apparece quem os reclame, são do dominio casual do Estado, onde o *de cujus* tinha seo domicilio e não da União, pois incidem sob a soberania territorial desse Estado.

As Ordenações do Reino e toda legislação posterior ácerca da vocação da Nação e da sua anomala successão em taes bens, tornáram-se obsoletas depois do regimen federativo, proclamado pelo art. 3, do decreto de 15 de novembro de 1889 sob a base da soberania dos Estados, e adoptado pelo art. 1° da Constituição Federal.

A' esta soberania territorial, que é o dominio eminente... foi *ope legis* transferido o direito *real* da Ord. liv. 2° tit. 43 ou o dominio casual da Nação reconhecido no Decreto de 15 de junho de 1859.

A fórma federativa trouxe esta modificação no direito civil, como succedeo em todos os povos que o adoptaram.

Assim: na America do Norte, o assumpto é regido pelos codigos civis dos Estados e o chanceller Kent e Walker (*American Law*) não hesitam em affirmar que a successão *by escheat* cabe aos Estados, e Carlier (*Rep. Americ.*) tambem o affirma, citando o cod. civ. da California; nas Republicas Argentina e Venezuelana esses bens são arrecadados em beneficio dos institutos de instrucção e caridade do domicilio do *de cujus*; na Suissa, o *Cod. Federal das obrigações* não os menciona, abandonando-os á legislação peculiar dos Cantões, como o de Grisões, artt. 499; na Allemanha do Norte o projecto do cod. civ. do imperio, art. 1974, os adjudica ao dominio privado do Estado, domicilio do *de cujus*, e por *Estado*, dizem Branne, Hegenel e Ver Hees (*Droit. Civil Allemand*, n. 639) entende-se não *o Imperio, mas o Estado particular*. Adherio a esta doutrina o projecto do cod. civ. brasileiro do senador Coelho Rodrigues no art. 2425 a 2430.

Caducáram, pois, a Ord. cit., e leis subsequentes, inclusive o Decreto de 15 de junho de 1859, por contrarios ao espirito das novas instituições. O que regula actualmente esta materia não é só o art. 83, nas o art. 65 n. 2 da Constituição Federal.

Os poderes e direitos da União são sómente aquelles, que a mesma Constituição lhe outorgou; todos os mais pertencem aos Estados, e nesta reserva não se incluem somente as faculdades politicas, como alguns pretendem, mas todos os direitos, quaesquer que sejam, que possam competir ao Estado como individuo ou pessoa juridica. E' bem significativa locução—todo e qualquer poder *ou direito*—de que usa a Constituição, quando allude á somma das faculdades outorgadas aos Estados, não se podendo admittir nas leis palavras ociosas ou pleonasticas; como se daria si as duas palavras—*poder ou direito*—fossem mera repetição.

Firmado o principio de que ao dominio privado do Estado pertencem os bens vagos e as heranças vacantes, a conclusão logica é que compete exclusivamente á justiça local a arrecadação, a declaração da vacancia e a devolução dos mesmos bens ao fisco estadual. (*)

E para remate tomamos das boas paginas da monographia « Do Dominio da União dos Estados», do Dr. Rodrigo Octavio, a qual antecedeo ao citado Accordam do supremo tribunal (foi concluida em maio de 1893, pag. 108), as seguintes linhas:

« Firmado o principio da *soberania territorial*, do *dominio eminente do Estado*, é facil chegar-se á conclusão da sua propriedade plena nos bens que se encontrem sem dono, por uma real consolidação do dominio.

Entre nós, como esse attributo de *soberania* não é d'aquelles que pertencem ás relações internacionaes, caso em que seria da privativa competencia da União, não tendo esta reservado para si esse direito no Pacto federal, esses bens, por via de regra, se encorporam aos Estados particulares em cujos territorios estiverem situados, cabendo á União apenas aquelles que se manifestarem no Districto Federal ou em territorio que a ella pertença. (Pags. 87 e 88).

(*) *Vide* Teix. de Freitas, «Consol. das leis civ.», arts. 54 a 57.
(**) *Vide* Teix. de Freitas, «Consol. das leis civ.», art. 52 § 2 e respectivas notas 22 a 25, e art. 35.
Nos bens vagos se comprehendem os chamados do *evento*, já pertencentes ás provincias desde a Lei n. 856 de 6 setembro de 1850, art. 10.

(*) Tal foi tambem a opinião sustentada no senado, em 1891, pelo representante Campos Salles, um dos autores do projecto de constituição. (ANN. DO SENADO, 1891, vol. V. pag. 43). De accordo se pronunciaram posteriormente os dous distinctos professores de direito, o Dr. Clovis Bevilaqua, lente da legislação comparada, e o Dr. João Vieira, que fez parte do Congresso Constituinte. *Vide* «Revista Academica da Faculdade de Direito do Recife», 1894, pag. 49, onde lucidamente se explana a materia.

Fronteiras. O decreto legislativo n. 733, de 21 de dezembro de 1900, regula o estabelecimento e administração das colonias militares destinadas á defesa das fronteiras.

| Art. 74. E' livre aos Estados celebrar, entre si, ajustes ou accôrdos parciaes sem caracter politico.
Art. 116. Tudo quanto não se acha definido nesta Constituição, como pertencendo ao poder federal, é da competencia exclusiva dos Estados.
(Projecto da commissão do governo provisorio). | Art. 64. E' facultado aos Estados:
1.º Celebrar entre si ajustes e convenções sem caracter politico (Art. 47 n. 16).
2.º Em geral todo e qualquer poder, ou direito, que lhes não fôr negado por clausula expressa na Constituição, ou implicitamente contida na organização politica, que ella estabelece.
(Decretos n. 510, de 22 de junho e n. 914 A, de 23 de outubro de 1890). | Ao n. 2 do art. 64:
Diga-se — por clausula expressa ou implicitamente contida nas clausulas expressas da Constituição.
Emenda da commissão do congresso (approvada em 12 de janeiro de 1891). | Art. 65. E' facultado aos Estados:
1.º Celebrar entre si ajustes e convenções sem caracter politico (art. 48, n. 16);
2.º Em geral todo e qualquer poder, ou direito que lhes não fôr negado por clausula expressa ou implicitamente contida nas clausulas expressas da Constituição. |

Art. 65. E' facultado aos Estados. *Vide* comment. ao art. 1, *verb.* « Republica federativa.» (Pag. 8)

§ 1. Celebrar entre si ajustes. Esta disposição veio dos projectos Werneck-Pestana, (art. 32) e Magalhães Castro (art. 109, § 3) autorisando negociações entre os Estados « sobre materia de suas attribuições e de seo mutuo interesse, para combinar reciprocamente os seos serviços, regularisar a gerencia de seos negocios communs, mediante approvação do congresso.» *Vide* comment. ao art. 48, n. 16. (Pag. 196)

Exemplo de ajuste d'essa natureza temos na convenção celebrada entre os Estados de Pernambuco e Alagoas para regular a cobrança de impostos na zona fiscal limitrophe dos referidos Estados.

O governo federal approvou-a por decreto n. 2.328, de 17 de outubro de 1895. *Vide* comment. ao art. 9, § 2 e lei n. 410, de novembro de 1896, art. 1.

Sem caracter politico. Esta limitação, oriunda tambem dos citados projectos, visa manter o plano constitucional quanto á organisação homogenea dos Estados e á manutenção da situação politica em que por esse plano ficaram elles collocados uns para com os outros, como para com a União. E' assumpto que não podia ficar-lhes ao arbitrio. O contrario daria lugar a estabelecerem-se pequenas confederações dentro do «Estado-federal». Isto é, a perversão e ruina do systema.

§ 2.º Todo o poder ou direito que lhes não fôr negado por clausula expressa ou implicitamente contida nas clausulas expressas da Constituição, pertence aos Estados.

O projecto da commissão do governo provisorio dizia: «Tudo quanto não se acha definido nesta Constituição como pertencendo ao poder federal, é da competencia dos Estados ». Mas a these assim estabelecida esquecia os poderes concurrentes, os que pertencem á União, mas não privativamente (arts. 12 e 35 da Const.) A disposição parallela do projecto do governo provisorio sanou esse defeito. O congresso constituinte apenas alterou-lhe a redacção. Um artigo additivo ao 10º desse projecto, propondo que sómente se considerassem da competencia da União aquelles poderes que lhes eram *expressamente* outorgados, — foi rejeitado pelo congresso (ANN. DO CONGR. CONST., vol. I, pag. 327). Visava dar a maior expansão ao principio autonomico; mas seguramente ia além do pensamento de seo autor, pois, redigido como se achava, tolhia á União o uso dos poderes implicitos e sem elles sua missão seria muitas vezes prejudicada.

Tal se dera tambem nos Estados Unidos Norte-americanos, por occasião da X emenda das addicionaes á Constitulção d'aquella republica. Não se admittio a inserção da palavra « expressamente », considerando-se que um dos grandes defeitos da confederação fôra a clausula que prohibia o exercicio de todo o poder não expressamente delegado, o que manietava o congresso e o tinha levado a usar de alguns poderes não outorgados, mas que as circumstancias tornavam necessarios. *Story*, Comment. § 1.051, edição Calvo (IV).

A disposição deste art. 65 § 2 pode se considerar a chave mestra da federação. E' a regra aurea da discriminação das competencias.

O plano da Constituição federal é o estabelecimento de um governo geral, a cujo cargo ficam os negocios de ordem nacional; com tal proposito, do complexo de poderes que entram na esphera do governo de uma nação, separou ella os que têm aquelle caracter e, para enfeixal-os na mão da autoridade central que creou para exercel-os (governo federal), teve que especificar designadamente taes poderes e declaral-os inherentes á União. Os demais poderes, que não entram no numero desses assim separados, evidentemente escapam á competencia federal, ficam todos com os Estados.

Por isso se diz que o regimen federal é o de um governo com poderes enumerados e restrictos a seos fins. Não podem, consequentemente, as autoridades federaes, presidente, congresso, juizes, pretender attribuições que não se filiem directa ou indirectamente a alguma das disposições da Constituição Federal. Ellas não têm poderes fóra dos que são traçados nessa Constituição. Outros não lhes são conferidos; a nação sómente esses lhes outorgou.

O contrario dá-se com os Estados; nessa par-partilha foram elles aquinhoados com todo o remanecente do acervo de poderes do governo.

Em summa: a União nada póde FÓRA DA CONSTITUIÇÃO,— os Estados só não podem o que fôr CONTRA A CONSTITUIÇÃO.

Poder ou direito. Os nossos constituintes, trasladando a citada emenda X das addicionaes á Constituição dos Estados-Unidos Norte Americanos, intercalaram-lhe, após a palavra «poder», est'outras: *ou direito*, que não podem ser tidas por mera synonymia, quér pelo seo sentido technico, quér por ser injurioso aos que as accrescentaram o facto da intercalação de palavras inuteis. Sobre isto, *vide* a primeira transcripção *supra* (no penultimo periodo) á pag. 272.

Negado por clausula expressa. Arts. 10, 11, 62 e 66.

Implicitamente. Arts. 7 (ns. 1 a 4 e § 1), 34, *verb*. «privativamente ao congresso nacional», 48, *verb*. « privativamente ao presidente da Republica,» 59 e 60.

Art. 77. Os titulos e papeis publicos ou officiaes, judiciarios ou administrativos de cada Estado terão fé em outros Estados, mediante as formalidades que o congresso prescrever.
Art. 78. Nenhum Estado poderá fazer ou declarar guerra a outro, nem usar de represalia ou retorsão.
Art. 79. E' obrigatoria a extradição de criminosos entre os Estados e entre estes e o districto federal.
(Projecto da commissão do governo provisorio).

Art. 65. E' defeso aos Estados:
1.º Recusar fé aos documentos publicos, de natureza legislativa, administrativa, ou judiciaria, da União, ou de qualquer dos Estados;
2.º Rejeitar a moeda, ou a emissão bancaria em circulação por acto do governo federal;
3.º Fazer ou declarar guerra entre si e usar de represalias;
4.º Denegar a extradição de criminosos, reclamados pelas justiças de outros Estados, ou do districto federal, segundo as leis do congresso, por que esta materia se reger. (Art. 33, n. 35.)
(Decs. n. 510, de 22 de junho e n. 914 A, de 23 de outubro de 1890).

Art. 66. E' defeso aos Estados:
1.º Recusar fé aos documentos publicos, de natureza legislativa, administrativa, ou judiciaria da União, ou de qualquer dos Estados;
2.º Rejeitar a moeda, ou a emissão bancaria em circulação por acto do governo federal;
3.º Fazer, ou declarar guerra entre si e usar de represalias;
4.º Denegar a extradição de criminosos, reclamados pelas justiças de outros Estados, ou do districto federal, segundo as leis da União, por que esta materia se reger (art. 34, n. 32).

Art. 66. E' defeso aos Estados. As prohibições d'este artigo vêm dos projectos preliminares, com excepção da sob n. 2.

Ellas visam a boa harmonia e segurança entre os Estados, sendo que a segunda affirma o direito privativo da União quanto á moeda e meio circulante.

Pela natureza de seo objecto, figuram expressamente na Constituição, como um limite posto aos poderes locaes, porque isso é conforme á indole mesma do systema, e de outra sorte aos Estados ficaria um largo campo a arbitrio, a diversidade de providencias e a perigos a elles proprios fataes e á União, em assumptos de magna relevancia.

As provincias foram, sim, erigidas em *Estados* autonomos (arts. 2 e 63), mas em Estados dentro de uma União federal; e essa autonomia, tal como lhes foi conferida, ficou sujeita ás restricções que o regimen creado pela Constituição teve de impôr-lhes por amor de seos fins. O nexo federativo grandemente depende d'ellas.

1.º Recusar fé aos documentos publicos da União ou de qualquer dos Estados. O fim d'esta disposição é estabelecer que os actos e registros publicos, bem como as decisões judiciarias de um Estado, tenham effeito e valor nos outros Estados e perante a União. Ella consulta o commodo dos povos e os interesses da justiça.

Os Estados da União estão mui longe de ser estrangeiros, uns com relação aos outros; vivem na mesma communhão nacional, são partes de uma mesma nação. E não sómente faltam-lhe motivos para repellir os documentos officiaes de Estados irmãos, como têm grande interesse em respeital-os e attribuir-lhes, dentro de seo respectivo territorio, os effeitos juridicos e legaes de que são susceptiveis no Estado em que se produziram, para estabelecer-se assim reciprocidade, tendo cada Estado a segurança de serem admittidos nos outros seos documentos officiaes.

O texto refere-se a documentos *de natureza legislativa, administrativa ou judiciaria* e isto abrange todos os que se formulam ou se authenticam nas repartições publicas, secretarias de estado, das camaras legislativas, nos archivos publicos, nos cartorios de notas, e judiciaes, incluidas as precatorias e cartas de sentença executoria.

E com relação a taes documentos as autoridades dos Estados onde elles forem apresentados não têm que conhecer *de meritis*; cabe-lhes, porém, verificar a authenticidade do instrumento.

ARTIGO 66

A disposição parallela a esta na Constituição dos Estados Unidos Norte Americanos (art. 4, sec. 1) tem sido objecto de grande discussão nos tribunaes (*Cooley*, Const. limit., 1890, pag. 27, not. 1.)

Alli tem sido decidido que as sentenças dos tribunaes de um Estado têm, perante as justiças de quaesquer outros, o mesmo credito, validade e effeitos que no Estado onde foram proferidas. Mas embora não se tenha que inquerir quanto aos fundamentos, póde-se, todavia, atacal-as por motivo de fraude por parte de quem obteve o instrumento, nos casos de julgamento á revelia do réo e nos de falta de primeira citação (pessoal). *Vide Cooley*, op. cit. e General Principles, 1891, pags. 191-194, *J. W. Paschal*, Const. dos Estados Unidos, trad. de N. Calvo, 1888, pag. 269.

Ad instar do que se dá com a justiça federal que é obrigada, nos casos em que tiver de applicar leis estaduaes, a consultar a jurisprudencia dos tribunaes locaes (Const., art. 59, § 2), aos tribunaes de um Estado, nos casos de que estamos tratando, corre egual dever.

— A disposição de que nos occupamos vem do art. 77 do projecto da commissão do governo provisorio, a qual a tomou dos projectos Magalhães Castro (art. 16) e Americo Brasiliense (art. 60). Este mencionava: titulos e papeis publicos ou officiaes, judiciarios ou administrativos; o outro referia-se a attestados, certidões e actos officiaes dos funccionarios e empregados publicos e mandava respeitar e cumprir em todo o territorio da União, as sentenças e decisões dos juizes e tribunaes federaes e dos Estados. E tudo isto se comprehende nas palavras « documentos publicos», do n. 1 do art. 66.

O projecto Americo Brasiliense accrescentava:
— « mediante qualquer formalidade que o congresso nacional decretar,—clausula que visava a adopção de medidas garantidoras da expedição e da authenticidade dos actos de que se trata, como ha nos Estados Unidos Norte-Americanos. Mas, independentemente dessa clausula, entra isto na competencia do congresso nacional, em vista do espirito e do proprio texto da Constituição. O assumpto não é de interesse exclusivo de cada Estado e refere-se tambem á União, constituindo assim objecto de caracter nacional. E ha necessidade de regulal-o por acto legislativo, para pôr-se em execução a Constituição n'esta parte (art. 34, n. 34), que é de grande importancia.

2.º Rejeitar a moeda ou a emissão bancaria em circulação por acto do governo federal. Esta prohibição é consequencia do disposto no art. 7, § 1, n. 1. e art. 34, n. 5, segundo os quaes quanto concerne á moeda e bancos de emissão ficou reservado á União, pelas razões que expozemos ao commentar os citados artigos.

3.º Guerra entre si. Guerra entre Estados—unidos para sua defeza commum,—a organisação constitucional que a permittisse faria obra de loucos, inepta, contraria a seos fins. Baniria de entre elles a harmonia, a concordia, a cooperação nos interesses communs e avassalaria aos mais fortes e mais ricos os Estados que com relação a esses se achassem em inferior situação. A União estaria assente em base sem estabilidade, com todos os elementos de desunjão e esboroamento. (*)

A sancção d'esta disposição prohibitiva está no art. 6. § 1.

Na discussão do projecto, o deputado Meira de Vasconcellos offereceu a emenda que em seguida se lê, com as razões justificativas por elle expostas:

«Fazer ou declarar guerra a outro Estado ou potencias estrangeiras, exceptuado o caso de invasão ou de perigo tão eminente que não admitta demora.»

A Constituição diz que é vedado aos Estados fazer guerra entre si ou usar de represalias, e limita-se a isto.

Mas, os legisladores da União Americana, os autores de sua sabia constituição, foram muito previdentes, quando, dispondo egualmente em relação aos Estados, isto é, prohibindo-lhes o direito de fazer guerra, cogitaram da hypothese que se poderia alli dar, como aqui se póde dar, de uma invasão, porque temos Estados fronteiros, limistrophes com outras nações, os quaes podem ficar em um perigo de tal sorte imminente que não dê tempo á convocação do parlamento para declarar si deve ser feita ou não a guerra, que obrigue a lançar mão immediatamente dos meios de defeza, ou a não esperar a acção do governo central.

Como pretender, portanto, que um Estado, como o Rio Grande do Sul, por exemplo, ante a invasão de um de nossos vizinhos, que se tornasse nosso inimigo, cruzasse os braços, deixasse esse inimigo tomar conta do seu solo, apoderar-se de todas as suas fortificações e assenhorear-se de seo governo, attentando não só contra a autonomia daquelle Estado, como contra a propria soberania nacional, até que o seo governador fosse ao encontro do governo central ou do congresso nacional, afim de pedir meios para repellir essa invasão?

Isto não seria sabio, isto não se poria mesmo em pratica, porque acredito que o sentimento da dignidade, que leva um povo a defender o seu territorio, fallaria mais alto do que a disposição constitucional, que não seria cumprida.

Portanto, si havemos de consignar essa disposição na Constituição para não ser cumprida em casos taes, é melhor que sejamos previdentes e corrijamos a omissão que estou assignalando.

(ANNAES do Congr. Const., vol. II, pag. 200.

Innegavelmente o theor da emenda era mais completo que o da disposição em questão e, como toda a clareza é pouca nestas materias, não teria sido fóra de razão adoptal-a; mas não era isso de absoluta necessidade. O poder de fazer guerra extrangeira a Constituição consagrou entre os expressamente reservados á União (arts. 34 n, 11 e 48 n. 7) e pelo disposto no art. 65 § 2, sendo esse poder privativo d'ella, não o podem pretender os Estados. Quanto ao caso de invasão estrangeira ou de um Estado em outro, providencia o art. 6 n. 1, mas sem impôr que o Estado invadido fique inerte e quedo ante a invasão e antes contando com o patriotismo d'elle para reagir como podér emquanto não chegar a acção federal. (*Vide* comment. ao art. 34, n. 11). Naturalmente por isso não foi adoptada a emenda. ANNAES cit., pag. 219.

―――
(*) If a State could be the aggressor by declaring war, it would be in in the power of a small minority to embroil the whole Union—*Wbalkes*, Introd. to Amer. Law, § 61 n. 1,

4º. Denegar a extradicção de criminosos. *Vide* comment. ao art. 34, n. 32, e decreto n. 3.084, de 5 de novembro de 1895, 2ª parte, art. 73.

De outros Estados ou do districto federal. Não diz o texto « da União »,— porque a extradição não se applica aos individuos incursos em crimes sujeitos ás justiças federaes, visto o disposto nos arts. 7 § 3 e 60 §§ 1 e 2. Por toda a extensão do paiz dilata-se a acção dos poderes federaes. Em todos os Estados e no districto federal tem a União sua magistratura. E a policia local tem obrigação de auxilial-a na execução de suas sentenças e ordens.

Segundo as leis da União. Regula-se a materia pela lei federal n. 39) de 30 de Janeiro de 1892.

De criminosos, e portanto a extradição não se applica aos que devam ser detidos por força de disposições legaes e regulamentares de fazenda e commercio, de administração e policia geral.

Quid quanto a refugiados politicos? Sendo os crimes politicos sujeitos todos á jurisdicção federal, como demonstrámos em commentario ao art. 60 *i*), não ha lugar, quanto a elles, a extradição, pelo motivo que ácima acabamos de expôr.

Além disso, como ponderava a commissão de legislação e justiça da camara dos deputados (parecer n. 158 A de 1891), o instituto da extradição, mesmo considerado de nação a nação, isto é, sob o ponto de vista do direito penal internacional, é objecto de duvida em alguns de seos principios, muitos dos quaes não podem ser traduzidos em disposições legislativas applicaveis a Estados que compoem uma federação, sob pena de difficultar, si não comprometter o bom exito da repressão dos crimes mais graves e por outro lado prejudicar em certos casos as garantias dos direitos individuaes. De modo que a extradicção entre a capital da União e os Estados e em relação a estes entre si, ha de ser calcado sobre o respectivo instituto, convenientemente modificado para ir ao encontro das necessidades que tende a satisfazer (ANN. da cam. dos dep., 1891, vol. III, pag. 213.)

E uma das modificações necessarias é prescindir-se do direito de asylo que as nações têm admittido para os casos politicos. Dentro do «Estado Federativo» é elle mal cabido e nocivo. Os crimes contra a ordem politica no interior de Estados particulares de uma União Federal importam a esta, mais ou menos directamente e quando por sua gravidade e pelo consideravel numero dos delinquentes, assumem grandes proporções, pódem motivar a intervenção dos poderes federaes (art. 6, ns. 2 e 3). O asylo então facilita a procura e remessa de recursos e auxilio aos revoltosos, e torna-se uma garantia de impunidade. Admittem-n'o as nações estrangeiras, pelo principio da não intervenção, neutraes nas luctas internas das outras. Não o pode porém tolerar a União Federal dentro dos Estados particulares que a compoem e aos quaes ella deve garantir a paz e a segurança.

Muito bem andou, por isso, o congresso nacional, quando, ao elaborar a lei da extradição, n'ella não inserio a excepção que o direito das gentes estabelece quanto aos crimes politicos. E si é certo que vemol-a figurar na Constituição Suissa (art. 67), deve-se attribuir isso ao predominio de tradições particularistas muito arraigadas.

Art. 8o. Com as limitações desta Constituição, tudo quanto se diz relativamente ao Estado refere-se tambem ao districto federal.
Art. 109. O districto federal será organisado por lei do congresso.
(Projecto da commissão do governo provisorio.)

Art. 66. Salvas as restricções especificadas na Constituição e nas leis federaes, o districto federal é administrado pelas autoridades municipaes e sujeito exclusivamente aos tribunaes da União.
(Decr. n. 510, de 22 de Junho de 1890).

Art. 66. Salvo as restricções especificadas na Constituição e os direitos da respectiva municipalidade, o districto federal é directamente governado pelas autoridades federaes.
(Decr. n. 914 A, de 23 de outubro de 1890).

Paragrapho unico. O districto federal será organisado por lei do congresso. (Decrs. n. 510, de 22 de junho e n. 914 A, de 23 de outubro de 1890.)

Ao art. 66:
« Salva as restricções especificadas na Constituição e nas leis federaes, o districto federal é administrado pelas autoridades municipaes.
Supprima-se o paragrapho unico, poi superfluo.
(Emenda da commissão do congresso, approvada em 12 de janeiro de 1891).
Paragrapho unico. As despezas de caracter local, na capital federal, incumbem exclusivamente á autoridade municipal. (Ann. do Cong. Const., vol. II, pag- 405 e vol. III, pag. 158).

Art. 67. Salvas as restricções especificadas na Constituição e nas leis federaes, o districto federal é administrado pelas autoridades municipaes.
Paragrapho unico. As despezas de caracter local, na capital da Republica, incumbem exclusivamente á autoridade municipal.

Art. 67. Salvas as restricções especificadas. *Vide* art. 34, n. 30.

As restricções ao poder municipal no districto federal lhe são impostas pelo facto de ter sido elle destinado para séde do governo da União. E o artigo não se referio só ás restricções especificadas na Constituição, mas tambem ás que por leis ordinarias se estabelecerem, pela razão de que outras se podem tornar necessarias e não convinha tolher n'isso a acção do poder legislativo nacional

O que se tem principalmente em vista com a instituição do « districto federal » é que o governo da União, que n'elle tem séde, esteja em sua casa e seja dono d'ella. A esta consideração subordinam-se naturalmente todas as outras, referentes á administração local. A Constituição fez bem, pois, deixando ao congresso os poderes necessarios para regular, por modo differente do commum dos municipios, o da capital federal, e de coarctar, quanto convier, a acção do elemento municipal, subordinado, por necessidade, ao poder federal na especial circumscripção de que se trata.

Administrado pelas autoridades municipaes. A' administração municipal, áquella que é incumbida a funccionarios municipaes fica affecto tudo quanto, referindo-se a interesses puramente locaes, commodo e segurança dos municipes, não se incluir nos serviços que na capital, por força da Constituição e das leis federaes, são reservados ao governo da União (cit. art. 34, n. 30). Esta é a esphera de acção que a Constituição assignala ao poder municipal na capital da União, e que póde ser mais ou menos restricta por motivos e em casos em que o tiver por bem o congresso nacional, mediante lei ordinaria. A elle cabe o poder de dar a lei organica ao municipio federal, de estabelecer sua lei fundamental, sua Constituição, e de alteral-a, a seo prudente arbitrio.

E aqui não ha Invocar como indeclinavel o principio da *autonomia municipal*, o qual jámais servirá de obstaculo aos fins constitucionaes d'esta instituição especial, o « Districto Federal», creada unicamente por bem da independencia e livre acção da autoridade central.

Aos Estados a Constituição formalmente impoz o respeito a essa autonomia (art. 68); mas ao tratar do districto federal não fez o mesmo e collocou-o, sem disfarce, sem rebuço, sob a tutela do governo da União (art. 34, n. 30). E a este confiou, como vimos, a organisação especial d'esse municipio e lhe deo o poder de reservar para a esphera da União os serviços que nelle fôr mister retirar das autoridades locaes. *Vide supra*, comment. ao art. 34, n. 30, *verb*. « Os demais serviços». (Pag. 136)

Paragrapho unico. As despezas de caracter local. A applicação da receita propriamente municipal a Constituição deixou entregue ao municipio, e incumbe aos agentes d'este, na fórma estabelecida na sua lei organica. Taxas e contribuições que os habitantes do municipio pagam para os serviços d'elle, para utilidade de sua população, justo é que n'isso se empreguem pelos funccionarios do municipio mesmo.

A Constituição, embora subordinando ao governo da União o municipio federal, não quiz de todo abolir na capital da União a vida municipal, quér economica, quér administrativa. E proveo, a bem d'ella, para que a municipalidade curasse de seos mais intimos interesses, mas, como é natural, á custa d'esta, só de seo cofre, do producto de sua arrecadação fiscal.

Fóra, com effeito, desarrazoado e injusto que serviços exclusivamente feitos para uso, goso e commodo dos habitantes da capital federal fossem pagos pela União, isto é, pelos contribuintes dos Estados,— como injusto tambem fôra assumir o governo federal a plena administração do municipio, inteiramente privando-o das franquezas que gosam os outros e ainda os de menos importancia do paiz, sempre que d'ahi não venha detrimento á União. Esta consideração que *mutatis mutandis* fazia Tavares Bastos, no seo precioso livro « A Provincia » (pag. 161), com relação ao antigo municipio neutro, não escapou aos nossos constituintes e impede que a subordinação do elemento municipal ao governo da União vá ao ponto de equivaler a completo e absoluto anniquilamento. Foi sem duvida para o assignalar, que elles modificaram n'esta parte o projecto de Constituição apresentado pelo governo provisorio com o decreto n. 914 A, de 23 de outubro de 1890, no qual se dizia :

« Salvas as restricções... o districto federal é directamente *governado pelas autoridades federaes*.»

O congresso constituinte emendou :

« Salvas as restricções... o districto federal é *administrado pelas autoridades municipaes*.»

Em summa : os serviços de caracter local são, em geral, geridos pela municipalidade e á sua custa ; escapam-lhe, porém, os que a Constituição declara,— policia, ensino superior e todos os outros que por lei têm sido ou vierem a ser attribuidos á União, incumbindo a esta o custeio dos que, não sendo de natureza puramente municipal, o governo federal tomar a seo cargo.

— As despezas propriamente municipaes no districto federal fazem-se com o producto das taxas cuja arrecadação competia á municipalidade pela legislação do regimen anterior, podendo ella, além d'isso, decretar todos os impostos que não forem da privativa competencia da União (Lei n. 85, de 21 de setembro de 1892, art. 2), e com a renda que provier dos bens patrimoniaes do municipio, aos quaes se refere o art. 15, §§ 13, 15, 31 e 36 do citado acto legislativo.

O art. 58 da mesma lei determinou que passassem ao governo do municipio federal os serviços municipaes que na occasião estavam a cargo do governo da União. Disposições legaes posteriores fizeram conservarem-se na administração federal os mencionados nas alineas *c*, *g*) e *b*) do mesmo artigo (corpo de bombeiros, esgoto da cidade e illuminação publica).

— Viola abertamente os arts. 7, 9 e 11, n. 1, lei municipal taxando o desembarque de productos nacionaes e de mercadorias sahidas da alfandega ou de suas dependencias ; porquanto, prohibindo a Constituição aos Estados tributarem elles a importação e o transito das mercadorias procedentes directa ou indirectamente do estrangeiro e a entrada ou a sahida da producção dos outros Estados, e só lhes permittindo decretar impostos sobre a sua exportação, essa prohibição obriga as divisões administrativas chamadas — municipios— e ficaria frustrada em parte, si a estes fosse licito lançar contribuição sobre o transito da producção de outros municipios pertencentes ao mesmo Estado e até sobre a entrada da propria producção no recinto de suas cidades, cujas ruas e praças são do dominio publico e se destinam ao uso gratuito de todos os cidadãos. (Acc. do Supr. Trib. Federal, no recurso extraord. n. 91, de 9 de dezembro de 1896.

TITULO III

DO MUNICIPIO

Titulo III. Do municipio. Os projectos Werneck-Pestana e Magalhães Castro não consagravam Titulo correspondente a este ; apenas o segundo, no « Dos Estados», trazia disposição simplesmente determinando a organisação d'estes sob o regimen municipal (art. 114). O projecto' Americo Braziliense, porém, continha, nos arts. 64 a 67, um esboço, algum tanto minucioso, de organisação municipal, que os Estados deveriam observar ; estabelecia o maximo e minimo de população, um conselho electivo, um intendente com funcções executivas, nomeado pelo governador do Estado, de entre tres cidadãos propostos pelo conselho, superintendencia da legislatura estadual quanto ás resoluções, para garantia dos direitos da União, do Estado e dos outros municipios, além de outras disposições sobre finanças, immigração, etc.

A commissão do governo provisorio foi mais sobria, contentando-se com estabelecer que os Estados se organisassem sob o regimen municipal, mediante lei do Estado, respeitada a autonomia do municipio em tudo o concernente a seo peculiar interesse e constituida sua administração por funccionarios de eleição dos municipes. E consagrou tambem o voto e elegibilidade dos estrangeiros nas eleições municipaes. (Arts. 81 a 83).

Taes disposições, sob outra redacção, foram adoptadas no projecto do governo provisorio, com accrescimo de um paragrapho, para ser feita pelo congresso nacional a lei de organisação do districto federal (arts. 67 e 68).

Mas, nas attribuições do congresso nacional o projecto do governo provisorio tinha a de « n. 32. Estatuir leis peculiares ao districto federal», que a commissão do congresso constituinte emendára : « N. 32. Legislar sobre a organisação municipal do districto federal... » e isto tornava inutil o paragrapho citado do art. 67 do projecto.

A commissão offereceo emenda supprimindo-o. E supprimido ficou, pela approvação do artigo substitutivo do 67 e do 68, que não reproduzio a disposição escusada. ANNAES DO CONGR. CONST., vol. II, pags. 219-220).

O voto activo e passivo dos estrangeiros nas eleições municipaes (art. 68 do projecto) não foi aceito pelo congresso. Na discussão se considerou que, estando aberta a porta da grande naturalisação não deveriam tel-o os estrangeiros, porquanto facilitada assim a nacionalisação, só não naturalisar-se-ia o que não tivesse interesse de qualquer ordem pelas cousas do paiz ; uma vez que o estrangeiro não quer nacionalisar-se, não presta *onus* de sangue, nem tampouco presta ao paiz o seo concurso, como na administração da justiça servindo de jurado e em outras instituições publicas, não se lhe deve dar o direito de voto.

E havendo no paiz municipios com maioria de estrangeiros, viria a dar-se que poderiam assumir a direcção de serviços da administração publica como são os municipaes, pessoas não pertencentes a nossa nacionalidade. (Disc. do deputado Angelo Pinheiro, ANNAES DO CONGR. CONST.. vol. II, pag. 203),

Além d'isso, póde-se adduzir que ás municipalidades incumbe, no regimen eleitoral, funcção muito importante. Tomam grande parte nos trabalhos do alistamento dos eleitores, na expedição de seos titulos, divisão do municipio em secções, designação de edificios para as eleições, e cabe-lhes (o que a tudo sobreleva) a nomeação das mesas eleitoraes. Ora, isto nem deve ser retirado das municipalidades, cuja intervenção no processo eleitoral é propria do regimen democratico, nem deve ser dado a estrangeiros. Elles não têm direitos politicos (salvo em seo paiz) e não ha razão para se lhes conceder interferencia, por menor que seja, no regimen politico da nação em que são meros hospedes. Seria levar muito longe a cortezia e bom tracto da hospedagem.

Finalmente, conforme o plano adoptado pela Constituição Federal, a determinação da fórma e condições da organisação municipal não tinha que ser estabelecida por ella, mas pelas dos Estados (*)

(*) A Constituição de Pernambuco (art. 92) estatue :
« *Sã eleitores* do Conselho Municipal, além dos cidadãos alistados como eleitores politicos, os estrangeiros que tiverem domicilio no municipio, desde pelo menos tres annos e contribuirem com as taxas municipaes.»
Na Bahia são eleitores municipaes os estrangeiros com um anno de residencia e contribuintes no municipio (Const., de 2 de julho de 1891, art. 127).
Em Minas Geraes serão alistados, si o requererem, para eleitores municipaes os estrangeiros não analphabetos, com 21 annos de edade e dous de residencia no municipio (Const., art. 82, § unico).
Em Goyaz podem votar os estrangeiros alistados (Const., de 1 de junho de 1891, art. 18).
Em Matto-Grosso têm voto no municipio os estrangeiros não analphabetos com 21 annos de edade e tres de domicilio (Const. de 15 de agosto de 1892, art. 53, n. 3.)
No Piauhy são eleitores, tendo tres annos de residencia no municipio. (Const. de 13 de junho de 1891, art. 81).
Em Sergipe, nas mesmas condições, com um anno pelo menos de residencia.
São *elegiveis* os estrangeiros alistados eleitores municipaes no Piauhy, em Minas Geraes, Goyaz e Matto Grosso. (Const. e art. cits e art. 101, § 4 da de Minas Geraes).

ARTIGO 68

Art. 81. Os Estados se organisarão sob o regimen municipal.

Art. 82. O regimen municipal será organisado por lei do Estado, tendo por base:

1.º a autonomia do municipio em tudo quanto fôr do seu peculiar interesse;

2.º a eleição dos funccionarios que devem constituir o seu governo ou administração.

Art. 83. Nas eleições municipaes terão direito de voto os estrangeiros, segundo as condições que a lei do Estado estabelecer.

(Projecto da commissão do governo provisorio.)

Art. 67. Os Estados organisar-se-ão, por leis suas, sob o regimen municipal, com estas bases:

1.º A autonomia do municipio, em tudo quanto respeite ao seo peculiar interesse;

2.º Electividade de administração local.

Paragrapho unico. Uma lei do congresso organisará o municipio no districto federal.

Art. 68. Nas eleições municipaes serão eleitores e elegiveis os estrangeiros residentes, segundo as condições que a lei de cada estado prescrever.

(Decretos n. 510, de 22 de junho e n. 914 A, de 23 de outubro de 1891.)

Substituam-se pelo seguinte os arts. 67 e 68:

Art. Os Estados organisar-se-ão por fórma que fique assegurada a autonomia dos municipios em tudo quanto respeite ao seo peculiar interesse.—

—*Lauro Sodré* e outros.

(Emenda approvada em 12 de Janeiro de 1901.)

Paragrapho unico. — Supprima-se por superfluo.

Emenda da commissão do congresso (prejudicada, em 12 de Janeiro de 1891.)

Ao art. 68. — Supprima-se. — *Borges de Medeiros*.

(Emenda approvada em 12 de Janeiro de 1891.)

Art. 68. Os Estados organisar-se-ão por fórma que fique assegurada a autonomia dos municipios, em tudo quanto respeite ao seo peculiar inter~~~.

Art. 68. Os Estados organisar-se-ão...

A Constituição projectada pelo governo provisorio estabelecia clausulas para a organisação dos municipios (arts. 67 e 68) e com isso incorria, e por maioria de razão, na critica feita á disposição relativa á organisação dos Estados. Era o poder central regulando objecto alheio á sua competencia; os Estados, embora autonomos, teriam assumptos de ordem puramente local sujeitos ao molde geral.

Ora, já no regimen imperial, depois do acto addicional á Constituição,—primeira manifestação legal, comquanto escassa e manca, do principio federativo entre nós,— contestava-se aos poderes geraes competencia para semelhante invasão na esphera dos interesses locaes.

Na sessão de 6 de setembro de 1883, do senado Imperial, um illustre representante de Pernambuco, o desembargador Alvaro Barbalho Uchoa Cavalcanti (e é com desvanecimento e orgulho que citamos este nome a nós tão caro), ao impugnar um projecto de lei referente a organisação municipal, que discutio, com sua indisputada proficiencia e largo espirito liberal, expunha, entre outras, as seguintes razões:

« Entendo que o poder legislativo geral não é competente para legislar sobre camaras municipaes. Esta competencia não se acha na Constituição nem nas leis posteriores. Não está nem na lettra, nem no espirito d'ellas.

« Depois de promulgada a Constituição do Imperio, conhecendo-se que a centralisação da autoridade era exagerada e inconveniente, tratou-se de conceder ás provincias o direito de regerem-se; e esta attribuição que lhes foi concedida não podia deixar de abranger o serviço municipal. E seria com effeito extraordinario que, concedendo-se-lhes o poder geral o direito de tratar dos seus interesses propriamente provinciaes, reservasse para si conhecer dos negocios municipaes, que n'esses se acham comprehendidos e que são de menor importancia.

« Póde-se dizer que virá desvantagem ao serviço publico, organisando as provincias suas municipalidades como entenderem? Penso que não; ao contrario acho que isto é de grande vantagem.

« Os interesses, o clima, a educação, os recursos, as circumstancias das provincias são diversos em cada uma. Por conseguinte, era mais conveniente que ellas pudessem regular os seus negocios municipaes como entendessem melhor.

« Poder-se-ia dizer que assim as camaras municipaes se organisariam de uma maneira em uma provincia e de maneira diversa em outra, destruindo-se a uniformidade que a muitos parece conveniente.

« Mas, é n'isto mesmo que acho a belleza do systema, a sua vantagem: que cada provincia organise suas municipalidades como lhe convier, em attenção ás suas condições peculiares,— e na mesma provincia as municipalidades podem ter uma organisação differente, porque aos municipios do interior póde não ser adaptada uma organisação egual á da capital ou de suas proximidades, visto que são differentes por mais de uma circumstancia. O que se póde tambem dizer do municipio da côrte em relação ás provincias.

« A competencia, portanto, do poder geral para legislar sobre camaras municipaes, pertence lhe sómente no que diz respeito ao municipio neutro.

« E' esta a disposição do Acto Addicional no art. 1º *in fine*:

« A autoridade da assembléa legislativa da província em que estiver a côrte não comprehen-
« derá a mesma côrte nem seu municipio. »

Consequentemente para estabelecer o regimen e a legislação organica do municipio da côrte é competente a assembléa geral; mas para o restante dos municipios não vejo na lettra nem no espirito da Constituição ou das leis cousa alguma que faça crer que pertence ao poder geral semelhante attribuição.»

A um aparte que lhe chamava a attenção para o art. 169 da Constituição, respondia:

« — O art. 169 diz:

« O exercicio de suas funcções (referindo-se ás camaras municipaes) formação de suas posturas policiaes, applicação das suas rendas e todas as suas particulares e uteis attribuições serão decretadas por uma lei regulamentar.»

« Quando a assembléa geral podia legislar sobre tudo, tinha isso logar: mas, desde que o acto addicional conferio ás provincias a attribuição de legislar sobre os negocios peculiares d'ellas, é obvio que a attribuição de que se trata, concernente ás municipalidades, ficou a ellas competindo, e é a ellas que pertence fazer a lei regulamentar de que trata o artigo citado.»—

O que no imperio unitario já parecia ser excesso de centralisação, não fôra toleravel na Republica Federativa e o congresso constituinte não admittio o art. 67 do projecto, mas adoptou o substitutivo apresentado pelo representante Lauro Sodré e outros, que é o art. 68 da Constituição. (ANNAES DO CONGR. CONST., vol. II, pag. 219) (*)

Assegurada a autonomia dos municipios. O deputado Meira de Vasconcellos aventará a idéa de deixar-se aos municipios o cuidado e tarefa de se constituirem, reconhecendo-lhes o direito de se organisarem elles por leis suas, com as limitações que resultassem das Constituições dos respectivos Estados. Com este intuito apresentou a seguinte emenda:

« Os municipios organisar-se-ão de accordo com as Constituições dos Estados respectivos, observadas as seguintes bases:
1.ª Completa autonomia em tudo quanto respeite ao seu peculiar interesse;
2.ª Electividade da administração local;
3.ª Faculdade de celebrarem com um ou mais municipios do mesmo Estado os ajustes necessarios para a realisação de obras ou serviços da restricta competencia de cada um, em seu respectivo territorio.»

E justificava essa emenda, produzindo as seguintes considerações (ANNAES DO CONGR. CONST., vol. II, pag. 199:

« Entendo que teriamos sophismado a patriotica aspiração da autonomia do poder municipal, si não dessemos aos municipios o direito de se organisarem, observadas apenas aquellas restricções que têm por fim manter a linha divisoria entre a competencia dos Estados e a dos mesmos municipios.

Com esta emenda pretendo fazer com que na organisação dos municipios não se verifique essa uniformidade que, si é funesta em relação á organisação dos Estados, é funestissima e perigosissima no regimen federativo em relação á organisação municipal.

O systema federativo deve deixar a cada municipio consultar os seos interesses especiaes e tantas outras circum-

---

(*) A este proposito disse a *Gazeta da Tarde* em uma de suas edições de janeiro de 1891,— na secção « Semana Parlamentare, em que appreciava os trabalhos do congresso constituinte :
* Na sessão de segunda-feira o congresso depois de ouvir os Srs. Americo Lobo e Serredello ácerca da publicação de debates, passou á votação da parte da Constituição relativa á organisação dos Estados e municipios. O resultado da votação mostra que imperaram as idéas sustentadas na tribuna, com relação a essa parte da Constituição, pelo illustre Sr. João Barbalho e outros, e constantes de emendas dos Srs. Lauro Sodré e varios representantes.
Teve, pois, a victoria ahi o principio federalista.»

stancias que não se póde deixar de considerar outros tantos factores de uma boa organisação communal.

Em relação aos municipios é ainda mais capital a necessidade da autonomia, e em um regimen federativo não se póde pretender que pelos moldes do municipio A possa ser organisado o municipio Z; porque a organisação que convém a um municipio póde comprometter os interesses de outro municipio que tem interesses diversos.

Um municipio póde viver e tirar seo engrandecimento das industrias manufactureiras, outro da lavoura, outro da creação, ainda outro de todas essas industrias ou de mais de uma d'ellas.

Como, pois, organisar os municipios uniformemente e sob as mesmas condições?»

Damos razão ao autor da emenda quanto a reconhecer aos municipios o direito de se organisarem, e n'isto somos coherentes com o qu estabeleciamos no «Esboço de organisação Poli tica e Administrativa» que,— na qualidade de membro da commissão incumbida pelo gover nador de Pernambuco, de elaborar a Constituiçã que devia ser submettida á assembléa do mesm Estado,—apresentámos á dicta commissão pa base de seo importante trabalho. Ahi cons: gravamos a liberdade dos municipios se const tuirem, fazendo cada um d'elles mesmos st lei organica, respeitadas a Constituição feder e a do Estado e garantindo-lhes esta o poder promoverem e zelarem conforme mais conv niente entendessem, tudo quanto se refere á su vida economica e administrativa, sem depen dencia alguma de estranha autoridade, salvo a judiciaria por via de recurso ou mediante denuncia ou queixa, nos casos permittidos por lei («Esboço» cit., arts. 11 a 21.)

Mui convictamente o propunhamos. O pleno exercicio da liberdade municipal é não só um direito, mas uma condição *sine qua* de uma organisação constitucional, sobre a base do *self-government*. Ha muito se sabe que *a direcção dos negocios de todos pertence a todos, isto é, aos representantes e delegados de todos; o que só interessa a uma fracção, por esta deve ser decidido; o que unicamente diz respeito ao individuo, só d'elle deve depender.* Em cada municipio cada individuo tem interesses que só a elle importam e portanto não estão sob a jurisdicção municipal. Outros interesses porém affectam aos outros municipes, são-lhes communs, e naturalmente entram na competencia municipal. Mas, como só a elles, á communhão municipal que elles constituem, é que esses interesses são afferentes, — n'um regimen semecratico nenhuma autoridade que não seja constituida por delegação sua e na fórma de acto organico seo, terá o poder de regul-os, desde que não envolvam comsigo interesses estranhos e differentes, e fique na orbita exclusiva do «poder municipal», sem haver interferencia nem dependencia de diversa autoridade.

Desde que o assumpto é puramente municipal não cabe na gestão do Estado, como não cabe na da União o que fôr puramente estadual. E assim como o proprio Estado é o regulador dos negocios que são exclusivamente seos e estabelece sua «Constituição», seu codigo fundamental para a gerencia desses seos negocios, —egualmente e com o mesmo direito, o municipio faz sua lei organica, seo estatuto basilar, e por elle institue e rege a administração de seos negocios particulares.

E esta entrega dos negocios municipaes, sem excepção, aos proprios municipes é não sómente logica, n'um regimen federal representativo, como é benefica e de salutares effeitos. Esta gestão independente e autonomica é propria a dar o maior incremento á vida local. Sentindo os municipes que realmente esta depende só d'elles, que são assim senhores e arbitros dos negocios municipaes, desprendem-se da inercia e indifferença, de que do contario se deixariam possuir, e atiram-se com serio empenho á actividade e trabalho em prol desses interesses, cuja satisfacção aproveita tão intimam ente á sua localidade, e mourejam por mantel-a prospera, por melhoral-a. Ora, o municipio é uma miniatura da patria, uma imagem reduzida d'ella, é nas cousas politicas, como já o disse alguem, o primeiro amor do cidadão. Esse amor, esse aferro ao torrão natal, ao circulo das relações de visinhança, de contiguidade, de communidade de interesses, engendra o espirito civico. A autonomia local o desenvolve, o engrandece, o nobilita. E esse *patriotismo local*, de si mesmo sereno, intenso, duradouro, é a raiz do *patriotismo nacional*. E' erro, pois, cercear essa autonomia. Seria mais que erro mesmo, um verdadeiro attentado, si prevalecesse na Republica o sentimento vesgo, desconfiado, tacanho, esterilisador, que na monarchia atrophiou o elemento municipal. (*)

A historia ensina que os paizes de liberdades municipaes são os de maior resistencia á tyrannia. E' lição para aproveitar-se.

Entretanto, apezar de quanto fica exposto, a emenda de que vinhamos tratando, devia cahir, como succedeo.— E a razão é a mesma ácima adduzida quanto á emenda que eliminou dos arts. 67 e 68 do projecto as condições postas á organisação dos Estados,—a violação da autonomia d'elles.— Nas constituições estaduaes é que cabe tratar das condições do organismo municipal. (**)

(*) Es preciso ensayar la liberdad, es preciso praticarla, y para ensayarla y praticarla es necessario non tener miedo á sus consequencias ni á sus praticas.—*Em. Castellar*.
(**) A Const. do Rio Grande do Sul, arts. 62 § 1 e 64 e a de Goyaz, de 1 de julho de 1891, art. 12, consagraram como prerogativa do municipio a faculdade de se constituir, estabelecendo elle mesmo sua lei organica, respeitados os principios da Constituição.

TITULO IV

DOS CIDADÃOS BRAZILEIROS

SECÇÃO I

DAS QUALIDADES DO CIDADÃO BRAZILEIRO

Tit. IV. Dos cidadãos brazileiros.

Esta epigraphe inculca menos do que se comprehende no Titulo que com ella se inscreve. Observa-se que sua *Secção II* «Declaração de direitos», no art. 72, legisla para brazileiros (sem referir-se á qualidade de cidadão), e tambem para *estrangeiros* residentes no Brazil. (*)

A Secção I, distinguindo os habitantes do Brazil em nacionaes e estrangeiros, indica as condições da *nacionalidade* e da *nacionalisação*. A primeira depende do nascimento em territorio brazileiro, da filiação e do domicilio, nos termos do art. 69, ns. 1 a 3; a segunda, que equipara o estrangeiro ao natural do paiz, opera-se pela *naturalisação*, nos termos do mesmo artigo, ns. 4, 5 e 6, e da lei ordinaria de que trata o art. 34, n. 24, o que adiante explanaremos.

Cabe aqui a questão aventada no «Direito Publico Braziliero» §§ 616 a 619, do insigne publicista Pimenta Bueno:

A QUE CLASSE DE LEIS, OU A QUE RAMO DO DIREITO INCUMBE DETERMINAR E ESTABELECER AS CONDIÇÕES DA NACIONALIDADE, AO DIREITO CIVIL, OU AO DIREITO POLITICO CONSTITUCIONAL?

Entendia o sabio autor que isso devia tocar á alçada privativa do direito civil, tanto pela natureza das cousas, como pela practica e intelligencia geral das nações civilisadas:

1.º Desde que se estabelece a ordem ou sociedade civil, haja ou não ordem ou direitos politicos fixos, indispensavel desde logo se torna determinar e distinguir as pessoas que pertencem ou não áquella sociedade, que gosam ou não dos direitos civis, e como, si de todos na qualidade de nacionaes ou si só de alguns como estrangeiro. A qualidade de nacional ou estrangeiro é uma das relações mais importantes do estado civil, ou dos mais valiosos direitos das pessoas e ninguem poderá com fundamento duvidar que o fixar o estado ou condições das pessoas é da alçada exclusiva da lei civil, pois que sem isso ella não teria meio de attribuir ou negar o goso dos respectivos direitos. E ainda quando não houvesse idéa alguma de direitos politicos, seria em todo o caso indispensavel que o direito civil fundasse as condições da nacionalidade, pois que assim exigem todos os actos civis; é a primeira necessidade do estatuto pessoal de cada povo. Com effeito, quando um homem residente no paiz se casa ou pratica qualquer outro acto da vida civil, em que qualidade o faz? que lei regulará esse acto, será a brazileira, a franceza, a ingleza, ou qual? E' pois evidente que a primeira necessidade e condição da lei civil é fixar a nacionalidade; a sociedade civil não poderia existir sem qualificar, sem fixar previamente os caracteres segundo os quaes podesse reconhecer os membros de que se compõe e os que lhe são estranhos.

A qualidade de nacional ou de brazileiro adquire-se pois segundo a lei civil, precede e é distincta da de cidadão activo; dizemos *activo* para differençar de simples cidadão, que é synonymo de nacional.

2.º A pratica das nações. O autor cita a Constituição Belga, art. 4, que assim traduz: A qualidade de Belga (ou por outra de nacional) se adquire, se conserva e se perde segundo as regras determinadas pela lei civil. A Constituição e as outras leis relativas aos direitos politicos determinam quaes são, além da qualidade de Belga, as condições necessarias para o exercicio destes direitos.» O commentario official desta constituição diz: A secção central tinha julgado que seria estranho ou absurdo conferir direitos civis a quem não tivesse o goso de direitos civis (ou por outra a quem não fosse nacional) e por isso decidio referir-se ao codigo civil pelo que tóca á maneira de adquirir, conservar e perder a qualidade de Belga. O art. 7 e seguintes do cod. civ. francez qualificam os que são ou não francezes. E o autor passa a citar outros codigos, a Ordenação do Reino de Portugal, liv. 2, tit. 55 e a doutrina de Mello Freire, Corrêa Telles e outros jurisconsultos; e estabelece que só e visivelmente por dependencia da materia e do methodo, como aconteceo com os redactores da constituição Belga, foi que a nossa (do imperio) inserira a materia dos arts. 6 e 7.

Mas, si a qualidade de cidadão (de nacional de um paiz) é a base dos direitos politicos, como prescindir della n'um codigo politico, n'uma Constituição? A este proposito observa o não menos autorisado TEIXEIRA DE FREITAS, a lei constitucional é a primeira lei, de onde todas as outras devem dimanar. Constituida uma associação politica, a consequencia immediata é logo a designação de quem della faz parte. A nacionalidade é a condição primordial dos direitos politicos, porque ninguem póde exercer direitos politicos sem ser nacional, mas não é o fundamento dos direitos individuaes e dos *direitos civis* em particular, isto é, dos regidos pela legislação civil, porquanto destes, com algumas restricções, ou, por outro modo, de quasi todos estes gosam os estrangeiros.(*) A perda da nacionalidade envolve necessariamente a dos direitos politicos, mas não se perdem isoladamente os direitos politicos, ficando a nacionalidade. Eis porque a constituição (imperial) mui sabiamente só designa no art. 7 os casos de perda da nacionalidade e quanto a direitos politicos (art. 8) só trata dos casos de suspensão. Na ordem politica, a linha de separação entre reinicolas e estrangeiros é indestructivel, na ordem civil não ha linha de separação, hà restricções; e por muitas que fossem, longe estariam de uma suppressão completa. Si a perda da nacionalidade produz sempre a dos direitos politicos, ao tempo que pouco influe nos direitos civis, é bem evidente que a

---

(*) Não são sem exemplo nas constituições as epigraphes defeituosas. Na carta imperial de 1824, comprehendeo-se no titulo VII « Da administração das provincias», um cap. III *Da Fazenda Nacional.*

(*) *Vide infra* art. 71.

qualificação da nacionalidade pertence ao direito constitucional, e não ao direito civil. Não servem de exemplo as legislações de outros paizes, que fazem depender o goso dos direitos civis da qualidade de nacional, e neste caso estão o Codigo Francez, o Codigo Belga e todos os outros que o imitaram. A Ord. liv. 2, tit. 55, trata da nacionalidade, mas todos sabem que a compilação Filippina é um codigo geral e só o seu liv. 4 contém o direito civil propriamente dicto. Na opinião contraria o autor vê uma preoccupação de falsas idéas bebidas nas theorias do direito francez e nas tradições do direito romano, de onde resultaram graves erros. (Consolid. das leis civ., Introd., not. 226 e Cod. civ., Esboço por TEIXEIRA DE FREITAS, not. ao art. 38).

Secção I. **Das qualidades do cidadão brazileiro.** A esta epigraphe corresponde no projecto Americo Braziliense a seguinte, da secç. 1, de seo tit. IV : *Das qualidades de brazileiro e de cidadão brasileiro.* O art. 68 dessa secção e projecto diz quem é BRAZILEIRO. O art. 69, quem é CIDADÃO BRAZILEIRO. (*) Do

(*) O projecto dos constituintes de 1823 declarava no art. 5º quem era *brazileiro*, definia no art. 29 os *direitos politicos*, e qualificava de *cidadãos activos* os que, estando no goso desses direitos, tinham *voto*, nas condições estabelecidas na Constituição.
A Constituição de 1824, apartando-se desse methodo, contentava-se de determinar a qualidade de *cidadão brazileiro* (art. 6º) e referia-se (art. 90) a *cidadãos activos*, isto é, com voto nas eleições, sendo condição para este o de direitos politicos.

mesmo modo procedeo em seo projecto a commissão do Governo Provisorio (arts. 84 e 85). O projecto deste, porém, declarou *cidadãos brazileiros* os mesmos que vinham ali simplesmente qualificados de «brazileiros» e *eleitores* os que o eram de «cidadãos brazileiros», reduzindo correspondentemente a epigraphe á que figura no texto. O projecto A. Braziliense distinguia duas *qualidades*, a de brazileiro e a de cidadão brazileiro. — O do governo (com o qual nesta parte conformou-se o congresso constituinte) não distinguio assim, estatuindo elle que todos os que são brazileiros (natos e naturalizados) têm *a qualidade* (condição, estado) de cidadão brazileiro.

E' d'est'arte o texto da Constituição não separa a condição de brazileiro da de cidadão. Mas, das disposições da presente Secção, combinadas com as dos arts. 26 e 41 § 3, n. 2, resulta virtual distincção de simples cidadão e de cidadão com direito de voto nas eleições politicas ou *cidadão activo* (denominação consagrada em nosso direito publico para exprimir a differença entre esta e a simples qualidade de *nacional* do Brazil, de brazileiro, nato ou nacionalisado, independentemente de sua capacidade politica).

E isto ainda se corrobora com o disposto nos arts. 73 e 86 que se referem a *todos os brazileiros*, sem exigir o requisito da capacidade eleitoral.

Art. 84. E' brazileiro:
1.º) O que tiver nascido no Brazil, ainda que o pae seja estrangeiro, uma vez que este não resida por serviço de sua nação;
2.º) O filho de pae brazileiro e o illegitimo de mãe brazileira, nascido em paiz estrangeiro quando estabelecer domicilio na Republica;
3.º) O filho de pae brazileiro, que estiver em paiz estrangeiro ao serviço da Republica, embora não venha estabelecer domicilio no paiz;
4.º) O estrangeiro, que, se achando no Brazil no dia da proclamação da Republica, não declarar até se completar o prazo de seis mezes da data da promulgação desta Constituição, que quer conservar a sua nacionalidade;
5.º) O estrangeiro que possuir bens immoveis no Brazil e fôr casado com brazileira, ou tiver filhos brazileiros, salvo si manifestar perante a autoridade que a lei designar, a intenção de conservar a sua nacionalidade;
6.º) O estrangeiro naturalisado.

(Projecto da commissão do governo provisorio.)

Art. 69. São cidadãos brazileiros:
1.º Os nascidos no Brazil, ainda que de pae estrangeiro, não residindo este a serviço de sua nação;
2.º Os filhos de pae brazileiro e os illegitimos de mãe brazileira, nascidos em paiz estrangeiro, si estabelecerem domicilio na Republica;
3.º Os filhos de pae brazileiro, que estiverem em outro paiz ao serviço da Republica, embora nella não venham domiciliar-se;
4.º Os estrangeiros, que, achando-se no Brazil aos 15 de novembro de 1889, não declararem, dentro em seis mezes depois de entrar em vigor a Constituição, o animo de conservar a nacionalidade de origem;
5.º Os estrangeiros que possuirem bens immoveis no Brazil e forem casados com brazileiras, ou tiverem filhos brazileiros, salvo se manifestarem, perante a autoridade competente, a intenção de não mudar de nacionalidade;
6.º Os estrangeiros por outro modo naturalisados.
Paragrapho unico. São da competencia privativa do poder legislativo federal as leis de naturalisação.

(Decretos n. 510, de 22 de junho e n. 914 A, de 23 de outubro de 1890.)

Alterem-se os §§ 4.º e 5.º do art. 68, do seguinte modo:
« Os estrangeiros que, achando-se no Brazil no dia 15 de novembro de 1889, declararem dentro de seis mezes depois de entrar em vigor a Constituição, o animo de adoptarem a nacionalidade brazileira.
« Os estrangeiros que possuirem bens immoveis no Brazil e forem casados, com brazileiras ou tiverem filhos brazileiros, comtanto que residam no Brazil, si manifestarem a intenção de adquirir nacionalidade brazileira. — *Epitacio Pessoa*.

(Emenda approvada em sessão de 11 e rejeitada na de 18 de fevereiro de 1891.)

Art. 69. 5.º Redija-se assim: — Os estrangeiros que possuirem bens immoveis no Brazil e forem casados com brazileiras, ou tiverem filhos brazileiros, « comtanto que residam no Brazil», salvo si manifestarem a intenção de não mudar de na cionalidade.

Emenda da commissão do congresso (approvada em 15 de janeiro de 1891.)

Ao art. 68, paragrapho unico:
Supprima-se, por ser a repetição do que está consignado em o n. 25 do art. 33.—*Milton*.

(Emenda approvada em 11 e 17 de fevereiro de 1891.)

Art. 69. São cidadãos brazileiros:
1.º Os nascidos no Brazil, ainda que de pae estrangeiro, não residindo este ao serviço de sua nação;
2.º Os filhos de pae brazileiro e os illegitimos de mãe brazileira, nascidos em paiz estrangeiro, si estabelecerem domicilio na Republica;
3.º Os filhos de pae brazileiro, que estiver n'outro paiz ao serviço da Republica, embora nella não venham domiciliar-se;
4.º Os estrangeiros, que, achando-se no Brazil aos 15 de novembro de 1889, não declararem, dentro em seis mezes depois de entrar em vigor a Constituição, o animo de conservar a nacionalidade de origem;
5.º Os estrangeiros, que possuirem bens immoveis no Brazil, e forem casados com brazileiras ou tiverem filhos brazileiros, com tanto que residam no Brazil, salvo si manistarem a intenção de não mudar de nacionalidade;
6.º Os estrangeiros por outro modo naturalisados.

Art. 69. Cidadãos brazileiros. A disposição deste art. é a do art. correspondente do projecto do governo provisorio, com accrescimo ao n. 5, por emenda da commissão do congresso, da clausula «comtanto que residam no Brazil», e com a suppressão do § un., que era uma repetição do n. 24 do art. 34. Por sua vez aquelle projecto transcrevera os ns. 1 a 6 do art. 84 do da commissão do governo, com pequena alteração de redacção e juntando-lhe o inutil paragrapho.
Salvo na parte referente á naturalisação tacita (ns. 4 e 5), que a Constituição alargou, o art. 69 contém o que vinha na Carta de 1824 (artigo 6), a qual seguira, com diminutas modificações não essenciaes, o art. 5 do projecto dos constituintes de 1823. E assim, neste assumpto o direito publico republicano é o mesmo, com a referida alteração parcial, do anterior regimen politico.
Quanto a naturalisação, a Carta imperial (art. 6, ns. 4 e 5), além da ordinaria, regulada por acto legislativo, estabelecera a dos portuguezes residentes no Brazil ao tempo da independencia e que expressa ou tacitamente a esta tinham adherido. (O vulgo os alcunhou por isso «brazileiros do § 4»). Muitos d'elles tinham prestado serviços ao paiz e não poucos haviam

adherido ao movimento que produzio a independencia, á causa do Brazil, como então se dizia ; era justo e de boa politica encorporal-os á nova nacionalidade. (*)
A Republica, antes mesmo de sua Constituição, logo nos primeiros dias do governo provisorio, facilitou aos estrangeiros a naturalisação, mediante simples requerimento, independentemente das formalidades exigidas pela legislação anterior, é de pagamento de impostos (Dec. n. 13 A, de 26 de novembro de 1889). Dias depois, o governo «considerando que o inolvidavel acontecimento de 15 de Novembro de 1889, assignalando o glorioso advento da Republica Brazileira, firmou os principios de egualdade e fraternidade que prendem os povos educados no regimen da liberdade e augmentam a somma dos esforços necessarios ás conquistas do progresso e da civilisação da humanidade», estatuio a naturalisação tacita, considerados cidadãos brazileiros todos os estrangeiros residentes no Brazil no citado dia 15, salvo declaração em contrario perante a respectiva municipalidade, no prazo de seis mezes da publicação do acto que assim o determinava (prazo que foi prorogado até 31 de Dezembro de 1890) e declarados admissiveis a todos os cargos publicos, excepto o de chefe do estado, os estrangeiros naturalisados (Decs. n. 58 A, de 14 de dezembro de 1889 e n. 479, de 13 de junho de 1890). (**)
Os projectos preliminares adoptaram todos essa mesma determinação, que, consagrada na Constituição pelo governo provisorio apresentada ao congresso constituinte, foi, afinal, não sem vigorosa impugnação ao ser discutida, por este definitivamente adoptada.
Votada e aceita na primeira discussão, a disposição respectiva chegou-a ser emendada, tendo o congresso adoptado um substitutivo que, quanto aos estrangeiros no caso de que se trata, exigia declaração expressa do animo de preferir a nacionalidade do Brazil.
Em abono da emenda allegava-se não ser justo sujeitar a um onus, a um encargo a conservação de um direito tal como o de nacionalidade é que obrigar o estrangeiro, para conservar sua nacionalidade de origem, a fazer declaração d'isso, fôra um arbitrio injustificado ; —que o facto de não terem os estrangeiros creado embaraços á mudança de governo em uma patria que não era a sua, não constituia siquer indicio de amor e dedicação ao paiz (o que aliás não seria base sufficiente para a naturalisação) ; —que assim a disposição do projecto importava, de um lado a concessão immerecida de favores excessivos áquelles estrangeiros que de facto tivessem aceitado a nacionalidade brazileira e por outro era uma verdadeira vexação, uma violencia aos que não a houvessem aceitado, mas que por uma circumstancia qualquer deixassem de fazer a declaração exigida. E adduzia-se ainda, que a disposição do projecto era inconveniente, além de má em si, porque se tornaria uma fonte de conflictos em nossas relações diplomaticas com as outras nações (do que já se viam os prodromos nas notas das diversas legações que protestaram contra o decreto n. 58 A, de 14 de dezembro de 1889). *Vide* ANNAES DO CONGR. CONST., Disc. dos deputados Dutra Nicacio e E. Pessoa, vol. ll, pags. 253 e 608.
Approvada a emenda substitutiva, teve de entrar, para definitiva solução, em nova discussão, juntamente com as demais na mesma occasião adoptadas. Foi então vivamente combatida, argumentando-se — que cidadãos de paizes estranhos residindo entre nós, por occasião de proclamar-se a Republica haviam demonstrado a solidariedade de seos sentimentos para com a nação brazileira, indo a ponto de se declararem promptos a desconhecer a differença entre brazileiros e estrangeiros; —que o governo provisorio consoante ás aspirações n'esse momento dominantes no paiz, e compenetrado das verdadeiras conveniencias publicas, expedira o acto de 14 de dezembro;—que estrangeiros em varios Estados tinham sido admittidos nas intendencias municipaes, e alguns até haviam servido nas judicaturas locaes, como supplentes de juiz municipal e substitutos de juizes de direito;—que muitos estavam já alistados como eleitores e tinham até votado na eleição do proprio congresso constituinte;—e como excluir depois esses cidadãos que ligaram-se assim ao paiz com dedicação e lealdade prestando serviços em cargos de administração publica, e que diante do movimento revolucionario não hesitaram em proclamar a excellencia da Republica? Finalmente, a adopção definitiva do substitutivo seria uma retractação e quebra da fé devida a actos officiaes com relação aos estrangeiros (*) e collocaria a obra dos constituintes de 1890 em plano inferior á Constituição outorgada em 1824 pelo imperador Pedro I.
O congresso reconsiderou sua anterior votação, e o substitutivo foi rejeitado. (ANNAES cit., vol. III, pags. 180, 205 e 237).
— O Aviso de 14 de janeiro de 1893, expedido pelo ministerio do interior, enumera e em alguma cousa resume, na parte util, toda a legislação sobre naturalisação desde o antigo regimen ; sua leitura muito aproveitará aos estudiosos.

(*) No primeiro reinado deram-se grandes abusos n'este particular, a ponto da regencia ter de providenciar contra o facto de estarem sendo considerados brazileiros adoptivos e em grande numero occupando empregos publicos, da independencia e outros que chegaram depois d'ella, —só pelo motivo de continuarem aquelles a residir aqui e de jurarem os outros a Constituição do imperio. *Vide* decreto e circular de 18 de abril de 1834.
Já entro o governo imperial tivera de providenciar *para fazer cessar o grande abuso que havia de homens que eram brazileiros e portugueses, conforme a quanto assim lhes convinha*. (Nota do min. de estrang. ao consul port. em 15, e aviso do min. do imp. em 22 de setembro de 1833.)
(**) A naturalisação tacita foi objecto de protesto de algumas nações estrangeiras, — Portugal, Hespanha, Italia, Austria, Inglaterra, —sob o fundamento de ser contraria á liberdade individual, aos principios de direito internacional e não assente em base juridica, não podendo ser considerado tal o silencio do estrangeiro. A isto o governo contestou com o principio da soberania do estado, em virtude da qual este tem o direito de estabelecer regras relativas á acquisição e perda da qualidade de cidadão.

(*) O substitutivo causára má impressão aos novos cidadãos e não tardaram os protestos d'elles, de que os ANNAES guardam a prova no que, em sessão de 17 de fevereiro de 1891, apresentou o deputado Moraes Barros, por parte dos allemães de S. Paulo, que, diziam, *já serem brazileiros em virtude do decreto de 14 de dezembro de 1899.*

Vide o que ácima expendemos no comment. ao art, 34, n. 24.

QUAL A DIFFERENÇA, QUANTO AO GOSO DOS DIREITOS POLITICOS, ENTRE NATURAES DO PAIZ E ESTRANGEIROS NATURALISADOS?

As limitações constitucionaes postas ao goso de direitos politicos pelos estrangeiros que se têm naturalisado são muito poucas e revelam o grande espirito liberal dos constituintes.— (Arts. 26, n. 2, 41 § 3 n. 1, e 70, reproduzidas na lei n. 35 de 26 de janeiro de 1892, arts. 1 § 1, e 29 e aviso de 14 de janeiro de 1893.)

Os naturalisados por qualquer dos modos estatuidos na Constituição, em vista das disposições citadas gosam de todos os direitos politicos, podendo exercer quaesquer cargos publicos, com excepção dos de presidente e vicepresidente da Republica; e para poderem ser eleitos deputados e senadores exige-se que respectivamente tenham mais de quatro annos de cidadão brazileiro, não comprehendidos nesta exigencia os naturalisados em virtude do disposto no art. 69, n. 4 (os que, achando-se no Brazil aos 15 de novembro de 1889, não houverem optado, nos termos da legislação, pela nacionalidade de origem).

— A QUALIDADE DE BRAZILEIRO ADQUIRIDA POR NATURALISAÇÃO, ISENTA O NATURALISADO DA OBRIGAÇÃO DO SERVIÇO MILITAR EM SEO PAIZ DE ORIGEM? A doutrina seguida no Brazil é que a naturalisação não subtrahe o nacionalisado ás obrigações por elle anteriormente contrahidas no paiz de origem (Circular ás Legações Brazileiras em 23 de maio de 1890, Relatorios do Ministro das Relações Exteriores do mesmo anno e de 1898). A não ser assim, o Brazil offereceria ás outras nações o espectaculo, pouco digno e nada honroso, de se constituir receptaculo e asylo dos desertores d'ellas.

Art. 85. E' cidadão brazileiro todo aquelle que, possuindo qualquer das qualidades do art. 84 tenha a edade de 21 annos completos e esteja alistado eleitor.
Paragrapho unico. Não poderão ser alistados eleitores para os cargos federaes ou de Estado:
1.º Os mendigos;
2.º Os analphabetos;
3.º As praças de pret do exercito e armada e as de qualquer instituição militar creada e sustentada pelos Estados:
4.º Os religiosos de ordens monasticas, companhias, congregações, ou communidades de qualquer denominação, uma vez que seus membros sejam ligados por voto de obediencia ou regra, ou estatuto que importe a perda ou o sacrificio da liberdade.
(Projecto da commissão do governo provisorio.)

Art. 70. São eleitores os cidadãos maiores de 21 annos, que se alistarem na fórma da lei.
§ 1.º Não podem alistar-se eleitores para as eleições federaes ou para as dos Estados:
1.º Os mendigos;
2.º Os analphabetos;
3.º As praças de pret, exceptuados os alumnos das escolas militares de ensino superior;
4.º Os religiosos de ordens monasticas, companhias, congregações ou communidades de qualquer denominação, sujeitas a votos de obediencia, regra ou estatuto, que importe a renuncia da liberdade individual.
§ 2.º A eleição para cargos federaes reger-se-á por lei do congresso.
§ 3.º São inelegiveis os cidadãos não alistaveis.
(Decretos n. 510, de 22 de junho e n. 914 A. de 23 de outubro de 1890.)

Art. 70. O § 2 foi supprimido na redacção, em 21 de fevereiro de 1891 (passando o § 3 a ter a numeração de 2.º) pela commissão do congresso.

Art. 70. São eleitores os cidadãos maiores de 21 annos, que se alistarem na fórma da lei.
§ 1.º Não podem alistar-se eleitores para as eleições federaes, ou para as dos Estados:
1.º Os mendigos;
2.º Os analphabetos;
3.º As praças de pret, exceptuados os alumnos das escolas militares de ensino superior;
4.º Os religiosos de ordens monasticas, companhias, congregações, ou communidades de qualquer denominação, sujeitas a voto de obediencia, regra, ou estatuto, que importe a renuncia da liberdade individual.
§ 2.º São inelegiveis os cidadãos não alistaveis.

Art. 70. Eleitores. Pelo decreto n. 6 de 19 de novembro de 1889, já o governo provisorio declarára eleitores para as camaras geraes e locaes «todos os cidadãos brazileiros no goso de seus direitos civis e politicos, sabendo ler e escrever». Esta extensão do direito de suffragio á generalidade dos cidadãos impunha-se como essencial ao novo regimen politico. Consagraram-n'a os projectos preliminares, dos quaes o de Americo Braziliense a estabeleceo com limitações deduzidas da natureza e fim do voto, no art. 69, que sob n. 85 passou para o projecto da commissão do governo provisorio, e d'ahi (com alteração do § 1 n. 3, afim de admittirem-se ao eleitorado os alumnos das escolas militares de ensino superior) para a Constituição apresentada ao congresso constituinte; e, por este approvado, sendo mantida a dita alteração e rejeitadas as emendas offerecidas, é o artigo de que nos estamos occupando.

As excepções estabelecidas nos differentes numeros do § 1, fundamentam-se na falta de independencia e de isenção dos exceptuados. Estes, com effeito, pela sua condição, não podem fazer uso consciente, discreto e voluntario do direito de voto, que assim em suas mãos perderia toda a significação e valor. E si isto não é inteiramente applicavel aos analphabetos, pois não se póde contestar que muitos d'elles haverá no caso de exercer bem esse preciosó direito, todavia é tambem innegavel que sua ignorancia os constitue n'uma situação de dependencia de quem lhes escreve a cedula e na de não poderem verificar a sinceridade d'ella, expostos assim a ludibrio dos cabalistas de eleição, resabidos e mui ferteis em ardis e manhas para arranjar votos.

Além de que, a exclusão dos analphabetos não lhes crêa um impedimento invencivel e, de sua natureza, perpetuo ao exercicio do voto. E' antes uma simples suspensão d'elle e na vontade do excluido está fazel-a cessar. Com os modernos processos de ensino primario, em muito pouco tempo e com facilidade se aprende a ler e escrever. Finalmente a interdicção do voto aos illettrados é uma bem avisada determinação da lei, ainda por outra razão que em nosso systema politico é de alta monta"; ella concorrerá, ainda que indirecta, mas efficazmente, para o desenvolvimento da instrucção popular, a qual é um dos principaes elementos da prosperidade da Republica, *an object of primary importance*, dizia G. Washington (ADDRES TO THE PEOPLE OF U. S., September 17, 1796) (*)

A inclusão dos alumnos do curso superior militar suscitou discussão, parecendo inconveniente e menos propria da disciplina, mas a isto se respondia :

«A disposição contida em o n. 3° representa uma homenagem ás classes militares, factores gloriosas da revolução nacional de 15 de novembro, uma homenagem de todo o ponto justa aos moços, que foram o braço fortissimo daquelle feito épico, que foram, que são e que hão de ser, como o exercito inteiro, a garantia da realisação do ideal inscripto na nossa bandeira—ordem e progresso—, que hão de ser invicta barreira contra qualquer tentativa de oppressão ou de despotismo.» ANNAES, Vol. II, pag. 245 (Disc. do deputado LAURO SODRÉ, sessão de 13 de janeiro de 1891.)

A exclusão dos religiosos de ordens monasticas já a Republica a encontrou (Const. imperial, art. 92 § 4) e não podia deixar de mantel-a. Não se póde admittir ao elcitorado quem tem feito renuncia de sua vontade e liberdade; o voto religioso é de si mesmo incompativel com o voto politico e nada exprimiria sinão a vontade do superior, do geral da ordem. E muito curioso é que se argumentasse com a «liberdade espiritual» para dar uma tão importante funcção politica, e que tanto depende do livre alvedrio, aos que tem a elle renunciado inteiramente, despojando-se do direito de agir á sua vontade. (*)

Não se trata pois de uma medida de excepção contra o clero catholico; já existia, sem se lhe attribuir esse caracter e nunca se considerou tal ; pelo menos entre as queixas contra o regalismo, contra as violencias de que se fazia carga ao Imperio, jámais se vio ser levantada esta. Nem a egreja catholica em tempo algum, cremos, disputou para os individuos das ordens monasticas e congeneres o direito de votar nas eleições politicas, o que fôra o desconhecimento da indole e fins dos institutos dessa natureza.

— Além das exclusões expressas na Constituição, subsiste a das mulheres, visto não ter sido approvada nenhuma das varias emendas que lhes attribuiam o direito de voto politico. Os ANNAES guardam a interessante discussão havida e na qual se exibiram argumentos de toda a ordem, sustentados de parte a parte com mestria e talento e que revelam o incremento que tem tomado entre nós a idéa.

O deputado Pedro Americo tinha dicto (sessão de 27 de jan. de 1891):

Deixo a outros a gloria de arrastarem para o turbilhão das paixões politicas a parte serena e angelica do genero humano. A observação dos phenomenos affectivos, physiologicos, psychologicos, sociaes e moraes não me permitte erigir em regra o que a historia consigna como simples, ainda que insignes, excepcções. Pelo contrario, essa observação me persuade que a missão da mulher é mais domestica do que publica, mais moral do que politica. Demais, a mulher não direi ideal e perfeita, mas simplesmente normal e typica, não é a que vae ao fôro, nem á praça publica, nem ás assembléas politicas defender os direitos da collectividade, mas a que fica no lar domestico, exercendo as virtudes femnis, base da tranquillidade da familia, e por consequencia da felicidade social.

A maioria do congresso constituinte, apezar da brilhante e vigorosa dialetica exhibida em prol da mulher-votante, não quiz a responsabilidade de «arrastar para o turbilhão das paixões politicas a parte serena e angelica do genero humano.» *Sint ut sunt*.

Para as eleições federaes ou para as dos Estados prevalecem as exclusões aqui estabelecidas, porque assim o declara o § 1°, pr.; mas neste ponto é incontestavel que deo-se invasão na esphera dos direitos antonomicos dos Estados, entre os quaes figura o de estabelecer os requisitos de seu eleitorado proprio. Elles têm de constituir suas auctoridades politicas por meio de eleição, visto que devem observar o principio representativo (um dos que lhes impõe o art. 63); mas o modo dessa eleição e a capacidade eleitoral escapam sem duvida á competencia federal, incluem-se nos poderes estaduaes.

(*) O Aviso n. de 14 de março de 1890 mandou alistar como eleitores os naturalisados que não conhecendo a lingua nacional, todavia soubessem ler e escrever na materna ou em qualquer outra.
A lei n. 35 de 26 de Janeiro de 1892, art. 22, mandou manter no alistamento os eleitores analphabetos, qualificados em virtude da legislação anterior.

(*) «Devemos considerar que se trata de individuos em condições excepcionalissimas, de individuos que fazem renuncia da autonomia de suas consciencias, que expontaneamente se collocam fóra da lei e da sociedade, que se segregam do meio social.» (LAURO SODRÉ, Disc. na sessão de 13 de Janeiro de 1891.)
«A incapacidade politica (art. 70 § 4) é, neste caso, imposta, porque realmente a abdicação da liberdade e a esta condição viciaria o voto, que deixaria de ser a manifestação de uma vontade livre.» (CLOVIS BEVILACQUA, Lições de legisl. comp., 1893, pag. 41).

Entretanto, são de tal modo salutares e justificadas as referidas exclusões, que, mesmo não tendo para elles caracter obrigatorio, os Estados espontaneamente as inscreveram nas suas constituições.

Na União Norte-Americana esta materia, pela constituição (art. 1º, secção 4ª, n. 1) foi deixada aos Estados, que a podem regular, não só quanto aos requisitos do eleitor, mas ainda quanto ao logar e modo da eleição para o congresso federal, reservado á União o direito de modificar por lei o regulamento dos Estados (menos quanto ao logar das eleições senatoriaes, que são feitas pelas assembléas legislativas dos Estados em sua séde) *Vide* WALKER, *Intr. to Am. Law.* § 1.

Inelegiveis—São os que, por falta dos requesitos legaes, não podem ser alistados como eleitores, isto é, os menores de 21 annos, e os das quatro classes que o § 1º manda excluir, bem como os que estiverem suspensos de seos direitos de cidadão e os que os houverem perdido, nos termos do art. 71. Seria contradictorio que áquelles mesmos que a lei considera improprios para eleitores, inhabeis para escolher os mandatarios da nação, se concedesse o direito de elegibilidade. As causas, a condição ou estado do individuo, que o tornam incapaz para o voto, necessariamente e com maioria de razão o incapacitam para mais importantes funcções politicas.

Não alistaveis, diz a Constituição e muito de industria, para permittir a eleição de cidadãos que, não estando alistados como eleitores, tenham entretanto todos os requisitos legaes para o serem. Fóra realmente absurdo reduzir á condição de incapazes os que em si reunem as qualidades com que a lei caracterisa a capacidade. O facto nú, e muita vez occasional, de não se achar contemplado no alistamento um cidadão em taes condições não deveria tornal-o interdicto á escolha do eleitorado, que assim seria coarctada, sem razão e sem vantagem. E, quiçá com desvantagem mesmo, pois isso impediria por um minimo incidente, de todo insignificante para o caso, o chamarem-se para as mais altas funcções politicas pessoas que por seo caracter e superiores aptidões o merecessem e as circumstancias do paiz ou as sympathias do nação estivessem indicando.

— A mesma razão prevalece para a elegibilidade dos que não residem no paiz, no Estado, ou no districto onde se faz a eleição e que por isso não pódem, não tendo ahi, domicilio ser incluidos no alistamento eleitoral.

D'isto não se occupa a Constituição Federal e tampouco a lei eleitoral a que se refere seo art. 34, n. 22 (Lei n. 35 de 26 de jan. de 1892), ao envez do que fizera a constituição imperial (art. 96), dizendo Pimenta Bueno, o seu mais autorisado expositor, que neste objecto «a maior garantia é a plena liberdade do eleitor, que melhor que ninguem consultará seos interesses e irá procurar os talentos e idéas que lhe agradem, onde estiverem. (DIR. PUBL. BRAZ., n. 60).

No silencio da actual Constituição e inspirando-se nas considerações que obviamente occorrem, da liberdade eleitoral e da conveniencia publica, o congresso nacional tem, sem questão, admittido como legitimas as eleições das pessoas nas condições a que nos referimos.

Art. 86. Suspende-se o exercicio dos direitos de um cidadão brazileiro:	Art. 71. Os direitos de cidadão brazileiro só se suspendem, ou perdem nos casos aqui particularisados.	Art. 71.. § 1.º Supprimam-se as palavras—esses direitos.	Art. 71. Os direitos de cidadão brazileiro só se suspendem, ou perdem nos casos aqui particularisados.

Art. 86. Suspende-se o exercicio dos direitos de um cidadão brazileiro:
1.º Por incapacidade physica ou moral;
2.º Emquanto durarem os effeitos de qualquer condemnação criminal.
Art. 87. Perde os direitos de cidadão brazileiro:
1.º O que se naturalisar em paiz estrangeiro;
2.º O que sem licença do governo aceitar emprego, pensão, titulo ou condecoração de qualquer governo estrangeiro;
3.º O banido por sentença.
Art. 88. A perda dos direitos de cidadão não é irrevogavel. Uma lei do congresso estabelecerá as condições de rehabilitação.
(Projecto da commissão do governo provisorio.

Art. 71. Os direitos de cidadão brazileiro só se suspendem, ou perdem nos casos aqui particularisados.
§ 1.º Suspendem-se esses direitos:
a) por incapacidade physica ou moral;
b) por condemnação criminal, emquanto durarem os seus effeitos.
§ 2.º Perdem-se:
a) por naturalisação em paiz estrangeiro;
b) por aceitação de emprego, pensão, condecoração ou titulo estrangeiro, sem licença do poder executivo federal;
c) por banimento judicial.
§ 3.º Uma lei federal estatuirá as condições de reacquisição dos direitos de cidadão brazileiro.
(Decretos n. 510, de 22 de junho e n.914 A, de 23 de outubro de 1891.)

Art. 71.. § 1.º Supprimam-se as palavras—esses direitos.
Emenda da commissão do congresso (approvada em 15 de janeiro de 1891.)
Ao art. 71 § 2 b:
Supprimam-se as palavras condecorações ou titulo estrangeiro. — Bulhões e outros.
(Emenda approvada em 12 e 18 de fevereiro de 1891.)
Depois da palavra — pensão — accrescente-se:
— de governo estrangeiro.
Da commissão do congresso.
(Emenda approvada em 23 de fevereiro de 1891).
c) Supprima-se.
Emenda da commissão do congresso (considerada prejudicada em 16 de janeiro de 1891, por ter sido approvada outra, tambem da commissão, ao § 21 do art. 72 do projecto, para abolir-se o banimento judicial).

Art. 71. Os direitos de cidadão brazileiro só se suspendem, ou perdem nos casos aqui particularisados.
§ 1.º Suspendem-se:
a) por incapacidade physica ou moral;
b) por condemnação criminal, emquanto durarem os seus effeitos.
§ 2.º Perdem-se:
a) por naturalisação em paiz estrangeiro;
b) por aceitação de emprego ou pensão de governo estrangeiro, sem licença do poder executivo federal;
§ 3.º Uma lei federal determinará as condições de reacquisição dos direitos de cidadão brazileiro.

Art. 71. Os direitos de cidadão brazileiro, de cuja perda cogita a Constituição, são os que procedem da qualidade de nacional do Brazil e da capacidade politica, isto é, os que se firmam nas relações dos individuos para com o Estado, quer sejam os *direitos politicos* propriamente dictos, quer outros direitos para com o Estado na esphera da legislação administrativa. São todos os direitos de que gosam os membros da sociedade politica brazileira nessa qualidade, como associados d'ella (e não os direitos do homem, os direitos individuaes, que a propria Constituição reconhece nos estrangeiros e garante tanto a elles como aos brazileiros.) Chamam-se *politicos* por que conferem ao cidadão a faculdade de participar mais ou menos immediatamente do exercicio ou estabelecimento do poder e das funcções publicas. (*)

Só... nos casos aqui particularisados. A acquisição, goso e perda dos direitos de cidadão, da nacionalidade, constituem materia fundamental n'uma organisação politica; não poderia por isso ser deixada ás legislaturas em sua funcção ordinaria, até mesmo pelo perigo que resultaria do arbitrio na regularisação d'ella, e pelos inconvenientes da instabilidade da legislação em assumpto que envolve relações da maior importancia.
Sabe-se que ha nações cuja Constituição deixa á lei ordinaria tudo quanto a este ponto se re-

fere, como a França, onde isso se regulou no codigo civil, e outras em que alguma cousa ficou á legislação ordinaria, e é o caso das constituições federaes dos Estados Unidos N. Amer. e da Suissa, quanto á perda da nacionalidade. Mas o facto não prova aqui contra a doutrina nem póde ser invocado contra o risco a que elle expõe os cidadãos, contra os abusos que póde originar e conflictos que surjam na esphera do direito internacional privado.

Nossa Constituição, com razão, quer que *só nos casos n'ella particularisados* se suspendam e se percam os direitos de cidadão brazileiro, que assim ficam fixados e estabelecidos do modo o mais estavel, certo e seguro, como convém.

A lei regulamentar das eleições, transcrevendo no seo art. I a disposição constitucional de que nos occupamos, accrescenta-lhe como casos de perda dos *direitos de cidadão brazileiro* os dous previstos no art.72 § 29 da Constituição (allegação de crença religiosa como escusa de onus quaesquer, por lei impostos aos cidadãos, e aceitação de condecorações e titulos nobiliarchicos estrangeiros). Lei n. 35, de 26 de janeiro de 1892, art. 1 § 2. N'isto se verifica mais uma vez quanto é incurial e arriscado incluir nas leis e regulamentos texto constitucional, não transcripto *ipsis verbis*. (A simples substituição por synonimia, a mudança ou transposição de uma palavra, mesmo de um signal orthographico, pódem alterar o sentido do texto).

O art. 71 § 2 trata da *perda dos direitos de cidadão;* o art. 72 § 29 commina a *perda dos direitos politicos;* o que não é a mesma cousa, pois pódem se perder estes sómente, sem n'isso irem-se a qualidade de cidadão, a nacionalidade de brazi-

---

(*) Nestas definições seguimos a Teixeira de Freitas, Consol. das leis civis, Intr., not. 224 e segs. e *Esboço do cod. civ.*, not. aos arts. 37 e segs.
O projecto de Constituição de 1823 dizia: «Art. 29. Os direitos politicos consistem em ser-se membro das diversas autoridades nacionaes, das autoridades locaes, tanto municipaes como administrativas e em concorrer-se para a eleição d'essas autoridades.»

leiro, os direitos de que os nacionaes gosam além dos de ordem politica. (*)

De governo estrangeiro. Aqui se inclue o governo da Santa Sé, conforme foi decidido em 24 de março de 1892, perdendo os direitos politicos os que aceitarem condecorações ou titulos nobiliarchicos concedidos pelo Papa. Aviso n. de 14 de janeiro de 1893.

Quid com relação a nomeação de arcebispos e bispos ? Evidentemente trata-se de provimento de cargo (qualquer que seja sua natureza) de governos estrangeiros, e um destes é, como se acaba de ver a Santa Sé; tanto basta pois, na generalidade dos termos da disposição constitucional, para a aceitação ficar dependente de licença do governo brazileiro; mas ha a notar que á nomeação, em taes casos, sôe preceder, conforme salutar estylo diplomatico (que não é sinão homenagem ao poder soberano do estado), consulta do governo nomeante; e sem a acquiescencia do consultado, declarando *persona grata* o candidato, este não é admittido ao cargo. Essa acquiescencia envolve, sem duvida, permissão ao nomeado para a aceitação, nos casos a que nos referimos.

E aqui cumpre ter em vista o que observava o abalisado Pimenta Bueno:

« E' mister que o poder publico, que deve manter os bons costumes, a segurança e a tranquillidade nacional, tenha o impreterivel direito de reconhecer e proferir os sacerdotes que por suas virtudes e conhecimentos offereçam as garantias necessarias, que não venham perturbar a ordem politica, levantar conflictos ou difficuldades.»

Assim o entendia o grande mestre em vista da alta importancia e influencia das funcções das autoridades ecclesiasticas sobre a moral do povo e sobre a direcção social e reconhecia ao imperio esse direito, independentemente do padroado e de concordatas com a Santa Sé. *Vide* DIR. PUBL. BRAZ., pag. 422. Hoje o governo não apresenta nem nomeia mais autoridades ecclesiasticas, desde que separaram-se a egreja e o estado, mas subsiste aquelle *impreterivel direito*, inherente á sua soberania.

Sem licença. A Constituição faculta ao brazileiro a aceitação de emprego ou pensão de governo estrangeiro, comtanto que para isso haja licença do governo brazileiro. Esta exigencia funda-se no perigo que corre a lealdade do cidadão que por salario serve a governo estrangeiro e na conveniencia de evitar que este, por grandes vantagens pecuniarias, tente certos funccionarios do paiz, e ou impeça-o de continuar a ter os bons serviços destes ou quiçá os aproveite contra elle. O governo, porém, concederá a licença, si verificar que a aceitação do emprego ou pensão nenhuma influencia terá nos negocios e interesses do paiz.

Nos Estados Unidos Norte-Americanos a prohibição restringe-se aos cidadãos que exercem empregos publicos (Const., art. 1, secç. 9, n. 8) e Paschal cita o caso de não se ter consentido a aceitação, por um marechal, do lugar de agente commercial da França (Const. exp. e annot., n. 151).

Entre nós a prohibição refere-se a todos os brazileiros, exerçam ou não funcções publicas. Ha ainda a notar que a aceitação de condecorações ou titulos nobiliarchicos estrangeiros é absolutamente prohibida ; nem com licença do governo póde ter logar, vistos os termos peremptorios da disposição constitucional. Ella acarreta em todo o caso *a perda de todos os direitos politicos* (art. 72, § 29).

Póde ser renunciada a qualidade de cidadão brazileiro ? No regimen imperial fôra esta questão resolvida negativamente. O Aviso n. 221, de 10 de outubro de 1832, havia declarado que «a ninguem é licito renunciar o fôro de cidadão brazileiro, que comprehende não só direitos, mas tambem onus que a sociedade tem jus de exigir ; pois que a Constituição no art. 6 marcou a acquisição dos direitos de cidadão brazileiro e no art. 7 a perda dos mesmos, o que exclue qualquer outro meio de adquiril-os e perdel-os.»

E é evidente que a mesma razão subsiste no regimen actual. Assim o considerou o Aviso n. de 14 de janeiro de 1893.

E' visto, porém, que isto não se refere á renuncia que resulta do acto voluntario da naturalisação do brazileiro em paiz estrangeiro e da aceitação, sem licença do governo federal, de emprego ou pensão de governo estrangeiro *ex-vi* do art. 71, § 2.).

— *Quid* quanto á nacionalidade da brazileira que se casar com estrangeiro ? O Decr. n. 1096 de 10 de dezembro de 1860 estabelecia que ella seguisse a condição do marido; o casamento a desnacionalisava. E o Aviso cit. de 14 de janeiro de 1893 considerou inteiramente em vigor aquelle decreto, em vista do art. 83 da Constituição, que mantém a legislação a ella anterior, emquanto não fôr revogada.

Mas, 1°, embora estivesse em vigor tal decreto, era elle inconstitucional perante a carta de 1824, em vista de seo art. 178, pois reformou-a independentemente dos tramites constitucionaes em ponto relativo aos direitos do cidadão, e certamente não foi proposito da Constituição de 24 de fevereiro revalidar actos legislativos anteriores que por inconstitucionaes não tinham força obrigatoria;

2°, para que vigorasse ainda depois da nova Constituição o citado decreto, era preciso que se verificasse a condição, estatuida no art. 83, de não ser elle contrario aos principios n'ella consagrados, e o art. 71 expressamente estabelece

---

(*) A person may be a citizen, that is, owe allegiance to the government and be entitled to protection from it, and yet not possess the qualifications required by law to do certains things that other citzens do. For example, the mere fact of citzenship does not entitle any person to exercise the right of suffrage. He must in addition to such fact possess the qualifications required by law as the condition of such exercise (H. FLANDERS, An Exposition on the Const. of the Un. Stat., 4.th, ed., pag. 255.) O que o autor diz quanto ao voto, applica-se, em geral, aos direitos politicos.

o de que os direitos. de cidadão brazileiro sómente se perdem nos casos n'elle particularisados ; o que absolutamente exclue outros quaesquer que possam occorrer ;

3.º a commissão de constituição, legislação e justiça da camara dos deputados no parecer sobre o projecto do deputado A. Milton e outros, determinando as condições de reacquisição dos direitos de cidadão brazileiro, opinou pela approvação do projecto, com excepção do artigo que fazia perder a nacionalidade brazileira a mulher brazileira que se casar com estrangeiro si, conforme a lei do paiz a que este pertencer, adquirisse ella a nacionalidade de seo marido; e disse:

« Dispondo a Constituição taxativamente no art. 71 § 2º os dous unicos casos de perda dos direitos de cidadão brazileiro, e são o da naturalisação em paiz estrangeiro e o da aceitação de emprego ou pensão de governo estrangeiro sem licença do poder executivo federal, parece que a mulher brazileira que se casa com estrangeiro, não incorrendo pelo simples facto do casamento em nenhum d'esses casos, mantém apezar do casamento a nacionalidade brazileira, revogada assim pela Constituição a legislação anterior que lhe dava a nacionalidade do marido, na constancia do casamento. Póde acontecer que a nação a que pertença o marido considere a nacionalidade d'este a mulher estrangeira pelo simples facto do casamento e, assim, vir a mulher brazileira que se casa com estrangeiro a ficar com duas nacionalidades— a brazileira, pela nossa Constituição, e a de seu marido, pela legislação do paiz a que este pertença; mas não é de certo razão para considerar revogada uma disposição de nossa Constituição o dispôr de modo contrario a ella a legislação de um paiz estrangeiro.»

4.º Com este parecer conformou-se a votação do congresso, rejeitando o artigo impugnado, e na lei n. 569 de 7 de junho de 1889, em que se converteo o projecto, não figura disposição alguma autorisando a desnaturalisação da mulher pelo facto do casamento com estrangeiro.

Uma lei federal determinará. Nenhuma lei se fez durante o imperio para reger esta importante materia. Os casos occurrentes eram resolvidos, ora pelo poder legislativo, ora pelo executivo. São disso prova os decr. de 4 de Janeiro de 1834, a resolução imperial de 3 de setembro de 1857, decr. n. 1105 de 21 de setembro de 1860, n. 1122 de 5 de julho de 1861, etc. O conselho de estado, em consulta de 30 de 1877, n'um caso de exercicio de emprego publico em paiz estrangeiro, opinou que o governo não tinha competencia para administrativamente tomar conhecimento da especie e fazer effectiva a sancção constitucional, não sendo licita a applicação de penas sem audiencia do accusado, processo regular e julgamento por tribunal com jurisdicção firmada em lei. Voto divergente considerava pouco proprio e sujeito a inconvenientes resolverem-se taes casos por processo judiciario (promovido por quem? perante qual juiz? e si o brazileiro não tivesse domicilio no imperio?), sendo certo que não havia exemplo de intervenção judiciaria em assumptos desta natureza.

No regimen republicano, por decr. de 12 de abril de 1892, o poder executivo ,não existindo ainda então acto do congresso nacional por onde se regulasse o caso e considerando que, por haver aceitado titulo nobiliarchico estrangeiro, um tenente-coronel de guarda nacional tinha perdido todos os direitos politicos, o demittio desse posto. O congresso nacional, desempenhando o preceito constitucional, votou a lei n. 569, de 7 de junho de 1899, que « determina as condições de perda e reacquisição dos direitos politicos e de cidadão brazileiro», e por ella manteve ao poder executivo a attribuição de que elle estava de posse e que lhe fica bem. Cabe-lhe ella pela mesma razão que é ao chefe desse poder que compete dar ou negar a licença para a aceitação de emprego ou pensão de governo estrangeiro.

Da perda dos direitos politicos e da qualidade de cidadão sómente terá de conhecer o poder judiciario n'algum caso que lhe possa ser levado *in specie* ou em observancia do art. 55 do codigo penal, quanto á applicação e effeitos da pena de interdicção, isto é, quando essa perda assumir o caracter de pena criminal (que não é o caso do art. 70 § 2).

A citada lei (*) tem, com outros defeitos, o de não ter fixado prazo para os agraciados declararem á autoridade si aceitam ou não o cargo, pensão, titulo ou condecoração para, na falta dessa declaração, serem tidas como por elles aceitas taes mercés ou distincções. Uma das difficuldades, que na pratica tem encontrado a applicação da comminação constitucional, tem sido não se poder verificar em cada caso o facto da aceitação, e pelo modo indicado a isso se obviaria.

— Tratando de suspensão e perda de direitos politicos bem é referir aqui a Emenda XIV das addicionaes á Constituição dos Estados Unidos

---

(*) Decreto n. 569, de 7 de junho de 1899.
Art. 1º Perdem o direito de cidadãos brazileiros :
§ 1º Os que se naturalizarem em um paiz estrangeiro (Constituição, art. 71, § 2º, letra *a*.)
§ 2º Os que aceitarem qualquer emprego ou pensão, de governo estrangeiro, sem licença do poder executivo federal (Constituição, art. 71, § 2º, letra *b*.)
Art. 2º Ao poder executivo compete conhecer dos casos previstos na presente lei, afim de os pronunciar por decreto.
Art. 3º Readquire os direitos de cidadão brazileiro o nacional desnaturalizado, que obtiver sua reintegração por decreto, tambem do poder executivo, uma vez que esteja domiciliado no Brazil.
§ 1º Para este fim, o pretendente dirigirá petição documentada ao presidente da Republica, por intermedio do ministro do interior, ou do governador, ou do presidente do Estado em que residir, com a firma devidamente reconhecida, podendo a respeito d'aquella ser ouvido o procurador geral da Republica.
§ 2º O brazileiro que assim readquirir a sua qualidade gosará desde logo de todos os direitos que exclusivamente pertencem aos cidadãos brazileiros.
Art. 4º Os filhos menores do nacional reintegrado em seus direitos de cidadão brazileiro ficam nas mesmas condições de seo pae, si a lei do paiz a que elles pertenciam permittir o effeito collectivo da desnaturalização.
Art. 5º Perdem todos os direitos politicos :
§ 1º Os brazileiros que allegarem motivo de crença religiosa, como o fim de se isentarem de qualquer onus que as leis da Republica imponham, porventura, aos cidadãos (Constituição, art. 72, § 29.)
§ 2º Os brazileiros que aceitarem condecoração ou titulo nobiliarchico estrangeiro (Constituição, art. 72, § 29.)
Art. 6º O poder executivo é competente, do mesmo modo, para impôr esta pena por decreto expedido pelo ministerio do interior.
Art. 7º Readquirem os direitos politicos :
§ 1º Os brazileiros desnaturalizados que affirmarem, por um termo assignado com duas testemunhas, perante o ministro do interior, governador ou presidente de Estado em que residirem, achar-se promptos para supportarem os onus impostos aos cidadãos pelas leis da Republica, e de que se tinham já libertado.
§ 2º Os brazileiros desnaturalizados que, por um termo identico, affirmarem que têm renunciado a condecoração ou titulo que haviam aceitado, devendo ser transmittida ao respectivo governo a communicação da occurrencia pelas vias diplomaticas regulares.
§ 3º Quer em uma, quer em outra hypothese, o poder executivo, a quem será remettida copia do termo que fôr assignado perante o governador ou presidente do Estado, expedirá decretos confirmando as alludidas affirmações.
Art. 8º Revogam-se as disposições em contrario.

Norte-Americanos, que prohibio a eleição ou nomeação para quaesquer funcções ou cargos publicos da União e dos Estados, de toda a pessoa que, uma vez tendo prestado juramento ou affirmação, na qualidade de funccionario eleito ou nomeado para empregos federaes ou estaduaes, houvesse tomado parte em rebellião ou insurreição contra os Estados Unidos ou por qualquer modo tivesse auxiliado ou favorecido seus inimigos ; podendo, porém, o congresso nacional, por dous terços de votos de cada uma de suas camaras, remover esta incapacidade.

Quanto uma tal prohibição é propria para conter a ambições desenfreiadas e irrequietas que engendra o apetite do poder e para, pela segurança e paz publica, consolidar as instituições que a nação tem adoptado como as melhores, como as que mais ine convém e que, quando o bem publico o exigir, por meios regulares poderão ser opportunamente reformadas, — é cousa que muito bem se comprehende e dispensa demonstrações.

SECÇÃO II

DECLARAÇÃO DE DIREITOS

Secção II. Declaração de direitos.

Esta epigraphe não passou sem reparo no congresso constituinte. Vinha do projecto Americo Braziliense. Adoptou-a o da commissão do governo provisorio; d'ahi passou para o projecto deste. E no congresso constituinte foi objecto de emenda. Um substitutivo apresentado pelo representante Nelscn de Vasconcellos propunha, em seo lugar, esta: «Garantias de ordem e progresso em toda a União», que na votação cahio (ANN. DO CONGR. CONST., vol. II, pags. 281 e 312) Era algo vaga e não condizia com toda a materia da secção. Ficou a do projecto, tambem defeituosa e impropria.

Lembra ella, sim, o *bill of rights* imposto, em 1688, á realeza na Inglaterra e a *Declaração dos direitos do homem e do cidadão*, que os revolucionarios francezes de 1789 proclamaram como a «reacquisição dos titulos perdidos da Humanidade». Mas como reminiscencia historica, não quadra ao caso brazileiro. O reconhecimento dos direitos de que se trata não tinha, entre nós, que ser imposto, nem declarado; estavam elles já consagrados nas leis do paiz e em seo goso os cidadãos (salvo abusos, que, ainda numerosos, não chegavam entretanto a annullal-os). Não havia que annuncial-os, proclamal-os de novo; o fim da nova Constituição só podia ser mantel-os e assegural-os melhormente,—conferir-lhes valiosas *garantias*. — Mas o titulo mesmo de «garantias constitucionaes», applicado ao capitulo reservado á consagração dos meios de fazer effectiva a inviolabilidade dos direitos individuaes, preexistentes e superiores á Constituição, não assentaria exactamente á SECÇÃO de que nos occupamos, desde que n'ella se enxertaram materias differentes. Com effeito, nem todas as suas disposições contêm garantias; e varios artigos, como resulta da simples leitura d'elles, referem-se a assumptos inteiramente estranhos ao exercicio dos direitos individuaes (aposentadorias, patentes militares, prohibição de accumulação de vencimentos, perdas de direitos politicos).

Felizmente, nada tira isso á valia e effeitos praticos das referidas disposições.

— Tem sido objecto de discussão si uma declaração de direitos e garantias se deve ter como um capitulo essencial nas constituições politicas.

A convenção de Philadelphia prescindio d'isso na Constituição que elaborou tão sabiamente para os Estados Unidos N. Americanos. Uma Constituição já é em si mesma um systema e conjuncto de garantias para assegurar o livre exercicio dos direitos; ella não os crea, não os fabrica, encontra-os existentes; nem precisa registral-os, é ordenada para protegel-os todos. E ha até perigo na menção particularisada d'elles, porque n'isso alguma cousa póde escapar (*) e os termos da declaração ou rol de direitos podem motivar duvidas quanto á extensão d'elles, ou fornecer pretexto para interpretações cavilosas e tyrannicas.

A noção historica de taes actos de declaração mostram-n'os repugnantes ás constituições republicanas. Contra a realeza eram necessarios, como reconhecimento e compromisso da manutenção dos direitos que a experiencia tinha mostrado a cada passo espesinhados. Mas esses direitos n'um regimen de origem popular, fundado na vontade do povo que já os possue, são o apanagio de cada homem e não necessitam de proclamação nem dependem de inscripção e registro. (*) N'uma Constituição federal menos cabida é ainda essa resenha, desde que ahi se trata de estabelecer limitações aos poderes de governo e estes se reduzem unicamente aos enumerados e aos implicitos; basta que nenhum poder seja outorgado em restricção dos direitos de que se trata, para que, só por isso, não possam ser mutilados ou desconhecidos.

Certo não são sem valor estas razões. Mas, de um lado a desconfiança, inspirada na lembrança do sacrificio e postergação anterior dos mais respeitaveis direitos individuaes, e por outro cabo o zelo e natural ciume pela liberdade, erguem-se vigorosos para não prescindir-se do que parece ser mais uma boa cautela, uma segurança mais. E si Alexandre Hamilton, com toda a sua indisputada autoridade em tudo o que se refere á organisação federal republicana, pôde dizer com fundamento que as simples palavras do preambulo da constituição feita pela Convenção de Philadelphia contêm um reconhecimento mais efficaz dos direitos do povo, do que volumes de todos os aphorismos que mais avultam nas Constituições dos Estados, e que melhormente ficariam collocados em um livro de moral, do que n'uma constituição, (FEDERALIST., cap. 84) não menos para ter-se em conta é a conceituosa observação do grande Portalis (na Exposição de motivos do tit. I do cod. civ. francez), que «ha verdades uteis que não basta publicar uma vez; mas é necessario publical-as sempre e devem de continuo ferir o ouvido do magistrado. do juiz e do legislador, porque devem ser constantemente presentes ao seo espirito.»

A falta de uma enumeração systematica dos DIREITOS (*individuaes, pessoaes* ou *fundamentaes*) DO CIDADÃO muito embaraçou a ratificação, pelos Estados, da constituição da Convenção de Philadelphia (1787) (**) e o congresso, logo em 1789, emendou-a, additando-lhe, em dez artigos, disposições que são a expressa consagração daquelles direitos. E os Estados não tardaram então em os ratificar.

(*) Como se deo com o § 26 do mesmo art. 72, que garante a propriedade das obras *litterarias* e *artisticas*, esquecendo as *scientificas*, e o § 27 a das marcas de fabrica, e não menciona as *de commercio*.

E tambem não vem mencionada no artigo a liberdade de ensino. Sómente por inferencia e combinação dos §§ 11 e 24 é que a temos, que não pelo texto expresso, apezar de seo tão grande valor e importancia.

(*) As actuaes *leis constitucionaes* da França não enumeram os o direitos do homem o. Elles são preexistentes e inconcussos.

(**) *Vide* C. L. STEVENS, « Sources de la Const. des États-Unis», trad. de L. Vossion, pag. 219.

Os paizes que têm depois adoptado o regimen federativo hão comprehendido em suas constituições a declaração de direitos. Entre nós ella figurára no projecto dos constituintes de 1823 (arts. 7 a 58) e na constituição de 1824 (art. 179). Inspirando-se no exemplo geral das republicas federativas, o congresso constituinte de 1890—1891, manteve-a como disposição fundamental na organisação constitucional que lhe coube elaborar, e nesse caracter ella obriga tanto aos poderes federaes como aos dos Estados (art. 63).

Mas cumpre observar que, apesar dos termos amplos e genericos em que nos differentes §§ deste artigo se acham consagrados os direitos e garantias a que elles se referem, ha algumas limitações que adiante, nos lugares competentes, exporemos, as quaes lembram o que nos seguintes artigos de seo projecto diziam os constituintes de 1823 :

«Art. 258. O exercicio dos direitos individuaes não terá outros limites que não sejam os necessarios para manter os outros individuos na posse e goso dos mesmos direitos; tudo porém subordinado ao maior bem da sociedade.
Art. 259. Só á lei compete determinar estes limites; nenhuma autoridade subordinada o poderá fazer.»
(ANNAES DA ASSEMBL. CONST. de 1823, tomo V., pag. 23 e 24.)

Art. 99. Nenhum poder social ou politico, federal ou não, constituinte ou constituido, poderá contradizer a declaração de direitos e garantias individuaes que esta Constituição reconhece como fundamento e base da sociedade brazileira.
Art. 89. A presente Constituição garante a todos: brazileiros, cidadãos e estrangeiros, a inviolabilidade dos direitos individuaes e civis, que têm por base a liberdade, a segurança e propriedade nos termos seguintes :
(Projecto da commissão do governo provisorio).

Art. 72. A Constituição assegura a brazileiros e estrangeiros residentes no paiz a inviolabilidade dos direitos concernentes á liberdade, á segurança individual e á propriedade, nos termos seguintes :
(Decretos n. 510, de 22 de junho e n. 914 A, de 23 de outubro de 1890).

Art. 72. A Constituição assegura a brazileiros e a estrangeiros residentes no paiz a inviolabilidade dos direitos concernentes á liberdade, á segurança individual e á propriedade nos termos seguintes:

Art. 72. A brazileiros e a estrangeiros residentes no paiz. O preambulo da Constituição Argentina offerece *os beneficios da liberdade a todos os homens que queiram habitar o solo argentino.* Menos emphatica, a nossa promette aos estrangeiros *residentes no Brazil* as mesmas garantias que ella consagra á liberdade, segurança e propriedade dos brazileiros. Ambas porém são inspiradas no mesmo grandioso pensamento.

Já na Biblia se recommendára : *Eadem lex erit indiginæ et colono qui perigrinatur apud vos* (Exod., XII, 49). *Si habitaverit advena in terra vestra... sit inter vos quasi indigena* (Levit. XIX, 33). E si tempo houve em que a mesma palavra designava, como entre os romanos, estrangeiro ou inimigo (*hostis*), a idéa christã com seo benefico influxo e sereno desenvolvimento, tem approximado os homens e os povos. Por outro lado, as relações commerciaes e interesses de ordem internacional hão concorrido egualmente para isso. E a civilisação moderna tem a peito o congraçamento das nações. Haja vista ao espirito de cortesania e officiosidade no trato internacional, e ás modificações liberaes que se têm estabelecido na legislação dos povos cultos quanto aos direitos e protecção dos estrangeiros. Póde-se dizer que tornar completa e inteiramente effectiva essa fraternidade é hoje uma aspiração universal, que, si infelizmente não poucas vezes os factos parecem arredar, é isso pela razão de não andarem sempre os governos de perfeito accôrdo com a consciencia e votos das nações.

A este proposito assim se pronuncia Rudolph von Ihering, o sabio professor de Gœttingen :

« O direito de todos os povos cultos modernos não faz differença, em relação á tutela juridica, entre nacionaes e estrangeiros; a nacionalidade influe sómente sobre a determinação dos direitos politicos, de resto sem significação absoluta; a lei extende sua mão protectora egualmente sobre indigenas e alienigenas, como de uns e de outros exige obediencia; uns e outros são tratados do mesmo modo, tanto pelo juiz civil como pelo criminal; as fórmas de processo e os principios que o juiz applica a favor ou contra elles são completamente os mesmos; nosso direito moderno não conhece mais, como outr'ora os Romanos, nem um tribunal nem um direito especial do estrangeiro. A egualdade perante a lei tanto para nacionaes como para estrangeiros é o traço fundamental de todo o direito actual.» (*)

Neste ponto a nossa Constituição actual mostra-se mais adiantada do que o antigo regimen, a qual no seo art. 179 estabelecia a inviolabilidade dos direitos civis e politicos *dos cidadãos brazileiros* e as garantias respectivas. Os constituintes de 1890—91 categoricamente proclamaram a egualdade civil de nacionaes e estrangeiros, collocando-nos assim no concerto das nações que têm n'isto attendido aos votos da consciencia juridica universal.

Preconisando, como sabia, politica e conforme ao sentimento nacional, disposição semelhante da constituição Argentina, tão favoravel e benefica aos estrangeiros, fizera o illustre

---

(*) *A hospitalidade no passado*, trad. do Dr. Clovis Bevilaqua 1891, pag. 17, cit. por este nas suas «Lições de legislação comparada sobre direito privado», 1893, pag. 74. O illustre traductor faz judiciosa reserva quanto aos termos absolutos e optimistas do conceito transcripto, mostrando as restricções que a legislação de alguns povos cultos ainda actualmente mantém (sem contestar que elle realmente exprime uma aspiração geral).

professor J. M. Estrada, da universidade de Buenos-Ayres, a seguinte sensata reflexão (e ninguem dirá mal cabida sua inserção aqui):

« Cuando veo que los extrangeros se preocupan de disciplinarse en núcleos llamando-se colonias; quando veo que tratan de constituir-se en la prensa y por ōtros medios, órgano de lo que llaman sus interesses particulares, en contraposicion de los interesses generales de la sociedad, y proceder como seria proprio si vivieram bajo las capitulaciones de Soliman, reputo su conducta un atentado contra la soberania nacional y un acto á la vez de insensatez e de ingratitud.» *Cursò de derecho const., fed. y administr.* 1895, pag. 36).

—Será porém completa e absoluta a equração do estrangeiro ao nacional, quanto aos direitos que a Constituição garante no seu art. 72?

Ha restricções a notar. Uma resulta do disposto no art. 13 § un., quanto á navegação de cabotagem. Os navios nella empregados devem pertencer a cidadãos brazileiros (limitação do direito de adquirir bens, do direito de propriedade) Como consequencia da nacionalisação da cabotagem, as sociedades ou emprezas para tal navegação devem ter séde no Brazil e ser exclusivamente geridas por brazileiros, e não podem os estrangeiros commandar os navios nella empregados (lei n. 123 de 11 de novembro de 1892)—limitação á liberdade de industria e profissão.

II. Outra foi declarada por varias decisões do supremo tribunal federal, em casos que lhe foram sujeitos e na qualidade de interprete final da constituição:

« Segundo os principios do direito internacional, nenhuma nação póde ser compellida a receber estrangeiros em seo territorio e só os recebe quando julga que a sua admissão nénhum inconveniente lhe póde causar. E' pois manifesto que uma vez recebido o estrangeiro, si a sua presença póde causar perigo á tranquillidade publica, ou outros quaesquer males, embora sem a participação de sua vontade, tem o governo o direito de retirar-lhe a permissão de residir no paiz. Esta faculdade de obrigar o estrangeiro, julgado perigoso, a ausentar-se do territorio nacional, independentemente de processo e condemnação judiciaria, é o que se chama direito de deportação.» (Acc. do supr. trib. fed., nos autos do recurso de *habeas-corpus*, n. 322, de 6 de junho de 1892).

« A faculdade de deportar o estrangeiro, cuja permanencia no paiz é prejudicial ou inconveniente, decorre immediatamente do direito da soberania nacional, e pela indole do systema politico e natureza do acto, sómente póde ser exercida, como foi na especie sujeita, pelo governo como delegação da nação. Nem jamais se contestou ao poder executivo, como um dos representantes da soberania nacional, encarregado não só da execução das leis de interesse collectivo da sociedade, mas tambem da deliberação e acção propria para que se torne effectiva á segurança e defesa do Estado a indispensavel faculdade de fazer retirar os estrangeiros perigosos ou incorrigiveis, que por qualquer modo possam comprometter os interesses publicos.

Vae neste ponto de accordo com a doutrina do direito internacional e uso das nações, a jurisprudencia pratica dos tribunaes judiciarios dos paizes civilisados... (Acc. em rec. de *habeas-corpus*., n. 388, de 21 de junho de 1893). (*)

(*) E' importante e digna de leitura a luminosa exposição dos argumentos adduzidos pelo relator do feito, consel. Aquino e Castro, inserta no «O Direito», vol. 51, pag. 618.

Taes decisões, é certo, não lograram unanimidade de votos do supremo tribunal, o que, aliás, não lhes quebra a autoridade. Os votos vencidos arguiam falta de lei que autorise deportação por acto administrativo, independentemente de sentença judiciaria, e a garantia promettida pela Constituição, aos direitos individuaes dos estrangeiros.

Mas, 1º essa garantia não se póde considerar tão extensiva que por amor d'ella venha a prejudicar-se e periclitar o estado que as concede. Fôra realmente inepcia assegurar ao estrangeiro o direito de, a seo salvo, praticar actos que ponham em risco a ordem, a segurança e a existencia mesmo do estado e de sua fórma de governo.

A' garantia que a Constituição offerece, bem visto é, corresponde no estrangeiro o dever de respeito á lei e ás autoridades do paiz. O estrangeiro não habita por direito proprio o paiz em que se hospeda, mas por concessão, por interesse ou por tolerancia d'este. Si acaso se torna elemento perturbador da ordem e da estabilidade das instituições, direito é do estado ao qual assim tão mal paga a hospitalidade, lançal-o fóra de suas fronteiras. Não ha fundamento para admittir-se que nossa Constituição, para ser favoravel aos estrangeiros, se tenha desarmado de um meio prompto e efficaz de desembaraçar-se dos que lhe são nocivos, direito de que fazem uso todos os governos que não são idiotas.

Ella garante o estrangeiro, é exacto, mas em primeiro lugar e sobretudo, garante-se a si, ao estado, á sociedade, ao povo brazileiro.

E, 2º. será effectivamente certo que não temos lei que permitta a expulsão, por acto administrativo, do estrangeiro perigoso? O primeiro dos cits. Acc. do supr. trib. federal enumera as disposições vigentes ao tempo do imperio e affirma o exercicio, nunca então disputado d'essa garantidora providencia. A Constituição Federal no art. 83 conserva em vigor a legislação anterior em quanto não fôr revogada, uma vez que não seja contraria ao systema de governo firmado na Constituição e aos principios n'ella consagrados. Ora a fórma republicana federativa e aos seos principios fundamentaes em nada absolutamente repugna ter a autoridade administrativa esse poder tutelar da segurança publica, de que não é possivel prescindir.

Qual é realmente o principio que se poderá oppôr a acção prompta, energica, immediata, do poder que tem a incumbencia de manter a ordem, e por ella é responsavel, quando, *v. gr.*, na imminencia de uma guerra externa, de uma revolução, no estalar qualquer d'ellas ou depois d'isso, arreda do paiz, sem detença e para salvação publica, estrangeiros perigosos que auxiliam os inimigos da patria? Em casos tees haver-se-á de se esperar pelo resultado de processos criminaes, de *habeas-corpus*, pronuncia, recursos, etc.? Será o arremedo do episodio

Verdiano, do personagem demorando-se a cantar uma série de coplas para annunciar que corria a salvar a *madre infelice*, em vez de ir logo livral-a da fogueira em que ella ia arder.

As disposições e pratica anteriores á Constituição n'este particular estão, portanto, no caso de se consideraram ainda vigentes, sem quebra do novo direito constitucional. E disposições actualmente corroborando-as encontram-se no decreto n. 1.609, de 15 de dezembro de 1893, no sentido da doutrina firmada pelo supremo tribunal federal nos Accordams acima citados, bem como na lei n. 221, de 20 de novembro de 1894, art. 38, n. 4 *b*). Esta ultima disposição dá ao procurador geral da Republica a incumbencia de consultar, com seo parecer, as secretarias de estado, especialmente, entre outros assumptos, *sobre expulsão de estrangeiros*; e não estabeleceria isso á lei, si não tivesse por subsistente na autoridade administrativa o poder de expellir do paiz, em circumstancias graves, os máos estrangeiros.

A doutrina contraria, descommunalmente imprudente e impolitica, é, em vista do que acabamos de dizer, contraria á lei, por titulo algum poderá prevalecer, e é admittida no direito internacional, como inconcussa. (*)

III Outrosim, cumpre observar, com o autorisado autor das «Lições de legislação comparada sobre o direito privado,» (Recife, 1893, pag. 77):

«Apezar porém de ser o escopo do direito moderno encaminhar-se para uma completa assimilação entre nacionaes e estrangeiros, em relação aos direitos de familia e propriedade *lato sensu*, comprehende-se que não serão eliminadas as distincções firmadas e mantidas pelo direito publico internacional, quando os Estados se acham em hostilidade.
Mas em taes occasiões, o direito vela a face, porque impera a força e a prepotencia mal contidas pelas prescripções da philosophia e pelo respeito á opinião culta».

IV Finalmente, apezar da generalidade dos termos em que está redigido o principio do art. 72, que parece inculcar como egualmente applicaveis a nacionaes e estrangeiros todas as trinta e uma disposições d'elle, é certo que não se referem sinão a *cidadãos brazileiros* os §§ 28 e

---

(*) Diz Durand— *Droit Intern.* Cap. 3 : Uma Nação não póde ser obrigada a conservar em seu territorio estrangeiros que possam comprometter a segurança do Estado e a manutenção da ordem publica.
E', pois, certo que um estado tem o direito de fazer retirar de seu territorio os estrangeiros que podem comprometter a prosperidade e a ordem publica.
Mas quem póde ser juiz da opportunidade d'esta expulsão ? O poder administrativo ou o poder judiciario ?
Este preservaria certamente os estrangeiros de um grande numero de vexames arbitrarios. Entretanto, não crêmos que theoricamente possa ser elle chamado a representar um papel qualquer na expulsão dos estrangeiros.
O poder judiciario não póde julgar sinão de accordo com leis formaes e uniformes. Ora, é evidente que semelhantes leis não podem existir ; o Estado expulsa um estrangeiro, quando julga que as circumstancias tornam essa medida necessaria ; é sempre uma questão de opportunidade e de utilidade que elle resolve com attenção á considerações de facto, á que a politica em geral não é estranha. Em taes condições os tribunaes são forçosamente incompetentes ; e não se deve ver na expulsão dos estrangeiros sinão *uma medida de alta policia*, empregada pelo estado no intuito de salvaguardar a sua segurança e á sua prosperidade, e que é por conseguinte da alçada do poder encarregado de velar pelos interesses do estado ; este poder é evidentemente o poder administrativo.»
Bluntschli— *Droit Intern*, § 368 e seguintes :
« O Estado é obrigado a receber os seus conterraneos que houverem sido expulsos pelas autoridades estrangeiras ou reenviados á sua patria. »
A expulsão tem logar por dous motivos principaes : quando o individuo não tem meios de prover ás suas necessidades, ou quando ameaça a segurança e a ordem do estado estrangeiro.

29; e os §§ 8, 9 e 12 devem, com relação a estrangeiros, entender-se com certa restricção.

O exercicio do direito, reconhecido pelos tres ultimos dos citados paragraphos, de livre manifestação do pensamento pela imprensa, de representação aos poderes publicos e de livre associação, não póde quanto a assumptos e fins politicos ser permittido sinão aos nacionaes. Os estrangeiros na qualidade de hospedes, nada têm que ver com o governo da casa ; si este não lhes agrada, ou procurem outro paiz que entendam ser melhor governado, ou calem-se e não se intromettam nem procurem influir na direcção do que não lhes toca. Merecem bom gasalhado, si bem procedem ; mas sua intrusão nos negocios publicos, além de ser invasão no dominio das prerogativas proprias e privativas do cidadão do paiz, póde vir em certos casos a crear difficuldades ao governo nacional.

Esta restricção encontramol-a justificada pelo sabio professor da Universidade de Munick, Von Holtzendorf, nos seguintes termos :

«As liberdades, de que temos fallado, mantêm estreitas relações com uma classe de direitos, que se denominam politicos, porque vinculam-se á qualidade de cidadão e não são communs aos estrangeiros : o direito de reunião e de associação, a liberdade de imprensa e de ensino. Taes direitos referem-se ás relações entre o individuo e a collectividade ; por sua natureza, pois, estão excluidos do direito privado. Comquanto mesmo, nesta materia, deva predominar o principio da liberdade individual, cumpre não esquecer que ella está subordinada á vontade e ao interesse da collectividade, afim de que possa subsistir o Estado.
A origem dos direitos politicos não é a natureza humana, posto que algumas vezes se lhes dê a qualificação de direitos do homem ; do mesmo modo que o direito do voto, elles baseam-se nas constituições nacionaes. Entre a liberdade civil e a liberdade politica existe a obvia differença, que aquella reclama das leis uma acção negativa, ao passo que esta suppõe a influencia positiva do individuo na formação do Estado.»

(*Principios de Politica*, trad. do Dr. A. H. de Souza Bandeira, Rio, 1885, pag. 209).

E' evidente que não se advoga aqui a prohibição aos estrangeiros das discussões puramente doutrinarias e scientificas sobre materia politica, mas tão sómente a das que entendem com o modo porque se conduz á governação do Estado, a critica e opposição aos actos das autoridades, a propaganda mesmo moderada e pacifica contra a ordem politica existente, a incitação mesmo indirecta á desobediencia ás leis do paiz, á mudança das instituições, etc. Ainda que tudo isso se faça nos termos os mais temperantes e commedidos, seria inepcia toleral-o.

A hospitalidade que autorisasse essa immixtão e impertinencia seria mal entendida e nociva, e sobretudo derogatoria do direito em virtude do qual ao cidadão, e não ao forasteiro, é que cabe a ingerencia, tal como a lei a faculta e pelos meios que ella estabelece, nos negocios publicos.

Nem com relação a seo proprio paiz se poderá tolerar ao estrangeiro a imprensa politica e as associações e congressos que o hostilisem.

E' facil imaginar as complicações de ordem internacional que d'ahi promanariam. Emigrados politicos e anarchistas teriam assim meios de constituirem-se, no paiz onde se viessem refugiar, elemento de perturbação das boas relações d'elle com nações amigas e quiçá de subversão d'ellas.

A Suissa, o paiz hospitaleiro por excellencia, o refugio e asylo dos que se expatriam, tem dado constantes exemplos desse limite imposto á sua proverbial tolerancia nesta materia, quér pela necessidade de acautelar sua segurança interna, quér por consideração do respeito e amisade ás outras nações. E n'isto olha á sua seguridade com tamanho criterio que, ainda quanto aos refugiados que de seos governos têm tido perdão, apezar d'este ella reserva-se o direito de não readmittir, quando assim o entenda, os que hajam sido expulsos do territorio suisso. (DE SALIS, *Le Droit féd. suisse*, 4me vol., pags. 60-61).

—Entre nós, tem se repetido o que se dera nos tempos proximos á independencia (*Vide* nota ao art. 69, pag. 289), o escandalo de individuos que pretendem a um tempo ser brazileiros e estrangeiros, para em dadas occasiões colherem as vantagens e evitarem os onus que em cada uma dessas qualidades possam ter. Entre outros casos podem citar-se o de um titular portuguez que, como naturalisado, nas condições do art. 69 § 4, o Estado do Maranhão elegeo deputado ao congresso nacional e não muito tempo depois era nomeado par do Reino de Portugal. Em Pernambuco um italiano naturalisado fôra nomeado engenheiro das obras publicas e tendo aggredido physicamente a um jornalista, appareceo amparado pela intervenção official do consul de sua nação de origem !

Como tratar a taes pseudo-naturalisados, si acaso por seo procedimento contrario á segurança do estado e por sua revolta contra as instituições do paiz, fôr de conveniencia fazel-os retirar d'este ?

Diante de uma tal naturalisação cavillosa, feita em fraude e menoscabo da nação, esses cidadãos (?) bifrontes, que se prevalecem dos commodos e proveitos que uma tão anomala e affrontosa situação lhes proporciona, para prejudicar nos seos mais altos interesses o paiz que os hospeda e agasalha, não hesitámos em consideral-os estrangeiros inimigos da nação, a que só fingindamente pertencem e a que tanto mal fazem.

Entender o contrario é admittir que, por um falso sentimento de cavalheirismo e de consideração pelos direitos de individuos de duvidosa nacionalidade e infensos ao paiz, seja impunemente ludibriada a nação e vilipendiado o seo governo. E isto em vez de realmente ser a observancia do respeito ao direito alheio, é uma insensata abdicação e renuncia do proprio direito de segurança e defeza. E esquece sua missão, atraiçoando a nação, o governo que por esse modo falta ao seo dever.

1º. Todos podem fazer ou não fazer tudo quanto não offenda ou não prejudique a liberdade e o direito de outra pessoa. (Projecto da commissão do governo provisorio.)	§ 1. Ninguem poderá ser obrigado a fazer o deixar de fazer alguma cousa sinão em virtude de lei. (Decretos n. 510, de 22 de junho e n. 914 A, de 23 de outubro de 1890).	§ 1º. **Ninguem póde ser obrigado a fazer, ou deixar de fazer alguma cousa, sinão em virtude de lei.**

§ 1. Em virtude de lei. Esta disposição, nos termos em que está redigida, procede do projecto Werneck Pestana (art. 52), que a transcreveo do art. 179 n. I da constituição imperial, com a differença de dizer «Ninguem» em vez de «Nenhum cidadão», alteração accorde com o pensamento de garantir os direitos individuaes, sem distinguir nacionalidades.

O que este § contém constitue um dogma fundamental nos governos livres. A organisação politico-social em que consiste o estado tem por principal escópo a manutenção da liberdade, a tutela e garantia do direito, e com isto totalmente incompativel é o arbitrio da autoridade nas suas relações com o individuo. Estatuiu-se pois, para limitar a acção desta e para dar ensanchas ao livre exercicio do direito, aquella sabia determinação.

Cuique facere licet nisi quid jure prohibetur.

De modo que, ao individuo é reconhecido o direito de fazer tudo quanto a lei não tem prohibido, e não póde elle ser obrigado sinão ao que elle lhe impõe.

Com a autoridade, porém, com os funccionarios publicos, dá-se justamente o contrario,—só podem fazer, nessa qualidade, o que a lei auto- risa, como n'outra parte já expozemos. Suas attribuições são sómente as que se acham definidas nas leis e nos regulamentos que com ellas se conformam. E é assim 1º a bem da liberdade individual e 2º da propria regularidade dos diversos serviços administrativos, que hão de ser geridos, não a arbitrio dos que os têm a seo cargo, mas observados os preceitos legaes e regulamentares que os regem.

Cumpre advertir, entretanto, que,—si tal é o principio que a Constituição collocou em primeiro lugar no capitulo, tão promettedor, das garantias individuaes, si em virtude della só a lei restringe a liberdade,—deve haver da parte do legislador a maior parcimonia nas injuncções e limites que á liberdada tenha de impôr. Quanto maior fôr o numero, a extensão dessas restricções, menor tornar-se-á, mais circumscripta, a esphera da liberdade. Ora, o que se procura é assegurar e deixar livremente expandir-se a actividade individual, e uma legislação excessiva neste terreno chegará a ser uma suppressão e não uma garantia. (*) Além do que, pelo facto

---

(*) Le gouvernement le plus fort et le plus heureux n'est pas celui qui *fait tout*, mais celui qui *laisse faire* tout ce qui ne compromet pas la justice et l'ordre publique.
VENTURA, Pouvoir Publ., Introd. VIII.

das restricções serem determinadas por acto legislativo não perdem ellas seo caracter proprio de cerceamento á liberdade. Ha sempre no excesso de legislação neste sentido um despotismo, que nem por ser devido ao orgão legislativo da nação deixa de ser nocivo, condemnavel e antinomico com os intuitos da organisação politica.

Finalmente, taes restricções, que são outros tantos sacrificios impostos á liberdade, só podem fundamentar-se em motivos de elevada transcendencia, e não ficam ao arbitrio das legislaturas em suas funcções ordinarias; serão sómente as que a Constituição tem estabelecido, sendo que por isso se diz que são *illegislaveis* os direitos e garantias que a constituição assegura, declarando-os « inviolaveis ».

« Toda a lei, toda a restricção da liberdade, que não fôr dictada pelos principios da moral, pelo respeito reciproco dos direitos individuaes ou por claro e licito interesse da communidade social, será uma injustiça, ou um erro lamentavel, que a illustração publica deve desde logo procurar corrigir pelos meios legaes que o systema constitucional facilita. (PIMENTA BUENO, Dir. Publ. Braz., pag 393). E um destes meios, no systema actual, é o recurso ao poder judiciario, não só contra os actos e decisões administrativos illegaes em razão da não applicação ou indevida applicação do direito vigente, mas ainda contra a applicação aos casos occurrentes de leis manifestamente inconstitucionaes e de regulamentos manifestamente incompativeis com as leis ou com a Constituição (lei n. 221, de 20 de novembro de 1894, art. 13 §§ 9 à 11).

E a violação do julgado em taes especies, por parte da autoridade administrativa, induz em responsabilidade criminal e civil (lei e art. cit., § 12).

E deste feitio, a organisação republicana reforçou e deo mais efficacia á garantia que sem isso havia sido consagrada pela constituição do Imperio.

Vide Cod. penal, art. 180.

---

10. Todos são iguaes perante a lei, e por isso a Republica não admitte prerogativa alguma de nascimento, nem de sangue: desconhece quaesquer fóros de distincção e nobreza, e não confere honras, condecorações nem titulos.
(Projecto da commissão do governo provisorio.)

§ 2. Todos são eguaes perante a lei.
A Republica não admitte privilegios de nascimento, desconhece fóros de nobreza, não crea titulos de fidalguia, nem condecorações.
(Decretos n. 510, de 22 de junho e n. 914 A, de 23 de outubro de 1890.)

Ao § 2° do art. 72 substituam-se as palavras — não crea titulos de nobreza nem condecorações por — e extingue as ordens honorificas existentes e todas as suas prerogativas e regalias, bem como os titulos nobiliarchicos e de conselho. — *Baptista da Motta* e outros.
(Emenda approvada em 15 de janeiro de 1891.)

Art. 72 § 2°—Ao final do § 2° do art. 72, accrescente-se;—ficando desde já extinctas todas as ordens honorificas. —*J. A. Saraiva.*
(Emenda rejeitada pela commissão do congresso em 8 de dezembro de 1890).

Accrescente-se ao art. 72 § 2:
Ficam desde já extinctas todas as ordens existentes, menos as militares. —*Barboça Lima.—Demetrio Ribeiro.*
(Emenda prejudicada em 15 de janeiro de 1891).

§ 2°. Todos são eguaes perante a lei.
A republica não admitte privilegio de nascimento, desconhece foros de nobreza, e extingue as ordens honorificas existentes e todas as suas prerogativas e regalias, bem como os titulos nobiliarchicos e de conselho.

---

§ 2.º **Todos são eguaes perante a lei,** isto é, os direitos que a Constituição assegura são os mesmos para todos os individuos; os meios e recursos estabelecidos para garantil-os competem egualmente a todos. Não ha, perante a lei republicana, grandes nem pequenos, senhores nem vassalos, patricios nem plebeos, ricos nem pobres, fortes nem fracos, porque a todos irmana e nivela o direito.

Não existem privilegios de raça, casta ou classe, nem distincções quanto ás vantagens e onus instituidos pelo regimen constitucional. E a desegualdade proveniente de condições de fortuna e de posição social não têm que influir nas relações entre o individuo e a autoridade publica em qualquer de seos ramos. A lei, a administração, a justiça serão eguaes para todos.

E a desegualdade, além de injusta e injuridica, é impolitica. Em que fundamento se faria repousar uma organisação politica, dando mais direitos, mais garantias, mais vantagens, a uns do que a outros membros da mesma communhão? Não seria n'um principio de direito. A ausencia d'esse principio, crea uma situação irritante, de desgosto, de animadversão, de hostilidade contra os favorecidos, contra os privilegiados. Outr'ora, os povos a supportavam, e era mantida pela ignorancia e fraqueza dos prejudicados; mas hoje que, á luz da civilisação, os povos vão conhecendo o que valem, pela consciencia de seos direitos, o privilegio lhes é uma affronta e provoca reacção e perigo para a ordem estabelecida.

Finalmente, de todas as fórmas de governo é a Republica a mais propria para o dominio da egualdade, a unica compativel com ella. N'um regimen aristocratico, ha a classe privilegiada das familias dominantes. N'um governo monarchico, quér absoluto, quér constitucional, dá-se a desegualdade na classe privilegiada de uma dynastia, além das outras desegualdades nas quaes ella procura e crea sustentaculos. O systema republicano, tal como modernamente é estabelecido, não ha necessidade nem interesse de apoiar-se em classes e olygarchias; a egualdade póde imperar, desassombrada e sem impecilios. E é mesmo contradictorio e absurdo que ahi resida a desegualdade, que o regimen, por sua indole e essencia, repelle, sendo a egualdade um de seos principios caracteristicos.

E' n'elle que bem quadra o conceito do poeta :

Les mortels sont egaux : ce n'est point la naissance,
C'est la seule vertu qui fait leur difference.

(VOLTAIRE.)

— A segunda parte do § 2 é consectario logico da primeira. A egualdade repelle o privilegio, seja pessoal, seja de familia, de classe ou de corporação.

Nas monarchias « os titulos e honras, quando bem distribuidos, além de servirem de recompensas nacionaes, servem tambem de adornos e de solidez á grande pyramide em cujo cimo está collocado o throno, que não deve estar isolado por intervallos excessivos.» (PIMENTA BUENO, Dir. Publ. Braz., pag. 256).

E' do que absolutamente não necessita a Republica. E lhe são taes cousas essencialmente contrarias, desde que envolvem ou acarretam quaesquer regalias, vantagens e isenções; n'ella, conforme proclama o preambulo da lei n. 277 F, de 22 de março de 1890, «cada cidadão deve contentar-se com a satisfacção intima de ter cumprido o seo dever e com a consideração publica que d'ahi lhe deve provir.» (*)

Mas como o que ha de antimonico com o principio da egualdade está no goso das *prerogativas* e *regalias* inherentes aos titulos e ordens honorificas,— o simples uso dos distinctivos d'elles, pelas pessoas que já os tinham, mas agora sem taes vantagens, nenhuma offensa ou derogação traz ao preceito constitucional. Aliás, essas vantagens entre nós não passavam de precedencia nos actos solemnes da côrte, continencias e honrarias militares, faculdade de passar procuração de proprio punho, de fazer assentarem praça de cadetes os descendentes dos agraciados, e a prisão em estabelecimentos não destinados a criminosos.

O governo federal julgou de boa politica não impedir o uso, o simples uso das distincções honorificas e não supprimir de chofre a classe dos cadetes, numerosa, de bons e recentes serviços á causa da Republica. (Aviso de 23 de março de 1891). Reformada a tabella de continencias militares (Decr. n. 100, de 2 de abril do mesmo anno), d'ella se supprimiram as que no anterior regimen se deviam aos titulares, etc. O congresso nacional, por seo lado, tornou extensiva a todos a faculdade de passar procurações por seo proprio punho (lei n. 1923 de agosto de 1892) e, quanto aos cadetes deixou que fossem sendo admittidos ; e si em 1892, declarou extincta a classe, mas *continuando os existentes* até terem baixa (lei n. 39 A, de 30 de janeiro), sómente em 1897 teve de considerar-se a supprimida, prohibindo-se, de 1º de janeiro de 1898 em diante, o assentamento de praça com a qualificação de cadete (lei n. 448, de 6 de outubro de 1897, art. 6). E na discussão se observou que :

« O que se deo após a promulgação da Constituição foi respeitar os *direitos adquiridos*, deixando essas praças privilegiadas terminarem os prazos de seos contractos para irem desapparecendo do exercito.» (Disc. do Dep. Henrique Valladares, sess. de 20 de agosto de 1897).

Em tão prudente e criterioso procedimento do governo constitucional nos seos primeiros e difficeis dias, longe de se encontrar o proposito de quebrantar principios republicanos, só se deve ver um pensamento de bem entendida e opportuna tolerancia, de caracter inteiramente innocuo e de effeitos apenas transitorios.

Com isso nada perdeo a Republica. Ao contrario, tão innocente e util foi esse proceder, que já tres vezes a suprema administração tem sido occupada por pessoal que não póde ser suspeitado de sympathico a fidalguias e a condecorações, e o aviso acima citado, que, pela

---

(*) *Vide* quanto a ordens e distincções honorificas no imperio :
Decr.º de 1 de dezembro de 1822.
Portaria de 25 de abril de 1825,
Decr.º de 16 de abril de 1826,
  «   de 18 de setembro de 1829,
  «   de 19 de outubro de 1842,
  «   de 9 de setembro de 1843,
  «   n. 1579 de 14 de março de 1855,
  «   n. 2853 de 10 de dezembro de 1861, etc.
Na Republica :
Decr.º n. 58, de 10 de dezembro de 1889 (medalhas em recompensa de serviços humanitarios) ;
Decr.º n. 277 F, de 22 de março de 1899, que manteve as condecorações, titulos nobiliarchicos e de conselho, conferidos no regimen monarchico ;
Decr.º n. 459, de 7 de junho de 1890, declarando subsistentes taes honras na parte em que fosse compativel com o actual regimen democratico;
Decr.º n. 456 de 7 de junho de 1890, creando a Ordem de Christovão Colombo ;
Aviso do ministerio do Interior, de 23 de março de 1891, e
Decr.º n. 4238 de 15 de novembro de 1901, creando uma medalha militar para recompensa de serviços prestados por officiaes e praças do exercito e armada em serviço activo. Este decreto do poder executivo não tem apoio em nenhuma disposição da Constituição, a qual não dá ao presidente da Republica a attribuição de crear nem conferir distincções honorificas, acto esse muito menos admissivel do que a tolerancia estabelecida pelo Av. do ministerio do interior de 23 de março de 1891, permittindo o simples uso de insignias e distincções honorificas conferidas antes da Republica (uso sem privilegio, está entendido). O proprio preambulo do decr.º n. 4238 o mostra vicioso e excessivo da competencia do poder executivo, não citando clausula alguma constitucional que o autorise nem mesmo implicitamente.

expedição de outro em sentido opposto, já poderia ter perdido seo vigor, ainda não foi até agora revogado. E não convém que o seja, procedendo-se com os agraciados como se fez quanto aos cadetes, esperar que se extinguam com o tempo.

Afinal a propria Constituição, que pune com a perda dos direitos politicos a aceitação de distincções honorificas estrangeiras (art. 72 § 29), autorisa a tolerancia havida, não estatuindo sancção de qualquer natureza contra os portadores d'esses titulos e insignias outr'ora conferidos pelo nosso governo e actualmente sem significação outra, além da que lhes tributam os proprios agraciados.

| 2º. Todos podem publicamente professar qualquer religião; nenhum serviço religioso ou de culto gosará na União de subvenção official e serão livres os templos e cemiterios, guardados os regulamentos sanitarios e policiaes. (Projecto da commissão do governo provisorio.) | § 3. Todos os individuos e confissões religiosas podem exercer publica e livremente o seo culto, associando-se para esse fim, e adquirindo bens, observados os limites postos pelas leis de mão morta. (Decretos n. 510, de 22 de junho e n. 914 A, de 23 de outubro de 1890). | Art. 72 § 3º. Accrescente-se:—e guardadas as leis criminaes. *Emenda da commissão do congresso (approvada em 15 de janeiro de 1891)* § 3. Supprimam-se as palavras—observados os limites postos pelas leis de mão morta—que serão substituidas pelas seguintes—observadas as disposições do direito commum. Supprimam-se egualmente as palavras—guardadas as leis criminaes.— *Zama.* (Emenda approvada em 12 de fevereiro de 1891). | § 3º. Todos os individuos e confissões religiosas podem exercer publica e livremente o seo culto, associando-se para esse fim e adquirindo bens, observadas as disposições do direito commum. |

§ 3. Todos... podem exercer publica e livremente o seo culto.

A fé e piedade religiosa, apanagio da consciencia individual, escapa inteiramente á ingerencia do estado. Em nome de principio algum póde a autoridade publica impôr ou prohibir crenças e praticas relativas a este objecto. Fôra violentar a liberdade espiritual e o protegel-a, bem como ás outras liberdades, está na missão d'elle. Leis que a restrinjam, estão fóra da sua competencia e são sempre parciaes e damnosas. E' certo que nenhuma poderá jámais invadir o dominio do pensamento; esse libra-se ácima de todos os obstaculos com que se pretenda tolhel-o. Mas as religiões não são cousa meramente especulativa e, si seo assento e refugio é o recinto intimo da consciencia, têm tambem preceitos a cumprir, praticas externas a observar, não menos dignas de respeito que a crença de que são resultado, ou a que andam annexos.

E, si ao Estado não toca fazer-se pontifice, sacerdote nem sachristão, e tampouco dominar a religião e constituil-a instrumento de governo, como não lhe cabe tornar-se doutor e mestre ou director da instrucção e fazedor de programmas de ensino, nem arvorar-se em empreiteiro e administrador de obras, etc., conforme dizia o padre Ventura de Raulica (Le Pouvoir Publ., pag. 576), e ainda sendo exacto, na phrase de E. de Laboulaye, que o estado nada tem que ver com o fiel, com o crente, más só com o cidadão,—é fóra de duvida que, na sua tarefa de garantir o direito em todas as suas relações, do poder publico é dever assegurar aos membros da communhão politica que elle preside, a livre pratica do culto de cada um e impedir quaesquer embaraços que o difficultem ou impeçam, procedendo n'isso de modo egual para com todas as crenças e confissões religiosas.

Foi em consideração d'isto que a Republica, logo nos primeiros e gloriosos passos com que entrou no caminho das reformas de caracter politico-social que teve de emprehender, determinou (pelo decreto n. 119 A, de 7 de janeiro de 1890) a suppressão das relações officiaes entre o estado e a religião até então por elle subsidiada e protegida preferentemente,—a prohibição de culto com caracter official e sua sustentação ás expensas do thesouro publico,—a liberdade de regerem-se de accôrdo com sua fé, independentemente de licença e ingerencia, nos seos actos publicos e particulares, de quaesquer autoridades publicas, não só os individuos, mas tambem quaesquer egrejas, associações e institutos em que se acharem aggremiados,—o reconhecimento da personalidade juridica de todas as egrejas e confissões religiosas para adquirirem bens e administral-os, sob os limites das leis relativas á propriedade de mão morta, —a manutenção da congrua sustentação dos serventuarios catholicos na occasião existentes, e—a extincção do padroado.

O projecto do governo provisorio consubstanciou (arts. 10 n. 2 e 72 § 3º) as disposições capitaes do citado decreto e o congresso constituinte apenas fez-lhe o accrescimo da faculdade de livre acquisição de bens pelas instituições religiosas independentemente de autorisação ou licença do governo (arts. 11 n. 12 e 72 n. 3 da Const.) Subsistem, assim, com esta unica limitação, as disposições do cit. decr. n. 119 A e d'ella adiante nos occuparemos.

O art. 4 d'esse decreto determinou: *Fica extincto o padroado com todas as suas instituições, recursos e prerogativas*.
Tal disposição era escusada. Não havia entre nós *padroado* a extinguir. Por elle se entendia a faculdade, conferida ao imperante pelo governo pontificio *(pontificis concessio)*, de apresentação de clerigos para os beneficios ecclesiasticos. Era conferido ao rei na qualidade de Grão Mestre das Ordens Militares; e si em tempos anteriores á independencia do Brazil existia e a respeito d'este se exercia esse grão-mestrado, com a constituição do Imperio cessou essa situação e com ella aquella concessão pontificia.
Os direitos e regalias que a ella andavam inherentes, passaram ao estado como pertencentes á soberania nacional e a ser exercidos pelos orgams d'ella, não mais por delegação do papado, não mais como *padroado*, porém como funcção magestatica, propria do governo civil, em defeza de suas prerogativas e da liberdade dos cidadãos. Taes direitos a Constituição de 1824 consagrou, com outros referentes ás relações com o poder ecclesiastico, mas sem nenhuma dependencia de poder estranho, como direitos scberanos da nação (art. 102 §§ II e XIX).
E foi por isso que á Bulla *Preclara Portugaliæ*, de Leão XII, de 27 de maio de 1827, creando no Imperio a Ordem de Christo e constituindo os imperadores do Brazil como grão-mestres perpetuos d'essa ordem, foi negada approvação pela Assembléa Geral n'aquelle anno, mediante luminoso parecer assignado por Limpo de Abreo, Bernardo P. de Vasconcellos, padre Feijó, Campos Vergueiro, José Clemente Pereira, etc.
Esse parecer repellia a creação de ordem militar para converter idolatras e gentios no Brazil *(idolatras et gentiles*, dizia o citado Bulla, *qui adhuc in ea regione reliqui sunt, ad catholicam fidem omni ope adducendas curet)*; declarava essa creação contraria á Constituição do Imperio, art. 179 § 5, e considerava inutil a bulla, visto achar-se o imperador do Brazil pela sua acclamação e pela Constituição, revestido de todos os direitos que ella pretendia confirmar-lhe.

« E quaes são esses direitos ? » arguia o parecer. « A bulla os designa ; e são, segundo ella, todos os privilegios e direitos sobre as egrejas e beneficios concedidos pelos papas. Mas onde estará o inventario d'esses direitos e privilegios que os reis de Portugal exerciam sobre as egrejas do Brazil, adquiridos por concessão dos papas ?
Acaso ha sobre a terra outra fonte de onde derivem attributos magestaticos que não sejam as le's fundamentaes dos imperios?
. . . . , ...
As commissões decidem-se pela negativa da existencia do padroado da ordem de Christo e por conseguinte do grão-mestrado sobre as egrejas do Brazil...
Conclua-se, portanto, que a bulla é ociosa, porque tem por fim confirmar o direito de apresentação de bispos e beneficios, que, aliás, o imperador tem por titulos mais nobres.»

Era ainda escusado o cit. art. 4 do decreto n. 119 A, visto o que dispõe o art. 3, que facultou ás egrejas, associações e institutos religiosos constituirem-se e viverem segundo o seo credo e a sua disciplina, SEM INTERVENÇÃO DO PODER PUBLICO».
Separada do Estado a egreja, supprimida toda a intervenção do governo civil n'ella, extincto *ipso facto et jure* ficava o padroado « com todas as suas instituições, recursos e prerogativas».

Adquirindo bens, observadas as disposições do direito commum. A disposição n'estas palavras, que constituem a clausula final do § 3, mostra que a modificação, feita ao texto correspondente do projecto, apenas se reduzio a accrescentar-lhe a liberdade de acquisição de bens e esta é a alteração unica effectuada no regimen legal da mão morta.

Com effeito, o projecto mantinha as limitações todas que n'esse regimen se estabeleciam, dizendo : « observados os limites postos pelas leis de mão morta». A commissão do congresso constituinte accrescentou :—«e guardadas as leis criminaes» (ANN. vol. I, pag. 127). E o congresso, no dia seguinte ao em que ouvira discursos contra as leis de amortisação, que o projecto assim mantinha, approvou o referido §, com a addição proposta pela commissão. (ANN. cit., pags. 228, 302 e 313, sessões de 14 e 15 de janeiro de 1890). E foram na mesma occasião rejeitadas todas as emendas que supprimiam as palavras : *observados os limites postos pelas leis de mão morta* (loc. cit.)

Predominaram assim no congresso constituinte as idéas dos autores do projecto n'essa parte, o proposito de sobre esta materia manter a situação legal existente, quanto aos bens das ordens religiosas, egrejas, conventos, mosteiros, misericordias, hospitaes, confrarias.

Leis do regimen anterior á independencia do Brazil, as quaes por acto legislativo d'este foram encorporadas á sua legislação e continuavam em vigor no Imperio, impunham áquellas communidades e institutos, a prohibição de adquirir, possuir, por qualquer titulo, e de alhear bens de raiz, sem preceder especial licença do governo civil, e estabeleciam a devolução d'elles ao estado, verificada a infracção de tal prohibição.

Esteiava-se esta determinação em que, «tendo affluido ás egrejas e mosteiros immensa abundancia de bens de raiz, mostrou a experiencia a necessidade de pôr limite a esta exorbitante riqueza e ao consequente poder dos ecclesiasticos, que lhes dava uma preponderancia nociva na ordem publica; e conciliar a sustentação dos povos com a do clero e culto religioso. (Lei de 4 de julho de 1768, princ. e lei de 9 de setembro de 1769 § 10). Além d'isso, sendo aquelles innumeraveis bens isentos dos tributos e encargos civis e subtrahidos ao gyro da circulação, como inalienaveis, estavam como *mortos* para os usos da sociedade civil e para as rendas do thesouro publico: pelo que se chamaram aquellas corporações *de mão morta*.» (BORGES CARNEIRO, Dir. Civ. Port., tomo III, § 304, ns. 5 e 6).

A lei imperial n. 1764, de 28 de junho de 1870, art. 18, mandou converter os bens immoveis e os escravos das ordens religiosas, no prazo de 12 annos, em apolices da divida publica interna. (*Vide* lei n. 369, de 18 de setembro de 1845, arts. 44 e 45, Decr. n. 1225, de 20 de agosto de 1864, Reg. n. 4453, de 12 de janeiro de 1870, Decr. n. 5851, de 28 de março de 1874).

Com a primeira votação do congresso constituinte de 1890—91, continuaria vigente a legislação de que se trata. E é bem significativo o facto de ter a commissão repellido uma emenda que ás corporações religiosas permittia *livremente adquirir, administrar e alienar bens sem nenhuma limitação* (ANN. vol. l, pag. 127), e de haverem sido rejeitadas pelo congresso todas as emendas que n'esta materia tentavam alterar o direito vigente, mostrando n'isto grande firmeza de convicção e o empenho de não prescindir do que era considerado uma importante garantia do estado.

Mas por seo lado os constituintes que d'isso dissentiam não se mostravam menos firmes e opportunamente renovaram emendas no sentido de suas convicções. O § em questão, em resultado da primeira votação, ficára redigido para a segunda discussão nestes termos:

> Todos os individuos e confissões religiosas podem exercer publica e livremente o seo culto, associando-se para esse fim e adquirindo bens, *observados os limites postos pelas leis de mão morta e guardadas as leis criminaes.* (ANN. cit., vol. III, pag. 160).

O congresso approvou, de entre as emendas offerecidas em segunda discussão, a que eliminava as duas clausulas finaes do § d'esse modo redigido, supprimindo-lhe as palavras: *observados até* o fim do §, e accrescentando á clausula: *adquirindo bens* o seguinte: «observadas as disposições do direito commum.» (ANN. cit., pags. 109 e 160). De modo que, fazendo n'isso alguma concessão aos que totalmente repelliam as limitações das leis de mão morta, o congresso constituinte reduzio a parte final do § a estes termos:

> *adquirindo bens, observadas as disposições do direito commum.*

Isto é, adoptando a emenda de que se trata, o congresso abolio uma só das limitações postas pelas leis de amortisação, a exigencia da licença do governo para a acquisição de bens de raiz, deixando em vigor as demais restricções.

Basta considerar que, tendo desprezado emendas que expressa ou virtualmente concediam a livre acquisição e *alienação de bens* (note-se), o congresso, com a emenda que afinal adoptou, fez ficar o paragrapho redigido de modo que no texto incluida sómente ficou a faculdade de adquirir segundo o direito commum, isto é, livremente; mas não se referio á livre alienação:

«Adquirindo bens, observadas as disposições do direito commum» é o que consagra o texto. E isto é cousa bem diversa da faculdade de dispôr d'esses bens.

Com effeito, si fosse intenção do congresso supprimir a limitação quanto á alienação, haveria dicto d'este modo ou por outro equivalente :

«Adquirindo bens e d'elles dispondo segundo o direito commum».

Mas incluio só a acquisição. Ou teria supprimido as palavras— *adquirindo bens*— porque ficaria então tudo sob o regimen commum- Mas não o fez. Excluio, portanto, a livre faculdade de alienar bens. Parece que nada ha mais claro !

E o congresso podia fazel-o, sem contradicção com o espirito que predominou na primeira votação, sem desproteger nem compromettter os altos interesses que tinha em vista salvaguardar; pois, continuam vigentes as anteriores disposições relativas á conversão dos bens immoveis das ordens, irmandades e institutos religiosos, em apolices da divida publica interna, leis cujos effeitos compensam os inconvenientes da excessiva accumulação de bens nas corporações de mão morta.

Este modo de entender a disposição que ora nos occupa é, como se tem visto, autorisado e justificado pelo exame e estudo imparcial do que occorreo com relação a esta importante materia, quér nos trabalhos preliminares da Constituição apresentada ao congresso constituinte, quér nos d'esta corporação. E sustentamol-o com tanto maior sinceridade quanto nos achámos comprehendidos entre aquelles que queriam o pleno dominio do direito commum, conforme se vê dos citados ANNAES, vol. II, pagina 236.

Nem ha redarguir contra isso, considerando esse proceder do congresso contradictorio com as grandes theses quanto á liberdade religiosa por elle estabelecidas na Constituição que votou.

Os constituintes viam-se diante de problemas complexos. E era-lhes preciso consideral-os sob suas diversas faces, procurar para cada um solução que não viesse a comprometter a de outros. O proposito de, assegurar ás diversas manifestações da liberdade individual todas as possiveis ensanchas e larguezas não era o unico e defrontava com o de manter e garantir a ordem e interesses geraes da communhão politica a constituir. Elles não estavam legislando só para instituir e firmar a liberdade de crenças e de cultos religiosos, tinham tambem que precaver a sociedade e o poder publico contra os males e perigos de qualquer natureza, incluidos os resultantes do abuso da liberdade, que a previsão de estadistas e a lição da experiencia os chamavam a acautelar. O laicismo do estado não lhe tira o direito de defender-se contra os excessos e prejuisos que está exposto a soffrer das confissões religiosas. Não houve, pois, incoherencia dos constituintes assim procedendo, como tambem não ha incompatibilidade entre o regimen da separação e as cautelas que o estado a bem seo toma.

« O estado moderno não póde se fazer theologo nem prestar seo apoio á imposição de doutrinas religiosas. Sob o regimen da separação cabe-lhe vigiar em que as egrejas livres não possam opprimir as consciencias, enriquecer-se por meios que as leis condemnam, restabelecer os bens de *mão-morta* (isto é, bens que são destinados a nunca mudar de mãos em consequencia de herança, venda, etc.), agitar as paixões populares ou provocar a guerra civil.

«O estado deve ser senhor no seo territorio, não póde soffrer nenhum dominio a par do seo ; do contrario a soberania nacional e os grandes principios de liberdade e de egualdade não passariam de nomes vãos.» NUMA DROZ, (do conselho federal suisso). *Instruc. Civ.*, trad. do Dr. Jaguaribe Filho, pag. 169.

« O estado póde, sem faltar á justiça, negar á egreja, como a qualquer outra corporação, o direito de possuir terras. É questão economica e politica, que não religiosa ... Está a sociedade em seo direito quando prohibe os bens de mão-morta ; não é vexame que pése seriamente sobre a egreja ; porque é hoje facillimo estabelecer uma renda regular sobre valores moveis de reconhecida solidez. Não são menos estimados os fundos publicos, por exemplo, do que o emprego de capitaes em bens de raiz, tendo mais a extraordinaria vantagem de *desafressar* a egreja de cuidados terrestres, em que é difficil não perca um pouco de sua dignidade». E. *Laboulaye*, Le parti liberal, prim. part., IV.

Nos Estados Unidos Norte Americanos, onde prevalece a mais ampla liberdade n'este assumpto, ha restricções quanto aos direitos das sociedades religiosas, reguladas pelos Estados (em geral influenciados pela legislação do de New-York) e são mencionadas por A. CARLIER, *Repub. Amer.*, vol. III, pag. 503, n'estes termos :

« 1.º le *board of trustees* ne peut pas vendre les immeubles sans une autorisation de la Cour Suprême; mais il peut les hypothéquer comme garantie de dettes contractées de bonne foi pour un des buts de la corporation ;
2.ª une fois tous les trois ans, le trésorier de la corporation doit fournir à la Cour Suprême un inventaire des biens de la corporation et de son revenue ;
3.ª une limite est posée á la valeur des biens que peut posséder la société religieuse... Cette limite du reste peut être facilement elevée en obtenant une charte spéciale, ou bien la société religieuse se fractionne en deux et la loi favorise ce dédoublement...»

E em tão autorisado exemplo tinha-se inspirado o decreto que entre nós proclamou, com a separação da egreja e do estado, a plena liberdade de cultos, expressamente mantendo «os limites postos pelas leis concernentes á propriedade de mão-morta» (Decr. n. 119 A, de 7 de Janeiro de 1890, art. 5).

Esta mesma disposição legal, ao passo que assim consagrou taés restricções, declarou mantido ás egrejas e confissões religiosas o *dominio* de seos haveres, dominio por esse modo limitado (Decr. e art. cit.) E isto, bem como ás transcripções *supra*, responde aos que entendem que consagrando a livre acquisição de bens, a constituição implicitamente concedeo a faculdade de dispôr delles. Responde tambem aos que consideram como consequencia resultante da separação da egreja e do estado a liberdade não sómente de adquirir, mas tambem de alienar.

A separação que se fez entre nós, a que existia ao tempo da elaboração da Constituição, era a que se realisou pelo citado decreto, e nas condições em que elle a estabeleceo, isto é, com restricções quanto ao dominio dos bens. O facto da separação, já vimos, não as inhibia. A lei nova garantia o dominio, mas com a condição de ser limitado nos termos della. Tal foi o direito que o Congresso encontrou vigorando e que só em parte, como fica demonstrado, elle reformou. Podia ter estatuido a separação com aquellas clausulas que considerasse mais salutares, de mais conveniencia publica. No *statu quo* encontrava as da prohibição, quér de adquirir quér de alienar. Não era obrigado a mantel-as nem a supprimil-as. Conservou a ultima e eliminou a primeira. Para uma e outra cousa não lhe faltavam poderes, e nesse proceder não deixou de achar-se escudado na lição de publicistas e em bons exemplos.

Finalmente, o dominio é um direito que póde soffrer limitações, não só por facto de seo titular, ou por consenso deste, mas tambem por força de lei em vista do bem publico.

Havemos pois de admittir o systema que n'este particular o governo provisorio tinha estabelecido, com a modificação que lhe trouxe o congresso constituinte, sem ter que indagar si é o melhor, o mais logico, ou o mais liberal. (*)

(*) *Vide* Avs. n. 15 de 13 de março, n. 24 de 22 e n. 27 de 26 de agosto, n. 35 de 11 e n. 39 de 31 de dezembro de 1891, que divergem da opinião que ácima defendemos ; mas constituem meros pareceres dos ministros que os subscreveram, não têm força de lei, não obrigam aos outros poderes publicos, nem aos cidadãos, *ex-vi* da indole de nosso systema constitucional.
Vide Decr. n. 173 de 10 de setembro de 1893.

ARTIGO 72

§ 4. A Republica só reconhece o casamento civil, que precederá sempre ás ceremonias religiosas de qualquer culto.
(Decrs. n. 510, de 22 de junho e n. 914 A de 23 de outubro de 1890).

§ 4.º—Substitua-se:—A Republica só reconhece o casamento civil.
Emenda da commissão do congresso (declarada prejudicada pelo presidente, visto ter sido approvado o § 4 do projecto,—15 de janeiro de 1891).

§ 4.º Supprimam-se as palavras —precederá sempre ás ceremonias religiosas.— *Amphilophio*.
(Emenda approvada em 15 de janeiro de 1891).

Ao § 4.º accrescente-se— cuja celebração será gratuita.—*Epitacio Pessoa*.
(Emenda approvada na mesma data).

§ 4.º A Republica só reconhece o casamento civil, cuja celebração será gratuita.

---

§ 4 A Republica só reconhece o casamento civil (*)— Esta instituição foi creada entre nós pelo Decr. n. 181, de 24 de janeiro de 1890, cujo art. 108, § unico, permittia a celebração das cerimonias religiosas antes ou depois do acto civil.

O decr. n. 521 de 26 de junho do mesmo anno determinou que o casamento civil precedesse sempre ás cerimonias religiosas, sob pena de seis mezes de prisão e multa, para o celebrante do acto religioso.

O Cod. pen. de 11 de outubro tambem de 1890 egualmente pune a inobservancia dessa precedencia (art. 284).

O projecto de constituição publicado pelo governo provisorio com os Decr. n. 510, de 22 de junho e n. 914 A, de 23 de outubro de 1890, dizia em seu art. 72 § 4:

Á Republica só reconhece o casamento civil, que precederá sempre ás ceremonias religiosas de qualquer culto.

A commissão do congresso constituinte, encarregada de dar parecer sobre a Constituição na fórma do art. 57 do regimento, emittio quanto aquelle art. e §, o seguinte juizo (ANNAES do congr. const, vol. I, pags. 64 e 81):

«O art. 72 § 4º da Constituição, só reconhecendo o casamento civil, declara que este *precederá sempre ás cerimonias religiosas de qualquer culto*. Esta exigencia tem perfeita justificação na actualidade, visto como o casamento civil é um instituto novo entre nós e cumpre que a lei acautele interesses de terceiros e a boa fé dos proprios conjuges. Como, porém, essa medida é por sua natureza de caracter provisorio e importa uma restricção á liberdade individual, deve cessar desde que tenha penetrado na consciencia popular a convicção de que perante a lei só o casamento civil fórma e legitima a familia e confere direitos civis. *Entende pois, a commissão que a constituição deve simplesmente consagrar o principio de que a Republica só reconhece o casamento civil, ficando ao poder legislativo a faculdade de manter ou não a precedencia a que allude o texto constitucional.*»

(*) Pela legislação do imperio, o casamento regia-se conforme os seguintes actos:
Concilio Tridentino, secc. 24, Cap. I de «Reformatione Matrimonii» ;
Constituição do Arcebispado da Bahia, Liv. I, tit. 68, § 291 ;
Lei de 3 de nov. de 1827 ;
Lei de 28 de julho de 1828 ;
Cod. Crim. de 1830, arts. 247 e 248 ;
Dec. de 13 de julho de 1832 ;
Decr. n. 18, de 11 de julho de 1838 ;
Lei n. 1144, de 11 de set. de 1861;
Ord. liv. 4, tit. 46, § 1 ;
Lei de 19 de junho de 1775 ;
Lei de 19 de nov. de 1775; e
Lei de 6 de out. de 1785.

A mesma commissão, rejeitando varias emendas que a ella haviam sido apresentadas (entre as quaes uma do deputado Alcindo Guanabara que fazia facultativa a precedencia do acto religioso, cit. ANN., pag. 127), emendou assim o projecto:

«§ 4. Substitua-se:—A Republica só reconhece o casamento civil.» (ANN. cit., *ib*.)

Entrando a materia em discussão (sessão de 12 de janeiro de 1891 e seguintes), foram apresentadas treze emendas, umas inteiramente suppressivas do § 4 do art. 72 do projecto de constituição, outras suppressivas sómente da segunda parte d'elle (*verb*. que precederá etc.), outras facultando a celebração anterior ou posterior do acto religioso, e outras consagrando a gratuidade do acto civil (ANN. cit., pag. 221 e seg.) E si então varios representantes impugnaram, na tribuna, a clausula da precedencia ao acto religioso, tambem houve quem ahi a applaudisse. (ANN. cit., pags. 231, 261, 282, etc.).

Por occasião de votar-se, o presidente do congresso poz a votos o § 4º do art. 72 do projecto e foi approvado. Declarando na occasião o mesmo presidente ficarem prejudicadas as emendas substitutivas, da commissão e outras, surgio uma «questão de ordem», requerendo-se reconsideração do acto do presidente que declarára *substitutiva*, e por isso prejudicada, a emenda da commissão, afim de ser a mesma emenda submettida a votação.

O representante que isso requereo (Assis Brazil) dizia que elle e seos companheiros de bancada, seos visinhos, tinham votado entendendo assim.

O presidente, explicou então porque considerava substitutiva a emenda da commissão; mas, accrescentou que havia outras emendas que sómente modificavam a disposição e estas não estavam prejudicadas.

Replicando, aquelle representante disse que o encontrar-se na referida emenda a palavra — substitua-se — não a caracterisava como substitutiva. Havia nella só a suppressão de parte do paragrapho. «O facto é mais grave do que parece, accrescentava, muitos representantes votaram

enganados... Perdôe V. Ex. minha insistencia e queira attribuil-a ao grande interesse que voto pela causa dos principios de liberdade.»
A mesa, porém, manteve sua decisão.

Continuando a votação, foram approvadas uma emenda suppressiva das palavras — *que precederá sempre á cerimonia religiosa* — e outra additando a clausula — *cuja celebração será gratuita* — (ANN. cit., pags. 313 e 314). E deixaram assim de ser approvadas as emendas que facultavam ser o casamento religioso anterior ao civil. De onde se vê que o congresso constituinte, neste assumpto, limitou-se a consagrar como instituição constitucional, e ácima do arbitrio dos poderes publicos em sua acção ordinaria, o casamento civil.

A immediata rejeição, pela commissão, da emenda a ella offerecida, declarando supprimida a obrigatoriedade da precedencia do acto civil ao religioso ;

o parecer da mesma commissão, explicando a razão porque propunha a suppressão da clausula referente a essa obrigatoriedade;

sua declaração, nesse parecer, de que a precedencia tinha perfeita justificação no momento, para acautelar interesses de terceiros e a boa fé dos proprios nubentes ;

a clausula final desse parecer: «ficando ao poder legislativo a faculdade de manter ou não a precedencia»;

a votação do congresso constituinte, de accordo com esse parecer, desprezando as emendas que visavam tornar facultativa essa precedencia — tudo isto, junto põe evidente e fóra de quaesquer duvidas, que a Constituição não revogou a disposição legal então e ainda hoje vigente sobre esta materia.

Apezar de tamanha evidencia, — do incidente acima referido, dado na occasião de votar-se o § 4 de que estamos nos occupando, e do theor do § 7 do mesmo art. a que aquelle pertence, tem-se querido concluir contra o preceito da precedencia. Mas é fragibilissima esta argumentação.

A declaração de um deputado, ainda mesmo apoiado por mais outros, da maneira porque entendia dever-se fazer a votação e de que esta no caso muito importava sob o ponto de vista do principio da liberdade, exprimia o modo de ver desses representantes e mais nada.

O pensamento predominante no Congresso está claramente manifestado pelo historico que ácima fizemos, de quanto occorreu neste assumpto e especialmente no facto da condemnação de todas as emendas que suggeriam a abolição da precedencia do casamento civil.

Não vale tambem a invocação do § 7, que prohibe relações de dependencia entre as confissões religiosas e o estado.

Desde que se estabeleceo a secularisação dos actos da vida civil, o estado está no seo direito estatuindo as condições legaes para sua efficiencia e regulando-os quanto ao tempo, modo e formalidades, segundo melhor entender convir aos altos interesses que a taes actos se prendem. Ora n'isto está incluido o direito de impôr a precedencia d'elles a actos outros de quaesquer natureza, incluidos os ecclesiasticos, tanto mais quanto no caso o poder civil os não supprime nem elimina, apenas osa dia ou pospõe, sem prejuizo para quem quer que seja. Não ha no caso nenhuma relação de *dependencia* das que a Constituição prohibe, as quaes não são sinão as de intervenção official no governo e administração das confissões, sua ligação ao orçamento do estado, beneplacito, appellações *ababusu*, etc., que prendiam a egreja ao estado. Mas todos no estado, individuos, corporações de qualquer natureza, acham-se dependentes d'elle, desde que nelle vivem e d'elle recebem garantia e segurança para o goso de seos direitos, e essa dependencia geral é a que se estabelece pela obediencia á lei, fundada no interesse da communhão. A Constituição não a supprimio.

A liberdade de consciencia, desde que se revela em praticas exteriores que podem interessar á ordem legal, tem como as outras liberdades, limitações impostas por amor da co-existencia social.

Póde alguem em seu fôro intimo achar licitos a polygamia, o casamento incestuoso. Uma seita religiosa póde professar a legitimidade dos sacrificios humanos. O estado, porém, não supportará que nada d'isso se ponha em execução. A chamada liberdade espiritual n'isso não lhe tolhe a acção. E si, em nome de altos interesses sociaes, póde elle até prohibir certas praticas religiosas, não poderá fazer adiar alguma, como a do caso que nos occupa, em consideração dos direitos da familia e para maior garantia da instituição legal que a ella serve de fundamento? Nenhuma autoridade lhe falta para isso.

Limites á liberdade religiosa estão estabelecidos em termos expressos, na Constituição. Não podem votar nas eleições politicas os membros de communidades claustraes (art. 70 § 4.) Perdem os direitos politicos os cidadãos que allegarem motivo de crença religiosa para se isentarem de onus impostos por lei (art. 27 § 29). O § 5 do mesmo art. 72 estabelece que é facultado a todos os cultos religiosos a livre pratica dos respectivos ritos em relação a seos crentes, desde que (*sic*) « não offendam a moral publica e as leis». E esta clausula final do art. 72 § 5 não é restrícta ao que concerne a cemiterios (de que elle trata); mas por sua natureza e alcance extende-se a quaesquer manifestações da liberdade religiosa, a qual não vive fóra das leis, mas como todas as outras— *sub lege*.

Muito bem argumentava sobre este assumpto, em voto separado ao parecer n. 87 de 1900, da commissão de constituição, legislação e justiça da camara dos deputados, o representante Teixeira de Sá:

A Constituição estatuio :
1.º, que todos os individuos e confissões religiosas podem exercer publica e livremente o seo culto, § 3º;
2.º, que nenhum culto ou egreja terá relações de dependencia, ou alliança, com o governo da União ou dos Estados, § 7º.

Ora, trata-se de saber si á vista de taes dispositivos constitucionaes têm as confissões religiosas e em geral todos os individuos liberdade absoluta para exercerem qualquer acto de culto, de fórma que não assista aos poderes publicos, por motivo algum, seja de que ordem fôr, direito a restringir a mesma liberdade, impondo-lhe modificações ainda no interesse da sociedade.

Não me parece que seja esta a verdadeira interpretação dos referidos paragraphos constitucionaes, porque a palavra *livremente*, empregada no § 3º citado, não póde ter a significação correspondente á liberdade absoluta.

Fôra preciso suppôr que a Constituição consagrou uma novidade ou antes uma verdadeira aberração dos principios do direito publico universal; porque a concepção do Estado não se póde absolutamente separar das relações de dominação d'este sobre todos os membros do corpo social; isso é de sua propria essencia, dominar sobre todas as forças individuaes e todos os interesses privados no interesse geral.

Organisados os poderes politicos, que lhe desenvolvam a acção e assegurem a unidade politica nacional e a autoridade suprema da lei, subsiste virtualmente n'ella a mesma autoridade soberana para o fim de manter a ordem social fazendo convergir para esse objectivo a actividade nacional: pelo que diz SHUTZENBERGER, *Leis da Ordem Social*, que os direitos publicos são mais deveres do que direitos, e que si o Estado perde essa dominação na esphera de acção que a natureza das cousas lhe assigna, a sua existencia está comprometida e os interesses privados se substituem ao interesse geral.

Ao revez d'esta doutrina está o que se diz ter disposto a Constituição em relação á liberdade dos actos de culto concedida aos individuos e ás confissões religiosas, de exercerem a catechese, o ensino, as predicas, ritos e preces em commum, sem que o Estado tenha para com estes actos a menor coparticipação e ainda que corra o risco de sua propria existencia.

No antigo regimen tinham os brazileiros religião do Estado, e o espirito eminentemente orthodoxo de *Pimenta Bueno* escrevia no seo *Direito Publico Brazileiro* que quanto ao culto externo a intervenção do Estado é legitima e de indisputivel direito, desde que lhe assiste o supremo encargo de defender a sociedade...»

E expunha o mesmo representante exemplos de d.sposições legaes existentes no antigo regimen, que eram verdadeiras restricções á liberdade religiosa, mesmo a respeito de casamento, e ás quaes se subordinava a propria egreja catholica, tão ciosa, aliás, de suas prerogativas espirituaes, ao passo que se eximia de outras injuncções, chegando até a entrar, por causa d'ellas em conflicto com o imperio. E lembrava que sem nenhuma censura nem resistencia por parte das autoridades ecclesiasticas assim tão zelosas, se cumpria

« o codigo criminal de 1830 que punia o ecclesiastico pelo crime de receber em matrimonio a contrahentes que se não mostravam habilitados na conformidade das leis; e si isto se dava não porque a religião fosse do Estado, mas porque os seos ministros viviam n'elle e não podiam deixar de obedecer ás suas leis, aliás não offensivas á celebração particular a relação do direito de livre culto do al gimen para o de hoje.»

Nos tribunaes, não ha decisões que n teria constituam *aresto*, mas não têm casos em que os juizes se tenham mani pela interpretação genuina da Constituiçãc ponto e é notavel o Accordam do Tribu Justiça de S. Paulo, em data de 18 de a 1893, nos autos de denuncia do promc comarca de Casa Branca contra o côneg noel Martins da Silva por violação do a do codigo penal. Nesse Accordam se lê:

«O congresso federal, supprimindo a parte da pre obrigatoria do acto civil contida no artigo do pro Constituição relativa ao casamento civil, não teve a revogação das leis ordinarias, que estabeleciam a toriedade da precedencia do casamento civil ao reli sim, deixar semelhante assumpto determinado ne até que depois o poder legislativo ordinario resolve servar ou revogar taes leis, caso entendesse imp precedencia, sob sancção penal, do acto civil uma r da liberdade indual, de religião e cultos.

A constituição politica da União, reconhecendo mento civil como unico valido na constituição da f para os effeitos importantes civis que desse estado não se enunciou sobre a obrigatoriedade da preced casamento civil; não achando conveniente que esta de precedencia fosse considerada como preceito c cional, entendeo que devia ter caracter puramento itorio, permanecendo as leis ordinarias a respe vigor, o que se deduz do parecer da commissão gada pelo congresso para dar parecer sobre o pro constituição e da maioria dos votos, attentos os destes. A obrigatoriedade da precedencia do ca civil ao religioso, sob sancção penal, importa a san lei constitucional que só reconhece o casamento constituição da familia, não professando e nem re o Estado seita ou profissão alguma religiosa e, de; foi decretada a separação da egreja e daquelle.

Desde que ao principio de tolerancia, consag art. 108 da lei n. 181 de 24 de janeiro de 1890, (mittia indifferentemente a celebração de quaes ju monias religiosas, antes ou depois do acto civil, corre uma parte do clero catholico com actos de acc opposição e resistencia á execução do mesmo decre brando o casamento religioso e aconselhando a nã vancia da prescripção civil, pretendendo annullar o ca constitucional da familia, pondo em risco os imp direitos e interesses dos nubentes e da prole, corria ao Estado tomar em defeza da instituição as medid citivas para que o casamento civil fosse o unico cido e executado e não fosse u na lei, por falta de penal, burlada ou desrespeitada pela egreja, mera as perante o Estado e não superior as leis, de cuja dencia» não póde isentar-se.

Si essas medidas coercitivas, si a sacção penal 284 do Codigo Penal, importam uma restricção á l individual, ella é a bem da causa publica, da segu estado civil da familia, como importam restricções dade dos mais artigos do Codigo que, punindo acc trarias ás leis civis e de ordem social e politica, mar com toda a legitimidade do poder publico e sober a sancção penal, para protecção e tutela dos imp direitos e interesses da familia é uma offensa á l individual, crenças religiosas e ataque ao prin tolerancia, então deveria ser eliminado o casamer por offensivo ao dogma do matrimonio, sacramer tão.

§ 5. Os cemiterios terão caracter secular e serão administrados pela autoridade municipal.
(Decrs. n. 510, de 22 de junho e n. 914 A, de 23 de outubro de 1890).

§ 5.º ficando livre a todos os cultos religiosos a pratica dos respectivos ritos em relação aos seus crentes, desde que não offendam a moral publica e as leis.—*Meira de Vasconcellos.—João Barbalho.*
(Emenda approvada em 15 de janeiro de 1891).

§ 5.º **Os cemiterios terão caracter secular e serão administrados pela autoridade municipal, ficando livre a todos os cultos religiosos a pratica dos respectivos ritos em relação aos seos crentes, desde que não offendam a moral publica e as leis.**

---

§ 5.º Os cemiterio terão caracter secular. A legislação do imperio punha a cargo das municipalidades proverem por suas posturas sobre cemiterios fóra do recinto dos templos «conferindo a esse fim com a principal autoridade ecclesiastica do logar». Lei de 1 de outubro de 1828, art. 62, § 2. O Dec. legislativo n. 583, de 5 de setembro de 1850, proveo sobre os cemiterios e enterramentos nesta capital, «salvos os direitos do Ordinario na parte religiosa».

O governo provisorio, tendo secularisado o estado (Dec. n. 119 A, de 7 de janeiro de 1890), no projecto de Constituição que publicou com o Dec. n. 510, de 22 de junho do mesmo anno, consagrou a laicidade dos cemiterios (art. 72 § 5) e por Dec. n. 789, de 27 de setembro, regulou o assumpto. (*)

O projecto de Constituição apresentado com o Dec. n. 914 A, de 23 de outubro de de 1890 manteve (art. 72 § 5) a mesma disposição do anterior projecto.

Na primeira discussão, o congresso constituinte a adoptou com a emenda, que constitue a segunda parte do paragrapho, apresentada pelo deputado Meira de Vasconcellos e o autor deste livro, com outros representantes, o que prevaleceo ainda na ultima votação.

A situação e a administração dos cemiterios muito importam á hygiene e salubridade dos centros populosos e á policia municipal. Não poderiam ser deixadas ao arbitrio dos particulares e das confissões religiosas ; e sendo assumpto de caracter puramente local, a nenhuma autoridade poderia caber sinão á edilidade.

Sob sua guarda e vigilancia, removidos os inconvenientes sanitarios, os cemiterios constituirão verdadeiros asylos dos mortos e ficarão ao abrigo de toda a injuria e profanação, ahi reinando, sem perturbação a paz dos tumulos, o respeito religioso devido aos finados.

A pratica dos respectivos ritos em relação aos seos crentes é facultada a todos os cultos, em homenagem ao sentimento religioso da veneração dos mortos. *Sancta et salubris est cogitatio pro defunctis exorare* (II Mach. XII, 46.)

Ao estado, embora leigo, cabe admittir, nos cemiterios publicos, n'elle fundados sem caracter confissional, as praticas funerarias de quaesquer cultos, sem distincção.

Ellas constituem uma das mais respeitaveis e das mais bellas manifestações da alma humana e são um direito dos crentes.

Desde que não offendam a moral publica e as leis. Esta clausula subentende-se a respeito do exercicio de quaesquer liberdades, como garantia dos direitos de cada individuo e em salvaguarda da ordem publica e social. Sem ella, prevaleceriam a anarchia e a falta de segurança,—e para evital-as institue-se o poder publico e cream-se autoridades.

Em toda a sociedade policiada estas têm o dever de manter o decoro publico e de impedir e reprimir, na fórma das leis, quaesquer offensas ao direito.

E as leis que se dirigem a fazer com que a liberdade de uns não offenda o direito dos outros, não são restricções que ataquem a liberdade ; não se podem considerar attentado nem usurpação, mas elemento de ordem e seguridade para o individuo e para o estado, e condição indeclinavel do goso pacifico dos bens e vantagens que aos homens procura a organisação social e politica em que elles se congregam.

(*) Eis o theor do referido decreto :
Art. 1.º Compete ás municipalidades a policia, direcção e administração dos cemiterios, sem intervenção ou dependencia de qualquer autoridade religiosa.
No exercicio desta attribuição não poderão as municipalidades estabelecer distincção em favor ou detrimento de nenhuma egreja, seita ou confissão religiosa.
Art. 2.º A disposição da primeira parte do artigo antecedente não comprehende os cemiterios ora pertencentes a particulares, a irmandades, confrarias, ordens e congregações religiosas e a hospitaes, os quaes ficam entretanto sujeitos á inspecção e policia municipal.
Art. 3.º E' prohibido o estabelecimento de cemiterios particulares.
Art. 4.º Em todos os municipios serão creados cemiterios civis, de accordo com os regulamentos que forem expedidos pelos poderes competentes.
Paragrapho unico. Emquanto não se fundarem taes cemiterios, nos municipios em que estes estabelecimentos estiverem a cargo de associações, de corporações religiosas ou dos ministros de qualquer culto, as municipalidades farão manter a servidão publica nelles existente, providenciando para que os enterramentos não sejão embaraçados por motivo de religião.
Art. 5.º Revogam-se as disposições em contrario.

4.º Todos podem livremente aprender e ensinar ou fundar instituições de ensino. (Projecto da commissão do governo provisorio).	§ 6.º Será leigo o ensino ministrado nos estabelecimentos publicos. (Dec. n. 510 de 22 de junho e n. 914 A de 23 de outubro de 1890.)	(Ao art. 6º addicione-se, depois da palavra— publico, esta restricção— fundadas ou sustentadas pela União. — *Amphilophio.*) § 6.º Depois de leigo diga-se — livre, gratuito e não obrigatorio.— *Nelson.* (Emendas rejeitadas em 15 de janeiro de 1891.) (6.º Será livre o ensino em toda a Republica.— *Tosta.*) (6.º Será livre o ensino ministrado nos estabelecimentos publicos.— *Frederico Borges.* (Emendas prejudicadas em 15 de janeiro de 1891.)	§ 6.º Será leigo o ensino ministrado nos estabelecimentos publicos.

§ 6. **Será leigo o ensino** nos estabelecimentos publicos. Instituição de caracter temporal, secular, o Estado não tem na sua missão a catechese e propaganda religiosa. Aberraria elle de seos fins, caso a tomasse a si. E tomando-a, naturalmente prefereria a de uma unica religião. Ora, esta religião privilegiada seria ensinada á custa do producto dos impostos pagos pelos cidadãos em geral, incluidos os dissidentes d'ella, com dupla violencia— de seo bolso e de sua consciencia, á qual repugnaria fazer as despezas de um ensino contrario ás suas crenças religiosas.

E o estado quebrantaria o principio de egualdade si curasse do ensino exclusivo de uma religião; em homenagem a esse principio deveria ensinar ou tôdas as religiões ou nenhuma d'ellas. N'um caso, aberração e desproposito (*), n'outro neutralidade e respeito a todas as crenças.

Mas (argue-se contra a escola leiga) arrisca-se a propria segurança do estado com o supprimir do ensino a religião, que instilla no coração do povo os sentimentos de respeito, de ordem, de virtude e de nobres estimulos, cuja ausencia dá margem ao duro imperio de paixões perigosas, commettedoras da tranquillidade publica e bem-estar geral, e que aprestam as revoluções.

Ha boas razões a oppôr a esta objecção. De primeiro e sem desconhecer em geral a influencia benefica do sentimento religioso na sociedade, é preciso não exageral-a e convir que elle tambem póde, pelo fanatismo, trazer males ao estado e já tem produzido sangrentas revoluções, sendo duvidoso si ha mais perigo em sua ausencia do que em seo excesso.

Esse sentimento, em gráo razoavel e sem exclusivismo de seita, se póde e deve cultivar mesmo na escola leiga. Esta não professa o atheismo nem faz propaganda em prol de umas contra outras religiões; ella não repelle as idéas religiosas e moraes que são o patrimonio commum das seitas mais conscienciosas e esclarecidas, principios universaes, abraçados por todas as confissões e que estão no espirito do seculo.

Si o mestre não tem que catechisar,— e isto a outrem caberá, que não a um funccionario do estado,— não se segue d'ahi que, devendo formar o coração do discipulo, se abstenha elle de inculcar-lhe a idéa do dever, os sentimentos moraes que são o apanagio das sociedades bem ordenadas e que recebem a influição do espirito religioso. Assim, a escola não ensinará maximas intolerantes, não inspirará aos alumnos o odio aos que professarem religião diversa, não entrará no hyeroglipho dos dogmas; mas professará sem quebra da neutralidade que ella deve guardar entre todas as confissões, o respeito por todos os direitos e liberdades legitimas, o amor do proximo sem distincção de crenças, a fraternidade dos povos e raças, a caridade para com todos, a responsabilidade pessoal, o amor á ordem, o respeito á lei e aos superiores, o patriotismo, a pratica do bem e da virtude, enfim. Um ensino assim não tem nada de anti-religioso e está mui longe de comprometter a segurança e o futuro do estado; ao contrario, o ampara e o escuda (*)

(*) Imagine-se um professor para ensinar todas as religiões (e naturalmente ensinando mais e melhor que as outras a sua), ou n'uma escola tantos professores quantas as religiões conhecidas! Calcule-se o effeito da inspecção escolar confiada a um só funccionario sabedor de todos os credos e dogmas religiosos, ou uma turma de inspectores, um para cada seita!

(*) Uma lei do Estado de Massachussetts, no qual, como em geral nos outros Estados da União Norte Americana, o ensino é *unsectarian* (não confessional, leigo), assim providenciou quanto ao cultivo do senso moral e religioso nas escolas (e isto póde ser offerecido como um bom exemplo a seguir):

«Os professores se esforçarão por incutir no animo da mocidade confiada a seus cuidados não só a piedade, a justiça e o respeito á verdade, como o amor á patria, a benevolencia para com todos os homens, a sobriedade, o amor ao trabalho, a castidade, a moderação, a temperança e todas as virtudes que podem servir de apoio á republica e ornamento á sociedade. Elles devem mostrar a seos alumnos, por meio de explicações que possam comprehender, como essas virtudes tendem a manter e aperfeiçoar as instituições republicanas e como os vicios oppostos inevitavelmente conduzem ás mais desastrosas consequencias.»

Em Pernambuco, onde, quando ainda provincia, foi secularisado o ensino, o inspector geral da instrucção publica (que era quem hoje escreve este livro), inserio, com approvação competente, nos regimentos que elaborou para os institutos de sua inspecção, disposições que não serão fóra de proposito referir aqui.

Conforme o Regimento do Gymnasio Pernambucano, de 19 de abril de 1876, arts. 7, 8 § 1 e 201, cumpria aos professores inspirar a seos alumnos sentimentos religiosos e moraes, e aproveitar todas as occasiões que se offerecerem para ensinar-lhes o que devem elles a Deos, á patria e aos paes;

Finalmente, o estado leigo não professa em seos institutos de instrucção o ensino das religiões ou de uma qualquer d'ellas; mas nem por isso deixarão de ser ensinadas, e até pelos mais competentes, desde que ha a liberdade de ensino, desde que nos estabelecimentos não offíciaes os mestres têm o direito de ensinar doutrinas religiosas, desde que cada uma das confissões póde livremente crear escolas para o ensino de seos credos, e desde que, como é sabido, n'ellas tão grandemente se desenvolve e predomina o espirito de proselytismo e de propaganda.

Assim que, nem a escola leiga dará um ensino atheo, impio, hostil á religiosidade, nem ha perigo algum de que ella elimine da nação o sentimento religioso, tão intenso e arraigado no coração do povo e a cujo desenvolvimento servem grandemente o lar domestico, essa primeira escola de piedade, as predicas nos templos, o catechismo pelos curas, pastores, missionarios, as associações religiosas, as aulas e imprensa por ellas mantidas.

O regimento das escolas primarias, approvado em 20 de outubro de 1885, depois de ter assignalado como fins de taes instituições a cultura moral dos a'umnos, o desenvolvimento de suas faculdades intellectuaes, e acquisição de conhecimentos e aptidões necessarias para seos progressos ulteriores na vida pratica e preparal-os para homens de bem, uteis á patria e á sociedade, incumbe ao professor incutir-lhes no animo pela palavra e pelo exemplo o sentimento do bem e da virtude, tendo em vista, no desempenho de seo magisterio que no objecto do ensino a seo cargo entre a formação do caracter dos alumnos, juntamente com a communicação dos conhecimentos indispensaveis ao homem para viver dignamente na sociedade, applicando suas forças não em beneficio de seo bem estar proprio sómente, mas tambem no de seo paiz e da humanidade. Recommenda ainda aos mestres que nos actos da vida escolar se preoccupem de fazer comprehenderem os alumnos a n·cessidade e vantagem do cumprimento do dever e do respeito á autoridade, sem prejuizo do sentimento da Independencia (arts. 2, 20 e 66).

E aqui está como a escola leiga não só infirma o sentimento religioso, e não é, inspirando-se em taes principios, uma instituição subversiva nem de modo algum perigosa ao estado e á sociedade.

Nos estabelecimentos publicos, assim da União como dos Estados. Uma emenda para restringir-se a laicidade aos institutos federaes de ensino, deixava aos Estados a faculdade de estabelecel-a ou não nos seos. Não a quiz, porém, o congresso constituinte adoptar. Destoava de seo plano de secularisação. E mesmo que não se tivesse dado esse facto, que evidencia o proposito de não se permittir tal restricção, a prohibição do ensino religioso nas escolas mantidas pelos Estados é inteiramente fóra de questão. O art. 72 se comprehende entre as disposições constitucionaes que o artigo 63 impõe como obrigatorias aos Estados. (*Vide* commentario ao art. 63).

— A expressão « estabelecimentos publicos » exclue as escolas particulares, fundadas e mantidas pelos cidadãos, sem caracter official, ou por associações.

Taes escolas poderão ser ou não leigas, Homenagem á liberdade de ensino e dé crenças religiosas. Mas si não forem, não poderão ser subvencionadas nem receber quaesquer auxilios do governo. Subvenção, isenções e favores officiaes a escolas religiosas, são auxilio ao desenvolvimento da religião que na escola fôr professada e estabelecem relações de dependencia que o § 7 d'este art. 72 formalmente prohibe.

Emendas declarando livre o ensino foram tambem rejeitadas, mas eram inuteis diante da disposição dos §§ 11 e 24 do mesmo artigo, que de modo inconcusso envolvem a consagração d'essa liberdade.

§ 7.º Nenhum culto ou egreja gosará de subvenção official, nem terá relações de dependencia ou alliança com o governo da União ou dos Estados.
(Decretos n. 510, de 22 de junho e n. 814 A de 23, de outubro de 1890.)

§ 8.º E' excluida do paiz a companhia de jesuitas e prohibida a fundação de novos conventos ou ordens monasticas.
(Decreto n. 510, de 22 d: junho de 1890).

§ 8º Continúa excluida do paiz a companhia dos jesuitas e prohibida a fundação de novos conventos, ou ordens monasticas.
(Decreto n. 914, A de 23 de outubro de 1890).

(§ 7.º Que sejam suppressas as palavras — ou dos estados ao § 7º do art. 72.—*Lamounier Godofredo.*
(Emenda rejeitada em 16 de janeiro de 1891).

§ 8.º Supprima-se o § 8º.—*Barbosa Lima.*
(Emenda approvada em 8 de janeiro de 1891).

(Substitua-se o § 8º pelo seguinte:
E' prohibido no paiz a fundação de conventos ou a instituição de ordens monasticas. — *A. Cavalcanti.*
(Emenda prejudicada na mesma data).

§ 7.º Nenhum culto ou egreja gosará de subvenção official, nem terá relações de dependencia, ou alliança com o governo da União, ou o dos Estados.

§ 7. Nenhum culto ou egreja poderia entre nós gosar de subvenção official, nem ter relações de dependencia ou alliança com o governo da União ou dos Estados, uma vez estatuida a secularisação do estado como um dos principios capitaes da organisação politica architectada pela Constituição. O estado leigo tem que ser neutral entre as religiões estabelecidas no paiz e excederá, n'este particular, os limites de sua missão sempre que não restringir-se a garantil-as todas egualmente no livre exercicio de seos cultos, procedendo de modo que todos estes sejam respeitados, com as unicas restricções fundadas na moral e ordem publica, e não consentindo que qualquer d'elles invada os direitos individuaes ou os do estado.
(*Vide* comment. ao art. 11, n. 2).

Relações de dependencia ou alliança seriam a negação da separação estabelecida pelo decreto n. 119 A, de 7 de janeiro de 1890, confirmada e desenvolvida pela Constituição, artigo citado e varios paragraphos do art. 72. Vêm aqui de molde as seguintes considerações de E. de Laboulaye no seo interessante pamphleto d'O Partido Liberal (Parte I, IV):

« A separação, abolindo as pretenções injustas e carunchosas quér da Egreja, quér do estado, deixa á religião e á sociedade a paz de que ambas carecem. Parécem hoje duas pessoas distinctas o cidadão e o fiel, tendo cada um direitos e deveres diversos. Ensinam ao fiel a amaldiçoar a liberdade, como o fructo envenenado da philosophia e da revolução : ao cidadão a ter a egreja como inimiga da civilisação. D'ahi surdem discordia, conturbação profunda nas almas, e por assim dizer dous povos em uma sociedade. Nada ha, porém, tão falso como esta distincção. E' o Christianismo tão pouco inimigo das instituições livres, que nunca têm vingado taes instituições sinão nas nações christãs ; os povos que seguem a lei de Brahma, de Bouldha e de Mahomet até hoje não sahiram do despotismo.

E' fructo do Evangelho a sociedade moderna ; brota da unica religião que conferio ao individuo o cuidado e a salvação de sua alma ; o materialismo a mata, a fé fal-a viver : e por sua vez, intima e mysteriosamente alliados, o despotismo suffoca a fé e a liberdade a vivifica. Que é, pois, esta opposição que divide a egreja e a sociedade ? Nada mais que um equivoco que se desvanecerá ao sol da liberdade. E' o ideal do Christão tambem o ideal do cidadão...
Repõe a separação cada um no seo logar. Não tem o estado diante de si mais que cidadãos, não tem mais que temer a murmuração das consciencias...
Recalcitra a consciencia quando sente a mão do estado, mas ama um poder que lhe garante a liberdade.»

A ligação e dependencia das duas instituições impedem essa commoda e auspiciosa co-existencia que o eximio publicista tão justamente preconisava.

6.º Todos podem se reunir e associar livremente, sem armas e sem a minima interferencia policial, salvo havendo requisição ou perturbação da ordem publica.
(Projecto da commissão do governo provisorio).

§ 9.º A todos é licito associarem-se e reunirem-se livremente e sem armas; não podendo intervir a policia sinão para manter a ordem publica.
(Decretos n. 510, de 22 de junho e n. 914 A, de 23 de outubro de 1890).

§ 8.º A todos é licito associarem-se e reunirem-se livremente e sem armas; não podendo intervir a policia, sinão para manter a ordem publica.

---

§ 8. **A todos é licito associarem-se e reunirem-se.** O direito de associação e reunião não vinha mencionado entre os trinta e tres §§ do art. 179 da Constituição do Imperio (correspondente ao art. 72 da constituição vigente), mas a reconhecia e regulava a legislação ordinaria (*), como um desdobramento da liberdade individual.

A Republica amparou esse direito, dando-lhe a garantia constitucional, pela inclusão entre aquelles dos quaes proclama a inviolabidade; por modo que não é mais uma concessão da legislatura ordinaria, sujeita ao arbitrio d'esta quanto ao modo e extensão de seo exercicio. A Constituição solemnemente assegura o goso do direito da reunião e associação.

O codigo penal, arts. 121 a 123, declara licita a reunião do povo desarmado, em ordem, para o fim de representar contra as injustiças, vexações e máo procedimento dos empregados publicos, bem como a reunião pacifica e sem armas do povo nas praças publicas, theatros e quaesquer outros edificios ou logares convenientes, para exercer o direito de discutir e representar sobre os negocios publicos, não sendo necessaria, para o uso d'esta faculdade, prévia licença da autoridade policial, que só poderá prohibir a reunião annunciada, no caso de suspensão das garantias constitucionaes, limitada então a sua acção a dissolver a reunião, guardadas as formalidades da lei e sob as penas n'ella comminadas.

A autoridade policial irá ao logar da reunião e reconhecendo que esta é illicita e tem fins offensivos da ordem publica, o fará constar ás pessoas presentes e as intimará para se retirarem; si a autoridade não fôr obedecida, depois de terceira admoestação empregará a força para dispersar o ajuntamento e mandará recolher á prisão preventiva os cabeças.

A lei n. 30 de 8 de janeiro de 1892, art. 29, inclue entre os crimes de responsabilidade do presidente da Republica impedir, perturbar ou dissolver as reuniões pacificas do povo, fóra dos casos em que a lei o permitte ou sem as formalidades que ella prescreve.

Quanto ás associações, comprehende-se que, além de respeitaveis, como exercicio de um direito, desde que se mantenham nos limites da ordem juridica, desde que tenham propositos licitos e não tragam perigo á tranquilidade publica, ellas são de immensa vantagem para o estado, para a communhão. Ellas redobram as forças individuaes, dão expansão ás industrias, multiplicam os capitaes, promovem a diffusão do ensino, o desenvolvimento das sciencias, das artes, servem grandemente á caridade publica, e com isso alliviam o estado de uma multidão de serviços que não lhe competem e muito efficazmente o secundam em outros. Por ellas, tornam-se realidade emprehendimentos que de outro modo affrontariam a capacidade e recursos individuaes não colligados. E tal é a sua importancia na vida dos povos, que considera-se a aptidão para formal-as nas differentes espheras de actividade como um dos principaes signaes de adiantada civilisação.

Assim que, n'esta parte, bem inspirada é a legislação republicana que apartou-se do systema preventivo e, em vez de consagrar restricções tacanhas e suspicazes, deixou ampla margem e largueza ao espirito de associação, a qual é, a um tempo, fórma legitima da liberdade

---

(*) Lei de 20 de outubro de 1823, Cod. Crim. de 16 de dezembro de 1830, parte IV, cap. II; avisos de 3 de outubro de 1831 e de 2 de janeiro de 1832 (que declararam não haver necessidade de licença para se organisarem sociedades, bastando cumprir-se o disposto no Cod. Crim.); lei de 6 de junho de 1831, art. 2º; aviso da mesma data; art. 4º § 3 da lei de 3 de dezembro de 1841, arts. 129 e 130 do Reg. n. 120 de 31 de janeiro de 1842 ; lei n. 3130 de 4 de novembro e dec. n. 8.821 de 30 de dezembro de 1882.

e poderosissima alavanca do progresso e grandeza das nações.

(*Vide* decretos n. 164, de 17 de janeiro de 1890 e n. 173, de 10 de dezembro de 1893.)

Quanto a reuniões e associações com fins políticos, *vide* o que fica exposto no commentario (IV) ao principio deste art. 72, pag.

Finalmente, o livre exercicio do direito garantido por este § tem as limitações seguintes :
1.º ha de ter lugar sem que estejam armados e
2.º sem que perturbem a ordem publica os que o exercem. Restricção salutar, fundada na necessidade de manter-se a tranquillidade e segurança geral e que contribue para a efficácia e melhor successo dos fins pretendidos.

8.º Todos podem apresentar verbalmente ou por escripto, a qualquer dos tres poderes, reclamações, queixas e petições, ou expôr infracções desta constitu[i]ção, ou de qualquer lei, promovendo perante a autoridade competente a effectiva responsabilidade do infractor.

(Projecto da commissão do governo provisorio).

§ 10. E' permittido á quem quer que seja representar mediante petição aos poderes publicos, denunciar abusos das autoridades e promover a responsabilidade dos culpados.

(Decretos n. 510, de 22 de junho e n. 914 A, de 23 de outubro de 1890.)

§ 9.º E' permittido a quem quer que seja representar, mediante petição, aos poderes publicos, denunciar abusos das autoridades e promover a responsabilidade dos culpados.

---

§ 9. Representar, mediante petição, aos poderes publicos, denunciar abusos das autoridades e promover a responsabilidade dos culpados, é direito inherente á qualidade de cidadão e essencial á fórma democratica republicana.

Constituida debaixo dessa fórma a nação, as autoridades exercem suas funcções por delegação, que não por direito proprio, e nos limites dessa delegação; o direito, o poder, continúa no outorgante, no povo, na massa geral dos membros da communhão politica estabelecida, nos cidadãos.

E porque não alienaram elles o poder e o conservam, tendo apenas transferido o *exercicio*, (*vide supra*, pag. 10), cabe-lhes fiscalisar esse exercicio e um dos meios mais efficazes é o consagrado no paragrapho que estamos commentando, sendo esta uma eloquente e segura affirmação pratica do *self-government*. (*)

Além disso, esta faculdade de dirigir-se o cidadão aos poderes publicos se exerce tambem para suggerir-lhes medidas que aproveitam á communhão, e que podém referir-se a interesses de ordem politica, juridica, administrativa ou material.

E' uma adequada fórma de manifestarem os cidadãos seos votos e aspirações sobre as cousas publicas, seo juizo quanto á direcção que estas levam, e de provocar a actividade das autoridades sobre assumptos que importam á collectividade.

Nos governos anti-liberaes este direito é cerceado ou supprimido, faz medo aos despotas.

Nos regimens livres, sinceramente democraticos, é respeitado, pela sua importancia e valia considera-se garantia de liberdade e elemento de melhoria da ordem politica e administrativa.

E' ainda um meio efficaz de provocar a repressão dos abusos das autoridades e a punição dos funccionarios delinquentes, aos quaes proteja a complacencia, desidia ou cumplicidade dos superiores.

E do exposto se conhece quão preciosa e efficaz é esta garantia de interferencia, de participação do cidadão nos negocios publicos,

Mas o § 9 não garante unicamente o direito de petição com relação a assumptos de caracter politico; seos termos genericos abrangem tambem a faculdade que todo o homem tem, como parte da communhão civil, abstrahindo da qualidade de cidadão, de requerer ás autoridades o que fôr a bem seo, de seos licitos interesses, e de queixar-se das offensas e damnos que se lhe tenham feito, para obter, pelos meios legaes, a reparação e promover a punição do offensor. Por isso teve a Constituição de usar neste paragrapho dos termos : « é permittido *a quem quer que seja* », — e isto garante o exercicio dessa faculdade, quanto a direitos e interesses individuaes, a nacionaes e a estrangeiros, a cidadãos activos ou não, a todos os habitantes do Brazil. Com relação a fins politicos, como deixamos dito acima, a garantia cabe exclusivamente aos brazileiros por ser *direito politico*.

Mediante petição. Quanto ao direito de reunião vimos que só póde ser exercido *sem armas* e sem prejuizo da *ordem publica*. As razões d'esta limitação militam tambem para que não se permitta ser exercido de modo desordenado, tu multuario, anarchico, o direito de representar aos poderes publicos.

A representação, queixa, reclamação, proposta ou moção, se deverá fazer *mediante petição*; isto é, poderá ser discutida, deliberada e resolvida em reuniões publicas ou qualquer fórma não prohibida por lei, mas será presente á autoridade publica por meio de requerimento escripto (que é, no uso commum de fallar, o significado do vocabulo « petição»).

E este expediente é preferivel ao de deputações ou commissões. A exposição verbal é passageira (*verba volant*) e sendo incumbida a muitos corre o risco de não offerecer completa unifor-

---

(*) «The right of the people peaceably to assemble and petition congress for a redress of grievances, or foranything else connected with the powers and duties of national government, is *an attribute of national citizenship*... The very idea of government republican in form implies that right», é conceito affirmado pela jurisprudencia relativa a este ponto na União norte-americana. (Baker, Annot. Const., 1891, pag. 180)

midade e de prejudicar o exito. O requerimento escripto concretisa e registra o pedido, a pretenção e os motivos allegados em seu abono e justificação, offerecendo assim condições favoraveis ao detido e meditado exame do caso que se apresenta.

Pimenta Bueno, cuja competencia e largas vistas n'esta materia são indisputaveis, assignala as seguintes regras e condições que devem prevalecer no uso da faculdade de que se trata:

A petição sómente se admittirá por escripto;
Deve ser em termos respeitosos, e
Assignada por todos e cada um dos peticionarios pelo seu proprio nome e não sob denominação collectiva de sociedade politica ou anonyma, ou mesmo de municipalidade, pelo menos que não esteja para isso autorisada por lei;

Não deve ser apresentada por grupos ou multidão, e

A apresentação ás camaras legislativas não lhes deve ser feita á barra, sim na respectiva secretaria ou por algum dos membros d'ellas.

O autorisado publicista fundamentava estas regras em razões, por elle desenvolvidas, de bem entendida prudencia e garantia do acatamento devido á autoridade constituida. (Dir. Publ. Braz., n. 601).

E cabe accrescentar, com o autorisado T. Walker:

« If, however, a petition be disrespectful in its langage, or demand something manifestly frivolous or wrong, a legislature does not hesitate to reject it as soon as presented.» (Introd. to Amer. Law., 1895, pag. 221).

7.º Todos podem entrar, permanecer e sahir do territorio nacional como e quando lhes convenha, independentemente de passaporte, em tempo de paz, e levando comsigo a sua fortuna e bens.
(Projecto da commissão do governo provisorio.)

§ 11.º Em tempo de paz, qualquer pode entrar e sahir, com a sua fortuna e bens, quando e como lhe convenha, do territorio da Republica, independentemente de passaporte.
(Decretos n. 510 de 22 de junho e n. 914 A de 23 de outubro de 1890.)

§ 10. Em tempo de paz, qualquer póde entrar no territorio nacional ou delle sahir, com a sua fortuna e bens, quando e como lhe convier, independentemente de passaporte.

---

§ 10. Qualquer póde entrar no territorio nacional ou d'elle sahir, com sua fortuna e bens, em tempo de paz, quando e como lhe convier, independentemente de passaporte. E' isto a consagração do direito de locomoção, que se conta entre os direitos individuaes. As instituições feudaes escravisavam o homem adstricto ao solo e os senhores tinham o poder não só de impedir que os vassallos dispuzessem de suas pessoas e deixassem os dominios do senhorio, mas tambem o de reclamal-os onde quer que elles se fossem fixar. Os costumes tinham já um tanto modificado o exercicio d'essa prerogativa senhorial, quando a revolução de 1789 a fulminou, e a Constituição franceza de 1791 proclamou a liberdade de que trata o paragrapho que analysamos, tão intimamente ligada á condição de homem e de membro de uma communhão politica liberal, que em rigor nem haveria necessidade de mencional-a (*).

Em tempo de paz (**) Mas como não ha liberdade que não deva pagar tributo ás legitimas exigencias da ordem e da segurança social, esta de que tratamos soffre algumas inevitaveis restricções. A Constituição sómente a garante « em tempo de paz », póde ser suspensa no estado de sitio (Const., art. 80) e impedida pelo governo por motivos diplomaticos relativamente a subditos estrangeiros ; pelas autoridades judiciarias ou policiaes, si o individuo estiver condemnado, pronunciado, pelas autoridades judiciarias nos casos em que pelas leis fiscaes, civis ou commerciaes este procedimento tenha lugar. (Decr. n. 4.176, de 6 de maio de 1868, art. 7, e Const., art. 83).

Por accórdão, no recurso de *habeas-corpus* n. 351, de 11 de Dezembro de 1892, mandou o Supremo Tribunal Federal cessar o constrangimento que em sua liberdade estava soffrendo o recorrente, visto não haver lei que autorise o governo estadual a impedir que um cidadão brasileiro tenha ingresso ou residencia no territorio de qualquer dos Estados Unidos do Brazil e menos que um funccionario federal, qual o impetrante, volte a seo domicilio official para exercer as funcções de seu cargo.

Com sua fortuna e bens.—Homenagem ao direito de propriedade, que no § 17 deste art. 72 a Constituição garante *em toda a sua plenitude*, limitando-o tão sómente quanto a casos de necessidade ou utilidade publica e mediante prévia indemnização.

(*) On sourit de nos jours en lisant une telle disposition de loi, et la reproduction qu'on avait tenté d'en faire dans le projet de constitution de 1848 est tombé dans le sarcasme. Ainsi va le progrès !
Quand une liberté est acquise, on se surprend qu'elle est jamais pu être contestée ! (G. de Villepin).
(**) O Dec. do governo provisorio, n. 213 de 22 de Fevereiro de 1890 revogou, por incompativeis com um regimen de completa liberdade individual e por embaraçosas á emigração, todas as leis que exigiam passaporte em tempo de paz.

9.º Todos têm em sua casa um asylo inviolavel; de noite não se poderá entrar nella sem o consentimento do morador, salvo para soccorrer a pacientes de desastres ou crimes; de dia só será franqueada nos casos e pela fórma que a lei determinar.
(Projecto da commissão do governo provisorio.)

§ 12. A casa é o asylo inviolavel do individuo, ninguem póde penetral-o de noite sem consentimento do morador sinão para acudir a victimas de crimes ou desastres, nem de dia sinão nos casos e pela fórma prescriptos na lei.
(Decretos n. 518, de 22 de junho e n. 914 A, de 23 de outubro de 1890.)

§ 11. A casa é o asylo inviolavel do individuo; ninguem póde ahi penetrar, de noite, sem consentimento do morador, sinão para acudir a victimas de crimes, ou desastres, nem de dia, sinão nos casos e pela fórma prescriptos na lei.

§ 11. A casa é o asylo inviolavel do individuo.

A inviolabilidade do domicilio é um dos *direitos concernentes á segurança individual* a que se refere o principio do art. 72 e sob esta razão enquadra-se entre as garantias constitucionaes. Consiste na prohibição a todos, incluidos os agentes da autoridade publica, de entrar na casa de quem quer que seja, contra a vontade ou sem permissão do morador, salvo nos casos e com as formalidades estatuidas pela lei.

Durante a noite é absolutamente vedada a entrada, excepto para acudir a victima de crimes e desastres. Fóra d'esse caso, só é permittida mediante mandado da autoridade judiciaria. Isto tem por fim resguardar a tranquillidade e paz domestica, a que todos têm direito, e impedir que se realizem buscas, apprehensões e visitas domiciliarias arbitrarias.

A inviolabilidade não se dá quanto ás casas publicas, estalagens, tavernas, etc., em quanto estiverem abertas. O que a lei tem em vista é o lar domestico.

Vide Cod. Pen., arts. 35, 39, § 2, 196 a 203, 257 e 258, Decr. n. 3.084, de 5 de novembro de 1898, arts. 137 e 141, da Parte II.

— Já entre os Romanos prevalecia em respeito aos deoses lares a immunidade da casa, e Cicero dizia:

« *Quid est sanctius, quid omni religione munitius quam uniuscujusque civium domus?* (Pro domo, c. 41)».

E a legislação estabelecera:

«Domus tutissimum cuique refugium ac receptaculum sit.» (Dig. lib. II, tit. IV, fr. 18).

«Nemo de domo sua extrahi debet.» (Dig. De reg. juris., fr. 106).

Entre os inglezes esta é uma das garantias que a realeza teve de reconhecer-lhes e que elles muito sabem zelar. *My house is my castle* é um principio, um dogma, n'essa grande nação, mestra em materia de liberdades publicas, e a proposito d'elle dizia Lord Chatam (citado por Laveleye em *Le Gouvern. dans la Democr.*, 1892, tomo II, pag. 132):

« E por que razão a casa de cada um é sua cidadella, sua fortaleza? Será por ser defendida por muralhas? Não. Seja mesmo uma choupana em que penetrem a chuva e o vento, o rei não póde lá entrar.»

De sua antiga metropole importaram para a America os fundadores dos Estados Unidos esse precioso direito e d'elle fizeram instituição constitucional. (Emenda IV das addicionaes á Constituição).

E em decisão no caso Luther v. Borden lê-se o seguinte, que dá idéa do apreço em que o tem os norte-americanos:

« The genius of our liberties holds in abhorrence all irregular inroads upon the dwelling-houses and persons of citzens, and with wise jalousy guards them as sacred, except when assailed in the established and allowed forms of law.»

Nós, que já tinhamos assegurada essa garantia pela Constituição imperial (art. 179, § 7), mudando de regimen politico para seguir o dos americanos do Norte, n'este ponto não tivemos que innovar, restando-nos sómente zelar como elles e os inglezes *with wise jalousy* tão precioso direito.

3.º Todos podem communicar seus pensamentos e doutrinas pela imprensa ou pela tribuna, independentemente de censura, desde que assumam a responsabilidade criminal por suas idéas e opiniões.
(Projecto da commissão do governo provisorio.)

§ 13. E' livre a manifestação das opiniões, em qualquer assumpto, pela imprensa, ou pela tribuna, sem dependencia de censura, respondendo cada um pelos abusos que commetta, nos casos e pela fórma que a lei taxar.
(Decretos n. 510, de 22 de junho e n. 914 A, de 23 de outubro de 1890.)

§ 13. Accrescente-se: —não sendo permittido o anonymato.
Emenda da commissão (approvada em 16 de janeiro de 1891).
Ao § 13. Accrescente-se —e no theatro.—*Thomaz Delfino. — Almeida Pernambuco.*
(Emenda rejeitada em 13 de fevereiro de 1891).

§ 12. Em qualquer assumpto é livre a manifestação do pensamento pela imprensa, ou pela tribuna, sem dependencia de censura, respondendo cada um pelos abusos que commetter, nos casos e pela fórma que a lei determinar. Não é permittido o anonymato.

§ 12. E' livre a manifestação do pensamento

e a Constituição a garante e assegura, quér como desdobramento que é da liberdade individual e ingenita expressão d'ella, quér pela sua importancia e efficacia, por sua necessidade mesmo, no regimen representativo, do qual é condição indeclinavel. Indeclinavel, porque em tal regimen deve prevalecer nos negocios publicos a opinião geral, o sentir e genuino querer dos cidadãos as legitimas aspirações da nação, e isto se não poderá dar sem que haja plena liberdade de exprimir e fazer chegar ao conhecimento dos poderes publicos o que pensa e exige a vontade nacional.

Não basta, com effeito, que a nação tenha representantes para a gestão dos negocios publicos, é preciso tambem que elles constantemente sejam influenciados por ella, ouçam sempre sua voz, acompanhem-n'a em seos anhelos, estejam attentos a seo aceno, retemperem-se de continuo no pensamento que ella manifesta e que póde não ser mais o que prevalecia ao tempo da eleição que os investio do mandato.

Depois, a livre manifestação do pensamento favorece o exame e critica dos actos das autoridades publicas e leva seos abusos e desvios ao conhecimento dos poderes competentes para corrigil-os. E isto proporciona occasião e meio de muitos d'elles serem objecto de providencia administrativa, independentemente de acto formal de queixa ou denuncia, sem o apparato de processo, etc., e com proveito para os particulares e para a administração publica.

Pela tribuna. Estabelecida a faculdade de livre reunião e de petição aos poderes publicos (§§ 8º e 9º d'este art. 72), contradictorio fôra deixar de garantir a tribuna popular, e não lhe assegurar plena liberdade.

Nos comicios, nas sessões publicas de associações de caracter politico, ou de outra natureza, nas assembléas populares, ella instrue o auditorio, esclarece-o, faz propaganda, o aconselha e guia.

Quem a occupa tem a faculdade de dizer franca e livremente o que entende, sem que a autoridade, de fórma alguma, lh'o possa tolher, salvo o caso de incorrer em disposições criminaes. A inviolabilidade da tribuna é, assim, ao mesmo passo um direito, para quem a occupa e um beneficio para a communhão. E as autoridades têm o dever de respeital-a, ainda mesmo quando se esteja fazendo a censura de seos actos, e de fazel-a respeitar pelos que acaso pretendam embaraçar ou impedir-lhe o uso.

Pela imprensa. Não menos que a palavra fallada garante a Constituição a palavra escripta e por eguaes, sinão quiçá melhores razões.

Com incomparavel efficacia a imprensa diffunde a instrucção por todo o paiz, levando-a aos mais remotos lugares, serviço tanto mais importante entre nós quanto é certo que não possuimos ainda um systema de ensino tão vasto e completo como convém. Ella poderosamente contribue para o desenvolvimento dos altos estudos scientificos, das artes e das industrias e dá rapida vulgarisação ás mais proveitosas conquistas do espirito humano.

Com relação á instrucção civica, é importantissima a acção da imprensa, e é exactamente este um dos ramos mais descurados do ensino publico em nosso paiz e que necessita, entretanto, de maior desenvolvimento, por bem da boa comprehensão geral dos direitos e deveres do cidadão e como base para o regular funccionamento do mechanismo politico que temos.

Além d'essa missão educadora e como sancção natural d'ella, o jornalismo, pela noticia e apreciação dos factos, influe para cada qual, sob o temor da opinião publica, conter-se nas raias de seo dever. E isto é de inestimavel, proveito (principalmente quando o paiz resente-se de grande indisciplina mental), servindo a imprensa jornalistica de incitamento ao dever e fortificando, por outro lado, a consciencia do direito.

E em um regimen democratico-representativo a imprensa livre deve considerar-se instituição de interesse publico e de caracter constitucional (*) O jornal informa os cidadãos de quanto o governo pratica, habilitando-os á critica dos actos d'este, denunciando os abusos de quaesquer autoridades, esclarecendo-as, muita vez, e guiando-as mesmo, no exercicio de suas funcções.

E' além disso a imprensa jornalistica um excellente vehiculo das reclamações e queixas dos que se acham ameaçados ou effectivamente prejudicados em seos direitos, facilitando-lhes assim se fazerem ouvir, promptamente e atravez de quaesquer obstaculos, das autoridades a quem incumbe providenciar.

Assim, a imprensa constitue-se a garantia das liberdades publicas, ou, na phrase de Labouleye, *a garantia das garantias.*

Mas cumpre agora observar. com o sabio Pimenta Bueno (Dir. Publ. Braz., 2ª parte, pag. 396) e reforçando o que dissemos no commentario ao principio d'este art. 72, que—si a imprensa litteraria ou industrial, deve ser amplamente franqueada a nacionaes e a estrangeiros, pois, como livre expressão da intelligencia, pertence ao homem porque é homem, qualquer que seja sua nacionalidade,— o mesmo não se dá quanto á imprensa politica. Esta inclue-se no direito que tem e deve ter o cidadão de participar, de intervir no governo de seo paiz, de expôr publicamente o que pensa sobre os grandes interesses da sociedade de que elle é membro activo. E' antes um direito politico que individual. Não compete, pois, ao estrangeiro.

Sem dependencia de censura. Consagrar a livre manifestação do pensamento por meio da imprensa, em qualquer assumpto, como categoricamente faz o paragrapho de que trata-

---

(*) Point de gouvernement representatif sans la liberté de la presse.—*Chateaubriand.*
Dans un état de forme democratique, la presse est un moyen absolument indispensable pour tenir le peuple au courant des évenements du pays, de ses besoins et de ses vœux.—*J. Duhs.*

mos, já é de si fulminar o systema de exame prévio dos autographos pela autoridade e da dependencia de sua correcção e licença. De modo que a clausula « sem dependencia de censura » não era aqui de absoluta necessidade. Haveria contradicção entre a *livre manifestação* e a sujeição que a censura estabelece. Tal clausula veio da Constituição imperial (art. 179, § IV), onde póde-se dizer que cabia, ao passar a nação do governo despotico para um regimen liberal. Na República, nascida quando a censura prévia havia muito entre nós se finára, não vinha mais ao caso referencia a essa odiosa e condemnada instituição. Mas *quod abundat non nocet.*

Respondendo cada um pelos abusos que commetter. Esta clausula é inherente ao exercicio de todo e qualquer direito.

Cada uma das liberdades garantidas pelo artigo 72 a ella está sujeita, ainda mesmo que isto se não repita em cada §. E' a consagração do respeito ao direito alheio, da responsabilidade civil e criminal pelas offensas e damnos que se lhe façam.

E constitue uma condição da ordem publica, uma garantia individual e de interesse geral. Sem isso, reinaria a anarchia e o direito seria o apanagio do forte e o opprobrio do fraco.

Mas a respeito do exercicio da imprensa conhecem-se dous systemas de regular-o, um por meio de medidas preventivas, e de leis repressivas outro.

O primeiro, visando acautelar a sociedade quanto a abusos possiveis, torna-se asphyxiante, meticuloso, vexatorio e leva, na pratica, a tolher-se a liberdade com receio d'elles, ou sob pretexto de evital-os, prejudicando a natural e utilissima expansão da liberdade, tão preciosa, de manifestação do pensamento.

A Constituição, por maior cautela, quiz prohibil-o ás legislaturas ordinarias e prescreveu o segundo, unico admissivel n'um regimen liberal, o que deixa a cada um a faculdade de manifestar-se como quizer pela imprensa e por qualquer modo de publicidade, uma vez que responda perante os tribunaes pelo máo uso que fizer d'essa faculdade.

Nos casos e na fórma que a lei determinar. Após a independencia, a primeira determinação legal sobre esta materia foi o Dec. de 18 de Junho de 1822, promulgado, segundo n'elle se declarou, « para evitar que ou pela im-
«prensa ou verbalmente ou de outra qualquer
«maneira propaguem e publiquem os inimigos
«da ordem, da tranquillidade e da união dou-
«trinas incendiarias e subversivas, principios
«desorganisadores e dissociaveis, que promo-
«vendo a anarchia, ataquem e destruam o sys-
«tema que os povos deste grande e riquissimo
«reino por sua propria vontade escolheram... »

O Corregedor do crime, na côrte, o Ouvidor nas provincias que fossem séde de Relação e o de comarca nas demais, nomeavam para cada caso, a requerimento do Procurador da Corôa, vinte e quatro jurados dos quaes dezeseis podiam ser recusados pelos réos, e os oito restantes tomavam conhecimento do facto, na fórma por que procediam os conselhos militares de investigação, admittindo-se os réos á defeza. Na imposição das penas, visto a dureza das leis antigas, os juizes de direito regular-se-iam pelo decreto das côrtes de Lisboa, de 4 de Junho de 1821. Só havia o recurso de graça, para o principe.

Depois da constituição imperial vieram a lei de 20 de setembro de 1830, que regulou liberalmente a materia, o codigo criminal que em seos artigos respectivos a alterou e refundio, e os decretos de 18 de março e 24 de setembro de 1837.

A Republica nos seos primeiros dias sentio tambem, como o imperio, a necessidade de legislação rigorosa contra os abusos da manifestação de pensamento com relação á nova ordem de cousas; para preservar a paz, manter a solidez da situação estabelecida e evitar que os creditos da República ficassem á mercê da sizania e corrupção, mandou, após a revolta nos quarteis, julgar por uma commissão militar, os que aconselhassem, ou promovessem, por palavras, escriptos ou actos, a revolta civil ou a indisciplina militar (Dec. n. 85 A de 23 de dezembro de 1889). Mais tarde, em presença da acção criminosa e pertinaz dos que intentavam por todos os meios, inclusive a imprensa, com falsas noticias e boatos aterradores, abalar a confiança na estabilidade das instituições e favorecer a execução de planos subversivos, mandou-se sujeital-os ao regimen do citado decreto, sem entretanto prohibir-se a livre discussão sobre os actos do governo (Dec. n. 295 de 29 de março de 1890). Foram esses actos de dictadura leis de occasião, determinadas por motivos extraordinarios, em vista de situação anormal. Veio pouco depois o codigo penal (Dec. do governo provisorio, n. 847, de 11 de outubro de 1890) e se occupou liberalmente da imprensa e de outros meios de publicidade. *Vide* os arts. 22, 23, 96, 316, 319, 320 2º, 342 a 350, 383 a 387.

Não é permittido o anonymato. Esta clausula foi accrescentada por emenda da commissão do congresso constituinte. Na segunda discussão, foi, pelo deputado Francisco Veiga, proposta sua eliminação, fundamentada por elle nos seguintes termos

<small>A disposição do projecto, além de parecer ser mais propria de uma lei regulamentar da liberdade de imprensa; não julgo ser liberal. A extincção do anonymato não extinguirá o *testa de ferro* e peiará inutilmente a liberdade do cidadão.

O anonymato não protege só o fraco e opprimido contra os fortes e oppressores; muita gente honesta, independente e digna, por isso mesmo que o é, serve-se delle para defender, sem poder ser suspeitada, a boa causa quando identificada com os grandes e poderosos. Em França, no tempo do segundo imperio, como é sabido, foi abolido o anonymato na imprensa, mas a lei cahio em completo desuso, com applauso dos melhores amigos da liberdade. Demais,</small>

um poder legislativo que, para garantir a liberdade e independencia de seus membros, convoca o escrutinio secreto, que é uma especie de anonymato, não parece o mais proprio para abolil-o para o povo.

José de Alencar, não menos notavel como litterato do que como publicista, havia já escripto:

« O anonymo é um direito garantido pela nossa Constituição ; é um direito tão sagrado como o segredo das cartas, como o asylo do cidadão. O anonymo é o domicilio da consciencia ; não se póde penetrar ahi sinão em nome da lei.»

O autorisado autor dos «Principios Geraes de Direito Publico e Constitucional» observa que a obrigação de assignar os artigos é sem duvida uma restricção da liberdade, sem sufficientes compensações ; em muitos casos si não se assigna o artigo não é por medo da responsabilidade, mas pelo desejo de que produza mais effeito ; é sabido que o nome do autor póde despertar prevenção desfavoravel n'aquelles que por inveja ou rivalidade não gostam do escriptor; muitas vezes não se lê o artigo porque o signatario é pessoa obscura ; outras se lê com prevenção e só pelo desejo de refutar ; accresce que o fallar em nome collectivo, como é a redacção de um jornal, dá mais valor ao artigo... (Soriano de Souza, Op. cit., pag. 432).

Mas o argumento de ser a prohibição do anonymato uma restricção á liberdade não é por si de grande valor. Restricções soffrem e é preciso que soffram todas as liberdades ; do contrario, desappareceriam o respeito ao direito e ás suas garantias. A questão é si a restricção é fundada e justa. E isto é inegavel, desde que se observe que ella, no caso, é estatuida para assegurar a responsabilidade do escriptor e que offerece aos offendidos segurança e facilidade de fazel-a effectiva, nada embaraçando á assignatura que o autor diga o que quizer (e deve cada um mostrar essa coragem, si está convencido de que tem razão no que diz). Sobre tudo nas publicações que contém ataque e allusões ao caracter, á probidade pessoal ou funccional, a assignatura se impõe como indeclinavel, para que a honra offendida não tenha difficuldade de se desaggravar pelos meios legaes. E esta exigencia é de si moralisadora ; ella dá comedimento, evita a intemperança, as demasias da imprensa ; ao passo que o anonymato favorece os abusos e encoraja no máo caminho a covardia que se encobre ou disfarça.

A prescripção constitucional envolve tambem a prohibição do pseudonymo, outro meio de illudir ou difficultar a responsabilidade, e não menos prejudicial. Permittil-o, seria inutilisar o preceito estatuido como protecção e resguardo da honra.

Deve-se notar que o facto de ser o artigo *editorial* ou da propria redacção do jornal, embora conhecida esta, não autorisa a ausencia da assignatura do autor. A intelligencia contraria aberra do texto e do espirito da Constituição.

Finalmente, esta cautelosa e boa determinação, não é uma novidade que viesse, sem algum precedente entre nós, insinuar-se agora em nossa legislação. Ao contrario, ha exemplo d'ella no que estatuio o decreto ácima citado, referendado pelo grande José Bonifacio, de 18 de junho de 1822, *verb.* « Todos os escriptos deverão ser assignados pelos escriptores para sua responsabilidade : e os editores e impressores que imprimirem e publicarem papeis anonymos, são responsaveis por elles.»

| Art. 90. Ninguem poderá ser preso sinão em flagrante delicto ou em virtude de requisição e mandato judicial... | § 14. A' excepção de flagrante delicto, a prisão não poderá executar-se, sinão por ordem escripta da autoridade competente. (Decretos n. 510, de 22 de junho e n. 914 A, de 23 de outubro de 1890.) | § 14. Substitua-se pelo seguinte : — A' excepção do flagrante delicto, a prisão não poderá executar-se sinão depois de pronuncia do indiciado, salvo os casos determinados em lei, e mediante ordem escripta da autoridade competente. — *Chaves* e outros. (Emenda approvada em 18 fevereiro de 1891.) | § 13. A' excepção do flagrante delicto, a prisão não poderá executar-se, sinão depois de pronuncia do indiciado, salvos os casos determinados em lei, e mediante ordem escripta da autoridade competente. |

§ 13. **A prisão não poderá executar-se sinão depois de pronuncia**, á excepção de flagrante delicto e dos casos determinados em lei. Por esta determinação vedam-se as prisões arbitrarias. Funda-se no direito de liberdade e segurança e é condição primaria e fundamental de um governo de garantias.

Sua origem historica encontra-se na *Magna Charta* das liberdades inglezas :

« Nullus liber homo capiatur vel imprisionetur... nisi per legale judicium parium suorum, vel per legem terræ».

E, no Brazil, sua primeira consagração vê-se no decreto de 23 de maio de 1821 em que o principe-regente,— considerando que alguns governadores, juizes criminaes e magistrados, abusando de sua jurisdicção, mandavam prender por mero arbitrio, e antes de culpa formada, pretextava denuncias secretas, suspeitas vehementes e outros motivos, para impunemente conservar presos homens que na sociedade deviam gosar dos bens que ella promette e o primeiro dos quaes é, sem duvida, a segurança individual,— houve por bem ordenar que d'alli em diante, *nenhuma pessoa livre no Brazil podésse jámais ser presa* SEM ORDEM POR ESCRIPTO DO JUIZ OU *magistrado criminal do territorio, salvo o caso de flagrante delicto, em que qualquer do povo deve prender o delinquente ; e que nenhum juiz ou magistrado criminal poderá expedir ordem de prisão* SEM PRECEDER CULPA FORMADA.

A Constituição imperial incluio esta entre as garantias mencionadas em seo art. 179 (§§ 9 e 10), e as leis ordinarias trataram de assegural-a (Cod. do Proc. Crim., arts. 131 e 175, lei n. 2.033, de 20 setembro de 1871, arts, 12 e 13, decreto n. 4.824, de 22 de novembro do mesmo anno, arts. 28 e 29).

No actual regimen estas mesmas disposições, consolidadas pelo Decr. n. 3.084, de 5 de novembro de 1898, vigoram por força do art. 83 da Constituição (*Vide* Parte II, arts. 1 a 4 e 74 a 82, do cit. decr., e Cod. Pen.. arts. 181 a 183, 207 ns. 9 a 14).

— Pelo decreto de 7 de agosto de 1702 e alvará de 5 de março de 1790, § 2 a autoridade podia conservar incommunicavel o preso durante cinco dias, sendo isso indispensavel para melhor investigação do crime e pratica de diligencias que de outra sorte se frustariam. O codigo penal vigente (art. 207 n. 9) não o permitte sinão por quarenta e oito horas.

Da autoridade competente. Para maior garantia, o poder de ordenar a prisão não cabe sinão á autoridade judiciaria que, independente, como é constituida, dos outros poderes publicos, e orgam da lei, está fóra da influencia do governo e de seus agentes e por sua isenção e espirito de justiça, é a mais propria para exercer essa attribuição. Incumbe ao juiz competente para o processo, por meio de mandado com as formalidades que a lei tem prescripto.

Art. 90. ...nem conservado em prisão sém culpa formada, ou se tiver prestado fiança idonea quando lei permittir. (Projecto da commissão do governo provisorio.)	§ 15. Ninguem poderá ser conservado em prisão sem culpa formada, salvo as excepções instituidas em lei, nem levado á prisão, ou nella detido, si prestar fiança idonea, nos casos legaes. (Decretos n. 510, de 22 de junho e n. 914 A, de 23 de outubro de 1890.)	§ 14. Ninguem poderá ser conservado em prisão sem culpa formada, salvas as excepções especificadas em lei, nem levado á prisão, ou nella detido, si prestar fiança idonea, nos casos em que a lei a admittir.

§ 14. Ninguem poderá ser conservado em prisão sem culpa formada. Tem esta disposição o mesmo fundamento e visa os mésmos intuitos do anterior paragrapho, o que se applica egualmente aos §§ 15, 16, 19 e 22. (*)

Si prestar fiança idonea. E' a prisão o maior sacrificio que se impõe á liberdade individual ; a lei trata de minoral-o, não o exigindo,

(*) E' pertinente recordar aqui que o projecto da Constituição de 1823, preoccupado com o abuso das prisões e com o tratamento dos presos, creava para inspeccional-as em cada comarca, uma *commissão de visita* eleita do mesmo modo, pelo mesmo tempo e pelo mesmo eleitorado, que os deputados, a qual devia inquirir, em visitas periodicas e solemnes, da legalidade das prisões e dos rigores arbitrarios impostos aos presos, do que em relatorios dariam conta á assembléa geral (arts. 203 a 208). Á idéa de tão humanitaria e tutelar instituição grandemente alheios aos sentimentos liberaes e generosos dos constituintes d'aquelle tempo e desafiam a attenção dos legisladores de hoje.

quanto a certos crimes de gravidade relativamente inferior, sinão depois de proferida sentença de pronuncia, estando a presença do accusado garantida por meio da fiança.

Nos casos em que a lei a admittir. Os casos em que se permitte a fiança e aquelles em que mesmo sem ella, nas pequenas infracções, os réos se livram soltos, são os que se acham compendiados na consolidação approvada pelo Decr. n. 3.084, de 5 de novembro de 1898, parte 2ª, arts. 100 a 103, ao que cumpre accrescentar os de que tratam a lei n. 628, de 28 de outubro de 1899, art. 2,— e o Decr. n. 3.475, de 4 de novembro do mesmo anno, art. 6.

Art. 91. Ninguem será sentenciado senão pela autoridade competente, em virtude de lei anterior, na fórma por ella prescripta...	§ 16. Ninguem será sentenciado, senão pela autoridade competente, em virtude de lei anterior e na fórma por ella regulado. (Decretos n. 510, de 22 de junho e n. 914 A, de 23 de outubro de 1890.)	§ 15. Ninguem será sentenciado, sinão pela autoridade competente, em virtude de lei anterior e na fórma por ella regulada.

§ 15 Ninguem será sentenciado sinão pela autoridade competente. Esta prohibição tem um duplo caracter. Tem um fim de natureza politica e outro de ordem juridica. Garante o individuo : 1º, contra julgamentos por pessoas, commissões ou tribunaes que não pertençam á magistratura instituida segundo a Constituição e leis a ella conformes, e 2º, contra as decisões proferidas por membros d'essa corporação, mas excessivas do circulo de jurisdicção que a cada um d'elles é attribuido, ou por que o caso não se comprehenda nos de que consta seo poder de julgar, ou porque envolva individuo alheio á sua circumscripção judiciaria.

a) E para justificar esta disposição constitucional bastará considerar a falta de imparcialidade, de capacidade de pessoas estranhas ao melindroso mister de julgar e a facilidade de obrarem injustiça, por satisfazer odios e vinganças pessoaes, ou em execução de plano de quem os nomeia e de quem se constituem instrumentos. A historia registra horrores desses tribunaes de excepção.

b) O magistrado incompetente arroga-se poder que não tem; á sua sentença falta por isso autoridade para impôr quaesquer penas.

A liberdade individual não lhe póde ficar sujeita.

E a falta de competencia (*defectus potestatis*) é considerada a maior das nullidades.

Em virtude de lei anterior. *Vide* commentario ao art. 11, n. 3. *Nullum crimen sine lege; nulla pena sine lege penali.*

Esta clausula veda a retroactividade das leis penaes.

Sem ella, mal segura ficaria a liberdade, podendo o individuo ser punido por um acto isento de pena (e por isso livremente deliberado) ao tempo em que foi praticado, e dando-se n'essa applicação da lei nova a um caso anterior a ella infracção do principio de que a lei só obriga depois de sua regular promulgação (*nisi ritè promulgata*). E ainda, como, sem injustiça e injustificado rigor, submeter á lei posterior a punição de um acto que a lei existente ao tempo d'elle castigava com pena mais moderada?

A Constituição com razão prohibe esse abuso de penalidade, esse luxo de rigor, essa violencia, que é repellida pelo sentimento de justiça e não justificada por exigencia alguma de ordem geral.

Mas os preceitos da criminologia e a jurisprudencia consagram excepção á regra *in materia penali retrospectio legum nunquam*; eximem do imperio da lei anterior o caso de ser a legislação posterior mais favoravel ao réo, ou porque isente de pena o acto, ou porque lhe inflija pena menos grave que a estabelecida antes. Si o poder publico já considerou innocente ou menos nocivo á sociedade actos de certa natureza e por isso supprimio ou abrandou a pena com que antes os punia, não ha mais razão para castigar, segundo os rigores da penalidade extincta ou diminuida, os actos da mesma especie produzidos anteriormente.

Além de desnecessario á ordem social, seria isso irritante ao sentimento de humanidade.

E na fórma por ella regulada, isto é, observadas as regras e formalidades que a lei tem estabelecido para a regular e recta administração da justiça.

Ellas são importante garantia para o accusado e para a justiça mesmo. Resguardam-n'o contra o arbitrio e favorecem a innocencia, amparando-a contra possiveis excessos e vexações dos agentes do poder judiciario e da parte accusadora: e por isso se entende com razão que as leis do processo são complemento das garantias constitucionaes, ou antes, parte integrante d'ellas.

Ninguem póde, pois, ser processado e sentenciado sinão mediante a exacta observancia dos termos e formulas legaes.

Fóra d'isso ha attentado e violencia.

| Art. 91. ... sendo garantidos todos os meios e recursos de defesa, a começar da entrega dentro de 24 horas de uma nota assignada pela autoridade, e da qual constará o motivo da prisão e os nomes do accusador e das testemunhas. (Projecto da commissão do governo provisorio) | § 17. Aos accusados se assegurará na lei a mais plena defesa, com todos os recursos e meios essenciaes a ella, desde a nota de culpa, entregue em 24 horas ao preso e assignada pela autoridade com os nomes do accusador e das testemunhas. (Decretos n. 510, de 22 de junho e n. 1914 A, de 23 de outubro de 1890.) | § 16. Aos accusados se assegurará na lei a mais plena defesa, com todos os recursos e meios essenciaes a ella, desde a nota de culpa, entregue em vinte e quatro horas ao preso e assignada pela autoridade competente, com os nomes do accusador e das testemunhas. |

---

§ 16. Aos accusados se assegurará nas leis a mais plena defeza. O pensamento de facilitar amplamente a defeza dos accusados conforma-se bem com o espirito liberal das disposições constitucionaes relativas á liberdade individual, que vamos commentando. A lei não quer a perdição d'aquelles que a justiça processa; quer só que bem se apure a verdade da accusação e, portanto, todos os meios e expedientes de defeza que não impeçam o descobrimento d'ella devem ser permittidos aos accusados. A lei os deve facultar com largueza, regularisando-os para não tornar tumultuario o processo.

Com a «plena defeza» são incompativeis, e portanto, inteiramente inadmissiveis, os processos secretos, inquisitoriaes, as devassas, a queixa ou o depoimento de inimigo capital, o julgamento de crimes inafiançaveis na ausencia do accusado ou tendo-se dado a producção das testimunhas de accusação sem ao accusado se permittir reinquiril-as, a incommunicabilidade depois da denuncia, o juramento do réo, o interrogatorio d'elle sob coacção de qualquer natureza, por perguntas suggestivas ou capciosas (*),

---

(*) No empenho de rodear das mais solidas garantias a liberdade individual, e de assegurar a imparcialidade do julgamento, entre as providencias mais salutares ficou estabelecido um limite para o interrogatorio dos accusados. Com effeito, nada póde ser mais prejudicial á causa da justiça do que este duello pungente, de arguicias e subtilezas, de subterfugios e ciladas, que commummente se vê travado em pleno tribunal, entre o juiz e o accusado, e em que, não raro, aquelle que devera ser o orgam circumspecto e severo da austera magestade da lei, tem no entanto como o mais appetecido triumpho a confissão do accusado, extorquida á força de uma sagacidade criminosa.

No systema adoptado para os processos criminaes, quer se trate da formação da culpa, quer se trate do julgamento o accusado tem o direito de responder laconicamente — sim ou não — e o juiz tem o dever de respeitar o laconismo. E' a installação definitiva do regimen estabelecido pelas praticas dos tribunaes inglezes e americanos: ahi está consagrada na sua maior pureza o principio da inviolabilidade do direito da defesa.

(Preambulo do Decr. n. 848 de 1890 e arts. 58 e 59.)

e em geral todo o procedimento que de qualquer maneira embarace a defeza.

Felizmente, nossa legislação ordinaria sobre a materia realisa o proposito da Constituição, cercando das precisas garantias o exercicio d'esse inauferivel direito dos accusados,— para ella *res sacra reus*.

| Art. 92. E' garantido o direito de propriedade, salvo o caso de desapropriação por necessidade e utilidade publica com previa indemnisação.
(Projecto da commissão do governo provisorio.) | § 18. O direito de propriedade mantém-se em toda a sua plenitude, salva a desapropriação por necessidade, ou utilidade publica, mediante indemnisação prévia.
(Decretos n. 510, de 22 de junho e n. 914 A, de 23 de outubro de 1890.) | Additivo ao art. 71, para ser collocado depois do n. 17.
As minas pertencem aos proprietarios do solo, salvas as limitações que forem estabelecidas por lei a bem da exploração deste ramo de industria.
—*José Hygino* e outros.
(Emenda approvada em 18 de fevereiro de 1891.) | § 17. O direito de propriedade mantém-se em toda sua plenitude, salva a desapropriação por necessidade ou utilidade publica, mediante indemnisação prévia.
As minas pertencem aos proprietarios do solo, salvas as limitações que forem estabelecidas por lei a bem da exploração deste ramo de industria. |

. § 17. O direito de propriedade mantem-se em toda a sua plenitude. A inviolabilidade da propriedade é condição essencial de toda a organisação politica regular. E' o reconhecimento e respeito de um direito inherente ao homem e superior ás contingencias e expedientes d'essa organisação. A propriedade é elemento fundamental da ordem civil. Sua segurança importa immensamente ao desenvolvimento industrial da nação, á sua riqueza e prosperidade. Sendo garantida, se anima e incrementa o trabalho, expandindo-se a applicação da actividade individual e collectiva, com proveito dos particulares e das rendas do Estado, e da prosperidade geral.

O decreto de 21 de maio de 1821, considerando ser « uma das bases principaes do pacto social entre os homens a segurança de seus bens », determinou que a ninguem se tomasse cousa alguma contra a vontade do possuidor ou proprietario, fossem quaes fossem as necessidades do estado, sem que primeiro de commum accôrdo se ajustasse o preço, que pela fazenda real deveria ser pago no momento da entrega.

O projecto de Constituição de 1823, art. 20, continha a prohibição de ser alguem privado de sua propriedade sem consentimento seo. A Constituição jurada em 1824 declarou garantida a propriedade *em toda a sua plenitude* (art. 179, n. 22). Não é menos categorica a affirmação da Constituição republicana no paragrapho de que tratamos.

Salva a desapropriação por necessidade ou utilidade publica, a qual é um direito do estado, inherente a seo dominio eminente, attributo de sua funcçãu soberana. E' uma limitação á propriedade privada no interesse superior da communhão.

A lei estabelece os casos de desapropriação e formalidades garantidoras dos proprietarios quanto ao preço e prompto pagamento da cousa desapropriada. Taes formalidades sómente poderão deixar de praticar-se na emergencia de perigo publico imminente, como guerra ou commoção e nas condições estabelecidas para esses casos extraordinarios.

Esta materia tem sido entre nós regulada pelos seguintes actos :

Lei de 29 de setembro de 1826.
Lei de 12 de agosto de 1834 (Acto Add., art. 10 § 3).
Lei n. 353 de 12 de julho de 1845.
Lei n. 816 de 10 de julho de 1855.
Decreto n. 1664 de 27 de outubro de 1855.
Lei n. 3129 de 11 de outubro de 1882.
Decreto n. 8820 de 30 de dezembro de 1882.
Lei n. 3326 de 24 de novembro de 1888.
Decreto n. 602 de 24 de julho de 1890.
Lei n. 85 de 21 de setembro de 1892 (art. 54).
Decreto n. 3084 de 5 de novembro de 1898, parte 4ª, arts. 95 a 124, os quaes consolidam as disposições vigentes sobre desapropriação nos casos em que ella compete ao governo federal.

Mediante indemnisação prévia. E' sómente sob esta condição que o poder publico póde assumir a propriedade particular e vae n'isto mesmo o reconhecimento d'esta, de sua inviolabilidade, pois ainda n'este caso de excepção não se despoja o dono do que é seo, sinão pagando-lhe o valor ajustado ou judicialmente arbitrado, da cousa expropriada. E' um sacrificio ao bem commum, não um confisco. E não ha prejuizo real para o proprietario, dada a indemnisação nos termos e mediante as formalidades e recursos que em garantia a lei tem estatuido.

Conforme o decreto supra-citado de 21 de maio de 1821, ao acto da desapropriação precedia « ajuste do preço por commum accôrdo », e a indemnisação seria paga « no momento da entrega da cousa», ou, no caso de succeder falta de meios para o prompto pagamento, e convindo n'isto o proprietario, a este se entregaria « titulo apparelhado para em tempo competente haver seo pagamento.

O projecto de Constituição de 1823 queria «o esbulhado indemnisado com exactidão, attento, não só o valor intrinsecco como o de affeição quando ella tivesse lugar»; não exigia que a indemnisação precedesse á entrega da cousa (art. 21).

A Constituição de 1824, art. 179, n. 22, impunha o pagamento prévio, clausula que a de 24 de fevereiro de 1891 adoptou, como mais garantidora.

As minas pertencem aos proprietarios do solo.

Pelo principio geral de que o dominio do solo envolve a superficie e o interior d'elle, as minas pertencem ao proprietario do solo.

E a Constituição, garantindo a propriedade «em toda a sua plenitude», virtualmente e por este facto mesmo reconheceo ao dono do solo o dominio das minas n'este contidas, sendo até desnecessaria declaração expressa d'este direito.

Mas vinha do antigo regimen questão sobre isto, entendendo muitos que ainda estava em vigor a Ord. liv. ll, tit. 26, § 16. que declarava serem as minas *direito real* (do Rei), não obstante o disposto no art. 179, § 22, da Constituição imperial, que dizia :

« E' garantido o direito de propriedade *em toda a sua plenitude*» e estabelecia «como unica excepção » a desapropriação regulada por por lei e préviamente indemnisada. E o decreto de 27 de janeiro de 1829 tinha declarado que o cidadão brazileiro para emprehender, por meio de companhias, a mineração das terras de sua propriedade não precisava de licença do governo.

Pela vigencia do *direito real* tinha-se pronunciado a secção competente do conselho de Estado em 19 de agosto de 1866, com cujo parecer se conformou a resolução imperial de 13 de outubro do mesmo anno (Aviso de 22 do mesmo mez e anno).

E n'este pensamento se inspirou a legislação posterior (lei n. 1.507, de 26 de setembro de 1867), em contrario á opinião de abalisados civilistas (*Vide* Loureiro, *Inst. de Dir. Civ. Braz.*, 3ª edição § 303.)

A nova Constituição, cortou em termos explicitos a questão, com o disposto da segunda parte do paragrapho que ora commentamos.

A bem da exploração.

As minas altamente importam ás industrias, que ellas alimentam com o combustivel indispensavel ao movimento de suas machinas e com a materia prima de que necessitam para suas construcções e machinismos, bem como para os instrumentos e utensilios que precisam e para o fabrico de seos artefactos. E ha industrias cuja suppressão no estado de civilisação a que chegámos seria um mal publico, uma calamidade. Por outro lado, a exploração das minas é difficultosa, exige o despendio de grandes capitaes ; em geral, muito tempo se passa antes que dêem rendimento ; os proprietarios, por si, só a podem emprehender em más condições, e d'ahi o natural abandono de muitas d'ellas.

Finalmente, dada a natural desegualdade na disposição das jazidas e distribuição dos veieiros e a circumstancia de se prolongarem pelo interior de terrenos não pertencentes ao mesmo dono, ha necessidade de regular os interesses, as relações juridicas entre os proprietarios limitrophes, a determinação de seos quinhões do producto extrahido ou apurado, etc.

Ha, como se vê, conveniencia publica, interesse economico e social, que reclamam uma legislação especial para o regimen das minas.

D'ahi a resalva que a Constituição faz de «limitações que forem estabelecidas por lei a bem da exploração d'este ramo de industria.»

Art. 94. E' inviolavel o segredo da correspondencia.	§ 19. E' inviolavel o sigillo da correspondencia.	§ 18. E' inviolavel o sigillo da correspondencia.
(Projecto da commissão do governo provisorio.)	(Decretos n. 510, de 22 de junho e n. 914 A, de 23 de outubro de 1890).	

§ 18 E' inviolavel o sigillo da correspondencia.

São as cartas communicação de idéas a pessoas ausentes, conversação por escripto, que nas relações da vida, o affecto, o dever, o interesse entretém. Ellas constituem uma necessidade e uma obrigação no tracto social. Contêm intimidades, expansões, dictadas pela confiança e não destinadas á publicidade. Tornal-as *inviolaveis*, em respeito ao direito de quem as envia e de quem as recebe, é um dever do estado e ao mesmo tempo seo interesse pelo seguro cultivo e desenvolvimento das relações que ellas mantém e fomentam. E tanto maior é essa obrigação, quanto o vehiculo d'ellas, o correio, é monopolio do estado, que por isso se constitue depositario, até á effectiva entrega aos destinatarios, da correspondencia que lhe é confiada e em cuja guarda elle deve ser leal. Sem a inviolabilidade, o correio poder-se-ia converter n'um meio commodo de espionagem e perderia a confiança publica.

Uma emenda do deputado Meira de Vasconcellos e outros, seguindo a Constituição suissa, art. 36, pretendia o accrescimo ao paragrapho que ora commentamos, das palavras—*postal* e *telegraphica* e foi approvada na primeira discussão.

Na segunda, porém, foi eliminada em consequencia da approvação de emenda suppressiva, offerecida pelo deputado Milton, que com ella propunha evitar-se que viessem a ficar impunes os que acaso violassem a correspondencia conduzida por particulares (ANNAES DO CONG. CONST., vol. I, pags. 236 e 326, vol. II pag. 109 · A CONSTITUIÇÃO DO BRAZIL, por A. A. Milton, nota ao § 18 do art. 72).

A disposição constitucional ficou abrangendo, pela generalidade de seos termos, a correspondencia epistolar, postal ou não, e a telegraphica, embora não expressamente nomeada.

O Regulamento expedido com o Dec. n. 4.053, de 24 de Junho de 1901, diz que

«O direito de correspondencia por meio dos telegraphos da União é reconhecido a toda e qualquer pessoa» (art. 82).

«O direito ao sigillo dos telegrammas é absoluto e a directoria geral dos telegraphos velará pela perfeita observancia do sigillo por parte do pessoal sob suas ordens» (art. 86).

«Só o expedidor e o destinatario de um telegramma ou seos procuradores têm direito de requerer copias, dentro do prazo marcado para a conservação dos archivos» (art. 87).

Mas a lei não visa sómente garantir o direito dos particulares; tem que salvaguardar a ordem legal, a tranquillidade geral, e d'ahi restricções salutares e cautelosas, como as estabelecidas pelo cit. reg., art. 84:

«Não terão curso nas linhas telegraphicas da União os telegrammas contrarios ás leis do paiz, á ordem publica, á moral e aos bons costumes, e bem assim aquelles que contiverem noticias alarmantes, cuja falsidade seja reconhecida».

E tão ciosa desta garantia constitucional se mostra a lei, que até prohibe á autoridade a qual se ache de posse de carta ou correspondencia particular, utilisal-a para qualquer intuito, seja embora o da descoberta de um crime (Cod. pen., art. 194).

A Constituição imperial accrescentava: «A administração do correio fica rigorosamente responsavel por qualquer infracção deste artigo.» E si na disposição correspondente, a Constituição de 1891 não faz egual declaração, é por ser isso escusado, em vista de seo art. 82, que institue, de modo geral, a responsabilidade de todos os empregados publicos.

A sancção deste § 18 encontra-se, quér nos citado art. 82 da Constituição, quér na legislação postal e telegraphica, quér no Cod. pen., arts. 155 e 189 a 195.

---

§ 20. Nenhuma pena passará da pessoa do delinquente.
(Decretos n. 510 de 22, de junho e n. 914 A, de 23 de outubro de 1890).

§ 19. Nenhuma pena passará da pessoa do delinquente.

---

§ 19. Nenhuma pena passará da pessoa do delinquente. A noção de pena envolve a de culpa, e o castigo que passa da pessoa do culpado para affectar a outrem, pune quem não é criminoso e fere a innocencia.

Tal pena perde, com ser assim, a sua justificação e legitimidade. E' crueza, é barbaridade, e não acto de justiça repressiva.

E' um mal que a sociedade inflige a quem nenhum lhe fez e nada lhe deve. O sentimento geral de justiça repelle essa punição de quem não delinquio, com a qual o poder publico excede seos limites e commette elle mesmo um crime.

Já a constituição imperial (art. 179 § 20) havia fulminado tamanha iniquidade, prohibindo a confiscação dos bens e a transmissão da infamia dos réos aos seos parentes de qualquer gráo que fossem, autorisadas pela antiga legislação (Orden. do livro 5.º), com infracção do principio de personalidade da pena e attentando contra o direito de propriedade.

O codigo penal vigente obedece á prohibição do § 19 de que ora nos occupamos, declarando necessaria para a applicação da pena legal a pratica de actos criminosos e puniveis (art. 4), affirmando que a responsabilidade penal é exclusivamente pessoal (art. 25) e que nos crimes em que tomarem parte membros de corporação, associação ou sociedade, a responsabilidade penal recahirá sobre cada um dos que participarem do facto criminoso (art. cit. § un.); não incluindo no elenco das penas nenhuma que no effeito afflictivo da condemnação envolva estranhos á acção criminal (art. 43) e não admittindo penas infamantes (art. 44).

Por este principio da personalidade da pena deixa de ser possivel a condemnação de muitos individuos quando havendo certeza de que entre elles ha um criminoso, não se tem podido todavia verificar qual d'elles é.

A elle obedecia a disposição do antigo codigo penal que vedava a applicação da pena de morte á mulher prenhe, para respeitar a vida do nascituro, que pelo facto da concepção é investido do mesmo direito á existencia que qualquer outro homem.

Art. 95. Ficam abolidas as penas de galé e a de prisão perpetua.
(Projecto da commissão do governo provisorio.)

§ 21. Fica abolida a pena de galés.
(Decretos n. 510, de 22 de junho e n. 914 A, de 23 de outubro de 1890.)

§ 21. Accrescente-se — e de banimento judicial.

Art. 20. Fica abolida a pena de galés e a de banimento judicial.

---

§ 20. Fica abolida a pena de galés e a de banimento judicial. A pena de galés sujeitava os condemnados a andarem com calceta no pé e corrente de ferro, juntos ou separados e a empregarem-se nos trabalhos publicos, á disposição do governo. A de banimento privava para sempre os condemnados dos direitos de cidadão braziliero e os inhibia perpetuamente de habitar o territorio nacional; os banidos que ·a este voltassem seriam condemnados á prisão perpetua. (Cod. crim. de 1830, arts. 44 e 50). A primeira de taes penas foi abolida pelo governo provisorio (Decr. n. 774, de 20 de setembro de 1890) pelas razões seguintes:

Que, as penas crueis, infamantes ou inutilmente afflictivas não se compadecem com os principios da humanidade, em que no tempo presente se inspiram a sciencia e a justiça sociaes, não contribuindo para a reparação da offensa, segurança publica ou regeneração do criminoso;
Que, as galés impostas pelo codigo criminal do extincto imperio, obrigando os réos a trazerem calceta no pé e corrente, infligem uma tortura e um estygma, enervam as forças physicas e abatem os sentimentos moraes, tornam odioso o trabalho, prinoipal elemento de correcção, e destroem os estimulos da rehabilitação;
Que, a Constituição da Republica, embora ainda não em vigor nesta parte, já determinou a abolição dessa pena. (Preambulo do cit. decr.)

A pena de banimento, comquanto mencionada no Cod. crim. de 1830, não era comminada a crime algum dos previstos por elle. E si o Decr. n. 533 de 3 de setembro de 1847 se referia a juiz competente para conhecer dos crimes a que dicta pena fósse applicavel, é certo que nenhuma disposição determinou os casos d'essa applicação.

A commissão do congresso constituinte propóz a eliminação d'essa pena, dizendo, em seo parecer sobre a Constituição, o seguinte:

Prestando completa adhesão ao disposto no art. 72, que declara abolida a pena infamante de galés, a commissão propõe que se complete'o pensamento humanitario que essa disposição encerra, abolindo-se tambem a pena de banimento, que não mais figura nos codigos modernos, bem como a de morte, que entre nós se acha de facto abolida, resalvadas as disposições da legislação militar.

§ 22. E' abolida igualmente a pena de morte em crimes politicos. (Decretos n. 510, de 22 de junho e n. 914 A, de 23 de outubro de 1890).	Substitua-se o § 22 do art. 72 pelo seguinte: § 22. Fica igualmente abolida a pena de morte, reservadas as disposições da legislação militar em tempo de guerra. Emendas da commissão do congresso (approvadas em 16 de janeiro de 1891).	§ 21. Fica igualmente abolida a pena de morte, reservadas as disposições da legislação militar em tempo de guerra.

§ 21. Fica egualmente abolida a pena de morte, reservadas as disposições da legislação militar em tempo de guerra. Com quanto a constituição imperial, inspirando-se em principios humanitarios, tivesse abolido « todas as penas crueis» (art. 179. n. XIX), — e á pena de morte não se póde negar esse caracter,— entendeo-se que esta devia subsistir e, si bem que com parcimonia, a legislação ordinaria a consagrava. Não era, porém, applicada a crimes politicos, e a lei como que se envergonhava de empregal-a mesmo n'outros delictos. Não queria demorada a execução e prohibia que esta se fizesse em vespera de dia santo, domingo ou feriado nacional (Cod. Crim., art. 39). A forca era levantada sómente quando havia execução capital a fazer-se, para não estar continuadamente á vista do publico, dizia o Aviso de 17 de junho de 1835. E devia ser demolida logo depois da execução (Aviso de 25 de novembro de 1834). Não havia entre os auxiliares da justiça criminal o carrasco, esse agente da morte em nome da lei. A tarefa de matar por mandado do juiz era de momento confiada a algum réo sentenciado (de ordinario, escravo) e si nenhum havia no lugar ou havendo não se prestava a isso, recorria-se a outro districto. (Aviso de 30 de junho de 1836). Exigia-se para a condemnação unanimidade de votos do jury (art. 332, do Cod. do Proc. Crim. e art. 29, § 1, da lei n. 2.033, de 20 de setembro de 1871). Da sentença dava-se, com suspensão, e *ex-officio* si a parte o não interpunha, o recurso de graça (art. 3 da lei de 11 de setembro de 1836), sem cuja decisão não se cumpria a pena capital.

Taes providencias não eram simples cautelas em prol da innocencia, nem benevolencia para com os réos convictos; exprimiam tambem e principalmente o sobresalto e susto de que se possuia o poder publico na temeraria e irreparavel applicação de tão deshumana e horrorosa pena! Não a tolerava mais o estado de nossos costumes e foram-se tornando raras as execuções a ponto de se poder affirmar com a commissão do congresso constituinte ao propôr a abolição. de tal pena, que ella *de facto estava abolida entre nós*. (*Vide* parecer supra-citado).

Repugnava ella ao jury, expressão da consciencia publica; repugnava ao magistrado, orgão do direito; repugnava aos que eram chamados a executal-a, como de suas recusas se evidenciava (*); repugnava ao imperante, em honra sua o diga, como o mostravam os decretos de commutação.

Todos a condemnavam; a Republica executou essa condemnação, supprimindo a pena que na phrase do insigne Beccaria não era mais que o crime de *assassinato legal*.

Em tempo de guerra predominam, sobre todas, as leis da guerra, e a principal é a destruição do inimigo; e inimigo se constitue quem quer que affronta a disciplina, planta a insobordinação e dá vantagens ao adversario. Desde que é legitima a guerra, é preciso admittir os rigores excepcionaes que ella exige. Mas n'isto mesmo não haverá mero arbitrio, existem os regulamentos militares que a restringem, quanto possivel no caso, o poder discrecionario dos chefes.

(*) É notavel o que occorreo por occasião de ser executado no Recife o grande patriota FREI JOAQUIM DO AMOR DIVINO CANECA. Tudo aprestado para o acto, a victima junto á forca, e não chegava o carrasco. Todos os sentenciados, um a um, se recusaram e não valeram ameaças nem violencias. O inolvidavel e imperterrito martyr da liberdade, cançado então de esperar o fim, suggerio, elle mesmo, que não era a força o unico instrumento de morte; e foi então arcabuzado pela tropa que policiava aquelle triste espectaculo.

Art. 96. O *habeas-corpus* terá lugar todas as vezes que o individuo fôr violentado ou sentir-se coagido por illegalidades, ou abusos de poder.
(Projecto da commissão do governo provisorio.)

§ 23. Dar-se-a *habeas-corpus* sempre que o individuo soffrer violencia, ou coacção, por illegalidade, ou abuso de poder, ou se sentir vexado pela imminencia evidente desse perigo.
(Decretos n. 510, de 22 de junho e n. 914 A, de 23 de outubro de 1890.)

§ 22. Dar-se-ha o *habeas-corpus*, sempre que o individuo soffrer, ou se achar em imminente perigo de soffrer violencia, ou coacção, por illegalidade, ou abuso de poder.
Redacção pela commissão do congresso (approvada em 23 de fevereiro de 1891).

§ 22. **Dar-se-a o «habeas-corpus» sempre que o individuo soffrer ou se achar em imminente perigo de soffrer violencia, ou coacção, por illegalidade, ou abuso de poder.**

§ 22. **Habeas-corpus.** E' escusada aqui, (*Vide* comment., ao art. 61, § 1) a apologia d'esta providencia legal, universalmente havida como o principal baluarte da liberdade pessoal. Foi, como se sabe, uma conquista do povo inglez sobre a realeza, e d'ahi passou a ser uma garantia essencial em todo o regimen livre. Ella offerece aos pacientes ou ameaçados de violencia ou coacção por illegalidade ou abuso de poder, um meio simples, expedito, prompto, de submetter o caso á autoridade judiciaria, que d'elle se informa e resolve de plano. Sua denominação allude á apresentação pessoal do paciente. Póde ser impetrada por este ou por outrem em seo favor, e em certos casos é dada pelo juiz *ex-officio*.

Não figurava entre as garantias que promettia o projecto dos constituintes de 1823, nem entre as da constituição de 1824.

Foi consagrado no cod. do proc. crim. (1832) nos arts. 340 a 355, que formam um dos mais bellos capitulos de nossa legislação. Conferio-se ahi a todo o cidadão o direito de requerer *Habeas-corpus* para si ou para outrem. Ao juiz (de direito, municipal ou tribunal de justiça) determinou-se a expedição, dentro de duas horas do recebimento da petição, da ordem de apresentação do paciente, perante o juiz, dentro de certo prazo e em certo lugar ; a obrigação de quaesquer agentes policiaes, officiaes de justiça ou guardas nacionaes, a quem fosse apresentada a ordem, de executal-a ou de coadjuvar sua execução ; o comparecimento, sob pena de prisão, do detentor ou carcereiro, devendo este daras razões de seo procedimento, a audiencia, quando possivel e por escripto, da autoridade que ordenou a prisão.

A lei n. 2.033, de 20 de setembro de 1871, art. 18, declarou, interpretando liberalmente o cod. do proc., cabivel a ordem, ainda quando o impetrante não tenha chegado a soffrer o constrangimento corporal, mas se veja d'elle ameaçado, e contra prisões ordenadas por autoridades administrativas, mesmo em caso de recrutamento forçado, salvo depois de verificada praça no exercito ou armada ; mandou ao juiz, verificado abuso de autoridade ou violação flagrante da lei, fazer effectiva, ordenar ou requisitar a responsabilidade da autoridade que tenha autorisado o constrangimento illegal ; garantio, a favor de quem o haja soffrido e contra quem d'elle fôr responsavel o direito de justa indemnisação; facultou ao estrangeiro o requerer *Habeas-corpus*, materia em que era vacillante a jurisprudencia; e fixou tambem a intelligencia de caber a ordem nos casos de incompetencia, mesmo havendo despacho de pronuncia ou sentença.

A legislação republicana quasi nada teve que accrescentar a isto. Supprimio o recurso *ex-officio* (da lei de 3 de dezembro de 1841, art. 69, § 7) das decisões concedendo soltura, e creou o recurso voluntario para o supremo tribunal federal em todos os casos de denegação de ordem de *Habeas-corpus*. (Decr. n. 848, de 11 de outubro de 1890, art. 9, n. IV e 49.) (*)

A Constituição assegurou o *Habeas-corpus*, dando-lhe n'este paragrapho o caracter de « garantia constitucional» e mantendo (art. 61) o recurso voluntario do supremo tribunal federal em todos os casos de denegação de *Habeas-corpus*.

O regimen do supremo tribunal federal (com força de lei, em virtude do art. 85, do decreto legisl. n. 221, de 20 de novembro de 1894) consubstanciou a legislação que n'esta materia ficou vigorando e estabeleceo o processo, no mesmo tribunal, da ordem de *Habeas-corpus* e de sua expedição e cumprimento, quér directamente a elle requerida, quér por via de recurso, ou decretada *ex-officio* (arts. 15, § 3, e 65 a 73).

A lei n. 221, ácima citada, (arts. 13, §§ 16, 23 e 55), providenciou para facilitar a prompta e segura apresentação ao referido tribunal do pedido de *Habeas-corpus* e remover os embaraços a caso levantado, nas jurisdicções inferiores; além d'isso declarou nos casos em que o supremo tribunal conhece originariamente do pedido de *Habeas-corpus*.

(*) Eis os termos em que sobre isto se exprime o preambulo do citado decreto e em seguida as disposições referentes á materia :
«O mesmo zelo pela liberdade individual presidiu ás disposições relativas ao *habeas-corpus*. As formulas mais singelas, mais promptas, e de maior efficacia foram adoptadas; e, como uma solida garantia em favor daquelle que soffre o constrangimento, ficou estabelecido o recurso para o supremo tribunal federal em todos os casos de denegação de ordem de *habeas corpus*. Tanto quanto é possivel e dentro dos limites naturalmente postos á previsão legislativa, ficou garantida a soberania do cidadão. E' este certamente o ponto para onde deve convergir a mais assidua de todas as preoccupações do governo republicano. O ponto de partida para um solido regimen de liberdade está na garantia dos direitos individuaes.»

Art. 45. O cidadão ou estrangeiro que entender que elle ou outrem soffre prisão ou constrangimento illegal em sua liberdade, ou se acha ameaçado de soffrer um ou outro, tem direito de solicitar uma ordem de *habeas-corpus* em seo favor ou no de outrem.

Art. 46. A petição para uma tal ordem deve designar:
a) o nome da pessoa que soffre a violencia ou é ameaçada, e o de quem é delle causa ou autor ;
b) o conteudo da ordem por que foi mettido na prisão, ou declaração explicita de que, sendo requerida, lhe foi denegada, e em caso de ameaça, simplesmente as razões fundadas para temer o protesto de lhes er infingido o mal ;
c) os motivos da persuasão da illegalidade da prisão ou do arbitrio da ameaça.

Art. 47. O supremo tribunal federal e os juizes de secção farão, dentro dos limites de sua jurisdicção respectiva, passar de prompto a ordem de *habeas corpus* solicitada, nos casos em que a lei o permitta, seja qual fôr a autoridade que haja decretado o constrangimento ou ameaça de o fazer, exceptuada, todavia, a autoridade militar, nos casos de jurisdicção restricta e quando o constrangimento ou ameaça fôr exercido contra individuos da mesma classe ou de classe differente, mas sujeitos a regimento militar.

Art. 48. Independentemente de petição, qualquer juiz ou tribunal federal póde fazer passar uma ordem de *habeas corpus ex-officio* todas as vezes que no curso de um processo chegue ao seu conhecimento, por prova instrumental ou ao menos deposição de uma testemunha maior de excepção, que algum cidadão, official de justiça ou autoridade publica tem illegalmente alguem sob sua guarda ou detenção.

Art. 49. Da denegação da ordem de *habeas corpus* haverá recurso para o supremo tribunal federal, sendo licito ao recorrente interpol-o no prazo de quinze dias, contados da data da intimação do despacho em que não fôr attendido.»

Art. 100. O fôro é commum, respeitadas as restricções desta Constituição e as originadas da lei militar. (Projecto da commissão do governo provisorio).	§ 24. A excepção das causas, que, por sua natureza, pertencem a juizos especiaes, não haverá fôro privilegiado. (Dec. n. 510, de 22 de junho e n. 491 A, de 23 de outubro de 1890.)	§ 23. A' excepção das causas, que, por sua natureza, pertencem a juizos especiaes, não haverá fôro privilegiado.

§ 23. Não haverá fôro privilegiado,

já o havia proclamado a Constituição imperial (art. 79 § 17); a lei republicana, lei de egualdade, avessa a privilegios, primazias e immunidades, não poderia deixar de estabelecer a mesma prohibição. E é isto uma limitação aos poderes das legislaturas, quér federaes quér locaes, pela qual não podem desaforar pessoas e causas das justiças ordinarias e communs e dar-lhes juizes distinctos destas ou processos differentes dos estabelecidos para todos.

O principio de egualdade na administração da justiça impõe que a mesma protecção legal, os mesmos juizes, as mesmas formulas tutelares, alçadas e instancias, os mesmos procedimentos judiciaes, se appliquem sem restricções, sem acepção de pessoas, a todos indistinctamente a quem o estado, por orgão de sua magistratura, tenha de fazer justiça.

Para que todos sejam eguaes perante a lei é preciso que o não deixem de ser perante os magistrados, orgãos d'ella (*magistratus lex est loquens. Cic.*).

A Constituição exceptúa da prohibição, que estatue, «as causas que por sua natureza pertencem a juizes especiaes».

Em regra é sempre preferivel que a lei estabeleça e mantenha quanto possivel só o juizo ou fôro geral, não sómente para todas as pessoas como para todas as causas; além de manter-se com isso inteira egualdade, evitam-se zelos parciaes e questões de competencia que são tão prejudiciaes á justiça e ás partes. Entretanto não só o numero dos negocios, mas a especial consideração de alguns, podem demandar a divisão d'essa jurisdicção commum e exigir alguns juizes particulares (*Pimenta Bueno, Dir. Publ. Braz.*, pag. 425). Eis o fundamento da excepção acima estabelecida, que permitte a divisão do juizo em jurisdicções especiaes e privativas, não por simples contemplação das pessoas, creando distincções e vantagens não cummuns a todos (*) mas para a melhor expedição dos negocios judiciaes ou por motivos de ordem politica e no que respeita ao exercicio de funcções publicas, como nos casos dos arts. 20, 33 e 52 § 2, 53 57 § 2°, 59 n. I a) a d) e 77.

(*) Seria isso franca infracção de egualdade perante a lei, art. 72 § 2° O direito que a legislação ordinaria tem conferido á fazenda publica se, ao inverso do que se dá com todos os mais litigantes, começar pela execução a cobrança do que lhe é devido, o cerceamento da defesa nas causas fiscaes, o sequestro immediato *de todos os bens do devedor* e independente de justificação nos casos não já de insolvabilidade sómente, mas mesmo nos de não ser elle encontrado ou achar-se ausente, a *restituição in integrum*, as dilações nas suas causas com maior extenção que as concedidas á outra parte, etc., são excepções e privilegios que incorrem tambem na mesma censura.

Em 1831, época que assignala entre nós grandes conquistas liberaes no dominio politico e na legislação, supprimio-se a jurisdicção contenciosa do antigo «Conselho de Fazenda» e foi commettida aos juizes territoriaes (lei de 4 de Outubro d'aquelle anno).

Veio mais tarde o espirito de reacção contra ellas e quasi todas annullou. Reformou-se, a titulo de interpretação, o Acto Addicional, fez-se a lei de 3 de dezembro de 1841, restaurou-se por lei ordinaria o conselho de Estado, supprimido por uma reforma constitucional. A fazenda nacional readquirio, pela lei n. 242 de 29 de novembro de 1841, seo privilegio de fôro e deo-se-lhe juizo privativo para as causas em que ella fosse *interessada por qualquer modo*; e temos vigente ainda o violento «executivo fiscal» privilegiado, que os constituintes de 1833 supprimiam, cuja abolição o sabio Pimenta Bueno suggeria (*Dir. Publ. Braz.* pag. 426) e que com toda a propriedade o deputado Paranhos Montenegro n'um notavel discurso sobre o projecto de que resultou a lei n. 221 de 20 de Nov. de 1894 dizia merecer não a qualificação de acção, mas a de *violencia judiciaria*, que se deveria abolir (Ann. da Cam. dos Dep., 1894, sessão de 28 de Out.)

Vide o que a este proposito dissemos *supra*, commentario ao art. 60 c)

Art. 89. § 5.º Todos podem escolher e seguir a profissão que mais lhe convenha. (Do projecto da commissão do governo provisorio.)	Ao art. 72. Accrescente-se: § E' garantido o livre exercicio de qualquer profissão moral, intellectual e industrial. Emenda da commissão do congresso (approvada em 16 de janeiro de 1891). Accrescente-se ao artigo additivo ao art. 72 offerecido pela commissão: Independente de titulos ou diplomas de qualquer natureza, cessando desde já todos os privilegios que a elles se liguem ou delles dimanem. —*Demetrio Ribeiro*. (Emenda rejeitada em 16 de janeiro de 1891). Accrescente-se onde couber: § E' livre o exercicio de todas as profissões, independentemente de qualquer titulo escolar, academico ou outro qualquer. — *Barboça Lima*. (Emenda rejeitada em 16 de janeiro de 1891).	§ 24. E' garantido o livre exercicio de qualquer profissão moral, intellectual e industrial.

§ 24. O livre exercicio de qualquer profissão

é garantido como manifestação do direito inherente a cada individuo de, segundo sua propria determinação, applicar e desenvolver suas faculdades naturaes e adquiridas, na pratica de algum mistér, officio, trabalho de qualquer genero, á sua escolha e independentemente de licença da autoridade, sendo apenas permittida a acção desta quanto ao que acaso prejudique ao bem geral e ao direito de terceiros. E assim consagrado o livre accesso e pratica das profissões, prohibida está a regulamentação d'ellas, bem como, matriculas, registros, inspecção por agentes do governo ou corporações prepostas ao exercicio e direcção das mesmas e em geral quaesquer medidas de caracter preventivo, salvo as limitadas restricções ácima indicadas e que se justificam emquanto indispensaveis para garantir a segurança geral e individual; fóra d'ahi o estado fere a justiça e coarcta o desenvolvimento social.

— Tem se questionado si, em vista dos termos deste § 24, subsiste ainda a exigencia de titulo ou diploma, conferido por institutos officiaes ou a estes equiparados, como requisito de habilitação para o exercicio das profissões que antes sem elle não podiam ser praticadas.

Os ANNAES do congresso constituinte ministram elementos para firmar-se a solução affirmativa. O § em questão, nos proprios termos em que está redigido, procedeo de uma emenda additiva ao art. 72, apresentada pela commissão do congresso. (ANN. cit., vol. I, pag. 131). Entrando em discussão o projecto, foram offerecidas varias emendas prescindindo de diploma academico ou titulo scientifico como habilitação para o exercicio das profissões. O congresso preferio o additivo da commissão, approvando-o na sessão de 16 de janeiro de 1891 e na mesma occasião rejeitando a emenda do deputado Demetrio Ribeiro, a qual dizia (ANN. cit., vol. II, pag. 327):

«Accrescente-se ao additivo ao art. 72, offerecido pela commissão:
Independente de titulos ou diplomas de qualquer natureza, cessando desde já todos os privilegios que a elles se liguem ou d'elles emanem.»

E o presidente do congresso, sem reclamação deste nem observação por parte de quaesquer de seos membros, declarou:

«Ficam prejudicados os additivos dos Srs. Pinheiro Machado e outros, garantindo o direito de todas as profissões de ordem moral, intellectual e industrial; do Sr. Barbosa Lima sobre a liberdade de todas as profissões independentemente de qualquer titulo escolar ou academico;... do Sr. Nelson sobre a liberdade de qualquer profissão, independentemente de qualquer titulo...» ANN. cit., pag. 328.

Na segunda discussão, novamente trazida á baila a idéa repellida na primeira, fulminou-a ainda o congresso, na sessão de 12 de fevereiro de 1890, rejeitando a emenda do deputado Stockler e outro, a qual mandava accrescentar ao § 24 as palavras: —*independente de qualquer titulo de habilitação official.* (ANN. cit., vol. III, pag. 109).

E que os constituintes quizeram resalvar os titulos de habilitação profissional, vê-se não só do elemento historico, que acabamos de expôr, da disposição do dito § 24, mas ainda do que occorreo quanto ao art. 73.

O art. 73 estabeleceo o franco accesso de todos os brazileiros aos cargos publicos, «observadas as condições de capacidade especial que a lei estatuir.»

Emendas surgiram para accrescentar-se a esta disposição a admissão independentemente de diploma ou titulo de habilitação official. E nenhuma d'ellas logrou successo; todas o congresso rejeitou. (*Vide* comment. ao art. cit.) (*)

Nem cabe aqui allegar-se terem sido rejeitadas taes emendas por haver entendido o congresso constituinte serem ellas superfluas. Do que se disse, do que se fez no congresso, do que está nos ANNAES absolutamente nada consta que autorise assim crer-se. E que escusadas não eram vê-se, já pelo alcance e importancia de taes emendas, já pela grande insistencia, quasi teimosia, em provocar sobre a materia a attenção e o voto do congresso.

Inutil uma emenda que tantas vezes foi apresentada (no seio da commissão, na primeira e na segunda discussão) e por tantos representantes, notando-se entre elles alguns dos que mais se distinguiram no congresso? Mera superfluidade não se poderia suppôr objecto de tanta preoccupação e esforço de pessoas entendidas na materia...

E não é diversa da que expendemos a intelligencia que na pratica se têm dado á disposição constitucional de que tratamos. O parlamento tem-n'a admittido, não suffragando a tentativa de por lei ordinaria dar-se vida á idéa contida nas emendas que o congresso constituinte fulminára. Em parecer (n. 142, de 1891) da commissão de Constituição, legislação e justiça da camara dos deputados (ANN. do mesmo anno, vol. III, pag. 166), foi dicto o seguinte:

Esta commissão já emittio juizo definitivo sobre a materia, no sentido de que a intelligencia do art. 72 § 24 da Constituição não é essa que se lhe tem querido dar, de que abrange em si, mesmo aquellas profissões que reclamam estudos basicos e scientificos e conhecimentos especiaes e technicos, sob pena de graves prejuizos publicos.

A garantia do exercicio das profissões de modo algum exclue a exigencia de habilitações scientificas que fazem parte e são elementos constitutivos dessas mesmas profissões.

A garantia constitucional é ampla, abrange o exercicio de todas as profissões; mas todas ellas podem e devem ser exercidas, respeitadas as condições de sua existencia legal.

E ao passo que o congresso se tem abstido de legislar no sentido de eliminar a exigencia de prova de capacidade para o exercicio de certas profissões,— perante as justiças não tem vingado a pretenção de se achar abolida essa exigencia, do que são prova o Acc. do supremo tribunal federal, no Aggr. n. 41, em 10 de maio

---

(*) Não somos dos que mais apreço e enthusiasmo têm pelos titulos e diplomas de habilitação official (*Vide* discurso na sessão de 8 de janeiro de 1891 do congresso constituinte. ANN. vol. I, pag. 152), mas força é reconhecermos que a Constituição de modo algum os aboliu.

de 1893, o Acc. de 14 de outubro de 1898, do superior tribunal de justiça do Maranhão, o Acc. do tribunal civil e criminal, em conselho, de 31 de agosto de 1899. (*Vide* em Annexo ao Relat. do ministr. do interior, de 1894, jurispr, do Supr. Trib. Fed., pag. 160 ; Rev. de Jurispr., de 1898, pag. 416 e de 1899, pag. 348),

Por sua vez, o poder executivo não tem entendido diversamente, bastando citar em apoio a convenção para o exercicio das profissões liberaes firmada entre o Brazil e a Bolivia, em 14 de novembro de 1896 (approvada pelo decreto legislativo n. 600, de 6 de setembro de 1899), egual convenção entre o Brazil e o Chile (approvada por acto legislativo n. 494, de 22 de julho de 1898), e o regulamento expedido com o decreto n. 3.014, de 26 de setembro de 1898, para a fiscalisação do exercicio da medicina e da pharmacia.

— Nos Estados-Unidos Norte Americanos, a emenda XIV das addicionaes á Constituição prohibe se façam leis restringindo privilegios e immunidades dos cidadãos, bem como que autorisem privar-se alguem de sua vida, liberdade e bens, sem o devido processo legal; ahi por comprehensão se encontra garantida a liberdade de escolha e exercicio de profissões. Os tribunaes têm alli decidido não ser inconstitucional a exigencia de prova de habilitação para a pratica de algumas d'ellas, sendo, aliás, permittidas sómente as que não são damnosas á communhão, — *not injurious to the community*— ; restricção fundada no poder de policia, que tem os Estados e na maxima juridica : *sic utere tuo ut alienum non lædas*. E isto abrange não só as profissões industriaes, mas ainda as de outro genero, como a advocacia, medicina, etc. Mas, como se estabeleceo em notavel julgado, o exercicio d'ellas será *without unreasonable regulation or molestation, and without being restricted by those unjust, oppressive and odious monopolies or. exclusive privileges wich have been condemned by all free governeusent*, (*Vidé* as decisões extractadas por A. J. BAKER. «Annot. Const. of the Un. Stat.», 1891, *ad* Amend. XIV, ns. 16, 27, 52, 53, 60 e *passim*).

Entre nós, o supremo tribunal federal declarou validamente feito um contracto para fornecimento de carnes verdes autorisado por lei municipal, cuja nullidade se arguia, por acção competente, como contrario á disposição do art. 72, § 24 da Constituição ; e entre os fundamentos d'essa decisão declarou :

— que, sendo expressamente limitado pelos privilegios instituidos nos paragraphos immediatamente seguintes, a bem do interesse privado, a disposição exarada no art. 72, § 24, da Constituição, declaratoria e mantenedora da liberdade profissional e industrial, contém as restricções postas à actividade humana pelo direito civil e commercial e pelas leis de policia, sem as quaes não ha ordem nem liberdade ; e soffre a excepção de privilegios constituidos a bem da utilidade publica, como sejam os concernentes aos serviços de illuminação e viação e as linhas telegraphicas e telephonicas que o Estado estabelece e dirige directamente por meio dos seus funccionarios ou indirectamente por meio de emprezas, a que se concede ou transfere sob condição de uma tarifa.

(Acc. na appellação n. 193, de 29 de novembro de 1896.)

---

§ Os inventos industriaes pertencerão aos seos auctores aos quaes ficará garantido por lei um privilegio temporario, ou, na falta deste, será concedido pelo congresso um premio razoavel, quando hajam de vulgarisar o invento.

Emenda da commissão do congresso (approvada em 16 de janeiro de 1891).

§ 25. Os inventos industriaes pertencerão aos seos autores, aos quaes ficará garantido por lei um privilegio temporario, ou será concedido pelo congresso um premio razoavel, quando haja conveniencia de vulgarisor o invento.

---

§ 25. Os inventos industriaes terão, garantido por lei, um privilegio temporario. Razões de ordem juridica e de natureza economica e social amparam esta disposição.

As invenções ou descobertas de caracter industrial exprimem o producto do emprego de tentativas, esforços e labores do inventor, e a lei não póde deixar desprotegido esse resultado da actividade individual. Seria isso iniquo, injusto ; cada um tem direito ao producto de seo engenho e de seo trabalho.

Por outro lado, os inventos de que se trata aproveitam grandemente á sociedade, ao desenvolvimento das industrias, do commercio, ao incremento da riqueza publica.

E não pouco servem ás artes e sciencias, proporcionando-lhes novos processos, instrumentos e apparelhos para suas operações.

Devem, portanto, ser protegidos como direito do inventor e pelas vantagens que proporcionam á communhão.

Garantindo-os, a lei dá razão e premio ao trabalho, ao mesmo passo que excita a producção intellectual e estimula o espirito de invenção.

O mesmo duplo fundamento esteia a garantia legal da chamada propriedade litteraria ou direito auctoral como modernamente se diz.

Esta garantia nos termos em que geralmente é estabelecida faz justiça ao esforço intellectual, actividade de espirito, tenacidade empregada pelo autor, assegurando-lhe o producto de seo trabalho e ao mesmo tempo preserva o interesse social ligado á propagação das obras da intelligencia. (*Vide* § 26, *infra*).

Privilegio temporario. Considera-se que o direito do inventor não é rigorosamente uma propriedade, ou é uma propriedade *sui generis*. O invento é antes uma combinação do que verdadeira creação. Versa sobre elementos pre-existentes, que fazem parte d'esse repositorio de idéas e conhecimentos que o tempo e o progresso das nações tem accumulado e que não são susceptiveis de ser apropriados com uso exclusivo por quem quer que seja, constituindo antes um patrimonio commum, de que todos se podem utilisar. Serão novos os processos, as combinações chimicas ou mechanicas, a maneira de empregar os agentes naturaes ou artificiaes, mas esses agentes, as materias ou substancias a que taes combinações e processos se applicam não são novidade e todos d'ellas se podem servir. Os processos mesmo poderão não ser novos, mas modificações e aperfeiçoamento de outros já conhecidos. E como dar ao inventor o goso exclusivo e illimitado do que realmente não é, afinal, cousa sua só e em que ao contrario entram por muito elementos anteriores e alheios á cogitação e esforços d'elle? Depois, considerar o direito que tem o inventor como equivalendo ao de propriedade com todos os seos caracteristicos seria estabelecer o monopolio perpetuo das novas descobertas ou invenções, e isto seria prejudicar as industrias e a sociedade.

Por isso a lei contenta-se de conferir ao inventor o direito de uso e goso exclusivo da exploração de sua descoberta por um certo numero de annos; e si, durante esse prazo, a utilidade ou necessidade publica exigir a vulgarisação da invenção ou o seo exclusivo pelo estado,

Um premio razoavel lhe é assegurado em resarcimento, sendo em tal caso desapropriado o privilegio, mediante as formalidades legaes ; e assim se legitima a vulgarisação ou a cessão do invento, com proveito geral e do inventor.

— Esta materia vem sabiamente regulada do imperio pelas leis de 28 de agosto de 1830 e n. 3.129, de 14 de outubro e decreto n. 8.820, de 30 de dezembro de 1882 (rectificado quanto á redacção do art. 62 pelo decreto n. 9.045, de 20 de outubro de 1883), em vigor por força do art. 83 da Constituição actual e art. 59 da lei n. 221, de 20 de novembro de 1894. (*Vide* cod. penal, arts. 351 e 352).

Ao art. 72:

§ Aos autores de obras litterarias e artisticas é garantido o direito de reproduzil-as pela imprensa ou por qualquer outro processo mechanico. Os herdeiros dos autores gozarão desse direito pelo tempo que a lei determinar.

(Emenda approvada em 13 de fevereiro de 1891).

§ 26. Aos autores de obras litterarias e artisticas é garantido o direito exclusivo de reproduzil-as pela imprensa ou por qualquer outro processo mecanico. Os herdeiros dos autores gosarão desse direito pelo tempo que a lei determinar.

---

§ 26. Aos autores de obras litterarias e artisticas é assegurado o direito exclusivo de reproduzil-as, e isto justifica-se pelas razões ácima expostas (§ 25 *supra, verb.* «Os inventos industriaes»). Sem esta garantia desappareceria o estimulo aos que por seo alto valor mental, por seos profundos e porfiosos estudos e inquebrantavel energia, se podem librar nas altas regiões do pensamento e nellas realisar conquistas; aos que se sentem com forças para se aventurar ás grandes concepções scientificas, litterarias e artisticas, que tanto aproveitam ao progresso, á civilisação, e honram o espirito humano.

— No imperio não tinha consagração constitucional a garantia de que se trata; era estabelecida pela legislação ordinaria. (Cod. crim. de 1830, art. 261). E foi questão si d'ella gosavam os estrangeiros. A Constituição republicana não foi indifferente, como se vê do presente § 26, a tão interessante objecto, e estabelecendo a garantia, declarou-a extensiva aos estrangeiros residentes no Brazil (art. 72, princ.) A lei n. 496 de 1 de agosto de 1898 e, de accôrdo com ella, as «Instrucções» de 6 de dezembro de 1899, definem os direitos autoraes; e para segurança d'elles estabelecem o registro das obras litterarias, scientificas e artisticas, o processo contra os infractores, etc.

Pelo tempo que a lei determinar os herdeiros gosarão dos direitos do autor. Esta clausula restrictiva indica que a Constituição considera o direito autoral distincto da propriedade de direito commum, como uma propriedade *sui generis*, diversa da que ella garante *em toda a sua plenitude* no § 17 deste art. 72, e por isto limita o tempo de sua duração, tirando-lhe assim a perpetuidade, um dos caracteres da propriedade material. Esta limitação funda-se quér em a natureza especial do direito autoral, quér na conveniencia ou interesse geral da sociedade.

Com effeito, por mais proprietário que se queira considerar o autor de uma obra scientifica, litteraria ou artistica, não se póde deixar de reconhecer que o pensamento, o principio, a verdade, a noção que em seo trabalho elle encorpora, consagra, expõe, ensina, mostra, não lhe pertence como a exclusivo dono e senhor. Proprietario de uma idéa?! dono de um pensamento?!

Quando muito poder-se-ia dizer tal emquanto essa idéa, esse pensamento se conservasse recondito nos refolhos da intelligencia, guardado no recesso do entendimento. Mas, eis que se exterioriza, como prendel-o ao dominio de um homem, como ligal-o ao patrimonio de um individuo? Como fazel-o objecto de goso exclusivo d'elle, com o *jus utendi, fruendi et abutendi*?

Por outro lado, o mundo das idéas é uma communhão, e accumula o que lhe hão legado, a titulo gratuito, as cogitações dos doutos, dos sabios, dos genios de muitas e muitas gerações. D'esse repositorio commum e inesgotavel, desse patrimonio intellectual da humanidade tiram seos elementos formadores as novas concepções no dominio das sciencias, das lettras, das artes.

Os modernos têm assim a collaboração, gratuita, desinteressada, franca, dos antigos pensadores; e, o que é mais, sem ella bem pouco fariam, além de tacteios, ensaios e tentames.

E—si a cada um, á sua discreção, é licito prover-se ahi, nesse grande patrimonio da humanidade, do que precisa para novas creações intellectuaes, e é justo que a sociedade lhe reconheça um direito a ellas, desde que aos elementos assim colhidos e affeiçoados o autor ligou o cunho de sua personalidade—não menos licito e justo é que com elle a sociedade seja quinhoeira no novo producto assim elaborado.

O modo de combinar n'isto os interesses do autor e da communhão, do publico, as nações cultas tem feito consistir no reconhecimento e garantia do direito d'aquelle por um certo tempo limitado, entrando a obra findo esse prazo no dominio social, commum a todos.

O prazo é vario na legislação dos diversos paizes; em regra, tem a duração da vida do autor e mais alguns annos fixados em beneficio de seos successores.

Entre nós, o codigo criminal de 1830, art. 261, garantia os direitos do autor emquanto este vivesse e por mais dez annos, si deixasse herdeiros; si a obra pertencesse a corporação o prazo era sómente de dez annos. O codigo penal de 1890 (art. 346) conservou o mesmo prazo (não se referindo, porém, a corporação). A lei n. 496 de 1 de Agosto de 1898 (art. 3) fixou em cincoenta annos o prazo da garantia legal para a faculdade exclusiva de fazer ou autorisar a reproducção da obra por qualquer fórma e em dez annos para a de fazer ou autorizar traducções representações ou execuções. A cessão entre vivos não valerá por mais de trinta annos (art. 4 § 1). Mas taes limitações, creadas pela citada lei n. 496, não incorrerão na censura de inconstitucionalidade, em vista dos termos do § que estamos commentando?

O anterior § aos inventos industriaes concede um *privilegio temporario*; mas o de que ora tratamos, quando se refere aos autores de obras litterarias e artisticas, garantindo-lhes o direito exclusivo de reproduzil-as, não faz restricção alguma quanto ao tempo; sómente aos referir-se aos herdeiros é que autoriza a limitação *verb.* «pelo tempo que a lei determinar».

O § tem dous periodos distinctos; no primeiro não cogita de tempo; sem estabelecer prazo garante o direito; no outro deixa á legislatura ordinaria determinar um prazo para o goso desse direito pelos successores do autor.

E será licito do poder dado ao congresso sómente para limitar quanto ao tempo o direito que passa aos herdeiros, deduzir o de fixar tambem prazo ao goso do direito pelo proprietario emquanto vivo? Ninguem o dirá.

§ A lei assegurará tambem a propriedade das marcas de fabrica.—*José Hygino* e outro.

§ 27. **A lei assegurará tambem a propriedade das marcas da fabrica.**

§ 27. **A propriedade das marcas de fabrica** é tambem garantida, como direito que é do productor, fabricante ou industrial, e no interesse do publico consumidor. As marcas de fabrica assignalam e distinguem os productos, na grande arena da livre concurrencia; por este modo, as que têm conseguido certa reputação devida á habilidade e lisura do fabricante tornam-se facilmente conhecidas e indicadas á predilecção dos freguezes. E não é justo que a lei permitta que os esforços do productor para a melhoria de seo producto e para a preferencia do publico sejam ludibriados e aproveitem a competidores desleaes, que exploram assim a jactura alheia e illudem a boa fé dos consumidores.

A garantia consiste, quér na punição d'essa usurpação, d'essa fraude criminosa, consistente no uso, na reproducção, sem licença do dono, por qualquer meio, da marca devidamente registrada, na sua falsificação ou imitação e na venda ou exposição á venda de objectos revestidos de marca alheia ou falsificada (*Vide* cod. penal, arts. 353, 354 e 355), quér no direito ás perdas e damnos, consequente do reconhecimento do de uso exclusivo da marca.

O mesmo se deve entender das *marcas de commercio.*

Com ellas os negociantes especificam e recommendam as mercadorias de seo negocio e as entregam ao consumo sob garantia da reputação e bons creditos de sua casa commercial. Taes marcas não poderiam ficar desprotegidas, sem prejudicarem-se essa reputação e creditos e sem dar ganho de causa á má fé e lugar ao abuso da confiança do publico. O codigo penal com razão as equiparou, para seos effeitos, ás marcas de fabrica. (*Vide* arts. cits.)

Finalmente, o disposto n'este e nos §§ 25 e 26 do art. 72. é como um desenvolvimento do que estabelece o § 24, que garante o exercicio das profissões. A garantia d'estas não está sómente na livre escolha e na pratica de qualquer d'ellas sem embaraços, sem peias que as constrinjam (salvo os irrecusaveis limites impostos a bem do direito alheio e da communhão), mas tambem na protecção legal devida aos fructos da actividade profissional. Garante-se o trabalho, garantindo-se seos productos.

Accrescente-se ao art. 72 :
Por motivo de crença ou de funcção religiosa, nenhum cidadão brazileiro poderá ser privado de seos direitos civis e politicos nem eximir-se do cumprimento de qualquer dever civico. — *Serzedello Corrêa*.
(Emenda approvada em 16 de fevereiro de 1891).

§ 28. Por motivo de crença religiosa privar de quaesquer direitos o cidadão seria attentar contra a liberdade de consciencia e de cultos, tão preciosa, e que é uma das inauferiveis prerogativas do homem, inherente á sua personalidade. Seria isso uma desarrazoada immixtão do estado nos dominios da fé religiosa e uma contradicção com os principios consagrados nos arts. 11, § 2 e 72, § 3. E já não seriam todos eguaes perante a lei (com infracção do preceito do § 2 do mesmo artigo) si por motivo de religião, ella limitasse os direitos de alguns. Fóra absurdo mesmo reconhecer no individuo, como direito seo, a livre escolha e pratica de uma religião qualquer, e ao mesmo tempo collocal-o em situação de, pelo exercicio d'esse direito, ver-se privado de outros que todos gosam, castigada assim, sem culpa, a liberdade de consciencia.
O mesmo principio da egualdade perante a lei véda que o crente, por obedecer á sua crença, se furte ao cumprimento dos deveres civicos. Elle não é sómente crente, membro de uma communhão religiosa, é tambem cidadão, parte da communhão civil e politica na qual vive. E si esta lhe ministra protecção e garantias, tem indisputavel direito de exigir a prestação de certos serviços que o estado exige e que a elle são indispensaveis.
Dest'arte, a Constituição, estabelecendo um regimen de liberdade e egualdade, nem soffre que a religião seja impedimento ou incapacidade para o exercicio de quaesquer direitos e funcções, na vida civil e politica, nem admitte que se converta em isenção e privilegio, para dispensa da prestação de deveres civicos.

§ 27. Os que allegarem motivo de crença religiosa com o fim de se isentarem de qualquer onus que as leis da Republica imponham aos cidadãos, perderão todos os direitos politicos, — *Demetrio Ribeiro*.
(Emenda approvada em 16 de janeiro de 1891).
Accrescente-se—assim como os que aceitarem condecorações ou titulos nobiliarios ou estrangeiros. — *Bulhões*.
(Emenda approvada em 13 e 18 de fevereiro de 1891).

§ 29. **Perderão todos os direitos politicos.** E' a comminação posta á infracção da segunda parte do paragrapho antecedente (quanto ao cumprimento de deveres civicos) e tambem á aceitação de condecorações ou titulos nobiliarchicos conferidos por governos estrangeiros a cidadãos brazileiros.

Condecorações ou titulos estrangeiros, segundo o projecto do governo provisorio, (art. 71, § 2 b), poderiam ser aceitos, mas me-

§ 28. Por motivo de crença ou de funcção religiosa, nenhum cidadão brazileiro poderá ser privado de seos direitos civis e politicos nem eximir-se do cumprimento de qualquer dever civico.

Em virtude d'este § 28, nenhuma crença religiosa obstará á nomeação para cargos publicos, de qualquer natureza ; o juramento deixa de ser exigido dos funccionarios publicos e, nos mais casos que a lei o possa exigir, deverá ser prestado conforme a religião de cada um ; as penas ecclesiasticas não terão jámais effeitos civis ; do serviço do jury e do exercito e de depôr em juizo, ninguem é isento por ter isso como incompativel com sua fé religiosa, ou por seo caracter sacerdotal, etc. (*)
A emenda de que resultou este paragrapho inspirou-se no art. 49 da Constituição Suissa.
— Ha uma excepção ao disposto n'este paragrapho e é a disposição do art. 70, § 1, n. 4. que recusa o voto politico aos religiosos de ordens monasticas, etc. (*Vide* commentario ao citado artigo e paragrapho).

Nenhum cidadão brazileiro, diz a Constituição (embora o principio do art. 72 se refira a *brazileiros* e ESTRANGEIROS *residentes no Brazil*), porque estes não gosam de direitos politicos de que possam ser privados. Não ha caso de perda de direitos civis em nossa legislação criminal. (*Vide* cod. pen., liv. 1, tit. V.)

(*) Cabe mencionar aqui que já no projecto apresentado em sessão da camara de 17 de junho de 1875, pelo então deputado Tristão de Alencar Araripe, que assim se adiantava ao seo partido, e a seo tempo eram consagradas, entre outras, as seguintes liberaes disposições :
« Nenhuma crença religiosa servirá de obstaculo ao exercicio de qualquer funcção politica ou civil no Brazil.
« O juramento exigido pelas leis do imperio para esse exercicio será prestado conforme a religião de cada cidadão.
« A excommunhão ecclesiastica não produzirá effeito nos actos da vida civil.»
(*Vide* nos ANNAES da camara dos deputados do referido anno o projecto e o importante discurso com que o justificou o illustre representante.)

§ 29. Os que allegarem motivo de crença religiosa com o fim de se isentarem de qualquer onus que as leis da Republica imponham aos cidadãos, assim como os que aceitarem condecorações ou titulos nobiliarchicos estrangeiros, perderão todos os direitos politicos.

diante licença do governo brazileiro, sem a qual o agraciado incorreria na perda dos direitos de cidadão. Ao congresso não pareceo isto bastante e approvou a supressão das referidas palavras do artigo e paragrapho citados, para as accrescentar (por emendas do representante Bulhões) ao § 29 de que ora tratamos ; o que tornou absoluta a prohibição de aceitarem-se as mencionadas distincções honorificas.
Propondo a suppressão d'este paragrapho, ponderava judiciosamente o representante Fran-

cisco Veiga (ANN. DO CONGR. CONST., vol. III, pag. 518):

Firmado no § 26 do art. 71, o principio de que nenhum cidadão poderá ser privado de seos direitos politicos e civis por motivo de crença ou funcção religiosa, não se comprehende que logo no paragrapho seguinte, o 27, estabeleça-se, para aquelles que allegarem motivo de crença religiosa, para se isentarem de algum onus, a gravissima pena de perda de todos os seos direitos politicos! E isto no titulo que se inscreve *Declaração de direitos!*
A disposição me parece de uma iniquidade clamorosa.
Ao cidadão que negar-se a um onus qualquer sem para isso allegar motivo algum justificativo, pura e simplesmente declarando que não se sujeita ao serviço delle, reclamado applicar-se-á a legislação commum. Si, porém, elle fundar sua negativa em motivos de crença religiosa é eliminado da sociedade politica!
Figure-se a hypothese no serviço do jury: quem não o prestar *por não querer* pagará uma multa de 10$ a 20$ por sessão; quem, porém, *allegar e provar* que tem motivos de crença religiosa para não servir de jurado, deixará de ser brazileiro!
Note-se que a Constituição que se discute, no art. 70, só cogitou de dous casos em que se póde perder os direitos de cidadão brazileiro. Por mais grave e infame que seja o crime e sua consequente condemnação, esta *só interrompe ou suspende* os direitos dos cidadãos *pelo tempo de sua duração*. Si o cidadão, porém, tem uma crença religiosa e ousa allegal-a para isentar-se de algum onus, está irremissivelmente perdido! E' singular.

Accrescente-se onde couber o seguinte paragrapho:
Nenhum imposto de qualquer natureza que seja poderá ser cobrado sinão em virtude de uma lei que o autorise.—*Meira de Vasconcellos.*—*João Barbalho.*
(Emenda approvada em 16 de janeiro de 1891.)

§ 30. Nenhum imposto de qualquer natureza poderá ser cobrado sinão em virtude de uma lei que o autorize.

§ 30. **Nenhum imposto.** E' da indole e essencia dos governos democraticos que os cidadãos não paguem impostos em que não tenham consentido. O contrario d'isso fôra inteiramente repugnante e avesso ao principio basilar d'esses governos.
Tal consentimento é dado directamente nas democracias puras, pelas assembléas do povo para isso reunido na conformidade da lei, e indirectamente nas democracias representativas, pelos parlamentos por elle eleitos; e em um e outro caso, por meio de acto legislativo para esse effeito votado.

Não ha obrigação, pois, de pagar imposto que não tenha sido creado por lei, porquanto, sómente por força d'esta elle existe e é devido.
Vide commentario ao art. 34, n. 1.
«Nenhum imposto de qualquer natureza» diz a Constituição, para abranger todas as imposições e não autorisar n'isto excepção alguma.
Outrosim, esta prohibição constitucional, pela sua natureza, extende-se não sómente á União, como aos Estados e municipios. E' garantia individual que quaesquer poderes publicos têm o dever de respeitar e manter.

Accrescente-se onde convier:
Art. Será mantida a instituição do jury. — *França Carvalho* e outros.
(Emenda approvada em 9 e 18 de fevereiro de 1891).

§ 31. E' mantida a instituição do jury.

§ 31. **A instituição do jury** figurava como parte integrante do poder judiciario no regimen da carta constitucional do imperio (art. 151).
Estabelecido a principio para os crimes de liberdade de imprensa (leis de 18 de julho de 1822, de 22 de novembro de 1823 e de 20 de setembro de 1830), o cod. crim. (de 29 de novembro de 1832) regulou-lhe a organização e funcções, extendendo-lhe a competencia; a lei n. 261, de 3 de dezembro de 1841 o reformou, cerceando-o.
Apezar de estabelecido tambem para o julgamento de questões civis (Const. imp., art. cit.), estas continuaram a ser decididas sem elle, conforme a legislação a que se refere a lei de 20 de outubro de 1823.
Dos trabalhos preliminares da Constituição republicana, apenas expressamente o consagrava o projecto Magalhães Castro (art. 93). Não vinha na Constituição que o governo provisorio apresentou ao congresso constituinte e que reproduzia a organização judiciaria do decreto governo provisorio, n. 848, de 11 de outubro de 1890, menos na parte que consagrava o julgamento por jurados dos crimes sujeitos á jurisdicção federal (art. 40). E isto a muitos se afigurou uma ameaça e perigo para essa instituição, cuja sorte ficava assim inteiramente dependente do arbitrio das legislaturas.
Na primeira discussão (sessão de 8 de janeiro de 1891, ANN. DO CONGR. CONST., vol. II, pag. 133), o deputado A. Milton, apresentou a seguinte emenda e não foi approvada:

Accrescente-se onde convier:
O julgamento de todos os crimes, excepto os casos positivamente determinados na Constituição e outras leis, incumbe ao jury, respeitado o mais possivel o fôro do delicto.

Na segunda discussão (sessão do dia 27 de janeiro), surgio outra emenda, dizendo assim: « Será mantida a instituição do jury» e era amparada por trinta e tres assignaturas. (ANN. cit., vol. II, pag. 225).
Contra ella na sessão do dia seguinte manifestava-se o deputado João Vieira, dizendo (ANN. cit., pag. 61):

— Na actualidade o jury não tem explicação; mantel-o, isto é, arrolar indistinctamente individuos que todos os

annos façam as vezes de juiz é o mesmo que todos os annós arrolar individuos para servirem de alfaiates, sapateiros, etc., sem que elles nunca tenham exercido esses officios.
A funcção de jurado exige certa cultura, ao menos certos conhecimentos geraes, exige uma attenção reflectida, o exercicio da reflexão.
Todos que servem no jury estão nas condições de desempenhar este mister ? E' muito facil o exame das provas do crime, quasi sempre factos muito complexos ? Por conseguinte, de accordo com uma boa organização judiciaria, a instituição do jury é inaceitavel, é mesmo irracional.
O senador hespanhol Silvela, quando em 1883 se discutia a instituição do jury e Garofalo, presidente do tribunal de Napolis, o chrismaram de *guarda nacional do direito*.
O jury está para uma organização judiciaria racional, assim como a guarda nacional para uma organização militar regular.
« A guarda nacional, diz o sabio magistrado italiano, foi abolida como um não-senso e entretanto ella era pelo menos inoffensiva; o jury também é um não senso, mas é extremamente perigoso.»
Os proprios defensores do jury querem hoje aristocralisal-o, porque reconhecem que elle commette erros deploraveis, ou prejudicando o accusado, ou prejudicando a sociedade.
Entre nós ha talvez mais correctivos na legislação para os abusos do jury do que em qualquer dos paizes estrangeiros; temos as appellações *ex-officio* em casos especiaes e recursos desconhecidos em outras.
O jury que prepara quesitos de proposito para o jury responder de modo que elles não exprimam a verdade e a justiça, não é digno de ser juiz, nem mesmo deste nome; mas o que póde succeder em taes casos é que a organisação dos quesitos, sendo uma funcção muito complexa, porque é realmente difficil discriminar as questões de direito das de facto, dahi resulta que nem sempre podem ser muito claros os quisitos e o jury é o menos proprio e competente para interpretal-os e respondel-os convenientemente, como reconhecem os grandes processualistas, entre elles o professor Ferdinando Puglia.

Não esteve, porém, por essas razões a maioria do congresso e, por duas votações (em 9 e 18 de fevereiro de 1891), approvou elle a emenda que foi convertida no paragrapho de que nos occupamos.
E teve assim o jury a consagração de *garantia constitucional*. E', pois, um direito do cidadão, do habitante do Brazil, ser julgado por um tribunal de jurados, quér ante a justiça da União, quér ante as dos Estados e em todos os crimes, excepto os que, por lei fundada em altas considerações de ordem publica, forem reservados a juizos especiaes, e nos restrictos casos determinados.
— O julgamento por jurados tirados do povo, como deixámos dicto á pag. 10, é uma das manifestações da soberania nacional. Esta, na organisação e mechanismo dos poderes publicos, tem seos apparelhos por onde se manifesta e faz-se valer. Escolhe o povo seos mandatarios para a feitura das leis. Elege elle para gerir a administração publica o chefe do estado. E assim *legisla* e *governa*. Mas o mesmo direito tem de *julgar*, sem o que não terá completa sua auto-governação (semecracia, *self-government*). Tal direito póde-o elle exercer tambem por eleição dòs magistrados, mas a experiencia tem mostrado ser isso inconveniente.
Deferindo-se, porém, a uma autoridade electiva (ao presidente da Republica) essa escolha e fazendo-se participarem directamente da funcção judicial pessoas do povo, d'elle tiradas sem arbitrio, sem favor, sem predilecções dos agentes do governo, mas por virtude da lei e nas condições n'ella estatuidas, teremos o poder judiciario emanado do povo e exercido com intervenção d'elle, não em massa ou em communhão (o que repugnaria á propria natureza d'esse poder), mas por selecção legal (por meio do *jury*).
D'este feitio, a justiça, que nos monarchias emana do rei, e em seo nome se administra, nas democracias verdadeiramente procede do povo. N'ellas é que rigorosamente se póde dizer que o poder judiciario é delegação da nação ; e nada, n'este particular, tão consono com o principio democratico como o juizo por jurados e a justiça de paz. (*)
— O que em geral arguem contra o *jury* os propagandistas de sua suppressão, cifra-se antes nos abusos que em vicio intrinsecco da instituição. (**)
O que cumpre é organisal-a por modo que possa bem preencher seus fins. E deve estar no recrutamento de seo pessoal o principal cuidado.
Um dos juizes mais insignes que o Brazil tem tido, gloria da magistratura nacional, já por seo caracter imperterrito e cheio de nobreza, já pelo seo grande, vastissimo saber e espirito eminentemente liberal, deixou, n'um precioso livro ácerca do nosso codigo do processo criminal, registradas e magistralmente expostas importantes «Observações», filhas de seo estudo e de sua experiencia, não sendo das de menor valia as que expende a proposito do jury, as quaes passamos á dar, em substancia, ao conhecimento dos leitores.
Esse grande mestre declarava insufficientes os requisitos exigidos nos jurados. Por se entender que o caracteristico do jury é o julgamento do cidadão por seos pares, não se deveria esquecer que «o verdadeiro principio de qualquer tribunal, permanente ou temporario, não consiste em que o accusado ache nos juizes homens cuja situação se approxime á sua, mas homens cuja habilitação para bem julgar não seja duvidosa e cuja responsabilidade seja solemnemente promovida no Pretorium da Justiça. O que quer de um juiz a sociedade, sinão um homem que offerece por sua probidade, instrucção e experiencia, as garantias necessarias para a sua segurança, desaggravando as leis offendidas na pessoa de seos membros ? o que quer o accusado mais do que ser julgado por homens capazes de

---

(*) Um decreto do governo provisorio (n. 359, de 26 de abril de 1890) supprimio o juizo obrigatorio de conciliação preliminar das questões civis e commerciaes; sómente lhe vendo os defeitos, aliás, remediaveis, e esquecendo a importancia social e salutares effeitos das justiças de paz. Podem porém, os Estados, por força de seo poder de organisação judiciaria, estabelecel-as e exibil-a, que o façam, fundados na lição da experiencia e inspirados nos verdadeiros e beneficos intuitos de tão util instituição.
(**) Lemos algures a seguinte criteriosa apreciação :
« Mostra a experiencia que as incrępações feitas ao jury são motivadas antes pelas faltas da policia, do ministerio publico e da propria justiça togada, do que pela ignorancia e frouxidão dos juizes populares.
O máo preparo dos processos é em geral a causa principal das absolvições do jury : a policia procede com incpcia e rełaxação nos inqueritos, os juizes e promotores preparam mal os summarios de culpa, os da pronuncia julgam precipitadamente : mas como o jury é quem dá a sentença final, é quem paga tudo e soffre todas as consequencias das culpas alheias.»
Exercemos outr'ora o cargo de promotor publico (interino) na comarca de Recife, e confirmamos, pelo que vimos, o que fica dicto.

discernir sua innocencia nas relações mais complicadas, si é a sua accusação objecto de mal fundados receios ? »...

« O que nós desejamos é que o pessoal do jury e a fórma prescripta para compôr a junta revisora, sejam organisados com tal circumspecção e precauções taes que só possam ser jurados os cidadãos dignos da confiança publica ; que as condições de aptidão para juiz de facto sejam fixadas, não em termos geraes, mas de uma maneira precisa, difficil de se illudir por falsas informações ou mentirosas conjecturas; que sejam tirados das classes mais intelligentes e mais prestimosas por seos habitos e genero de vida ; que os serviços feitos no jury com promptidão e por um certo tempo, cabalmente provados, seja um titulo ás recompensas publicas ; que mesmo se lhes concedam isempções de certa ordem, ou moderadas concessões sem prejuizo da egualdade constitucional dos cidadãos brazileiros ; que os jurados, finalmente, por estes meios, que seduzem o amor proprio sem os perigos da vaidade, se compenetrem da Importancia e sublimidade das funcções de seo cargo.»

Mas, observava em seguida, todas essas providencias, «sobre cuja execução todos os poderes politicos e as autoridades que com elles mais immediatamente se correspondem, devem incessantemente velar» serão vans e derisorias si a organisação da junta revisora não fôr tal que evite os escandalosos abusos conhecidos, excluindo cidadãos distinctos por sua honestidade e independencia, e contemplando uma maioria de outros fóra d'essas condições.

« Que voto se póde esperar, muito principalmente nas causas de grande momento, porfiadas pelo poder e pelo nepotismo, de homens exclusivamente versados nos negocios mais obscuros da vida e acostumados a servir ás paixões alheias, por especulação ou por dependencia ?»

E assignalava o facto da lastimosa indifferença com que se viam excluir da qualificação de jurados, sem interposição do recurso legal, e antes estimando a exclusão, os individuos mais no caso de serviren no jury, nada julgando perder, visto não acharem, na estima publica e na acção prestigiosa do governo, uma honrosa compensação ao onus do serviço.

« Estes inconvenientes procedem dos vicios do modo de apurar os jurados. Quem estuda os mysterios do coração humano não vacilla um só apice, sobre a necessidade de animar ainda o mais elevado patriotismo com medidas que honrem o cargo e distinguam o serviço.»

Alludindo aos bons creditos do jury inglez, achava entre as principaes causas de suas vantagens e progressos, a sabedoria, a probidade e o patriotismo dos juizes togados, presidentes dos debates. Em Inglaterra, segundo um commentador, os juizes fazem os jurados antes que os jurados façam o jury.

E de tal modo se achava possuido da excellencia da instituição o provecto magistrado, que ia elle até a dizer que a ter de escolher entre os tribunaes permanentes e o jury, sua propria experiencia de juiz «o inclinaria a optar pelo juizo dos jurados, ainda que elle fosse composto dos homens mais miseraveis e mais ignorantes de todo o mundo.» *Experto crede.* Quem assim se pronunciava conhecia perfeitamente a instituição e durante longos annos de judicatura a presidira. (*)

Será mantida. Esta expressão veda aos Estados e á União supprimirem de suas respectivas organisações judiciarias o juizo por jurados, que é uma das garantias dos *direitos concernentes á liberdade e á segurança individual* promettidas pelo art. 72 *in princ.* Como não viesse mencionada no projecto, nem na secção Do Poder Judiciario, nem na da Declaração de Direitos, quizeram os constituintes expressamente consagral-a, conserval-a, deixal-a subsistente, *mantel-a*, como ácima dissemos, não mais ficando ao talante das legislaturas, susceptivel de desapparecer ao arbitrio d'ellas, mas com o caracter de instituição constitucional.

Não lhes era desconhecida a propaganda de certa escola contra o jury, e presentindo o risco que, descentralisado o poder de organisar a justiça, em época tão propicia a reformas e innovações, podia correr essa liberal instituição, trataram de salval-a : SERA' MANTIDA.

Mas «manter» uma instituição será necessariamente conserval-a tal qual ? sem a menor alteração ? sem alguma modificação ? absolutamente assim como tenha existido ? Seria isso legislar o immobilismo, a fossilisação d'ella, entretanto, que a lei do progresso existe tambem para as instituições.

O tempo, a experiencia, prestimosos auxiliares do legislador, lhes assignalam os defeitos, as lacunas, os vicios, e opportunamente aconselhavam reformas proveitosas, indispensaveis. Poder-se-ia, acaso, attribuir aos constituintes o proposito de impedil-as ?! D'elles outras cousas quiçá caberia dizerem-se, mas não que tivessem feito de remoras ; a Constituição que urdiram é uma trama de avanços, inspira-a alto espirito progressivo. Ella mantém o jury, mas este como todas as instituições que a Constituição consagra, é susceptivel de melhora, de aperfeiçoamento, de reforma; e fóra inconcebivel que d'elle a Constituição vedasse retoques e melhoramentos, quando esta autorisa até a propria revisão e só não tolera a abolição da fórma federativa e a egualdade da representação dos Estados no senado (art. 90).

O jury, pois, não é algum *noli me tangere.* Deve ser mantido, mas sua organisação póde ser modificada, no interesse da justiça e da liberdade (e foi em bem d'ellas que elle foi estabelecido).

(¹) *Vide* « Observ. sobre varios arts. do Cod. do Proc. Crim.», pelo Dr. M. Mendes da Cunha e Azevedo, Recife, 1852, pag. 195-201. Em um de seos notaveis discursos na camara dos deputados, o eximio Paula Baptista orador, jurisconsulto e mestre justamente reputado como uma das glorias nacionaes, referindo-se ao autor do livro que citámos, proclamava-o « jurisconsulto profundo, mestre em todos os ramos da jurisprudencia e abalisado na historia do direito, magistrado dominado pelo sentimento da justiça e typo de honradez e probidade, em toda a extensão da palavra.» (Discurso na sessão da camara dos deputados em 3 de junho de 1895.)

Entretanto, no reformal-o nada se lhe innovará que possa sacrificar a instituição ; é visto que não será permittido alterar-lhe a indole e essencia ; do contrario, haveria perversão, depravação d'elle, isto é, com o nome de jury ter-se-ia cousa differente; ficaria, de facto, supprimido ; abolir-se-ia, sob disfarce, uma garantia constitucional.

Até onde então póde chegar a reforma do jury ? a tudo que não constitua seos elementos basilares, está visto. Mas quaes são estes ? Outros não podem ser sinão aquelles sem os quaes a instituição perde seo caracter de tribunal popular e de cónsciencia, e sem os quaes os accusados venham a ficar sem completas garantias de decisão imparcial.

Em questão ventilada a proposito da constitucionalidade da lei n. 10, de 16 de dezembro de 1895, que, estatuindo a organisação judiciaria do Rio Grande do Sul, apartou-se, quanto ao jury, do typo existente na época da promulgação da Constituição Federal, o supremo tribunal, em accordam, na revisão crime n. 406, de 7 de outubro de 1899, considerou valida a referida lei (*) e declarou o seguinte :

«São caracteristicos do tribunal do jury :

— l, quanto a composição, a) a corporação dos jurados, composta de cidadãos qualificados periodicamente por autoridades designadas pela lei, tirados de todas as classes sociaes, tendo as qualidades legaes préviamente estabelecidas para as funcções de juiz de facto, com recurso de admissão ou inadmissão na respectiva lista, e b) o conselho de julgamento, composto de certo numero de juizes, escolhidos á sorte, de entre o corpo dos jurados, em numero triplice ou quadruplo, com antecedencia sorteados para servirem em certa sessão, préviamente marcada por quem a tiver de presidir, e depurados pela aceitação ou recusação das partes, limitadas as recusações a um numero tal que por ellas não seja esgotada a urna dos jurados convocados para a sessão;

« — ll, quanto ao funccionamento, a) incommunicabilidade dos jurados com pessoas estranhas ao conselho, para evitar suggestões alheias, b) allegações e provas da accusação e defesa produzidas publicamente perante elle, c) attribuição de julgarem estes jurados segundo sua consciencia, e d) irresponsabilidade pelo voto emittido contra ou a favor do réo.

«Respeitados esses caracteristicos, podem as legislaturas dos Estados alterar a lei commum do jury.

«N'esse caso está a que se refere ao numero de jurados sorteados e convocados para as sessões do jury e sorteados para o conselho de julgamento».

(*) Sobre o assumpto existe interessante monographia elaborada pelo Conselheiro Ruy Barbosa, a qual, como todos os trabalhos de sua lavra, é digna de ser consultada pelos estudiosos : « O jury e a responsabilidade penal dos juizes». Rio de Janeiro, 1897.

ARTIGO 73

Art. 93. Todo brazileiro póde ser admittido aos cargos publicos civis e militares.
(Projecto da commissão do governo provisorio.)

Art. 73. Os cargos publicos civis, ou militares, são accessiveis a todos os brazileiros, observadas as condições da capacidade especial, que a lei estatuir.
(Decretos n. 510, de 22 de junho e n. 914 A de 23 de outubro de 1890.)

Ao art. 73 accrescente-se — sendo, porém, vedadas as accumulações remuneradas.—*Baptista da Motta*.
(Emenda approvada em 16 de janeiro de 1891.)
Accrescente-se — Em empregos de caracter permanente.—*Almeida Barreto* e outros.
(Emenda rejeitada em 13 de fevereiro de 1891.)

Art. 73. Os cargos publicos civis, ou militares, são accessiveis a todos os brazileiros, observadas as condições de capacidade especial, que a lei estatuir, sendo, porém, vedadas as accumulações remuneradas.

Art. 73. Os cargos publicos de qualquer natureza são accessiveis a todos os cidadãos brazileiros, e isto não é mais que uma applicação do principio, firmado no art. 72 § 2, da egualdade perante a lei.
(*Vide* comment. aos arts. 34 n. 25 e 48 n. 5.)

Observadas as condições de capacidade que a lei estatuir. Os cargos publicos são creados para o serviço da nação, dos Estados, dos municipios (e não para proveito dos particulares); devendo seo exercicio se verificar pelo modo mais proficuo que ser possa ao interesse publico.
D'ahi a necessidade de sómente serem confiados a pessoas idoneas, habilitadas a bem lhes preencherem as funcções. Por isto, a lei prescreve, para o provimento, conformemente á natureza d'elles, certas «condições de capacidade» como garantia de seo satisfactorio desempenho. E no estabelecel-as não fere o principio da eguladade, desde que cada um que o queira póde adquirir essas condições, habilitando-se devidamente.

A todos os brazileiros. Os direitos de que trata o art. 72, são em geral, como n'elle se declara, assegurados aos nacionaes do Brazil e tambem aos estrangeiros n'elle residentes (salvo os que mencionamos no commentario ao principio do mesmo artigo). O de que se occupa o presente art. 73 é sómente dos brazileiros, e a razão é obvia: o direito de exercer cargos publicos conta-se entre os *direitos politicos* e destes não podem gosar os estrangeiros, pois não pertencem á communhão politica brazileira.

Vedadas as accumulações remuneradas. E' um achaque muito velho o da accumulação de cargos remunerados. Elle é da edade do validismo. Veio-nos de Portugal com a côrte d'alli foragida, quando D. João VI abandonou o reino e passou-se para a colonia que lhe deo gasalhado. Tivemos, com isso, de experimentar aqui e muito cedo tudo o que a praga do cortezanismo lá na Europa costumava produzir, a principiar pela exploração dos bons proventos por esse *povo de camaleões*, na phrase de Lafontaine, que d'elle disse:

«Nous ne trouvons que trop de mangeurs ici-bas :
«Ceux ci sont courtisans...
«Plus telles gens sont pleins, moins ils sont importuns».

El-rei precisava trazel-os sempre fartos para evitar-lhes as importunações e tambem para tel-os promptos instrumentos a seos designios. Um dos modos de fartar essa gente importuna era a accumulação de cargos com a consequente accumulação de vencimentos.
Da velha côrte importado, passou á do imperio o vezo e veio-lhe tão viçoso e forte que Pedro 1 teve necessidade, logo no principio, de dar-lhe golpe, não para definitivamente extinguil-o, mas para ao menos cerceal-o algum tanto.
Prova d'isso são os decretos imperiaes de 13 de fevereiro e de 18 de junho de 1822.
Do segundo desses actos transcrevemos o seguinte :

> Não tendo sido bastantes as repetidas determinações... pelas quaes se prohibe que seja reunido em uma só pessoa mais de um officio ou emprego e vença mais de um ordenado, resultando do contrario manifesto damno e prejuizo á administração publica e ás partes interessadas, por não poder de modo ordinario um tal empregado ou funccionario publico cumprir as funcções e as incumbencias de que é duplicadamente encarregado, muito principalmente sendo incompativeis esses officios e empregos,... hei por bem e com o parecer do meu conselho de estado, excitar a observancia das sobreditas determinações para evitar todos estes inconvenientes, ordenando que os presidentes, chefes e magistrados das repartições a que são addidos esses funccionarios, não consintam, debaixo de plena responsabilidade, que elles sejam pagos dos respectivos ordenados ou sejam mettidos nas folhas formadas para esse pagamento, etc.»

Mas a bôa doutrina não pôde inteiramente vingar e o preceito tão formalmente posto foi cedendo de sua inflexibilidade. A monarchia não podia precindir do favoritismo, do validismo, e interessado como elle é, pôde conseguir conservar aquella sua prerogativa de arranjar bons vencimentos accumulados de muitos cargos.
Ministros houve, é certo, que se preoccuparam de levar algum remedio contra isso, pois o escandalo nem por commum e familiarisado deixou de excitar a critica e a censura geral.
Mas o achaque era proprio da fórma de governo; desde que havia monarchia, deveria haver validos, e um dos melhores meios e recursos do validismo era o presente de bons empregos dados por junto aos *favoritos* e á sua raça.
As côrtes portuguezas em 1564 (as mesmas que requereram que os jesuitas passassem a viver só de esmolas e que se supprisse a Uni-

versidade de Coimbra, afim de que não houvesse tantos lettrados e tantas demandas) trataram da reducção do numero de empregados publicos, dando d'este feitio um bom *exemplo a futuros parlamentos*. (*) Os nossos parlamentos, ao envez d'isso, creavam empregos que chegassem a caber mais de um aos protegidos.

Vindo a Republica parecia que afinal o abuso iria ser extirpado.

Os que elaboraram a Constituição de 24 de Fevereiro de 1891 acharam que o assumpto não era mais para ser abandonado, nem quizeram mesmo que ficasse para as legislaturas ordinarias a prohibição de accumularem-se empregos remunerados ; consagraram no codigo constitucional a disposição especial e terminante do art. 72, em sua clausula final :— «SENDO PORÉM VEDADAS AS ACCUMULAÇÕES REMUNERADAS.»

Tudo aconselha essa prohibição: a regularidade do serviço publico, que não se compadece com o exercicio accumulado de funcções multiplas e varias,—o numero e gravidade dos abusos desse genero,—a excessiva procura de empregos roubando a outros ramos de actividade individuos que affluem em chusma ao burocracismo,—e por ultimo, uma satisfacção a certa entidade que tantas vezes e em tantas cousas é esquecida,—o contribuinte,—cuja bolsa paga a fome de empregos, os erros e os desvarios dos governos !

Ao começar-se a execução do preceito constitucional, que póde ser severo, mas utilissimo, ergueram-se os interesses contrariados.

O congresso legislou então tratando de abrandar um pouco esse rigor, com a resalva do que entendeo considerar *direito adquirido*, e facultando *o exercicio simultaneo de serviços publicos comprebendidos por sua natureza no desempenho da mesma funcção de ordem profissional, scientifica ou technica* (leis n. 28 de 8 de janeiro e 44 B, de 2 de junho de 1892).

Foi isso, porém, uma verdadeira derogação da prohibição constitucional (*) e tão longe se ia na sua pratica que o vice-presidente em exercicio, marechal Floriano Peixoto, na sua mensagem ao congresso nacional, em 7 de maio de 1894, assim se exprimia :

« De entre as providencias de caracter legislativo *urgentemente reclamadas*, devo indicar á vossa attenção... a interpretação formal da disposição relativa á accumulação remunerada de funcções publicas ».

Não era entretanto o caso de *interpretação formal*, mas de serem revogadas as leis acima referidas, por inconstitucionaes e contrarias aos interesses do serviço publico.

Com este intuito, quando no senado federal, apresentámos a esta illustre corporação um projecto (n. 9 de 1894) que teve parecer favoravel, com algumas modificações, da commissão de legislação e justiça, (n. 154, de 18 de outubro do mesmo anno). Prohibia ás estações fiscaes pagarem ao mesmo individuo mais de um vencimento, definia o que se deveria considerar vencimento para os effeitos da prohibição constitucional e estatuia varias providencias de interesse para o serviço publico referentes á materia.

Não teve a sorte de ser convertido em lei...

(*) Tambem em França, por morte de Luiz XI, os estados reunidos em Tours, dando expansão aos resentimentos até então abafados pelo terror, reclamaram, entre outras providencias que se abolisse a accumulação de funcções publicas. (CESAR CANTU, Hist. Univ., liv. 15, cap. I).

(*) Por inconstitucionaes foram, pelo presidente generalissimo DEODORO, vetadas ambas as citadas leis, passando depois por dous terços de votos. *Vide* commentario ao art. 40.

ARTIGOS 74 e 75   341

Art. 2 § un. Disp. Trans. As patentes, os postos, os cargos, inamoviveis, as concessões e os contractos outorgados pelo governo provisorio são garantidos em toda a sua plenitude.

(Decs. n. 510, de 22 de junho e n. 914 A, de 23 de outubro de 1890).

As patentes, os postos e os cargos inamoviveis são garantidos em toda a sua plenitude.—*J. Retumba.*

(§ 4 da emenda ao art. 86, approvada em 13 e 18 de feverefro de 1891).

Art. 74. As patentes, os postos e os cargos inamoviveis são garantidos em toda a sua plenitude.

Art. 74. As patentes, os postos e os cargos inamoviveis, bem como as concessões e os contractos outorgados pelo governo provisorio, o art. 2 das «Disposições transitorias» do projecto de Constituição apresentado por elle ao congresso constituinte declarava *garantidos em toda a sua plenitude*. A commissão do congresso alvitrou, havendo «por inopportuna» tal disposição (ANN. DO CONG. CONST., vol. I, pag. 137), a eliminação, que foi approvada, d'esse artigo na sessão de 20 de janeiro de 1891.

Na segunda discussão, n'uma emenda substitutiva do art. 86 do projecto, tal como ficára approvado na primeira, e relativa á organisação do exercito, reappareceo a garantia que o citado artigo aventára, mas agora restricta ás *patentes, postos e cargos inamoviveis*. E foi approvada integralmente essa emenda (sessões de 13 e 18 de fevereiro de 1890); mas não se referindo ella (em seu § 4) sómente a patentes e postos militares, porém ainda é genericamente a *cargos inamoviveis*, sem distincção, a commissão, na redacção final da Constituição, transferio o disposto n'esse § 4 para o lugar em que ficou, entre os artigos da secção da «Declaração de Direitos».

A perpetuidade das patentes e postos militares figurava já no projecto de constituição de de 1823, art. 247 (ANNAES DA ASSEMBLÉA CONST., vol. V, pag. 23). A constituição imperial, de 25 de março de 1825, a consagrava tambem em seu art. 149 ; e em sua justificação dizia Pimenta Bueno :

« Esta util disposição, que faz prezar os postos militares, é uma segurança dada aos officiaes, que aliás poderiam ser caprichosamente demittidos, apesar de seos serviços, desde que incorressem em desagrado, quando devem ter todo o direito á sua honra e posição. »

(DIR. PUBL. BRAZ., pag. 95).

Additivo :

Art. 73. A aposentadoria só poderá ser dada aos funccionarios publicos em caso de invalidez no serviço da Patria.—*Lauro Sodré.*

(Emenda approvada em 16 de janeiro de 1891).

Art. 75. Aposentadoria... só em caso de invalidez. Esta disposição não se achava em nenhum dos projectos preliminares nem na Constituição do governo provisorio ; resultou de um additivo offerecido em primeira discussão (ANN. DO CONGR. CONST., vol. II, pags. 281, 329 e 409) e incontestavelmente é materia estranha á « Declaração de Direitos», como o são outras que sob tal rubrica vêm insertas na Constituição (*vide* pag.)

Quanto aos cargos civis, a vitaliciedade admitte-se por excepção, e justifica-se unicamente nos que ella não pódem ser bem desempenhados, *v. gr.* os de magistratura, em que vale como condição de independencia ; os de notoriado, em que é essencial a continuidade do exercicio pela natureza da funcção e em resguardo dos interesses que lhe são confiados.

Convém entretanto notar que a vitaliciedade que a Constituição garante é a dos cargos a que ella ligou essa condição, isto é, os de juizes, de membros do tribunal de contas, do supremo tribunal militar e a dos postos de officiaes do exercito e marinha.

Póde, é verdade, a lei ordinaria, excepcionalmente, declarar vitalicios outros cargos quando a isso aconselhem altos motivos de ordem publica ; mas essa garantia, si a lei a deo, ella a poderá retirar quando lhe pareça terem cessado seos motivos determinantes.

E a razão é que a vitaliciedade é *privilegio.*

Ella não é absolutamente inherente aos cargos publicos e ao contrario a mobilidade é o caracter geral d'elles na administração.

Nem se póde entender amparada pelo disposto no art. 78 a extensão da vitaliciedade a outros cargos, pois, entrando esta na classe dos « privilegios», seria, só por esse caracter, antinomico ás instituições republicanas, repellida pela clausula final do mesmo artigo, o qual só abrange outras garantias quando decorrentes da fórma de governo adoptado e dos principios que a Constituição consagra.

A doutrina contraria confina com a do cargo publico propriedade de seo titular, e parte integrante de seo patrimonio. E a experiencia attesta quanto perde o serviço publico n'uma administração de funccionarios vitalicios.

Art. 75. A aposentadoria só poderá ser dada aos funccionarios publicos em caso de invalidez no serviço da Nação.

E' uma limitação ao poder, implicito nos arts. 34, n. 25 e 48 n. 5, relativo a este objecto; veda as aposentadorias por simples implemento de tempo e as de mero favor, sem questão de prazo, como as que no regimen do governo provisorio se realisaram, sem duvida por valiosos motivos, a que no momento, e na situação especial em que se achava, teve elle de attender, mas qué em condições normaes não têm justificação.

A disposição funda-se n'um principio de equidade, amparando aos que no serviço publico se têm inutilisado. Seria ingratidão da nação o abandono de seos servidores em taes condições. E é por isso que em todos os povos cultos o governo vae pela aposentadoria em auxilio dos funccionarios que lhe deram o melhor de seo tempo, de sua actividade e sacrificaram-lhe sua saude, no momento em que elles se hão tornado imprestaveis para a continuação no serviço, nem mais podendo, fóra d'elle, ganhar por outro modo a vida.

O decreto n. 117, de 4 de novembro de 1892, regulou esta materia para os funccionarios publicos cuja aposentadoria não se rege por leis especiaes, como os magistrados, professores e militares.

| Art. 100 §. Só por sentença os officiaes do exercito e da armada perderão as suas patentes e os direitos que ellas conferem.

(Projecto da commissão do governo provisorio). | Art. 74. Os officiaes do exercito e da armada só perderão suas patentes por sentença passada em julgado, a que se ligue esse effeito.

(Decretos n. 510, de 22 de junho e n. 914 A, de 23 de outubro de 1890.) | Art. 74. Substitua-se: Os officiaes do exercito e da armada só perderão suas patentes, por sentença maior de dous annos de prisão passada em julgado nos tribunaes competentes.

Emenda da commissão do congresso (approvada em 16 de janeiro de 1891).

Em vez de — sentença maior de dous annos — diga-se « condemnação em mais de dous annos.» — *Meira de Vasconcellos.*

Emenda á redacção final (approvada em 23 de fevereiro de 1891.) | Art. 76. Os officiaes do exercito e da armada só perderão suas patentes por condemnação em mais de dous annos de prisão, passada em julgado nos tribunaes competentes. |

Art. 76. Condemnação em mais de dous annos de prisão (e não a penas inferiores) tem o effeito de privar da patente o militar.

Esta disposição é uma limitação á *plenitude* de que trata o art. 74 (*Vide* commentario respectivo) e ao poder de que trata o art. 34, n. 23; em virtude d'ella o congresso nacional não poderá annexar a pena de perda da patente a quaesquer outras que não excederem de dous annos de prisão.

Passado em julgado. Sómente por sentença de que não caiba recurso, mediante o processo estabelecido na lei e proferida pelos tribunaes competentes, — e não por decisão da autoridade administrativa, — é que poderá ser pronunciada a perda da patente.

Tribunaes competentes são os que constituem o *fôro especial* de que trata o art. 77 seguinte.

ARTIGO 77

— Art. additivo Os militares de terra e mar terão fôro especial constituido por membros de sua classe, para crimes militares.

Emenda da commissão do congresso (approvada em 16 de janeiro de 1891.)

Substitua-se :

«Art. 76. Os militares de terra e mar terão fôro especial, constituido por tribunaes militares, para delictos militares.» — *Retumba*.

(Emenda approvada em 13 e 16 de fevereiro de 1891.)

Accrescente-se :

«§ 1.° Este fôro compor-se-á de um supremo tribunal militar, cujos membros serão vitalicios, e dos conselhos necessarios para a formação da culpa e julgamento dos crimes.

«§ 2.° O congresso, por lei ordinaria, regulará a composição do supremo tribunal militar, suas attribuições e outras circumstancias inherentes ao fôro de que se trata.» — *Valladão*.

(Emenda approvada em 13 e 18 de fevereiro de 1891.)

Art. 78. Os militares de terra e mar terão fôro especial nos delictos militares.

§ 1.° Este fôro compor-se-á de um supremo tribunal militar, cujos membros serão vitalicios, e dos conselhos necessarios para a formação da culpa e julgamento dos crimes.

§ 2.° A organização e attribuições do supremo tribunal militar serão reguladas por lei.

Redacção pela commissão do congresso (approvada em 23 de fevereiro de 1891.)

Art. 77. Os militares de terra e mar terão fôro especial nos delictos militares.

§ 1.° Este fôro compor-se-á de um supremo tribunal militar, cujos membros serão vitalicios, e dos conselhos necessarios para a formação da culpa e julgamento dos crimes.

§ 2.° A organisação e attribuições do supremo tribunal militar serão reguladas por lei.

Art. 77. Nos delictos militares. A provisão n. 359, de 20 de outubro de 1824 determinára que, emquanto não houvesse lei explicitamente extremando os crimes militares, dos crimes civis, se reputassem crimes meramente militares todos os declarados nas leis militares e que só podessem ser commettidos por cidadãos alistados nos corpos militares do exercito ou armada, taes como :

1.°, os que violam a santidade e religiosa observancia do juramento prestado pelos que assentam praça ;

2.°, os que offendem a subordinação e boa disciplina do exercito e armada ;

3.°, os que alteram a ordem, policia e economia do serviço militar, em tempo de guerra ou paz ; e

4.°, o excesso ou abuso de autoridade em occasião de serviço, ou influencia de emprego militar, crimes esses não exceptuados por lei que positivamente prive do fôro militar o delinquente.

Hoje esta materia é regulada pelo codigo penal militar (decreto n. 18, de 7 de março de 1891, approvado para o exercito e armada pela lei n. 612, de 29 de setembro de 1899).

Fôro especial. Para os crimes previstos pela lei militar uma jurisdicção especial deve existir, não como privilegio dos individuos que os praticam, mas attenta a natureza desses crimes e a necessidade, a bem da disciplina, de uma repressão prompta e firme, com fórmas summarias.

A existencia das forças militares liga-se á existencia da nação, como garantia de sua independencia e segurança, — e sem uma exacta e constante disciplina não cumprirão ellas seo importante fim.

« Sem disciplina não ha subordinação nem segurança ; ella é a vida e a força dos exercitos.» E sem uma jurisdicção propria, privativa, militar tambem, essa disciplina seria impossivel.

Além d'isso, a infracção do dever militar por ninguem póde ser melhor apreciada do que por militares mesmo ; elles, mais que os estranhos ao serviço das forças armadas, sabem comprehender a gravidade da violação e as circumstancias que podem modifical-a.

E assim o fôro especial é uma condição de boa administração da justiça.

Mas esse fôro, reflicta-se, não é propriamente para os *crimes dos militares*, sim para os *crimes militares* ; porque no militar ha tambem o homem, o cidadão, e os factos delictuosos praticados nesta qualidade cahem sob a alçada da jurisdicção commum a todos os membros da communhão civil ; o fôro especial é só para o crime que elle praticar como soldado, *ut miles*, na phrase do jurisconsulto romano.

Affrontaria o principio da egualdade o arredar-se da justiça ordinaria o processo e julgamento de crimes *communs* para uma jurisdicção *especial* e de excepção.

«Não é extravagante, perguntava E. Laboulaye (*Le parti liberal*, XVI), que para um soldado que assassina ou rouba a um paizano haja um tribunal differente daquelle em que se julga o paizano que assassina ou rouba a um soldado ? E' possivel que um conselho de guerra seja mais severo do que um jury, ou que o seja menos ; no primeiro caso tem o direito de queixar-se o réo ; no segundo, a victima. Para um mesmo crime deve a justiça ser egual para todos ; só é possivel esta egualdade, sendo, quér os juizes, quér as fórmas, identicos para todos os accusados. »

Supremo tribunal militar. O decreto legislativo n. 149, de 18 de julho de 1893 deo organisação ao supremo tribunal militar e definio-lhe as funcções. E em virtude do disposto no art. 5, § 1 do mesmo decreto, o referido tribunal elaborou e expedio o regulamento processual militar, em 16 de julho de 1895, devendo vigorar até que seja a materia regulada por lei (*)

(*) O Alvará de 1º de abril de 1808 creou no Rio de Janeiro o e conselho supremo militar de justiça, para tratar dos negocios que pertenciam ao conhecimento do conselho de guerra e conselho do almirantado de Portugal.
Segundo este Alvará, a organisação e attribuições do conselho supremo, eram as mesmas d'aquelles dous tribunaes, e todas as mais attribuições que o chefe do estado lhe encarregasse.
Em nome d'El-Rei os Ministros da Guerra e da Marinha ouvião-n'o, em Consulta, sobre tudo que era conveniente á economia e disciplina do exercito e da armada ; passando-se pelo expediente de sua Secretaria as patentes dos officiaes de mar e terra de todas as classes.
Regulava-se pelo Regimento de 22 de dezembro de 1643 e pelas Resoluções e Ordens pelas quaes se governava o Conselho de Guerra de Lisboa ; e ainda pelo Alvará do regimento de 26 de outubro de 1796, e determinações posteriores, em tudo quanto se podia applicar ás circumstancias do Brazil.
Além das attribuições consultivas, cabia tambem ao conselho supremo militar julgar, em ultima instancia, todos os processos de crimes militares commettidos no Brazil, que *ex-officio* lhe erão remettidos. Havia, além dos 12 membros (generaes do Exercito e da Marinha) 3 juizes togados, que erão desembargadores da Relação da côrte, — designados pelo ministro da Justiça, e nomeados pelo ministro da Guerra.

Regulamentaram este Conselho os Decretos de 20 de agosto de 1777, de 5 de outubro de 1778, e de 13 de agosto de 1790.
A lei n. 863, de 30 de julho de 1856 autorisou o governo a restringir as Juntas de Justiça Militar, creadas em algumas Provincias pela Carta de Lei de 13 de Outubro de 1827, á excepção das juntas que fossem estabelecidas em virtude da Lei n. 631, de 18 de Setembro de 1851, cujo art. 1º, § 8º, declarava que— no caso de guerra externa podia o Governo crear provisoriamente na Provincia, onde se dessem as operações de guerra, uma Junta de Justiça Militar, para o julgamento, em segunda instancia, dos crimes militares de sua competencia. Para execução d'esta lei expedio-se o decreto de 30 de Setembro de 1851.
O Decreto 1.882, de 7 de Fevereiro de 1857 estabelecera duas sessões semanaes para o Conselho Supremo Militar de Justiça, e uma sessão para o Conselho (só consultivo).
O Alvará de 4 de Abril de 1821 deo aos Ministros do Conselho (os militares) o titulo de Conselheiros.
O crime de deserção, e suas especies, era definido e punido pela Ordenança de 9 de Abril de 1805.
Todos os crimes militares erão definidos e punidos pelos— Artigos da Guerra— de 1763.
Hoje, todos os crimes militares são definidos e punidos pelo Cod. Pen. da Armada, de 7 de Março de 1891, ampliado ao Exercito pela Lei n. 612, de 29 de Setembro de 1899.
O Decr. n. 1.685, de 5 de Março de 1894 ampliou as disposições do decreto n. 1.681, de 28 de Fevereiro do mesmo anno, quanto aos crimes sujeitos á jurisdicção do foro militar, e com referencia á Lei n. 631, de 18 de Setembro de 1851,— decretos aquelles que o Supr. Trib. Fed., declarou inconstitucionaes (Acc. no processo de *habeas-corpus* n. 547, de 19 de Setembro de 1894).
A justiça militar em tempo de paz, como em tempo de guerra, é administrada pelos Conselhos de investigação, Conselhos de Guerra e Supremo Tribunal Militar.
Aos Conselhos de investigação incumbe a formação de culpa, tendo certa analogia com o que se observa no fôro criminal *commum*.
Aos Conselhos de Guerra, compete julgar em primeira instancia todos os crimes militares capitulados como taes nas leis em vigor.
Ao Supremo Tribunal Militar cabe o julgamento d'estes mesmos crimes em segunda e ultima instancia, podendo elle reformar, alterar, revogar ou annullar os processos submettidos á sua decisão.

Art. 79. A enumeração dos direitos e das garantias feitas por esta Constituição não exclue os demais direitos e garantias que possam considerar-se corollarios da organisação politica que o Brazil adoptou e dos principios consignados na Constituição Federal.

(Projecto da commissão do governo provisorio.)

Art. 75. A especificação dos direitos e garantias expressos na Constituição não exclue outras garantias e direitos, não enumerados, mas resultantes da fórma de governo que ella estabelece e dos principios que consigna.

(Decretos n. 510, de 22 de junho e n. 914 A, de 23 de outubro de 1890.)

Art. 78. A especificação das garantias e direitos expressos na Constituição não exclue outras garantias e direitos não enumerados, mas resultantes da fórma de governo que ella estabelece e dos principios que consigna.

Art. 78. Outras garantias, além das mencionadas nos arts. 72 e seguintes, são asseguradas pela Constituição, como corollarios da fórma de governo por ella estabelecida e de seos principios fundamentaes.

Esta disposição é similar da que se contém na Emenda IX das addicionaes á constituição dos Estados Unidos Norte-Americanos, e foi ahi estabelecida, dizem os commentadores, como cautela contra a má applicação da maxima demasiado repetida, que uma affirmação em casos particulares importa uma negação em todos os mais e *vice-versa*.

Tendo a Constituição mencionado taes e quaes direitos e garantias como pertencentes aos individuos, aos cidadãos, ao povo, poder-se-ia concluir que outros direitos e garantias não lhes são reconhecidos, visto não se acharem expressos no texto constitucional (*Inclusio unius exclusio alterius*). Para afastar essa falsa conclusão, a Constituição declara que a enumeração n'ella feita quanto a direitos e garantias não deve ser tida como suppressiva de outros não mencionados, os quaes ficam subsistentes, uma vez que sejam decorrentes da fórma de governo que ella estabelece e dos principios que consagra.

TITULO V

DISPOSIÇÕES GERAES

102. Os cidadãos que exercerem funcções de qualquer dos tres poderes não poderão exercer as de outro. (Projecto da commissão do governo provisorio.) Art. 76. O cidadão investido em funcções de qualquer dos tres poderes não poderá exercer as de outro. (Decretos n. 510, de 22 do junho e 914 A, de 23 de outubro de 1890.)	Art. 76. O cidadão investido em funcções de qualquer dos tres poderes não poderá ser nomeado nem eleito para as de outro.—*Chagas Lobato.* (Emenda approvada em 20 de janeiro de 1891.) Art. 76:—O cidadão investido das funcções de qualquer dos tres poderes constitucionaes não poderá accumular o exercicio de outro. Emenda da commissão do congresso (prejudicada, em 20 de janeiro de 1891.) Substitua-se: O cidadão investido em funcções de qualquer dos tres poderes federaes não poderá exercer as de outro. —*Campos Salles.* (Emenda approvada em 13 e 18 de fevereiro de 1891.)	Substitua-se pelo seguinte: O cidadão investido em funcções de qualquer dos tres poderes não poderá exercer as de outro.—*A. Milton.* O cidadão investido em funcções de qualquer dos tres poderes não poderá accumular as de outro.—*Tolentino de Carvalho.—Pereira de Lyra.* Redija-se assim: «O cidadão investido em funcções de qualquer dos tres poderes—perderá os direitos inherentes ao cargo ou funcção—sempre que fôr nomeado ou eleito para as de outro e optar pelo ultimo.—*Gil Goulart* e outros. (Emendas prejudicadas, em 10 de fevereiro de 1891.)	**Art. 79.** O cidadão investido em funcções de qualquer dos tres poderes federaes não poderá exercer as de outro.

Art. 79. Não poderá exercer as de outro. A origem d'esta disposição é o art. 78 do projecto Americo Brasiliense, concebido n'estes termos:

« Os cidadãos que exercerem funcções de qualquer dos tres poderes constitucionaes não poderão exercer as de outros.»

D'ahi passou, quasi com a mesma redacção, para o projecto da commissão do governo provisorio (art. 102) e foi adoptado por este, sendo sómente alterado na fórma, na Constituição que apresentou ao congresso (art. 76).

A commissão do congresso constituinte propoz-lhe emenda, que prohibia a accumulação do exercicio das funcções de um com as de qualquer outro dos poderes constitucionaes (ANN. DO CONGR. CONST., vol. I, pag. 132).

Entrando o projecto em primeira discussão, foi, em sessão de 16 de janeiro de 1890, apresentada pelo representante Chagas Lobato emenda prohibindo a nomeação ou eleição do cidadão investido em funcções de quaesquer dos poderes publicos para as de outro e esta incompatibilidade, não já do exercicio só, mas absoluta, o congresso a adoptou na sessão do dia 20 d'aquelle mez, passando a emenda a constituir, na redacção para a segunda discussão, o art. 78 do projecto (ANN. DO CONGR. CONST., vol. II, pag. 436).

Surgiram na segunda discussão emendas, umas restaurando o primitivo artigo (76) do projecto, que apenas prohibia o *exercicio* de outras funcções (pelos representantes Campos Salles,—A. Milton, Americo Lobo, resalvando esta ultima o caso do art. 49, paragrapho unico do projecto), outra declarando ser vedada a *accumulação* (Tolentino de Carvalho e Pereira de Lyra) e, finalmente, uma comminando perda do cargo ou funcção aos que aceitassem outro de qualquer dos poderes constitucionaes (Gil Goulart e outros). Todas estas emendas acham-se ácima transcriptas no lugar competente.

Na sessão de 13 de fevereiro, o presidente do congresso, ao annunciar a votação do art. 78 com as emendas apresentadas em segunda discussão, observou que d'estas uma incompatibilisava o cargo e as outras sómente o exercicio.

Por preferencia concedida, a requerimento do representante José Marianno, foi votada em primeiro lugar a emenda Campos Salles; e, sendo approvada, declarou o mesmo presidente prejudicadas todas as outras. Contra isto reclamou o deputado Sampaio Ferraz, com relação á emenda Gil Goulart, visto ser esta mais ampla que as demais, estabelecendo ella a incompatibilidade absoluta, ao passo que pela emenda approvada era sómente relativa. Declarou então o presidente que fizera sentir ao congresso a differença entre as diversas emendas, notando que o art. 78 estabelecia a incompatibilidade absoluta, e as emendas, com excepção da do representante Gil Goulart, estatuiam a incompatibilidade do exercicio; e desde que o congresso aceitára unicamente a incompatibilidade do exercicio, era evidente ter ficado prejudicada a emenda Gil Goulart, bem como o referido art. 78. Isto não obstante, consultou elle o congresso e este resolveo achar-se effectivamente prejudicada a dicta emenda. (ANN. DO CONGR. CONST., vol. III. pags. 115-116).

Em a nova discussão que tiveram todas as emendas adoptadas em segunda, foi definitivamente approvada a citada emenda Campos Salles, a qual ficou sendo, pela redacção final, o art. 79 da Constituição. (ANN. cit., pag. 238).

Quanto ao exercicio das funcções de ministro de estado, *vide* comment. ao (art. 50 pag. 205).

E o que acaba de ser exposto, que é simplesmente o historico da disposição do art. 79, é o

ARTIGO 79 e 80 347

melhor commentario d'elle, mostrando que a Constituição estatue para os individuos que exercem funcções de algum dos poderes constitucionaes a prohibição de accumularem o exercicio d'ellas com o de outras de poder diverso. E' isto um consectario do principio da separação dos poderes, e si este ainda melhor firmado ficaria sendo estabelecida a incompatibilidade absoluta, não do exercicio só, mas dos cargos mesmo. é, entretanto, certo que tal rigor traria na praíica muitos inconvenientes e prejudicaria a composição pessoal dos poderes publicos, que assim perderiam o concurso e a cooperação de muitos individuos habilitados e quiçá dos mais capazes.

| Art. 103. No caso de ataque por forças estrangeiras ou de commoção interna, pedindo a segurança da União, poderá ser declarada em estado de sitio qualquer parte do territorio nacional e ahi ficarão suspensas as garantias constitucionaes por tempo indeterminado. Paragrapho unico. Essa declaração competirá, na ausencia do Congresso, ao presidente da Republica, que não poderá condemnar por si nem applicar penas, mas se limitará a respeito das pessoas a providencias tendentes : 1.º á detenção em qualquer lugar que não seja carcere ou prisão destinada a réos de crimes communs. 2.º á retirada para um ponto qualquer do territorio nacional. (Projecto da commissão do governo provisorio). | Art. 77. Poder-se-á declarar em estado de sitio qualquer parte do territorio da União, suspendendo-se ahi as garantias constitucionaes por tempo determinado, quando a segurança da Republica o exigir, em casos de aggressão estrangeira, ou commoção intestina. (Artigo 33, n. 22. § 1.º Não se achando reunido o Congresso e correndo a patria imminente perigo, exercerá essa attribuição o poder executivo federal. (Art. 47, n. 45). § 2.º Este, porém, durante o estado de sitio, restringir-se-ha, nas medidas de repressão contra as pessoas : 1.º A' detenção em lugar não destinado aos réos de crimes communs; 2.º Ao desterro para outros sitios do territorio nacional. 3.º Logo que se reuna o Congresso, o presidente da Republica lhe relatará, motivadas, as medidas de excepção, a que se houver recorrido, respondendo as autoridades, a que ellas se deverem, pelos abusos em que, a esse respeito, se acharem incursas. (Decretos n. 510, de 22 de Junho e n. 914 A, de 23 de Outubro de 1890). | § 3.º Logo que se reunir o Congresso, o presidente da Republica lhe relatará, motivando-as, as medidas de excepção que houverem sido tomadas. § 4.º As autoridades que tenham ordenado taes medidas são responsaveis pelos abusos commetidos. Redacção pela commissão do congresso (approvada em 23 de Fevereiro de 1891). | Art. 80. Poder-se-á declarar em estado de sitio qualquer parte do territorio da União, suspendendo-se ahi as garantias constitucionaes por tempo determinado, quando a segurança da Republica o exigir, em caso de aggressão estrangeira, ou commoção intestina (art. 34, n. 21.) § 1.º Não se achando reunido o congresso, e correndo a Patria imminente perigo, exercerá essa attribuição o poder executivo federal (art. 48, n. 15.) § 2.º Este, porém, durante o estado de sitio, restringir-se-á nas medidas de repressão contra as pessoas, a impôr: 1.º A detenção em logar não destinado aos réos de crimes communs; 2.º O desterro para outros sitios do territorio nacional. § 3.º Logo que se reunir o congresso, o presidente da Republica lhe relatará, motivando-as, as medidas de excepção que houverem sido tomadas. § 4.º As autoridades que tenham ordenado taes medidas são responsaveis pelos abusos commettidos. |

Art. 80. Estado de sitio. *Vide* o que sobre este assumpto longamente expuzemos ácima, commentando o art. 34, n. 21 (pags. 118-125).

Art. 104. Os processos crimes em materia crime poderão ser revistos em qualquer tempo pelo tribunal de justiça para o fim de ser reformada ou confirmada a sentença condemnatoria.
Paragrapho unico. A lei marcará os casos e a fórma da revisão, que poderá ser requerida pelo sentenciado, ou por qualquer pessoa do povo, ou *ex-officio* pelo procurador geral da Republica.

(Projecto da commissão do governo provisorio).

Art. 78. Os processos findos, em materia crime, poderão ser revistos, a qualquer tempo, em beneficio dos condemnados, pelo supremo tribunal federal, para se reformar, ou confirmar a sentença.
§ 1.º A lei marcará os casos e a fórma da revisão, que poderá ser requerida pelo sentenciado, por qualquer do povo, ou *ex-officio* pelo procurador geral da Republica.
§ 2.º Na revisão não se podem aggravar as penas da sentença revista.

(Decretos n. 510, de 22 de Junho e n. 914 A, de 23 de Outubro de 1890.)

Ao art. 78 accrescente-se :
§ 3.º As disposições do presente artigo são extensivas aos processos militares, cabendo a revisão destes ao supremo tribunal militar a que se refere o art...

Emenda approvada em 20 de Janeiro de 1891 (apresentada pela commissão do congresso).

§ 3.º As disposições do presente artigo são extensivas aos processos militares.

Redacção pela mesa do congresso (para a 2ª discussão).

§ 2.º Na revisão não podem ser aggravadas as penas da sentença revista.

Redacção pela commissão do congresso (approvada em 23 de Fevereiro de 1891).

Art. 81. Os processos findos, em materia crime, poderão ser revistos a qualquer tempo, em beneficio dos condemnados pelo supremo tribunal federal, para reformar ou confirmar a sentença.
§ 1.º A lei marcará os casos e a fórma da revisão, que poderá ser requerida pelo sentenciado, por qualquer do povo, ou «ex-officio» pelo procurador geral da Republica.
§ 2.º Na revisão não podem ser aggravadas as penas da sentença revista.
§ 3.º As disposições do presente artigo são extensivas aos processos militares.

Art. 81. Os processos findos, em materia crime, poderão ser revistos. Vide commentario ao art. 69, n. III (pag. 240).

E' condição essencial para cabimento d'este recurso que esteja definitivamente encerrado o processo, havendo sido n'elle proferida decisão irretractavel pelos meios ordinarios. E é assim em razão da natureza e fim mesmo do recurso. Trata-se da reparação de erro judiciario, verificado ou sómente trazido ao conhecimento da justiça, após a condemnação definitiva, quando os tribunaes já tenham proferido sua ultima palavra e a decisão haja assumido o caracter de *cousa julgada*. E' preciso, pois, que o processo esteja inteiramente concluido e findo, sentenciado em ultima (ou unica) instancia e não dependa mais de nenhum dos recursos ordinarios. Teve-se de estabelecer esta excepção ao principio da irrefragabilidade dos julgados (*res judicata pro veritate habetur*) por consideração da imperfeição das leis e da fallibilidade dos magistrados, e para salvar a innocencia sacrificada por enganosos indicios ou falsa prova, victima de commettedoras apparencias ou criminosos ardis.

(Para corrigir os defeitos do processo, a preterição das provas, ha as instancias, os recursos que no interesse dos culpados e da boa distribuição da justiça a lei tem estabelecido).

Revistos a qualquer tempo. A especial natureza d'este recurso explica esta excepção á regra que estabelece prazo certo e limitado para a interposição dos recursos em geral. A todo o momento em que se verifique o apparecimento ou o conhecimento de factos e circumstancias que induzam a convicção de erro judiciario, deve ser licito (qualquer que seja a data da condemnação) o appello á justiça para a reparação. Tal momento não poderia ser prefixado e, portanto, nenhum prazo se tem de marcar para interpôr-se o recurso.

Mas *revistos a qualquer tempo* não quér dizer dizer que fica á vontade do condemnado reproduzir quantas vezes queira o pedido de revisão, como se tem julgado. O recurso é excepcional; só póde caber nos estrictos termos em que é facultado ; e uma vez decidido, fecha-se a instancia extraordinaria que para conhecimento d'elle se abrio. Apenas a lei admitte que á decisão se offereçam embargos de declaração (art. 106, do Regim. do Supr. Trib. Fed., approvado pela lei n. 221, art. 85).

A repetição equivale a uma replica, a uns embargos, que a lei não autorisa.

Entretanto, não é para considerar-se simples repetição de recurso, aquelle que, uma vez dada decisão negativa de provimento, é ulteriormente apresentado com provas até aquella occasião ainda não submettidas á justiça e que elidam os motivos da condemnação. Isto não será reproducção do recurso esgotado, é um novo recurso, que consideração alguma póde vedar.

Em beneficio dos condemnados. O erro judiciario tanto se póde verificar na condemnação como na absolvição e — si no primeiro caso a reforma da sentença é um indispensavel direito da innocencia sacrificada e uma das mais imperiosas obrigações da justiça official, força será convir, quanto ao segundo, que esta não está no seo direito, si reconhecendo que tem escapado á merecida punição um criminoso, que o magistrado absolveo por falsa prova, reformar essa injusta absolvição. Justiça é, sim, mandar em paz o innocente perseguido, mas é tambem castigar o culpado reconhecido como tal. E si este em dados casos, previstos na lei, poderá ser isento de pena, não o deve, entretanto, ficar si illudio a justiça ou si ella enganou-se ao absolvel-o.

A punição dos criminosos é condição da segurança geral e a autoridade publica trahe a sua missão e compromette os mais altos interesses e deveres da sociedade, quando tem contemplações com o crime.

N'um caso, proclamando innocente o injustamente condemnado, a sociedade o rehabilita e paga-lhe uma divida ; no outro, fazendo recahir a pena legal sobre o criminoso falsamente considerado innocente, a sociedade desaffronta a justiça e defende outros innocentes, os demais membros da communhão, que n'ella descançam, na confiança de serem protegidos contra os criminosos.

D'este modo de ver, coherente, bem fundado, e garantidor, a' um tempo, do cidadão e da sociedade, apartaram-se os constituintes de 1891. Pareceo-lhes talvez que com issso abrir-se-ia mui larga brécha no principio da irretractabilidade da cousa julgada e naturalmente foram dominados tambem pelo receio de, permittindo reviverem-se processos findos, autorisar por esse meio vexames e perseguições e deixar sujeitos a incertezas e triste expectativa os que uma vez tiveram examinada pela justiça a culpa que se lhes attribuia e d'ella foram proclamados isentos. Foram assim mais prudentes e generosos do que logicos e politicos os que na Constituição consagraram o recurso da revisão dos processos findos, em materia criminal. Mas nem por isso se lhes póde regatear os merecidos encomios, tal é a importancia de tão salutar e humanitaria providencia.

Pelo supremo tribunal federal. O assumpto, em rigor, não é, por sua natureza, *federal*. Trata-se de direito criminal privado, inteiramente da competencia dos Estados, como o civil, o commercial. Mas como no caso de *Habeas-corpus*, em que das decisões das justiças estaduaes é facultado recurso para aquelle tribunal (art. 61) « como uma solida garantia em favor d'aquelle que soffre o constrangimento», (preamb. do decreto n. 848), assim tambem entendeo-se, e com acerto, confiar a revisão das condemnações criminaes a uma jurisdicção superior á dos Estados. São duas derogações do principio federativo, justificadas como expressão de grande desvelo e zelo pela liberdade individual, cujo goso pacifico e seguro é o escópo das constituições politicas.

— Das sentenças do supremo tribunal federal é elle proprio o revisor, como foi julgado por accordam na « revisão crime» n. 582, de 16 de novembro de 1901.

A lei marcará os casos e as fórmas de revisão. Quanto aos casos de revisão, por dous modos podem elles ser determinados na lei,— ou por clausula geral que a autorise toda a vez que occorram motivos provados que justifiquem, pelo reconhecimento da innocencia do condemnado, a retractação da sentença,— ou por menção particularisada de cada um d'esses motivos.

O primeiro, generico, compendioso, tem a vantagem, que o segundo não offerece, de abranger os casos todos que na pratica possam surgir e evita que o texto legal seja obstaculo alguma vez á proclamação da innocencia reconhecida, pelo não se poder nos termos strictos d'elle comprehender o caso,

O segundo garante, melhor e com segurança que o primeiro não dá, a autoridade da cousa julgada, só excepcionalmente, em mui reduzido limite, permittindo novo exame e decisão da causa finda.

Contra a clausula generica argue-se a facilidade do abuso pela extensão a casos que escapem ao conceito fundamental da revisão. E escusado é considerar quão grave e funesto é n'estas cousas o abuso. Mas será menos grave e menos funesto ver-se a innocencia evidenciada por factos irrecusaveis e mantida apesar d'isso sob os rigores que a lei destina aos verdadeiros criminosos ? Espectaculo irritante e abuso do poder publico é esse do castigo de quem não tem culpa, da punição do justo que soffre, por defeito e lacuna da lei,— opprobrio da justiça social !

E esta disposição constitucional mandando fixar no texto da lei os casos singulares e restrictos d'este humanitario recurso, não parece obra dos mesmos legisladores que no art. 72, § 16, asseguraram aos accusados «a mais plena defeza com todos os recursos e meios essenciaes a ella», desde que, impondo a especificação individualisada dos *casos*, deixaram com isso a possibilidade, a probabilidade até, do inventario incompleto d'elles, e caso haverá em que, por, não contemplado, não se permitta o recurso, e assim se dê a continuação da pena imposta a quem por erro a justiça tenha condemnado soberanamente.

Em França, no caso Lesurques, os juizes foram tolhidos em vista dos termos da lei, de reconhecer a innocencia do condemnado (e executado), apesar da apparição do verdadeiro e confesso criminoso.

A lei n. 221, de 20 de novembro de 1894, art. 74, § 1, declarou quaes os casos em que tem lugar a *revisão* e são os que se acham transcriptos no art. 343, da primeira parte da consolidação das leis do processo federal, expedida com o decreto n. 3.084, de 5 de novembro de 1898, n'estes termos :

Tem lugar a revisão :
a) quando a sentença condemnatoria fôr contraria ao texto expresso da lei penal ;

b) quando no processo em que foi proferida a sentença condemnatoria, não se guardarem as formalidades substanciaes do processo ;

c) quando a sentença condemnatoria tiver sido proferida por juiz incompetente, suspeito, peitado ou subornado, ou quando se fundar em depoimento, instrumento ou exame julgado falso ;

d) quando a sentença condemnatoria estiver em formal contradicção com outra, na qual foram condemnados como autores do mesmo crime outros réos ;

e) quando a sentença condemnatoria tiver sido proferida na supposição de homicidio, que posteriormente verificou-se não ser real, por estar viva a pessoa que era tida por assassinada ;

f) quando a sentença condemnatoria fôr contraria á evidencia dos autos ;

g) quando depois da sentença condemnatoria se descobrirem novas e irrecusaveis provas da innocencia do condemnado.

A leitura reflectida do transcripto artigo mostra-o inquinado de dous lamentaveis vicios— confusão de idéas quanto á materia de recursos e— imperfeita individuação dos casos de revisão.— Ha ahi casos que não são de revisão, *v. gr.*, o de preterição de formalidades substanciaes do processo.

A revisão em tal caso é uma nova e não justificada appellação, e constitue o supremo tribunal em juizo de terceira instancia.

Ora, não só é inconveniente a multiplicação das instancias, mas tambem não foi precisamente para ter-se mais uma que se creou a revisão. Para a correcção das nullidades as leis do processo nos termos ordinarios d'elle têm estabelecido os necessarios recursos, e bastam os juizes superiores das justiças locaes para pronuncial-as e fazerem sanar os vicios do processado. De mais, com excepção dos casos de *Habeas-corpus* e de espolio de estrangeiro (não estando a especie prevista em tratado), « as decisões dos juizes ou tribunaes dos Estados, nas materias de sua competencia *porão termo aos processos e ás questões»* diz o art. 61 da Constituição, e esta disposição é sacrificada pelo descommunal recurso de revisão por motivo de preterição de formulas.

O mesmo se poderá dizer do caso de sentença condemnatoria proferida contra a prova dos autos. A erronea apreciação da prova feita nos autos corrige-se por via de embargos e appellação e nada explica a creação de um recurso extraordinario para remedial-a, fóra da jurisdicção normal, propria dos Estados. Estes que creem (*), si assim o quizerem, seos *tribunaes de cassação*, seos *recursos de revista* ; está isto em seos poderes. (Const. Fed., arts. 63 e 65, § 2). Mas não se deturpe e desvirtue a nova instituição da *revisão* em beneficio dos condemnados, confundindo-a com o antigo recurso de revista diverso por sua natureza e fim.

(*) O Estado da Bahia, um dos que melhor organisação judiciaria tem, instituiu um *tribunal de revista*, a qual e terá lugar nas causas e processos decididos em ultima instancia, quando se dá preterição de formalidade essencial, violação de lei ou injustiça notoria, exceptuadas as pequenas demandas. Const. de 2 de julho de 1891, arts. 65 e 78.

Pela Const. do Estado de Minas é autorisada a creação de um tribunal incumbido de rever os julgamentos nos casos de expressa violação da lei ; bem como de uniformisar a jurisprudencia. (Const. de 15 de julho de 1891).

Tornar conforme á lei e á prova existente nos autos (não sendo licito ao recorrente apresentar nova) a decisão ultima n'elles proferida, e harmonisar os julgados, uniformisando a jurisprudencia, era o intuito da revista, no antigo regimen. E' da essencia da *revisão* criminal, não o estabelecer a conformidade do juizo com a prova feita no processo findo, nem a preoccupação de uniformisação da jurisprudencia, mas o conhecimento de factos e circumstancias sobrevindos á decisão final, passada em julgado, ou que não tenham constado dos autos e cuja existencia patenteie o erro da condemnação. A má apreciação da prova feita no processo e a inobservancia das formulas e prescripções legaes estabelecidas para apuramento da verdade, têm cabal recurso nos embargos, na appellação, e na *revista*, e de mais remedios não carecem. A revisão é para o caso de,— ainda tendo tudo corrido regularmente no processo e mesmo havendo sido a sentença proferida inteiramente de accordo com os autos, com a prova, com a lei,—novos elementos surgirem ou vierem a ser conhecidos, que destruam os fundamentos do julgado e o mostrem eivado de erro. A citada lei n. 221 confundio os recursos.

E na especificação dos casos de revisão mostra-se incorrecta, por exemplo, no ultimo dos figurados. Ahi allude a *novas provas descobertas depois da condemnação*, o que induz a crer que «não sendo nova ou não tendo sido descoberta depois da sentença condemnatoria não se admitte no juizo da revisão a prova que deixou de ser apresentada opportunamente» (e assim julgou o supremo tribunal federal, em acc., na revisão crime n. 146, de 1 de agosto de 1896), quando a razão e o caracter benefico da revisão aconselham que esta se dê tambem quando, embora em si não seja nova a prova, tendo existencia anterior á sentença, é nova, entretanto, para o processo, para a justiça. Ou, na phrase dos autores, por nova prova se deverá entender a prova *noviter producta*, ainda que não *noviter reperta*.

Mas não cabe em nosso plano a analyse da citada lei (*) e passamos adiante.

A fórma da revisão. *Vide* decreto n. 848, de 11 de outubro de 1890, art. 9, n. III, §§ 5 e 6 ; Reg. do supr. trib. fed., de 8 de agosto de 1891, arts. 103 a 106 ; lei n. 221, de 20 de novembro de 1894, arts. 54, n. VIII, art. 74, §§ 3 e seg.; Consol. das leis referentes á justiça federal, part. II, arts. 344 a 351, e ORGAN. JUD. E POLIC. DA REPUBL. DOS EST. UN. DO BRAZIL, pelo Desembargador A. de Souza Martins, §§ 239 a 248.

Requerida pelo sentenciado ou por qualquer do povo ou *ex-officio* pelo procurador geral da Republica. O decreto n. 848, de 11

(*) Os estudiosos a encontrarão desenvolvida e minuciosa n'*A Revisão dos processos penaes segundo a douirina, a jurisprudencia e a legislação comparada*, pelo illustre lente de direito o Dr. João Vieira de Araujo.

de outubro de 1890, art. 9, n. III, § 1, facultava o recurso exclusivamente *ao condemnado* ou seos representantes legaes. A Constituição o concede, além d'isso, a quaesquer pessoas, que sejam interessadas pela sorte do condemnado ou movidas por simples sentimento de justiça, e ao proprio funccionario que perante os tribunaes representa a União. E é este mais um ponto em que se vê hoje realisada suggestão de nosso grande publicista PIMENTA BUENO. Não só o réo (escrevera elle) deve em todo ou qualquer tempo ter este recurso aberto, mas a propria autoridade deve interpol-o *ex-offieio* desde que lhe constar que dá-se essa evidencia demonstrativa da imperfeição da justiça humana.« *Dir. Publ. Braz..* 1857, pag. 358.

Extensivas aos processos militares. Esta clausula resultou da approvação de emenda da commissão do congresso constituinte ao art. 78 do projecto, nos termos que ácima se lêem. (ANN. DO CONGR. CONST., vol. 1, pag. 133 e vol. I I, pag. 415).

D'esses termos se vê que a revisão era referida ao « supremo tribunal militar», do qual o projecto não tratava e cuja creação a mesma commissão, por outra emenda, tinha proposto. (ANN. cit., vol. l, pag. 135).

Mas o congresso, que approvára a supradicta emenda ao art. 78, rejeitou, todavia, a outra, que especialmente tratava da creação d'esse tribunal, (ANN. cit., vol. II, pag. 417)

Ficou assim votado que haveria revisão tambem das condemnações militares e que esta caberia a um supremo tribunal militar. A outra emenda, em vista d'isso, podia ser dispensada e si cahio, foi sem duvida, por inutil. A existencia do supremo tribunal militar ficára affirmada já pela que fôra approvada; na redacção se supprimiria a referencia feita ao artigo que não se accrescentou ao projecto.

O regimento do congresso constituinte, art. 58, § 1, mandava que para a segunda discussão se fizesse distribuição do projecto *com as emendas* (ANN. cit., vol. I, pag. 64) e isto daria lugar a mais facil e melhor estudo do projecto, salientando-se as disposições que tinham soffrido alteração resultante da votação das emendas. Mas, em vez d'isso, foi presente ao congresso o projecto, sem o texto das emendas, com uma «redacção para a segunda discussão» (ANN. cit., vol. II, pag. 384 a 409 e pag. 436 a 441), redacção essa feita pelo director da secretaria do congresso, sob a fiscalisação do presidente (ANN. e vol. cit., pag. 642) e ahi, sem intervenção da commissão, nem do congresso, ao qual deveria ser presente a incongruencia ou absurdo que se julgasse ter havido, foi (não sabemos com que autoridade, pois, que não a dava o regimento nem ao director da secretaria nem ao presidente do congresso) supprimida a segunda parte da primeira das referidas emendas da commissão.

Na segunda discussão, os que haviam defendido a instituição do tribunal militar, volveram á carga e o congresso approvou nova emenda creando-o, mas nenhuma appareceo então restituindo-lhe o conhecimento da revisão das condemnações militares. (ANN., vol. III, pag. 238) Na discussão, porém, da redacção final, veio novamente á baila a revisão pelo supremo tribunal militar, como se vê da seguinte emenda dos representantes Filgueiras e Retumba. (ANN., vol. III, pag. 260) :

« A materia do § 3° do art. 82 deve constituir disposição de mais um paragrapho do art. 78, redigindo-se do seguinte modo, *por parecer que foi esse o pensamento do congresso* :
Os processos militares findos poderão ser revistos, a qualquer tempo, em beneficio dos condemnados, pelo supremo tribunal militar, para confirmar ou reformar a sentença, sem que possam ser aggravadas as penas da sentença revista, nos casos e pela fórma que a lei determinar.»

O segundo dos signatarios d'esta emenda assim a defendeo na sessão de 23 de fevereiro de 1891 :

O art. 78 diz que os militares de terra e mar terão fôro especial nos delictos militares, que esse fôro compor-se-á de um supremo tribunal militar, cujos membros serão vitalicios, e dos conselhos necessarios para a formação da culpa e julgamento dos crimes, sendo sua organisação e attribuições reguladas por lei especial ; o art. 82, tratando da revisão de processos findos, em materia crime, permitte que o supremo tribunal federal possa, em beneficio dos condemnados, e em qualquer tempo, reformar ou confirmar as sentenças e em um dos seos paragraphos diz que suas disposições são extensivas aos processos militares.

Parece-me que, creados na Constituição dous tribunaes superiores, um civil e outro militar, ambos devem sómente occupar-se de assumptos que lhe disserem respeito.

Si o art. 82 faculta ao supremo tribunal federal a revisão de processos findos, o art. 78 tambem o deve fazer, tratando de processos militares ; não só a boa logica isso aconselha, como principalmente haverá uniformidade na lei.

Peço, portanto, que se remetta á commissão de redacção do projecto a emenda que tive a honra de apresentar a este illustrado congresso, mandando supprimir o § 3°, do art. 82 para ser collocado tambem como § 3°, no art. 78; ficando assim ambos os tribunaes, civil e militar, com poderes, conferidos pela Constituição, para rever processos, podendo em qualquer tempo, e sómente em beneficio dos condemnados, reformar ou confirmar as sentenças n'elles lavradas.

(Ann. do Congr. Const., vol. III, pag. 266).

Tinham razão os autores da emenda, allegando que ella representava o pensamento do congresso, pois, com a approvação da emenda ao art. 78, § 3, ficaram creados não só a revisão dos processos militares, como o tribunal militar a que ellas competeriam. Basta, para se ver isso attentar nos termos d'essa emenda. A clausula n'ella contida « a que se refere o art...» era simplesmente expletiva ; a creação do tribunal estava feita desde que se mandava realisar a revisão por um tribunal militar.

Evidentemente, o congresso que approvou a emenda para estabelecer a revisão de taes processos pelo tribunal militar, a que ella se referia, necessariamente queria esse tribunal. O ter repellido outra emenda que creava esse tribunal explica-se perfeitamente pela inutilidade d'ella. Por lei ordinaria se organisaria essa instituição (art. 34, n. 34).

A «redacção para a segunda discussão», pois não o podia supprimir sem violar o vencido; quando muito caberia a eliminação das palavras «a que se refere o artigo».

E muito bem cabida ficava no supremo tribunal militar a competencia para fazer a revisão das condemnações militares. A razão está na propria indole e natureza peculiar da justiça militar. Os motivos que fundamentam a existencia separada e especial d'essa justiça, impõem que a ella não se furte decisão alguma sobre assumpto que constitue materia de sua jurisdicção propria. Si os militares devem ter seo foro especial, como conceber a existencia de autoridade estranha e superior a esse fôro, com poderes de anniquilar as decisões n'elle proferidas ? E' uma contradicção, e um mal para a boa administração da justiça e para a disciplina militar. Não se explica, além d'isso, como um *supremo tribunal* seja dependente de outro tribunal, ou que na mesma jurisdicção haja dous *supremos*.

E esta incongruencia, este absurdo, esta grande inconveniencia para o serviço publico, não teria escapado, á ultima hora, á attenção do congresso, si o trabalho da redacção final da Constituição não tivesse corrido, como correo e se vê dos ANNAES, tão de afogadilho e atabalhoadamente.

Encerrada a discussão, o representante Amaro Cavalcanti suggerio o seguinte :

« *Sendo innumeras as emendas* offerecidas á redacção do projecto, requeiro a V. Ex. que submetta ao congresso o seguinte : que as mesmas emendas sejam *desde logo remettidas á commissão* de redacção, a qual, recolhendo-se a uma das ante-salas, poderá *dar desde logo o seo parecer*, e sendo invertida a ordem do dia, isto é, entrando-se já na segunda parte da ordem do dia.

Assim haverá tempo para que a mesma commissão dê o seo parecer e o *congresso approve hoje mesmo* a redacção definitiva.

(ANN., vol. III, pag. 270).

Eram muitas as emendas a se votarem, apresentadas todas n'um só dia, não impressas no *Diario do Congresso*, nem distribuidas em avulsos, desconhecidas assim á maioria sinão á quasi totalidade dos representantes ; iriam logo e logo á commissão em quanto o congresso ficava occupado com a discussão de outra materia, o que até impedia aos representantes de assistir, para se instruirem, ao trabalho da commissão,— e esta teria de dar alli n'uma ante-sala, desde logo, seo parecer, para em seguida, no mesmo resto de sessão. ser votado pelo congresso.

O presidente ponderou que lhe parecia acertado constituir-se tribunal das emendas a commissão, a qual as examinaria e aquellas que fossem por ella aceitas seriam attendidas e a redacção logo alterada de accôrdo com ellas ; d'essa maneira, dizia «talvez *com o intervallo de uma hora* a commissão poderá apresentar-nos ainda hoje o seo trabalho reflectido e o congresso tomará em consideração e approvará as emendas aceitas pela commissão,» e concluindo

accrescentava ser inconveniente e capaz de produzir máo resultado a votação em separado de cada emenda. (ANN., *loc. cit.*,)

Tamanha pressa em assumpto tão grave e que pedia toda a reflexão ! !

E assim se votando (ANN. cit., pag. 271), foram immediatamente as emendas á commissão para indicar, das cincoenta e tantas correcções, que propunham á redacção, quaes as que ella julgava admissiveis. A commissão quiz honrar o voto pelo qual o congresso n'ella abdicou e fez nobre e prodigioso esforço para d'isso sahir-se bellamente ; adoptou vinte das emendas, mas a estreiteza do tempo, a precipitação com que se lhe exigia tão importante trabalho não lhe deixaram ensanchas para fazel-o completo e acertado. E é assim que, não fundamentando a sua preferencia e a rejeição da maior parte das correcções propostas, deixou ainda na Constituição defeitos que tinha occasião (mas não teve tempo) de fazer ver ao congresso e de corrigir, taes como os que se notam no art. 34, n. 20, onde era preciso determinar os casos de mobilisação da guarda nacional (alli ha simples referencia a *casos previstos na Constituição* e esta guarda silencio completo a esse respeito) ; nos arts. 34, n. 28 e 48, n. 6, que negam implicitamente quer ao congresso nacional, quer ao presidente da Republica, o poder de perdoar aos ministros nos crimes particulares ; no art. 60 d), onde deixou ficar a clausula « diversificando as leis d'estes (estados)» quando prevaleceo na votação a unidade da legislação ; e na propria materia que vinhamos commentando quando entrámos n'esta digressão, sendo abandonada a emenda á redacção dos arts. 78 e 82, § 3 (ANN. cit. pag. 260) que restaurava o pensamento do congresso, deturpado pela « redacção para segunda discussão », como ácima mostrámos,— e ainda era occasião de restabelecel-a; podia-o o congresso,como pôde approvar á ultima hora uma nova emenda do deputado Antonio Euzebio ao art. 20, sobre prisão de deputados e senadores (ANN. cit., pag. 283), tanto mais que não tinha havido votação sobre a emenda que na referida redacção a secretaria fez, supprimindo metade do additivo que creou a revisão nos processos militares.

E foi ainda em consequencia das pressas e atropello havidos, que ficou figurando na Constituição um erro de copia (que outra cousa não póde ter sido) que se estadeia mui senhorilmente no art. 59, § 1 a),— a palavra *applicação* em vez de «applicabilidade» (*vide* commentario ao cit. art. e paragrapho,*verb*, OU APPLICAÇÃO), erro que veio do art. 60, § 1 a) da «Redacção» feita pela propria commissão do congresso, em 21 de fevereiro de 1891. (*Vide* DIARIO DO CONGR., de 22 d'este mez e anno, pag. 502).

Mais de uma vez surgiram de entre os representantes reclamações contra isso. O deputado Barbosa Lima referia-se ao *açodamento* com que iam se encerrando as discussões (ANN., vol. II, pag. 262); o deputado Francisco Veiga, alludindo á primeira discussão, dizia que apesar de se haver votado com toda a attenção, deram-se incoherencias e contradicções palpaveis e reclamava toda a prudencia e reflexão na segunda discussão, para não se darem os mesmos inconvenientes (Ann. e vol. cit., pag 591); o deputado Serzedello Correia, condemnando o modo porque se faziam as votações, notava como tinham produzido ellas numerosas incongruencias, antinomias, contradicções e (accrescentava o senador José Hygino) redundancias (Ann., vol. III., pag. 74); e o senador Quintino Bocayuva, baseado no mesmo facto, e alvitrando uma nova discussão dos proprios artigos emendados e conjunctamente das emendas, reflexionava:

«E' preferivel consumirmos alguns dias mais, tantos quantos forem necessarios para que, do seio d'esta assembléa, saia o projecto constitucional elaborado, com aquella clareza e reflexão que o paiz tem o direito de esperar de seos representantes, a darmos á nação, tomados do desejo de terminar quanto antes a nossa tarefa, sob a pressão das circumstancias, uma Constituição viciosa ou incongruente em muitas das suas disposições, de modo a reclamar uma séria revisão, em tempo mais proximo do que fôra para desejar.» (Ann. cit., pag. 95).

Observou então o presidente do congresso, e com toda a razão, que esse alvitre redundava em reforma do regimento, e que as incoherencias e contradicções entre as diversas disposições votadas a commissão de redacção as indicaria ao congresso para serem corrigidas. (Ann. cit. vol. e pag.)

Mas, o caso é que, sinão se queria essa reforma (e nada o embaraçava) para mais tento e reflexão no trabalho da redacção final e definitiva de uma lei tão importante como a Constituição, ao menos se deveria ter evitado o açodamento e precipitação, dando á commissão, não uma hora ou hora e meia e quasi ao terminar a sessão diaria, para ser votada no mesmo dia a redacção, mas o tempo que fosse necessario para o estudo pausado e completo da materia, de modo a poder d'ahi resultar, como queria o senador Quintino, e com elle todos os que sabiam avaliar a importancia e alcance d'esse trabalho, uma Constituição elaborada com aquella clareza e reflexão que o paiz tinha o direito de esperar de seos representantes.

A pressa é inimiga da perfeição e muito bem empregados teriam sido mais uns poucos dias n'essa ultima de mão no trabalho do congresso, para sahir escorreito dos defeitos que o afeiam.

E mais longe ainda foi a azafama. A' approvação definitiva da Constituição seguia-se a execução do disposto nos arts. 67 e 68 do regimento, por força dos quaes se deveriam ter tirado tres autographos, destinados um á secretaria do senado, outro á da camara dos deputados e o terceiro ao archivo publico. Mas lê-se nos Annaes (vol. III, pag. 283):

O Sr. Presidente diz que, na fórma do regimento, estando definitivamente approvada a redacção, declara adoptada a Constituição da Republica dos Estados Unidos do Brazil. (*Applausos prolongados*).

A commissão de redacção vae incorporar agora a emenda do Sr. Antonio Euzebio, e vão se preparar os autographos que teem de servir de base á promulgação. Sobre isto desejava ouvir a opinião do congresso. A secretaria informa que seria difficil preparar tres autographos, de modo a servirem amanhã.

Lembra o recurso de serem impressos.

Ha na nossa historia politica um precedente n'este sentido que se realisou com o codigo criminal. Desde que as folhas do impresso sejam numeradas e rubricadas e tenha cada impresso a assignatura de todos os membros do congresso, pensa que de tal modo ficará firmada a authenticidade.

Em todo caso não quer assumir a responsabilidade d'esse procedimento e pede ao congresso que resolva a questão.

Consultado, o congresso resolve que a promulgação se faça por meio de impressos.

E por que á secretaria do congresso pareceo difficil (mas não era impossivel...) tirarem-se tres copias da Constituição, não se fez d'esta nem um só autographo. O precedente allegado, si tivesse existido, tratando-se da lei fundamental, da *Lex legum*, não era para ser adoptado e seguido.

Mas o facto é que o archivo publico guarda na sua caixa-forte um exemplar autographo do codigo criminal de 1830 (além da Carta de lei, que o mandou executar), não impresso, mas — manuscripto, como tivemos de verificar, e póde alli ser visto.

Art. 106. Todos os funccionarios deverão prestar affirmação de observar esta Constituição e de bem cumprir os seos deveres. Paragrapho unico. Estes serão responsaveis pelos abusos e omissões do exercicio de suas funcções, bem como por não fazerem effectivamente responsaveis seos subalternos.
(Projecto da commissão do governo provisorio.)

Art. 79. Os funccionarios publicos são strictamente responsaveis pelos abusos e omissões, em que incorrerem no exercicio de seos cargos, assim como pela indulgencia, ou negligencia em não responsabilisarem effectivamente os seos subalternos.
Paragrapho unico. Todos elles obrigar-se-ão, por compromisso formal, no acto da posse, ao desempenho dos seos deveres legaes.
(Decretos n. 510, de 22 de junho e n. 914 A, de 23 de outubro de 1891.)

Art. ... Os operarios empregados no serviço da União ou dos Estados gosarão de todas as vantagens conferidas aos empregados publicos. — A. Stockler e outros.
(Emenda rejeitada em 13 de fevereiro de 1891.)

Art. 82. Os funccionarios publicos são strictamente responsaveis pelos abusos e omissões em que incorrerem no exercicio de seos cargos, assim como pela indulgencia, ou negligencia em não responsabilisarem effectivamente os seos subalternos.
Paragrapho unico. O funccionario publico obrigar-se-á por compromisso formal, no acto da posse, ao desempenho dos seos deveres legaes.

Art. 82. Os funccionarios publicos são strictamente responsaveis no exercicio de seos cargos. Esta responsabilidade decorre da propria qualidade de funccionario, a qual participa do caracter do *mandato* (*), modificado pelas condições especiaes, pela natureza peculiar dos negocios publicos. Quem gere interesse alheio, quem se occupa de serviço de outrem é obrigado a fazel-o segundo as instrucções do dono do negocio e com diligencia e zelo. *Nam sua quisque rei moderator et arbiter...; aliena vero negotia exacto officio geruntur.* (L. 21, Cod., mandat.)

No exercicio de suas funcções, os funccionarios entendem sobre objecto referente ao direito dos cidadãos, a interesses legitimos dos particulares, e sem a responsabilidade tudo isso ficaria a arbitrio dos empregados e sujeito a prejuizos e lesões irremediaveis. Por isto a disposição constitucional de que nos occupamos, comquanto não mencionada (como era na constituição imperial, art. 179, § 29) entre as *garantias dos direitos civis e politicos* dos cidadãos, é effectivamente uma d'ellas. E será uma das mais solidas e efficazes, si sempre, cada vez que fôr occasião, os prejudicados a fizerem valer pelos meios que a lei tem estabelecido. Promovendo-se a responsabilidade dos empregados publicos pelas suas faltas e prejuizos causados, — além do resarcimento d'estes, se obterá melhorar o serviço publico *formidine pœnæ*. E' esse um direito cujo exercicio é utilissimo ao individuo e á sociedade; e tamanha é sua importancia, que a Constituição não se contenta de responsabilisar os funccionarios *pelos abusos e omissões em que incorrerem;* mas vae além, fazendo-os ainda responder *pela indulgencia ou negligencia em não responsabilisarem effectivamente seos subalternos.*

Esta obrigação imposta aos superiores importa em muito á fiscalisação e superintendencia do serviço; para que não deixe de correr sempre regularmente e em muitos casos supprirá a inercia dos interessados, que não se apresentem a fazer suas reclamações perante as autoridades a que competir.

A responsabilidade é assim criminal como civil. Da primeira é sancção o disposto no codigo penal, no seo capitulo *das malversações, abusos e omissões dos funccionarios publicos* (arts. 207 a 238, além dos arts. 193, 194, 255 paragrapho unico, e 257, paragrapho unico) e na lei n. 30, de 8 de janeiro de 1892. A segunda rege-se pelas disposições de direito commum.

E' RESPONSAVEL O ESTADO PELO DAMNO QUE SEOS FUNCCIONARIOS CAUSAREM AOS PARTICULARES? Pela negativa tinha decidido o accordam do Supremo Tribunal Federal, na App. civ. n. 255, de 28 de abril de 1897, por cinco contra quatro votos, sendo dous destes fundamentados da seguinte fórma:

Figueiredo Junior. Vencido... relativamente ao ponto juridico fundamental da causa, sem me fazer cargo da critica de todos os argumentos em que se edifica o accordam, pela primeira vez entre nós, a theoria da absoluta irresponsabilidade do estado pelos abusos de seos funccionarios; apenas quanto ao principal—de que o estado como pessoa juridica, não commette delicto, nem lhe pôde ser imputado o quasi-delicto da negligencia na fiscalisação de seos funccionarios,—pediréi permissão para ponderar:
1.º que a responsabilidade civil não é attributo da responsabilidade criminal e que, nem por serem insusceptiveis d'esta, ficam as pessoas juridicas a coberto d'aquellas;
2.º que a responsabilidade civil do estado assenta, não na presumpção de culpa *in vigilando*, mas no principio da representação juridica; em virtude do qual o representado se obriga pelos actos ou factos do representante, praticados dentro dos poderes da representação, principio applicavel ao estado, agindo por intermedio de seos orgãos legitimos, quér nas relações contractuaes, quér nas extra-contractuaes (CHIRONI, *Colpa contrattuale*, Cap. IX, 2ª ed.)

Si pois o funccionario publico abusa de suas funcções e lesa direitos de terceiros, não ha como furtar-se o estado á reparação do damno.

Nem colhe a objecção de que o estado não autorisa abusos. E' preciso não confundir o abuso, isto é, o máo

---
(*) Il peut résulter çà et là de la nature particulière des affaires de l'État, quelques legéres modifications; mais en somme, on est dans le vrai si, en democratie, l'on s'abstient, dans ces matières, de toute mysticité et si l'on traite la position des fonccionaires comme un *mandat*. J. DUBS, Le droit publique de la Confédération Suisse, 1878, I, pag. 190.

uso das attribuições legaes, com o excesso do poder, consistente na pratica de actos exorbitantes d'aquellas attribuições. Si neste ultimo caso é evidente a irresponsabilidade do estado, não menos é que, no primeiro subsistindo o principio da representação, o estado responde pelos damnos causados pelas culpas de seos agentes, no exercicio de suas attribuições.

Não obsta tambem o preceito estatuido no art. 82 da Constituição, invocado no accordam; porquanto, ainda quando se queira entendel-o com referencia unica á responsabilidade dos funccionarios do estado para com terceiros, tal responsabilidade de nenhum modo implica com a do estado, conforme a regra de direito que estabelece a obrigação solidaria do preposto e do committente pelas perdas e damnos causados a outrem por facto culposo no desempenho da commissão.

José Hygino, vencido. De accordo com o voto do Sr. Figueiredo Junior, accrescentando sómente que a responsabilidade directa do estado por actos dos funccionarios publicos praticados no exercicio de suas funcções e offensivos dos direitos de terceiros, acha-se implicitamente reconhecida no art. 13 § 14 da lei n. 221 de 20 de novembro de 1894.

(JURISPR. DO SUPR. TRIB. FED., Aces. proferidos em 1897, pag. 192).

A doutrina, porém, que pelo referido accordam foi adoptada (com um unico voto de maioria e na ausencia de um terço do numero dos ministros do tribunal), deixou de prevalecer em posteriores decisões, como se verifica de não poucos accordams. O proferido na App. civ. n. 335, de 20 de julho de 1898 declara (JURISPR. cit., pag. 218):

... É, pois, o caso da responsabilidade civil do estado, pelos actos dos funccionarios publicos, que, no exercicio de suas funcções lesam direitos de terceiros.

Si a lesão assume caracter criminal, a responsabilidade é exclusivamente pessoal (Cod. Pen., art. 25); si é civil, a responsabilidade pertence tanto ao funccionario como ao poder que o prepoz no serviço em questão, ficando ao lesado a escolha do responsavel. Si fôr accionado o poder proponente, a este compete a acção regressiva contra seo preposto.

D'est'arte, ficam salvos não só a responsabilidade dos funccionarios publicos pelos abusos e omissões em que incorrerem no exercicio de secs cargos (Const., art. 82), como tambem os direitos dos individuos em geral e, mais particularmente dos que, como na especie, fôrem prejudicados por actos de agentes do governo na sua propriedade sacrificada em beneficio da União. (Lei n. 221, de 1894, art. 13.)

Pouco importando codigos e opiniões estranhas, essa é a lei brazileira e de conformidade com ella tem sempre julgado este tribunal, bastando citar os accordams, ns. 134, 197, 243, 257 e 317, além de outros.

E o accordam na App. civ. n. 375, de 27 de julho do mesmo anno (JURISPR. cit., pag. 244), dá por inconcussa a materia, « considerando que indisputavel é a responsabilidade civil do estado pelos damnos causados aos particulares pelos funccionarios publicos, orgams de sua acção, ficando-lhe salvo o direito regressivo contra estes, para haver o que houver pago pelos seos abusos e omissões (Const., art. 82)».

Compromisso formal no acto da posse.

A Constituição não exige o juramento como condição para que o funccionario assuma seo cargo; apenas prescreve o *compromisso formal*, a promessa solemne, sem a invocação á divindade, o protesto de firme resolução de bom desempenho das funcções. Diz-se que a abolição do juramento é uma consequencia da liberdade religiosa, e bem póde ser.

Mas desde que fosse licito a cada um jurar conforme sua religião, aquella liberdade em nada seria prejudicada.

Para os que acaso allegassem não professar nenhuma, fosse então licito o compromisso, essa especie de juramento leigo.

Os americanos do Norte indifferentemente admittem o juramento religioso ou a affirmação (const. dos Est. Un. N. A., art. 6, n. 3, lei federal de 2 de julho de 1862).

Não se tratando de juramento *politico* (em que, em lugar da honra ou da religião, prima o interesse), não é temerario affirmar que muita gente ha ainda, e felizmente, para quem o juramento é sagrado e obriga em consciencia; e para que prohibir-lhe que jure conforme suas crenças? Mais liberal seria facilital-o que impedil-o.

Mas afinal é preciso convir que, juramento ou affirmação, esta exigencia da lei é cousa inutil,— para os homens de bem, porque o são,—para os outros, porque, não o sendo, não lhes serve de freio aos desvios e malversações.

Art. 107. Continuam em vigor, até que sejam revogadas, as leis do antigo regimen, quando explicita ou implicitamente não fôrem contrarias ao systema de governo adoptado pela Constituição e aos principios nella consagrados.

(Projecto da commissão do governo provisorio).

Art. 80. Continuam em vigor, emquanto não revogadas, as leis do antigo regimen, no que explicita ou implicitamente não fôr contrario ao systema de governo firmado pela Constituição e aos principios nella consagrados.

(Decretos n. 510, de 22 de junho e n. 914 A, de 23 de outubro de 1890).

Art. 83. Continuam em vigor, emquanto não revogadas, as leis do antigo regimen, no que explicita ou implicitamente não fôr contrario ao systema de governo firmado pela Constituição e aos principios nella consagrados.

Art. 83. As leis do antigo regimen,

dada a nova organisação constitucional, teriam necessariamente de resentir-se dos effeitos d'esta, sabido como é que a legislação ordinaria é sempre dominada pelas leis fundamentaes do estado.

Bem se tinham advertido d'isto os constituintes de 1823, estabelecendo em seo projecto a seguinte disposição:

Art. 266. Todas as leis existentes contrarias á lettra e ao espirito da presente constituição, são de nenhum vigor.

A constituição outorgada pelo primeiro imperador, a qual em muitas partes seguio aquelle projecto, não consagrava disposição equivalente á de que se trata; mandava entretanto que *quanto antes se organisasse um codigo civil e criminal fundado nas solidas bases da justiça e equidade*, art. 179 § 8. (Sómente seis annos depois se fez o codigo criminal e o codigo civil ainda hoje se trata de fazer.)

O art. 83 da Constituição vigente tira sua origem do art. 89 do projecto Americo Braziliense:

> Continuam em vigor, até que sejam revogadas, as leis do antigo regimen, quando explicita ou implicitamente não fôrem contrarias á forma de governo adoptada por esta Constituição, aos preceitos d'esta ou aos principios que fôrem seos corollarios.

Ligeiramente alterado em sua redacção, este artigo passou para o projecto da commissão do governo provisorio, de onde foi transcripto na Constituição por este projectada e submettida ao congresso constituinte, o qual não emendou tal disposição.

A constituição suissa adoptára nas suas *Disposições transitorias* o seguinte:

> Art. 2. As disposições das leis federaes, das concordatas e das constituições, ou das leis cantonaes contrarias á presente constituição, cessam de vigorar pelo facto de sua adopção ou da promulgação das leis a que ella se refere.

Semelhante determinação vale por um aviso e instrucção aos executores da Constituição, aos legisladores, ás autoridades judiciarias e ás da administração; pois mesmo sem ella ficaria revogada toda a legislação avessa aos principios e preceitos da Constituição,—que é a *lei das leis*,—pelo simples facto da promulgação desta. Como manter ainda em vigor o que a Constituição tem abolido? Em que repousaria a força obrigatoria das leis contrarias á lei suprema? Não era, assim, indispensavel o art. 83.

E' o caso da *revogação implicita das leis*. Sómente subsistem das leis anteriores aquellas disposições que não forem incompativeis (*nisi contrariæ sint*) com a lei nova.

Mas, no regimen transacto dera-se o facto de, por falta de expresso texto constitucional, se considerarem vigentes, ainda depois da Constituição, disposições legaes virtualmente revogadas por ella (taes como as referentes á *servidão da pena*, á *morte civil*, á differença nos direitos de successão hereditaria entre os filhos de *homem nobre* e *peão*, e outras referidas por Teixeira de Freitas, *Consol. das leis civis*, Introducção, *in princ.* e Paula Baptista, *Herm. Jur.* § 22 not. 2). (*)

Quiz evitar cousas d'essas a Constituição actual e formalmente declarou destruida a legislação contraria á sua lettra e espirito.

Assim que, não mais vigoram, não obrigam e são como si não existissem todas as disposições legaes do antigo regimen nas condições ácima dictas, e isto mesmo independentemente de acto do congresso revogando cada uma d'ellas. As autoridades não as podem mais applicar, os cidadãos não mais lhes devem obediencia e a justiça, quando a isso provocada por via legal, tem rigorosa obrigação de ir em amparo d'elles contra a applicação dessas leis mortas, fulminadas pela Constituição.

O que unicamente existe em vigor da anterior legislação é o que n'ella não se acha em antinomia com o novo regimen e com seos principios fundamentaes. E é de notar que não se torna necessario, para haver-se por derogada essa legislação, que ella enfrente algum artigo ou expressa disposição constitucional, basta que tenha fecho em opposição *ao systema fundado pela Constituição e aos principios nella consagrados* (termos do art. 83). Sabia disposição, zeladora da pureza e exacção do systema e de sua genuina e sincera execução!

Sem esta positiva determinação,—vistos os precedentes do imperio n'este particular,—a Constituição correria o risco de ficar dependente de acto da legislatura ordinaria para entrar em execução em todas as suas partes, isto é, dava-se ao congresso a faculdade de procrastinar e trazer suspensas garantias e vantagens novamente instituidas e a cuja effectividade e immediato goso a nação tinha desde logo pleno direito.

(*) Quantas leis entre nós não incorreram desde logo em virtual e necessaria revogação por se tornarem incompativeis com as bases da Carta Constitucional? Quantas outras não se acham inutilisadas ou modificadas só por effeito das leis novas?
A força do habito, entretanto, as tem perpetuado e para muitos é sempre grande argumento a falta de disposições designadamente revogatorias. (Teix. de Freit., *loco cit.*)

| Art. 110. O governo federal garante o pagamento da divida publica interna e externa. (Projecto da commissão do governo provisorio). | Art. 81. O governo federal afiança o pagamento da divida publica interna e externa. (Decretos n. 510, de 22 de junho e n. 914 A, de 23 de outubro de 1890). | **Art. 84. O governo da União afiança o pagamento da divida publica interna e externa.** |

Art. 84. Divida publica interna e externa.

Vide commentario ao art. 34 n. 3 (pag. 106, onde, em vez de *art. 48*, deve ler-se «art. 84»).

Vem esta disposição do art. 179 n. 23 da Constituição imperial e funda-se em que a innovação da fórma de governo não supprime as responsabilidades anteriores da nação oriundas de contractos com ella feitos ou de direitos civis legitimamente adquiridos.

A mesma garantia estabeleceo a constituição dos Estados U. N. Americanos e é um compromisso de honra para todas as nações, ainda quando não venha isso declarado em seos codigos politicos.

E' jurisprudencia assentada nos tribunaes da União N. Americana que a revolução que produz a mudança de governo «não tem effeito de nenhum genero sobre os direitos e contractos particulares ou sobre as obrigações publicas das nações». Caso Ferret v. Taylor (Paschal, Const. dos E. U., n. 237).

Accrescente-se no final do artigo 14 :
Os officiaes da armada e classes annexas terão as mesmas patentes e vantagens que os do exercito, nos cargos de egual categoria. — *Gil Goulart* e outros.
(Emenda approvada em 4 e 17 de fevereiro de 1891).

Art. 85. Os officiaes do quadro e das classes annexas da armada ficaram, por esta disposição, respectivamente equiparados, quanto a patentes e vantagens, aos do exercito.

Disto não tratavam os projectos preliminares nem o definitivo. Foi idéa aventada no congresso constituinte pelo senador Gil Goulart, que com outros offereceo a emenda ácima transcripta, justificando-a assim :

O Sr. Gil Goulart—Fomos informados de que a alguns cargos da armada, de egual categoria a outros do exercito, não correspondem as mesmas honras e vantagens, o que não se compadece com os principios de justiça e relativa egualdade que devem ser a base de todas as leis da Republica.

Parece-me que, egualados como foram os vencimentos das duas nobilissimas classes a quem a Republica e a patria devem immorredouros serviços, devem ser egualadas tambem as honras e os postos para aquelles servidores do paiz que occuparem posições eguaes e correlatas.

O Sr. Retumba—Apoiado. E' simplesmente um principio de equidade e de justiça.

O Sr. Gabino Besouro—Essa egualdade não póde existir : as unidades que se commandam não são as mesmas. E essa mesma egualdade hoje proclamada entre os generaes não ha de persistir.

O Sr. Retumba—Mas emquanto não forem decretados esses córtes, é uma iniquidade manter essa deseguladade entre duas classes militares.

Art. 111. Todo o brazileiro é soldado para sustentar a independencia e a integridade da patria, e defendel-a de seos inimigos externos e internos.
(Projecto da commissão do governo provisorio).

Art. 82. Todo o brazileiro é obrigado ao serviço militar, em defesa da Patria e da Constituição, na fórma das leis federaes.
(Decretos ns. 510, de 22 de junho e 914 A, de 23 de outubro de 1890.)

Art. 86. Todo o brazileiro é obrigado ao serviço militar, em defesa da Patria e da Constituição, na fórma das leis federaes.

Art. 86. Todo o brazileiro é obrigado a defender pelas armas a patria e a Constituição, dever elementar de brio, de civismo, para cujo desempenho a cada um cumpre estar prompto e attento, *et pro lege et pro patria mori paratus* (II Machab., VIII, 21).

— E' a patria, dizia Cicero, a cousa mais jucunda de todas as do mundo ; é preferivel a todos os demais officios do homem ; n'o seo amor encerra em si todos os amores. De todas as sociedades nenhuma ha mais grave e nem mais cara do que aquella que cada um de nós tem com a Republica.—E Frei Caneca, o sabio, o justo, o heroe immortal que pagou estoicamente no patibulo o crime de pugnar pela liberdade da patria, tinha dicto :

« Quando geme a patria, ao vagido dos filhos, ás lagrimas da esposa, ao lamento dos paes, a tudo se cegam os olhos, se ensurdecem os ouvidos do justo patriota ; o coração cheio de piedade á patria não reserva lugar algum aos outros affectos ; calam-se todas as outras paixões e só falla o patriotismo.»

Art. 85. Os officiaes do quadro e das classes annexas da armada terão as mesmas patentes e vantagens que os do exercito nos cargos de categoria correspondente.

O Sr. Gil Goulart—O aparte do Sr. Retumba dispensa-me de responder ao Sr. Besouro.
(Ann. do Cong. Const., vol. II, pag. 577).

Disposição tal, porém, não era para estabelecer-se n'um codigo constitucional (e em nenhum outro a encontramos consagrada); antes tem o caracter de lei ordinaria e poderia ficar para um estatuto organico da força armada nacional ; a Constituição deo ao congresso o poder de « legislar sobre a organisação do exercito e da armada » (art. 34, n. 18) : no uso dessa attribuição a legislação ordinaria realisaria a equiparação que a emenda visava, si a tivesse por necessaria ou util.

O invocado principio de egualdade, porém, por mais benefico e liberal que se considere, não póde ter applicação absoluta n'este como em outros assumptos de administração. Não se podem organisar egualmente serviços por sua natureza distinctos. Sendo, por necessidade, diversos o pessoal e as funcções, diversas devem ser a condição de admissão, categoria, accessos e vantagens.

Mostravam-se inspirados em larga e generosa intenção os autores da emenda offerecida ao congresso *em nome da egualdade e da justiça* ; a idéa tornou-se suggestiva no momento e foi para logo adoptada. Ha muito d'isto nas grandes assembléas.

Na fórma das leis federaes. Mas a defesa armada da patria não seria bastante segura e efficaz, si deixada inteiramente á boa vontade e esforço patriotico dos cidadãos. Será preciso organisal-a e dar-lhe direcção, por modo a se conseguirem resultados proficuos. N'essa organisação se attenderá ás condições peculiares do serviço da defesa nacional, á instrucção e technica d'elle. Regular tudo isso é funcção da *lei* e não discrição da autoridade (o que é uma garantia para o cidadão e para os cofres publicos) e que essa lei só póde ser a *federal,* é obvio, desde que se trata da *defesa nacional.* A ella cabe establecer o modo e condições da prestação do serviço geral d'essa defesa, o tempo d'elle para cada cidadão, as isenções (visto que este serviço sómente póde ser obrigatorio para os homens validos), etc.

Art. 112. Fica abolido o recrutamento militar. O exercito e a armada nacionaes serão constituidos por voluntarios e na falta destes se procederá ao sorteio mediante previo alistamento.
Art. 113. O congresso por lei especial fará revisão, quanto antes, das actuaes leis militares e de seo respectivo processo. Nenhuma força armada poderá fazer requisição.
Art. 114. A lei annual de forças determinará o modo de distribuição e emprego do exercito e armada.
(Projecto da commissão do governo provisorio.)

Art. 83. Fica abolido o recrutamento militar. O exercito e a armada nacionaes compor-se-ão por sorteio, mediante prévio alistamento, não se admittindo a isenção pecuniaria.
(Decretos n. 510, de 22 de junho e n. 914 A, de 23 de outubro de 1890).
Art. 83.—Depois das palavras—*recrutamento militar*—accrescente-se—*forçado*.
Emenda da commissão do congresso (rejeitada, em 20 de janeiro de 1891.)

Art. 86. O exercito federal compor-se-á de contigentes que os Estados e o districto federal são obrigados a fornecer, constituidos de conformidade com a lei annua de fixação de forças.
§ 1.º Uma lei federal determinará a organisação geral do exercito, de accordo com o § 19 do artigo 33.
§ 2.º A União se encarregará da instrucção militar dos corpos e armas e da instrucção militar superior.
§ 3.º Fica abolido o recrutamento militar forçado.—*Retumba*.
O exercito e armada compor-se-ão pelo voluntariado, sem premio, e em falta deste pelo sorteio, previamente organisado.
Concorrem, para o pessoal da armada, as escolas naval, aprendizes marinheiros, e o sorteio da marinhagem mercantil.—*Julio Frota*.
(Emendas approvadas em 13 e 18 de fevereiro de 1891.)
Concorrem para o pessoal da armada a escola naval, as de aprendizes marinheiros e a marinha mercante, mediante sorteio.
Redacção pela commissão do congresso (approvada em 23 de fevereiro de 1891).

Art. 87. O exercito federal compor-se-á de contingentes que os Estados e o districto federal são obrigados a fornecer, constituidos de conformidade com a lei annual de fixação de forças.
§ 1.º Uma lei federal determinará a organisação geral do exercito, de accôrdo com o n. 18 do art. 34.
§ 2.º A União se encarregará da instrucção militar dos corpos e armas e da instrucção superior.
§ 3.º Fica abolido o recrutamento militar forçado.
§ 4.º O exercito e a armada compôr-se-ão pelo voluntariado, sem premio, e em falta deste pelo sorteio, previamente organisado.
Concorrem para o pessoal da armada a escola naval, as de aprendizes marinheiros e á marinha mercante, mediante sorteio.

Art. 87. O exercito federal, por isso mesmo que é federal, ha de compôr-se de pessoal ministrado por todos os membros da União; todos estes têm obrigação de defendel-a, na proporção de suas forças e essa defesa é ao mesmo tempo defesa propria e defesa da patria, com a qual está consubstanciada a União. Em razão d'isto, cada Estado (e o districto federal) concorrerá com o contingente de homens que lhe tocar para constituir o exercito nacional. Esse contingente será proporcional á população valida do Estado e regulado pela lei annual de fixação de forças (art. 34, n. 17). (*) E assim a distribuição d'esse onus será feita com egualdade e mediante intervenção dos representantes de cada um dos Estados no congresso nacional.

§ 1. **A organisação geral do exercito** será determinada por lei federal. *Vide* commentario ao art. 34, n. 18. Não é materia para este livro a exposição dos principios que devem regular essa organisação, importantissima quanto ao serviço em si mesmo e não menos pelo que entende com o sacrificio que exige dos cidadãos, restringindo a liberdade dos que a elle são obrigados e impondo grandes onus ao thesouro nacional, isto é, á bolsa dos contribuintes.

N'essa organisação cumpre attender ás disposições constantes dos artigos citados á pag. 14 *in fine* e 15.

§ 2. **Instrucção militar** é condição de bom exito no serviço administrativo, technico e de guerra, de combate. Tem necessidade, para maior efficacia, de ser completa, egual, uniforme, e deve estar a cargo da União, ser por ella custeada e regulada, pertencendo-lhe como essencial á organisação militar que lhe ficou confiada (art. 34, n. 18).

Mas, é de notar-se, a Constituição sómente autorisa a *instrucção militar dos* CORPOS E ARMAS e a *instrucção militar* SUPERIOR, o que exclue o encargo de manter institutos de ensino primario e secundario em internatos ou outros estabele-

---

(*) A primeira lei de fixação de forças de terra, depois da promulgação da Constituição republicana, determinou que até ser feito o recenseamento regular da União, os contingentes serão distribuidos proporcionalmente á representação de cada Estado na camara dos deputados. Lei n. 39 A de 30 de janeiro de 1892 art. 3, n. 6.

cimentos, assim como essa instrucção unicamente será ministrada ás praças e aos officiaes. Isto resulta dos termos da presente disposição e do fim especial da instrucção de que se trata.

E o regimen vigente é de poderes enumerados e limitados, não tendo o congresso nacional faculdade de exceder os que strictamente lhe são conferidos.

E' pois inconstitucional toda a legislação transcendente dos limites da disposição que analysamos, a qual sómente abrange a instrucção de caracter propriamente militar e professada a militares.

§ 3. Abolido o recrutamento forçado. A lei imperial n. 2.556, de 26 de setembro de 1874, art. 9, § 3, declarava abolido o systema de recrutamento forçado, desde que se tivesse feito effectivo o primeiro contingente pela fórma n'ella prescripta.

A Constituição republicana peremptoriamente proscreveo, sem dependencia de quaesquer condições, aquelle systema, realmente incompativel com as novas instituições, desegual, violento e, em muitos casos, barbaro e feroz, principalmente como era executado no interior do paiz, especie de caçada em que o animal perseguido era o homem destinado á defesa nacional...

§ 4. Voluntariado sem premio... e sorteio. Foram os meios preferidos pelos constituintes para a composição do exercito nacional e da armada.

O senador Julio Frota, autor da emenda que approvada ficou constituindo este § 4, assim a justificou (ANNAES do Congr. Const,, vol. II, pag. 594) :

O sorteio, adoptado como systema, não ha duvida, é o ideal da organisação dos exercitos, mas é preciso ter em consideração a civilisação do povo, sua situação geographica e o espirito militar nelle desenvolvido, attento o constante e imminente perigo de invasão do solo da patria, como acontece nas nações da Europa, que, ha longos seculos, vivem na espectativa armada, excepção da Inglaterra, de cuja defesa a força principal é a marinha, e adopta para organisação do exercito—o voluntariado—Barão Colmar assim pensa—competente general de estado maior do exercito allemão.

O sorteio, applicado aos exercitos europeos, não poderá ainda ser unicamente estatuido entre nós, que mendigamos braços para a lavoura á velha Europa.

O sorteio póde dar em resultado a privação ás vocações, e a obrigação aos que não teem aptidão, que deve ser, lenta e gradualmente, desenvolvida.

A lei n. 39 A, de 30 de janeiro de 1892, art. 3, determinou que prevalecessem, emquanto nova lei não se fizesse para regular o sorteio militar, a de n. 5.556, de 26 de setembro de 1874 e seus regulamentos, com as alterações constantes das differentes clausulas do mesmo citado artigo.

Quanto á marinhagem, a referida lei dispõe que «o ministerio da guerra fornecerá ao da marinha os recrutas idoneos para o serviço d'esta, tirados de preferencia dos districtos maritimos e fluviaes que forem designados no regulamento».

Concorrem para o pessoal da armada, segundo dispõe este § 4 :

a) a escola naval,
b) as de aprendizes marinheiros,
c) a marinha mercante, mediante sorteio, e
d) os individuos que voluntariamente se alistarem na marinha nacional.

A estes quatro se reduzem os viveiros que entre nós devem fornecer o pessoal de que carecer a armada nacional, porque outros não estabeleceo a Constituição, que os julgou bastantes.

A idéa pois de matricula dos pescadores, que em projecto tem apparecido no congresso nacional, além de contraria ao espirito do art. 72 § 24 (*vide* commentario respectivo), é aberrante deste § 4. Nada ha que a autorise.

O pessoal dos navios mercantes empregados na pesca, esse deverá ser por sorteio chamado ao serviço da marinha nacional, não pelo facto de se empregar nesse mistér, mas por fazer parte da *marinha mercante*; porém os simples pescadores, não tripulantes de taes navios, incontestavelmente estão isentos da matricula e do serviço a que ella obriga, por não se comprehenderem em nenhuma das *alineas* ácima, que especificam na fórma da Constituição os modos de compôr o pessoal da armada nacional.

E comprehende-se quanto seria onerosa e inconveniente a creação dessa especie de *guarda nacional maruja*.

| Art. 115. Só depois de recusado o arbitramento, o governo dos Estados Unidos do Brazil recorrerá ao emprego das armas para resolver qualquer questão ou conflicto internacional; mas em caso nenhum quér directa, quér indirectamente, por si ou como alliado de qualquer outra nação, se empenhará em guerra de conquista.
(Projecto da commissão do governo provisorio. | Art. 84. Em caso nenhum, directa ou indirectamente, por si ou em alliança com outra nação, os Estados Unidos do Brazil se empenharão em guerra de conquista.
(Decretos n. 510, de 22 de junho e n. 914 A, de 23 de outubro de 1890.) | Art. Os Estados Unidos do Brazil, em caso algum, se empenharão em guerra de conquista, directa ou indirectamente, por si ou em alliança com outra nação.
Redacção pela commissão do congresso (approvada em 23 de fevereiro de 1891). | Art. 88. Os Estados Unidos do Brazil, em caso algum, se empenharão em guerra de conquista, directa ou indirectamente, por si ou em alliança com outra nação. |

Art. 88. Guerra de conquista.

Esta disposição é um limite posto aos poderes conferidos ao congresso nacional e ao presidente da Republica nos arts. 34 n. 11 e 48 n. 7. Procede do projecto Magalhães Castro, art. 115, que se exprime quasi nos mesmos termos, consagrando tão fundada e honesta prohibição.

A conquista, entre os antigos, além da gloria militar, augmentava a fortuna publica e particular com os despojos dos povos vencidos e forçados a escravidão, com as riquezas que lhes eram arrebatadas, contribuições de guerra, partilha de terras. Resultava da ambição dos reis, do espirito bellicoso dos povos, e sem duvida tambem da fatalidade de suas condições economicas, bem como da necessidade de enfraquecer ou destruir os inimigos. Era como um direito, ao tempo em que só preponderava o da força. A defesa propria, o interesse, a gloria, a creavam e estimulavam.

Hoje, felizmente, a humanidade, acha-se grandemente distanciada dos tempos d'esses reis

« ... *cuja usança*
Era andar sempre terras conquistando.

Ao antigo ardor bellicoso succedeu o desenvolvimento do sentimento christão da fraternidade; a situação economica dos povos modificou-se graças ao espirito industrial e mercantil, que desenvolve a riqueza das nações e procura o bem-estar dos povos; e isto limita as velleidades dos governos em seos propositos de expansão territorial por meio da força (de que desgraçadamente têm havido nos tempos modernos alguns casos que affrontam e escandalisam a consciencia universal).

Actualmente a conquista, á luz dos principios dominantes na razão publica, não passa de violenta apropriação e verdadeiro roubo á mão armada de alheio territorio, com clamoroso sacrificio da justiça e violencia á soberania dos povos.

A prohibição constitucional é absoluta. A Constituição tira todo o pretexto a essa guerra de ambição e de rapina. O Brazil não a fará *directa nem indirectamente, por si ou em alliança com outra nação*; bastem-lhes seos 8.350.000 kilometros quadrados de superficie, vastissima região, regada por infinitos rios, eminentemente fertil, riquissima de fauna, flora e mineraes, desafiando a actividade do incola e do forasteiro e offerecendo seos abundantes thesouros ao commercio, ás artes e á industria.

| Art. Aditivo para ser collocado onde convier:
E' instituido um tribunal de contas para liquidar as contas da receita e despeza e verificar a sua legitimidade, antes de serem prestadas ao congresso.
Os membros deste tribunal serão nomeados pelo presidente da Republica com approvação do senado, e sómente perderão os seos logares por sentença.
Emenda da commissão do congresso (approvada em 3 de janeiro de 1891). | Art. 89. É instituido um tribunal de contas para liquidar as contas da receita e despesa e verificar a sua legitimidade, antes de serem prestadas ao congresso.
Os membros deste tribunal serão nomeados pelo presidente da Republica, com approvação do senado, e sómente perderão seos logares por sentença. |

Art. 89. Um Tribunal de contas.

Vide commentario ao art. 34, n. 1, pag 105. Não existia no regimen imperial uma instituição d'esta natureza. Tinha sido proposta ao parlamento por Manoel Alves Branco, quando ministro da fazenda, em 10 de julho de 1845. Pela sua importancia e valor, pela competencia e prestigio do ministro que a apresentou, fôra para esperar-se-lhe bom exito. A assembléa porém cuidou antes de outras cousas, não ligou-lhe apreço então nem depois.

Advogára-a PIMENTA BUENO no seo precioso « Direito Publico Braziliero », pag. 90:

« E' de summa necessidade a creação de um tribunal de contas, devidamente organisado, que examine e compare a fidelidade das despezas com os creditos votados, as receitas com as leis do imposto, que perscrute e siga pelo testimunho de documentos authenticos em todos os seos movimentos a applicação e emprego dos valores do estado e que emfim possa assegurar a realidade e legalidade das contas. Sem esse poderoso auxiliar nada conseguirão as camaras. »

Outro grande estadista, em livro de alto merito, discutia si se deveriam crear «tribunaes provinciaes de contas». Visc. do Uruguay, «Estudos praticos sobre a administração das provincias no Brazil», vol 1º, pag. 345

Coube á Republica a realisação, premeditada por aquelles grandes vultos, da instituição sem a qual as leis de despezas são simulacros e a responsabilidade do emprego dos dinheiros publicos uma simples ficção. O decreto do governo provisorio, n. 966 A, de 7 de novembro de 1890, creou «um Tribunal de Contas para o exame, revisão e julgamento dos actos concernentes á receita e despesa da Republica.»

Mas a funcção, de si mesma austera, correctoria e meticulosa, do tribunal de contas é de natureza a gerar contra elle malquerenças, antipathias e desforços. O parlamento imperial nunca quiz que existisse esse fiscal esmerilhador, indiscreto, incompativel com as *facilidades* dos ministros e *exigencias* dos deputados. E na Republica algum presidente poderia acaso contrariar-se com esse obstaculo a suas facilidades no modo de empregar os dinheiros publicos; isto traria serio perigo á instituição. Creada por lei ordinaria, ficaria ás legislaturas inutilisal-a, supprimil-a, até sob a allegação de economia.

A commissão do congresso constituinte alvitrou, no parecer ácerca do projecto de Constituição (Ann., vol. 1º, pag. 83):

A commissão propõe tambem a creação de um TRIBUNAL DE CONTAS.... incumbido de liquidar as contas da receita e despeza da União e de verificar a legalidade dellas, antes de serem prestadas ao congresso nacional; tem a commissão por fim tornar uma realidade a fiscalisação da arrecadação e emprego das rendas federaes, preenchendo assim uma das mais notaveis lacunas na nossa organisação financeira, e seguindo o exemplo de outras nações cultas onde existem taes tribunaes constituidos em condições de completa independencia.

E o congresso sem discussão, sem demora, approvou a emenda em tal sentido offerecida pela commissão, com o que aquella creação do governo provisorio adquiriu caracter constitucional e abroquelou-se contra possiveis investidas das legislaturas ordinarias.

Conhecem-se nesta materia tres typos classicos de fiscalisação:

O de exame prévio, com veto absoluto, de cada acto ordinatorio de despesa, ou do qual ella resulte;

O do exame prévio, com veto limitado. Si o tribunal o acha legal, registra o acto para o effeito do pagamento; do contrario nega-lhe o registro e o devolve ao governo, mas este póde ordenar em decreto que, sob sua responsabilidade, a despesa se faça e n'este caso realisa-se o registro, *sob reserva* ou *sob protesto*.

O do exame *a posteriori*, conhecendo o tribunal do acto do pagamento sómente quando elle já se tenha realisado.

Contra o primeiro desses systemas argúe-se que elle de modo tal cercêa o poder do presidente da Republica, que póde acarretar grandes inconvenientes e quiçá grave perigo em conjuncturas difficeis para o paiz, tolhendo ao governo a expedição de medidas indispensaveis e urgentes; o que mal se coaduna com a responsabilidade do chefe do estado. O terceiro é considerado o peior,—tardio, de efficacia quasi nulla, apenas moral, destituido de effeito pratico, equiparado a simples critica. O segundo foi adoptado entre nós pelo citado decreto do governo provisorio, arts. 2 e 3, e é o que tem sido aceito pela maioria das nações em que existe a instituição.

O regulamento, porém, que baixou para a execução da lei n. 23 de 30 de outubro de 1891, quanto ao que se referia ás repartições de fazenda (n. 1167, de 17 de dezembro de 1892) apartou-se do systema estabelecido e adoptou o do veto absoluto (arts. 29, 30 e 58). Parece-nos contestavel a legitimidade desse acto do poder executivo na parte em que fez tão profunda alteração. Embora os termos do art. 89 («E' instituido»), é certo que o Tribunal de contas já estava creado e lei existia, que a Constituição não revogou (o citado decreto n. 966 A), estabelecendo-lhe as bases e consagrando o typo de fiscalisação que deveria prevalecer. E nem a attribuição constitucional de fazer regulamentos dá ao poder executivo o poder de derogar as leis para cuja execução elles se expedem, nem as autorisações (abusivas e condemnaveis) do congresso nacional se podem considerar envolvendo tal faculdade attentatoria da Constituição.

Ulteriormente restituio-se ao tribunal o typo que o governo provisorio lhe tinha dado, com algumas e razoaveis modificações. Foi o que fez a lei n. 392 de 8 de outubro de 1896, regulamentada pelo decreto n. 2409, do mesmo anno. A'cerca d'esta reforma assim conceitúa com toda a competencia, o presidente do tribunal, Dr. Didimo A. da Veiga, no seu relatorio publicado em 1899:

Esta lei e o regulamento de 23 de dezembro, que deo detalhado desenvolvimento aos preceitos syntheticos daquella, offerecem o que se póde considerar como mais de accordo com a actualidade da contrasteação dos orçamentos, sinão no grande objectivo da fiscalisação—a fiel e severa applicação da lei de orçamento por meio do *veto* impeditivo em sua expressão radical e absoluta—, ao menos o remedio mais facilmente applicavel ao mal da violação das leis de meios na phase evolutiva de adaptação que ainda percorre e regimen impeditivo, vencendo verdadeiros preconceitos do doutrinarismo atrasado, que pretende enxergar na acção impeditiva da despeza, fundada na illegalidade desta, um ataque á responsabilidade dos ordenadores como executores dos orçamentos.

A lei de 8 de outubro de 1896 é um producto da collaboração das leis belgas, italianas e francezas no que estas offerecem de aceitavel, dadas as noções correntes sobre a estructura dos institutos fiscalisadores da execução dos orçamentos e o alcance da jurisdicção e competencia dos mesmos.

Mas, está entendido, uma fiscalisação exacta e efficaz da percepção e emprego das rendas do estado suppõe effectivos um systema bem regulado e completo de contabilidade publica e uma severa e incessante inspecção quanto ao modo por que ella é executada.

Finalmente, convém que sejam facultados sómente em pequeno numero de casos, definidos por lei, os pagamentos sob a responsabilidade do chefe do poder executivo, quando impugnados pelo tribunal de contas. Aconselha-o bem entendida previsão de abusos, dado o conhecido pendor que têm os governos para se alargarem nas despesas. Exige-o a autonomia da instituição creada contra essa tendencia fatal ao contribuinte e ruinosa das finanças do estado.

Art. 117. A presente Constituição poderá ser reformada em qualquer das suas partes por proposta de um terço do numero de deputados e senadores em qualquer legislatura.
Paragrapho unico. A proposta passará por tres discussões e approvada por dois terços do numero de deputados e do de senadores, prevalecerá como parte integrante da Constituição, sendo publicada com as assignaturas dos presidentes e secretarios de cada uma das camaras.
(Projecto da commissão do governo provisorio.)

Art. 85. A Constituição poderá ser reformada, mediante iniciativa do congresso nacional, ou das legislaturas dos Estados.
§ 1.º Considerar-se-á proposta a reforma, quando, apresentada por uma quarta parte, pelo menos, dos membros de qualquer das camaras do congresso federal, fôr aceita em tres discussões, por dois terços dos votos n'uma e n'outra casa do congresso, ou quando fôr solicitada por dois terços dos Estados, representados cada um pela maioria dos votos de suas legislaturas, tomados no decurso de um anno.
§ 2.º Essa proposta dar-se-á por approvada, si no anno seguinte o fôr, mediante tres discussões, por maioria de tres quartos dos votos nas duas camaras do congresso.
§ 3.º A proposta approvada publicar-se-á com as assignaturas dos presidentes e secretarios das duas camaras, incorporando-se á Constituição como parte integrante della.
§ 4.º Não se poderão admittir como objecto de deliberação, no congresso, projectos tendentes a abolir a fórma republicana-federativa, ou a egualdade da representação dos Estados no senado.
(Decretos n. 510, de 22 de junho e n. 914 A, de 23 de outubro de 1891.)

§ 2.º Onde se diz — *tres quartos dos votos* — diga-se — *dous terços dos votos*.
Emenda da commissão do congresso (approvada em 20 de janeiro de 1891.)
§ 4.º Supprima-se. — *Barbosa Lima*.
(Emenda rejeitada na sessão de 29 de janeiro de 1891.)

Art. 90. A Constituição poderá ser reformada mediante iniciativa do congresso nacional, ou das legislaturas dos Estados.
§ 1.º Considerar-se-á proposta a reforma, quando, apresentada por uma quarta parte, pelo menos, dos membros de qualquer das camaras do congresso federal, fôr aceita em tres discussões, por dous terços dos votos em uma e em outra casa do congresso, ou quando fôr solicitada por dous terços dos Estados, representados cada um pela maioria dos votos de suas legislaturas, tomados no decurso de um anno.
§ 2º. Essa proposta dar-se-á por approvada, si no anno seguinte o fôr, mediante tres discussões, por maioria de dous terços dos votos nas duas camaras do congresso.
§ 3º. A proposta approvada publicar-se-á com as assignaturas dos presidentes e secretarios das duas camaras, incorporando-se á Constituição como parte integrante della.
§ 4º. Não se poderão admittir como objecto de deliberação, no congresso, projectos tendentes a abolir a fórma republicana-federativa, ou a egualdade de representação dos Estados no senado.

Art. 90. A Constituição poderá ser reformada. Decorre isto do poder soberano que tem a nação de constituir seo governo. Ahi se inclue o direito de modificar e alterar a fórma e systema estabelecido, fazendo-lhe as emendas que tiver por necessarias e opportunas.

A «Declaração de Independencia» dos Estados Unidos Norte-Americanos tinha proclamado depois de enumerar os fins do governo, que «desde que uma fórma de governo se torna destructiva de taes fins, é direito do povo alteral-a ou abolil-a.»

O governo provisorio, na Proclamação de 15

de Novembro de 1889, annunciando a deposição da dynastia imperial e consequente extincção do systema monarchico, declarou-se simples agente temporario da soberania nacional, *em quanto a nação por seos orgams competentes não procedesse á escolha do governo definitivo.*

E uma disposição constitucional reconhecendo e regulando o exercicio d'esse direito, é não só uma homenagem á soberania nacional, mas tambem uma cautela, uma valvula de segurança.

Seria perigoso vedar ou cercar de obstaculos legaes insuperaveis as reformas constitucionaes. *Quando um povo quer sériamente, nada ha que se lhe possa oppôr.* E' sempre melhor que ellas se façam pelos tramites estabelecidos por lei, do que se realisem por processos violentos e revolucionarios, (*)

D'ahi os preceitos reguladores de taes reformas, consagrados nas Constituições.

Elles estatuem os orgams competentes, os limites em que estes se terão de conservar n'essa tarefa, as condições de iniciativa, de tempo e modo de sua realisação, etc., não sendo permittido que de outra fórma se pratique sinão conforme está disposto na Constituição a reformar (**)

Com isto dá-se estabilidade ás Constituições, evitando-se reformas precipitadas, não bem amadurecidas no juizo e senso publico, pouco reflectidas, imprudentes.

«Desde que um povo tem vivido por tempos constituido debaixo de certas condições que geram habitos e interesses valiosos, não convém alterar essas condições irreflectida ou precipitadamente. E' preciso conservar o que é util e retocar só aquillo que evidentemente demanda melhoramento; é preciso combinar a estabilidade com o progresso.»
PIMENTA BUENO

Dominados d'este cauteloso e circumspecto intuito, os constituintes estabeleceram, para a reforma ou revisão constitucional, processo adequado a um exame demorado da materia, sem entretanto trazer delongas excessivas e comprometedoras da opportunidade e do bom exito d'esse importantissimo trabalho. Para isto:

1º dividiram-n'o em duas phases— o da proposta e o da resolução ;

2º para a primeira estabeleceram a condição de ser apresentada ou pela quarta parte pelo menos dos membros de qualquer das camaras do congresso, ou por dous terços dos Estados ;

3º adiaram a resolução para o anno seguinte ao da proposta ;

4º exigiram que não se prescindisse das tres discussões, de uma e de outra d'ellas, e

5º impozeram a ambas a condição de approvação por dous terços de votos em cada uma das casas do parlamento.

(*) In popular governments, it is the part of wisdom to recognize the fact, that what the people strongly desire they are likely in some manner to effect. If the attainment of their purposes by legal means be rendered too difficult, they will probably resort to such are illegal. JAMESON, «Constitutional Conventions», 4 th. ed., pag. 602.
(**) When the means for the exercise of a granted power is given, no other or different means can be implied as being more effectual or convenient. In Field v. People, *apud* Jameson's «Constitutional Conventions,» 4 th. ed., pag. 618.

E assim apartaram-se dos dous systemas extremos, da Constituição imperial (art. 174) que queria a reforma proposta em uma legislatura para effectuar-se na seguinte (e eram de quatro annos) e da lei constitucional franceza (de 25 de fevereiro de 1875, art. 8), a qual autorisa a revisão, desde que cada um dos ramos do congresso separadamente declara que a ella se deve proceder, passando ambas as camaras a se reunir em assembléa nacional para essa tarefa. Seguiram o avisado conselho de Dedalo a Icaro, segundo o poeta : *Inter utrumque tene.*

— Era o seguinte o systema de cada um dos projectos preliminares :

« Esta Constituição póde ser reformada no todo ou em parte ou em algum ou alguns de seos artigos constitucionaes ; mas só por deliberação de uma convenção, que para tal fim será convocada em virtude da decisão e votação de dous terços em cada uma das camaras federaes, a requerimento de algum ou alguns de seos membros ou da legislatura de um ou mais Estados.

« Reconhecida a necessidade da reforma da Constituição por lei do congresso, será ella votada pelas municipalidades. A convocação será motivada e os deputados á Convenção só poderão tratar e resolver sobre o fim e motivos da convocação.» Proj. Magalhães Castro, art. 116.

« Esta Constituição póde ser reformada pelos tramites ordinarios sempre que o aconselhar a lição da experiencia ; mas a reforma só póde passar mediante dous terços de votos em cada camara e mais condições necessarias a qualquer lei da Nação, sem abolição do processo mencionado no art. 107», que estabelece as formulas da sancção e da promulgação. (Proj. Werneck-Pestana, art. 139).

« A presente Constituição poderá ser reformada em qualquer de suas partes por proposta de dous terços do numero de representantes e senadores, em qualquer legislatura.

«A proposta passará por tres discussões. Approvada esta por tres quartos do numero de representantes e senadores, prevalecerá como parte integrante da mesma constituição, sendo publicada com as assignaturas dos presidentes e secretarios de cada uma das camaras». Proj. Americo Braziliense, art. 95.

O projecto da Commissão do governo provisorio adoptou o systema do ultimo dos tres acima mencionados, exigindo, porém, para a approvação da proposta, não tres quartos, mas dois terços de votos (art. 117).

O projecto apresentado pelo governo provisorio para essa approvação exigia a maioria de tres quartos de votos nas duas camaras do congresso (art. 85 § 2).

A commissão do congresso em seo parecer, justificando emenda, que adoptou, apresentada pelo senador J. A. Saraiva, disse :

«O art. 85 da Constituição difficulta de tal modo as reformas constitucionaes que praticamente as torna quasi irrealizaveis. Pensando a commissão que convém moderar tamanho rigor, propõe que se substitua a maioria de *tres quartos* de que trata o § 2° desse artigo, pela maioria de *dous terços.*» - Ann., vol. I, pags. 81 e 134.

§ 1. Solicitada por dous terços dos Estados.

Além da iniciativa das camaras legislativas, a Constituição admitte a dos Estados, para as reformas constitucionaes, e é esta uma das occasiões em que elles concorrem para o exercicio da soberania nacional, sendo então um dos orgams d'ella (*vide* pag. 10).

Esta disposição veio-nos da do art. 5 da Constituição da União Norte-Americana e era propria alli para captar a boa vontade dos Estados, ciosos como se mostravam de seos poderes e desconfiados por isso da obra da convenção de Philadelphia. Entretanto, as emendas addicionaes n'aquelle paiz têm sido todas devidas á iniciativa do congresso nacional, seguramente por ser dos dous processos inchoativos mais facil e prompto o parlamentar.

Mas si assim é, nem por isso escusada se torna, e ao contrario póde vir a ser de grande utilidade a iniciativa dos Estados. Pois, sendo possivel que a maioria das camaras legislativas se ache (o que não será extraordinario na historia politica) em desharmonia com a opinião nacional, esta terá, em caso tal, por orgam dos Estados, o meio de provocar a reforma. E muito natural será que esse pronunciamento, por isso mesmo que raro e prestigioso, influa proficuamente para a realisação da aspiração nacional, convertendo a ella os mandatarios que acaso antes não a viam bem.

A proposta ao congresso nacional pelos Estados, para ser emendada ou reformada a Constituição, considera-se feita desde que, para isso o parlamento fôr solicitado, no decurso de um anno, por dois terços da totalidade d'elles e isto basta para que no anno seguinte as camaras legislativas passem a tomar conhecimento da materia. Ha esta differença, resultante dos termos do § 1 d'este art. 90: quando a iniciativa é do congresso nacional, considera-se aceita a proposta de reforma (para ser discutida e votada no anno subsequente), si essa proposta é em tres discussões suffragada por dois terços de votos de cada uma das casas; quando porém a iniciativa é dos Estados, não ha essa votação preliminar, a Constituição não a exige, ella é supprida pela consideração do avultado numero de Estados proponentes da reforma. Considerar-se-á proposta a reforma, diz o § cit., ... *ou quando fôr solicitada por dous terços dos Estados no decurso de um anno.*

§ 2. Essa proposta dar-se-á por approvada,

qualquer que seja sua origem (parlamentar ou dos Estados), si, ao tomarem conhecimento d'ella no anno que seguir ao de sua apresentação, as duas camaras do congresso nacional a adoptarem por maioria de dous terços dos votos cada uma d'ellas. A Constituição consagra essa exigencia de votação de dous terços para os casos de mais gravidade e ponderação, como maior garantia de acerto (*vide* pag. 61) e em nenhum ella é mais necessaria e justificada do que na reforma das instituições fundamentaes da nação.

Mas os dous terços podem ser do numero de membros presentes á votação ou do total dos que compõem cada camara:

A EXIGENCIA DE DOUS TERÇOS DE VOTOS PARA A ACEITAÇÃO DA PROPOSTA DE REFORMA E PARA A APPROVAÇÃO D'ESTA, SERÁ A DE VOTOS DOS MEMBROS PRESENTES, OU DOS DA TOTALIDADE D'ELLES?

Considerando attentamente os termos do art. 90 e comparando-os com os de outras disposições referentes á votação por dous terços, vê-se que ha differença quanto aos d'aquelle.

O art. 33 § 2 exige para a condemnação do presidente da Republica pelo senado dous terços de votos *dos membros presentes.* Para a adopção de leis vetadas, o art. 37 § 3 exige dous terços *dos suffragios presentes.* Para a approvação, por uma camara, das emendas repellidas pela outra, o art. 39 § 1 tambem impõe a condição de dous terços *dos membros presentes.*

Entretanto o art. 90, depois de referir-se á quarta parte pelo menos (que considera indispensavel para apresentação da proposta) *dos membros de qualquer das camaras* do congresso nacional, estatúe a approvação da proposta *por dous terços dos votos n'uma e n'outra camara* e tratando da approvação da reforma, diz: *por maioria de dous terços dos votos nas duas camaras do congresso.*

O art. 90, assim, nem consagra em seos termos a limitação constante dos outros artigos citados, não se referindo como elles a votos *dos membros presentes,* nem se exprime de modo que induza a suppôr-se, por argumento, que quizesse estabelecer tal limitação. Teria usado dos mesmos termos, si houvesse querido a mesma cousa. Não o fez, e tornou-se mais exigente, querendo dous terços da totalidade dos membros de cada casa do parlamento, por consideração á excepcional gravidade e importancia da reforma constitucional, que submetteo a condições e processo mas rigorosos que os prescriptos para as leis ordinarias.

Nem é para ter-se por excessiva tão grande cautela. Os constituintes, zelando como deviam sua obra, quizeram que não ficasse exposta a reformas precipitadas, inconsideradas, eivadas de virus partidario, realisadas sob a inspiração das paixões do momento. Certo, a Constituição não poder-se-ia considerar intangivel, immutavel e por mais conservador que haja sido o espirito que a dictou n'esta parte, não lhe teria escapado que *para conservar é preciso aperfeiçoar.* Mas tal é a natureza, tão grandiosos os propositos da lei fundamental, que deve ella ser considerada com um respeito religioso, e o perigo de alterar uma constituição para tornal-a melhor (no dizer de autorisado publicista) é quasi sempre mais consideravel que o de soffrel-a tal qual ella é (J. P. Pagès).

No anno seguinte. Note-se a differença dos termos *no decurso de um anno* (§ 1), *no anno seguinte* (§ 2). No decurso de um anno hão de os Estados fazer, cada um por si, a proposta de emenda ou reforma; isto é, iniciada por qualquer d'elles esta phase preliminar da reforma, aguarda-se que no correr de um anno, a contar desse primeiro passo, outros Estados, até completar-se o numero correspondente a dous terços d'elles, tenham o mesmo procedimento; e, antes de esgotar-se esse prazo annual, não se fará mais, com relação a este objecto, que esperar e receber as propostas que ao congresso nacional quizerem os Estados apresentar.

Terminado esse prazo, o congresso, no curso do anno seguinte, entrará a tomar conhecimento da materia e deliberará sobre ella na fórma da Constituição. Em outros termos, para receberem-se as propostas dos Estados ha o prazo de um anno; a deliberação sobre as mesmas terá lugar no correr do subsequente. Si a proposta fôr apresentada por alguma das casas do congresso, não ha então que esperar o decurso do anno; desde que começar o anno subsequente o congresso póde tratar de resolver sobre a approvação; o que a Constituição quer é que a reforma não seja apresentada e approvada no mesmo anno.

SI A PROPOSTA NÃO FÔR APPROVADA NEM REJEITADA POR VOTAÇÃO DAS CAMARAS LEGISLATIVAS NO ANNO SEGUINTE AO DE SUA APRESENTAÇÃO?

Parece que em tal caso dever-se-á consideral-a perempta. A Constituição, no § 2 d'este art., diz: «Dar-se-á por approvada, *si no anno seguinte o fôr...*»; portanto, si a approvação não se verificar então por qualquer motivo, não ha reforma.

A materia por sua alta importancia e pela agitação que produz em todo o paiz, pela expectação e anciedade que desperta geralmente, si bem que deva ser maduramente ponderada, não admitte todavia procrastinação. A Constituição indica o tempo em que sobre isso se deve definitivamente resolver. Si, pois, este transcorrer sem resolução, isto equivalerá á rejeição da reforma.

Comprehende-se quanto póde prejudicar á normalidade da direcção politica e governamental do estado e mesmo ao respeito e prestigio das instituições, uma prolongada espectativa de reforma imminente e a incerteza da deliberação final sobre tão grave assumpto.(*)

FEITA A PROPOSTA DE REFORMA, POR QUALQUER DOS PROCESSOS ESTABELECIDOS NO § 1 DO ART. 90, PODERÁ O CONGRESSO, AO APPROVAL-A (§ 2), ESTABELECER CLAUSULAS NOVAS E DIVERSAS DAS N'ELLA APRESENTADAS?

(*) A Constituição imperial dispunha que a legislatura convocada com poderes especiaes para a reforma, tratasse d'ella logo na sua primeira sessão (art. 177).
No Chile considera-se não proposta a reforma, si o congresso chamado a ratifical-a deixa de o fazer dentro de seo periodo constitucional, (Constit., art. 158, *Jorge Huneeus*, Obras, t. 3, Dir. const. comp., pag. 334.)

A natureza especial das leis reformatorias da Constituição impõe solução negativa. As clausulas estabelecidas para a formação de taes leis visam remover a possibilidade de reformas inesperadas, que sorprehendam a expectativa nacional, evitar que se adoptem inspirações ou movimentos inconsiderados de paixões politicas, na phrase de Pimenta Bueno.

E não condiz com isto propôr-se uma reforma em tal ou qual sentido, ser aceita a incumbencia de realisal-a e por fim ser votada cousa contraria ou diversa do que se propuzera. Seria isso falsificar a reforma, fraudar seos intuitos e burlar a aspiração nacional que ella era chamada a satisfazer.

Ha duas distinctas phases no processo das reformas constitucionaes. Na primeira, projecta-se a alteração, mudança ou accrescimo que se terá de fazer ao vigente texto da lei fundamental da nação, estabelecendo-se os precisos termos da reforma, de modo que fique determinado em que ella consistirá. Ahi verifica-se, apura-se o que é que quer a nação. Ora, a aspiração nacional não é sómente que se estabeleçam no regimen existente mudanças e addições quaesquer, mas taes e taes alterações, em precisos termos; a nação não quer só e vagamente que se façam reformas, mas esta ou aquella reforma que ella indica. E será d'isto que primeiro terá de conhecer o congresso nacional, para votar que se faça depois, que se adopte e approve a pretendida reforma. Ficam então assentados os pontos sobre que esta versará e o que se terá de consagrar em lugar do que existe.

A segunda phase é a da adopção da reforma pretendida e preparada, é a consagração em lei do que a nação quer, tal como se tem verificado do que ella manifestou por orgam das camaras legislativas ou dos Estados.

O que se tem de reformar, o sentido e termos da reforma é materia já vencida e estabelecida na primeira phase; na segunda se tratará sómente de approvar ou não, de encorporar definitivamente á Constituição vigente, ou de rejeitar, a reforma proposta e tal como ficou admittida na primeira. A admissão então de alterações, de clausulas não apresentadas na proposta, não cogitadas antes d'ella ser declarada aceita, viria expol-a a desvirtuamento e ao perigo de dar-se ao paiz cousa differente de sua aspiração.

Nota-se que, tratando de lei de caracter tão especial como a de que ora nos occupamos, a Constituição estabeleceo para ella disposição não comprehendida na parte em que tratou das outras leis. Em tal disposição estabeleceo as condições precisas, elementares da reforma, distinctas das leis ordinarias, sem fazer referencia ao processo e termos d'estas e absolutamente não fallando em emendas á reforma proposta.

Ora, si a Constituição estabeleceo um methodo especial de legislar-se a reforma, distincto do ordinario, não é licito sahir dos termos em que foi estabelecido esse methodo ; e não tendo ella fallado em emendas, visto é que não as admitte. E com muita razão, como ácima vimos, quiz por esse modo prohibil-as. Não ha nada mais claro do que o disposto no § 2º. O que se ha de praticar para ficar approvada a reforma proposta? Submettel-a a tres discussões e votação por maioria de dous terços em cada casa do congresso ; e só, e mais nada. Emendas? mas o processo da approvação da reforma é especial, não se rege pelo das leis ordinarias e o § 2 que nos occupa, de emendas não cogitou.

A idéa da reforma surge do espirito publico como em estado de larva, entra a desenvolver-se no campo das discussões, na imprensa, na tribuna, nos comicios, *vires acquirit eundo*, e si o congresso a recebe, admittindo a proposta, passa esta então ao estado nymphal em que repousa no parlamento para sua transformação em lei, rompendo opportunamente a chrysalida regimental, protectora dessa transformação. E esta evolução mostra como a acção do parlamento por essa occasião é limitada ; a reforma elle a recebe não em simples germen, em estado rudimentar, mas já desenvolvida e preparada pela opinião geral ; ella vae ao congresso só para ser concretisada em lei da nação. Era *aspiração nacional* ; verificando-o, e reconhecendo que está nos termos da Constituição, elle tem que reduzil-a a *lei nacional*. Sua missão é, observados esses termos, recolhel-a tal qual lhe chega e a ella dar consagração constitucional.

Nem isto é uma originalidade de nosso direito constitucional. Tambem a Constituição Chilena, art. 158, estabelecendo as duas phases para as reformas constitucionaes, determina que na segunda o congresso se pronuncie sobre ellas nos mesmos termos em que têm sido propostas, SEM LHES FAZER ALTERAÇÃO ALGUMA (*sic*).

E na obra, que temos citado, de *Jorge Huneeus*, em uma apreciação que vem em appenso, sobre a nossa actual Constituição (vol. 3, pag. 245), se deplora que tendo se adoptado entre nós o processo de reforma tal como o estatue o art. 90, a prohibição de emendas, para maior segurança, em vez de tacita, não tivesse sido feita expressamente.

§ 3. **A proposta approvada.** O resultado final da deliberação do congresso consagrando a reforma constitucional, nos termos e observadas as clausulas das disposições ácima estabelecidas, — será publicado com a assignatura da mesa de cada uma das camaras legislativas, e passa a fazer parte da Constituição.

PODERÃO SER VETADAS AS REFORMAS CONSTITUCIONAES ?

Foi questão, na vigencia da constituição imperial, si sua reforma dependia da sancção do chefe do estado. O art. 176 mandava que, admittida pelas camaras a necessidade da reforma, se expedisse lei, sanccionada e promulgada pelo imperador, ordenando aos eleitores que, no mandato para a seguinte legislatura, conferissem aos deputados especial faculdade para a pretendida reforma. E assim se praticou quanto á proposição de reforma, de que resultou o « acto addicional» de 12 de agosto de 1834 (Carta de lei de 12 de outubro de 1832). Quanto, porém á reforma feita em virtude de tal delegação especial de poderes, nada relativamente á sancção se estabelecia. *Unde lis*. Mas dado esse silencio e em vista da clausula «*e o que se vencer prevalecerá* para a mudança ou addição á lei fundamental» do art. 177, venceo-se que não tinha lugar a sancção e sem ella foi promulgada pela regencia a referida reforma.

Exemplos de interferencia do chefe do estado, pela sua proposta ou approvação, nas reformas constitucionaes, encontram-se em varias Constituições de governos europeos. (Belgica, art. 131 ; Hollanda, art. 199 ; Luxemburgo, art. 114 ; Baviera, tit. X, art. 7; Saxe, art. 152). Na Suissa a reforma só entra em vigor, quando aceita por votação da maioria dos cidadãos e pela dos Estados, art. 121. Em Noruega uma emenda votada em 1879 e em 1880, deixou de ter aceitação pelo rei, e insistindo o parlamento em prescindir d'essa formalidade, foi ouvida a Faculdade de Christiania, a qual opinou que sendo o *veto* do rei extensivo a todas as materias não exceptuadas, era consequentemente applicavel tambem ás disposições constitucionaes e, diz F. Dareste, a questão ficou de pé (*Les const. modern.*, 1883, II, pag. 161).

No Chile, o presidente intervém quanto á lei de *proposta* da reforma (Const., art. 157). Na União Norte-Americana, a reforma depende de ratificação pelas legislaturas de tres quartos dos Estados, ou pelas convenções reunidas para este fim em tres quartos d'elles. (Const., art. V).

Perante nossa Constituição não se póde levantar duvida a este respeito. Dada a approvação da reforma, nos termos do § 2, o que a isto se segue é o determinado pelo § 3 do artigo de que nos occupamos, isto é, será ella assignada pelos presidentes e secretarios das duas camaras e (sem outra alguma formalidade) incorporada á Constituição ; nada mais é prescripto quanto a este objecto. Nem o acto é de tal natureza, ainda que importantissimo em si mesmo e em seos effeitos, que deva ser sujeito á sancção do chefe do estado, estabelecida unicamente para os casos de legislação ordinaria.

Y se comprende tácitamente por qué el Presidente carece de la facultad de vetar las resoluciones del Congreso en materias de reforma contitucional. La razón es que toda reforma de la constitución ha de ser contraria á esta, puesto que tiene por objeto reformala, é implica, dentro del systema que prevalece en los Estados modernos, no un acto simplemente legislativo, sino uno propio del Poder Constituyente. Si el Ejecutivo es siempre una tercera rama del poder *Legislativo*, e si éste ha de obrar dentro de los limites que la Constitución señala, se comprende la facultad del veto para el efecto de propender á que la propia Constitución sea respetada; pero semejante fundamento no puede tener cabida cuando se trata de medidas adoptadas por el Poder *Constituyente* que puede mui bien cambiar por completo la organisación, por ejemplo, del Ejecutivo mismo. ¿ Seria conveniente en tal caso depositar en manos de éste aquella faculdade? *Jorge Huneeus*, cit. vol. 3, pag. 98)

A validade da Emenda XI, das addicionaes á constituição da União N. Americana, foi posta em causa, allegando-se que não havia sido proposta na fórma prescripta para as reformas constitucionaes, não tendo sido submettida á sancção do presidente da Republica. A côrte suprema, a quem a questão foi levada (caso Hollingsworth v. The State of Virginia), decidio que—o *veto* do presidente sómente tem lugar nos casos de legislação ordinaria, e não é de modo algum applicavel á proposta ou adopção de emendas á Constituição (*Jameson*, op. cit., pag. 589, *Baker*, Annot. Const., 1891, pag. 169). Uma moção para ser submettida ao presidente a emenda relativa á eleição presidencial, foi rejeitada pelo senado, onde fôra apresentada. E tendo sido submettida ao presidente a emenda relativa á escravidão, adoptou o senado uma resolução declarando que isso se dera por inadvertencia da secretaria d'aquella corporação e que a sancção do presidente era desnecessaria para o caso, contraria á praxe até então invariavelmente adoptada e não constituia precedente para o futuro. (*Jameson*, op. cit., pag. 558 —592).

E incorporar-se-á á Constituição como parte integrante d'ella. Approvada a reforma pelas duas casas do parlamento, independentemente de sancção presidencial, seguem-se dous actos, a publicação, que se fará como acabamos de vêr, e a incorporação ao texto da Constituição. O § que estamos commentando refere-se distinctamente a um e outro desses actos, e manda fazer a incorporação depois da publicação : *publicar-se-á...e incorporar-se-á*. A publicação, que deve ser immediata, é noticia e aviso á nação de se ter completado a reforma e da obrigatoriedade d'ella desde a data em que pela publicação se torna conhecida dos cidadãos.

Da incorporação da reforma ao texto constitucional existente nada se determinou quanto ao processo a seguir. Mas attendendo-se á natureza d'esse acto e olhando o que alhures se faz, acha-se o expediente a adoptar. A Constituição imperial mandava simplesmente addicionar-se a reforma, *verb.* «*e,* JUNTANDO-SE *á constituição será solemnemente promulgada.*» A Constituição republicana diz: «e *incorporar-se-á* á Constituição, como *parte integrante* d'ella.»

Ora, a palavra «incorporar» envolve a significação de—unir n'um só corpo, reunir n'um só todo, incluir, como ensinam os nossos lexicographos (Fr. Domingos de Vieira, Aulete, etc.),—o que, quanto a trabalhos escriptos ou impressos, equivale a *inserir*, *introduzir* no texto, em lugar adequado. E para fazer isto a respeito de uma lei, não bastará simplesmente imprimir-lhe em seguida á ultima disposição os novos artigos adoptados em reforma; isso seria accrescentar, appensar, quando o de que se trata é de *incorporar* ao texto, de incluir, de inserir n'elle de modo que lhe fique sendo *parte integrante*, a disposição novamente estabelecida.

Do contrario a Constituição se teria contentado de mandar *juntar* a reforma á lei constitucional existente.

E o que a Constituição quer se consegue supprimindo a disposição reformada e collocando no lugar d'ella o contexto da nova, ou si houver apenas alteração em algumas de suas palavras, eliminando do texto reformado as que o novo tenha supprimido ou mudado e, em vez d'estas, pondo as da disposição innovada.

Cousa semelhante se tem praticado no Chile, cuja constituição no art. 158 dispõe :

Uma ves promulgado el projecto, sus disposiciones formarán parte de esta constitucion, y se tendrán por incorporadas en ella.

Alli uma lei promulgada em 10 de agosto de 1888, conferio a uma commissão parlamentar a tarefa de, — em vista das leis de reforma de 1871, 1873, 1874 e 1882 que supprimiram e modificaram varias disposições da Constituição, — fazer no texto d'esta as alterações d'ahi resultantes, modificando a numeração dos arts. e §§ e as referencias que não guardavam conformidade com as disposições em vigor. Esse trabalho, incumbido a dous senadores (*) e dous deputados, ficou sendo o texto litteral ora vigente da constituição promulgada em 25 de maio de 1833, e conferido pelo primeiro secretario de cada uma das casas do parlamento, com o exemplar authentico da constituição reformada, foi impresso e editado, em 1893, por ordem do ministro do interior, pela imprensa nacional, como «Constituição Politica da Republica do Chile » (**).

§ 4. A fórma republicana ou a egualdade da representação dos Estados no senado não é permittido supprimir. Não vinha esta prohibição nos projectos anteriores ao do governo provisorio e tem incorrido em critica, quér como incompativel com a natureza dos actos organicos constitucionaes, os quaes, por mais estabilidade que devam ter, não podem aspirar á immutabilidade, quér além d'isso como uma restricção posta á soberania nacional.

Emenda apresentada pelo representante Barbosa Lima, para eliminar-se tal disposição, foi rejeitada pelo congresso na sua sessão de 29 de janeiro de 1891. (ANN. DO CONGR. CONST., vol. II, pags. 370 e 417.)

« A excepção em favor da egualdade de votos no senado, explicava Madison, defendendo a Constituição elaborada pela Convenção de Philadelphia, — foi estabelecida como palladio da soberania dos Estados, e reconliecida e afiançada por este principio de representação em um

---

(*) Entre estes figurava o eximio professor e eminente publicista *Jorge Huneeus* que tão notavel se tinha tornado como constitucionalista e de cujas obras temos transcripto aqui alguns passos.
(**) *Vide* «Constitución Politica de la República de Chile, jurada y promulgada el 25 de maio de 1833, com las reformas effectuadas hasta el 26 de junio de 1893», Santiago de Chile Imprenta Nacional, Moneda 112—1893).

dos ramos da legislatura : provavelmente tambem foi exigida pelos Estados que são particularmente affeiçoados a esta egualdade.» *(Federalist,* XLlll, n. Vlll).

Quanto á *fórma republicana,* já no seo art. 6, § 2, nossa Constituição se tinha d'ella mostrado ciosa, autorisando os poderes federaes a intervirem, até por meio das armas, nos negocios peculiares dos Estados, para manter-se esse caracteristico essencial de nossa organisação politica.

— Que as duas restricções d'este § 4 limitem e mutilem a propria soberania da nação, não é rigorosamente exacto ; apenas dizem respeito ao exercicio d'ella e não são as unicas limitações d'essa natureza em nossa Constituição. Já uma Constituição é por si mesmo limitativa d'esse exercicio. Por ella a nação fixa balisas aos poderes que estabelece para o governo, e n'isto restringe sua acção soberana quanto ao modo de ser governada.

E o que são as incompatibilidades eleitoraes, sinão restricções tambem da faculdade soberana que tem a nação de escolher seos representantes? Não o é tambem a exigencia de requisitos especiaes, imposta á eleição para certos cargos ? Pois não deveria ficar inteiramente livre á nação a escolha de seos agentes ! E não é certo que até os direitos individuaes, anteriores e superiores ás Constituições, soffrem em seo exercicio limitações que ellas lhes impoem ? Exemplos, — a expropriação forçada, a prohibição de reuniões armadas, a prisão preventiva, a suspensão de garantias constitucionaes.

A Constituição da União Norte-Americana prohibio, no seo art. V, que se emendassem por qualquer fórma as clausulas 1ª e 4ª da secção 9ª do art. 1, até ao anno de 1808, e que nenhum dos Estados fosse, sem seo consentimento, privado da egualdade de representação no senado.

A Constituição do Estado de Pennsylvania estatue que nenhuma emenda ou série de emendas poderá ser proposta sinão com cinco annos de intervallo (art. 28).

Entre nós, o art. 174 da Constituição imperial prohibia qualquer reforma de seus artigos antes de passados quatro annos do juramento d'ella.

Teria acaso por isso ficado, em virtude de semelhantes disposições, suspensa, ou mutilada a soberania nacional ?

Estas e outras disposições restrictivas são determinações de bem inspirada prudencia politica, servem á estabilidade das instituições e á felicidade dos povos.

Em qual das casas do congresso deve começar a discussão das reformas constitucionaes ? A constituição do imperio, art. 174, expressamente reservava essa iniciativa á camara dos deputados, que era considerada o ramo popular do poder legislativo. A Constituição republicana não a menciona como privativa dessa camara, nem no art. 29, em que se occupa dos casos de iniciativa d'ella, nem no art. 90, em que trata das reformas. E dizendo este ultimo artigo: «apresentada por uma quarta parte, pelo menos, dos membros *de qualquer das camaras* do congresso nacional», é de inferir-se que a iniciativa cabe a qualquer d'ellas.

Mas ha a iniciativa da apresentação da *proposta* de reforma e a iniciativa de sua discussão. A apresentação póde ser feita por uma ou outra das camaras, ou pelas assembléas dos Estados. E ha ainda a discussão para a approvação da proposta, isto é, a conversão d'esta em acto constitucional.

No silencio da Constituição, cumpre ao congresso nacional, usando da attribuição que tem de decretar leis organicas para a execução completa d'ella (art. 34 n. 34), regular esta importante materia das reformas constitucionaes, estabelecendo, sobre as bases prescriptas na Constituição, o processo respectivo. E ha de ser isso por lei e não em regimento, porque assim o exige a importancia da materia e porque aquella attribuição toca ao congresso, não para regimentar seos serviços (o que lhe é dado por outra disposição, art. 18 § un.), mas para, mediante acto legislativo e com sancção do poder executivo, completar, assegurando-a com as disposições e providencias que tiver por adequadas, a execução dos preceitos constitucionaes, que disso precisem.

Um expediente aceitavel parece ser n'essa lei organica dos trabalhos legislativos quanto a reformas ou emendas á Constituição, declarar-se competir a iniciativa da discussão á camara onde fôr apresentada a proposta, e ao senado, que é o corpo de embaixadores dos Estados, a da proposta feita pelos dous terços d'estes.

N'essa mesma lei ha lugar a estabelecer-se a fórma da expedição do acto ou resolução que adopta a proposta para ser deliberada definitivamente no anno seguinte.

Art. 66. Approvada a redacção, por maioria absoluta dos membros presentes, o presidente declarará adoptada a Constituição da Republica dos Estados Unidos do Brazil.
Art. 67. Da Constituição assim adoptada se tirarão tres autographos, que, depois de assignados por todos os membros da mesa do congresso, serão enviados ao chefe do governo provisorio, por intermedio do ministro do interior, para sua promulgação.

Do regimento do congresso constituinte (approvado em 21 de novembro de 1890.)

Accrescente-se em ultimo logar ou onde convier:
Art. Approvada que seja a Constituição, será promulgada pela mesa do congresso.—*Moraes Barros* e outros.

(Additivo approvado em 21 de janeiro de 1891.)

Substitua-se:
Approvada que seja a Constituição, será assignada pelos representantes, e promulgada pela mesa do congresso. — *Thomaz Delfino.— Azeredo.*

(Emenda approvada em 14 e 18 de fevereiro de 1891.)

Art. 92. Approvada esta Constituição, será ella promulgada pela mesa do congresso e assignada pelos membros deste.

Redacção pela commissão do congresso (approvada em 23 de fevereiro de 1891.)

Art. 91. Approvada esta Constituição, será ella promulgada pela mesa do congresso e assignada pelos membros deste.

Art. 91. Promulgada pela mesa do congresso. *Vide supra* commentario ao *preambulo* da Constituição, verb.—Promulgamos (pag. 5), e aos arts. 37, pag. 145, e 48 n. 1, pag. 148 (*)

Com a promulgação e publicação da reforma, entra logo esta em execução, sem dependencia de confirmação pelos Estados, sendo este um dos pontos em que nossa Constituição diverge da Norte Americana, como já fizemos notar. E foi o que se realisou com a Constituição feita pelo nosso congresso constituinte republicano. Mas si esta não foi, como se deo com a da União Americana, submettida á ratificação pelos Estados, estes de facto a aceitaram tal qual foi promulgada, e ratificaram, desde que a adoptaram como base das constituições que para si elaboraram.

O art. 67 do regimento do congresso constituinte determinava que tres autographos da Constituição se remettessem ao chefe do governo provisorio. *Vide* sobre isto o que expuzemos quanto ao art. 81 § 4, pag.

E assignada pelos membros d'este.
A assignatura, ensina J. Jameson citado (§ 304), não exprime n'este caso acto de approvação. (E, effectivamente, essa approvação já estava dada pelo voto dos representantes.) Serve sim como attestação de que aquelle é o proprio e genuino acto constitucional votado e promulgado pelo congresso.

E isto se conforma com o procedimento dos convencionaes de Philadelphia, que subscreveram a constituição, declarando: «Feita em convenção pelo consentimento unanime dos Estados presentes... *Em testimunho do que* assignámos a presente.»

(*) Em additamento ao que expuzemos á pag. 5, mencionaremos que a Constituição do Chile, de 22 de maio de 1833, foi promulgada e publicada em 25 do mesmo mez pelo presidente d'aquella republica (Joaquim Prieto) em acto assignado por elle e seos ministros. *Vide* Const. do Chile, citada *supra*, edição official, pag. 72; Dareste, *Les Const. moder.*, 1833, vol. II, pag. 525.)

DISPOSIÇÕES TRANSITORIAS

ARTIGO PRIMEIRO

Art. 1.º A constituinte convocada elegerá o presidente e vice-presidente da Republica, considerando-se eleitos os cidadãos que para cada um d'aquelles cargos obtiverem a maioria absoluta dos votos da totalidade dos membros. Proclamado o resultado da eleição, o presidente eleito prestará a affirmação legal perante a constituinte.
(Projecto da commissão do governo provisorio.)

Art. 1.º Ambas as camaras do primeiro congresso nacional, convocado para 15 de novembro de 1890, serão eleitas por eleição popular directa, segundo o regulamento decretado pelo governo provisorio.
§ 1.º Esse congresso receberá do eleitorado poderes especiaes, para exprimir ácerca desta Constituição, a vontade nacional, bem como para eleger o primeiro presidente e vice-presidente da Republica.
§ 2.º Reunido o primeiro congresso, deliberará em assembléa geral, fundidas as duas camaras, sobre esta Constituição e, approvando-a, elegerá em seguida, por maioria absoluta de votos, na primeira votação, e, si ninguem a obtiver, por maioria relativa na segunda, o presidente e o vice-presidente dos Estados Unidos do Brazil.
(Decretos n. 510, de 22 de junho e n. 914 A, de 23 de outubro de 1890.)

Ao art. 1.º das Disp. transitorias:
Supprimam-se a 1ª parte e o § 1º deste artigo, porque estão prejudicados.
Modifique-se o § 2º do seguinte modo:
Promulgada esta Constituição, o congresso, reunido em assembléa geral, elegerá (o mais como está).—*José Hygino*.
(Emenda approvada em 13 e 18 de fevereiro de 1891.)

Art. 1º Promulgada esta Constituição, o congresso reunido em assembléa geral, elegerá em seguida, por maioria absoluta de votos, na primeira votação, e, si nenhum candidato a obtiver, por maioria relativa na segunda, o presidente e o vice-presidente dos Estados Unidos do Brazil.

§ 1º. Essa eleição será feita em dous escrutinios distinctos para o presidente e o vice-presidente respectivamente, recebendo-se e apurando-se em primeiro logar as cedulas para presidente e procedendo-se em seguida do mesmo modo para o vice-presidente.

Disposições transitorias. Como n'outras constituições, na parte final da nossa contêm-se determinações de caracter não permanente, mas na occasião necessarias para entrarem em execução certas disposições constitucionaes, para se resalvarem certos direitos, de ordem administrativa, que sem isto se entenderiam supprimidos, bem como para o primeiro preenchimento de certos cargos politicos.
Mas nota-se que não é só n'este titulo que se acham *disposições transitorias;* no proprio corpo da Constituição algumas se encontram d'essa natureza, v. gr., arts. 2, (quanto ao districto federal) 43 § 4, 69 § 4., 83 e 91); e que outras que por seo objecto não têm caracter constitucional e melhor figurariam em legislação ordinaria, vêm sob aquella epigraphe, taes como as referentes á pensão e á compra e usufructo da casa, de que tratam os arts. 7 e 8 deste titulo final.

Art. 1º. O Congresso elegerá... o presidente e o vice-presidente. É' isto uma excepção ao preceito, estabelecido no art. 47, da eleição de taes funccionarios por voto popular. O processo da eleição, por esse meio, não era para a primeira escolha d'elles o mais convinhavel. Não estava ainda regulado, e sua observancia traria inadmissivel delonga no preenchimento da presidencia da Republica, dando lugar a entrar em execução a Constituição sem haver na chefia do estado titular effectivo. E de duas uma, ou ficava no seo posto o dictador já na vigencia da Constituição, ou a execução desta se teria de differir, á espera do regulamento eleitoral, e de realisarem-se todos os actos da eleição; e é obvio que qualquer dos dous expedientes seria de gravissima inconveniencia.
Teve, pois, razão o governo provisorio quando, ao convocar, para o dia 15 de novembro de 1890, o congresso nacional constituinte, determinou que este trouxesse do eleitorado poderes para eleger o primeiro presidente da Republica (decreto n. 510, de 23 de outubro de 1890, arts. 1 e 3 e art. 1 § 1 das Disp. Trans. do projecto de Constituição com elle publicado, e decreto n. 511, da mesma data, art. 67.)
A eleição realisou-se na sessão do congresso de 25 de fevereiro de 1891, observadas as determinações deste art. e §. *Vide* ANNAES, vol. III, pag. 305.

Paragrapho unico. O mandato do presidente e o do vice-presidente cessará logo que sejão empossados o presidente e o vice-presidente que forem eleitos na fórma estabelecida pela Constituição. (Projecto da commissão do governo provisorio.)	§ 3.º O presidente e o vice-presidente, eleitos na fórma deste artigo, occuparão a presidencia e a vice-presideneia da Republica durante o primeiro periodo presidencial. (Decretos n. 510, de 22 de junho e n. 914 A, de 23 de outubro de 1890).	§ 2º. O presidente e o vice-presidente, eleitos na fórma deste artigo, occuparão a presidencia e a vice-presidencia da Republica durante o primeiro periodo presidencial.

§ 2º Durante o primeiro periodo presidencial.

O projecto da commissão do governo provisorio estabelecia nas «disposições transitorias» (art. 1 e §) que o congresso constituinte faria a eleição do presidente e do vice-presidente da Republica; e proclamado o resultado da votação, o presidente prestaria perante o mesmo congresso a affirmação legal. Mas, accrescentava que o mandato dos assim escolhidos para taes cargos, cessaria logo que empossados o presidente e o vice-presidente ulteriormente eleitos na fórma estabelecida pela Constituição.

O primeiro periodo presidencial era, assim, restricto ao tempo que medeava entre as duas eleições, diverso do prazo normal e ordinario fixado pela Constituição.

O projecto do governo afastou-se d'isso, l'essa ultima parte, dispondo que aquelles dous altos funccionarios eleitos pelo congresso occupariam seos lugares durante o quatriennio constitucional. O congresso constituinte conservou inalterada esta disposição, que aliás tornava-se escusada, desde que no projecto que votou nenhuma differença quanto ao tempo se consagrava, entre o primeiro periodo e os subsequentes; e entende-se bem que cada presidente é eleito para occupar seo cargo durante todo o periodo legal.

Mas, para maior clareza teve-se por acertado manter o paragrapho de que se trata:

«No primeiro projecto, assim como na Constituição, estabeleceo-se que, para o primeiro periodo, a eleição do presidente e vice-presidente se effectuaria por um processo diverso d'aquelle que fôra instituido para os periodos ordinarios, e para evitar duvidas, que mais tarde podessem surgir, pretendendo-se por ventura sujeitar os cidadãos já eleitos pelo congresso a uma nova eleição pelo processo ordinario da Constituição, julgou-se conveniente declarar expressamente que *os eleitos na fórma do art. 1 das «Disposições transitorias» preencheriam o primeiro periodo presidencial.*

Isto se lê n'um parecer das commissões reunidas do senado, de Constituição, poderes e diplomacia, e de justiça e legislação, relator Campos Salles (um dos autores do projecto de Constituição apresentado ao congresso constituinte. (*Vide* ANNAES DO SENADO, 1892, vol. I, pag. 105).

— Por occasião da renuncia do primeiro presidente, o inclyto generalissimo **Manoel Deodoro da Fonseca**, a disposição que commentamos, veio á baila a proposito da successão pelo vice-presidente. Um dos argumentos dos que pretendiam não se fizesse nova eleição presidencial era que com ella se infringia o preceito constitucional que assegurava ao vice-presidente eleito pelo congresso constituinte a occupação de seo cargo até o fim do periodo. Idéa essa erronea e falsa; pois, pelo facto de se proceder áquella eleição, o vice-presidente não perderia seo cargo de vice-presidente; este, eleito que fosse novo presidente, não deixaria de ser o vice-presidente que era, continuaria a *occupar a vice-presidencia* (e é o que a Constituição diz) até ao fim do periodo, presidindo o senado e apto para substituir ou succeder ao presidente, nas condições estabelecidas na Constituição.

Contra a eleição de novo presidente então, arguia-se tambem que a disposição do art. 42 visava, como se vê dos ANNAES DO CONGRESSO (vol, I, pag. 80), evitar *que a nação viesse a ter por chefe, durante uma longa interinidade, um cidadão não investido de um cargo electivo ou que não fôra eleito na previsão de vir a occupar definitivamente tão elevado posto;* e não estando em taes condições o *vice-presidente*, eleito justamente para não só substituir, mas ainda para succeder ao presidente com elle simultaneamente escolhido, a nova eleição só deveria ter lugar dada a vaga, não unicamente da presidencia, mas d'ella e da vice-presidencia tambem.

E para corroborar tal asserto observava-se que o parecer da commissão no qual se lêem as palavras ácima gryphadas, dizia «no caso de vagarem os cargos de presidente *e* de vice-presidente», devendo-se ter por erro typographico na emenda que se vê á pag. 106, o emprego, em lugar da copulativa *e*, da disjunctiva *ou*.

Isto, porém, não colhe e assenta n'um exame muito superficial do motivo allegado. A commissão do congresso aceitou, é certo, uma emenda estabelecendo a eleição de novo presidente no caso de vaga na primeira metade do periodo, para se evitar (note-se) *uma longa interinidade* occupada por quem não tivesse cargo electivo ou não houvesse sido eleito na previsão de vir a occupar definitivamente a presidencia. Ora, este segundo fundamento entende perfeitamente com o vice-presidente, que occupando a presidencia vaga no principio do quatriennio abriria margem a «uma longa interinidade» que a Constituição condemna, e si elle é eleito para occupar definitivamente a presidencia, isso é sómente no caso e pelo reduzido tempo que se lhe assignou, isto é, quando a vaga sobrevém na segunda metade do prazo e só pelo resto d'elle (o que exclue a *longa interinidade*). Assim é que se devem entender as palavras da commissão, justificativas da emenda que adoptou, intelligencia que não fórça, como a contrária, os termos do dispositivo legal e melhor que nenhuma outra se accommoda ao espirito d'ella.

Quanto á differença notada entre o ou da emenda e o E do parecer que a propunha, não tem isso valor algum:

1.º O que se votou não foi o parecer, mas a emenda tal como no acto da votação fôra submettida á approvação do congresso e sem reclamação dos que a offereceram, nem de outrem;

2.º A emenda, nos termos em que foi approvada, não envolvia incongruencia, confusão ou absurdo algum; servia inteiramente á intenção revelada pelos que a apresentaram (*evitar longas interinidades*), que foi a do congresso que a adoptou; e não prejudicava ao espirito e plano geral da Constituição;

3.º Tanto é certo que não estava errada a referida emenda da commissão com o seo ou, que esta na «redacção» que fez do projecto votado, conservou (art. 43) a mesma disjunctiva. E não é crivel que, convicta de erro, o tivesse deixado de corrigir então.

Si erro houve, foi no emprego da conjuncção E no parecer da commissão, como se evidencia ainda do seguinte. Esse parecer realmente refere-se á *vaga dos cargos de presidente* E *vice-presidente*, mas

4.º Mais natural é que se tenha dado o erro no texto do parecer, do que no da emenda votada; pois nota-se que só n'aquelle é que figura a copulativa E, ao passo que, todas as vezes que a disposição contida na emenda foi presente ao congresso, n'ella veio sempre a disjunctiva ou, a qual se lê repetidas vezes nos ANNAES, vol. I, pag. 106, vol. II, pags. 32 e 396, vol. III, pags. 150 e 392, como tambem no avulso contendo a «redacção», e distribuido aos membros do congresso (pag, 21) e no *Diario do Congresso*, de 22 de fevereiro de 1891, pag. 500.

E era impossivel que em nenhuma dessas sete vezes a numerosa commissão não tivesse dado pelo supposto erro.

A Constituição prohibio as longas interinidades, mesmo preenchidas pelo vice-presidente, no alto posto de presidente da Republica. E muito boas razões teve, com effeito, para isso (vejam-se as que expuzemos á pag. 161, quanto a creação do cargo de vice-presidente.)

A interessante discussão suscitada sobre este assumpto acha-se nos citados ANNAES DO SENADO, 1892, vol. I, pags. 104, 125 a 136, 158 a 171 e 173 a 182— e ANN. DA CAM. DOS DEP., 1892, vol. II, pags. 267-269, 283-288, 315-319, 333-336, 344 e 345.

§ 4.º Para essa eleição não haverá incompatibilidades.

(Decretos n. 510 de 22, de junho e n. 914 A, de 23 de outubro de 1890).

§ 3.º **Para essa eleição não haverá incompatibilidades.**

§ 3. **Para essa eleição não haverá incompatibilidades.** Tratava-se de pela primeira vez escolher quem viesse occupar o alto posto, creado pela Constituição, de presidente da recente Republica. E não convinha,—em vista do momento e das circumstancias, e pela consideração de bem esteiar e consolidar o novo regimen,—crear obstaculos á mais livre escolha de chefe da nação. Incompatibilidades, que em phases normaes têm toda a justificação, eram n'aquella occasião inadequadas e impediriam que podesse ser preferido quem então melhores garantias offerecesse, n'aquelle posto, á ordem, defesa e segurança da nação que estreava o novo governo.

ARTIGO PRIMEIRO

§ 5.º Concluida ella, o congresso dará por terminada a sua missão constituinte, e, separando-se em camara e senado, encetará o exercicio de suas runcções normaes.
(Decretos n. 510, de 22 de junho e n. 914 A, de 23 de outubro de 1890).

Substitua-se pelo seguinte o § 5 do art. 1.º:
Concluida ella, o congresso dará por terminada a sua missão e dissolver-se-á.—*J. Avellar* e outros.
(Emenda rejeitada em 20 de janeiro de 1891.)

Redija-se assim :
Concluida ella, o congresso dará por terminada a sua missão constituinte e se dissolverá, para proceder-se a nova eleição da camara e senado, que deverão funccionar em circumstancias normaes.—*Gil Goulart.—Monteiro de Barros.*
(Emenda rejeitada em 13 e 18 de fevereiro de 1891.)

Accrescente-se o seguinte ao art. 1 § 6 :
No dia 15 de junho do corrente anno.
Sala das sessões, 26 de janeiro de 1891.—*B. de Campos* e outros.
(Emenda approvada em 13 e 18 de fevereiro de 1891.)

Accrescente-se ao § 6.º:
Não podendo em hypothese alguma ser dissolvido. — *Barbosa Lima.*
(Idem.)

§ 4º. Concluida ella, o congresso dará por terminada a sua missão constituinte, e separando-se em camara e senado, encetará o exercicio de suas funcções normaes a 15 de junho do corrente anno, não podendo em hypothese alguma ser dissolvido.

---

§ 4. Separando-se em camara e senado, encetará o exercicio de suas funções normaes. Esta disposição, prorogatoria dos poderes do congresso constituinte, veio do projecto do governo provisorio. Na sessão de 26 de dezembro de 1890, o deputado Badaró aventou a dissolução, que considerava *acto patriotico* (Ann. do Cong. Const., vol. I, pag. 371). Emendas com esse fim, forão apresentadas pelos senadores Gil Goulart e Monteiro de Barros, e pelos deputados J. Avelar e outros (e nós fomos dos que por ellas votaram) Ann. cits., vol. 11, pag. 418, 423 e 518, e vol. 111, pag. 118).

A dissolução, votada pelo proprio congresso no fim de sua tarefa constituinte era sem duvida um acto decorrente da natureza de sua missão, de alta conveniencia politica, e que lhe ficaria muito bem. Fulgura nas paginas da historia o nobre exemplo da *assembléa nacional* franceza constituinte que espontaneamente se dissolveo (1791), tendo antes prohibido a reeleição de seos membros. Entre nós, os constituintes de 1823 a tal ponto consideravam improprios para a legislatura ordinaria os representantes incumbidos de trabalhos de organisação politica, que em seo monumental «projecto de constituição» confiando as reformas constitucionaes a assembléa especialmente para isso convocada (art. 270) estabeleceram que ella exclusivamente se occuparia do objecto de sua convocação *e findo o trabalho dissolver-se-ia* (art. 272) Ann. da assembléa constituinte de 1823, tomo V, pag. 24).

Vêm aqui de molde as seguintes insuspeitas considerações que, ao renunciar seo mandato, fazia com grande hombridade e isenção d'animo o deputado Raymundo Bandeira, na sessão de 23 de outubro de 1891 :

... este congresso se acha em um estado anomalo que não póde ser bem definido.
Eleito pela revolução, elle condemnou o regulamento que o elegeo, e entretanto legislou para si mesmo, para os seus interesses pecuniarios e para o tempo da sua duração.
Nem se diga que recebemos do eleitorado um mandato por prazo certo e determinado; não, sobre este assumpto não havia lei promulgada; neste ponto a Constituição não estava em vigor; fomos nós que votamos, e cada um de nós que foi eleito com poderes constituintes e legislativos parece ter recebido do seo eleitorado o mandato de demorar-se aqui durante o tempo que julgasse necessario para a organisação politica do paiz.
Seis novos collegas foram recusados, contra o meo voto, por brilhante parecer em que eram allegados os defeitos do regulamento Alvim e a necessidade constitucional de representar as minorias; o que importava nada menos do que a revogação do regulamento eleitoral, que não foi substituido, collocando o paiz em verdadeiro estado de sitio politico, desfalcando a representação de muitos Estados no congresso nacional, onde já havia perto de 20 vagas, quando tinham de ser decididas as mais importantes questões da nossa politica interna e externa.
Por coherencia e dando arrhas da nossa sinceridade, deviamos deixar os nossos logares para dar entrada a essa minoria, que a Constituição garantio e que o congresso achou que era de grande urgencia que fosse já representada.
Por outro lado, a Constituição estabeleceo um certo numero de incompatibilidades parlamentares, contra a minha opinião, apesar de em nenhuma dellas me achar comprehendido, e nós votaremos agora outras tantas incompatibilidades eleitoraes.
O membro do congresso não póde ser nomeado para empregos publicos, nem ser director de companhias que recebam favores do governo, etc., entretanto sabeis que grande numero de nossos collegas estão em taes condições, e não se consideram fóra da lei porque foram legisladores, quando devia ser exactamente o contrario.
Parece-me muito claro que si ha vantagens na representação das minorias e nas incompatibilidades, deve o paiz entrar desde já no goso dellas, e não ficar privado durante

nove annos, tanto dura um terço do senado; si a lei é inutil, vamos então modifical-a, e cortar estas excrescencias monstruosas.

Relativamente ás incompatibilidades eleitoraes, ainda o facto se me afigura mais grave, pois, segundo o projecto, que veio do senado, muito poucos dos actuaes representantes estavam isentos dellas. (*)
(ANN. da cam. dos deput., 1891, vol. IV, pag. 569—510.)

Não podendo em hypothese alguma ser dissolvido, clausula escusada, attendendo-se á indole do systema, de *poderes enumerados e restrictos*. Desde que a nenhuma autoridade se

(*) Relativamente a incompatibilidades ha ainda a notar o seguinte:
O projecto do governo provisorio, nas suas «Disposições-transitorias», art. 1, tinha estabelecido :
«§ 6.º Para a eleição do primeiro congresso não vigorarão as incompatibilidades da Constituição, art. 26 ns. 2 a 7; mas os excluidos por essa disposição, uma vez eleitos perderão os seos cargos, salvo si por elles optarem, logo que sejam reconhecidos senadores, ou deputados.»
Os constituintes, tendo votado que a materia das incompatibilidades eleitoraes ficasse para ser regulada por lei ordinaria (e é a disposição do art. 27), libertaram-se da alternativa estabelecida pelo § 6 acima transcripto, approvando uma emenda da commissão, que considerava prejudicado esse §. A lei ordinaria, tendo de applicar-se a novas eleições, não os alcançaria (ANN. DO CONG. CONST., vol. II, pag. 418).

conferia o poder de dissolver o congresso nacional, este, só por isso, ficava indissoluvel. Tal era, porém, então o estado de tensão das relações entre o congresso e o presidente da Republica, cada vez mais hostilisado por aquelle, chegando-se até a incluir nos artigos da lei de responsabilidade a incriminação do chefe do estado « por factos não especificados na lei » (*vide* pag. 217), que a maioria do congresso julgou dever precaver-se, estabelecendo aquella clausula redundante. E os acontecimentos não tardaram em mostrar inefficaz tal prevenção, sobrevindo o acto de dissolução de 3 de novembro de 1891, ao qual de passo nos referimos ácima (pag. 153), e cujos motivos constam do MANIFESTO AOS BRAZILEIROS, publicado no *Diario Official* d'aquella data.

Mas, o facto e sua apreciação pertencem ao dominio da historia politica, sahindo assim do plano d'esta obra.

Art. 30 (do tit. I, secção I, cap. III dos decretos ns. 510 e 914 A.

«§ 1.º No primeiro anno da primeira legislatura, logo nos trabalhos preparatorios, discriminará o senado o primeiro e segundo terços de seos membros, cujo mandato ha de cessar no termo do primeiro e segundo triennio.

«§ 2.º Essa discriminação effectuar-se-á em tres listas, correspondentes aos tres terços, graduando-se os senadores de cada Estado e os do districto federal pela ordem de sua votação respectiva, de modo que se distribua ao terço do ultimo triennio o primeiro votado no districto federal e em cada um dos Estados, e aos dous terços seguintes os outros dous nomes na escala dos suffragios obtidos.

§ 3.º Em caso de empate, considerar-se-ão favorecidos os mais velhos, decidindo-se por sorteio, quando a edade fôr egual.»

Sejam transferidos para as disposições transitorias os §§ 1º, 2º e 3º, do art. 30, passando a 4º a ser n. 1.

Emenda da commissão do congresso (approvada em 30 de dezembro de 1890.)

§ 5º. No primeiro anno da primeira legislatura, logo nos trabalhos preparatorios, discriminará o senado o primeiro e segundo terço de seos membros cujo mandato ha de cessar no termo do primeiro e do segundo triennios.

§ 6º. Essa discriminação effectuar-se-á em tres listas, correspondentes aos tres terços, graduando-se os senadores de cada Estado e os do districto federal pela ordem de sua votação respectiva, de modo que se distribua ao terço do ultimo triennio o primeiro votado no districto federal e em cada um dos Estados, e aos dous terços seguintes os outros dous nomes na escala dos suffragios obtidos.

§ 7º. Em caso de empate, considerar-se-ão favorecidos os mais velhos, decidindo-se por sorteio, quando a edade fôr egual.

§§ 5 a 7. São disposições que vinnam no texto da Constituição, ao occupar-se ella da renovação do senado pelo terço de seos membros. Por sua natureza transitoria o congresso constituinte as removeo para o lugar em que se acham (*Vide* art. 31, pag. 94).

A Constituição da União Norte-Americana pelo mesmo modo regulou a materia em seo art. 1, secç. III, n. 2.

Art. 2º. Dois annos depois de promulgada a Constituição, se algum Estado não estiver constituido, o governo federal fal-o-á adoptar a constituição de outro, que parecer mais accommodada ás condições do dito Estado, até que este a reforme pelo processo que a mesma Constituição estabelecer.
(Projecto da commissão do governo provisorio).

Art. 3º. O Estado que até o fim do anno de 1892 não houver decretado a sua Constituição, será submettido, por acto do poder legislativo federal, á de um dos outros, que mais conveniente a essa adaptação parecer, até que o Estado sujeito a esse regimen a reforme, pelo processo nella determinado.
(Decretos n. 510, de 22 de junho e n. 914 A, de 23 de outubro de 1890).

Art. 2º. O Estado que até o fim do anno de 1892 não houver decretado a sua Constituição, será submettido, por acto do congresso, á de um dos outros, que mais conveniente a essa adaptação parecer, até que o Estado sujeito a esse regimen a reforme, pelo processo nella determinado.

Art. 2º. Os constituintes se preoccuparam da hypothese de não serem promptos alguns Estados no estabelecerem suas Constituições politicas. Tal demora os privaria, por tempo que não deveria ficar indefinido, das vantagens da federação e deixaria no seio d'ella Estados sem governo regular e nos quaes não se executaria em sua plenitude o novo regimen. Adoptaram contra isso o expediente de fixar a todos o prazo maximo em que deveriam ficar organisados e lhes poz a comminação de, não o estando, ser-lhes applicada, pelo congresso nacional a Constituição de um dos outros Estados, a qual parecesse mais adaptavel, de modo que até 1892 estivessem todos elles organisados.

Não foi, porém, preciso pôr em pratica com relação a nenhum dos Estados semelhante providencia, avidos, como vinham do anterior regimen, de se constituirem autonomicamente.

Art. 3º. Á proporção que os Estados e o Districto Federal se forem organisando, o governo federal ir-lhes-á entregando a administração dos serviços que lhes competem pela Constituição, e liquidará a responsabilidade da administração federal no tocante a esses serviços e ao pagamento do respectivo pessoal.
(Projecto da commissão do governo provisorio).

Art. 4º. Á proporção que os Estados se forem organisando, o governo federal entregar-lhes-á a administração dos serviços, que pela Constituição lhes competirem, e liquidará a responsabilidade da administração federal no tocante a esses serviços e ao pagamento do pessoal respectivo.
(Decretos n. 510, de 22 de junho e n. 914 A, de 23 de outubro de 1890).

Art. 3º. Á proporção que os Estados se forem organisando, o governo federal entregar-lhes-á a administração dos serviços, que pela Constituição lhes competirem, e liquidará a responsabilidade da administração federal no tocante a esses serviços e ao pagamento do pessoal respectivo.

Art. 4º. Para que os Estados e o districto federal possam regularisar as despezas durante o periodo da organisação dos seos serviços, o governo federal abrir-lhes-á creditos especiaes, afim de attenderem a taes despezas.
(Projecto da commissão do governo provisorio.

Art. 5º. Emquanto os Estados se occuparem em regularisar as despesas, durante o periodo de organisação dos seos serviços, o governo federal, para esse fim abrir-lhes-á creditos especiaes, em condições fixadas pelo congresso.
(Decretos n. 510, de 22 de junho e n. 914 A, de 23 de outubro de 1890).

Art. 5º. Emquanto os Estados se occuparem em regularisar as despezas, durante o periodo de organisação dos seos serviços, o governo federal, para esse fim, abrir-lhes-á creditos especiaes, segundo as condições estabelecidas por lei.
Redacção pela commissão do congresso. (Approvada em 23 de fevereiro de 1891).

Art. 4º. Emquanto os Estados se occuparem em regularisar as despezas, durante o periodo de organisação dos seos serviços, o governo federal abrir-lhes-á para esse fim creditos especiaes, segundo as condições estabelecidas por lei.

Art. 5º. Dentro do prazo de dois annos, a contar da promulgação da Constituição, cessará a cobrança dos impostos da classificação antiga das rendas, quér geraes, quér de Estados, e entrará em vigor a classificação constante desta Constituição.
(Projecto da commissão do governo provisorio.

Art. 6º. Dentro em dois annos depois de approvada a Constituição pelo primeiro congresso, entrará em vigor a classificação das rendas nella estabelecida.
(Decretos n. 510, de 22 de junho e n. 914 A, de 13 de outubro de 1890).

Art. 6º. Diga-se:—Nos Estados que se forem organisando, entrará em vigor a classificação das rendas estabelecidas na Constituição.
Emenda da commissão do congresso (approvada em 20 de janeiro de 1891.)

Art. 5º. Nos Estados que se forem organisando, entrará em vigor a classificação das rendas estabelecidas na Constituição.

Arts. 3º a 5º. Contém disposições de caracter financeiro para amparar a situação provisoria dos Estados ainda não completamente organisados, e regularisar o custeio dos serviços administrativos n'elles, durante essa phase de transição.

Não poucos, para bem dizer, a maior parte entrávam para a federação em deploravel estado financeiro e previa-se que só com a **receita provincial** não supportariam os onus dos novos serviços. A alguns posteriormente votaram-se recursos (Leis n. 120, de 8 de novembro de 1892 ; n. 137 A, de 10 de setembro de 1893 ; n. 266, de 24 de dezembro de 1894, art. 6, § VII).

Art. 6°. Na primeira organisação do supremo tribunal de justiça a nomeação será feita por escolha entre os membros do actual supremo tribunal pelo presidente da Republica que tambem nomeará os primeiros juizes federaes, singulares ou collectivos, dentre os desembargadores das relações dos differentes estados e os juizes de direito mais antigos. Art. 7°. Na organisação de suas respectivas magistraturas cada Estado e districto federal dará preferencia, nas nomeações, aos seos actuaes juizes, quér da 1ª quér da 2ª instancia. Art. 8°. Os ministros do supremo tribunal de justiça, desembargadores e juizes de direito que por effeito da nova organisação judiciaria não tiverem collocação, ficarão avulsos, percebendo todos os seos vencimentos até que sejam empregados. Art. 9°. Emquanto cada Estado e o districto federal não se constituir, a despesa com a magistratura actual correrá pelos cofres federaes, mas irá sendo classificada á proporção que forem se organisando os respectivos tribunaes. (Projecto da commissão do governo provisorio).	Art. 7°. Nas primeiras nomeações para a magistratura federal de primeira e segunda instancia o presidente da Republica admittirá, quanto convenha á boa selecção desses tribunaes e juizes, os juizes de direito e desembargadores de mais nota. Art. 8. Na primeira organisação de suas respectivas magistraturas os Estados contemplarão de preferencia, quanto lhes permittir o interesse da melhor composição d'ellas, os actuaes juizes de primeira e segunda instancia. Art. 9°. Os membros do supremo tribunal de justiça, não admittidos ao supremo tribunal federal, serão aposentados com todos os seos vencimentos. (Decreto n. 510). Art. 9°. Os desembargadores e os membros do supremo tribunal de justiça não admittidos ao supremo tribunal federal, continuarão a perceber os seos vencimentos actuaes. (Decreto n. 914 A). Art. 10. Os desembargadores e juizes de direito, que, por effeito da nova organização judiciaria, perderem os seos logares, perceberão, emquanto não se empregarem, os seos vencimentos actuaes. (Decreto n. 510). Art. 10. Os juizes de direito que, por effeito da nova organisação judiciaria, perderem os seus logares, perceberão, emquanto não se empregarem, os seos actuaes ordenados. (Decreto n. 914 A). Art. 11. Emquanto os Estados não se constituirem, a despesa com a magistratura actual correrá pelos cofres federaes, mas irá sendo classificada á medida que se forem organisando os tribunaes respectivos. Decretos n. 510 e n. 914 A).	Arts. 7° a 11 substituam-se pelo seguinte : Nas primeiras nomeações para a magistratura federal e para os Estados serão preferidos os juizes de direito e desembargadores de mais nota. Os que não forem admittidos na nova organização judiciaria e tiverem mais de 30 annos de exercicio serão aposentados com todos os seus vencimentos. Os que tiverem menos de 30 annos de exercicio, continuarão a perceber os seus ordenados, até que sejam aproveitados ou aposentados com o ordenado correspondente ao tempo de exercicio. As despezas com os magistrados aposentados ou postos em disponibilidade serão pagas pelo governo federal.— *B. de Campos* e outros. (Emenda approvada em 20 de janeiro de 1891.)	Art. 6°. Nas primeiras nomeações para a **magistratura federal e para a dos Estados** serão preferidos os juizes de direito e os desembargadores de mais nota. Os que não forem admittidos na nova organização judiciaria, e tiverem mais de 30 annos de exercicio, serão aposentados com todos os seos vencimentos. Os que tiverem menos de 30 annos de exercicio continuarão a perceber seos ordenados, até que sejam aproveitados ou aposentados com ordenado correspondente ao tempo de exercicio. As despezas com os magistrados aposentados ou postos em disponibilidade serão pagas pelo governo federal.

Art. 6°. Primeiras nomeações para a magistratura. A abolição do regimen politico estabelecido pela carta organica outorgada como lei fundamental da nação em 1824, envolvia virtualmente a suppressão de todas as autoridades constituidas em virtude d'ella. Era isso logico (*), mas seria detrimentoso á nação applical-o com tal rigor que abrangesse os funccionarios todos d'ella; é obvio que muito perderia com isso certa ordem de elevados interesses nacionaes, primando entre estes a administração da justiça, um dos elementos conservadores da sociedade.

Bem o comprehenderam os homens de 15 de novembro. Em sua proclamação d'esse dia, annunciando a deposição da dynastia imperial e a extincção do systema monarchico, o governo provisorio, tomando a peito manter a ordem, a liberdade e os direitos do cidadão, firmou o compromisso constante do trecho que em seguida transcrevemos:

«As funcções da justiça ordinaria, bem como as da administração civil e militar, continuarão a ser exercidas pelos orgams até aqui existentes, com relação aos actos na plenitude de seos effeitos; com relação ás pessoas, respeitadas as vantagens e os direitos adquiridos por cada funccionario.

Coherentemente, no projecto de constituição consagrou disposição garantidora dos magistrados e o congresso nacional, com pequena alteração, a sanccionou, no artigo de que ora nos occupamos. Entretanto, em 1895, o governo aposentou forçadamente todos magistrados não aproveitados para a justiça federal e para a dos Estados (decret. n. 2056, de 25 de julho). Deo isto lugar a muitos d'elles levarem o caso, por via de acção competente, ao supremo tribunal federal, que annullou o acto, com relação aos reclamantes, lesados em seu direito, pois segundo a Constituição ou deveriam ter sido aproveitados em novas nomeações, ou se lhes conservariam os ordenados até serem aposentados (na fórma das leis, está visto, isto é, por invalidez ou por implemento do prazo legal). Os motivos dessa annullação constam dos accs. do sup. trib. fed. nas appell. n. 215 de 21 de novembro de 1896, n. 237 de 7 de abril de 1897, n. 395 de 10 de setembro, ns. 404 e 416 de 7 de novembro de 1898, e para aqui trasladamos os que vêm expostos no acc. n. 404 cit., de que fomos relator:

Considerando que a aposentadoria dos appellados deo-se com infracção do art. 74 da Constituição federal, que garante *em toda a sua plenitude* os cargos inamoviveis, do art. 75 que só autorisa a aposentadoria, em caso de invalidez no serviço da nação, e do art. 6 das *Disposições transitorias* da mesma Constituição, o qual só permitte aposentarem-se sem essa clausula os juizes que, não admittidos na nova organisação judiciaria, tiverem mais de 30 annos de exercicio, unica alteração feita á legislação sobre aposentadoria de magistrados, adoptada e mantida pelo art. 83 da Constituição;

Considerando que a clausula do cit. art. 6 «até que sejam aproveitados *ou aposentados com ordenado correspondente ao tempo de exercicio*» não se póde entender isoladamente, mas subordinada aos arts. supra citados, quér por ser vedado ao interprete e ao executor fazerem obra por uma unica disposição legal, que se prende a outras, sem tel-as em consideração (L. 24, *Dig. de leg.*), quér porque, tendo sido pensamento dominante nessa parte da Constituição garantir, e não prejudicar, aos magistrados vitalicios, a intelligencia contraria seria, não em proveito, mas em detrimento d'elles, e portanto infringente do salutar espirito que presidio a redacção do texto constitucional e que sobre este prevalece;

Considerando que seria ainda contrario a esse espirito aposentar forçadamente os magistrados sem attenção á condição de tempo e á de invalidez, ao passo que tão descommunal rigor não se usou para com qualquer das outras classes de funccionarios publicos, mas nada merecedores que a magistratura—*Eligendum est quod minimum habeat iniquitatis;*

Considerando que se acham ainda garantidos os magistrados pela lei n. 44 B, de 22 de junho de 1892, que no seo art. 1º assegura aos funccionarios vitalicios os direitos já adquiridos na conformidade das leis ordinarias, anteriores á Constituição federal, e essas leis anteriores só permittem a aposentadoria forçada por motivos de invalidez ou decrepitude (leis n. 2033, de 20 de setembro de 1871, art. 29 n. 10, e n. 3311, de 9 de outubro de 1886, art. 1º § 2º);

Considerando que a lei n. 149 de 18 de julho de 1893, mandando preferir para a nomeação de ministros togados do supremo tribunal militar os magistrados em disponibilidade (art. 2 b) e a de n. 221, de 20 de novembro de 1894, art. 7, determinando sejam preferidos no preenchimento das vagas de juiz seccional os antigos magistrados não aproveitados (isto quatro annos depois da Constituição), firmaram a intelligencia de que subsiste a classe de magistrados em disponibilidade, que o governo arbitrariamente supprimio pelo referido decreto n. 256, aposentando-lhes d'um jacto, seis mezes depois daquella lei, em vez de ir tirando da mencionada classe os que devessem occupar as varas de juizes de secção, como lhe cumpria fazer:...

Depois das citadas decisões do supremo tribunal, o governo, por decr. n. 3310, de 10 junho de 1898, revogou o referido decr. n. 2056, de 25 de julho de 1895.

Quanto aos juizes de direito nomeados pelo governo federal depois da promulgação da constituição, porém antes da organisação judiciaria do respectivo Estado, providenciou o decreto legislativo n. 657, de 25 de novembro de 1899, mandando-lhes pagar seos ordenados a datar do dia em que cada um tenha deixado o exercicio por força d'essa organisação e até serem aposentados ou aproveitados. *Vide* decr. n. 830 de 28 de dezembro de 1901.

(*) C'est surtout en politique qu'il convient d'avoir peur des logiciens à outrance (*Jules Simon.*)

Art. E' concedido a D. Pedro de Alcantara, ex-imperador do Brazil, uma pensão que, a contar de 15 de novembro de 1889, garanta-lhe, por todo o tempo de sua vida, subsistencia decente; ficando ao congresso ordinario fixar, em sua primeira reunião, a cifra daquella pensão.— *Antão de Faria* e outros.
(Additivo approvado em 21 de janeiro de 1891).

Art. Será adquirida a casa em que falleceo o Dr. Benjamin Constant, na qual se collocará uma lapide em homenagem á memoria do grande patriota—o fundador da Republica.

Paragrapho unico. A' viuva será concedido o usofructo durante a sua vida, passando ao depois para a nação, como propriedade nacional.—*Nelson de Vasconcellos*.
(Additivo approvado em 14 e 18 de fevereiro de 1891.)

Art. 7º. E' concedida a D. Pedro de Alcantara, ex-imperador do Brazil, uma pensão que, a contar de 15 de novembro de 1889, garanta-lhe, por todo o tempo de sua vida, subsistencia decente. O congresso ordinario, em sua primeira reunião, fixará o *quantum* desta pensão.
Redacção pela commissão do congresso (approvada em 23 de fevereiro de 1891).

Art. 8º. O governo federal adquirirá para a nação a casa em que falleceo o Dr. Benjamin Constant Botelho de Magalhães e n'ella mandará collocar uma lapide em homenagem á memoria do grande patriota—o fundador da Republica.

Paragrapho unico. A viuva do mesmo Dr. Benjamin Constant terá, emquanto viver, o usofructo da casa mencionada.
(Redacção pela commissão do congresso em 23 de fevereiro de 1891 e nesse dia approvada.)

Art. 7º. E' concedida a D. Pedro de Alcantara, ex-imperador do Brazil, uma pensão, que, a contar de 15 de novembro de 1889, garanta-lhe, por todo o tempo de sua vida, subsistencia decente, O congresso ordinario em sua primeira reunião, fixará o «quantum» desta pensão.

Art. 8º. O governo federal adquirirá para a nação a casa em que falleceo o Dr. Benjamin Constant Botelho de Magalhães e nella mandará collocar uma lapide em homenagem á memoria do grande patriota—o fundador da Republica.

Paragrapho unico. A viuva do mesmo Dr. Benjamin Constant terá, emquanto viver, o usofructo da casa mencionada.

Arts. 7º e 8º. Escapam ao plano d'esta obra, por não serem de caracter constitucional.

APPENDICE

PROCLAMAÇÃO DO GOVERNO PROVISORIO

(EM 15 DE NOVEMBRO DE 1889)

« Concidadãos!

« O povo, o exercito e a armada nacional, em perfeita communhão de sentimentos com os nossos concidadãos residentes nas provincias, acabam de decretar a deposição da dynastia imperial e consequentemente a extincção do systema monarchico representativo.

« Como resultado immediato desta revolução nacional, de caracter essencialmente patriotico, acaba de ser instituido um governo provisorio, cuja principal missão é garantir com a ordem publica a liberdade e o direito do cidadão.

« Para comporem este governo, emquanto a nação soberana, pelos seos orgãos competentes, não proceder á escolha do governo definitivo, foram nomeados pelo chefe do poder executivo da nação os cidadãos abaixo assignados.

« Concidadãos:

« O governo provisorio, simples agente temporario da soberania nacional, é o governo da paz, da liberdade, da fraternidade e da ordem.

« No uso das attribuições e faculdades extraordinarias de que se acha investido para a defesa da integridade da patria e da ordem publica, o governo provisorio por todos os meios ao seo alcance promette e garante a todos os habitantes do Brazil, nacionaes e estrangeiros, a segurança da vida e da propriedade, o respeito aos direitos individuaes e politicos, salvas, quanto a estes, as limitações exigidas pelo bem da patria e pela legitima defesa do governo proclamado pelo povo, pelo exercito e pela armada nacionaes.

« Concidadãos!

« As funcções da justiça ordinaria, bem como as funcções da administração civil e militar, continuarão a ser exercidas pelos orgãos até aqui existentes, com relação aos actos na plenitude dos seos effeitos; com relação ás pessoas, respeitadas as vantagens e os direitos adquiridos por cada funccionario.

« Fica, porém, abolida, desde já, a vitaliciedade do senado, e bem assim abolido o conselho de estado. Fica dissolvida a camara dos deputados.

« Concidadãos!

« O governo provisorio reconhece e acata todos os compromissos nacionaes contrahidos durante o regimen anterior, os tratados subsistentes com as potencias estrangeiras, a divida publica externa e interna, os contractos vigentes e mais obrigações legalmente estatuidas.

« Marechal MANOEL DEODORO DA FONCECA, chefe do governo provisorio.

« *Aristides da Silveira Lobo*, ministro do interior.

« *Ruy Barbosa*, ministro da fazenda e interinamente da justiça.

« Tenente-coronel *Benjamin Constant Botelho de Magalhães*, ministro da guerra.

« Chefe de esquadra *Eduardo Wandenkolk*, ministro da marinha.

« *Quintino Bocayuva*, ministro das relações exteriores e interinamente da agricultura, commercio e obras publicas. »

REDACÇÃO

DO

PROJECTO DE CONSTITUIÇÃO

VOTADO PELO CONGRESSO CONSTITUINTE

PARECER

A commissão especial do congresso, em cumprimento do disposto no art. 63 do Regimento Interno, apresenta a Constituição redigida de conformidade com o vencido.

Alguns artigos do projecto mereceram particular estudo e para elles a commissão chama a attenção do congresso afim de que se verifique si a redacção proposta está de inteiro accordo com o seo voto expresso.

Posto que não esteja claro, pareceo á commissão que a emenda ao art. 24, assignada pelo Sr. Meira de Vasconcellos e outros, deve comprehender os casos do art. 23, sendo, portanto, imposta a perda do mandato ao deputado ou ao senador que celebrar contractos com o poder executivo, delle receber emprego ou commissão remunerada, aceitar cargo diplomatico ou commando militar ou fôr presidente ou fizer parte de directoria de banco, companhia ou empreza que gose de favores do governo federal, salvo as excepções contidas no mesmo artigo.

Parece tambem á commissão que os arts. 23 e 24, redigidos de accordo com o vencido, encerram confusão e contradicção quanto á excepção feita para aceitação de *missões* diplomaticas e *commissões* militares (art. 23) e quanto á exigencia de licença das camaras para aceitação de *cargos* diplomaticos e *commandos* militares (art. 24).

A maioria da commissão pensa que, havendo incongruencia entre a emenda do Sr. Leovigildo Filgueiras ao n. 23 do art. 35 e os ns. 24 e 25 do mesmo artigo e outras disposições approvadas pelo congresso em votação posterior á da sobredita emenda, não está comtudo em suas attribuições tomar uma decisão capaz de harmonisar taes disposições de accordo com o pensamento do congresso, pelo que resolve submetter a difficuldade á deliberação do mesmo congresso.

Foi esta a opinião vencedora; entende, porém, a minoria da commissão que o pensamento do congresso fôra estabelecer a unidade de legislação, pelo que a emenda do Sr. Leovigildo Filgueiras devia ser redigida de modo a ficar claro que o direito processual a que se refere, é unicamente em relação á justiça federal; que deviam sr eliminados por superfluos os ns. 27 e 28 e conservado do n. 24 sómente o que diz respeito á naturalisação, visto como, firmada a regra de que ao congresso compete legislar privativamente sobre o direito civil, criminal e commercial, é escusado que a Constituição declare competir-lhe a faculdade de legislar sobre fallencia, sobre os crimes politicos, a pirataria, etc.

No art. 48 a commissão substituio as palavras —até o dia 20 de maio do mesmo anno— por estas outras —na sua primeira sessão— e assim procedeo attendendo á emenda do Sr. Campos Salles ao art. 17, que foi approvada pelo congresso, e segundo a qual uma lei ordinaria poderá designar para a reunião legislativa outro dia que não seja o 3 de maio.

Sala da commissão, em 21 de fevereiro de 1891.

U. do Amaral.
Lauro Sodré.
Lauro Müller.
Manoel Francisco Machado.
Virgilio C. Damasio.
Joaquim Catunda.
Lopes Trovão.
Gil Goulart.
Manoel P. de Oliveira Valladão.
Theodoro Alves Pacheco.
José Hygino.
Gabino Besouro.
Julio de Castilhos.
Leopoldo de Bulhões.
Dr, J. B. Lapér.
João Soares Neiva.

REDACÇÃO

CONSTITUIÇÃO
DA
REPUBLICA DOS ESTADOS UNIDOS DO BRAZIL

TITULO I
DA ORGANISAÇÃO FEDERAL
DISPOSIÇÕES PRELIMINARES

Art. 1°.—A Nação Brazileira adopta como fórma de governo, sob o regimen representativo, a Republica Federativa proclamada a 15 de novembro de 1889, e constitue-se, por união perpetua e indissoluvel das suas antigas provincias, em Estados-Unidos do Brazil.

Art. 2°.—Cada uma das antigas provincias formará um Estado, e o antigo municipio neutro constituirá o Districto Federal, continuando a ser a capital da União, emquanto não fôr observado o disposto no artigo seguinte.

Art. 3°.—Fica pertencendo á União uma zona de 14.400 kilometros quadrados, no planalto central da Republica, a qual será opportunamente demarcada para nella estabelecer-se a futura capital federal.

Paragrapho unico. Effectuada a mudança da capital, o actual Districto Federal passará a constituir um Estado.

Art. 4°.—Os Estados podem encorporar-se entre si, subdividir-se, ou desmembrar-se, para se annexarem a outros, ou formarem novos Estados, mediante acquiescencia das respectivas assembléas legislativas, em duas sessões annuaes successivas, e approvação do Congresso Nacional.

Art. 5°.—Incumbe a cada Estado prover, a expensas proprias, ás necessidades de seu governo e administração; a União, porém, prestará soccorros ao Estado que, em caso de calamidade publica, o solicitar.

Art. 6°.—O Governo Federal não poderá intervir em negocios peculiares aos Estados, salvo:

1°. Para repellir invasão estrangeira, ou de um Estado em outro;

2°. Para manter a fórma republicana federativa;

3°. Para restabelecer a ordem e a tranquillidade nos Estados á requisição dos respectivos governos;

4°. Para assegurar a execução das leis e das sentenças federaes.

Art. 7°.—E' da competencia exclusiva da União decretar:

1°. Impostos sobre a importação de procedencia estrangeira;

2°. Direitos de entrada, sahida e estada de navios, sendo livre o commercio de cabotagem ás mercadorias nacionaes, bem como ás estrangeiras que já tenham pago imposto de importação;

3°. Taxas de sello, salvo a restricção do art. 9° n. 1;

4°. Taxas dos correios e telegraphos federaes;

§ 1°. Tambem compete privativamente á União:

1°. A instituição de bancos emissores;

2°. A creação e manutenção de alfandegas.

§ 2°. Os impostos decretados pelo União devem ser uniformes para todos os Estados.

§ 3°. As leis da União, os actos e as sentenças de suas autoridades serão executados em todo o paiz por funccionarios federaes, podendo a respectiva execução ser confiada aos governos dos respectivos Estados, mediante annuencia destes.

Art. 8°. E' vedado ao Governo Federal crear, de qualquer modo, distincções e preferencias em favor dos portos de uns contra os de outros Estados.

Art. 9°. E' da competencia exclusiva dos Estados decretar impostos:

1°. Sobre a exportação de mercadorias de sua propria producção;

2°. Sobre immoveis ruraes e urbanos;

3°. Sobre transmissão de propriedade;

4°. Sobre industrias e profissões.

§ 1°. Tambem compete exclusivamente aos Estados decretar:

1°. Taxas de sello quanto aos actos emanados de seus respectivos governos e negocios de sua economia;

2°. Contribuições concernentes aos seos telegraphos e correios.

§ 2°. E' isenta de impostos, no Estado por onde se exportar, a producção dos outros Estados.

§ 3°. Só é licito a um Estado tributar a importação de mercadorias estrangeiras quando destinadas ao consumo no seo territorio, revertendo, porém, o producto do imposto para o Thesouro Federal.

§ 4°. Fica salvo aos Estados o direito de estabelecerem linhas telegraphicas entre os diversos pontos de seos territorios, e entre estes e os de outros Estados, que se não acharem servidos por linhas federaes, podendo a União desapropial-as, quando tôr de interesse geral.

Art. 10.—E' prohibido aos Estados tributar bens e rendas federaes ou serviços a cargo da União, e reciprocamente.

Art. 11.—E' vedado aos Estados, como á União:

1°. Crear impostos de transito pelo territorio de um Estado, ou na passagem de um para outro, sobre productos de outros Estados da Republica, ou estrangeiros, e bem assim sobre os vehiculos, de terra e agua, que os transportarem;

2°. Estabelecer, subvencionar, ou embaraçar o exercicio de cultos religiosos;

3°. Prescrever leis retroactivas.

Art. 12.—Além das fontes de receita discriminadas nos arts. 7° e 9°, é licito á União, como aos Estados, cumulativamente, ou não, crear outras quaesquer, não contravindo o disposto nos arts. 7°, 9° e 11 § 1°.

Art. 13.—O direito da União e dos Estados de legislarem sobre viação ferrea e navegação interior, será regulado por lei federal.

Paragrapho unico. A navegação de cabotagem será feita por navios nacionaes.

Art. 14.—As forças de terra e mar são instituições nacionaes permanentes, destinadas á defesa da patria no exterior e á manutenção das leis no interior.

A força armada é essencialmente obediente, dentro dos limites da lei, aos seus superiores hierarchicos, e obrigada a sustentar as instituições constitucionaes.

Art. 15.—São orgãos da soberania nacional o poder legislativo, o executivo e o judiciario, harmonicos e independentes entre si.

SECÇÃO I
DO PODER LEGISLATIVO
CAPITULO I
DISPOSIÇÕES GERAES

Art. 16.—O poder legislativo é exercido pelo Congresso Nacional, com a sancção do presidente da Republica.

§ 1°. O Congresso Nacional compõe-se de dois ramos: a Camara dos Deputados e o Senado.

§ 2°. A eleição para Senadores e Deputados far-se-ha simultaneamente em todo o paiz.

§ 3°. Ninguem pode ser, ao mesmo tempo, Deputado e Senador.

Art. 17.—O Congresso reunir-se-ha, na Capital Federal, independente de convocação, a 3 de maio de cada anno, si a lei não designar outro dia, e funccionará quatro mezes da data da abertura, podendo ser prorogado, adiado ou convocado extraordinariamente.

§ 1°. Só ao Congresso compete deliberar sobre a prorogação e adiamento de suas sessões.

§ 2°. Cada legislatura durará tres annos.

§ 3°. O governo do Estado em cuja representação se der vaga, por qualquer causa, inclusive renuncia, fará proceder immediatamente a nova eleição.

Art. 18.—A Camara dos Deputados e o Senado trabalharão separadamente e em sessões publicas, quando não se resolver o contrario por maioria de votos. As deliberações serão tomadas por maioria de votos, achando-se presente em cada uma das camaras a maioria absoluta dos seos membros.

Paragrapho unico. A cada uma das Camaras compete:
Verificar e reconhecer os poderes de seos membros;
Eleger a sua mesa;
Organisar o seo regimento interno;
Regular o serviço de sua policia interna;
Nomear os empregados de sua secretaria.

Art. 19.—Os Deputados e Senadores são inviolaveis por suas opiniões, palavras e votos no exercicio do mandato.

Art. 20.—Os Deputados e os Senadores, desde que tiverem recebido diploma até á nova eleição, não poderão ser presos, salvo caso de flagrancia em crime inafiançavel, nem processados criminalmente sem previa licença de sua camara. Levado o processo até pronuncia exclusive, a autoridade processante remetterá os autos á camara respectiva, para resolver sobre a procedencia da accusação, si o accusado não optar pelo julgamento immediato.

Art. 21.—Os membros das duas Camaras, ao tomar assento, contrahirão compromisso formal, em sessão publica, de bem cumprir os seos deveres.

Art. 22.—Durante as sessões vencerão os Senadores e os Deputados um subsidio pecuniario igual, e a ajuda de custo que serão fixados pelo Congresso, no fim de cada legislatura para a seguinte.

Art. 23.—Desde que tenham sido eleitos, os membros do congresso não poderão celebrar contractos com o poder executivo, nem delle receber empregos ou commissões remuneradas, salvo missões diplomaticas, commissões militares, ou cargos de accesso ou promoção legal.

Art. 24.—O Deputado ou o Senador não póde aceitar nomeação para cargo diplomatico ou commando militar sem licença da respectiva camara, salvo nos casos de guerra ou naquelles em que que a honra e a integridade da União se achem empenhadas.

Art. 25.—O Deputado ou o Senador não póde tambem ser presidente ou fazer parte de directorias de bancos, companhias ou empresas que gosem de favores do governo federal definidos em lei.

Paragrapho unico. A inobservancia dos preceitos contidos nos tres artigos antecedentes importa perda do mandato.

Art. 26.—O mandato legislativo é incompativel com o exercicio de qualquer outra funcção durante as sessões.

Art. 27.—São condições de elegibilidade para o Congresso Nacional:

1°. Estar na posse dos direitos de cidadão brazileiro e ser alistavel como eleitor;

2°. Para a Camara, ter mais de quatro annos de cidadão brazileiro, e para o Senado mais de seis.

Esta disposição não comprehende os cidadãos a que refere-se o n. 4 do art. 70.

Art. 28.—O Congresso declarará, em lei especial, os casos de incompatibilidade eleitoral.

CAPITULO II

DA CAMARA DOS DEPUTADOS

Art. 29.—A Camara dos Deputados compõe-se de representantes do povo eleitos pelos Estados e pelo Districto Federal, mediante o suffragio directo, garantida a representação da minoria.

§ 1°. O numero dos deputados será fixado por lei em proporção que não excederá de um por setenta mil habitantes, não devendo esse numero ser inferior a quatro por Estado.

§ 2°. Para este fim mandará o Governo Federal proceder, desde já, ao recenseamento da população da Republica, o qual será revisto decennalmente.

Art. 30.—Compete á Camara a iniciativa do adiamento da sessão legislativa e de todas as leis de impostos, das leis de fixação das forças de terra e mar, da discussão dos projectos offerecidos pelo Poder Executivo e a declaração da procedencia ou improcedencia da accusação contra o Presidente da Republica, nos termos do art. 54, e contra os Secretarios de Estado nos crimes connexos com os do Presidente da Republica.

CAPITULO III

DO SENADO

Art. 31.—O Senado compõe-se de cidadãos elegiveis nos termos do art. 27 e maiores de 35 annos, em numero de tres senadores por Estado e tres pelo Districto Federal, eleitos pelo mesmo modo por que o são os Deputados.

Art. 32.—O mandato de Senador durará nove annos, renovando-se o Senado pelo terço triennalmente.

Paragrapho unico. O Senador eleito em substituição de outro exercerá o mandato pelo tempo que restava ao substituido.

Art. 33.—O Vice-Presidente da Republica será Presidente do Senado, onde só terá voto de qualidade, e será substituido, nas ausencias e impedimentos, pelo Vice-Presidente da mesma camara.

Art. 34.—Compete privativamente ao senado julgar o presidente da Republica e os demais funccionarios federaes designados pela Constituição, nos termos e pela fórma que ella prescreve.

§ 1°. O senado, quando deliberar como tribunal de justiça, será presidido pelo presidente do Supremo Tribunal Federal.

§ 2°. Não proferirá sentença condemnatoria senão por dous terços dos membros presentes.

§ 3°. Não poderá impôr outras penas mais que a perda do cargo e a incapacidade de exercer qualquer outro, sem prejuizo da acção da justiça ordinaria contra o condemnado.

CAPITULO IV

DAS ATTRIBUIÇÕES DO CONGRESSO

Art. 35.—Compete privativamente ao Congresso Nacional:

1°. Orçar a receita, fixar a despesa federal annualmente e tomar as contas da receita e despesa de cada exercicio financeiro;

2°. Autorizar o poder executivo a contrahir emprestimos, e a fazer outras operações de credito;

3°. Legislar sobre a divida publica, e estabelecer os meios para o seo pagamento;

4°. Regular a arrecadação e a distribuição das rendas federaes;

5°. Regular o commercio internacional, bem como o dos Estados entre si e com o Districto Federal, alfandegar portos, crear ou supprimir entrepostos;

6°. Legislar sobre a navegação dos rios, que banhem mais de um Estado ou se extendam a territorios estrangeiros;

7°. Determinar o peso, o valor, a inscripção, o typo e a denominação das moedas;

8°. Crear bancos de emissão, legislar sobre ella, e tributal-a;

9°. Fixar o padrão dos pesos e medidas;

10. Resolver definitivamente sobre os limites dos Estados entre si, os do Districto Federal, e os do territorio nacional com as nações limitrophes;

11. Autorizar o governo a declarar a guerra si não tiver logar ou mallograr-se o recurso do arbitramento, e a fazer a paz;

12. Resolver definitivamente sobre os tratados e convenções com as nações estrangeiras;

13. Mudar a capital da União;

14. Conceder subsidios aos Estados na hypothese do art. 5°;

15. Legislar sobre o serviço dos correios e telegraphos federaes;

16. Adoptar o regimen conveniente á segurança das fronteiras;

17. Fixar annualmente as forças de terra e mar;

18. Legislar sobre a organisação do exercito e da armada;
19. Conceder ou negar passagem a' forças estrangeiras pelo territorio do paiz, para operações militares;
20. Mobilisar e utilisar a Guarda Nacional ou milicia civica, nos casos previstos pela Constituição;
21. Declarar em estado de sitio um ou mais pontos do territorio nacional, na emergencia de aggressão por forças estrangeiras ou de commoção interna, e approvar ou suspender o sitio que houver sido declarado pelo poder executivo, ou seos agentes responsaveis, na ausencia do congresso;
22. Regular as condições e o processo da eleição para os cargos federaes em todo o paiz;
23. Legislar sobre o direito civil, criminal, commercial e processual da Republica;
24. Estabelecer leis uniformes sobre naturalisação e fallencia;
25. Definir e punir os crimes politicos, os de falsificação da moeda e dos titulos publicos da União, e os commettidos no alto mar;
26. Crear e supprimir empregos publicos federaes, fixar-lhes as attribuições, e estipular-lhes os vencimentos;
27. Organisar a justiça federal, nos termos do art. 56 e seguintes da Secção III;
28. Legislar contra a pirataria e os attentados ao direito das gentes;
29. Conceder amnistia;
30. Commutar e perdoar as penas impostas, por crimes de responsabilidade, aos funccionarios federaes;
31. Legislar sobre terras e minas de propriedade da União;
32. Legislar sobre a organisação municipal do Districto Federal, bem como sobre a policia, o ensino superior e os demais serviços que na Capital forem reservados para o governo da União;
33. Submetter a legislação especial os pontos do territorio da Republica necessarios para a fundação de arsenaes, ou outros estabelecimentos e instituições de conveniencia federal;
34. Regular os casos de extradição entre os Estados;
35. Decretar as leis e resoluções necessarias ao exercicio dos poderes, que pertencem á União;
36. Decretar as leis organicas para a execução completa da Constituição;
37. Prorogar suas sessões.

Art. 36.—Incumbe, outrosim, ao Congresso, mas não privativamente:
1°. Velar na guarda da Constituição e das leis, e providenciar sobre as necessidades de caracter federal;
2°. Animar, no paiz, o desenvolvimento das letras, artes, e sciencias, bem como a immigração, a agricultura, a industria e o commercio, sem privilegios que tolham a acção dos governos locaes;
3°. Crear instituições de ensino superior e secundario nos Estados;
4°. Prover á instrucção secundaria no Districto Federal.

CAPITULO V

DAS LEIS E RESOLUÇÕES

Art. 37.—Salvas as excepções do art. 30, todos os projectos de lei podem ter origem indistinctamente na Camara, ou no Senado, sob a iniciativa de qualquer dos seos membros.

Art. 38.—O projecto de lei, adoptado n'uma das camaras, será submettido á outra; e esta, si o approvar, envial-o-ha ao poder executivo, que, acquiescendo, o sanccionará e promulgará.

§ 1°. Si, porém, o Presidente da Republica o julgar inconstitucional, ou contrario aos interesses da nação, negará sua sancção dentro de dez dias uteis, d'aquelle em que recebeu o projecto, devolvendo-o, nesse mesmo prazo, á camara, onde elle se houver iniciado, com os motivos da recusa.

§ 2°. O silencio do Presidente da Republica no decendio importa a sancção.
Elle dará publicidade ás suas razões, no caso de recusa de sancção, quando estiver encerrado o congresso.

§ 3°. Devolvido o projecto á camara iniciadora, ahi se sujeitará a uma discussão e á votação nominal, considerando-se approvado, si obtiver dous terços dos suffragios presentes. Neste caso, o projecto será remettido á outra camara, que, si o approvar pelos mesmos tramites, e pela mesma maioria, o enviará, como lei, ao poder executivo para a formalidade da promulgação.

§ 4°. A sancção e a promulgação effectuam-se por estas formulas:
1ª «O Congresso Nacional decreta, e eu sancciono a seguinte lei (ou resolução).»
2ª «O Congresso Nacional decreta, e eu promulgo a seguinte lei (ou resolução).»

Art. 39.—Não sendo a lei promulgada pelo Presidente da Republica nos casos dos §§ 2° e 3° do art. 38, dentro de 48 horas, o presidente do Senado ou o vice-presidente, si o primeiro não o fizer em igual prazo, a promulgará, usando da seguinte formula: «F., presidente (ou vice-presidente) do Senado, faço saber aos que a presente virem que o Congresso Nacional decreta e promulga a seguinte lei ou resolução».

Art. 40.—O projecto de uma Camara, emendado na outra, volverá á primeira, que, si aceitar as emendas, envial-o-ha, modificado em conformidade dellas, ao Poder Executivo.

§ 1°. No caso contrario, volverá á Camara revisora, e considerar-se-hão approvadas as alterações, si obtiverem dous terços dos votos dos membros presentes. O projecto será então remettido á camara iniciadora que só o poderá reprovar pela mesma maioria.

§ 2°. Rejeitadas deste modo as alterações, o projecto submetter-se-ha sem ellas á sancção.

Art. 41.—Os projectos rejeitados, ou não sanccionados, não se poderão renovar na mesma sessão legislativa.

SECÇÃO II

DO PODER EXECUTIVO

CAPITULO I

DO PRESIDENTE E DO VICE-PRESIDENTE

Art. 42.—Exerce o Poder Executivo o Presidente da Republica dos Estados Unidos do Brazil, como chefe electivo da nação.

§ 1°. Substitue o Presidente, no caso de impedimento, e succede-lhe, no de falta, o Vice-Presidente, eleito simultaneamente com elle.

§ 2°. No impedimento, ou falta do Vice-Presidente, serão successivamente chamados á presidencia o Vice-Presidente do Senado, o Presidente da Camara e o do Supremo Tribunal Federal.

§ 3°. São condições essenciaes, para ser eleito Presidente, ou Vice-Presidente da Republica:
1°. Ser brazileiro nato;
2°. Estar no exercicio dos direitos politicos;
3°. Ser maior de trinta e cinco annos.

Art. 43.—Si, no caso de vaga, por qualquer causa, da Presidencia ou Vice-Presidencia, não houverem ainda decorrido dous annos do periodo presidencial, proceder-se-ha á nova eleição.

Art. 44.—O Presidente exercerá o cargo por quatro annos, não podendo ser reeleito para o periodo presidencial immediato.

§ 1°. O Vice-Presidente que exercer a presidencia no ultimo anno do periodo presidencial, não poderá ser eleito Presidente para o periodo seguinte.

§ 2°. O Presidente deixará o exercicio de suas funcções, improrogavelmente, no mesmo dia em que terminar o seu periodo presidencial, succedendo-lhe logo o recem-eleito.

§ 3°. Si este se achar impedido, ou faltar, a substituição far-se-ha nos termos do art. 42 §§ 1° e 2°.

§ 4° O primeiro periodo presidencial terminará a 15 de novembro de 1894.

Art. 45.—Ao empossar-se do cargo, o Presidente pronunciará, em sessão do Congresso, ou si este não estiver reunido, ante o Supremo Tribunal Federal, esta affirmação:
«Prometto manter e cumprir com perfeita lealdade a Constituição Federal, promover o bem geral da Republica, observar as suas leis, sustentar-lhe a união, a integridade e a independencia. »

Art. 46.—O Presidente e o Vice-Presidente não podem sahir do territorio nacional sem permissão do Congresso, sob pena de perderem o cargo.

Art. 47.—O Presidente e o Vice-Presidente perceberão subsidio, fixado pelo Congresso no periodo presidencial antecedente.

CAPITULO II
DA ELEIÇÃO DE PRESIDENTE E VICE-PRESIDENTE

Art. 48.—O Presidente e o Vice-Presidente da Republica serão eleitos por suffragio directo da Nação, e maioria absoluta de votos.

§ 1°. A eleição terá logar no dia 1 de março do ultimo anno do periodo presidencial, procedendo-se na Capital Federal e nas capitaes dos Estados á apuração dos votos recebidos nas respectivas circumscripções.

O Congresso fará a apuração na sua primeira sessão do mesmo anno, com qualquer numero de membros presentes.

§ 2°. Si nenhum dos votados houver alcançado maioria absoluta, o Congresso elegerá, por maioria dos votos presentes, um, dentre os que tiverem alcançado as duas votações mais elevadas, na eleição directa.

Em caso de empate, considerar-se-ha eleito o mais velho.

§ 3°. O processo da eleição e da apuração será regulado por lei ordinaria.

§ 4°. São inelegiveis para os cargos de Presidente e Vice-Presidente os parentes consanguineos e affins, nos 1° e 2° gráos, do Presidente ou Vice-Presidente, que se achar em exercicio no momento da eleição ou que o tenha deixado até seis mezes antes.

CAPITULO III
DAS ATTRIBUIÇÕES DO PODER EXECUTIVO

Art. 49.—Compete privativamente ao Presidente da Republica:

1°. Sanccionar, promulgar e fazer publicar as leis e resoluções do Congresso; expedir decretos, instrucções e regulamentos para a sua fiel execução;

2°. Nomear e demittir livremente os Ministros de Estado;

3°. Exercer ou designar quem deva exercer o commando supremo das forças de terra e mar dos Estados Unidos do Brazil, quando forem chamadas ás armas em defesa interna ou externa da União;

4°. Administrar o Exercito e a Armada e distribuir as respectivas forças, conforme as leis federaes e as necessidades do Governo Nacional;

5°. Prover os cargos civis e militares de caracter federal, salvas as restricções expressas na Constituição;

6°. Indultar e commutar as penas nos crimes sujeitos á jurisdicção federal, salvo nos casos a que se referem os arts. 35, n. 30, e 53, § 2°;

7°. Declarar a guerra, e fazer a paz nos termos do art. 35, n. 11;

8°. Declarar immediatamente a guerra, nos casos de invasão ou aggressão estrangeira;

9°. Dar conta annualmente da situação do paiz ao Congresso Nacional, indicando-lhe as providencias e reformas urgentes, em uma mensagem, que remetterá ao secretario de Senado no dia da abertura da sessão legislativa;

10. Convocar o Congresso extraordinariamente;

11. Nomear os magistrados federaes mediante proposta do Supremo Tribunal;

12. Nomear os membros do Supremo Tribunal Federal e os ministros diplomaticos, sujeitando a nomeação á approvação do Senado.

Na ausencia do Congresso, designal-os-ha em commissão até que o Senado se pronuncie;

13. Nomear os demais membros do corpo diplomatico e os agentes consulares;

14. Manter as relações com os Estados estrangeiros;

15. Declarar, por si, ou seus agentes responsaveis, o estado de sitio em qualquer ponto do territorio nacional, nos casos de aggressão estrangeira, ou grave commoção intestina; (Art. 6° n. 3; art. 35 n. 21 e art. 81.)

16. Entabolar negociações internacionaes, celebrar ajustes convenções e tratados, sempre *ad referendum* do Congresso, e approvar os que os Estados celebrarem na conformidade do art. 66, submettendo-os, quando cumprir, á autoridade do Congresso.

CAPITULO IV
DOS MINISTROS DE ESTADO

Art. 50.—O Presidente da Republica é auxiliado pelos Ministros de Estado, agentes de sua confiança, que lhe subscrevem os actos, e presidem cada um a uma das secretarias, em que se divide a administração federal.

Art. 51.—Os ministros de Estado não poderão accumular o exercicio de outro emprego ou funcção publica, nem ser eleitos Presidente ou Vice-Presidente da União, Deputado ou Senador.

Paragrapho unico. O Deputado, ou Senador, que aceitar o cargo de Ministro de Estado, perderá o mandato e proceder-se-ha immediatamente a nova eleição, na qual não poderá ser votado.

Art. 52—Os Ministros de Estado não poderão comparecer ás sessões do Congresso, e só se communicarão com elle por escripto, ou pessoalmente em conferencia com as commissões das camaras.

Os relatorios annuaes dos Ministros serão dirigidos ao Presidente do Republica e distribuidos por todos os membros do Congresso.

Art. 53.—Os Ministros de Estado não são responsaveis perante o Congresso, ou perante os Tribunaes, pelos conselhos dados ao Presidente da Republica.

§ 1°. Respondem, porém, quanto aos seus actos, pelos crimes qualificados em lei.

§ 2°. Nos crimes communs e de responsabilidade serão processados e julgados pelo Supremo Tribunal Federal, e, nos connexos com os do Presidente da Republica, pela autoridade competente para o julgamento deste.

CAPITULO V
DA RESPONSABILIDADE DO PRESIDENTE

Art. 54.—O Presidente dos Estados Unidos do Brazil será submettido a processo e a julgamento, depois que a Camara declarar procedente a accusação, perante o Supremo Tribunal Federal, nos crimes communs, e, nos de responsabildade, perante o Senado.

Paragrapho unico: Decretada a procedencia da accusação ficará o Presidente suspenso de suas funcções.

Art. 55.—São crimes de responsabilidade, os actos do Presidente da Republica, que attentarem contra:

1°. A existencia politica da União;
2°. A Constituição e a forma do governo federal;
3°. O livre exercicio dos poderes politicos;
4°. O goso e exercicio legal dos direitos politicos, ou individuaes;
5°. A segurança interna do paiz;
6°. A probidade da administração;
7°. A guarda e emprego constitucional dos dinheiros publicos;
8°. As leis orçamentarias votadas pelo Congresso.

§ 1°. Esses delictos serão definidos em lei especial.

§ 2°. Outra lei lhes regulará a accusação, o processo e o julgamento.

§ 3°. Ambas essas leis serão feitas na primeira sessão do primeiro Congresso.

SECÇÃO III
DO PODER JUDICIARIO

Art. 56.—O poder judiciario da União terá por orgãos um Supremo Tribunal, com séde na Capital da Republica e tantos juizes e tribunaes federaes, distribuidos pelo paiz, quantos o Congresso crear.

Art. 57. O Supremo Tribunal Federal compor-se-ha de quinze juizes, nomeados na fórma do art. 49, n. 12, dentre os cidadãos de notavel saber e reputação, elegiveis para o Senado.

Art. 58.—Os juizes federaes são vitalicios e perderão o cargo unicamente por sentença judicial.

§ 1°. Os seus vencimentos serão determinados por lei e não poderão ser diminuidos.

§ 2°. O Senado julgará os membros do Supremo Tribunal Federal nos crimes de responsabilidade, e este os juizes federaes inferiores.

Art. 59.—Os tribunaes federaes elegerão de seu seio os seus presidentes e organisarão as respectivas secretarias.

§ 1°. A nomeação e a demissão dos empregados de Secretaria, bem como o provimento dos officios de justiça nas circumscripções judiciarias, compete respectivamente aos presidentes dos tribunaes.

§ 2°. O Presidente da Republica designará, dentre os membros do Supremo Tribunal Federal, o Procurador Geral da Republica, cujas as attribuições se definirão em lei.

Art. 60.—Ao Supremo Tribunal compete:

I Processar e julgar originaria e privativamente:

a) o Presidente da Republica nos crimes communs, e os Ministros de Estado nos casos do art. 53;

b) os ministros diplomaticos, nos crimes communs e nos de responsabilidade;

c) as causas e conflictos entre a União e os Estados, ou entre estes uns com os outros;

d) os litigios e as reclamações entre nações estrangeiras e a União ou os Estados;

e) os conflictos dos juizes ou tribunaes federaes entre si, ou entre estes e os dos Estados, assim como os dos juizes e tribunaes de um Estado com os juizes e os tribunaes de outro Estado.

II Julgar, em gráo de recurso, as questões resolvidas pelos juizes e tribunaes federaes, assim como as de que tratão o presente artigo, § 1° e o art. 61;

III Rever os processos findos, nos termos do art. 82.

§ 1°. Das sentenças das justiças dos Estados em ultima instancia haverá recurso para o Supremo Tribunal Federal:

a) quando se questionar sobre a validade, ou a applicação de tratados e leis federaes, e a decisão do tribunal do Estado fôr contra ella;

b) quando se contestar a validade de leis ou de actos dos governos dos Estados em face da Constituição, ou das leis federaes, e a decisão do tribunal do Estado considerar validos os actos, ou as leis impugnadas.

§ 2°. Nos casos em que houver de applicar leis dos Estados, a justiça federal consultará a jurisprudencia dos tribunaes locaes, e vice-versa, as justiças dos Estados consultarão a jurisprudencia dos tribunaes federaes, quando houverem de interpretar leis da União.

Art. 61.—Compete aos juizes ou tribunaes federaes processar e julgar:

a) as causas em que alguma das partes fundar a acção, ou a defesa, em disposição da Constituição Federal;

b) todas as causas propostas contra o governo da União ou Fazenda Nacional, fundadas em disposições da Constituição, leis e regulamentos do poder executivo, ou em contractos celebrados com o mesmo governo;

c) as causas provenientes de compensações, reivindicações, indemnização de prejuizos ou quaesquer outras, propostas pelo governo da União contra particulares ou vice-versa;

d) os litigios entre um Estado e cidadãos de outro, ou entre cidadãos de Estados diversos, diversificando as leis destes;

e) os pleitos entre Estados estrangeiros e cidadãos brazileiros;

f) as acções movidas por estrangeiros e fundadas, quér em contractos com o Governo da União, quér em convenções ou tratados da União com outras nações;

g) as questões de direito maritimo e navegação, assim no oceano como nos rios e lagos do paiz;

h) as questões de direito criminal ou civil internacional;

i) os crimes politicos.

§ 1°. E' vedado ao Congresso commetter qualquer jurisdicção federal ás justiças dos Estados.

§ 2°. As sentenças e ordens da magistratura federal são executadas por officiaes judiciarios da União, aos quaes a policia local é obrigada a prestar auxilio, quando invocado por elles.

Art. 62.—As decisões dos juizes ou tribunaes dos Estados, nas materias de sua competencia, porão termo aos processos e ás questões, salvo quanto a:

1°. habeas-corpus, ou

2°. espolio de estrangeiro, quando a especie não estiver prevista em convenção, ou tratado.

Em taes casos haverá recurso voluntario para o Supremo Tribunal Federal.

Art. 63.—As justiças dos Estados não pódem intervir em questões submettidas aos tribunaes federaes, nem annullar, alterar, ou suspender as suas sentenças, ou ordens. E reciprocamente, a justiça federal não póde intervir em questões submettidas aos tribunaes dos Estados, nem annullar, alterar ou suspender as decisões ou ordens destes, exceptuados os casos expressamente declarados nesta Constituição.

TITULO II
DOS ESTADOS

Art. 64.—Cada Estado reger-se-ha pela Constituição e pelas leis que adoptar, respeitados os principios constitucionaes da União.

Art. 65.—Pertencem aos Estados as minas e terras devolutas situadas nos seus respectivos territorios, cabendo á União sómente a porção de territorio que fôr indispensavel para a defesa da fronteira, fortificação, construcção militar e estradas de ferro federaes.

Paragrapho unico. Os proprios nacionaes, que não forem necessarios para serviços da União, passarão ao dominio dos Estados, em cujo territorio estiverem situados.

Art. 66.—E' facultado aos Estados:

1°. Celebrar entre si ajustes e convenções sem caracter politico; (Art. 49 n. 16.)

2°. Em geral todo e qualquer poder, ou direito, que lhes não fôr negado por clausula expressa ou implicitamente contida nas clausulas expressas da Constituição.

Art. 67.—E' defeso aos Estados:

1°. Recusar fé aos documentos publicos, de natureza legislativa, administrativa, ou judiciaria, da União, ou de qualquer dos Estados;

2°. Rejeitar a moeda, ou a emissão bancaria em circulação por acto do Governo Federal;

3°. Fazer, ou declarar guerra entre si e usar de represalias;

4°. Denegar a extradição de criminosos, reclamados pelas justiças de outros Estados, ou do Districto Federal, segundo as leis da União, por que esta materia se reger. (Art. 35, n. 34.)

Art. 68.—Salvas as restricções especificadas na Constituição e nas leis federaes, o Districto Federal é administrado pelas autoridades municipaes.

Paragrapho unico. As despezas de caracter local, na Capital da Republica, incumbem exclusivamente á autoridade municipal.

TITULO III
DO MUNICIPIO

Art. 69.—Os Estados organisar-se-hão de fórma que fique assegurada a autonomia dos municipios, em tudo quanto disser respeito ao seu peculiar interesse.

TITULO IV
DOS CIDADÃOS BRAZILEIROS
SECÇÃO I
DAS QUALIDADES DO CIDADÃO BRAZILEIRO

Art. 70.—São cidadãos brazileiros:

1°. Os nascidos no Brazil, ainda que de pae estrangeiro, não residindo este a serviço de sua nação;

2°. Os filhos de pae brazileiro e os illegitimos de mãe brazileira, nascidos em paiz estrangeiro, si estabelecerem domicilio na Republica;

3°. Os filhos de pae brazileiro, que estiver n'outro paiz ao serviço da Republica, embora nella não venham domiciliar-se;

4°. Os estrangeiros, que, achando-se no Brazil aos 15 de novembro de 1889, não declararem, dentro em seis mezes depois de entrar em vigor a Constituição, o animo de conservar a nacionalidade de origem;

5°. Os estrangeiros, que possuirem bens immoveis no Brazil, e forem casados com brazileiras, ou tiverem filhos brazileiros, comtanto que residam no Brazil, salvo si manifestarem a intenção de não mudar de nacionalidade;

6°. Os naturalisados por outro modo naturalisado.

Art. 71.—São eleitores os cidadãos maiores de 21 annos, que se alistarem na fórma da lei.

§ 1º. Não podem alistar-se eleitores para as eleições federaes, ou para as dos Estados:

1º. Os mendigos;
2º. Os analphabetos;
3º. As praças de pret, exceptuando os alumnos das escolas militares de ensino superior;
4º. Os religiosos de ordens monasticas, companhias, congregações, ou communidades de qualquer denominação, sujeitas a voto de obediencia, regra, ou estatuto, que importe a renuncia da liberdade individual.

§ 2º. São inelegiveis os cidadãos não alistaveis.

Art. 72.—Os direitos de cidadão brazileiro só se suspendem, ou perdem nos casos aqui particularisados.

§ 1º. Suspendem-se:

a) por incapacidade physica, ou moral;
b) por condemnação criminal, emquanto durarem os seus effeitos.

§ 2º. Perdem-se:

a) por naturalisação em paiz estrangeiro;
b) por aceitação de emprego ou pensão, sem licença do Poder Executivo Federal.

§ 3º. Uma lei federal determinará as condições de reacquisição dos direitos de cidadão brazileiro.

SECÇÃO II
DECLARAÇÃO DE DIREITOS

Art. 73.—A Constituição assegura a brazileiros e a estrangeiros residentes no paiz a inviolabilidade dos direitos concernentes á liberdade, á segurança individual e á propriedade nos termos seguintes:

§ 1º. Ninguem póde ser obrigado a fazer, ou deixar de fazer alguma cousa, senão em virtude de lei.

§ 2º. Todos são iguaes perante a lei.

A Republica não admitte privilegios de nascimento, desconhece foros de nobreza, e extingue as ordens honorificas existentes e todas as suas prerogativas e regalias, bem como os titulos nobiliarchicos e de conselho.

§ 3º. Todos os individuos e confissões religiosas podem exercer publica e livremente o seu culto, associando-se, para esse fim e adquirindo bens, observadas as disposições do direito commum.

§ 4º. A Republica só reconhece o casamento civil, cuja a celebração será gratuita.

§ 5º. Os cemiterios terão caracter secular e serão administrados pela autoridade municipal, ficando livre a todos os cultos religiosos a pratica dos respectivos ritos em relação aos seus crentes, desde que não offendam a moral publica e as leis.

§ 6º. Será leigo o ensino ministrado nos estabelecimentos publicos.

§ 7º. Nenhum culto ou igreja gosará de subvenção official, nem terá relações de dependencia ou alliança com o governo da União, ou o dos Estados.

§ 8º. A todos é licito associarem-se e reunirem-se livremente e sem armas; não podendo intervir a policia, sinão para manter a ordem publica.

§ 9º. E' permittido a qualquer quer que seja representar, mediante petição, aos poderes publicos, denunciar abusos das autoridades e promover a responsabilidade dos culpados.

§ 10. Em tempo de paz, qualquer póde entrar no territorio nacional ou delle sahir, com a sua fortuna e bens, quando e como lhe convier independentemente de passaporte.

§ 11. A casa é o asylo inviolavel do individuo; ninguem póde ahi penetrar, de noite, sem consentimento do morador, sinão para acudir a victimas de crimes, ou desastres, nem de dia, sinão nos casos e pela fórma prescriptos na lei.

§ 12. Em qualquer assumpto é livre a manifestação de pensamento pela imprensa, ou pela tribuna, sem dependencia de censura, respondendo cada um pelos abusos, que commetter, nos casos e pela fórma que a lei determinar. Não é permittido o anonymato.

§ 13. A' excepção do flagrante delicto, a prisão não poderá executar-se, sinão depois de pronuncia do indiciado, salvos os casos determinados em lei, e mediante ordem escripta da autoridade competente.

§ 14. Ninguem poderá ser conservado em prisão sem culpa formada, salvas as excepções especificadas em lei, nem levado á prisão, ou nella detido, si prestar fiança idonea, nos casos em que a lei a admittir.

§ 15. Ninguem será sentenciado, sinão pela autoridade competente, em virtude de lei anterior e na fórma por ella regulada.

§ 16. Aos accusados se assegurará na lei a mais plena defesa, com todos os recursos e meios essenciaes a ella, desde a nota de culpa, entregue em 24 horas ao preso e assignada pela auctoridade competente, com os nomes do accusador e das testemunhas.

§ 17. O direito de propriedade mantém-se em toda a sua plenitude, salva a desapropriação por necessidade, ou utilidade publica, mediante indemnização prévia.

As minas pertencem ao proprietario do solo, salvas as limitações que forem estabelecidas por lei a bem da exploração deste ramo de industria.

§ 18. E' inviolavel o sigillo da correspondencia.

§ 19. Nenhuma pena passará da pessoa do delinquente.

§ 20. Fica abolida a pena de galés e a de banimento judicial.

§ 21. Fica igualmente abolida a pena de morte, reservadas as disposições da legislação militar em tempo de guerra.

§ 22. Dar-se-ha o *habeas-corpus*, sempre que o individuo soffrer ou se achar em imminente perigo de soffrer violencia, ou coacção, por illegalidade, ou abuso de poder.

§ 23. A' excepção das causas, que, por sua natureza, pertencem a juizos especiaes, não haverá fôro previlegiado.

§ 24. E' garantido o livre exercicio de qualquer profissão moral, intellectual e industrial.

§ 25. Os inventos industriaes pertencerão aos seus autores, aos quaes ficará garantido por lei um privilegio temporario, ou será concedido pelo Congresso um premio razoavel quando haja conveniencia de vulgarizar o invento.

§ 26. Aos autores de obras litterarias e artisticas é garantido o direito exclusivo de reproduzil-as pela imprensa ou por qualquer outro processo mecanico.

Os herdeiros dos autores gosarão desse direito pelo tempo que a lei determinar.

§ 27. A lei assegurará tambem a propriedade das marcas de fabrica.

§ 28. Por motivo de crença ou de funcção religiosa, nenhum cidadão brazileiro poderá ser privado de seus direitos civis e politicos, nem eximir-se do cumprimento de qualquer dever civico.

§ 29. Os que allegarem motivo de crença religiosa com o fim de se isentarem de qualquer onus que as leis da Republica imponham aos cidadãos, e os que aceitarem condecoração ou titulos nobiliarchicos estrangeiros perderão todos os direitos politicos.

§ 30. Nenhum imposto de qualquer natureza poderá ser cobrado sinão em virtude de uma lei que o autorize.

§ 31. E' mantida a instituição do jury.

Art. 74.—Os cargos publicos civis, ou militares, são accessiveis a todos os brazileiros, observadas as condições de capacidade especial, que a lei estatuir, sendo, porém, vedadas as accumulações remuneradas.

Art. 75.—As patentes, os postos e os cargos inamoviveis são garantidos em toda a sua plenitude.

Art. 76.—A aposentadoria só poderá ser dada aos funccionarios publicos em caso de invalidez no serviço da nação.

Art. 77.—Os officiaes do exercito e da armada só perderão suas patentes, por sentença maior de dous annos de prisão passada em julgado nos tribunaes competentes.

Art. 78.—Os militares de terra e mar terão fôro especial nos delictos militares.

§ 1º. Este fôro compor-se-ha de um Supremo Tribunal Militar, cujos membros serão vitalicios, e dos conselhos necessarios para a formação da culpa e julgamento dos crimes

§ 2º. A organisação e attribuições do Supremo Tribunal Militar serão reguladas por lei.

Art. 79.—A especificação das garantias e direitos expressos na Constituição não exclue outras garantias e direitos, não enumerados, mas resultantes da fórma de governo que ella estabelece e dos principios que consigna.

TITULO V
DISPOSIÇÕES GERAES

Art. 80.—O cidadão investido em funções de qualquer dos tres poderes federaes não poderá exercer as de outro.

Art. 81.—Poder-se-ha declarar em estado de sitio qualquer parte do territorio da União, suspendendo-se ahi as garantias constitucionaes por tempo determinado, quando a segurança da Republica o exigir, em caso de aggressão estrangeira, ou commoção intestina. (Art. 35, n. 21.)

§ 1°. Não se achando reunido o Congresso, e correndo a patria imminente perigo, exercerá essa attribuição o Poder Executivo Federal. (Art. 49, n. 15.)

§ 2°. Este, porém, durante o estado de sitio, restringir-se-ha, nas medidas de repressão contra as pessoas a impor:
1° A detenção em logar não destinado aos réus de crimes communs;
2°. O desterro para outros sitios do territorio nacional.

§ 3°. Logo que se reunir o Congresso, o Presidente da Republica lhe relatará, motivando-as, as medidas de excepção, que houverem sido tomadas.

§ 4°. As autoridades que tenham ordenado taes medidas são responsaveis pelos abusos commettidos.

Art. 82.—Os processos findos, em materia crime, poderão ser revistos, a qualquer tempo, em beneficio dos condemnados, pelo Supremo Tribunal Federal, para reformar, ou confirmar a sentença.

§ 1°. A lei marcará os casos e a forma da revisão, que poderá ser requerida pelo sentenciado, por qualquer do povo, ou *ex-officio* pelo Procurador Geral da Republica.

§ 2°. Na revisão não podem ser aggravadas as penas da sentença revista.

§ 3°. As disposições do presente artigo são extensivas aos processos militares.

Art. 83.—Os funccionarios publicos são estrictamente responsaveis pelos abusos e omissões, em que incorrerem no exercicio de seus cargos, assim como pela indulgencia, ou negligencia em não responsabilizarem effectivamente os seus subalternos.

Paragrapho unico. O funccionario publico obrigar-se-ha por compromisso formal, no acto da posse, ao desempenho dos seus deveres legaes.

Art. 84.—Cont'nuam em vigor, emquanto não revogadas, as leis do antigo regimen, no que explicita ou implicitamente não for contrario ao systema de governo firmado pela Constituição e aos principios nella consagrados.

Art. 85.—O Governo da União affiança o pagamento da divida publica interna e externa.

Art. 86.—Os officiaes do quadro e das classes annexas da armada terão as mesma patentes e vantagens que os do exercito nos cargos de cathegoria correspondente.

Art. 87.—Todo o brazileiro é obrigado ao serviço militar, em defesa da Patria e da Constituição, na fórma das leis federaes.

Art. 88.—O exercito federal compor-se-ha de contingentes que os Estados e o Districto Federal são obrigados a fornecer, constituidos de conformidade com a lei annua de fixação de forças.

§ 1°. Uma lei federal determinará a organização geral do Exercito, de accordo com o § 18 do art. 35.

§ 2°. A União se encarregará da instrucção militar dos corpos e armas e da instrucção militar superior.

§ 3°. Fica abolido o recrutamento militar forçado.

§ 4°. O Exercito e Armada compor-se-hão pelo voluntariado, sem premio, e em falta deste pelo sorteio, previamente organizado.

Concorrem, para o pessoal da Armada, a Escola Naval, as de Aprendizes Marinheiros e a Marinha mercante mediante sorteio.

Art. 89.—Os Estados Unidos do Brazil, em caso algum, se empenharão em guerra de conquista, directa ou indirectamente, por si ou em allianca com outra Nação

Art. 90.—E' instituido um tribunal de contas para liquidar as contas da receita e despeza e verificar a sua legalidade, antes de serem prestadas ao Congresso.

Os membros deste tribunal serão nomeados pelo Presidente da Republica com approvação do Senado, e sómente perderão os seus lugares por sentença.

Art. 91.—A Constituição poderá ser reformada, por iniciativa do Congresso Nacional, ou das Assembléas dos Estados.

§ 1°. Considerar-se-ha proposta a reforma, quando sendo apresentada por uma quarta parte, pelo menos, dos membros de qualquer das Camaras do Congresso Nacional, for acceita, em tres discussões, por dous terços dos votos numa e noutra Camara, ou quando for solicitada por dois terços dos Estados, no decurso de um anno, representado cada Estado pela maioria de votos de sua assembléa.

§ 2°. Essa proposta dar-se-ha por approvada, si no anno seguinte o for, mediante tres discussões, por maioria de dous terços dos votos nas duas Camaras do Congresso.

§ 3°. A proposta approvada publicar-se-ha com as assignaturas dos presidentes e secretarios das duas camaras, e incorporar-se-ha á Constituição como parte integrante della.

§ 4°. Não poderão ser admittidos como objecto de deliberação, no Congresso, projectos tendentes a abolir a fórma republicana-federativa, ou a igualdade da representação dos Estados no Senado.

Art. 92.—Approvada esta Constituição, será ella promulgada pela mesa do Congresso e assignada pelos membros deste.

DISPOSIÇÕES TRANSITORIAS

Art. 1°.—Promulgada esta Constituição, o Congresso, reunido em assembléa geral, elegerá em seguida por maioria absoluta de votos, na primeira votação, e se nenhum candidato a obtiver, por maioria relativa na segunda, o Presidente e o Vice-Presidente dos Estados Unidos do Brazil.

§ 1°. Essa eleição será feita em dous escrutinios distinctos para o Presidente e Vice-Presidente respectivamente, recebendo-se e apurando-se em primeiro lugar as cedulas para Presidente e procedendo-se em seguida do mesmo modo para o Vice-Presidente.

§ 2°. O Presidente e o Vice-Presidente, eleitos na forma deste artigo, occuparão a presidencia e a vice-presidencia da Republica durante o primeiro periodo presidencial.

§ 3°. Para essa eleição não haverá incompatibilidades.

§ 4°. Concluida ella, o Congresso dará por terminada a sua missão constituinte, e, separando-se em Camara e Senado, encetará o exercicio de suas funções normaes a 15 de junho do corrente anno, não podendo em hypothese alguma ser dissolvido.

§ 5°. No primeiro anno da primeira legislatura logo nos trabalhos preparatorios, discriminará o Senado o primeiro e segundo terço de seus membros, cujo mandato ha de cessar no termo do primeiro e do segundo triennio.

§ 6°. Essa discriminação effectuar-se-ha em tres listas, correspondentes aos tres terços, graduando-se os senadores de cada Estado e os do Districto Federal pela ordem de sua votação respectiva, de modo que se distribua ao terço do ultimo triennio o primeiro votado no Districto Federal e em cada um dos Estados, e aos dous terços seguintes os outros dous nomes na escala dos suffragios obtidos.

§ 7°. Em caso de empate, considerar-se-hão favorecidos os mais velhos, decidindo-se por sorteio, quando a idade for igual.

Art. 2°.—O Estado que até ao fim do anno de 1892 não houver decretado a sua Constituição, será submettido, por acto do Congresso, á de um dos outros, que mais conveniente a essa adptação parecer, até que o Estado sujeito a esse regimen a reforme, pelo processo nella determinado.

Art. 3°.—A' proporção que os Estados se forem organizando, o Governo Federal entregar-lhes-ha a administração dos serviços, que pela Constituição lhes competirem, e liquidará a responsabilidade da administração federal no tocante a esses serviços e ao pagamento do pessoal respectivo.

Art. 4°.—Emquanto os Estados se occuparem em regularizar as despezas, durante o periodo de organização dos seus serviços, o Governo Federal abrir-lhes-ha, para esse fim, creditos especiaes, segundo as condições estabelecidas por lei.

Art. 5°.—Nos Estados que se forem organizando, entrará em vigor a classificação das rendas estabelecida na Constituição.

Art. 6°.—Nas primeiras nomeações para a magistratura federal e para os Estados serão preferidos os juizes de direito e os desembargadores de mais nota.

Os que não forem admittidos na nova organização judiciaria, e tiverem mais de 30 annos de exercicio, serão aposentados com todos os seus vencimentos.

Os que tiverem menos de 30 annos de exercicio, continuarão a perceber seus ordenados, até que sejam approveitados ou aposentados com ordenado correspondente ao tempo de exercicio.

A despezas com os magistrados aposentados ou postos em disponibilidade serão pagas pelo Governo Federal.

Art. 7°.—E' concedida a D. Pedro de Alcantara, ex-imperador do Brazil, uma pensão que, a contar de 15 de novembro de 1889, garanta-lhe, por todo o tempo de sua vida, subsistencia decente. O Congresso ordinario, em sua primeira reunião, fixará o *quantum* desta pensão.

Art. 8º.—Será adquirida a casa em que falleceu o Dr. Benjamin Constant, na qual se collocará uma lapide em homenagem á memoria do grande patriota — o fundador da Republica.

Paragrapho unico. A' viuva será concedido o usofructo durante a sua vida, passando ao depois para a nação, como propriedade nacional.

Sala das commissões, em 21 de fevereiro de 1891.

PARECER

SOBRE AS EMENDAS Á REDACÇÃO

A commissão especial a que foram presentes diversas emendas offerecidas á redacção da da Constituição adoptou as seguintes, que submette á deliberação do Congresso:

Ao art. 2º.

Em vez de — fôr observado o — diga-se — não se der execução.

Ao art. 3º.

Transfiram-se as palavras — no planalto central da Republica — para depois da palavra — União.

Ao art. 7º. § 3º.

Substituam-se as palavras finaes — podendo a respectiva até o final — por estas — podendo todavia a execução das primeiras ser confiada aos governos dos Estados, mediante annuencia destes.

Ao art. 17.

Diga-se — mandará — em vez de — fará — e transfira-se — proceder — para depois de — immediatamente.

Aos arts. 23 e 24.

Sejam reunidos em um só art. e redigidos do seguinte modo:

Art. Nenhum membro do Congresso, desde que tenha sido eleito, poderá celebrar contractos com o poder executivo, nem delle receber commissões ou empregos remunerados.

§ 1º. Exceptuam-se desta prohibição:
1º., as missões diplomaticas;
2º., as commissões ou commandos militares;
3º., os cargos de accesso e as promoções legaes.

§ 2º. Nenhum deputado ou senador, porém, poderá acceitar nomeação para missões, commissões ou commandos, de que tratam os ns. 1 e 2 do paragrapho antecedente, sem licença da respectiva camara, quando da aceitação resultar privação do exercicio das funcções legislativas, salvo nos casos de guerra ou naquelles em que a honra e a integridade da União se acharem empenhados.

Ao art. 35 n. 23.

Substitua-se pelo seguinte:

Legislar sobre o direito civil, criminal e commercial da Republica e o processual da justiça federal.

Ao n. 24.

Supprimam-se as palavras — e fallencia.

Aos ns. 25 e 28

Supprimam-se.

Ao n. 37.

Accrescente-se — adiar — depois de — prorogar.

Ao art. 38 § 2º.

Redija-se assim:

O silencio do presidente da Republica no decendio, importa a sancção; e, no caso de ser esta negada, quando já estiver encerrado o Congresso, o presidente dará publicidade ás suas razões.

Ao art. 40 § 1º.

Redija-se assim:

No caso contrario, volverá á camara revisora, e si as alterações obtiverem dous terços dos votos dos membros presentes, considerar-se-hão approvadas, sendo remettidas com o projecto á camara iniciadora, que só poderá reproval-as pela mesma maioria.

Ao § 2º. do mesmo artigo

Redija-se assim:

Rejeitadas deste modo as alterações, o projecto será submettido sem ellas á sancção.

Ao art. 41

Redija-se assim:

Os projectos rejeitados ou não sanccionados não poderão ser renovados na mesma sessão legislativa

Ao art. 50.

Substituam-se as palavras — e presidem, até final — por estas — e cada um delles presidirá a um dos ministerios, em que se dividir a administração federal.

Ao art. 72 § 2º. b)

Depois da palavra — pensão — accrescente-se — de governo estrangeiro.

Ao art. 77.

Em vez de — sentença maior de dous annos — diga-se — condemnação em mais de dous annos.

Ao art. 8ª. das disposições transitorias: Redija-se assim:

O Governo Federal adquirirá para a nação a casa em que falleceu o Dr. Benjamin Constant Botelho de Magalhães e nella mandará collocar uma lapide em homenagem á memoria do grande patriota — o fundador da Republica.

Paragrapho unico. A viuva do mesmo Dr. Benjamin Constant terá, em quanto viver, o usofructo da casa mencionada

Sala da commissão, 23 de fevereiro de 1891.

U. do Amaral.
Lauro Sodré.
Lauro Müller.
Leopoldo de Bulhões.
Julio de Castilhos.
José Hygino.
Theodoro Alves Pacheco.
M. Valladão.
Lopes Trovão.
Amaro Cavalcanti.
Manuel Francisco Machado.
João B. Laper.
João Soares Neiva.
Gabino Bisouro.
Virgilio Damazio.
Aquilino do Amaral.
Gil Gulart.
Casemiro Junior.

CONSTITUIÇÃO

Nós, os Representantes do Povo Brazileiro, reunidos em Congresso Constituinte, para organizar um regimen livre e democratico, estabelecemos, decretamos e promulgamos a seguinte

CONSTITUIÇÃO

DA

REPUBLICA DOS ESTADOS UNIDOS DO BRAZIL

TITULO I
DA ORGANISAÇÃO FEDERAL
DISPOSIÇÕES PRELIMINARES

Art. 1º.—A Nação Brazileira adopta como fórma de governo, sob o regimen representativo, a Republica Federativa proclamada a 15 de novembro de 1889, e constitue-se, por união perpetua e indissoluvel das suas antigas provincias, em Estados-Unidos do Brazil.

Art. 2º.—Cada uma das antigas provincias formará um Estado, e o antigo municipio neutro constituirá o Districto Federal, continuando a ser a capital da União, emquanto não se der execução ao disposto no artigo seguinte.

Art. 3º.—Fica pertencendo á União, no planato central da Republica, uma zona de 14.400 kilometros quadrados, que será opportunamente demarcada, para nella estabelecer-se a futura Capital Federal.

Paragrapho unico. Effectuada a mudança da capital, o actual Districto Federal passará a constituir um Estado.

Art. 4º.—Os Estados podem encorporar-se entre si, subdividir-se, ou desmembrar-se, para se annexar a outros, ou formar novos Estados, mediante acquiescencia das respectivas assembléas legislativas, em duas sessões annuas successivas, e approvação do Congresso Nacional.

Art. 5º.—Incumbe a cada Estado prover, a expensas proprias, ás necessidades de seu governo e administração; a União, porém, prestará soccorros ao Estado que, em caso de calamidade publica, os solicitar.

Art. 6º.—O Governo Federal não poderá intervir em negocios peculiares aos Estados, salvo:

1º. Para repellir invasão estrangeira, ou de um Estado em outro;

2º. Para manter a fórma republicana federativa;

3º. Para restabelecer a ordem e a tranquillidade nos Estados, á requisição dos respectivos governos;

4º. Para assegurar a execução das leis e sentenças federaes.

Art. 7º.—E' da competencia exclusiva da União decretar:

1º. Impostos sobre a importação de procedencia estrangeira;

2º. Direitos de entrada, sahida e estada de navios, sendo livre o commercio de cabotagem ás mercadorias nacionaes, bem como ás estrangeiras que já tenham pago imposto de importação;

3º. Taxas de sello, salvo a restricção do art. 9º, § 1º, n. 1

4º. Taxas dos correios e telegraphos federaes;

§ 1º. Tambem compete privativamente á União:

1º. A instituição de bancos emissores;

2º. A creação e manutenção de alfandegas.

§ 2º. Os impostos decretados pela União devem ser uniformes para todos os Estados.

§ 3º. As leis da União, os actos e as sentenças de suas autoridades serão executados em todo o paiz por funccionarios federaes, podendo, todavia, a execução das primeiras ser confiada aos governos dos Estados, mediante annuencia destes.

Art. 8º.—E' vedado ao Governo Federal crear, de qualquer modo, distincções e preferencias em favor dos portos de uns contra os de outros Estados.

Art. 9º.—E' da competencia exclusiva dos Estados decretar impostos:

1º. Sobre a exportação de mercadorias de sua propria producção;
2º. Sobre immoveis ruraes e urbanos;
3º. Sobre transmissão de propriedade;
4º. Sobre industrias e profissões.
§ 1º. Tambem compete exclusivamente aos Estados decretar:
1º. Taxa de sello quanto aos actos emanados de seus respectivos governos e negocios de sua economia;
2º. Contribuições concernentes aos seus telegraphos e correios.
§ 2º. E' isenta de impostos, no Estado por onde se exportar, a producção dos outros Estados.
§ 3º. Só é licito a um Estado tributar a importação de mercadorias estrangeiras quando destinadas ao consumo no seu territorio, revertendo, porém, o producto do imposto para o Thesouro Federal.
§ 4º. Fica salvo aos Estados o direito de estabelecerem linhas telegraphicas entre os diversos póntos de seus territorios, e entre estes e os de outros Estados que se não acharem servidos por linhas federaes, podendo a União desaproprial-as, quando fôr de interesse geral.

Art. 10.—E' prohibido aos Estados tributar bens e rendas federaes ou serviços a cargo da União, e reciprocamente.

Art. 11.—E' vedado aos Estados, como á União:
1º. Crear impostos de transito pelo territorio de um Estado, ou na passagem de um para outro, sobre productos de outros Estados da Republica, ou estrangeiros, e bem assim sobre os vehiculos, de terra e agua, que os transportarem;
2º. Estabelecer, subvencionar, ou embaraçar o exercicio de cultos religiosos;
3º. Prescrever leis retroactivas.

Art. 12.—Além das fontes de receita discriminadas nos arts. 7º e 9º, é licito á União, como aos Estados, cumulativamente ou não, crear outras quaesquer, não contravindo o disposto nos arts. 7º, 9º e 11, n. 1.

Art. 13.—O direito da União e dos Estados de legislarem sobre viação ferrea e navegação interior será regulado por lei federal.
Paragrapho unico. A navegação de cabotagem será feita por navios nacionaes.

Art. 14.—As forças de terra e mar são instituições nacionaes permanentes, destinadas á defesa da patria no exterior, e á manutenção das leis no interior.
A força armada é essencialmente obediente, dentro dos limites da lei, aos seus superiores hierarchicos, e obrigada a sustentar as instituições constitucionaes.

Art. 15.—São orgãos da soberania nacional o Poder Legislativo, o Executivo e o Judiciario, harmonicos e independentes entre si.

SECÇÃO I
DO PODER LEGISLATIVO
CAPITULO I
DISPOSIÇÕES GERAES

Art. 16.—O Poder Legislativo é exercido pelo Congresso Nacional, com a sancção do Presidente da Republica.
§ 1º. O Congresso Nacional compõe-se de dous ramos: a Camara dos Deputados e o Senado.
§ 2º. A eleição para Senadores e Deputados far-se-ha simultaneamente em todo o paiz.
§ 3º. Ninguem póde ser, ao mesmo tempo, Deputado e Senador.

Art. 17.—O Congresso reunir-se-ha, na Capital Federal, independentemente de convocação, a 3 de maio de cada anno, si a lei não designar outro dia, e funccionará quatro mezes da data da abertura; podendo ser prorogado, adiado ou convocado extraordinariamente.
§ 1º. Só ao Congresso compete deliberar sobre a prorogação e adiamento de suas sessões.
§ 2º. Cada legislatura durará tres annos.
§ 3º. O Governo do Estado em cuja representação se der vaga, por qualquer causa, inclusive renuncia, mandará immediatamente proceder a nova eleição.

Art. 18.—A Camara dos Deputados e o Senado trabalharão separadamente e, quando não se resolver o contrario por maioria de votos, em sessões publicas. As deliberações serão tomadas por maioria de votos, achando-se presente em cada uma das camaras a maioria absoluta dos seus membros.
Paragrapho unico. A cada uma das camaras compete:
Verificar e reconhecer os poderes de seus membros;
Eleger a sua mesa;
Organizar o seu regimento interno;
Regular o serviço de sua policia interna;
Nomear os empregados de sua secretaria.

Art. 19.—Os Deputados e Senadores são inviolaveis por suas opiniões, palavras e votos no exercicio do mandato.

Art. 20.—Os Deputados e os Senadores, desde que tiverem recebido diploma até á nova eleição, não poderão ser presos, nem processados criminalmente, sem prévia licença de sua Camara, salvo caso de flagrancia em crime inafiançavel. Neste caso, levado o processo até pronuncia exclusive, a autoridade processante remetterá os autos á Camara respectiva, para resolver sobre a procedencia da accusação, si o accusado não optar pelo julgamento immediato.

Art. 21.—Os membros das duas Camaras, ao tomar assento, contrahirão compromisso formal, em sessão publica, de bem cumprir os seus deveres.

Art. 22.—Durante as sessões vencerão os Senadores e os Deputados um subsidio pecuniario igual, e ajuda de custo, que serão fixados pelo Congresso, no fim de cada legislatura, para a seguinte.

Art. 23.—Nenhum membro do Congresso, desde que tenha sido eleito, poderá celebrar contractos com o Poder Executivo nem delle receber commissões ou empregos remunerados.

§ 1º. Exceptuam-se desta prohibição:
1º. As missões diplomaticas;
2º. As commissões ou commandos militares;
3º. Os cargos de accesso e as promoções legaes.

§ 2º. Nenhum Deputado ou Senador, porém, poderá acceitar nomeação para missão, commissões, ou commandos, de que tratam os ns. 1 e 2 do paragrapho antecedente, sem licença da respectiva Camara, quando da acceitação resultar privação do exercicio das funcções legislativas, salvo nos casos de guerra ou naquelles em que a honra e a integridade da União se acharem empenhadas.

Art. 24.—O Deputado ou Senador não póde tambem ser presidente ou fazer parte de directorias de bancos, companhias ou emprezas que gozem dos favores do Governo Federal definidos em lei.

Paragrapho unico. A inobservancia dos preceitos contidos neste artigo e no antecedente importa perda do mandato.

Art. 25.—O mandato legislativo é incompativel com o exercicio de qualquer outra funcção durante as sessões.

Art. 26.— São condições de elegibilidade para o Congresso Nacional:
1º. Estar na posse dos direitos de cidadão brazileiro e ser alistavel como eleitor.
2º. Para a Camara, ter mais de quatro annos de cidadão brazileiro, e para o Senado mais de seis.

Esta disposição não comprehende os cidadãos a que refere-se o n. 4 do art. 69.

Art. 27.—O Congresso declarará, em lei especial, os casos de incompatibilidade eleitoral.

CAPITULO II

DA CAMARA DOS DEPUTADOS

Art. 28.—A Camara dos Deputados compõe-se de representantes do povo eleitos pelos Estados e pelo Districto Federal, mediante o suffragio directo, garantida a representação da minoria.

§ 1º. O numero dos Deputados será fixado por lei em porporção que não excederá de um por setenta mil habitantes, não devendo esse numero ser inferior a quatro por Estado.

§ 2º. Para este fim mandará o Governo Federal proceder, desde já, ao recenseamento da população da Republica, o qual será revisto decennalmente.

Art. 29.—Compete á Camara a iniciativa do adiamento da sessão legislativa e de todas as leis de impostos, das leis de fixação das forças de terra e de mar, da discussão dos projectos offerecidos pelo Poder Executivo e a declaração da procedencia ou improcedencia da accusação contra o Presidente da Republica, nos termos do art. 53, e contra os Ministros de Estado nos nos crimes connexos com os do Presidente da Republica.

CAPITULO III

DO SENADO

Art. 30.—O Senado compõe-se de cidadãos elegiveis nos termos do art. 26 e maiores de 35 annos, em numero de tres Senadores por Estado e tres pelo Districto Federal, eleitos pelo mesmo modo por que forem os Deputados.

Art. 31.—O mandato de Senador durará nove annos, renovando-se o Senado pelo terço triennalmente.

Paragrapho unico. O Senador eleito em substituição de outro exercerá o mandato pelo tempo que restava ao substituido.

Art. 32.—O Vice-presidente da Republica será Presidente do Senado, onde só terá voto de qualidade, e será substituido, nas ausencias e impedimentos, pelo Vice-presidente da mesma Camara.

Art. 33.—Compete privativamente ao Senado julgar o Presidente da Republica e os demais funccionarios federaes designados pela Constituição, nos termos e pela fórma que ella prescreve.

§ 1º. O Senado, quando deliberar como tribunal de justiça, será presidido pelo Presidente do Supremo Tribunal Federal.

§ 2º. Não proferirá sentença condemnatoria sinão por dous terços dos membros presentes.

§ 3º. Não poderá impor outras penas mais que a perda do cargo e a incapacidade de exercer qualquer outro, sem prejuizo da acção da justiça ordinaria contra o condemnado.

CAPITULO IV

DAS ATTRIBUIÇÕES DO CONGRESSO

Art. 34. Compete privativamente ao Congresso Nacional:
1º. Orçar a receita, fixar a despeza federal annualmente e tomar as contas da receita e despeza de cada exercicio financeiro;
2º. Autorizar o Poder Executivo a contrahir. emprestimos, e a fazer outras operações de credito;
3º. Legislar sobre a divida publica, e estabelecer os meios para o seu pagamento;

4º. Regular a arrecadação e a distribuição das rendas federaes;
5º. Regular o commercio internacional, bem como o dos Estados entre si e com o Districto Federal, alfandegar portos, crear ou supprimir entrepostos;
6º. Legislar sobre a navegação dos rios que banhem mais de um Estado, ou se extendam a territorios entrangeiros,
7º. Determinar o peso, o valor, a inscripção, o typo e a denominação das moedas;
8º. Crear bancos de emissão, legislar sobre ella, e tributal-a;
9º. Fixar o padrão dos pesos e medidas;
10. Resolver definitivamente sobre os limites dos Estados entre si, os do Districto Federal, e os do territorio nacional com as nações limitrophes;
11. Autorizar o governo a declarar guerra, si não tiver logar ou mallograr-se o recurso do arbitramento, e a fazer a paz;
12. Resolver definitivamente sobre os tratados e convenções com as nações estrangeiras;
13. Mudar a capital da União;
14. Conceder subsidios aos Estados na hypothese do art. 5º;
15. Legislar sobre o serviço dos correios e telegraphos federaes;
16. Adoptar o regimen conveniente á segurança das fronteiras;
17. Fixar annualmente as forças de terra e mar;
18. Legislar sobre a organisação do exercito e da armada;
19. Conceder ou negar passagem a forças estrangeiras pelo territorio do paiz para operações militares;
20. Mobilisar e utilisar a guarda nacional ou milicia civica, nos casos previstos pela Constituição;
21. Declarar em estado de sitio um ou mais pontos do territorio nacional, na emergencia de aggressão por forças estrangeiras ou de commoção interna, e approvar ou suspender o sitio que houver sido declarado pelo Poder Executivo, ou seus agentes responsaveis, na ausencia do Congresso;
22. Regular as condições e o processo da eleição para os cargos federaes em todo o paiz;
23. Legislar sobre o direito civil, commercial e criminal da Republica e o processual da justiça federal;
24. Estabelecer leis uniformes sobre naturalisação;
25. Crear ou supprimir empregos publicos federaes, fixar-lhes as attribuições, e estipular-lhes os vencimentos;
26. Organisar a justiça federal, nos termos do art. 55 e seguintes da Secção III;
27. Conceder amnistia;
28. Commutar e perdoar as penas impostas, por crime de responsabilidade, aos funccionarios federaes;
29. Legislar sobre terras e minas de propriedade da União;
30. Legislar sobre a organisação municipal do Districto Federal, bem como sobre a policia, o ensino superior e os demais serviços que na Capital forem reservados para o governo da União;
31. Submetter a legislação especial os pontos do territorio da Republica necessarios para a fundação de arsenaes, ou outros estabelecimentos e instituições de conveniencia federal;
32. Regular os casos de extradição entre os Estados;
33. Decretar as leis e resoluções necessarias ao exercicio dos poderes que pertencem á União;
34. Decretar as leis organicas para a execução completa da Constituição;
35. Prorogar e adiar suas sessões.

Art. 35.—Incumbe, outrosim, ao Congresso, mas não privativamente;
1º. Velar na guarda da Constituição e das leis, e providenciar sobre as necessidades de caracter federal,
2º. Animar, no paiz, o desenvolvimento das lettras, artes, e sciencias, bem como a immigração, a agricultura, a industria e o commercio, sem privilegios que tolham a acção dos governos locaes;
3º. Crear instituições de ensino superior e secundario nos Estados;
4º. Prover á instrucção secundaria no Districto Federal.

CAPITULO V

DAS LEIS E RESOLUÇÕES

Art. 36.—Salvas as excepções do art. 29, todos os projectos de lei podem ter origem indistinctamente na Camara, ou no Senado, sob a iniciativa de qualquer de seus membros.

Art. 37.—O projecto de lei, adoptado numa das Camaras, será submettido á outra; e esta, si o approvar, envial-o-ha ao Poder Executivo, que, acquiescendo, o sanccionará e promulgará.

§ 1º. Si, porém, o Presidente da Republica o julgar inconstitucional, ou contrario aos interesses da Nação, negará sua sancção dentro de dez dias uteis, daquelle em que recebeu o projecto, devolvendo-o, nesse mesmo prazo, á Camara onde elle se houver iniciado, com os motivos da recusa.

§ 2º. O silencio do Presidente da Republica no decendio importa a sancção; e, no caso de ser esta negada, quando já estiver encerrado o Congresso, o Presidente dará publicidade ás suas razões.

§ 3º. Devolvido o projecto á Camara incladora, ahi se sujeitará a uma discussão e a votação nominal, considerando-se approvado, si obtiver dous terços dos suffragios presentes. Neste caso, o projecto será remettido á outra Camara, que, si o approvar pelos mesmos tramites, e pela mesma maioria, o enviará, como lei, ao Poder Executivo, para a formalidade da promulgação.

§ 4º. A sancção e a promulgação effectuam-se por estas formulas:

1ª. «O Congresso Nacional decreta, e eu sancciono a seguinte lei (ou resolução)».

2ª. «O Congresso Nacional decreta, e eu promulgo a seguinte lei (ou resolução)».

Art. 38.—Não sendo a lei promulgada dentro de 48 horas pelo Presidente da Republica nos casos dos §§ 2º. e 3º. do art. 37, o Presidente do Senado ou o Vice-Presidente, si o primeiro não o fizer em igual prazo, a promulgará, usando da seguinte formula: «F., Presidente (ou Vice-Presidente) do Senado, faço saber aos que a presente virem, que o Congresso Nacional decreta e promulga a seguinte lei (ou resolução)».

Art. 39.—O projecto de uma Camara, emendado na outra, volverá á primeira, que si acceitar as emendas, envial-o-ha, modificado em conformidade dellas, ao Poder Executivo.

§ 1º. No caso contrario, volverá á Camara revisora, e si as alterações obtiverem dous terços dos votos dos membros presentes, considerar-se-hão approvadas, sendo então remettidas com o projecto á Camara iniciadora, que só poderá reproval-as pela mesma maioria.

§ 2º. Rejeitadas deste modo as alterações o projecto será submettido, sem ellas, á sancção.

Art. 40.—Os projectos rejeitados, ou não sanccionados, não poderão ser renovados na mesma sessão legislativa.

SECÇÃO II

DO PODER EXECUTIVO

CAPITULO I

DO PRESIDENTE E DO VICE-PRESIDENTE

Art. 41.—Exerce o Poder Executivo o Presidente da Republica dos Estados Unidos do Brazil, como chefe electivo da nação.

§ 1º. Substitue o Presidente, no caso de impedimento, e succede-lhe, no de falta, o Vice-Presidente, eleito simultaneamente com elle.

§ 2º. No impedimento, ou falta do Vice-Presidente, serão successivamente chamados á Presidencia o Vice-Presidente do Senado, o Presidente da Camara e o do Supremo Tribunal Federal.

§ 3º. São condições essenciaes para ser eleito Presidente, ou Vice-Presidente da Republica:

1º. Ser brazileiro nato;
2º. Estar no exercicio dos direitos politicos;
3º. Ser maior de trinta e cinco annos.

Art. 42.—Si, no caso de vaga, por qualquer causa, da Presidencia ou Vice-Presidencia, não houverem ainda decorrido dous annos, do periodo presidencial, proceder-se-ha a nova eleição.

Art. 43.—O Presidente exercerá o cargo por quatro annos, não podendo ser reeleito para o periodo presidencial immediato.

§ 1º. O Vice-Presidente que exercer a presidencia no ultimo anno do periodo presidencial, não poderá ser eleito Presidente para o periodo seguinte.

§ 2º. O Presidente deixará o exercicio de suas funcções, improrogavelmente, no mesmo dia em que terminar o seu periodo presidencial, succedendo-lhe logo o recem-eleito.

§ 3º. Si este se achar impedido, ou faltar, a substituição far-se-ha nos termos do art. 41 §§ 1º e 2º.

§ 4º. O primeiro periodo presidencial terminará a 15 de novembro de 1894.

Art. 44.—Ao empossar-se do cargo, o Presidente pronunciará, em sessão do Congresso, ou si este não estiver reunido, ante o Supremo Tribunal Federal, esta affirmação:

«Prometto manter e cumprir com perfeita lealdade a Constituição Federal, prover o bem geral da Republica, observar as suas leis, sustentar-lhe a união, a integridade e a Independencia».

Art. 45.—O Presidente e o Vice-Presidente não podem sahir do territorio nacional, sem permissão do Congresso, sob pena de perderem o cargo.

Art. 46.—O Presidente e o Vice-Presidente perceberão subsidio, fixado pelo Congresso no periodo presidencial antecedente.

CAPITULO II

DA ELEIÇÃO DE PRESIDENTE E VICE-PRESIDENTE

Art. 47.—O Presidente e o Vice-presidente da Republica serão eleitos por suffragio directo da Nação, e maioria absoluta de votos.

§ 1º. A eleição terá logar no dia 1 de março do ultimo anno do periodo presidencial, procedendo-se na Capital Federal e nas capitaes dos Estados á apuração dos votos recebidos nas respectivas circumscripções. O Congresso fará a apuração na sua primeira sessão do mesmo anno, com qualquer numero de membros presentes.

§ 2º. Si nenhum dos votados houver alcançado maioria absoluta, o Congresso elegerá, por maioria dos votos presentes, um, dentre os que tiverem alcançado as duas votações mais elevadas, na eleição directa.

Em caso de empate, considerar-se-ha eleito o mais velho.

§ 3º. O processo da eleição e da apuração será regulado por lei ordinaria.

§ 4º. São inelegiveis para os cargos de Presidente e Vice-Presidente os parentes consanguineos e affins, nos 1º e 2º gráos, do Presidente ou Vice-Presidente, que se achar em exercicio no momento da eleição, ou que o tenha deixado até seis mezes antes.

CAPITULO III

DAS ATTRIBUIÇÕES DO PODER EXECUTIVO

Art. 48.—Compete privativamente ao Presidente da Republica:

1º. Sanccionar, promulgar e fazer publicar as leis e resoluções do Congresso; expedir decretos, instrucções e regulamentos para sua fiel execução:
2º. Nomear ou demittir livremente os Ministros de Estado;
3º. Exercer ou designar quem deva exercer o commando supremo das forças de terra e mar dos Estados Unidos do Brazil, quando forem chamadas ás armas em defesa interna ou externa da União;
4º. Administrar o Exercito e a Armada e distribuir as respectivas forças, conforme as leis federaes e as necessidades do Governo Nacional;
5º. Prover os cargos civis e militares de caracter federal, salvas as restricções expressas na Constituição;
6º. Indultar e commutar as penas nos crimes sujeitos á jurisdicção federal, salvo nos casos a que se referem os arts. 34, n. 28, e 52 § 2º;
7º. Declarar a guerra e fazer a paz nos termos do art 34 n. 11;
8º. Declarar immediatamente a guerra nos casos de invasão ou aggressão estrangeira;
9º. Dar conta annualmente da situação do paiz ao Congresso Nacional, indicando-lhe as providencias e reformas urgentes em mensagem, que remetterá ao secretario do Senado no dia abertura da sessão legislativa;
10. Convocar o Congresso extraordinariamente;
11. Nomear os magistrados federaes, mediante proposta do Supremo Tribunal;
12. Nomear os membros do Supremo Tribunal Federal e os ministros diplomaticos, sujeitando a nomeação á approvação do Senado. Na ausencia do Congresso, designal-os-ha em commissão, até que o Senado se pronuncie;
13. Nomear os demais membros do Corpo Diplomatico e os agentes consulares;
14. Manter as relações com os Estados estrangeiros;
15. Declarar, por si, ou seus agentes responsaveis, o estado de sitio em qualquer ponto do territorio nacional, nos casos de aggressão estrangeira, ou grave commoção intestina (art. 6º n. 3; art. 34 n. 21 e art. 80);
16. Entabolar negociações internacionaes, celebrar ajustes, convenções e tratados, sempre *ad referendum* do Congresso, e approvar os que os Estados celebrarem na conformidade do art. 65, submettendo-os, quando cumprir, á autoridade do Congresso.

CAPITULO IV

DOS MINISTROS DE ESTADO

Art. 49.—O Presidente da Republica é auxiliado pelos Ministros de Estado, agentes de sua confiança, que lhe subscrevem os actos, e cada um delles presidirá a um dos Ministerios em que se dividir a administração federal.

Art. 50.—Os Ministros de Estado não poderão accumular o exercicio de outro emprego ou funcção publica, nem ser eleitos Presidente ou Vice-Presidente da União, Deputado ou Senador.
Paragrapho unico. O Deputado ou Senador, que acceitar o cargo de Ministro de Estado, perderá o mandato e proceder-se-ha immediatamente a nova eleição, na qual não poderá ser votado.

Art. 51.—Os Ministros de Estado não poderão comparecer ás sessões do Congresso, e só se communicarão com elle por escripto, ou pessoalmente em conferencias com as commissões das Camaras.

Os relatorios annuaes dos Ministros serão dirigidos ao Presidente da Republica e distribuidos por todos os membros do Congresso.

Art. 52.—Os Ministros de Estado não são responsaveis perante o Congresso, ou perante os Tribunaes, pelos conselhos dados ao Presidente da Republica.
§ 1º. Respondem, porém, quanto aos seus actos, pelos crimes qualificados em lei.
§ 2º. Nos crimes communs e de responsabilidade serão processados e julgados pelo Supremo Tribunal Federal, e nos connexos com os do Presidente da Republica, pela autoridade competente para o julgamento deste.

CAPITULO V

DA RESPONSABILIDADE DO PRESIDENTE

Art. 53.—O Presidente dos Estados Unidos do Brazil será submettido a processo e a julgamento, depois que a Camara declarar procedente a accusação, perante o Supremo Tribunal Federal, nos crimes communs, e, nos de responsabilidade, perante o Senado.
Paragrapho unico. Decretada a procedencia da accusação, ficará o Presidente suspenso de suas funcções.

Art. 54.—São crimes de responsabilidade os actos do Presidente da Republica, que attentarem contra:

1º. A existencia politica da União;
2.º A Constituição e a fórma do Governo Federal;
3º. O livre exercicio dos poderes politicos;
4º. O gozo e exercicio legal dos direitos politicos ou individuaes;
5º. A segurança interna do paiz;
6º. A probidade da administração;

7º. A guarda e emprego constitucional dos dinheiros publicos;

8º. As leis orçamentarias votadas pelo Congresso.

§ 1º. Esses delictos serão definidos em lei especial.

§ 2º. Outra lei regulará a accusação, o processo e o julgamento.

§ 3º. Ambas essas leis serão feitas na primeira sessão do primeiro Congresso.

SECÇÃO III

DO PODER JUDICIARIO

Art. 55.—O Poder Judiciario da União terá por orgãos um Supremo Tribunal Federal, com séde na Capital da Republica, e tantos juizes e tribunaes federaes, distribuidos pelo paiz, quantos o Congresso crear.

Art. 56.—O Supremo Tribunal Federal compor-se-ha de quinze juizes, nomeados na fórma do art. 48, n. 12, dentre os cidadãos de notavel saber e reputação, elegiveis para o Senado.

Art. 57.—Os juizes federaes são vitalicios e perderão o cargo unicamente por sentença judicial.

§ 1º. Os seus vencimentos serão determinados por lei e não poderão ser diminuidos.

§ 2º. O Senado julgará os membros do Supremo Tribunal Federal nos crimes de responsabilidade, e este os juizes federaes inferiores.

Art. 58.—Os Tribunaes Federaes elegerão de seu seio os seus presidentes e organizarão as respectivas secretarias.

§ 1º. A nomeação e a demissão dos empregados de secretaria, bem como o provimento dos officios de justiça nas circumscripções judiciarias, compete respectivamente aos presidentes dos tribunaes

§ 2º. O Presidente da Republica designará, dentre os membros do Supremo Tribunal Federal, o Procurador Geral da Republica, cujas attribuições se definirão em lei.

Art. 59.—Ao Supremo Tribunal Federal compete:

1. Processar e julgar originaria e privativamente:

a) o Presidente da Republica nos crimes communs e os Ministros de Estado nos casos do art. 52;

b) os ministros diplomaticos, nos crimes communs e nos de responsabilidade;

c) as causas e conflictos entre a União e os Estados, ou entre estes uns com os outros;

d) os litigios e as reclamações entre nações estrangeiras e a União ou os Estados;

e) os conflictos dos juizes ou Tribunaes Federaes entre si, ou entre estes e os dos Estados, assim como os dos juizes e tribunaes de um Estado com os juizes e os tribunaes de outro Estado;

11. julgar, em gráo de recurso, as questões resolvidas pelos juizes e Tribunaes Federaes, assim como as de que tratam o presente artigo, § 1º, e o art. 60.

111. Rever os processos findos, nos termos do art. 81.

§ 1º. Das sentenças das justiças dos Estados em ultima instancia haverá recurso para o Supremo Tribunal Federal:

a) quando se questionar sobre a validade ou a applicação de tratados e leis federaes, e a decisão do tribunal do Estado fôr contra ella;

b) quando se contestar a validade de leis ou de actos dos governos dos Estados em face da Constituição, ou das leis federaes, e a decisão do tribunal do Estado considerar validos esses actos, ou essas leis impugnadas.

§ 2º. Nos casos em que houver de applicar leis dos Estados, a justiça federal consultará a jurisprudencia dos tribunaes locaes, e vice-versa, as justiças dos Estados consultarão a jurisprudencia dos Tribunaes Federaes, quando houverem de interpretar leis da União.

Art. 60.—Compete aos juizes ou Tribunaes Federaes processar e julgar:

a) as causas em que alguma das partes fundar a acção, ou a defesa, em disposição da Consti'uição Federal;

b) todas as causas propostas contra o Governo da União ou Fazenda Nacional, fundadas em disposições da Constituição, leis e regulamentos do Poder Executivo, ou em contractos celebrados com o mesmo Governo;

c) as causas provenientes de compensações, reivindicações, indemnização de prejuizos ou quaesquer outras, propostas pelo Governo da União contra particulares ou vice-versa;

d) os litigios entre um Estado e cidadãos de outro, ou entre cidadãos de Estados diversos, diversificando as leis destes;

e) os pleitos entre Estados estrangeiros e cidadãos brazileiros;

f) as acções movidas por estrangeiros e fundadas, quer em contractos com o Governo da União, quer em convenções ou tratados da União com outras nações;

g) as questões de direito maritimo e navegação, assim no oceano como nos rios e lagos do paiz;

h) as questões de direito criminal ou civil internacional;

i) os crimes politicos.

§ 1.º E' vedado ao Congresso commetter qualquer jurisdicção federal ás justiças dos Estados.

§ 2.º As sentenças e ordens da magistratura federal são executadas por officiaes judiciarios da União, aos quaes a policia local é obrigada a prestar auxilio, quando invocado por elles.

Art. 61.—As decisões dos juizes ou tribunaes dos Estados, nas materias de sua competencia, porão termo aos processos e ás questões, salvo quanto a:

1º, *habeas-corpus* ou
2º. espolio de estrangeiro, quando a especie não estiver prevista em convenção, ou tratado.
Em taes casos, haverá recurso voluntario para o Supremo Tribunal Federal.

Art. 62. As justiças dos Estados não podem intervir em questões submettidas aos Tribunaes Federaes, nem annullar, alterar, ou suspender as suas sentenças, ou ordens. E, reciprocamente, a justiça federal não póde intervir em questões submettidas aos tribunaes dos Estados, nem annullar, alterar ou suspender as decisões ou ordens destes, exceptuados os casos expressamente declarados nesta Constituição.

TITULO II

DOS ESTADOS

Art. 63.—Cada Estado reger-se-ha pela Constituição e pelas leis que adoptar, respeitados os principios constitucionaes da União.

Art. 64.—Pertencem aos Estados as minas e terras devolutas situadas nos seus respectivos territorios, cabendo á União sómente a porção de territorio que for indispensavel para a defesa das fronteiras, fortificações, construcções militares e estradas de ferro federaes.

Paragrapho unico. Os proprios nacionaes, que não forem necessarios para serviços da União, passarão ao dominio dos Estados, em cujo territorio estiverem situados.

Art. 65.—E' facultado aos Estados:
1º. Celebrar entre si ajustes e convenções sem caracter politico (art. 48, n. 16);
2º. Em geral todo e qualquer poder, ou direito que lhes não for negado por clausula expressa ou implicitamente contida nas clausulas expressas da Constituição.

Art. 66.—E' defeso aos Estados:
1º. Recusar fé aos documentos publicos, de natureza legislativa, administrativa, ou judiciaria da União, ou de qualquer dos Estados;
2º. Rejeitar a moeda ou a emissão bancaria em circulação por acto do Governo Federal;
3º. Fazer, ou declarar guerra entre si e usar de represalias;
4º. Denegar a extradição de criminosos, reclamados pelas justiças de outros Estados. ou do Districto Federal, segundo as leis da União, por que esta materia se reger (art. 34, n. 32).

Art. 67.—Salvas as restricções especificadas na Constituição e nas leis federaes, o Districto Federal é administrado pelas autoridades municipaes.

Paragrapho unico. As despezas de caracter local, na Capital da Republica, incumbem exclusivamente á autoridade municipal.

TITULO III

DO MUNICIPIO

Art. 68.—Os Estados organizar-se-hão de fórma que fique assegurada a autonomia dos municipios, em tudo quanto respeite ao seu peculiar interesse.

TITULO IV

DOS CIDADÃOS BRAZILEIROS

SECÇÃO

DAS QUALIDADES DO CIDADÃO BRAZILEIRO

Art. 69.—São cidadãos brazileiros:
1º. Os nascidos no Brazil, ainda que de pai estrangeiro, não residindo este a serviço de sua nação;
2º. Os filhos de pai brazileiro e os Illegitimos de mãi brazileira, nascidos em paiz estrangeiro, si estabelecerem domicilio na Republica;
3º. Os filhos de pai brazileiro, que estiver noutro paiz ao serviço da Republica, embora nella não venham domiciliar-se;
4º. Os estrangeiros que, achando-se no Brazil aos 15 de novembro de 1889, não declararem, dentro em seis mezes depois de entrar em vigor a Constituição, o animo de conservar a nacionalidade de origem;
5º. Os estrangeiros, que possuirem bens immoveis no Brazil, e forem casados com brazileiras ou tiverem filhos brazileiros, comtanto que residam no Brazil, salvo si manifestarem a intenção de não mudar de nacionalidade;
6º. Os estrangeiros por outro modo naturalisados.

Art. 70.—São eleitores os cidadãos maiores de 21 annos, que se alistarem na fórma da lei.
§ 1º. Não podem alistar-se eleitores para as eleições federaes, ou para as dos Estados:
1º. Os mendigos;
2º. Os analphabetos;
3º. As praças de pret, exceptuados os alumnos das escolas militares de ensino superior;
4º. Os religiosos de ordens monasticas, companhias, congregações, ou communidades de qualquer denominação, sujeitas a voto de obediencia, regra, ou estatuto, que importe a renuncia da liberdade individual.
§ 2º. São inelegiveis os cidadão não alistaveis.

Art. 71—Os direitos de cidadão brazileiro só se suspendem, ou perdem nos casos aqui particularisados.
§ 1º. Suspendem-se:
a) por incapacidade physica, ou moral;
b) por condemnação criminal, emquanto durarem os seus effeitos.
§ 2º. Perdem-se:

a) por naturalisação em paiz estrangeiro;
b) por aceitação de emprego ou pensão de governo estrangeiro, sem licença do Poder Executivo Federal;

§ 3º. Uma lei federal determinará as condições de reacquisição dos direitos de cidadão brazileiro.

SECÇÃO II

DECLARAÇÃO DE DIREITOS

Art. 72.—A Constituição assegura a brazileiros e a estrangeiros residentes no paiz a inviolabilidade dos direitos concernentes á liberdade, á segurança individual e á propriedade nos termos seguintes:

§ 1º. Ninguem póde ser obrigado a fazer, ou deixar de fazer alguma cousa, sinão em virtude de lei.

§ 2º. Todos são iguaes perante a lei.
A Republica não admitte privilegio de nascimento, desconhece foros de nobreza, e extingue as ordens honorificas existentes e todas as suas prerogativas e regalias, bem como os titulos nobiliarchicos e de conselho.

§ 3º. Todos os individuos e confissões religiosas podem exercer publica e livremente o seu culto, associando-se para esse fim e adquirindo bens, observadas as disposições do direito commum.

§ 4º. A Republica só reconhece o casamento civil, cuja celebração será gratuita.

§ 5º. Os cemiterios terão caracter secular e serão administrados pela autoridade municipal, ficando livre a todos os cultos religiosos a pratica dos respectivos ritos em relação aos seus crentes, desde que não offendam a moral publica e as leis.

§ 6º. Será leigo o ensino ministrado nos estabelecimentos publicos.

§ 7º. Nenhum culto ou igreja gozará de subvenção official, nem terá relações de dependencia, ou alliança com o Governo da União, ou o dos Estados.

§ 8º. A todos é licito associarem-se e reunirem-se livremente e sem armas; não podendo intervir a policia, sinão para manter a ordem publica.

§ 9º. E' permittido a quem quer que seja repre-representar, mediante petição, aos poderes publicos, denunciar abusos das autoridades e promover a responsabilidade dos culpados.

§ 10. Em tempo de paz, qualquer póde entrar no territorio nacional ou delle sahir, com a sua fortuna e bens, quando e como lhe convier, independentemente de passaporte.

§ 11. A casa é o asylo inviolavel do individuo; ninguem póde ahi penetrar, de noite, sem consentimento do morador, sinão para acudir a victimas de crimes, ou desastres, nem de dia sinão nos casos e pela fórma prescriptos na lei.

§ 12. Em qualquer assumpto é livre a manifestação do pensamento pela imprensa, ou pela tribuna, sem dependencia de censura, respondendo cada um pelos abusos que commetter, nos casos e pela fórma que a lei determinar. Não é permittido o anonymato.

§ 13. A' excepção do flagrante delicto, a prisão não poderá executar-se, sinão depois de pronuncia do indiciado, salvos os casos determinados em lei, e mediante ordem escripta da autoridade competente.

§ 14. Ninguem poderá ser conservado em prisão sem culpa formada, salvas as excepções especificadas em lei, nem levado á prisão, ou nella detido, si prestar fiança idonea, nos casos em que a lei a admittir.

§ 15. Ninguem será sentenciado, sinão pela autoridade competente, em virtude de lei anterior e na forma por ella regulada.

§ 16. Aos accusados se assegurará na lei a mais plena defesa, com todos os recursos e meios essenciaes a ella, desde a nota de culpa, entregue em vinte e quatro horas ao preso e assignada pela autoridade competente, com os nomes do accusador e das testemunhas.

§ 17. O direito de propriedade mantem-se em toda a plenitude, salva a desapropriação por necessidade ou utilidade publica, mediante indemnização prévia.
As minas pertencem aos proprietarios do solo, salvas as limitações que forem estabelecidas por lei a bem da exploração deste ramo de industria.

§ 18. E' inviolavel o sigillo da correspondencia.

§ 19. Nenhuma pena passará da pessoa do delinquente.

§ 20. Fica abolída a pena de galés e a de banimento judicial.

§ 21. Fica igualmente abolida a pena de morte, reservadas as disposições da legislação militár em tempo de guerra.

§ 22. Dar-se-ha o *habeas-corpus* sempre que o individuo soffrer ou se achar em imminente perigo de soffrer violencia, ou coacção, por illegalidade, ou abuso de poder.

§ 23. A' excepção das causas, que, por sua natureza, pertencem a juizos especiaes, não haverá fôro privilegiado.

§ 24. E' garantido o livre exercicio de qualquer profissão moral, intellectual e industrial.

§ 25. Os inventos industriaes pertencerão aos seus autores, aos quaes ficará garantido por lei um privilegio temporario, ou será concedido pelo Congresso um prazo razoavel, quando haja conveniencia de vulgarisar o invento.

§ 26. Aos autores de obras litterarias e artisticas é garantido o direito exclusivo de reproduzil-as pela imprensa ou por qualquer outro processo mecanico. Os herdeiros dos autores gozarão desse direito pelo tempo que a lei determinar.

§ 27. A lei assegurará tambem a propriedade das marcas de fabrica.

§ 28. Por motivo de crença ou funcção religiosa, nenhum cidadão brazileiro poderá ser privado de seus direitos civis e politicos nem eximir-se do cumprimento de qualquer dever civico.

§ 29. Os que allegarem motivo de crença religiosa com o fim de se isentarem de qualquer onus que as leis da Republica imponham aos cidadãos, e os que acçeitarem condecorações ou titulos nobiliarchicos estrangeiros perderão todos os direitos politicos.

§ 30. Nenhum imposto de qualquer natureza poderá ser cobrado sinão em virtude de uma lei que o autorize.

§ 31. E' mantida a instituição do jury.

Art. 73.—Os cargos publicos civis, ou militares, são accessiveis a todos os brazileiros, observadas as condições de capacidade especial, que a lei estatuir, sendo, porém, vedadas as accumulações remuneradas.

Art. 74.—As patentes, os postos e os cargos inamoviveis são garantidos em toda a sua plenitude.

Art. 75.—A aposentadoria só podera ser dada aos funccionarios publicos em caso de invalidez no serviço da Nação.

Art. 76.—Os officiaes do Exercito e da Armada só perderão suas patentes por condemnação em mais de dous annos de prisão, passada em julgada nos tribunaes competentes.

Art. 77.—Os militares de terra e mar terão fôro especial nos delictos militares.

§ 1º. Este fôro compor-se-ha de um Supremo Tribunal Militar, cujos membros serão vitalicios, e dos conselhos necessarios para a formação da culpa e julgamento dos crimes.

§ 2º. A organização e attribuições do Supremo Tribunal Militar serão reguladas por lei.

Art. 78.—A especificação das garantias e direitos expressos na Constituição não exclue outras garantias e direitos não enumerados, mas resultantes da fórma de governo que ella estabelece e dos principios que consigna.

TITULO V

DISPOSIÇÕES GERAES

Art. 79.—O cidadão brazileiro investido em funcções de qualquer dos tres poderes federaes não poderá exercer as de outro.

Art. 80.—Poder-se-ha declarar em estado de sitio qualquer parte do territorio da União, suspendendo-se ahi as garantias constitucionaes por tempo determinado, quando a segurança da Republica o exigir, em caso de aggressão estrangeira, ou commoção intestina (art. 34, n. 21).

§ 1º. Não se achando reunido o Congresso, e correndo a Patria imminente perigo, exercerá essa attribuição o Poder Executivo Federal (art. 48, n. 15).

§ 2º. Este, porém, durante o estado de sitio, restringir-se-ha nas medidas de repressão contra as pessoas, a impôr:

1º. A detenção em lugar não destinado aos réos de crimes communs;

2º. O desterro para outros sitios do territorio nacional.

§ 3º. Logo que se reunir o Congresso, o Presidente da Republica lhe relatará, motivando-as, as medidas de excepção que houverem sido tomadas.

§ 4º. As autoridades que tenham ordenado taes medidas são responsaveis pelos abusos commettidos.

Art. 81.—Os processos findos, em materia crime, poderão ser revistos, a qualquer tempo, em beneficio dos condemnados, pelo Supremo Tribunal Federal, para reformar, ou confirmar a sentença.

§ 1º. A lei marcará os casos e a fórma da revisão, que poderá ser requerida pelo sentenciado, por qualquer do povo, ou *ex-officio* pelo Procurador Geral da Republica.

§ 2º. Na revisão não podem ser aggravadas as penas da sentença revista.

§ 3º. As disposições do presente artigo são extensivas aos processos militares.

Art. 82.—Os funccionarios publicos são estrictamente responsaveis pelos abusos e omissões em que incorrerem no exercicio de seus cargos, assim como pela indulgencia, ou negligencia em não responsabilisarem effectivamente os seus subalternos.

Paragrapho unico. O funccionario publico obrigar-se-ha por compromisso formal, no acto da posse. ao desempenho dos seus deveres legaes.

Art. 83.—Continuam em vigor, emquanto não revogadas, as leis do antigo regimen, no que explicita ou implicitamente não fôr contrario ao systema de governo firmado pela Constituição e aos principios nella consagrados.

Art. 84.—O Governo da União afiança o pagamento da divida publica interna e externa.

Art. 85.—Os officiaes do quadro e das classes annexas da Armada terão as mesmas patentes e vantagens que os do Exercito nos cargos de categoria correspondente.

Art. 86. Todo o brazileiro é obrigado ao serviço militar, em defesa da Patria e da Constituição, na fórma das leis federaes.

Art. 87.—O Exercito Federal compor-se-ha de contingentes que os Estados e o Districto Federal são obrigados a fornecer, constituidos de conformidade com a lei annua de fixação de forças.

§ 1º. Uma lei federal determinará a organização geral do Exercito, de accordo com o n. 18 do art. 34.

§ 2º. A União se encarregará da instrucção militar dos corpos e armas e da instrucção militar superior.

§ 3°. Fica abolido o recrutamento militar forçado.

§ 4°. O Exercito e a Armada compor-se-hão pelo voluntariado, sem premio, e em falta deste pelo sorteio, previamente organizado. Concorrem para o pessoal da Armada a Escola Naval, as de Aprendizes Marinheiros e a Marinha mercante, mediante sorteio.

Art. 88.—Os Estados Unidos do Brazil, em caso algum se empenharão em guerra de conquista, directa ou indirectamente, por si ou em alliança com outra nação.

Art. 89.—E' instituido um Tribunal de Contas para liquidar as contas da receita e despeza e verificar a sua legalidade, antes de serem prestadas ao Congresso.

Os membros deste Tribunal serão nomeados pelo Presidente da Republica, com approvação do Senado, e sómente perderão os seus logares por sentença.

Art. 90.—A Constituição poderá ser reformada, por iniciativa do Congresso Nacional, ou das Assembléas dos Estados.

§ 1°. Considerar-se-ha proposta a reforma, quando, sendo apresentada por uma quarta parte, pelo menos, dos membros de qualquer das Camaras do Congresso Nacional, for aceita, em tres discussões, por dous terços dos votos numa e noutra camara, ou quando fôr solicitada por dous terços dos Estados, no decurso de um anno, representada cada Estado pela maioria de votos de sua Assembléa.

§ 2°. Essa proposta dar-se-ha por approvada, si no anno seguinte o for, mediante tres discussões, por maioria de dous terços dos votos nas duas Camaras do Congresso.

§ 3°. A proposta approvada publicar-se-ha com as assignaturas dos Presidentes e Secretarios das duas Camaras, e incorporar-se-ha á Constituição como parte integrante della.

§ 4°. Não poderão ser admittidos como objecto de deliberação, no Congresso, projectos tendentes a abolir a fórma republicana federativa, ou a igualdade da representação dos Estados no Senado.

Art. 91.—Approvada esta Constituição, será ella promulgada pela Mesa do Congresso e assignada pelos membros deste.

DISPOSIÇÕES TRANSITORIAS

Art. 1°.—Promulgada esta Constituição, o Congresso, reunido em assembléa geral, elegerá em seguida por maioria absoluta de votos, na primeira votação, e, si nenhum candidato a obtiver, por maioria relativa na segunda, o Presidente e o Vice-Presidente dos Estados Unidos do Brazil.

§ 1°. Essa eleição será feita em dous escrutinios distinctos para o Presidente e o Vice-Presidente respectivamente, recebendo-se e apurando-se em primeiro lugar as cedulas para Presidente e procedendo-se em seguida do mesmo modo para o Vice-Presidente.

§ 2°. O Presidente e o Vice-Presidente, eleitos na fórma deste artigo, occuparão a Presidencia e a Vice-Presidencia da Republica durante o primeiro periodo presidencial.

§ 3°. Para essa eleição não haverá incompatibilidades.

§ 4°. Concluida ella, o Congresso dará por terminada a sua missão constituinte, e, separando-se em Camara e Senado, encetará o exercicio de suas funções normaes a 15 de junho do corrente anno, não podendo em hypothese alguma ser dissolvido.

§ 5°. No primeiro anno da primeira legislatura, logo nos trabalhos preparatorios, discriminará o Senado o primeiro e segundo terço de seus membros, cujo mandato ha de cessar no termo do primeiro e do segundo triennios.

§ 6°. Essa discriminação effectuar-se-ha em tres listas, correspondentes aos tres terços, graduando-se os Senadores de cada Estado e os do Districto Federal pela ordem de sua votação respectiva, de modo que se distribua ao terço do ultimo triennio o primeiro votado no Districto Federal e em cada um dos Estados, e aos dous terços seguintes os outros dous nomes na escala dos suffragios obtidos.

§ 7°. Em caso de empate, considerar-se-hão favorecidos os mais velhos, decidindo-se por sorteio, quando a idade for igual.

Art. 2°.—O Estado que até ao fim do anno de 1892 não houver decretado a sua Constituição, será submettido, por acto do Congresso, á de um dos outros, que mais conveniente a essa adaptação parecer, até que o Estado sujeito a esse regimen a reforme, pelo processo nella determinado.

Art. 3°.—A' proporção que os Estados se forem organizando, o Governo Federal entregar-lhes-ha a administração dos serviços, que pela Constituição lhes competirem, e liquidará a responsabilidade da administração federal no tocante a esses serviços e ao pagamento do pessoal respectivo.

Art. 4°.—Emquanto os Estados se occuparem em regularisar as despezas, durante o periodo de organização dos seus serviços, o Governo Federal abrir-lhes-ha para esse fim creditos especiaes, segundo as condições estabelecidas por lei.

Art. 5°.—Nos Estados que se forem organizando, entrará em vigor a classificação das rendas estabelecidas na Constituição.

Art. 6°.—Nas primeiras nomeações para a magistratura federal e para a dos Estados serão preferidos os juizes de direito e os desembargadores de mais nota.

Os que não forem admittidos na nova organização judiciaria, e tiverem mais de 30 annos de exercicio, serão aposentados com todos os seus vencimentos.

Os que tiverem menos de 30 annos de exercicio continuarão a perceber seus ordenados, até que sejam aproveitados ou aposentados com ordenado correspondente ao tempo de exercicio.

As despezas com os magistrados aposentados ou postos em disponibilidade serão pagas pelo Governo Federal.

Art. 7º.—E' concedida a D. Pedro de Alcantara, ex-Imperador do Brazil, uma pensão que, a contar de 15 de novembro de 1889, garanta-lhe, por todo o tempo de sua vida, subsistencia decente. O Congresso ordinario, em sua primeira reunião, fixará o *quantum* desta pensão.

Art. 8º.—O Governo Federal adquirirá para a Nação a casa em que falleceu o Dr. Benjamin Constant Botelho de Magalhães e nella mandará collocar uma lapide em homenagem á memoria do grande patriota—o fundador da Republica.

Paragrapho unico. A viuva do mesmo Dr. Benjamin Constant terá, emquanto viver, o usofructo da casa mencionada.

Mandamos, portanto, a todas as autoridades, a quem o conhecimento e execução desta Constituição pertencerem, que a executem e façam executar e observar fiel e inteiramente como nella se contém.

Publique-se e cumpra-se em todo territorio da Nação.

Sala das sessões do Congresso Nacional Constituinte, na cidade do Rio de Janeiro, em vinte e quatro de fevereiro de mil oitocentos e noventa e um, terceiro da Republica.

Prudente José de Moraes Barros, Presidente do Congresso, Senador pelo Estado de S. Paulo.

Antonio Euzebio Gonçalves de Almeida, Vice-Presidente do Congresso, Deputado pelo Estado da Bahia.

Dr. *João de Matta Machado*, 1º Secretario, Deputado pelo Estado de Minas Geraes.

Dr. *José de Paes de Carvalho*, 2º Secretario, Senador pelo Estado do Pará.

Tenente-coronel *João Soares Neiva*, 3º Secretario, Senador pelo Estado da Parahyba.

Eduardo Mendes Gonçalves, 4º Secretario, Deputado pelo pelo Estado do Paraná.

Manoel Francisco Machado, Senador pelo Estado de Amazonas.

Leovigildo de Souza Coelho, idem.

Joaquim José Paes da Silva Sarmento, idem.

Manoel Ignacio Belfort Vieira, idem.

Manoel Uchôa Rodrigues, Deputado pelo Estado do Amazonas.

Manoel de Mello C. Barata, Senador pelo Pará.

Antonio Nicoláo Monteiro Baena, idem.

Arthur Indio do Brazil e Silva, Deputado pelo Estado da Pará.

Innocencio Serzedello Corrêa. idem.

Raymundo Nina Ribeiro, idem.

Dr. *José Ferreira Cantão*, idem.

Dr. *Pedro Leite Chermont*, idem.

Dr. *José Teixeira da Matta Barcellar*, idem.

Lauro Sodré, idem.

João Pedro Belfort Vieira, Senador pelo Estado do Maranhão.

Francisco Manoel da Cunha Junior, idem.

José Secundino Lopes Gomensoro, idem.

Manoel Bernardino da Costa Rodrigues, Deputado pelo Estado do Maranhão.

Casimiro Dias Vieira Junior, idem.

Henrique Alves de Carvalho, idem.

Dr. *Joaquim Antonio da Cruz*, Senador pelo Estado do Piauhy.

Theodoro Alves Pacheco, idem.

Elyseu de Souza Martins, idem.

Dr. *Anfrisio Fialho*, Deputado pelo Estado do Piauhy.

Dr. *Joaquim Nogueira Paranaguá*, idem.

Nelson de Vasconcellos Almeida, idem.

Coronel *Firmino Pires Ferreira*, idem.

Joaquim de Oliveira Catunda, Senador pelo Estado de Ceará.

Manoel Bezerra de Albuquerque Junior, idem.

Theodureto Carlos de Faria Souto, idem

Alexandre José Barbosa Lima, Deputado pelo Estado de Ceará.

José Freire Bezerril Fontenelle, idem.

João Lopes Ferreira Filho, idem.

Justiniano de Serpa, idem.

Dr. *José Avelino Gurgel do Amaral*, idem.

Capitão *José Bevilaqua*, idem.

Gonçalo de Lago Fernandes Bastos, idem.

Manoel Coelho Bastos do Nascimento, idem.

José Bernardo de Medeiros, Senador pelo Estado do Rio Grande do Norte.

José Pedro de Oliveira Galvão, idem.

Amaro Cavalcanti, idem.

Almino Alvares Affonso, (Pro vita civium proque universa Republica), Deputado pelo Estado do Rio Grande de Norte.

Pedro Velho de Albuquerque Maranhão, idem.

Miguel Joaquim de Almeida Castro, idem.

Antonio de Amorim Garcia, idem.

José de Almeida Barreto, Senador pelo Estado da Parahyba do Norte.

Firmino Gomes da Silveira, idem.

Epitacio da Silva Pessoa, Deputado pelo Estado da Parahyba.

CONSTITUIÇÃO 405

Pedro Americo de Figueiredo, Deputado pelo Estado da Parahyba.
Antonio Joaquim do Couto Cartaxo, idem.
João Baptista de Sá Andrade, idem.
Primeiro tenente *João da Silva Retumba*, idem,
Dr. *José Hygino Duarte Pereira*, Senador pelo Estado de Pernambuco.
José Simeão de Oliveira, idem.
José Nicoláo Tolentino de Carvalho, Deputado pelo Estado de Pernambuco.
Dr. *Francisco de Assis Rosa e Silva*, idem.
João Barbalho Uchôa Cavalcanti, idem.
Antonio Gonçalves Ferreira, idem.
Joaquim José de Almeida Pernambuco, Deputado pelo Estado de Pernambuco.
João Juvencio Ferreira de Aguiar, idem.
André Cavalcanti de Albuquerque, idem.
Raymundo Carneiro de Souza Bandeira, idem.
Annibal Falcão, idem.
A. A. Pereira de Lyra, idem.
José Vicente Meira de Vasconcellos, idem.
João de Sequeira Cavalcanti, idem.
Dr. *João Vieira de Araujo*, idem.
Luiz de Andrade, idem.
Vicente Antonio do Espirito Santo, idem.
Bellarmino Carneiro, idem.
Floriano Peixoto, Senador pelo Estado das Alagôas.
Pedro Paulino da Fonseca, idem.
Cassiano Candido Tavares Bastos, idem.
Theophilo Fernandes dos Santos, Deputado pelo Estado das Alagôas.
Joaquim Pontes de Miranda, idem.
Francisco de Paula Leite Oiticica, idem.
Gabino Besouro, idem.
Manoel da Silva Rosa Junior, Senador pelo Estado de Sergipe.
Ivo do Prado Montes Pires da França, Deputado pelo Estado de Sergipe.
Manoel Perciliano de Oliveira Valladão, idem.
Dr. *Felisbello Firmo de Oliveira Freire*, idem.
Virgilio C. Damasio, Senador pelo Estado da Bahia.
Ruy Barbosa, idem.
José Augusto de Freitas, Deputado pela Estado da Bahia.
Francisco de Paula Argolo, idem.
Joaquim Ignacio Tosta, idem.
Dr. *José Joaquim Seabra*, idem.
Dr. *Aristides Cesar Spinola Zama*, idem.
Dr. *Arthur Cesar Rios*, idem.

Garcia Dias Pires de Carvalho e Albuquerque, Deputado pelo Estado da Bahia.
Marcolino de Moura e Albuquerque, idem.
Dr. *Francisco dos Santos Pereira*, idem.
Custodio José de Mello, idem.
Dr. *Francisco de Paula Oliveira Guimarães*, idem.
Aristides A. Milton, idem.
Amphilophio Botelho Freire de Carvalho, idem.
Francisco Maria Sodré Pereira, idem.
Dionisio E. de Castro Cerqueira, idem.
Leovigildo do Ypiranga Amorim Filgueiras, idem.
Capitão de mar e guerra *Barão de S. Marcos*, idem.
Barão de Villa Viçosa, idem.
Sebastião Landulpho da Rocha Medrado, idem.
Francisco Prisco de Souza Paraiso, idem.
Domingos Vicente Gonçalves de Souza, Senador pelo Estado do Espirito Santo.
Gil Diniz Goulart, idem.
José Cesario de Miranda Monteiro de Barros, idem.
José de Mello Carvalho Muniz Freire, Deputado pelo Estado do Espirito Santo.
Antonio Borges de Atabyde Junior, idem.
Dr. *João Baptista Laper*, Senador pelo Estado do Rio de Janeiro.
Braz Carneiro Nogueira da Gama, idem.
Francisco Victor da Fonseca e Silva, Deputado pelo Estado do Rio de Janeiro.
João Severiano da Fonseca Hermes, idem.
Nilo Peçanha, idem.
Dr. *Urbano Marcondes dos Santos Machado*, idem.
Contra-Almirante *Dionizio Manhães Barretto*, idem.
Cyrillo de Lemos Nunes Fagundes, idem.
Dr. *Augusto de Oliveira Pinto*, idem.
José Gonçalves Veriato de Medeiros, idem.
Joaquim José de Souza Breves, idem.
Virgilio de Andrade Pessoa, idem.
Carlos Antonio de França Carvalho, idem.
João Baptista da Motta, idem.
Luiz Carlos Fróes da Cruz, idem.
Alcindo Guanabara, idem.
Erico Marinho da Gama Coelho, idem.
Eduardo Wandenkolk, Senador pela Capital Federal.
Dr. *João Severiano da Fonseca*, idem.
Joaquim Saldanha Marinho, idem.
João Baptista de Sampaio Ferraz, Deputado pela Capital Federal.
Lopes Trovão, idem.
Alfredo Ernesto Jaques Ourique, idem.
Aristides da Silveira Lobo, idem.

F. P, Mayrink, Deputado pela Capital Federal.
Dr. Francisco Forquim Werneck de Almeida, idem.
Domingos Jesuino de Albuquerque Junior, idem.
Thomaz Delphino, idem
José Augusto Vinhaes, idem.
Americo Lobo Leite Pereira, Senador pelo Estado de Minas Geraes.
Antonio Olyntho dos Santos Pires, Deputado pelo Estado de Minas Geraes
Dr. Pacifico Gonçalves da Silva Mascarenhas, idem.
Gabriel de Paula Almeida Magalhães, idem.
João das Chagas Lobato, idem.
Antonio Jacob da Paixão, idem.
Alexandre Stockler Pinto de Menezes, idem.
Francisco Luiz da Veiga, idem.
Dr. José Candido da Costa Senna, idem.
Antonio Affonso Lamounier Godofredo, idem.
Alvaro A. de Andrade Botelho, idem.
Feleciano Augusto de Oliveira Pena, idem
Polycarpo Rodrigues Viotti, idem.
Antonio Dutra Nicacio, idem.
Francisco Corrêa Rabello, idem.
Manoel Fulgencio Alves Pereira, idem.
Astolpho Pio da Silva Pinto, idem.
Aristides de Araujo Maia, idem.
Joaquim Gonçalves Ramos, idem.
Carlos Justiniano das Chagas, idem.
Costantino Luiz Palleta, idem.
Dr. João Antonio de Avellar, idem.
José Joaquim Ferreira Rabello, idem.
Francisco Alvaro Bueno de Paiva, idem.
Dr. José Carlos Ferreira Pires, idem.
Manoel Ferraz de Campos Salles, Senador pelo Estado de S. Paulo.
Francisco Glicerio, Deputado pelo Estado de S. Paulo.
Manoel de Moraes Barros, idem.
Joaquim Lopes Chaves, idem.
Domingos Corrêa de Moura, idem.
Dr. João Thomaz Carvalhal, idem.
Joaquim de Souza Mursa, idem.
Rodolpho N. Rocha Miranda, idem.
Paulino Carlos de Arruda Botelho, idem.
Angelo Gomes Pinheiro Machado, idem.
Antonio José da Costa Junior, idem.
Francisco de Paula Rodrigues Alves. idem.
Alfredo Ellis, idem.
Antonio Moreira da Silva, idem.

José Luiz de Almeida Nogueira, Deputado pelo Estado de S. Paulo.
José Joaquim de Souza, Senador pelo Estado de Goyaz.
Antonio Amaro da Silva Canedo, idem.
Antonio da Silva Paranhos, idem.
Sebastião Fleury Curado, Deputado pelo Estado de Goyaz.
José Leopoldo de Bulhões Jardim, idem.
Joaquim Xavier Guimarães Natal, idem.
Aquilino do Amaral, Senador pelo Estado de Matto Grosso.
Joaquim Duarte Murtinho, idem.
Dr. Antonio Pinheiro Guedes, idem.
Antonio Francisco de Azeredo, Deputado pelo Estado de Matto Grosso.
Caetano Manoel de Faria e Albuquerque, idem.
Ulbaldino do Amaral, Senador pelo Estado do Paraná.
José Pereira dos Santos Andrade, idem.
Bellarmino Augusto de Mendonça Lobo, Deputado pelo Estado do Paraná.
Marciano Augusto Botelho de Magalhães, idem.
Fernando Machado de Simas, idem.
Antonio Justiniano Esteves Junior, Senador pelo Estado de Santa Catharina.
Dr. Luiz Delphino dos Santos, idem.
Lauro Severiano Müller, Deputado pelo Estado de Santa Catharina.
Carlos Augusto de Campos, idem.
Felippe Schmidt, idem.
Dr. José Candido de Lacerda Coutinho, idem.
Ramiro Fortes de Barcellos, Senador pelo Estado do Rio Grande do Sul.
Julio Anacleto Falcão da Frota, idem.
José Gomes Pinheiro Machado, idem.
Victorino Ribeiro Carneiro Monteiro. Deputado pelo Estado do Rio Grande do Sul.
Joaquim Pereira da Costa, idem.
Antão Gonçalves de Faria, idem.
Julio de Castilhos, idem.
Antonio Augusto Borges de Medeiros, idem.
Alcides de Mendonça Lima, idem.
J. F. de Assis Brazil, idem.
Thomaz Thompson Flores, idem.
Joaquim Francisco de Abreu, idem.
Homero Baptista, idem.
Manoel Luiz da Rocha Osorio, idem.
Alfredo Cassiano do Nascimento, idem.
Fernando Abbott, idem.
Demetrio Nunes Ribeiro, idem.
Antonio Adolpho da Fontoura Menna Barreto, idem.

INDICE

A

	PAGS.
Accumulação de exercicio de funcções publicas...	346
Accumulação prohibida do mandato de deputado e do de senador........................	55
Accumulações remuneradas...................	339
Adiamento do Congresso Nacional............	89 / 139
Administração municipal (no Districto Federal)..	277
Admissão de novos Estados...................	16
Agricultura, industria e commercio (animação á).	141
Ajuda de custo dos representantes da nação.....	70
Ajustes entre Estados.........................	273
Alfandegas...................................	32 / 131
Amnistia.....................................	256
Anonymato na imprensa......................	320
Aposentadorias...............................	341
Arsenaes, e estabelecimentos de conveniencia federal (legislação especial sobre)............	136
Armada (pessoal da).........................	350
Arrecadação da receita e despeza da União......	106
Assembléa Constituinte de 1823................	3
Associações religiosas.........................	305
Autographos da Constituição..................	353
Auxilio á justiça federal pela policia local.......	259
Auxilio aos Estados em casos de calamidade publica	18

B

Bandeira nacional............................	142
Bancos de emissão............................	108
Banimento judicial...........................	326
Bens, rendas e serviços da União, isentos de imposição dos Estados e vice-versa............	40
Bens, rendas e serviços dos Estados, isentos de imposição de outros Estados................	40
Bens, rendas e serviços dos municipios, isentos de imposição da União e dos Estados...........	40
Bens vagos...................................	272

C

Casa do cidadão..·..........................	318
Casamento civil..............................	309
Causas, valor d'esta expressão na justiça federal.	249
» fundadas na Constituição..............	249
» propostas contra a União..............	250
» entre cidadãos de Estados diversos......	251
» entre um Estado e cidadãos de outro....	251
» entre habitantes de um Estado e do Districto Federal........................	251
Causas contra Estados........................	252
» entre nações estrangeiras e Estados Brazileiros...............................	253
Causas movidas por estrangeiros e fundadas em contractos ou tratados com a União.........	254
Causas de direito maritimo....................	254
» - » civil ou criminal internacional	255
» de crimes politicos.....................	255
Cemiterios...................................	312
Censura prévia das publicações na imprensa....	319
Cidadãos brazileiros..........................	286 / 288
Capital Federal, 13 a.........................	15
» sua mudança...................	111
Calamidade publica (casos de).................	18
Camaras legislativas, uma ou duas ?...........	54
Camaras legislativas, devem os membros d'ellas ser eleitos simultaneamente................	54
Cargos publicos, accessiveis a todos os cidadãos brazileiros...............................	339
Commando supremo das forças militares........	186

	PAGS.
Commercio...................................	106
» de cabotagem.....................	30
Commissão de visita ás prisões.................	322 / 133
Commutações de penas.......................	189 / 34
Competencia exclusiva dos Estados............	
Compromisso formal no acto da posse dos funccionarios publicos........................	355
Compromisso formal no acto de posse do presidente da Republica........................	169
Compromisso dos representantes da nação.......	69
Condecorações................................	334
Condições de elegibilidade para o Congresso Nacional......................................	76
Congresso Nacional, pluralidade de seus membros	52
Congresso Constituinte e seos poderes...........	3
Congresso Nacional, data da sua reunião annual.	56
» logar onde deve funccionar..........	56
» que tempo funcciona annualmente....	57
» prorogação, adiamento e convocação extraordinaria............................	57
Congresso, sua duração.......................	58
» idéa geral de suas attribuições.......	102
» sua convocação extraordinaria.......	123 / 192
Constituição sem ser copia da dos Estados Unidos norte-americanos, a de 1891 offerece grande semelhança com ella......................	6
Constituição Federal (sua reforma).............	363
» dos Estados......................	266
» dos » devem respeitar os principios constitucionaes da União............	267
Contas da receita e despeza...................	105
Contingentes dos Estados para o exercito federal.	358
Correios e telegraphos federaes.................	112
Crimes de responsabilidade do presidente da Republica...............................	216
Crimes de responsabilidade (leis especiaes sobre).	217
» de » (lei do processo dos).	218
» politicos.......................	255
Cultos religiosos..............................	41 / 314

D

Decretação de impostos pela União.............	26
Decretos, instrucções, regulamentos............	184
Delegações legislativas........................	49 / 185
Delegar a outro não póde qualquer dos poderes politicos nenhuma de suas attribuições......	49
Denominação pelas quaes a Constituição designa o governo por ella instituido..............	9
Discussões no Congresso, sua influencia na interpretação das leis........................	117
Denuncia contra o vice-presidente da Republica no exercicio da presidencia, em 1893.......	213
Denuncia contra o vice-presidente da Republica fóra do exercicio da presidencia, em 1898...	212
Deputados, seo numero.......................	86
Deputado ou senador perde o mandato si aceitar o cargo de ministro.......................	206
Desapropriação...............................	324
Direito autoral...............................	332
Direito civil, commercial e criminal da Republica	126
Direito de petição............................	316
Direito de locomoção.........................	317
Direito de secessão............................	3
Direitos de entrada, estada e sahida de navios...	30 / 273
Direitos dos Estados..........................	13
Districto Federal.............................	135 / 277

INDICE

	PAGS.
Dissolução do Congresso Constituinte n'elle suggerida	375
Divida publica	356
Divisão e harmonia dos poderes politicos	48

E

Eleição para cargos federaes	125
» no caso de vaga no Congresso	59
» no » de », o que cumpre fazer si o governo de um Estado não manda proceder a ella	59
Eleição do presidente da Republica	174, 373
» do » da », (sua apuração	179
Empregos publicos federaes (creação, suppressão, etc.)	130
Emprestimos	105
Encorporação de Estados	16
Ensino publico	135, 141, 142
Espolio de estrangeiros	313, 262
Estado federal o que é	8
Estado de sitio	118
Estados, membros da União	12, 267
Estados Unidos do Brazil	11
Execução das leis e sentenças federaes (intervenção federal para)	27
Exercicio de empregos publicos durante as sessões legislativas por funccionario que aceitou mandato legislativo	75
Exercito e Armada, instituições nacionaes	46
Exercito e Armada (organisação)	113, 358
» e » (seo commando supremo a quem cabe)	186
Exercito e Armada, (sua administração e distribuição	187
Exportação	35
Extradição entre os Estados	137, 276

F

Favores do governo—das directorias de companhias que os receberem não pódem fazer parte os membros do Congresso	74
Fiança	322
Forças de terra e mar, (fixação annual das)	113
» estrangeiras, sua passagem pelo territorio do paiz	114
Fórma republicana (art. 6 § 2º) o que é	23
Fórma republicana federativa (manutenção d'ella nos Estados pela intervenção federal, pag. 23 a	25
Formação das leis nas camaras, pag. 144 e seg.	150
» » » (intervenção do presidente da Republica na	52, 144
Fôro militar	343
Fôro em que se processa o presidente da Republica	215
Fôro em que se processa o vice-presidente da Republica	212
Fôro privilegiado	329
Fronteiras	113, 273
Funccionarios federaes	32
Funccionarios que são julgados pelo Senado	97, 98
Fusão das Camaras Legislativas não é permittida pela Constituição	60, 150

G

	PAGS.
Gabinete (governo de) não existe no regimen da Constituição	102, 200
Galés	326
Garantias Constitucionaes	298, 144
Generalissimo Manoel Deodoro da Fonseca	1, 5
Governo, administração e despezas dos Estados	16
Governo federal (sentido d'esta expressão no art. 6)	20
Governo nacional e governo estadual	9
Guarda da Constituição e das leis (velar na)	139
Guarda nacional	114
Guerra	109, 191, 275
» de conquista (prohibida)	360

H

Habeas-corpus	260, 262, 328
Harmonia e divisão dos poderes politicos	48

I

Immunidades dos membros do Congresso	64
» dos » do » e a disciplina militar	68, 122
Immunidades dos membros do Congresso em estado de sitio	68
Importação de procedencia estrangeira	29, 39
Importancia da instrucção nos governos democraticos	5
Impostos só são devidos sendo creados por lei	335
Impostos sobre importação	29
Incompatibilidade parlamentar	75
» eleitoral	78
Inconstitucionalidade, poder de declarar a das leis	222
— preceitos e condições a se observarem no exercicio dessa funcção	225
— cabe tambem ás justiças estaduaes	226
Indulto	189
Impostos, devem ser uniformes	32
» de competencia exclusiva dos Estados	34
Impostos sobre immoveis ruraes e urbanos	36
Impostos sobre transmissão de propriedade	36
» sobre industrias e profissões	36
» de trausito e sobre vehiculos	41
Imprensa	319
Iniciativa	88, 144
Intervenção federal nos Estados, pag. 20 a	27
Intervenção, sancção do principio federativo	21
Instituição de bancos emissores	31
Instrucção publica, vide *Ensino Publico*	—
Instrucção militar	358
Inviolabilidade dos membros das Camaras Legislativas	64
Inviolabilidade dos membros do Congresso até quando subsiste	66
Inviolabilidade dos, alcança os crimes anteriores ao mandato?	66
Inviolabilidade do domicilio	318
» do sigillo da correspondencia	325
Invasão, caso de intervenção federal	22

J

Judiciario (poder), idéa geral d'elle no regimen federativo	222

INDICE

	PAGS.
Juizes federaes	228, 229, 231, 248
» » (competencia dos) vide causas...	248
Julgamento do presidente da Republica pelo Senado	97
Jury	335
Justiça federal e justiças locaes (sua independencia)	260, 263, 342
Justiça militar	344, 351

L

Laicidade do ensino official	313
Legislatura annual (quando começa e quando acaba)	58
Leis do antigo regimen (vigencia das)	355
Leis organicas para a execução completa da Constituição	138
Leis necessarias ao exercicio dos poderes da União	137
Leis (sua formação nas camaras)	144
Leis retroactivas	42
Lettras, artes e sciencias (animação ás)	141
Liberdade de cultos	305
» de ensino	314
» de associação e de reunião	315
» de locomoção	317
» de imprensa	318
» de profissão	329
Limites dos Estados	105
» com as nações estrangeiras	101

M

Magistrados federaes, sua nomeação	192
» (primeira nomeação após a Constituição)	378
Maioria de votos para as deliberações das Camaras Legislativas	61
Maioria de votos (casos em que deve ser de dous terços)	61
Mandato legislativo, como se extingue	59
Mão-morta	306
Marcas de fabrica e de commercio	333
Meio de discernir a qual dos poderes politicos pertence tal ou qual attribuição	49
Membros do Congresso não pódem celebrar contratos com o governo	72
Membros do Congresso não pódem receber commissões remuneradas	72
Membros do Congresso não pódem ser nomeados para empregos remunerados	72
Mensagem presidencial de abertura do Congresso	191
Mesa de cada casa do Congresso, sua eleição	63
Milicia civica	114
Minas	268, 269, 325
Ministerio	200
Ministros de Estado, sua nomeação e demissão	185
Ministros de Estado	200, 204
» não pódem exercer outras funcções simultaneamente com as que lhes são proprias	205
Ministros não pódem ser votados para deputados ou senadores	206
Ministros não comparecem ás sessões do Congresso Nacional	207
Ministros não respondem pelos conselhos dados ao presidente da Republica	208, 193
Ministros diplomaticos	236
Mobilisação da Guarda Nacional	114
Moedas	107, 205

	PAGS.
Morte (pena de)	327
Municipio	280, 281, 282
» (autonomia do)	282

N

Naturalisação (leis de)	129
Navegação	45, 107
Navegação de cabotagem	30, 45
Necessidades de caracter federal (providenciar sobre as)	139
Nomeação de magistrados federaes	192, 193
» de diplomatas e consules	195

O

Obrigação de pegar em armas em defeza da Patria e da Constituição	357
Officiaes do quadro e das classes annexas da Armada equiparados aos do exercito	357
Orçamento da receita e despeza da União	104
» deve ser annualmente votado	104
Orgãos da Soberania Nacional	48
Organisação judiciaria federal	131, 229
» diversos planos apresentados	226, 227
» plano da Constituição, desenvolvido pela legislação	229
Operações de credito	105

P

Padroado	306
Parlamentarismo	200
Patentes de invenção	331
Penas que o Senado póde impôr	99
Perda do mandato legislativo por aceitação de commissão ou emprego remunerado, ou por contracto celebrado com o governo	74
Perda de patente	342
Perdão	133, 189, 165
Periodo presidencial	168, 373
Personalidade das penas	326
Pesos e medidas	108
Planalto central do Brazil	14
Plenitude da defeza nos processos	323
» do direito de propriedade	324
Preambulo da Constituição	1
Presidente da Republica	160
» da » (condições de elegibilidade do)	162, 165
Presidente da Republica (periodo de seo exercicio)	
» da » (sua reeleição para o seguinte periodo prohibida)	166
Presidente da Republica não póde sahir do territorio nacional sem licença do Congresso	169, 170
Presidente da Republica (subsidio do)	
« da » (eleição do primeiro pelo Congresso	373
Principios constitucionaes da União (art. 63) quaes são ?	267, 321
Prisão	322
Prisão de membros do Congresso	66
Privação de direitos e isenção de deveres por motivo de religião	334
Privativamente, significação d'esta palavra no art. 34	103
Poder executivo (idéa geral do)	158
Poder legislativo	52

INDICE

	PAGS.
Poder judiciario	222
» » (dualismo d'elle na federação)	222
Poderes das Assembléas Constituintes	3
Poderes dos Estados	273
Poderes enumerados e limitados	49
» implícitos	117
Portos	33
Proclamação da Republica, pelo Governo Provisorio	38
Projectos rejeitados ou não sancciouados (renovação dos)	153
Prohibições aos Estados	274
Projecto de uma das Camaras Legislativas póde ser emendado com alteração substancial pela outra?	151
Projectos do governo apresentados ao Congresso Nacional	88
Promulgação	145, 184
» da Constituição	5, 370
Propriedade litteraria	332
Proprios nacionaes	270
Provimento de cargos federaes	188
Procurador Geral da Republica	234
Publicação da Constituição, como se fez	5

R

Recenseamento decennal	87
Reconhecimento dos poderes dos membros do Congresso	62
Recrutamento forçado (abolido)	359
Recurso (extraordinario) das sentenças das justiças estaduaes	240
Redacção (parecer da Commissão do Congresso Constituinte sobre a da Constituição)	382
Redacção final da Constituição	352
Reeleito poderá ser o membro do Congresso que perder o mandato por ter celebrado contracto com o governo ou d'elle recebido commissão ou emprego remunerado?	72
Reforma da Constituição	363
Regimen livre e democratico	4
Regimen representativo	8
Regimento de cada casa do Congresso Nacional	63
Relações internacionaes	195
Renuncia do mandato legislativo, perante quem se deve fazer	59
Renuncia das immunidades parlamentares	68
Rendas federaes	106
Representação popular	82
» da minoria	82
Republica federativa	8
Republica dos Estados Unidos do Brazil	6
Republica, seo advento em 1889, explicado pelo Governo Provisorio	1
Responsabilidade dos ministros de estado	209
Responsabilidade do presidente da Republica	212
» (crimes de)	216
» dos funccionarios publicos	354
Requerimentos de informações no Congresso	102
Resolução (em que differe de lei)	148
Restabelecimento da ordem e tranquillidade nos Estados (intervenção para)	25
Revisão de processos crimes findos	240, 348

S

Sancção	52, 144, 184
» , quaes os casos em que d'ella se prescinde	53
» parcial?	146
» tacita	147
» sua formula	148
» (prazo para a)	146

	PAGS.
Secessão — não é direito dos Estados	3
Senado (o que representa na União)	92
» (egualdade da representação dos Estados no » (quem o preside)	92, 96
» — póde emendar as leis de iniciativa da Camara dos Deputados?	89
Senado (modo porque é eleito)	92
» renovação triennal pelo terço	94
» julga o presidente da Republica	97
Senadores (duração de seo mandato)	94
Senadores (sua distribuição pelos terços na primeira legislatura	376
Sessões das Camaras Legislativas devem ser publicas	60
Sessões das Camaras Legislativas, quando podem ser secretas	60
Sitio (estado de)	118
» suspende as immunidades parlamentares?	122
Soberania, seu exercicio no regimen federativo	9
Soccorros da União aos Estados	18
Subsidio aos representantes da nação	70
» dos » da » póde ser renunciado?	71
Subvenção a cultos religiosos	41, 314
Suspensão do presidente da Republica por effeito da decretação de sua accusação pela Camara dos Deputados	215
Supremo Tribunal Federal	10, 228
» » » sua composição	230
» » » nomeação, vitaliciedade e vencimentos de seos membros	230, 232
Supremo Tribunal Federal (quem julga seos membros em casos criminaes)	233
Supremo Tribunal Federal (quem nomeia seo presidente e vice-presidente)	233
Supremo Tribunal Federal, sua competencia, originaria e de recurso	235, 236, 239
Supremo Tribunal Militar	240, 344

T

Taxa de sello	36
Telegraphos e Correios	37, 114
Terras e minas	124, 268
Terrenos de marinha	272
Titulos academicos	350
Transmissão de propriedade	36
Tratados	110, 196, 245
Tribuna	319
Tribunal de contas	105, 300
Tributação de productos de outros Estados	39

U

União perpetua e indissoluvel das antigas provincias	10
União (arrecadação da receita e despeza da)	106
» (bens, rendas e serviços da)	40
» coexiste com o governo dos Estados, tendo ella e elles cada um uma distincta esphera de acção	9
União presta soccorros aos Estados em caso de calamidade	18
União (differentes denominações que lhe dá a Constituição)	9

V

	PAGS
Vagas no Congresso	59
» na presidencia da Republica	163
Veto do presidente da Republica	145
» do » da » (processo de sua rejeição pelo Congresso	148
Viação ferrea e navegação interior	45
Vice-presidente da Republica, presidente do Senado	96
Vice-presidente da Republica, substituto e successor do Presidente	161
Vice-presidente da Republica (condições de elegibilidade do)	162
Vice-presidente da Republica, exercendo a presidencia no ultimo anno do periodo presidencial é irreelegivel	166
Vice-presidente da Republica não póde sahir do territorio nacional sem licença do Congresso	169
Vice-presidente do Senado, substituto do presidente da Republica	162
Vigencia das leis do antigo regimen	355
Vitaliciedade	341

	PAGS
Proclamação do governo provisorio em 15 de novembro de 1889	381
Parecer da commissão do congresso constituinte, apresentando a redacção do projecto de Constituição	382
Redacção do projecto	383
Parecer sobre as emendas á Redacção	391
Constituição	393

ERRATA

Pag. 6, nota, linha 8, em vez de *Pereira*, leia-se *Pedreira*.
Pag. 9, 2ª columna do texto, linha 14, em vez de *como que lhe*, leia-se *como lhe*.
Pag. 9, nota, linha 2, em vez de *ar*, leia-se *are*.
Pag. 12, nota, linha 1, em vez de *meu*, leia-se *men*.
Pag. 16, 1ª columna do texto, linha 23, em vez de *constituir em*, leia-se *constituirem*.
Pag. 16, 2ª columna do texto, linha 23, em vez de *na União*, leia-se *da União*.
Pag. 20, 1ª columna do texto, linha 25, em vez de *a Constituição*, leia-se *á Constituição*.
Pag. 27, 1ª columna, linha 54, em vez de *invocados*, leia-se *invocado*.
Pag. 33, 4ª columna, linha 6, em vez de *contro os outros*, leia-se *cóntra os de outros*.
Pag. 35, 2ª columna *supra*, linhas 8 e 9, em vez de *Estadou*, leia-se *Estados*.
Pag. 40, 1ª columna do texto, linha 8, em vez de *com exercicio*, leia-se *com o exercicio*.
Pag. 53, 1ª columna do texto, linha 7, em vez de *contraria*, leia-se *contrarias*.
Pag. 59, 1ª columna do texto, linha 44, em vez de *ad huc*, leia-se *adhuc*.
Pag. 64, 2ª columna, linha 27, em vez de *merecem*, leia-se *merece*.
Pag. 71, 2ª columna, linha 3, em vez de *e á ajuda de custo*, leia-se *e ajuda de custo*.
Pag. 85, 1ª columna, linha 66, em vez de *não em entrou*, leia-se *não entrou*.
Pag. 89, 1ª columna *infra*, linha 28, em vez de *art. 38*, leia-se *art. 34*.
Pag. 103, 2ª columna *infra*, linha 3, em vez de *Mais* leia-se *Mas*.
Pag. 106, n. 3, 2ª linha, em vez de *48*, leia-se *84*.
Pag. 107, n. 7, 1 e 2 linhas, em vez de *o processo*, leia-se *o peso*.
Pag. 125, 1ª columna, linha 40, em vez de *verdict*, leia-se *veredictum*.
Pag. 127, 2ª columna, linha 55, accrescente-se: Depois de escripto e impresso o que n'esta parte se lê quanto a lei de fallencias, veio a nosso conhecimento o «Act to establish a uniform systeme of bankrupt throughout the United States», de 1 de julho de 1898. A experiencia dirá, mais tarde, si esse acto não terá tambem de ser ainda refeito.
Pag. 131, n. 7, 2ª columna, linha 1, em vez de *congrassa*, leia-se *congraça*.
Pag. 137, n. 32, em vez de *Extradicção*, leia-se *Extradição*.
Pag. 139, 2ª columna *infra*, em vez de *!*, leia-se *?*
Pag. 159, 1ª columna, linha 26, em vez de *um só homem*, leia-se *de um só homem*.
Pag. 159, 2ª columna, linha 47, em vez de *da administração*, leia-se *a administração*.
Pag. 162, § 2º, linha 8, em vez de *observa*, leia-se *observava*.
Pag. 162, 2ª columna, linha 27, em vez de *encontra*, leia-se *encontram*.
Pag. 180, 1ª columna, linha 54, em vez de *ao quanto*, leia-se *quanto ao*.
Pag. 190, 2ª columna, linha 31, em vez de *meos*, leia-se *menos*.
Pag. 191, 1ª columna, n. 9, linha 21, em vez de *reações*, leia-se *relações*.
Pag. 204, 2ª columna do texto, linha 2, em vez de *secretarios*, leia-se *secretarias*.
Pag. 207, 1ª columna do texto, linha 2 e 3, em vez de *conselho*, leia-se *congresso*.
Pag. 224, 2ª columna, linha 34, em vez de *anedocta*, leia-se *anecdota*.
Pag. 230, 1ª columna do texto, linha 16, em vez de *Walter*, leia-se *Walker*.
Pag. 261, 2ª columna, linha 10, em vez de *sómente*, leia-se *não sómente*.
Pag. 262, 1ª columna, linha 43, em vez de *os processos*, leia-se *aos processos*.
Pag. 262, 1ª columna, linha ultima, em vez de *no caso de haver*, leia-se *no caso de não haver*.
Pag. 280, 2ª columna, linha 37, em vez de *pelas dos*, leia-se *pelas leis dos*.
Pag. 288, art. 69, n. 5, linhas 8 e 9, em vez de *manistarem*, leia-se *manifestarem*.
Pag. 289, 2º columna, nota, linha 5, em vez de *1899*, leia-se *1889*.
Pag. 291, 2ª columna, linha 49, em vez de *antonomicos*, leia-se *autonomicos*.
Pag. 294, 1ª columna, linha 31, em vez de *proferir*, leia-se *preferir*.
Pag. 295, 2ª columna, linha 24, em vez de *art. 70*, leia-se *art. 71*
Pag. 302, § 1º, linha 23, em vez de *elle*, leia-se *ella*.
Pag. 306, 2ª columna, linha 11, em vez de *n'estas*, leia-se *d'estas*.
Pag. 310, 2ª columna, linha 7, em vez de *osa dia*, leia-se *os adia*.
Pag. 328, 2ª columna do texto, linha 14, em vez recurso *do*, leia-se recurso *ao*.
Pag. 335, § 31, linha 8, em vez de *cod. crim*, leia-se *cod. do proc. crim*.
Pag. 336, nota (**) linha 5, em vez de *rexatação*, leia-se *relaxação*.
Pag. 336, 2ª columna, linha 35, em vez de *á dar*, leia-se *a dar*.
Pag. 341, art. 75, 1ª columna, ultima linha, em vez de *pag.*, leia-se *pag. 298*.
Pag. 348, art. 104, linha 1 e 2, em vez de *processos crimes*, leia-se *processos findos*.
Pag. 349, 1ª columna, linha 45, em vez de *competencia dos Estados*, leia-se *competencia judiciaria dos Estados*.